Londres

1777-1783

Robinet, Jean-Baptiste-René

Dictionnaire universel des sciences morale, économique, politique et diplomatique, ou bibliothèque de l'Homme-d'Etat et du Citoyen

26

DICTIONNAIRE

UNIVERSEL.

TOME VINGT-SIXIEME.

O S — P O U

DICTIONNAIRE
UNIVERSEL
DES
SCIENCES
MORALE, ÉCONOMIQUE, POLITIQUE ET DIPLOMATIQUE;
OU
BIBLIOTHEQUE
DE
L'HOMME-D'ÉTAT ET DU CITOYEN,

Mis en ordre & publié par M. ROBINET, Cenſeur Royal.

Au Temps & à la Vérité.

TOME VINGT-SIXIEME.

A LONDRES,

CHEZ LES LIBRAIRES ASSOCIÉS.

Et ſe trouve à Paris chez l'Éditeur, rue de la Harpe à l'ancien College de Bayeux.

M. DCC. LXXXII.

TABLE

DES ARTICLES

DU TOME VINGT-SIXIEME.

O S

O T

O X

P. P A

Fin de la Table.

BIBLIOTHEQUE DE L'HOMME-D'ÉTAT, ET DU CITOYEN.

O S

OSNABRUCK, *Ville & Principauté Episcopale d'Allemagne, dans le cercle de Westphalie.*

E petit Etat d'Allemagne est situé aux confins de l'évêché de Munster, de la principauté de Minden, & des comtés de Ravensberg, de Lingen & de Tecklenbourg. Son étendue est d'environ 10 milles du nord au sud; & de 4 à 6 de l'est à l'ouest. Il est arrosé des rivieres de Hase & de Hunte. Il produit peu de froment, d'orge, d'avoine & de foin; mais il est fertile en seigle, en blé noir, en lin & en chanvre. Il a de la tourbe au lieu de bois; & il a des salines & des carrieres de marbre.

L'on trouve en ce pays-là les villes d'Osnabruck sa capitale, de Furstenau, de Quackenbruck & de Wiedenbruck, avec 3 bourgs, 80 terres dont la possession donne séance & voix dans les assemblées de l'Etat, plusieurs autres qui, sans avoir cette prérogative, n'en sont pas moins réputées franches & nobles, & environ 20 mille habitations de paysans, réparties en hameaux, plutôt qu'en villages proprement dits. L'on y professe la religion luthérienne & la catholique; & par exception à un usage presque général d'ailleurs dans l'empire, l'on n'y tolere aucun juif.

C'est un pays d'Etats, dont les membres sont tirés du chapitre de la cathédrale, du corps de la noblesse & des 4 villes : ils ne s'assemblent que par les ordres de l'évêque; & ils ne déliberent que sur des matieres de finance. Par voie de don gratuit, ils accordent à l'ordinaire 100 mille rixdales par an au prince; & cette somme jointe à celle de 40 mille autres rixdales qu'il tire de ses domaines, compose son revenu annuel. Les revenus que perçoit le chapitre de la cathédrale vont de 90 à 100 mille rixdales. Parmi les terres que possede la noblesse, il en est qui rapportent 8 à 9 mille rixdales; & chacune des 4 villes a aussi ses revenus particuliers. Quant aux paysans de l'évêché, ils ont peu de biens en propre, la plupart étant esclaves de la glebe.

Généralement parlant, l'Allemagne n'a pas d'habitans plus laborieux que ceux du pays d'Osnabruck; il en part annuellement 5 à 6 mille ouvriers pour la Hollande, lesquels vont y travailler pendant l'été, & reviennent en automne chez eux, avec leurs profits que l'on fait communément monter à 200 mille florins d'argent comptant. L'on évalue aussi à plus d'un million de rixdales par an, la quantité de grosses toiles qui se fabriquent dans le pays, & que l'on vend à l'Espagne, à l'Angleterre & à la Hollande, pour les établissemens d'Afrique & d'Amérique. L'on ne trouve au reste dans la contrée aucune autre sorte de manufactures; & il faut avouer que les habitations du paysan & du manœuvre n'y consistant à peu près qu'en cuisines & en étables, il seroit difficile d'y établir d'autres métiers, que ceux de fileuses & de tisserands.

L'évêché d'Osnabruck est le plus ancien de la Westphalie : il remonte à Charlemagne; mais on ne convient pas de l'année de sa fondation : les uns la placent en 772, d'autres en 803, & d'autres à 8 dates intermédiaires. Il est sous la métropole de Cologne, & prend place aux dietes entre ceux de Munster & de Liege. Il paye pour les mois romains 216 florins, & pour la chambre impériale 81 rixdales 14½ creutzers. Son chapitre est composé de 25 chanoines, dont 3 sont luthériens, & 22 sont catholiques : il faut que tous fassent preuve de noblesse très-ancienne. Les comtes de Barr sont droffards héréditaires du chapitre; & les familles de Ledebur & de Munich, sont conjointement revêtues de la charge de grand-veneur. C'est ce chapitre qui procede à l'élection des princes-évêques; & il suit à cet égard les réglemens faits à la paix de Westphalie. Par cette paix il fut ordonné, qu'alternativement cette élection tomberoit sur un protestant & sur un catholique; que celui-ci pourroit être tiré, soit du sein même du chapitre d'Osnabruck, soit de tout autre de l'Allemagne; mais que celui-là, feroit pris à perpétuité dans la maison de Brunswick-Lunebourg; aussi voyons-nous actuellement un prince, fils du roi d'Angleterre, assis sur ce siege épiscopal. Par la même paix, & ensuite par le concordat de Nuremberg de l'année 1650, il a été pourvu avec sagesse, à la conduite que ces évêques, de religion différente, auroient à tenir dans l'Etat, en fait de choses ecclésiastiques. Sous un évêque protestant, tout ce qui concerne l'église catholique en matieres de cérémonies, de censures, *&c.* est alors remis aux soins de l'archevêque de Cologne, métropolitain de l'évêché, & sous un évêque catholique, le culte des protestans est absolument soustrait à l'autorité du siege épiscopal, & ne reconnoît que celle du consistoire provincial, lequel est composé d'un président laïque, & de deux conseillers ecclésiastiques, tous trois luthériens.

Il y a dans cet Etat, un conseil-privé qui a la régence générale de l'Etat en mains; une chambre de justice civile; un officialat & d'autres cours subalternes. Tous les employés y prêtent également serment au prince & au chapitre; & à la mort de chaque évêque toutes les charges, excepté celles des chefs de jurisdictions, sont déclarées vacantes, & les offices en sont remplis, en attendant la nomination du nouvel évêque, par des personnes que le chapitre & le magistrat d'Osnabruck choisissent concurremment.

La ville d'Osnabruck, capitale de cet Etat, est située dans un vallon, arrosé par la riviere de Hase. Déjà considérée du temps de Charlemagne, comme un gros bourg, elle n'a cependant été entourée de murailles que vers l'année 1082, & si elle est, en quelque façon, fortifiée aujourd'hui, ce n'est point à la moderne. Ce n'est pas à la moderne non plus qu'elle-même est bâtie; la plupart de ses maisons, dont le nombre est d'environ 1200, sont dans le goût gothique, & ses églises & autres édifices publics le sont de même. Sa population n'est pas considérable; l'on n'y baptise pas, année commune, au-delà de 500 enfans. C'est pourtant une ville qui a des franchises & des privileges, & qui jadis, étoit hanséatique. Elle nomme ses propres magistrats, & tous les ans elle les change : ils sont luthériens. Quant à ses bourgeois ils sont en partie protestans & en partie catholiques : les uns & les autres ont leurs églises, leurs écoles, & leurs hôpitaux séparés; & les catholiques y occupent de plus trois couvens. L'on peut y enterrer des luthériens dans les cimetieres catholiques; mais non des catholiques dans les cimetieres luthériens. Ce fut au XVIe. siecle la premiere ville de Westphalie qui embrassa la réformation de l'église : les anabatistes firent aussi la tentative de s'y établir alors; mais ce fut sans succès; l'on conserve dans les archives de la ville trois des grandes médailles d'or, que ces fanatiques faisoient répandre : l'on y conserve aussi quelques actes du concile de Basle. Enfin la fameuse paix de Westphalie, signée à Munster par les puissances catholiques, le fut à Osnabruck, par les protestantes. *Long.* 25. 48. *lat.* 52. 28.

PAIX D'OSNABRUCK.

Gustave-Adolphe, attiré en Allemagne par les négociations du cardinal de Richelieu en 1624, avoit pris pour prétexte de son invasion le maintien de la paix de religion de 1555. Il étoit de l'honneur de la Suede de ne point perdre de vue un motif aussi capable de rassurer les princes protestans sur ses grands succès. Le moyen de se faire passer les acquisitions qu'elle demandoit que le traité lui assurât dans l'empire, étoit de les faire considérer comme nécessaires à l'équilibre des deux partis. Le chancelier Oxenstiern, aussi grand homme d'État que les cardinaux de Richelieu & Mazarin, fit agir le conseil de Suede sur ce principe, lorsqu'il en falut venir à la paix. Tandis que les plénipotentiaires François ne parloient que des droits & des prérogatives des princes & Etats; les ambassadeurs de Suede parurent uniquement attentifs à la liberté du corps germanique, quant à la religion. Après avoir stipulé, de concert avec la France, le rétablissement des princes dépouillés & proscrits, la Suede fit son affaire des conditions que les protestans exigeoient de l'empereur; & celles qu'elle leur obtint, elle les leur assura si bien, qu'ils s'y sont maintenus, lors même qu'elle n'a plus été en état de leur en tenir la garantie.

L'usurpation des bénéfices, qui avoit été le principal sujet de la guerre, fut légitimée sur le pied où elle étoit l'an 1624; en sorte que ce que les princes en possédoient, en cette année, leur dût demeurer comme un domaine propre & incontestable. L'empereur n'ayant pas voulu se relâcher sur la clause de la paix de religion, par laquelle un bénéficier ou prélat catholique, devenant protestant, perdoit son bénéfice & étoit déchu de sa prélature : le traité fit la condition des deux religions égale à cet égard.

On a un exemple de l'observation de cet article dans la cession que le prince de Saxe Zeitz fit de ses Etats, lorsqu'il passa à la communion romaine. L'Electeur de Saxe, en qualité de seigneur direct, entra en possession du duché de Zeitz. Devenu catholique lui-même comme le prince son parent, il a conservé Zeitz, aux mêmes titres qui lui conservent toutes les prélatures protestantes de ses Etats, nonobstant sa catholicité; c'est-à-dire, en vertu de l'article VII du traité d'Osnabruck, qui déclare que les princes immédiats, seigneurs directs, qui dans la suite passeroient à une autre communion, demeureroient possesseurs des Etats, pays & droits acquis, ou recouvrés par succession ou par le traité, sans que leur conversion particuliere leur préjudiciât en façon quelconque. Il fut accordé à ceux qui passeroient d'une église à l'autre, de pouvoir tenir pour eux & pour leur cour, près de leur personne, des prédicateurs & ministres de leur communion, à condition qu'ils n'apporteroient aucun empêchement à l'exercice de la religion dominante lors du traité; & qu'ils ne contraindroient en aucune sorte ceux de leurs sujets qui la professeroient. Cet article exactement observé avec toutes ses restrictions en Saxe, & dans les Etats de Hanovre & de Wirtemberg, a occasionné de grands démêlés, au commencement de ce siecle, entre l'électeur Palatin catholique, & ses sujets réformés.

Le traité pourvut à ce que les princes, à qui il assuroit le droit de régler le culte extérieur (ce que les Allemands appellent *jus reformandi*) ne pussent persécuter ceux de leurs sujets qui embrasseroient une autre communion. Il statua que les nouveaux convertis auroient au moins trois ans pour se disposer à l'émigration, soit qu'ils la demandassent, soit qu'elle leur fût ordonnée, avec liberté entiere de vendre, ou de retenir leurs biens, pour les faire administrer à leur volonté, comme d'emmener avec eux leur famille dans le pays qu'ils auroient choisi pour leur retraite. En vertu de cet article, l'archevêque de Saltzbourg a été en danger de voir déserter son pays.

La chambre impériale, composée jusqu'alors des membres catholiques, du choix de l'empereur, dut être désormais mi-partie; & les membres furent laissés à la nomination des cercles, qui durent les présenter à l'empereur, pour en être agréés. Les réformés calvinistes, qui jusqu'alors avoient demandé inutilement d'être compris nommément dans la paix de religion de 1555, l'obtinrent par l'article VII. Les princes & Etats de leur communion furent associés à tous les droits & prérogatives de ceux de la confession d'Augsbourg. La liberté des trois religions fut stipulée sans aucune autre réserve, que les conditions que le traité lui même y mettoit, pour leur tranquillité commune & respective.

Les conditions que la Suede stipula pour son particulier, ne furent pas plus modérées que celles de la France. Elle voulut que l'empire, désolé par trente ans de guerre intestine, lui payât pour le licenciement de ses troupes, à trois termes en deux ans, cinq millions de rixdales. L'empereur n'obtint qu'à grand peine que les cercles d'Autriche, de Baviere, & de Bourgogne, fussent exempts d'y contribuer.

La Suede se fit céder à perpétuité, avec tous les droits & prérogatives de fiefs immédiats de l'empire, l'archevêché de Bremen, & l'évêché de Verden en Westphalie; la Haute-Poméranie, dont elle donnoit un équivalent à l'électeur de Brandebourg, à qui elle appartenoit; sous condition que la ligne masculine de Brandebourg venant à manquer, la Basse-Poméranie seroit, comme la Haute, unie à perpétuité à la couronne de Suede. Elle se fit pareillement céder la ville & le port de Wismar appartenant au Mecklenbourg, l'isle & la principauté de Rugen, les embouchures des trois rivieres, celle de l'Oder, avec l'isle de Wolin, & le bras de mer appellé *Frischaff.*

La maison de Brandebourg eut pour sa récompense l'archevêché de Magdebourg, & l'évêché d'Halberstad, le comté de Hohenstein, l'évêché de Minden, & celui de Camin, avec permission d'éteindre tous les canonicats du dernier, & de supprimer un quart de ceux de Magdebourg.

Le duc de Mecklenbourg eut, pour compensation de Wismar, les évêchés de Schwerin & de Ratzebourg, avec deux commanderies de l'ordre de Malthe en propriété.

La maison de Brunswick fut récompensée de la démission des coadjutoreries de Magdebourg, Halberstad, Bremen, & Ratzebourg, par l'alternative héréditaire de l'évêché d'Osnabruck. Ainsi que la France, la Suede fit acheter à l'empire la protection qu'elle lui avoit offerte, & qu'il lui eut été presque aussi funeste qu'à lui de ne pas lui donner. D. B. M.

TRAITÉ DE PAIX,

Entre l'Empire & la Suede, conclu & signé à Osnabruck, (a) le 24 octobre l'an 1648.

Au nom de la sainte & indivisible Trinité. *Ainsi soit-il.*

» QU'IL soit notoire à tous & à un chacun à qui il appartient, ou en quelque maniere que ce soit il pourra appartenir. (b) Qu'après que les divisions & les troubles qui avoient commencé depuis plusieurs années dans l'empire Romain eurent cru jusqu'au point que non-seulement toute l'Allemagne, mais encore quelques royaumes voisins, principalement la Suede & la France, s'y seroient trouvés tellement enveloppés, qu'il seroit né de là une longue & rude guerre; en premier lieu, entre le sérénissime & très-puissant prince & seigneur, le seigneur Ferdinand II, élu (c) empereur des Romains, toujours auguste, roi d'Allemagne, de Hongrie, de Bohême, de Dalmatie, de Croatie, de Sclavonie, *&c.* archiduc d'Autriche, duc de Bourgogne, Brabant, Stirie, Carinthie, & Carniole, marquis de Moravie, duc de Luxembourg, de la Haute & Basse-Silésie, Wirtemberg & Tecke, prince de Suabe, comte de Habsbourg, Tirol, Kibourg & Gorice, landgrave d'Alsace, marquis du saint-empire, de Burgau, de la Haute & Basse-Lusace, seigneur de la Marche Esclavonne, de Port Naon, & de Salins, de glorieuse mémoire, ses confédérés & adhérans d'une part; & le sérénissime & très-puissant prince & seigneur, le seigneur Gustave-Adolphe, roi de Suede, des Goths & des Vandales, grand prince de Finlande, duc d'Estonie & de Carelie, & seigneur d'Ingrie, aussi de glorieuse mémoire, le royaume de Suede, ses alliés & adhérans d'autre part: & après leurs décès entre le sérénissime & très-puissant prince & seigneur, le seigneur Ferdinand III,

---

(a) Ville épiscopale de Westphalie dépendante du métropolitain de Cologne.

(b) Ce préambule est le même que celui du traité de Munster.

(c) Quoiqu'aucun empereur depuis Charles V n'ait été couronné de la main du pape, ils n'ont pas laissé de conserver le terme d'élu dont on se servoit auparavant pour marquer qu'il manquoit quelque chose aux empereurs jusqu'à leur couronnement.

élu empereur des Romains, toujours auguste, roi d'Allemagne, de Hongrie, Bohême, Dalmatie, Croatie, Sclavonie, *&c.* archiduc d'Autriche, duc de Bourgogne, Brabant, Stirie, Carinthie, & Carniole, marquis de Moravie, duc de Luxembourg, de la Haute & Basse-Silesie, Wirtemberg & Tecke, prince de Suabe, comte de Habsbourg, Tirol, Kibourg & Gorice, landgrave d'Alsace, marquis du saint-empire Romain, de Burgau, de la Haute & Basse-Lusace, seigneur de la Marche Esclavonne, de Port Naon, & de Salins, avec ses alliés & adhérans d'une part; & la sérénissime & très-puissante princesse & dame Christine (*a*) reine de Suede, des Goths, & des Vandales, grande princesse de Finlande, duchesse d'Estonie & de Carélie, dame d'Ingrie, le royaume de Suede, ses alliés & adhérans, d'autre part; d'où s'est ensuivie une grande effusion du sang chrétien, & la désolation de plusieurs provinces; enfin il seroit arrivé par un effet de la bonté divine, que l'on auroit tourné de part & d'autre ses pensées aux moyens de faire la paix, & que par une convention mutuelle faite à Hambourg le 25 (style nouveau) (*b*) ou le 15 décembre (style ancien) de l'an 1641. Entre les parties, on auroit assigné d'un commun accord le 11 (style nouveau) ou le premier jour de juillet (style ancien) de l'an 1643, pour commencer l'assemblée des plénipotentiaires, Osnabruck, & à Munster en Westphalie; ensuite de quoi les ambassadeurs plénipotentiaires légitimement établis de part & d'autre ayant comparu, au temps & au lieu nommés; savoir de la part de l'empereur, les illustrissimes & excellentissimes seigneurs, Maximilien, comte de Trautmansdorf, & de Weinsberg, Baron de Gleichenberg, de Neustadt sur le Cockre, de Negau, de Burgau, & de Totzenbach, seigneur de Teitnitz, chevalier de la Toison d'or, conseiller-secret, & chambellan de sa sacrée & impériale majesté, & grand-maitre de sa cour; Jean-Maximilien, comte de Lamberg, libre baron d'Orteneck, & d'Ottenstein, seigneur de Stockam & d'Ammerang, bourgrave de Steyer, *&c.* & Jean de Crane chambellan de sadite sacrée & impériale majesté, licentié ès droits & comte Palatin, conseillers impériaux auliques; & de la part de la reine de Suede les illustrissimes & excellentissimes seigneurs, Jean-Oxenstiern-Axelson, comte de la Morie australe, libre baron de Kymithe & Nynaas, seigneur de Fyholm, Hornigsholm, Sudorbo & Lidoo, sénateur du royaume de Suede, & conseiller de la chancellerie, & Jean-Adler-Salvius, seigneur d'Adlersberg, Harsfeld, Wildenbruch, & de Tullingen sénateur du royaume de Suede, conseiller-privé de sa majesté royale, & chancelier de sa cour : après avoir invoqué l'assistance de Dieu, & réci-

(*a*) Qui renonça depuis à la couronne de Suede.

(*a*) Selon le calendrier réformé par Grégoire XIII que les protestans n'avoient pas voulu recevoir. Les confessionistes s'y sont enfin réduits en 1700. Les calvinistes, où ils sont les maitres, se servent encore de l'ancien, ce qui ne laisse pas de causer de l'embarras dans le commerce par la différence d'avec le nouveau qui est à présent d'onze jours.

proquement échangé les originaux des pleins-pouvoirs, ils ont transigé & accordé entr'eux à la gloire de Dieu, & au salut de la république chrétienne, présens, approuvans, consentans les électeurs, princes & Etats du saint-empire Romain, les articles de paix & d'amitié, dont la teneur s'ensuit. »

ARTICLE PREMIER.

» Qu'il y ait une paix chrétienne universelle & perpétuelle, & une amitié vraie & sincere, entre sa sacrée majesté impériale, la maison d'Autriche, & tous ses alliés & adhérans, & les héritiers & successeurs d'un chacun, principalement le roi catholique, & les électeurs, princes & Etats de l'empire d'une part : & sa sacrée majesté royale, & le royaume de Suede, ses adhérans & alliés, les successeurs & héritiers d'un chacun; principalement le roi très-chrétien, & respectivement les électeurs, princes & Etats de l'empire d'autre part : & que cette paix s'observe & se cultive sincérement & sérieusement, en sorte que chaque partie procure l'utilité, l'honneur, & l'avantage l'une de l'autre; & qu'ainsi de tous côtés on voie renaître & refleurir les biens de cette paix & de cette amitié, par l'entretien sûr & réciproque d'un bon & fidele voisinage de l'empire Romain avec le royaume de Suede, & du royaume de Suede avec l'empire Romain. »

» II. Qu'il y ait de part & d'autre un oubli & une amnistie perpétuelle de tout ce qui a été fait depuis le commencement de ces troubles en quelque lieu ou en quelque maniere que les hostilités ayent été exercées par l'une ou l'autre partie, de sorte que ni pour aucune de ces choses, ni sous aucune autre cause ou prétexte, l'on n'exerce ou fasse exercer, ni ne souffre plus qu'il soit fait ci-après, l'une contre l'autre aucun acte d'hostilité, ou inimitié, vexation, ou empêchement; ni quant aux personnes, ni quant à la condition, ni quant aux biens ou à la sureté, soit par soi-même ou par d'autres, en cachette, ou bien ouvertement, directement ou indirectement sous espece de droit, ou par voie de fait, ni au dedans ni en quelqu'autre lieu hors de l'empire, nonobstant tous pactes contraires faits auparavant; mais que toutes les injures, violences, hostilités, dommages, & dépenses qui ont été faites & causées de part & d'autre, tant avant que pendant la guerre, de fait, de parole, ou par écrit, sans aucun égard aux personnes ou aux choses, soient entiérement abolies, si bien que tout ce que l'un pourroit demander & prétendre sur l'autre pour ce sujet, soit enseveli dans un perpétuel oubli. «

» III. Selon ce fondement d'une amnistie générale & non limitée, tous & chacun les électeurs du saint-empire Romain, les princes, & les Etats, y compris la noblesse qui releve immédiatement de l'empire, leurs vassaux, sujets, citoyens & habitans, auxquels à l'occasion des troubles de la Bohême & de l'Allemagne, ou des alliances contractées çà & là, il a été fait de l'une ou de l'autre part quelque préjudice & dommage en quelque

que maniere, ou sous quelque prétexte que ce puisse être, tant en leurs domaines, biens féodaux, sous-féodaux, & allodiaux, qu'en leurs dignités, immunités, droits & privileges, soient pleinement rétablis de part & d'autre au même état pour le spirituel & pour le temporel, qu'ils en jouissoient ou pouvoient jouir de droit avant qu'ils y fussent troublés, nonobstant tous changemens faits au contraire lesquels demeureront annullés. «

» Mais comme telles & semblables restitutions se doivent toutes entendre, sauf les droits quelconques, tant du domaine direct que de l'utile, qui appartiennent dans les biens qui sont à restituer, soit séculiers ou ecclésiastiques, à celui qui les restitue, ou à celui à qui on les restitue, ou à quelque tierce personne; sauf aussi les droits dont il y a procès pendant en la cour impériale, ou en la chambre impériale, ou dans les autres tribunaux immédiats ou médiats de l'empire; ainsi cette clause salutaire générale, ou d'autres plus spéciales mentionnées ci-après ne pourront en aucune façon empêcher cette restitution. Mais ces compétens droits, actions, exceptions, & procès seront après la restitution faite, examinés, discutés, & expédiés pardevant le juge compétent. Cette réserve ne portera non plus aucun préjudice à ladite amnistie universelle & illimitée, ni ne s'étendra aux proscriptions, confiscations, & autres semblables aliénations, & moins encore dérogera-t-elle aux articles qui seront autrement convenus, & particuliérement à l'accommodement des griefs. Car il paroîtra ci-dessous, dans l'article de l'accommodement des griefs ecclésiastiques, quel droit ceux qui sont ou seront restitués auront dans les biens ecclésiastiques, qui ont été jusques à présent en débat & en contestation. «

» IV. Or, bien qu'on puisse facilement juger par la précédente regle générale, qui sont ceux qui doivent être restitués, & jusques à quel point; on a pourtant voulu sur l'instance de quelques-uns faire mention de quelques causes de la plus grande importance, ainsi qu'il ensuit; en sorte néanmoins que ceux qui expressément, ou ne sont pas nommés, ou sont retranchés, ne soient point pour cela réputés pour omis, ou pour exclus. «

» La cause de la maison Palatine a été avant toutes choses discutée par l'assemblée d'Osnabruck & de Munster, en sorte que la contestation qui en a été mue depuis long-temps, a été terminée en la maniere suivante «.

» §. 1. Pour ce qui regarde la maison de Baviere, la dignité électorale que les électeurs Palatins ont eûe ci-devant avec tous droits régaliens, offices, préséances, ornemens, & droits quelconques appartenans à cette dignité, sans en excepter aucun, comme aussi le Haut-Palatinat, & le comté de Cham avec toutes leurs appartenances, droits régaliens, & autres droits, demeureront comme par le passé ainsi qu'à l'avenir, au seigneur Maximilien comte Palatin du Rhin, duc de Baviere, à ses enfans, & à toute la branche Guillelmine, tandis qu'il en restera des princes mâles en vie. «

» §. 2. Réciproquement l'électeur de Baviere renoncera entiérement pour lui, ses héritiers & successeurs à la dette de treize millions, & à toute prétention sur la Haute-Autriche ; & remettra, aussitôt après la paix conclue, à sa majesté impériale tous les actes obtenus sur cela, pour être cassés & annullés. «

» §. 3. Et pour ce qui concerne la maison palatine, l'empereur avec l'empire, consenteut par le motif de la tranquillité publique, qu'en vertu de la présente convention, il soit établi un huitieme électorat, dont le seigneur Charles-Louis comte Palatin du Rhin, & ses héritiers descendans de la ligne Rodolphine, jouiront suivant l'ordre de succéder exprimé par la bulle d'or, sans que le même seigneur Charles-Louis, ni ses successeurs puissent avoir d'autres droits que l'investiture simultanée, sur ce qui a été ci-devant attribué avec la dignité électorale à l'électeur de Baviere, & à toute la branche Guillelmine.

» §. 4. Que tout le bas Palatinat avec tous & chacun les biens ecclésiastiques & séculiers, droits & appartenances dont les électeurs & princes Palatins ont joui avant les troubles de Bohême, comme aussi tous les documens, registres, comptes, & autres actes en dépendans, lui seront entiérement rendus, cassant tout ce qui a été fait au contraire; ce qui sortira son effet d'autorité impériale : de sorte que ni le roi catholique, ni aucun autre qui en occupe quelque chose ne puissent s'opposer en aucune façon à cette restitution. «

» §. 5. Or, d'autant que certains bailliages du Berhstras appartenans d'ancienneté à l'électeur de Mayence, furent engagés en l'an 1463 aux comtes Palatins pour une certaine somme d'argent, à condition de rachat perpétuel; on est pour cette raison convenu, que ces mêmes bailliages retourneront & demeureront au seigneur électeur de Mayence, qui occupe à présent le siege, & à ses successeurs en l'archevêché de Mayence, pourvu que le prix de l'engagement offert volontairement soit payé argent comptant dans le terme préfix de l'exécution de la paix conclue, & qu'il satisfasse aux autres conditions auxquelles il est obligé par la teneur de l'acte d'engagement. «

» §. 6. Qu'il soit libre aussi à l'électeur de Treves en qualité d'évêque de Spire, & à l'évêque de Worms de poursuivre pardevant des juges compétens les droits qu'ils prétendent sur certains biens ecclésiastiques, situés dans le territoire dudit Palatinat; si ce n'est que ces princes s'en accommodent entr'eux à l'amiable. «

» §. 7. Que s'il arrivoit que la ligne Guillelmine masculine vint à défaillir entiérement, la Palatine subsistant encore, non-seulement le Haut-Palatinat, mais aussi la dignité électorale dont les ducs de Baviere sont en possession, retourneront auxdits comtes Palatins survivans, qui cependant jouiront de l'investiture simultanée : & alors le huitieme électorat demeurera entiérement éteint & supprimé : mais le Haut-Palatinat retournant en ce cas aux comtes Palatins survivans, les actions & les bénéfices qui, de droit, appartiennent aux héritiers allodiaux de l'électeur de Baviere, leur seront conservés. »

» §. 8. Que les pactes de famille faits entre la maison électorale de Heidelberg; & celle de Neubourg, confirmés par les prédécesseurs empereurs touchant la succession électorale, comme aussi les droits de toute la ligne Rodolphine, (a) en tant qu'ils ne sont pas contraires à la présente disposition, soient conservés & maintenus en leur entier. »

» §. 9. De plus, si l'on justifie par la voie compétente de droit, que quelques fiefs du pays de Juliers se trouvent ouverts, qu'ils soient évacués au profit des comtes Palatins. »

» §. 10. Davantage, pour décharger en quelque façon le seigneur Charles-Louis de ce qu'il est obligé de fournir à ses freres pour apanage, sa majesté impériale ordonnera qu'il soit payé à sesdits freres, quatre cents mille rixdales dans le terme de quatre ans, à compter du commencement de l'an prochain 1649, à raison de cent mille rixdales par an, avec les intérêts à cinq pour cent. »

» En outre, que toute la maison Palatine avec tous & chacun de ceux qui lui sont ou ont été, en quelque sorte que ce soit, attachés; mais principalement les ministres qui ont été employés pour elle en cette assemblée ou ailleurs, comme aussi ceux qui sont exilés du Palatinat, jouissent de l'amnistie générale ci-dessus spécifiée, avec pareil droit, & aussi pleinement que les autres qui sont compris dans ladite amnistie, & dans cette transaction, particuliérement pour ce qui regarde le point des griefs. »

» §. 11. Réciproquement le seigneur Charles-Louis, avec ses freres, rendra obéissance, & gardera fidélité à sa majesté impériale, de même que les autres électeurs & princes de l'empire, & tant lui que ses freres, renonceront pour eux & pour leurs héritiers au Haut-Palatinat, pour tout le temps qu'il restera des héritiers mâles & légitimes de la branche Guillelmine. »

» §. 12. Or comme il a été proposé de pourvoir à la subsistance de la veuve mere du susdit prince, (b) & d'assurer la dote des sœurs du même prince, sa majesté impériale, pour marque de son affection envers la maison Palatine, a promis de payer une fois pour toutes vingt mille rixdales pour la subsistance de ladite dame veuve mere, & dix mille rixdales à chacune des sœurs du susdit seigneur Charles-Louis, lorsqu'elles se marieront; & pour le surplus, le même prince Charles-Louis sera tenu d'y satisfaire. »

» §. 13. Que ledit seigneur Charles-Louis & ses successeurs au Bas-Palatinat ne troubleront en aucune chose les comtes de Leiningen & de Dax-

---

(a) On entend par ligne Rodolphine, les comtes Palatins descendans de l'empereur Rodolphe, pour les distinguer des ducs de Baviere qui descendent de Guillaume, son frere, & qu'on appelle branche Guillelmine.

(b) Fille de Jacque I, roi d'Angleterre, qui avoit obligé Frédéric V, son mari, à accepter la couronne de Bohême presque malgré lui.

bourg : mais, les laisseront jouir & user tranquillement & paisiblement de leurs droits obtenus depuis plusieurs siecles, & confirmés par les empereurs. »

» Qu'il laissera inviolablement la noblesse libre de l'empire, qui est dans la Franconie, la Suabe, & le long du Rhin, ensemble les pays qui appartiennent à ladite noblesse en leur état immédiat. »

» §. 14. Que les fiefs conférés par l'empereur au baron Gerhard de Waldenbourg dit Schenkhern, à Nicolas-George Reigersberger, chancelier de Mayence, & à Henri Brombser, baron de Rudesheim; comme aussi par l'électeur de Baviere au baron Jean-Adolphe Wolff dit Meternich, leur demeureront en leur entier; ces vassaux seront pourtant tenus de prêter le serment de fidélité au susdit seigneur Charles-Louis comme à leur seigneur direct & à ses successeurs, & de lui demander le renouvellement de leurs fiefs. »

» §. 15. Que ceux de la confession d'Ausbourg (*a*) qui avoient été en possession des églises, & entr'autres les bourgeois & habitans d'Oppenheim soient conservés dans l'état ecclésiastique de l'année 1624, & qu'il soit libre aux autres qui désireront embrasser l'exercice de la confession d'Ausbourg, de le pratiquer, tant en public dans les églises aux heures arrêtées, qu'en particulier dans leurs propres maisons ou autres à ce destinées par leurs ministres de la parole divine, ou par ceux de leurs voisins. »

» §. 16. Le prince Louis-Philippe, comte Palatin du Rhin, recouvrera tous les pays, dignités & droits, tant aux choses ecclésiastiques que laïques, qui lui sont échus de ses ancêtres, avant cette guerre, par succession & partage. »

» Le prince Frédéric, comte Palatin du Rhin, recevra & retiendra respectivement le quart du péage de Wiltsbach, comme aussi le cloître de Hornbach, avec les appartenances, & tout le droit que son pere y avoit & possédoit ci-devant. »

» Le prince Léopold-Louis, comte Palatin du Rhin, sera pleinement rétabli dans le comté de Veldentz sur la Moselle, au même état pour les choses ecclésiastiques & politiques, que son pere le possédoit l'an 1624, nonobstant tout ce qui a été jusques ici attenté au contraire. »

» §. 17. Le différend qui est respectivement entre les évêques de Bamberg & de Wirtzbourg, & les marquis de Brandebourg, Culmbach & Anspach, touchant les château, ville, bailliage & monastere de Kitzingen sur le Main en Franconie, sera terminé dans l'espace de deux ans par un accommodement à l'amiable, ou par les voies sommaires de droit, sur peine au refusant de perdre sa prétention; cependant la forteresse de Wiltzbourg

(*a*) Précaution prise parce que Charles-Louis étoit calviniste. Il ne laissa pas de faire bâtir depuis à Heidelberg l'église de la Concorde, où l'exercice des trois religions se fait successivement le même jour, de même qu'à Kuiser-Lauter, & ailleurs. Les luthériens y vont les premiers, les catholiques ensuite, & les calvinistes les derniers. Ils se servent tous de la même chaire pour prêcher.

sera rendue auxdits seigneurs marquis, au même état qu'elle fut décrite, lorsqu'elle fut livrée par accord & stipulation. »

» §. 18. La maison de Wirtemberg demeurera paisible dans la possession recouvrée des bailliages de Weinsberg, Neustadt & Meckmuhle; comme aussi elle sera rétablie en tous les biens & droits qu'elle possédoit en quelque lieu que ce soit avant ces troubles, & entr'autres dans les bailliages de Baubeuren, Achalm & Stauffen, avec leurs appartenances, & dans les biens occupés, sous prétexte qu'ils en dépendoient, principalement dans la ville & le territoire de Coppingen, & le village de Pflumeren, dont les revenus ont été pieusement fondés pour l'entretien de l'université de Tubingen; elle recouvrera aussi les bailliages de Heidenheim & d'Oberkirch; comme aussi les villes de Balingen, Tutlingen, Ebingen & Rosenfeld, le château & village de Neidlingen, avec ses appartenances. De même que Hohentweil, Hohenasperg, Hohenaurach, Hohentubingen, Albeck, Hornberg, Schiltach, avec la ville de Schorndorf. On restituera pareillement les églises collégiales de Stutgard, Tubingen, Hernberg, Coppingen, & Bachnang, comme aussi les abbayes, prévôtés, & monasteres de Bebenhausen, Maulbron, Anhausen, Lorch, Adelberg, Denckendorf, Hirschau, Blaubeuren, Herprechtingen, Murhard, Albersbach, Konigsbrun, Herrenalb, de saint George, Reichenbach, Pfulligen & Lichtenstern, ou Mariencron, & semblables avec tous les documens qui en ont été soustraits; sauf toutefois & réservés tous les droits, actions, exceptions, & les secours & moyens de droit prétendus par la maison d'Autriche, & par celle de Wirtemberg, sur les bailliages de Blaubeuren, Achalm & Stauffen. »

» Les princes de Wirtemberg de la branche de Montbeliard, seront pareillement rétablis en tous leurs domaines situés en Alsace & ailleurs, & nommément aux deux fiefs de la Haute-Bourgogne, Clerval, & Passavant; & seront réintégrés par l'une & l'autre partie dans les mêmes Etats, droits, prérogatives, & spécialement en leur mouvance immédiate de l'empire Romain, dont ils ont joui avant le commencement de ces troubles, & dont jouissent, ou doivent jouir les autres princes & Etats de l'empire. »

» §. 19. Et pour l'affaire qui regarde la maison de Baden, il en a été convenu comme il s'ensuit. Frédéric, marquis de Baden & de Hochberg, & ses fils & héritiers, avec tous ceux qui leur ont rendu ou rendent service de quelque nom ou condition qu'ils soient, jouiront de l'amnistie spécifiée ci-dessus és articles second & troisieme, avec toutes leurs clauses & avantages; & en vertu de ce ils seront pleinement rétablis dans le même état, tant au spirituel qu'au temporel, auquel se trouvoit le seigneur George-Frédéric, marquis de Baden & de Hochberg, avant la naissance des mouvemens de Bohême, tant en ce qui regarde le bas marquisat de Baden, qu'on nomme communément *Baden-Dourlach*, qu'en ce qui concerne le marquisat de Hochberg, & les seigneuries de Rottelen, Badenweiler, & Sausemberg, nonobstant tous changemens quelconques survenus au contraire, lesquels demeurent pour cet effet nuls & de nulle valeur. Ensuite les bailliages de Stain & de Rechingen, qui avoient été cédés audit Guillaume, marquis de Baden, avec tous les droits, titres, papiers, & autres appartenances, seront restitués au marquis Frédéric, sans aucune charge des dettes contractées pendant ce temps par ledit marquis Guillaume de Baden, à raison des fruits, intérêts, & dépens portés par la transaction passée à Etlingen l'an 1629, de sorte que toute cette action concernant les dépens & les fruits perçus & à percevoir, avec tous dommages & intérêts, sera entiérement abolie & éteinte, à compter du temps de la premiere occupation. Le subside annuel que le bas-marquisat avoit accoutumé de payer au haut-marquisat, sera aussi entiérement éteint, supprimé & annullé en vertu des présentes, sans que pour ce sujet on en puisse prétendre ou demander désormais aucune chose, soit pour le passé, soit pour l'avenir. Le pas & la préséance seront à l'avenir alternatifs entre ces deux branches de Baden, savoir celle du bas & celle du haut-marquisat, aux dietes & aux assemblées du cercle de Suabe, & à toutes les assemblées générales ou particulieres de l'empire, ou autres quelconques; toutefois pour le présent la préséance demeurera au marquis Frédéric, tandis qu'il vivra. »

» §. 20. Pour ce qui est de la baronnie de Hohengerolseck; il a été convenu, que si la dame princesse de Baden, prouve suffisamment par pieces & titres authentiques les droits par elle prétendus en ladite baronnie, la restitution lui en sera faite incontinent après la sentence sur ce rendue, avec toute la cause & tout le droit qui lui appartient en vertu desdits titres; à condition toutefois, que la contestation s'en terminera dans l'espace de deux ans, à compter du jour de la publication de la paix. Et pour ce sujet ne seront alléguées ni admises en aucun temps de part ni d'autre, contre cette convention spéciale aucunes actions, transactions, ou exceptions, clauses générales, ou spéciales, comprises dans ce traité de paix; auxquelles on a dérogé expressément & à perpétuité pour ce regard. »

» §. 21. Le duc de Croï, jouira de l'effet de l'amnistie générale; & la protection du roi très-chrétien ne lui tournera à aucun préjudice pour sa dignité, ses privileges, honneurs, & biens, ni pour aucun autre regard que ce soit. Il possédera paisiblement aussi la part du domaine de Winstingen, laquelle ses ancêtres ont possédée, comme le possede encore à présent à titre de douaire la dame sa mere; sauf les droits de l'empire en l'état qu'ils étoient avant ces troubles à l'égard du domaine de Winstingen. »

» §. 22. Quant au différend de Nassaw-Siegen, contre Nassaw-Siegen, la chose ayant été remise par une commission impériale l'année 1643, à un accommodement à l'amiable, on reprendra la même commission, & l'affaire sera entiérement décidée à l'amiable, comme dit est, ou par sentence juridique pardevant un juge compétent; & le comte Jean-Maurice de Nassaw, & ses freres, demeureront sans aucun trouble dans la possession par eux prise pour leurs cottes-parts. »

» Seront restitués aux comtes de Nassaw Sarbruck, tous leurs comtés, bailliages, territoires, honneurs & biens ecclésiastiques & séculiers, féodaux & allodiaux, nommément les comtés de Sarbruck, & de Sarwerden, en entier, avec tout ce qui en dépend; comme aussi la forteresse de Hombourg, avec les pieces d'artillerie, & les meubles qu'on y a trouvés; sauf de part & d'autre respectivement les droits, actions, exceptions, & bénéfices de droit, qui sont à terminer selon les loix de l'empire, tant à cause des choses adjugées au révisoire par sentence du septieme juillet 1629, que pour les dommages soufferts; si mieux les parties n'aiment accommoder l'affaire à l'amiable; sauf aussi le droit qui peut appartenir aux comtes de Lainingen Daxbourg, dans le comté de Sarwerden. »

» §. 23. La maison de Hanau, sera rétablie dans les bailliages de Baubenhaussen, de Bischofsheim, Amsteeg, & de Wistat. »

» §. 24. Jean-Albert, comte de Solms, sera pareillement rétabli dans la quatrieme partie de la ville de Butzbac, & dans les quatre villages y joignans. »

» Seront aussi restitués à la maison de Solmshohensomls, tous les biens & droits dont elle fut dépouillée l'an 1627, nonobstant la transaction qui en fut faite ensuite avec le seigneur landgrave George de Hesse. »

» §. 25. Les comtes d'Isembourg, jouiront de l'amnistie générale, cidessus insérée aux articles II & III, sauf les droits que le landgrave George de Hesse, ou quelque autre tiers prétend contre eux, & contre les comtes de Hohensolms. »

» §. 26. Les Rhingraves seront rétablis en leurs bailliages de Troneck, & de Wildenbourg, & en la seigneurie de Morchingen, avec leurs appartenances, comme aussi en tous leurs autres droits usurpés par leurs voisins. »

» §. 27. La veuve de comte Ernest de Sayn, sera aussi rétablie en la possession du château, ville & bailliage de Hachembourg, avec leurs appartenances, & du village de Bendorf, en laquelle elle étoit avant qu'elle en fut dépossédée; sauf toutefois le droit de qui il appartiendra. »

» §. 28. Le château & comté de Falckenstein, sera restitué à qui il appartient de droit. Tout le droit aussi qui appartient aux comtes de Rasbourg, surnommés *Lowenhaupt*, sur le bailliage de Bretzenheim, fief de l'archevêché de Cologne, & sur la baronnie de Reipoltz Kirch, dans le Huntsruck, leur sera maintenu & conservé. »

» §. 29. La maison de Waldeck, sera pareillement rétablie en la possession de tous ses droits en la seigneurie de Didinghausen, & dans les villages de Nordernaw, Lichtenschid, Defeld, & Nidernschleidern, comme elle en jouissoit en l'an 1624. »

» §. 30. Joachin Ernest, comte d'Oettingen, sera remis en toutes les choses ecclésiastiques & séculieres, que son pere Louis Eberhard, possédoit avant ces mouvemens. »

» §. 31. De même la maison de Hohenloë, sera rétablie en tout ce qui lui a été soustrait, principalement en la seigneurie de Weickersheim, & au cloître de Scheffersheim, sans aucune exception, principalement de la retention. »

» §. 32. Frédéric-Louis, comte de Louvenstein & de Wertheim, sera rétabli en tous ses comtés & seigneuries, lesquelles pendant cette guerre ont été séquestrées & cédées à d'autres, tant au temporel qu'au spirituel. »

» §. 33. Ferdinand-Charles, comte de Louvenstein & Wertheim, sera pareillement remis en tout ce qui a été séquestré, confisqué, & cédé à ses parens défunts, George-Louis & Jean-Casimir, & à d'autres, tant au temporel qu'au spirituel; sauf toutefois les biens & les droits qui appartiennent à Marie-Christine, fille dudit George-Louis, de Louvenstein, dans l'héritage de ses pere & mere, dans lesquels elle sera rétablie; la veuve de Jean-Casimir, de Louvenstein, sera pareillement remise en ses biens dotaux & hypotheques, à la réserve du droit du comte Frédéric-Louis, s'il lui en appartient quelqu'un sur lesdits biens; lequel droit sera poursuivi par voie & composition à l'amiable, ou par voie légitime de justice. »

» §. 34. La maison de Erbach, & principalement les héritiers du comte George-Albert, seront rétablis dans le château de Breuberg, & en tous les droits qu'ils ont communs avec le comte de Louvenstein, tant pour ce qui concerne sa garnison & sa direction, que pour les autres droits civils. »

» §. 35. La veuve & les héritiers du comte de Brandenstein, rentreront en tous les biens & droits qui leur ont été enlevés au sujet de la guerre. »

» §. 36. Le baron Paul Kewenhuller, avec ses neveux du côté de son frere; les héritiers du chevalier Loffler; les enfans & héritiers de Marc-Conrard, de Rheilingen, comme aussi Hiérôme de Rheilingen, & son épouse, & Marc-Antoine, de Rheilingen, seront rétablis entiérement chacun pour ce qui le regarde, dans tout ce qui leur a été ôté par confiscation. »

» §. 37. Les contrats, échanges, transactions, obligations, & promesses illicitement extorquées par violence ou par menace, soit des Etats, soit des sujets, ainsi que spécialement s'en plaignent Spire, Weissenbourg sur le Rhin, Landaw, Reutlingen, Hailbon & autres; comme aussi les actions rachetées & cédées, seront abolies & annullées; en sorte qu'il ne sera permis à personne d'intenter aucun procès ou action pour ce sujet. Que si les débiteurs ont extorqué des créanciers par force ou par crainte les actes de leurs obligations, tous ces actes seront restitués; les actions sur ce demeurant en leur entier. «

» Si les dettes pour cause d'achat de vente, de revenus annuels, & autres de quelque nom qu'elles s'appellent, ont été extorquées avec violence en haine des créanciers, par l'une ou l'autre des parties qui sont en guerre, il ne sera décerné aucune exécution contre les débiteurs qui allégueront, & s'offriront s'offriront de prouver qu'on leur a fait véritablement violence, & qu'ils on payé réellement & de fait; finon après que ces exceptions auront été décidées en pleine connoiſſance de cauſe. «

» §. 38. Le procès qui ſera ſur ce intenté ſera terminé en l'eſpace de deux ans, à compter du jour de la publication de la paix, ſous peine de ſilence perpétuel, à impoſer aux débiteurs contumaces : mais les procès intentés pour ce ſujet juſqu'ici contre eux, enſemble les tranſactions & promeſſes faites pour la reſtitution future des créanciers ſeront ſupprimés & abolis; ſauf toutefois les ſommes d'argent qui ont été de bonne foi payées pour d'autres durant la guerre, pour détourner les plus grands dangers & dommages dont ils étoient menacés. «

» Les ſentences prononcées en temps de guerre touchant les affaires purement ſéculieres, ſi le défaut du procès ne paroît évidemment, ou qu'on ne le puiſſe incontinent faire voir, ne seront pas tout-à-fait nulles; mais ſeront ſuſpendues, & ſans effet de la choſe jugée, juſqu'à ce que les pieces (ſi l'une ou l'autre partie en demande la révision dans ſix mois après la paix conclue) ſoient revues & examinées en bonne & due forme, pardevant les juges compétens en la maniere ordinaire ou extraordinaire uſitée dans l'empire; & ainſi les ſentences ſeront confirmées, ou corrigées, ou en cas de nullité totalement miſes au néant. «

» §. 39. Et ſi depuis l'an 1618 quelques fiefs, ſoit royaux, ſoit particuliers, n'ont pas été renouvellés, ni cependant l'hommage prêté au nom des véritables propriétaires; cela ne tournera au préjudice de qui que ce ſoit; mais le temps pour en demander l'inveſtiture, commencera à être ouvert du jour de la paix faite. «

» §. 40. Enfin tous & chacun tant les officiers & ſoldats, que conſeillers, miniſtres de robe longue, civils, & eccléſiaſtiques, de quelque nom & condition qu'ils ſoient, qui ont ſuivi la guerre pour l'un ou l'autre parti, ou pour leurs alliés & adhérans, ſoit avec l'épée, ſoit avec la plume, depuis le plus grand juſqu'au plus petit, & depuis le plus petit juſqu'au plus grand ſans différence, ou exception aucune, avec leurs femmes, enfans, héritiers, ſucceſſeurs, & ſerviteurs, ſeront rétablis de part & d'autre, quant aux perſonnes & aux biens dans le même état de vie, renommée, honneur, conſcience, liberté, droits, & privileges dont ils ont joui, & ont pu jouir avant leſdits mouvemens; & pour ce ſujet ne ſera fait aucun tort à leurs perſonnes, ni à leurs biens, ni même intenté aucune action ou prétexte d'action, beaucoup moins leur ſera-t-il fait aucune peine ou dommage, ſous quelque prétexte que ce ſoit; toutes leſquelles choſes ſortiront abſolument leur plein & entier effet, à l'égard de ceux qui ne ſont pas ſujets ni vaſſaux de ſa majeſté impériale, & de la maiſon d'Autriche. «

» Et pour ceux qui ſont ſujets & vaſſaux héréditaires de l'empereur, & de la maiſon d'Autriche, ils jouiront à la vérité de la même amniſtie, quant à leurs perſonnes, vie, renommée, & honneurs, & auront leur retour ſûr en leur patrie; mais à condition qu'ils seront tenus de s'accommoder aux loix usitées dans lesdits royaumes & provinces. «

» §. 41. Pour ce qui concerne leurs biens, s'ils ont été perdus par confiscation ou par quelque autre maniere, avant qu'ils ayent passé dans le parti de la couronne de Suede, ou de celle de France, quoique les plénipotentiaires Suédois ayent fortement & long-temps insisté à ce qu'ils leur fussent rendus, ils demeureront toutefois perdus & confisqués au profit de ceux qui les possedent à présent, rien n'ayant pu être en cela prescrit à sa majesté impériale, ni être autrement transigé à cause de la constante contradiction des impériaux, & les Etats n'ayant pas non plus jugé, qu'il fût du service de l'empire, de continuer pour cela seul la guerre. «

» Les biens pourtant qui leur ont été ôtés après, pour avoir pris les armes pour les Suédois, ou les François contre l'empereur, & contre la maison d'Autriche, leur seront restitués tels qu'ils sont à présent, sans dédommagement toutefois des fruits perçus, ou des dépens & dommages causés. «

» Au reste si des créanciers, ou leurs héritiers professant la religion d'Augsbourg sujets du royaume de Bohême, ou de quelques autres provinces héréditaires de l'empereur, intentent & poursuivent quelques actions pour des prétentions particulieres, s'ils en ont quelques-unes, on leur fera droit & justice sans aucune exception, de même qu'aux catholiques. «

» §. 42. Toutefois on exceptera de cette restitution générale les choses qu'on ne peut ni restituer ni représenter, telles que sont les meubles, les choses mobiliaires, les fruits perçus, les choses détruites par l'autorité des parties qui sont en guerre, comme aussi les édifices publics & particuliers, sacrés & profanes, qui sont abattus ou convertis en d'autres usages pour la sureté publique, de même que les dépôts publics & particuliers, qui en vue d'hostilité ont été confisqués ou vendus légitimement, ou volontairement donnés. «

» Et d'autant que l'affaire concernant la succession de Juliers, pourroit à l'avenir exciter dans l'empire de grands troubles entre les intéressés, si on ne les prévenoit; on est pour cela convenu, qu'elle sera terminée sans délai après la paix faite, soit par une procédure ordinaire devant sa majesté impériale, soit par un accommodement à l'amiable, ou par quelqu'autre moyen légitime. «

» V. Or comme les griefs qui étoient débattus entre les électeurs, princes & Etats de l'empire de l'une & d'autre religion, ont en partie été cause & donné occasion à la présente guerre; il en a été convenu & transigé, ainsi qu'il ensuit. «

» §. premier. La transaction arrêtée à Passau l'an 1552, & suivie l'an 1555 de la paix de religion, selon qu'elle a été confirmée l'an 1556 à Augsbourg, & depuis en d'autres diverses dietes du saint empire Romain, en tous ses points & articles accordés & conclus du consentement unanime de l'empereur & des électeurs princes & Etats des deux religions, sera maintenue en sa force & vigueur, & observée saintement & inviolablement. Mais les choses qui ont été ordonnées par le présent traité du consentement des parties, touchant quelques articles qui sont litigieux en ladite transaction, seront réputées pour être observées en jugement & ailleurs, comme une déclaration perpétuelle de ladite paix, jusqu'à ce que l'on soit convenu par la grace de Dieu, sur le fait de la religion; & ce sans s'arrêter à la contradiction ou protestation faite par qui que ce soit (a), ecclésiastique ou séculier, soit au dedans, soit au dehors de l'empire, en quelque temps que ce puisse être; toutes lesquelles oppositions sont déclarées nulles & de nul effet en vertu des présentes. Et pour toutes les autres choses, qu'il y ait une égalité exacte & réciproque entre tous les électeurs, princes & Etats de l'une & l'autre religion, selon qu'elle est conforme à l'état de la république, aux constitutions de l'empire, & à la présente convention; en sorte que ce qui est juste à une partie le soit aussi à l'autre; toute violence & voie de fait, ici comme autre part étant pour jamais prohibée entre les deux parties. «

» §. 2. Que le terme duquel on doit commencer la restitution dans les choses ecclésiastiques, & en ce qui a été changé à leur égard dans les politiques, soit le premier jour de janvier 1624, & partant que le rétablissement de tous les électeurs, princes & Etats de l'une & l'autre religion, compris la noblesse libre de l'empire, comme aussi les communautés & villages immédiats se fasse pleinement & sans restriction, de ce jour-là; & pour cet effet que tous décrets, sentences, & arrêts rendus, toutes transactions, accords ou capitulations, soit à discrétion ou autres passées, & toutes exécutions faites en ces sortes d'affaires demeurent nulles & supprimées, & le tout réduit en l'état qu'il étoit aux jour & an susdits. »

» Les villes d'Augsbourg, de Dunckelspiel de Biberach, & de Ravensbourg retiendront les biens, les droits, & l'exercice de religion qu'elles avoient ausdits an & jour. Mais à l'égard des dignités de sénateurs, & des autres offices publics le nombre sera égal & pareil entr'eux de l'une & de l'autre religion. Spécialement pour la ville d'Augsbourg, seront élus des familles patriciennes sept sénateurs du conseil-secret, & d'entre ceux-ci deux présidens de la république, qui se nomment communément *Stattpfleger*, dont l'un sera catholique, & l'autre de la confession d'Augsbourg. Des autres cinq, trois seront catholiques, & deux de la susdite confession; les autres conseillers du moindre sénat, comme ils l'appellent, & les syndics, les assesseurs de la justice de la ville, & tous les autres officiers seront en nombre égal de l'une & de l'autre religion. Quant aux receveurs des deniers publics il y en aura trois, dont deux seront d'une même religion, & le troisieme de l'autre; en sorte pourtant que la premiere année deux seront catholiques, & un de la confession d'Augsbourg; & l'année suivante deux

(a) L'on voyoit bien dès-lors que le pape n'approuveroit jamais ce traité comme en effet son nonce refusa de signer celui de Munster, & le pape protesta depuis contre, mais il n'en a pas été moins exécuté.

feront de ladite confeffion, & le troifieme catholique; ainfi alternativement chaque année. Les intendans de l'arfenal feront auffi trois, avec pareille alternative annuelle. Il en fera de même de ceux qui ont foin des fubfides, des vivres, & des édifices & bâtimens publics, & des autres dont les offices font commis à trois. En forte que fi une année deux offices, comme font ceux de receveur & d'intendant des vivres ou des bâtimens, étoient exercés par deux catholiques, & par un de la confeffion d'Augfbourg, la même année deux autres offices, comme l'intendance de l'arfenal, & la recette des fubfides foient adminiftrées par deux de ladite confeffion, & par un catholique; & que l'année fuivante à l'égard de ces charges, deux de la confeffion d'Augfbourg foient fubrogés aux deux catholiques, ou au feul catholique, un de la fufdite confeffion. »

» Les charges qu'on a accoutumé de ne commettre qu'à une feule perfonne pour une ou plufieurs années felon la qualité de la chofe, feront alternativement exercées entre les bourgeois catholiques, & ceux de ladite confeffion, en la même maniere que nous venons de dire touchant les charges qui font commifes à trois perfonnes. Toutefois à chacun des deux partis fera réfervé le foin de leurs églifes ou temples, & de leurs écoles. Pour les catholiques qui fe trouvent en ce temps de la préfente pacification dans quelque magiftrature ou office, au-delà du nombre ci-deffus convenu, ils jouiront en tout & par-tout de l'honneur & de l'avantage dont ils jouiffoient auparavant : néanmoins jufqu'à ce que leurs places foient vacantes par mort ou par défiftement, ou ils fe tiendront chez eux, ou s'ils veulent affifter au fénat ils n'y auront point de voix. »

» Aucun des deux partis n'abufera du pouvoir des adhérans à fa religion pour détruire l'autre. Il ne s'ingérera non plus directement ni indirectement d'agréger un plus grand nombre de perfonnes aux dignités de préfidens & de fénateurs, ni aux autres charges publiques, mais tout ce qui fera entrepris pour ce regard en quelque temps & maniere que ce foit, demeurera nul. C'eft pourquoi non feulement la préfente difpofition fera lue publiquement tous les ans quand il s'agira de la fubrogation de nouveaux fénateurs & officiers en la place des défunts; mais même l'élection du préfident ou magiftrat du confeil-fecret, & des autres fénateurs, préfets, fyndics, juges & autres officiers catholiques, appartiendra à préfent & à l'avenir aux catholiques; & celle des adhérans à la confeffion d'Augfbourg auffi à eux-mêmes; & un catholique fera fubrogé au catholique défunt, & de même un de la confeffion d'Augfbourg au défunt de la même confeffion. On ne s'arrêtera nullement à la pluralité des fuffrages dans les affaires concernant directement ou indirectement la religion; & elle ne préjudiciera aux bourgeois de la confeffion d'Augfbourg en cette ville-là, non plus qu'aux électeurs princes & Etats de la même confeffion dans l'empire Romain. Et fi les catholiques abufent de la pluralité des voix, au préjudice de ceux de la confeffion d'Augfbourg, en ces affaires, ou en toutes autres, il fera permis à ceux-ci, en vertu de la présente transaction, d'avoir recours à l'alternative d'un cinquieme sénateur du conseil-secret, ou à d'autres remedes légitimes. »

» Au surplus la paix de religion, & l'ordonnance caroline ou de Charles V, touchant l'élection des magistrats, comme aussi les transactions des années 1584, & 1591, demeureront en leur entier & inviolables, en tant qu'elles ne répugnent pas directement ou indirectement à la présente disposition. »

» Qu'il y ait ci-après à Dunckelspiel, à Biberach, & à Ravensbourg, deux consuls, dits bourgmestres, l'un catholique, & l'autre de la confession d'Augsbourg, quatre *conseillers* du *conseil-secret*, en nombre égal, de l'une & de l'autre religion. La même égalité soit observée aussi en leur sénat, en la justice civile, & en intendance du trésor ou des deniers publics, aussi bien qu'aux autres offices, dignités, & charges publiques; & pour la charge de juge préteur, le syndicat, les secrétaires du sénat, & de la justice, & autres semblables charges qui ne sont conférées qu'à une personne seule, que la même alternative y soit perpétuellement observée; ensorte qu'un de la confession d'Ausbourg, succede à un catholique mort, & un catholique, à un défunt de la susdite confession. Quant à la maniere de l'élection, & à la pluralité des suffrages, comme aussi au soin des églises, & des écoles, & à la lecture annuelle de cette disposition, qu'on y observe ce qui a été dit pour la ville d'Augsbourg. »

» Pour ce qui regarde la ville de Donawert, (*a*) si dans la diete générale prochaine les Etats de l'empire jugent qu'elle doive être rétablie dans son ancienne liberté, qu'elle jouisse du même droit aux choses ecclésiastiques & séculieres, dont jouissent les autres villes de l'empire, en vertu de la présente transaction, sauf toutefois quant à cette ville les droits de ceux qui y ont intérêt. »

» Le terme de l'an 1624 n'apportera aucun préjudice à ceux qui seront rétablis du chef de l'amnistie, ou d'ailleurs. »

» §. 3. Quant aux biens ecclésiastiques immédiats, soit archevêchés, évêchés, prélatures, abbayes, bailliages, prévôtés, commandes, ou libres fondations séculieres ou autres, avec les revenus, rentes, & toutes autres choses de quelque nom qu'elles puissent être, situés au dedans ou au dehors des villes; que les Etats catholiques, ou ceux de la confession d'Augsbourg qui les possédoient le premier jour de janvier de l'année 1624, les possedent tous sans en excepter aucun, tranquillement & sans troubles, jusqu'à ce qu'on soit d'accord, (ce que Dieu veuille procurer) sur les contestations qui regardent la religion; & qu'il ne soit licite à aucune des parties d'inquiéter l'autre par les voies de justice ou autrement, ni lui causer aucun

(*a*) La question n'a point été décidée, & l'électeur de Baviere l'a conservée jusqu'à ce qu'il s'est retiré de ses Etats.

trouble ou empêchement. Et en cas que l'on ne pût convenir à l'amiable des différends de la religion ; ce que Dieu ne veuille permettre, la présente convention tiendra lieu de loi perpétuelle, & la paix durera à jamais. »

» Si donc un catholique, archevêque, évêque ou prélat, ou si un de la confession d'Augsbourg, élu ou postulé (*a*) pour archevêque, évêque ou prélat, changeoit à l'avenir de religion, seul ou conjointement avec ses chanoines capitulaires, soit un ou plusieurs, ou tous ensemble, (*b*) & pareillement si d'autres ecclésiastiques changeoient aussi à l'avenir de religion, ils seront à l'instant même déchus de leur droit, sans lésion toutefois de leur honneur & de leur renommée, & videront leurs mains sans retardement ni opposition quelconque des fruits & des revenus. Et le chapitre, ou celui à qui il appartiendra, aura droit d'élire ou de postuler une autre personne de la même religion, à laquelle ce bénéfice appartient en vertu de la présente transaction, sans répétition toutefois des fruits & revenus que l'archevêque, évêque, prélat, *&c.* changeant de religion, aura cependant reçus & consommés. Si donc quelques Etats catholiques, ou de la confession d'Augsbourg, ont été privés par voie de justice ou autrement de leurs archevêchés, évêchés, bénéfices ou prébendes immédiates, ou y ont été en aucune maniere troublés depuis le premier jour de janvier de l'an 1624, (*c*) ils y seront rétablis, tant aux choses ecclésiastiques qu'aux séculieres en vertu des présentes, avec abolition de toutes nouveautés ; ensorte que tous les biens ecclésiastiques immédiats, qui étoient administrés le premier jour de janvier de l'an 1624 par un prélat catholique, reçoive derechef un chef catholique, & réciproquement que les biens que ceux de la confession d'Augsbourg possédoient lesdits jour & an, soient par eux retenus dorénavant, avec remise de tous les fruits perçus pendant ce temps, dépens, dommages & intérêts, qu'une partie auroit à prétendre contre l'autre. »

» §. 4. Dans tous les archevêchés, évêchés, & autres fondations immédiates, les droits d'élire & de postuler suivant les coutumes & les anciens statuts de chaque lieu, demeureront sans aucune altération, entant qu'ils sont conformes aux constitutions de l'empire, à la transaction de Passau, à la paix de religion, & principalement à la présente déclaration & transaction : Et à l'égard des archevêchés, & évêchés qui demeureront à ceux de la confession d'Augsbourg, lesdits droits ne contiendront rien qui soit contraire à la même confession ; comme pareillement dans les évêchés &

(*a*) *Elu*, lorsqu'il est tiré du corps du chapitre, à la pluralité des voix ; *postulé*, quand il n'en est point ; alors il lui faut les deux tiers des suffrages.

(*b*) Lors du changement de la religion en Allemagne, on vit plusieurs communautés de l'un & de l'autre sexe abandonner leurs cloitres, & en vendre les fonds à des princes qui leur donnoient à chacun une pension viagere : on a vu plusieurs contrats de cette espèce.

(*c*) Epoque remarquable pour fixer à quoi on devoit s'en tenir, ce qui ne fut réglé qu'avec beaucoup de difficulté.

dans les églises où les droits mixtes sont admis entre les catholiques, & ceux de ladite confession; il ne sera rien ajouté de nouveau aux statuts anciens, qui puisse blesser la conscience ou la cause des catholiques, ou de ceux de la confession d'Augsbourg, chacun à leur égard, ou diminuer leurs droits. Mais les postulés, ou les élus promettront, en leurs capitulations, qu'ils ne possedent nullement par droit héréditaire les principautés ecclésiastiques, dignités & bénéfices qu'ils auront acceptés, & ne feront rien qui puisse les rendre héréditaires. De maniere que tant l'élection & la postulation, que l'administration & la régie des droits épiscopaux, pendant la vacance du siege, demeureront en tous lieux libres, au chapitre, & à ceux à qui conjointement avec le chapitre elles appartiennent selon l'usage établi. On aura soin aussi que les nobles patriciens, les gradués, & autres personnes capables n'en soient point exclus : mais plutôt qu'ils y soient maintenus quand la chose ne sera pas contraire aux fondations. »

» §. 5. Que dans les lieux où sa majesté impériale a de tout temps exercé le droit de premieres prieres, elle l'exerce de même à l'avenir, pourvu qu'un de la confession d'Augsbourg, venant à décéder dans les évêchés de la même religion, un de cette confession qui se trouvera capable selon les statuts & la discipline, jouisse des prieres : mais que dans les évêchés ou autres lieux immédiats mixtes de l'une & de l'autre religion, celui qui sera présenté ne jouisse point des premieres prieres, à moins qu'une personne de la même religion n'ait possédé le bénéfice vacant. »

» Si sous le nom d'annates, de droits de *pallium*, de confirmation, de mois du pape, & de semblables droits & réserves, il étoit prétendu quelque chose par qui que ce soit, en quelque temps & maniere que ce pût être, dans les biens ecclésiastiques immédiats des Etats de la confession d'Augsbourg; que la poursuite & l'exécution n'en puisse être appuyée par le bras séculier. »

» Mais dans les chapitres qui jouissent de ces biens ecclésiastiques immédiats, où les capitulaires & chanoines de l'une & de l'autre religion sont admis en vertu du susdit terme en nombre certain de part & d'autre, & où les mois du pape étoient alors en usage, ils y auront lieu de même, & auront leur exécution quand le cas échéra, si les capitulaires & chanoines décédans sont du nombre défini des catholiques; pourvu que la provision du pape soit signifiée & insinuée immédiatement de la part de la cour de Rome, & dans le temps légitime aux chapitres. »

» §. 6. Les élus ou postulés aux archevêchés, évêchés, ou prélatures de la confession d'Augsbourg, seront investis par sa sacrée majesté impériale, sans aucune exception, après que, dans l'an de leur élection ou postulation, ils auront prêté la foi & l'hommage, & les sermens accoutumés pour les fiefs royaux, & payé, outre la somme de la taxe ordinaire (*a*) encore la

(*a*) L'empereur sut par ce moyen profiter de ce qu'on payoit auparavant au pape.

moitié de la même taxe pour l'inféodation; lesquels ensuite, ou les chapitres, quand le siege est vacant, & ceux auxquels conjointement avec eux en appartient l'administration, seront par lettres ordinaires appellés aux dietes générales, comme aussi aux assemblées particulieres de députations, visitations, révisions & autres, & y jouiront du droit de suffrage, selon que chaque Etat a été participant de ces droits avant les dissentions survenues sur le fait de la religion; Et pour ce qui est de la qualité & du nombre des personnes qui seront envoyées à ces assemblées, il sera libre aux prélats d'en ordonner avec leurs chapitres & communautés. Touchant les titres des princes ecclésiastiques de la confession d'Augsbourg on en est ainsi convenu, qu'ils porteront à la qualité d'élus ou de postulés archevêques, évêques, abbés, prévôts, sans préjudice toutefois de l'état & de la dignité; mais qu'ils prendront leur séance au banc mis au milieu & en travers entre les ecclésiastiques & les séculiers, (*a*) à côté desquels seront assis en l'assemblée de tous les trois colleges de l'empire, le directeur de la chancellerie de Mayence, exerçant au nom de l'archevêque de Mayence la direction générale des actes de la diete, & après lui les directeurs du college des princes; & la même chose sera observée dans le sénat des princes collégialement assemblé par les directeurs seuls des actes de ce college.

» §. 7. Il y aura à perpétuité autant de capitulaires ou chanoines, soit de la confession d'Augsbourg, soit catholiques, qu'il y en avoit de l'une & de l'autre religion, en quelque lieu que ce fût le premier jour de janvier 1624. Et à ceux qui viendront à décéder il ne sera subrogé que de ceux de la même religion; Que s'il y en a en quelque lieu que ce soit plus de capitulaires ou chanoines catholiques, ou de la confession d'Augsbourg possédant bénéfices, qu'il n'y en avoit le premier jour de l'an 1624, ces supernuméraires retiendront leurs bénéfices & prébendes leur vie durant: mais après leur décès succéderont aux catholiques morts, ceux de la confession d'Augsbourg, & à ceux-ci, les catholiques, jusqu'à ce que le nombre des capitulaires ou chanoines de l'une & de l'autre religion soit remis au même état où il étoit le premier jour de l'année 1624. Et pour l'exercice de la religion, il sera rétabli & demeurera dans les évêchés mixtes, ainsi qu'il étoit reçu & permis publiquement l'an 1624, & ne sera dérogé en façon quelconque à aucune de ces choses ci-dessus spécifiées, soit en élisant, soit en présentant, ou autrement. »

» §. 8. Les archevêchés, évêchés, & autres fondations & biens ecclésiastiques, immédiats ou médiats, cédés pour la satisfaction de sa royale majesté, & du royaume de Suede, & pour la compensation & l'indemnité équivalente de ses confédérés, amis & intéressés, demeureront en tout & par-tout dans les termes des conventions, & clauses particulieres ci-après insérées: mais en toutes les autres choses qui n'y sont pas contenues, & entr

(*a*) Il ne s'y place que ceux de Lubeck, & d'Osnabruck, quand il est confessioniste.

entre autres à l'égard du paragraphe 16, *le droit diocésain*, &c. ci-après mentionné, ils demeureront sujets aux constitutions de l'empire, & à cette transaction. »

» §. 9. Les monasteres, colleges, baillages, commanderies, temples, fondations, écoles, hôpitaux, & autres biens ecclésiastiques, médiats, ainsi que les revenus & droits, de quelque nom qu'ils soient appellés, lesquels les électeurs, princes, & Etats de la confession d'Augsbourg, possédoient l'an 1624, le premier janvier, seront tous & un chacun possédés par les mêmes, soit qu'ils ayent été restitués, ou qu'ils soient encore à restituer en vertu de cette présente transaction; jusqu'à ce que les différends sur la religion soient terminés par un accommodement général à l'amiable; & ce nonobstant toutes exceptions ou allégations, que ces biens ont été réformés & occupés avant ou après la transaction de Passau, ou la paix de religion, ou qu'ils n'ont point été soustraits du territoire des Etats de la confession d'Augsbourg, ou obligés à d'autres Etats par droit de suffraganat, diaconat, ou autre raison quelconque; l'unique & le seul fondement de cette transaction, restitution, & réglement pour l'avenir étant la possession en laquelle chacun aura été le premier jour de janvier de l'an 1624, annullant entiérement toutes exceptions & défenses qu'on pourroit tirer de l'exercice introduit en quelque lieu par *interim*, ou de quelques pactes antérieurs ou postérieurs, de transactions générales ou spéciales, de procès intentés ou jugés, de mandemens, de rescrits, de paréatis, de lettres reversales, de causes pendantes, ou de tous autres prétextes & raisons généralement quelconques. Ainsi en quelque lieu que l'on ait altéré ou soustrait quelque chose touchant lesdits biens, leurs appartenances, & fruits aux Etats de la confession d'Augsbourg depuis ce temps-là, en quelque maniere ou sous quelque prétexte que ce soit, par la voie ou hors de la voie de la justice, le tout sera pleinement & entiérement rétabli en son premier état sans retardement, & sans distinction, & entr'autres spécialement les monasteres, fondations, & biens ecclésiastiques, que le prince de Wirtemberg possédoit réellement, & de fait le premier jour de janvier l'an 1624, avec leurs revenus, appartenances & dépendances en quelque part qu'ils soient situés; ensemble tous les titres & documens qui ont été détournés. En sorte que ceux de la confession d'Augsbourg ne seront troublés dorénavant en aucune maniere que ce puisse être dans la possession qu'ils en ont eue ou recouvrée : mais seront à couvert de toute poursuite, de droit & de fait à perpétuité jusqu'à ce que les contestations sur la religion ayent été terminées. «

» Les catholiques posséderont aussi tous les monasteres, fondations & colleges médiats, qu'ils possédoient réellement, & de fait le premier jour de janvier l'an 1624, quoique situés dans les territoires & seigneuries des Etats de la confession d'Augsbourg; ces biens toutefois ne passeront nullement à d'autres ordres de religieux : mais demeureront à ceux à l'ordre desquels ils ont été premiérement dévoués; si ce n'est que l'ordre de tels religieux ne fût totalement éteint. Car alors il sera libre au magistrat des catholiques de substituer de nouveaux religieux d'un autre ordre qui ait été en usage dans l'Allemagne avant les dissentions touchant la religion. Dans toutes les fondations, églises collégiales, monasteres, hôpitaux médiats, où les catholiques, & ceux de la confession d'Augsbourg ont vécu pêle-mêle, ils y vivront de même dorénavant au même nombre qui s'y trouva le premier jour de janvier 1624. Et l'exercice de la religion demeurera aussi de même qu'il étoit en quelque lieu que ce soit lesdits jours & an, sans trouble ni empêchement de l'une ou de l'autre partie. Dans toutes les fondations médiates, où sa majesté impériale exerçoit le premier jour de janvier l'an 1624, le droit des premieres prieres, elle l'exercera à l'avenir en la maniere ci-dessus expliquée pour les biens immédiats; & à l'égard des mois du pape, il en sera usé de même qu'il en a été disposé ci-dessus au paragraphe 5. Les archevêques, & ceux à qui semblable droit appartient, conféreront aussi les bénéfices des mois extraordinaires; que si ceux de la confession d'Augsbourg avoient audit jour & an dans ces sortes de biens ecclésiastiques médiats possédés réellement, totalement, ou en partie par les catholiques, les droits de présentation, de visite, d'inspection, de confirmation, de correction, de protestation, d'ouverture, d'hospitation, de services, de corvées, & qu'ils y ayent entretenus des curés & autres officiers, ils auront les mêmes droits à l'avenir; & si les élections pour les prébendes vacantes ne se faisoient dans le temps, & en la maniere due en faveur de personnes de la même religion qu'étoit le mort, la distribution & la collation en appartiendra à ceux de ladite religion par droit de dévolution, pourvu toutefois que pour cela il ne soit fait dans ces biens ecclésiastiques médiats aucun préjudice à la coutume de la religion catholique, & que les droits appartenans au magistrat ecclésiastique des catholiques par l'institution de l'ordre sur les mêmes ecclésiastiques lui soient conservés en entier, & sans aucun changement. Auxquels pareillement si les élections & collations des prébendes vacantes n'étoient pas faites au temps convenable, le droit dévolu demeurera sain & entier.

Quant aux engagemens impériaux, d'autant qu'on trouve qu'il a été arrêté dans la capitulation impériale que l'élu empereur des Romains est tenu de confirmer ces mêmes engagemens (*a*) aux électeurs, princes, & autres Etats immédiats de l'empire, & de leur en assurer & conserver la possession tranquille & paisible; on est convenu que cette disposition sera observée jusqu'à ce qu'il en soit autrement ordonné du consentement des élec-

(*a*) La plupart ont été faits par l'empereur Charles IV pour procurer l'élection de Wenceslas, son fils, & ont dépouillé la dignité impériale de presque tout son revenu. Les électeurs ont grand soin de se les faire confirmer à chaque capitulation, en sorte que les engagemens passent pour de véritables titres translatifs de propriété.

teurs, princes & Etats, & que pour ce sujet on restituera aussi-tôt pleinement & entiérement à la ville de Lindaw, & à celle de Weissenbourg en Nordgaw les engagemens impériaux qui leur ont été enlevés en rendant le sort principal. Toutefois pour les biens que les Etats de l'empire ont obligé sous titre d'engagement depuis un temps immémorial les uns aux autres, il ne sera autrement donné lieu pour ce regard au dégagement, à moins que les exceptions des possesseurs, & le mérite des causes ne soient suffisamment examinés. Que si de semblables biens ont été occupés pendant cette guerre par quelqu'un, ou sans préalable connoissance de cause, ou sans payer le sort principal, ils seront aussi-tôt entiérement restitués avec les titres aux premiers possesseurs; & si la sentence donnoit lieu au dégagement, & avoit passé pour chose jugée, en sorte que la restitution s'en seroit ensuivie après le payement du sort principal, il doit être tout-à-fait libre au seigneur direct d'introduire publiquement en ces sortes de terres engagées, qui seront retournées à lui, l'exercice de sa religion. Toutefois les habitans & les sujets ne seront pas contraints d'en sortir, ni de quitter la religion qu'ils avoient embrassée sous le précédent possesseur de semblables terres engagées: mais il sera transigé entr'eux, & le seigneur direct qui aura fait le dégagement, touchant l'exercice public de leur religion. »

» §. 10. A l'égard de la noblesse libre & immédiate de l'empire, & de tous & chacun les membres avec leurs sujets & biens féodaux & allodiaux, si ce n'est peut-être qu'on trouve qu'ils soient sujets en quelques lieux à d'autres Etats pour raison des biens, & pour le regard du territoire ou du domicile, ils auront, en vertu de la paix de religion, & de la présente convention dans les droits concernans la religion, & dans les bénéfices en provenans pareil droit que celui qui appartient aux électeurs, princes, & Etats, & n'y seront non plus qu'eux dans les leurs, empêchés ni troublés sous quelque prétexte que ce soit; & tous ceux qui auront été troublés seront restitués en leur entier. »

» §. 11 Les villes libres de l'empire, selon qu'elles sont toutes & chacune sans contestation contenues sous le nom d'Etats de l'empire, non-seulement en la paix de religion, & en la présente déclaration, mais aussi partout ailleurs, de même celles d'entre elles où une seule religion étoit en usage, l'an 1624, auront en leurs territoires, à l'égard de leurs habitans & de leurs sujets, le même droit qu'ont les autres Etats supérieurs de l'empire, tant à raison du droit de réformer, que des autres cas concernant la religion; en sorte que tout ce qui a été réglé & convenu de ceux-là, sera tenu pour dit & entendu de ceux-ci; nonobstant que dans les villes où le magistrat & les bourgeois n'auroient introduit l'an 1624, autre exercice de religion que celui de la confession d'Augsbourg, selon la coutume & les statuts de chaque lieu, quelques bourgeois catholiques y fassent leur domicile; & même que dans quelques chapitres, églises collégiales, monasteres, cloîtres y situés, dépendans médiatement ou immédiatement de l'empire, l'exercice de la religion catholique soit rétabli en vigueur, & au même état qu'il étoit le premier jour de janvier 1624, dans lequel entiérement, tant activement que passivement, ils seront laissés à l'avenir, avec le clergé qui n'a point été introduit depuis ledit terme, & avec les bourgeois catholiques qui s'y trouvoient alors. Avant toutes choses les villes impériales attachées ou à une seule religion, ou à toutes les deux, & entre elles principalement la ville d'Augsbourg, comme aussi Dunckelspiel, Biberach, Ravensbourg, & Kauffbeur, qui dès l'an 1624, ont été molestées par la voie ou hors de la voie de la justice, en quelque façon que cela se soit fait à cause de la religion, & à cause des biens ecclésiastiques qu'elles avoient occupés & réformés, avant, ou après la transaction de Passau, & la paix de la religion qui suivit, ne seront pas moins pleinement rétablis au même état qu'elles étoient le premier jour de l'an 1624, tant spirituel qu'au temporel, que les autres Etats supérieurs de l'empire, auquel état elles seront conservées sans aucun trouble, comme les autres qui alors les possédoient, ou en ont depuis ce temps-là recouvré la possession, & ce jusqu'à l'accommodement à l'amiable des religions. Il ne sera licite à aucune des parties de se troubler l'une l'autre dans l'exercice de sa religion, dans les cérémonies & usages de leurs églises : mais les bourgeois demeureront paisiblement ensemble, se conduiront honnêtement les uns envers les autres, & auront en tous lieux l'usage libre de leurs religions & de leurs biens; toutes choses jugées & transigées, ou pendantes aux tribunaux de la justice, & autres exceptions énoncées aux paragraphes 2, & 9, demeurant nulles; sauf toutefois les choses qui ont été réglées par le paragraphe 2, touchant les affaires civiles d'Augsbourg, de Dunckelspiel, de Biberach, & de Ravensbourg. »

» §. 12. Quant à ce qui regarde les comtes, barons, nobles, vassaux, villes, fondations, monasteres, commanderies, communautés & sujets relevant des Etats immédiats de l'empire, ecclésiastiques ou séculiers; comme il appartient à ces Etats immédiats, d'avoir avec le droit de territoire & de supériorité, selon la pratique commune qui a été usitée jusqu'à présent par tout l'empire, le droit aussi de réformer l'exercice de la religion, & qu'ayant autrefois été accordé dans la paix de religion aux sujets de tels Etats qui ne seroient pas de la religion du seigneur du territoire, la faculté de changer de demeure, il auroit été de plus ordonné pour conserver une plus parfaite concorde entre les Etats, que personne n'eût à attirer à sa religion les sujets des autres, ni pour cette raison les recevoir en sa sauvegarde ou protection, ou les soutenir en aucune maniere que ce soit; l'on est aussi tombé d'accord que la même chose sera observée par les Etats de l'une & de l'autre religion, & qu'aucun Etat immédiat ne sera traversé dans le droit qui lui appartient, à raison du territoire & de la supériorité sur les affaires de la religion. Nonobstant cela toutefois, les landsasses, vassaux, & sujets des Etats catholiques, de quelque naissance qu'ils soient, qui ont eu l'exercice public ou privé de la confession d'Augsbourg l'an 1624, en quelque partie de l'année que ç'ait été, soit par quelque accord ou privilege, soit par un long usage, soit enfin par la seule observance de ladite année, le retiendront aussi à l'avenir avec les annexes ou dépendances, selon qu'ils l'ont eu ou qu'ils pourront prouver l'avoir pratiqué dans ladite année. »

» Par telles annexes on entend l'institution des consistoires, & des ministres, tant des écoles que des églises, le droit de patronage, & autres pareils droits; & ils n'en demeureront pas moins en possession que de tous les temples, fondations, monasteres, hôpitaux, & de toutes leurs appartenances, revenus, & augmentations qui étoient dans ce temps-là en leur pouvoir; toutes lesquelles choses seront toujours & en tous lieux observées, jusqu'à ce qu'on soit autrement convenu sur le fait de la religion chrétienne, soit généralement, ou entre les Etats immédiats, & leurs sujets d'un consentement mutuel, afin que personne ne soit troublé par qui que ce soit, ni par aucune voie ou maniere que ce puisse être; mais, qu'au contraire, ceux qui ont été troublés, ou en quelque façon destitués, soient restitués à pur & à plein sans aucune exception en l'état où ils étoient l'an 1624. La même chose sera observée à l'égard des sujets catholiques, qui sont dans les Etats de la confession d'Augsbourg, où ils avoient l'an 1624, l'usage & l'exercice public, ou privé, de la religion catholique. »

» Les pactes, transactions, conventions, ou concessions, qui sont ci-devant intervenues, ou ont été accordées & passées entre tels Etats immédiats de l'empire & leurs Etats provinciaux & sujets ci-dessus mentionnés, pour introduire, permettre, & conserver l'exercice public ou privé de la religion, demeureront en leur force & vigueur, en tant qu'elles ne sont pas contraires à l'observance de l'an 1624, & il ne sera aucunement permis de s'en éloigner que d'un consentement mutuel, nonobstant toutes sentences, réversales, accords, & transactions quelconques, contraires à la susdite observance de l'an 1624, lesquelles, attendu qu'elle sert comme de regle, demeureront nulles; & spécialement ce que l'évêque de Hildesheim, & les ducs de Brunswick-Lunebourg ont transigé & stipulé par certains pactes en l'an 1643 touchant la religion des Etats & des sujets de l'évêché de Hildesheim & son exercice : mais feront exceptés dudit terme, & réservés aux catholiques les neuf monasteres situés dans l'évêché de Hildesheim, que les ducs de Brunswick leur avoient cédés la même année à certaines conditions. »

» Il a été en outre trouvé bon, que ceux de la confession d'Augsbourg qui sont sujets des catholiques, & les catholiques sujets des Etats de la confession d'Augsbourg, qui n'avoient en l'an 1624 en aucun temps de l'année l'exercice public ou privé de leur religion, & qui, après la paix publiée, professeront, & embrasseront une religion différente de celle du seigneur territorial, seront en conséquence de ladite paix, patiemment soufferts & tolérés, sans qu'on les empêche de vaquer à leurs dévotions dans leurs maisons & en leur particulier en toute liberté de conscience, & sans inquisition ou trouble, & même d'assister dans leur voisinage, toutes les fois qu'ils voudront, à l'exercice public de leur religion, ou d'envoyer leurs enfans à des écoles étrangeres de leur religion, ou de les faire instruire dans la maison par des précepteurs particuliers, à la charge toutefois que tels landsasses, vassaux & sujets feront en toutes autres choses leur devoir, & se tiendront dans l'obéissance & la sujétion due, ne donnant occasion à aucun trouble ni remuement. Pareillement les sujets, soit qu'ils soient catholiques, soit qu'ils soient de la confession d'Augsbourg ne seront en aucun lieu méprisés à cause de leur religion; ni ne seront exclus de la communauté des marchands, des artisans, & des tribus, non plus que privés des successions, legs, hôpitaux, léproseries, aumônes, & autres droits ou commerces, & moins encore des cimetieres publics, ou de l'honneur de la sépulture; & il ne sera exigé aucune autre chose pour les frais de leurs funérailles, que les droits qu'on a accoutumé de payer pour les mortuaires aux églises paroissiales; en sorte qu'en ces choses & autres semblables, ils soient traités de même que les concitoyens, & sûrs d'une justice & protection égale. «

» S'il arrivoit qu'un sujet qui n'a point eu l'an 1624 l'exercice public ou particulier de sa religion, ou qui après la paix publiée changera de religion, voulût de son bon gré changer de demeure, ou qu'il lui fut ordonné par le seigneur du territoire de la changer, il lui sera libre de le faire, en retenant ou vendant ses biens, & les retenant, de les faire administrer par ses propres gens, de les aller visiter en toute liberté, & sans aucunes lettres de passe-port, & de poursuivre ses procès, & le payement de ses dettes, toutes les fois que la raison le requerra. «

» Il a été aussi convenu, que les seigneurs des territoires donneront un terme non moindre de cinq ans pour se retirer aux sujets qui n'avoient point en ladite année l'exercice de leur religion, ni public, ni particulier, & qui, toutefois au temps de la publication de cette présente paix, seront trouvés demeurans dans les domaines des Etats immédiats de l'une ou de l'autre religion : parmi lesquels seront aussi compris ceux, qui pour éviter les miseres de la guerre, & non par esprit de transférer leur domicile, se sont retirés en quelque part, & prétendent après la paix faite, retourner en leur pays; & pour ceux qui changeront de religion après la paix publiée, il leur sera donné un terme non moindre de trois ans pour se retirer, s'ils n'en peuvent obtenir un plus long; & on ne leur refusera point aussi, soit qu'ils sortent volontairement, ou par contrainte, des certificats de naissance, d'extraction, d'affranchissement, de métier, & de mœurs honnêtes; ils ne seront non plus surchargés d'exactions sous couleur de réversales inusitées, ou de décimation des biens qu'ils emporteront étendues au-delà de l'équité; & il sera encore moins fait aucun empêchement sous prétexte de servitude ou autre quelconque, à ceux qui se retireront volontairement. «

» §. 13. Les princes de Silésie, qui sont de la confession d'Augsbourg, savoir, les ducs de Brieg, Lignits, Munsterberg, & d'Oels, comme aussi la ville de Breslaw seront maintenus dans leurs droits & privileges obtenus avant la guerre; aussi bien que dans le libre exercice de leur religion, lequel leur a été concédé par grace impériale & royale; & pour ce qui touche les comtes, barons, nobles, & leurs sujets dans les autres duchés de Silésie, qui dépendent immédiatement de la chambre royale, comme aussi les comtes, barons, & nobles demeurans présentement dans la Basse-Autriche, quoique le droit de réformer l'exercice de la religion n'appartienne pas moins à sa majesté impériale, qu'aux autres rois & princes, elle consent, (non pas toutefois à cause de l'accord fait selon la disposition du précédent article : *les pactes*, &c. mais en considération de l'entremise de sa majesté royale de Suede, & en faveur des Etats intercédans de la confession d'Augsbourg) que ces comtes, barons, nobles, & leurs sujets dans lesdits duchés de Silésie ne soient pas obligés de sortir des lieux où ils demeurent, ni de quitter les biens qu'ils y possedent, pour cette raison qu'ils professent la confession d'Augsbourg, ni même qu'ils soient empêchés de fréquenter l'exercice de la susdite confession dans les lieux voisins hors du territoire; pourvu que dans les autres choses ils ne troublent point la tranquillité & la paix publique, & se montrent tels qu'ils doivent être à l'égard de leur prince souverain. Que si cependant quelques-uns s'en retiroient volontairement, & qu'ils ne voulussent pas vendre, ou ne pussent pas commodément donner à ferme leurs biens immeubles, ils auront toute liberté d'aller & de venir pour prendre garde, & avoir inspection sur leursdits biens. «

» Outre ce qui a été ordonné ci-dessus à l'égard desdits duchés de Silésie, qui dépendent immédiatement du conseil aulique, sa majesté impériale promet encore de permettre à ceux qui en ces duchés font profession de la confession d'Augsbourg, de bâtir pour l'exercice de cette confession à leurs propres dépens, trois églises hors des villes de Schweinits, Jaur, & Glogaw près des murailles, & dans des lieux à ce commodes, lesquels seront pour cet effet désignés par ordre de sa majesté après la paix faite. Et d'autant qu'on a tâché diverses fois dans la présente négociation de faire accorder dans lesdits duchés, & dans les autres royaumes & provinces de sa majesté impériale, & de la maison d'Autriche, une plus grande liberté & exercice de religion, & que toutefois on n'en a pu convenir à cause de la contradiction des plénipotentiaires impériaux; sa majesté royale de Suede, & les Etats de la confession d'Augsbourg se réservent chacun en droit soi la faculté de s'entremettre à l'amiable, & d'intercéder humblement pour ce sujet envers sa majesté impériale en la diete prochaine & ailleurs; la paix toutefois subsistant toujours, & toutes violences & voies de fait demeurant interdites. «

» §. 14. Le droit de réformer ne dépendra pas de la seule qualité féodale ou sous-féodale, soit qu'elle procede du royaume de Bohême, ou des électeurs, princes, & Etats de l'empire, ou d'ailleurs. Mais ces fiefs & arriere-fiefs, vassaux, sujets, & les biens ecclésiastiques dans les causes de religion, & tout ce que le seigneur de fief y peut prétendre, ou y auroit introduit & se seroit arrogé de droit, seront à perpétuité considérés suivant l'état du premier jour de janvier de l'année 1624, & ce qui aura été innové au contraire, soit par la voie ou hors de la voie de la justice, sera supprimé, & rétabli en son premier état. «

» Que si on avoit été en contestation pour le droit de territoire avant ou après le terme de l'an 1624, ce droit demeurera à celui qui en étoit possesseur cette année-là, jusqu'à ce que l'on ait connu de l'affaire, & que l'on ait prononcé sur le possessoire & le pétitoire, ce qui s'entend quant à l'exercice public. Mais on ne pourra à cause du changement de religion qui sera cependant arrivé, contraindre les sujets de sortir du pays pendant la durée du procès touchant le territoire. Dans les lieux où les Etats catholiques, & ceux de la confession d'Augsbourg jouissent également du droit de supériorité, le même droit demeurera, tant à l'égard de l'exercice public, que des autres choses concernant la religion, au même état qu'il étoit le jour & l'an susdits. La seule jurisdiction criminelle, & le seul droit de glaive, de rétention de causes, de patronage, de filialité, ne donneront ni conjointement, ni séparément le droit de réformer; c'est pourquoi les réformations qui se sont introduites sous cette couleur, ou par quelques pactes seront cassées; les lésés seront restitués; & on s'abstiendra tout-à-fait à l'avenir d'en faire de semblables. «

» §. 15. A l'égard de toutes sortes de revenus appartenans aux biens ecclésiastiques, & à leurs possesseurs : on observera avant toutes choses ce qui se trouve avoir été ordonné dans la paix de religion au paragraphe, *pareillement les Etats de la confession d'Augsbourg*, &c. Et au paragraphe, *comme aussi aux Etats qui sont de l'ancienne*, &c. Mais les revenus, cens, dixmes, rentes, qui en vertu de ladite paix de religion sont dûs aux Etats de la confession d'Augsbourg, à cause des fondations ecclésiastiques immédiates ou médiates, acquises avant ou après la paix de religion, des provinces des catholiques, & lesquels ceux de ladite confession ont été en possession ou quasi-possession de percevoir le premier janvier 1624 leur seront payés sans aucune exception. «

» De même, si les Etats de la confession d'Augsbourg ont possédé par usage ou concession légitime quelques droits de protection, d'avocatie, d'ouverture, d'hospitation, de corvées ou autres dans les domaines & biens des ecclésiastiques catholiques situés, soit au dedans ou au dehors des territoires; & pareillement s'il appartient aux Etats catholiques quelque droit semblable au dedans ou au dehors des biens ecclésiastiques acquis par les Etats de la confession d'Augsbourg, tous retiendront de bonne foi les droits

droits dont ils ont joui; en sorte toutefois que ses revenus des biens ecclésiastiques ne soient par l'usage, ou la jouissance de semblables droits, ni trop chargés ni épuisés. «

» Les revenus, dixmes, cens, & rentes, qui sont dûs par d'autres territoires aux Etats de la confession d'Augsbourg pour les fondations qui se trouvent présentement ruinées & démolies, seront payés aussi à ceux qui le premier janvier 1624 étoient en possession, ou quasi-possession de les percevoir. «

« Et pour les fondations, qui, depuis l'année 1624 ont été détruites; ou tomberont à l'avenir en ruine, les revenus en seront payés, même dans les autres territoires, au seigneur du monastere détruit, ou du lieu où le monastere étoit situé. «

» De même les fondations qui étoient le premier jour de janvier 1624 en possession ou quasi-possession du droit de décimer sur les terres novales dans un autre territoire, le seront aussi à l'avenir : mais qu'il ne soit demandé aucun nouveau droit. Entre les autres Etats & sujets de l'empire, le droit touchant les dixmes des terres novales sera tel que le droit commun, ou la coutume, ou l'usage de chaque lieu en ordonnent, ou ainsi qu'il a été convenu par stipulations volontaires. «

» §. 16. Le droit diocésain, & toute jurisdiction ecclésiastique, de quelque espece qu'elle puisse être, demeurera suspendue jusqu'à l'accommodement final du différend de la religion, contre les électeurs, princes & Etats de la confession d'Augsbourg, y compris la noblesse libre de l'empire, & contre leurs sujets, tant entre les catholiques, & ceux de la confession d'Augsbourg, qu'entre les Etats seuls de la confession d'Augsbourg; & le droit diocésain, & la jurisdiction ecclésiastique se renfermeront dans les bornes de chaque territoire : pour obtenir toutefois le payement des revenus, cens, dixmes & rentes, que les catholiques auront à recevoir dans les domaines des Etats de la confession d'Augsbourg, où les catholiques étoient en l'année 1624, notoirement en possession, ou quasi-possession de l'exercice de la jurisdiction ecclésiastique, lesdits catholiques jouiront aussi dorénavant de ladite jurisdiction : mais ce ne sera seulement qu'en exigeant ces mêmes revenus; & il ne sera procédé à aucune excommunication, sinon après la troisieme sommation. Les Etats provinciaux & sujets de la confession d'Augsbourg, qui en l'an 1624 reconnoissoient la jurisdiction ecclésiastique des catholiques, demeureront pareillement sujets à la susdite jurisdiction dans les cas qui ne concernent point la confession d'Augsbourg, & pourvu qu'on ne leur enjoigne à l'occasion des procès aucune chose contraire à ladite confession d'Augsbourg, & à la conscience. Les magistrats de la confession d'Augsbourg, auront aussi le même droit sur les sujets catholiques, qui avoient en l'année 1624, l'exercice public de la religion catholique, sauf le droit diocésain, tel que les évêques l'ont exercé paisiblement sur eux en l'année 1624; mais dans les villes de l'empire, où est en usage l'exercice de la religion mixte, les évêques n'auront aucune jurisdiction sur les bourgeois de la confession d'Augsbourg, toutefois les catholiques se pourvoiront en justice pour leur droit selon l'usage de ladite année 1624. «

» §. 17. Les magistrats de l'une & de l'autre religion, défendront sévérement & rigoureusement, que personne n'impugne en aucun endroit, en public ou en particulier, en prêchant, enseignant, disputant, écrivant, ou consultant, la transaction de Passau, la paix de religion; & sur-tout la présente déclaration ou transaction; ni les rendre douteuses, en tâchant d'en tirer des conséquences ou propositions contraires. Sera aussi nul, tout ce qui a été jusqu'à présent produit & publié au contraire : mais s'il s'élevoit quelque doute de là ou d'ailleurs, ou qu'il en résultât quelqu'une des causes concernant la paix de religion, ou cette présente transaction, le tout sera réglé par voie amiable dans les dietes ou autres assemblées de l'empire, par les principaux de l'une & de l'autre religion. «

» §. 18. Dans les assemblées ordinaires des députés de l'empire, le nombre des chefs de l'une & de l'autre religion sera égal; & pour les personnes, ou pour les Etats de l'empire qui leur devront être adjoints, il en sera ordonné en la diete prochaine. Si dans ces assemblées de députés, aussi-bien que dans les dietes générales il y vient des députés, soit d'un ou de deux, ou des trois colleges de l'empire, pour quelque occasion ou affaire que ce soit, le nombre des députés des chefs de l'une & de l'autre religion sera égal. Et où il se rencontrera des officiers à expédier dans l'empire par commissions extraordinaires, si l'affaire n'est qu'entre les Etats de la confession d'Augsbourg, on ne députera que de ceux de cette religion; que si l'affaire ne regarde que les catholiques, on ne députera que des catholiques; & si la chose concerne les Etats catholiques, & ceux de la confession d'Augsbourg, on nommera & ordonnera des commissaires en nombre égal de l'une & de l'autre religion. Il a été trouvé bon aussi, que les commissaires fassent leur rapport des affaires par eux faites, & qu'ils y ajoutent leurs suffrages; mais qu'ils ne finissent rien par forme de sentences. «

» §. 19. Dans les causes de religion, & en toutes les autres affaires où les Etats ne peuvent être considérés comme un corps, de même aussi les Etats catholiques & ceux de la confession d'Augsbourg se divisant en deux partis, la seule voie à l'amiable décidera les différends, sans s'arrêter à la pluralité des suffrages. Pour ce qui regarde pourtant la pluralité des voix dans la matiere des impositions, cette affaire n'ayant pu être décidée en l'assemblée présente, elle est renvoyée à la diete prochaine. »

» §. 20. En outre, comme à cause des changemens arrivés par la présente guerre, & autres raisons, il a été allégué plusieurs choses, pour faire transférer le tribunal de la chambre impériale en quelque autre lieu plus commode à tous les Etats de l'empire, & aussi pour présenter le juge, les présidens, les assesseurs, & autres officiers de justice, en nombre égal de l'une & de l'autre religion, & pour régler pareillement d'autres affaires appartenant à ladite chambre impériale, lesquelles ne peuvent pas être entiérement expédiées en la présente assemblée, à cause de l'importance du fait; on est convenu qu'on en traitera dans la diete prochaine, & que les délibérations touchant la réformation de la justice agitées en l'assemblée des députés à Francfort (a) auront leur effet; & que s'il sembloit y manquer quelque chose, on le suppléera & corrigera. Cependant afin que cette affaire ne demeure pas tout-à-fait dans l'incertitude, on est demeuré d'accord, qu'outre le juge, & les quatre présidens, dont deux de ceux qui doivent être de la confession d'Augsbourg seront établis par sa majesté impériale seule, le nombre des assesseurs de la chambre sera augmenté jusqu'à cinquante en tout; (b) en sorte que les catholiques puissent & soient tenus de présenter vingt-six assesseurs, y compris les deux assesseurs dont la présentation est réservée à l'empereur; & les Etats de la confession d'Augsbourg, vingt-quatre; & qu'il soit loisible de prendre & élire de chaque cercle de religion mixte deux catholiques, & deux qui soient de la confession d'Augsbourg; les autres choses qui regardent ladite chambre ayant été renvoyées, comme il a été dit, à la prochaine diete. Et partant les cercles seront exhortés de présenter à temps les nouveaux assesseurs qui seront à substituer en la susdite chambre à la place des morts, suivant la table insérée à la fin de ce paragraphe. Les catholiques conviendront aussi en leur temps de l'ordre de présenter; & sa majesté impériale ordonnera non-seulement qu'en cette justice de la chambre les causes ecclésiastiques & politiques, débattues entre les catholiques & les Etats de la confession d'Augsbourg, ou entre ceux-ci seulement, ou aussi quand des catholiques plaidant contre des Etats catholiques, un tiers intervenant sera de la confession d'Augsbourg, & réciproquement quand ceux de la confession d'Augsbourg plaidant contre d'autres de la même confession, un Etat catholique interviendra, seront discutées & jugées par des assesseurs choisis en nombre égal de l'une & de l'autre religion; mais que la même chose sera aussi observée en la chambre aulique; & à cette fin, sadite majesté tirera des cercles où la confession d'Augsbourg est seule, ou conjointement avec la religion catholique en vigueur, quelques sujets de la confession d'Augsbourg, doctes & versés dans

(a) L'empereur Ferdinand III, pour empêcher les princes & Etats de l'empire d'envoyer leurs ministres à Munster & à Osnabruck, où il prétendoit prendre en main leurs intérêts, avoit convoqué, en 1642, une diete à Francfort, pour les amuser à faire des réglemens sur la justice: mais la lettre circulaire que leur écrivit M. d'Avaux le 9 de juin 1643 les détermina à abandonner cette diete, pour aller aux conférences défendre leurs intérêts, qui furent appuyés par les deux couronnes. Les réglemens qui se trouverent faits, furent confirmés par le présent article.

(b) Le nombre de ces officiers n'a jamais été bien réglé, ceux qui devroient en envoyer n'ayant pas soin de payer réguliérement leurs pensions.

les affaires de l'empire, en tel nombre toutefois que le cas échéant, il puisse y avoir égalité de juges de l'une & de l'autre religion. La même chose sera aussi observée à l'égard de l'égalité des assesseurs, toutes les fois qu'un Etat immédiat de la confession d'Augsbourg sera cité ensuite par un Etat médiat catholique, ou qu'un Etat catholique immédiat le sera par un Etat médiat de la confession d'Augsbourg. »

Quant à la procédure judiciaire, le réglement de la chambre impériale sera pareillement observé dans le conseil aulique, en tout & par-tout. Alors afin que les parties, en plaidant, ne soient pas destituées de tout secours suspensif, au lieu de la révision usitée en ladite chambre, il sera licite à la partie lésée d'appeller à sa majesté impériale de la sentence donnée par le conseil, afin que le procès soit revu de nouveau par d'autres conseillers en nombre égal de l'une & de l'autre religion, capables du poids de l'affaire, non alliés des parties, & qui n'aient pas assisté à dresser, ou à prononcer la premiere sentence, ou du moins qui n'aient pas été rapporteurs ou corapporteurs du procès; & il sera loisible à sa majesté impériale dans des causes de conséquence, & d'où on pourroit craindre qu'il n'arrivât quelque désordre dans l'empire, de demander sur ce l'avis & les suffrages de quelques électeurs & princes de l'une & de l'autre religion. La visite du conseil aulique se fera autant de fois qu'il sera nécessaire par l'électeur de Mayence, observant ce qui, dans la prochaine diete, sera du consentement commun des Etats jugé à propos d'être observé. Mais s'il se rencontre quelques doutes touchant l'interprétation des constitutions impériales & des recès publics, ou que dans les jugemens des causes ecclésiastiques ou politiques, débattues entre les parties ci-dessus nommées, après même qu'en plein sénat elles auroient été examinées par un nombre de juges toujours égal de part & d'autre, il naisse de la parité des assesseurs de l'une & de l'autre religion des opinions contraires, les assesseurs catholiques tenant pour l'une, & ceux de la confession d'Augsbourg pour l'autre, alors qu'ils soient renvoyés à une diete générale de l'empire. Mais si deux ou plusieurs catholiques avec un ou deux assesseurs de la confession d'Augsbourg, & réciproquement, embrassoient une opinion, & que les autres en nombre égal, quoiqu'inégaux de religion en maintinssent une autre, & que delà il naisse une contrariété; en ce cas, elle sera terminée par l'ordonnance de la chambre, & le renvoi n'en sera point fait à la diete. Toutes lesquelles choses seront observées dans les causes, ou procès des Etats, y compris la noblesse immédiate de l'empire, soit que lesdits Etats soient demandeurs, soit qu'ils soient défendeurs ou intervenans. Mais si entre les Etats médiats le demandeur ou le défendeur ou le tiers intervenant est de la confession d'Augsbourg, & qu'il ait demandé une parité de juges d'entre les assesseurs de l'une & de l'autre religion, cette parité lui sera accordée; & s'il arrive alors égalité de voix, le renvoi n'en sera point fait à la diete, & le procès sera terminé selon l'ordonnance de la chambre. Au reste, tant dans le conseil aulique qu'en la chambre impériale, seront laissés, en leur entier, aux Etats de l'empire, le privilege de premiere instance, celui d'Austregues, & les droits & privileges de ne point appeller; & ils n'y seront point troublés, ni par mandemens, ni par commissions ou évocations, ni par aucune autre voie. Enfin comme il a été aussi fait mention d'abolir la cour impériale de Rotweil, & les sieges provinciaux de justice de Suabe & autres, établis en plusieurs lieux dans l'empire, la chose ayant été jugée de grande importance, la délibération en a aussi été renvoyée à la diete prochaine. »

» Les assesseurs de la confession d'Augsbourg seront présentés: «

Par l'électeur de Saxe, Par l'électeur de Brandebourg, Par l'électeur Palatin.	6.
Par le haut cercle de Saxe 4. Par le bas cercle de Saxe 4.	1. *En alternant par ces deux cercles.*
Par les Etats du cercle de Franconie de la confession d'Augsbourg, 2. Par ceux du cercle de Suabe, 2. Par les Etats du cercle du Haut-Rhin, 2. Par le cercle de Westphalie, 2.	1. *En alternant par ces quatre cercles.*

» Et quoiqu'on ne fasse en cette table aucune mention des Etats de l'empire de la confession d'Augsbourg, qui sont compris sous le cercle de Baviere, cela ne leur tournera à aucun préjudice; mais leurs droits, libertés, & privileges demeureront en leur entier. «

» VI. Et comme sa majesté impériale sur les plaintes faites en présence de ses plénipotentiaires députés en la présente assemblée, au nom de la ville de Basle, & de toute la Suisse, (*a*) touchant quelques procédures & mandemens exécutoires émanés de la chambre impériale contre ladite ville, & les autres cantons unis des Suisses, & leurs citoyens & sujets ayant demandé l'avis & le conseil des Etats de l'empire, auroit par un décret particulier du 14 mai de l'année derniere, déclaré la ville de Basle, & les autres cantons Suisses, être en possession d'une quasi-pleine liberté, exemption de l'empire, & ainsi n'être aucunement sujets aux tribunaux & jugemens du même empire; il a été résolu, que ce même décret soit tenu pour compris en ce traité de paix, qu'il demeure ferme & constant, & partant que toutes ces procédures & arrêts donnés sur ce sujet en quelque forme que ç'ait été, doivent être de nulle valeur & effet. «

» VII. Du consentement aussi unanime de sa majesté impériale, & de

(*a*) Cet article fut ajouté à la sollicitation de la France, à qui les Suisses s'étoient plaints des entreprises de la chambre impériale.

tous les Etats de l'empire, il a été trouvé bon, que le même droit ou avantage que toutes les autres constitutions impériales, la paix de religion, cette présente transaction publique, & la décision y contenue des griefs, accordent aux Etats & sujets catholiques, & à ceux de la confession d'Augsbourg, doit aussi être accordé à ceux qui s'appellent entr'eux les réformés, sauf toutefois à jamais les pactes, privileges, réversales, & autres dispositions que les Etats qui se nomment protestans ont stipulé entr'eux, & avec leurs sujets, par lesquels il a été pourvu jusqu'à présent aux Etats & sujets de chaque lieu, touchant la religion, & son exercice, & les choses qui en dépendent, sauf aussi la liberté de conscience d'un chacun. Et d'autant que les différends de religion qui sont entre les protestans, n'ont pas été terminés jusqu'à présent, étant réservés à un accommodement futur, & que pour cette raison ils forment deux partis, il a été pour ces causes convenu entre l'un & l'autre parti touchant le droit de réformation, que si quelque prince ou autre seigneur de territoire, ou patron de quelque église passoit ci-après à la religion d'un autre parti, ou s'il avoit acquis ou recouvré par droit de succession, ou en vertu de la présente transaction, ou par quelque autre titre une principauté, ou une seigneurie où la religion d'un autre parti s'exerce à présent publiquement, il lui sera sans contredit permis d'avoir près de lui, & en sa résidence des prédicateurs particuliers de sa confession pour sa cour; sans néanmoins que cela puisse être à la charge & au préjudice de ses sujets; mais il ne lui sera pas loisible de changer l'exercice de la religion, ni les loix ou constitutions ecclésiastiques qui auront été reçues ci-devant, non plus que d'ôter aux premiers les temples, écoles, hôpitaux, ou les revenus, pensions, & salaires y appartenans, & les appliquer aux gens de sa religion; moins encore d'obliger ses sujets sous prétexte de droit de territoire, de droit épiscopal, & de patronage ou autre de recevoir pour ministres ceux d'une autre religion, ou donner directement ou indirectement à la religion des autres aucun autre trouble ou empêchement. Et afin que cette convention soit observée plus exactement, il sera permis, en cas de tel changement, aux communautés même de présenter, ou si elles n'ont pas droit de présenter, de nommer des ministres capables, tant pour les écoles, que pour l'église, lesquels seront par le consistoire & les ministres publics du lieu examinés & ordonnés, si tant est, qu'ils soient de même religion que les communautés qui les présenteront ou nommeront; ou au défaut de ce ils seront examinés & ordonnés dans le lieu que les mêmes communautés auront choisi, lesquels seront ensuite confirmés par le prince, ou par le seigneur sans aucun refus. Si pourtant quelque communauté, le cas de changement arrivant, ayant embrassé la religion de son seigneur, demandoit à ses dépens le même exercice que celui qu'auroit le prince ou seigneur, il sera loisible audit prince ou seigneur de le lui accorder, sans préjudice des autres, & aussi sans que ses successeurs le lui puissent ôter. Mais pour les confistoriaux, les visiteurs pour les choses sacrées, les professeurs des écoles & des universités de théologie & de philosophie, ils ne feront d'autre religion que de celle qui en ce temps-là sera professée publiquement dans chaque lieu. Et d'autant que toutes choses se doivent entendre des changemens qui pourront arriver à l'avenir, elles n'apporteront aucun préjudice aux droits qui appartiennent pour ce regard aux princes d'Anhalt, & autres princes. Mais à l'exception des religions ci-dessus mentionnées, il n'en sera reçu ni toléré aucune autre dans le saint empire Romain. «

» VIII. Et afin de pourvoir à ce que dorénavant il ne naisse plus de différends dans l'Etat politique ; que tous & chacun les électeurs, princes, & Etats de l'empire Romain soient tellement établis & confirmés en leurs anciens droits, prérogatives, libertés, privileges, libre exercice du droit territorial, tant au spirituel qu'au temporel, seigneuries, droits régaliens, & dans la possession de toutes ces choses en vertu de la présente transaction, qu'ils ne puissent jamais y être troublés de fait par qui que ce soit, sous aucun prétexte que ce puisse être. «

» Qu'ils jouissent sans contradiction du droit de suffrage dans toutes les délibérations touchant les affaires de l'empire, sur-tout où il s'agira de faire ou interpréter des loix, résoudre une guerre, imposer un tribut, d'ordonner des levées & logemens de soldats, construire au nom du public des forteresses nouvelles dans les terres des Etats, ou renforcer les anciennes de garnisons, & où aussi il faudra faire une paix, ou des alliances, & traiter d'autres semblables affaires, qu'aucune de ces choses ou de semblables ne soit faite ou reçue ci-après sans l'avis & le consentement d'une assemblée libre de tous les Etats de l'empire ; que sur-tout chacun des Etats de l'empire jouisse librement & à perpétuité du droit de faire entr'eux, & avec les étrangers des alliances, pour la conservation & sureté d'un chacun ; pourvu néanmoins que ces sortes d'alliances ne soient ni contre l'empereur & l'empire, ni contre la paix publique, ni principalement contre cette transaction, & qu'elles se fassent sans préjudice en toutes choses, du serment dont chacun est lié à l'empereur & à l'empire. «

» Que les Etats de l'empire s'assemblent dans l'espace de six mois, à compter de la date des ratifications de la paix, & delà en avant toutes les fois que l'utilité ou la nécessité publique le requerra ; que dans la premiere diete on corrige sur-tout les défauts des précédentes assemblées ; & de plus que l'on y traite, & ordonne de l'élection des rois des Romains, de la capitulation impériale qui doit être rédigée en termes qui ne puissent être changés, de la maniere & de l'ordre qui doit être observé pour mettre un ou plusieurs Etats au ban de l'empire, outre celui qui a été autrefois expliqué dans les constitutions impériales ; que l'on y traite aussi du rétablissement des cercles, du renouvellement de la matricule, & des moyens d'y remettre ceux qui en ont été ôtés, de la modération & remise des taxes de l'empire, de la réformation de la police, & de la justice, & de la taxe des épices qui se payent à la chambre impériale, de la maniere de bien former & instruire les députés ordinaires selon le besoin & l'utilité de la république, du vrai devoir des directeurs dans les colleges de l'empire, & d'autres semblables affaires qui n'ont pu être ici vidées. «

» Que les villes libres de l'empire ayent voix décisive dans les dietes générales & particulieres, comme les autres Etats de l'empire; & qu'il ne soit point touché à leurs droits régaliens, revenus annuels, libertés, privileges de confisquer & lever des impôts, ni à ce qui en dépend, non plus qu'aux autres droits qu'ils ont légitimement obtenus de l'empereur & de l'empire, ou qu'ils ont possédés & exercés par un long usage avant ces troubles, avec une entiere jurisdiction dans l'enclos de leurs murailles, & dans leur territoire; demeurant à cet effet cassées, annullées, & à l'avenir défendues toutes les choses qui par représailles, arrêts, empêchemens de passages, & autres actes préjudiciables, ont été faites & attentées au contraire jusqu'ici par une autorité privée durant la guerre, sous quelque prétexte que ce puisse être, ou qui dorénavant pourroient être faites & exécutées sans aucune prétendue formalité légitime de droit; qu'au reste toutes les louables coutumes, constitutions, & loix fondamentales de l'empire Romain, soient à l'avenir étroitement gardées; toutes les confusions qui se sont introduites pendant la guerre étant ôtées. «

» Quant à la recherche d'un moyen équitable & convenable, par lequel la poursuite des actions contre les débiteurs ruinés par les calamités de la guerre, ou chargés d'un trop grand amas d'intérêts puisse être terminée avec modération, pour obvier à de plus grands inconvéniens qui en pourroient naître, & qui seroient nuisibles à la tranquillité publique, sa majesté impériale aura soin de faire prendre & recueillir les avis & sentimens, tant du conseil aulique que de la chambre impériale, afin que dans la diete prochaine ils puissent être proposés, & qu'il en soit formé une constitution certaine. Que cependant dans les causes de cette nature, qui seront portées aux tribunaux supérieurs de l'empire, ou aux tribunaux particuliers des Etats, les raisons & les circonstances qui seront alléguées par les parties soient bien pesées, & que personne ne soit lésé par des exécutions immodérées: mais tout cela sauf & sans préjudice de la constitution de Holstein. «

» IX. Et d'autant qu'il importe au public que la paix étant faite le commerce refleurisse de toutes parts; on est convenu à cette fin, que les tributs & péages, comme aussi les abus de la bulle brabantine, & les représailles & arrêts qui s'en seront ensuivis, avec les certifications étrangeres, les exactions, les détentions & de même les frais excessifs des postes, & toutes autres charges & empêchemens inusités du commerce & de la navigation qui ont été nouvellement introduits à son préjudice, & contre l'utilité publique çà & là dans l'empire, à l'occasion de la guerre par une autorité privée contre tous droits & privileges, sans le consentement de l'empereur & des électeurs de l'empire, seront tout-à-fait ôtés; en sorte que l'ancienne l'ancienne sureté, la jurisdiction, & l'usage tels qu'ils ont été long-temps avant ces guerres, y soient rétablis & inviolablement conservés aux provinces, aux ports, & aux rivieres. «

» Les droits & privileges des territoires arrosés de rivieres ou autrement, comme aussi les péages concédés par l'empereur du consentement des électeurs, entr'autres au comte d'Oldenbourg sur le Véser, ou établis par un long usage demeurant en leur pleine vigueur & exécution; il y aura une entiere liberté de commerce, & un passage libre & assuré par toutes sortes de lieux sur mer & sur terre, & partant qu'à tous & chacun des vassaux, sujets, habitans, & serviteurs des alliés de part & d'autre, la permission d'aller & venir, de négocier, & de s'en retourner, soit donnée, & soit entendue leur être concédée en vertu de ces présentes, ainsi qu'il étoit libre à un chacun d'en user de tous côtés avant les troubles d'Allemagne; & que les magistrats de part & d'autre soient tenus de les protéger & défendre contre toute sorte d'oppressions & de violences, de même que les propres sujets des lieux, sans préjudice des autres articles de cette convention, & des loix & droits particuliers de chaque lieu. «

» X. Ensuite la sérénissime reine de Suede ayant demandé qu'on lui donnât satisfaction pour la restitution qu'elle est obligée de faire des places par elle occupées pendant cette guerre, & que l'on pourvût par des moyens légitimes au rétablissement de la paix publique dans l'empire, sa majesté impériale, pour ce sujet, du consentement des électeurs, princes, & Etats de l'empire, & particuliérement des intéressés, cede à ladite sérénissime reine, ses futurs héritiers & successeurs, en vertu de la présente transaction, les provinces suivantes de plein droit en fief perpétuel & immédiat de l'empire. «

» 1°. Toute la Poméranie-citérieure, (*a*) communément dite *vor-Pommern*, ensemble l'isle de Rugen, contenues dans les limites qu'elles avoient sous les derniers ducs de Poméranie; de plus dans la Poméranie-ultérieure, les villes de Stetin, Garts, Dam, Golnau, & l'isle de Wolin, avec la riviere d'Oder & le bras de mer qu'on appelle communément le Frischchaff, *item*, les trois embouchures de Peine, de Swine, de Dievenow, & la terre de l'un & de l'autre côté adjacente depuis le commencement du territoire royal, jusqu'à la mer Baltique, en telle largeur du rivage oriental, dont on conviendra amiablement entre les commissaires royaux & électoraux, qui seront nommés pour le réglement plus exact des limites & autres particularités. «

(*a*) Les ministres Suédois avoient long-temps demandé les deux Poméranies, qui n'avoient plus de seigneur depuis l'extinction de la branche des anciens ducs. Ils s'en seroient contentés : mais comme l'électeur de Brandebourg prétendoit y avoir droit, en vertu d'une ancienne investiture simultanée, il fut convenu que les Suédois n'auroient que l'une des deux, & des terres ecclésiastiques au lieu de l'autre, & comme il n'en restoit qu'une pour l'électeur de Brandebourg, on le récompensa de même en terres ecclésiastiques.

» Sa majesté & le royaume de Suede tiendra & possédera dès ce jourd'hui à perpétuité en fief héréditaire ce duché de Poméranie & la principauté de Rugen, & en jouira & usera librement & inviolablement, ensemble des domaines & lieux annexés, & de tous les territoires, bailliages, villes, châteaux, bourgs, bourgades, villages, hommes, fiefs, rivieres, isles, étangs, rivages, ports, rades, anciens péages & revenus, & de tous autres biens quelconques, ecclésiastiques & séculiers, comme aussi des titres, dignités, prééminences, immunités, & prérogatives, & de tous & chacun les autres droits & privileges ecclésiastiques & séculiers, ainsi que les prédécesseurs ducs de Poméranie les avoient, possédoient, & gouvernoient. «

» Sa majesté royale & le royaume de Suede aura aussi à l'avenir à perpétuité tout le droit que les ducs de la Poméranie-citérieure ont eu en la collation des dignités & des prébendes du chapitre de Camin, avec pouvoir de les éteindre, & de les incorporer au domaine ducal après la mort des chanoines d'à présent : mais pour tout ce qui en avoit appartenu aux ducs de la Poméranie-ultérieure, cela demeurera à l'électeur de Brandebourg, avec l'entier évêché de Camin, ses terres, droits & dignités, comme il sera plus amplement expliqué ci-après. «

» La maison royale de Suede, & la maison électorale de Brandebourg se serviront des titres, qualités, & armes de Poméranie sans différence l'une comme l'autre, de même que les précédens ducs de Poméranie en ont usé; la royale à perpétuité, & celle de Brandebourg tandis qu'il en restera des descendans de la branche masculine; sans toutefois que celle de Brandebourg puisse prétendre aucune chose à la principauté de Rugen, ni à aucun autre droit sur les lieux cédés à la couronne de Suede. «

» Mais la ligne masculine de la maison de Brandebourg venant à manquer, tous autres, horsmis la Suede, s'abstiendront de prendre les titres & armes de Poméranie, & alors aussi toute la Poméranie-ultérieure avec la Poméranie-citérieure, & tout l'évêché & chapitre entier de Camin, ensemble tous les droits & expectances des prédécesseurs qui y seront réunis, appartiendront à perpétuité aux seuls rois, & couronne de Suede, qui cependant jouiront de l'espérance de la succession, & de l'investiture simultanée; en sorte même qu'ils soient obligés de donner l'assurance accoutumée aux Etats & sujets desdits lieux pour la prestation de l'hommage. L'électeur de Brandebourg & tous les autres intéressés déchargent les Etats, officiers, & sujets de tous lesdits lieux des liens & sermens par lesquels ils avoient été jusqu'à présent engagés à lui, & à ceux de sa maison, & les renvoie pour rendre dorénavant en la maniere accoutumée leur hommage & leurs services à sa majesté & couronne de Suede; & ainsi ils constituent pour cet effet la Suede en pleine & légitime possession des choses susdites, renonçant dès à présent pour toujours à toutes les prétentions qu'ils y ont; ce qu'ils confirmeront ici pour eux & leurs descendans par un acte particulier. «

» 2°. L'empereur, du consentement de tout l'empire, cede aussi à la reine sérénissime, & à ses héritiers & successeurs rois, & au royaume de Suede en fief perpétuel & immédiat de l'empire, la ville & le port de Wismar, avec le fort de Walfisch; comme aussi le bailliage de Poel (excepté les villages de Schedorf, Weidendorf, Brandehusen, & Wangern, appartenans aux hôpitaux du saint Esprit de la ville de Lubeck) & celui de Newenclotter, avec tous les droits & appartenances, ainsi que les ducs de Mecklebourg les ont possédés jusqu'à présent; en sorte que tous lesdits lieux, le port entier, & les terres de l'un & l'autre côté, depuis la ville jusques à la mer Baltique, demeurent à la libre disposition de sa majesté, pour les pouvoir fortifier & munir de garnisons selon son bon plaisir, & l'exigence des circonstances, toutefois à ses propres frais & dépens, & pouvoir y avoir toujours une retraite & une demeure sûre pour ses navires, & pour sa flotte; & au surplus en jouir & user avec le même droit qui lui appartient sur ses autres fiefs de l'empire; sauf pourtant les privileges & le commerce de la ville de Wismar, lesquels même seront de plus en plus avantagés par la protection & la faveur royale des rois de Suede. «

» 3°. L'empereur, du consentement de tout l'empire, cede aussi en vertu de la présente transaction à la sérénissime reine, à ses héritiers, & successeurs rois, & à la couronne de Suede, en fief perpétuel & immédiat de l'empire l'archevêché de Bremen, & l'évêché de Verden, avec la ville & bailliage de Wilshusen, & tout le droit qui avoit appartenu aux derniers archevêques de Bremen sur le chapitre & le diocese de Hambourg; sauf toutefois à la maison de Holstein, comme à la ville & au chapitre de Hambourg, chacun respectivement leurs droits, privileges, liberté, pactes, possessions, & état présent en toutes choses; en sorte que les quatorze villages des bailliages de Trittou & de Rheinbeck en Holstein, demeurent à perpétuité au duc Frédéric de Holstein-Gottorp, & à sa postérité pour lui tenir lieu d'un certain revenu annuel, pour être lesdits archevêché, évêché, & bailliage possédés à perpétuité par ladite couronne, avec tous les biens & droits ecclésiastiques & séculiers y appartenans (*a*) quelque nom qu'ils ayent, en quelque part qu'ils soient situés, en mer & en terre, avec les armoiries accoutumées sous le titre néanmoins de duché; les chapitres & autres colleges ecclésiastiques demeurant privés à l'avenir de tout droit d'élire & de postuler, & de tout autre droit, administration, ou gouvernement des terres appartenantes à ces duchés. «

» Bien entendu cependant qu'on laissera sans trouble & empêchement quelconque à la ville de Bremen, à son territoire, & à ses sujets leur présent état, liberté, droits, & privileges, ès choses tant ecclésiastiques que

(*a*) Les ministres impériaux auroient encore cédé quelque chose de plus aux Suédois, s'ils avoient voulu se détacher des François; mais ils tinrent bon jusqu'à la fin, au lieu que les Hollandois leur manquerent de parole dès qu'ils eurent trouvé leur compte.

politiques. Et s'il arrivoit qu'ils eussent quelques contestations avec l'évêché ou le duché, ou avec les chapitres, elles seront terminées à l'amiable, ou décidées par la voie de la justice; sauf cependant à chacune des parties la possession dont elle se trouve revêtue. «

» 4°. L'empereur avec l'empire, pour raison de toutes lesdites provinces & fiefs, reçoit pour Etat immédiat de l'empire la reine sérénissime, & ses successeurs au royaume de Suede, en sorte que la susdite reine, & lesdits rois seront désormais appellés aux dietes impériales avec les autres Etats de l'empire, sous le titre de ducs de Bremen, de Verden, & de Poméranie, comme aussi sous celui de princes de Rugen, & de seigneurs de Wismar, & qu'il leur sera assigné une séance dans les assemblées impériales au college des princes, sur le banc des séculiers en la cinquieme place; savoir pour la voix de Bremen, en ce même lieu & ordre : mais pour celles de Verden & de Poméranie, elles seront réglées selon l'ordre d'ancienneté des précédens possesseurs. De plus dans le cercle de la Haute-Saxe, immédiatement avant les ducs de la Poméranie-ultérieure; & dans les cercles de Westphalie & de la Basse-Saxe, en la place & maniere ordinaire; en sorte toutefois que le directoire du cercle de la Basse-Saxe, s'exercera alternativement par les ducs ou archevêques de Magdebourg & de Bremen, sans préjudice néanmoins du droit de co-directoire des ducs de Brunswick & de Lunebourg. Pour les assemblées des députés de l'empire, sa majesté de Suede, & son altesse électorale de Brandebourg y auront en la maniere accoutumée leurs députés : mais parce qu'il n'appartient dans ces assemblées qu'une seule voix aux deux Poméranies, elle sera toujours portée par sa majesté, après en avoir préalablement communiqué avec l'électeur de Brandebourg. Enfin l'empereur & l'empire cedent & accordent à ladite reine & couronne de Suede en tous & chacun lesdits fiefs, le privilege de ne point appeller : mais à condition qu'elle établira en un lieu commode en Allemagne un tribunal, ou instance d'appellation, où elle mettra des personnes capables pour administrer à chacun le droit & la justice selon les constitutions de l'empire, & les statuts de chaque lieu, sans autre appel ou évocation des causes. Et au contraire, s'il arrivoit que les rois de Suede comme ducs de Bremen, de Verden, & de Poméranie, & comme princes de Rugen, ou seigneurs de Wismar, fussent légitimement appellés en justice par quelqu'un, pour cause concernant ces provinces, sa majesté impériale leur laisse la liberté de choisir à volonté tel tribunal qu'ils voudront, soit la cour aulique, soit la chambre impériale, pour y évoquer l'action intentée. Ils seront pourtant tenus de déclarer dans trois mois, à compter du jour de la déclaration du différend, en quelle justice ils veulent se pourvoir. Elle transporte aussi à sa majesté la reine de Suede le droit d'ériger académie ou université, où & quand il lui sera commode; comme aussi elle lui accorde à droit perpétuel les péages modernes, vulgairement nommés les licences, sur les côtes & ports de Poméranie, & de Mecklebourg; à la charge toutefois qu'ils seront réduits à une taxe si modique, que le commerce n'en soit point interrompu en ces lieux-là. Elle décharge finalement les Etats, magistrats, officiers, & sujets desdites provinces respectivement de tous liens & sermens dont ils étoient obligés jusqu'à cette heure aux seigneurs & possesseurs précédens ou prétendans, & les renvoie & oblige à prêter sujétion, obéissance, & fidélité à sa majesté & à la couronne de Suede, comme étant dès ce jour leur seigneur héréditaire; & constitue ainsi la Suede en la pleine & légitime possession de toutes ces choses; promettant en foi & parole impériale de prêter & donner non-seulement à la reine à présent régnante : mais aussi à tous les rois futurs, & à la couronne de Suede, toute sureté pour raison desdites provinces, biens & droits cédés & accordés, & de les conserver & maintenir inviolablement contre qui que ce puisse être, comme les autres Etats de l'empire, en la possession paisible de ces provinces, & de confirmer le tout en la meilleure forme, par lettres particulieres d'investitures.

» Réciproquement la sérénissime reine & les rois futurs, & la couronne de Suede, reconnoîtront tenir tous & chacun les susdits fiefs de sa majesté impériale & de l'empire; & en ce nom demanderont dûment, toutes les fois que le cas arrivera, le renouvellement des investitures, en prêtant comme les précédens possesseurs & semblables vassaux de l'empire, le serment de fidélité, & tout ce qui y est annexé. »

» Au reste, ils confirmeront en la maniere accoutumée, lors du renouvellement & de la prestation de l'hommage, aux Etats & sujets desdites provinces & lieux, nommément à ceux de Stralsund, leur liberté, biens, droits, & privileges communs & particuliers légitimement obtenus ou acquis par un long usage, avec l'exercice libre de la religion évangélique, pour en jouir à perpétuité, selon la pure & véritable confession d'Augsbourg. Ils conserveront aussi aux villes anséatiques, qui sont dans ces provinces la même liberté de navigation & de commerce, qu'elles ont eu jusqu'à la présente guerre, tant dans les royaumes, républiques & provinces étrangeres, que dans l'empire. »

» XI. §. 1. Pour donner une compensation équivalente au seigneur Frédéric-Guillaume, électeur de Brandebourg, qui, pour avancer la paix universelle, a cédé les droits qu'il avoit sur la Poméranie-citérieure, sur Rugen, & sur les provinces & lieux y annexés; que l'évêché d'Halberstat, avec tous ses droits, privileges, droits régaliens, territoires, & biens séculiers & ecclésiastiques, de quelque nom qu'ils soient appellés, sans en excepter aucun, soit cédé en fief perpétuel & immédiat de l'empire, par sa majesté impériale, du consentement des Etats de l'empire, & principalement des intéressés, après que la paix sera conclue & ratifiée entre les deux couronnes & les Etats de l'empire, audit électeur, & à ses successeurs héritiers & cousins mâles du côté paternel, entr'autres aux marquis Christian-Guillaume, autrefois administrateur de l'archevêché de Magdebourg, Christian de Culmbach, & Albert d'Anspach, & à leurs successeurs & héritiers mâles, & que le susdit électeur soit aussitôt mis & constitué en la possession paisible & réelle de cet évêché, & ait en ce nom, séance & voix aux dietes impériales, & au cercle de la Basse-Saxe. Mais qu'il laisse la religion & les biens ecclésiastiques en l'état qu'ils ont été réglés par l'archiduc Léopold-Guillaume, dans la convention faite avec le chapitre de la cathédrale. En sorte toutefois que nonobstant cela l'évêché demeure héréditaire à l'électeur, & à toute sa maison, & à ses parens paternels mâles ci-dessus nommés, leurs successeurs & héritiers mâles, en l'ordre qu'ils doivent succéder les uns aux autres, sans qu'il reste au chapitre aucun droit à l'élection & postulation, ou au gouvernement de l'évêché, & aux choses qui y appartiennent : mais que ledit électeur & les autres, selon l'ordre successif ci-dessus nommés, jouissent dans cet évêché du même droit; & de la même puissance dont jouissent les autres princes de l'empire en leurs territoires, & qu'il leur soit pareillement loisible d'éteindre la quatrieme partie des canonicats (excepté la prévôté, qui ne sera pas comprise dans ce nombre) à mesure que ceux de la confession d'Augsbourg, qui les possedent à présent, viendront à mourir, & d'en incorporer les revenus à la mense épiscopale ; que s'il n'y avoit pas assez de chanoines de la confession d'Augsbourg, pour faire la quatrieme partie de tout le corps, la prévôté en étant exceptée, il y sera suppléé du nombre des catholiques qui viendront à décéder. »

» §. 2. Comme aussi d'autant que le comté de Hohenstein, pour la partie dont il est fief de l'évêché de Halberstat, consistant aux deux bailliages de Lora & de Klettenberg, & en quelques bourgs, avec les biens & droits y appartenans, a été réuni après la mort du dernier comte de cette famille, à cet évêché, & possédé jusqu'à présent par l'archiduc Léopold-Guillaume, comme évêque d'Halberstat, ledit comté demeurera aussi irrévocablement uni à cet évêché, avec libre faculté audit électeur d'en disposer comme possesseur héréditaire de l'évêché de Halberstat, nonobstant toute contestation de quelque force & autorité qu'elle soit, ou par qui que ce soit qu'elle puisse être formée. »

» Sera aussi le même électeur tenu de maintenir le comte de Tattembach, en la possession du comté de Rheinstein, & de renouveller la même investiture, que l'archiduc lui avoit conférée du consentement du chapitre. »

» §. 3. Sera aussi cédé par sa majesté impériale, du consentement des Etats de l'empire, au susdit électeur, pour lui & pour ses successeurs ci-dessus mentionnés, en fief perpétuel, & en la même maniere que l'évêché de Halberstat l'a été, l'évêché de Minden, avec tous ses droits & appartenances, pour en être le susdit électeur, pour lui & ses successeurs mis en une possession paisible & réelle, aussitôt après la présente pacification conclue & ratifiée; & en ce nom, ledit électeur aura séance & voix dans les dietes générales & particulieres de l'empire, aussi bien qu'en celles du cercle de Westphalie; sauf à la ville de Minden, ses immunités & droits aux choses sacrées & profanes, & sa jurisdiction entiere & mixte aux causes criminelles & civiles, principalement le droit de banlieue, & l'exercice de cette jurisdiction accordé, & pour le présent accepté: comme aussi les autres us, immunités, & privileges qui lui appartiennent légitimement, touchant les anciens droits; à condition toutefois que les villages, hameaux, & maisons appartenant aux prince, chapitre, & à tout le clergé, & ordre des chevaliers, qui sont respectivement situés dans le territoire, & dans les murailles de la ville, en seront exceptés, & d'ailleurs le droit du prince & du chapitre demeurera inviolable. »

» Sera pareillement cédé & délaissé par l'empereur & l'empire, au susdit électeur & à ses successeurs, l'évêché de Camin, en fief perpétuel au même droit, & en la même maniere dont on a disposé ci-dessus des évêchés de Halberstat, & de Minden, avec cette différence néanmoins, que dans l'évêché de Camin, il sera libre au susdit électeur d'éteindre tous les canonicats, après la mort des chanoines d'à présent, & ajouter ainsi, & incorporer avec le temps tout l'évêché à la Poméranie-ultérieure. »

» Jouira pareillement le susdit électeur de l'expectance sur l'archevêché de Magdebourg; (*a*) en telle maniere toutefois, que quand il viendra à vaquer, soit par la mort de l'administrateur d'à présent, le duc Auguste de Saxe, soit que l'administrateur vint à succéder à l'électorat, soit enfin par quelque autre moyen, tout l'archevêché avec tous les territoires y appartenans, droits régaliens, & autres droits, selon qu'il a été disposé ci-dessus de l'évêché d'Halberstat, sera cédé & donné en fief perpétuel au susdit électeur, & à ses successeurs héritiers & parens paternels mâles; nonobstant toute élection ou postulation qui se pourroit faire secrétement ou publiquement pendant ce temps-là; & auront lui, ou eux, droit d'en prendre de leur propre autorité la possession vacante. »

» Le chapitre cependant avec les Etats & sujets du susdit archevêché, aussitôt après la paix conclue, seront tenus de s'obliger pour l'avenir par serment, à garder fidélité & sujétion au susdit électeur, à toute sa maison électorale, & à tous ses successeurs, héritiers, & parens paternels mâles. »

» §. 4. Sa majesté impériale renouvellera à la ville de Magdebourg, à l'instance qui lui en sera par elle très-humblement faite, son ancienne liberté, & le privilege à elle accordé par Othon premier, en date du 7, juin 940, encore qu'il soit péri par l'injure des temps; (*b*) comme aussi le privilege de munir & fortifier à elle accordé par l'empereur Ferdinand II,

(*a*) Il restoit alors très-peu de catholiques dans tous ces dioceses. Où il s'en trouve, les administrateurs nomment des grands-vicaires catholiques pour les gouverner.

(*b*) Elle en avoit été dépouillée après qu'elle eut été prise par Charles V, ensuite de la bataille de Mulberg.

lequel privilege s'étend jusqu'à un quart de lieue d'Allemagne, avec toute sorte de jurisdiction & de propriété : de même demeureront ses autres privileges en leur entier & inviolables, tant aux choses ecclésiastiques, que politiques, avec la clause insérée, qu'on ne rebâtira point de fauxbourgs au préjudice de la ville. »

» Pour ce qui regarde au surplus les quatre bailliages ou préfectures de Querfurt, Juterbock, Dam, & Borck ; puisqu'ils ont déjà été cédés à l'électeur de Saxe, ils demeureront aussi en son pouvoir, avec cette réserve toutefois que l'électeur de Saxe contribuera à l'avenir aux collectes de l'empire & du cercle, la quote part qui a été jusqu'à présent contribuée pour raison de ces bailliages ; & l'archevêché en sera déchargé, & de cela il en sera fait mention expresse en la matricule de l'empire & du cercle. Et pour réparer, en quelque façon, la diminution qui en résulte des revenus appartenans à la chambre & à la mense archiépiscopale, l'on donne & délaisse à l'électeur de Brandebourg, & à ses successeurs, non-seulement la préfecture d'Eglen, qui autrefois appartenoit au chapitre, pour la posséder & en jouir de plein droit, aussitôt après la paix conclue, (le procès que les comtes de Barby en avoient intenté depuis quelques années, demeurant pour ce sujet éteint & supprimé :) mais aussi la faculté, quand il aura obtenu la possession de l'archevêché, d'éteindre la quatrieme partie des canonicats de la cathédrale, quand ils viendront à vaquer par mort, & d'en appliquer les revenus à la chambre archiépiscopale. »

» Les dettes contractées ci-devant par le présent administrateur le duc Auguste de Saxe ne seront point acquittées des revenus de l'archevêché, le cas avenant qu'il soit vacant ou dévolu, en la maniere qu'il a été dit, à l'électeur de Brandebourg, & à ses successeurs ; & il ne sera permis non plus à l'administrateur de charger à l'avenir le susdit archevêché de nouvelles dettes, aliénations, engagemens, au préjudice de l'électeur, & de ses successeurs & parens mâles. »

» Seront aussi conservés aux Etats & sujets des susdits archevêché & évêché appartenans audit seigneur électeur, leurs droits & privileges compétans, principalement l'exercice de la confession d'Augsbourg, tel qu'ils l'ont à présent; & les choses qui ont été transigées & accordées dans le point des griefs entre les Etats de l'empire de l'une & de l'autre religion, n'auront pas moins lieu, (en tant qu'elles ne seront point contraires à la disposition qui est contenue ci-dessus en l'article 5 des griefs, §. 8. qui commence : *Les archevêchés, évêchés, & autres fondations & biens ecclésiastiques, &c.* & qui finit par ces mots, *& à cette transaction*) que si elles étoient insérées ici de mot à mot; & les susdits archevêchés, & évêchés, appartiendront à l'électeur, & à la maison de Brandebourg, & à tous ses successeurs héritiers & parens paternels à perpétuité avec droit héréditaire, & immuable, de la même maniere qu'ils ont droit sur leurs autres terres héréditaires; & pour ce qui concerne le titre ou la qualité, il a été convenu,

venu, que le susdit électeur avec toute la maison de Brandebourg, & tous & chacun les marquis de Brandebourg, soient appellés & qualifiés ducs de Magdebourg, & princes de Halberstat & de Minden. »

» §. 5. Sa majesté de Suede restituera aussi au susdit seigneur électeur pour lui, ses successeurs, héritiers & parens paternels mâles; en premier lieu, le reste de la Poméranie-Ultérieure, avec toutes ses appartenances, biens, droits ecclésiastiques & séculiers de plein droit, tant pour le domaine utile, que pour le domaine direct. »

» En second lieu, la ville de Colberg, avec tout l'évêché de Camin, & tout le droit que les ducs de la Poméranie-Ultérieure ont ci-devant eu en la collation des dignités & prébendes du chapitre de Camin; en sorte toutefois que lesdits droits ci-dessus cédés à sa majesté de Suede lui demeurent en leur entier; & que ledit électeur confirme & conserve en la meilleure maniere que faire se pourra aux Etats & sujets dans la partie restituée de la Poméranie-Ultérieure, & dans l'évêché de Camin, lors du renouvellement & de la prestation de l'hommage, leur compétente liberté, & leurs biens, droits & privileges, pour en jouir perpétuellement sans aucun trouble, selon la teneur des lettres réversales (dont aussi les Etats & sujets dudit évêché doivent jouir comme si elles leur avoient été directement accordées) avec l'exercice libre de la confession d'Augsbourg, savoir de celle qui n'a point été changée. »

» En troisieme lieu, toutes les places qui sont présentement occupées par les garnisons Suédoises en la Marche de Brandebourg. »

» En quatrieme lieu, toutes les commanderies & biens appartenans à l'ordre des chevaliers de saint-Jean, situés hors des territoires qui ont été cédés à sa majesté, & à la couronne de Suede, ensemble les actes, registres, & autres documens, & papiers originaux qui concernent ces lieux & ces droits, qui doivent être restitués. Et pour les papiers communs qui touchent l'une & l'autre Poméranie-Citérieure & Ultérieure, & qui se trouvent ou dans les archives & cartulaires de la cour de Stetin, ou ailleurs, hors ou dans la Poméranie, il en sera donné des copies en bonne & due forme. »

» XII. §. 1. Pour ce que l'on prend au seigneur Adolphe-Frédéric duc de Mecklebourg-Schverin, à cause de l'aliénation de la ville & du port de Wismar, il a été convenu qu'il aura pour lui & pour ses héritiers mâles en fief perpétuel & immédiat, les évêchés de Schverin & de Ratzebourg, (sauf toutefois à la maison de Saxe-Lawenbourg; (*a*) & à d'autres voisins, comme aussi audit diocese, le droit qui les regarde de part & d'autre) avec tous les droits, documens, titres, archives, registres, & autres appartenances, & même la faculté d'éteindre les canonicats des deux chapitres, après

(*a*) Maison depuis éteinte par la mort de Jules-François, arrivée le 29 de septembre 1689, qui n'a laissé que deux filles.

le décès des chanoines qui y sont à présent, pour en appliquer tous les revenus à la mense ducale; & qu'il aura en ce nom séance aux assemblées de l'empire, & du cercle de la basse Saxe, avec double titre & double voix de prince. Or quoique le seigneur Gustave Adolphe duc de Mecklebourg-Gustrow, son neveu, fils de son frere, ait été ci-devant désigné administrateur de Ratzebourg; parce que toutefois le bénéfice de la restitution en leurs duchés (a) ne le regarde pas moins que son oncle, il a été trouvé équitable, que l'oncle ayant cédé Wismar, le neveu à son tour lui cede cet évêché. Mais il sera conféré pour ce sujet audit duc Gustave-Adolphe, par forme de récompense, deux bénéfices ou canonicats de ceux qui, selon le présent accommodement des griefs, sont affectés à ceux qui professent la confession d'Augsbourg, l'un dans l'église cathédrale de Magdebourg, & l'autre dans celle de Halberstat, des premiers qui viendront à vaquer. »

» §. 2. Pour ce qui regarde ensuite les deux canonicats que l'on prétend en l'église cathédrale de Strasbourg, (b) si de cette part il échoit quelque chose aux Etats de la confession d'Augsbourg en vertu de cette présente transaction, on donnera sur ces sortes de revenus à la famille des ducs de Mecklebourg le revenu des deux canonicats, sans préjudice pourtant des catholiques. Et s'il arrivoit que la branche des mâles de Schverin vint à manquer, celle de Gustrow subsistant, alors celle-ci succédera derechef à celle-là. «

» §. 3. Pour plus grande satisfaction de ladite maison de Mecklebourg, on lui cede à perpétuité les deux commanderies de l'ordre militaire de saint Jean de Jerusalem, Mirow, & Nemeraw, situés dans ce duché, en vertu de la disposition exprimée ci-dessus en l'article 5 paragraphe 9, en attendant que l'on soit demeuré d'accord sur les contestations de la religion dans l'empire; savoir Mirow, à la ligne de Schverin; & Nemeraw, à celle de Gustrow, sous cette condition qu'elles seront tenues d'obtenir elles-mêmes le consentement dudit ordre, & de lui rendre aussi dorénavant, de même qu'à l'électeur de Brandebourg, comme patron d'icelui, toutes les fois que le cas y écherra, les devoirs accoutumés jusques ici de lui être rendus. Sa majesté impériale confirmera aussi à ladite maison les péages sur l'Elbe, ci-devant obtenus à perpétuité, avec l'exemption des contributions, qui seront à l'avenir levées dans l'empire; à l'exception de ce qui regarde la sa-

---

(a) Don Ferdinand II les avoit dépouillés pour enrichir le général Walstein.

(b) Les maisons de Brunswick & de Meckelbourg ont possédé chacune deux canonicats de l'église de Strasbourg depuis ce traité, jusqu'à l'arrêt du conseil souverain de Brisac, de l'an 1687 qui les en dépouilla. Ces princes ne se sont pas pourvus contre cet arrêt, & se sont contentés des biens de l'église de Strasbourg qui étoient au-delà du Rhin, que l'on leur a abandonnés, & qu'ils ont partagés entr'eux, en sorte qu'ils n'en ont fait aucune plainte lors du traité de Riswick dont l'article XVI a ratifié cet accommodement, & l'on n'a plus vu à Strasbourg de chanoines protestans. Comme c'étoit à eux qu'appartenoit le *Bruder hoff* ou l'ancienne maison commune du chapitre, pendant qu'ils vivoient en communauté.

tisfaction de la milice Suédoise, jusqu'à ce que la somme de deux cents mille rixdales ait été compensée. La dette prétendue de Wingerschin demeurera aussi éteinte, comme contractée à cause des guerres, avec les procès & les décrets qui en sont émanés; en sorte que les ducs de Mecklebourg, & la ville de Hambourg ne puissent plus dorénavant pour ce sujet être recherchés ou inquiétés «.

» XIII. §. 1. La maison ducale de Brunswick & de Lunebourg, ayant pour faciliter & établir d'autant mieux la paix publique, cédé les coadjutoreries qu'elle avoit obtenues des archevêchés de Magdebourg, & de Bremen, & des évêchés de Halberstat & de Ratzebourg, à cette condition, qu'entre autres choses on lui accorderoit la succession alternative avec les catholiques en l'évêché d'Osnabruck (*a*) : sa majesté impériale qui ne trouve pas convenable dans l'état présent des affaires de l'empire de retarder plus longtemps pour ce sujet la paix publique, consent & permet que cette succession alternative en l'évêché d'Osnabruck ait lieu dorénavant entre les évêques catholiques, & ceux de la confession d'Augsbourg, qui seront pourtant postulés de la famille des ducs de Brunswick & de Lunebourg, tant qu'elle subsistera, & ce en la maniere & aux conditions suivantes «.

» §. 2. D'autant que le comte *Gustave Gustaveson*, *comte de Wassebourg*, sénateur du royaume de Suede, renonce à tout le droit qu'il avoit obtenu, à l'occasion de la présente guerre sur l'évêché d'Osnabruck, & qu'il remet aux Etats & sujets de cet évêché le serment qu'ils lui avoient prêté; à ces causes l'évêque François-Guillaume de Wartemberg & ses successeurs, comme aussi le chapitre, les Etats & les sujets de cet évêché, seront obligés en vertu des présentes de payer & compter audit sieur comte, ou à son ordre dans Hambourg, pendant le cours de quatre années, à commencer du jour de la publication de la paix, la somme de quatre-vingt mille rixdales; en sorte qu'ils soient tenus de lui payer & compter ou à son ordre dans Hambourg chacun an vingt mille rixdales; pour l'exécution de quoi la loi publique de cette pacification donnera toute autorité à tous actes faits contre les défaillans «.

» Ledit évêché d'Osnabruck sera restitué tout entier, & avec toutes ses appartenances, tant séculieres qu'ecclésiastiques, au susdit évêque François-Guillaume, qui le possédera de plein droit, ainsi qu'il sera stipulé par les clauses de la capitulation invariable & perpétuelle, qui sera faite sur ce sujet, du consentement commun, tant dudit prince François-Guillaume, que des princes de la maison de Brunswick-Lunebourg, & des capitulaires de l'évêché d'Osnabruck «.

» §. 3. Pour ce qui est de l'état de la religion, & des ecclésiastiques, comme aussi de tout le clergé de l'une & de l'autre religion, tant en la

(*a*) Expédient proposé par Contarini, médiateur, pour concilier les catholiques & les protestans qui vouloient avoir cet évêché.

même ville d'Osnabruck, que dans les autres pays, villes, bourgs, villages, & autres lieux appartenans à cet évêché, il demeurera & sera rétabli au même état, qu'il étoit le premier janvier 1624. Et il sera fait auparavant une désignation particuliere de tout ce qui se trouvera avoir été changé depuis ladite année 1624, tant à l'égard des ministres de la parole de Dieu, que du culte divin, laquelle sera insérée en la susdite capitulation. Et l'évêque promettra par réversales, ou autres lettres, à ses Etats & à ses sujets, après avoir reçu leur hommage selon la forme ancienne, de leur conserver leurs droits, & leurs privileges; & en outre toutes les autres choses qui seront trouvées nécessaires pour l'administration future de l'évêché, & la sureté des Etats, & des sujets de part & d'autre. «

» §. 4. Ledit évêque venant à décéder, le duc Ernest-Auguste de Brunswick & de Lunebourg, lui succédera en l'évêché d'Osnabruck, & sera même dès à présent désigné son successeur, en vertu de la présente paix publique; en sorte que le chapitre cathédral d'Osnabruck, comme aussi les Etats & sujets de l'Evêché, soient tenus incontinent après la mort, ou la résignation de l'évêque d'à présent, de recevoir pour évêque ledit duc Ernest-Auguste, & les susdits Etats & sujets obligés à cette fin de lui prêter, dans trois mois, à compter du jour de la conclusion de la paix, l'hommage accoutumé, ainsi qu'il a été dit ci-dessus, aux conditions qui seront insérées dans la capitulation perpétuelle, qui est à faire avec le chapitre; & si le duc Ernest-Auguste ne survivoit pas l'évêque d'à présent, le chapitre sera tenu après la mort de l'évêque à présent vivant, de postuler un autre prince de la famille du duc George de Brunswick & de Lunebourg, aux conditions qui seront convenues en la capitulation invariable qui aura été reçue, lesquelles seront observées à perpétuité & réciproquement. Que si celui-ci vient à mourir, ou à résigner volontairement, le chapitre sera tenu d'élire ou de postuler un prélat catholique; & s'il arrivoit en cela quelque négligence parmi les chanoines, l'ordonnance du droit canonique, & la coutume d'Allemagne auront lieu pour ce regard; sauf pourtant la capitulation perpétuelle, & la présente transaction. Et partant sera à jamais admise la succession alternative entre les évêques catholiques, choisis du chapitre ou postulés d'ailleurs, & entre ceux de la confession d'Augsbourg, lesquels ne seront autres que les descendans de la famille dudit duc George. Et s'il y a plusieurs princes de cette famille, on élira ou postulera un des cadets pour évêque; & si les cadets manquent, un des princes régens sera élu; & ceux-ci manquant aussi, la postérité du duc Auguste enfin succédera avec l'alternative perpétuelle, comme il a été dit, entre cette famille, & les catholiques.

» §. 5. Non-seulement ledit duc Ernest-Auguste, mais aussi tous & un chacun les princes de la famille des ducs de Brunswick & de Lunebourg de la confession d'Augsbourg, qui succéderont alternativement en cet évêché, seront tenus de conserver & défendre, comme il a été disposé ci-dessus en l'article troisieme, & comme il le sera en la capitulation perpétuelle, l'état de la religion, & des ecclésiastiques, ensemble de tout le clergé, tant en la ville d'Osnabruck, que dans les autres pays, bourgs, bourgades, villes, villages, & tous les autres lieux appartenans à cet évêché. «

» §. 6. Et afin que dans l'administration & régime des évêques de la confession d'Augsbourg, il n'arrive aucune difficulté ni confusion au regard de la censure des ecclésiastiques catholiques, ni au regard de l'usage, & de l'administration des sacremens, selon la maniere de l'église Romaine, comme aussi des autres choses qui sont de l'ordre, la disposition de tout ce que dessus sera réservée à l'archevêque de Cologne, comme au métropolitain, à l'exclusion de ceux de la confession d'Augsbourg, toutes les fois que la succession alternative tombera sur un prince de cette confession; mais cela excepté, les autres droits de souveraineté & de régime, tant au civil qu'au criminel, demeureront inviolables à l'évêque de la susdite confession, selon les loix de la future capitulation; & réciproquement toutes les fois qu'un évêque catholique gouvernera l'évêché d'Osnabruck, il ne prétendra, ni n'aura aucun droit sur les choses ecclésiastiques, qui regardent la confession d'Augsbourg. «

» §. 7. Que le monastere ou prévôté de Walckenried, dont le duc Christian-Louis de Brunswick & de Lunebourg, est présentement administrateur, soit conféré par l'empereur & l'empire, avec la terre de Schauven à droit perpétuel de fief aux ducs de Brunswick, & Lunebourg, ensemble toutes leurs appartenances & droits, pour y succéder entre les familles de Brunswick-Lunebourg, au même ordre ci-dessus dit; le droit d'avocatie ou protection, & toutes les prétentions de l'évêché de Halberstadt, & du comté d'Hohenstein demeurant entiérement éteintes & annullées. «

» §. 8. Que le monastere de Groeningen ci-devant acquis à l'évêché de Halberstadt, soit aussi restitué ausdits ducs de Brunswick-Lunebourg, avec la réserve des droits qui appartiennent ausdits ducs, sur le château de Westerbourg, comme aussi l'inféodation faite par les mêmes ducs au comte de Tettembach; & les conventions faites pour ce sujet, demeureront en leur entier, aussi bien que les droits de créance & d'engagement appartenant sur Westerbourg à Frédéric Schencken de Winterstet, lieutenant du duc Christian-Louis. «

» §. 9. Quant à la dette contractée par le duc Frédéric-Ulric de Brunswick-Lunebourg avec le roi de Danemarc, & cédée par celui-ci à sa majesté impériale, dans un traité de paix conclu à Lubec, & de laquelle ensuite il a été fait don au comte de Tilli, général de l'armée impériale; les ducs d'à présent de Brunswick-Lunebourg, ayant représenté, que pour plusieurs raisons ils ne sont pas tenus de cette dette, & les ambassadeurs & plénipotentiaires de la couronne de Suede, ayant aussi de leur part fortement agi pour cette affaire, il a été convenu pour le bien de la paix, que cette dette demeurera éteinte, & que l'obligation en sera remise ausdits ducs, à leurs héritiers & à leurs Etats. «

» §. 10. Les ducs de Brunswick-Lunebourg de la branche de Zell, ayant payé jusqu'à présent l'intérêt annuel de la somme de vingt mille florins au chapitre de Ratzebourg, il a été dit, que comme l'alternative cesse présentement, lesdits intérêts annuels cesseront aussi, avec suppression entiere de la dette, & de toute autre obligation pour ce regard. «

» §. 11. Aux deux ducs Antoine-Ulric, & Ferdinand-Albert, fils cadets du duc Auguste de Brunswick-Lunebourg, seront aussi conférées deux prébendes dans l'évêché de Strasbourg, (a) de celles qui vaqueront les premieres, à cette condition néanmoins que le duc Auguste renoncera aux prétentions qu'il avoit ou pouvoit avoir ci-devant sur l'un ou l'autre canonicat. «

» §. 12. Et en échange lesdits ducs renonceront aux postulations, & coadjutoreries sur les archevêchés de Magdebourg, & de Bremen, comme aussi sur les évêchés de Halberstadt & de Ratzebourg; en sorte que tout ce qui a été ci-dessus réglé en ce traité de paix, touchant ces archevêchés & évêchés, aura son plein & entier effet, sans aucune contradiction de leur part; les chapitres demeurans en tout & par-tout en l'état, dont il a été ci-dessus convenu. «

» XIV. Touchant la somme de douze mille rixdales, qui doit être payée tous les ans au marquis Christian-Guillaume de Brandebourg, par l'archevêché de Magdebourg, il a été convenu, que le cloître & les bailliages de Zina, & de Lobourg, seront incessamment cédés & transportés audit marquis de Brandebourg, avec toutes leurs appartenances, & pleine & entiere jurisdiction, excepté le seul droit de territoire, & que le susdit marquis jouira de ces bailliages pendant sa vie, sans être obligé d'en rendre aucun compte; à condition toutefois qu'aucun préjudice ne sera fait aux sujets desdits bailliages, tant au temporel qu'au spirituel. Et comme ledit cloître, & lesdits bailliages, ainsi que tout l'archevêché ont été fort ruinés par l'injure des temps, le présent seigneur administrateur payera sans délai pour ce sujet audit marquis, des deniers qui seront imposés à cet effet sur ledit archevêché, la somme de trois mille rixdales, desquelles ledit marquis & ses héritiers ne seront tenus de faire aucune restitution. Il a été en outre accordé, qu'après le décès du susdit marquis, il sera pour raison & à l'occasion des alimens qui n'auront pas été fournis, libre & permis à ses héritiers & successeurs de retenir cinq ans durant lesdits cloître & bailliages, & toutes leurs appartenances & dépendances & droits, & d'en jouir & user, sans être obligés d'en rendre aucun compte. Mais après l'expiration des cinq années lesdits bailliages avec leur jurisdiction, rentes, & revenus, retourneront sans aucun retardement à l'archevêché, & ne pourra

(a) Eteintes depuis l'arrêt de 1687 comme on a dit ci-dessus.

être demandé ni prétendu aucune chose pour raison de ladite somme; & tout cela aura lieu, lors même que ledit archevêché de Magdebourg sera possédé par l'électeur de Brandebourg, pour sa récompense équivalente & due, & par ses héritiers & successeurs. «

» XV. Touchant l'affaire de Hesse-Cassel on est demeuré d'accord de ce qui s'ensuit. »

» §. 1. La maison de Hesse-Cassel, & tous ses princes, sur-tout madame Amélie-Elizabeth, Landgrave de Hesse, & le prince Guillaume, son fils, & leurs héritiers, leurs ministres, officiers, vassaux, sujets, soldats, & autres qui sont attachés à leur service en quelque façon que ce soit, sans exception aucune, nonobstant tous contrats, procès, prescriptions, déclarations, sentences, exécutions, & transactions contraires, qui tous, de même que les actions ou prétentions, pour cause de dommages & injures, tant des neutres, que de ceux qui portoient les armes, demeureront annullés, seront pleinement participans de l'amnistie générale ci-devant établie, avec une entiere restitution, à avoir lieu du commencement de la guerre de Bohême, excepté les vassaux & sujets héréditaires de sa majesté impériale, & de la maison d'Autriche, ainsi qu'il en est ordonné par le paragraphe, *enfin tous, &c.* comme aussi de tous les avantages provenans de cette amnistie, & religieuse paix, avec pareil droit dont jouissent les autres Etats, ainsi qu'il est ordonné dans l'article qui commence; *du consentement aussi unanime, &c.* »

» §. 2. La maison de Hesse-Cassel & ses successeurs retiendront l'abbaye de Hirsfeld, avec toutes ses appartenances séculieres & ecclésiastiques, situées dedans ou dehors son territoire (comme la prévôté de Gelingen;) sauf toutefois les droits que la maison de Saxe y possede de temps immémorial; & à cette fin ils en demanderont l'investiture de sa majesté imperiale, toutes les fois que le cas y écherra, & en prêteront serment de fidélité. »

» §. 3. Le droit de seigneurie directe & utile sur les bailliage de Scaumbourg, Buckenbourg, Saxenhagen, & Statthagen attribué ci-devant & adjugé à l'évêché de Minden, appartiendra dorénavant au seigneur Guillaume, Landgrave de Hesse, & à ses successeurs, pleinement & à perpétuité, sans que ledit évêché ni aucun autre le lui puisse disputer, ni l'y troubler; sauf néanmoins la transaction passée entre Christian-Louis, duc de Brunswick-Lunebourg, le landgrave de Hesse, & Philippe, comte de Lippe; la convention aussi passée entre ladite landgrave, & ledit comte demeurant pareillement en sa force & vertu. »

» §. 4. De plus, on est demeuré d'accord, que pour la restitution des places occupées pendant cette guerre, & par forme d'indemnité, il soit payé à madame la landgrave de Hesse, tutrice, & à son fils, ou à ses successeurs princes de Hesse, par les archevêchés de Mayence, & de Cologne, les évêchés de Paterborn, & de Munster, l'abbaye de Fulde, dans la ville de Cassel, aux frais & périls des payeurs, la somme de six cents mille rixdales, de valeur & bonté réglée par les dernieres constitutions impériales, pendant l'espace de neuf mois, à compter du temps de la ratification de la paix; sans qu'il puisse être admis aucune exception, ou aucun prétexte pour empêcher le payement promis; & encore moins qu'il puisse être fait aucun arrêt ou saisie sur la somme convenue. »

» §. 5. Et afin que madame la landgrave soit d'autant plus assurée du payement, elle retiendra aux conditions suivantes, Nuys, Coesfeld & Newhauss, & aura en ces lieux-là des garnisons qui ne dépendront que d'elle; mais à cette condition, qu'outre les officiers & les autres personnes nécessaires aux garnisons, celles des trois lieux susnommés ensemble, n'excéderont pas le nombre de douze cents hommes de pied, & de cent chevaux; laissant à madame la landgrave la disposition du nombre de cavalerie & d'infanterie qu'il lui plaira de mettre en chacune de ces places, & des gouverneurs qu'elle voudra y établir. »

» §. 6. Les garnisons seront entretenues selon l'ordre qui a accoutumé jusqu'ici d'être gardé pour l'entretien des officiers & soldats de Hesse; & les choses qui sont nécessaires pour la conservation des forteresses, seront fournies par les archevêchés & évêchés, dans lesquels lesdites forteresses & villes sont situées, sans diminution de la somme ci-dessus mentionnée. Il sera permis aux mêmes garnisons d'exécuter les refusans & les négligens, non toutefois au delà de la somme due. Cependant les droits de souveraineté, & la jurisdiction tant ecclésiastique que séculiere, comme aussi les revenus desdites forteresses & villes, seront conservés au seigneur archevêque de Cologne. »

» §. 7. Mais aussitôt qu'après la ratification de la paix on aura payé trois cents mille rixdales à madame la landgrave, elle rendra Nuiss, & retiendra seulement Coesfeld & Newhauss, ensorte néanmoins qu'elle ne mettra point la garnison qui sortira de Nuiss dans Coesfeld & Newhauss, ni ne demandera rien pour cela; & la garnison de Coesfeld ne passera pas le nombre de six cents hommes de pied, & de cinquante chevaux, ni celle de Newhauss le nombre de cent hommes de pied. Que si dans le temps de neuf mois toute la somme n'étoit pas payée à madame la landgrave, non-seulement Coesfeld & Newhauss lui demeureront jusqu'à l'entier payement; mais aussi pour le reste de la somme on lui en payera l'intérêt, à raison de cinq pour cent, jusqu'à ce que ce reste de somme lui ait été payé : & les trésoriers & receveurs des bailliages appartenans auxdits archevêchés, duchés, abbaye, & contigus à la principauté de Hesse, qui suffiront pour satisfaire au payement desdits intérêts, s'obligeront par serment à madame la landgrave de lui payer des deniers de leurs recettes les intérêts annuels de la somme restante, nonobstant les défenses de leurs maîtres. Que si les trésoriers & receveurs different de payer, ou employent les revenus ailleurs, madame la landgrave pourra les contraindre au payement par toutes sortes de voies; au surplus les autres droits du seigneur propriétaires demeurans en leur entier. Mais aussitôt que madame la landgrave aura

aura reçu toute la somme, avec les arrérages du temps de la demeure, elle restituera les lieux susnommés par elle retenus par forme d'assurance; les intérêts cesseront; & les trésoriers & receveurs dont il a été parlé, seront quittes de leur serment. Quant aux bailliages du revenu desquels l'on aura à payer les intérêts en cas de retardement, l'on en conviendra provisionnellement avec la ratification de la paix; laquelle convention ne sera pas de moindre force que ce présent traité de paix. »

» §. 8. Outre les lieux qui seront laissés à madame la landgrave par forme d'assurance, comme il a été dit, & qui seront par elle rendus après le payement; elle restituera cependant aussitôt après la ratification de la paix toutes les provinces & les évêchés, comme aussi leurs villes, bailliages, bourgs, forteresses, forts, & enfin tous les biens immeubles, & les droits par elle occupés pendant ces guerres; en sorte toutefois que tant des trois lieux qu'elle retiendra par forme de gage, que tous les autres à restituer, non-seulement madame la landgrave & lesdits successeurs feront remporter par leurs sujets toutes les provisions de guerre & de bouche qu'elle y aura fait mettre : (car quant à celles qu'elle n'y aura point apportées, & qu'elle y aura trouvées en prenant les places, & qui y seront encore, elles y resteront :) mais aussi les fortifications & remparts qui ont été élevés durant qu'elle a occupé ces places, seront détruits & démolis; en sorte toutefois que les villes, bourgs, châteaux & forteresses ne soient pas exposés aux invasions & pillages. »

» §. 9. Et bien que madame la landgrave n'ait exigé aucune chose de personne pour lui tenir lieu de restitution & d'indemnité, sinon des archevêchés de Mayence & de Cologne, des évêchés de Paterborn & de Munster, & de l'abbaye de Fulde, & n'ait point voulu absolument qu'il lui fût rien payé par aucun autre pour ce sujet; toutefois, eu égard à l'équité & à l'état des affaires, l'assemblée a trouvé bon, que sans préjudice de la disposition du précédent paragraphe qui commence, *de plus on est demeuré d'accord*, &c. les autres Etats quels qu'ils soient qui sont au deçà & au delà du Rhin, & qui depuis le premier de mars de l'année courante ont payé contribution aux Hessiens, fourniront au *prorata* de la contribution par eux payée pendant tout ce temps, leur quote part auxdits archevêchés, évêchés & abbaye, pour faire la somme ci-dessus mentionnée, & pour l'entretenement des garnisons; que si quelques-uns souffroient du dommage par le retardement du payement des autres, les retardans seront obligés de le réparer; & les officiers ou soldats de sa majesté impériale, du roi très-chrétien, & de la landgrave de Hesse n'empêcheront point qu'on ne les y contraigne. Il ne sera non plus permis aux Hessiens d'exempter personne au préjudice de cette déclaration : mais ceux qui auront dûment payé leur quote part, seront dès-là exempts de toutes charges. »

» §. 10. Quant à ce qui regarde les différends mûs entre les maisons de Hesse-Cassel & de Darmstadt, touchant la succession de Marbourg, vu que le 14 d'avril dernier, ils ont été entiérement accommodés à Cassel, du consentement unanime des parties intéressées, il a été trouvé bon que cette transaction avec toutes ses clauses, appartenances & dépendances, telle qu'elle a été faite & signée à Cassel par les parties, & insinuée dans cette assemblée, ait en vertu du présent traité la même force que si elle y étoit insérée de mot à mot, & qu'elle ne puisse être jamais enfreinte par les parties contractantes, ni par qui que ce soit, sous aucun prétexte, soit de contrat, soit de serment, soit d'autre chose : mais bien plus, qu'elle doit être exactement observée par tous, encore que peut-être quelqu'un des intéressés refuse de la confirmer. »

» §. 11. Pareillement la transaction entre feu monsieur Guillaume landgrave de Hesse, & messieurs Christian & Wolrard comtes de Waldeck, faite le 11 avril 1635, & ratifiée par monsieur le landgrave George de Hesse le 14 d'avril 1648, aura une pleine & perpétuelle force en vertu de cette pacification, & n'obligera pas moins tous les princes de Hesse que tous les comtes de Waldeck. »

» §. 12. Que le droit d'aînesse introduit dans la maison de Hesse-Cassel, & en celle de Darmstadt, & confirmé par sa majesté impériale, demeure ferme, & soit inviolablement gardé. »

» XVI. Aussitôt que le traité de paix aura été souscrit & signé par les plénipotentiaires & ambassadeurs, tout acte d'hostilité cessera, & les choses qui ont été accordées ci-dessus, seront de part & d'autre en même-temps mises à exécution. »

» §. 1. L'empereur fera lui-même publier des édits par tout l'empire, & mandera précisément à ceux qui sont obligés par ces conventions, & par cette présente pacification, à restituer ou à accomplir quelque chose, qu'ils aient, sans y manquer & sans remise, à exécuter entre le temps de la conclusion de la paix, & celui de sa ratification, les choses qui ont été transigées; enjoiguant tant aux princes directeurs, qu'aux colonels des cercles, de procurer & faire exécuter la restitution de chacun selon l'ordre d'exécution, & selon ces pactions à la réquisition de ceux qui doivent être restitués. Sera pareillement insérée dans lesdits édits cette clause, que parce que les directeurs d'un cercle ou le colonel de la milice sont censés moins propres à faire cette exécution en leur propre cause & restitution; en ce cas, & s'il arrivoit même que les directeurs ou le colonel de la milice circulaire en refusassent la commission, les princes directeurs ou colonels du cercle voisin, s'acquitteront de la même commission d'exécution à l'égard aussi des autres cercles, à la réquisition de ceux qui sont à restituer. »

» §. 2. S'il arrivoit aussi que quelqu'un qui doit être restitué, eût besoin des commissaires de l'empereur pour appuyer l'acte de quelque restitution, payement ou exécution (ce qui sera à son choix,) ils lui seront incessamment donnés; & en ce cas, & pour d'autant moins retarder l'accomplissement des choses ici accordées, il sera permis tant à ceux qui restitueront qu'à ceux qui doivent être restitués, aussitôt après la paix conclue & signée, de nommer de part & d'autre, deux ou trois commissaires, desquels sa majesté impériale choisira un d'entre ceux que celui qui doit être restitué aura nommé, & un d'entre ceux que celui qui doit restituer aura aussi nommé, en nombre toutefois égal de l'une & de l'autre religion, auxquels elle ordonnera d'exécuter sans délai tout ce qui doit être effectué en vertu de la présente transaction. Que si ceux qui doivent restituer négligeoient de nommer des commissaires; alors sa majesté impériale choisira un de ceux que la partie qui est à restituer aura nommés, & en joindra un autre à sa volonté, en nombre toujours égal de l'une & de l'autre religion, auxquels elle ordonnera d'exécuter la commission, nonobstant l'opposition & contradiction de la partie adverse; comme aussi ceux qui seront à restituer feront savoir, incontinent après la paix conclue, aux intéressés qui devront restituer, la teneur des choses transigées. »

» §. 3. Enfin tous & chacun ou Etats, ou communautés; ou particuliers, soit ecclésiastiques, ou séculiers, qui en vertu de la présente transaction & de ses regles générales, ou de quelque disposition particuliere & expresse, sont obligés de restituer, céder, donner, faire, ou accomplir quelque chose, seront aussitôt après la publication des édits impériaux, & après la signification faite de ce qui doit être restitué, tenus de restituer, céder, donner, faire & accomplir tout ce à quoi ils sont obligés, sans résistance, opposition, ou allégation de la défense ou clause salutaire générale ou spéciale insérée ci-dessus en l'amnistie, & sans aucune autre exception, comme aussi sans apporter aucun dommage à personne; & pour cet effet nul Etat ou homme de guerre des garnisons ou autre quelconque, ne s'opposera à l'exécution des directeurs ou des colonels de la milice des cercles, ou des commissaires : mais donnera au contraire assistance aux exécuteurs, contre ceux qui tâcheroient d'empêcher en quelque maniere que ce soit l'exécution. Il leur sera permis aussi de se servir pour cela de leurs propres forces, ou des forces de ceux qu'ils doivent mettre en possession. »

» §. 4. Tous les prisonniers de part & d'autre, d'épée, ou de robe, sans distinction aucune, seront ci-après mis en liberté, en la maniere dont les généraux seront convenus ou conviendront du consentement de sa majesté impériale. »

» §. 5. Finalement pour ce qui regarde le licenciement de la soldatesque Suédoise, tous les électeurs, princes & autres Etats, y compris la noblesse immédiate de l'empire des sept cercles suivans de l'empire, savoir du cercle des quatre électeurs du Rhin, de celui de la Haute-Saxe, de celui de Franconie, du cercle de Suabe, de celui du Haut-Rhin, du cercle de Westphalie, & de celui de la Basse-Saxe, (sauf toutefois leur réquisition usitée jusqu'à présent en pareils cas, & leur liberté & exemption à l'avenir) seront tenus de contribuer la somme de cinq millions de rixdales en especes de bon aloi, ayant cours dans l'empire en trois termes. Au premier terme celle de 1,800,000 rixdales, laquelle les Etats payeront chacun selon sa quote part; savoir les Etats du cercle des électeurs du Rhin, & ceux du cercle du Haut-Rhin, à Francfort sur le Mein; ceux du cercle de la Haute-Saxe, à Leipsick, ou à Brunswick; ceux du cercle de Franconie à Nuremberg; ceux du cercle de Suabe, à Ulm; ceux du cercle de Westphalie, à Brême, ou à Munster; & ceux du cercle de la Basse-Saxe, à Hambourg. Et pour parvenir plus facilement au payement de cette somme, il sera permis à ceux qui devront être restitués suivant l'amnistie, c'est-à-dire, aux véritables seigneurs, & non pas aux possesseurs d'à présent, d'imposer & de lever sur leurs sujets la quote part qu'ils auront à payer incontinent après la paix conclue, & même avant que la restitution ait été faite; & les possesseurs d'à présent ne donneront aucun empêchement quand on exigera ces contributions. Sera aussi payée audit premier terme la somme de douze cents *mille rixdales en assignations sur certains Etats*, & ce à des conditions raisonnables, & dont chaque Etat conviendra de bonne foi dans le temps d'entre la conclusion & la ratification de la paix avec l'officier de guerre assigné sur lui. Après laquelle convention & l'échange des ratifications du présent traité, on achevera aussitôt d'un pas égal le payement desdits dix-huit cents mille rixdales, le licenciement de la milice, & l'évacuation des places, sans qu'il puisse y être apporté de retardement pour quelque cause que ce soit. Cesseront cependant aussitôt après la paix conclue les contributions de toutes sortes d'exactions; sauf toutefois la subsistance des garnisons & des autres troupes, de laquelle on conviendra à des conditions raisonnables; sauf aussi aux Etats qui auront payé leur part, ou qui s'en seront accommodés amiablement avec les officiers assignés, à répéter par eux les dommages qu'ils auront soufferts par le retardement que leurs co-états auront apporté à payer leur quote part. »

» Et pour le second & le troisieme terme, les susdits Etats des sept cercles, payeront de bonne foi dans les villes ci-dessus marquées aux ministres à ce députés, & ayant pouvoir de sa majesté de Suede, la premiere moitié des deux millions à la fin de l'année prochaine, à compter du licenciement des troupes; & l'autre moitié à la fin de l'année ensuivante; le tout en rixdales ou autres monnoies ayant cours dans l'empire. Et comme lesdits sept cercles sont uniquement affectés au payement de la milice Suédoise, sans prétention d'aucun autre; aussi tous les électeurs, princes & Etats de ces cercles, ne payeront chacun leur part & portion, que conformément à la matricule, & à l'usage reçu dans chaque lieu, & aux termes de la désignation qui en a été délivrée «

» §. 6. Aucun Etat ne sera exempt de payer : mais aussi il ne sera point chargé d'un plus grand nombre de mois Romains, que ceux qu'il doit porter. Il ne sera tenu non plus de rien payer davantage pour son co-état, ou pour d'autres soldats des parties qui sont en guerre; beaucoup moins sera-t-il inquiété pour ce sujet par représailles ou saisies. De plus aucun Etat ne sera empêché dans la répartition qu'il aura à faire sur ses fujets de fa quote part, par les gens de guerre, ou par un co-état, ou par quelque autre, fous quelque prétexte que ce foit. «

» §. 7. Quant au cercle d'Autriche, & à celui de Baviere; comme attendu la promeffe que les Etats de l'empire ont faite à fa majefté impériale en cette préfente affemblée, qu'ils lui donneroient dans la premiere diete de l'empire, un fecours fur les impofitions de l'empire pour les frais de la guerre qu'elle a foufferts jufqu'à préfent; le cercle d'Autriche a été excepté des autres, & réfervé pour le payement de l'armée immédiate de l'empereur; & celui de Baviere pour fa milice. L'impofition & la levée des deniers dans le cercle d'Autriche, demeurera à la difpofition de fa majefté impériale. Mais dans celui de Baviere, on obfervera la même maniere d'impofer & de payer qui fe doit obferver dans les autres cercles; & l'exécution de même s'y fera comme dans les autres cercles, fuivant les conftitutions de l'empire. «

» §. 8. Et afin que fa majefté royale de Suede, foit d'autant plus affurée du payement certain de la fomme convenue aux termes préfixs, les électeurs, princes, & Etats des fufdits fept cercles, s'obligent volontairement, en vertu du préfent accord, de payer chacun fa quote part de bonne foi, au temps & au lieu prefcrits; & ce fous l'engagement & hypotheque de tous leurs biens; en forte que s'il arrivoit quelque négligence de quelqu'un des Etats de l'empire, & nommément des princes directeurs & colonels de chaque cercle, ils feront tenus, en conféquence de l'article de la fureté de la paix, d'exécuter leurs promeffes comme chofe jugée, fans aucune autre procédure ou exception de droit. «

» §. 9. La reftitution ayant été faite felon l'article de l'amniftie & des griefs; les prifonniers étant relâchés, les ratifications échangées, & ce qui vient d'être accordé à l'égard du terme du premier payement ayant été effectué; toutes les garnifons, tant de l'empereur & de fes alliés & adhérans, que de la reine & du royaume de Suede, de la landgrave de Heffe, de leurs alliés & adhérans, fortiront en même-temps, & d'un pas égal, des villes de l'empire, & de tous les autres lieux qui feront reftitués, & ce fans exceptions, retardement, dommage, & faute quelconque. Les lieux, les villes, les bourgs, les châteaux, les forts, & forterefles, qui ont été occupés, cédés, ou retenus à l'occafion de quelque treve, ou autrement, dans le royaume de Bohême, & dans les autres pays héréditaires de l'empereur & de la maifon d'Autriche, comme auffi dans les autres cercles de l'empire, par les gens de guerre de l'un ou de l'autre parti, feront inceffamment reftitués, & laiffés à leurs premiers poffeffeurs, & feigneurs, Etats médiats, ou immédiats de l'empire, y compris la nobleffe libre immédiate, tant eccléfiaftiques que féculiers, pour en difpofer librement, de droit ou de coutume, ou en vertu de la préfente convention, nonobftant toutes donations, inféodations, conceffions (fi ce n'eft qu'elles aient été faites par un Etat à l'autre volontairement,) obligations faites pour racheter des prisonniers, ou pour détourner des ruines & des embrasemens, ou tous autres titres quelconques acquis au préjudice des premiers seigneurs, & possesseurs légitimes. »

» §. 10. En vue de quoi toutes les conventions, confédérations, ou autres défenses & exceptions contraires à cette restitution cesseront aussi, & seront réputées nulles & de nul effet; sauf toutefois les choses dont il a été spécialement disposé dans les articles précédens en faveur de la reine & du royaume de Suede, & pour la satisfaction & compensation équivalente de quelques électeurs & princes de l'empire, ou autres choses spécialement exceptées; & cette restitution des lieux occupés, tant par sa majesté impériale, que par sa majesté de Suede, & par leurs confédérés, & adhérans, se fera réciproquement & de bonne foi. «

» Que les archives, titres, & documens, & les autres meubles, comme aussi les canons qui ont été trouvés dans lesdites places lors de leur prise, & qui s'y trouvent encore en nature, soient aussi restitués : mais qu'il soit permis d'en emporter avec soi, ou faire emporter ce qui après la prise des places y a été conduit, soit, ce qui a été pris en guerre, soit, ce qui y a été porté & mis pour la garde des places, & l'entretien des garnisons, avec tout l'attirail de guerre, & ce qui en dépend. «

» Que les sujets de chaque place soient tenus, lorsque les soldats & garnisons en sortiront, de leur fournir gratuitement les chariots, chevaux & bateaux, avec les vivres nécessaires pour en pouvoir emporter toutes les choses nécessaires aux lieux désignés dans l'empire; lesquels chariots, chevaux & bateaux, les commandans de ces garnisons qui sortiront, seront tenus de rendre de bonne foi. Que les sujets & Etats se chargent les uns après les autres de cette voiture d'un territoire à l'autre, jusques à ce qu'ils soient parvenus auxdits lieux désignés dans l'empire, & qu'il ne soit nullement permis aux commandans des garnisons ou autres officiers des troupes, d'emmener avec eux lesdits sujets, & leurs chariots, chevaux, & bateaux, ni aucune autre chose prêtée à cet usage, hors des terres de leurs seigneurs, & moins encore hors de celles de l'empire; pour assurance de quoi les officiers seront tenus de donner des otages. «

« Que les places qui auront été rendues, soit maritimes & frontieres, soit méditerranées, soient dorénavant, & à perpétuité, libres de toutes garnisons introduites pendant ces dernieres guerres, & soient laissées en la libre disposition de leurs seigneurs; sauf au reste le droit d'un chacun. «

» Qu'il ne tourne à dommage ni à préjudice maintenant ni pour l'avenir à aucune ville, d'avoir été prise & occupée par l'une ou par l'autre des parties qui sont en guerre : mais que toutes & chacune des villes, avec tous & chacun de leurs citoyens & habitans, jouissent tant du bénéfice de l'amnistie générale, que des autres avantages de cette pacification; & qu'au reste tous leurs droits & privileges en ce qui regarde le spirituel & le temporel, dont ils ont joui avant ces troubles leur soient conservés ; sauf toutefois les droits de souveraineté avec ce qui en dépend, pour chacun de ceux qui en sont les seigneurs. «

» Qu'enfin les troupes & les armées de toutes les parties qui sont en guerre dans l'empire, soient licenciées & congédiées ; chacun n'en laissant passer dans ses propres Etats, qu'autant seulement qu'il jugera nécessaire pour sa sureté. Et que le licenciement des troupes, & la restitution des places se fasse au temps préfix, suivant l'ordre & la maniere dont les généraux d'armée conviendront ; observant toutefois ce qui a été accordé touchant cela même en l'article de la satisfaction militaire. «

» XVII. §. 1. Les ambassadeurs & plénipotentiaires impériaux & royaux, & ceux des Etats de l'empire, promettent chacun à son égard de faire ratifier par l'empereur, par la reine de Suede, & par les électeurs, princes, & Etats du saint empire, cette paix ainsi conclue selon sa forme & teneur ; & qu'ils feront en sorte qu'infailliblement les actes solemnels des ratifications seront dans l'espace de huit semaines, à compter du jour de la signature, représentés ici à Osnabruck, & réciproquement & dûment échangés. «

» §. 2. Que pour plus grande force & sureté de tous & chacun de ces articles, cette présente transaction soit désormais une loi perpétuelle, & une pragmatique-sanction de l'empire, ainsi que les autres loix & constitutions fondamentales de l'empire, laquelle sera insérée dans ce prochain recès de l'empire, & même dans la capitulation impériale, n'obligeant pas moins les absens que les présens, les ecclésiastiques que les séculiers, soit qu'ils soient Etats de l'empire ou non ; si bien que ce sera une regle prescrite, que devront suivre perpétuellement tant les conseillers & officiers impériaux, que ceux des autres seigneurs, comme aussi les juges & assesseurs de toutes les cours de justice. Qu'on ne puisse jamais alléguer, entendre, ni admettre contre cette transaction, ou aucun de ses articles & clauses, aucun droit canonique ou civil, ni aucuns décrets communs ou spéciaux des conciles, privileges, indults, édits, commissions, inhibitions, mandemens, décrets, rescrits, litispendances, sentences rendues en quelque temps que ce soit, choses jugées, capitulations impériales, & autres regles, ou exemptions d'ordres religieux, protestations précédentes, ou futures contradictions, appellations, investitures, transactions, & sermens, renonciations, toutes sortes de pactes, moins encore l'édit de 1629 ou la transaction de Prague avec ses dépendances, ou les concordats avec les papes, ou l'*interim* de l'an 1548, ou aucuns autres statuts politiques, ou décrets ecclésiastiques, dispenses, absolutions, ou aucunes autres exceptions qui pourroient être imaginées sous quelque nom ou prétexte que ce soit ; & qu'il ne soit intenté en quelque lieu que ce soit aucuns procès ni actions, soit inhibitoires, ou autres au pétitoire, & au possessoire contre cette transaction. «

» §. 3. Que celui qui aura contrevenu par aide ou par conseil à cette transaction & paix publique, ou qui aura résisté à son exécution, & à la restitution susdite, ou qui après que la restitution aura été faite légitimement

& sans excès en la maniere dont il a été ci-dessus convenu, aura tâché sans une légitime connoissance de cause, & hors de l'exécution ordinaire de la justice, de molester de nouveau ceux qui auront été rétablis, soit ecclésiastique ou séculier, qu'il encoure de droit & de fait la peine due aux infracteurs de paix; & que selon les constitutions de l'empire, il soit décrété contre lui afin que la restitution & réparation du tort ait son plein effet. «

» §. 4. Que néanmoins la paix conclue demeure en sa force & vigueur, & que tous ceux qui ont part à cette transaction soient obligés de défendre & protéger toutes & chacune les loix ou conditions de cette paix contre qui que ce soit, sans distinction de religion; & s'il arrive que quelque point en soit violé, l'offensé tâchera premiérement de détourner l'offensant de la voie de fait, en soumettant la cause à une composition amiable, ou aux procédures ordinaires de la justice; & si dans l'espace de trois ans le différend ne peut être terminé par l'un ou l'autre de ces moyens, que tous & chacun des intéressés en cette transaction soient tenus de se joindre à la partie lésée, & de l'aider de leur conseil & de leurs forces à repousser l'injure, après que l'offensé leur aura fait entendre que les voies de douceur & de justice n'ont servi de rien: sans préjudice toutefois au reste de la jurisdiction d'un chacun, & de l'administration compétente de la justice, suivant les loix & constitutions de chaque prince & Etat, & qu'il ne soit permis à aucun Etat de l'empire de poursuivre son droit par force & par armes. S'il est arrivé, ou s'il arrive ci-après quelque démélé, que chacun tente les voies ordinaires de la justice; & quiconque fera autrement, qu'il soit tenu pour infracteur de la paix. Mais que ce qui aura été défini par sentence du juge soit mis à exécution sans distinction d'état comme le portent les loix de l'empire sur l'exécution des arrêts & sentences. «

» §. 5. Et afin aussi de mieux affermir la paix publique, que les cercles soient remis en l'état qu'ils doivent être; & dès qu'on verra de quelque côté que ce soit quelque commencement de troubles & de mouvemens, que l'on observe ce qui a été arrêté dans les constitutions d'empire touchant l'exécution & la conservation de la paix publique. «

» §. 6. Toutes les fois que quelqu'un voudra, pour quelque occasion ou en quelque temps que ce soit, faire passer des soldats par les terres ou les frontieres des autres, le passage s'en fera aux dépens de celui à qui les soldats appartiendront, & cela sans causer aucun dégât, dommage, ni incommodité à ceux par les terres desquels ils passeront. Enfin l'on observera étroitement ce que les constitutions impériales déterminent & ordonnent, touchant la conservation de la paix publique. «

» §. 7. En cette pacification seront compris de la part du sérénissime empereur, tous les alliés & adhérans de sa majesté, principalement le roi catholique, la maison d'Autriche, les électeurs du saint empire Romain, les princes, & entre ceux-ci, le duc de Savoie, & les autres Etats, compris la noblesse libre & immédiate dudit empire, & les villes Anséatiques; comme

comme aussi le roi d'Angleterre, le roi & les royaumes de Danemarc, & de Norwege, avec les provinces annexes, ensemble le duché de Schleswic, le roi de Pologne, le duc de Lorraine, & tous les princes & républiques d'Italie, les Etats des Provinces-Unies des Pays-Bas, les cantons Suisses, les Grisons, & le prince de Transilvanie. «

» De la part de la reine & royaume de Suede, tous ses alliés & adhérans, principalement le roi très-chrétien, les électeurs, princes, & Etats, compris la noblesse libre & immédiate de l'empire, & les villes Anséatiques, comme aussi le roi d'Angleterre, le roi & les royaumes de Danemarc, & de Norwege, & provinces annexes, ensemble le duché de Schleswic, le roi de Pologne, le roi & le royaume de Portugal, le grand-duc de Moscovie, & la république de Venise, les Provinces-Unies des Pays-Bas, les Suisses, & Grisons, & le prince de Transilvanie. «

» Les ambassadeurs plénipotentiaires de l'empereur déclarent qu'ils demeurent en leur protestation & déclaration, plusieurs fois ci-devant réitérée de bouche & par écrit, comme ils protestent & déclarent de nouveau, qu'encore que le roi de Portugal (*a*) ait été compris de la part de la sérénissime reine de Suede, dans le traité de paix, qui fut lu & approuvé le 6 août nouveau style, & consigné en dépôt, du consentement commun des parties au directoire de Mayence; ils ne reconnoissent néanmoins point d'autre roi de Portugal, que Philippe IV, de ce nom, roi des Espagnes; ce qu'ils ont bien voulu déclarer avant que de signer le susdit traité de paix, & qu'aujourd'hui ils ne le signeront qu'avec cette protestation faite à Munster le 24 Octobre 1648. »

» §. 8. En foi de tout ce que dessus, & pour une plus grande assurance des présentes, tant les ambassadeurs de sa majesté impériale, que ceux de sa majesté royale de Suede, & au nom de tous les électeurs, princes, & Etats de l'empire, les ambassadeurs par eux spécialement députés à cet effet, lesquels ont été admis à signer en vertu de ce qui fut conclu le 23 ou 13 Octobre de la présente année, & dont l'acte fut expédié le même jour sous le sceau de la chancellerie de Mayence, & mis és mains des ambassadeurs de Suede, savoir

De la part de l'électeur de Mayence, Nicolas-George de Reigersberg, chevalier, chancelier.

(*a*) Les plénipotentiaires de don Jean IV, roi de Portugal, qui s'étoient trouvés aux conférences depuis le mois de mars 1643 où ils avoient accompagné ceux de France, ne purent jamais obtenir de passe-port pour y paroître en cette qualité, parce que les plénipotentiaires Espagnols déclarerent toujours qu'ils se retireroient incontinent après. Les ministres de France & de Suede négocierent vainement pour leur en faire obtenir de ceux de l'empereur. Ils étoient trop bien unis avec les Espagnols pour leur en accorder. Tout ce qu'on put faire pour eux, fut de les comprendre sous le nom d'alliés : encore les impériaux firent-ils cette protestation pour tâcher d'en éluder l'effet; ce ne fut que par le traité du 13 février 1668 que le roi d'Espagne reconnut celui de Portugal pour légitime souverain.

De la part de l'électeur de Baviere, Jean-Adolphe Krebs, conseiller-privé.

De la part de l'électeur de Saxe, Jean Leubert, conseiller.

De la part de l'électeur de Brandebourg, le comte Jean de Sayn & Wigenstein, seigneur de Hombourg & Wollandaw, conseiller-privé.

De la part de la maison d'Autriche, le comte George-Ulrich de Wolckenstein, conseiller du conseil aulique de l'empereur.

Corneille *Gobelius*, conseiller de l'évêque de Bamberg.

Sébastien-Guillaume Méel, conseiller privé de l'évêque de Wurtzbourg. Jean-Ernest, conseiller de la cour de Baviere. Wolffgang-Conrad de Thumbshirn, conseiller de la cour de Saxe, Altembourg & Cobourg.

Jean Fromholdt, conseiller-privé de Brandebourg-Culmbach, & Onolsbach.

Henry Langenbech, jurisconsulte, conseiller-privé de la maison de Brunswick-Lunebourg, de la ligne de Zell.

Jacob Lampadius, jurisconsulte, conseiller privé, & vice-chancelier de la ligne de Calemberg.

De la part des comtes du banc de Weteravie. Matthieu Wesenbece, jurisconsulte & conseiller.

De la part des deux bancs des villes, Marc-Otton, de Strasbourg, Jean-Jacob Wolff, de Ratisbonne, David Gloxin, de Lubeck, & Jodoce-Christophe Kreff, de Cressenstein, de Nuremberg, chacun en droit soi syndics, sénateurs consultans, & avocats. Tous lesquels députés ont signé de leur propre main ce présent traité de paix, & y ont apposé leur propre cachet, avec promesse d'en délivrer au terme ci-dessus prescrit les ratifications de leurs supérieurs en la maniere convenue.

Et pour ce qui est des autres Etats, on a laissé à leurs plénipotentiaires la liberté de signer ledit traité & d'en rapporter les ratifications de leurs supérieurs, ou non; ce qui toutefois n'empêchera pas que moyennant la signature de ceux qui l'ont déjà signé, tous les autres Etats qui ne l'ont pas encore signé ni ratifié, ne demeurent obligés à l'observation & manutention de tout ce qui y est contenu, aussi indispensablement que s'il avoit été par eux signé & ratifié. Ne pourra pour cet effet être fait ni reçu au directoire de l'empire contre les présentes, aucune protestation, opposition, ou contradiction, comme étant de nulle force & valeur. Ce qui a été ainsi arrêté & conclu à Osnabruck, le 14 ou 24 octobre l'an 1648.

Le plein-pouvoir donné par l'empereur à ses ambassadeurs en bonne forme, est expédié à Lintz, le 4 octobre 1645, & celui de la reine de Suede, à Stockholm, le 10 décembre 1645.

Souscription des plénipotentiaires de sa majesté impériale, & de sa majesté de Suede, comme aussi des députés des électeurs, princes, & Etats de l'empire, leurs cachets étant apposés à côté de leurs signatures.

Jean-Maximilien,
comte de Lamberg.
Jean Crane.

Jean-Oxenstiern,
comte de la Morie Australe.
Jean-Alder Salvius.

De la part de l'électeur de Mayence, Nicolas-George Raigesberger.

De la part de l'électeur de Baviere, Jean-Adolphe Krebs.

De la part de l'électeur de Saxe, Jean Leuber.

De la part de l'électeur de Brandebourg, le comte Jean de Seyn & de Wirgenstein.

De la part de la maison d'Autriche, le comte George-Uldc de Wolckenstein & de Rodnegi.

De la part de l'évêque de Bamberg, Corneille Gobel.

De la part de l'évêque de Wirtzbourg, duc de Franconie, Sébastien-Guillaume Méel.

De la part du duc de Baviere, Jean Ernest, J. C.

De la part de Saxe-Altenbourg, Wolffgang Conrad de Tumbshiru, conseiller d'Altembourg & de Cobourg.

De la part de Saxe-Altembourg, Auguste Carpzou, conseiller d'Altembourg & Cobourg.

De la part de Brandebourg-Culmbach, Matthieu Wesembece, conseiller-privé de l'électeur de Brandebourg.

De la part du marquis de Brandebourg-Anspach, Jean Fromholdt, conseiller de l'électeur de Brandebourg.

De la part de Brunswick-Luneboug, branche de Zell, Henri Langenbeck, conseiller-privé.

De la part de Brunswick-Lunebourg, branche de Grubenhagen, Jacob Lampadius, J. C.

De la part de Brunswick-Lunebourg, branche de Wolffembutel, Chrysostôme Coler, docteur & conseiller.

De la part de Brunswick-Lunebourg, branche de Calemberg, Lampadius, J. C. conseiller-privé, & vice-chancelier.

De la part de Mecklebourg-Schewrin, & Gustrow, Abraham Kaiser, conseiller-privé.

De la part de Brandebourg, comme duc de Poméranie & de Stetin; Matthieu Wesembece, conseiller-privé.

De la part de Brandebourg, comme duc de Poméranie & de Wolgast, Jean Fromholt, conseiller-privé.

De la part du duc de Wirtemberg, Jean-Conrad Varnbuller, conseiller-privé.

De la part de madame la Landgrave de Hesse-Cassel, Rheinhard Scheffet.

De la part du Landgrave de Hesse-Darmstat, Jean-Jacques Wolff de Todenwart, conseiller.

De la part du marquis de Baden-Dourlach, Jean-George de Marckelbach, conseiller.

De la part du Marquis de Baden, Jean-Jacques Datt de Dissenau.

De la part du duc de Saxe-Lawenbourg, David Gloxin.

De la part du duc de Wirtemberg comme comte de Montbelliard, Jean Conrad Vanbuller.

De la part des comtes & barons du Banc de la Veteravie, ledit Mathieu Wesenbece.

De la part des comtes & barons du Banc de Franconie, Jean Conrad Varnbuller.

De la part de Strasbourg, Marc Otto, docteur en droit, conseiller & avocat de Strasbourg, aussi pour les villes de Spire, Weissenbourg, Jean-Jacques Wolff de Todenwart, conseiller & syndic.

De la part de Lubeck, David Gloxin, syndic de la ville; le même pour les villes de Goslar & de Nordhusen.

Pour Nuremberg, Jodoce-Christophe Kres, de Kressenstein, aussi pour Winsheim, & Schweinfort.

Pour les villes libres de Haguenau, Colmar, Schlestat, Oberehenheim, Keisersberg, Munster au Val de saint Gregoire, Rosheim, & Turckeim, Jean-Balthazar Schneider, syndic de Colmar, & administrateur de la ville de sainte Croix.

Pour Ulm, comme aussi pour Geingen, Aalen, & Boffingen, Marc Otton, docteur ès droits.

Pour Dortmund, George Kumpsthoff, syndic.

Pour les villes libres impériales d'Eslingen, Reutlingen, Nordlingen, Hall en Suabe, Hailbron, Lindau sur le lac de Constance, Kemptem, Weissenbourg en Nortgau, & Wimpfen, Valentin Heider, docteur en droit.

PROTESTATION DU PAPE, CONTRE LA PACIFICATION DE WESTPHALIE.

INNOCENT X, PAPE.

A la mémoire perpétuelle de la chose.

PAR un zele de la maison de Dieu qui meut continuellement notre esprit, nous nous-sommes principalement appliqués, avec soin, à conserver par-tout l'intégrité de la foi orthodoxe, & la dignité & l'autorité de l'église catholique, (*a*) afin que les droits ecclésiastiques dont nous avons été constitués les défenseurs par notre Seigneur, ne souffrent aucun dommage de ceux qui cherchent plutôt leurs intérêts que ceux de Dieu, & que nous ne soyons pas accusés de négligence dans l'administration qui nous en a été confiée, quand nous rendrons raison de notre gouvernement au souverain Juge. Aussi ce n'a été qu'avec un sentiment très-vif de douleur que nous

(*a*) Nonobstant cette protestation, le traité de paix d'Osnabruck, aussi bien que celui de Munster, ont été exécutés dans l'empire d'Allemagne, & ont été regardés comme loix fondamentales dont on fait jurer l'exécution aux empereurs lors de leur élection.

avons appris, que par plusieurs articles tant de la paix respectivement faite à Osnabruck le 6 août de l'année 1648, entre notre très-cher fils en Christ Ferdinand roi des Romains, élû empereur, ses alliés & adhérans d'une part, & les Suédois, avec aussi leurs alliés & adhérans d'autre; que de celle qui a été pareillement conclue à Munster en Westphalie le 26 jour d'octobre de la même année 1648, entre le même Ferdinand roi des Romains élû empereur, ses alliés & adhérans d'une part, & notre très-cher fils en JESUS-CHRIST Louis très-chrétien, roi de France, & pareillement avec ses alliés & adhérans d'autre, on a apporté de très-grands préjudices à la religion catholique, au culte divin, au siege apostolique romain, aux églises inférieures, & à l'ordre ecclésiastique, comme aussi à leurs jurisdictions, autorités, immunités, franchises, libertés, exemptions, privileges, affaires, biens & droits; car par divers articles d'un de ces traités de paix, l'on abandonne à perpétuité aux hérétiques & à leurs successeurs, entre autres les biens ecclésiastiques qu'ils ont autrefois occupés; on permet aux hérétiques qu'ils appellent de la confession d'Augsbourg, le libre exercice de leur hérésie en plusieurs lieux, on leur promet de leur assigner des lieux pour bâtir à cet effet des temples, & on les admet avec les catholiques aux charges & offices publics, & à quelques archevêchés, évêchés, & autres dignités & bénéfices ecclésiastiques, & à la participation des premieres prieres que le siege apostolique a accordées au même Ferdinand roi des Romains élû empereur; on abolit les annates, les droits de pallium, les confirmations, les mois du pape, & semblables droits & réserves dans les biens ecclésiastiques de ladite confession d'Augsbourg : on attribue à la puissance séculiere les confirmations des élections, ou des postulations des prétendus archevêques, évêques ou prélats de la même confession; plusieurs archevêchés, évêchés, monasteres, prévôtés, bailliages, commanderies, canonicats, & autres bénéfices & biens d'église sont donnés aux princes hérétiques en fief perpétuel sous le titre de dignité séculiere, avec suppression de la dénomination ecclésiastique; l'on ordonne que contre cette paix ou aucun de ses articles, on ne doit alléguer, ouir, ou admettre aucuns droits canoniques ou civils, communs ou spéciaux, décrets des conciles, regles des ordres religieux, sermens, concordats avec les pontifes romains, ou aucuns autres statuts ecclésiastiques, ou politiques, décrets, dispenses, absolutions, ou autres exceptions, le nombre de sept électeurs de l'empire, autrefois arrêté par l'autorité apostolique, est augmenté sans notre consentement, & celui dudit siege, & le huitieme électorat est érigé en faveur de Charles-Louis, comte Palatin du Rhin, hérétique; & on ordonne beaucoup d'autres choses qu'il y a honte de rapporter, fort préjudiciables & dommageables à la religion orthodoxe, audit siege romain, aux églises inférieures, & autres ci-dessus nommées. Et quoique le vénérable frere Fabio, évêque de Nard enotre nonce extraordinaire, & dudit siege, le long du Rhin & dans la Basse Allemagne, ait publiquement protesté en notre nom, & au nom dudit siege en exécution de nos ordres, que ces articles ayant été témérairement arrêtés par gens qui n'en avoient pas le pouvoir, étoient vains, nuls, injustes; & devoient être réputés tels par-tout; & qu'il soit de droit notoire, que toute transaction ou paction faite pour les choses ecclésiastiques sans l'autorité dudit siege est nulle & d'aucune force & valeur; néanmoins afin qu'il soit plus efficacement remédié à l'indemnité de tout ce que dessus, voulant y pourvoir selon le devoir de l'office pastoral à nous commis d'enhaut; & tenant pour pleinement & suffisamment exprimées & insérées dans ces présentes les teneurs même les plus vraies, & les dates des traités de l'une & de l'autre paix, & de tout ce qui y est contenu, comme aussi des autres choses qui devroient être ici nécessairement exprimées & insérées, comme si elles y étoient insérées de mot à mot; nous, de notre propre mouvement, & de notre certaine science & mûre délibération, & de la plénitude de la puissance ecclésiastique, disons & déclarons par ces mêmes présentes, que lesdits articles d'un de ces traités ou de l'un & de l'autre, & toutes les autres choses contenues dans lesdits traités, qui en quelque façon que ce soit, nuisent ou apportent même le moindre préjudice, ou qu'on pourroit dire, entendre, prétendre, ou estimer pouvoir nuire ou avoir nui en aucune maniere à la religion catholique, au culte divin, au salut des ames, audit siege apostolique Romain, aux églises inférieures, à l'ordre & état ecclésiastique, & à leurs personnes, membres, & affaires, biens, jurisdictions, autorités, immunités, libertés, privileges, prérogatives, & droits quelconques, avec tout ce qui s'en est ensuivi & s'ensuivra, ont été de droit, sont, & seront perpétuellement nuls, vains, invalides, iniques, injustes, condamnés, réprouvés, frivoles, sans force & effet, & que personne n'est tenu de les observer ou aucun d'iceux, encore qu'ils soient fortifiés par un serment; & qui que ce soit n'en a acquis ou n'en peut ou pourra acquérir ou s'en arroger jamais aucun droit, ou action, ou titre coloré, ou cause de prescription, encore bien que la possession pendant un très-long & immémorable temps s'en ensuivît, sans aucune interpellation ou interruption, ou sans en faire ou en avoir fait aucun état; & ainsi les réputer perpétuellement comme n'étant pas, ou comme n'ayant jamais été faits & arrêtés. Et néanmoins pour une plus grande précaution & autant qu'il est besoin, des mêmes mouvement, science, délibération, & plénitude de puissance, nous condamnons, réprouvons, cassons, annullons, & privons de toute force & effet lesdits articles, & toutes les autres choses préjudiciables à ce que dessus, ainsi qu'il a été dit, & protestons contre & de leur nullité devant Dieu; & autant qu'il est aussi besoin nous restituons, remettons, & réintégrons pleinement pour ce qui regarde ces choses, le siege apostolique & Romain, & les églises inférieures, & tous les lieux pieux, & les personnes ecclésiastiques dans leur premier & entier état, & en celui où ils étoient avant ladite transaction, & toutes autres transactions, pactions ou conventions quelconques affirmées ou prétendues antérieures, faites en quelque lieu ou de quelque maniere que ce soit à l'égard des choses ci-dessus dites. Nous ordonnons aussi, que sous prétexte que les susnommés, & tous autres aussi dignes de spéciale mention & expression, ayant quelque intérêt ou quelque prétention auxdites choses ou à quelqu'une d'icelles, n'auroient nullement consenti à ces présentes lettres, ni été appellés, cités, ou ouis, & moins encore que les causes pour lesquelles elles ont été publiées n'auroient point été déduites, vérifiées suffisamment, ou autrement justifiées, lesdites lettres avec tout ce qui y est contenu ne pourront jamais en aucun temps être combattues, rendues invalides, rétractées, révoquées en justice ou en controverse, réduites aux termes de droit, ou notées du vice de subreption, obreption, nullité ou invalidité, ou du défaut de notre intention ou de tel autre défaut substantiel non imaginé quelque grand qu'il soit, ou de quelqu'autre chef résultant du droit ou du fait, de l'ordonnance ou de la coutume, sous telle couleur, prétexte, raison & occasion que ce puisse être; mais qu'elles sont & seront toujours valides, fermes, & efficaces, sortiront & obtiendront leur plein & entier effet, & seront à l'avenir inviolablement observées par tous ceux à qui il appartient ou appartiendra en aucune maniere que ce soit; & qu'ainsi & non autrement les juges ordinaires, & les auditeurs du palais apostolique délégués, comme aussi les cardinaux de la sainte église Romaine, légats *à latere*, & les nonces du même siege, & tous autres, quelque autorité qu'ils exercent présentement, & pour le temps, doivent de cette maniere, toujours & partout juger & décider en toutes les choses ci-dessus mentionnées, leur ôtant & à chacun d'eux la faculté & l'autorité de les juger, déclarer, & interpréter autrement, déclarant nul & de nul effet tout ce qui pourroit être attenté contre ces présentes, de propos délibéré ou par ignorance, par qui, & de quelque autorité que ce soit, nonobstant tout ce que dessus, & toutes constitutions & ordonnances apostoliques, tant générales que spéciales, même celles qui ont été publiées dans les conciles généraux, & nonobstant aussi, en tant que besoin est notre regle, & celle de la chancellerie apostolique, *de non tollendo jure quæsito*, & la constitution du pape Pie IV d'heureuse mémoire notre prédécesseur, touchant les graces concernant l'intérêt quelconque de la chambre apostolique, qui doivent être présentées & enregistrées en une même chambre dans un certain temps alors exprimé, en sorte qu'il ne soit pas nécessaire que ces présentes soient en aucun temps présentées & enregistrées dans la même chambre; nonobstant aussi toutes les loix impériales & municipales, & tous statuts, usages, & coutumes même immémoriales, privileges, indults, concessions, & lettres apostoliques fortifiées ou par serment, ou par confirmation apostolique, ou par quelque autre affermissement, & accordées en quelques lieux & à quelques personnes que ce soit, revêtues de la dignité impériale ou royale, & de quelque autre dignité, soit ecclésiastique ou séculiere, & qualifiées de quelque autre maniere que ce soit, qui requerroient une spéciale expression, comme aussi tous autres semblables accordés de propre mouvement, science, délibération, & plénitude de puissance, même consistorialement sous quelques teneurs & formes quelconques, & avec quelques dérogatoires des dérogatoires que ce soit, & autres clauses plus efficaces & insolites, & décrets même irritans, & tous autres accordés, publiés, faits, & plusieurs fois réitérés, confirmés, approuvés, & renouvellés, au préjudice de tout ce que dessus; à tous & à un chacun desquels nous dérogeons, & voulons qu'il soit dérogé spécialement & expressément, & à toutes autres choses quelconques à ce contraires, encore qu'il fût nécessaire par une suffisante dérogation d'en faire comme de leurs teneurs une mention ou autre expression spéciale, spécifique, individue, & de mot à mot, & non par clauses générales concernant la même chose, ou de garder pour cela une autre forme exquise, réputant ces teneurs pour pleinement & suffisamment exprimées, comme si elles étoient insérées de mot à mot dans ces présentes, avec la forme qui y est observée, que nous tenons pour gardée à l'effet des choses ci-dessus dites. Au reste nous voulons qu'aux copies de ces mêmes présentes transcrites ou imprimées, signées de la main d'un notaire public, & munies du sceau d'une personne constituée en dignité ecclésiastique, on ajoute en tous lieux & pays, en jugement comme dehors, la même foi qu'on ajouteroit à ces présentes, si elles étoient représentées ou montrées en original. Donné à Rome à sainte Marie Majeure, sous l'anneau du pêcheur, le 26 jour de novembre de l'an 1648. Et de notre pontificat le cinquieme.

M. A. MARALDUS.

RECÈS capital & principal pour l'exécution de la paix en Allemagne, conclu, souscrit, & scellé en la ville impériale de Nuremberg, le 26 juin 1650, puis ratifié & échangé par les généraux d'armées, plénipotentiaires de l'empereur, & de la reine de Suede, en présence & du consentement des ambassadeurs, conseillers & députés des électeurs, des princes, & des Etats de l'empire.

NOUS Octave-Picolomini d'Arragon, duc d'Amalfi, comte du saint-empire Romain, seigneur de Nachot, chevalier de la Toison d'or, conseiller intime, & chambellan de sa majesté impériale, général maréchal de ses armées, & son ambassadeur général, *&c.* »

» Faisons savoir à tous, que pour l'exécution de la paix qui fut conclue l'année passée 1648 le 24 ou 14 d'octobre à Osnabruck, & à Munster en Westphalie, & en conséquence de l'article 16 nous nous serions assemblés en la ville impériale de Nuremberg, avec le sérénissime & illustrissime prince & seigneur Charles-Gustave, comte Palatin du Rhin, duc de Baviere, Juliers, Cleves,

Cleves, & Bergues, comte de Veldens, de Spanhein, de la Marck, & de Ravensberg, seigneur de Ravensteim, &c. généralissime des armées de sa majesté, & de la couronne de Suede & de ses affaires militaires en Allemagne, en vertu du même traité de paix, & des pleins-pouvoirs de leurs majestés impériale & royale, dont nous sommes respectivement munis; & avec l'assistance des ambassadeurs & députés plénipotentiaires des électeurs, des princes & des Etats de l'empire, nous aurions traité pendant quelque temps d'un accord préliminaire qui auroit été arrêté le 11 ou 21 septembre de l'année derniere 1649, & approuvé par tous les intéressés, ainsi qu'il s'ensuit. »

» §. 1. Qu'il soit notoire qu'après une très-longue négociation faite à Munster & à Osnabruck, la paix universelle en Allemagne ayant été par la faveur divine conclue, publiée & ratifiée, & la charge de certains points concernant l'exécution de cette paix donnée aux généralissimes des armées impériales & Suédoises, ceux-ci se seroient à cette fin assemblés en la ville de Nuremberg, & pour hâter l'évacuation & la décharge des logemens des gens de guerre, en attendant qu'on pût pourvoir à l'exécution des autres points, ils auroient accordé & conclu au nom de leurs majestés impériale & Suédoise, du consentement des Etats de l'empire, la convention particuliere qui suit, pour être insérée sans aucun changement au recès capital.

» §. 2. En premier lieu, pour ce qui concerne les restitutions du chef de l'amnistie & des griefs que sa majesté impériale est tenue de faire en ses royaumes & provinces héréditaires, comme elle a derechef promis d'exécuter ce à quoi elle est tenue en vertu de la paix, l'on s'en tient là pour ce regard.

» §. 3. Mais pour ce qui concerne les électeurs, les princes, & les autres Etats de l'empire, l'on en est ainsi convenu, que dans le point de la restitution du chef de l'amnistie & des griefs, l'instrument de paix soit observé comme une regle universelle des termes *à quo*, & comme une regle tant générale que spéciale, sans affectation des parties, retardement, ni aucun respect de personnes, de religions, & de droits du petitoire, (qui toutefois seront réservés, la restitution étant auparavant faite dans le point de l'amnistie) & des autres exceptions de quelque nom qu'elles soient; principalement que sur le pur fait de restitution, d'usage, d'observance, & d'exercice, les cas liquides soient séparés de ceux qui ne le sont pas; en sorte que les cas liquides qui ont été nommément exprimés dans l'instrument de paix, où sont manifestement contenus autrement sous les regles générales, & qui sont prêts, & peuvent s'expédier facilement, particuliérement ceux qui sont nommés dans la désignation soient discutés & expédiés devant le premier, le second, ou le troisieme terme du licenciement des troupes, & de l'évacuation des places; mais qu'en cas de retardement, opposition, ou tergiversation, il soit permis à ceux qui doivent être restitués, & qui n'auront pû l'être par les directeurs des cercles, & les exécuteurs avec l'assistance des troupes impériales ou Suédoises, de se restituer eux-mêmes par leurs propres moyens, & par main-armée; en sorte que les réfractaires restituans soient tenus de refondre les dommages & dépens. Et cette militaire & légitime exécution ne sera pas censée contrevenir aux loix de la paix générale. »

» §. 4. Que les autres cas non liquides, qui ne peuvent être démêlés en si peu de temps à cause de la quantité, diversité, ou difficulté des preuves, & distance des lieux, soient réglés, & exécutés pendant l'espace de trois mois prochainement suivans, sans aucune réserve, limitation, ou renvoi au pétitoire; afin qu'aucun de ceux qui se trouveront explicitement ou implicitement compris dans ces cas, n'ait sujet de se plaindre; le tout suivant la teneur de l'instrument de paix, & des édits impériaux publiés sous les peines, cas avenant, y contenues contre les refusans ou résistans. »

» §. 5. Mais afin que toutes ces choses se vident avec d'autant plus de diligence & de connoissance de cause, il sera pris d'entre les ambassadeurs des Etats de l'empire, quelques députés de chaque religion, & autant de l'une que de l'autre, qui seront ordonnés avec plein-pouvoir, pour examiner & déterminer le point de l'amnistie & des griefs, & qui demeureront ici assemblés sans pouvoir être séparés ni révoqués par leurs supérieurs, jusques à ce qu'ils ayent vidé par un continuel travail le point ci-dessus mentionné; & alors ce qui se trouvera liquide sera mis entre les mains des directeurs des cercles pour simplement l'exécuter. Mais ce qui n'aura pu être discuté ni réglé par défaut ou d'information, ou de preuves, ou aussi à cause de l'absence de l'une ou de l'autre partie, ou de toutes les deux, ils le renverront avec les autres plaintes & demandes qui y pourront être jointes, aux mêmes directeurs des cercles, pour en prendre une plus grande information, & l'ayant prise, les régler & mettre à exécution. »

». §. 6. Enfin ni sa majesté impériale, ni aucun autre, n'apportera en cela nul empêchement par aucune défense aux directeurs & exécuteurs de la paix; & encore moins ce qui en vertu du traité de paix a été exécuté & restitué, ou qui le sera ci-après, ne pourra être en aucune maniere changé, altéré, ou détourné; & à cet effet ne pourront aucunement valoir les protestations & réserves faites au contraire, & ci-devant rejetées dans le traité de paix, comme aussi toutes voies de droit ou de fait, non plus que tous rescrits, mandemens, & décrets contraires audit traité de paix, sous quelque nom qu'ils soient conçus, sur les peines comprises dans ledit instrument de paix, & les édits impériaux. »

» §. 7. Outre ce il a été convenu, que tant le payement de l'argent qui est dû pour la satisfaction de la milice Suédoise, que le licenciement des troupes, & l'évacuation des lieux selon l'instrument de paix, seront faits en cette façon.

» Premiérement, que le généralissime Suédois le prince Palatin sera averti huit ou dix jours avant chaque terme par les villes des cercles qui auront à payer l'argent (lesquelles villes dans le cercle de la Haute-Saxe, seront Brunswick ou Magdebourg, à l'option des Etats du même cercle) qu'au premier terme seront prêts & comptans à la libre & absolue disposition de son altesse dix-huit cents mille rixdales; au second terme six cents mille; & au troisieme terme aussi cent mille rixdales, sans distraction d'aucune quote part. »

» §. 8. Néanmoins dans le premier terme sera déduit de ces 1,800,000 rixdales ce que quelques Etats auront déjà payé de l'ordre dudit généralissime, & ce qui dans lesdites villes nommées pour le dépôt de l'argent, aura été auparavant payé & reçu sur le premier terme pour quelque réduction, évacuation, ou autre usage. »

» Semblablement, dans chacun des trois termes de l'évacuation, l'on déduira à proportion ce qui a été ou sera remis au nom de la reine & de la couronne de Suede par le Palatin généralissime à certains Etats par forme d'exemption ou autrement; & cela sera déduit & défalqué de la somme des cinq millions de rixdales selon la proportion des termes du payement. »

» §. 9. Mais afin que les cotisations des refusans ou retardans puissent être payées en même temps que celles des autres, le généralissime a disposé les choses en sorte auprès de tous les généraux & chefs des troupes Suédoises, qui sont distribuées dans les sept cercles de l'empire, qu'à la réquisition des directeurs de chaque cercle, il leur soit fourni par lesdits généraux autant de soldats qu'ils en demanderont pour l'exécution contre lesdits refusans ou retardans; & lesdits généraux feront retirer les soldats aussitôt que lesdits directeurs l'ordonneront. »

» §. 10. Ainsi, après ce traité conclu, il sera payé dans l'espace de huit jours, argent comptant, un million de rixdales dans les villes à ce désignées pour la quote part de chaque Etat; & tout aussitôt il sera procédé tant par les Impériaux que par les Suédois au licenciement des soldats, & à l'évacuation des villes selon la désignation sur ce spécialement faite, en quatorze jours, à compter de la conclusion de ce traité: si ce n'est qu'on soit spécialement convenu avec quelques Etats d'une plus prompte évacuation. Et ce même ordre sera observé au second & au troisieme terme, afin que le payement du second & du troisieme million s'acheve du même pas que le licenciement des soldats, & l'évacuation des lieux selon les désignations sur ce faites; en sorte qu'en six semaines du jour de la conclusion de ce traité toute l'exécution en soit achevée, & les électeurs, les princes, & les autres Etats de l'empire, pourvoiront à ce que le retardement du payement n'empêche pas le licenciement & l'évacuation. »

» §. 11. De même sa majesté impériale payera aussi les deux cents mille rixdales dont on est convenu en trois termes : Et premiérement, parce que le royaume de Bohême, à l'exception de la ville d'Egre, doit être préliminairement délivré des garnisons & logemens militaires, elle payera incessamment & réellement pour cette évacuation au premier terme les deux tiers de soixante-six mille six cents soixante-six $\frac{2}{3}$ rixdales, & l'autre tiers quand la ville d'Egre sera évacuée; ensuite au second terme soixante-six mille six cents soixante-six $\frac{2}{3}$ rixdales, huit jours avant l'évacuation du marquisat de Moravie; & au troisieme terme encore soixante-six mille six cents soixante-six $\frac{2}{3}$ rixdales, huit jours avant l'évacuation du duché de Silésie. »

» §. 12. Cette satisfaction de la milice Suédoise étant ainsi réglée, de même que le licenciement & l'évacuation, le tout sera mis aussitôt en exécution par toutes les parties sans aucun empêchement. »

» §. 13. On est de plus convenu, qu'incontinent après la souscription de ce point, les lieux ci-après nommés seront évacués & échangés, en présence des commissaires députés de chacune des parties, le plus promptement que faire se pourra, de côté & d'autre, selon la distance des lieux ; de quoi les généraux des armées des deux partis seront avertis. »

SAVOIR:

De la part des Suédois.		De la part de l'empereur.
Prague.		Augsbourg.
Le Haut-Palatinat excepté Weiden.		Le Bas-Palatinat.
Donawert.		Memingen.
Reynerschantz.		Sultzbach.
Uberlingue.		Albeck.
Meynaw.	contre	Homberg.
Lengenarch.		Schiltach.
Tabor.		Aurach.
Leumaritz.		Lindaw.
Brandeis.		Asperg.
Conopist, & les autres lieux de Bohême, excepté Egre.		Wildenstein.
		Ratisbonne.
		Wiltzbourg.
		Weissembourg.

» §. 14. Quand ces lieux auront été évacués & restitués à leurs premiers & légitimes possesseurs & seigneurs, le licenciement des régimens, & l'évacuation qui restera à faire s'achevera sans obstacle selon la désignation qui en aura été faite, & l'on ordonnera que toutes choses soient mises à effet au jour & au temps arrêté, afin qu'on n'apporte aucun retardement au second terme & au troisieme. »

» §. 15. On est de plus convenu, du consentement unanime de tous, que le quatrieme million soit baillé ensemble pour hâter l'évacuation & le licenciement, nonobstant ce qui a été ordonné dans l'instrument de paix à l'égard du quatrieme & du cinquieme million. »

» §. 16. A cette fin la plupart des Etats des cercles de la Haute & Basse-Saxe & de Westphalie, comme aussi quelques-uns des cercles supérieurs qui n'ont pas été si continuellement incommodés des charges & désordres de la guerre, fourniront dans les trois termes de l'évacuation & du licenciement leur part compétente & contingente du quatrieme & du cinquieme million, selon la désignation qui a été spécialement faite, & la payeront à l'assignation du prince généralissime de Suede. Ce qui ne s'entend toutefois que du quatrieme million : car pour le cinquieme million, on se contentera de l'assurance réelle qui en sera donnée. Mais lorsque lesdits Etats de Saxe & de Westphalie auront fourni leur quote part du quatrieme & du cinquieme million, les régimens qui sont dans leurs provinces seront aussitôt licenciés & congédiés même devant les termes ordonnés. Pour les garnisons, elles en sortiront dans les mêmes termes & au même ordre qu'il est spécifié en la désignation susdite : si ce n'est que quelqu'un des Etats en convint autrement avec ledit généralissime, laquelle particuliere convention faite pour la commodité des mêmes Etats ne préjudiciera en aucune façon à l'instrument de paix; mais elle aura la même force que si elle étoit insérée de mot à mot dans ces traités. »

» §. 17. Que si après ce qui aura été payé par lesdits cercles & Etats en la maniere susdite, il reste quelque chose à payer desdits deux millions, les électeurs princes & Etats y satisferont en cet ordre; ils payeront ce qui sera dû du reste du quatrieme million dans l'espace de six mois après la derniere évacuation, & le cinquieme million dans douze mois après ladite derniere évacuation dans les villes ordonnées pour y recevoir l'argent. Sur quoi son altesse stipule expressément, & déclare que quant à ce qui regarde les restans du quatrieme & du cinquieme million, ils ne soient point renvoyés & remis sur la réelle assurance demandée par les Etats; mais que ladite réelle assurance devra être faite sans embarras avant le premier terme du licenciement & de l'évacuation : & alors seulement tout ce qui a été conclu en ce recès aura son plein & entier effet. Outre cela il a encore été stipulé de la part de la couronne de Suede, que ce qui restera à exécuter en vertu de quelque pacte & accord particulier, qui se soit fait entre les Etats & les généraux, ou colonels des troupes Suédoises touchant les logemens & la subsistance des gens de guerre, ou ce qui sera prouvé leur être dû en présence des commissaires de part & d'autre, le payement en sera fait sans retardement, & ira de même pas que l'évacuation des places, & le licenciement des troupes. Et de cette sorte ce qui a été promis dans le point de la satisfaction de la milice, du licenciement & de l'évacuation, touchant l'évacuation préliminaire, particuliérement celle des lieux occupés, par les troupes Suédoises en leur payant les sommes stipulées pour leur satisfaction, sera sans retardement ou exception commencé, avancé & achevé dans l'espace de 14 jours, à compter du jour de la date de ce présent recès.

» §. 18. Les autres points ici accordés & contenus, auront seulement leur pleine force & réelle exécution, lorsqu'on sera convenu de tous les autres points qui restent à discuter pour parvenir à une entiere conclusion; nommément la désignation de ce qui est à restituer, les désignations des lieux qui sont à évacuer, & des troupes qui sont à licencier en trois termes; comme aussi la désignation des Etats qui doivent contribuer & satisfaire au payement du quatrieme million, & l'assurance réelle qui doit être fournie du cinquieme million de rixdales; & que ces points, étant réglés, auront été insérés dans la conclusion capitale, & confirmés par la signature & l'opposition des cachets des parties contractantes. «

» En foi & témoignage de quoi, nous, ci-dessous nommés, munis de pleins-pouvoirs à cet effet, avons signé ce recès *ad interim* de nos propres mains, & l'avons fait donner aux plénipotentiaires *Suédois*, de qui nous avons reçu un semblable exemplaire souscrit aussi de leurs mains. «

» Fait à Nuremberg le 21 de septembre, style nouveau, 1649. «

(L. S.) ISAAC-VOLMAR DOCTEUR.
(L. S.) GEORGE-LOUIS DE LINDENSPUR.

» Tout ce qui a été dit dans ledit recès préliminaire, excepté ce dont on est autrement convenu en ce principal recès pour quelques circonstances, spécialement sur le point de la satisfaction, demeurera en sa force dans tous ses autres articles, points, & clauses; & partant en vertu de ce présent recès les lieux nommés en celui-là, & conséquemment la ville d'Egre seront au temps assigné réellement évacués & rendus de part & d'autre à leurs premiers possesseurs. Mais les points suivans qui dans la fin dudit recès préliminaire avoient été remis à une négociation & décision subséquente, ont été unanimement accordés, avec l'assistance réitérée, le conseil & le consentement des ambassadeurs ici présens des électeurs, princes & Etats en la maniere suivante. «

» Quant à ce qui regarde la restitution à faire en conséquence & du chef de l'amnistie & des griefs, entre les électeurs, princes & Etats de l'empire, leurs adhérans & ceux de l'empire; les Etats qui ont été députés de l'une & de l'autre religion pour ce point de la restitution, ont conclu, formé, dressé, signé & muni de leurs cachets certaine déclaration & désignation des cas à décider dans chacun des termes nommés, conformes au recès préliminaire ci-dessus inséré, & à ce recès capital, pour avoir son exécution de même que la doit avoir l'instrument de paix en la plus exacte maniere. Et partant les cas y contenus déjà décidés, & ceux qui seront ci-après réglés par les députés dans l'espace de trois mois, seront mis à exécution dans le temps & l'ordre marqué, de même que s'ils étoient ici exprimés de mot à mot, en sorte toutefois que les points suivans soient pareillement & en même-temps observés. «

» Donc tout ce qui de cette façon, soit avant, soit dans les termes ci-devant nommés, ou après, dans les trois mois suivans, a été décidé, exécuté, & convenu; ou sera encore décidé, exécuté ou convenu par les députés, ou par les princes directeurs, ou par des commissaires à ce ordonnés, en vertu du traité de paix, du recès préliminaire, & du présent recès principal, conformémens à iceux, sera ainsi tenu ferme & inviolable; & contre cela on n'admettra aucune chose par quelque sorte de voie, ou pour quelque raison que ce soit, ni au tribunal aulique de l'empereur, ni à la chambre impériale, ni en quelqu'autre tribunal de quelque nom qu'on l'appelle; mais elle sera simplement rejetée; & sur-tout on ne souffrira point qu'il soit rien attenté au contraire, de fait ou autrement. «

» Comme aussi à l'égard de la restitution du Palatinat électoral, cette affaire en demeurera à ce qui a été dit dans le traité de paix, & à ce qui a été ensuite convenu par l'entremise de son altesse le seigneur comte Palatin, généralissime de Suede, entre les envoyés électoraux de Baviere & du Palatin, touchant les terres du Bas-Palatinat, qui doivent être restituées par l'électeur de Baviere; c'est à savoir qu'en évacuant par sa majesté royale de Suede les lieux par elle occupés dans le Haut-Palatinat, & fournissant sa ratification de la paix conclue avec la renonciation du seigneur électeur Palatin aux terres du Haut-Palatinat, pour être déposée entre les mains de l'électeur de Mayence, sur la reconnoissance qui en sera par lui donnée, la commission impériale sera délivrée, pour faire restituer réellement le château & la ville de Heidelberg audit électeur Palatin, avec les autres bailliages ci-devant possédés par l'électeur de Baviere dans le Bas-Palatinat, & que le susdit électeur Palatin, en attendant que sa majesté impériale lui ait conféré une nouvelle charge convenable à la dignité électorale, avec les titres & ornemens y appartenans, jouisse cependant du titre & des ornemens, & prééminences d'archimaître de l'empire, en vertu & conformité de la déclaration donnée par l'électeur de Baviere; le tout selon le contenu aux lettres de ratification, renonciation, reconnoissance, commission, restitution, & déclaration ci-dessus mentionnées, lesquelles par ces présentes sont expressément de nouveau, & de part & d'autre ratifiées & confirmées. «

» Pour une plus prompte exécution dans l'empire Romain des restitutions non encore faites, il a été au reste trouvé bon, premiérement que toutes & chacune les causes de restitution qui sont contestées du chef de l'amnistie, & des griefs de la part des catholiques, & des consorts de la confession d'Augsbourg, & qui ne répugnent point à la conclusion de la paix, comme aussi les autres griefs, & contre-griefs qui ont dejà été produits, ou qui se produiront encore avant le premier terme du licenciement & de l'évacuation, au directoire impérial de l'électeur de Mayence, & lesquels le produisant communiquera aux députés, seront principalement discutés par les députés, & seront, selon que les choses se comporteront, mis en tel état pour leur exécution, que tous sortent leur plein & entier effet; les uns dans les termes qui y auront été assignés, & les autres dans les trois mois suivans; le tout s'accomplira infailliblement selon la teneur & l'exécution la plus exacte du traité de paix, & des édits impériaux faits en conséquence; & ce sur les peines portées par le recès préliminaire. «

» Mais afin qu'à cause de cela rien ne manque dans les termes ordonnés, & dans lesdits trois mois suivans, ni qu'il en naisse des délais d'exécution; qu'une fois pour toujours il soit arrêté, que les députés ordonnés pour le point de l'amnistie & des griefs continuent leurs assemblées, & que pendant le temps convenu ils ne soient point rappellés par leurs principaux seigneurs; mais qu'ils discutent avec grand soin les plaintes & les causes qui seront alléguées & produites, qu'ils les décident, & qu'ils fassent mettre leurs jugemens à exécution, & que par cette entiere décision & expédition du point de l'amnistie & des griefs, les électeurs de Cologne & de Brandebourg soient ordonnés comme médiateurs; & que de la part des catholiques les électeurs de Mayence & de Baviere, & les évêques de Bamberg & de Constance, & de la part des adhérans à la confession d'Augsbourg, les ducs de Saxe-Altenbourg, de Brunswick-Lunebourg, & de Wirtemberg, avec la ville de Nuremberg, soient établis pour députés. »

» Quant aux autres cas de restitution non spécifiés dans les trois termes, ou qui devant le premier terme du licenciement seront encore proposés au directoire de l'empire par les catholiques, ou par les consorts de la confession d'Augsbourg, qu'ils ne soient nullement réputés pour exclus. Enfin que personne ne soit privé de la restitution; mais qu'il soit réservé & permis à un chacun d'alléguer & d'exposer dûment ses griefs à son prince directeur, ou selon le traité de paix aux plus proches princes directeurs du cercle, ou à l'empereur même, & que là il soit écouté, & la chose examinée, qu'il lui soit fait droit, & qu'il soit restitué suivant la maniere d'exécution ci-dessus mentionnée. »

» Pour donner plus de force & de vigueur à l'exécution de ces choses, sa majesté impériale fera publier par tout l'empire ses lettres-patentes, par lesquelles toutes entreprises, disputes & exagérations, tant contre l'instrument de la paix, que contre lesdites exécutions conformes audit traité de paix, aux édits impériaux, & à la maniere d'exécuter la plus exacte, comme aussi audit recès préliminaire, & à ce recès principal, soient défendues sur les peines de rigueur, aussi-bien que les autres contraventions de quelque façon qu'elles soient nommées, & qu'il soit enjoint au magistrat de chaque lieu de punir convenablement les contrevenans selon la griéveté du délit, conformément au traité de paix. »

» Pour ce qui est des autres causes qui doivent être terminées par les députés dans les trois mois réservés, elles comprennent tous les autres cas non spécifiés dans la désignation ci-dessus mentionnée de la restitution à faire

faire du chef de l'amnistie & des griefs, & qui ont déjà été allégués & produits au directoire impérial de l'électeur de Mayence par les catholiques, & par les consorts de la confession d'Augsbourg, ou qui le seront encore avant le premier terme du licenciement, & de l'évacuation; sous lesquels seront aussi entendus ceux qui sont contenus dans la spécification séparée, souscrite par les députés, & insinuée à son altesse le seigneur comte Palatin, généralissime de la milice royale de Suede. »

» Que toutefois ce réglement, ou cette distribution des cas ne soit pas si précisément entendue, que si quelques-uns desdits cas se pouvoient commodément exécuter avant le terme désigné, l'exécution n'en fût pas pour cela retardée. Car ces termes ne sont seulement marqués que pour accélérer les choses, & en empêcher le retardement; & à cette fin il sera libre aux députés & commissaires d'avancer l'examen du fait, l'exécution & la possession. »

» La spécification des griefs appliquée à chaque cas, ne doit pas non plus s'entendre, comme si l'on devoit négliger les autres griefs qui pourroient naître ensuite entre les uns & les autres de ceux qui doivent être restitués, ou qui doivent restituer. »

» Pareillement les titres & documens qui restent encore à restituer, seront aussi restitués en vertu du traité de paix : & au cas que de pareils titres fussent tôt ou tard produits par les détempteurs, il ne sera rien décerné sur cela en leur faveur; mais ces titres seront rendus sans frais ni dédommagement à celui qui aura été restitué. »

» Enfin toutes protestations & réserves faites contre ledit recès préliminaire, & ce recès principal, seront entiérement levées, cassées & annullées en vertu de ce traité, & du traité de paix, ainsi que l'ont été celles qui ont été faites contre le même traité de paix. »

» Quant à ce qui concerne la satisfaction pécuniaire de la milice royale de Suede, quoiqu'au commencement dans le traité de paix, & après dans le recès préliminaire ici inséré, on ait fait quelque disposition touchant son payement : néanmoins à cause des nouvelles circonstances des temps, & de l'impuissance notoire de divers Etats, on a considéré que pour cette raison on ne pouvoit pas assez à temps rassembler & faire compter l'argent, & que delà le licenciement réel, & l'évacuation en pourroient être retardés. C'est pourquoi afin de pourvoir à cela, il a été arrêté & convenu au nom des électeurs, princes & Etats conjointement par leurs ambassadeurs ici présens d'un commun consentement, que la répartition dressée, & à nous présentée en ce lieu, le 23 jour de juin de la présente année, demeurera invariable. Par laquelle lesdits ambassadeurs au nom des électeurs, princes & Etats, ont au surplus promis, que s'il manquoit quelque chose de la somme convenue en vertu de ladite répartition, cela sera réparé & payé dans les trois termes du licenciement & de l'évacuation ; savoir à chaque terme, la troisieme partie, & ce huit jours devant chaque terme, dans la caisse de la ville de chaque cercle qui a été nommée pour recevoir l'argent en la monnoie qu'il a été dit dans le traité de paix. »

» Et partant, les princes directeurs des cercles pourvoiront effectivement à cette fin par exécution militaire, ou par d'autres voies, y employant même les troupes Suédoises, ou autres, s'ils le jugent à propos, à ce que les deniers promis en vertu de ladite répartition soient prêts pour être payés dans les trois termes préfixs à l'assignation de son altesse le seigneur comte Palatin, généralissime de Suede, sans qu'il soit apporté audit payement aucun retardement sous quelque prétexte, exception, ou autre empêchement quelconque. Et à cet effet, les princes directeurs des cercles auront en vertu de ces présentes, au nom de tout l'empire, la pleine puissance d'employer tous les moyens nécessaires pour ramasser ces deniers ensemble. »

» Quant à ce qui n'aura pas été payé dans lesdits trois termes, & sera demeuré de reste à acquitter; sur cela pour l'assurance réelle réservée en ce cas dans le recès préliminaire, il a été accordé par les ambassadeurs des électeurs, princes & Etats, qu'un certain lieu dénommé dans la déclaration qui a été faite par son altesse le seigneur comte Palatin, généralissime de Suede, & consignée par écrit au directoire de Mayence, demeurera audit seigneur comte Palatin; en sorte qu'il le pourra retenir comme un gage compétant des sommes restantes à payer, jusques à ce qu'elles soient entiérement acquittées. De même pour la garnison dudit lieu, & les choses nécessaires pour sa subsistance, il sera payé chaque mois sept mille rixdales au temps préfix par les sept cercles destinés à la satisfaction des troupes royales de Suede; & ces deniers seront comptés dans les villes les plus proches, & qui sont nommées dans le traité de paix pour recevoir l'argent: ce qui commencera incontinent après le troisieme terme d'évacuation. »

» Que si le payement de cette subsistance par mois ne se faisoit point au temps ordonné, ce défaut, & rien davantage, en sera suppléé, en quelque façon, par les bailliages & lieux voisins; & ceux-ci en seront remboursés réciproquement sur les deniers de ladite subsistance par les villes nommées pour les recevoir; & personne ne prendra en aucune sorte, soit à présent ou à l'avenir, pour une contravention à la paix, ces choses ainsi commencées & ordonnées, tant à l'égard de ladite satisfaction pécuniaire, que touchant cette réelle assurance donnée à son occasion: mais elles seront censées comme une convention volontaire & observées exactement. «

» Cependant les directeurs des cercles pourvoiront avec soin en la maniere susdite, tant par exécution que par autres moyens, à ce que les deniers de ladite satisfaction soient incessamment recueillis & amassés ensemble, & qu'ainsi l'assurance réelle soit levée. «

» De même son altesse le seigneur comte Palatin, généralissime de Suede, a réciproquement promis d'évacuer & abandonner ce lieu, aussitôt après que le payement entier & effectif des deniers, tant de ladite satisfaction que de ladite subsistance aura été fait; de ne point différer l'exécution de ladite évacuation pour raison quelconque, & de procurer qu'à la sortie de la garnison il soit procédé selon le traité de paix. «

» Comme des deux cents mille rixdales dont il a été convenu séparément avec sa majesté impériale, en vertu du recès préliminaire pour l'évacuation du royaume de Bohême, & de la ville d'Egre, on en a déjà effectivement payé un tiers, faisant 66,666 ⅔ rixdales en especes ; on est de plus convenu, que des deux tiers restans, il en sera payé & compté infailliblement un, faisant 66,666 ⅔ rixdales en especes, au premier terme du licenciement & de l'évacuation huit jours devant l'évacuation du marquisat de Moravie : puis au second terme 33,333 ⅓ rixdales en especes ; & enfin au troisieme terme autres 33,333 ⅓ rixdales en especes, pour l'évacuation des duchés de Silésie, huit jours toutefois auparavant. Ce que, non-seulement, sa majesté impériale s'oblige d'effectuer : mais aussi comme en vertu du traité de paix, c'est à elle que le principal soin de l'exécution en appartient, elle promet pareillement de s'appliquer sérieusement à mettre au plutôt à un entier effet ce qui a été accordé en la maniere susdite avec les Etats, touchant l'argent de la satisfaction, & l'assurance réelle. «

» Il a été ensuite conclu & arrêté, que le licenciement effectif, & la sortie des troupes seront faits en trois termes certains, à commencer de la date de la présente convention, de quatorze jours en quatorze jours, pour être ainsi achevés en six semaines. Sur quoi certaine désignation, distribution, & assurance a été par nous & par son altesse le comte Palatin généralissime de Suede, réciproquement donnée, comme aussi touchant les troupes qui ont été préliminairement congédiées de part & d'autre ; de laquelle la communication en tant qu'elle concerne les électeurs, princes & Etats de l'empire, a été faite à leurs députés présens pour leur information ; toutes lesquelles choses demeureront en l'état qu'il a été dit. «

» Mais pour ce qui regarde l'évacuation des lieux occupés, il a été convenu qu'au premier terme, savoir dans les premiers quatorze jours, à compter de la date de ce traité ; c'est-à-dire, le dixieme juillet, style nouveau, ou le 30 juin style vieil, soient évacués de la part de sa majesté impériale, & de la part de sa majesté royale de Suede les lieux suivans ; «

De la part de l'empereur.		De la part de la Suede.
Rotweil.		Olmutz.
Offenbourg.		Newstad.
Freibourg.		Fulembourg.
Villingue.		Fulnec & autres lieux en Moravie;
Zolern.	contre	Osterwic.
Rotenbourg au Haut-Palatinat.		Blekede.
Hoxter.		Dunkelspiel.
Ehrenbreistein.		Querfurdt.
		Pappenheim.
		Fridberg.

» Quant à la forteresse de Franckendael, comme elle devoit être restituée avec les autres terres & lieux du Bas-Palatinat à son altesse le seigneur électeur Palatin en vertu du traité de paix, & que cependant cela ne peut être fait encore si facilement, quoique néanmoins il y ait espérance que la restitution s'en pourra faire devant le premier terme d'évacuation ; toutefois s'il arrivoit qu'elle ne se fit point, on est convenu avec ledit seigneur électeur, sous le bon plaisir & du consentement de tous, de ce qui s'ensuit. «

» Premiérement sa majesté impériale, comme aussi les électeurs, princes, & Etats, promettent & s'obligent de s'employer sérieusement à faire tous leurs efforts pour faire rendre au plutôt & incessamment la forteresse de Franckendael à son altesse électorale. «

» Cependant, tandis que cette place ne sera point restituée, la ville de Hailbron avec ses fortifications, canons, munitions, & provisions, en l'état qu'elle est à présent, sera incontinent après ce recès principal d'exécution soussigné, baillée audit électeur Palatin pour caution ; à condition que la garnison s'obligera à lui seul, & que pour la subsistance d'icelle on prendra sur les deniers publics des cercles de Suabe & de Franconie, en vertu d'une répartition spéciale sur ce accordée dans ce recès de l'empire, huit mille rixdales par mois, jusques à ce que Franckendael soit restitué. Laquelle somme sera payée & mise entre les mains du receveur de l'électeur Palatin à Hailbron, dont la moitié sera toujours avancée quatorze jours devant ce terme : mais ce payement venant à manquer par quelque accident, les princes directeurs des cercles, à la sommation du commandant, auront soin de procurer ledit payement ; ou bien les Etats voisins y seront contraints par exécution des soldats de la garnison. Que si lorsqu'il faudra restituer ladite ville, il étoit dû quelque chose de reste, son altesse électorale ne sera pas tenue d'en faire sortir la garnison, que ce reste ne soit actuellement payé. Toutefois il a été expressément convenu, que cela n'empêchera ni ne reculera en aucune maniere l'évacuation de Franckendael. «

» On laissera, au reste, à ladite ville d'Hailbron son ancienne administration saine & entiere dans les affaires politiques & ecclésiastiques ; comme aussi sa liberté en son immédiateté de l'empire : & aussitôt que Franckendael avec ses appartenances sera délivré de la garnison Espagnole en vertu du traité de paix, ladite ville impériale d'Hailbron sera sans contradiction (excepté la cause du payement desdits restes) évacuée, & les canons qui y auront été trouvés seront restitués & livrés en vertu du traité de paix à ceux, (principalement à l'électeur de Baviere, & au duc de Wirtemberg) à qui ils appartiennent. »

» Afin donc que la garnison de Franckendael n'ait aucun sujet de grever par des exactions, impositions, & autres exécutions militaires, les terres & les sujets de l'électeur Palatin dedans ou dehors la ville, les Etats qui jusqu'à présent ont contribué pour sa subsistance, & avec eux principalement tous ceux qui sont compris sous le cercle du Haut-Rhin, contribueront pour la continuation de la subsistance de ladite garnison, & exempteront à cet égard l'électeur Palatin de toute contribution, & conviendront avec le commandant d'une somme convenable pour ladite subsistance. »

» Pour la même fin sa majesté impériale s'offre d'écrire, & de disposer son altesse l'archiduc Léopold-Guillaume, comme gouverneur des Pays-Bas, à ce qu'il ne permet aucunes courses ou exactions sur les Etats de l'empire voisins, & principalement qu'il conserve les terres & les sujets de l'électeur Palatin francs & exempts de toutes contributions. »

» Et afin que les Etats qui doivent contribuer à la subsistance des garnisons de Hailbron & de Franckendael soient d'ailleurs dédommagés, chacun pour sa part, de cette charge; la somme à laquelle aura monté ladite subsistance, quelque grande qu'elle soit, sera ci-après, régalée dans quelque imposition commune de l'empire; & lesdits Etats seront remboursés de ce qu'ils auront contribué outre & par dessus leur quote part. »

» Davantage, il a été promis au nom de sa majesté impériale, que cependant & jusques à ce que Franckendael soit délivré de la garnison Espagnole, il sera payé au susdit électeur Palatin au lieu des revenus cessans, & de tout ce qu'il devroit recevoir de ladite ville, trois mille rixdales qui lui seront comptés réguliérement à Francfort sur le Mein tous les mois, à commencer de la date de ce principal recès d'exécution, par le receveur-impérial; avec cette condition, que si contre toute espérance les terres & les sujets de l'électeur Palatin ne laissoient pas d'être grevés & foulés par le commandant de Franckendael, ou qu'il leur fût fait quelque dommage en leurs biens par lui ou par sa garnison, dedans ou dehors la ville, par des contributions, exactions, ou autres charges de quelque façon qu'elles soient nommées, sa majesté impériale veut bien le réparer, & rendre le tout à son altesse l'électeur Palatin sur les preuves qu'il en rapportera. »

» Enfin pour une plus grande & plus réelle assurance de cet entier dédommagement, non-seulement il sera au pouvoir de l'électeur Palatin, jusqu'à ce que Franckendael soit restitué, & que tous les dommages causés à l'occasion de ladite ville soient réparés, de retenir toutes & chacune les contributions de l'empire, qui présentement ou à l'avenir seront imposées, tant sur son électorat, que sur les terres en dépendantes conjointement ou séparément : mais si lesdites contributions, lesquelles, selon la conclusion unanime de l'empire, le consentement des électeurs, princes & Etats, & la matricule impériale, ledit électorat Palatin doit porter pour sa quote part, n'égaloient pas le dommage reçu, & qu'il les surpassât; sa majesté impériale sera de toutes manieres obligée sans aucune réserve ou exception, de payer en espèces ce qui en défaudra sur ces sortes d'impositions ou mois romains (comme on les appelle) qu'elle a à recevoir du cercle de la Basse-Saxe. De même aussi les louables princes & Etats dudit cercle, seront tenus de retenir leur contingent desdites impositions pour l'assurance du dédommagement qui devra être fait audit seigneur électeur Palatin, & de l'employer au payement des dommages qu'il justifiera avoir soufferts jusqu'à la restitution de Franckendael ; à quoi ils s'obligeront de satisfaire en vertu des présentes, sans contradiction quelconque. »

» Au second terme, qui sera le 14 jour d'après le premier, à savoir le 24 juillet, style nouveau, les lieux suivans seront évacués. »

De la part de l'empereur.		De la part de la couronne de Suede.
		Jagerndorf.
		Grafenstein.
		Hirschberg.
		Lubschuts.
		Parchwits.
Landsluel.	contre	La ville & le château de Leipsick.
Hombourg.		Nordlingen.
Hammerstein.		Wertheim.
Dortmund.		Winsheim.
		Landsberg sur le Werth, avec sa forteresse.
		Bucholts.

Au troisieme terme, qui sera le quatorzieme jour après le second, à savoir le sept août, style nouveau.

De la part de l'Empereur.		De la part de la couronne de Suede.
		Gros-glogaw.
		Ohlaw.
		Jawr.
		Polkeenham & Jelts.
		Drakenberg.
		Minden.
		Nienbourg.
	contre	Tous les autres lieux dans l'électorat & la marche de Brandebourg.
Sybourg.		Vecht.
Beinebourg.		Mansfelt.
Landscron.		Erfort.
Essen.		Schweinfurt.
		Weids.
		Les lieux en Mecklebourg.
		Rejisenberg.
		Leipstat.
		La Frise orientale.

» Les lieux de la Poméranie-postérieure, que l'électeur de Brandebourg doit avoir en vertu du traité de paix, seront évacués & délaissés lorsqu'on sera auparavant convenu entre les commissaires de sa majesté Suédoise, & ceux de l'électeur de Brandebourg à ce députés, des limites & autres moindres choses qui sont à régler. »

» Pour ce qui concerne l'évêché d'Osnabruck, puisque les intéressés sont entrés en traités particuliers sur ce sujet, en vertu du traité de paix, la garnison demeurera jusques au troisieme terme; & alors s'ils ne sont pas encore d'accord, elle demeurera jusqu'à la fin des traités commencés. »

» Au reste, toutes les autres choses seront réellement & sans aucun empêchement expédiées & accomplies par toutes les parties dans l'espace de six semaines, à compter du jour que cette présente convention sera achevée & signée. Mais en cas que quelque lieu eût été omis par ignorance ou par faute d'information dans la susdite spécification, il sera néanmoins évacué & délaissé comme les autres du même cercle aux termes prescrits.

Toutefois ce présent traité d'évacuation ne sortira nullement son effet à l'égard des Etats de l'empire, que le payement de l'argent de satisfaction qui a été par eux offert, n'ait été fait en chaque terme; & au défaut de cela, la réelle assurance dont on est convenu demeurera ferme & stable. «

» L'amnistie contenue dans ce traité de paix ne comprendra pas seulement les principaux acteurs de cette guerre, & entr'eux spécialement madame la landgrave, & la maison ducale de Hesse-Cassel : mais aussi les généraux, colonels, capitaines, & autres officiers & ministres de guerre & de robe de toutes les parties, & généralement toutes les troupes de cavalerie & d'infanterie, jusques à leur entier licenciement & sortie ; & ainsi elle s'étendra l'espace de huit semaines après la conclusion de ce traité ; à condition toutefois que ladite milice continuera d'observer exactement les ordres & commandemens de leurs principaux chefs généraux, & autres officiers supérieurs & subalternes ; & il ne sera par elle exercé contre qui que ce soit aucune hostilité, ni aucune autre chose contraire audit traité de paix, soit durant qu'elle restera en garnison, ou à sa sortie & retraite. «

» Or, comme ledit recès préliminaire & cette convention principale dépendent du traité de paix qui a été publié & ratifié de toutes parts, comme l'effet de sa cause; & que pour cette raison l'un & l'autre doivent avoir la même force & vertu, & le même effet que le traité de paix, & être aussi religieusement observés par toutes les parties : c'est pourquoi en vertu des présentes la garantie générale exprimée dans le traité de paix, s'étend aussi avec toutes ses dispositions, assurances, clauses, & précautions sur ladite convention préliminaire, & sur cette principale, avec pareil effet, force, & obligation. De même, & avec non moins de force, tout ce qui a été ailleurs arrêté en l'article dix-septieme touchant la ratification, confirmation, observation, & sureté du traité de paix, trouvera, aura, & retiendra pareil lieu en tout & par-tout dans ce recès d'exécution, comme si ledit article XVII, avec tous & chacun ses paragraphes avoit été ici inséré & répété de mot à mot. Ainsi tant le traité de paix, que le recès de son exécution, seront incessamment & en la maniere due & accoutumée, de l'autorité de sa majesté impériale, & des électeurs, princes & Etats de l'empire, insinués à la chambre aulique, à la chambre impériale de Spire, & à tous les autres tribunaux des Etats, pour leur être une regle perpétuelle de juger. Et afin que tout ce qui a été ci-dessus écrit, soit gardé inviolablement par tous les principaux intéressés, & ait son effet & sa vigueur, les ratifications tant de l'empereur que de la couronne de Suede en seront expédiées en la forme dont on est déjà convenu; & seront au plutôt ici fournies, & réciproquement échangées, avec ce recès d'exécution, signé & scellé, tant par nous & par son altesse le seigneur Palatin, généralissime de Suede, que par les conseillers ambassadeurs & envoyés, ici présens à ce députés par les électeurs, princes & Etats de l'empire. Après quoi les mandemens du licenciement & de l'évacuation selon les termes assignés, seront donnés, & mis ensuite à exécution par un pareil nombre d'officiers de part & d'autre en la meilleure maniere dont il a été ci-dessus convenu. »

» Pour ce qui est des ratifications des électeurs, des princes, & des Etats, elles seront infailliblement expédiées & fournies en la forme ci-dessus arrêtée dans l'espace de quatorze jours, à compter du jour de la signature de ces présentes. En foi de fermeté inviolable de quoi, nous, au nom de sa majesté impériale, en vertu de son plein-pouvoir, avons souscrit de notre propre main, & muni de notre cachet ducal ce principal recès d'exécution; ainsi qu'au nom de tous les électeurs, princes & Etats de l'empire, leurs conseillers, ambassadeurs ci-après nommés, députés pour ce traité, en vertu de la conclusion impériale séparée, qui en a été spécialement expédiée, & à nous aujourd'hui présentée sous le scel du directoire de Mayence, l'ont semblablement souscrit & muni de leurs cachets. C'est à savoir, Sébastien-Guillaume Meel, au nom de l'électeur de Mayence; Jean-George Oexel, au nom de l'électeur de Baviere; Auguste-Adolphe, baron de Trandorf, au nom de l'électeur de Saxe; Jean-Guillaume de Goln en Kenfheim, au nom des archiducs d'Autriche; Corneille Gobel, au nom de l'évêque de Bamberg; Jean-George Oexel, au nom des ducs de Baviere : Wolfgang-Conrad de Thumbshirn, au nom du duc de Saxe-Altembourg : Augustin Carpzovius, au nom du duc de Saxe-Cobourg : Policarpe Heiland, au nom du duc de Brunswick-Lunebourg-Wolfembutel : Otton de Maude-rode, au nom du duc de Brunswick-Lunebourg-Zell : Valentin Hoyder, au nom du duc de Wirtemberg : Burchard Loffenholts de Colberg, & Thobie Oelhafen de Scollenback, au nom de la ville de Nuremberg : Zacarie Stenglin, au nom de la république de Francfort : après quoi nous l'avons fait

fait délivrer au seigneur généralissime & plénipotentiaire de Suede, de qui nous avons reçu un pareil exemplaire, signé & scellé par lui. »

Fait à Nuremberg, ville du sacré empire Romain, le vingt-sixieme jour du mois de juin l'an mil six cent cinquante.

Signé, OCTAVE PICOLOMINI, DUC D'AMALFI ;
& les autres ci-dessus nommés.

OSORIO, *Auteur Politique.*

JEROME OSORIO, d'abord évêque de Sylves & puis des Algarves, né à Lisbonne en 1506, & mort en 1580 à Tavilla dans son diocese, a été appellé le Cicéron de Portugal, & a fait des ouvrages de philosophie, d'éloquence & de théologie qui lui ont mérité ce titre. Ce prélat, (dit un historien François) a instruit & édifié, non-seulement sa nation, mais toute la chrétienté, par un grand nombre de livres qu'il a écrits d'un style élégant & fleuri sur diverses matieres (*a*). Tous ces ouvrages (*b*) furent imprimés ensemble à Rome l'an 1592, en 4 volumes in-folio, par les soins de Jérôme Osorio, chanoine d'Evora, neveu de l'auteur.

On y trouve un traité qui a pour titre : *De regiâ institutione & disciplinâ, libri VIII. Coloniæ*, 1574 & 1582, in-8° ; & Paris, 1583, in-folio. Barnabé Brisson, sénéchal de Fontenay-le-Comte en Poitou, fit faire l'édition de Paris, & trouvant l'ouvrage bon le traduisit en françois. L'auteur avoit dédié son ouvrage à Sébastien, roi de Portugal, & le traducteur dédia sa traduction à Henri III, roi de France.

Dans son livre *de nobilitate christianâ*, Osorio s'est élevé contre les maximes de Machiavel.

(*a*) Hist. Thuan. lib. 71. ad ann. 1580.

(*b*) De Nobilitate Civili, lib. 2 ; de Nobilitate Christianâ, lib. 2, de gloriâ, lib. 5 ; de rebus Emmanuëlis Lusitaniæ Regis, lib. 12 ; de justitiâ cœlesti, lib. 10 ; de sapientiâ, lib. 5 ; & quelques autres.

OSSAT, (Arnaud, Cardinal d') *Célèbre négociateur François.*

JAMAIS ministre, dit Wicquefort, ne s'acquitta de son emploi avec tant d'affection, de zele, d'application, ni de fidélité pour le service du roi son maître, que le fit ce prélat. Pour ce qui est de son habileté, on en peut juger par ses négociations même, dont le public est redevable aux sieurs du Puy, l'honneur & l'ornement du dernier siecle. On voit des preuves de son adresse en la négociation qu'il fit avec le grand duc de Toscane pour la restitution de l'isle d'If, en celle qu'il fit avec Clément VIII pour la réconciliation du roi Henri IV avec l'église romaine, pour la déclaration de la nullité du mariage du même roi, qui subsistoit depuis près de trente ans avec la reine Marguerite de Valois, & pour la dispense du mariage de Catherine de Bourbon, sœur de Henri, avec le duc de Bar, & pour plusieurs autres affaires fort importantes & très-difficiles. Ses dépêches ne sont pas moins nécessaires à un ambassadeur, qui prétend réussir en son emploi, que la bible & le cours de droit le sont aux théologiens & aux jurisconsultes, qui veulent réussir en leur profession. Nous allons en donner un extrait.

Négociations du Cardinal D'OSSAT.

ARNAUD D'OSSAT né de parens extrêmement pauvres, vint au monde à Cassaquabere, village au diocese d'Auch, le 23 août 1536. Un seigneur des environs prit soin de son éducation, & après qu'il eut achevé ses études, il le donna pour précepteur à deux jeunes gentilshommes de ses parens. Arnauld s'acquitta dignement de cet emploi; & lorsque ses éleves furent en état de se passer de ses services, il se rendit à Bourges, pour y prendre les leçons du célébre Cujas. M. d'Ossat se fit recevoir avocat au parlement de Paris, dans l'espérance d'y trouver un établissement honnête par l'assiduité de son travail. Mais M. de Foix, conseiller-clerc au parlement de Paris, voulant se l'attacher, lui proposa de le suivre à Rome, lorsqu'il fût nommé ambassadeur ordinaire auprès du saint siege. M. d'Ossat pendant tout le temps qu'il fut auprès de ce seigneur, lui rendit les plus importans services. Mais après sa mort, arrivée en 1582, il devint secrétaire du cardinal Louis d'Este, alors archevêque d'Auch & protecteur des affaires de France. M. d'Ossat resta quatre ans dans la maison du cardinal d'Este, qui étant mort en 1586, légua à son secrétaire quatre mille écus, & laissa entre ses mains un gros diamant qui en valoit bien vingt mille, pour le garder, jusqu'à ce qu'il fut payé de cette somme par ses héritiers testamentaires. Mais le jeune d'Ossat ne voulut jamais accepter ce gage, quoique le cardinal l'en priât instamment; & la plus noire ingratitude des héritiers fut la récompense d'un désintéressement aussi noble.

Le cardinal de Joyeuse ayant succédé au cardinal d'Este, M. d'Ossat continua d'exercer le secrétariat sous lui, par exprès commandement du roi. La maniere dont il gouverna les affaires de France mérita tant d'éloges, que Henri III ne crut pas trop faire que de lui offrir une place de secrétaire d'Etat. On ignore par quels motifs il refusa d'accepter cette charge; à moins qu'on ne dise comme M. Amelot, que M. d'Ossat n'ayant aucune habitude en France, & voyant la guerre civile allumée par tout le royaume, il n'eut pas manqué de s'attirer l'inimitié d'une grande partie de ses concitoyens, & de partager avec le roi la haine du meurtre du duc & du cardinal de Guise, & de l'emprisonnement du cardinal de Bourbon & de l'archevêque de Lyon.

Quoiqu'il en soit, ses services ne resterent pas sans récompense. Quelque temps après la mort d'Henri III, il fut nommé par Henri IV, son successeur à l'évêché de Rennes. Cette dignité ne l'empêcha pas de continuer ses fonctions à Rome. Sachant qu'un sujet est né pour son prince & pour sa patrie, & qu'en servant l'un & l'autre, il sert Dieu, il crut devoir s'accommoder aux nécessités de l'Etat, & préférer son roi & toute la France à son diocese, comme le général au particulier, & le principal à l'accessoire.

Au mois de septembre 1597, Henri IV, qui vouloit donner à M. d'Ossat une marque encore plus particuliere de son estime & de son affection, l'honora d'une place de conseiller d'Etat; & sans exiger qu'il quittât son poste, ce prince lui permit de prêter le serment accoutumé entre les mains du duc de Luxembourg, alors ambassadeur à Rome. Le remercîment que M. d'Ossat en fit au roi, montre assez qu'il connoissoit parfaitement l'importance & les obligations de cette dignité. » Je sais bien, dit-il, dans la lettre qu'il en écrivit au roi, » que tels lieux à la vérité & en effet, ne sont » pas tant places d'honneur & de dignité, comme de soins, assiduité, vi» gilance, diligence & labeur. «

Peu de temps après sa réception de conseiller d'Etat, Henri IV le nomma de son propre mouvement directeur de l'ambassade de Rome, & M. de Luxembourg reçut ordre en même-temps de prendre les conseils & de suivre en tout les avis de l'évêque de Rennes.

Quoique ce fût, sans doute, pour ce duc une sorte d'humiliation, il ne fit aucune difficulté d'obéir aux volontés de son souverain, sachant bien d'ailleurs qu'il avoit besoin d'un tel guide, pour remplir avec honneur les devoirs d'une ambassade aussi épineuse. M. de Luxembourg n'en sut pas plus mauvais gré à M. d'Ossat. Au contraire, il tâcha de lui rendre tous les services qui dépendirent de lui. Il fut le premier à solliciter un chapeau de cardinal pour l'évêque de Rennes.

Je ne puis m'empêcher avant d'aller plus loin, de faire observer ici une particularité frappante à l'égard de M. d'Ossat. Si, selon le proverbe espagnol chacun est fils de ses œuvres, ce grand homme étoit plus que personne celui des siennes. On ne lui connoissoit ni ancêtres, ni titres, ni parens, ni patrie, avec qui il eut eu à partager sa gloire. Il n'eut pour s'ennoblir que son esprit & ses vertus. Ainsi l'on peut dire que sa basse extraction faisoit honneur à sa fortune & à tous ceux qui en avoient été les principaux instrumens. On verra dans la suite de ces négociations les objets que le roi confia durant un long espace de temps à sa capacité, à son expérience & sa dextérité.

Au commencement de l'année 1599, il fut créé cardinal par le pape Clément VIII, & une année après nommé à l'évêché de Bayeux par Henri IV. M. d'Ossat ne jouit pas long-temps de ces deux dignités; car il mourut le 13 de mars 1604. Toutes les ames honnêtes témoignerent un grand regret de sa mort; mais principalement celles qui avoient à cœur les intérêts de la France & de la religion.

Nous allons passer maintenant aux négociations les plus importantes, confiées aux soins de cet habile politique. La premiere qui s'offre est celle des obséques du roi Henri III, que Sixte V & ses successeurs refuserent de faire selon la coutume, dans l'oratoire des papes. Cette affaire, qui coûta beaucoup de peines & de désagrémens à M. d'Ossat, ne fut terminée que plusieurs années après. Le refus que la cour de Rome faisoit d'entreprendre les obseques publiques pour le feu roi, étoit fondé sur ces principaux motifs, entre autres que le roi étant mort excommunié, à cause du meurtre du cardinal de Guise, l'église n'avoit point coutume de prier pour ceux qui étoient décédés en ce malheureux état. On ajoutoit, que le pape Sixte V, ayant lancé un monitoire contre Henri III, ce prince ne s'étoit pas mis en devoir de satisfaire aux préceptes de l'église & aux volontés du St. Pere.

Ces motifs qui avoient fait une singuliere impression sur la cour de Rome, exigerent toute la prudence & l'habileté de M. d'Ossat, pour les combattre. Dans les différentes audiences qu'il eut à ce sujet de Sixte V, & de ses successeurs, il tâcha, suivant que les circonstances étoient favorables, de détruire les raisons alléguées par ces souverains pontifes. Tantôt il leur fit entendre, que les constitutions canoniques en matiere de censure & autres peines ne s'étendoient pas sur les rois, à moins que cela ne fût expressément signifié; que les rois de France, pour récompense de leur zele & de leur attachement au saint siege en avoient obtenu le privilege de ne pouvoir être excommuniés; que ces mêmes rois de France étoient depuis un temps immémorial en possession de juger les personnes ecclésiastiques comme les autres, à plus forte raison, ceux qui s'étoient rendus criminels de lese-majesté; or, qu'il étoit connu de tout le monde que le cardinal de Guise & le duc son frere, avoient formé le projet abominable d'attenter à la liberté, & peut-être à la vie du roi; que d'ailleurs sa majesté, voulant prendre toutes les précautions nécessaires & assurer le repos de sa conscience, n'avoit fait aucune difficulté de se confesser de cet acte;

& qu'elle en avoit même reçu l'absolution, par autorité apostolique, en vertu d'un bref du pape, expédié à Rome le 20 juillet 1567.

Mais comme le pape, ainsi que les cardinaux, convaincus peut-être intérieurement de leur injustice à cet égard, n'entendoient pas volontiers ces raisons qui étoient sans répliques, ce ne fut qu'avec la derniere discrétion que M. d'Ossat en fit usage, il avoit toujours soin de les accompagner d'autres motifs plus plausibles, afin de ne pas trop irriter le pape ni le sacré college. On voit par ses dépêches à la reine Louise, veuve d'Henri III, qu'il avoit soin de remettre souvent devant les yeux de sa sainteté que le feu roi, persuadé qu'il avoit encore besoin de l'absolution du pape même, l'avoit demandé souvent par ses lettres à Sixte V, & qu'il avoit fait réitérer cette demande par son ambassadeur à Rome, & par Claude d'Angennes, évêque du Mans. Quant à ce qui concernoit le monitoire, il n'étoit point venu à la connoissance du roi, ou s'il y étoit parvenu, ce n'avoit été que fort tard; & que d'ailleurs sa majesté n'ayant point vécu tout le temps qui lui étoit accordé, pour s'acquitter envers le saint siege, elle étoit par là même plus excusable. Je ne finirois point, si je voulois rapporter toutes les excellentes raisons que notre cardinal allégua en faveur du roi défunt. Elles tendoient toutes à prouver qu'il n'étoit pas mort excommunié, & que jamais excommunication n'avoit été lancée contre ce prince, ce qui cependant eut été nécessaire, vu sa qualité de roi très-chrétien. Mais, disoit-il, dans une audience à Grégoire XIV; » Je veux aller plus avant & » prendre les choses au pis; & dis que quand bien le roi n'auroit été ab- » sous à l'article de la mort par son confesseur, & qu'il seroit mort ex- » communié quant à l'église; ce néanmoins, puisqu'à sa mort se virent tels » signes de contrition en lui, il faudroit conclure qu'il auroit été absous » quant à Dieu. Par conséquent votre sainteté pourroit l'absoudre quant à » l'église, & puis lui faire faire les obseques «.

Ces motifs sans doute étoient très-propres à fixer les incertitudes des souverains pontifes. Mais tels étoient leurs préjugés, ou plutôt leur crainte de déplaire aux Espagnols, que d'une affaire très-facile à terminer, ils en firent l'affaire la plus difficile & la plus épineuse. En vain la reine de France employa la médiation des puissances alliées; en vain elle intéressa le pape par tout ce que la religion & l'humanité ont de plus sacré sur le cœur de l'homme; en vain cette pieuse princesse témoigna la plus grande déférence aux volontés du St. Pere, la chose resta indécise un long espace de temps, & ne fut terminée que bien des années après.

Henri IV comprenant bien qu'il lui seroit impossible de rester sur le trône de France, en continuant de professer la religion protestante, & sollicité par les vives instances de ses plus fideles serviteurs, avoit enfin pris la résolution de se faire instruire. Ayant assemblé pour cela un grand nombre de prélats & de docteurs, il leur demanda de l'éclaircir & de le satisfaire sur un seul point, duquel dépendoient tous les autres. » Faites-

» moi voir, leur dit-il, que votre société est la véritable église catholique » & apostolique. Quand je serai convaincu de ce point, je croirai tout le » reste, parce que je suis persuadé que je dois soumettre mon esprit à la » foi, & croire tout ce que la véritable église m'enseigne. «

L'archevêque de Bourges, plusieurs évêques & docteurs se chargerent de résoudre tous ses doutes. Ayant donc été parfaitement instruit, il fit abjuration de l'hérésie, & embrassa la foi catholique à saint Denis, entre les mains du même archevêque de Bourges, le 15 de juillet 1593, en présence de tous les seigneurs de sa cour, & d'une grande multitude de peuple qui étoit accouru de Paris pour voir cette action. Peu de temps après, Henri IV envoya à Rome le duc de Nevers & d'Angennes Rambouillet, évêque du Mans, pour informer le pape de sa conversion, lui en présenter le procès-verbal, & demander à sa sainteté qu'elle le regardât désormais comme enfant de l'église. Mais le duc de Nevers, loin d'obtenir du pape l'absolution du roi, fut renvoyé, sans même avoir été reçu en qualité d'ambassadeur. Cela n'empêcha pas Henri IV de solliciter toujours le saint siege pour sa réconciliation avec lui. Il confia pour cela ses plus chers intérêts entre les mains du cardinal d'Ossat qui, par son esprit & son adresse, sut si bien conduire cette négociation, qu'elle est regardée même à présent comme un chef-d'œuvre.

Il s'en falloit bien que la cour de Rome fût disposée à accorder au roi la grace qu'il demandoit. Outre que l'on est très-formaliste dans ce pays, sur-tout dans les matieres importantes qui concernent la religion, les Espagnols & ceux qui restoient de la ligue en France, faisoient tous leurs efforts pour détourner le pape de procéder à l'absolution du roi Henri. Sa sainteté étoit bien-aise, avant de faire une démarche de cette nature, de commencer par ménager une bonne paix entre l'Espagne & la France. C'étoit même comme un des préliminaires de l'absolution, & par conséquent une condition tout-à-fait simoniaque, puisque l'absolution est une chose purement spirituelle, & la paix ou la treve une chose uniquement temporelle.

Dans les conférences qu'il obtint du pape ou de son neveu, M. d'Ossat eut occasion de se convaincre que la résistance de la cour de Rome étoit fondée principalement sur l'opinion où l'on paroissoit être du mauvais état des affaires en France. Il étoit donc essentiel avant tout, de faire voir combien l'on se trompoit, si l'on croyoit les choses trop délabrées pour empêcher le roi d'agir contre ses ennemis. Aussi c'est ce que M. d'Ossat entreprit de faire avec le plus grand succès.

Dabord, il fit sentir que pour ce qui regardoit l'absolution, le roi & les princes & seigneurs de son conseil ne souffriroient pas qu'on voulût y insérer aucune condition de paix ou de treve avec les Espagnols, non plus qu'avec le reste de la ligue; qu'à la vérité, le roi reconnoissoit le pape en qualité de vicaire de Jesus-Christ; & de pere commun des chrétiens ; mais que par rapport au roi d'Espagne, sa majesté étoit dans la ferme résolution de ne traiter que de pair avec lui, & de se comporter à l'égard de ce prince, comme il se comporteroit envers elle ; qu'il seroit assez temps après l'absolution de trouver un expédient pour réunir ces deux princes, mais qu'au reste, le roi de France voudroit en être requis avec les mêmes formalités que le roi d'Espagne. Il ajouta qu'on se trompoit fort, si l'on croyoit à Rome qu'il suffiroit d'envoyer une ambassade honorable en Espagne, pour savoir les intentions de sa majesté catholique, & pour les proposer au roi de France comme un oracle auquel il devoit obéir sans réplique. » Et d'ailleurs, disoit M. d'Ossat, alors même que » tous respects & honneurs seroient gardés & rendus de part & d'autre, » encore ne vois-je point qu'il se peut faire paix entre ces deux rois, pour » ce que l'un ne voudroit point rendre le royaume de Navarre ; & que » ce seroit chose injuste & honteuse que l'autre le quittât. «

On ne sauroit trop admirer ici la politique de M. d'Ossat, en ce qu'il ne fait point mention de la treve qui eût pu s'entreprendre avec beaucoup plus de facilité. En éloignant le plus qu'il pût cet objet, il se contenta de faire entrevoir seulement que la cour de Rome & ses partisans ne trouveroient pas du côté de la France toute la condescendance qu'ils se croyoient en état d'exiger. Il est vrai qu'il manquoit encore beaucoup de choses à Henri IV pour être solidement affermi sur son trône, & que peut-être il ne lui restoit pas les moyens de soutenir avec succès la guerre contre sa majesté catholique. Mais M. d'Ossat réfléchissoit prudemment, en pensant que le roi d'Espagne n'avoit guere de meilleures ressources, & que, dénué d'argent, qui est le nerf de la guerre, la paix lui devenoit pour le moins aussi nécessaire qu'au roi de France. Et d'ailleurs, on sent bien que si Henri IV se fut déterminé à conclure une treve, ce n'eût point été aux conditions que les Espagnols eussent bien voulu lui accorder. Au contraire, l'intention de ce prince étoit, pour premiere condition, de réserver tout ce dont il s'étoit emparé, comme cela se pratique ordinairement dans les treves, les choses devant demeurer au même état où elles sont.

Mais on ne doit pas laisser ignorer, que le motif pour lequel l'Espagne songeoit sérieusement à laisser Henri IV en paix, étoit l'heureux succès des armes de ce prince, & d'un autre côté, la crainte que l'on avoit des Turcs, qui avoient, en ce moment, pénétré bien avant dans la Hongrie, & qui étoient venus tout récemment mettre le siege devant Belgrade. M. d'Ossat en pénétrant ces motifs, ne manqua pas d'agir en conséquence. Bien persuadé que le pape ne pouvoit s'empêcher de donner l'absolution au roi, à moins de vouloir faire tout rentrer dans le désordre, il mit tous ses soins à informer exactement sa cour de tout ce qui parvenoit à sa connoissance. Il eut même la fermeté de conseiller au roi de ne point se rebuter, assurant sa majesté qu'on viendroit heureusement à bout de tout par les voies de la douceur. Une chose seulement sembloit inquiéter Clément VIII, c'étoit la sincérité de la conversion du roi, & M. d'Ossat, qui dans ses audiences eut lieu de pénétrer ce soupçon, n'omit rien pour le faire évanouir. Sans cesse il représentoit au pape l'ardent désir du roi de France pour obtenir cette absolution tant désirée. Il excusa le roi sur ce qu'après le retour du duc de Nevers, on n'avoit pas fait partir aussi-tôt d'autres ambassadeurs, pour venir se jeter aux pieds de sa sainteté, & la supplier humblement de ne pas différer plus long-temps une grace qui sembloit réunir seule tous les vœux de son souverain. » Le roi, disoit-il, n'a demeuré tant » de temps, que pour rendre cette ambassade plus honorable & plus cé- » lébre, afin de rendre tant plus de respect & de révérence au saint siege » & à la personne de sa sainteté, & que pour ce, le roi avoit résolu » d'envoyer, outre M. du Perron, deux autres personnages notables, l'un » de son conseil, & l'autre de sa cour du parlement. «

Et plus bas il ajoute : » qu'à faire cette démonstration de plus grande » révérence, sa majesté s'étoit mue de sa propre inclination, & aussi pour » avoir entendu que par deçà, quelques-uns avoient parlé de la premiere » députation, autrement que ne méritoient les rares vertus, mérites, & » la piété de sa majesté, envers le saint siege, laquelle dévotion étoit si » grande, que si sa majesté pouvoit, elle viendroit en personne aux pieds » de sa sainteté, pour recevoir elle-même en personne la grace qu'elle en » désire & espere. «

On voit par-là, combien M. d'Ossat appréhendoit que l'on ne vint à gâter les affaires, par des airs de hauteur mal placés. Sa prévoyance eut une heureuse réussite. Le pape charmé ou enorgueilli peut-être de cette condescendance du roi de France, répondit avec empressement à cet adroit négociateur, qu'il recevroit avec joie les députés de son souverain, (ce qu'il n'avoit pas voulu promettre jusqu'alors); que dans tout ce qu'il avoit fait en France, il ne s'étoit jamais proposé que la conservation de la religion catholique & de l'Etat; qu'à la vérité, plusieurs personnes, qui ne connoissoient pas le fond de ses desseins, jugeoient par des apparences extérieures, qu'il étoit entiérement dévoué au parti Espagnol; mais que l'on n'auroit pas de peine à lui rendre justice, en considérant simplement où en étoient les affaires, lorsqu'il étoit monté sur le saint siege.

C'étoit beaucoup, sans doute, que M. d'Ossat eut obtenu cette déclaration du pape, & encore plus de ce que sa sainteté n'eut point paru vouloir exiger pour premiere condition de l'absolution, une paix entre le roi de France & le roi d'Espagne. Mais il faut observer aussi que cette bonne volonté du pape, étoit peut-être le résultat de la crainte qu'on lui avoit inspiré que Henri IV ne prît un parti violent, en voyant qu'on s'opiniâtroit à lui refuser une chose qu'il demandoit avec tant d'instances & depuis si long-temps. Car enfin, comme le dit fort bien M. d'Ossat dans une de ses dépêches, que manquoit-il au roi? Il avoit été admis par les prélats de France à la communion de l'église; il venoit d'être sacré & couronné tout nouvellement

nouvellement à saint Denis; il distribuoit selon son gré les évêchés & les abbayes, & ceux à qui il les conféroit en jouissoient paisiblement. En un mot, il réunissoit en sa personne toutes les prérogatives des plus grands rois, ses prédécesseurs. Ainsi, le pape en s'opiniâtrant, couroit risque, comme on le voit, de faire exclure son autorité du premier royaume de la chrétienté. On sait d'ailleurs qu'une des maximes de la cour de Rome, est de se gouverner selon les événemens, pour ne point perdre cette révérence, que l'on rend à sa puissance spirituelle, sur laquelle est fondée toute son autorité.

Pendant que M. d'Ossat conduisoit, avec toute l'adresse imaginable, cette négociation intéressante, il survint un événement qui faillit renverser tous ses projets. Dans la derniere dépêche qu'il avoit reçue du roi, sa majesté lui ordonnoit de garder le plus profond silence sur les nouvelles tentatives qu'il devoit faire auprès du pape. Le grand-duc de Toscane, qui s'intéressoit singuliérement dans cette affaire, lui avoit recommandé de même le plus grand secret. Mais par malheur, Mrs. de Lomellini & d'Elbene, associés en quelque sorte à M. d'Ossat, pour l'aider dans sa négociation, eurent avis de France, que le roi avoit chargé nôtre cardinal d'une nouvelle commission auprès de sa sainteté. M. d'Ossat sentant bien qu'il étoit de son devoir de préférer son prince à ses amis particuliers, jugea à propos de leur taire la vérité, & semblable au jeune Papirius, il éluda toutes leurs questions par une fausse confidence. Mais ce qu'il y avoit de plus épineux en cela, c'est que Mrs. de Lomellini & d'Elbene étoient chargés de remettre au pape des lettres qui marquoient bien positivement que M. d'Ossat devoit traiter avec sa sainteté de certaines choses de grande importance, & d'autre nature que n'étoient celles dont il avoit déjà parlé à sa sainteté & au cardinal Aldobrandin, son neveu. Dans cette extrémité, M. d'Ossat, ne vit point d'autre moyen que d'avertir le pape de toute l'affaire, avant que Mrs. Lomellini & d'Elbene lui eussent parlé. La chose réussit même au-delà de toute espérance. Dès que M. d'Ossat eut rendu compte au pape du motif qui le faisoit agir ainsi, sa sainteté donna des éloges à sa prudence, & lui recommanda elle-même le plus inviolable secret. M. d'Ossat alla plus loin: il prit delà occasion de représenter au pape combien des gens mal-intentionnés s'efforçoient de rendre suspects au roi de France les bons desseins de sa sainteté; & afin de mieux découvrir encore les intentions de Clément VIII, il ajouta qu'on avoit voulu persuader au roi que le pape n'avoit pas la plus petite volonté de lui donner l'absolution; que d'un autre côté on répandoit le bruit que sa sainteté exigeoit maintenant que Henri IV fit la guerre aux hérétiques, & qu'il renonçât entiérement aux confédérations d'Angleterre & des autres potentats non catholiques; qu'enfin on ne cessoit de dire au roi que le souverain pontife, avant de donner l'absolution, vouloit pour signe de pénitence, que sa majesté fasse publier dans son royaume le concile de Trente, rétablir l'exercice de la religion catholique dans le Béarn, & qu'elle retirât des mains des huguenots le prince de Condé, pour le faire élever & instruire dans la religion catholique. Quand M. d'Ossat eut indiqué ces trois prétendus motifs d'un refus d'absolution, il prévint la réponse du pape, en ajoutant d'abord que le roi de France étoit tout-à-fait déterminé à contenter sa sainteté sur ces trois articles; mais qu'il étoit plus difficile qu'on ne pensoit à les mettre en exécution; qu'il falloit du temps pour y préparer les choses & les personnes. De tout cela, le point le plus embarrassant étoit, que l'on commençoit à répandre déjà dans le public, que le pape vouloit contraindre aussi Henri IV à prendre une réhabilitation. M. d'Ossat dit, par rapport à ce dernier objet, que le roi ne feroit peut-être aucune difficulté de se soumettre à cet acte; mais que ce prince devoit avoir égard à la dignité de sa couronne, qui, quant au temporel, n'avoit jamais reconnu que Dieu au-dessus d'elle, comme les papes, ses prédécesseurs l'avoient eux-mêmes témoigné; que les rois de France sont si purement & si absolument souverains, qu'en tout ce qui regarde leur puissance temporelle, ils ne reconnoissent que Dieu, de qui ils tiennent leur couronne, qu'enfin l'église gallicane avoit toujours soutenu & professé cette doctrine, non par privilege ou par une liberté particuliere; mais par droit commun, conforme à la parole de Dieu, à l'ancienne police de l'église universelle & aux décrets des conciles œcuméniques.

Clément VIII, après avoir écouté fort attentivement M. d'Ossat, lui répondit de la maniere la plus douce & la plus affable, que le roi de France ne devoit pas prêter l'oreille, encore moins s'en rapporter à de semblables discours, dans une affaire sur-tout où l'on savoit qu'il y alloit non-seulement de l'intérêt du roi & du royaume de France, mais encore de celui du saint siege; & qu'il sentoit trop bien qu'en refusant l'absolution à ce prince, il agiroit directement contre la propre utilité de la cour de Rome. Que par rapport à ce qui concernoit les articles du concile de Trente, la réception de la religion catholique en Bearn, & l'instruction du prince de Condé, cette affaire à la vérité avoit été agitée autrefois; mais qu'on n'en étoit jamais venu jusqu'à dire, qu'il falloit absolument que ces choses précédassent l'absolution; qu'à la vérité cela produiroit un bon effet, s'il étoit possible de le faire; mais qu'en cette conjoncture il falloit se contenter de la bonne volonté. Quant à l'article de la réhabilitation, le pape répondit, que ce point concernant l'autorité du saint siege, il n'avoit encore pris aucune résolution à ce sujet; mais qu'il lui sembloit que ses prédécesseurs ayant fulminé une privation, il étoit essentiel de procéder à une réhabilitation; car autrement ce seroit nier en quelque sorte l'autorité du saint siege : qu'au reste, il savoit bien qu'en ces sortes de matieres, les princes & leurs conseillers avoient des maximes qui ne quadroient pas toujours avec celles de la cour de Rome; mais qu'on ne devoit s'inquiéter de rien, & que tout s'arrangeroit à l'amiable & pour le mieux, quand les ambassadeurs de sa majesté très-chrétienne seroient arrivés à Rome.

Dès que M. d'Ossat fut sorti de l'audience du pape, il s'empressa de faire part au roi des favorables dispositions de sa sainteté. On loua beaucoup en France la résolution que cet habile négociateur avoit prise de cacher toute cette affaire à messieurs Lomellini & d'Elbene. Ce n'est pas que l'on ne s'apperçut que par-là il se rendoit seul maître de cette importante négociation. Mais telle étoit la confiance que les ministres mettoient en ses talens, qu'ils le croyoient très-en état de la conduire à une heureuse fin. En conséquence on ne songea plus qu'à faire partir de France les ambassadeurs qui devoient aller consommer cette importante affaire. Tout étoit prêt pour leur départ, lorsqu'un accident imprévu suspendit la négociation, & faillit même rendre infructueuses toutes les démarches précédentes. Jean Châtel, jeune-homme de dix-huit ans, fils d'un marchand-drapier de Paris, voulant tuer le roi, lui donna un coup de couteau, dont il lui coupa la levre d'en haut. Cet accident arriva dans la chambre de la marquise de Monceaux, plus connue sous le nom de la belle Gabrielle d'Estrées, qui logeoit à l'hôtel de Schomberg, derriere le Louvre. Jean Châtel avoit fait son cours de philosophie sous le pere Gueret, jésuite. On prétend que dans ses interrogatoires ce jeune-homme accusa les jésuites de l'avoir excité à cette abominable action : sur de plus amples informations le parlement bannit ces peres de France, & rendit un arrêt dans lequel il s'exprimoit ainsi : » Et par de fausses & damnables instructions, il a dit être permis de tuer » les rois; & que le roi Henri IV, à présent régnant, n'est en l'église » jusqu'à ce qu'il ait l'approbation du pape. «

» Fait inhibition & défenses à toutes personnes de quelque qualité & » condition qu'elles soient, sur peine de crime de lese-majesté, de dire ni » proférer en aucun lieu public, ni autres, lesdits propos, lesquels ladite » cour a déclaré & déclare scandaleux, séditieux, contraires à la parole de » Dieu, & condamnés comme hérétiques par les saints décrets. « On ne sauroit s'imaginer l'impression que fit, à Rome, cet article de l'arrêt du parlement. Le pape s'en plaignit amérement à M. d'Ossat, qui mit tout en œuvre pour justifier cette démarche du parlement de Paris. D'abord il voulut faire entendre que ces mots de l'arrêt, *& condamnés comme hérétiques par les saints décrets*, ne se rapportoient pas à la proposition qui concernoit la cour de Rome; mais à celle où il étoit fait mention, qu'il est permis de tuer les rois. Voyant ensuite que cette interprétation produisoit peu d'effet, il ajouta avec une certaine fermeté, que quand même ces paroles se référeroient à la premiere des propositions, le parlement n'avoit pas eu tout-à-fait tort, parce qu'il pourroit se faire, en quelque façon, qu'un homme qui auroit été excommunié, pour un cas réservé au saint siege, soit dans l'église, sans avoir cependant l'approbation du pape; & qu'au contraire un homme pourroit avoir l'approbation de sa sainteté, & demeurer excommunié envers Dieu.

Le pape sentant bien qu'il ne pouvoit plus reculer cette affaire de l'absolution, sans exposer le saint siege & la France aux plus grands périls, parut se contenter de cette nouvelle raison. Il répéta à M. d'Ossat, ce qu'il lui avoit dit dans presque toutes les audiences précédentes, qu'il étoit tout disposé à recevoir les ambassadeurs du roi, & à conclure avec eux cette importante affaire. Jacques Davy du Perron, évêque d'Evreux, ayant été choisi pour cette ambassade, se mit donc en route, accompagné d'un membre du conseil & d'un conseiller du parlement. Quand les Espagnols, à qui on avoit tenu cette négociation secrete, surent à Rome l'arrivée de cet ambassadeur, ils en furent tellement troublés & en témoignerent tant d'indignation, que le pape jugea à propos de lui envoyer sur la frontiere de l'état ecclésiastique, une forte escorte de cavalerie pour la sureté de sa personne.

Au reste, on ne peut assez louer la sincérité & la piété avec laquelle le pape agit en cette affaire. Comme il désiroit fortement d'absoudre le roi, il prit le parti de mépriser absolument les menaces que le roi d'Espagne lui fit faire pour l'en détourner; mais ce qui l'inquiétoit le plus, c'est qu'il craignoit que la conversion du roi ne fût pas sincere, & qu'il ne demandât cette absolution, que comme un moyen nécessaire, pour se mettre en possession du royaume, & abolir ensuite la religion catholique. Il fit faire des prieres publiques, pour demander à Dieu qu'il l'éclairât sur ce qu'il devoit faire; il jeûna lui-même & pria beaucoup; il alla deux fois de son palais à l'église de sainte Marie pieds nuds, sans autre suite que d'un petit nombre de serviteurs; il y dit la messe, & demeura chaque fois long-temps prosterné devant l'autel. Enfin le 17 de septembre 1597, il donna publiquement cette absolution, sur un théâtre dressé exprès devant l'église de saint Pierre, où les ambassadeurs de France étant à genoux & nue tête devant le pape, la reçurent au nom du roi. Ensuite M. d'Ossat ne songea plus qu'à faire expédier la bulle d'absolution, ce qui demanda encore plusieurs démarches de sa part, dans la crainte que l'on n'y insérât quelques formules, qui eussent pu contrarier les loix du royaume & celles de l'église gallicane.

Cette affaire importante une fois terminée, M. d'Ossat resta quelque temps sans être chargé d'aucune commission essentielle. Presque toute l'année 1597 se passa à négocier quelques promotions d'ecclésiastiques françois au cardinalat ou des provisions *gratis* pour des évêchés ou d'autres bénéfices. Cependant sur la fin de l'année précédente, qu'il étoit question de conclure une paix entre la France & l'Espagne, M. d'Ossat fut cause en partie que cette affaire ne réussit pas, du moins suivant l'idée que s'en étoient formée les Espagnols. Dans une de ses dépêches à M. de Villeroi, notre cardinal exposa de la maniere la plus claire & la plus précise les raisons fortes que le roi d'Espagne avoit de désirer la paix, & combien l'on devroit être sur ses gardes dans le traité préliminaire qui s'en feroit.

Il remontra qu'outre plusieurs raisons personnelles & particulieres, que le roi d'Espagne avoit de desirer la paix, telle que son grand âge & la jeunesse & le peu d'expérience du prince son fils, il en avoit encore d'autres qui regardoient plus spécialement l'intérieur de ses Etats. De ce nombre étoient les inimitiés secretes qui régnoient entre la plupart des grands d'Espagne; le peu d'intelligence qui se trouvoit entre le prince & l'infante, princesse ambitieuse & versée dans le maniement des affaires. Il est vrai que ces personnes avoient soin alors de tenir leurs passions cachées; mais elles pouvoient éclater tout-à-coup après la mort de sa majesté catholique, & causer des troubles très-pernicieux à l'Etat. Une autre raison étoit la distance prodigieuse qui se trouvoit entre les pays soumis à l'Espagne, & le mécontentement universel de tous les étrangers, qui n'obéissoient qu'à regret à la nation Espagnole. Outre cela la quantité & la qualité des autres ennemis contre lesquels le roi Philippe II étoit en guerre; les pertes considérables qu'il avoit faites dans ses tentatives sur l'Angleterre, la Zélande & la Hollande; la jalousie que sa grandeur occasionnoit aux autres princes catholiques, qui tous désiroient de le voir humilié, afin de conserver l'équilibre & la liberté dans l'Europe.

M. d'Ossat, ne croyoit point que les prétendus avantages du roi Philippe contre la France, le dussent empêcher de faire la paix; c'étoit au contraire un motif de plus pour ce prince de chercher à la conclure, puisqu'il seroit assuré de la faire avec plus d'avantage & de réputation; en effet sa majesté catholique avoit à considérer ici l'instabilité des choses humaines & l'incertitude des événemens de la guerre. La guerre continuant, Philippe pouvoit très-bien perdre ce qu'il avoit acquis, comme une expérience journaliere devoit le lui faire sentir.

Ces conjectures de M. d'Ossat firent une impression vive sur le ministere de France. Le roi spécialement en sentit toute la force; en sorte que l'année suivante, lorsqu'il fut question de faire rendre au pape le duché de Ferrare, sa majesté ne voulut rien entreprendre, sans avoir consulté auparavant notre cardinal. Par une dépêche du 14 décembre 1597, le roi lui commanda de lui écrire confidemment & librement son avis sur cette guerre qui alloit s'entreprendre, & s'il estimoit qu'elle dût durer longtemps, ou s'il la croyoit susceptible d'être promptement terminée par un accord. M. d'Ossat satisfit à la réquisition du roi, en homme qui paroissoit être merveilleusement au fait de ces sortes d'affaires. Sa dépêche devint la regle du conseil du roi; on suivit de point en point ce qui y étoit énoncé, on y puisa les réponses que l'on fit aux demandes du pape, & l'on peut dire que ce fut aux bons offices de M. d'Ossat, que le souverain pontife fut redevable du secours que lui prêta la France. Cette conduite fit d'autant plus d'honneur à M. d'Ossat, qu'il n'étoit animé d'aucune vue d'intérêt.

Dans le courant de l'année 1598, les Espagnols s'étant rendus maîtres par surprise de la ville d'Amiens, Ferdinand, grand-duc de Toscane, sous prétexte de quelques mécontentemens de la part du capitaine Bosset, qui commandoit dans le château d'If, s'empara de cette place & en chassa les François, dans l'espérance de profiter, comme les autres, de la ruine du royaume. Il paroît en effet que les affaires du roi se trouvoient alors dans un très-mauvais état. La perte d'Amiens, de Cambray & de Calais, avoit augmenté l'audace de ses ennemis & refroidi la bonne volonté de ses amis, sur-tout celle du Pape & de ses neveux, qui commençoient à craindre vivement, que les Espagnols enorgueillis de tant d'heureux succès ne se vengeassent sur eux de l'absolution qui avoit été donnée à Henri IV. Mais à peine le roi eut repris Amiens, & recouvré par ce moyen la réputation qu'il avoit perdue en Italie, qu'il songea à retirer de gré ou de force, l'isle & le château d'If d'entre les mains du grand-duc. Ce prince, pour colorer son usurpation, avoit fait dire aux Marseillois, inquiets de cette démarche, qu'il ne s'en étoit saisi que pour conserver le tout au roi, & pour rompre le dessein que les Espagnols avoient sur leurs villes. Mais voyant ensuite qu'il avoit heureusement réussi dans son entreprise, il déclara hautement que les isles d'If & de Pomegues lui appartenoient en vertu des droits de sa femme. Comme ce prince avoit rendu de grands services à Henri IV depuis son avénement à la couronne, le roi de France eut été bien aise de recouvrer ce qui avoit été usurpé, sans être contraint d'en venir à une rupture ouverte. Cette négociation étant donc extrêmement difficile, il falloit un homme qui fût capable de la manier délicatement. Le roi n'en vit point d'autre que M. d'Ossat. » Je me suis si bien » trouvé, dit ce prince, dans les instructions qui furent envoyées à no» tre cardinal, de toutes les charges que je vous ai commises pour mon » service, qu'il faut que je vous en adresse encore une qui m'importe gran» dement, & que j'ai très-à cœur, espérant en avoir par votre entremise » aussi bonne issue que des précédentes. Du moins suis-je très-assuré, que » tout autre que j'y pourrois employer, n'arriveroit au devoir que vous y » ferez..... Soyez donc cause, je vous prie, que nous n'en venions point » aux armes, & entreprenez l'accommodement de ce fait, avec votre ac» coutumée prudence, diligence & fidélité. Si vous ne le faites, un autre » n'en viendra jamais à bout; car je vous assure que je déférerai grande» ment à vos conseils. "

Le roi ne fut point trompé dans ses espérances. M. d'Ossat mania si habilement cette affaire, que le traité en fut conclu avec les ministres du grand-duc, en moins de trois semaines, & les isles d'If & de Pomegues, rendues au roi, à bien meilleur marché qu'on n'avoit cru. Suivant les dépêches que M. d'Ossat fit au roi, il paroît que cette négociation rencontra de grandes difficultés à Florence, puisqu'il dit qu'il n'eût jamais tant de peines en affaires qui lui fussent passées par les mains; & que sans son extrême patience, non-seulement il n'eut point obtenu ce qu'on lui avoit accordé; mais qu'il n'eut pas même pu faire entrer le grand-duc ni ses ministres en traité avec lui. Au reste, l'on doit remarquer comme un trait de prudence rafinée la maniere dont il se gouverna avec la grande duchesse, dans la premiere audience qu'il obtint de cette princesse. » Encore » qu'elle me tint, dit-il, une bonne heure & demie, si est-ce que je ne » me laissai jamais entendre, pourquoi j'étois venu; réservant ma charge » entiere pour le grand-duc, pour leur donner à connoître, que quoiqu'il » ait toujours interposé le nom de madame sa femme dans tout ce qui » s'est passé bien & mal aux Isles d'If & de Pomegues; (ce que j'ai tou» jours attribué au désir qu'ils ont d'inculquer au monde ces vieilles & ra» res prétentions de Lorraine sur la Provence) si est-ce que nous tenons que » cette affaire est toute du grand-duc, & entendons nous en adresser à lui » seul, sans penser aucunement à elle. «

En effet, c'eût été reconnoître, au moins tacitement, le droit que la maison de Lorraine, prétendoit avoir au comté de Provence, que de s'adresser à la grande-duchesse pour la restitution des isles, dont le grand-duc, son mari, s'étoit saisi en son nom. Par ce premier pas, M. d'Ossat, fût entré en deux négociations; l'une avec le grand-duc, avec qui il avoit ordre de traiter, & l'autre avec la femme, qui, comme la principale intéressée en cette restitution, selon son droit prétendu, n'auroit pas manqué de le rejeter bien loin de son but. Lorsque M. d'Ossat retourna à l'audience de cette princesse, à qui le grand-duc avoit fait part du sujet de sa venue, elle trouva que le roi de France leur avoit envoyé un ministre, qui n'étoit pas seulement secret & impénétrable; mais qui avoit encore autant de vigueur & de fermeté, que d'esprit & de prudence. Car cette princesse & ses ministres, ayant proposé plusieurs expédiens, tendant tous à retenir au moins l'isle de Pomegues, M. d'Ossat répondit à tous en les récusant, & assurant que le roi ne permettroit jamais que les Florentins tinssent autre chose que le bas de l'isle d'If, comme ils faisoient avant leur derniere expédition. Lorsqu'il fut question de signer le traité, le grand-duc éprouva encore le courage & la résolution de M. d'Ossat. Jamais il ne voulut permettre que le chevalier Vinta, secrétaire d'Etat, signât pour son altesse. Il déclara hautement que si le grand-duc s'opiniâtroit à ne pas vouloir signer lui-même, il monteroit à cheval, & s'en retourneroit, sans contester davantage. Ainsi le grand-duc fut obligé de signer, sans oser même lui demander qu'il agréât que la grand-duchesse signât, comme il l'avoit proposé dans son conseil, qui jugea très-bien que notre cardinal n'y consentiroit jamais.

Le traité portoit en substance, que le grand-duc retireroit dans l'espace de quatre mois du château d'If, la garnison qu'il y avoit mise, & qu'il remettroit ce château entre les mains du roi très-chrétien, sans aucune démolition; que son altesse pourroit faire emporter son artillerie, ses armes, bagages & autres effets qui lui appartenoient, laissant toutes choses néanmoins en l'état où elles étoient lors de l'usurpation; mais que son altesse ayant dépensé vraiment & réellement soit pour l'entretien & fortification de l'isle, soit pour poudres & autres munitions, la somme de deux cents vingt-trois mille cinq cents cinq écus, de monnoie Florentine, le roi de France s'engage avant que ladite restitution s'en ensuive, à se reconnoître débiteur de cette somme, & à faire vérifier & entériner ladite reconnoissance en sa chambre des comptes; & pour cette somme sa majesté donnera assignation des meilleurs & plus valables de son royaume jusqu'à l'entier payement; que pour caution douze personnages François s'obligeront eux, leurs héritiers & successeurs, par instrument public, de payer de leurs biens au grand-duc la somme promise par le roi, toutes les fois que ces assignations de sa majesté ne seroient pas suffisantes, ou seroient converties en d'autres usages; que son altesse retireroit aussi dans l'espace de quatre mois, de l'isle de Pomegues la garnison qu'il y avoit mise, après que le roi de France auroit exécuté ce dont on étoit convenu par rapport à l'isle & au château d'If.

L'article de la caution des seigneurs fit une singuliere impression en France. Il choquoit ceux sur-tout qui craignoient d'être obligés de répondre pour le roi. C'est pourquoi Henri IV voyant qu'il auroit de la peine à trouver les cautions promises, & craignant qu'à ce défaut le château & l'isle d'If ne lui fussent pas rendus, écrivit à M. d'Ossat de prier le grand-duc de le dispenser de la prestation des cautions, à cause de la conséquence d'un tel exemple, après lequel personne ne voudroit plus contracter avec lui, sans exiger de pareilles cautions; ce qui préjudicieroit beaucoup aux affaires & à la réputation du roi, qui devoit alors de grosses sommes aux Suisses, & qui ne pouvoit se passer de leurs alliances. M. d'Ossat, quoique d'ailleurs homme très-résolu & très-hardi, parut désespérer, en quelque sorte, de cette nouvelle négociation; & véritablement la chose étoit d'autant plus difficile, que l'article des cautions étoit celui auquel le grand-duc s'étoit opiniâtré davantage, & sur le refus duquel il coloroit le prétexte de retenir les isles usurpées. Mais enfin il sut donner un si bon tour à sa demande, que le grand-duc, pénétré de la force de ses raisons, & charmé de ses manieres insinuantes, se désista sur le champ de l'article des cautions, ajoutant qu'il remettroit volontiers toute la dette au roi, si ce n'étoit une imprudence & une présomption de donner à *quelqu'un plus riche & plus grand que soi.*

Voilà quelle fut l'issue de cette affaire épineuse, où la dextérité de M. d'Ossat n'éclata pas moins que dans la négociation de l'absolution du roi. Par celle-ci, il avoit mis le roi à couvert des attentats, qu'on faisoit de jour en jour à sa vie, sous prétexte de défendre la religion catholique-romaine contre un prince hérétique. Mais par le traité de Florence, en vertu duquel on recouvroit les isles d'If & de Pomegues, M. d'Ossat venoit de rendre la liberté à la France, & délivrer les François de la crainte qu'ils devoient avoir, que les Espagnols connoissant l'importance de l'isle de Pomegues & la capacité de son port, où plusieurs galeres & vaisseaux

ſeaux pouvoient ſéjourner ſurement malgré Marſeille, ne s'emparaſſent de cette iſle & ne tinſſent Marſeille en ſujétion & toute la Provence en alarmes.

Après cette commiſſion pénible & fâcheuſe, le roi de France en donna une à M. d'Oſſat, plus agréable, parce qu'il ne s'agiſſoit que de paix. Ce fut lui que Henri IV chargea de porter à Veniſe la nouvelle de la paix conclue à Vervins entre la France & l'Eſpagne. M. d'Oſſat y fut reçu avec toutes les marques de la plus parfaite eſtime, & les honneurs dus à un ambaſſadeur extraordinaire. Il fut logé & défrayé, lui & tous ceux de ſa ſuite avec une ſplendeur & une magnificence peu communes. M. d'Oſſat étoit agréable aux Vénitiens, pour pluſieurs raiſons, mais principalement parce qu'il avoit défendu généreuſement auprès du roi de France la cauſe de la république, contre la religion de Malthe, dans les différends que ces deux puiſſances avoient eues enſemble quelque temps auparavant.

O T

OTHON I, *surnommé* **LE-GRAND**, *Duc de Saxe, troisieme Roi ou Empereur de Germanie, depuis Conrad I, neuvieme Empereur d'Occident, depuis Charlemagne.*

L'HISTOIRE nous a conservé peu de détails sur les premieres années d'Othon. Sa conduite sur le trône, la tendresse éclairée de Henri son pere, nous font présumer que son enfance fut heureusement cultivée. Les prélats & les grands de Germanie, avoient promis à Henri dans son lit de mort de reconnoître Othon pour son successeur : ils se montrerent fideles à leur parole, & résisterent aux sollicitations de la reine Mathilde, qui, sur le singulier prétexte que sa naissance avoit précédé l'avénement de son pere au trône, prétendoit que la couronne étoit due à Henri-le-Querelleur, son frere né depuis. Le couronnement d'Othon se fit à Aix-la-Chapelle, ville ancienne & capitale de la monarchie sous les empereurs François. Les archevêques de Mayence, de Cologne & de Treves se disputerent l'honneur de la cérémonie. L'archevêque de Mayence obtint cette glorieuse préférence, moins par rapport aux droits de son église, qu'à son mérite, & à la sainteté de ses mœurs. Ce prélat tenant Othon par la main, & s'adressant au peuple assemblé dans l'église cathédrale, » Je vous présente Othon, » dit-il, Dieu l'a choisi pour régner sur vous, suivant le désir de son pere » Henri votre seigneur & votre roi : si ce choix vous plaît, levez les » mains au ciel. « Le peuple ayant témoigné sa joie par des acclamations redoublées, Hiddebert, tel étoit le nom du prélat, le conduisit vers l'autel où étoient les vêtemens, & les ornemens des rois. Il lui ceignit l'épée, lui recommandant de ne s'en servir que pour le bonheur de l'église, & de l'empire, & pour entretenir l'un & l'autre dans une profonde paix. » Ces marques d'autorité, ajouta-t-il, en lui donnant le sceptre, & la » main de justice, vous conviennent & vous obligent à maintenir vos » sujets dans le devoir, à réprimer & à punir, mais avec des sentimens » d'humanité, les vices & les désordres, à vous rendre le protecteur de » l'église, & de ses ministres, & à témoigner à tous vos sujets une ten- » dresse & une bonté paternelle. Songez enfin à vous rendre digne des » récompenses éternelles. « Le jeune monarque après les cérémonies de son sacre, qui n'étoient pas de vaines cérémonies, fut conduit dans un palais qu'avoit fait construire Charlemagne, & que les descendans de ce grand homme avoient négligé d'entretenir. On y avoit préparé un festin; les prélats mangerent avec le prince qui fut servi par les ducs. On voit par cette distinction de quelle vénération jouissoient déjà les évêques. Othon pendant la cérémonie de son sacre, prit au lieu du titre de roi, celui d'empereur qu'il conserva toujours depuis : Louis-d'Outremer pouvoit le lui contester, comme descendant par les mâles, en ligne directe & légitime, de Charlemagne qui l'avoit reçu avec l'agrément de presque toutes les nations de l'Occident : mais ce prince en butte à ses grands vassaux, comme ses infortunés prédécesseurs, étoit dans l'impuissance de justifier ses droits. Othon avoit dans sa famille les plus grands modeles. Il voyoit dans Othon, son aïeul paternel, un sage qui avoit refusé le trône sur lequel il étoit assis, & dans Henri son pere un législateur & un conquérant qui l'avoit affermi par de sages institutions, en même-temps qu'il l'avoit illustré par des victoires : mais la gloire de ces princes étoit éclipsée par celle de Witikind, que Mathilde mere d'Othon comptoit parmi ses ancêtres. C'étoit ce fameux Witikind qui, sans autres secours que les troupes de la Saxe, sa patrie, & celui de quelques hordes Normandes, soutint près de trente ans la guerre contre Charlemagne, qui le combattoit avec toutes les forces de son vaste empire. Cependant Othon n'avoit pas besoin d'être encouragé par ces grands modeles ; il avoit dans son propre cœur le germe des plus sublimes vertus, & la nature l'avoit comblé de tous ses dons que l'âge ne fit que développer. La premiere année de son regne ne fut agitée par aucune tempête, & tous les ordres de l'Etat eurent à se louer de sa clémence, & de sa justice. La seconde fut troublée par la guerre de Bohême excitée par l'ambition de Boleslas qui avoit fait périr Winceslas, son frere, & s'étoit emparé du duché que lui avoit donné Henri. Othon ne voulant pas laisser sans vengeance un crime de cette nature, cita le coupable à son tribunal ; mais Boleslas chercha l'impunité dans la révolte & réussit en partie. Après plusieurs combats dont les succès furent variés, Othon vainqueur en personne, força le rebelle à s'en remettre à sa discrétion. Ce prince humain dans la victoire, songea moins à satisfaire ses vengeances, qu'à assurer les privileges de sa couronne, & à prévenir les désordres. En pardonnant à Boleslas, il eut soin de resserrer les chaînes de Bohême. Il exigea un tribut annuel, & soumit le gouvernement de leur province à celui de la Baviere. Cette guerre dura quatorze ans, mais il s'en fallut bien qu'elle occupât toutes les armes d'Othon. Ce prince, sur ces entrefaites, remporta une victoire signalée sur les Hongrois qui, conduits par un chef intrépide, avoient pénétré jusqu'à Halberstatd, retint dans le devoir les Lorrains, que Gisalbert, leur duc, prétendoit faire passer au service de Louis-d'Outremer, pacifia la Suabe, la Baviere révoltées, entretint en France des divisions plus ou moins grandes, suivant que les intérêts de sa politique l'exigeoient ; & vengea sur les Danois le massacre qu'avoient fait ces peuples d'une garnison qu'il entretenoit dans le duché de Slefwick, pour conserver les conquêtes de Henri son pere au délà de l'Eider. Othon n'avoit point encore terminé ces guerres, qu'une nouvelle carriere s'offrit à sa gloire. Depuis la mort de l'empereur Lotaire I, l'Italie étoit en proie à des feux qu'entretenoit l'ambitieuse politique des papes. Louis II, Charles-le-Chauve, Charles-le-Gros, & Arnoul avoient été continuellement aux prises avec ces hommes sacrés pour conserver quelque autorité dans Rome. Gui, Lambert, Louis-l'Aveugle, Berenger I, son perfide & cruel vainqueur, & Rodolphe I qui s'en étoient arrogé la couronne, n'avoient régné qu'au milieu des plus affreux orages. Ces tyrans sans pouvoir, avoient déchiré tour-à-tour cet Etat, où ils n'avoient point eu assez de capacité pour se faire obéir. Lotaire II, fils de Hugues qui s'en faisoit appeller roi, mourut vers l'an 950. Adélaïde, sa veuve, accuse Berenger II, de l'avoir fait empoisonner; & pour se venger des persécutions que lui attirent ces bruits, c'est le roi de Germanie qu'elle implore. Othon avoit précédemment promis des secours à Berenger II, mais tel on plaint dans l'infortune, que l'on abhorre au faîte de la grandeur. Le trône d'Italie excitant son ambition, il ne pouvoit y avoir d'alliance entre lui & Berenger II, le seul qui fût en état de le lui disputer. Il passe les Alpes, & chassant devant lui les troupes que son concurrent lui oppose, s'empare de Pavie, où il épouse Adélaïde. C'étoit une princesse d'une beauté parfaite, & des auteurs ont prétendu que Hugues, son beau-pere, n'ayant pu vaincre la passion qu'il ressentit pour cette princesse, lui arracha des fleurs qu'il eut dû laisser cueillir à son fils. Othon regardoit ses victoires imparfaites, tant qu'il ne commandoit point dans Rome. Il écrivit au pape Agapet II, pour l'inviter à l'y recevoir; le pontife feignit d'y consentir, & lui en fit défendre les approches par le patrice Albéric. Othon fut obligé pour cette fois de se contenter du titre de roi des Lombards. Il eut fait repentir le pontife de ses artifices, sans des brouilleries que Berenger II sut exciter dans la famille royale. Ludolfe (Lutolfe, Ludulfe, Lindolfe, ou Luidolfe) qui voyoit avec inquiétude son mariage avec Adélaïde, prenoit des mesures pour usurper le trône dont il craignoit d'être exclu, si cette princesse donnoit un fils au monarque.

Othon, menacé par son propre fils, rentre dans ses Etats de Saxe; il y trouve Berenger II, qui sous prétexte d'exciter sa pitié, venoit fomenter des troubles dont sa politique avoit déjà répandu les premieres semences, lorsqu'il étoit en Italie. Le monarque rejette ses excuses, & ses offres; mais enfin désarmé par les prieres de Conrad son gendre, & déterminé par des circonstances particulieres, il lui donna l'investiture du royaume d'Italie, en lui remettant aux mains un sceptre d'or; » Mais songez, lui dit-» il, à m'obéir comme le font mes autres vassaux : gardez-vous d'être » l'oppresseur des sujets que je vous confie; enfin soyez-en le roi, & non » pas le tyran; » mais en lui donnant ce royaume, Othon eut la précaution sage d'en retenir plusieurs villes importantes, comme Aquilée & Véronne, afin de pouvoir aller le punir s'il osoit aspirer à l'indépendance. Telle est l'origine de la suzeraineté des rois & empereurs d'Allemagne sur le royaume d'Italie; suzeraineté qui pouvoit leur être contestée, tant qu'il restoit un rejeton de la famille des Pepin. Cette conduite atteste la politique d'Othon. Ce prince dans l'impuissance alors de conserver l'Italie, ne pouvoit agir plus sagement, qu'en en confiant le gouvernement à des rois qui devenoient ses feudataires.

Dès que Berenger eut pris congé de la cour, on y vit éclater l'incendie que sa main y avoit préparé. Lutolfe, soutenu de Conrad, son beau-frere, leva l'étendard de la révolte; mais les orages que le perfide roi d'Italie rassembloit sur la tête d'Othon, devoient bientôt retomber sur la sienne propre. Lutolfe, après deux ans d'une guerre malheureuse, tombe aux genoux de son pere qui lui pardonne, & l'envoye en Italie où Berenger II & Adalbert, son fils, mettoient tout en feu. Ce prince, digne fils d'un pere tel qu'Othon, gagne autant de victoires qu'il livre de combats; & sa magnanimité égalant sa valeur, il rend la liberté au pere & au fils, après les avoir fait prisonniers l'un & l'autre, & se contente de les mettre dans l'impuissance d'exciter de nouveaux troubles. La mort qui moissonna ce prince, au milieu de ses triomphes, permit à Berenger II d'élargir ses liens, & força Othon de passer en Italie. Il venoit de pacifier l'Allemagne par une victoire éclatante qu'il remporta sur les Hongrois près d'Augsbourg. Tous les esprits étoient aigris contre Berenger : le pape & les prélats d'Italie faisoient chaque jour de nouvelles plaintes contre lui. Le monarque le sacrifia à la vengeance publique, & reprit la couronne qu'il lui avoit confiée. Les portes de Rome qui lui avoient été fermées dans le premier voyage, lui furent ouvertes dans celui-ci. Le fils d'Alberic-Octavien Sporco occupoit le siege apostolique sous le nom de Jean XII. Ce pontife lui prépara une réception magnifique, lui donna la couronne impériale, & lui prêta serment de fidélité, ainsi que tous les Romains. Tant qu'Othon demeura dans Rome, il y reçut tous les honneurs dont avoient joui les empereurs Romains & François; mais ce fut en vain que pour récompenser le zele que Jean XII faisoit paroître, il ratifia les donations que ses prédécesseurs avoient faites au saint siege. Les Romains avoient formé depuis long-temps le chimérique projet de rétablir l'ancien gouvernement républicain; & ils avoient appellé Othon, moins pour lui obéir, que pour opprimer Berenger II. Jean XII étoit dans l'âge de l'ambition, & plus propre à commander des armées qu'à édifier à l'autel. Il eût été bien plus flatté d'unir la pourpre romaine à la tiare, & de tenir le premier rang dans une république, que son imagination embrasée lui représentoit déjà dans sa premiere splendeur, que de ramper sous un empereur de Germanie qui le comptoit toujours au nombre de ses sujets. Othon n'eut pas plutôt mis le pied hors de Rome, que l'on vit éclater ces projets. Le pontife soutint de tout son pouvoir Adalbert, fils de Berenger, & l'invita à se rendre auprès de lui, le flattant des plus magnifiques espérances. Othon étoit alors dans Pavie demeure des rois Lombards, & prenoit des mesures pour aller faire le siege de Monte-Feltro. Ces brigues ne lui causerent d'abord aucune inquiétude ; & lorsque ses commissaires lui firent le tableau de la vie scandaleuse de Jean XII. » Ce pape, répondit le sage monarque, est un enfant, » une douce réprimande suffira pour le ramener de ses égaremens, & le » tirer de l'abyme où il se précipite. « Cependant lorsqu'il eut appris qu'Adalbert étoit dans Rome, & que des lettres interceptées, l'eurent informé que le pape négocioit avec les Hongrois, & la cour de Constantinople, il se déchargea sur ses lieutenans, du siege de Monte-Feltro, marcha vers Rome avec l'élite de ses troupes. Les portes lui furent fermées, & Jean parut avec Adalbert à la tête des rebelles, l'épée à la main, & couvert du casque & de la cuirasse. Othon n'eut qu'à se présenter pour les mettre en fuite. Les Romains assemblés renouvellerent leur serment de fidélité, & s'engagerent à n'élire, & à ne consacrer aucun pape sans le consentement de l'empereur, & du roi son fils. Othon reçut alors les plaintes contre Jean : il y avoit peu d'excès dont ce jeune pontife ne se fût rendu coupable : mais comme il ne vouloit point être l'unique juge dans une affaire de cette importance, il convoqua un concile où il présida. Le pontife déposé pour des crimes trop visibles, fut remplacé par Léon VIII, qui du consentement du clergé, & du peuple Romain, fit ce fameux décret par lequel „ le seigneur Othon I, roi des Allemands, & tous ses successeurs » au royaume d'Italie auront la faculté à perpétuité de se choisir un suc- » cesseur, de nommer le pape (*summæ sedis apostolicæ pontificem ordi- » nandi*) & par conséquent les archevêques & les évêques, lesquels rece- » vront de ces princes l'investiture. Aucun, continue ce décret, quelque » dignité qu'il ait dans l'Etat, ou dans l'église, n'aura le droit d'élire le » pape, ou tout autre évêque sans le consentement de l'empereur : ce qui » se fera cependant sans qu'il en coûte aucune somme, & pourvu que » l'empereur soit en même temps patrice, & roi d'Italie. Les évêques, » élus par le clergé, & par le peuple, ne seront point consacrés que l'em- » pereur n'ait confirmé leur élection, & ne leur ait donné l'investiture, à » l'exception de ceux dont l'empereur a cédé l'investiture au pape, & aux » archevêques. « C'est ainsi que Léon VIII détruisit les projets de rétablir la république, & perdit en un instant tout le fruit des travaux de ses prédécesseurs pendant un siecle & demi pour se rendre indépendans. C'étoit à ce désir que les papes avoient sacrifié le bonheur de l'Italie : désir qui leur avoit tant de fois fait entreprendre, & souvent avec succès, de dépouiller les empereurs François des privileges que Léon avoue appartenir à tous les empereurs : mais, dit un moderne, si ce pape fit une faute, il eut des successeurs qui surent la réparer.

Cependant Octavien Sporco étoit bien éloigné de ratifier sa sentence de déposition : incapable de fléchir, il excommunie l'empereur & le pape. Secondé par les intrigues de ses concubines, il rentre dans Rome d'où venoit de sortir Othon pour aller au siege de Camerino, la seule ville d'Italie qui tint pour Adalbert. Les trésors du saint siege dont il s'étoit saisi avant sa disgrace, lui servirent à former une nouvelle faction. Un synode de prêtres Italiens lui rend sa dignité & son pouvoir : alors portant l'audace à son comble, il assemble un nouveau synode composé de tous ses partisans, charge l'empereur & le pape de tous ses anathêmes, & fait décider la supériorité de son siege sur tous les trônes du monde. La résistance de quelques prélats excitant son ressentiment, il se déchaîne contre eux avec la plus aveugle fureur. Un cardinal fut mutilé par ses ordres, & Otger, évêque de Spire, publiquement fustigé; son courage, ses malheurs & les trésors qu'il prodigue, lui gagnent les cœurs, & réveillent dans les Romains l'ancien amour de la liberté, & la haine contre une domination étrangere. Léon VIII ne trouvant plus de sureté dans Rome, va chercher un asile dans le camp d'Othon qui lui-même se voit assailli, par une populace en fureur. L'empereur n'avoit que ses gardes & quelques cohortes; il avoit envoyé son armée dans l'Ombrie, de crainte qu'elle ne fût à charge aux Romains : mais son expérience & le courage déterminé de ses gardes le firent triompher de la multitude. Rome eût été saccagée, si le monarque, désarmé par Léon, n'eût calmé le juste ressentiment de ses troupes. L'auteur de ces troubles mourut, sur ces entrefaites, assassiné par un mari qui le surprit dans sa couche. Ce fut une fin digne de la vie de ce pontife. Son sang ne put éteindre l'esprit de révolte qu'il avoit inspiré aux Romains. Fermes dans sa résolution de ne souffrir aucun maître étranger, ils ceignent de la tiare le front de Benoît V, & au mépris de leurs sermens, ils traitent d'antipape Léon qu'eux-mêmes avoient élu. Othon étoit retourné au siege de Camerino, lorsqu'on l'informa de cette nouvelle infidélité. Il revient encore contre les rebelles, mais toujours modéré, il entre dans leur ville moins en ennemi, qu'en pacificateur. Il ordonne le supplice des plus coupables, & fait déposer dans un concile Benoît V qui se reconnoît parjure envers Léon VIII auquel lui-même avoit donné son suffrage. Cet intrus fut relégué à Hambourg où il finit ses jours en exil. Berenger II & sa femme eurent la même destinée. L'empereur les envoya l'un & l'autre à Bamberg où ils reçurent les traitemens les plus favorables. Ils eussent été parfaitement heureux, s'ils avoient pu l'être après avoir possédé un royaume.

Cependant la modération d'Othon ne put lui concilier l'amour des factieux Romains. Ce prince ne fut pas plutôt rentré dans ses Etats de Germanie où l'appelloient de nouvelles victoires sur les Sclaves, que les rives du Tibre retentirent du cri de la liberté. La garnison Allemande est obligée de fuir; Jean XIII, successeur de Léon VIII, veut en vain s'opposer à leurs projets insensés, il est forcé de sortir de Rome, & de se réfugier à Capoue. Le gouvernement républicain fut rétabli; mais il avoit une trop foible base. En vain un nouveau pape prête aux rebelles le secours de ses anathêmes; Othon vole à Rome malgré son âge, & ses infirmités : il exile les consuls en Germanie, & fait pendre les tribuns du peuple au nombre de douze, & fustiger publiquement le préfet de Rome qui fut promené sur un âne la tête tournée vers la queue : tel fut le sort de ces nouveaux républicains.

La Pouille & la Calabre, réunies à la Germanie, furent le dernier événement mémorable de ce regne glorieux. L'empereur les conquit sur les Grecs pour venger le massacre de ses ambassadeurs ordonné par Nicephore, lorsqu'ils alloient sur la foi des traités, chercher Theophanie, fille de Romain-le-jeune, promise à Othon son fils. Jean Zimiscés, successeur de Nicephore, à qui sa perfidie venoit de coûter le trône & la vie, lui confirma la possession de ces deux provinces avec tous ses droits sur la Sicile, dont les Sarrasins étoient alors les maîtres. Il est probable qu'il eut fait valoir ses prétentions sur cette isle riche & commerçante, si ses affaires ne l'eussent rappellé en Germanie, où il mourut après avoir fait plusieurs sages réglemens, l'an 973. Il étoit dans la cinquante-huitieme année de son âge, la trente-septieme de son regne, comme roi ou empereur de Germanie, la onzieme depuis son couronnement à Rome. Son corps fut porté dans l'église cathédrale de Magdebourg, où il fut inhumé près d'Edith, sa premiere femme. Prince admirable, & digne d'être proposé pour modele à tous les rois, il fut grand sans faste, & sans orgueil, sévere sans être cruel. Sa bravoure ne dégénéra jamais en témérité : toujours calme, toujours maître de lui-même, son front étoit aussi serein lorsqu'il régloit les opérations d'une campagne, ou qu'il se disposoit à livrer une bataille, que quand il signoit quelque édit favorable à ses peuples. Othon fit ses guerres en héros, & jamais en barbare. Des écrivains l'ont comparé à Charlemagne. Celui-ci le surpassa peut-être en talens, mais ne l'égala point en vertus. La politique régla toutes les actions de Charles; Othon se livra quelquefois au penchant d'un cœur généreux, naturellement libéral; mais modéré dans ses dons, il récompensa tous les services rendus à la patrie sans épuiser ses finances. Les richesses des provinces conquises furent versées dans le trésor public. Quant aux dépouilles de l'ennemi, dont le tiers appartenoit au prince, il les abandonna toutes entieres à ses armées. Comme Alexandre, il ne se réserva que la gloire de vaincre. Sous son regne, le culte public reprit sa premiere splendeur; & jamais les dangers de la guerre, ni les affaires du gouvernement ne le détournerent de ses devoirs de religion : sa piété fut aussi sincere qu'éclairée; l'archevêché de Magdebourg, les évêchés de Brandebourg, de Mersbourg, de Zellz, de Havelberg, de Misni, de Sleswick, de Ripen, d'Aarhus, d'Attinbourg, & de Naumbourg, en sont les principaux monumens : enfin, il mérita que l'on dît de lui que la religion avoit perdu ce qu'elle avoit de plus illustre, & l'Allemagne un véritable roi.

Edwitz ou Edith sa premiere femme, fille d'Edouard, dit l'ancien, roi d'Angleterre, donna le jour à Ludolfe, dont on a fait mention dans cet article, & à Huitgarde de Saxe, mariée à Conrad-le-sage, duc de Lorraine &

& de Franconie. Adélaïde, fille de Raoul, roi des deux Bourgognes, & veuve de Lothaire, le fit pere d'Othon II, d'Henri, & de Brunon, morts en bas âge, d'Adélaïde, & de Mathilde, toutes deux abbesses, la premiere d'Essen en Westphalie, & l'autre de Quedlimbourg. Une noble Esclavonne lui donna un fils naturel nommé Guillaume, qui remplit le siege archiépiscopal de Mayence, & fut gouverneur de la Thuringe.

C'est au regne de ce prince que les Allemands doivent rapporter l'origine de leur droit public qu'ils font remonter jusqu'aux empereurs François : mais comment pouvoient-ils réclamer les loix d'un trône dont ils s'étoient détachés. Othon rétablit les comtes Palatins : ce sont des juges supérieurs qui rendent la justice au nom du prince. Le dessein d'Othon en établissant cette charge, n'étoit pas de la rendre héréditaire : il auroit manqué son but, qui étoit d'abaisser les grands vassaux, déjà trop puissans. La maison de Franconie qu'il en avoit pourvue s'en étant rendue indigne, il la confia à celle de Baviere. Othon eut bien voulu abolir les fiefs, & établir les gouvernemens; mais ce fut assez de pouvoir en disposer dans le cas de félonie. Ce fut encore pour diminuer l'autorité des grands, que ce prince augmenta les privileges du clergé. Il lui confia des duchés & des comtés pour les gouverner comme les princes séculiers : mais pour les tenir dans sa dépendance, il créa des avoués dont l'avis rendoit nul celui des évêques. On eut attendu d'Othon qu'il eut aboli le jugement par le duel, qu'il eut l'indiscrétion de confirmer. On vit sous son regne un exemple de la cynephorie. Cet usage bizarre condamnoit les coupables de certains crimes parmi la haute noblesse, à porter un chien galeux sur leurs épaules; les bourgeois portoient une selle, les paysans une charrue.

OX

OXENSTIRN, (Jean) *Ambassadeur Plénipotentiaire de Suede au congrès de Westphalie.*

APRÈS le parallele que Vitorio Siri fait de messieurs d'Avaux & Servien, je ne dois point faire de difficulté, ce me semble, d'en faire un de deux autres ministres, qui vivoient ensemble à Osnabruck presque de la même façon, que les plénipotentiaires de France vivoient à Munster, quoiqu'avec bien moins de scandale, puisqu'ils se garderent bien de faire imprimer leurs querelles. C'est de Jean Oxenstirn & de Jean Adeler Salvius, ambassadeurs plénipotentiaires de Suede au congrès de Westphalie, dont je prétends parler. Le premier dont le pere étoit chancelier & grand directeur des affaires de ce royaume, y apporta, avec ce grand nom, l'avantage d'une naissance illustre, & celui des avis & des conseils continuels d'un pere, qui n'avoit pas son pareil pour la négociation, & qui avoit une connoissance intime des affaires d'Allemagne. L'autre n'avoit pas tant de naissance : mais il étoit bien aussi fin & aussi artificieux qu'Oxenstirn; & comme créature de la reine, il avoit la confiance de cette princesse, qui n'aimoit pas le chancelier, & qui, à cause de lui, ne vouloit point de bien à toute sa maison; de sorte que ces deux ministres, recevant quelquefois des instructions différentes, & même contraires, il ne faut pas s'étonner, si dans la suite de la négociation, on les voyoit si souvent en des sentimens différens & opposés. Les Oxenstirn, tant le pere que le fils, n'aimoient point la France ni les François : la reine, au contraire, ne pouvoit pas souffrir les autres nations en ce temps-là. C'est pourquoi l'ambassadeur Oxenstirn insistoit toujours à ce qu'on s'accommodât avec l'empereur, & à ce que la Suede cherchât sa satisfaction même au préjudice de la France. Salvius, qui suivoit l'inclination & les ordres de la reine, ne vouloit point consentir à ce qui auroit pu faire tort à une couronne si étroitement alliée, à laquelle elle étoit obligée de tous les avantages que la Suede possédoit en Allemagne. Oxenstirn étoit brusque & quelquefois opiniâtre. Salvius étoit foible & complaisant; mais tellement timide, que Servien disoit qu'il n'auroit pas tant de peine à vaincre l'obstination de l'un, qu'à fixer l'irrésolution de l'autre. Servien étoit de l'humeur d'Oxenstirn, & en parloit par sympathie; mais pour dire la vérité, l'humeur de l'un étoit sans comparaison plus commode que celle de l'autre. Avec cela Salvius étoit fort intéressé, & non tout-à-fait incorruptible : ce dont on ne pouvoit pas soupçonner Oxenstirn, qui possédoit déjà de grands biens, &

en attendoit encore d'autres; quoique Salvius de son côté n'en manquât point, & qu'il eût fait une assez belle fortune pour un homme de sa condition. La reine lui continua sa faveur après la conclusion de la paix de Westphalie. Elle l'employa pour l'exécution du traité; & depuis encore à l'assemblée de Lubeck, au retour de laquelle & à la veille d'un autre voyage, qu'il alloit faire, il mourut à Stockholm. Oxenstirn n'eut point d'autre emploi, & même la reine ne fut point du tout satisfaite de celui qu'il avoit eu en Allemagne.

P. PA

PAAU, (Adrien) *habile Négociateur Hollandois.*

ADRIEN PAAU, seigneur de Heenistede, *&c.* a eu plusieurs emplois, tant en Hollande, sa patrie, qu'ailleurs, en des ambassades très-considérables. La ville d'Amsterdam, où son pere étoit bourguemestre, le fit son pensionnaire, & en cette qualité il accompagnoit les députés de la même ville aux assemblées des Etats de Hollande. Il a fait diverses ambassades en France, en Angleterre & ailleurs, où il a montré au travers d'une grossiereté & d'une lésine qui lui étoient particulieres & qui étoient accompagnées d'autres qualités peu convenables à un ambassadeur, qu'avec ces imperfections on ne laisse pas d'avoir quelquefois un grand sens & un jugement solide. On peut dire, que le traité, qui fit rompre les deux couronnes de France & d'Espagne en l'an 1635, fut principalement son ouvrage; mais ce fut dans la négociation de Munster, que son talent parut le plus. On ne peut nier, que ce ne fut lui particuliérement, qui suivant les ordres des Etats de sa province, y fit faire la paix séparée avec l'Espagne: s'y conduisant avec tant de fermeté, mêlée avec un peu d'artifice, que les ministres de France, qui n'avoient pas grand sujet de l'aimer, & qui ne le tenoient pas pour fort homme de bien, ne pouvoient pas s'empêcher de parler de sa capacité. Le roi défendit en ce temps-là à ses plénipotentiaires d'avoir aucun commerce avec lui. Ce fut après la conclusion de la paix de Munster, & après le décès du feu roi de la Grande-Bretagne, qu'il fut employé auprès du parlement de Londres, & qu'on le fit pour la deuxieme fois premier ministre des Etats de Hollande, sous la qualité de conseiller-pensionnaire. Il avoit quitté cette charge, pour entrer en la chambre des comptes du domaine de la même province; mais comme après la mort de Jacob Catz, qui, en son emploi de pensionnaire, avoit eu beaucoup de mollesse & de négligence, elle eut besoin d'un esprit plus fort & d'un homme plus étendu, on obligea Paau, à se remettre à la tête des affaires. Il y mourut au commencement de l'an 1653, & fut d'autant moins regretté, qu'il fit place à un successeur, dont le mérite extraordinaire & miraculeux, a effacé tout ce que ses prédécesseurs avoient acquis de gloire & de réputation dans ce poste.

PAIX, f. f.

LA Paix est cet état désirable dans lequel chacun jouit tranquillement de ses droits, ou les discute amiablement & par raison, s'ils sont controversés. Hobbes a osé dire que la guerre est l'état naturel de l'homme. Mais si, comme la raison le veut, on entend par l'*état naturel* de l'homme, celui auquel il est destiné & appellé par sa nature, il faut dire plutôt que la Paix est son état naturel; car il est d'un être raisonnable de terminer ses différends par les voies de la raison : c'est le propre des bêtes de les vider par la force : *Nam cùm sint duo genera decertandi, unum per disceptationem, alterum per vim; cùmque illud proprium sit hominis; hoc belluarum, confugiendum est ad posterius, si uti non licet superiore*, Cicero, *de offic. lib. I. cap. II.* L'homme seul, dénué de secours, ne pourroit être que très-misérable; il a besoin du commerce & de l'assistance de ses semblables, pour jouir d'une vie douce, pour développer ses facultés, & vivre d'une maniere convenable à sa nature. Tout cela ne se trouve que dans la Paix : c'est dans la Paix que les hommes se respectent, qu'ils s'entre-secourent, qu'ils s'aiment. Ils ne sortiroient pas de cet heureux état, s'ils n'étoient emportés par les passions, & aveuglés par les illusions grossieres de l'amour-propre. Le peu que nous avons dit des effets de la guerre, *voyez*. GUERRE, suffit pour faire sentir combien elle est funeste. Il est triste pour l'humanité, que l'injustice des méchans la rende si souvent inévitable.

Les hommes pénétrés des sentimens de l'humanité, sérieusement occupés de leurs devoirs, éclairés sur leurs véritables & solides intérêts, ne chercheront jamais leur avantage au préjudice d'autrui : soigneux de leur propre bonheur, ils sauront l'allier avec celui des autres, & avec la justice & l'équité. Dans ces dispositions ils ne pourront manquer de cultiver la Paix. Comment s'acquitter de ces devoirs mutuels & sacrés que la nature leur impose, s'ils ne vivent ensemble en Paix? Et cet état ne se trouve pas moins nécessaire à leur félicité qu'à l'accomplissement de leurs devoirs. Ainsi la loi naturelle les oblige de toute maniere à rechercher & à cultiver la Paix. Cette loi divine n'a pour fin que le bonheur du genre-humain; c'est là que tendent toutes ses regles, tous ses préceptes : on peut les déduire tous de ce principe, que les hommes doivent chercher leur propre félicité; & la morale n'est autre chose que l'art de se rendre heureux. Cela est vrai des particuliers; il ne l'est pas moins des nations, comme on s'en convaincra sans peine, si l'on veut réfléchir seulement sur ce que nous avons dit de leurs devoirs communs & réciproques, au titre NATIONS.

Cette obligation de cultiver la Paix, lie le souverain par un double nœud : il doit ce soin à son peuple, sur qui la guerre attire une foule de maux;

& il le doit de la maniere la plus étroite & la plus indispensable, puisque l'empire ne lui est confié que pour le salut & l'avantage de la nation.

Cette paix si salutaire au genre-humain, non-seulement la nation ou le souverain ne doit point la troubler lui-même; il est de plus obligé à la procurer, autant que cela dépend de lui, à détourner les autres de la rompre sans nécessité, à leur inspirer l'amour de la justice, de l'équité, de la tranquillité publique, l'amour de la Paix : c'est l'un des plus salutaires offices qu'il puisse rendre aux nations & à l'univers entier. Le glorieux & aimable personnage que celui de pacificateur! Si un grand prince en connoissoit bien les avantages; s'il se représentoit la gloire si pure & si éclatante dont ce précieux caractere peut le faire jouir, la reconnoissance, l'amour, la vénération, la confiance des peuples; s'il savoit ce que c'est que de régner sur les cœurs, il voudroit être ainsi le bienfaiteur, l'ami & le pere du genre-humain : il y trouveroit mille fois plus de charmes que dans les conquêtes les plus brillantes. Auguste fermant le temple de Janus, donnant la Paix à l'univers, accommodant les différends des rois & des peuples; Auguste en ce moment, paroît le plus grand des mortels; c'est presque un dieu sur la terre.

Mais ces perturbateurs de la Paix publique, ces fléaux de la terre, qui dévorés d'une ambition effrénée, ou poussés par un caractere orgueilleux & féroce, prennent les armes sans justice & sans raison, se jouent du repos des hommes & du sang de leurs sujets; ces héros monstrueux, presque déïfiés par la sotte admiration du vulgaire, sont les cruels ennemis du genre-humain, & ils devroient être traités comme tels. L'expérience nous montre assez combien la guerre cause de maux, même aux peuples qui n'y sont point impliqués : elle trouble le commerce; elle détruit la subsistance des hommes; elle fait hausser le prix des choses les plus nécessaires, elle répand de justes alarmes, & oblige toutes les nations à se mettre sur leurs gardes, à se tenir armées. Quiconque rompt la Paix sans sujet, nuit donc nécessairement aux nations même qui ne sont pas l'objet de ses armes, & il attaque essentiellement le bonheur & la sureté de tous les peuples de la terre, par l'exemple pernicieux qu'il donne : il les autorise à se réunir pour le réprimer, pour le châtier & pour lui ôter une puissance dont il abuse. Quels maux ne fait-il pas à sa propre nation, dont il prodigue indignement le sang, pour assouvir ses passions déréglées, & qu'il expose sans nécessité au ressentiment d'une foule d'ennemis? Un ministre fameux du dernier siecle, n'a mérité que l'indignation de sa nation qu'il entraînoit dans des guerres continuelles, sans justice, ou sans nécessité. Si par ses talens, par son travail infatigable, il lui procura des succès brillans dans le champ de Mars, il lui attira, au moins pour un temps, la haine de l'Europe entiere.

L'amour de la Paix doit empêcher également & de commencer la guerre sans nécessité, & de la continuer lorsque cette nécessité vient à cesser.

Quand un souverain a été réduit à prendre les armes pour un sujet juste & important, il peut pousser les opérations de la guerre, jusqu'à ce qu'il en ait atteint le but légitime, qui est d'obtenir justice & sureté.

Si la cause est douteuse, le juste but de la guerre ne peut être que d'amener l'ennemi à une transaction équitable; & par conséquent elle ne peut être continuée que jusques-là. Aussitôt que l'ennemi offre ou accepte cette transaction, il faut poser les armes.

Mais si l'on a affaire à un ennemi perfide, il seroit imprudent de se fier à sa parole & à ses sermens. On peut très-justement, & la prudence le demande, profiter d'une guerre heureuse, & pousser ses avantages, jusqu'à ce qu'on ait brisé une puissance excessive & dangereuse, ou réduit cet ennemi à donner des suretés suffisantes pour l'avenir.

Enfin si l'ennemi s'opiniâtre à rejeter des conditions équitables, il nous contraint lui-même à pousser nos progrès jusqu'à la victoire entiere & définitive, qui le réduit & le soumet.

Lorsque l'un des partis est réduit à demander la Paix, ou que tous les deux sont las de la guerre, on pense enfin à s'accommoder, & l'on convient des conditions. La Paix vient mettre fin à la guerre.

Les effets généraux & nécessaires de la Paix, sont de réconcilier les ennemis, & de faire cesser de part & d'autre toute hostilité : elle remet les deux nations dans leur état naturel.

PAIX. (TRAITÉ DE)

§. I.

QUAND les puissances qui étoient en guerre sont convenues de poser les armes, l'accord ou le contrat dans lequel elles stipulent les conditions de la Paix, & reglent la maniere dont elle doit être rétablie & entretenue, s'appelle le *traité de Paix*.

La même puissance qui a le droit de faire la guerre, de la résoudre, de la déclarer, & d'en diriger les opérations, a naturellement aussi celui de faire la Paix & d'en conclure le traité. Ces deux pouvoirs sont liés ensemble, & le second suit naturellement du premier. Si le conducteur de l'Etat est autorisé à juger des causes & des raisons pour lesquelles on doit entreprendre la guerre; du temps & des circonstances où il convient de la commencer, de la maniere dont elle doit être soutenue & poussée, c'est donc à lui aussi d'en borner le cours, de marquer quand elle doit finir, de faire la Paix. Mais ce pouvoir ne comprend pas nécessairement celui d'accorder ou d'accepter, en vue de la Paix, toute sorte de conditions. Quoique l'Etat ait confié en général à la prudence de son conducteur le soin de résoudre la guerre & la Paix, il peut avoir borné ses pouvoirs sur bien des choses, par les loix fondamentales. C'est ainsi que François I. roi de France, avoit la disposition absolue de la guerre & de la Paix; & cependant l'assemblée de Cognac déclara qu'il ne pouvoit aliéner, par le traité de Paix, aucune partie du royaume.

La nation qui dispose librement de ses affaires domestiques, de la forme de son gouvernement, peut confier à une personne, ou à une assemblée, le pouvoir de faire la Paix, quoiqu'elle ne lui ait pas abandonné celui de déclarer la guerre. Nous en avons un exemple en Suede depuis la mort de Charles XII. Le roi ne peut déclarer la guerre sans le consentement des Etats assemblés en diete; il peut faire la Paix, de concert avec le sénat. Il est moins dangereux à un peuple d'abandonner à ses conducteurs ce dernier pouvoir, que le premier : il peut raisonnablement espérer qu'ils ne feront la Paix que quand elle sera convenable aux intérêts de l'Etat. Mais leurs passions, leurs intérêts propres, leurs vues particulieres influent trop souvent dans leurs résolutions, quand il s'agit d'entreprendre la guerre. D'ailleurs il faudroit qu'une Paix fût bien misérable, si elle ne valoit pas mieux que la guerre : au contraire, on hasarde toujours beaucoup lorsqu'on quitte le repos pour les armes.

Quand une puissance limitée a le pouvoir de faire la Paix, comme elle ne peut accorder d'elle-même toute sorte de conditions, ceux qui voudront traiter surement avec elle, doivent exiger que le traité de Paix soit approuvé par la nation, ou par la puissance qui peut en accomplir les conditions. Si quelqu'un, par exemple, traite de la Paix avec la Suede, & demande pour condition une alliance défensive, une garantie, cette stipulation n'aura rien de solide, si elle n'est approuvée & acceptée par la diete, qui seule a le pouvoir de lui donner effet. Les rois d'Angleterre ont le droit de conclure des traités de Paix & d'alliance; mais ils ne peuvent aliéner, par ces traités, aucune des possessions de la couronne, sans le consentement du parlement : ils ne peuvent non plus, sans le concours du même corps, lever aucun argent dans le royaume : c'est pourquoi, quand ils concluent quelque traité de subsides, ils ont soin de le produire au parlement, pour s'assurer qu'il les mettra en état de le remplir. L'empereur Charles-Quint voulant exiger de François I, son prisonnier, des conditions que ce roi ne pouvoit accorder sans l'aveu de la nation, devoit le retenir jusqu'à ce que le traité de Madrid eût été approuvé par les Etats-généraux de France, & que la Bourgogne s'y fût soumise; il n'eût pas perdu le fruit de sa victoire par une négligence fort surprenante dans un prince si habile.

Nous ne répéterons point ici ce que nous avons dit plus haut de l'aliénation d'une partie de l'Etat ou de l'Etat entier. Remarquons seulement que, dans le cas d'une nécessité pressante, telle que l'imposent des événemens d'une guerre malheureuse, les aliénations que fait le prince pour sauver le reste de l'Etat, sont censées appouvées & ratifiées par le seul silence

silence de la nation, lorsqu'elle n'a point conservé dans la forme du gouvernement, quelque moyen aisé & ordinaire de donner son consentement exprès, & qu'elle a abandonné au prince une puissance absolue. Les Etats-généraux sont abolis en France, par non-usage & par le consentement tacite de la nation. Lors donc que ce royaume se trouve pressé, c'est au roi seul de juger des sacrifices qu'il peut faire pour acheter la Paix, & ses ennemis traitent solidement avec lui. Envain les peuples diroient-ils qu'ils n'ont souffert que par crainte l'abolition des Etats-généraux : ils l'ont soufferte enfin ; & par-là ils ont laissé passer entre les mains du roi, tous les pouvoirs nécessaires pour contracter au nom de la nation, avec les nations étrangéres. Il faut nécessairement qu'il se trouve dans l'Etat une puissance avec laquelle ces nations puissent traiter surement. L'abbé de Choisy, *histoire de Charles V. p. 492.* dit, que » les loix fondamentales empê» chent les rois de France de renoncer à aucun de leurs droits, au préju» dice de leurs successeurs, par aucun traité, ni libre, ni forcé. « Les loix fondamentales peuvent bien refuser au roi le pouvoir d'aliéner ce qui appartient à l'Etat, sans le consentement de la nation ; mais elles ne peuvent rendre nulle une aliénation, ou une renonciation, faite avec ce consentement : & si la nation a laissé venir les choses en tel état, qu'elle n'a plus le moyen de déclarer expressément son consentement, son silence seul, dans les occasions, est un vrai consentement tacite. S'il en étoit autrement, personne ne pourroit traiter surement avec un pareil Etat ; & infirmer ainsi d'avance tous les traités futurs, ce seroit agir contre le droit des gens, qui prescrit aux nations de conserver les moyens de traiter ensemble, & de garder leurs traités.

Il faut observer enfin que quand nous examinons si le consentement de la nation est requis pour l'aliénation de quelque partie de l'Etat, nous entendons parler des parties qui sont encore sous la puissance de la nation, & non pas de celles qui sont tombées pendant la guerre au pouvoir de l'ennemi : car celles-ci n'étant plus possédées par la nation, c'est au souverain seul, s'il a l'administration pleine & absolue du gouvernement, le pouvoir de la guerre & de la Paix ; c'est, dis-je, à lui seul de juger s'il convient d'abandonner ces parties de l'Etat, ou de continuer la guerre pour les recouvrer. Et quand même on voudroit prétendre qu'il ne peut seul les aliéner validement, il est dans notre supposition, c'est-à-dire s'il jouit de l'empire plein & absolu ; il est, dis-je, en droit de promettre que jamais la nation ne reprendra les armes pour recouvrer ces terres, villes ou provinces qu'il abandonne ; & cela suffit pour en assurer la possession tranquille à l'ennemi qui les a conquises.

La nécessité de faire la Paix autorise le souverain à disposer, dans le traité, des choses même qui appartiennent aux particuliers ; & le domaine éminent lui en donne le droit. Il peut même, jusqu'à un certain point, disposer de leur personne, en vertu de la puissance qu'il a sur tous ses sujets. Mais l'Etat doit dédommager les citoyens, qui souffrent de ces dispositions, faites pour l'avantage commun.

Tout empêchement qui met le prince hors d'état d'administrer les affaires du gouvernement, lui ôte, sans doute, le pouvoir de faire la Paix : ainsi un roi en bas-âge, ou en démence, ne peut traiter de la Paix ; cela n'a pas besoin de preuve. Mais on demande si un roi prisonnier de guerre peut faire la Paix, en conclure validement le traité ? Quelques auteurs célebres distinguent ici entre le roi dont le royaume est patrimonial, & celui qui n'en a que l'usufruit. Nous croyons avoir détruit cette idée fausse & dangereuse de royaume patrimonial, *voyez* ETAT, & fait voir évidemment qu'elle doit se réduire au seul pouvoir confié au souverain, de désigner son successeur, de donner un autre prince à l'Etat, & d'en démembrer quelques parties, s'il le juge convenable ; le tout constamment pour le bien de la nation, en vue de son plus grand avantage. Tout gouvernement légitime, quel qu'il puisse être, est uniquement établi pour le bien & le salut de l'Etat. Ce principe incontestable une fois posé, la Paix n'est plus l'affaire propre du roi, c'est celle de la nation. Or il est certain qu'un prince captif ne peut administrer l'empire, vaquer aux affaires du gouvernement. Celui qui n'est pas libre commandera-t-il à une nation ? Comment la gouverneroit-il au plus grand avantage du peuple, & pour le salut public ? Il ne perd pas ses droits, il est vrai ; mais sa captivité lui ôte la faculté de les exercer, parce qu'il n'est pas en état d'en diriger l'usage à sa fin légitime. C'est le cas d'un roi mineur, ou de celui dont la raison est altérée. Il faut alors que celui, ou ceux qui sont appellés à la régence par les loix de l'Etat, prennent les rênes du gouvernement : c'est à eux de traiter de la Paix, d'en arrêter les conditions, & de la conclure suivant les loix.

Le souverain captif peut la négocier lui-même, & promettre ce qui dépend de lui personnellement ; mais le traité ne devient obligatoire pour la nation, que quand il est ratifié par elle-même, ou par ceux qui sont dépositaires de l'autorité publique, pendant la captivité du prince, ou enfin par lui-même, après sa délivrance.

Au reste, si l'Etat doit, autant qu'il se peut, délivrer le moindre des citoyens qui a perdu sa liberté pour la cause publique, à plus forte raison est-il tenu de cette obligation envers son souverain, envers ce conducteur, dont les soins, les veilles & les travaux sont consacrés au bonheur & au salut communs. Le prince fait prisonnier à la guerre, n'est tombé dans un état qui est le comble de la misere pour un homme d'une condition si relevée, qu'en combattant pour son peuple : ce même peuple hésitera-t-il à le délivrer au prix des plus grands sacrifices ? Rien, si ce n'est le salut même de l'Etat, ne doit être ménagé dans une si triste occasion. Mais le salut du peuple est, en toute rencontre, la loi suprême ; & dans cette dure extrémité, un prince généreux imitera l'exemple de Regulus.

Ce héros citoyen, renvoyé à Rome sur sa parole, dissuada les Romains de le délivrer par un traité honteux, quoiqu'il n'ignorât pas les supplices que lui réservoit la cruauté des Carthaginois.

Lorsqu'un injuste conquérant, ou tout autre usurpateur, a envahi le royaume; dès que les peuples se sont soumis à lui, & par un hommage volontaire l'ont reconnu pour leur souverain, il est en possession de l'empire. Les autres nations qui n'ont aucun droit de s'ingérer dans les affaires domestiques de celle-ci, de se mêler de son gouvernement, doivent s'en tenir à son jugement, & suivre la possession. Elles peuvent donc traiter de la Paix avec l'usurpateur, & la conclure avec lui. Par-là elles ne blessent point le droit du souverain légitime : ce n'est point à elles d'examiner ce droit & d'en juger; elles le laissent pour ce qu'il est, & s'attachent uniquement à la possession, dans les affaires qu'elles ont avec ce royaume, suivant leur propre droit & celui de l'Etat, dont la souveraineté est disputée. Mais cette regle n'empêche pas qu'elles ne puissent épouser la querelle du roi dépouillé, si elles la trouvent juste, & lui donner secours : alors elles se déclarent ennemies de la nation qui a reconnu son rival, comme elles ont la liberté, quand deux peuples différens sont en guerre, d'assister celui qui leur paroît le mieux fondé.

La partie principale, le souverain au nom de qui la guerre s'est faite, ne peut, avec justice, faire la Paix sans y comprendre ses alliés : j'entends ceux qui lui ont donné du secours, sans prendre part directement à la guerre. C'est une précaution nécessaire pour les garantir du ressentiment de l'ennemi : car bien que celui-ci ne doive pas s'offenser contre des alliés de son ennemi, qui engagés seulement à la défensive, ne font autre chose que remplir fidélement leurs traités; il est trop ordinaire que les passions déterminent plutôt les démarches des hommes, que la justice & la raison. Si ces alliés ne le sont que depuis la guerre, & à l'occasion de cette même guerre, quoiqu'ils ne s'y engagent pas de toutes leurs forces, ni directement, comme parties principales, ils donnent cependant à celui contre qui ils s'allient, un juste sujet de les traiter en ennemis. Celui qu'ils ont assisté ne peut négliger de les comprendre dans la Paix.

Mais le traité de la partie principale n'oblige ses alliés, qu'autant qu'ils veulent bien l'accepter, à moins qu'ils ne lui aient donné tout pouvoir de traiter pour eux. En les comprenant dans son traité, elle acquiert seulement contre son ennemi réconcilié, le droit d'exiger qu'il n'attaque point ces alliés, à raison des secours qu'ils ont donnés contre lui; qu'il ne les moleste point, & qu'il vive en paix avec eux, comme si rien n'étoit arrivé.

Les souverains qui se sont associés pour la guerre, tous ceux qui y ont pris part directement, doivent faire leur traité de Paix, chacun pour soi. C'est ainsi que cela s'est pratiqué à Nimegue, à Riswick, à Utrecht; mais l'alliance les oblige à traiter de concert. De savoir en quel cas un associé peut se détacher de l'alliance, & faire sa Paix particuliere, c'est une question que nous avons examinée en traitant des sociétés de guerre & des alliances en général.

§. II.

De la Médiation.

Souvent deux nations, également lasses de la guerre, ne laissent pas de la continuer, par la seule raison que chacune craint de faire des avances qui pourroient être imputées à foiblesse; ou elles s'y opiniâtrent par animosité, & contre leurs véritables intérêts. Alors des amis communs interposent avec fruit leurs bons offices, en s'offrant pour médiateurs. C'est un office bien salutaire, & bien digne d'un grand prince, que celui de réconcilier deux nations ennemies, & d'arrêter l'effusion du sang humain; c'est un devoir sacré pour ceux qui ont les moyens d'y réussir. Nous nous bornerons à cette seule réflexion, sur une matiere que nous avons déjà traitée. *Voyez* Médiation, Médiateur.

Le traité de Paix ne peut être qu'une transaction : si l'on devoit y observer les regles d'une justice exacte & rigoureuse, en sorte que chacun reçut précisément tout ce qui lui appartient, la Paix deviendroit impossible. Premiérement, à l'égard du sujet même qui a donné lieu à la guerre, il faudroit que l'un des partis reconnût son tort, & condamnât lui-même ses injustes prétentions; ce qu'il fera difficilement tant qu'il ne sera pas réduit aux dernieres extrémités. Mais s'il avoue l'injustice de sa cause, il doit passer condamnation sur tout ce qu'il a fait pour la soutenir; il faut qu'il rende ce qu'il a pris injustement; qu'il rembourse les frais de la guerre; qu'il répare les dommages. Et comment faire une juste estimation de tous les dommages ? A quoi taxera-t-on le sang répandu, la perte d'un grand nombre de citoyens, la désolation des familles ? Ce n'est pas tout encore : la justice rigoureuse exigeroit de plus, que l'auteur d'une guerre injuste fût soumis à une peine proportionnée aux injures, dont il doit une satisfaction, & capable de pourvoir à la sureté future de celui qu'il a attaqué. Comment déterminer la nature de cette peine, en marquer précisément le degré ? Enfin celui-là même de qui les armes sont justes, peut avoir passé les bornes d'une juste défense, porté à l'excès des hostilités dont le but étoit légitime; autant de torts dont la justice rigoureuse demanderoit la réparation. Il peut avoir fait des conquêtes & un butin qui excedent la valeur de ce qu'il avoit à prétendre : qui en fera le calcul exact, la juste estimation ? Puis donc qu'il seroit affreux de perpétuer la guerre, de la pousser jusqu'à la ruine entiere de l'un des partis, & que dans la cause la plus juste, on doit penser enfin à rétablir la Paix, & tendre constamment à cette fin salutaire; il ne reste d'autre moyen que de transiger sur toutes les prétentions, sur tous les griefs de part & d'autre, & d'anéantir tous les différends par une convention la plus équitable qu'il soit possible. On n'y décide point la cause même de la guerre, ni les controverses que les divers actes d'hostilité pourroient exciter; ni l'une, ni l'autre des parties n'y est condamnée comme injuste; il n'en est guere qui voulût le souffrir; mais on y convient de ce que chacun doit avoir, en extinction de toutes ses prétentions.

L'effet du traité de Paix est de mettre fin à la guerre, & d'en abolir le sujet. Il ne laisse aux parties contractantes aucun droit de commettre des actes d'hostilité, soit pour le sujet même qu'il avoit allumé la guerre, soit pour tout ce qui s'est passé dans son cours. Il n'est donc plus permis de reprendre les armes pour le même sujet : aussi voyons-nous que dans ces traités on s'engage réciproquement à une Paix perpétuelle. Ce qu'il ne faut pas entendre comme si les contractans promettoient de ne se faire jamais la guerre pour quelque sujet que ce soit. La Paix se rapporte à la guerre qu'elle termine; & cette Paix est réellement perpétuelle, si elle ne permet pas de réveiller jamais la même guerre, en reprenant les armes pour la cause qui l'avoit allumée.

Au reste, la transaction spéciale sur une cause, n'éteint que le moyen seul auquel elle se rapporte; & elle n'empêcheroit point qu'on ne pût dans la suite, sur d'autres fondemens, former de nouvelles prétentions à la chose même : c'est pourquoi on a communément soin d'exiger une transaction générale qui se rapporte à la chose même controversée, & non pas seulement à la controverse présente. On stipule une renonciation générale à toute prétention quelconque sur la chose dont il s'agit; & alors, quand même, par de nouvelles raisons, celui qui a renoncé se verroit un jour en état de démontrer que cette chose-là lui appartenoit, il ne seroit plus reçu à la réclamer.

L'amnistie est un oubli parfait du passé; & comme la Paix est destinée à mettre à néant tous les sujets de discorde, ce doit être là le premier article du traité. C'est aussi à quoi on ne manque pas aujourd'hui. Mais quand le traité n'en diroit pas un mot, l'amnistie y est nécessairement comprise, par la nature même de la Paix.

Chacune des puissances qui se font la guerre, prétendant être fondée en justice, & personne ne pouvant juger de cette prétention; l'état où les choses se trouvent au moment du traité, doit passer pour légitime; & si l'on veut y apporter du changement, il faut que le traité en fasse une mention expresse. Par conséquent toutes les choses dont le traité ne dit rien, doivent demeurer dans l'état où elles se trouvent lors de sa conclusion; c'est aussi une conséquence de l'amnistie promise. Tous les dommages causés pendant la guerre, sont pareillement mis en oubli; & l'on n'a aucune action pour ceux dont la réparation n'est pas stipulée dans le traité : ils sont regardés comme non avenus.

Mais on ne peut étendre l'effet de la transaction, ou de l'amnistie, à des choses qui n'ont aucun rapport à la guerre terminée par le traité. Ainsi des répétitions fondées sur une dette, ou sur une injure antérieure à la guerre, mais qui n'a eu aucune part aux raisons qui l'ont fait entreprendre, demeurent en leur entier, & ne sont point abolies par le traité, à moins qu'on ne l'ait expressément étendu à l'anéantissement de toute prétention quelconque. Il en est de même des dettes contractées pendant la guerre, mais pour des sujets qui n'y ont aucun rapport, ou des injures faites aussi pendant sa durée, mais sans relation à l'état de la guerre.

Les dettes contractées envers des particuliers ou les torts qu'ils peuvent avoir reçus d'ailleurs, sans relation à la guerre, ne sont point abolis non plus par la transaction & l'amnistie, qui se rapportent uniquement à leur objet, savoir à la guerre, à ses causes & à ses effets. Ainsi deux sujets de puissances ennemies contractant ensemble en pays neutre, ou l'un y recevant quelque tort de l'autre, l'accomplissement du contrat, ou la réparation de l'injure & du dommage, pourra être poursuivie après la conclusion du traité de Paix.

Enfin si le traité porte que toutes choses seront rétablies dans l'état où elles étoient avant la guerre, cette clause ne s'entend que des immeubles, & elle ne peut s'étendre aux choses mobiliaires, au butin, dont la propriété passe d'abord à ceux qui s'en emparent, & qui est censé abandonné par l'ancien maître, à cause de la difficulté de le reconnoître, & du peu d'espérance de le recouvrer.

Les traités anciens, rappellés & confirmés dans le dernier, font partie de celui-ci, comme s'ils y étoient renfermés & transcrits de mot à mot : & dans les nouveaux articles qui se rapportent aux anciennes conventions, l'interprétation doit se faire suivant les regles données ci-dessus.

Le traité de Paix oblige les parties contractantes du moment qu'il est conclu, aussitôt qu'il a reçu toute sa forme ; & elles doivent en procurer incessamment l'exécution. Il faut que toutes les hostilités cessent dès-lors, à moins que l'on n'ait marqué un jour auquel la Paix doit commencer. Mais ce traité n'oblige les sujets que du moment qu'il leur est notifié. Il en est ici comme de la treve. S'il arrive que des gens de guerre commettent, dans l'étendue de leurs fonctions, & en suivant les regles de leurs devoirs, quelques hostilités avant que le traité de Paix soit dûment venu à leur connoissance, c'est un malheur dont ils ne peuvent être punis ; mais le souverain déjà obligé à la Paix, doit faire restituer ce qui a été pris depuis qu'elle est conclue ; il n'a aucun droit de le retenir.

Et afin de prévenir ces funestes accidens, qui peuvent coûter la vie à plusieurs innocens, on doit publier la Paix sans délai, au moins pour les gens de guerre. Mais aujourd'hui que les peuples ne peuvent entreprendre d'eux-mêmes aucun acte d'hostilité, & qu'ils ne se mêlent pas de la guerre, la publication solemnelle de la Paix peut se différer, pourvu que l'on mette ordre à la cessation des hostilités ; ce qui se fait aisément, par le moyen des généraux qui dirigent toutes les opérations, ou par un armistice publié à la tête des armées. La Paix faite en 1735 entre l'empereur & la France, ne fut publiée que long-temps après; on attendit que le traité en fût digéré à loisir; les points les plus importans ayant été réglés dans les préliminaires. La publication de la Paix remet les deux nations dans l'état où elles se trouvoient avant la guerre; elle ouvre entr'elles un libre commerce, & permet de nouveau aux sujets de part & d'autre, ce qui leur étoit interdit par l'état de guerre. Le traité devient, par la publication, une loi pour les sujets; & ils sont obligés de se conformer désormais aux dispositions dont on y est convenu. Si, par exemple, le traité porte que l'une des deux nations s'abstiendra d'un certain commerce, tous les membres de cette nation seront obligés de renoncer à ce commerce, du moment que le traité sera publié.

Lorsqu'on n'a point marqué de terme pour l'accomplissement du traité, & pour l'exécution de chacun des articles, le bon sens dit que chaque point doit être exécuté aussitôt qu'il est possible; c'est sans doute ainsi qu'on l'a entendu. La foi des traités exclut également, dans leur exécution, toute négligence, toute lenteur, & tous délais affectés.

Mais en cette matiere, comme en toute autre, une excuse légitime, fondée sur un empêchement réel & insurmontable, doit être admise; car personne n'est tenu à l'impossible. L'empêchement, quand il n'y a point de la faute du promettant, anéantit une promesse qui ne peut être remplie par un équivalent, & dont l'exécution ne peut se remettre à un autre temps. Si la promesse peut être remplie en une autre occasion, il faut accorder un délai convenable. Supposons que, par le traité de Paix, l'une des parties ait promis à l'autre un corps de troupes auxiliaires, elle ne sera point tenue à le fournir, s'il arrive qu'elle en ait un besoin pressant pour sa propre défense; qu'elle ait promis une certaine quantité de blé par année, on ne pourra les exiger lorsqu'elle souffre la disette, mais quand elle se retrouvera dans l'abondance, elle devra livrer, si on l'exige, ce qui est demeuré en arriere.

L'on tient encore pour maxime, que le promettant est dégagé de sa promesse, lorsque s'étant mis en devoir de la remplir aux termes de son engagement, celui à qui elle étoit faite l'a empêché lui-même de l'accomplir. On est censé remettre une promesse dont on empêche soi-même l'exécution. Disons encore que si celui qui a promis une chose par le traité de Paix, étoit prêt à l'effectuer dans le temps convenu, ou tout de suite & en temps convenable, s'il n'y a point de terme marqué, & que l'autre partie ne l'ait point voulu, le promettant est quitte de sa promesse : car l'acceptant ne s'étant pas réservé le droit d'en fixer l'exécution à sa volonté, il est censé y renoncer, lorsqu'il ne l'accepte pas dans le temps convenable, & pour lequel la promesse a été faite. S'il demande que la prestation soit remise à un autre temps, la bonne foi exige que le promettant consente au délai, à moins qu'il ne fasse voir par de bonnes raisons, que la promesse lui deviendroit alors plus onéreuse.

Lever des contributions, est un acte d'hostilité qui doit cesser dès que la Paix est conclue. Celles qui sont déjà promises, & non encore payées, sont dues, & se peuvent exiger à titre de chose due. Mais pour éviter toute difficulté, il faut s'expliquer nettement & en détail sur ces sortes d'articles; & on a soin ordinairement de le faire.

Les fruits des choses restituées à la Paix, sont dus dès l'instant marqué pour l'exécution : s'il n'y a point de terme fixé, les fruits sont dûs dès le moment que la restitution des choses a été accordée; mais on ne rend pas ceux qui étoient échus ou cueillis avant la conclusion de la Paix : car les fruits sont au maître du fonds; & ici la possession est tenue pour un titre légitime. Par la même raison, en cédant un fonds, on ne cede pas en même temps les fruits qui sont déjà dûs. C'est ce qu'Auguste soutint avec raison contre Sextus Pompée, qui prétendoit, lorsqu'on lui eut donné le Péloponnese, se faire payer les impôts des années précédentes.

Les choses dont la restitution est simplement stipulée dans le traité de Paix, sans autre explication, doivent être rendues dans l'état où elles ont été prises; car le terme de restitution signifie naturellement le rétablissement de toutes choses dans leur premier état. Ainsi en restituant une chose, on doit rendre en même temps tous les droits qui y étoient attachés lorsqu'elle a été prise. Mais il ne faut pas comprendre, sous cette regle, les changemens qui peuvent avoir été une suite naturelle, un effet de la guerre même & de ses opérations. Une place sera rendue dans l'état où elle étoit quand on l'a prise, autant qu'elle se trouvera encore dans ce même état à la conclusion de la paix. Mais si la place a été rasée, ou démantelée, pendant la guerre, elle l'a été par le droit des armes, & l'amnistie met à néant ce dommage. On n'est pas tenu à rétablir un pays ravagé que l'on rend à la Paix; on le rend tel qu'il se trouve. Mais comme ce seroit une insigne perfidie que de dévaster ce pays après la Paix faite, & avant que de le rendre, il en est de même d'une place dont la guerre a épargné les fortifications; la démanteler pour la rendre, seroit un trait de mauvaise foi. Si le vainqueur en a réparé les breches, s'il l'a rétablie dans l'état où elle étoit avant le siege, il doit la rendre dans ce même état; mais s'il y a ajouté quelques ouvrages, il peut les démolir : que s'il a rasé les anciennes fortifications, pour en construire de nouvelles, il sera nécessaire de convenir sur cette amélioration, ou de marquer précisément en quel état la place doit être rendue; il est bon même, pour prévenir toute chicane & toute difficulté, de ne jamais négliger cette derniere précaution. Dans un instrument destiné à rétablir la Paix, on ne doit, s'il se peut, laisser aucune ambiguité, rien qui soit capable de rallumer la guerre. Ce n'est point là, je le sais, la méthode de ceux qui s'estiment aujourd'hui les plus habiles négociateurs; ils s'étudient, au contraire, à glisser dans un traité de Paix

Paix des clauses obscures, ou ambiguës, afin de réserver à leur maître un prétexte de se brouiller de nouveau, & de reprendre les armes à la premiere occasion favorable.

Mais comme il est bien difficile qu'il ne se trouve quelque ambiguité dans un traité, dressé même avec tout le soin & toute la bonne foi possible, ou qu'il ne survienne quelque difficulté dans l'application de ses clauses aux cas particuliers, il faudra souvent recourir aux regles d'interprétation. Bornons-nous à quelques regles qui conviennent plus particuliérement à l'espece, aux traités de Paix. 1°. En cas de doute, l'interprétation se fait contre celui qui a donné la loi dans le traité; car c'est lui, en quelque façon, qui l'a dicté : c'est sa faute s'il ne s'est pas énoncé plus clairement; & en étendant ou resserrant la signification des termes, dans le sens qui lui est le moins favorable, ou on ne lui fait aucun tort, ou on ne lui fait que celui auquel il a bien voulu s'exposer. Mais par une interprétation contraire, on risqueroit de tourner des termes vagues, ou ambigus, en pieges pour le plus foible contractant, qui a été obligé de recevoir ce que le plus fort a dicté.

2°. Le nom des pays cédés par le traité doit s'entendre suivant l'usage reçu alors par les personnes habiles & intelligentes; car on ne présume point que des ignorans, ou des sots, soient chargés d'une chose aussi importante que l'est un traité de Paix; & les dispositions d'un contrat doivent s'entendre de ce que les contractans ont eu vraisemblablement dans l'esprit, puisque c'est sur ce qu'ils ont dans l'esprit qu'ils contractent.

3°. Le traité de Paix ne se rapporte naturellement & de lui-même qu'à la guerre à laquelle il met fin; ses clauses vagues ne doivent donc s'entendre que dans cette relation; ainsi la simple stipulation du rétablissement des choses dans leur état, ne se rapporte point à des changemens qui n'ont pas été opérés par la guerre même. Cette clause générale ne pourra donc obliger l'une des parties à remettre en liberté un peuple libre, qui se sera donné volontairement à elle pendant la guerre. Et comme un peuple abandonné par son souverain, devient libre, & maître de pourvoir à son salut, comme il l'entend; si ce peuple, dans le cours de la guerre, s'est donné & soumis volontairement à l'ennemi de son ancien souverain, sans y être contraint par la force des armes, la promesse générale de rendre les conquêtes ne s'étendra point jusqu'à lui. Envain dira-t-on que celui qui demande le rétablissement de toutes choses sur l'ancien pied, peut avoir intérêt à la liberté du premier des peuples dont nous parlons, & qu'il en a visiblement un très-grand à la restitution du second. S'il vouloit des choses que la clause générale ne comprend point d'elle-même, il devoit s'en expliquer clairement & spécialement. On peut insérer toute sorte de conventions dans un traité de Paix; mais si elles n'ont aucun rapport à la guerre qu'il s'agit de terminer, il faut les énoncer bien expressément; car le traité ne s'entend naturellement que de son objet.

Le traité de Paix, conclu par une puissance légitime, est sans doute un traité public qui oblige toute la nation. Il est encore, par sa nature, un traité réel; car s'il n'étoit fait que pour la vie du prince, ce seroit un traité de treve, & non pas de Paix. D'ailleurs tout traité qui, comme celui-ci, est fait en vue du bien public, est un traité réel. *Voyez* TRAITÉ. Il oblige donc les successeurs, aussi fortement que le prince même qui l'a signé, puisqu'il oblige l'Etat même, & que les successeurs ne peuvent jamais avoir, à cet égard, d'autres droits que ceux de l'Etat.

Après tout ce que nous avons dit de la foi des traités, de l'obligation indispensable qu'ils imposent, il seroit superflu de s'étendre à montrer en particulier combien les souverains & les peuples doivent être religieux observateurs des traités de Paix. Ces traités intéressent & obligent les nations entieres; ils sont de la derniere importance; leur rupture rallume infailliblement la guerre; toutes raisons qui donnent une nouvelle force à l'obligation de garder la foi, de remplir fidélement ses promesses.

On ne peut se dégager d'un traité de Paix, en alléguant qu'il a été extorqué par la crainte, ou arraché de force. Premiérement, si cette exception étoit admise, elle saperoit par les fondemens, toute la sureté des traités de Paix; car il en est peu contre lesquels on ne pût s'en servir pour couvrir la mauvaise foi. Autoriser une pareille défaite, ce seroit attaquer la sureté commune & le salut des nations; la maxime seroit exécrable, par les mêmes raisons qui rendent la foi des traités sacrée dans l'univers; d'ailleurs il seroit presque toujours honteux & ridicule d'alléguer une pareille exception. Il n'arrive guere aujourd'hui que l'on attende les dernieres extrémités pour faire la Paix : une nation, bien que vaincue en plusieurs batailles, peut encore se défendre; elle n'est pas sans ressource, tant qu'il lui reste des hommes & des armes. Si par un traité désavantageux, elle trouve à propos de se procurer une Paix nécessaire; si elle se rachete d'un danger imminent, d'une ruine entiere, par de grands sacrifices, ce qui lui reste est encore un bien qu'elle doit à la Paix : elle s'est déterminée librement à préférer une perte certaine & présente, mais bornée, à un danger encore à venir, mais trop probable & terrible.

Si jamais l'exception de la contrainte peut être alléguée, c'est contre un acte qui ne mérite pas le nom de traité de Paix, contre une soumission forcée à des conditions qui blessent également la justice & tous les devoirs de l'humanité. Qu'un avide & injuste conquérant subjugue une nation, qu'il la force à accepter des conditions dures, honteuses, insupportables, la nécessité la contraint à se soumettre. Mais ce repos apparent n'est pas une Paix; c'est une oppression que l'on souffre, tandis qu'on manque de moyens pour s'en délivrer, & contre laquelle des gens de cœur se soulevent à la premiere occasion favorable. Lorsque Fernand Cortez, attaquoit l'empire du Mexique, sans aucune ombre de raison, sans le moindre prétexte apparent, si l'infortuné Montezuma eût pu racheter sa liberté, en se soumettant à des conditions également dures & injustes, à recevoir garnison dans ses places & dans sa capitale; à payer un tribut immense; à obéir aux ordres du roi d'Espagne, de bonne foi dira-t-on qu'il n'eût pu avec justice saisir une occasion favorable pour rentrer dans ses droits, & délivrer son peuple; pour chasser, pour exterminer des usurpateurs avides, insolens & cruels? Non, non, on n'avancera pas sérieusement une si grande absurdité. Si la loi naturelle veille au salut & au repos des nations, en recommandant la fidélité dans les promesses, elle ne favorise pas les oppresseurs; toutes ses maximes vont au plus grand bien de l'humanité : c'est la grande fin des loix & du droit. Celui qui rompt lui-même tous les liens de la société humaine, pourra-t-il les réclamer? S'il arrive qu'un peuple abuse de cette maxime pour se soulever injustement, & recommencer la guerre, il vaut mieux s'exposer à cet inconvénient, que de donner aux usurpateurs un moyen aisé d'éterniser leurs injustices, & d'asseoir leur usurpation sur un fondement solide. Mais quand vous voudriez prêcher une doctrine qui s'oppose à tous les mouvemens de la nature, à qui la persuaderez-vous?

Les accommodemens équitables, ou au moins supportables, méritent donc seuls le nom de traité de Paix; ce sont ceux-là où la foi publique est engagée, & que l'on doit garder fidélement, bien qu'on les trouve durs & onéreux à divers égards. Puisque la nation y a consenti, il faut qu'elle les ait regardés encore comme un bien dans l'état où étoient les choses; & elle doit respecter sa parole. Si l'on pouvoit défaire dans un temps ce que l'on a été bien aise de faire dans un autre, il n'y auroit rien de stable parmi les hommes.

Rompre le traité de Paix, c'est en violer les engagemens, soit en faisant ce qu'il défend, soit en ne faisant pas ce qu'il prescrit. Or on peut manquer aux engagemens du traité en trois manieres différentes, ou par une conduite contraire à la nature & à l'essence de tout traité de Paix en général, ou par des procédés incompatibles avec la nature particuliere du traité, ou enfin en violant quelqu'un de ses articles exprès.

1°. On agit contre la nature & l'essence de tout traité de Paix, contre la Paix elle-même, quand on la trouble sans sujet, soit en prenant les armes & recommençant la guerre, quoiqu'on ne puisse alléguer même un prétexte tant soit peu plausible, soit en offensant de gaieté de cœur celui avec qui on a fait la Paix, & en le traitant, lui ou ses sujets, d'une maniere incompatible avec l'état de Paix, & qu'il ne peut souffrir sans se manquer à soi-même. C'est encore agir contre la nature de tout traité de Paix, que de reprendre les armes pour le même sujet qui avoit allumé la guerre, ou par ressentiment de quelque chose qui s'est passée dans le cours des hostilités. Si l'on ne peut se couvrir au moins d'un prétexte spécieux, emprunté de quelque sujet nouveau, on ressuscite manifestement la guerre qui avoit pris fin, & on rompt le traité de Paix.

Mais prendre les armes pour un sujet nouveau, ce n'est pas rompre le traité de Paix; car bien que l'on ait promis de vivre en paix, on n'a pas promis, pour cela, de souffrir l'injure & toute sorte d'injustice, plutôt que de s'en faire raison par la voie des armes. La rupture vient de celui qui, par son injustice obstinée, rend cette voie nécessaire.

Mais il faut se souvenir ici de ce que nous avons observé plus d'une fois, savoir, que les nations ne reconnoissent point de juge commun sur la terre; qu'elles ne peuvent se condamner mutuellement sans appel, & qu'elles sont enfin obligées d'agir dans leurs querelles, comme si l'une & l'autre étoit également dans ses droits. Sur ce pied-là, que le sujet nouveau qui donne lieu à la guerre, soit juste, ou qu'il ne le soit pas, ni celui qui en prend occasion de courir aux armes, ni celui qui refuse satisfaction, n'est réputé rompre le traité de Paix, pourvu que le sujet de plainte & le refus de satisfaction aient de part & d'autre au moins quelque couleur, en sorte que la question soit litigieuse. Il ne reste aux nations d'autre voie que les armes, quand elles ne peuvent convenir de rien sur une question de cette nature; c'est alors une guerre nouvelle qui ne touche point au traité.

Et comme en faisant la Paix on ne renonce point par cela même au droit de faire des alliances & d'assister ses amis, ce n'est pas non plus rompre le traité de Paix, que de s'allier dans la suite, & de se joindre aux ennemis de celui avec qui on l'a conclu, d'épouser leur querelle & d'unir ses armes aux leurs, à moins que le traité de Paix ne le défende expressément : c'est tout au plus commencer une guerre nouvelle pour la cause d'autrui.

Mais je suppose que ces nouveaux alliés ont quelque sujet plausible de prendre les armes, & qu'on a de bonnes & justes raisons de les soutenir; car s'il en étoit autrement, s'allier avec eux, justement lorsqu'ils vont entrer en guerre, ou lorsqu'ils l'ont commencée, ce seroit manifestement chercher un prétexte pour éluder le traité de Paix; ce seroit le rompre avec une artificieuse perfidie.

Il est très-important de bien distinguer entre une guerre nouvelle & la rupture du traité de Paix, parce que les droits acquis par ce traité subsistent, malgré la guerre nouvelle; au lieu qu'ils sont éteints par la rupture du traité sur lequel ils étoient fondés. Il est vrai que celui qui avoit accordé ces droits, en suspend sans doute l'exercice pendant la guerre, autant qu'il est en son pouvoir, & peut même en dépouiller entiérement son ennemi, par le droit de la guerre, comme il peut lui ôter ses autres biens. Mais alors il tient ces droits comme chose prise sur l'ennemi, & celui-ci peut en presser la restitution au nouveau traité de Paix. Il y a bien de la différence dans ces sortes de négociations, entre exiger la restitution de ce qu'on possédoit avant la guerre, & demander des concessions nouvelles : un peu d'égalité dans les succès, suffit pour insister sur le premier; le second ne s'obtient que par une supériorité décidée. Il arrive souvent, quand les armes sont à peu près égales, que l'on convient de rendre les conquêtes & de rétablir toutes choses dans leur état : & alors, si la guerre étoit nouvelle, les anciens traités subsistent ; mais s'ils ont été rompus par la reprise d'armes, & la premiere guerre ressuscitée, ces traités demeurent anéantis ; & si l'on veut qu'ils regnent encore, il faut que le nouveau traité les rappelle & les rétablisse expressément.

La question dont nous traitons est encore très-importante, par rapport aux autres nations qui peuvent être intéressées au traité, invitées par leurs propres affaires à en maintenir l'observation : elle est essentielle pour les garants du traité, s'il y en a, & pour des alliés qui ont à reconnoitre le cas où ils doivent des secours. Enfin celui qui rompt un traité solemnel, est beaucoup plus odieux que cet autre qui forme & soutient par les armes une prétention mal fondée. Le premier ajoute à l'injustice la perfidie ; il attaque le fondement de la tranquillité publique ; & blessant par-là toutes les nations, il leur donne sujet de se réunir contre lui pour le réprimer. C'est pourquoi, comme on doit être réservé à imputer ce qui est plus odieux, Grotius observe avec raison, qu'en cas de doute, & lorsque la prise d'armes peut s'appuyer de quelque prétexte plausible, fondé sur une cause nouvelle, il vaut mieux présumer dans le fait de celui qui reprend les armes, de l'injustice sans perfidie, que de le regarder comme coupable en même temps de mauvaise foi & d'injustice.

La juste défense de soi-même ne rompt point le traité de Paix ; c'est un droit naturel auquel on ne peut renoncer : & en promettant de vivre en Paix, on promet seulement de ne point attaquer sans sujet, de s'abstenir d'injure & de violence. Mais il y a deux manieres de se défendre soi-même, ou ses biens ; quelquefois la violence ne permet d'autre remede que la force ; & alors on en fait usage très-légitimement. En d'autres occasions, il y a des moyens plus doux d'obtenir la réparation du dommage & de l'injure ; il faut toujours préférer ces derniers moyens. Telle est la regle de la conduite que doivent tenir deux nations soigneuses de conserver la Paix, quand il arrive que les sujets, de part & d'autre, s'échappent à quelque violence. La force présente se repousse & se réprime par la force ; mais s'il est question de poursuivre la réparation du dommage, & une juste satisfaction, il faut s'adresser au souverain des coupables ; on ne peut les aller chercher dans ses terres, & recourir aux armes, que dans le cas d'un déni de justice. Si l'on a lieu de craindre que les coupables n'échappent ; si, par exemple, des inconnus d'un pays voisin ont fait irruption sur nos terres, nous sommes en droit de les poursuivre chez eux à main armée, jusqu'à ce qu'ils soient saisis ; & leur souverain ne pourra regarder notre action que comme une juste & légitime défense, pourvu que nous ne commettions aucune hostilité contre des innocens.

Quand la partie principale contractante a compris ses alliés dans son traité, leur cause lui est commune à cet égard ; & ces alliés doivent jouir comme elle, de toutes les conditions essentielles à un traité de Paix ; en sorte que tout ce qui est capable de rompre le traité, étant commis contre elle-même, ne le rompt pas moins, s'il a pour objet les alliés qu'elle a fait comprendre dans son traité. Si l'injure est faite à un allié nouveau, ou non compris dans le traité, elle peut bien fournir un nouveau sujet de guerre ; mais elle ne donne pas atteinte au traité de Paix.

La seconde maniere de rompre un traité de Paix, est de faire quelque chose de contraire à ce que demande la nature particuliere du traité : ainsi tout procédé contraire à l'amitié, rompt un traité de Paix fait sous la condition expresse de vivre désormais en bons amis. Favoriser les ennemis d'une nation ; traiter durement ses sujets ; la gêner sans raison dans son commerce ; lui préférer aussi sans raison une autre nation ; lui refuser des secours de vivres qu'elle veut payer, & dont on a de reste ; protéger ses sujets factieux ou rebelles, leur donner retraite, ce sont-là tout autant de procédés évidemment contraires à l'amitié. On peut, selon les circonstances, y joindre les suivans : construire des forteresses sur les frontieres d'un Etat, lui témoigner de la défiance, faire des levées de troupes sans vouloir lui en déclarer le sujet, *&c.* Mais donner retraite aux exilés, recevoir des sujets qui veulent quitter leur patrie sans prétendre lui nuire par leur départ, mais seulement pour le bien de leurs affaires particulieres ; accueillir charitablement des émigrans qui sortent de leur pays pour se procurer la liberté de conscience : il n'y a rien dans tout cela qui soit incompatible avec la qualité d'ami. Les loix particulieres de l'amitié ne nous dispensent point, selon le caprice de nos amis, des devoirs communs de l'humanité envers le reste des hommes.

Enfin la Paix se rompt par la violation de quelqu'un des articles exprès du traité. Cette troisieme maniere de la rompre, est la plus expresse, la moins susceptible d'évasions & de chicanes. Quiconque manque à ses engagemens, annulle le contrat autant qu'il est en lui ; cela n'est pas douteux.

Mais on demande si la violation d'un seul article du traité peut en opérer la rupture entiere ? Quelques-uns distinguent ici entre les articles qui sont liés ensemble, *connexi*, & les articles divers, *diversi*, & prononcent que si le traité est violé dans les articles divers, la Paix subsiste à l'égard des autres. Mais le sentiment de Grotius me paroît évidemment fondé sur la nature & l'esprit des traités de Paix. Ce grand homme dit que » tous » les articles d'un seul & même traité sont renfermés l'un dans l'autre, en » forme de condition, comme si l'on avoit dit formellement, je ferai telle » ou telle chose, pourvu que de votre côté vous fassiez ceci ou cela. » Et il ajoute avec raison, que » quand on veut empêcher que l'engagement » ne demeure par-là sans effet, on ajoute cette clause expresse, qu'encore » qu'on vienne à enfreindre quelqu'un des articles du traité, les autres ne » laisseront pas de subsister dans toute leur force. « On peut sans doute convenir de cette maniere; on peut encore convenir que la violation d'un article ne pourra opérer que la nullité de ceux qui y répondent, & qui en sont comme l'équivalent. Mais si cette clause ne se trouve expressément dans le traité de Paix, un seul article violé donne atteinte au traité entier. *Voyez* TRAITÉ.

Il n'est pas moins inutile de vouloir distinguer ici entre les articles de grande importance, & ceux qui sont de peu d'importance. A rigueur de droit, la violation du moindre article dispense la partie lésée de l'observation des autres, puisque tous, comme nous venons de le voir, sont liés les uns aux autres, en forme de conditions. D'ailleurs, quelle source de disputes qu'une pareille distinction? Qui décidera de l'importance de cet article violé? Mais il est très-vrai qu'il ne convient nullement aux devoirs mutuels des nations, à la charité, à l'amour de la Paix qui doit les animer, de rompre toujours un traité pour le moindre sujet de plainte.

Dans la vue de prévenir un si fâcheux inconvénient, on convient sagement d'une peine que devra subir l'infracteur de quelqu'un de ces articles de moindre importance; & alors, en satisfaisant à la peine, le traité subsiste dans toute sa force. On peut de même attacher à la violation de chaque article, une peine proportionnée à son importance. *Voyez* TREVE.

Les délais affectés sont équivalens à un refus exprès, & ils n'en different que par l'artifice avec lequel celui qui en use voudroit couvrir sa mauvaise foi : il joint la fraude à la perfidie, & viole réellement l'article qu'il doit accomplir.

Mais si l'empêchement est réel, il faut donner du temps, car nul n'est tenu à l'impossible. Et par cette même raison, si quelque obstacle insurmontable rend l'exécution d'un article non-seulement impraticable pour le présent, mais impossible à jamais, celui qui s'y étoit engagé n'est point coupable, & l'autre partie ne peut prendre occasion de son impuissance, pour rompre le traité; mais elle doit accepter un dédommagement, s'il y a lieu à dédommagement, & s'il est praticable. Toutefois, si la chose qui devoit se faire en vertu de l'article en question, est de telle nature, que le traité paroisse évidemment n'avoir été fait qu'en vue de cette même chose, & non d'aucun équivalent, l'impossibilité survenue annulle sans doute le traité. C'est ainsi qu'un traité de protection devient nul, quand le protecteur se trouve hors d'état d'effectuer la protection qu'il a promise, quoiqu'il s'en trouve incapable sans qu'il y ait de sa faute. De même, quelque chose qu'un souverain ait pu promettre, à condition qu'on lui procurera la restitution d'une place importante, si on ne peut le faire rentrer en possession de cette place, il est quitte de tout ce qu'il avoit promis pour la ravoir. Telle est la regle invariable du droit; mais le droit rigoureux ne doit pas toujours être pressé. La Paix est une matiere si favorable; les nations sont si étroitement obligées à la cultiver, à la procurer, à la rétablir, quand elle est troublée, que si de pareils obstacles se rencontrent dans l'exécution d'un traité de Paix, il faut se prêter de bonne foi à tous les expédiens raisonnables; accepter des équivalens, des dédommagemens, plutôt que de rompre une Paix déjà arrêtée, & de reprendre les armes.

Les actions des sujets peuvent être imputées au souverain & à la nation, *Voyez* JUSTICE. C'est là-dessus qu'il faut se régler, pour voir comment les faits des sujets peuvent rompre un traité de Paix : ils ne sauroient produire cet effet, qu'autant qu'on peut les imputer au souverain. Celui qui est lésé par les sujets d'autrui, s'en fait raison lui-même quand il attrape les coupables dans ses terres, ou en lieu libre, en pleine mer, par exemple; ou s'il l'aime mieux, il demande justice à leur souverain. Si les coupables sont des sujets désobéissans, on ne peut rien demander à leur souverain; mais quiconque vient à les saisir, même en lieu libre, en fait justice lui-même. C'est ainsi qu'on en use à l'égard des pirates : & pour éviter toute difficulté, on est convenu de traiter de même tous particuliers qui commettent des actes d'hostilité, sans pouvoir montrer une commission de leur souverain.

Les actions de nos alliés peuvent encore moins nous être imputées que celles de nos sujets. Les atteintes données au traité de Paix par des alliés, même par ceux qui y ont été compris, ou qui y sont entrés comme parties principales contractantes, ne peuvent donc en opérer la rupture que par rapport à eux-mêmes, & point du tout en ce qui touche leur allié, qui, de son côté, observe religieusement ses engagemens. Le traité subsiste pour lui dans toute sa force, pourvu qu'il n'entreprenne point de soutenir la cause de ces alliés perfides. S'il leur donne un secours qu'il ne peut leur devoir en pareille occasion, il épouse leur querelle, & prend part à leur manque de foi : mais s'il est intéressé à prévenir leur ruine, il peut intervenir; & en les obligeant à toutes les réparations convenables, les garantir d'une oppression dont il sentiroit le contre-coup. Leur défense devient même juste, contre un ennemi implacable qui ne veut pas se contenter d'une juste satisfaction.

Quand le traité de Paix est violé par l'un des contractans, l'autre est le maître de déclarer le traité rompu, ou de le laisser subsister; car il ne peut être lié par un contrat qui contient des engagemens réciproques envers celui qui ne respecte pas ce même contrat; mais s'il aime mieux ne pas rompre, le traité demeure valide & obligatoire. Il seroit absurde que celui qui l'a violé, le prétendit annullé par sa propre infidélité; moyen facile de se débarrasser de ses engagemens, & qui réduiroit tous les traités à de vaines formalités. Si la partie lésée veut laisser subsister le traité, elle peut pardonner l'atteinte qui y a été donnée, ou exiger un dédommagement, une juste satisfaction, ou se libérer elle-même des engagemens qui répondent à l'article violé, de ce qu'elle avoit promis en considération d'une chose que l'on n'a point accomplie. Que si elle se détermine à demander un un juste dédommagement, & que la partie coupable le refuse, le traité se rompt alors de nécessité, & le contractans lésé a un très-juste sujet de reprendre les armes. C'est aussi ce qui arrive le plus souvent; car il ne se trouve guere que le coupable veuille reconnoître sa faute, en accordant une réparation.

PALAZZO, *Auteur Politique.*

JEAN-ANTOINE PALAZZO COSENTINO, en latin *Joannes à Palatio Cosentinus*, a composé en italien un discours du gouvernement & de la vraie raison d'Etat, qui fut d'abord imprimé à Naples & ensuite à Padoue. La traduction françoise de cet ouvrage par Adrien de Vallieres, écuyer sieur des Aulnes, dédié à l'archiduc Albert d'Autriche, duc de Brabant, *&c.* dont le traducteur étoit sujet, a été publiée sous ce titre : *Les politiques & vrais remedes aux vices volontaires qui se commettent ès cours & républiques.* Douay, Baltazar Bellere 1611, in-12, & 1622, in-4to.

L'ouvrage est divisé en quatre parties. La premiere traite *des causes & parties du gouvernement.* La seconde, *de la puissance des princes.* La troisieme, *de la conservation des Etats.* La quatrieme contient un discours universel *touchant la purgation de la république.* Chaque partie est subdivisée en plusieurs chapitres. On peut négliger sans danger la lecture de ce livre. Les enseignemens politiques qui y sont donnés ne valent pas grand chose; ce que l'on trouve sur la fin de la quatrieme partie où l'auteur explique les moyens d'abréger les procès, est peut-être ce qu'il y a de plus supportable dans tout l'ouvrage. Palazzo paroît avoir compris la différence du droit & de la politique, car dans le douzieme chapitre, il parle ainsi selon son traducteur : » La politique est celle qui enseigne les regles » & les moyens de bien gouverner les cités & les royaumes, en laquelle, » comme une petite partie, & comme un petit nombre, est compris l'art » des loix ou de la jurisprudence. « Je fais cette observation parce que quelques auteurs ont cru que Grotius étoit le premier qui eût distingué le droit & la politique. *Voyez* HUBERT.

PANDECTES.

C'EST un nom que Justinien a donné au corps du digeste, pour exprimer que cette collection renferme toutes les questions controversées, & les décisions, & tout ce qui avoit été extrait des livres des jurisconsultes. Voyez le *titre premier du digeste*, §. 1, *à la fin.*

L'anti-pape, Pierre de Léon, déchiroit l'église. Il avoit été élevé au souverain pontificat, dans une assemblée illégitime & confuse, & nommé *Anaclet second*, par son parti dont le chef étoit Roger, comte de la Sicile & de la Pouille, auquel il avoit donné le titre de *roi*. Une assemblée légitime & solemnelle avoit élevé sur le saint siege Innocent II. Il étoit soutenu par l'empereur Lothaire, prince Saxon d'une grande vertu & d'une prudence égale. Dans le temps qu'il faisoit la guerre à Roger, & qu'on s'y attendoit le moins, on trouva les Pandectes à Amalphie, ville voisine de Salerne. Les Pisans les demanderent à Lothaire, & les obtinrent pour récompense des services qu'ils lui avoient rendus avec leur flotte. Mais le général Caponi s'étant rendu maître de leur ville, les transporta à Florence, où on les conserve dans le cabinet du grand-duc. Delà vient que les écrivains les appellent indifféremment *Pandectes de Pise*, ou *Pandectes de Florence*. On trouva dans le même temps à Ravenne, le livre des *constitutions impériales*. Quelques-uns croyent que les autres livres du droit y furent successivement découverts. Quant aux novelles, elles étoient déjà répandues dans l'Italie. Je serois même porté à croire que, depuis qu'on commença à désirer le recouvrement du droit Romain, plusieurs des livres qui le renferment, furent plutôt reconnus, que retrouvés. Un auteur, quelques années avant le regne de Lothaire, parle du droit Justinien & des Pandectes. Peut-être qu'auparavant, la paresse seule & l'oubli étoient cause qu'on n'y faisoit pas attention.

Politien croit que le manuscrit de ces loix, transporté à Florence, est du temps même de Tribonien; en sorte que, selon lui, il a plus d'authenticité que tous les autres. Les lacunes qui s'y trouvent, ont fait embrasser à un célebre jurisconsulte, un sentiment opposé. Ce qu'il y a de certain, c'est qu'il est très-ancien. Dans les cas douteux, tous nos interpretes y ont eu recours; & on croit que les autres manuscrits n'en sont que des copies.

PAPIER DE COMMERCE.

LES Papiers de commerce sont les instrumens de cette somme immense de crédit, qui excede prodigieusement le montant de tout le numéraire existant en Europe, & représente en même-temps une prodigieuse quantité de denrées & de marchandises des quatre parties du monde, auquel le commerce, la circulation des denrées & des marchandises, & conséquemment les arts qui les produisent, doivent toute leur activité. Ce crédit est le siege de toutes les difficultés qui peuvent naître dans le cours de la circulation de ces papiers, des risques que le négociant court à s'en charger, & ces risques lui indiquent la raison des connoissances qu'il doit acquérir, des soins qu'il doit prendre pour en bien connoître la valeur. Car cette sorte de monnoie a, comme l'or & l'argent, pour ainsi dire, son poids & son titre bien plus difficiles à assurer, mais sur lesquels le négociant bien instruit & prudent se trompe rarement.

La lettre de change est le premier de tous les Papiers-monnoie, de tous les Papiers de commerce, & le plus important. On peut voir sur la forme, les loix & les usages de ce Papier-monnoie, l'article LETTRES DE CHANGE. Nous nous bornerons ici à la connoissance des Papiers de commerce, des moyens de distinguer les bons des mauvais & des médiocres, en un mot de ce qui doit être sur cette matiere la plus délicate qu'il y ait dans le commerce, le fondement juste & raisonnable de la confiance du négociant. La plus grande partie de ces Papiers n'étant point une cession d'un fonds actuellement existant, mais un usage continuel du crédit, & tout particulier ayant la liberté de produire ce Papier dans le commerce sous la même forme, il est extrêmement difficile de distinguer le Papier vraiment solide de celui qui ne l'est pas, & le négociant ne sauroit apporter trop de soin dans le choix qu'il est sans cesse obligé d'en faire.

Les autres Papiers de commerce sont d'un ordre bien inférieur pour la commodité, l'utilité & même pour la confiance dans la circulation générale. Ces Papiers sont les billets au porteur, les billets à ordre & les billets pour valeur en marchandises. On les distingue en France par billets de finance & billets marchands. L'usage des billets au porteur ou à ordre est borné à la finance. Le commerce ne se charge point de leur circulation : ces billets à six mois, quelquefois à plus long terme, y seroient d'autant moins propres, que les débiteurs ne sont ordinairement connus que dans la finance. Il est rare qu'ils soient accompagnés d'endossemens, sur-tout d'endossemens de négocians, car tous ces Papiers en sont susceptibles.

A l'égard des billets marchands, ils entrent nécessairement dans la circulation du commerce, mais dans une circulation intérieure, & par conséquent fort bornée. Comme ils sont ordinairement à long terme, on les escompte même avec peine sur la place. La forme de tous ces billets n'est qu'une simple reconnoissance accompagnée d'une promesse de payer à un terme, qui se transporte par les endossemens, comme les lettres de change.

Les assignations sont encore un Papier de commerce, mais d'un usage aussi fort borné : elles consistent dans un mandat ou ordre, donné par un négociant sur son débiteur à un autre négociant. L'assignation se transporte comme une lettre de change par un endossement.

Parmi les Papiers de commerce, les lettres de change méritent donc la premiere attention du négociant : c'est à en connoître la solidité, à bien distinguer celles dont le crédit ne peut être soupçonné, de celles dont le crédit est douteux, qu'il doit donner les plus grands soins. Les lettres de change circulent dans le commerce pour argent comptant, & toujours avec cet avantage sur l'argent, qu'elles portent intérêt par l'escompte qui s'en fait d'un transport ou endossement à l'autre. C'est le Papier-monnoie qui jouit de la plus grande confiance & qui la mérite, lorsqu'il est formé par des négocians solides. Mais attendu qu'il est libre à tous particuliers de mettre des lettres de change sur la place, qu'un mauvais tireur trouve trop aisément de mauvais accepteurs & de mauvais endosseurs, la circulation de toutes lettres de change n'est pas également fondée sur un crédit incontestable. Il n'arrive même que trop souvent qu'un négociant qui a joui d'un crédit passable, même quelquefois d'un grand crédit, le perd dans un moment, & que ses traites & ses acceptations ne sont qu'une ressource préparée dans le secret de ses affaires pour soutenir un crédit sur le point d'expirer ou des entreprises ruineuses, en un mot qu'un emprunt fait sur la place au-delà des limites qu'exigent des affaires de commerce conduites avec sagesse. Lorsqu'il circule dans le commerce de pareilles lettres, un négociant éclairé par l'expérience, les reconnoît promptement, quoiqu'il n'y ait aucune regle écrite sur une matiere si délicate ; il les rejette dans la négociation. C'est ici que le jeune négociant a sur-tout besoin de suppléer au défaut de l'expérience par ses lumieres, par des connoissances particulieres qui lui donnent une expérience anticipée.

Il n'est pas difficile à un négociant, quelque jeune qu'il soit, de se mettre à couvert de la perte des lettres de change, dont les tireurs, les accepteurs & les endosseurs n'occupent, pour ainsi dire, aucune place dans le commerce ; ou dont le commerce est si foible, qu'on ne peut les compter au nombre des négocians de leur place. Il est toujours facile de s'en instruire, & il n'y a point de cas dans le cours ordinaire du commerce, où la nécessité des affaires impose celle de recevoir de tels Papiers en payement ; ou d'en prendre sur la place pour faire des remises à l'étranger, ce qui seroit une faute d'une bien plus grande conséquence : car le négociant ne sauroit avoir trop d'attention à ne point endosser de Papier de cette nature.

Il est une seconde sorte de Papier infiniment plus dangereuse, parce qu'elle n'est produite dans la circulation que sur une confiance déjà établie, sur une confiance fondée. On a déjà vu ce Papier sur la place circuler avec honneur. Il n'a pas essuyé le plus léger soupçon ; les meilleures maisons de la place, & des places étrangeres l'ont honoré de leur signature par leurs endossemens. Ce Papier de très-bon qu'il étoit, est devenu très-mauvais ; il s'agit de le reconnoître tel. C'est l'affaire d'un moment, & c'est un moment fort critique, qu'il faut savoir saisir.

On peut facilement se tromper ici, & rejeter une bonne lettre de change, mais il n'est personne qui ne convienne qu'il vaut mieux refuser de prendre une bonne lettre, que de courir les risques d'une mauvaise. Si on étoit assuré qu'une maison ne multiplie sa signature sur la place, comme il arrive quelquefois, que parce qu'elle est sur le penchant de sa ruine, non-seulement on n'hésiteroit pas à refuser de prendre ses lettres, mais on devroit même en donner avis à ses correspondans : il seroit à souhaiter, s'il étoit possible d'avoir des preuves incontestables d'un fait de cette nature, que tout le commerce en général pût en être instruit dans le moment, comme d'un orage qui menace la fortune de plusieurs maisons. Mais il est rare qu'on puisse dans le commerce rendre ce service important, même à ses correspondans, avec sureté & sans inquiétude. Car dans le cas où celui qui donneroit un tel avis, se seroit trompé, il auroit frappé un coup mortel à une maison de commerce : il en auroit détruit la fortune en anéantissant son crédit ; le mal seroit irréparable, & un assassinat ne seroit pas plus cruel. On ne sauroit avoir trop de respect & de ménagement pour le crédit des négocians, même pour l'intérêt général du commerce. Ainsi la probité exige rigoureusement qu'en refusant leurs lettres, ce refus ne soit jamais accompagné d'un seul mot, d'un seul geste qui puisse donner atteinte à leur crédit. Le négociant qui est dans le doute ne doit point laisser pénétrer le secret des raisons de son refus.

C'est ainsi qu'en usent les bons négocians. Ils savent qu'il arrive souvent qu'une maison de commerce emprunte sur la place dans des momens d'embarras, qu'il survient mille circonstances qui exigent des opérations forcées, avec le secours desquelles, sur-tout quand elles ne sont que momentanées, une maison se releve, se soutient & devient ensuite florissante à force de sagesse, d'économie & de travail. Un bon négociant s'apperçoit promptement de la situation de cette maison ; il la redoute, mais il espere & fait des vœux pour elle, & il a la probité de lui garder un secret qu'elle ne lui a pas confié.

Il n'y a point de place de commerce où il n'y ait de bons agens de change ou courtiers ; & un bon courtier ne se charge point de la négociation de Papiers douteux. Mais le négociant doit-il suivre la confiance d'un courtier, quelque estime qu'il lui soit dûe ? Le lui conseiller, ce seroit dire à un homme qui doit toujours voir clair dans ses affaires, de n'y regarder qu'avec les yeux d'autrui. La sagesse ne donne point de conseil. C'est ici que le négociant doit imiter la prudence des aveugles qui ne posent point le pied à terre sans s'être assurés de la solidité du terrein. Le négociant doit se connoître lui-même en lettres de change, & son intérêt, en cette matiere, est assez important pour l'engager à donner à cette connoissance les soins qu'elle exige.

Le jeune négociant doit donner ses premiers soins à connoître toutes les bonnes maisons de commerce de sa place & celles des places étrangeres, du moins le plus grand nombre qu'il lui est possible, ainsi que le plus grand nombre de signatures. Cette connoissance sera moins étendue & moins difficile à acquérir, si le commerce de sa place est borné. Il ne lui sera pas moins utile d'être informé, autant qu'il est possible, du genre d'affaires dont chaque négociant s'occupe. Indépendamment des moyens, que cette connoissance fournit au négociant pour étendre son commerce dans différentes places, cette connoiſſance lui ſera utile pour juger du mérite des lettres de change.

Après ces premieres connoiſſances, que le jeune négociant doit prendre dans ſa place, ou qu'il doit acquérir par une bonne correſpondance, & qu'il doit ſe procurer avec le plus d'exactitude qu'il eſt poſſible, il faut obſerver avec ſoin les différentes cauſes qui, chez chaque négociant, donnent la naiſſance aux lettres de change.

Il faut diſtinguer parmi les lettres de change, celles qui ſont tirées ou acceptées par les banquiers, de celles qui ſont tirées ou acceptées par les négocians qui ne font point le commerce de banque. Les premieres n'ont jamais que deux cauſes; le bénéfice d'une commiſſion ou le bénéfice du change : car c'eſt à procurer ces deux ſortes de bénéfices que conſiſte le commerce de banque. Les ſecondes n'ont pour cauſe qu'un payement; le bénéfice de commiſſion, celui du change ne s'y trouvant que comme des acceſſoires & par une ſuite néceſſaire de l'opération. Tels ſont, en cette matiere, les fondemens de la confiance publique; ils demandent une attention de détail.

Un banquier ſage ne tire jamais de lettres qu'à ſon avantage, le bénéfice du change toujours en ſa faveur, & il n'accepte que pour des maiſons réputées ſolides, également à ſon bénéfice. Celui qui tire à un change déſavantageux, ou qui, ſéduit par l'appât d'une commiſſion, ou quelquefois engagé par de premieres acceptions qui l'ont mis à découvert, continue d'accepter pour une maiſon qui emprunte ſur la place, qui fait des opérations forcées, rend ſa ſignature ſuſpecte; ce qui ſe reconnoît à des acceptations de traites tirées à un change déſavantageux : car un négociant ne tire à un tel change que forcé par la néceſſité de ſe faire des fonds, & preſſé par le beſoin. Cette opération dangereuſe ſe reconnoît encore aux retraites que fait le banquier, ou ſur la même maiſon, ou ſur une autre qui lui eſt indiquée pour ſe procurer ſon rembourſement. Si dans ce cas on examine avec un peu d'attention cette maiſon, on la trouve embarraſſée; car cette ſituation tranſpire toujours un peu, & la maiſon tierce qui ſe prête aux retraites, eſt infailliblement mauvaiſe ou aſſociée aux embarras de la premiere. La fortune du banquier qui a eu le malheur de livrer ſa ſignature, eſt infiniment compromiſe, & le négociant qui reconnoît ce caractere dangereux aux lettres qu'on lui préſente, ne doit pas leur donner ſa confiance, tant à cauſe des riſques de perdre, que pour ſa tranquillité & l'honneur de ſon crédit.

Cette obſervation ne doit cependant pas être regardée comme une regle générale & applicable à toutes les places ſans exception. Les banquiers prêtent ſouvent leur crédit aux négocians ſans avoir égard aux changes. Toute leur attention conſiſte à s'aſſurer que les négocians ſont ſolides & font des opérations de commerce qui en leur rendant néceſſaire l'uſage du crédit, leur procurent des bénéfices bien ſupérieurs aux frais des traites & à la perte du change. La réputation du négociant, l'étendue, la solidité de son commerce & la sagesse du banquier assurent le crédit de ces lettres, & sont la base de la confiance publique.

A l'égard des lettres tirées ou acceptées par des négocians, il faut distinguer celles qui sont tirées ou acceptées par des négocians qui font le commerce de commission. Il y a peu d'attention à faire aux avantages & aux désavantages du change à l'égard de ces lettres, parce que le négociant-commissionnaire qui accepte pour le compte de son commettant, a provision en main, & c'est la lettre de change dont le crédit est de la plus grande solidité. Il importe peu, que le propriétaire de la marchandise ou du fonds entre les mains de l'accepteur, ait tiré pour un besoin pressant à un change désavantageux, puisque les fonds de sa traite sont faits; & le commerce de commission est un commerce si assuré qu'on n'a aucun embarras à redouter de la part de l'accepteur.

Les traites du commissionnaire pour se rembourser sur le négociant qui lui a commis des achats, ont également une double sureté du négociant qui travaille en commission & le fonds de la traite, qui existe actuellement chez le négociant sur qui la traite est tirée. Mais il est rare en ce cas que le négociant qui a commis des achats, le rembourse autrement qu'en faisant tirer à son bénéfice; parce qu'il a sur la place des moyens de remettre à son avantage ou tout au moins au pair pour s'acquitter. S'il en arrive autrement, ou le négociant est gêné ou il travaille mal; mais dans l'un & l'autre cas la signature du négociant-commissionnaire est toujours solide : car il y a peu d'exemples de commissionnaires qui pour s'attirer des commissions, exposent leur crédit ou compromettent leur fortune, en faisant des achats sur leur crédit pour compte d'autrui.

Les traites & les acceptations d'un négociant données en payement de marchandises, sont, sans doute, d'un ordre inférieur, mais cependant généralement d'un crédit solide; parce qu'on voit la cause dans l'achat des marchandises qui sont chez le bon négociant le gage de la solvabilité & de la confiance, & cela dans le cours ordinaire des opérations journalieres de commerce.

Le jeune négociant doit se familiariser promptement avec toutes ces observations, avec ces différentes gradations de la confiance publique, pour connoître à la premiere inspection le mérite des lettres qu'on lui présente. On sent assez que ces observations exigent non-seulement une connoissance exacte du change, mais encore que le négociant ait sous sa main la note des variations de tous les changes pendant quelques mois, pour voir si les lettres ont été tirées à un change avantageux ou désavantageux ou au pair. Dans le doute sur la solidité du tireur, de l'accepteur, même du premier endosseur d'une lettre de change, ou dans le cas où les signatures sont inconnues, un seul endossement connu rassure ou établit même la confiance. Le jeune négociant doit être assuré qu'un bon négociant n'auroit pas endossé la lettre, s'il n'avoit pas cru sa signature en sureté à la suite de celle du tireur, de l'accepteur ou de l'endosseur, dont la sienne garantit la solidité. C'est ainsi qu'un négociant de réputation & d'un grand crédit fait souvent connoître d'autres négocians, assure & étend leur crédit en acceptant leur signature pour comptant. Cette signature est l'éloge le plus fort qu'on puisse faire du crédit d'une maison de commerce.

PARÉUS, (David) *Auteur Politique.*

DAVID PARÉUS, calviniste, fameux professeur du college de la Sapience, & conseiller du sénat ecclésiastique à Heydelberg, né luthérien à Franckenstein en Silésie, le 30 de décembre 1548, & mort calviniste à Heydelberg le 15 de juin 1625, est l'auteur de plusieurs ouvrages.

Il publia à Francfort en 1608, & depuis en d'autres lieux, un commentaire latin sur l'épître de saint Paul aux Romains, sous ce titre : *Explic. dubior. in Ep. ad Roman.* l. 13. pos. 21. Il prit delà occasion d'avancer quelques propositions séditieuses sur l'autorité des souverains. Il dit que les sujets qui ne sont pas tout-à-fait personnes privées, parce qu'ils sont placés dans des magistratures inférieures, peuvent se défendre, & défendre même, par la voie des armes, la république & l'église, ou la véritable religion contre le souverain magistrat, sous certaines conditions.

Jacques I, qui régnoit alors en Angleterre, fit condamner cette doctrine détestable par l'université d'Oxford ; on brûla le livre de Paréus dans Londres, par la main du bourreau, & l'ouvrage réfuté par David Owem, théologien luthérien, fut imprimé à Cambridge en 1622, in-8°, sous ce titre : *Anti-Paræus, seu determinatio de jure Regio contra Davidem Paræum.*

PARÉUS, (Philippe) *Auteur Politique.*

PHILIPPE PARÉUS, fils de David, dont on vient de lire l'article, nâquit le 24 de mai 1576, à Hemboch, dans le diocese de Worms. Il fut recteur de plusieurs universités, & l'un des plus laborieux grammairiens que l'Allemagne ait produits.

Il a entrepris de défendre la mémoire de son pere par un livre intitulé : *Apologia pro Davide Paræo*, où il justifie moins les erreurs de son pere, qu'il n'en fait de nouvelles. Les restrictions qu'il met (*a*) aux propositions

(*a*) Parag. 1.

générales

générales de son pere ne les rendent pas moins pernicieuses. Il enchérit même sur son pere, lorsqu'il soutient qu'il n'y a dans toute la chrétienté aucun roi ou prince souverain qui soit véritablement roi, (*a*) c'est-à-dire, absolu, comme il avoue qu'ont été Auguste & ses successeurs, ou qui n'ait que Dieu au dessus de lui, en quoi il dit que consiste la véritable monarchie. Selon lui, tous les rois ne sont que des rois conventionnels, contre lesquels des magistrats inférieurs se peuvent révolter, si ces princes n'observent pas les conditions à quoi ils se sont engagés. Il nomme en particulier, comme n'étant rois qu'à titre de convention, les rois de France, d'Espagne, d'Ecosse, de Danemarc, de Hongrie; mais il met une restriction pour ceux d'Angleterre, qu'il appuie de l'autorité du célébre Cambdén. *Cambdenus*, dit-il, *in Britanniâ suâ, ait regem supremam potestatem & merum habere imperium, nec præter Deum superiorem agnoscere.* (*b*) L'auteur auroit vraisemblablement mis une pareille restriction pour les rois de France & d'Espagne, si le livre de son pere avoit été brûlé à Paris & à Madrid comme à Londres.

(*a*) Ch. 4, p. 56, & seq. Ap. des Cath.
(*b*) P. 101.

PARLEMENT, s. m.

ON appelle ainsi en France, une cour souveraine composée d'ecclésiastiques & de laïques, établie pour administrer la justice en dernier ressort au nom du roi, en vertu de son autorité comme s'il y étoit présent.

Il y a douze Parlemens dans le royaume, lesquels, suivant l'ordre de leur création, sont Paris, Toulouse, Grenoble, Bourdeaux, Dijon, Rouen, Aix, Rennes, Pau, Metz, Besançon & Douay.

Quand on dit le Parlement simplement, on entend ordinairement le Parlement de Paris, qui est le Parlement par excellence & le plus ancien de tous.

Ce Parlement est aussi appellé la *cour du roi*, ou la *cour de France*, la *cour des pairs*; c'est la plus ancienne cour souveraine du royaume.

Dans les premiers temps de la monarchie & jusqu'à la fin du treizieme siecle, les Parlemens étoient des assemblées qui furent d'abord composées de tous les francs ou personnes libres; mais vers la fin de la seconde race, on n'admit à ces assemblées que les principaux seigneurs ou barons du royaume. Les évêques y assisterent pour la premiere fois au mois de mai 751.

Sous la premiere race des rois de France, ces assemblées se tenoient au mois de mars; & sous la seconde, elles se tenoient au mois de mai :

c'est delà qu'elles furent appellées, dans les premiers temps, *champ de mars* & *champ de mai*. On leur donna encore les noms de *colloquium*, *concilium*, *judicium Francorum*, &c. Ce n'est que sous le regne de Pepin qu'elles furent nommées Parlemens, nom qui signifie l'objet qu'elles se proposoient de parler & de traiter des affaires importantes qui y étoiens agitées.

C'étoit-là qu'on traitoit de la paix & de la guerre, des alliances & de toutes les affaires d'Etat & de justice : on y faisoit les loix & les réglemens convenables pour remédier aux désordres passés, & prévenir ceux qui pourroient arriver; on y jugeoit aussi les différends les plus graves entre les sujets, & tout ce qui touchoit la dignité & la sureté du roi, & la liberté des peuples.

Avant que le Parlement eût été rendu sédentaire à Paris, le roi envoyoit presque tous les ans dans les provinces, des commissaires appellés *missi dominici*, lesquels après s'être informés des abus qui pouvoient avoir été commis par les seigneurs ou par leurs officiers, rendoient la justice aux dépens des évêques, abbés & autres seigneurs qui auroient dû la rendre, & rapportoient au roi les affaires qui leur paroissoient le mériter.

Ces grands qui avoient été envoyés dans les provinces pour y rendre la justice, se rassembloient en certains temps, ou pour les affaires majeures auprès du roi, avec ceux qui étoient demeurés près de sa personne pour son conseil ordinaire; cette réunion de tous les membres de la cour du roi, formoit alors sa cour pléniere ou le plein Parlement : l'entier Parlement se tenoit ordinairement vers le temps des grandes fêtes; les séances ordinaires n'étoient communément que des prolongations ou des suites de ces cours plénieres; mais lorsque le Parlement eût été rendu sédentaire à Paris, on cessa d'envoyer ces sortes de commissaires dans les provinces.

Quelques auteurs, tels que la Rocheflavin, tiennent que le Parlement fut ambulatoire jusqu'au temps de Philippe-le-Bel; que ce prince délibérant d'aller en Flandre, & prévoyant qu'il y seroit long-temps, résolut d'y mener son conseil; mais que ne voulant pas que ses sujets fussent sans justice, & sur-tout à Paris, ville capitale du royaume, qui étoit dès-lors fort peuplée, & où les affaires se présentoient en grand nombre, & aussi pour le soulagement de son conseil, qui étoit incommodé d'être obligé de se transporter, tantôt dans un lieu & tantôt dans un autre, pour rendre la justice, il ordonna le 23 mars 1302, que pour la commodité de ses sujets & l'expédition des causes, on tiendroit deux Parlemens à Paris chaque année.

Quelques personnes peu instruites ont cru que cette ordonnance étoit l'époque de l'institution du Parlement, ou du moins, que celui dont elle parle étoit un nouveau Parlement, qui fut alors établi; il est néanmoins certain que le Parlement existoit déjà sous ce titre long-temps avant cette ordonnance, & que celui dont elle regle les séances, & qui a toujours subfifté depuis ce temps, eft le même qui étoit ambulatoire à la fuite des rois de France, ainfi que l'obferva le garde des fceaux de Marillac, dans un difcours qu'il fit au Parlement.

En effet, l'ordonnance de 1302 parle par-tout du Parlement, comme d'un tribunal qui étoit déjà établi d'ancienneté : elle parle des caufes qui s'y difcutent, des audiences, de fes rôles pour chaque bailliage, de fes enquêtes, de fes arrêts, de fes membres : il y eft auffi parlé de fes confeillers qui étoient déjà reçus & des fonctions qu'ils continueroient ; & il eft dit, que fi quelque bailli a été reçu membre du Parlement, il n'en fera aucune fonction tant qu'il fera bailli.

D'autres prétendent que le Parlement étoit déjà fédentaire à Paris longtemps avant 1302. En effet, dès le temps de Louis-le-Jeune, les grands du royaume s'affembloient ordinairement dans le palais à Paris pour juger, tellement que le roi d'Angleterre offrit de s'en rapporter à leur jugement.

Quelques-uns tiennent que dès le temps de S. Louis, le Parlement ne fe tenoit plus ordinairement qu'à Paris, & qu'il ne devoit plus fe tenir ailleurs, & que ce fut ce prince qui donna fon palais à perpétuité pour la féance du Parlement ; & en effet, la chambre où fe tient la tournelle criminelle conferve encore le nom de *la falle de S. Louis* ; comme étant le dernier prince qui l'a occupée.

Mais quoique le Parlement ait été rendu fédentaire à Paris dès le treizieme fiecle, il eft néanmoins arrivé en différentes occafions qu'il a été transféré ailleurs.

C'eft ainfi qu'il fut transféré à Poitiers par édit du 21 feptembre 1418, par Charles VII, alors régent du royaume, à caufe de l'invafion des Anglois, où il demeura jufqu'en 1437, qu'il retourna à Paris.

Charles VII, le convoqua auffi à Montargis, puis à Vendôme, pour faire le procès à Jean, duc d'Alençon, en 1456 ; l'arrêt fut donné contre lui en 1458.

Il fut transféré à Tours par Henri III, par déclaration du mois de février 1589, regiftrée le 13 mars fuivant, à caufe des troubles de la ligue, & rétabli à Paris par Henri IV, par déclaration du 27 mars 1594, regiftrée le 28 du même mois.

Il fut auffi établi par édit du mois d'octobre 1590, une chambre du Parlement de Paris, dans la ville de Châlons fur Marne, qui y demeura tant que le Parlement fut à Tours.

Les troubles de la minorité de Louis XIV, donnerent lieu à une déclaration du 6 janvier 1649, portant tranflation du Parlement en la ville de Montargis, mais cela n'eut pas d'exécution.

Le roi étant à Pontoife, donna le 31 juillet 1652, un édit par lequel il transféra le Parlement dans cette ville ; le Parlement s'y rendit, mais en petit nombre, le furplus demeura à Paris ; l'édit fut vérifié à Pontoife le 7 août suivant ; par déclaration du 28 octobre de la même année le Parlement fut rétabli à Paris, & y reprit ses fonctions.

Le Parlement fut encore transféré à Pontoise dans la minorité du roi, par déclaration du 21 juillet 1720, registrée à Pontoise le 27 ; il fut rappellé à Paris par une autre déclaration du 28 décembre suivant.

Les présidens & conseillers des enquêtes & requêtes, ayant été exilés en différentes villes le 9 mai 1753, la grand'chambre fut transférée le 11 du même mois à Pontoise, & le 4 septembre 1754, tout le Parlement fut rétabli dans ses fonctions à Paris.

Avant que le Parlement eût été rendu sédentaire à Paris, il n'étoit pas ordinaire, c'est-à-dire, qu'il ne tenoit ses séances qu'à certains temps de l'année. M. de la Rocheflavin en parlant de l'état du Parlement sous Pepin-le-Bref, dit qu'il se tenoit alors vers le temps des grandes fêtes.

Une charte du roi Robert, dont les *lettres historiques sur le Parlement* font mention, suppose pareillement que le Parlement se tenoit quatre fois par an ; savoir à noël ou à la toussaint, à l'épiphanie ou à la chandeleur, à pâques & à la pentecôte.

Cependant les *olim* ne font mention que de deux Parlemens par an, savoir celui d'hiver, qui se tenoit vers les fêtes de la toussaint ou à noël, & celui d'été qui se tenoit à la pentecôte.

Dans les premiers temps où le Parlement fut rendu sédentaire, ses séances furent d'abord de peu de durée ; mais dans la suite les affaires s'étant multipliées par la réunion de plusieurs baronnies à la couronne, par la réserve des cas royaux, par l'utilité que l'on trouva dans l'administration ordinaire de la justice, les séances du Parlement devinrent plus longues.

Cependant le Parlement, quoique sédentaire, ne laissa pas d'être quelquefois long-temps sans s'assembler ; il n'y en eut point en 1303, il ne se tint qu'une fois en 1304 ; il n'y en eut point en 1315 ; il y a des intervalles de six ou sept mois, *propter guerram*, sur-tout sous Philippe de Valois.

La police féodale qui s'établit vers la fin de la seconde race, changea la forme du Parlement ; on y admettoit bien toujours les barons, mais on ne donnoit plus ce titre qu'aux vassaux immédiats de la couronne, soit laïques ou ecclésiastiques, lesquels depuis ce temps furent considérés comme les seuls grands du royaume.

Mais au lieu que l'on donnoit anciennement le titre de *pair* à tous les barons indifféremment, la pairie étant devenue réelle, on ne donna plus le titre de *pair* qu'à six des plus grands seigneurs laïques & à six évêques.

Les simples nobles n'entroient pas au Parlement, à moins que ce ne fût comme ecclésiastiques, ou qu'ils n'eussent la qualité de *maîtres du Parlement*, titre que l'on donna à certaines personnes choisies pour tenir le Parlement avec les barons & prélats.

Les évêques & abbés qu'on appelloit tous d'un nom commun les prélats, avoient presque tous entrée au Parlement, les uns comme pairs, d'autres comme barons.

Les hauts barons laïques, y compris les six pairs, ne montoient pas au nombre de trente.

A l'égard des évêques barons, ils se multiplierent beaucoup à mesure que le royaume s'accrut par la réunion des différentes provinces à la couronne.

Les barons ou pairs, tant ecclésiastiques que laïques, étoient alors obligés de se trouver assidument au Parlement, pour y juger les affaires qui étoient de leur compétence.

On trouve en effet qu'en 1235, les barons laïques se plaignoient de ce que l'archevêque de Rheims & l'évêque de Beauvais, malgré le devoir de leurs baronnies & la loi de leur féauté, ne vouloient pas se rendre au Parlement. *Cùm regis sint ligii & fideles, & ab ipso per homagium teneant sua temporalia in paritate & baroniâ, in hanc contra ipsum insurrexerunt audaciam, quod in suâ curiâ jam nolunt de temporibus respondere, nec in suâ curiâ jus facere.*

Les barons, indépendamment des causes des pairs, jugeoient les affaires de grand criminel : il y en a un exemple dès l'an 1202, pour l'affaire du roi d'Angleterre.

Les affaires dont le Parlement prenoit connoissance, se multiplierent principalement par la voie d'appel, qui devint plus fréquente sous S. Louis, & la décision en devint plus difficile par les ordonnances qu'il fit, & par les formes qui furent établies; ce qui obligea S. Louis d'introduire dans le Parlement des gens lettrés, pour aider de leurs lumieres les barons qui ne savoient la plupart ni lire ni écrire; ces gens de loi n'avoient d'abord que voix consultative, mais on leur donna bientôt voix délibérative.

On n'entrera point ici dans le détail de toutes les différentes créations & suppressions qui ont été faites des présidens, conseillers, & autres officiers du Parlement, ce seroit un détail trop long : il suffira de dire que cette cour est composée, en premier lieu du roi, qui y vient lorsqu'il le juge à propos, soit pour y tenir son lit de justice, soit avec moins d'appareil pour y rendre lui-même la justice à ses peuples, ou pour entendre les avis de son Parlement sur les affaires qui y sont proposées. En second lieu, les autres personnes qui composent le Parlement sont le chancelier, qui peut y venir présider quand bon lui semble; un premier président, plusieurs présidens à mortier; les princes du sang, qui sont tous pairs nés; six pairs ecclésiastiques, dont trois ducs & trois comtes; les pairs laïques, les conseillers d'honneur, les maîtres de requêtes, lesquels n'y ont séance qu'au nombre de quatre, les conseillers tant clercs que laïques, les greffiers, plusieurs autres officiers de greffes pour le service des chambres & autres fonctions, un premier huissier, & vingt-deux autres huissiers, trois avocats-généraux, un procureur-général, plusieurs substituts, & divers autres officiers moins considérables.

Premier Préſident.

ANCIENNEMENT quand le roi nommoit un premier préſident & même des préſidens en général, il les choiſiſſoit ordinairement entre les barons; il falloit du moins être chevalier, ſur-tout pour pouvoir remplir la premiere place; & depuis S. Louis il fallut encore long-temps avoir ce titre pour être premier préſident, tellement que ſous Charles V. Arnaud de Corbie ayant été élu premier préſident, cela reſta ſecret juſqu'à ce que lui & le chancelier d'Orgemont euſſent été faits chevaliers.

Cela ne fut pourtant pas toujours obſervé ſi ſcrupuleuſement : pluſieurs ne furent faits chevaliers que long-temps après avoir été nommés *premiers préſidens ;* tels que Simon de Bucy, lequel fut annobli étant premier préſident; Jean de Poupincourt fut fait chevalier, & reçut l'accolade du roi : ces magiſtrats étoient faits chevaliers en loix. Philippe de Morvilliers, quoique gentilhomme, fut long-temps maître & préſident avant d'être faits chevalier; & Robert Mauger ne fut jamais qualifié que maître; & ſa femme ne fut point qualifiée madame.

Cependant quoiqu'on ne faſſe plus depuis long-temps de ces chevaliers en loix, & que la cérémonie de l'accolade ne ſe pratique plus guere, il eſt toujours d'uſage de ſuppoſer le premier préſident revêtu du grade éminent de chevalier; c'eſt pourquoi l'hiſtoire des premiers préſidens les qualifie tous de chevaliers, même ceux qui ne l'étoient pas lors de leur nomination à la place de premier préſident, parce qu'ils ſont tous cenſés l'être dès qu'ils ſont revêtus d'une dignité qui exige ce titre : le roi lui-même le leur donne dans toutes les lettres qu'il leur adreſſe, on le leur donne pareillement dans tous les procès-verbaux d'aſſemblée, & ils le prennent dans tous les actes qu'ils paſſent. Le premier préſident portoit même autrefois ſur ſon manteau une marque de l'accolade; & l'habit qu'il porte ainſi que les autres préſidens, eſt l'ancien habillement des barons & des chevaliers : c'eſt pourquoi le manteau eſt retrouſſé ſur l'épaule gauche, parce que les chevaliers en uſoient ainſi afin que le côté de l'épée fût libre; car autrefois tous les barons & les ſénateurs entroient au Parlement l'épée au côté.

L'habillement du premier préſident eſt diſtingué de celui des autres préſidens en ce que ſon manteau eſt attaché ſur l'épaule par trois létices d'or, & que ſon mortier eſt couvert d'un double galon d'or.

Pendant un temps le premier préſident étoit élu par le Parlement par la voie du ſcrutin; c'eſt ainſi que Henri de Marle fut élu en 1413, Robert Mauger en 1417, & Elie de Taureſtés en 1461.

Matthieu de Nanterre, qui avoit été nommé *premier préſident* dans la même année, fut deſtitué en 1465 par Louis XI qui l'envoya remplacer Jean d'Auvet, premier préſident du Parlement de Toulouſe, qu'il mit à la place de Matthieu de Nanterre, celui-ci fut depuis rappellé à Paris, & ne fit aucune difficulté de prendre la place de second président, étant persuadé que la véritable dignité des places dépend de la vertu de ceux qui les remplissent.

Les premiers présidens avoient autrefois tous entrée au conseil du roi.

Plusieurs d'entr'eux ont été envoyés en ambassade, & honorés de la dignité de chancelier des ordres du roi, de celle de garde des sceaux & de celle de chancelier de France.

En 1691, le premier président obtint les entrées des premiers gentilshommes de la chambre.

Le prieuré de saint Martin-des-champs est obligé, suivant une fondation faite par Philippe de Morvilliers, premier président, mort en 1438, & inhumé dans l'église de ce prieuré, d'envoyer tous les ans, le lendemain de saint Martin avant la messe rouge, par deux de ses religieux, deux bonnets quarrés, l'un de velours pour l'hiver, & l'autre pour l'été : l'un des religieux qui présentent ces bonnets, fait un compliment dont les termes sont prescrits par la fondation, & un autre compliment en langage du temps présent.

Présidens à mortier.

On voit dans les registres du Parlement que la plupart des présidens à mortier sont qualifiés de messire & de chevalier ; quelques-uns néanmoins sont seulement qualifiés maîtres : c'étoient ceux qui n'avoient point été faits chevaliers.

Présentement tous les présidens à mortier sont en possession de prendre dans tous les actes, le titre de chevalier en vertu de leur dignité, quand ils ne l'auroient pas par la naissance.

Ils prennent aussi le titre de conseillers du roi en ses conseils, parce qu'ils avoient autrefois entrée au conseil du roi.

L'habit de cérémonie des présidens, est la robe d'écarlate, fourrée d'hermine ; & en hiver ils portent par-dessus la robe le manteau fourré d'hermine, retroussé sur l'épaule gauche, & le mortier de velours noir bordé d'un galon d'or. Il y a lieu de penser que ce galon représente un cercle d'or massif que les présidens portoient autrefois, & que c'étoit la couronne des barons.

Le style de Boyer dit, que le mortier est couvert de velours cramoisi ; cependant depuis long-temps il est couvert de velours noir.

Autrefois les présidens mettoient ordinairement leur mortier sur la tête, & le chaperon par-dessus : présentement ils portent le chaperon sur l'épaule, & ne mettent plus le mortier sur la tête que dans les grandes cérémonies, comme aux entrées des rois & des reines. Lorsqu'ils sont en robe rouge, ils tiennent leur mortier à la main. Lorsqu'ils sont en robe noire, leur habillement de tête est le bonnet quarré.

Il est d'usage que leurs armoiries soient appliquées sur le manteau d'hermine : le mortier se met au-dessus du casque, lequel pose sur l'écu.

Pour être reçu président, il faut être âgé de 40 ans, suivant l'édit du mois de novembre 1683 ; mais le roi dispense quelquefois à 30 ans.

Les présidens à mortier ne font tous, pour ainsi dire, qu'une seule & même personne avec le premier président, que chacun d'eux représente ; chacun d'eux peut en son absence, ou autre empêchement, présider tout le Parlement assemblé.

Conseillers au Parlement.

SOUS la premiere & la seconde race des rois de France, & dès le commencement de la troisieme, il y avoit dans la cour, au conseil du roi, des francs ou maitres, autres que les barons & que les évêques, qui y avoient entrée comme barons, à cause des grands fiefs qu'ils possédoient.

Ces francs étoient des personnes libres & ingénues, choisies dans l'ordres des ecclésiastiques & des nobles, autres que les barons, pour concourir avec eux & avec les prélats, à l'administration de la justice.

Ces francs furent depuis appellés *maîtres*, & ensuite *conseillers*.

Dans les trois siecles qui ont précédé la fixation du Parlement à Paris, les conseillers étoient la plupart des abbés ; il y en avoit fort peu de laïques, parce qu'on étoit alors dans l'opinion qui a même duré encore longtemps après, qu'il falloit avoir été reçu chevalier pour siéger au Parlement. L'ignorance des laïques & le goût de la chevalerie, qui étoit alors seule en honneur, put éloigner les laïques de ces places de sénateurs. On ne vouloit point de laïques non chevaliers, tellement que les barons ne pouvoient rendre la justice en personne à leurs sujets sans être chevaliers ; de sorte que les gens de lettres peu propres au noviciat de la chevalerie, ne pouvoient devenir sénateurs qu'en se faisant d'église : delà tant d'ecclésiastiques dans ces trois siecles au Parlement.

La preuve qu'il y avoit des sénateurs laïques dès le commencement de la troisieme race, se tire de ce qu'il y avoit au Parlement des chevaliers distingués, les barons & d'autres personnes qui étoient aussi des vassaux du second ordre, c'est-à-dire, qui ne relevoient pas immédiatement du roi, lesquels n'auroient pas été admis au Parlement sans ce titre de *chevalier*.

Dans la suite saint Louis dispensa les sénateurs d'être ecclésiastiques en les dispensant aussi d'être chevaliers ; cela ne se fit même que peu à peu ; c'est delà qu'ils ont conservé le titre de *chevalier*. On voit dans les registres sous les dates des années 1317, 1364, 1368, 1377, 1384, 1388 & 1459, qu'ils sont qualifiés *messires* & *chevaliers*, *milites*. En 1484, on trouve pour la premiere fois un conseiller qualifié ; *messire*, *maître*

Il y eut donc sous saint Louis des conseillers laïques non chevaliers.

Cependant pour ne pas heurter de front le préjugé qu'on avoit pour la chevalerie,

chevalerie, & qu'il falloit que les laïques en fussent décorés pour siéger au Parlement, on imagina dans le XIVe siecle de faire des chevaliers de lecture ou en loix, comme on faisoit des chevaliers d'armes; c'est ce qui a donné lieu dans la suite à la nécessité de prendre des degrés en droit : il fallut encore long-temps être chevalier pour être premier président.

Il paroît par l'ordonnance de 1302 ou 1304, qu'outre les présidens, il y avoit au parlement 13 clercs & 13 laïques, & aux enquêtes cinq personnes, tant clercs que laïques, & aux requêtes dix, mais ils ne sont pas qualifiés de *conseillers*.

L'ordonnance du 17 novembre 1318 appelle *maître du Parlement* les conseillers, aussi-bien que les présidens; celles de 1319 & de 1320, les distinguent en deux classes, savoir, les jugeurs & les rapporteurs : les jugeurs étoient ceux qui rendoient les arrêts, & les rapporteurs étoient ceux qui faisoient le rapport des enquêtes ou preuves.

Dans une déclaration du premier juin 1334, le roi les qualifie de *nos conseillers de nos chambres de Parlement & des enquêtes.*

Dans celle du dernier décembre 1334, il y a *consiliarii nostri.*

Il paroît qu'ils ne prirent ce titre de *conseillers* que lorsqu'ils furent érigés en titre d'office; l'ordonnance du 11 mars unit en un même corps les conseillers jugeurs & les conseillers rapporteurs, & ordonna que tous seroient rapporteurs & jugeurs.

Le nombre des conseillers clercs & des conseillers laïques fut d'abord égal, il y en avoit treize de chaque sorte sous Philippe-le-Bel; sous Louis Hutin le nombre des laïques fut augmenté d'un tiers, car il n'y avoit que douze clercs & dix-huit laïques; sous Philippe-le-Long il y eut vingt clercs & trente laïques, la chambre des requêtes étoit alors composée de plus de clercs que de laïques.

Depuis, Henri III, aux Etats tenus à Blois en 1479, fixa le nombre des conseillers clercs du Parlement de Paris à quarante, y compris les présidens des enquêtes.

Avocats-généraux.

LES avocats-généraux ont été institués non-seulement pour porter la parole pour le procureur-général, mais aussi pour lui donner conseil sur les diverses affaires qui se présentent; c'est pourquoi ils ont le titre de *conseillers du roi.*

Il paroît que dans l'origine ces officiers qui étoient au nombre de deux, n'avoient que le titre *d'avocats du roi*; & que comme les autres officiers de la cour étoient moitié clercs & moitié laïques, de même aussi l'un des avocats du roi étoit clerc & l'autre laïque.

On trouve en effet dans les registres du Parlement, que le 18 février 1411, le Parlement fut mandé par députés au conseil privé qui se tenoit à l'hôtel saint Paul, & que là en présence du roi Charles VI, maître Jean

Duperrier, chanoine de Chartres, un des avocats du roi, parla contre le cardinal de Pise, à l'occasion de certaines lettres closes que ce cardinal avoit envoyées à Rome au déshonneur & au dommage du roi.

Il y en a encore un exemple sur le registre du 25 novembre 1476. Le roi de Portugal ayant été reçu à Paris, le roi Louis XI voulut qu'il allât au Parlement à l'audience en laquelle François Halle, archidiacre de Paris, avocat du roi, & Pierre de Brabant, avocat en la cour, & curé de St. Eustache de Paris, plaiderent une cause en régale. La chronique dit qu'il *faisoit moult bel les ouïr.*

Quelques-uns prétendent qu'Antoine Séguier reçu avocat du roi en 1587, fut le premier auquel le titre d'*avocat-général* fut donné; mais on voit que la même qualité fut attribuée à Pierre Lizet dans des lettres du 30 juillet 1526. Ce qu'il y a de certain, c'est que depuis Antoine Séguier, tous les avocats du roi au Parlement ont été qualifiés d'*avocats-généraux ;* néanmoins dans le style des arrêts ils ne sont jamais qualifiés qu'*avocats dudit seigneur roi.*

Chaque avocat-général, à sa réception, reçoit du corps de ville un compliment, & le présent d'une belle écritoire d'argent.

Le premier avocat-général précede le procureur-général comme portant la parole pour lui; les autres marchent après lui.

La place des avocats-généraux aux grandes audiences étoit autrefois sur le banc des baillis & sénéchaux; ce ne fut que le 9 février 1589, qu'ils commencerent à se placer sur le banc des secrétaires de la cour, par rapport au président de Verdun, *qui tardè audiebat.*

Leur place aux petites audiences est derriere le premier banc, ou premier barreau.

Ils sont à la tête du barreau, comme étant les premiers dans l'ordre des avocats; c'est pourquoi ils passent aussi les premiers au serment. M. Talon portant la parole à la grand'chambre le 27 *janvier 1657*, disoit que le plus grand avantage des charges qu'ils ont l'honneur d'occuper, c'est celui d'être les premiers dans l'ordre des avocats, d'être à la tête d'un corps si illustre, duquel ils estiment à honneur de faire partie, d'où il conclut qu'ils étoient obligés d'en maintenir les avantages.

Pour ce qui est des fonctions des avocats-généraux, ils en ont plusieurs qui leur sont propres, d'autres qui leur sont communes avec le procureur-général, & qui appartiennent aux gens du roi collectivement ou concurremment.

En général, on peut distinguer deux fonctions, qui sont tout le partage du ministere public, celle de prendre des conclusions à raison de l'ordre public dans les affaires des particuliers, & celle de plaider pour le roi contre les particuliers, dans les affaires du domaine & de la couronne.

Quant au détail de ces fonctions, ou elles sont intérieures & s'exercent dans le conseil particulier du parquet, ou elles sont extérieures, & sont relatives au roi, au Parlement, au public, aux parties, au barreau.

Dans l'intérieur du parquet, les avocats-généraux font le conseil du procureur-général pour donner les conclusions qui sont de son ministere dans les affaires importantes; ils forment avec lui le conseil du gouvernement sur les projets des actes de législation qui doivent être adressés au Parlement, tels que les projets de loix, d'édits & déclarations concernant les impositions, & généralement toutes les opérations de justice, police ou finance.

On a coutume de leur adresser ce projet pour avoir leur avis qu'ils donnent, & déliberent en commun & de concert avec le premier président, à qui on adresse toujours en même temps copie de ces mêmes projets.

Ils forment de même en commun, & d'ordinaire avec le même magistrat, les projets de réglemens & de réformations qu'ils estiment nécessaires de présenter au roi pour être revêtus de son autorité, ou au Parlement pour être mis en forme de réglement concernant la discipline du Parlement même, ou celle des sieges inférieurs, ou le bien de la police, la poursuite des crimes, & généralement tout ce qui s'introduit au Parlement par requête du procureur-général.

Dans ce même conseil intérieur du parquet ils sont par la même voie de la communication des ministres ou des parties intéressées, les censeurs & les contradicteurs des privileges & concessions qui s'accordent aux corps ou aux particuliers, pour empêcher qu'il ne s'y glisse rien de contraire aux maximes du royaume, aux ordonnances, aux droits de la couronne, à l'ordre public, à celui des jurisdictions & aux droits du Parlement.

Les fonctions extérieures des gens du roi ont plusieurs branches comme on vient de l'annoncer.

Relativement au roi, c'est d'aller exécuter près de sa majesté les commissions du Parlement; demander le jour, le lieu & l'heure pour les députations; lui expliquer les demandes ou représentations dont la compagnie les charge quelquefois; recevoir de la bouche du roi les réponses à ses demandes, & les ordres verbaux qu'il juge à propos de faire passer à son Parlement, qui ne reconnoît point d'autre canal que celui des gens du roi pour recevoir des ordres du roi.

Pour raison de ces fonctions, ils ont toujours accès près du roi, en avertissant M. le chancelier lorsqu'il y est, mais sans autre canal que celui du premier gentilhomme de la chambre, ou en son absence du premier valet-de-chambre; quant aux ordres par écrit du roi au Parlement, ils les reçoivent de M. le chancelier ou des ministres qui les ont expédiées, & en sont aussi les seuls porteurs auprès de la compagnie.

Relativement au Parlement, leurs fonctions sont de lui apporter les ordres du roi verbaux ou écrits, d'être chargés par la compagnie des messages & commissions dont on vient de parler, auprès du roi; d'entrer avec le procureur-général toutes les fois qu'il y entre; de prendre la parole sur lui pour annoncer ou expliquer les réquisitions, requêtes, conclusions ou ordres du roi qu'il apporte ; de faire la même chose du procureur-général en se faisant accompagner par un substitut qui tient à la main les conclusions par écrit s'il y en a ; de faire la mercuriale alternativement avec le procureur-général, droit néanmoins qui n'appartient qu'à l'ancien avocat-général ; d'introduire à la cour les maîtres des cérémonies lorsqu'ils viennent l'inviter de la part du roi aux *Te Deum* ou pompes funebres, ou tous autres gentilshommes envoyés par le roi, ceux qui le sont par les princes ; les officiers de police lorsqu'ils viennent rendre compte avant le carême de l'état de la police & de celui des provisions ; ceux de la ville dans la même occasion, & lorsqu'ils présentent chaque année les nouveaux consuls au serment ; les mêmes officiers & tous autres lorsqu'ils demandent à être entendus en la cour ou qu'ils sont mandés par elle ; le bâtonnier & anciens avocats lorsqu'il y a lieu de les entendre sur quelque fait qui concerne l'ordre des avocats ; les procureurs de communauté dans des cas semblables, & généralement toute personne qui auroit à parler à la cour ou à recevoir des ordres d'elle. Et toutes les fois que les gens du roi introduisent ainsi quelqu'un auprès d'elle pour quelque cause que ce soit, ils y demeurent pour entendre ce qu'il dit ou ce que la cour lui dit, y prennent séance, & prennent des conclusions s'il y a lieu, ou sur le champ, ou après avoir demandé à se retirer au parquet pour en conférer ou pour les rédiger par écrit, en cas que cette formalité leur paroisse plus convenable.

Enfin les avocats-généraux suivent le parlement dans les marches & cérémonies publiques, mais à quelque distance des derniers conseillers & avec un huissier en particulier ; ils l'accompagnent aussi aux députations, & en se retirant après tous les députés, ils s'approchent du roi tous ensemble pour le saluer en leur particulier ; lorsque la députation est venue pour complimenter le roi, ils font alors un compliment particulier au roi, à la reine & à chacun de ceux à qui les députés ont adressé celui de la compagnie ; l'usage de ce compliment particulier a commencé sous Louis XIV ; auparavant ils disoient seulement en s'approchant du roi : *Sire, ce sont vos gens ;* mais aujourd'hui cet usage est établi, & les gens du roi de toutes les compagnies font pareils complimens à la suite de leurs députés.

Relativement au public, la fonction des avocats-généraux est d'assister tous à l'audience des grands rôles, & de porter la parole dans toutes les causes qui y sont plaidées, sur quoi depuis long-temps on ne fait plus de distinction des causes sujettes à communication & de celles qui ne le sont pas ; c'est une maxime au palais que l'on n'interrompt point le roi quand il parle, c'est-à-dire, qu'on n'interrompt point ses gens lorsqu'ils portent la parole.

Les gens du roi sont aussi dans l'usage que lorsqu'un d'entr'eux porte la parole, soit dans une cause ou autre occasion, les autres se tiennent debout s'il est plus ancien qu'eux, & s'il est moins ancien, ils se tiennent assis.

Aux grandes audiences, les avocats-généraux parlent un genou appuyé sur le banc où ils siegent.

C'est aussi une de leurs fonctions relativement au public d'assister par un d'entr'eux le vendredi matin à la grand'chambre & à la tournelle, & plaider de même les causes à toutes ces audiences, d'assister par un d'entr'eux aux audiences de relevée pour requérir la communication des causes, & y porter la parole lorsqu'elles sont de leur ministere, d'assister même aux audiences de sept heures en la grand'chambre, lorsqu'ils sont avertis de s'y trouver pour les causes sujettes à communication, & à celles des chambres des enquêtes dans les mêmes cas, de tenir le parquet les matins après l'audience de la grand'chambre pour recevoir la communication des causes à plaider; ils recevoient autrefois ces communications en se promenant dans la grand'salle; mais depuis qu'on leur a fait construire un parquet, ils y reçoivent les communications.

Les avocats-généraux y jugent aussi tous ensemble les conflits entre les chambres du Parlement, ou chacun séparément & par forme d'avis, suivant l'ordonnance, les appels d'incompétence & de déni de renvoi, les nullités de procédures, les affaires renvoyées par arrêt au parquet.

Relativement aux particuliers, les avocats-généraux ont la fonction de requérir & de prendre communication de toutes leurs affaires sur les grands rôles où l'église, les communautés d'habitans, les corps laïques ou ecclésiastiques, les mineurs non pourvus de tuteurs, le roi ou l'ordre public peuvent avoir intérêt, du moins au fond; de requérir dans les causes communiquées ou non à l'encontre de tous particuliers, soit qu'ils soient ou ne soient pas parties dans la cause, sur le champ à l'audience, tout ce qui peut être du bien public, même leur décret ou emprisonnement s'il y a délit, amendes, aumônes, injonctions, défenses, ou autres peines & dispositions, rendre plainte & introduire demande, poursuites, inscriptions de faux, réglemens, oppositions à arrêts, appels de sentences, & autres procédures qu'ils estiment de leur ministere.

Enfin par rapport au barreau il est des fonctions des avocats-généraux, de faire un discours aux avocats tous les ans, le jour des ouvertures des audiences, de présider à la rédaction des comptes & à l'entretien de leur bibliotheque, de veiller à la discipline & à l'ordre du barreau, dans tous les sieges du ressort du Parlement, & de régler les contestations qui y surviennent, lorsque les parties s'adressent, comme elles font pour l'ordinaire en pareil cas, aux gens du roi du Parlement.

Une fonction relative, en quelque sorte, au même objet, c'est la discipline & l'ordre des facultés de droit des universités du ressort, qui sont, Paris, Rheims, Orléans, Bourges, Angers & Poitiers, objet que les ordonnances ont remis spécialement au premier avocat-général; ces facultés sont obligées de lui envoyer tous les trois mois, le double du registre de leurs inscriptions, & les lieutenants-généraux des sieges, le procès-verbal de leurs descentes aux écoles de droit, pour constater les noms & la résidence des étudians sur ces registres & procès-verbaux.

Le premier avocat-général vérifie le temps d'étude des licenciés qui viennent se présenter pour être avocats; il leur en délivre son certificat, s'ils le requierent pour se faire recevoir en un autre Parlement; ou s'ils veulent être reçus au Parlement de Paris, ils se font présenter à l'audience par un ancien avocat, un jour de grand rôle, & le premier avocat-général se leve, & atteste que le licencié qui se présente a satisfait aux ordonnances, qu'ainsi il n'empêche qu'il plaise à la cour le recevoir au serment d'avocat, & il signe au dos des lettres de licence un vu qui contient le détail des inscriptions, interstices, actes & temps d'étude de droit françois.

Outre toutes ces fonctions, il y a plusieurs objets sur lesquels les gens du roi ont un droit, inspection & autorité spéciale en vertu de titres particuliers, comme la bibliotheque de S. Victor, celle de l'école de médecine, le college Mazarin; ils ont part aussi avec les premiers présidens du Parlement & de la chamdre des comptes, à la fondation des ducs de Nevers, pour marier des filles des terres qui appartenoient à la maison de Gonzague, & trois des gens du roi assistent tous les ans, le jour de la S. Louis, au compte qui se rend de l'exécution de cette fondation aux grands augustins, & y reçoivent chacun cinquante jetons d'argent, & quelques livres de bougie.

Les avocats-généraux du Parlement de Paris ont encore d'autres prérogatives, telles que le titre & les appointemens de conseillers d'Etat; ils jouissoient même autrefois de la séance au conseil, & Denis Talon, lorsqu'il quitta sa charge & fut fait conseiller d'Etat, prit séance au conseil du jour de sa réception d'avocat-général; mais cela ne se pratique plus, MM. d'Aguesseau & Gilbert s'étant mis à la queue du conseil.

Cependant les avocats-généraux prétendent, à raison de ce titre de conseiller d'Etat, avoir hors de leurs fonctions, rang de conseillers d'honneur, & passer avant tous les conseillers au Parlement & maîtres des requêtes, hors des marches & séances de la compagnie, ce qui fait qu'ils ne se trouvent ni au repas de la S. Martin chez le premier président, ni aux processions & cérémonies de leurs paroisses, ou autres, où il y a des conseillers au Parlement, maîtres des requêtes, ou même des conseillers d'Etat.

Lorsqu'ils sont dans leur hôtel ou qu'ils vont ailleurs qu'au palais, ou en cour, ils sont toujours en simarre, comme le chancelier & le premier président.

Procureur-général du roi au Parlement.

En parlant des avocats-généraux, on a déjà dit quelque chose de certaines fonctions & prérogatives qui sont communes au procureur-général; c'est pourquoi l'on n'ajoutera ici que ce qui lui est particulier. Ce magistrat représente la personne du roi au Parlement & dans tout le ressort, à l'effet d'agir en son nom; car le roi ne plaide jamais en personne, mais par son procureur-général.

Il ne prête serment qu'à sa réception & non à la rentrée.

Il doit tenir la main à ce que la discipline établie par les ordonnances & réglemens, soit observée : c'est pourquoi il venoit autrefois de grand matin dans le parquet des huissiers où il avoit une place marquée; l'hiver, lorsqu'il n'étoit pas encore jour, il avoit sa lanterne en main, suivant la simplicité de ces temps, pour observer ceux qui entroient, & piquoit ceux qui arrivoient tard : il est encore resté de cet usage que c'est lui qui fait les mercuriales alternativement avec le premier avocat-général.

Il est assis au milieu des avocats-généraux, soit par dignité, soit pour être plus à portée de prendre leur conseil.

Lorsqu'ils déliberent entr'eux au parquet de quelque affaire par écrit, & que le nombre des voix est égal, la sienne est prépondérante, en sorte qu'il n'y a point de partage.

Les avocats-généraux portent la parole pour lui, c'est-à-dire, à sa décharge; ils ne sont cependant pas obligés de suivre son avis dans les affaires d'audience; & ils peuvent prendre des conclusions différentes de celles qu'il a prises.

Il arrive quelquefois qu'il porte lui-même la parole en cas d'absence ou autre empêchement du premier avocat-général, & par préférence sur le second & le troisieme, auxquels, à la verité, il abandonne ordinairement cette fonction à cause de ses grandes occupations.

Comme la parole appartient naturellement aux avocats-généraux, la plume appartient au procureur-général; c'est-à-dire, que c'est lui qui fait toutes les réquisitions, demandes, plaintes ou dénonciations qui se font par écrit au Parlement.

C'est lui qui donne des conclusions par écrit dans toutes les affaires de grand criminel, & dans les affaires civiles appointées, qui sont sujettes à communication.

Les ordres du roi pour le Parlement, les lettres-patentes & closes, lui sont adressés, ainsi que les ordonnances, édits & déclarations. Il peut aussitôt entrer en la cour pour les apporter : à cet effet, la porte du parquet qui donne dans la grand'chambre doit toujours être ouverte; il peut en tout temps interrompre le service pour apporter les ordres du roi, sur lesquels, suivant les ordonnances, le Parlement doit délibérer toute affaire cessante.

Les ordonnances le chargent spécialement de veiller à ce que les évêques ne s'arrêtent à Paris que pour leurs affaires.

Pour l'aider dans ses fonctions au Parlement, on lui a donné des substituts; il en avoit dès 1302, l'ordonnance de cette année en fait mention, art. 10; il les établissoit lui-même, mais ce n'étoit jamais qu'en cas d'absence; en 1533, & 1541, on les continua après la mort du procureur-général. L'ordonnance d'Orléans & celle de Blois enjoignent aux gens du roi d'en prendre le moins qu'ils pourront; les choses furent sur ce pied jusqu'à l'édit du six juin 1586, par lequel les substituts furent créés en titre d'office.

Les procureurs du roi des bailliages & sénéchaussée, & autres jurisdictions du ressort, ne sont aussi proprement que ses substituts, & vis-à-vis de lui on ne les qualifie pas autrement; il leur donne les ordres convenables pour qu'ils ayent à faire ce qui est de leur ministere.

Les procureurs-généraux ne doivent point avoir de clercs ou secrétaires qui soient procureurs ou solliciteurs de procès; il ne leur est pas permis de s'absenter sans congé de la cour; ils doivent faire mettre à exécution les provisions, arrêts & appointemens de la cour; ils ne doivent former aucune demande en matiere civile, ni accorder leur intervention ou adjonction à personne, qu'ils n'en ayent délibéré avec les avocats-généraux, ils doivent faire mettre les causes du roi les premieres au rôle.

En matiere criminelle, dès qu'ils ont vu les charges & informations, ils doivent sans délai donner leurs conclusions : après l'arrêt ou jugement d'absolution, ils doivent nommer à l'accusé le délateur ou dénonciateur s'ils en sont requis; les ordonnances leur défendent non-seulement de donner des conseils contre le roi, mais même en général de plaider ni consulter pour les parties, encore que le roi n'y eût pas d'intérêt; ils ne peuvent assister au jugement des procès civils ou criminels de leur siege; ils doivent informer des vie, mœurs & capacités des nouveaux pourvus qui sont reçus au Parlement, & être présens à leur réception, tenir la main à la conservation & réunion du domaine du roi, empêcher que les vassaux & sujets ne soient opprimés par leurs seigneurs, qu'aucune levée de deniers ne soit faite sur le peuple sans commission; ils doivent avoir soin de la nourriture, entretien & prompte expédition des prisonniers, & pour cet effet visiter souvent les prisons.

Autorité & compétence du Parlement.

Le Parlement a toujours été le tribunal destiné à connoître des affaires majeures & des causes qui concernent l'état des grands du royaume.

Dans le temps qu'il étoit encore ambulatoire à la suite des rois de France, & qu'il formoit leur grand conseil, on y délibéroit de la paix & de la guerre, de la réformation des loix, du mariage des enfans des rois de France, du partage de leur succession entre leurs enfans, comme cela se pratiqua en 768 entre les deux fils de Pepin; en 806 sous Charlemagne, entre ses trois fils; en 813 lorsque le Parlement fut assemblé à Aix pour faire passer la couronne à Louis-le-Débonnaire, & en 836 quand se fit le partage des Etats de Louis-le-Débonnaire, enfin pour celui qui fut fait entre Louis-le-Begue & Louis son cousin.

Philippe

Philippe Auguste tint en 1190 un Parlement pour statuer sur le gouvernement du royaume pendant le voyage qu'il se proposoit de faire à la terre-sainte; & ce fut dans ce même Parlement que ce prince avec le congé & l'agrément de tous ses barons, *acceptâ licentiâ ab omnibus baronibus*, donna la tutelle de son fils & la garde du royaume à la reine sa mere.

Ce fut ce même Parlement qui jugea les contestations qu'il y eut entre Philippe-le-Hardi & Charles, roi des deux Siciles, pour la succession d'Alphonse, comte de Poitiers.

Ce fut lui pareillement qui jugea en 1316 & 1328 la question de la succession à la couronne en faveur de Philippe-le-Long & Philippe-de-Valois, & le différend qu'il y eut entre Charles-le-Bel & Eudes, duc de Bourgogne, à cause de l'apanage de Philippe-le-Long, dont Eudes prétendoit que sa femme, fille du roi, devoit hériter.

Du temps du roi Jean, les princes, les prélats & la noblesse furent convoqués au Parlement pour y délibérer sur les affaires les plus importantes de l'Etat.

Charles V lui fit aussi l'honneur de le consulter quand il entreprit contre les Anglois, la guerre dont le succès lui fut si glorieux.

Ce fut encore le Parlement qui rassembla & réunit les maisons d'Orléans & de Bourgogne, que les désordres du temps avoient divisées.

Cet illustre corps, par la sagesse & l'équité de ses jugemens, a mérité de voir courber devant lui les tiares & les couronnes, & d'être l'arbitre des plus grands princes de la terre. Les Innocent, les Frédéric, les rois de Castille & ceux de Portugal, les Ferdinand, les Maximilien, les Philippe, les Richard ont soumis leur pourpre à la sienne, & l'on a vu lui demander la justice par ceux qui la rendoient à plusieurs peuples, & qui ne voyoient au-dessus de leurs trônes que le tribunal de Dieu.

Les ducs & les comtes d'Italie, sur lesquels les rois de France s'étoient réservé toute souveraineté, ont été plusieurs fois mandés au Parlement pour y rendre raison de leur déportement. Tassillon, duc de Baviere, fut obligé d'y venir pour se purger du crime de rebellion qu'on lui imposoit; on y jugea de même Bernard, roi d'Italie, & Carloman, pour rebellion contre son pere.

Dans des temps bien postérieurs, en 1536, ce fut ce Parlement qui décréta d'ajournement personnel l'empereur Charles-Quint.

Edmont rapporte qu'un pape ayant excommunié le comte de Toscanelle Formose, évêque du Port, le pape fit porter au Parlement son procès-verbal de ce qu'il avoit fait.

Les rois étrangers y ont quelquefois envoyé leurs accords & contrats pour y être homologués, & les rois de France eux-mêmes y ont plusieurs fois perdu leur cause quand elle n'a pas paru bien fondée.

Enfin le Parlement a toujours connu des affaires les plus importantes. Il connoît seul des causes qui concernent l'état & la personne des pairs,

Lui seul a pareillement la connoissance des matieres de régale dans toute l'étendue du royaume.

Il connoît en premiere instance de certaines matieres dont la connoissance lui a été réservée privativement à tous autres juges.

Il connoît aussi de temps immémorial du bien ou mal jugé des sentences dont l'appel est porté devant lui.

Cette voie étoit usitée dès le temps de la premiere race ; on prenoit quelquefois la voie de la plainte, ou prise à partie contre le juge ; quelquefois on demandoit à fausser le jugement, c'est-à-dire, à prouver qu'il étoit faux, & que les premiers juges avoient mal jugé ; mais on se servoit aussi quelquefois du terme d'*appellation* pour exprimer ces procédures, comme il paroît au quatrieme registre *olim*, *fol.* 107, où il est dit, *à quo judicato tanquam falso & pravo ad parlamentum nostrum appellavit* ; ce fut ainsi qu'en 1224, il est dit que la comtesse de Flandre *appellavit ad curiam regis* ; les *olim* sont pleins d'exemples de semblables appellations verbales & autres.

Il est vrai que ces appels ne furent pas d'abord portés en si grand nombre au Parlement, parce que la manie des hauts seigneurs étoit de s'opposer par des violences à ce que l'on appellât de leurs juges au Parlement.

On défendit en 1228 au comte d'Angoulême de mettre empêchement à ceux qui voudroient venir au Parlement pour se plaindre de lui.

Le roi d'Angleterre, comme duc d'Aquitaine, faisoit pendre les notaires qui en avoient dressé les actes ; il exerçoit des cruautés inouies contre ceux qui les avoient interjetés ; un manifeste de Philippe-le-Bel, qui est à la fin des *olim*, dit qu'on ne se contentoit pas de les enfermer dans d'étroites prisons, & de mettre leurs maisons au pillage, on les dépouilloit de leurs biens, on les bannissoit du pays, on les pendoit même pour la plupart ; quelques-uns furent déchirés en quatre parts, & leurs membres jetés à l'eau.

Les seigneurs ecclésiastiques n'étoient pas plus doux que les laïques : un évêque de Laon entr'autres dépouilloit de leurs biens ses vassaux qui appelloient au Parlement ; un abbé de Tulles les emprisonnoit & mutiloit ; & parce qu'un homme condamné par ses juges à perdre la main gauche en avoit appellé au Parlement, il lui fit couper la main droite ; l'abbé fut condamné à quatre mille livres d'amende ; l'évêque eut des défenses de récidiver avec injonction au duc de Bretagne d'y tenir la main.

Le roi d'Angleterre ayant refusé de comparoître, son duché de Guyenne fut confisqué.

Il y a d'autres arrêts semblables contre le comte de Bretagne, celui de Flandre & le duc de Bourgogne.

Privileges du Parlement.

LES privileges de cette compagnie sont très-nombreux : on ne parlera ici que des principaux.

Chaque membre du Parlement jouit de la noblesse qu'il transmet à ses descendans : dès les premiers temps la qualité de conseiller au Parlement supposoit la noblesse dans celui qui étoit revêtu de cette place ; car comme le droit de la nation étoit que chacun fût jugé par ses pairs, il falloit être noble pour être juge des nobles, & pour juger l'appel des baillis, pairs & barons. Pour aider aux pairs & aux prélats à rendre la justice, & sur-tout depuis les établissemens de St. Louis, qui étant tirés du droit Romain, rendoient nécessaire la connoissance du corps de droit, on admit au Parlement des gens lettrés & non nobles ; & dans des temps d'ignorance où l'on ne faisoit pas attention que la dignité de cette fonction conféroit nécessairement la noblesse, on donnoit des lettres de noblesse à ceux qui n'étoient pas nobles d'extraction, on les faisoit chevaliers en loix ; mais dans des temps plus éclairés, on a reconnu l'erreur où l'on étoit tombé à cet égard ; & dans les occasions qui se sont présentées, on a jugé que ces offices conféroient la noblesse ; il y en a arrêt dès 1546. Louis XIII confirma la noblesse du Parlement par édit des mois de novembre 1640, & juillet 1644.

Les présidens à mortier & les conseillers clercs jouissoient autrefois du droit de manteaux.

Pour ce qui est des gages du Parlement, ils lui furent attribués lorsqu'il devint sédentaire & ordinaire ; ce fut en 1322 qu'on en assigna le payement sur les amendes.

Les présidens, conseillers & autres principaux officiers du Parlement, jouissent de l'exemption du ban & arriere-ban, du logement des gens de guerre & de la suite du roi, du droit d'indult, du droit de franc-salé, de l'exemption des droits seigneuriaux, tant en achetant que vendant des biens dans la mouvance du roi, de la prestation de l'hommage en personne, du droit de porter la robe rouge & le chaperon herminé dans les cérémonies, de la recherche des sacs après trois ans.

Les conseillers clercs en particulier sont dispensés de résider à leurs bénéfices.

Les conseillers au Parlement ont le droit de dresser des procès-verbaux des choses qui se passent sous leurs yeux qui intéressent le service du roi, le public ou la compagnie.

Mais un de leurs plus considérables privileges, est celui qu'ils ont d'être non-seulement jugés par le Parlement assemblé, mais encore d'être exempts de toute instruction devant aucun autre juge ; en sorte que la plume doit tomber des mains, suivant l'expression ordinaire, dès qu'un conseiller au Parlement est impliqué dans la procédure ; le juge doit s'interrompre, fût-ce au milieu d'une dépoſition, interrogatoire, plaidoirie ou autre acte quelconque de la procédure.

Les autres Parlemens du royaume different à pluſieurs égards de celui de Paris, par la forme & la police des chambres, par les offices & les charges, de même que par le nombre des membres : mais les fonctions civiles ſont les mêmes pour le fonds. Toutes ces compagnies ont ſubi divers changemens ſous les divers regnes, & quelquefois ſous le même roi. Les derniers changemens ſont récents & connus; nous n'entrerons pas dans tous ces détails, qui ne peuvent intéreſſer les autres nations comme la nation françoiſe. Ceux qui voudront s'inſtruire à ces divers égards, peuvent recourir aux volumineux regiſtres de ces corps, & aux auteurs qui ont traité ces matieres, Paſquier, Joly, Fontanon, Miraulmont, la Rocheflavin, Chenu, Bouchel, Boulainvilliers, Néron, Coquille, Voltaire, *&c.* Le préſident Heinaut, & les auteurs de la derniere hiſtoire de France, Velly & ſes continuateurs, ſont les hiſtoriens qui ont le mieux fait connoître les différens changemens qu'a éprouvés le gouvernement de la France par rapport à l'établiſſement, aux prérogatives & aux fonctions des diverſes cours ſouveraines.

PARLEMENT D'ANGLETERRE,

OU PARLIAMENT.

SOUS ce vieux mot françois l'on a trouvé bon, depuis cinq à ſix ſiecles, de déſigner, dans la Grande-Bretagne, l'aſſemblée des pairs du royaume & des députés du peuple, périodiquement convoquée par le roi, & formant les deux chambres, dont il a été parlé à article ANGLETERRE. Il eut été difficile de comprendre, ſous une dénomination plus modeſte, une aſſemblée auſſi impoſante que l'eſt celle dont il s'agit. Au-delà de deux cents pairs en compoſent la premiere chambre, & au-delà de cinq cents députés en compoſent la ſeconde. L'on ſait ce qu'emporte la dignité de pair, l'on ſait ce que ſuppoſe celle de député d'une nation; mais ce ne ſont pas tant les qualités reſpectives de tous ces membres du Parlement britannique, ce n'eſt pas tant ce nombre de ſept à huit cents perſonnes diſtinguées, que la vocation, qu'ils ont à remplir, qui fait de leur aſſemblée un des plus auguſtes corps de l'univers. La couronne britannique eſt une des premieres de l'Europe, & c'eſt ce parlement qui en eſt l'appui principal : le peuple anglois eſt un des plus libres de la terre, & c'eſt ce Parlement qui en eſt le vrai défenſeur. Lui ſeul encore a la puiſſance de donner des loix à l'Etat, & l'autorité d'en taxer les ſujets. Bien plus, il eſt juge ſouverain de toutes les cauſes quelconques, eccléſiaſtiques ou civiles, de finance ou de milice, de police ou de crime, auxquelles il n'a pas été pourvu par les loix communes du pays : c'est le siege en un mot de ce pouvoir absolu, qui, dans tous les gouvernemens possibles, doit se trouver quelque part, & qui jamais n'agit avec plus de sagesse & de vigueur, que lorsque le maintien de la liberté publique en est le but perpétuel, & que les représentans même de l'Etat en sont les administrateurs. Telle est enfin l'importance de cette assemblée, qu'au jugement de l'illustre Burleigh, grand chancelier du royaume sous Elisabeth, l'Angléterre ne sauroit fleurir qu'à l'ombre de son Parlement.

Après ce qui a été dit à l'article ANGLETERRE, il y auroit encore bien des particularités intéressantes à donner sur la matiere ; nous nous contenterons d'ajouter ici en peu de mots :

Que le droit de convoquer, proroger, casser ou dissoudre ce Parlement appartient au roi ; & que sa majesté peut en prolonger la durée jusques à sept ans, mais pas au-delà.

Que l'approbation royale est nécessaire à tous les actes de ce corps ; & que toutes les fois que sa majesté va siéger à la chambre des pairs, soit pour y porter cette approbation, soit pour y faire l'ouverture ou la clôture des séances, c'est dans ses habits royaux & la couronne sur la tête qu'elle parle, donnant aux membres de la chambre haute le titre de *milords*, & à ceux de la chambre basse celui de *messieurs*.

Que tout membre de Parlement, à sa premiere entrée dans l'une ou l'autre des chambres, doit y prêter quatre sermens, celui d'allégeance, ordonné l'an 1606, celui de suprématie, ordonné l'an 1534, celui du test, ordonné l'an 1674, & celui d'abjurer le prétendant, ordonné l'an 1702.

Que tout acte de Parlement doit être lu trois fois dans chaque chambre, à titre de *bill*, avant que de recevoir l'approbation royale, & avoir force de loi. L'on en excepte ceux qui portent un pardon général, *indemnity*, lesquels étant proposés par le roi, sont envisagés comme actes de grace de sa majesté, & ne sont lus qu'une fois.

Que le chancelier, ou le garde du grand sceau est le président de la chambre des pairs ; & que l'orateur, est le président de la chambre des communes.

Que dans l'une & l'autre des chambres on décide à la pluralité des voix ; mais avec cette différence, que dans la chambre haute les suffrages étant partagés en nombre égaux, la négative l'emporte ; & que dans la chambre basse, l'égalité des voix est rompue par celle du président.

Que dans les débats, c'est toujours au président que la parole s'adresse ; & qu'il est défendu à tout membre qui parle d'en apostropher directement un autre, ou seulement de l'appeller par son nom, la police de l'assemblée voulant qu'on ne s'y désigne les uns les autres qu'en tierce personne, & en termes honorables.

Et qu'enfin ce Parlement conserve encore dans plusieurs de ces formules l'usage des vieux mots françois, qui semblent consacrés, on ne sait pourquoi, à la mémoire des Normands, derniers conquérans du royaume.

PARME ET PLAISANCE.

PARME est une belle ville, de trente mille habitans, (quelques-uns disent de plus de cinquante-mille), sur la petite riviere de Parma qui la divise en deux parties (*a*). Elle est située dans une plaine agréable : les rues sont larges & propres; elle est beaucoup plus étendue que ne l'exigeroit sa population, mais c'est un agrément de plus pour ses habitans. Il y a une belle & grande place avec des arcades qui regnent de deux côtés. L'hôtel-de-ville qu'on nomme *anzianato*, a aussi un grand portique où se tient le marché au blé quand il pleut. Les fortifications de la ville sont très-médiocres, mais la citadelle est forte. Le palais ducal est situé sur le bord méridional de la riviere & communique par un petit pont à la citadelle. Ce qu'il y a de plus curieux aujourd'hui à Parme, outre quelques chef-d'œuvres de peinture du Correge, du Parmesan, & d'autres, c'est la salle des spectacles, bâtie dans le goût des amphithéâtres anciens. Ce sont les Farneses qui ont embelli la capitale de ce magnifique théâtre qui n'a point son pareil dans toute l'Italie. Il est de l'architecture de Vignole, & peut contenir plus de douze mille spectateurs. C'est le seul théâtre moderne, dit Mr. Cochin, qui soit vraiment décoré d'architecture, & la pensée en est très-belle. Ce bâtiment a 50 toises de longueur, en y comprenant l'escalier & le vestibule qui est au-dessus de l'escalier; sa largeur est de 16 toises & demie dans œuvre. Le théâtre seul a vingt toises quatre pieds de profondeur; il n'a cependant que six toises quatre pieds d'ouverture, & il semble, que ce soit bien peu pour un si vaste théâtre; mais on assure que cela contribue à faire sortir la voix. Le *proscenium*, ou devant du théâtre, est décoré d'un grand ordre Corinthien, qui comprend toute la hauteur de la salle, laquelle est de onze toises deux pieds; les intervalles des colonnes sont ornés de niches & de statues. Le pourtour de la salle est occupé par douze rangs de gradins, à la maniere des amphithéâtres des Romains, & du théâtre olympique de Vicence; les gradins du milieu ont 36 toises de tour, occupent une hauteur de vingt-quatre pieds, & forment comme le sous-bassement de deux ordres d'architecture dont la salle est décorée. L'un est dorique, l'autre est ionique; ils occupent une hauteur de

---

(*a*) On fait venir le nom de cette riviere du mot *Parma*, qui signifie bouclier rond, dont se servoient les anciens, comme si on eût voulu indiquer les vertus martiales de ses habitans.

trente-six pieds. Les entre-colonnes forment des loges, & l'entablement est terminé par une balustrade & des statues. Les deux entrées latérales de la salle sont formées par deux arcs de triomphe, sur lesquels il y a des statues équestres; au devant des gradins, regne une balustrade dont les acroteres, ou piédestaux, servent de bases à des génies qui portent des torches pour éclairer la salle. L'espace vide qui est dans le milieu de la salle, a vingt toises de long sur neuf de large, & peut contenir une quantité immense de spectateurs; mais il paroît avoir été destiné à faire une espece de naumachie, que l'on peut inonder par des tuyaux de conduite qui y aboutissent, soit pour procurer de la fraîcheur à la salle, soit pour y donner des spectacles sur l'eau. Le toit est plat au dedans de la salle. La charpente du couvert est des plus belles; les entraits sont composés de trois pieces liées ensemble par des étriers de fer, avec une hardiesse & une solidité merveilleuses. Malgré l'immensité de ce théâtre, il a la propriété singuliere d'être très-favorable à la voix. L'auteur dont nous tirons ces détails, a éprouvé qu'une personne placée à l'extrémité de la salle, entendoit fort bien la conversation qui se tenoit dans le dernier enfoncement du théâtre, effet suprenant qui suppose dans l'architecte qui en avoit médité le plan, une singuliere intelligence. Ce n'est point sur ce grand théâtre que l'on joue habituellement l'opéra; il n'a pas servi depuis 1733, & il est trop dégradé actuellement. D'ailleurs, il est si vaste, que l'illumination en est très-dispendieuse; & à moins qu'une occasion extraordinaire n'attire un très-grand concours de monde au spectacle, il paroîtroit désert (*a*).

Les églises de Parme sont vastes & bien décorées. Il y a une université pour la noblesse, établie dès l'an 1412, & renouvellée sur-tout par le prince Ranuce I, de la maison Farnese, en 1600; elle étoit ci-devant sous la direction des jésuites. Les principales manufactures de Parme, sont des fabriques de bas de soie.

L'air de Parme a toujours passé pour très-bon. Pline nous apprend que lors du dénombrement de l'empire, fait sous l'empereur Vespasien, on y trouva trois hommes de 120 ans, & un de 130 (*b*). Le climat y est tempéré : il y fait bien moins chaud que dans la partie basse de l'Italie; on y éprouve même quelquefois des hivers rigoureux, & l'on y a vu jusqu'à quatre pieds de neige, mais cela est rare (*c*).

Le peuple de Parme est indolent : c'est peut-être son seul défaut. Il ne porte point la jalousie jusqu'à la fureur, comme dans quelques villes d'Italie. Scaliger dit que les Parmesans ont l'esprit guerrier, le cœur bon &

(*a*) Ces détails sont tirés de l'excellent voyage d'un François en Italie, tome I, p. 458-461. Nous avons cru que ce morceau magnifique méritoit une description détaillée, & nous ne pouvions mieux faire que de suivre l'auteur du livre que nous venons de nommer.

(*b*) Plin. hist. nat. lib. VII, chap. 49.

(*c*) Voyage d'un François en Italie, tome I, p. 483.

qu'ils aiment à plaire (*a*). Ils passent pour être courageux. Ils sont grands comme presque tous les Italiens. La présence de la cour fait qu'il y a beaucoup de noblesse à Parme.

Outre les deux grandes villes de Parme & de Plaisance qui sont les deux seules de ce duché, il y a un grand nombre de bourgs considérables, de villages & de châteaux. Entre ceux-ci le plus célébre est *Castel-Guelfo*, qui est sur la riviere de Taro, & que l'on prétend avoir donné son nom au parti des Guelfes.

Parme étoit une ville des anciens Toscans, dont les Gaulois Boiens & ensuite les Romains s'emparerent successivement; aussi Varron, parlant des laines qu'on retiroit de Parme, les appelle laines Gauloises. (*b*) Cette ville fut faite colonie Romaine 185 ans avant Jesus-Christ. Elle étoit dans l'Emilie, & la voie Emilienne, qui fut construite pour aller de Rimini à Plaisance, passoit à Parme. Cicéron (*c*) déplore les vexations qu'Antoine exerça dans cette ville.

Alboin, roi des Lombards, s'empara de Parme en 570, & l'exarque Romain en 590. Les Lombards la reprirent ensuite, & l'exarque Callinique la surprit encore l'an 601; il y eut alors des princes ou ducs de Parme qui furent alternativement souverains, ou sujets d'un prince plus puissant. Enfin, Charlemagne ayant rassemblé tous les membres épars de l'empire d'occident, les transmit à ses enfans. Mais en détruisant l'empire des Lombards, il donna au saint siege les villes de Parme, de Plaisance, de Modene & de Reggio. Du moins c'est l'opinion commune, quoique cette donation ait été contestée (*d*).

Plaisance n'est pas aussi considérable que Parme : elle ne contient guere

---

(*a*) Voici les vers de Scaliger à ce sujet.

Inventum medicis præclarum nomen in armis
Prædita quò sit gens ignea marte docet.
Ingenium rapidum facili flammatur ab ira
Sed viget in patulo pectore purus amor.
Magnanimo pretium est non displicuisse pudori,
Hoc satis officio cedere turpe putat.

(*b*) Martial dit :

Tundet & innumeros Gallica Parma greges.

Et ailleurs :

Velleribus primis Apulia, Parma secundis
Nobilis, altinum tertia laudat ovis.

Ceci prouve que Parme étoit, autrefois, aussi célébre par le commerce des laines, qu'elle l'est aujourd'hui par celui de ses soies, tant en trame qu'en organsin.

(*c*) Dans la derniere de ses philippiques.

(*d*) Voyage d'un François en Italie, tome I, p. 442, 443.

que

que dix mille ames, ce qui la rend un peu déserte, vu l'étendue de son enceinte. Son nom de Plaisance paroît venir de l'agrément de sa situation, & de la salubrité de l'air qu'on y respire. Elle est située dans une vaste campagne près du Pô, sur lequel ses murailles ont la vue, & à quelques pas de l'embouchure de la Trebia. Souvent on voit le beau monde de Plaisance venir se promener sur cette partie des murailles, pour voir passer les barques qui montent & descendent presque continuellement le Pô, tout le commerce du Milanez & du Piémont se faisant par cette navigation. Le Pô est un de ces fâcheux voisins qui incommodent souvent ceux qui sont auprès d'eux. La ville de Plaisance n'en reçoit néanmoins aucun dommage, la riviere se jetant toujours de l'autre côté, soit par un effet de la pente naturelle du terrain, qui se trouvant plus bas, détermine le cours des eaux, soit par une faveur particuliere du ciel. Car il n'y a point d'effet naturel, pour peu remarquable qu'il soit, sur lequel la tradition populaire ne raconte quelque chose de miraculeux pour en rendre compte. On dit que dans le temps d'une inondation du Pô, qui menaçoit d'emporter la ville, S. Savin, un de ses premiers évêques, écrivit sur un papier un commandement à ce fleuve de se retirer & de ne jamais répandre ses eaux de ce côté-là; & que ce papier ayant été jeté dans le Pô, avec une intimation de la volonté du saint, le fleuve docile se retira & n'a jamais plus inondé le côté de Plaisance; mais il porte ses ravages vers l'autre bord, où le terrain étant extrêmement gras & mou, les flots le rongent & l'emportent facilement. (*a*).

La ville est grande & bien bâtie; la citadelle & les fortifications sont en bon état, & capables de soutenir un siege. Les rues sont vastes, & désertes, à cause de la foible population de la ville, en raison de sa grandeur. L'église des Augustins est remarquable par son architecture exécutée sur les desseins du célebre Vignole, ainsi que le palais ducal. Mais ce qui frappe le plus dans cette capitale, ce sont les deux figures équestres des Farneses que l'on voit sur la place de la cathédrale; nous allons en donner une description particuliere : elles le méritent.

Les deux statues en bronze des princes Farneses, sont du célebre sculpteur Jean de Bologne, quoique quelques-uns les attribuent à Moca son éleve. La premiere représente Alexandre Farnese, duc de Plaisance & de Parme, qui servit en France pour la ligue avec distinction. Elle a beaucoup d'action : la composition annonce l'intelligence de l'artiste, qui a su mettre la figure & le cheval dans un bon mouvement. Il a saisi avec toute la précision possible l'instant où le cheval part; sa tête sur-tout est touchée avec tant de vérité & de feu, qu'on croiroit l'entendre hennir. L'attitude du prince est bien d'accord avec le mouvement de l'animal, son manteau sur-tout est drapé avec beaucoup de naturel. Si l'on peut reprocher quelque

(*a*) Mémoires de la cour de Parme, p. 478.

défaut à cette ſtatue, c'eſt qu'il y paroît un peu trop de travail & de maniere dans quelques parties; par exemple, la criniere du cheval eſt un peu confuſe; & le côté de la draperie de la figure du duc, oppoſé à celui du manteau a quelque choſe qui choque l'œil du connoiſſeur. On lit ſur le piédeſtal cette inſcription :

Alexandro Farneſio Placentiæ, Parmæ, &c. *Duci III. S. R. E. Gonfaloniero perpetuo; Belgis devictis, Gallis obſidione levatis, Gallico; Placentia civitas ob ampliſſima accepta beneficia, ob Placentinum nomen ſui nominis gloria ad ultimas uſque gentes propagatum, invicto domino ſuo equeſtri hac ſtatua ſempiternum voluit extare monumentum.* C'eſt-à-dire :

» A Alexandre Farneſe, troiſieme duc de Plaiſance, de Parme, *&c.* » gonfalonier perpétuel de la ſainte égliſe Romaine, ſurnommé le François » pour avoir vaincu les Flamands, & avoir fait lever des ſieges aux François : la ville de Plaiſance, en reconnoiſſance des bienfaits ſignalés qu'elle » en a reçus, & de ce que la gloire de ſes exploits a porté le nom » de cette ville, juſqu'aux extrémités du monde, a voulu que cette ſtatue » équeſtre fût un monument éternel à l'honneur de ſon invincible ſouverain. »

La ſeconde figure repréſente le prince Ranuce, fils d'Alexandre Farneſe. Elle eſt pareillement d'une belle compoſition, quoique dans un mouvement moins vif que la premiere; mais la draperie en eſt encore plus parfaite, ſur-tout celle du manteau qui eſt du plus grand goût. Il y a aux piédeſtaux de ces ſtatues équeſtres, des bas reliefs de bronze où l'artiſte pour faire mieux reſſortir les plans de devant, a imaginé d'en faire les figures ſur des lames peu épaiſſes, découpées, & totalement détachées du fond; ce parti ne lui a pas réuſſi, & a tellement privé d'effet ſes compoſitions, que l'on n'y peut admirer que ce qui eſt lié avec le fond, dans lequel il ſe trouve en effet des beautés de détail. Il paroit que c'eſt le ſeul monument où l'on ait tenté une pratique auſſi ſinguliere. On lit ſur le piédeſtal de la ſeconde figure, cette inſcription latine :

Ranutio Farneſio, Placentiæ, Parmæ, &c. *Duci IIII. S. R. E. Gonfaloniero perpetuo, cuſtodi juſtitiæ, cultori æquitatis, fundatori quietis, ob opifices allectos, populum auctum, patriam illuſtratam, Placentia civitas principi optimo equeſtrem ſtatuam. D. D. O.* C'eſt-à-dire :

» A Ranuce Farneſe, quatrieme duc de Plaiſance, de Parme, *&c.* » gonfalonier perpétuel de la ſainte égliſe Romaine, protecteur de la juſti- » ce, amateur de l'équité, conſervateur du repos public; pour avoir attiré » les artiſtes, avoir augmenté la population de ſon Etat, & illuſtré ſa pa- » trie, la ville de Plaiſance lui a fait élever cette ſtatue équeſtre, comme » à l'un de ſes meilleurs princes. Dédiée au meilleur des ſouverains.

Plaiſance fut faite colonie Romaine quatre cents ans avant Jeſus-Chriſt, & quoiqu'on n'y remarque aucun veſtige d'antiquité, on ne peut douter qu'elle n'ait été une ville très-diſtinguée dans l'empire. Il y avoit hors de la ville un amphithéâtre qui fut brûlé pendant la guerre d'Othon & de Vitellius. La ville même fut saccagée ensuite, & saint Ambroise la comptoit parmi les villes dont il ne restoit que des ruines. Totila assiégea Plaisance en 545, & ce siecle est un des exemples les plus mémorables des horreurs de la guerre. L'on s'y défendit plusieurs mois, & l'on fut réduit à se nourrir de chair humaine, après avoir épuisé tous les autres moyens de subsistance. Alboin la prit en 570; elle appartint ensuite aux rois d'Italie successeurs de Charlemagne.

Les papes firent valoir leurs droits de temps à autres, & furent maîtres de Parme pendant long-temps. Dans le temps de la grande confédération que le pape Jules II fit faire contre la France en 1512, il se fit céder Parme & Plaisance, par l'empereur Maximilien I qui les lui abandonna, sauf les droits de l'empire. Enfin le pape Paul III donna le duché de Parme à Louis Farnese son fils, le même qui fut assassiné à Plaisance en 1547; & l'empereur Charles-Quint ayant marié sa fille naturelle avec Octave Farnese, fils du précédent, lui confirma la possession de ce duché. Voyez Arrighi, *hist. de Parme.*

La maison Farnese a joui du duché de Parme tant qu'elle a subsisté. La reine d'Espagne, Elisabeth Farnese, qui épousa Philippe V en 1714, fut mere de don Carlos & de don Philippe, & cette princesse parvint, en quelque sorte, à faire rentrer ce duché dans sa famille, & à procurer à ses deux fils un sort digne de leur naissance. Le roi d'Espagne avoit recommencé la guerre en 1717, pour recouvrer les provinces qui avoient été démembrées de son royaume par la paix d'Utrecht, la Sardaigne, la Sicile, *&c.* Le duc de Savoie fut obligé de rendre la Sicile à l'empereur en 1718; & pour satisfaire le roi d'Espagne, on convint que don Carlos, son fils aîné du second lit, succéderoit aux duchés de Parme & de Toscane; & qu'en attendant l'ouverture de ces fiefs, on y mettroit 600 hommes de troupes Suisses & neutres. Le roi d'Espagne rejeta d'abord ces conditions; la France & l'Angleterre lui déclarerent la guerre, & en 1720 il fut obligé d'y accéder. Enfin le 9 décembre 1722, la diete d'Allemagne consentit à la succession éventuelle de don Carlos dans la Toscane & dans le duché de Parme. Le pape protesta, & soutint que le duché de Parme étoit un fief mouvant du saint siege, & qui devoit lui retourner; mais cela n'empêcha pas qu'en 1731, à la mort du dernier duc Antoine Farnese, le roi d'Espagne n'envoyât son fils don Carlos prendre possession des duchés de Parme & de Plaisance.

En 1736, don Carlos ayant fait la conquête de Naples, Parme fut cédée à l'empereur. A la mort de Charles VI qui n'avoit point d'enfans mâles, le roi d'Espagne réclamoit le Milanois & les autres Etats Autrichiens en Italie, en vertu des anciens pactes de famille faits entre les deux branches de la maison d'Autriche; la guerre dura sept ans, & finit par le traité d'Aix-la-Chapelle, conclu en 1748. La maison d'Autriche satisfit pour lors l'Espagne, en cédant les duchés de Parme, Plaisance & Guastalla à l'infant don Philippe, second fils du roi d'Espagne & d'Elisabeth Farnese : Ferdinand, son fils, les posséda en pleine possession, le pontife lui ayant cédé tous les droits que la cour de Rome pouvoit avoir sur ces duchés.

L'Etat de Parme & de Plaisance est borné au nord par le Pô, qui le sépare du Milanois, au couchant par le Pavesan, au midi par l'Etat de Gênes, à l'orient par le duché de Modene; on évalue la population entiere de ces duchés à 400 mille habitans. Les revenus du duc de Parme vont environ à quatre millions argent de France, qui font douze millions de livres dans le pays. La moitié de ce revenu provient des fermes, qui comprennent les douanes, le tabac & le sel; l'autre moitié est produite par la taxe sur les terres, les contrôles, les milices & les droits sur les cuirs, qui ne sont point compris dans la ferme.

Les finances sont administrées par quatre régisseurs, qui rendent compte immédiatement au ministre du prince.

Le conseil du prince est le tribunal suprême de l'Etat, il réforme les sentences de juges ordinaires, & il évoque même les causes dans certains cas.

Le gouverneur de Parme est le juge ordinaire, il a un auditeur civil, & un auditeur criminel, pour le seconder dans ses fonctions. En général les magistrats de Parme sont bien choisis, & la justice fort bien rendue.

Le conseil des finances, *Magistrato supremo delle finanze*, est composé d'un président, de quatre conseillers, d'un avocat fiscal, d'un procureur fiscal, & d'un greffier ou *cancelliere*; le corps municipal s'appelle *anzianato*, parce qu'il est supposé formé par les anciens & principaux citoyens.

Il y a un dépôt public, *archivio publico*, où l'on dépose toutes les minutes, de même qu'à Florence; établissement très-utile pour la sureté des actes. Voyez le *voyage en Italie* par M. de la Lande.

IMPOSITIONS ET DROITS

Dans les duchés de Parme, Plaisance & Guastalle.

Les impositions & droits qui se levent & perçoivent dans les duchés de Parme, Plaisance & Guastalle, se divisent sous deux classes, ceux qui sont susceptibles de variations, & ceux qui sont fixes & permanens.

Dans la premiere classe sont compris les droits de douane sur les marchandises & denrées, les droits sur les bestiaux & les boissons; les droits sur les boucheries, sur la mouture, sur la fabrication & la vente du sel, tant volontaire que d'impôt; la ferme des tabacs & eaux-de-vie, celle des poudres & salpêtre, la ferme des cuirs, la loterie de Gênes, les postes aux lettres, & aux chevaux, l'exploitation des mines de fer, le papier timbré, la ferme des chiffons & autres privileges exclusifs, les droits des ports, bacs & péages, les droits allodiaux & leurs dépendances.

Dans la seconde classe sont comprises les taxes réelles & personnelles, telles que les collectes, la solde militaire & autres de ce genre.

Des différens objets qui composent les revenus sujets à variations, les uns sont entiérement différens dans chacun des trois duchés, les autres y sont exactement les mêmes.

Ceux qui admettent des différences entr'eux, sont connus sous la dénomination des droits de perception.

Ceux qui sont les mêmes dans les trois duchés, consistent dans les privileges & impôts exclusifs, & dans les droits qui ont été nouvellement établis.

Les droits de bacs, ponts, péages & les droits allodiaux dépendent des circonstances & ont un rapport direct avec les territoires où la perception en a été établie.

On va rendre compte successivement de ce qui concerne la levée & la perception de ces impositions & droits dans chacun des trois duchés.

Droits appellés de Perception, qui ont lieu dans le duché de Parme.

Droits de Douane.

LES droits de douane sont perçus dans la douane principale, aux quatre portes de la ville de Parme, & dans quarante petits bureaux particuliers qui sont répandus dans l'étendue de ce duché.

Ces droits ont été établis, les uns par les souverains, les autres par le corps-de-ville de Parme, qui, formant une espece de république, avoit anciennement le droit d'imposer des droits; elle ne peut actuellement faire usage de cette prérogative, qu'autant que le souverain veut bien le lui permettre, & il n'en accorde la permission que lorsqu'il ne veut pas paroître faire l'imposition de son autorité.

On perçoit aussi des droits de douane dans l'étendue du territoire de Pallavicini, qui comprend les villes & bourgs de Borgo-Saint-Domingo, Busseto-Corte-Maggiore, Monticelli, Dongina, & leurs territoires qui formoient anciennement un domaine ou seigneurie particuliere; mais qui, depuis un long espace de temps, a été réuni au duché de Parme.

Tous ces droits sont perçus d'après des réglemens & des tarifs qui sont propres & particuliers à chacun de ces bureaux.

Les droits de douane, dont les anciens ducs de Parme ont ordonné l'établissement sous la dénomination de *droits caméraux* ou de la chambre du domaine, sont perçus à l'entrée, à la sortie & au passage de toutes especes de marchandises & denrées.

Suivant un réglement du 24 janvier 1705, dont les dispositions ont été renouvellées par un autre du 24 janvier 1722, on est obligé, pour les marchandises & denrées que l'on veut faire entrer & circuler dans le duché de Parme, d'en faire la déclaration au premier bureau de la frontiere, d'y payer les droits & de prendre un acquit; le défaut de ces formalités emporte la confiscation des marchandises & denrées, mais il n'est prononcé aucune amende.

Quant aux marchandises & denrées que l'on veut faire sortir, la déclaration doit être faite au bureau le plus prochain du lieu de l'enlevement, & faute de s'y conformer, les marchandises & denrées sont pareillement dans le cas d'être confisquées.

Le montant des droits qui doivent être perçus, est consigné dans des tarifs dont les originaux forment un registre que l'on appelle le Livre d'or, qui est déposé dans les archives de l'hôtel-de-ville de Parme, & qui contient non-seulement l'imposition originaire, & les accroissemens successifs qu'elle a reçus depuis, mais encore les ordonnances & réglemens qui y sont relatifs.

Il existe encore dans l'étendue du duché de Parme & le long du Pô, deux douanes, dont l'une est établie à Toricella & l'autre à Polesino.

On perçoit dans chacune de ces douanes, des droits de transit sur les marchandises qui remontent & descendent le Pô, & en outre un droit sur les barques, qui est connu sous la dénomination de *fonds de bateaux.*

La facilité que les canaux & les rivieres qui arrosent la Lombardie, donnent aux conducteurs des barques & bateaux, d'éviter de passer dans ces douanes, engage à faire des remises assez fortes sur les droits de transit, qui, par eux-mêmes, sont très-médiocres.

Les droits qui ont été établis par la communauté de Parme, ne sont perçus qu'à l'entrée des marchandises, sous la dénomination d'*imposition, addition* & *entrée des huiles.*

L'imposition se perçoit en conséquence d'un réglement & d'un tarif de 1720, renouvellé le 2 de décembre 1758, sur les marchandises qui y sont énoncées; ces réglemens comprennent aussi les droits de détail sur les boissons, dont on rendra compte dans la suite.

L'addition n'a lieu que sur les fromages, la cire, les cuirs, le poisson salé & mariné, & l'huile d'olive qui viennent de l'étranger, & sur les chandelles, soit étrangeres, soit fabriquées dans la ville de Parme; mais comme le droit sur ces deux derniers objets n'a été établi en 1728, que pour acquitter le don gratuit que la ville de Parme devoit payer au duc Antoine à l'occasion de son mariage, il ne se perçoit que dans cette ville seule, & non dans les campagnes.

On ordonna à la même époque de 1728, pour dix années seulement, la perception d'autres droits, tels que le doublement du péage du pont d'Euza, un droit sur les fruits & légumes étrangers, & un sous (3 deniers, monnoie de France) d'augmentation sur le prix courant de chaque livre de sel; mais les besoins qui sont survenus depuis, ont fait continuer cette perception qui existe encore actuellement.

L'entrée des huiles consiste dans un droit de 9 sous (2 sous, 3 deniers, monnoie de France), par poids d'huile d'olive qui entre dans la ville & dans le duché de Parme; l'établissement de ce droit ne remonte qu'au 20 décembre 1748.

Indépendamment de la confiscation, qui seule a lieu pour les contraventions aux réglemens sur les droits de douane établis par les ducs de Parme, il y a une amende pour les contraventions aux droits établis par la ville de Parme.

Avant 1763, il existoit dans l'étendue des trois duchés, différens petits droits & privileges exclusifs qui étoient très-onéreux au public, sans qu'il en résultât des avantages réels pour les ducs: ces droits & privileges ont été supprimés; & il y a été substitué, sous la dénomination de nouvelles additions camérales, un droit additionnel aux droits d'entrée sur les marchandises de luxe & de prix, telles que les étoffes de soie, d'or & d'argent, les galons, les toiles fines, les draperies, les vins étrangers, les drogueries & épiceries; mais pour ne point déranger le commerce de ces especes de marchandises avec l'étranger, il a été ordonné que le montant de ces droits additionnels, seroit restitué sur les expéditions qui seroient faites à l'étranger, en rapportant un certificat en bonne forme de l'arrivée des marchandises dans le lieu de leur destination.

Il s'étoit introduit, par succession de temps, un abus qui consistoit en ce que, quoique suivant les anciens réglemens, les étrangers dussent payer pour le droit de douane, le double de ce que payoient les nationaux, cependant les étrangers ne payoient pas davantage; on a fait revivre l'ancien usage, de maniere que les étrangers sont tenus de payer le double, & le produit de ce doublement fait partie des droits établis sous la dénomination de nouvelles additions.

Les objets qui forment les produits les plus considérables des droits de douane, sont les cocons & les soies, les cuirs, les fromages, les riz, les huiles & les savons.

La soie qui forme la production la plus étendue du pays, a principalement excité dans tous les temps l'attention du gouvernement, soit pour en empêcher la sortie jusqu'à ce qu'elle fût au moins travaillée en trame, soit pour en perfectionner les apprêts, soit enfin pour assurer la perception des droits auxquels elle est assujettie.

Dans le temps de la récolte des cocons, il se tient dans la ville de Parme, & dans les principales villes & bourgs de ce duché, des foires & marchés où les gens de la campagne les apportent.

Chaque partie de cocons est pesée avec des balances ou romaines publiques, par des personnes préposées à cet effet: plusieurs officiers de police sont chargés de régler le prix de ces cocons, de décider sommairement les contestations qui peuvent survenir entre les vendeurs & les acheteurs ; ils font porter les cocons dans les usines qui sont établies pour filer la soie, & pendant la saison de la vente, on garnit les frontieres de soldats & de gardes, afin d'empêcher la sortie des cocons.

On a perçu, jusqu'en 1766, sur les cocons dans la ville de Parme, un droit de 8 livres par poids de vingt-cinq livres pesant, & un droit de 4 livres sur la même quantité dans les campagnes : (*a*) on percevoit en outre différens petits droits dans l'étendue du territoire de Pallavicini ; mais en 1766, tous ces droits ont été supprimés, & il en a été établi un seul qui se paye, tant à la ville qu'à la campagne, & qui revient à 3 livres 2 sous 6 deniers par livre de douze onces sur la soie grese, c'est-à-dire sur la soie telle qu'elle est lorsqu'on la tire de dessus le cocon.

Les soies en trame payent un droit de sortie à raison de trente sous par livre, les fleurets un droit de 15 sous, & les rebuts un droit de 10 sous.

Le produit de ces derniers droits est destiné pour le corps des fabricans de soieries, soit pour les indemniser de quelques droits qui leur ont été ôtés, soit pour leur donner des encouragemens.

Les habitans de la campagne sont obligés de faire, dans le bureau de douane le plus prochain, une déclaration de la quantité de cocons qu'ils ont tirés de leurs vers à soie, & de justifier de la vente qu'ils en ont faite, faute de quoi ils sont tenus de payer les droits qu'auroit acquittés le fileur.

Les cuirs & peaux sont assujettis,

1°. Aux droits de caméraux, d'entrée, de sortie & de transit.

2°. Aux droits de communautés, c'est-à-dire, à ceux qui ont été ajoutés en 1728 aux premiers.

Ces droits se payent à raison de 50 sous par poids de vingt-cinq livres pesant sur les cuirs étrangers ; & à raison de 42 sous, aussi par poids de vingt-cinq livres pesant, sur les cuirs du pays ; les peaux apprêtées en mégisserie & pelleterie, payent à raison de 5 livres 2 sous par vingt-cinq livres pesant.

Les peaux en verd doivent être marquées aux extrémités avant d'être mises à la tannerie, ou de passer par quelqu'autre apprêt ; elles reçoivent une nouvelle marque & acquittent les droits à la sortie de ces apprêts : les tanneurs & autres fabricans sont tenus de faire des déclarations aux bureaux des douanes, des peaux qu'ils ont à faire tanner & apprêter, afin qu'on puisse les prendre en charge & les marquer, le tout à peine de confiscation, d'amende, & même de peine afflictive.

Les corroyeurs, les cordonniers ne peuvent, sous les mêmes peines,

(*a*) On se souviendra que la livre de Parme ne fait que cinq sols argent de France, & de même le sou n'est que trois deniers, monnoie de France.

avoir

avoir chez eux des cuirs, soit entiers, soit entamés, qu'ils ne soient revêtus de la marque.

Les cuirs étrangers sont marqués à leur arrivée dans le duché de Parme, & ils acquittent les mêmes droits que ceux de la fabrique intérieure.

Les peaussiers, les gantiers & les fourreurs, acquittent les droits par abonnement, & sont, par ce moyen, dispensés de faire marquer leurs peaux.

Le riz du Piémont & du Milanois, les huiles & les savons de Gênes, & les fromages de Lodi, forment aussi un objet de revenu assez considérable, non-seulement par les droits d'entrée, auxquels sont assujettis ceux qui se consomment dans le duché de Parme, mais à cause des droits de transit qui se perçoivent sur ceux qui y passent & qui sont transportés dans les Etats voisins.

Les fromages qui sont consommés dans le pays, & ceux qui sont envoyés au dehors, doivent être déclarés & marqués; ils acquittent les droits sur le pied de 42 sous par poids de vingt-cinq livres pesant, indépendamment des droits qui se perçoivent à la sortie sur ceux qui sont envoyés au dehors : la régie de ces droits est établie de maniere que ceux qui fabriquent des fromages sont assujettis, par compte ouvert, à justifier mois par mois, de l'emploi de ceux qu'ils ont fabriqués; on n'appose aucune marque & on ne perçoit aucuns droits sur ceux que les propriétaires réservent pour leur consommation.

Le souverain, les fermiers de ses domaines, les officiers des cours & des bureaux du prince, les militaires, & les peres de famille qui ont douze enfans, sont exempts des droits de douane sur toutes les denrées & marchandises qui viennent pour leur service; le clergé régulier & séculier, les hôpitaux, les maisons de retraite n'en sont exempts qu'en partie; les nouveaux réglemens qui ont été faits, ont retranché plusieurs des privileges qui leur avoient été accordés, & l'on s'occupe encore de cet objet : toutes les marchandises qui passent pour le service des princes des Etats voisins, ne sont point sujettes aux droits de transit, & ces princes en usent de même à l'égard du duc de Parme.

Droits du marché des bestiaux & des boissons.

LES droits sur les bestiaux & les vins, se perçoivent, tant dans la ville que dans l'étendue du duché de Parme. Dans la ville, le bureau pour la perception de ces droits, est établi sur la place, où se tient, deux fois la semaine, le marché des bestiaux & des vins; il y a pendant l'hiver un marché particulier pour les porcs dans les campagnes; les douaniers ou buralistes sont chargés de cette perception.

Ces droits connus sous la dénomination de *droits de contrats*, sont perçus d'après un tarif inséré dans le livre d'or, sur les ventes & achats des bestiaux vifs, & sur celles des vins en gros; ils sont payés moitié par le vendeur & moitié par l'acheteur, & s'il arrive que l'un des deux soit exempt, on ne perçoit que la moitié du droit : le même tarif comprend aussi quelques droits qui sont perçus à l'abatis des bestiaux & à la vente du vin en détail dans les cabarets ; ces droits sont plus considérables & plus multipliés dans la ville que dans les campagnes.

Comme les droits sur la vente des vins en gros sont fixés à raison de tant par livre du prix de la vente, les redevables déclarent les vins à des prix inférieurs à ceux auxquels ils sont vendus ; on est occupé des moyens de prévenir ces abus. Les cabaretiers de la ville de Parme & de la banlieue, sont sujets à des exercices qui ne représentent que très-imparfaitement ceux qui ont lieu en France dans les pays d'aides ; dans les campagnes, les cabaretiers sont abonnés.

Les droits sur la vente des vins en détail, reviennent en y comprenant l'entrée, à raison de 6 livres par *breute*, qui contient la quantité de soixante-douze pintes, mesure de Paris : on accorde aux cabaretiers une demi-breute ou trente-six pintes par tête tous les mois pour la consommation de leur famille, à l'exception néanmoins des enfans au-dessous de sept ans ; on leur fait en outre tous les six mois une remise de cinq pour cent sur la totalité de la vente qu'ils ont faite.

Dans les campagnes, où la consommation des bestiaux n'est pas assez considérable pour supporter les frais des exercices, les droits à l'abatis sont perçus par abonnement sur les bouchers.

Le commerce des bestiaux, & notamment celui des porcs, est très-considérable dans le duché de Parme, & exige qu'on lui procure des facilités & des encouragemens.

Tous ceux qui élevent des porcs, sont tenus de fournir, au mois de juillet de chaque année, des déclarations par écrit du nombre qu'ils en possedent ; ainsi l'on est à portée de connoître la quantité de porcs qui existent & qui sont destinés à l'engrais, de fixer le nombre nécessaire pour l'approvisionnement du pays, & de permettre l'exportation du surplus ; ce qui procure des facilités au commerce & augmente le produit des droits de sortie ; on s'occupe des mêmes arrangemens pour le gros bétail, on travaille pareillement à réformer les abus qui résultent des privileges & exemptions des droits sur les bestiaux & sur les vins, qui ont eu lieu jusqu'à présent.

Droits des boucheries de Parme.

ON perçoit dans les boucheries de la ville de Parme, un droit de 43 sous 9 deniers sur chaque vingt-cinq livres pesant de viande qui se vend en détail.

Lorsque les bestiaux sont abattus, on pese la viande en présence des commis qui sont établis à cet effet, ils la prennent en charge par compte ouvert avec chaque boucher ; on fait l'arrêté le jeudi de chaque semaine,

& les droits sont acquittés sur le résultat de la vente : on déduit aux bouchers le montant de ce qui a été fourni aux personnes qui sont exemptes suivant les certificats qu'ils représentent de ces mêmes personnes ; mais comme ces exemptions donnent lieu à des fraudes & à des abus, on s'occupe des moyens de les faire cesser.

Droits de moutures.

LES droits de moutures se perçoivent sur les gros & menus grains qui sont moulus, sur le pain qui est destiné à être vendu, & sur les pâtes.

Pour chaque stare, ou soixante-douze livres pesant de France, de blé-froment.

Le particulier paye 1 livre 15 sous.

Le boulanger, 4 livres 2 sous.

Le fabricant de pâtes, 4 livres 3 sous.

Pour chaque stare de menus grains, le particulier paye 17 sous 6 deniers.

Le boulanger & le faiseur de pâtes, 2 livres 1 sous 6 deniers.

Les boulangers de la campagne ne payent pour chaque stare de froment que 40 sous ; les farines qui entrent dans la ville de Parme, payent outre les droits que l'on vient de rappeller, un droit d'entrée de 40 sous par stare de froment.

Lorsqu'on veut faire moudre du grain, on est obligé de le conduire au bureau de la mouture, où il est pesé & enregistré, & les droits acquittés.

De ce bureau, il est porté au moulin avec un bulletin qui est remis au meûnier qui doit le faire moudre dans le terme qui est fixé.

Lorsque la mouture est faite, la farine est reportée au bureau avec le bulletin, & lorsque l'identité est reconnue, le propriétaire peut l'enlever ; on observe seulement de déchirer un coin du bulletin, afin qu'il ne puisse servir une autre fois. Les grains & les farines qui ne sont pas accompagnés d'un bulletin, à l'exception des grains qui viennent directement au bureau, sont dans le cas d'être confisqués ; les boulangers & les fabricans de pâtes dans le plat-pays, sont abonnés pour les droits qui les concernent.

Les mêmes exemptions que l'on a rappellées ci-dessus, ont lieu pour la mouture des grains ; mais on s'occupe des moyens de les faire cesser, ou du moins de remédier aux abus qui en résultent.

Un édit du 22 mai 1767, a ordonné la perception pendant dix ans, de la moitié en sus des droits de mouture.

L'objet de cette augmentation est 1°. de faire rentrer dans le trésor du prince, le montant des sommes qui en ont été tirées pour les approvisionnemens de grains qui ont été faits, pendant les deux années de disette qui ont précédé cette époque ; 2°. de se procurer les fonds nécessaires pour un magasin d'abondance qui contiendra soixante mille stares de grains.

Cette augmentation de droits porte sur toutes sortes de personnes indistinctement & sans aucune exemption ; & en conséquence, ceux qui étoient exempts auparavant, sont tenus de payer à titre d'augmentation, tant les anciens droits que les nouveaux sur les grains qu'ils feront moudre.

Les grains qui sortoient de la ville de Parme pour le dehors, & qui n'étoient sujets à aucuns droits, acquittent actuellement ceux qui ont été mis par augmentation.

Droits de l'Etat Pallavicini.

CES droits établis par les anciens seigneurs, ont continué à être perçus depuis la réunion de cette province au duché de Parme.

Ils sont connus dans la ville & territoire de Borgo-Saint-Domingo, sous la dénomination d'ancienne & nouvelle imposition, & se leve sur différentes especes de marchandises & bestiaux ; ils s'acquittent à la douane avec les droits du duché de Parme.

On y perçoit un droit de 40 sous par stare de grains destinés pour les boulangers, un droit de 8 sous par stare de farine destinée à faire du pain, & un droit de 28 sous par stare de farine destinée à faire des pâtes ; les boulangers & les faiseurs de pâtes sont abonnés pour raison de ces droits.

La viande qui se vend en détail, paye deux sortes de droits qui reviennent à 15 sous par vingt-cinq livres pesant ; les bouchers sont exercés pour ces droits.

Les vins qui se vendent en détail, sont aussi assujettis à des droits qui reviennent à 4 livres 12 sous par breute, ou soixante douze pintes, mesure de Paris ; les cabaretiers sont abonnés pour ces droits.

Dans les villes de Busseto, Corte-Maggiore, Monticelli, Dongina, Castelvetro & leurs territoires, les droits locaux ne portent que sur la sortie & le transit des bestiaux, marchandises & denrées, dont la perception est faite suivant d'anciens tarifs renouvellés en 1729.

Droits de communauté.

LES principales villes & bourgs du duché de Parme, jouissoient de certains droits & revenus qui, en 1756, ont été réunis au domaine du prince, & qui consistent dans des péages, des droits de marché, dans des bois, prés, terres, moulins, fours, dépôt de gages & saisies.

La ville de Parme possede aussi des revenus de ce genre, tels que la marque des cartes à jouer, le péage du pont d'Euza, la marque des toiles, la marque de pots & bouteilles, & le droit sur les fours à brique.

On va maintenant rendre compte des droits qui se perçoivent dans le duché de Plaisance.

Droits de douane dans le duché de Plaisance.

LES droits de douane, qui se perçoivent à l'entrée, à la sortie, & au passage de toutes especes de marchandises, denrées & bestiaux, sont acquittés dans la douane principale, & dans soixante petites douanes qui sont répandues dans toute l'étendue du duché de Plaisance.

Ces droits de douane qui avoient été imposés dans l'origine, les uns par le gouvernement, les autres par la ville de Plaisance, ont été réunis par un tarif du 17 juin 1602, en un seul & même droit.

La situation de la ville de Plaisance, sur le Pô, rend cette ville l'entrepôt des marchandises qui viennent de Gênes, pour se répandre dans la Lombardie; ces marchandises payent des droits de transit, qui sont perçus en conséquence d'un tarif particulier.

La douane de Plaisance réunit la perception de différens droits qui, dans le duché de Parme, ont chacun leurs bureaux, tels que les droits sur le foin, les bestiaux, les droits à l'abatis, les droits à la sortie des porcs & autre de ce genre : quant à la marque des cuirs & aux droits sur les poissons marinés, ils sont à Plaisance, comme à Parme, du ressort des douanes.

Les augmentations qui ont été faites en 1763, des droits sur les marchandises de luxe & de prix, ont lieu dans le duché de Plaisance, comme dans le duché de Parme.

Les exemptions des droits de la douane de Plaisance, sont les mêmes que dans le duché de Parme, & sont sujettes aux mêmes inconvéniens.

Les cabaretiers sont pareillement abonnés dans la ville & la campagne, pour les droits de détail; mais ces droits de détail sont beaucoup plus forts que dans le duché de Parme, puisqu'au lieu de 6 livres (*a*) par breute, ou soixante-douze pintes de vin, ils montent à 14 livres 10 sous.

Le commerce du duché de Plaisance, consiste dans les mêmes objets que celui du duché de Parme, c'est-à-dire, dans les cocons & soies, les fromages, les huiles, les savons, les bestiaux, les vins, les riz & les lins.

Les cocons payent à raison de 4 livres 10 sous par poids ou vingt-cinq livres pesant; & lorsque la soie est filée, elle paye encore 20 sous par livre.

La foire ou marché des cocons, se tient dans la ville de Plaisance seule: la police y est la même qu'à Parme.

Les droits sur la soie sont fixés, pour l'entrée, à 8 sous 6 deniers par livre; pour la sortie, à 12 sous 6 deniers; & pour le transit à 6 sous 3 deniers.

Il y a dans la ville de Plaisance, un très-beau & très-vaste moulin à organsins, dont la direction est confiée, par le gouvernement, à des per-

(*a*) Il est toujours question de la même monnoie dont la livre ne vaut que cinq sous de France.

sonnes au fait du commerce ; les trames & organsins qui en sortent, sont envoyés à Lyon, & en Angleterre, & y sont très-recherchés

Les soies étrangeres que l'on envoie dans ce moulin pour y être travaillées, payent, pour droit de douane, 5 sous par livre à l'entrée, & autant à la sortie.

Les porcs sont si abondans dans le duché de Plaisance, qu'il s'en fait un commerce très-considérable au dehors. Ce qui augmente les produits des droits de douane.

Tout étranger qui arrive à cheval à Plaisance, paye un droit d'entrée par tête ; les courtisanes sont pareillement assujetties à ce droit, mais comme il doit se percevoir sur la déclaration, il est facile de sentir qu'il n'est d'aucun produit.

Droits du vin & du poisson frais.

Le vin & le poisson frais qui entrent dans la ville de Plaisance, sont assujettis à des droits qui ont été imposés par la ville, & qui sont réglés par des tarifs particuliers.

Droits de boucheries.

Les droits sur la vente en détail de la viande, font partie des douanes dont les commis exercent les bouchers ; il n'y a d'exempt, de ces droits, que l'évêque & les officiers des cours.

Droits de moutures.

Les droits de mouture ont été imposés anciennement, par la ville, sur tous les grains que l'on y fait moudre.

Le particulier paye par stare, ou soixante-douze livres pesant de froment, 20 sous ; par stare de méteil, 20 sous ; & par stare de menus grains, 15 sous.

Les boulangers de la ville, outre ces droits, payent 20 sous de plus par stare de froment.

Les boulangers de campagne sont abonnés.

Il y a dans Plaisance, des boulangers & des fourniers.

Le boulanger est celui qui fait du pain pour le vendre au public.

Le fournier reçoit la pâte toute pétrie & la fait cuire dans son four ; le boulanger ne peut empiéter sur les fonctions du fournier.

Les mêmes exemptions qu'à Parme, ont lieu dans la ville de Plaisance sur les droits de mouture.

L'augmentation qui a été établie dans le duché de Parme sur les droits de mouture, n'a point lieu dans le duché de Plaisance, parce que le prince n'a point été obligé d'y pourvoir à la subsistance du peuple ; il y a un tribunal dont les fonctions consistent à veiller à ce que les marchés soient suffisamment garnis de grains, & qui en regle le prix.

Droits locaux de Fiorenzuola.

LA ville de Fiorenzuola, indépendamment des droits de douane, est assujettie à des droits locaux & particuliers, tel que le droit ducal qui se perçoit à l'entrée, à la sortie & au passage des marchandises & denrées; le droit de 7 sous 6 deniers par breute de vin, qui se récolte dans l'étendue de son territoire, le droit de contrat, qui consiste en un sou par breute de vin qui se vend en gros; le droit de détail sur les cabaretiers, à raison de 5 livres 5 sous par breute : le droit d'abatis & de contrat sur les bestiaux & porcs, & le droit de 14 sous par chariot de foin qui se récolte dans le pays.

Personne, même les ecclésiastiques, n'est exempt de ces droits.

Droits de l'Etat Landi & Borgotaro.

L'ETAT Landi étoit composé des bourgs de Bardy & Compiano, il appartenoit aux marquis de Landi, maison très-ancienne dans le duché de Plaisance; les Farneses l'ont réuni, ainsi que Borgotaro & son territoire, à leur domination; ces districts ont leurs usages particuliers & sont assujettis à des droits locaux, tels que des droits de douane & des droits sur les bestiaux & boissons, tant à la vente en gros qu'au détail.

Privileges.

IL existe dans le duché de Plaisance divers privileges exclusifs, tels que ceux de la fabrication des verres & de la fabrique du vinaigre. Ces privileges s'afferment à la chaleur des encheres.

Droits de communautés.

LA ville de Plaisance jouissoit de différens droits & revenus, qui consistent dans la marque des poids & balances, la marque des pots & bouteilles, les dépôts des gages & saisies.

Quelques autres villes jouissoient des droits de péages, de marché, de moulins, de boulangeries & boucheries; ces droits ont été réunis au domaine du prince en 1756.

Des droits qui se perçoivent dans le duché de Guastalle.

Droits de douane.

LA ville de Guastalle est située à peu de distance du Pô, ainsi on y connoît, comme à Parme & à Plaisance, deux sortes de douanes, celle de terre & celle de riviere.

Le droits des douanes de terre, portent sur les mêmes objets que ceux des douanes des duchés de Parme & de Plaisance.

La douane de riviere ne perçoit qu'un droit de transit, & celui connu sous la dénomination de *fonds de bateaux*, toutes les marchandises, à l'exception des grains, vins, foins, bois & poissons, payent à raison de 4 livres par somme de vingt poids ou cinq cents livres pesant, & en outre huit pour cent du montant du droit pour l'agiot de l'espece; la continence ou portée des barques, se juge à l'estimation & sur les bulletins ou acquits des douanes étrangeres dont les patrons sont munis; en cas de soupçon, on fait peser tout le chargement : ces droits ont été imposés par les ducs; le dernier tarif a été publié en 1717 par les ordres du duc Antoine-Ferdinand de Gonzague.

On étoit dans l'usage de ne point exiger de droits sur de petites parties de marchandises, au-dessous de vingt-cinq livres pesant; cet usage a été changé en 1763, en même-temps qu'on établit dans les douanes de Guastalle, l'augmentation qui a été ajoutée aux droits existans.

Les mêmes exemptions que dans les deux autres duchés, ont lieu à Guastalle.

Les droits de boucheries & de ventes des boissons en détail, sont affermés aux bouchers & cabaretiers; on afferme en même-temps le droit de 6 deniers qui se perçoit sur chaque livre des porcs qui s'abattent depuis le mois d'octobre jusqu'au carême.

Le duché de Guastalle, quoique d'une très-petite étendue, produit beaucoup de grains, de bestiaux, de porcs, de vins, de cocons & de chanvres; l'exportation de ces denrées procure de l'aisance aux habitans, & augmente le produit des droits.

Les marchés ou foires des cocons, se tiennent à Guastalle, à Luzara & Reggiolo; on y observe la même police qu'à Parme & à Plaisance; le cocon paye en totalité 5 livres 5 sous par vingt-cinq livres pesant.

La soie ne reçoit d'autre apprêt dans le duché de Guastalle que la premiere filature; on se propose d'y établir des manufactures pour la travailler en trame ou organsin.

Droits

Droits de mouture.

Les droits de mouture sont de deux sortes, le caméral & le droit de communauté.

Le caméral se perçoit en nature, à raison d'un huitieme de stare par sac de froment & de blé de Turquie que l'on fait moudre; le sac est composé de deux stares, qui font cent quarante-quatre livres pesant de France.

Quant à ceux qui sont exempts de ce droit, il n'est perçu que sur la portion qui appartient à leurs fermiers ou métayers.

On rassemble dans des greniers les grains qui proviennent de cette perception, & on les fait vendre ensuite sur les marchés au cours de la place.

Le droit de communauté se perçoit en argent, il n'étoit anciennement que de 19 sous par sac; actuellement le boulanger & les marchands de farine payent 4 livres par sac, & les autres 40 sous; ceux qui font moudre des grains, sont obligés de payer les deux droits en même-temps.

Le droit de mouture dans le bourg de Luzara & son territoire, est en partie caméral & en partie de communauté.

Le droit caméral est de 3 livres par sac de farine pour les boulangers, de 40 sous par sac pour les particuliers, & de 30 sous par sac de farine de blé de Turquie pour les marchands de farine.

Le droit de communauté consiste dans une capitation annuelle, & qui est réglée à 50 sous pour tous les particuliers.

Le droit de mouture à Reggiolo, est purement caméral, il est fixé à 6 livres par sac de farine de froment, à 3 livres par sac de blé de Turquie pour les boulangers & les marchands de farine; on paye en outre 5 sous pour le bulletin qui est délivré à tous ceux qui font moudre.

Les exemptions du droit de mouture, portent à Guastalle sur les mêmes personnes que dans les duchés de Parme & de Plaisance.

Tous les actes & contrats qui, dans les districts de Luzara & Reggiolo, sont passés pardevant notaires, sont sujets à un droit d'insinuation ou contrôle.

On paye pour les ventes, les constitutions & amortissemens des rentes, sept & demi pour cent du capital.

Pour les dots, deux & demi pour cent; & en cas de restitution, cinq pour cent; pour les permutations ou échanges, cinq pour cent.

En cas de contravention, on paye le double droit & 10 écus d'or; l'écu d'or revient à 7 livres, monnoie de Guastalle.

Les notaires sont tenus de déclarer dans la huitaine les actes qu'ils ont passés, à peine de nullité de ces actes. Les baux à ferme ne payent aucun droit.

Privileges.

Les privileges exclusifs, tels que la fabrique des pots & vaisselles de terre, la manufacture des chapeaux de copeaux, la vente des huiles d'olives, la vente exclusive à Luzara & à Reggiolo, des papiers, cartons, cartes à jouer & des verres, sont affermés à la chaleur des encheres pour trois, six ou neuf années.

Droits de communautés.

Il consiste en Guastalle principalement dans le péage du bac sur le Pô, & se perçoit en conséquence d'un tarif particulier.

On va maintenant rendre compte des privileges, des impôts exclusifs & des droits nouvellement établis, qui sont communs aux trois duchés de Parme, Plaisance & Guastalle.

Impôt ou Gabelle du sel.

Dans les duchés de Parme & Plaisance, la fabrication & la vente du sel, & dans le duché de Guastalle, la vente du sel, appartiennent au souverain.

Il est nécessaire de donner une idée de cette fabrication, avant d'entrer dans les détails qui concernent l'impôt.

Au pied du mont Apennin, à vingt-cinq milles de Plaisance & à vingt milles de Parme, est un bourg nommé Salso, au milieu duquel, & à quatre milles à l'entour, sont plusieurs sources salées dont les eaux sont recueillies, & conservées dans des puits qui ont été construits à cet effet; à portée sont des bois qui fournissent ceux qui sont nécessaires pour l'aliment des usines dans lesquelles le sel se fabrique.

Ces sources produisoient anciennement la quantité de sel nécessaire pour la consommation des duchés de Parme & de Plaisance; mais elles sont aujourd'hui insuffisantes, & l'on y supplée par le sel que l'on tire de Sicile, & qui se trouve dans les ports de la mer Adriatique.

On avoit jusqu'à présent délivré ce sel tel qu'on le faisoit venir; mais on a reconnu que c'étoit ouvrir la porte à la contrebande, parce que les faux-sauniers de la riviere de Gênes avoient la facilité de s'en procurer de semblable dans les ports de cette république, & l'on a imaginé, pour prévenir les fraudes, d'identifier ce sel étranger avec celui de Salso, dont la qualité est entiérement différente de celle du sel des contrebandiers; on donne même, d'après ce qui se pratique en Toscane depuis plus d'un siecle, une légere teinture au sel que l'on destine pour certains districts, & par ce moyen la contrebande n'est plus praticable.

Vente & distribution du sel.

ON distingue dans les Etats du duc de Parme, le sel d'impôt, le sel de vente volontaire, le sel des exempts & privilégiés, & le franc-salé.

L'impôt est de deux sortes ; 1°. la plupart des bourgs & paroisses des duchés de Parme & Plaisance, situés dans la montagne, sont imposés à une quantité de sel relative & proportionnée à l'étendue des fonds qu'ils cultivent, au nombre des colons & à la quantité de bestiaux qu'ils peuvent avoir.

Le sel se paye & s'enleve par quartier ; les syndics & consuls des paroisses, apportent au commencement de chaque quartier, à Parme & à Plaisance, le montant de la taxe, le trésorier du prince leur donne une quittance, & le bureau des finances, un ordre qu'ils portent au grenier à sel, & on leur délivre la quantité de sel qui a été fixée pour leur paroisse ; ils en font ensuite la distribution dans chaque famille, à proportion de ce qu'il en revient à chacun.

L'autre forme d'imposition n'a lieu que dans les districts de Bortogaro, Bardi, Campiano, Ciano, Castel, Arquato, & dans les autres districts qui ont été nouvellement assujettis à prendre le sel dans les greniers du prince ; comme le sel leur a été accordé dans les commencemens à un prix modéré, on a jugé devoir imposer chaque habitant à raison de dix-huit livres de sel par an, à l'exception seulement des enfans au-dessous de trois ans. L'imposition se fait sur les dénombremens que l'on a soin de faire fournir tous les ans, avant le commencement de l'année, & cette maniere d'imposer s'appelle le sel *Boccatico*, ou sel imposé par bouche ; les syndics & consuls payent le sel, l'enlevent & en font la distribution.

La vente volontaire a lieu dans les villes de Parme & Plaisance, & dans les bourgs & paroisses du plat-pays & des environs ; ce sont les regratiers qui en sont chargés ; on leur accorde depuis cinq jusqu'à dix pour cent de remise suivant les endroits.

Le prix commun du sel est de 15 livres, par vingt-cinq livres pesant, dans le duché de Parme, de 12 livres dans le duché de Plaisance, & de 5 livres, 12 sous dans le duché de Guastalle.

Dans les districts où le sel est imposé par bouche, il ne se vend que moitié du prix ordinaire.

Quant aux exempts & privilégiés, on les distingue en deux classes ; la premiere comprend le clergé séculier & régulier, les hôpitaux & maisons de retraite ; la seconde comprend la maison de son altesse royale & ses domaines, les officiers de justice & bureaux du prince, les militaires, les professeurs de l'université, les peres qui ont douze enfans, & quelques maisons privilégiées.

Parmi le clergé régulier, tous les ordres mendians & les hôpitaux reçoivent le sel *gratis*; les couvens qui sont rentés le payent sur le pied des tarifs, le prix en est très-modique.

Les maisons religieuses des deux sexes & les hôpitaux, doivent présenter tous les six mois au tribunal des finances de Parme, ou à ses subdélégués à Plaisance & à Guastalle, des états exacts de toutes les personnes qui composent leurs monasteres & de leurs domestiques; on leur expédie en conséquence un ordre pour aller lever au grenier le sel qui leur est nécessaire pour le semestre.

Quant au clergé séculier, le délégué ecclésiastique du ressort, met son certificat sur le carnet dont chaque ecclésiastique est porteur; il délivre en outre un billet imprimé qui reste au grenier comme piece justificative de la délivrance qui a été faite; la fixation pour les simples clercs, est de vingt-cinq livres de sel par an; pour ceux qui sont dans les ordres sacrés, cinquante livres, & pour les bénéficiers & ceux qui ont quelques dignités, soixante-quinze ou cent livres.

Dans les villes de Parme, Plaisance & Guastalle, les officiers des greniers à sel sont mi-partis, les uns sont établis par le prince directement, les autres par l'administration.

Ces officiers sont chargés de la délivrance & distribution du sel d'impôt, du sel imposé par bouche, du franc-salé, du sel de privilege & du sel des regratiers; ils font pareillement la vente en détail jusqu'à la concurrence de douze livres & demie pesant. Ce sont les peseurs même du bureau qui font office de regratiers moyennant des remises qui leur sont accordées sur le sel qui est délivré.

Les produits de la partie du sel qui est vendue dans le duché de Parme, appartiennent pour une portion à la ville de Parme, qui est chargée du payement des voitures qui y transportent le sel de Salso.

C'est le grenier de Parme qui est chargé des achats qu'il est nécessaire de faire du sel étranger.

Dans le duché de Guastalle, l'impôt du sel n'a point lieu, on n'y connoît que la vente volontaire & la vente aux privilégiés.

Les réglemens concernant la gabelle & le faux-saunage ont été renouvellés & rassemblés dans une ordonnance générale du 12 octobre 1754; les peines contre le faux-saunage sont très-rigoureuses.

Fermes unies des tabacs & eaux-de-vie.

La fabrication & la vente exclusive des tabacs, des eaux-de-vie & liqueurs, forment une des principales branches des revenus du duc de Parme; ces deux privileges sont affermés à un même fermier.

Ce fermier est le seul qui ait le droit de faire entrer des tabacs, tant bruts que travaillés; il peut même en planter & en cultiver s'il le juge à propos, & faire préparer les tabacs bruts pour les exposer en vente; les prix auxquels les tabacs doivent être vendus, sont réglés & fixés par des tarifs qui ne peuvent être changés que de l'autorité du gouvernement.

L'entrepôt général des tabacs est à Parme, & c'est ce magasin qui approvisionne les bureaux des trois duchés. Les réglemens concernant le tabac sont rappellés dans un réglement qui a été renouvellé le 5 octobre 1757.

L'administration seule a le droit de faire distiller des vins pour les convertir en eaux-de-vie & en fabriquer des liqueurs; on tolere cependant aux apothicaires & aux pharmacies des communautés religieuses, l'usage d'un petit alambic pour distiller les fleurs & en exprimer les essences & les esprits nécessaires pour la composition des drogues.

L'administration tient plusieurs fabriques ou laboratoires; celui de Parme est assez considérable, mais il le cede à ceux de Guastalle & de Reggiolo qui sont occupés pendant toute l'année, parce que les vignes étant très-multipliées dans le duché de Guastalle, on y achete une quantité immense de raisins que l'on convertit en vins, en eaux-de-vie & en esprit-de-vin.

Différens propriétaires obtiennent des permissions de distiller, mais ils sont tenus de remettre dans le magasin de l'administration, les eaux-de-vie qui proviennent de cette distillation, moyennant les prix qui sont convenus.

Les liqueurs de toutes especes ne se fabriquent que dans la seule ville de Parme.

Le fermier des eaux-de-vie est seul chargé de la vente qu'il doit faire, conformément aux prix qui sont fixés par les tarifs.

Ferme des poudres & salpêtres, & du vitriol.

LE droit de tirer le salpêtre, la fabrication & la vente de la poudre, & le droit de faire commerce avec l'étranger de ces deux genres de marchandises, est donné, à titre de ferme, dans les trois duchés.

Les salpêtriers sont autorisés à se transporter par-tout pour y prendre le salpêtre, en se conformant aux regles qui leur sont prescrites; ils jouissent de quelques exemptions, telles que le service militaire, les droits de péage & autres.

On fabrique de la poudre de quatre sortes, la poudre fine, la poudre surfine, la poudre grise & la poudre de munition; le prix de chaque espece de poudre est fixé par des tarifs qui ne peuvent être changés que par les ordres du gouvernement.

Le salpêtre qui forme un objet de pur commerce, n'a point de prix fixe.

Loterie à l'instar de Gênes.

CETTE loterie est exactement la même que celle qui est connue en France, sous la dénomination de loterie de l'école-royale-militaire.

Papier timbré.

L'ÉTABLISSEMENT du papier timbré, dans les duchés de Parme, Plaisance & Guastalle, ne remonte qu'à l'année 1753; les réglemens sur cet objet, sont les mêmes que ceux qui ont lieu en France.

Droits de notulation.

SOUS cette dénomination sont compris les droits de contrôle & insinuation, tels qu'ils sont établis en France.

Nouvel impôt sur les cuirs.

CET impôt, établi en 1758, porte sur deux objets, l'un de commerce, l'autre d'établissement de droits.

Quant au commerce, les bouchers & autres sont tenus de porter les peaux des bestiaux qu'ils abattent ou qui meurent, aux magasins qui ont été établis dans les villes & les chefs-lieux de chaque arrondissement; le prix de ces peaux est payé à raison du poids, suivant & conformément aux tarifs qui sont arrêtés à cet effet.

Ces peaux sont ensuite vendues aux fabricans, & le bénéfice consiste en ce que le prix de l'achat est inférieur à celui de la vente, qui est pareillement fixé par des tarifs.

Quant au second objet, les peaux que les fabricans font venir de l'étranger pour les tanner & apprêter, sont assujetties à un droit qui représente le bénéfice que le gouvernement auroit fait sur ces peaux s'il les eût vendues.

Les cuirs tannés & apprêtés, qui viennent de l'étranger, sont pareillement assujettis à un droit de 9 livres 10 sous par vingt-cinq livres pesant.

On perçoit enfin par proportion, les mêmes droits sur les ouvrages en cuir, tels que les bottes, les harnois & les souliers qui viennent de l'étranger.

Postes aux lettres & aux chevaux, courriers.

LES postes aux lettres sont établies à peu près comme en France; le ministre en a la surintendance; l'administration en est confiée à un intendant-général, auquel sont subordonnés les directeurs & autres employés, les maîtres des postes & les courriers.

Les postes aux chevaux sont affermées à la chaleur des encheres, avec le droit de tenir auberge & les autres privileges qui en dépendent.

Le gouvernement fournit les maisons de postes & une partie des effets nécessaires pour les monter; le maître de poste est obligé de les entretenir & de les rendre en bon état à la fin de son bail, ou d'en payer la valeur.

Cette partie d'administration vient d'être mise parfaitement en regle; les postillons portent tous la livrée du prince.

Exploitations des mines de fer.

DANS les montagnes de l'Apennin, à trente milles de Plaisance & aux environs, il existe des mines de fer, à portée desquelles le gouvernement a fait construire des forges considérables.

On étoit dans l'usage de donner à titre de ferme, l'exploitation de ces mines & de ces forges; mais depuis quelques années elles sont dans la main du prince qui les fait valoir, & qui, par ce moyen, prend les mesures convenables pour perfectionner différens genres d'ouvrages qui promettent déjà les plus heureux succès.

Privileges de différentes especes.

L'ACHAT & la vente des chiffons qui servent à la fabrication du papier, forment un privilege exclusif qui se donne à titre de ferme au plus offrant & dernier enchérisseur.

Le fermier achete les chiffons de ceux qui les ramassent, sur le pied & eu égard à leur qualité; s'il en a plus que les moulins ne peuvent en consommer, il obtient la permission de les vendre à l'étranger.

Privileges du plâtre & de la craie dans le duché de Parme.

LE plâtre & la craie se trouvent dans le territoire de Bargone, village situé entre Borgo-Saint-Domingo & Salso; ceux qui en font l'extraction sont obligés de les vendre à celui qui a affermé ce privilege, & celui-ci est tenu d'en tenir des magasins dans les villes & bourgs, pour en approvisionner le public; ceux qui sont destinés pour le service du prince, sont vendus à un quart moins que ceux qui sont achetés par le public.

Privileges des œufs & volailles de Borgo-Saint-Domingo & Monticelli.

LE fermier de ce privilege a seul le droit d'acheter dans les marchés, les œufs & la volaille, mais il ne peut faire ses achats que lorsque les particuliers ont fait leurs provisions.

Privilege de l'huile à brûler.

CE privilege, qui consiste dans la fabrication & la vente exclusive de l'huile à brûler, a été supprimé dans le duché de Parme; mais il subsiste dans celui de Plaisance, & s'afferme à la chaleur des encheres.

Biens allodiaux & dépendances.

SOUS la dénomination de *biens allodiaux*, sont compris les domaines fonciers du prince, tels que les terres de Colorno, Sala, Cornochio, Fontevivo dans le duché de Parme, beaucoup d'autres dans le duché de Guastalle; & les droits de pêches, les moulins, les droits de cabarets, de boucheries, de ponts, bacs, péages & autres de ce genre.

Revenus fixes.

CES revenus consistent dans la taxe du sel forcé, dont on a rappellé les détails, & dans les collectes qui forment une sorte de taille réelle, qui est composée sur les biens, maisons, moulins & rentes.

Dans le duché de Parme, chaque biolche de terre, qui comprend huit cents toises carrées de France, paye suivant la qualité des terres, qui sont divisées en trois classes, 30 sous, 40 sous, ou 50 sous.

Les maisons payent dix pour cent du montant des loyers.

Les moulins payent à raison de tant par roue tournante; la plus forte taxe n'excede pas 22 livres 10 sous par an.

Les fonds ecclésiastiques ont toujours été réputés exempts de la collecte; mais comme ces ecclésiastiques ont joui jusqu'en 1764, dans les trois duchés, de la faculté d'acquérir, & qu'au moyen des acquisitions qu'ils avoient faites, les fonds des particuliers se trouvoient surchargés, parce que l'on vouloit retirer de l'imposition le même produit, il a été ordonné que les fonds acquis par les ecclésiastiques & gens de main-morte, depuis la formation du dernier cadastre qui remonte à cent cinquante années seroient assujettis à la collecte.

Taxe de la solde militaire.

TOUS les gens de la campagne, des Etats de l'infant, sont inscrits & enrôlés à la milice depuis l'âge de quatorze ans jusqu'à quarante, & non au-delà : chaque milicien doit payer 24 sous par mois; c'est le produit de cette taxe qui forme la solde militaire : le milicien est dispensé, en faveur de cette taxe, de différentes corvées, & jouit de quelques exemptions.

Les milices sont formées par régiment; le colonel réside dans le chef-lieu de l'arrondissement, & fait passer ses ordres aux capitaines & lieutenans qui résident dans les bourgs ou villages où sont les compagnies.

Les capitaines sont chargés du recouvrement de la taxe, ils remettent le produit, les uns à Parme, les autres à Plaisance, où résident les généraux de la milice de chaque duché.

Au moyen de cet établissement qui doit son origine à un prince de la maison de Farnese, toute la jeunesse de l'Etat se trouve enrôlée sans qu'il ne coûte rien au souverain, qui en tire au contraire un produit.

Les

Les compagnies de grenadiers portent l'uniforme lorsqu'elles sont de service, le reste n'en a point; une partie de cette milice est à cheval.

Tout milicien peut avoir un fusil chez lui; mais il ne peut le porter que lorsqu'il est commandé; on ne peut le faire assigner sans une permission du général, ces petites prérogatives leur font acquitter la taxe sans aucune répugnance.

On emploie les miliciens dans toutes les occasions qui intéressent la police & le bon ordre, dans les incendies, les inondations & le passage des contrebandiers.

Le duc de Parme possede un grand nombre de cens, rentes & redevances, dont une partie se paye en nature & une autre en argent; les plus considérables sont celles de Fontevivo, Sala, Bardi, & Compiano.

Les Juifs payent une taxe annuelle pour la liberté qu'on leur accorde de faire le commerce & d'habiter dans les Etats du duc de Parme; mais ils ne peuvent faire leur résidence dans les villes de Parme & de Plaisance.

PAROLE, f. f.

USAGE DE LA PAROLE.

LA faculté de la Parole ne nous a été donnée que comme un moyen très-prompt & très-commode pour nous communiquer nos pensées, les uns aux autres, & nous procurer ainsi les secours, les avantages, & les douceurs que la société nous présente. Et certainement, quand nous n'aurions d'autre preuve de la destination de l'homme à la société que celle qui résulte de la faculté de la Parole, dont il est enrichi, cela seul prouveroit suffisamment que l'homme est destiné à vivre avec ses semblables. *Voyez* SOCIABILITÉ. C'est aussi ce que Ciceron a bien remarqué au chapitre XVI. du premier livre de ses offices. » Le premier principe de la société humaine, dit-il, c'est celui qui forme la société générale, où tout » le genre-humain est compris; & ce principe n'est autre chose que le » commerce de la raison & de la Parole. Car cela seul forme, entre les » hommes, une société qui les porte à se communiquer leurs pensées, à » s'instruire réciproquement, à discuter & à régler les affaires qu'ils ont » ensemble, » *&c.*

Au reste il est bon de remarquer ici, que l'établissement de la signification des mots ne s'est point fait par une convention proprement dite, mais par un usage, qui, à le considérer en lui-même, & indépendamment de l'obligation où l'on est de découvrir aux autres ce que l'on pense, n'a rien d'obligatoire. Aussi, arrive-t-il tous les jours qu'un simple particulier invente de nouveaux mots, ou donne à ceux qui sont déjà reçus, une nouvelle signification, & que cela est suivi ou rejeté par les autres, ou en tout, ou en partie, pour un temps ou pour toujours, avec une entiere liberté. Mais c'est ce qui ne se pourroit pas faire, s'il y avoit là-dessus quelque convention obligatoire, car alors le moindre changement à l'usage reçu, & qui ne seroit pas fait d'un commun accord, auroit quelque chose de criminel. Ce que l'on n'oseroit soutenir, & qui est manifestement réfuté par une pratique assez fréquente, & à laquelle personne ne trouve à redire, & qui sert au contraire merveilleusement à embellir & à enrichir les langues. Il faut dire avec Horace :

» L'usage est le maître absolu des langues. Les manieres de parler ne sont » belles & régulieres qu'autant qu'il veut qu'elles le soient. Plusieurs mots » qui sont tombés dans l'oubli reparoîtront un jour avec honneur. D'au» tres qui sont aujourd'hui en vogue passeront de la lumiere dans les téne» bres ; l'usage décidera de leur sort ». *Art. poët. vers.* 70 *& seq.*

Remarquons enfin, que les différens actes qui ont rapport à la Parole, sont le discours, le silence, la vérité, la fausseté, la feinte, la dissimulation, *&c.* La vérité se prend ici pour la conformité de nos paroles avec nos pensées : & la fausseté au contraire pour la non-conformité, ou l'opposition des unes avec les autres. Il ne faut donc pas confondre la vérité & la fausseté dont il s'agit ici, avec la vérité & la fausseté logique : car celles-ci consistent dans la conformité de nos idées elles-mêmes avec la nature & l'état des choses. *Voyez* VÉRITÉ.

Après ces réflexions générales sur la nature, l'usage & les propriétés de la Parole, pour se faire une juste idée de nos devoirs à cet égard, il faut d'abord remarquer, que le bon ou le mauvais usage de la Parole, & tout ce qu'il peut y avoir en cela de bien ou de mal, de louable ou de condamnable, dépend en dernier ressort de ce que la loi naturelle ordonne ou défend là-dessus : car toute la moralité des actions humaines consiste dans le rapport qu'elles ont avec les loix qui en sont les regles. Cela supposé, il faut dire, que l'usage de la Parole est dirigé par les trois grands principes de nos devoirs, je veux dire, la religion, l'amour de nous-mêmes, & la sociabilité. Car quoique la Parole ait été donnée principalement à l'homme comme un moyen de société, telle est la liaison qu'il y a entre les différentes parties du systême de l'homme, que la Parole a aussi quelque rapport & à Dieu & à nous-mêmes.

Premiere regle. C'est donc une premiere regle générale sur cette matiere ; que l'usage que nous faisons de la Parole ne doit jamais avoir rien d'opposé à ce que nous devons à Dieu, à nous-mêmes & aux autres hommes.

Pour entrer dans quelque détail, il faut établir pour *seconde regle* ; que toutes les fois que la religion, ou le respect que nous devons à Dieu, exige ou que nous parlions, ou que nous gardions le silence, l'un & l'autre deviennent pour nous des devoirs indispensables.

Troisieme regle. Il ne faut jamais parler de Dieu qu'avec un souverain respect, & la derniere circonspection.

Quatrieme regle. Lorsque l'on parle à Dieu, que l'on s'adresse à lui directement, il faut toujours dire franchement la vérité, & observer la sincérité la plus parfaite.

La chose est claire d'elle-même, & cette regle ne peut recevoir aucune limitation. Non-seulement il y auroit une extrême irrévérence à user par rapport à Dieu de la moindre dissimulation, mais encore ce seroit une souveraine extravagance de vouloir tromper celui dont la connoissance est sans bornes, & qui, pour connoître nos pensées & nos sentimens les plus secrets, n'a pas besoin d'en être instruit par notre bouche.

La Parole a aussi quelque rapport à nous-mêmes, en tant que cette faculté ne nous a pas été donnée seulement en faveur des autres hommes; mais encore afin que par son moyen, nous puissions nous procurer à nous-mêmes les avantages & les douceurs que la société nous présente, pourvu que ce soit d'une maniere qui n'ait rien d'opposé à la gloire de Dieu, ni aux loix de la justice & de l'humanité.

Cinquieme regle. Il est donc de notre devoir, par rapport à nous-mêmes, de garder le silence, ou de parler, suivant les regles de la prudence, soit pour notre conservation, ou pour notre défense, soit pour nous procurer quelque avantage innocent & légitime.

Sixieme regle. Quand nous parlons pour nous-mêmes, la loi naturelle veut que nous disions la vérité. Il est bien effectivement permis, & nous le devons même quelquefois, cacher certaines choses qui nous regardent, & qui n'intéressent en rien les autres, mais il ne nous est pas permis d'altérer la vérité; autrement, l'on perdroit bientôt toute créance; & bien loin de se procurer par-là quelque avantage, cette mauvaise finesse tourneroit entiérement au préjudice de celui qui l'employeroit.

S'il y a quelques exceptions à cette regle, elles ne peuvent être que très-rares, & seulement dans des cas d'une extrême nécessité. Et comme l'amour-propre pourroit nous séduire par mille illusions, & nous faire étendre la dispense bien au-de-là des cas où elle pourroit être appliquée, le plus sûr est, dans ce qui nous regarde nous-mêmes, de se tenir rigidement, à la regle, & d'être toujours sinceres.

Pour ce qui est de l'usage de la Parole par rapport aux autres hommes, voici ce que la sociabilité exige de nous.

Septieme regle. Nous devons garder un silence inviolable en matiere de choses qui peuvent porter du préjudice à quelqu'un, soit dans sa personne, soit dans ses biens, ou dans sa réputation.

Il y a donc des vérités que nous devons taire : la faculté de la Parole nous ayant été donnée pour le bien commun de la société, ce seroit, sans doute, en abuser criminellement, que de s'en servir d'une maniere qui fût préjudiciable aux autres hommes.

Ainsi il est défendu par la loi naturelle de dire du prochain un mal véritable, mais sans nécessité; c'est ce qu'on appelle *médisance*.

A plus forte raison devons-nous garder religieusement les secrets que l'on nous confie, pourvu néanmoins qu'en le faisant, nous ne donnions aucune atteinte à des devoirs plus essentiels, & dont nous ne saurions nous dispenser. L'objet du secret, sont les vérités à taire. Et nous devons taire toutes celles qui nous ont été confiées sur ce pied-là, & à cette condition. Et on peut connoître l'intention de celui qui nous fait une confidence, en deux manieres; 1°. s'il déclare formellement que ce n'est que sous la condition du secret qu'il s'explique avec nous; 2°. par la nature même des choses que l'on nous confie, lorsque nous voyons que leur révélation pourroit faire du tort à celui de qui nous les tenons, ou à d'autres qui ne le méritent pas, & que nous devons ménager. Il est vrai que si les hommes étoient toujours dans les dispositions où ils doivent être, ne voulant jamais que ce qu'ils doivent, à peine le secret seroit-il d'usage dans la société. Mais étant faits comme ils le sont, le secret devient une précaution nécessaire contre la malignité du cœur, l'indiscrétion, la foiblesse de l'esprit des autres; & par conséquent un devoir indispensable.

Le secret est sur-tout nécessaire dans les grandes affaires, dans les négociations importantes. Mais il est pourtant vrai que la nécessité de cette précaution diminue à proportion que les entreprises que l'on forme sont justes & raisonnables.

On a senti dans tous les temps la nécessité & l'obligation de garder le secret, & que ceux qui y manquoient s'attiroient la colere de Dieu & le mépris des hommes. » Le secret, disoit Horace, demande de la fidélité, » & cette fidélité n'est pas sans récompense. Je me garderai bien de me » loger sous un même toit, ou de m'embarquer sur un même vaisseau avec » celui qui aura révélé les secrets qu'on lui aura confiés. «

Est & fideli tuta silentio
Merces : vetabo qui ceteris sacrum
Vulgarit arcanæ, sub iisdem
Sit trabibus, fragilemque mecum
Solvat phaselum.

Huitieme regle. Si nous devons garder le silence toutes les fois que nos discours pourroient avoir quelque chose d'opposé aux devoirs envers les autres hommes, nous devons au contraire parler dans toutes les occasions où notre silence blesseroit ces mêmes devoirs. C'est ainsi qu'il faut donner des conseils sinceres à ceux qui nous les demandent; montrer le chemin à ceux qui se sont égarés; un soldat mis en sentinelle doit avertir de l'approche de l'ennemi, *&c.*

Neuvieme regle. C'est encore un devoir indispensable d'observer la vérité dans nos discours, & de ne tromper jamais personne par nos Paroles, ou par aucun autre signe établi pour manifester nos pensées, toutes les fois que ceux avec qui nous avons à faire ont quelque droit, parfait ou imparfait, de l'exiger de nous, ou qu'ils ont quelque intérêt raisonnable à savoir ce que nous pensons.

Cette obligation où nos sommes de dire la vérité est fondée, 1°. en général sur le but que Dieu s'est proposé en nous donnant la faculté de la Parole, & sur l'harmonie qu'il a voulu établir entre nos pensées & nos discours.

2°. Il faut remarquer ensuite, que la loi générale de la sociabilité & de l'humanité donne aux autres hommes quelque droit de connoître nos pensées, & par conséquent nous oblige à parler sincérement, toutes les fois que cela peut servir à détourner quelque mal qui les menace, ou leur procurer quelque avantage positif.

3°. La nature même de l'affaire dont il s'agit, nous met quelquefois dans une obligation encore plus particuliere de parler avec sincérité; & cela dans toutes les affaires qui, en vertu de notre consentement, doivent produire quelque droit ou quelque obligation : c'est ce qui a lieu dans tous les contrats.

4°. Il y a même des cas, dans lesquels le droit que les autres hommes ont de connoître nos pensées, est établi sur une convention particuliere entr'eux & nous. Comme si l'on se charge d'enseigner à quelqu'un quelque science, ou si l'on va de la part de quelqu'un s'informer d'une certaine chose; car alors on s'est engagé expressément à ne rien cacher de cette science, ou à rapporter fidélement l'état des choses.

5°. Enfin l'on peut dire que même dans les choses indifférentes, nous devons toujours dire la vérité, soit en conséquence du respect que nous lui devons, soit pour maintenir cette confiance si nécessaire au bien de la société, & sans laquelle elle ne sauroit procurer aux hommes les avantages & les douceurs pour lesquelles Dieu l'a établie.

A quoi il faut ajouter, que l'expérience fait voir, que si l'on se permet de mentir, de feindre, ou de dissimuler sur de légers sujets, on contracte insensiblement une habitude, qui dans la suite nous porte à manquer de sincérité dans les occasions les plus importantes, & où il est de la derniere nécessité de découvrir nos pensées.

PASSAU.

PAIX DE PASSAU.

Transaction conclue & ratifiée à Passau, sous l'autorité de Charles V, empereur toujours Auguste, entre Ferdinand, sérénissime roi des Romains, &c. & quelques États d'Allemagne, le 2 d'août 1552.

» I NOUS Ferdinand, par la grace de Dieu, roi des Romains, &c. Reconnoissons, qu'ayant appris ci-devant par quelques bruits, que l'on commençoit de toutes parts à faire diverses démarches & plusieurs préparatifs de guerre dans le saint empire de la nation Allemande; & ce principalement à cause de la prison & détention du prince Philippe landgrave de Hesse, (*a*) &c. Nous aurions fraternellement, affectueusement & très-humblement prié & requis sa majesté impériale notre cher frere & seigneur, par le désir naturel, la fidélité, l'amour & l'inclination que nous portons audit saint empire, & à tous ses Etats & membres, & particuliément par le zele que nous avons de conserver & procurer le salut, le repos, la paix & la concorde publique, comme aussi de détourner & empêcher l'effusion du sang chrétien, la perte des personnes innocentes, & la désolation de la patrie, de nous vouloir permettre & accorder, ainsi qu'il nous l'auroit permis & accordé fraternellement, de délibérer & traiter à l'amiable, de l'élargissement dudit landgrave, & des autres choses qui pourroient donner occasion à quelque guerre. (*b*) «

(*a*) Après la bataille de Muhlberg dans laquelle fut pris Jean-Frédéric, électeur de Saxe, qui s'étoit déclaré le protecteur de Martin Luther, Charles V crut être devenu le maître de l'Allemagne; Philippe, landgrave de Hesse-Cassel, étant allé solliciter l'élargissement de ce prince, sur la bonne foi d'un passe-port, où il croyoit avoir toute sa sureté, sans qu'il pût être arrêté, n'avoit pas laissé de l'être sous prétexte que son passe-port portoit *qu'il ne seroit point retenu perpétuellement en prison*, en sorte que le conseil de l'empereur Charles V, qui avoit machiné cette ruse, & qui avoit fait insérer le mot *perpétuellement*, auquel le landgrave n'avoit pas fait attention, prétendoit le disculper en disant que quand on n'auroit mis ce prince en liberté qu'un jour avant sa mort, on n'auroit rien fait contre le passe-port. La prison de l'électeur, & l'injuste détention du prince de Hesse, acheverent de mettre les armes à la main à tous les autres princes d'Allemagne contre Charles V. Ils firent alliance avec Henri II, roi de France, qui conduisit lui-même une puissante armée, jusqu'aux portes de Strasbourg, & Charles V, qui savoit que les princes d'Allemagne avoient cédé au roi cette belle ville, aussi-bien que celles de Metz, de Toul, & de Verdun, pour la sureté de son retour & de la restitution des frais de cet armement; se pressa de conclure, avec les princes, le traité de Passau, de peur que Henri II ne se mit en possession de Strasbourg comme des autres villes, & qu'aidé des forces de ces princes, il ne fit la conquête d'une bonne partie du patrimoine de la maison d'Autriche.

(*b*) Les causes de la guerre qui se faisoit actuellement étoient du côté de l'empereur, l'infraction de l'édit de Worms donné contre les sectateurs de Luther, & du côté des

» II. Sur quoi nous nous serions assemblés en notre ville de Lintz les fêtes de pâques dernieres, (*a*) avec le sérénissime Maximilien roi de Bohême (*b*) *&c.* notre cher & bien aimé son fils, & les illustrissimes Maurice duc électeur de Saxe, (*c*) & Albert duc de Baviere, nos très-chers & bien aimés oncle & cousin; où ayant délibéré & consulté ensemble des moyens de pacifier toutes choses, nous serions demeurés d'accord de faire convoquer à Passau, pour le 26 mai, les électeurs, princes & Etats de l'empire, pour en traiter avec nous à l'amiable, & prévenir les divisions & la discorde de l'empire. (*d*) «

» III. Ensuite de quoi nous aurions convié & appellé par nos lettres les électeurs & princes comme médiateurs & arbitres avec nous desdits différens & mouvemens, pour venir aviser aux moyens de remédier & couper cours auxdites disputes, divisions & dissentions. «

» IV. Et pour cet effet nous, & ledit électeur de Saxe, *&c.* nous serions rendus ici, & y seroient aussi comparus près de nous les envoyés ci-après nommés des autres cinq électeurs; savoir, au nom de l'archevêque de Mayence, Daniel Brendel de Honbourg, chanoine de la métropolitaine de Mayence, Christophe Matthieu, licencié ès droits son chancelier, & Pierre Echter; au nom de l'archevêque de Cologne, Henri Saltz Burger & François Burckart, tous deux docteurs; au nom de l'archevêque de Treves, Jean de la Leyen, archidiacre de Treves, le baron Philippe de Winmenberg & de Beicstein, grand-maître d'hôtel de l'archevêque de Treves, & Félix Hornung docteur; au nom du comte Palatin Frédéric, le comte Louis de Stolberg Koninstein & de Rutshfort, Jean de Dienheim, bailli de Kreutzenach, Melchior, docteur, & Jean Kotnitz; au nom du marquis Joachim de Brandebourg, Adam Trotte Maréchal, Christophe de la Strasse, Timothée Jung & Lambert Distelmeier, tous trois docteurs; & en per-

---

princes, l'anéantissement de leurs privileges par Charles V qui prétendoit, sur-tout depuis la bataille de Muhlberg, mettre toute l'Allemagne sous le joug. L'approche de Henri II l'obligea de se désister de cette prétention, & de rechercher lui-même l'accommodement: en sorte que l'Allemagne est redevable au roi de France de ce qui lui reste de liberté.

(*a*) On voit par-là que ce traité ne fut pas tout-à-fait volontaire de la part de Ferdinand II, puisque Henri II étoit entré dans Metz dès le lundi de pâques 1552.

(*b*) Charles-Quint l'avoit fait électeur à la place de Jean-Frédéric, quoiqu'il fût lui-même luthérien, d'où l'on infere que le changement de religion n'avoit pas été la véritable cause de la déposition de cet électeur.

(*c*) Ou la ruine entiere de la maison d'Autriche. Les princes protestans n'ayant alors de guerre que contre les catholiques qui se trouvoient dans le parti de l'empereur, & n'ayant eu pour objet de la guerre qu'ils faisoient à l'empereur, que la trop grande élévation de la maison d'Autriche qu'ils vouloient abaisser.

(*d*) Ces dangers étoient devenus plus grands pour la maison d'Autriche, qu'ils n'avoient encore été, par le secours de Henri II, qui, à la tête d'une armée de plus de 60,000 hommes devoit entrer dans l'Allemagne par Strasbourg.

sonne le révérendissime & illustrissime Ernest, archevêque de Saltzbourg, & les révérendissimes & illustrissimes évêques Maurice d'Eichster & Wolfgang de Passau, & Albert Palatin du Rhin, duc de la Haute-&-Basse Baviere; & encore au nom de l'évêque de Wirtzbourg, Henri comte de Cassel chanoine de la cathédrale dudit lieu, & Jean Sobel; au nom du marquis Johansen de Brandebourg, &c. Adrien Albin, docteur chancelier, André Zoch, docteur, & Bartel de Mandesso; au nom du duc Henri cadet de Brunswick, Vite Grummer; au nom de Guillaume duc de Juliers, Guillaume Ketler, Guillaume de Hewenhoff, nommé Ley maître-d'hôtel, Théodore de Schestadt & Charles Horst, docteurs; au nom du duc Philippe de Poméranie, Jacques Zitzewitz, docteur & chancelier; & au nom de Christophe duc de Wirtemberg, Jean Théodore de Phéningen, grand bailli de Sutgard, Louis de Fraurremberg, grand bailli de Lausfen, Jean Henri Hecklin & Gaspar Behem, tous deux docteurs, avec lesquels comme négociateurs à ce convoqués, nous aurions mis les choses sur le tapis, & d'abord reçu dudit électeur de Saxe & consorts de la même union les demandes & griefs en deux écrits, sur lesquels ayant ensuite diligemment & mûrement considéré, de quelle maniere ils pourroient être accommodés, par la voie de la douceur & les dangers éminens de la guerre détournés de l'empire de la nation Allemande par une ferme paix, tranquillité & concorde publique; on seroit à la fin, après une longue négociation agitée de bouche & par écrit, convenu des moyens & des points suivans pour être référés & laissés au bon plaisir de sa majesté impériale, & au consentement & ratification de l'électeur de Saxe & de ses confédérés, le tout conclu unanimement (*a*) en la maniere suivante.«

CHAPITRE PREMIER.

Licenciement des gens de guerre & élargissement du landgrave Philippe de Hesse.

» I. EN premier lieu l'électeur de Saxe, & les princes & les Etats ses consorts qui entrent dans cet accommodement, se désisteront entiérement

---

(*b*) François de Rabutin, & les autres historiens de ce temps-là, se plaignent du peu de fidélité des Allemands, qui, par le traité qu'ils avoient fait avec Henri II, s'étoient engagés à ne faire ni paix ni treve avec l'empereur, que de son consentement. Ils se laisserent néanmoins gagner, consentirent à cet accommodement sans l'en avertir, & lui firent fermer les portes de Strasbourg, en sorte qu'il fut obligé de s'en retourner avec son armée. Il garda néanmoins Metz, Toul, & Verdun jusqu'au remboursement de la dépense qu'il avoit faite pour cela, & conserva la qualité *de protecteur du saint-empire*, que ces princes lui avoient donnée. On le voit encore dans un tableau suspendu au haut du chœur de la cathédrale de Metz, avec ses armes & sa devise. Cette ville fut inutilement assiégée la même année par Charles V, en personne, & toutes les trois ont été depuis cédées à la France par le traité de Westphalie.

de

de la voie des armes qu'ils auroient commencé à prendre, & licencieront, casseront ou feront passer, à notre priere, à nous roi Ferdinand, & à notre solde, (a) dans le onzieme ou douzieme jour prochain d'août, leurs soldats levés & enrôlés, donnant ordre que leurs troupes ainsi licenciées & débandées, ne fassent aucun tort ou dommage à sa majesté impériale, à nous, ou aux électeurs, princes, Etats & villes du saint empire; se remettront & demeureront dans l'obéissance qu'ils doivent à sa majesté impériale & à l'empire; déchargeront aussi par leurs lettres-patentes, dont la copie sera ici insérée, les Etats & villes qui se sont ligués & obligés avec eux de leurs sermens, comme ils en sont dès à présent déchargés en vue de ces patentes en vertu de la présente convention. »

» II. Le landgrave Philippe de Hesse, signera cependant, & ratifiera de nouveau la capitulation faite à Hall, en Saxe, excepté les articles déjà ci-devant résolus, concernant la ville de Cassel, ne se vengera en aucune maniere de sa détention & de son emprisonnement; (b) au contraire se comportera, sa vie durant, envers sa majesté impériale, envers nous, & le saint empire Romain, comme un prince soumis & obéissant; (c) s'obligera par écrit à toutes les clauses ici insérées, & promettra de nouveau de les faire observer par ses fils & par ses Etats. »

» III. Les deux électeurs de Saxe, & de Brandebourg, & le duc Wolgang-Palatin, renouvelleront pareillement sans délai chacun leurs promesses faites il y a long-temps, & en délivreront les actes par écrit dans le sixieme jour d'août, à l'illustrissime princesse dame Marie, reine, veuve de Hongrie & de Bohême, notre chere sœur, & à son président à Malines. »

» IV. Et réciproquement ledit landgrave sera délivré de sa prison, (d) & rendu sain & sauf sans danger à Rhinfels, audit onzieme ou douzieme jour d'août; & sa majesté impériale ne se servira point contre les Etats qui auront accepté cette convention, des troupes qui sont assemblées en divers lieux à leur sujet, ni ne les incommodera point par leurs logemens & plus long séjour. »

» V. Permettra aussi sadite majesté par grace particuliere audit landgrave, d'achever les fortifications commencées de la ville de Cassel. Demeurera pareillement en suspens l'exécution de toutes les sentences rendues pendant la détention dudit landgrave en faveur des comtes de Nassau, jusques

(a) Ce qui prouve encore qu'il ne s'agissoit que des seuls intérêts de Charles V & de Ferdinand II.

(b) Il avoit été fait, contre la foi publique, au préjudice d'un passe-port, sous le prétexte de la plus misérable chicane qui fut jamais proposée.

(c) Ces mots ne s'entendent guere en Allemagne dans leur sens naturel & ordinaire, l'on n'y prend pas garde de si près aux expressions. On se contente de garder autant que l'on peut le solide de sa liberté.

(d) Où il étoit actuellement retenu sans aucune cause.

à ce qu'on puisse après son élargissement y employer la voie de la douceur, pour accommoder les parties ; & en cas que cette voie ne sorte son effet, sera permis audit landgrave, comme il est juste, de produire de nouveau des témoins, des certificats, & autres pieces nécessaires, qui n'avoient pu être auparavant produites faute d'avocat durant ladite détention, (*a*) & alors seront revues & examinées de nouveau lesdites sentences & exécutoires, comme aussi les plaintes & les défenses, par les électeurs seuls qui ne sont point intéressés dans ladite cause, ou par leurs conseillers, & de plus par six princes désintéressés de l'empire, tous comme commissaires de sa majesté impériale. Et pour ce qui regarde lesdits six princes, les parties proposeront chacune dans un mois du jour de l'élargissement, six princes à l'empereur, qui en choisira trois d'un côté & trois de l'autre, parmi lesquels six il y aura du moins trois séculiers assistans en personne ou par leurs conseillers à ce commis ; lesquels commissaires connoîtront avant toutes choses s'il est à propos de juger sur les pieces déjà produites pendant ladite détention, & de suspendre les sentences & procédures ; comme aussi prononceront & feront droit sur les plaintes, défenses, & tels autres actes, que l'on pourroit encore produire ; & ledit accommodement ainsi à faire à l'amiable, avec entiere décision, sera sans y manquer fait & parfait, au plus tard en deux ans, à compter de la date de cette convention. »

» VI. Quant aux autres points & articles allégués de la part desdits électeurs de Saxe & landgrave Guillaume de Hesse, ils seront différés & demeureront en suspens jusqu'à ce que les autres plaintes & difficultés soient vidées de part & d'autre. »

» VII. Pareillement à l'égard de l'administrateur de l'ordre Teutonique, (*b*) aussi-bien que du duc Henri de Brunswick & autres, qui ont recherché ou prétendent encore de rechercher le landgrave à cause de la guerre derniere de Schmalkalde, ils surseoiront aussi toutes poursuites jusqu'à ce que les plaintes générales soient appaisées. »

» VIII. Comme aussi les actions nouvelles ci-dessus mentionnées, & lesquelles ont été intentées durant la détention du landgrave, soit dans le conseil aulique (*c*) ou ailleurs, seront revues comme il est convenable avec

---

(*a*) On voit par-là jusqu'où étoit allée la persécution contre ce prince, à qui l'on n'avoit pas osé faire le procès, ni le mettre au ban de l'empire, quoi qu'on le retint prisonnier depuis long-temps.

(*b*) C'étoit alors Albert, marquis de Brandebourg-Anspach qui s'étant fait luthérien, & s'étant marié n'avoit pas laissé de retenir sa dignité sous le nom d'administrateur. L'ordre teutonique, pour la retirer de ses mains fut obligé de céder la Prusse-ducale au roi de Pologne, qui la donna à Albert en fief pour lui & ses descendans.

(*c*) L'un des griefs des princes d'Allemagne, catholiques & protestans est que les empereurs ont tâché de les assujettir au conseil aulique établi pour régler les différends de la maison d'Autriche, au-lieu que les leurs ne doivent se traiter qu'en pleine diete, ou par des *austregues* ou juges choisis par eux-mêmes.

leurs contredits & défenses par les électeurs, & les princes arbitres à la prochaine diete; où le landgrave même sera ouï, comme il est nécessaire, & il y sera conclu ce qui est juste & équitable; & cependant ne sera faite aucune procédure au conseil aulique de l'empereur. »

CHAPITRE II.

Des choses qui regardent la religion, l'affermissement de la paix, & l'exercice de la justice.

» I. POUR ce qui regarde les autres articles qui ont été proposés en cette pacification par l'électeur de Saxe & ses conjoints, & en premier lieu la religion, la paix, & la justice; sa majesté impériale se conformera exactement à l'offre faite derniérement de sa part à Lintz, suivant la teneur de la réponse qui fut alors donnée, & fera convoquer dans six mois une diete générale, où on traitera encore des moyens d'un concile général (*a*) ou national, ou d'une convocation ou assemblée générale de l'empire pour assoûpir, & conduire par une voie facile & prompte, à une concorde véritablement chrétienne les dissentions de la religion; & procurer par ce moyen cette union de religion, par tel secours de la part de sa majesté impériale qu'il sera jugé nécessaire à tous les Etats du saint empire. »

» II. Et pour préparer les voies à cette union, sera fait choix au commencement de cette diete de quelques personnes sages & d'un esprit doux (*b*) de nombre égal de l'une & l'autre religion, auxquelles sera donné ordre de délibérer comment, & par quels moyens on pourroit commodément entreprendre ou établir cette réconciliation & concorde; ce choix toutefois sera fait sans préjudice des princes électeurs. «

(*a*) Les protestans disoient ne pouvoir s'accommoder de celui de Trente, où ils avoient déjà envoyé des ambassadeurs & des docteurs, du temps de Jules III, à la persuasion de Charles V. Ils y avoient inutilement demandé la révision des matieres décidées, & le droit de délibérer avec les évêques. Ils se plaignoient encore de ce que le pape, qu'ils regardoient comme leur partie adverse dans les matieres de discipline qui avoient le plus contribué à la séparation, vouloit présider dans ce concile par ses légats, & ils feignoient de craindre les évêques qui n'étoient guere moins intéressés que le pape dans toutes les contestations.

(*b*) Outre que Luther étoit mort six ans auparavant; il étoit trop bouillant & trop emporté pour convenir qu'il eût eu tort. L'on a souvent fait des assemblées dans ce dessein entre les catholiques & les luthériens qui n'ont pas réussi, parce que chacun a prétendu avoir raison, & après avoir long-temps disputé, chacun est demeuré dans son sentiment; les luthériens en ont voulu faire autant avec les sacramentaires, ou réformés comme ils les appellent, & avec aussi peu d'utilité; quoiqu'ils soient toujours d'accord ensemble quand il s'agit de soutenir des intérêts qui leur sont communs. Les calvinistes ont quelquefois proposé des réunions de tolérance, comme ils firent au synode de Charenton de 1631; mais les luthériens n'ont pas voulu s'en accommoder, quoique dans les lieux où leur religion est dominante, ils baptisent les enfans & bénissent les mariages des calvinistes.

» III. Et cependant sa majesté impériale, ni nous, ni les électeurs, princes & Etats du saint empire ne souffrirons point que l'on violente aucun des Etats de la confession d'Augsbourg, par voie de fait ou autrement à cause de la religion, contre sa conscience & volonté; ou que l'on insulte & attaque personne pour ce regard par la force & la voie des armes, & qu'on lui fasse aucun tort, injure, ou mépris par ordre ou autrement; mais on le laissera vivre librement & paisiblement en sa foi & en sa religion. «

» IV. Et réciproquement les Etats de la confession d'Augsbourg (a) ne molesteront en aucune maniere, pour raison de la présente guerre, les autres Etats du saint empire de la religion ancienne, tant ecclésiastiques que séculiers, en leur religion, cérémonies, constitutions, biens, meubles, immeubles, domaines, sujets, revenus, cens, rentes, supériorités & jurisdictions; mais les en laisseront user & jouir paisiblement & tranquillement sans rien attenter de dessein formé contre eux par force, voie de fait ou autrement, & se contenteront de la voie de la justice ordinaire, les uns contre les autres suivant nos ordonnances & celles du saint empire, les constitutions, édits, décrets & recès de la paix faite; & ce sous la peine contenue dans ledit traité de paix renouvellé depuis peu. «

» V. Ce que les Etats de l'empire résoudront & accorderont ensemble avec sa majesté impériale en la diete prochaine, sera ensuite inviolablement observé sans que personne y contrevienne en aucune maniere. «

» VI. Ne sera fait aucune chose contraire à cette treve, ou qui puisse lui préjudicier ou déroger, & tout sera garanti & ratifié en bonne & due forme, tant par sa majesté impériale, que par nous, & les électeurs, princes, & Etats en vertu de cette présente transaction; sera pareillement ladite suspension d'armes signifiée & notifiée à la chambre impériale & à ses

(a) Ce sont ceux que l'on appelle ordinairement luthériens, & qui prétendent suivre cette fameuse confession de foi qui fut présentée à Charles V à la diete d'Augsbourg en 1530. Elle contient environ vingt articles de doctrine ou de discipline. George Cassender, & le R. P. Dez, jésuite, ont fait voir que les premiers n'étoient pas bien éloignés de la doctrine catholique, & que l'on pourroit aisément concilier les deux parties avec un peu de charité chrétienne de part & d'autre. Les articles de discipline, dont les principaux sont la communion sous les deux especes, & le célibat des prêtres, souffriroient plus de difficulté du côté de la prévention, & de l'intérêt. Les luthériens sont même fort divisés entre eux sur les cérémonies, sur l'ordination des prêtres, sur la maniere de s'approcher de l'eucharistie, qu'ils reçoivent néanmoins tous avec une très-grande modestie & beaucoup d'apparence de piété. Les deux sexes ne s'y présentent jamais à la fois. Tous les communians généralement sont en habit noir, & les femmes en linge uni. On ne les y recevroit pas autrement. Ils ont soin de se confesser le jour d'auparavant, & dès le jeudi ceux qui veulent communier le dimanche, font une espece de retraite. Ceux de Suede & de Danemarc ont conservé la hiérarchie ecclésiastique, & beaucoup de nos cérémonies. Il y a dans l'Allemagne des endroits où elle a été abolie, & dans ces endroits, il y en a qui persuadés que l'ordination est un sacrement, & qu'elle ne peut être faite que par un évêque, vont la recevoir dans les pays où la hiérarchie est conservée, avant que d'accepter la charge de pasteur.

asseſſeurs, avec ordre, ſur leur ſerment, de s'y conformer, & de rendre la juſtice néceſſaire aux parties, qui la demanderont de quelque religion qu'elles ſoient, & particuliérement de laiſſer la liberté aux aſſeſſeurs & aux parties, qui auront à faire ſerment, de le faire à Dieu & à ſes ſaints, ou à Dieu & ſur les ſaints évangiles (*a*). «

» VII. Sera auſſi l'égalité obſervée dans les ſuffrages à donner & à demander, en faiſant juſtice, & conſervant le droit à un chacun. De même il a été réſolu par le préſent traité, que ſi pour ce qui regarde la préſentation des aſſeſſeurs & les autres articles qui concernent la paix & la juſtice, il arrivoit quelque choſe de conſéquence & de conſidération, qui regardât l'établiſſement de la chambre impériale; d'autant que ledit établiſſement a été fait du conſentement général des Etats, en une diete de l'empire, perſonne autre (*b*) ne pourra par conſéquent y rien changer, ou retrancher dans l'occurrence, que ſa majeſté impériale & leſdits Etats de l'empire, & ce par la voie ordinaire, ſavoir la viſite, ou autres tels moyens. «

» VIII. En quoi nous & les ambaſſadeurs des électeurs, les princes préſens, & les députés des abſens, nous offrons & ſommes prêts d'employer toute la diligence poſſible, à ce que dans les affaires de la religion, les parties n'aient pas ſujet de rien appréhender les uns des autres par la pluralité des voix; que l'on évite la partialité; que ceux de la confeſſion d'Augſbourg ne ſoient pas exclus du conſeil aulique de l'empereur (*c*); que les autres ſujets de plainte, s'il s'en trouve, ſoient levés, & que le tout ſoit terminé & décidé en la prochaine diete. «

» IX. Et pour cet effet nous, enſemble les ambaſſadeurs des électeurs, les princes préſens, & les envoyés des abſens, avons prié humblement, & avec révérence, ſa majeſté impériale, qu'elle daigne, pour l'avancement & le maintien de la paix & de l'union, réſoudre au plutôt qu'il ſe pourra, ſelon ſon plein pouvoir, (*d*) tous les points les plus néceſſaires, & entre ceux-là l'article qui concerne la préſentation, afin que ceux de la confeſſion d'Augſbourg ne ſoient pas exclus de la chambre impériale, comme il a été dit ci-deſſus.

(*a*) Les luthériens ſe diſtinguoient par-là des catholiques, parce qu'ils nioient l'interceſſion des ſaints.

(*b*) Cet article eſt contre l'empereur qui vouloit établir l'autorité de ſon conſeil-aulique ſur les ruines de celle de la chambre impériale. Encore aujourd'hui ces deux Etats ont l'un ſur l'autre un prétendu droit de prévention.

(*c*) Les luthériens y occupent encore à préſent la plupart des places, & l'Allemagne fut ſurpriſe, que dans l'arbitrage de l'affaire Palatine, entre deux princes catholiques, l'empereur Léopold eût envoyé à Francfort pour ſon plénipotentiaire, le ſieur Frédéric Binder, luthérien.

(*d*) Maniere de parler ſur laquelle les princes Allemands font peu d'attention, & dont les impérialiſtes ne laiſſent pas de ſe prévaloir.

CHAPITRE III.

Concernant la liberté de la nation Allemande.

» I. QUANT aux plaintes pour les choses qui se sont glissées dans l'empire, contraires à la liberté de la nation Germanique, (*a*) desquelles on a fait une addition aux articles de l'électeur de Saxe, nous aurions eu, sans doute, bonne volonté & un prompt désir, aussi-bien que les ambassadeurs des électeurs, les princes présens, & les envoyés des absens, d'en entreprendre la décision; mais attendu, comme nous ont rapporté les conseillers de sa majesté impériale députés à ce présent traité, qu'elle n'avoit eu jusqu'à présent aucune connoissance de la plupart desdites plaintes, ce qui avoit été cause qu'elle ne leur avoit donné aucun ordre ni instruction touchant lesdites affaires, qui d'ailleurs sont fort amples & de très-grande importance; comme aussi d'autant que le temps destiné à cette assemblée expire en bref, & que si on vouloit examiner & résoudre toutes lesdites plaintes, comme il conviendroit faire, cela tourneroit au préjudice de l'électeur de Saxe, & de ses conjoints, aussi-bien qu'au dommage de leurs sujets qui sont chargés de loger, & faire subsister leurs troupes. »

» II. Il a été, pour ces causes, trouvé bon de renvoyer & de remettre à la diete prochaine ou à quelqu'autre assemblée de l'empire, la décision de telles affaires; & comme la convention de Lintz, & les conseillers de sa majesté impériale qui sont ici présens, font espérer, à quoi même nous nous appliquerons aussi de notre part, que sa majesté impériale remplira dignement son conseil aulique de conseillers Allemands, capables d'examiner & décider les affaires, tant générales que particulieres de l'empire & de ses Etats, & que son intention étoit de faire traiter par des Allemands les affaires d'Allemagne & de donner contentement à un chacun, étant si fort portée pour la nation Allemande, qui est sa nation, qu'elle aimeroit bien mieux augmenter & conserver autant qu'il est possible, que diminuer en aucune maniere son ancienne liberté, cette promesse a été, par toute l'assemblée, reçue avec actions de graces. »

» III. Et afin que l'électeur de Saxe & ses adhérens n'aient pas sujet de craindre que ce qui est ici promis soit négligé ou différé, nous, notre très-cher fils, le roi Maximilien, les électeurs & Etats du saint empire, mettrons sur le tapis les plaintes alléguées, les représenterons à sa majesté impériale, & ferons en sorte qu'après avoir vu sur ce la bulle d'or, les autres constitutions & ordonnances du saint empire, & les louables & anciennes coutumes de la nation Allemande, toutes choses soient traitées & terminées en toute équité : Traiterons aussi & déciderons, par l'avis toutefois de sa

(*b*) Cela ne regardoit que les entreprises de Charles V qui se trouvoit trop puissant pour un empereur.

majesté impériale, au commencement de ladite diete prochaine, des autres affaires, qui ne la regardent pas proprement, mais qui touchent les Etats particuliers & membres du saint empire, à l'égard d'autres membres, (*a*) ou que les particuliers peuvent avoir les uns contre les autres, soit pour la forme & maniere de consulter ou de traiter, soit pour autre raison. Sur quoi sa majesté impériale a bien voulu promettre, qu'en ce qui la concernoit en particulier, elle agiroit avec des sentimens si pleins de bonne volonté, que les Etats, en général, connoîtront évidemment, qu'elle n'a pas de plus grand désir que de régler toutes choses selon l'équité, préférant en tout l'utilité publique à ses propres intérêts, & traitant toutes ces affaires d'une maniere que tous les Etats auront sujet d'en être satisfaits. »

» IV. Quant à l'article concernant le roi de France, comme (*b*) on a remarqué par la négociation de son ambassadeur, que l'on y a allégué quelques moyens & points, tant pour la paix générale, que pour ses intérêts particuliers; & d'autant que les points & les affaires qui regardent la paix générale de la nation Allemande, ne touchent personne autre que sa majesté impériale, nous, & les électeurs, princes & Etats du saint empire, & que cette assemblée n'est convoquée à autre fin, que pour procurer & maintenir la paix générale, aussi-bien que pour lever les plaintes, dont il est question, il a été estimé inutile d'en faire d'autre traité que le présent. »

» V. Mais pour ce qui regarde les intérêts particuliers dudit roi de France, l'électeur de Saxe, en vertu de la convention de Lintz, peut s'informer (si déjà ce n'a été fait) de son ambassadeur ce que le roi a à dire, désirer & demander à sa majesté impériale pour le regard de ses affaires particulieres, & nous en proposer ensuite les demandes, pour par nous en être fait rapport à sa majesté impériale, & savoir quelles sont sur ce ses intentions. »

CHAPITRE IV.

Concernant la sureté & le retour de ceux qui ont été mis au ban de l'empire à cause de la présente guerre.

» I. QUANT à ceux qui, à cause de la guerre derniere, ont été mis au ban, & ont encouru la disgrace de sa majesté impériale, & ont encore

---

(*a*) C'est donc à la diete ou à la chambre impériale, que ces sortes de contestations doivent être portées & non pas au conseil-aulique.

(*b*) Le roi de France n'avoit alors aucun autre intérêt que d'être remboursé de la dépense qu'il avoit faite de venir jusqu'auprès de Strasbourg avec une armée levée exprès pour rétablir la liberté des princes d'Allemagne, ensuite du traité fait à Blois en 1551. Comme l'on ne fit à Passau aucune justice à l'ambassadeur qu'il y avoit envoyé, il mit, en se retirant, de bonnes garnisons dans Metz, Toul, & Verdun, ancien domaine de la monarchie Françoise, qui lui resterent pour son indemnité.

part aux préparatifs de la guerre présente : Nous, ensemble les ambassadeurs des électeurs, les princes présens, & les envoyés des absens, n'avons pas manqué de faire nos sollicitations pour eux près de sa majesté impériale, de laquelle nous avons enfin obtenu, que le comte Albert de Mansfeld, avec son fils, le rhingrave, le comte Christophe d'Altenbourg, le baron Jean de Heydeck, Frédéric de Reiffenberg, George de Reckenroth, Sébastien Sehertic, &c. & autres, qui à cause de ladite guerre sont tombés dans la disgrace de sa majesté, & ont perdu leurs pays, sujets & biens, entre lesquels se trouvent le duc Othon Henri comte palatin, le prince Wolff d'Anhalt, comme aussi les barons, seigneurs & gentilshommes de Brunswick, & généralement tous autres de haute ou basse condition, nommés, ou non nommés, qui à cause de la guerre présente sont tombés en la disgrace de sadite majesté, & sont encore mêlés dans la présente guerre, seront réconciliés & reçus en grace par sa majesté impériale, sans aucune crainte pour le passé, comme dès à présent ils sont réconciliés en vertu de la présente transaction ; bien entendu toutefois, qu'ils rendront à l'avenir l'obéissance qu'ils doivent à sa majesté impériale & à l'empire, & ne serviront point contre sa majesté, ni contre nous & le saint empire, (*a*) aussitôt que le présent article qui sera inséré dans le cahier des plaintes générales sera résolu & défini, pour après s'y conformer & s'en tenir à ladite résolution & définition. »

» II. Ceux qui seront réconciliés & reçus en grace, comme il a été dit, & qui cependant se tiennent hors de l'empire & de la nation Allemande, en France, ou ailleurs, & servent contre sa majesté impériale, seront tenus de se déclarer dans six semaines du jour de la date de la présente transaction, & ne serviront plus après ce temps-là contre sa majesté impériale, ni contre les Etats de l'empire, & seront de plus obligés, ledit temps expiré, de revenir en Allemagne dans deux mois au plus ; à faute de quoi seront tout-à-fait frustrés & déchus de sa présente grace & réconciliation. «

CHAPITRE V.

Abrogation de toutes les actions & injures faites pendant cette guerre.

» I. ET d'autant que dans les présens mouvemens de guerre, il est arrivé qu'on a exercé toutes sortes de nouveautés de fait & de conduite, & que quelques électeurs, Etats & villes ont été spoliés de leurs biens ou endommagés en autres choses, les princes & tous autres adhérans à ladite guerre, restitueront toutes les seigneuries, villes, bourgs, pays, sujets & biens qu'ils ont occupés, appartenant ci-devant à d'autres Etats, & les déchargeront

(*a*) Ces princes & autres prétendoient n'avoir fait la guerre qu'à l'empereur, & non pas à l'empire.

chargeront des sermens & des engagemens par lesquels ils s'étoient obligés à eux, & seront les villes impériales conservées en leurs anciens privileges & franchises. (a). «

» II. Pareillement sa majesté impériale, pour l'affection qu'elle a à la paix générale, & pour éviter de plus grands inconvéniens, casse & abolit entiérement de sa pleine puissance & autorité impériale, toutes les actions & demandes que les Etats, villes ou personnes particulieres lésées auroient à intenter à cause du dommage qu'ils ont souffert, contre les princes, auteurs de ladite guerre, & contre leurs adhérans, réciproquement celles de ses adhérans contre les autres Etats : veut toutefois sa majesté impériale penser avec nous & les Etats de l'empire aux voies & moyens équitables par lesquels les Etats & villes lésées, puissent être récompensées & dédommagées de leurs pertes, sans y intéresser les Etats, auteurs de cette guerre (b), & ce afin d'ôter toute occasion à d'autres plus grands remuemens, & maintenir inviolablement la paix. «

CHAPITRE VI.

Touchant le comte Palatin Othon-Henri.

» SUIVANT la supplication à nous faite de la part du duc Othon Henri, comte Palatin par ses envoyés : nous, ensemble les ambassadeurs des électeurs, les princes présens, & les envoyés des absens, avons passé office près de sa majesté impériale en sa faveur, & obtenu d'elle que son pays du duché de Neubourg avec ses appartenances demeureront audit Palatin. «

CHAPITRE VII.

Sureté générale pour tous les gens de guerre.

» I. LES électeurs, princes, Etats & villes participans à cette guerre, tous officiers, soit maréchaux de camp, colonels, capitaines, commandans, soit généralement tous autres gens de guerre, quelque nom qu'ils puissent avoir, ensemble leurs adhérans & participans à cette guerre, de haute ou

(a) Il n'est point parlé dans ce traité des restitutions que l'empereur étoit obligé de faire lui-même, ni de l'électorat de Saxe qu'il avoit ôté à Jean-Frédéric, tige de la branche aînée de sa maison, pour le donner à Maurice qui ne l'étoit que de la branche cadette. Maurice étoit alors bien avant dans sa confidence, & s'étoit rendu le médiateur de ce traité. Il ne demeura pas toujours dans ce sentiment ; il devint bientôt le plus dangereux ennemi de Charles V qu'il pensa surprendre dans Inspruch. Il fit délivrer Jean-Frédéric, son cousin, mais il ne lui rendit pas l'électorat.

(b) La question étoit de savoir où prendre ce dédommagement. Il devoit naturellement se donner par l'empereur, dont l'ambition & les entreprises avoient donné lieu à la guerre, mais la chose se trouva si difficile que l'on n'y pensa plus.

basse condition, nommés ou non nommés, seront sans aucune difficulté reçus en grace, & toutes hostilités faites contre eux ou par eux contre d'autres en général ou en particulier, justement ou injustement, secrétement ou publiquement, seront assoupies & abolies de part & d'autre; seront toutefois obligés de faire à l'avenir leur devoir, & d'être obéissans & fideles à sa majesté impériale, à nous & au saint empire. «

» II. Le comte Rheinhard de Solms, après avoir donné caution, & tous les autres prisonniers de part & d'autre seront remis en liberté sans rançon ledit onze ou douze d'août. «

» III. Que si le marquis Albert de Brandebourg veut pareillement renoncer à la guerre, licencier ses troupes dans ledit temps, & accepter la présente transaction, & y consentir; de sa part, observant cependant la suspension d'armes, sans endommager ou molester personne par lui ou par ses troupes, il sera pareillement compris dans cette convention. (*a*).

» Pour ce qui concerne la restitution, que demande la noblesse de Brunswick, de leurs maisons & des biens dont ils ont été dépouillés par le duc Henri, cadet de Brunswick; comme aussi le payement de quelques dettes: sa majesté, pour éviter des suites plus dangereuses, procurer le repos & l'union dans l'empire, & en faveur de la paix & du bien public, établira pour ses commissaires les deux électeurs de Saxe & de Brandebourg; comme aussi le marquis Jean de Brandebourg & le duc Philippe de Poméranie, leur donnant de sa pleine puissance & autorité impériale ordre & plein-pouvoir de convoquer & faire assembler ladite noblesse en lieu commode, écouter leurs plaintes & demandes touchant ladite restitution & ledit payement, & ensuite accommoder leur différend à l'amiable, s'il est possible; & même s'ils trouvent que ledit Henri duc, cadet, leur doive quelque chose, en vertu des promesses & obligations incontestables, de le convier, selon ce qui est juste à les acquitter, sinon & en cas que la voie de la douceur n'ait aucun effet par la faute de l'une ou de l'autre partie, de faire en sorte de la part de sadite majesté, que lesdits gentilshommes soient rétablis & remis en la possession de leurs maisons & desdits biens, dont ils ont été chassés, & qu'ils y puissent être protégés & maintenus; & se fera & achevera ledit accommodement à l'amiable, ou la restitution réelle, sans manquer dans trois mois au plus, à compter de la date de la présente convention; sauf à chaque partie, après la restitution faite, à poursuivre en

(*a*) Ce prince ne parut pas l'accepter alors, & il continua en apparence de servir la France. Même pendant le siege de Metz, il voulut s'y renfermer, mais le duc de Guise qui y commandoit, ne voulut pas le recevoir, quoiqu'il n'eût que 6,000 hommes & qu'il ne dût guere compter sur la fidélité des habitans, qui n'étoient à la France que depuis six mois. Albert n'ayant pas réussi par ce moyen, il en tenta un autre; il essaya d'en tirer des provisions pour affamer la ville & la garnison. M. de Guise lui fit dire qu'il pouvoit en tirer d'ailleurs; enfin n'ayant pu rien faire, il se retira, & ayant trouvé quelques régimens François écartés du côté du Pont-à-Mousson, il les défit, & se jeta dans l'empire où il reçut la récompense de sa perfidie.

tems & lieu, ainsi qu'il convient & qu'il est juste, les prétentions & demandes qu'elles peuvent avoir & faire les unes contre les autres. «

» V. Seront pour ce sujet sa majesté impériale, nous, & les électeurs requis, tenus d'aider, défendre, protéger & maintenir sans contradiction ni retardement aucun lesdits commissaires en ce qu'ils auront traité & décidé en conséquence de ladite commission. «

» VI. Fera de plus sa majesté impériale publier un mandement précis & formel, portant défenses sous peine du ban au duc Henri de plus inquiéter & endommager lesdits seigneurs & gentilshommes du pays de Brunswick en leurs personnes, terres, biens, & principalement en leurs bois jusqu'à ce que les commissaires en aient pris connoissance & terminé leur différend à l'amiable ou par la voie de la justice. «

CHAPITRE VIII.

Concernant les villes de Goslar & de Brunswick.

» MANDERA pareillement & ordonnera sa majesté impériale ausdits quatre électeurs & princes, comme ses commissaires, d'écouter & accommoder à l'amiable, selon l'équité, les plaintes & demandes que le duc Henri de Brunswick, & les deux villes de Brunswick & de Goslar ont à faire les uns contre les autres, & de leur faire publier pareil mandement de sa majesté, à ce qu'ils aient, sous peine du ban, à cesser de part & d'autre leur armement & apprêt de guerre, de s'abstenir de toutes voies de fait, & de se soumettre à l'accommodement amiable desdits commissaires impériaux, ou bien de terminer leurs différens par la voie ordinaire de la justice, suivant les constitutions de l'empire. «

CHAPITRE IX.

Que sa majesté impériale s'obligera de garder la présente transaction.

» I. TOUTES lesquelles choses ci-dessus écrites & spécifiées dans chaque article, seront par sa majesté, en ce qui la concerne elle-même, observées & exécutées fermement, inviolablement & sans contradiction aucune, en vertu de la ratification qu'elle en fera expédier pour elle & pour ses successeurs, sans attenter ou faire publier, permettre à présent ou à l'avenir, que l'on attente, fasse ou publie aucune chose au contraire, sous son autorité ou sous quelqu'autre prétexte ou nom que ce puisse être, & ce nonobstant tous autres décrets faits ou publiés contraires à cette convention, voulant préférablement à toutes choses maintenir, défendre & protéger tous les Etats du saint empire compris dans la présente convention & treve, & dans ses articles. «

» II. Que si quelque ou quelques Etats entreprenoient, en quelque maniere ou sous quelque prétexte que ce soit, de violenter, attaquer, offenser & y troubler quelque autre ou quelques autres Etats (ce qu'on n'espere pourtant pas qu'il arrive) sa majesté impériale se joindra à la partie lésée, pour, par son assistance impériale & son conseil, ainsi qu'il est du devoir de sa majesté & de la justice, les chasser & en détourner tout attentat & tout injure. «

CHAPITRE X.

Consentement des princes auteurs de la présente guerre à la présente transaction.

» ET de notre part, nous électeur de Saxe, Othon-Henri, comte Palatin, Jean-Albert, duc de Mecklebourg, & Guillaume, Landgrave de Hesse, *&c.* confessons publiquement que tous & chacun les points & articles ci-dessus écrits, ont été traités, décidés & conclus de notre science & volonté; que nous y consentons & promettons en général & en particulier, en notre nom & au nom de nos héritiers & successeurs, & de tous ceux qui nous ont adhéré ou adherent en cette affaire ou expédition militaire, qui ratifieront cette transaction, de maintenir & exécuter lesdits articles en conséquence de la présente transaction, *&c.* sur notre honneur & qualité de princes, de bonne foi & parole de vérité, vraiment, fermement, effectivement, entiérement, & inviolablement en ce qui touche chacun de nous; que pour cet effet nous ne molesterons, attaquerons, violenterons, offenserons ou troublerons par voie de fait, sous quelque prétexte ou en quelque maniere que ce soit, publiquement ou clandestinement, par nous ou par d'autres, aucun Etat compris en ladite présente pacification, ou qui l'acceptera ci-après, bien au contraire nous donnerons en conformité de la paix générale ci-devant faite, des constitutions de l'empire & de cette treve & convention, toute sincere assistance & conseil à ceux qui observent & observeront le présent accord contre ceux qui ne l'observeront pas, ou qui agiront, traiteront & entreprendront quelque chose qui y sera contraire, ou molesteront ceux qui l'observeront, les offenseront, endommageront, leur feront injure ou permettront qu'elle leur soit faite par voie de fait, engagement ou autrement, sans que nous prétendions nous en dispenser par aucune chose, quelle qu'elle puisse être inventée ou entreprise à l'avenir au contraire, annullant & abolissant pour cet effet tout ce qui pourroit être entendu ou expliqué en un sens contraire aux présentes, quelque nom que cela ait, & que nous voulons tenir ici comme expressément spécifié, pour y renoncer & déroger, comme dès à présent nous y renonçons & dérogeons; nous déportant entiérement, en vertu du présent acte & en toute la meilleure & plus authentique forme, de tout ce qui pourroit être contraire ou s'entendre & s'imaginer contraire à cet accord & aux présens engagemens. «

CHAPITRE XI.

Consentement reciproque du roi des Romains, & des électeurs, arbitres.

» I. ET afin de lever tout doute ou sujet de méfiance de part & d'autre, nous, roi Ferdinand, *&c.* & nous, roi Maximilien, *&c.* comme aussi nous électeurs & princes, tant ecclésiastiques que séculiers, nous déclarons & sommes demeurés d'accord qu'en vertu de la transaction & décision présente; savoir, nous, deux rois, pour nous, nos héritiers & successeurs, & nous électeurs & princes séculiers, & pour nous & nos héritiers & successeurs irrévocablement, que nous tous, tant pour nous-mêmes, & pour nos successeurs, que pour nos royaumes, archevêchés & évêchés, hommes, pays, sujets, serviteurs & adhérans, autant qu'à nous est, & à chacun en droit soi, n'agirons en aucune maniere contre cet accord, & que si quelque partie, contre toute espérance, vouloit procéder à l'encontre, présentement ou à l'avenir, & inquiéter, insulter & maltraiter quelque autre partie par voie de fait, publiquement ou clandestinement, & non pas s'en abstenir, quand elle en sera avertie; alors nous & eux, & nos successeurs, donnerons secours & assistance, conformément à la paix générale, aux constitutions de l'empire, & à cette convention & treve, à la partie qui seroit, au préjudice de la présente convention, grevée, molestée, attaquée & lésée, autant que le requerront les remontrances & pieces justificatives produites devant nous tous & nos successeurs, contre l'autre partie qui n'auroit pas voulu acquiescer à ce que dessus, mais auroit voulu continuer la voie de fait. «

» II. Et pour procéder à ce que dessus, la partie qui croira que quelque autre partie aura enfreint cette treve, ou y aura contrevenu, elle ne préviendra point l'autre par la force ou la voie de fait; mais elle renvoyera avant toutes choses l'affaire à nous, ou ausdits électeurs & princes comme entremetteurs, lesquels se mettront sans délai à la négocier & accommoder à l'amiable, & ce qui sera par nous, ou par eux décidé & conclu, tiendra lieu de sentence, à laquelle les parties se soumettront sans aucune difficulté de part ni d'autre, & si elles refusent d'y acquiescer, alors on y employera toute sorte de secours & d'assistance, comme il a été dit. «

» III. Lesdits médiateurs transigeront l'affaire avec la même fidélité qu'ils sont obligés à sa majesté impériale, & donneront assistance à l'acquiesçant contre le refusant, ce que l'empereur ne désapprouvera pas. «

La conclusion du traité est ainsi énoncée.

» ET d'autant que l'électeur de Saxe, ses adhérans & confédérés ont volontairement accepté & promis de tenir cette capitulation & tous & chacun ses points & articles, sa majesté les a aussi favorablement approuvés & ratifiés pour le plus grand bien & avantage de l'empire, & nation Allemande, sa patrie. En témoignage & foi de quoi, trois expéditions ont été dressées de même sens & teneur, & signées de nous, roi Ferdinand, & des électeurs de Mayence & Palatin Frédéric, comme aussi de l'évêque de Saltzbourg, du duc Albert de Baviere, & des autres électeurs & princes comme arbitres & médiateurs, & de l'électeur de Saxe & du landgrave Guillaume de Hesse, tant pour eux que pour leurs adhérens, avec les sceaux d'un chacun, & de cesdites expéditions, l'une sera délivrée à sa majesté impériale, la seconde aux Etats-généraux de l'empire, & la troisieme à l'électeur de Saxe & à ses adhérens. Fait à Passau le second jour du mois d'août, l'an de grace 1552, & de nos regnes, savoir des Romains le vingt-deuxieme, & des autres le vingt-sixieme. «

PASSE-DROIT, s. m.

LES princes, ou ceux qui sont les distributeurs de leurs graces, commettent des injustices que l'on nomme *Passe-droits*; lorsqu'ils accordent des récompenses, des grades, des dignités à des personnes qu'ils veulent favoriser, au préjudice de celles qui par leurs services ou par la carriere qu'elles avoient embrassée, avoient droit d'espérer ces graces. Les récompenses sont entre les mains des souverains, des moyens puissans pour exciter dans leurs sujets l'amour de la patrie & de leurs devoirs. Rien n'est donc plus contraire aux intérêts d'un Etat, que de priver ceux qui en ont bien mérité des avantages qui leur sont dûs. La douleur causée par cette privation devient encore plus sensible lorsqu'ils voient qu'on leur préfere des hommes qui n'ont d'autre titre que la faveur & l'intrigue. De telles injustices détruisent l'émulation & l'énergie nécessaires dans les personnes qui servent leur pays. Des intrigans parviennent à des places dont ils sont incapables, & le mérite réel, qui ne sait point s'abaisser à la flatterie & aux pratiques sourdes, est écarté, ou demeure enseveli dans une obscurité qui le rend inutile à la patrie.

PASSE-PORT, s. m.

C'EST une espece de privilege, qui donne aux personnes qui en sont munies, le droit d'aller & de venir en sureté, ou pour certaines choses, celui de les transporter aussi en sureté. Il paroît que suivant l'usage, on se sert du terme de Passe-port dans les occasions ordinaires, pour les gens en qui il n'y a aucun empêchement particulier d'aller & de venir en sureté, & à qui il sert pour plus grande assurance, & pour éviter toute discussion, ou pour les dispenser de quelque défense générale : le sauf-conduit se donne à gens qui, sans cela ne pourroient aller en sureté dans les lieux, où celui qui l'accorde est maître ; à un accusé, par exemple, ou à un ennemi. Nous en parlerons plus bas.

Passe-port signifie aussi la permission accordée par le prince de faire amener ou transporter des marchandises, des meubles, *&c.* sans payer les droits d'entrée ou de *sortie.*

Les marchands se procurent quelquefois de pareils Passe-ports pour certaines sortes de marchandises ; & on les accorde toujours aux ambassadeurs & aux ministres pour leurs bagages, équipages, *&c.*

Passe-port est aussi souvent employé pour une permission qu'on obtient de faire amener ou emporter des marchandises réputées comme contrebande, & déclarées telles sur les tarifs, *&c.*

Des Passe-ports ou sauf-conduits que l'on donne en temps de guerre aux ministres publics.

CES Passe-ports sont inutiles en temps de paix, parce qu'il est du droit universel des gens, reçu par toute l'Europe, que chaque souverain doit accorder un passage libre & sûr par ses Etats à tout voyageur non suspect de quelque crime, sur-tout à des personnes employées au service d'un autre prince, & particuliérement à des ministres revêtus d'un caractere public. Mais pendant la guerre ce droit de sureté cesse, & l'on voit clairement par la teneur des déclarations de guerre même, qui se font toutes à peu près sur le même modele, ainsi que par la nature de la chose, qu'il est impossible qu'un pareil droit puisse subsister entre deux nations belligérantes. Chaque souverain est autorisé à prévenir tout le mal possible qu'il pourroit recevoir de son ennemi déclaré. Or, comme le ministre public, envoyé de la part d'une puissance ennemie, ne sauroit avoir d'autre dessein que de nuire à la partie adverse par le moyen de sa négociation, il est évident que celui-ci peut & doit même l'arrêter, s'il passe par son territoire, & se saisir de tous ses papiers ; d'autant plus qu'il n'y a que les princes, à qui les ministres publics sont envoyés, qui soient obligés de les faire jouir de la protection du droit des gens, comme nous l'avons prouvé. Un envoyé n'est pas accrédité à toute l'Europe à la fois. Wicquefort rapporte (*a*) » que le roi de Danemarc, en écrivant à Schoneich, qui avoit ordre de » l'empereur de conduire Commendon, nonce du pape, par l'Allemagne, » & delà jusqu'aux deux royaumes du Nord, marque dans sa lettre *que* » *Schoneich, comme ministre public, n'avoit plus besoin de Passe-port, ni* » *de sauf-conduit &c.* » mais c'étoit là un mauvais raisonnement du ministere Danois, qui ne donne aucune autorité pour adopter une pareille

(*a*) Liv. I, sect. XVII.

maxime; & il y a mille exemples du contraire, entr'autres celui de M. le maréchal duc de Belle-Isle, qui allant en qualité de ministre de France à la cour du roi de Prusse, fut arrêté sur sa route à Elbingerode, par un bailli du roi d'Angleterre, électeur de Hanovre, & conduit à Windsor, sans que la cour de Versailles ait jamais prétendu, que le droit des gens fût violé par la capture d'un personnage si illustre. Mais en se saisissant d'un ministre ennemi & de ses papiers, il est absolument contre le droit des gens & contre les loix de l'humanité, de faire la moindre violence à la personne même du ministre qui, au bout du compte, est un honnête-homme, un fidele serviteur qui sert son maître avec le même zele dont nous voulons être servis par nos ministres.

PASSION, s. f.

Le mot *Passion* désigne un mouvement dont notre ame ou notre volonté est agitée par une cause dont nous ne sommes pas maîtres, mouvement qui, par conséquent, ne dépend pas de nous. Tels sont les premiers mouvemens d'impatience, de colere, de dépit, de tristesse & des autres passions semblables.

Le jugement, la pensée, la lumiere qui nous fait appercevoir les bornes que nous devons donner, & le frein que nous devons mettre à ces mouvemens indélibérés, est ce que nous appellons *raison*, de sorte que notre intérieur est composé de deux mouvemens contraires, l'un de raison, l'autre de Passion. Cependant dans l'usage ordinaire, nous n'attachons pas le mot de Passion aux mouvemens indélibérés qui ne sont pas condamnés par la raison : ainsi le mouvement indélibéré qui nous porte à prendre de la nourriture pour subsister, ne s'appelle point Passion, non plus que le mouvement indélibéré qui nous porte à désirer une réputation bien fondée, à aimer ceux de qui nous tenons la vie, *&c.* Par le mot de *Passion*, nous entendons communément *un mouvement indélibéré*, *désapprouvé par la raison*.

Pourquoi, dira-t-on, écouter tant la raison, si elle est contraire au mouvement actuel qu'on éprouve? C'est parce que les Passions ne connoissent point de bornes, qu'elles sont toutes extrêmes, & que le consentement de la Passion dont on est actuellement agité, n'est qu'un consentement passager, qui fait place à des sentimens de repentir & d'amertume : en sorte que la raison n'est opposée à la Passion que pour rejeter une satisfaction présente & passagere, qui priveroit d'une satisfaction à venir plus grande & plus durable.

S'il est évident qu'il y ait une loi naturelle, il y a une différence réelle entre

entre le bien & le mal, le juste & l'injuste, la vertu & le vice. Tout ce qui est conforme à cette loi est bon, & tout ce qui y est contraire mauvais. *La vertu est une disposition à pratiquer tout ce que la loi ordonne, & le vice consiste dans l'habitude de ce qu'elle défend.*

C'est ce qu'il y a de plus parfait en nous qui doit présider sur ce qui l'est moins. Ce qui est le moins sujet à se tromper doit être plus écouté que ce qui est une source d'égarement. Ce qui est éclairé doit servir de regle à des mouvemens aveugles. Tout cela est incontestable ; & delà il résulte qu'il est incomparablement plus sûr de suivre les lumieres de la droite raison que le penchant des sens.

Quand la raison, qui doit gouverner, gouverne en effet, on jouit d'un calme heureux, parce que tout est dans l'ordre, que chaque partie demeure en sa place, & que chacune de nos facultés ne faisant que ce qu'elle doit faire, elles conspirent toutes à un même but. Mais dès que les Passions prennent le dessus, tout est en confusion, elles ne sont pas d'accord entr'elles, & l'on se repent tour à tour d'avoir écouté l'une plutôt que l'autre. La raison seule peut arrêter ces discordes, en ramenant tout à l'unité de l'obéissance à ses ordres.

Un géometre s'applaudit lorsqu'il a pu résoudre un problême abstrait & profond ; mais quelle plus douce satisfaction pour le cœur du sage, lorsqu'après de généreux combats, victorieux d'une Passion opiniâtre, il peut se dire à lui-même : je suis enfin devenu meilleur, je suis plus agréable aux yeux de mon Dieu, je lui ressemble davantage.

Il est aujourd'hui démontré, en dépit de toutes les subtilités du portique, que les Passions sont nécessaires à l'homme, & que les qualités les plus estimables, sans l'accompagnement des Passions, ressembleroient à une belle montre qui n'auroit point de ressort. Les Passions sont très-sagement établies par rapport à leur fin, savoir la conservation de la vie, celle de la santé, l'union de l'homme & de la femme, la société, le commerce. Elles nous excitent à la recherche de ce qui nous est utile ; & sans les désirs qui en naissent, la vie seroit insipide & ennuyeuse. Il est question d'en faire un bon usage, & ce ne peut être que l'ouvrage de la raison.

L'homme sans Passion est une chimere. L'imagination, en se représentant les objets, excite l'opération de l'entendement qui porte différens jugemens, en leur attribuant des qualités tantôt bonnes & tantôt mauvaises. La volonté ne peut être privée de tout penchant. L'ame ne peut se retrancher toutes sortes de désirs. Le sage est celui qui cherche à régler & à diriger vers le bien ce qui ne peut être détruit, & c'est ce qui rend toutes les Passions bonnes, pourvu que la raison les regle.

Il ne faut pas croire qu'une raison pure & simple, entiérement dénuée du secours des Passions, ait un grand pouvoir sur la conduite & sur les actions des hommes. Le pouvoir de la raison n'est établi & n'agit efficacement que pour balancer le pouvoir des Passions entr'elles, & faire que dans la concurrence, la plus avantageuse l'emporte sur les autres. Ce pouvoir des Passions est le véritable ressort qui nous fait agir & qui nous détermine pour le bien comme pour le mal ; & le pouvoir de la raison n'est qu'un contrepoids qui sert à mettre en jeu ou à réprimer à propos, tantôt l'un, tantôt l'autre des différens ressorts, qui sont dans notre être, pour le remuer, le pousser vers les objets, le rendre sensible aux peines ou aux plaisirs, & en faire un être véritablement vivant. Les Passions font vivre ; mais la raison fait vivre comme l'on doit vivre, pour son honneur & pour son avantage.

Les Passions contribuent à notre conservation ; mais si elles ne sont pas dirigées vers leurs véritables objets, elles menent au précipice. Elles causeroient dans le monde des désordres sans fin, si les loix n'y opposoient une puissante barriere. La terre ne seroit plus qu'un repaire de tigres & de lions, qui joindroient à la cruauté toutes les ruses possibles. L'esprit dont Dieu a doué l'homme seroit un présent funeste, ce seroit une épée entre les mains d'un furieux ; & ce même homme que j'admire, deviendroit pour moi un sujet d'horreur & de crainte, un monstre qui m'obséderoit de toutes parts, & contre lequel je serois perpétuellement en garde.

Lorsqu'elles ne sont pas conduites par la raison, les Passions sont la maladie de l'ame, elles la défigurent & en ternissent la beauté naturelle. Elles font perdre la liberté, elles troublent, ou plutôt elles étouffent la raison, elles alterent même au dehors la dignité de l'homme. Ce trouble, ce désordre, ces mouvemens déréglés des yeux, de la bouche, de tout le visage, de toute la personne, sont des marques que la nature nous donne pour nous faire connoître la difformité du dedans.

Qu'on examine ce qui trouble la tranquillité des sociétés, & l'on en trouvera presque toujours la cause dans nos Passions ou dans les vices qui en sont l'effet. Elles n'ont pour but que la fuite du mal & la recherche du bien nécessaire à la conservation de la nature, toutes viennent de l'un ou de l'autre, & se rapportent à l'un ou à l'autre : or cet objet général & commun de toutes nos Passions, n'a rien que de bon & d'excellent. Pourquoi les effets en sont-ils donc honteux ? Par quel prodige l'amour du bien naturel & la haine du mal peuvent-ils nous avilir & devenir même la source de nos désordres & de nos crimes ? C'est 1°. l'erreur qui nous fait souvent prendre pour bien ce qui est un mal, & pour mal ce qui est un bien. 2°. Un trouble qui nous empêche de faire usage de la raison. 3°. Un emportement qui fait que nous nous portons aux objets de nos désirs & même à nos besoins naturels, avec une vivacité immodérée, dans un excès criminel. Qu'on regne sur une province, sur un royaume, sur un empire, sur une grande partie de la terre, sur la terre entiere, on n'est qu'un esclave si l'on ne sait commander à ses passions. (*a*) Cette victoire est préférable à toutes les conquêtes. (*b*) Ecoutons donc les conseils de la raison.

Le penchant qui porte les deux sexes à s'approcher & à s'occuper ensemble de la perpétuité de leur espece, est dans l'ordre de la nature, & n'a rien que de très-raisonnable lorsqu'il ne se manifeste que d'une maniere conforme aux vues du créateur. Mais dans la poursuite de tout autre plaisir, il est un degré d'ardeur qu'on ne peut excéder sans en altérer la jouissance. Par quel privilege celui-ci seroit-il dispensé de la loi générale? Par quelle singularité ne reconnoîtroit-il point de limites? L'amour désordonné & l'incontinence sont très-blâmables. Il ne peut y avoir que de la bassesse dans les mouvemens d'une Passion qui asservit & enchaîne les plus grands hommes. Quel objet plus honteux qu'un homme, quelqu'illustre qu'il soit d'ailleurs, assujetti indignement à une femme!

L'amour, dans quelques-uns de ses effets, ressemble plus à la haine qu'à l'amitié. Il fuit d'ordinaire, lorsqu'il est recherché avec beaucoup d'empressement; & il recherche à son tour dès qu'il craint l'indifférence. Il ne dépend que de son caprice. Il se plaît dans les larcins & dans les plaisirs goûtés à la dérobée. Les querelles le raniment, les refus l'irritent, la crainte de perdre l'objet aimé le rallume. Il retrouve dans tous les objets celui qu'il aime, tout lui en rappelle le souvenir, tout sert d'aliment à sa flamme.

Les autres Passions ont un caractere décidé. L'avarice est toujours insatiable, la colere toujours impérieuse, la vengeance toujours cruelle, l'ambition toujours fiere, quoiqu'elle emploie souvent la bassesse pour parvenir à ses fins. L'amour seul est un Protée qui change de formes selon les caracteres où il est logé. Tantôt il est timide & tantôt présomptueux; gai chez les uns, triste chez les autres; quelquefois souple, quelquefois menaçant; enfin généreux ou intéressé, vif ou languissant, susceptible de tous les caracteres.

Le remede le plus efficace & le plus général contre l'amour, c'est de fuir l'oisiveté. Celui qui mene une vie occupée, ôte à cette Passion ses principales forces & ses armes les plus redoutables.

L'incontinence est extrêmement contraire au bonheur de la société. Lorsqu'elle blesse les droits du mariage, elle fait au cœur du mari outragé la plaie la plus profonde, & devient une source malheureusement trop féconde en meurtres, en assassinats, en empoisonnemens. Il en coûte sou-

---

(*a*) *Tu licet extremos latè dominère per indos;*
Te Medus, te mollis Arabs, te Seres adorent,
Si metuis, si prava cupis, si duceris irâ,
Servitii patière jugum, tolerabis iniquas
Interiùs leges.
Claud. de 4. Consul. Honor.

(*b*) *Melior est qui dominatur animo suo, expugnatore urbium*, dit l'écriture.

vent la vie aux particuliers, aux princes, (*a*) aux rois. (*b*) L'amour désordonné entre personnes libres, n'est guere moins funeste.

Un homme livré à cette passion n'est plus à lui-même. L'amitié, la bienfaisance, la charité, la parenté, la patrie n'ont point de voix qui se fasse entendre, lorsque leurs droits se trouvent compromis avec les attraits de la volupté. Ceux qui en étant possédés se flattent de n'avoir jamais oublié ce qu'ils devoient à leur état, jugent de leur conduite par ce qu'ils en connoissent ; mais toute passion nous aveugle & nous empêche de nous connoître, & de toutes les passions, il n'en est point qui aveugle davantage.

La nonchalance, le dégoût, la mollesse, sont la suite, & les moindres inconvéniens du vice dont je parle.

Aucune Passion n'a plus d'empire sur nous que celle-ci. Qu'on en juge par les éloges que la continence a mérités à Scipion, tant de la part de ses contemporains que de la part de la postérité. Aucun exploit de ce héros ne lui a fait tant d'honneur que cette modération.

Le luxe est semblable à un torrent qui entraîne & culbute tout ce qu'il rencontre. On ne connoît plus ni vrais besoins, ni bienséance, ni modération. Le superflu est regardé comme nécessaire, & souvent on se prive du nécessaire pour le superflu. Chacun veut paroître avec éclat, il est du bon air de dépenser plus que son revenu. On ne s'occupe que de bijoux, d'habits, d'équipages, d'ameublemens. On met toute sa gloire à jouir de précieuses bagatelles, & l'on se pique de légéreté & d'inconstance à les posséder. Peut-on regarder comme des ornemens qui attirent de la considération, ce qui ne doit en effet attirer que du mépris ? Est-ce là faire honneur aux richesses? N'est-ce pas en abuser ? On laisse l'ame dans la bassesse & la corruption, tous les soins sont pour parer le corps de tout ce qui annonce la folie & la vanité, & qui prouve l'injustice & la dureté pour les misérables. Mais qu'on ne se laisse pas éblouir par ce vain éclat ; qu'on écarte cet attirail d'ornemens étrangers & inutiles, ce nombreux cortege de fainéans revêtus de l'orgueil de leurs maîtres ; qu'on pénetre jusqu'à la personne, on n'y voit assez souvent que déréglement dans le cœur & petitesse dans l'esprit.

L'amour des délices, fidele compagnon du luxe, n'étend pas moins son empire. On regarde comme insipides les plaisirs innocens que la raison permet. La mollesse & la volupté s'emparent des cœurs, les portent à toute sorte de déréglemens, aveuglent l'esprit, gâtent le jugement, détruisent la véritable idée des choses, font approuver ce qu'on doit condamner, & rechercher ce qu'on doit fuir. Ceux qui se laissent séduire par les attraits de ces Passions, déguisent certains déréglemens, sous les noms agréables de galanterie & de bonne fortune. Loin de les cacher, souvent ils s'en

---

(*a*) L'ancien duc d'Orléans, l'ancien duc de Bourgogne.

(*b*) Chilpéric, mari de Frédégonde.

font gloire. Ils subissent le joug d'un sexe frivole dont ils reçoivent en tout les goûts & les décisions.

Les Passions sont soutenues & irritées par la profusion & la délicatesse de la table. On fait un art important de la maniere de préparer des repas qui cesseroient bientôt, s'ils n'étoient que pour le besoin. Afin qu'ils soient plus recherchés, plus délicats & plus somptueux, on divise cet art en quatre ou cinq parties exercées par autant de chefs qui retirent un salaire suffisant pour faire subsister plusieurs gens de mérite qui languissent dans la misere, & dont les talens restent ensevelis quoiqu'utiles à la société & honorables à l'humanité. On veut que toutes les provinces, que les parties du monde les plus éloignées contribuent à satisfaire la gourmandise. Il faut des liqueurs & des morceaux apportés des extrémités de la terre pour contenter l'imagination déréglée. La quantité & la variété des mets irritent l'appétit au-delà des vrais besoins, & l'excitent à prendre plus d'alimens que le corps n'en peut supporter.

Heureuses les nations que le luxe & la volupté n'ont pas corrompues! On y voit briller avec éclat la justice, l'équité, le désintéressement, l'amour du bien public, la magnanimité, la sagesse dans les conseils, en un mot, toutes les vertus. C'est ainsi que Rome s'éleva à une puissance formidable. Dans cette république régnoit la pureté des mœurs, & la plus légere avarice en étoit bannie. » L'inclination, dit un historien, plutôt que » la sévérité des loix, y faisoit fleurir la justice & l'équité. Toutes leurs » querelles, tous leurs différends, toutes leurs haines étoient pour les ennemis de l'Etat ; le citoyen disputoit au citoyen la gloire de bien faire. » Ils étoient somptueux dans leurs sacrifices, économes dans leurs maisons, » fideles à leurs amis. La valeur dans la guerre, la justice dans la paix, » étoient les deux remparts qui mettoient leur personne & la république » à couvert (*a*). C'est en cela qu'ils faisoient consister leurs richesses & » leur vraie noblesse. » Contens d'une fortune médiocre, ils aspiroient à beaucoup de gloire. Mais lorsqu'une fois l'intérêt, l'ambition, le luxe & la volupté eurent commencé à s'introduire dans Rome, les vices éteignirent toutes les vertus, & détruisirent le plus grand empire qui fût jamais. Cyrus n'auroit jamais conquis une partie du monde sans la sobriété des Perses ; & leur puissance fut renversée à son tour par le luxe & la volupté.

Je ne veux rien outrer. A l'égard du luxe & de la table, je ne pense pas qu'on doive se réduire aux simples besoins de la nature. Dans chaque siecle, chaque Etat a ses bienséances. Nous ne sommes plus dans ces heureux siecles des Cincinnatus & des Fabricius ; les grands ne peuvent pas vivre aujourd'hui comme le peuple. Pour être dans la voie opposée à celle où les autres sont, l'on n'est pas dans la voie de la sagesse. Diogene-le-Cynique a-t-il passé pour plus sage que Solon ou Cléobule? Il ne faut pas

(*a*) Sallust. Cat. Conj.

que les dehors soient singuliers, mais il faut que l'intérieur n'ait rien de vulgaire. En voulant nous faire admirer des sages, ne nous rendons pas ridicules aux yeux des autres. Soyons donc .nodérés en toutes choses.

Le voluptueux, avide de plaisir, en fait son unique étude, il n'épargne rien pour se contenter; temps, soins, assiduités, santé, fortune, honneur, conscience, la vie même, rien ne lui paroît trop précieux pour s'assurer des plaisirs, qui disparoissent comme un éclair, & qui, tout rapides qu'ils sont, laissent de tristes restes de honte & de regret. Qu'on étende tant qu'on voudra l'idée d'une vie délicieuse, les ressources de l'opulence ne fourniront jamais à notre esprit un bonheur uniforme & constant. Quelque facilité qu'on ait de multiplier les agrémens, en acquérant tout ce que peut exiger le caprice des sens, c'est autant de bien perdu, si quelque vice dans les facultés intérieures, si quelque défaut dans les dispositions naturelles en altere la jouissance. En violentant la nature, en forçant l'appétit, & en provoquant les sens, la délicatesse des organes se perd. Ce défaut corrompt ensuite les mets les plus exquis, & l'habitude acheve bientôt d'ôter aux choses toute leur excellence. Le voluptueux, au lieu des délices qu'il attendoit, ne recueille qu'infirmités, maladies, insensibilité d'organes, & inaptitude aux plaisirs. La volupté augmente notre dépendance, en multipliant nos besoins; elle est pernicieuse au corps, qu'elle accable d'infirmités, & fatale à l'esprit qu'elle conduit à la stupidité.

Tout devient abus lorsqu'on n'a ni regles ni principes, & qu'on ne fait aucun usage de sa raison. Le jeu qui pourroit être un amusement innocent, devient une passion animée par l'intérêt & soutenue par la vanité. On joue des jeux excessifs, on expose sa fortune à l'inconstance du sort, & souvent on la détruit par l'envie de l'augmenter. L'intérêt paroît ici autant qu'en aucune autre occasion, armé de toutes ses fureurs. Un joueur fait tous ses efforts pour ravir le bien, je ne dis pas seulement de ceux qui ne l'ont jamais offensé, mais même de ceux avec qui il est lié par des apparences d'amitié. La vanité inspire aussi à se faire gloire de hasarder des sommes considérables, parce que cela suppose l'opulence & les richesses qui rendent recommandable aux yeux du vulgaire. Quel que puisse être le principe de l'amour du jeu, soit l'intérêt ou la vanité, les devoirs d'Etat & les soins domestiques en sont négligés, les pertes jettent le trouble & la division dans les familles, ruinent les maisons, & laissent le joueur abandonné aux remords & aux chagrins. Souvent cette Passion subsiste encore lorsqu'on n'a plus de pouvoir de la satisfaire; alors on a quelquefois recours à des moyens honteux ou criminels, & l'on perd l'honneur après avoir perdu les richesses.

Un des plus grands obstacles au progrès de l'esprit, c'est le jeu; il le tient, pour ainsi dire, dans l'inaction; il ne l'exerce que dans un petit cercle d'idées qui ne roulent guere que sur quelques combinaisons.

Lorsque l'amour de la louange excede une honnête émulation, que cet enthousiasme franchit les bornes même de la vanité, & que le désir de nous distinguer entre nos égaux, dégénere en un orgueil énorme, il n'y a point de maux que cette Passion ne puisse produire. Aussi tout retentit-il dans le monde des désordres qu'elle cause. L'ambitieux se fait le centre de tout; il veut tout embrasser & tout envahir; il n'est rien qui ne soit l'objet de son avidité; il ne connoît ni l'amour de la patrie, ni la fidélité qu'il doit à son prince, ni les devoirs de son état, qu'autant qu'ils sont nécessaires pour parvenir à ses fins. Son intérêt seul décide de sa haine & de son amitié. La justice, la probité, la bonne foi, ne sont pour lui que des noms sans réalité. L'ambition est un gouffre où tout s'engloutit & se corrompt.

Quel étrange contraste fait avec le caractere d'un ambitieux, celui d'un homme modeste & tranquille! Le repos, le bonheur & la sécurité n'abandonnent jamais celui qui sait se borner dans son état, se contenter du rang qu'il occupe dans la société, & se prêter aux incommodités inhérentes à sa condition. Quels ne sont pas au contraire les désordres & les peines de l'ambition! Quel ridicule & quel vide dans l'entêtement & dans les vues de l'ambitieux!

L'ambition, qui inspire à l'homme qu'elle possede l'envie de parvenir à un rang élevé, lui fait envisager ce désir comme la Passion des grands cœurs. Mais pourquoi l'ambition seroit-elle privilégiée? Est-elle moins Passion que les autres? Est-il moins difficile & par conséquent moins glorieux de la vaincre? Détourne-t-elle moins de la vertu? Trouble-t-elle moins la raison?

Elle leve dans l'ame de l'ambitieux tous les scrupules qui pourroient traverser sa carriere. Tous moyens lui sont bons, s'ils le peuvent conduire au but. Qu'il n'ait de digues à surmonter que de la part de sa conscience, ses succès sont assurés, il saura bien la faire taire. La cause de ses forfaits lui paroît si belle, qu'il est persuadé qu'elle leur doit servir d'excuse.

C'est cette sorte d'ambition qui forme des conquérans inhumains, qui les rend ennemis de tous les Etats étrangers, qui leur fait violer les droits des nations, & la sainteté des traités, qui les rend les fléaux de leurs voisins & ceux de leurs sujets. C'est elle aussi qui forme de lâches magistrats, vendus aux Passions des grands, trop foibles pour leur donner des avis salutaires, assez injustes pour prononcer sans discernement des arrêts dictés par le despotisme, oppresseurs des peuples dont ils devroient être le refuge. C'est elle encore qui, dans le cœur même des prêtres & des cénobites, verse le désir des honneurs, & qui profane souvent, par d'indignes flatteries, des bouches destinées à célébrer les grandeurs de Dieu.

Paradoxe étonnant, mais vrai! on n'a guere une ambition démesurée sans y joindre une extrême bassesse. Curieux de grandeur, sans savoir ce qui est véritablement grand, l'ambitieux rampe pour s'élever à la maniere des serpens, qui ne s'élancent qu'en pressant la terre de leur ventre.

Il étudie les voies de parvenir à ses fins, & ne se donne aucun relâche.

De ſuccès en ſuccès, il tâche toujours de s'élever. Incapable de ſe fixer, il emploie comme moyen ce qu'il s'étoit d'abord propoſé comme fin. S'il ceſſe de s'élever, il commence à craindre; & ce qui a été ſon unique objet, dès qu'il l'a obtenu, il le mépriſe. Mahomet II fit écrire ſur ſon tombeau : *Je me propoſois de ſubjuguer Rhodes, & de conquérir la ſuperbe Italie.* L'ambitieux compte pour rien tout ce qu'il a fait, & ne parle que de ce qu'il a deſſein de faire.

Notre cœur eſt une eſpece de feu qui conſume tout, qui monte toujours en haut, & qui ne dit jamais *c'eſt aſſez*. Donnez-lui tout ce qu'il peut raiſonnablement déſirer, il ne fera que former de nouveaux déſirs. Eſt-il le maître de l'univers, ou il déſire d'autres mondes à conquérir comme Alexandre, ou il ſe dégoûte de ſa propre grandeur. Comme l'eſprit de l'homme n'eſt jamais las de connoître, ſon cœur n'eſt jamais las de déſirer. Ce prince ambitieux, dont le cœur étoit plus grand que l'univers dont il étoit le maître, n'avoit pas au fond des ſentimens plus élevés & plus vaſtes que ceux qui ſont cachés dans les ſecretes diſpoſitions de chacun de nous, & le cœur d'un héros n'eſt pas différent de celui des autres hommes. Il ne tient qu'à la proſpérité & aux grandes occaſions, que cet homme qui habite dans une cabane ne ſouhaite de nouveaux mondes à conquérir. Quand un homme eſt dans la pauvreté, il fait ſimplement des vœux pour avoir le néceſſaire. Lorſqu'il a le néceſſaire à la nature, il demande le néceſſaire à la condition. Eſt-il parvenu à cet état, il cherche ce qui peut ſatiſfaire ſa cupidité. A-t-il obtenu tout ce que ſon cœur ſemble pouvoir déſirer, il forme contre la raiſon de nouveaux déſirs. Voyez ces maîtres du monde, qui, après s'être élevés au-deſſus des autres hommes, ſouhaitent la condition des bêtes. C'eſt qu'ils peuvent ceſſer d'acquérir, mais qu'ils ne peuvent ceſſer de déſirer (*a*).

Pourquoi ceux qui ſont enfin parvenus au comble des grandeurs n'en ſont-ils plus touchés? N'eſt-ce pas que l'ame voyant de plus près les choſes qui ont fait l'objet de ſon ambition, ſent qu'elle eſt infiniment au-deſſus d'elles? C'eſt même de ce ſentiment & de ce principe mal appliqué que naît l'ambition. L'homme ne veut dominer ſur tout que parce qu'il ſe connoît au-deſſus de tout. Entraîné par cet inſtinct, il croit pouvoir y ſatisfaire par la poſſeſſion des honneurs & du pouvoir; mais le vide qu'il ſent alors dans ſon cœur ne lui fait que trop connoître ſon aveuglement & ſa véritable dignité; & ainſi, ce qui eſt admirable, le déſir même des grandeurs joint à ce dégoût qui ſuit leur poſſeſſion, eſt une preuve certaine qu'elles ſont au-deſſous de nous.

En effet, s'il étoit vrai que la jouiſſance des dignités fît la grandeur de l'homme, nous eſtimerions néceſſairement tous ceux qui les poſſéderoient,

(*a*) Abbadie, *Art de ſe connoître ſoi-même*, pag. 68, 69, 70 & 201.

& il seroit contre la nature de les mépriser; mais n'a-t-on pas tous les jours le dernier mépris pour des souverains même, lorsqu'ils n'ont ni vertu ni mérite? Jamais la vue de la jouissance des grandeurs n'inspira à personne des mouvemens fort élevés. Qu'on dise d'un prince qu'il possede un royaume, un empire, le monde entier; qu'on s'exprime sur ce point le plus noblement du monde; tout ce discours pourra bien exciter nos désirs & notre envie; mais assurément il n'excitera point notre admiration. Au contraire, on admire & on aime à admirer un roi digne de porter ce grand nom, & qui, par l'usage qu'il fait de sa puissance, justifie que son ame est supérieure à sa couronne. Aux yeux d'un philosophe, d'un vertueux citoyen, d'un homme sensé, d'un homme de bien, un souverain qui trouve le moyen de faire porter deux épis de blé à un champ qui n'en portoit qu'un, est plus digne de notre amour & de notre admiration, que celui qui cherche follement à s'illustrer par des conquêtes, par des provinces ravagées, & par des trônes renversés.

L'orgueil est ingénieux à prendre toutes sortes de formes, il emprunte jusqu'au masque de l'humilité & de la modestie. Diogene-le-Cynique disoit qu'il ne trouvoit pas les Lacédémoniens moins orgueilleux avec leurs habits déchirés, que les Rhodiens avec leurs robes brodées d'or.

La colere est un mouvement furieux qui transporte la créature; c'est une impression profonde qui suit l'offense, & que le désir de la vengeance accompagne toujours. C'est une maladie de tempérament, le plus grand fléau de l'homme. Elle fait que nous traitons les autres hommes d'une maniere injuste, dure & injurieuse. Celui qui y est sujet ne peut entendre la raison. La colere ôte la prudence & expose l'homme à toutes les embûches de ses ennemis. Elle est une reconnoissance de notre foiblesse, & un aveu que nous avons été sensiblement offensés. (*a*) Dans les grandes ames, elle est plus facile à appaiser, & celui qui sait la réprimer est parvenu au plus haut degré de sagesse.

La cruauté est un vice plutôt qu'une Passion; aussi ce sentiment ne peut-il être employé à aucun bon usage. La foiblesse produit la cruauté, de même que la clémence est inséparable de la grandeur d'ame. On a toujours remarqué que les personnes les plus lâches & les plus foibles étoient les plus sujettes à la cruauté.

Il n'y a point de Passion qui soit plus féconde en illusions que l'espérance. Elle est ordinairement le songe d'une personne éveillée. L'homme lui a cependant de grandes obligations. Elle prolonge nos jours, fortifiant le cœur dont elle augmente les esprits vitaux. Aussi la voit-on briller sur le visage & dans les yeux, par le mouvement qu'elle communique au sang. Ses charmes adoucissent les maux les plus rudes. C'est une amie fidelle qui

(*a*) *Convitia, si irascare, agnita videntur; spreta exolescunt.* Tacit.

n'abandonne point un cœur malheureux. Elle eſt néceſſaire pour faire réuſſir les hautes entrepriſes, chacun s'engage ſur ſa parole, & nous ne pouvons lui refuſer notre confiance, quoique nous l'ayons ſouvent ſurpriſe en menſonge; car elle eſt ſujette à ne nous préſenter des biens apparens, que pour nous jeter dans des maux cachés & réels. Tenons-nous ſur nos gardes contre une Paſſion qui a plus de courage que de prudence.

La crainte, au contraire, glace les ſens & ſuſpend leurs fonctions; elle retire le ſang autour du cœur, comme pour le défendre, & répand une pâleur mortelle ſur le viſage. Cette Paſſion dans ſon trouble, fuit les choſes même qui peuvent la ſecourir. L'un dans ſa frayeur jette ſes armes, l'autre reſte immobile ou court à ſa perte. Tous ſont incapables de ſuivre un bon conſeil & de choiſir le parti le plus ſalutaire.

Donner atteinte à la réputation de quelqu'un, ou en révélant une faute qu'il a commiſe, ou en découvrant ſes vices ſecrets, eſt une action permiſe & quelquefois même néceſſaire, s'il en réſulte un bien pour la perſonne qu'on accuſe, ou pour celles devant qui on la dévoile. On fait bien d'informer un pere des déportemens d'un fils libertin; un abbé ou prieur clauſtral des déréglemens d'un moine vagabond; l'Etat, ou le prince, des projets téméraires d'un ſujet factieux; le public même, des noirceurs que cache au grand jour un hypocrite dangereux, ſur-tout après qu'on a vainement eſſayé de corriger les coupables par de charitables remontrances. Ce n'eſt pas là préciſément médire.

On entend communément par médiſance, une ſatyre maligne lâchée contre un abſent, dans la ſeule vue de le décrier & de l'avilir. On peut étendre ce terme aux libelles diffamatoires, médiſances d'autant plus criminelles, qu'elles font une impreſſion & plus forte & plus durable : auſſi chez tous les peuples policés en a-t-on fait un crime d'État qu'on y punit ſévérement.

Le vindicatif ſe hâte de noyer toutes ſes peines dans le mal d'autrui, & l'accompliſſement de ſes déſirs lui promet un torrent de volupté. Mais qu'eſt-ce que cette volupté? C'eſt le premier quart-d'heure d'un criminel qui ſort de la queſtion; c'eſt la ſuſpenſion ſubite de ſes tourmens, le répit qu'il obtient de l'indulgence de ſes juges, ou plutôt de la laſſitude de ſes bourreaux.

Si la clémence eſt une vertu, la vengeance doit néceſſairement être une Paſſion vicieuſe.

Le meilleur moyen de nous venger, c'eſt de ne point reſſembler à celui qui nous fait une injure, dit Marc-Antonin (*a*). Ce mot eſt pris de Diogene. Quelqu'un lui ayant demandé : *Comment pourrai-je me venger de mon ennemi?* Il lui répondit : *en te rendant honnête-homme.*

(*a*) Liv. VI, de ſes Réflexions morales.

Il n'y a aucun cas où la vengeance soit permise dans les sociétés civiles, parce que nul ne peut être juge en sa propre cause. Elle n'est glorieuse qu'aux loix ou à ceux qui, sous l'autorité des loix, punissent comme elles, c'est-à-dire, sans ressentiment & pour le seul intérêt de la société.

Il est glorieux, sans doute, de vaincre le ressentiment d'une injure personnelle; mais il est honnête de venger celle d'autrui. Il est louable de poursuivre la vengeance de la mort de son pere par les voies de la justice & devant un juge légitime. Il y a de l'infamie à une femme de ne pas venger le sang de son mari.

L'industrie qui fait l'opulence des familles & la puissance des Etats, est fille de l'intérêt; mais, pour être avantageuse à la société & compatible avec la vertu, elle ne doit exciter aucun désir inquiet dans les particuliers. Ainsi que la plupart des Passions, l'amour désordonné des richesses n'est un vice que par son excès : corrigé par une sage modération, il redeviendroit une affection innocente. L'or ou l'argent étant en conséquence d'une convention générale, la clef du commerce & l'instrument de nos besoins, il n'est pas plus criminel d'en désirer que de souhaiter les choses mêmes qu'on acquiert avec ces métaux. Mais comme trop d'alimens chargeroient l'estomac d'un superflu de nourriture nuisible à leur digestion, l'abondance des richesses cause aussi une espece de réplétion, plus dangereuse par ses suites, parce que pour l'ordinaire elle déprave les mœurs.

Tout amour immodéré des richesses est vicieux, mais n'est pas toujours avarice. Un avare, à proprement parler, est celui qui, pervertissant l'usage de l'argent, fait pour nous procurer les nécessités de la vie, aime mieux se les refuser, que d'altérer ou ne pas grossir un trésor qu'il laisse inutile.

L'avare, plus cruel encore à lui-même qu'au genre-humain, & moins riche de ce qu'il possede, que pauvre de ce qu'il n'a point, est la victime de son avarice.

Quel étrange contraste font avec les avares ces prodigues forcenés à qui d'amples revenus sont toujours insuffisans, gens que l'opulence appauvrit, qui plus ils s'enrichissent, plus ils tendent à leur ruine! Leurs désirs & leur dépense excedent toujours leur fortune, quelqu'immense qu'elle puisse être.

Un prodigue, toujours disposé à se mettre hors d'état de continuer des dépenses dans lesquelles il fait consister sa joie & sa gloire, & un avare toujours borné à des préparatifs & toujours empressé pour acquérir des choses dont il ne se sert jamais, sont des sujets de mépris pour tous les hommes qui ne sont pas infectés du même vice. Ce sont des victimes dignes d'être immolées à la risée du public.

Les poëtes satyriques ont rafiné à l'envi sur les avares. Horace parle d'un avare qui ne peut se résoudre à prendre une tisane faite de riz, laquelle coûtoit trois sols. Selon l'un des auteurs de l'antologie, un avare se pendit pour avoir songé la nuit qu'il faisoit de la dépense; & un autre avare ne se pendit point, parce qu'on vouloit lui vendre trop cher la corde qu'il marchandoit. Lucilius se moque d'un certain avare qui s'étoit institué lui-même son héritier.

L'avarice est une Passion si basse, qu'il y a peu de gloire à la vaincre, & que la véritable gloire consiste à ne la pas avoir. La corruption des hommes leur faisant regarder l'ambition, l'amour, & les autres semblables Passions comme nobles, ou du moins comme honnêtes, ils trouvent qu'il y a de l'honneur à surmonter des ennemis estimables, au lieu que s'étant tous accordés à regarder l'avarice comme une Passion honteuse & qu'on doit étouffer, ils jugent qu'il n'y a nulle gloire à la vaincre, quoiqu'il y ait beaucoup d'infamie à y céder.

Si vous donniez, dit un ancien, la terre & le monde entier à l'avare, possédé toujours de la même maladie, il se voleroit lui-même & se priveroit de tout pour mettre quelque chose en réserve & pour augmenter son trésor. (*a*)

Il semble qu'un avare n'acquiert des richesses que pour en désirer davantage. (*b*) L'âge qui corrige plusieurs Passions, ne fait qu'augmenter & fortifier celle-ci. Nous passons notre vie à souhaiter & à poursuivre le bien; & lorsque la vieillesse nous en ôte l'usage, elle augmente en nous le désir de le posséder.

Quelqu'opposés que puissent être les autres vices à la raison, ils en laissent du moins certaine lueur, certain usage, certaine regle; mais l'ivresse ôte toute regle, tout usage, toute lueur de la raison; elle éteint absolument cette particule, cette étincelle de la divinité qui nous distingue des bêtes, & elle détruit par-là toute la satisfaction, toute la douceur que chacun doit recevoir & mettre dans la société humaine.

L'ivresse dégrade de l'humanité celui dont elle s'empare, & le réduit à la condition des bêtes féroces & stupides. Il n'est capable d'aucun secret, il ne peut mériter aucune confiance.

Pour inspirer aux jeunes Lacédémoniens le goût de la sobriété, on amenoit devant eux des esclaves qu'on avoit enivrés exprès, & ce spectacle qui leur présentoit un tableau fidele du honteux abrutissement dont l'ivresse est accompagnée, faisoit, en effet, pour l'ordinaire, une forte impression sur leurs esprits. On n'est pas réduit, parmi nous, à cette ressource bizarre; nous n'avons pas besoin de faire enivrer des valets, pour donner à nos enfans des leçons d'intempérance. Quantité de nos concitoyens de toute espece & de tout état, prennent, très-volontiers, sur eux le rôle des esclaves de Sparte; & tel peut-être le matin a déclamé, en chaire, contre l'intempérance, qui, le soir, en sortant de table, pourra fournir la preuve

---

(*a*) Varron.

(*b*) *Crescit amor nummi, quantum ipsa pecunia crescit.*
Horatius.

des excès dont elle est la source. S'il ne faut, pour enseigner la tempérance, que ne la point pratiquer, nous ne manquerons pas de maîtres.

Dracon punissoit l'ivresse de mort. Solon restreignit cette peine au magistrat qui paroissoit ivre. (*a*) Pittacus punissoit doublement le crime commis dans l'ivresse. Ni les loix Romaines, ni les loix Françoises n'ont établi aucune peine pour l'ivresse; mais elle ne peut servir d'excuse aux criminels. Le vin & l'amour seroient impayables, dit un poëte, s'ils accordoient l'impunité de toute sorte de licence. (*b*)

S'il étoit possible, en ne supposant en deux hommes d'autre différence dans les organes & les sensations, que celle qu'un régime de vie intempérant ou frugal peut y avoir produite, de comparer par expérience la somme des plaisirs de part & d'autre, sans égard pour les suites, & de ne mettre en compte que la satisfaction seule des sens, il n'est pas douteux qu'on ne prononçât en faveur de l'homme sobre. L'intempérance porte des coups terribles à la vigueur des membres & à la santé du corps; & le tort qu'elle fait à l'esprit est plus grand encore, quoique moins redouté. Une indifférence pour tout avancement, une consommation misérable du temps, l'indolence, la mollesse, la fainéantise & la révolte d'une multitude d'autres Passions, que l'esprit énervé, stupide, abruti, n'a ni la force ni le courage de maîtriser; voilà les effets palpables de cette frénésie. La loi naturelle nous prescrit la sobriété. La nature a déterminé la quantité des alimens que nous devons prendre, par le degré de chaleur & la capacité de notre estomac, & leur qualité, non-seulement par le sentiment agréable ou désagréable qu'ils excitent dans le palais, mais aussi par les effets bons ou mauvais qu'ils peuvent produire par rapport à la santé. La santé est la constitution du corps, dans laquelle le souffle de vie qui l'anime agit avec le plus d'énergie. Altérer la santé, c'est diminuer la vie. Un homme vit moins lorsqu'il se porte moins bien, & meurt dès que sa santé est totalement détruite. La même loi qui nous défend d'attenter à notre vie, nous défend donc aussi de donner volontairement atteinte à notre santé. Celui qui prend un poison lent, est-il moins homicide qu'un déterminé qui se poignarde? On condamne sans hésiter celui-ci. Pourquoi fait-on grace à celui-là?

La jalousie est une crainte de perdre ou de partager quelque bien. Elle s'excite moins par de véritables sujets d'inquiétude que par la grande estime qu'on fait de ce bien. Elle cause une curiosité très-déraisonnable de vouloir s'éclaircir de son mal.

(*a*) Diogen. Laert. in Sol. & in Pittac.

(*b*) . . . . *Nimis vile est vinum atque amor,*
Si ebrio atque amanti impunè facere
Quod lubeat, licet.
Plaut.

Cette Passion nous rend haïssables aux yeux des autres hommes, par le chagrin que nous concevons des avantages qu'ils possedent. Elle n'agite pas moins les hommes pour les plus petites choses que pour les grands intérêts. Le potier, dit un ancien, est plein de jalousie contre le potier, le musicien contre le musicien, le mendiant contre le mendiant (*a*).

Jamais, au gré de la jalousie, un bonheur n'a été mérité. S'il semble être l'effet du hasard, aussitôt nous nous élevons contre la fortune, nous la trouvons aveugle, nous sommes étonnés qu'elle se soit aussi grossiérement méprise. Nous maudissons notre destinée, comme si elle n'étoit pas dirigée par quelque chose de supérieur qui décide souverainement du sort des hommes. Si c'est une affaire de grace émanée de la main du souverain, nous frondons la faveur, nous blâmons le mauvais choix, nous crions contre une préférence injuste à nos yeux. Nous arborons un air de bons citoyens, pour plaindre ce pauvre Etat où les préventions & les personnalités décident du choix des hommes, sans examen & sans discernement; mais ce même Etat que nous affectons de plaindre, nous paroîtroit conduit par l'équité & par la justice même, si les graces qui dépendent du gouvernement étoient répandues sur nous ou sur les nôtres. Telle est l'injustice inséparable de la jalousie toujours aveugle, & qui fait que, dès l'instant que nous croyons voir un heureux, nous travaillons à son malheur.

Ce que j'ai dit de l'avarice, il faut le dire de l'envie. C'est une Passion tout aussi basse, tout aussi honteuse, & tout aussi méprisée que l'avarice. L'envie regne sur les ames basses. C'est par un sentiment d'envie que nous haïssons, tandis qu'il est vivant, ce même homme vertueux auquel nous payons après la mort, un tribut de regrets inutiles.

L'envie est le plus grand des supplices, & l'envieux est à lui-même son juge & son bourreau. On ne sait, quand on voit un envieux triste, s'il lui est arrivé du mal à lui, ou s'il est arrivé du bien aux autres.

L'opiniâtreté qui est un attachement à notre propre sens, blesse les autres hommes par le mépris que nous semblons faire de leurs sentimens, malgré les raisons sur lesquelles ils se trouvent appuyés.

Nous pouvons tirer beaucoup d'avantages de la honte. Cette Passion est un contre-poison excellent contre tous les vices, & un acheminement à la vertu pour celui qui en fait un bon usage. La honte est une espece de tristesse mêlée de crainte & de défiance de soi-même. Elle est ordinairement opposée à l'orgueil, mais quelquefois elle est elle-même un orgueil secret irrité & affligé par les obstacles.

C'est une honte mal entendue & enfantée par l'orgueil, qui est la cause de l'opiniâtreté dans l'erreur, & de l'obstination dans le crime. Fausse & dangereuse opinion, qui cache aux esprits prévenus, qu'il y a souvent plus

(*a*) Hésiode.

de magnanimité à se corriger qu'à n'avoir rien de répréhensible, & plus de force à se relever qu'à ne point tomber!

La paresse est un vice honteux, qui nous rend inutiles & à nous-mêmes & au public. L'ennui, ce fléau de la vie, est le fils de la paresse; & ce vice nous éloignant du travail, nous fait abandonner par nonchalance & par lâcheté nos devoirs, non-seulement à l'égard des autres hommes, mais envers Dieu même (a). C'est une tristesse, une pesanteur, un engourdissement qui ôte à l'ame le courage, & qui lui donne de l'aversion pour toute action vertueuse & raisonnable, dès qu'elle est accompagnée de la moindre difficulté. Le penchant au repos & à la tranquillité, n'est ni moins naturel ni moins utile que l'envie de dormir; mais une aversion générale pour les affaires ne seroit pas moins funeste à l'esprit, qu'un assoupissement continuel le seroit au corps.

Depuis qu'il y a des puissans & des riches, il y a des flatteurs. La crainte, l'intérêt, la vanité, les ont fait éclore & les perpétuent.

Quoique la flatterie ne soit pas du nombre des Passions, elle sait si bien entrer dans leurs vues, favoriser leurs projets, se conformer à leurs inclinations, qu'elle semble se métamorphoser dans la Passion à laquelle elle cherche à plaire.

Celui qui fait taire des vérités dures, & qui a le talent de gagner les bonnes graces des personnes avec qui il est en liaison, par des complaisances qui ne tendent point à les corrompre, est fort éloigné du caractere odieux de flatteur (b).

La raillerie est une injure déguisée, d'autant plus difficile à supporter, qu'elle porte une marque de supériorité. Cette Passion est quelquefois si forte, qu'on voit des personnes sacrifier pour un bon mot, leur fortune, s'attirer des affaires fâcheuses, perdre un ami ou un protecteur : étrange effet de l'amour-propre, qu'on ne voie pas ses défauts, & qu'on soit si éclairé sur ceux des autres!

La raillerie blesse moins l'équité naturelle que la médisance, par la raison que celui qu'elle attaque étant présent, est pour l'ordinaire à portée de se défendre. Mais si elle est moins criminelle, elle est souvent plus offensante, parce qu'elle porte deux coups à la fois; l'un à l'honneur & l'autre à l'amour-propre; elle flétrit & déconcerte. C'est une Passion d'autant plus dangereuse qu'elle entreprend de forcer l'amour-propre jusques dans son dernier retranchement, voulant rendre celui qui est l'objet de la raillerie ridicule à ses propres yeux.

(a) Non, je ne connois point de fatigue plus rude,
Que l'ennuyeux loisir d'un mortel sans étude.
Boileau.

(b) *Obsequium amicos, veritas odium parit.*
Terent.

Le tour malin que la raillerie prend, ajoute presque toujours au chagrin qu'on ressent, d'être taxé d'un défaut, d'un travers ou d'une foiblesse, le dépit humiliant de n'avoir pas repoussé à l'instant le trait moqueur par une saillie plus mordante. On aimeroit mieux être décrié absent que d'être raillé en face.

Cependant la raillerie n'est pas toujours un outrage, ni par conséquent un crime; il en est d'innocentes, qu'on a comparées à des éclairs qui éblouissent sans brûler; pour n'être pas dangereuse, il faut qu'elle terrasse les indifférens sans blesser les intéressés.

Si l'esprit & la prudence marchoient toujours de compagnie, tout railleur seroit circonspect, car un railleur n'est jamais un stupide. Mais bien loin que l'esprit, & sur-tout cette sorte d'esprit qui forge des traits mordans, soit prudent & réservé, plus il est vif & fécond en saillies, plus aussi pour l'ordinaire est-il inconsidéré. On a tant de peine à sacrifier un bon mot, que lorsqu'il se présente on ne tient guere contre la démangeaison de briller, dût-on, en le lâchant, perdre un ami, dégoûter un bienfaiteur, ou aliéner un patron.

Il n'est pas défendu de railler; ce seroit trop affadir les conversations, ce seroit mettre trop à l'aise les vices & les ridicules. La raillerie est un sel agréable, quand sa dose est modérée, mais âcre, quand on le prodigue. Raillez si l'humeur vous y porte, mais raillez avec prudence.

Les plus imparfaits sont les plus moqueurs, parce que le sentiment de leurs imperfections leur fait souhaiter d'en trouver dans les autres.

La raillerie sur un ami est la moins pardonnable de toutes; c'est une véritable trahison.

On ne doit jamais se permettre aucune raillerie à laquelle celui même qui en est le sujet ne prenne plaisir, & dont il ne rie aussi volontiers que tous ceux qui n'y ont aucun intérêt.

Epargnez ceux que l'âge ou le caractere a placés au-dessus de vous. C'est une liberté effrénée que de railler un homme à cheveux blancs, un pere, un maître, un magistrat.

Ménagez aussi ceux qui sont au-dessous, si vous n'avez sur eux aucun droit de correction. Votre supériorité leur imprimant un respect timide, vous les livre sans défense. C'est attaquer avec trop d'avantage; c'est tirer des coups de feu sur un homme nud & sans armes; c'est terrasser un enfant : conduite pleine de bassesse, de railler des gens à qui on en impose par sa puissance!

Que s'ils vous sont subordonnés, l'usage de la raillerie ne vous est pas interdit. C'est un moyen souvent très-efficace pour les plier au joug de la vertu & des bienséances. On s'abstient plus facilement des actions dont on rougit, que de celles dont on appréhende les suites. La jeunesse téméraire s'étourdit souvent sur ses craintes; mais l'amour-propre, piqué par

par une sanglante ironie, en ressent toute l'amertume. On se corrige quand on ne peut pas se venger.

C'est sur-tout *entre les égaux* que la raillerie est permise. C'est alors un jeu d'esprit innocent, un ingénieux combat, dont le sort changeant & mobile amuse agréablement, pourvu que les combattans soient à peu près de même force ; car c'est une lâcheté que de railler quelqu'un qui n'a pas reçu du ciel le don de la repartie.

La raillerie, même entre égaux, doit être rare, délicate & modérée.

Un esprit bien fait, qui sait entendre raillerie, se lasse pourtant à la fin de plaisanteries perpétuelles ; il entre en défiance, il soupçonne qu'on le méprise, qu'on le veut rendre ridicule. Cette idée qui le trouble, lui ravit son enjouement ; ce n'est plus qu'en esquivant qu'il soutient encore la joute ; sa défaite est assurée pour peu que vous le pressiez, mais gardez-vous de le faire. Dans un combat d'esprit, sur-tout avec des amis, on doit craindre de remporter un avantage trop complet.

La raillerie, pour être délicate, ne doit toucher qu'à de foibles défauts, ou qui du moins passent pour l'être, & ne relever que des fautes légeres, dont la conviction n'entraîne point avec soi le déshonneur & l'infamie, & ne fasse pas à l'amour-propre une plaie trop sensible.

L'indiscrétion est un crime où l'injustice se joint à l'imprudence. Révéler le secret ou d'un ami ou de tout autre, c'est disposer d'un bien dont on n'étoit pas le maître, *c'est abuser d'un dépôt* ; & cet abus est d'autant plus criminel qu'il est toujours irrémédiable. Si vous dissipez des fonds qu'on vous avoit donnés en garde, peut-être ne sera-t-il pas impossible de les restituer un jour ; mais comment faire rentrer dans les ténebres du mystere, un secret une fois divulgué ?

Qu'on ait promis de garder le silence, ou qu'on ne l'ait pas promis, on n'y est pas moins obligé, si la confidence est telle qu'elle l'exige d'elle-même : l'écouter jusqu'au bout, c'est s'engager à ne la point révéler.

Recommander à son confident la discrétion, s'il est prudent, c'est une précaution de trop, il sauroit bien se taire sans cela. La recommander à un imprudent, c'est un soin aussi superflu, sa promesse ne met pas votre secret plus à l'abri. Il ne croit pas s'il ne l'a point promis, être obligé à se taire ; & si par hasard il se tait, ce sera faute de mémoire ou d'occasion. Mais si malheureusement il a promis d'être discret, l'occasion & la mémoire ne pourront pas lui manquer. Sa promesse lâchée, il la pese & l'examine, ce qu'il n'avoit pas fait auparavant ; il sent qu'il s'est trop avancé, & il voudroit bien retenir sa parole. Quel pesant fardeau qu'un secret pour un homme sans jugement ! Il n'a garde d'oublier ce que vous lui avez confié. Peut-on porter sans y songer, un poids si accablant ? Il croit que chacun s'apperçoit de l'embarras qu'il éprouve au dedans, qu'on pénetre au fond de son ame, & qu'on y lit votre secret ; & pour s'épargner le chagrin d'être à la fin deviné, il se résout à vous trahir, mais c'est après avoir averti le nouveau confident, de songer que ce qu'il lui découvre est de la dernière importance.

Rien n'est plus sûr que de garder soi-même son secret ; mais si c'est une charge qui vous importune & vous pese, est-ce à vous de trouver mauvais qu'un autre veuille à son tour s'en débarrasser aussi ?

Que deviendra la raison innée, la lumiere naturelle, ensevelie sous les trophées du vice ? Ce que devient le soleil caché sous un nuage, il luit encore assez pour éclairer ceux qui ont la vue saine. La dépravation de la morale autorise les vicieux, mais elle ne corrompt pas les cœurs droits. Tel se livroit aveuglément au torrent, qui sera effrayé de l'abîme où il couroit se précipiter, si le calme de ses Passions lui laisse entendre un instant la voix intérieure qui le rappelle.

Les vicieux qui, par leur nombre, font dans le monde le parti dominant, n'ont point proscrit ouvertement la vertu, & ne la combattent jamais sous ses véritables noms. Pour avoir droit de la persécuter, ils lui en substituent d'odieux, affectent de la méconnoître, & canonisent les vices, décorés de ses livrées. Ils nomment imbécillité la droiture & la bonne foi ; lâcheté, le pardon des injures ; gravité pédantesque, la sage circonspection ; le mépris de l'or, folie ; la générosité, foiblesse.

L'ambition, au contraire, est transformée dans leur bouche en noble émulation : la ruse & les tromperies sont de l'industrie, de l'adresse ; la bigote hypocrisie prend le nom de piété ; la duplicité, celui de fine politique ; la feinte, les détours & la dissimulation sont des chef-d'œuvres de prudence ; l'emportement n'est que vivacité ; l'orgueil, grandeur de sentimens ; l'ardeur de se venger, un point d'honneur indispensable, & la férocité, bravoure. On couvre les vices du nom des vertus voisines. On appelle un présomptueux, libre & hardi ; un craintif, modéré ; un ignorant, bon ; un mauvais garnement, fin & avisé.

Ce qu'il y a de vrai, c'est que les Passions modérées par la raison, peuvent se tourner en vertus. La jalousie réglée peut former un zele discret. L'envie modérée peut devenir une émulation louable. L'amour & la haine, le désir & l'aversion sont des vertus, lorsque la raison les gouverne. La hardiesse, si l'on réprime sa fougue, deviendra une véritable valeur. La colere, dépouillée de sa violence, peut être convertie en justice. La crainte qui prévoit les dangers, peut aisément, en lui ôtant son trouble, être changée en prudence.

N'attribuons qu'à la violence des Passions, l'ignorance actuelle de nos devoirs & la dépravation de nos mœurs. Faisons taire pour quelques instans leur murmure bruyant, la voix de la raison ne manquera pas de se faire entendre. Rendons-nous à ses tendres invitations, elle n'attend que notre consentement pour nous rendre heureux. Mais qu'exige-t-elle ? Que faut-il faire ? Aimer Dieu, vous aimer vous-même, aimer vos semblables, voilà toutes vos obligations. Du premier de ces trois amours naît la piété ; du second, la sagesse ; le troisieme engendre toutes les vertus sociales.

PASTEUR, s. m.

DANS le sens figuré, ce mot est employé pour désigner une personne établie légitimement dans une société de chrétiens, pour instruire les membres de cette société de toutes les vérités religieuses qu'il leur importe de connoître pour pouvoir se conduire le plus sagement pendant cette vie, de la maniere la plus conforme à la volonté de Dieu, & la plus sûre de lui plaire & de lui procurer, pour le présent, l'approbation de sa conscience, & l'estime des honnêtes gens, & dans la vie à venir, les récompenses que Dieu réserve aux hommes vertueux. Pour cela le Pasteur doit 1°. souhaiter sincérement le plus grand bonheur présent & à venir à ses paroissiens; 2°. connoître bien lui-même, par la raison & la révélation, ce que Dieu exige que l'homme fasse sur la terre pour mériter le ciel; 3°. en instruire avec soin les membres de sa paroisse de la maniere la plus propre à les éclairer, & à les déterminer à la vertu, sans jamais leur déguiser aucune vérité utile & propre à les rendre plus heureux; 4°. avertir, avec une charité paternelle, ceux qui s'écartent de leur devoir, donner des conseils à ceux qui en ont besoin, consoler les affligés, en un mot, se conduire à leur égard exactement comme un bon pere qui, plein d'autant de lumiere que de sagesse, de fermeté que de tendresse, veut le bonheur de ses enfans, & fait tout ce qu'il peut pour que chacun d'eux remplisse son devoir dans le poste qu'il occupe, pour le plus grand bien de toute la société. Tout pere peut & doit être Pasteur dans sa famille; mais comme peu sont capables de bien remplir cette fonction, il est convenable que quelqu'un, dans chaque société, soit chargé de cet emploi par l'autorité publique, après en avoir été jugé digne par un examen suffisant. Le prince seul peut avoir le droit, dans ses Etats, d'établir des Pasteurs, à moins qu'on n'ait laissé aux sociétés ou églises particulieres le droit de se choisir elles-mêmes leurs Pasteurs, comme cela avoit lieu au commencement; mais il paroît toujours que le prince, chargé de l'administration publique, doit seul décider quels sont les sujets éligibles par les églises, pour en être les Pasteurs. Comme ceux-ci sont chargés de l'instruction essentielle qui sert de base aux mœurs, les gouvernemens devroient sentir mieux qu'ils ne le font, combien le choix des Pasteurs est de conséquence, combien il importe que ces instituteurs publics soient éclairés, vertueux, bons citoyens, imbus de bons principes de morale, & capables de diriger leurs paroissiens à la pratique sincere de la vertu.

Un temps fut, & il subsiste encore en plusieurs lieux, que l'on ne regardoit, pour choisir un Pasteur & le préférer à d'autres, que l'espece de croyance qu'il confessoit avoir sur certains dogmes, sans se mettre en peine s'il étoit vertueux, bon moraliste, bon citoyen. Il y a même encore des universités, où, de toutes les sciences, celle qu'on enseigne le moins à ceux qui veulent être Pasteurs, c'est la morale : tout le temps y est consacré à apprendre du latin, du grec, de l'hébreu, & toutes les questions inutiles de la théologie, qu'on ne doit pas enseigner au peuple; tandis que la science des bonnes mœurs & des devoirs de l'homme est complétement négligée.

PATIENCE, s. f.

La Patience est cette vertu qui nous rend propres à supporter l'état où nous nous trouvons, quel qu'il soit, & tout ce qui nous est dispensé par la providence de Dieu, avec ce sentiment intérieur, ces dispositions de l'ame, & cette conduite extérieure, que la divinité a droit d'attendre de nous, & que la raison en exige, c'est-à-dire, avec une ferme persuasion qu'il ne nous arrive rien que par la permission ou la dispensation de la providence; avec une entiere assurance que tout ce qui nous arrive, quelque contraire qu'il soit à nos désirs, est pourtant d'un côté conforme aux sacrés attributs de l'Etre suprême, & de l'autre très-propre à avancer nos véritables intérêts; avec une pleine confiance en Dieu, qu'il nous accordera la force de supporter nos afflictions, ou qu'il les écartera de nous, ou enfin qu'il en adoucira l'amertume, dans le temps convenable, en nous abstenant de toute plainte, & de tout murmure contre la providence; de tout mouvement de haine, & de vengeance contre les instrumens de nos maux; de tout discours indigne & irrégulier, que nous pourrions lâcher dans l'espérance de rendre notre condition meilleure; afin que *souffrant ainsi selon la volonté de Dieu, nous puissions lui remettre le soin de nos ames comme au fidele créateur, en persévérant à bien faire*, I Pierre, IV, 19.

C'est en de tels actes & d'autres semblables, que consiste cette vertu. Et les raisons qui doivent nous porter à la pratiquer, se tirent 1°. de la considération de la nature de Dieu & de nos relations avec lui. 2°. Des avantages que cette vertu même nous procure, & de l'utilité des afflictions.

Eliphaz, l'un des amis de Job, remarque que *le tourment ne sort pas de la poussiere, & que le travail ne germe pas de la terre*, Job, V, 6. mais que Dieu, en vertu du droit & du souverain empire, qu'il a sur nous, & pouvant, par conséquent, nous traiter comme bon lui semble, tant qu'il nous laisse dans un état préférable au néant, les dispense & les distribue selon sa volonté. C'est cette considération, qui faisoit dire au psalmiste dans toutes les disgraces qui lui arrivoient, *je me suis tû, & je n'ai point ouvert la bouche*, pour éclater en plaintes ou en murmures, parce, ô Dieu, *que c'est toi qui l'as fait*, Ps. XXXIX. 9. Et non-seulement cela, mais encore elle le fortifioit tellement, qu'il portoit sa résignation aussi loin qu'elle pouvoit aller. *Je louerai*, dit-il, *l'éternel durant ma vie*, & quelle que soit ma situation, *je psalmodierai à mon Dieu tant que je respirerai*, Ps. CXLVI, 2. Il réfléchissoit souvent sur le nombre des bienfaits, dont Dieu l'avoit comblé, & s'il en avoit reçu tant de biens, n'étoit-il pas bien juste qu'il se soumît aux afflictions, qui lui venoient quelquefois de la même source? Faisant attention à l'infinie sagesse du souverain arbitre des événemens, il étoit, en général, persuadé, qu'il regne entre toutes ses dispensations une harmonie parfaite, & qu'au dernier jour, quand *nous verrons sa face en justice*, Ps. XVII, 15. & que le voile qui nous cache cette grande & surprenante scene, sera levé, chacun sera satisfait de la beauté de toute la piece, & de la justesse avec laquelle a été exécuté un plan, dont quelques-unes des parties nous paroissent aujourd'hui obscures & embarrassées; parce que placés à un coin du théâtre, nous ne pouvons pas juger du rapport qu'elles ont entr'elles. Il se rappelloit la relation de pere que Dieu soutient à l'égard de ses créatures, & des hommes en particulier, & sachant de plus, que *telle est la tendresse d'un pere pour ses enfans, telle est la tendresse de l'éternel pour ceux qui le réverent*, Ps. CIII, 13. il ne pouvoit s'empêcher d'en conclure, que les maux, auxquels il se voyoit exposé, étoient nécessaires pour sa correction. Réfléchissant ensuite sur sa condition, & se voyant serviteur de Dieu par sa nature, il sentoit jusqu'à quel point il lui convenoit de remplir les devoirs de son état, & ce qu'exigeoit de lui la place qui lui avoit été marquée dans la nombreuse famille du Tout-Puissant. En qualité de pécheur, & comme tel, fort au-dessous de la moindre des miséricordes de l'Eternel, il se voyoit dans l'obligation de recevoir avec plaisir & reconnoissance tout ce qui pouvoit lui arriver ici-bas. *Je porterai*, dit l'église affligée, par la bouche d'un prophete, *je porterai l'indignation de l'Eternel, car nous avons péché contre lui* : en effet, pourquoi l'homme vivant se dépiteroit-il à cause de ses péchés? Puisque les afflictions sont les suites naturelles, & les fruits des fautes, que nous avons volontairement commises, n'est-il pas plus raisonnable de nous condamner nous-mêmes, que d'en prendre occasion de blâmer & de censurer les voies de la providence? Sur-tout si nous considérons que, quand nous serions beaucoup moins coupables que nous ne le sommes, il ne laisseroit pas d'être vrai que ce monde n'est pas fait pour être le séjour d'un bonheur parfait; que nous n'y sommes pas venus pour faire notre volonté, ni pour y vivre au gré de nos désirs, mais que nous sommes nés pour le travail & la peine, comme l'étincelle pour voler en haut; & qu'ainsi il n'est pas surprenant que, dans une vallée de miseres, nous rencontrions des traverses, & des calamités assorties à notre condition présente; que les maux que nous souffrons, n'ont rien de particulier pour nous, soit dans l'espece, soit dans le degré; mais que si nous jettons les yeux sur les autres hommes, & que nous comparions notre sort avec le leur, nous nous trouverons bien des compagnons de misere, nous en appercevrons un grand nombre plus à plaindre que nous, & nous en verrons plusieurs, dont l'affliction n'est pas inférieure à la nôtre : que tel a toujours été le sort des plus gens de bien, & des plus grands favoris de Dieu, d'être exercés de cette maniere ; & que le chef de notre salut, homme de douleur & qui savoit ce que c'étoit que la langueur, a lui-même été rendu parfait par les souffrances. Si donc nous envisageons nos afflictions comme venant de Dieu, qui nous les dispense, ou si nous nous regardons nous-mêmes, comme des créatures naturellement sujettes à être affligées ou comme des pécheurs, qui méritent bien le châtiment qu'ils endurent, nous serons certainement bien pervers, & bien partiaux, si nous nous dépitons de ce que nous ne sommes pas à couvert de maux, qui dans le fonds ne sont que le salaire de nos iniquités, ou l'apanage de notre nature.

Faisons sur-tout attention à l'utilité des afflictions, & aux grands avantages de la Patience. Les écrivains de morale, qui ont beaucoup réfléchi sur les propriétés de l'ame, sont généralement dans l'idée, que l'impatience & le murmure dans les maux, de quelque nature qu'ils soient, viennent d'une grande petitesse d'esprit, & sont une preuve de peu de courage en celui, qui s'y laisse aller ; au lieu que, s'il avoit assez de constance pour faire face à l'adversité, cela l'occuperoit tellement, qu'il n'auroit pas même le temps de se plaindre; il se sentiroit si animé par l'honneur, & par l'espérance de la victoire, qu'il en deviendroit presque insensible à la fatigue & aux douleurs du combat. Le calme & la sérénité sont toujours le partage de quiconque possede son ame par la Patience. Son courage ne s'éleve ni ne s'abaisse point selon les circonstances. L'adversité ne sauroit l'abattre. C'est sur Dieu & sur sa conscience qu'il se repose. Et avec de telles dispositions, semblable à un roc que les flots de la mer peuvent couvrir, mais non pas ébranler, il demeure ferme dans ses principes, malgré les assauts les plus violens de l'infortune & de la misere. Il sait que comme notre félicité n'augmente en rien celle dont Dieu jouit ; nos maux ne sauroient non plus y causer la moindre altération; qu'ainsi s'il afflige *les fils des hommes & s'il les attriste*, *Lam.* III. 3. ce n'est point qu'il prenne aucun plaisir à cela ; mais toutes les fois qu'il y est, pour ainsi dire, forcé, il ne le fait que dans la vue de corriger nos défauts & de perfectionner nos vertus, *afin que*, comme s'exprime l'apôtre S. Pierre, *l'épreuve de notre foi, beaucoup plus précieuse que l'or périssable, & que l'on éprouve pourtant par le feu, nous soit un sujet de louange, d'honneur, & de gloire, lorsque Jesus-Christ paroîtra*, I Pierre, I. 7. Un autre motif à la Patience & à la résignation dans quelque état qu'on se trouve, c'est que *nos légeres afflictions, qui ne durent qu'un moment, produisent pour nous le poids éternel d'une gloire infiniment excellente, quand nous ne considérons point les choses visibles, mais celles qui sont invisibles; car les choses visibles sont passageres; mais les invisibles sont éternelles*, II Cor. IV. 17. 18. Aurions-nous, après cela, le moindre sujet de nous livrer au mécontentement & à la tristesse ! comment, avec une telle persuasion, pourroit-on se voir troublé par aucune disgrace, ou se laisser aller à l'impatience dans quelque situation qu'on se trouve? Est-il possible de murmurer des coups, qu'on reçoit de la main de Dieu, quand on sait qu'il ne frappe que dans des vues de miséricorde, & que cette courte suspension du sentiment de sa grace (semblable à ces nuages du matin, qui après nous avoir intercepté les rayons du soleil pendant quelques momens, nous laissent enfin jouir de tout l'éclat d'un beau jour) sera suivie d'un redoublement de bonheur? *Ne boirois-je* donc *pas la coupe que mon pere céleste m'a donnée à boire*, quelle qu'en soit l'amertume? » Ce Dieu, que j'envisage comme mon pere est trop parfait pour » avoir besoin de ma misere; quoique son autorité suprême le mette en » droit de me traiter comme il le trouvera à-propos : il est trop sage, » pour se tromper en ce qui regarde mes véritables intérêts, & trop bon, » pour me présenter aucun breuvage, qui ne me soit salutaire : c'est lui » qui m'a donné tous les biens dont je jouis, qui pour l'amour de moi » s'est privé de plus de plaisirs qu'il ne pourroit m'en ôter, en sacrifiant son » fils pour ma rédemption, & qui me prépare, pour me dédommager de » mes souffrances, un héritage incorruptible de gloire & de félicité. » Refuserois-je de prendre une coupe qu'une telle main me présente? Non, dira toute personne affligée, qui fera réflexion là-dessus, non, *je regarderai comme un sujet de joie les diverses afflictions, qui pourront m'arriver*, *Jaq.* I. 2. Je suis content de passer par les plus rudes épreuves; mon cœur recevra avec joie les traits les plus aigus, qui partiront de cette main paternelle, *& quand il me tueroit, je me confierai toujours en lui.*

PATRIARCHA. (PATRIARCHE.)

TEL est le titre d'un ouvrage politique du chevalier Robert Filmer, où il prétend fonder l'autorité souveraine sur la puissance paternelle. Selon lui, les premiers peres étoient souverains, & l'autorité des Patriarches étoit souveraine.

Algernon Sidney, autre politique Anglois, l'a fortement réfuté, & nous allons rapporter ici le précis de sa réfutation.

I.

Le droit paternel, prétendu souverain, est divisible, ou indivisible : s'il est divisible, il est éteint : s'il est indivisible, il est universel.

CETTE prétendue royauté paternelle, s'il y a telle chose dans la nature, est divisible, ou indivisible; si elle est indivisible, elle doit avoir passé d'Adam à un seul de ses descendans, & il n'y a proprement qu'un seul homme dans le monde qui soit le légitime souverain de toute la terre, & Nemrod, ni aucun de ses successeurs, ni les soixante & douze princes qui se retirerent de Babel, après la confusion des langues, n'avoient aucun droit à la souveraineté, puisque Noé & Sem étoient encore en vie, l'un ayant vécu près de deux cents ans après lui, & l'autre cent cinquante ans. Cela étant, la royauté a dû résider en la personne de ce Patriarche, & passer de lui à sa postérité à jamais. A ce compte-là, tous ceux qui prennent le titre de rois, de quelque nation qu'ils puissent être, s'élevent contre toutes les loix de Dieu & de la nature. C'est l'héritier légitime de Noé que nous devons chercher pour lui rendre l'obéissance que nous lui devons, mais j'ignore où nous le pouvons trouver; tout ce que je sai, c'est qu'il doit être de la race d'Abraham, car Sem fut préféré à ses freres, & c'est à lui par conséquent qu'appartient la possession légitime de cet héritage indivisible, & Isaac, qui a été le premier de ses descendans, qui lui a survécu, en a dû jouir après lui. C'est dommage que Jacob n'ait pas sû ceci, & que, pour avoir ignoré ses droits, le souverain de tout l'univers ait été obligé de se réduire à garder les brebis d'un de ses sujets pour des gages assez médiocres: il me semble même fort étonnant que lui qui avoit assez d'esprit pour supplanter son frere, n'en ait pas eu assez pour connoître que par le marché qu'il avoit fait avec lui de son droit d'aînesse, il avoit acquis l'empire de tout le monde. S'il sentoit quelques remords en sa conscience, & qu'elle lui reprochât qu'avec justice il ne pouvoit pas vendre si cher un potage de lentilles, ce droit a dû rester à Esaü: quoiqu'il en soit, c'est d'Isaac que doit descendre notre légitime souverain. Si le contrat de vente fait par Esaü est bon & valable, c'est parmi les Juifs que nous devons chercher; s'il n'a pas pû se dépouiller si aisément de son droit, il a dû rester parmi ses descendans, & ainsi il faudra que nous allions chercher ce légitime souverain parmi les Turcs qui descendent de ce Patriarche. Nous ne devons pas nous faire aucun scrupule de recevoir pour notre maître un homme de l'une ou de l'autre de ces deux nations; puisque le dernier acte du parlement d'Ecosse nous apprend, *que les rois tiennent leur puissance royale de Dieu seul.; & qu'aucune différence de religion*, &c. *n'est pas capable de renverser ni de détourner le droit de la succession.* Mais je ne sai ce que nous ferons, si nous ne pouvons pas déterrer ce souverain, car *de non apparentibus, & non existentibus eadem est ratio.* Il faut que ce droit tombe de lui-même, & s'anéantisse, s'il ne se trouve personne à qui l'héritage appartienne. Si nous ne connoissons pas celui à qui le droit appartient, nous ne pouvons pas connoître celui qui est son plus proche héritier : tous les hommes en général doivent hériter de ce droit, & chaque particulier en peut légitimement prétendre une égale portion; & ce que l'on appelle *domination*, lorsque ce droit réside en la personne d'un seul, c'est cette liberté universelle que je défends, quand ce même

même droit est divisé également entre tous les hommes. C'est pourquoi je laisse au choix de ceux qui suivent l'opinion de notre auteur, de nous déclarer qui est ce Juif, ou ce Turc à qui appartient l'empire de l'univers, ou de nous produire quelqu'autre personne dont les droits soient mieux établis, & de persuader à tous les princes & à tous les peuples de la terre de se soumettre à sa puissance. Si ces sectateurs de Filmer ne font pas cela, la chose étant impossible, il faut nécessairement qu'on demeure d'accord, que cette royauté paternelle est une pure chimere : que la naissance ne donne à personne aucun droit sur les autres hommes; & que qui que ce soit ne peut légitimement prétendre aucune autorité sur les autres, à moins que ce ne soit du consentement de ceux qui y sont intéressés, qui ont bien voulu lui mettre cette autorité en main.

Si cette royauté paternelle étoit divisible, Noé la divisa effectivement à ses trois fils : soixante & douze monarques s'éleverent tout d'un coup du milieu des nations qui étoient assemblées à Babel : Noé, ni ses fils, ni aucun de la race sainte, ni apparemment aucun plus ancien que Nemrod n'y étant pas, il s'ensuit nécessairement que d'entr'eux sont sortis plusieurs autres monarques. Notre auteur dit qu'Abraham étoit roi : il faut donc que Loth l'ait aussi été, car ils étoient égaux : les deux fils de celui-ci, Ammon & Moab ne furent point sujets aux enfans d'Abraham. Ismaël, & Esaü allerent s'établir où ils jugerent à propos ; & d'eux sont sortis de puissantes nations : les enfans qu'Abraham eut de Cétura firent la même chose; c'est-à-dire, que les uns & les autres ne dépendirent en aucune maniere du tronc, dont ils descendoient, dès qu'ils furent en état de veiller à leur propre conservation, & de se passer du soin de leurs peres. Ceux qui descendoient de la même famille, ou celui qui en étoit le chef n'ont jamais prétendu aucun droit sur ceux qui les quittoient pour aller établir leur demeure en d'autres lieux. Bien plus, on avoit si peu d'égard à la proximité du sang, que quoique Loth fût fils du frere d'Abraham, cependant si ce dernier étoit mort sans enfans, son serviteur Eliézer, auroit été son héritier. On suivit la même maxime parmi les enfans de Jacob ; l'un n'avoit point d'autorité sur l'autre : on partagea également la terre de Canaan entr'eux ; leurs juges, & leurs magistrats étoient de différentes familles, & de différentes tribus, sans que l'une eût aucune préférence sur l'autre; on avoit seulement égard aux qualités extraordinaires que Dieu avoit données à quelque particulier, & qui le distinguoient d'entre ses freres. Je crois que c'est-là la preuve la plus forte & la plus certaine qu'on puisse alléguer pour montrer qu'il y avoit alors une parfaite égalité entre les hommes. Quiconque donc voudra soutenir que cette égalité ne subsiste plus, & qu'elle est entiérement abolie, doit prouver que ni les prophetes, ni les Patriarches, ni aucune autre personne, n'ont jamais bien compris la loi que Dieu & la nature ont gravée dans le cœur de l'homme; ou que s'ils l'ont comprise, ils n'y ont eu aucun égard; ou bien il faut qu'ils prouvent que les hommes ayant été libres au commencement, & ayant continué de l'être, plusieurs siecles après le déluge, cette loi de liberté & d'égalité a été abolie dans la suite, & qu'on en a reçu une nouvelle. Quiconque veut soutenir cela, le doit prouver; mais jusqu'à ce que nous voyions clairement quand, ou, par qui, & comment cela s'est fait, nous pouvons croire en toute assurance que Dieu n'a jamais donné une pareille loi aux hommes; & que nul ne peut être souverain que celui à qui nous voulons bien résigner notre autorité, puisque naturellement nous sommes tous freres.

Notre auteur en voulant mettre dans un plus beau jour l'autorité des Patriarches, la détruit entiérement; & ne peut contester à personne le même droit qu'il reconnoît en Ismaël & en Esaü. Or si chaque particulier est en droit de s'établir où il lui plaît avec sa famille, sans reconnoître l'autorité de personne, il est aussi en droit de se joindre à d'autres s'il le juge à propos. Et comme il dépend de lui de s'associer, ou de ne se pas s'associer avec d'autres, & de choisir ces autres, on ne peut pas lui contester le droit d'examiner à quelles conditions il lui est avantageux d'entrer dans une société, où il ne sera pas plutôt entré qu'il sera dépouillé du droit qu'il avoit apporté avec lui en naissant. Mais comme il ne peut pas tomber dans l'esprit que les hommes, en général, fussent assez destitués de raison, pour se lier les mains, à moins que ce ne soit dans la vue d'un plus grand bien qu'ils s'en promettent, cela suffit pour prouver qu'ils entrent volontairement dans ces sortes de sociétés, qu'ils les établissent pour leurs propres intérêts, & qu'ils leur donnent telles formes, & font tels réglemens qu'il leur plaît, sans en rendre compte à personne. Or si chaque particulier est libre jusqu'à ce qu'il entre dans la société qu'il croit lui convenir le mieux, & que ces sociétés puissent se prescrire telles loix qu'il leur plaît; c'en est assez pour prouver l'égalité naturelle où sont tous les hommes en venant au monde, & dans laquelle ils continuent de vivre, jusqu'à ce qu'ils ayent mis en commun le droit qu'ils avoient de se gouverner eux-mêmes, en s'en dépouillant jusqu'au point qu'ils le jugent à propos pour l'établissement de la société qu'ils croyent leur devoir être la plus avantageuse; & c'est ce que je soutiens, & ce que Filmer nie.

II.

Il n'y a jamais eu ni précepte, ni ombre d'une autorité paternelle royale & souveraine, en même temps, parmi les Hébreux.

NOTRE auteur est si modeste qu'il avoue de bonne foi que le royaume de Jacob composé de soixante & douze personnes, fut englouti par la puissance d'un plus grand monarque, savoir Pharaon : mais, si ce fut-là une action tyrannique, il est étonnant que Dieu, en délivrant son peuple élu, de la captivité d'Egypte, ne l'ait pas remis en possession de ce droit éternel & sacré qui est fondé sur les loix immuables de Dieu & de la nature. Pourquoi la monarchie de Jacob n'a-t-elle pas été donnée à son légitime héritier ? Comment le peuple a-t-il pu négliger une affaire de cette importance ? Ou s'ils ne s'en souvenoient pas, comment est-il arrivé que Moyse ne les en ait pas avertis ? Pourquoi Jacob ne déclara-t-il pas en mourant à qui elle appartenoit ? Ou si on prétend qu'il l'a déclaré, en disant, que le sceptre ne se départiroit point de Juda, pourquoi ne l'a-t-on pas mis entre ses mains, ou en celles de ses héritiers ? S'il étoit si difficile de trouver ce légitime héritier parmi un peuple qui étoit tout descendu d'une famille, qui n'étoit éloignée de son premier pere que de quatre générations seulement, & qui observoit avec beaucoup d'exactitude la suite des généalogies, comment pouvons-nous espérer de le déterrer après plusieurs milliers d'années, nous qui ne savons pas seulement d'où nous descendons nous-mêmes ? Ou plutôt comment est-il arrivé, que ce droit qui est éternel & universel, ait été aboli dès le commencement avant qu'il ait pu produire aucun effet dans le monde, jusques-là qu'on n'en a jamais entendu parler parmi les gentils, ni chez le peuple de Dieu, soit devant sa captivité, soit après, depuis la mort de Jacob, jusqu'à ce jourd'hui ? C'est ce que j'ose avancer, & je veux bien me confesser vaincu, si je ne le puis prouver. Pour cet effet, je commencerai à Moyse & à Aaron, qui ont été les deux premiers gouverneurs de ce peuple, & qui par leur naissance n'étoient point de la plus ancienne tribu, ni de celle à qui l'on prétend que Jacob ait donné cette souveraineté, supposé qu'il ait été en son pouvoir d'en disposer, ou qu'il l'ait effectivement fait ; ils n'étoient pas même de la branche aînée de leur propre tribu ; & même, entre ces deux freres, la supériorité fut donnée à Moyse, qui étoit le plus jeune, suivant ce qui est dit, *je t'ai ordonné pour être Dieu à Pharao, & Aaron ton frere sera ton prophete.* Si Moyse a été roi, comme le dit Filmer, cela même rend sa cause encore plus mauvaise ; mais je n'en demeure pas d'accord, & je prétends prouver le contraire dans la suite. Si dis-je, Moyse a été roi, il faut qu'il ait usurpé injustement sur ses freres, une autorité qui ne lui appartenoit point ; & ce pouvoir paternel, qui par la loi de Dieu, devoit résider à perpétuité en la personne de ses descendans, périt avec lui, & ses fils resterent dans l'obscurité parmi les autres lévites, pendant que Josué, de la tribu d'Ephraïm, lui succéda ; Hothniel, étoit de la tribu de Juda, Ehud, de celle de Benjamin, Barac, de Nephtali, & Gédéon, de celle de Manassé. Les autres juges ont été pris de différentes tribus, & après leur mort leurs enfans resterent confondus parmi le commun du peuple, sans qu'il en soit seulement fait aucune mention. Le premier roi qui régna sur cette nation fut pris de la moindre famille, de la plus petite & de la plus jeune tribu. Celui qui lui succéda étoit le plus jeune de huit freres, qui avoient pour pere un homme qui ne faisoit aucune figure parmi ceux de la tribu de Juda ; il fut même choisi & oint pour roi du vivant de Saül, & régna pendant la vie des fils de ce prince infortuné : Salomon, un des plus jeunes d'entre ses fils, lui succéda : après la mort de celui-ci, dix tribus se révolterent contre Roboam, & par un commandement exprès de Dieu, éleverent Jéroboam sur le trône. Le royaume d'Israël, par la destruction d'une famille, passa dans une autre : celui de Juda, conformément aux promesses que Dieu en avoit faites à David, resta à ceux de sa famille jusqu'au temps de la captivité ; mais nous ne savons pas si l'aîné a toujours eu la préférence, & rien ne nous oblige à le croire. David, ce prince pour lequel ils avoient tant de vénération & de respect, ne leur en laissa aucun précepte ; bien loin delà, il leur donna un exemple tout contraire ; il ne laissa pas sa couronne à l'aîné, mais au plus sage. Après la captivité, ceux qui avoient le plus de capacité, d'expérience & de valeur pour défendre le peuple, étoient estimés les plus dignes de l'autorité souveraine, & enfin la couronne tomba dans la famille des Asmonéens, pendant que la postérité de David demeura ensevelie dans la bassesse parmi le commun peuple, destituée de toute autorité & splendeur. Si les juges n'ont pas eu une puissance royale, ou qu'il n'y ait que l'autorité royale qui soit légitime, comme étant l'unique qui soit d'institution divine, & attachée pour toujours au droit paternel, il s'ensuit que toutes leurs actions ont été injustes, & par conséquent criminelles : il ne pouvoit pas y avoir la moindre ombre de justice dans l'exercice que Moyse, Josué, Gédéon, Samuël, & les autres juges ont fait de leur autorité. Si le premier de ceux-là a eu une puissance royale & légitime, elle a dû demeurer dans sa famille, & passer à ses descendans : Saül, David, & Salomon, n'auroient jamais pu être rois : ceux-ci n'ayant aucun droit à la couronne, leurs enfans n'y en pouvoient non plus avoir ; & les autres qui accepterent l'autorité souveraine après le retour de la captivité, se rendirent coupables de la même injustice.

Or, comme toute regle qui souffre quelque exception, ne peut être appellée une regle générale, de tous ces exemples que je viens de rapporter, il n'y en a aucun qui ne suffise pour renverser la doctrine de notre auteur. Si on a pu légitimement s'écarter une fois de cette regle, on l'a pu faire une autre fois, & ainsi à l'infini. Mais le plus haut degré d'impudence & de folie où aucun homme soit peut-être jamais monté, c'est de soutenir, comme le fait Filmer, que cette coutume a été universelle & perpétuelle, dont on ne peut pas seulement apporter un exemple qui puisse prouver qu'elle se soit pratiquée en aucun endroit du monde, & dont il est impossible d'alléguer aucun précepte.

Si on dit, que toutes ces choses sont arrivées par une dispensation immédiate de la providence : Je réponds à cela, qu'il faudroit être aussi impie que fou, pour croire que Dieu ait continuellement envoyé ses prophetes, pour renverser ce qu'il avoit ordonné dès le commencement, comme si par dépit, & de propos délibéré, il eût voulu jeter les hommes dans un abyme impénétrable de confusion & de ténebres; pour croire, dis-je, qu'il ait envoyé ces saints hommes pour renverser par des commandemens particuliers sa loi éternelle & universelle. Mais pour éclaircir encore plus cette matiere, je souhaite seulement qu'on considere que nous n'avons que trois moyens par lesquels nous puissions distinguer le bien d'avec le mal.

I. Quand Dieu nous le révele par sa parole.

II. Lorsqu'il nous le fait connoître par ses œuvres; car tout ce qu'il fait, est bon, comme tout ce qu'il dit est véritable.

III. Nous pouvons connoître la différence du bien & du mal par les lumieres de la raison qui ne peut qu'être un bon guide, puisque c'est un présent que nous avons reçu de Dieu lui-même.

Et premiérement, on ne peut pas dire que nous ayons aucune révélation formelle qui nous enseigne que l'autorité souveraine doive toujours résider en la personne de l'aîné; car ce précepte ne paroît en aucun endroit, & puisque nous n'en avons point de pareil, on pourroit bien conclure, sans craindre de se tromper, que cela a été laissé à notre choix. En effet, comment seroit-il possible de s'imaginer que Dieu aît voulu nous laisser dans une ignorance perpétuelle de sa volonté, sur-tout s'agissant d'une affaire aussi importante que celle-là; ou qu'il ait voulu permettre que son peuple choisi, aussi-bien que les autres nations, quelles qu'elles puissent être, ait toujours continué à agir contre sa volonté, sans les en avoir repris en aucune maniere, & même sans les en avoir avertis. Peut-on avoir une pensée qui répugne si fort à la bonté de Dieu, & qui est absolument incompatible avec le premier de ses attributs?

A l'égard du second moyen par lequel nous connoissons en quoi le bien differe du mal, je veux dire la révélation; il est sûr que la dispensation de la sainte providence, qui est l'émanation de sa volonté, a toujours été contraire à cette prétendue loi. Concluons donc qu'il n'y a jamais eu une telle chose dans le monde; car en Dieu, il n'y a point d'ombre de changement: ses actions ne démentent point ses paroles, & les unes & les autres nous enseignent ce qui est bon & juste.

Enfin le précepte le plus certain que les lumieres de la raison nous donnent dans les choses de cette nature, c'est que l'autorité souveraine doit être conférée à celui qui est le plus capable de se bien acquitter de ce grand dépôt: puisqu'il ne tient pas ce pouvoir de lui-même ni pour lui-même, mais qu'il lui a été donné par d'autres qui lui étoient égaux avant qu'ils l'en eussent revêtus, & qu'ils ne s'en sont dépouillés qu'afin de le mettre en état de procurer le bien de la société. Si l'on pouvoit trouver un homme qui possédât, dans un degré plus éminent que tous les autres, la sagesse, la valeur, la justice, la pureté des mœurs, en un mot toutes les vertus & les qualités les plus nécessaires pour procurer le bien public, on pourroit dire que cet homme seroit roi par nature, parce que ce seroit lui qui seroit le plus capable d'une si grande charge, & qui, à l'exemple d'un bon berger, seroit le plus propre à porter ses peuples au bien. *Detur digniori*, est la voix de la raison; & afin que nous puissions être assurés que, *detur seniori*, n'est pas ce que cette raison nous enseigne, Salomon nous apprend que *l'enfant sage vaut mieux qu'un roi âgé & qui n'est pas sage*. Or, si ce prétendu droit n'appartient pas à celui qui est effectivement l'aîné, il n'y a rien de plus absurde & de plus chimérique que le droit qu'on prétend tirer d'un homme qui n'a pas toutes ces qualités que je viens de dire. Mais de peur qu'on ne s'imagine que je ne suis que mes propres pensées, & que ce sont elles que j'appelle raison, ou lumiere de Dieu en nous, je vous prie de remarquer que Dieu lui-même a toujours suivi cette méthode. Lorsqu'il suscita Moyse pour être le conducteur de son peuple, il le revêtit des dons les plus précieux de son esprit, dont il ait jamais enrichi personne : quand il choisit soixante & dix hommes d'entre les Israélites, pour soulager ce saint homme dans l'exercice de sa charge, il leur donna le même esprit. Si Josué lui succéda, ce n'est pas qu'on reconnût en lui aucun droit qui le pût faire préférer à ses freres, mais ce fut parce qu'on découvrit en sa personne les mêmes signes de l'assistance & de la faveur divine qu'on avoit remarquées dans celle de Moyse. Quand les Israélites, par leurs péchés, mériterent que Dieu les livrât en la main de leurs ennemis, il ne chercha pas, pour les en délivrer, les descendans ni de Moyse, ni de Josué, encore moins ceux qui se glorifioient des prérogatives de leur naissance; mais il faisoit connoître à ces enfans rebelles celui qu'il avoit choisi pour être leur libérateur, en lui donnant les qualités nécessaires pour accomplir son œuvre; & il suivit toujours la même méthode jusqu'au temps que cette misérable nation, adonnée à toutes sortes de péchés, s'avisa de rejeter son Dieu & la forme du gouvernement qu'il lui avoit prescrite, pour lui demander celle qui étoit en usage chez les peuples maudits dont ils étoient voisins, afin qu'après les avoir imités dans leur idolâtrie, ils leur ressemblassent encore dans un esclavage honteux.

Si donc ce prétendu droit n'est point fondé ni sur aucune révélation que nous ayions de Dieu, ni sur aucune de ses actions sur laquelle nous puissions prendre exemple, & que la raison ne nous fasse pas connoître pour légitime; concluons que ce prétendu droit n'est qu'une chimere, & qu'il n'y a rien de tel dans le monde.

III.

Si le droit paternel comprenoit, & renfermoit en soi l'autorité souveraine, & que ce droit ne dût passer qu'à un seul héritier, il faudroit nécessairement qu'il pérît, si on ne connoissoit pas cet héritier, & on ne pourroit le transférer à un autre.

AYANT fait voir que les premiers rois n'ont pas été peres de leurs sujets, ni les premiers peres rois; & que tous les souverains tant des Juifs, que des Gentils, dont il est fait mention dans l'écriture, sont montés sur le trône par des droits bien différens du droit paternel, & qui étoient absolument incompatibles avec lui; & ayant prouvé que Dieu ne nous en a donné ni exemple, ni précepte, & que les lumieres naturelles, ni celles de la raison humaine ne nous portent point à croire qu'il y ait un tel droit parmi les hommes, nous pouvons hardiment conclure qu'il n'y a jamais rien eu de semblable dans le monde, ou que ce droit s'est perdu avant qu'il ait pu produire aucun effet; ce qui pour nous sera toujours la même chose. Il n'y a pas moins de folie à prétendre recouvrer ce qui s'est perdu dès le commencement du monde, qu'il y en auroit à vouloir tirer quelque chose du néant. Mais je vais encore plus loin, & soutiens que quand même les premiers peres auroient eu ce droit & s'en seroient servis, & l'auroient transféré indivisiblement à leurs aînés pendant quelques siecles, il faut nécessairement qu'il soit péri dans la suite; toutes les familles ayant tellement été confondues, qu'il est impossible à aucun homme du monde de prouver quelle est son origine, & par conséquent de connoître ce légitime héritier; car il faudroit qu'un homme eût perdu l'esprit pour prétendre à un héritage, s'il ne pouvoit pas prouver qu'il en est le véritable héritier. Si ceci n'est pas vrai, je voudrois bien qu'on me dît duquel des fils de Noé, les rois d'Angleterre, de France ou d'Espagne tirent leur origine, ou quelle raison ils peuvent apporter pour montrer que le droit à la royauté, qu'on s'imagine avoir résidé en la personne de Noé, a plutôt appartenu aux premiers de leurs races qui sont parvenus à la couronne dont ils sont présentement en possession, qu'au plus chétif paysan qui soit dans leurs royaumes: ou comment ce qui n'a pas été en la personne de leur premier pere, a pu passer jusques à eux. Nous savons que nul ne peut donner ce qu'il n'a pas, que s'il n'y a point de donateur il ne peut y avoir de donation; que s'il n'y a point de racine il ne peut y avoir de branches; & que si le principe n'est pas véritable, il faut nécessairement que toutes les conséquences qu'on en pourroit tirer, soient fausses.

Notre auteur, qui a une adresse merveilleuse pour lever toutes sortes de difficultés, nous enseigne un moyen fort facile pour nous tirer de cet embarras. *Il est vrai*, dit-il, *que tous les rois ne sont pas les peres naturels de leurs sujets; cependant, ou ils sont, ou doivent être réputés les héritiers lé-*

gitimes de ces premiers peres, qui dans le commencement étoient les peres naturels de tous leurs sujets, & en conséquence de ce droit ils doivent leur succéder dans l'exercice de l'autorité souveraine; & de semblables héritiers sont, non-seulement seigneurs de leurs enfans, mais aussi de leurs freres, & de tous ceux qui étoient sujets de leur pere; &c. Delà vient qu'un enfant, quelque jeune qu'il soit, venant à succéder à un roi, a le droit de pere sur un grand nombre de vieillards, & est appellé pere de la patrie.

Une proposition qui comprend tant de points essentiels, & d'où dépendent les droits les plus importans à tout le genre-humain, mériteroit bien quelque preuve : mais Filmer ayant assez bonne opinion de lui-même pour s'imaginer que nous l'en devons croire sur sa parole, n'a pas daigné se donner la peine de nous en alléguer aucune, ni rien qui en approche. Cependant, comme je ne suis pas d'humeur à la recevoir avec trop de crédulité, ni à la rejeter avec trop de précipitation, je prendrai la liberté de l'examiner, & j'espere qu'on me pardonnera si j'insiste un peu plus longtemps que de coutume sur une proposition qui fait le fondement de son ouvrage.

Nous lui sommes fort obligés d'avoir bien voulu nous avouer avec sa modestie ordinaire, que tous les rois ne sont pas peres naturels de leurs peuples, & de nous avoir épargné la peine de prouver que les rois de Perse, qui régnoient depuis les Indes jusqu'à l'Hélespont, n'avoient pas mis au monde tous ceux qui vivoient dans cette vaste étendue de pays; ou que les rois de France & d'Espagne qui ont commencé à régner avant l'âge de cinq ans, n'ont pas donné la vie aux peuples qui ont été sous leur domination. Mais si tous les rois ne sont pas peres de leurs sujets, la qualité de souverain ne peut pas leur donner celle de pere : s'il s'en trouve quelqu'un qui le soit effectivement, ou s'il y en a jamais eu, c'est à lui qu'appartient ce droit paternel, & non pas à un autre qui n'est pas tel. Il faut prouver ceci; car des choses de cette importance demandent des preuves, & ne doivent pas être reçues pour véritables sur une simple supposition. Si donc notre auteur prétend que ce droit paternel appartient à quelque roi, il faut qu'il prouve que ce roi, est effectivement le pere de ses sujets; car autrement ce droit ne lui appartient pas; & ce n'est pas là l'homme que nous cherchons.

Il n'est pas moins ridicule de dire qu'on le doit regarder comme le plus proche héritier de son premier ayeul : car il faut premiérement prouver que toute la nation est descendue d'un même pere sans aucun mélange d'autres familles : que ce premier ancêtre est véritablement celui à qui Noé donna en partage le pays que cette nation habite présentement, lorsque ce Patriarche divisa entre ses fils l'Europe, l'Asie & l'Afrique, suivant l'opinion chimérique de Filmer : il faut encore prouver que ce partage, ainsi fait, n'a pu être divisé dans la suite; & enfin que celui dont il est question, est descendu en droite ligne de la branche aînée de celui à qui cette autorité royale

royale auroit été transférée; & si on ne peut pas prouver tous ces points sans en excepter un seul, le systême de notre auteur se renverse de lui-même. S'il n'y a jamais eu d'homme dans le monde qui ait eu ce droit, personne ne l'a pu hériter de lui. Si par la même regle qu'une partie du monde lui a été donnée en partage, cette même partie doit être divisée entre ses descendans, ces subdivisions iront à l'infini, & par cela même, le droit de souveraineté sera infailliblement détruit. Si plusieurs nations différentes habitent le même pays; elles doivent obéir à différens peres : elles ne peuvent pas légitimement rendre à ceux qui ne sont pas leurs peres, l'obéissance qu'elles doivent à ceux qui le sont effectivement; car ce seroit priver ceux qui leur ont donné la vie des droits qui sont inséparablement attachés à la qualité de pere; & enfin, quel que puisse être le droit d'un héritier, il ne peut appartenir qu'à celui qui est véritablement l'héritier. Mais afin que nous ne nous laissions pas aveugler sur des vérités aussi certaines & aussi évidentes que celles-ci, par les discours frivoles de Filmer, il est bon de remarquer que le titre de *pere de la patrie*, dont il voudroit bien se servir pour nous tromper, n'a aucun rapport aux matieres de droit dont il s'agit ici. C'est un discours figuré, & on a pu donner ce nom avec beaucoup de justice à quelques excellens princes à cause du soin qu'ils prenoient de leurs peuples, & de la tendresse qu'ils leur témoignoient, qui ressembloit à celle que les peres ont pour leurs enfans. Mais ce beau titre n'a jamais appartenu qu'à ceux qui l'ont mérité par leur sage conduite, & par leurs bonnes actions. Jamais homme, pour peu qu'il ait eu de sens commun ou de sincérité, ne s'est avisé d'appeller Phalaris, Denis, Nabis, Néron, ou Caligula, les peres de leur patrie; mais on les a plutôt regardés comme des monstres qui ont fait tous leurs efforts pour la détruire entiérement s'il leur avoit été possible : ce qui suffit pour prouver que ce sacré nom ne peut être donné indifféremment à tous les princes, & par conséquent qu'il n'appartient qu'à ceux qui s'en rendent dignes par leur vertu, par leur piété, & par le bon usage qu'ils font de leur puissance & de leur autorité.

Ceci paroîtra encore plus clairement si l'on considere que quand même Noé auroit été véritablement roi; que Zoroastre, comme quelques-uns le supposent, seroit le même que Cham qui régna sur ses enfans, & que par conséquent ceux qui lui succéderent auroient pu avoir quelque droit à cette prétendue souveraineté; quand même dis-je tout ceci seroit vrai, cela n'auroit aucune influence sur ceux qui ne tireroient pas leur origine de ces deux premiers rois. Or on n'est pas obligé de croire qu'aucun en descende; jusqu'à ce qu'il ait prouvé cette descente; puisque j'ai fait voir que plusieurs n'en sont pas descendus. Si Nemrod s'est révolté contre son ayeul, & si Ninus, qui descendoit de lui au cinquieme degré, n'a point fait difficulté de lui ôter la vie, je ne vois pas qu'ils méritent d'être appellés peres, ni de jouir des droits paternels; & il faut avoir renoncé à l'humanité, à la vertu, & au sens commun pour donner ce beau nom à eux, ou à leurs successeurs. Si donc Noé & Sem n'ont pas eu la moindre ombre d'autorité royale, & si les actions de Nemrod, de Ninus, & de plusieurs autres qui ont été rois, ne font que trop connoître qu'ils n'ont pas régné en conséquence du droit paternel, mais au contraire sont montés sur le trône par des voies tout opposées; il s'ensuit nécessairement que le droit des premiers rois étoit bien différent du droit paternel, avec lequel ce premier étoit incompatible.

Notre auteur, qui devroit avoir prouvé chaque article en particulier, n'en prouve aucun, & n'avance rien qui puisse s'accorder avec l'histoire sacrée ou profane lorsqu'il s'agit de faits; & tout ce qu'il nous dit ne répugne pas moins au sens commun. Il paroît non-seulement contre ce qu'il a avancé en général, que tous les gouvernemens n'ont pas commencé par l'autorité paternelle, mais nous ne trouvons pas même qu'il y en ait eu aucun qui ait eu un pareil commencement. Ceux qui, suivant sa regle, auroient dû être souverains de tout l'univers, sont morts en menant une vie privée, pendant que les plus furieux, & les plus féroces d'entre leurs enfans tenoient sous leur domination la plus grande partie des pays qui étoient alors habités, sans en excepter ceux-là même où ils demeuroient & où ils ont fini leurs jours. Ainsi, bien loin que ces premiers rois soient parvenus à la couronne en conséquence du droit paternel, ou que dans l'exercice de l'autorité, ils se soient conduits comme peres, ils ont au contraire, par une injustice qui crie vengeance, usurpé sur leurs freres & sur ceux qui leur avoient donné la vie, une domination injuste & tyrannique.

Il est aisé de s'imaginer de quelle nature est le droit que ces premiers souverains ont acquis par des voies si injustes & si violentes, & qu'ils ont transmis à leurs successeurs. Cependant notre auteur dit que, *tous les rois sont ou doivent être réputés les plus proches héritiers*, &c. Mais pourquoi veut-il qu'on les regarde comme héritiers, s'ils ne l'étoient pas effectivement? Comment est-il possible qu'aucun de la race maudite de Cham, soit réputé pere de Noé & de Sem, à qui toute cette famille devoit être assujettie? Comment veut-on qu'on puisse regarder Nemrod & Ninus comme les peres de Cham & de ceux à qui ces deux usurpateurs devoient une entiere obéissance? La raison peut-elle me porter à croire ce que je sais être faux? Peut-on excuser un mensonge, qui est odieux à Dieu & aux honnêtes gens; & pour le faire recevoir suffit-il de dire, qu'il y va de l'intérêt du roi, & qu'il s'agit de son service? Puis-je servir à deux maitres, & sans une injustice qui ne seroit pas pardonnable, pourrois-je regarder comme mon pere celui qui n'est pas mon pere, & rendre à celui dont je n'ai reçu aucun bien, l'obéissance qui est due à celui qui m'a donné la vie, & l'éducation? Si ceci est si absurde, qu'il ne se trouve personne qui ose attribuer un tel droit à qui que ce soit, il n'est pas moins ridicule de l'attribuer à ses héritiers : car Nemrod, en qualité de roi, ne pouvoit être l'héritier de personne, & n'a pu, par conséquent, transmettre à ses successeurs un droit qu'il n'avoit pas. Si c'est une chose ridicule & abominable de dire qu'il a été pere de Chus, Cham, Sem, & de Noé, il n'est pas moins ridicule de soutenir qu'il a eu ce droit paternel sur eux, s'il n'étoit pas leur pere; ou qu'il l'ait pu faire passer à ses successeurs, s'il ne l'a jamais eu. Si on veut trouver quelque expédient pour se tirer de cet embarras, il faudra dire qu'il a acquis ce droit par la destruction totale de ceux qui étoient plus anciens que lui, & par celle de toute leur postérité; de sorte que quiconque veut soutenir que les rois qui se trouverent à Babel ont eu ce droit paternel, doit dire en même temps que Noé, Sem, Japhet, Cham, Chus, & tous les freres aînés de Nemrod, aussi-bien que tous leurs enfans étoient morts avant qu'il commençât à régner, & que tout le genre-humain tire son origine de ce premier monarque.

Il faut que cela soit, si, comme l'écriture le rapporte, Nemrod a été le premier qui soit devenu puissant sur la terre; à moins qu'on ne veuille dire qu'on pouvoit être roi sans avoir plus de puissance que les autres hommes; car Chus, Cham, Noé, étoient plus anciens que lui, & étoient ses ancêtres en ligne directe, & tous les fils de Sem & de Japhet, aussi-bien que leurs descendans en ligne collatérale devoient lui être préférés; & il n'a pu avoir aucun droit, qui ne soit entiérement opposé à ces principes que notre auteur dit être fondés sur les loix éternelles & immuables de Dieu, & de la nature. On peut dire la même chose des soixante & douze chefs de colonie qu'il appelle rois, & dit avoir peuplé la terre après la dispersion de Babel, suivant en cela, comme je le crois, l'opinion du chevalier Walter Raleigh : car de cette maniere Noé, Sem, & Japhet, ni aucuns de leurs descendans ne pouvoient pas être de ce nombre; de sorte que Nemrod, ni les autres qui ont fondé les premiers royaumes du monde, & d'où Filmer prétend que tous les autres sont descendus, ne pouvoient avoir aucun droit légitime, ou s'ils en ont eu, il est entiérement incompatible avec ses principes. Ses principes sont donc faux, ou ces premiers établissemens dont nous venons de parler, étoient illégitimes. Si ces premiers fondateurs des monarchies n'avoient aucun droit, on ne peut pas croire qu'ils en ont eu, car il n'y a point d'homme qui puisse croire véritable, une chose qu'il sait certainement être fausse : s'ils n'ont eu aucun droit, ils n'ont pu en transférer à leurs héritiers & successeurs. Et si on veut nous obliger de croire que tous les royaumes du monde ont été établis sur ce droit paternel, il faut nécessairement prouver que tous ceux qui, par le droit de leur naissance, devoient être préférés à Nemrod & aux soixante & douze princes qui s'éleverent après la confusion des langues, étoient morts; ou que le premier & légitime héritier de Noé détruisit dans la suite tous ces injustes usurpateurs, & rétablit toutes choses dans l'ordre où elles devoient être naturellement; & que s'étant rendu maître de tout l'univers, il le laissa à ses héritiers qui le possedent encore à présent. Quand on sera venu à bout de prouver ce que je viens de dire, j'avouerai de bonne foi qu'on ne peut pas mieux établir une doctrine, & je recevrai pour véritable tout ce qu'on voudra inférer de ce principe; mais si on ne réussit pas dans cette entreprise, tout le systême de notre auteur se renverse de lui-même : & le poison qui s'est trouvé à la racine s'est répandu jusques sur les branches. Si le véritable héritier n'est pas en possession de l'héritage, celui qui le possede n'est pas le légitime héritier : si on peut découvrir le véritable héritier, il faut nécessairement que le droit périsse : on ne peut pas dire qu'une telle chose appartient à un tel homme, lorsqu'on ne connoît pas à qui elle appartient. Quand même on demeureroit d'accord que la terre a été divisée en soixante & douze royaumes, cela ne détruiroit pas ce que nous venons de conclure; au contraire on peut dire que cette division ne pouvoit se faire sans détruire le droit paternel, ou sans l'exposer à être partagé en autant de parties qu'il y a de personnes dans le monde : ce qui détruit la royauté. Et de plus on feroit toujours les mêmes difficultés à l'égard de chaque royaume en particulier, & des autres principautés qui se feroient formées de chacun de ces royaumes. Il faut qu'on nous fasse connoître cet héritier légitime de Noé qui a rentré en possession de tout ce qu'on avoit usurpé sur lui : & qu'on nous dise, quand, comment, & à qui il a donné en partage ces différentes parties de l'univers. Il faut aussi qu'on prouve que chacune de ces parties sont actuellement en la possession de ceux, qui, par le droit de leur naissance, sont élevés au-dessus des autres hommes; & s'ils ne sont pas véritablement les héritiers de cette autorité souveraine, c'est une absurdité impie de croire qu'elle leur appartient au préjudice de ceux qui en sont les véritables héritiers. Et si on ne connoît pas ces derniers, peut-on sans crime croire que ce droit à la souveraineté appartienne à ceux-là, au préjudice de tous les autres hommes qui naissant tous dans une parfaite égalité, se voient cependant leurs sujets?......

PATRICE, *Auteur Politique.*

FRANÇOIS PATRICE, évêque de Gayette dans la terre de Labour, né à Sienne, & mort en 1494, est l'auteur de deux ouvrages : l'un *De regno & rege*. Lib. 9. dédié au pape Sixte IV; l'autre *De institutione reipublicæ*, aussi en 9 livres.

Ces deux ouvrages furent imprimés à Paris en 1519 & en 1531. Gilles d'Aurigny, avocat au parlement de cette ville, en fit un extrait qu'il publia sous ce titre : *Compendiosa rerum memorandarum descriptio ex immensis Francisci Patricii Senensis de regno deque institutione reipublicæ voluminibus.*

Jean le Blond, curé de Branville, fit de cet abrégé une traduction françoise intitulée : » Le livre de police humaine, contenant brieve description » de plusieurs choses dignes de mémoire, &c. extrait des grands volumes » de François Patrice par Charles d'Aurigny, & nouvellement traduit en » françois. » Cette traduction fut imprimée à Paris in-8°. chez Charles Langelié en 1544, & depuis chez le même dans la même forme en 1546.

Ces diverses éditions semblent supposer la bonté des livres ; mais ni les ouvrages de Patrice, ni l'abrégé qu'en a fait d'Aurigny, ni la traduction de le Blond, ne valent rien. Naudé porte un jugement très-défavorable de l'ouvrage de Patrice. (*a*)

(*a*) » *Franciscus Patricius Senensis farraginem quamdam exemplorum, sub Reipublicæ ti-» tulo, puerorum, credo, usui ac Chriarum in scholis compositioni, evulgavit. Tantum dissi-» milis alteri Francisco Patricio Romano* ; (cet autre François Patrice étoit Vénitien. Voyez son article dans Bayle.) » *qui nonnihil pariter de hac re inter opuscula juvenilia protulit, quantum noctua aquilæ, aut anser dispar est olori* ». Naudé se trompe en ce qu'il regarde Patrice comme l'auteur de ce recueil d'exemples que d'Aurigny a extraits des livres de Patrice.

PATRICIEN, s. m.

De l'orgueil & de la mauvaise conduite des Patriciens à Rome après l'expulsion des rois.

SALLUSTE & d'autres historiens, attribuant les principales dissentions & révolutions de la république Romaine à l'abus de l'autorité de la part des Patriciens, ou à celle des plébéiens après qu'ils s'en furent emparés à leur tour, ou à leurs débats mutuels pour l'obtenir, j'expliquerai ici les fautes des Patriciens : on verra celles des autres à l'article PLÉBÉIEN.

Il faut que dans tout Etat où il regne des dissentions continuelles, il y ait de grands défauts, soit dans l'établissement, soit dans l'administration du gouvernement. Il me semble que Rome gouvernée par ses rois étoit plus à l'abri des discordes intestines qu'après leur expulsion ; ce qui auroit toujours continué de même, si le dernier Tarquin avoit, comme ses prédécesseurs, conservé les loix primitives de l'Etat. On leur en avoit confié le gouvernement ; ils commandoient souverainement tant en paix qu'en guerre ; ils étoient les magistrats suprêmes, & faisoient exécuter les ordres de la justice & des loix : ils avoient un pouvoir suffisant pour réprimer la populace, pour l'obliger à donner des marques de distinction & à respecter la noblesse, & pour assurer l'autorité royale. Mais tout ce pouvoir & ces prérogatives ne pouvant pas assouvir l'ambition insensée de Tarquin, il méprisa la simple autorité de protéger les sujets, quoique ce soit le seul but & la solide gloire du sceptre ; il voulut encore s'emparer du pouvoir d'asservir les peuples & de les détruire.

Dans cet esprit il forma un modele de gouvernement aussi effroyabl que nouveau pour cette nation brave & libre ; & sans consulter le peuple ni le sénat, deux des trois ordres de l'Etat, lui qui étoit seulement un des trois, voulut à toute force gouverner seul à sa fantaisie : ayant usurpé le trône par le parricide le plus barbare, il tâcha de s'y maintenir par la tyrannie la plus insolente, & rendit ainsi la royauté & le roi également odieux au peuple ; tous les deux furent abolis à la fois & pour jamais. (*a*)

Quoiqu'il n'y eût plus de roi, l'autorité royale ne laissa cependant pas d'exister : les deux consuls pouvoient faire tout ce que le roi avoit droit de faire. Ils convoquoient le sénat & y présidoient, aussi-bien qu'aux assemblées du peuple qui se faisoient sous leurs ordres ; ils exerçoient la suprême magistrature dans Rome, & avoient le commandement des armées pendant la guerre. Telles étoient les principales prérogatives & les fonctions de la royauté, qui devinrent le partage des deux consuls, & qui furent par conséquent, renfermées dans le corps du sénat, d'où ils étoient tirés. Il est vrai que le peuple les choisissoit tous les ans, comme il avoit auparavant choisi les *rois pour leur vie* ; mais ce choix ne pouvoit jamais tomber que sur les sénateurs.

La noblesse se voyant revêtue de cette augmentation de dignité & d'orgueil, n'étant tenue en crainte par aucun supérieur, se trouvant en possession de toute l'autorité & de tout l'appareil de la royauté, éprouva l'effet ordinaire que ces avantages font sur l'esprit de l'homme, qui naturellement est vain & fragile ; les Patriciens eurent une grande opinion de leur naissance & de leur caractere, qu'ils regarderent comme sacré ; ils regarderent comme profane tout ce qui étoit au-dessous d'eux, quoique la plupart d'entr'eux descendissent originairement des moindres plébéïens, tels que ceux qu'ils affectoient de mépriser, & qu'ils ne dussent leur autorité dans Rome, qu'à la tyrannie & à l'expulsion de Tarquin. Telle est l'insolence de l'homme, toujours porté à se faire regarder comme au-dessus de l'humanité, à se donner pour une espece plus approchante de la divinité que les autres hommes. Je souhaiterois que les payens eussent été les seuls portés à s'élever de cette maniere & à démentir la divinité, en prétendant présomptueusement de participer à sa nature. C'est un symptôme certain d'imposture & d'insolence aux hommes, de faire passer leurs méchantes qualités attachées à la nature humaine, leur orgueil, leurs passions, leurs fraudes & leurs desseins intéressés, pour des marques de leur divinité.

Tel est l'usage que l'on a fait dans tous les temps du nom du ciel dont se sont servis les hommes qui avoient en vue de se rendre les maîtres & de gouverner. C'est ainsi que les empereurs & les papes vinrent à être

(*a*) *Postquam regum pertæsum leges, maluerunt.*

déifiés : C'est ainsi que des fanatiques sans nombre, de toute espece, tant payens que faussement appellés chrétiens, ont prétendu le front levé à l'alliance avec la divinité, à des commissions ou immunités de sa part, sans autre raison apparente, sinon qu'ils différoient du reste du monde, en maladie d'esprit, en présomption, & en choix délicat de titre & d'appareil, ou dans quelques formalités absurdes, & grimaces pratiquées avec pompe, pour fomenter la superstition & annoblir la folie & l'imposture : comme si la prétention hardie d'une ou de peu de personnes aux attributs & à l'autorité célestes suffisoit pour confirmer la croyance & la soumission de tout le reste : ou comme si certains termes de religion, & des modes imaginées par des hommes, conféroient une garantie ou un plein pouvoir de la part de Dieu à quelques hommes, pour guider & gouverner d'autres hommes doués des mêmes facultés, & également capables d'entreprendre & d'exécuter les mêmes solemnités ; fonction qui n'exige d'autre habileté que celle de la voix, du geste, & peut-être d'un regard modeste & sévere.

Cependant cette solemnité, cet exercice des auspices qui jusqu'alors étoit réservé aux Patriciens, à l'exclusion des plébéïens, devint une des meilleures raisons pour en exclure toujours ceux-ci, & pour les priver, par conséquent, de tout office & dignité considérable dans l'Etat, d'autant que sans la solemnité des auspices on ne pouvoit exercer aucun office considérable. Ce raisonnement de la noblesse étoit bien singulier & juste à plusieurs égards : car quoique dans le temps de la monarchie les Patriciens eussent seuls l'exercice des auspices, & que ce privilege fit partie de la constitution établie sous le regne de Romulus, cependant lorsque la monarchie fut abolie, le peuple, qui y avoit beaucoup contribué, avoit droit à de nouveaux avantages & à des prérogatives, aussi-bien que les Patriciens ; ceux-ci, qui avoient beaucoup plus souffert de la tyrannie de Tarquin, s'en étoient vengés, & s'en étoient mis à couvert par son expulsion qu'ils avoient concertée, & en outre ils avoient gagné pour leur ordre tout le pouvoir & toute la prééminence de la royauté, comme je l'ai remarqué plus haut. Ils étoient par conséquent devenus, par la jonction des droits du monarque & du sénat, plus du double aussi grands & aussi puissants que lorsque ces droits étoient séparés ; & il ne pouvoit plus y avoir de contestation & de jalousie entre les droits & les prérogatives du roi & celles des Patriciens, puisque ceux-ci étoient en possession des uns & des autres.

Ainsi le peuple, au lieu de recueillir, d'une révolution qu'il avoit aidé à exécuter sur le champ, aucun profit ou aucun soulagement autre que précaire & momentané, se trouvant soumis à un pouvoir plus grand & plus redoutable, étoit dans une situation pire qu'auparavant : & il n'étoit pas possible que dans un Etat libre les choses subsistassent long-temps dans cet état. Pourquoi le peuple auroit-il soutenu l'exclusion de Tarquin, s'il restoit dans un plus dur esclavage ? Cependant la noblesse n'avoit d'autre moyen d'entretenir le peuple dans son animosité contre Tarquin & tous les rois, que le cri continuel de liberté du peuple & de tyrannie de la royauté. Le peuple eut peu à se plaindre du mépris & des mauvais traitemens des Patriciens, tandis que Tarquin faisoit des efforts continuels pour être rétabli, & formoit des alliances avec les Etats voisins contre Rome : mais lorsque toutes ses tentatives & celles de ses alliés eurent échoué, autant par la bonne conduite des soldats Romains, c'est-à-dire du peuple, que par la bonne conduite des Patriciens; lorsque Tarquin & sa famille ne furent plus les Patriciens commencerent à montrer, comme tous les particuliers & tous les corps font presque toujours, qu'une autorité sans frein, devenue excessive, se déploie tôt ou tard d'une maniere énorme. (*a*)

Le peuple, à qui les Patriciens, par la crainte de Tarquin, avoient fait entendre qu'il n'avoit jamais été libre auparavant, & à qui on avoit appris à aimer la liberté & à détester la tyrannie, ne put qu'être poussé à bout en voyant ceux qui jusqu'alors ne lui avoient paru que les patrons & les défenseurs de la cause commune, agir tout d'un coup en maîtres : en voyant ces hommes, qui avoient été les grands orateurs & les champions de la liberté, établir & exercer la tyrannie. Le peuple, qui avoit plus contribué qu'eux à la défense de la liberté publique, crut qu'il avoit autant de droit que les autres de s'affranchir de la servitude. A quoi bon cette révolution tant vantée, s'il n'en tiroit aucun avantage? Il y avoit bien de la dureté, & même de la tyrannie, à vouloir que ceux qui avoient montré tant de bravoure, qui avoient exposé leur vie pour exécuter cette révolution, fussent dans une condition pire qu'auparavant, eussent moins de liberté, fussent exposés à des insultes & à de plus grandes rigueurs, asservis par ceux même qu'ils avoient tirés de l'esclavage. C'étoit assurément une grande ingratitude des Patriciens envers leurs libérateurs; car qu'auroient-ils pu faire sans le peuple? C'étoit aussi une injustice d'imposer sur le peuple ce qu'ils n'auroient pas souffert que le roi eût imposé sur eux: c'étoit aussi pécher contre le bon sens. Comment pouvoient-ils espérer, que le peuple qui possédoit tous les nerfs de la puissance, qui créoit tous les magistrats, qui confirmoit toutes les loix, qui étoit né pour la liberté, qui venant d'en être le rédempteur s'attendoit à en jouir plus que jamais, qui étoit armé & plein de courage, dont tous les hommes naissoient soldats, qui combattoit tous les jours pour ses droits, ses possessions & son indépendance; que ce peuple, dis-je, souffrît tout d'un coup la servitude de la part de ceux qu'il en avoit délivrés, & qu'il se laissât opprimer par ceux qui étoient obligés de le proteger (*b*).

Le peuple à la vérité supporta ce joug quelque temps avec beaucoup de

(*a*) *Plebi, cui ad eam diem summâ ope inservitum est, injuriæ à primoribus fieri cæpere.* Tit. Liv.

(*b*) *Fremebant se foris pro libertate & imperio dimicantes, domi à civibus captos & oppressos esse.*

patience

patience : mais c'étoit une mauvaise politique de penser qu'il souffriroit toujours ce qu'il souffroit quelque temps, & qu'il se soumettroit à un certain degré de rigueur, à cause qu'il en avoit enduré beaucoup plus. Il arrive quelquefois qu'on a peine à discerner le passage de la patience poussée à bout jusqu'à la violence du ressentiment : il étoit clair par le changement de conduite des Patriciens après la mort de Tarquin, que la conduite agréable au peuple qu'ils avoient tenue précédemment, n'avoit été qu'un jeu, & que leur cri pour la liberté publique n'étoit qu'un jargon & une grimace ; puis qu'ils s'attribuoient la même domination dont ils s'étoient délivrés, ce qu'ils n'avoient eu garde de déclarer pendant la vie de Tarquin.

Lors qu'ils ne craignirent plus, ils cesserent d'avoir les mêmes égards & le même amour pour le peuple ; & comme si chaque Patricien avoit été un Tarquin, ils commencerent à traiter les plébéïens en esclaves, sujets au fouet & aux chaînes, selon toute la rigueur des loix : totalement incompatibles avec le génie d'un peuple courageux & libre ; loix qu'il auroit fallu abolir avec la tyrannie de Tarquin, si la tyrannie avoit été chassée avec le tyran. Enfin les droits fondés en raison & la réformation des abus ne s'accordoient pas avec les vues de domination de la noblesse, qui revêtue des noms, des marques, & des offices de l'autorité, traitoit les plébéïens comme leurs vassaux, comme gens nés pour souffrir & pour obéir. *Voyez* PLÉBÉÏEN, THOMAS GORDON, *discours sur Salluste*.

PATRIE, f. f.

Le rhéteur peu logicien, le géographe qui ne s'occupe que de la position des lieux, & le lexicographe vulgaire, prennent la Patrie pour le lieu de la naissance, quel qu'il soit ; mais le philosophe sait que ce mot vient du latin *pater*, qui représente un pere & des enfans, & conséquemment qu'il exprime le sens que nous attachons à celui de *famille*, de *société*, d'*état libre*, dont nous sommes membres, & dont les loix assurent nos libertés & notre bonheur. Il n'est point de Patrie sous le joug du despotisme. Un moderne a mis au jour une dissertation sur ce mot, dans laquelle il a fixé avec tant de goût & de vérité, la signification de ce terme, sa nature, & l'idée qu'on doit s'en faire, que j'aurois tort de ne pas embellir, disons plutôt ne pas former mon article des réflexions de cet écrivain spirituel.

Les Grecs & les Romains ne connoissoient rien de si aimable & de si sacré que la Patrie ; ils disoient qu'on se doit tout entier à elle ; qu'il n'est pas plus permis de s'en venger, que de son pere ; qu'il ne faut avoir d'amis que les siens ; que de tous les augures, le meilleur est de combattre pour elle ; qu'il est beau, qu'il est doux de mourir pour la conserver ; que le ciel ne s'ouvre qu'à ceux qui l'ont servie. Ainsi parloient les magistrats, les guerriers & le peuple. Quelle idée se formoient-ils donc de la Patrie?

La Patrie, disoient-ils, est une terre que tous les habitans sont intéressés à conserver, que personne ne veut quitter, parce qu'on n'abandonne pas son bonheur, & où les étrangers cherchent un asile. C'est une nourrice qui donne son lait avec autant de plaisir qu'on le reçoit. C'est une mere qui chérit tous ses enfans, qui ne les distingue qu'autant qu'ils se distinguent eux-mêmes; qui veut bien qu'il y ait de l'opulence & de la médiocrité, mais point de pauvres; des grands & des petits, mais personne d'opprimé : qui même dans ce partage inégal, conserve une sorte d'égalité, en ouvrant à tous le chemin des premieres places; qui ne souffre aucun mal dans sa famille, que ceux qu'elle ne peut empêcher, la maladie & la mort; qui croiroit n'avoir rien fait en donnant l'être à ses enfans, si elle n'y ajoutoit le bien-être. C'est une puissance aussi ancienne que la société, fondée sur la nature & l'ordre; une puissance supérieure à toutes les puissances; qu'elle établit dans son sein, archontes, suffetes, éphores, consuls ou rois, une puissance qui soumet à ses loix ceux qui commandent en son nom comme ceux qui obéissent. C'est une divinité qui n'accepte des offrandes que pour les répandre, qui demande plus d'attachement que de crainte, qui sourit en faisant du bien, & qui soupire en lançant la foudre.

Telle est la Patrie! l'amour qu'on lui porte conduit à la bonté des mœurs, & la bonté des mœurs conduit à l'amour de la Patrie; cet amour est l'amour des loix & du bonheur de l'Etat, amour singuliérement affecté aux démocraties; c'est une vertu politique, par laquelle on renonce à soi-même, en préférant l'intérêt public au sien propre; c'est un sentiment, & non une suite de connoissance; le dernier homme de l'Etat peut avoir ce sentiment comme le chef de la république.

Le mot de Patrie étoit un des premiers mots que les enfans bégayoient chez les Grecs & chez les Romains; c'étoit l'ame des conversations, & le cri de guerre; il embellissoit la poésie, il échauffoit les orateurs, il présidoit au sénat, il retentissoit au théâtre, & dans les assemblées du peuple; il étoit gravé sur les monumens. Cicéron trouvoit ce mot si tendre, qu'il le préféroit à tout autre, quand il parloit des intérêts de Rome.

Il y avoit encore, chez les Grecs & les Romains, des usages qui rappelloient sans cesse l'idée de la Patrie avec le mot; des couronnes, des triomphes, des statues, des tombeaux, des oraisons funebres; c'étoient autant de ressorts pour le patriotisme. Il y avoit aussi des spectacles vraiment publics, où tous les ordres se délassoient en commun; des tribunes où la Patrie, par la bouche des orateurs, consultoit avec ses enfans, sur les moyens de les rendre heureux & glorieux. Mais entrons dans le récit des faits qui prouveront tout ce que nous venons de dire.

Lorsque les Grecs vainquirent les Perses à Salamine, on entendoit d'un côté la voix d'un maitre impérieux qui chassoit des esclaves au combat, &

de l'autre le mot de Patrie qui animoit des hommes libres. Aussi les Grecs n'avoient rien de plus cher que l'amour de la Patrie ; travailler pour elle étoit leur bonheur & leur gloire. Licurgue, Solon, Miltiade, Thémistocle, Aristide, préféroient leur Patrie à toutes les choses du monde. L'un dans un conseil de guerre tenu par la république, voit la canne d'Euribiade levée sur lui ; il ne lui répond que ces trois mots, frappe, mais écoute. Aristide, après avoir long-temps disposé des forces & des finances d'Athenes, ne laissa pas de quoi se faire enterrer.

Les femmes spartiates vouloient plaire aussi-bien que les nôtres ; mais elles comptoient frapper plus surement au but, en mêlant le zele de la Patrie avec les graces. Va, mon fils, disoit l'une, arme-toi pour défendre ta Patrie, & ne reviens qu'avec ton bouclier, ou sur ton bouclier, c'est-à-dire, vainqueur ou mort. Console-toi, disoit une autre mere à un de ses fils, console-toi de la jambe que tu as perdue, tu ne feras pas un pas qui ne te fasse souvenir que tu as défendu la Patrie. Après la bataille de Leuctes, toutes les meres de ceux qui avoient péri en combattant, se félicitoient, tandis que les autres pleuroient sur leurs fils qui revenoient vaincus ; elles se vantoient de mettre des hommes au monde, parce que dans le berceau même, elles leur montroient la Patrie comme leur premiere mere.

Rome qui avoit reçu des Grecs l'idée qu'on devoit se former de la Patrie, la grava très-profondément dans le cœur de ses citoyens. Il y avoit même ceci de particulier chez les Romains, qu'ils méloient quelques sentimens religieux à l'amour qu'ils avoient pour leur Patrie. Cette ville fondée sur les meilleures auspices, ce Romulus leur roi & leur dieu, ce capitole éternel comme la ville, & la ville éternelle comme son fondateur, avoient fait sur les Romains une impression extraordinaire.

Brutus pour conserver sa Patrie, fit couper la tête à ses fils, & cette action ne paroîtra dénaturée qu'aux ames foibles. Sans la mort de deux traitres, la Patrie de Brutus expiroit au berceau. Valerius Publicola n'eut qu'à nommer le nom de Patrie pour rendre le sénat plus populaire ; Menenius Agrippa pour ramener le peuple du mont-Sacré dans le sein de la république ; Véturie, car les femmes à Rome comme à Sparte étoient citoyennes, Véturie pour désarmer Coriolan son fils ; Manlius, Camille, Scipion, pour vaincre les ennemis du nom Romain ; les deux Catons, pour conserver les loix & les anciennes mœurs ; Cicéron, pour effrayer Antoine, & foudroyer Catilina.

On eut dit que ce mot Patrie renfermoit une vertu secrete, non-seulement pour rendre vaillans les plus timides, selon l'expression de Lucien, mais encore pour enfanter des héros dans tous les genres, pour opérer toutes sortes de prodiges. Disons mieux, il y avoit dans ces ames grecques & romaines, des vertus qui les rendoient sensibles à la valeur du mot. Je ne parle pas de ces petites vertus qui nous attirent des louanges à peu de frais dans nos sociétés particulieres ; j'entends ces qualités citoyennes, cette vigueur de l'ame qui nous fait faire & souffrir de grandes choses pour le bien public. Fabius est raillé, méprisé, insulté par son collegue & par son armée; n'importe, il ne change rien dans son plan, il temporise encore, & il vient à bout de vaincre Annibal. Régulus, pour conserver un avantage à Rome, dissuade l'échange des prisonniers, prisonnier lui-même, & il retourne à Carthage, où les supplices l'attendent. Trois Décius signalent leur consulat en se dévouant à une mort certaine. Tant que nous regarderons ces généreux citoyens comme d'illustres foux, & leurs actions comme des vertus de théâtre, le mot patrie sera mal connu de nous.

Jamais peut-être on n'entendit ce beau mot avec plus de respect, plus d'amour, plus de fruit, qu'au temps de Fabricius. Chacun sait ce qu'il dit à Pyrrhus : » gardez votre or & vos honneurs, nous autres Romains, nous » sommes tous riches, parce que la Patrie, pour nous élever aux grandes » places, ne nous demande que du mérite. « Mais chacun ne sait pas que mille autres Romains l'auroient dit. Ce ton patriotique étoit le ton général dans une ville, où tous les ordres étoient vertueux. Voilà pourquoi Rome parut à Cynéas, l'ambassadeur de Pyrrhus, comme un temple, & le sénat une assemblée de rois.

Les choses changerent avec les mœurs. Vers la fin de la république, on ne connut plus le mot Patrie que pour le profaner. Catilina & ses furieux complices, destinoient à la mort quiconque le prononçoit encore en Romain. Crassus & César ne s'en servoient que pour voiler leur ambition, & lorsque dans la suite ce même César, en passant le Rubicon, dit à ses soldats, qu'il alloit venger les injures de la Patrie, il abusoit étrangement ses troupes. Ce n'étoit pas en soupant comme Crassus, en bâtissant comme Lucullus, en se prostituant à la débauche comme Clodius, en pillant les provinces comme Verrès, en formant des projets de tyrannie comme César, en flattant César comme Antoine, qu'on apprenoit à aimer la Patrie.

Je sais pourtant qu'au milieu de ce désordre, dans le gouvernement & dans les mœurs, on vit encore quelques Romains soupirer pour le bien de leur Patrie. Titus Labienus en est un exemple bien remarquable. Supérieur aux vues d'ambition les plus séduisantes, l'ami de César, le compagnon & souvent l'instrument de ses victoires, il abandonna sans hésiter, une cause que la fortune protégeoit; & s'immolant pour l'amour de sa Patrie, il embrassa le parti de Pompée, où il avoit tout à risquer, & où même en cas de succès, il ne pouvoit trouver qu'une considération très-médiocre.

Mais enfin Rome oublia sous Tibere, tout amour de la Patrie; & comment l'auroit-elle conservé? On voyoit le brigandage uni avec l'autorité, le manege & l'intrigue disposer des charges, toutes les richesses entre les mains d'un petit nombre, un luxe excessif insulter à l'extrême pauvreté, le laboureur ne regarder son champ que comme un prétexte à la vexation; chaque citoyen réduit à laisser le bien général, pour ne s'occuper que du sien. Tous les principes du gouvernement étoient corrompus; toutes les loix plioient au gré du souverain. Plus de force dans le sénat, plus de sureté pour les particuliers : des sénateurs qui auroient voulu défendre la liberté publique, auroient risqué la leur. Ce n'étoit qu'une tyrannie sourde, exercée à l'ombre des loix, & malheur à qui s'en appercevoit; représenter ses craintes, c'étoit les redoubler. Tibere endormi dans son isle de Caprée, laissoit faire à Séjan; & Séjan, ministre digne d'un tel maître, fit tout ce qu'il falloit pour étouffer chez les Romains tout amour de leur Patrie.

Rien n'est plus à la gloire de Trajan que d'en avoir ressuscité les débris. Six tyrans également cruels, presque tous furieux, souvent imbécilles, l'avoient précédé sur le trône. Les regnes de Titus & de Nerva furent trop courts pour établir l'amour de la Patrie. Trajan projetta d'en venir à bout; voyons comment il s'y prit.

Il débuta par dire à Saburanus, préfet du prétoire, en lui donnant la marque de cette dignité, c'étoit une épée : » prends ce fer, pour l'employer à me défendre si je gouverne bien ma Patrie, ou contre moi, si » je me conduis mal. Il étoit sûr de son fait. « Il refusa les sommes que les nouveaux empereurs recevoient des villes; il diminua considérablement les impôts, il vendit une partie des maisons impériales au profit de l'Etat: il fit des largesses à tous les pauvres citoyens; il empêcha les riches de s'enrichir à l'excès, & ceux qu'il mit en charge, les questeurs, les préteurs, les proconsuls ne virent qu'un seul moyen de s'y maintenir; celui de s'occuper du bonheur des peuples. Il ramena l'abondance, l'ordre & la justice dans les provinces & dans Rome, où son palais étoit aussi ouvert au public que les temples, sur-tout à ceux qui venoient représenter les intérêts de la Patrie.

Quand on vit le maître du monde se soumettre aux loix, rendre au sénat sa splendeur & son autorité, ne rien faire que de concert avec lui, ne regarder la dignité impériale que comme une simple magistrature comptable envers la Patrie, enfin le bien présent prendre une consistance pour l'avenir; alors on ne se contint plus. Les femmes se félicitoient d'avoir donné des enfans à la Patrie; les jeunes gens ne parloient que de l'illustrer, les vieillards reprenoient des forces pour la servir; tous s'écrioient heureuse Patrie! glorieux empereur! tous par acclamation donnerent au meilleur des princes un titre qui renfermoit tous les titres, pere de la Patrie. Mais quand de nouveaux monstres prirent sa place, le gouvernement retomba dans ses excès; les soldats vendirent la Patrie, & assassinerent les empereurs pour en avoir un nouveau prix.

Après ces détails; je n'ai pas besoin de prouver qu'il ne peut point y avoir de Patrie dans les Etats qui sont asservis. Ainsi ceux qui vivent sous le despotisme oriental, où l'on ne connoît d'autre loi que la volonté du souverain, d'autres maximes que l'adoration de ses caprices, d'autres principes de gouvernement que la terreur, où aucune fortune, aucune tête n'est en sureté; ceux-là, dis-je, n'ont point de Patrie, & n'en connoissent pas même le mot, qui est la véritable expression du bonheur.

Dans le zele qui m'anime, dit M. l'abbé Coyer, j'ai fait en plusieurs lieux des épreuves sur des sujets de tous les ordres : citoyens, ai-je dit, connoissez-vous la Patrie! L'homme du peuple a pleuré, le magistrat a froncé le sourcil, en gardant un morne silence; le militaire a juré, le courtisan m'a persifflé, le financier m'a demandé si c'étoit le nom d'une nouvelle ferme. Pour les gens de religion, qui comme Anaxagore, montrent le ciel du bout du doigt, quand on leur demande où est la Patrie, il n'est pas étonnant qu'ils n'en fêtent point sur cette terre.

Un lord aussi connu par les lettres que par les négociations, a écrit quelque part, peut-être avec trop d'amertume, que dans son pays l'hospitalité s'est changée en luxe, le plaisir en débauche, les seigneurs en courtisans, les bourgeois en petits maîtres. S'il en étoit ainsi, bientôt, eh quel dommage! l'amour de la Patrie n'y régneroit plus. Des citoyens corrompus sont toujours prêts à déchirer leurs pays, ou à exciter des troubles & des factions si contraires au bien public.

Les plus grands prodiges de vertu ont été produits par l'amour de la Patrie : ce sentiment doux & vif qui joint la force de l'amour-propre à toute la beauté de la vertu, lui donne une énergie qui, sans la défigurer, en fait la plus héroïque de toutes les passions. C'est lui qui produisit tant d'actions immortelles dont l'éclat éblouit nos foibles yeux, & tant de grands hommes dont les antiques vertus passent pour des fables depuis que l'amour de la Patrie est tourné en dérision. Ne nous en étonnons pas, les transports des cœurs tendres paroissent autant de chimeres à quiconque ne les a point sentis; & l'amour de la Patrie, plus vif & plus délicieux cent fois que celui d'une maîtresse, ne se conçoit de même qu'en l'éprouvant : mais il est aisé de remarquer dans tous les cœurs qu'il échauffe, dans toutes les actions qu'il inspire, cette ardeur bouillante & sublime dont ne brille pas la plus pure vertu quand elle en est séparée. Osons opposer Socrate même à Caton : l'un étoit plus philosophe, & l'autre plus citoyen. Athenes étoit déjà perdue, & Socrate n'avoit plus de Patrie que le monde entier : Caton porte toujours la sienne au fond de son cœur; il ne vivoit que pour elle & ne put lui survivre. La vertu de Socrate est celle du plus sage des hommes; mais entre César & Pompée, Caton semble un dieu parmi des mortels. L'un instruit quelques particuliers, combat les sophistes, & meurt pour la vérité : l'autre défend l'Etat, la liberté, les loix contre les conquérans du monde, & quitte enfin la terre quand il n'y voit plus de Patrie à servir. Un digne éleve de Socrate seroit le plus vertueux de ses contemporains : un digne émule de Caton en seroit le plus grand. La vertu du premier feroit son bonheur, le second chercheroit son bonheur dans celui de tous. Nous serions instruits par l'un & conduits par l'autre, & cela seul décideroit de la préférence : car on n'a jamais fait un peuple de sages, mais il n'est pas impossible de rendre un peuple heureux.

Voulons-nous que les peuples soient vertueux? Commençons donc par leur faire aimer la Patrie : mais comment l'aimeront-ils, si la Patrie n'est rien de plus pour eux que pour des étrangers, & qu'elle ne leur accorde que ce qu'elle ne peut refuser à personne ? ce seroit bien pis s'ils n'y jouissoient pas même de la sureté civile, & que leurs biens, leur vie & leur liberté fussent à la discrétion des hommes puissans, sans qu'il fût possible ou permis d'oser réclamer les loix. Alors soumis aux devoirs de l'état civil, sans jouir même des droits de l'état de nature, & sans pouvoir employer leurs forces pour se défendre, ils seroient par conséquent dans la pire condition où se puissent trouver des hommes libres, & le mot de Patrie ne pourroit avoir pour eux qu'un sens odieux ou ridicule.

Si tout homme est obligé d'aimer sincérement sa Patrie, & d'en procurer le bonheur autant qu'il dépend de lui ; c'est un crime honteux & détestable de nuire à cette même Patrie. Celui qui s'en rend coupable, viole ses engagemens les plus sacrés, & tombe dans une lâche ingratitude : il se déshonore par la plus noire perfidie, puisqu'il abuse de la confiance de ses concitoyens, & traite en ennemis ceux qui étoient fondés à n'attendre de lui que des secours & des services. On ne voit des traîtres à la Patrie que parmi ces hommes uniquement sensibles à un grossier intérêt, qui ne cherchent qu'eux-mêmes immédiatement, & dont le cœur est incapable de tout sentiment d'affection pour les autres. Aussi sont-ils justement détestés de tout le monde, comme les plus infames de tous les scélérats.

Au contraire, on comble d'honneur & de louanges ces citoyens généreux, qui, non contens de ne point manquer à la Patrie, se portent en sa faveur à de nobles efforts, & sont capables de lui faire les plus grands sacrifices. Les noms de Brutus, de Curtius, des deux Décius vivront autant que celui de Rome. Les Suisses n'oublieront jamais Arnold de Winkelried, ce héros, dont l'action eût mérité d'être transmise à la postérité par un Tite-Live. Il se dévoua véritablement pour la Patrie ; mais il se dévoua en capitaine, en soldat intrépide, & non pas en superstitieux. Ce gentilhomme, du pays d'Undervald, voyant à la bataille de Sempach, que ses compatriotes ne pouvoient enfoncer les Autrichiens, parce que ceux-ci, armés de toutes pieces, ayant mis pied à terre, & formant un bataillon serré, présentoient un front couvert de fer, hérissé de lances & de piques ; il forma le généreux dessein de se sacrifier pour sa Patrie. » Mes amis, dit-il aux Suisses, qui commençoient à se rebuter, je vais aujourd'hui donner ma vie, pour vous procurer la victoire ; je vous recommande seulement ma famille : suivez-moi, & agissez en conséquence de ce que vous me verrez faire. » A ces mots, il les range en cette forme, que les Romains appelloient *cuneus* : il occupe la pointe du triangle, il marche au centre des ennemis, & embrassant le plus de piques qu'il put saisir, il se jette à terre ouvrant ainsi à ceux qui le suivoient, un chemin pour pénétrer dans cet épais bataillon. Les Autrichiens une fois entamés, furent vaincus, la pesanteur de leurs armes leur devenant funeste, & les Suisses remporterent une victoire complette.

Mais souvent des causes malheureuses affoiblissent ou détruisent l'amour de la Patrie. L'injustice, la dureté du gouvernement l'effacent trop aisément du cœur des sujets : l'amour de soi-même attachera-t-il un particulier aux affaires d'un pays, où tout se fait en vue d'un seul homme? L'on voit au contraire, toutes les nations libres passionnées pour la gloire & le bonheur de la Patrie.

L'amour & l'affection d'un homme pour la Patrie dont il est membre, est une suite nécessaire de l'amour éclairé & raisonnable qu'il se doit à soi-même; puisque son propre bonheur est lié à celui de sa Patrie. Ce sentiment doit résulter aussi des engagemens qu'il a pris envers la société. Il a promis d'en procurer le salut & l'avantage, autant qu'il sera en son pouvoir : comment la servira-t-il avec zele, avec fidélité, avec courage, s'il ne l'aime pas véritablement?

PAULETTE, s. f.

LA Paulette est un droit en France que les officiers de judicature & de finance payent aux parties casuelles du roi, au commencement de chaque année, afin de conserver leur charge à leur veuve & à leurs héritiers, sans quoi elle seroit vacante au profit du roi en cas de mort.

Ce droit se paye aussi pour jouir de la dispense des quarante jours que les officiers devroient survivre à leur résignation, avant l'édit du 12 septembre 1604, appellé *l'édit de Paulet* ou *de la Paulette*.

La Paulette fut ainsi nommée de Charles Paulet, secrétaire de la chambre du roi, qui fut l'inventeur & le premier fermier de ce droit.

On l'a aussi appellée la *palote*, d'un nommé Palot, qui en eut le bail après Paulet.

Mais le vrai nom de ce droit est *annuel*. Il fut établi d'abord par arrêt du conseil du 7 septembre 1604, sur lequel le 12 du même mois, il y eut une déclaration en forme d'édit, qui ne fut d'abord publiée qu'en la grande chancellerie, & depuis elle a été enregistrée dans les parlemens. Elle fut revoquée par Louis XIII le 15 janvier 1618, & rétablie par lui le dernier juillet 1620.

La Paulette, dans son origine, n'étoit que de quatre deniers pour livre; elle a depuis été augmentée & diminuée selon les temps. Depuis 1618, elle est du soixantieme denier du tiers de l'évaluation de l'office.

Quoique ce droit ne s'exige pas, il doit se payer tous les ans; de sorte que si le titulaire mouroit dans une année pour laquelle il n'auroit pas payé la Paulette, sa charge tomberoit aux parties casuelles; mais les héritiers présomptifs & les créanciers ont la liberté de payer le droit pour celui qui néglige de le faire.

L'ouverture

L'ouverture du bureau pour le payement de l'annuel ou Paulette, se fait à certain jour fixé par le réglement, & le bureau est fermé à l'expiration du délai; de maniere que passé ce temps, l'on n'est plus admis pour cette année au payement de la Paulette.

On fit en 1638 un bail de la Paulette pour neuf ans, & depuis ce temps, le bail s'en renouvelle de même tous les neuf ans. Il faut dans les trois premieres années du bail payer, outre la Paulette, le prêt.

Par un édit du mois de décembre 1709, le roi ordonna le rachat de la Paulette, & dispensa les officiers de la rigueur des quarante jours; mais la Paulette fut rétablie pour neuf ans par déclaration du 9 août 1722, à compter du 1 janvier 1723; ce qui a été continué depuis de neuf ans en neuf ans par divers arrêts & déclarations.

Mais les officiers des cours souveraines ont été exceptés de la Paulette, par l'édit de 1722.

En 1743, les trésoriers de France, les contrôleurs-généraux des finances & des domaines & bois, les notaires, procureurs & huissiers des justices royales, ont été obligés de racheter la Paulette; en 1745, on a fait la même chose pour les grands-maîtres & officiers des maîtrises, pour les élections & greniers à sel. Voyez Loiseau, en son traité des offices, & Brillon, au mot annuel.

PAUSANIAS, *Célèbre Lacédémonien.*

PAUSANIAS se rendit également célèbre par ses vertus & par ses vices. Grand général & mauvais citoyen, il ne sembla servir sa patrie que pour en être le tyran. Ce fut lui qui commanda les Grecs à la journée de Platée, où l'on fit un horrible carnage des Perses, qui, après cette premiere défaite, furent presque tous détruits dans un second combat sous les murs de Thebes. Quelqu'un fit ressouvenir Pausanias que Mardonius avoit fait couper la tête à Léonidas & attacher son corps à une croix. Il lui conseilla d'exercer la même barbarie sur le corps du général Persan; Pausanias lui répondit, gardez-vous de me donner des conseils si honteux; c'est vous faire grace que de les laisser impunis. Tant d'ennemis couchés sur la poussiere, ont assez vengés les manes de Léonidas & de ses généreux compagnons. Exercer sur Mardonius les cruautés dont il a donné l'exemple, ce seroit me rendre semblable aux barbares; si c'est ainsi qu'on achete l'estime de vos concitoyens, je renonce à leur amitié, je n'ambitionne que le suffrage des Spartiates, qui pensent avec plus de grandeur & d'humanité. Ils trouveront que ces cadavres entassés les uns sur les autres sont le monument le plus glorieux qu'on put élever en l'honneur de Léonidas.

L'or & l'argent qui furent trouvés dans le camp des Perses, devinrent la cause du luxe & de la mollesse des Grecs. Pausanias fit préparer des festins, l'un à la maniere des Perses, & l'autre à la maniere des Spartiates. Il fit rappeller ses principaux officiers, & leur dit, *lorsque vous voyez cette pompe & ces mets recherchés, vous devez juger quelle étoit la petitesse de ces hommes qui prétendoient devenir nos maîtres*. La victoire de Platée assuroit la supériorité aux Spartiates, qui auroient joui de leur gloire, s'ils eussent été capables de repos. Après avoir rétabli le calme dans la Grece, ils porterent les tempêtes chez leurs ennemis. Ils donnerent le commandement de leur flotte à Pausanias, qui se rendit maître de l'isle de Chipre & de Bizance. Ce fut alors que le vengeur de sa patrie conçut le dessein de l'asservir par le moyen des Perses avec lesquels il entretint des intelligences. Il écrivit au monarque Persan qu'il lui *livreroit* la Grece entiere, pourvu qu'il lui donnât sa fille en mariage. Sa demande fut écoutée avec plaisir, & dès ce moment, il se dépouilla de la simplicité Spartiate pour se revêtir des livrées de la mollesse asiatique. Son orgueil fit murmurer tous les Grecs, & sur leurs plaintes il fut rappellé pour rendre compte de sa conduite. La conviction de plusieurs crimes le fit déclarer indigne de la qualité de général. Pausanias dégradé n'en fut pas moins ambitieux, il se retira dans l'Helespont & & ensuite dans la Troade, où il continua ses intelligences avec les Perses. Ce séjour rendit sa conduite suspecte ; il eut ordre de revenir à Sparte pour se justifier. On lui fit un crime d'avoir mis cette inscription sur le trépied, que les Grecs avoient offert au temple de Delphe : Pausanias général des Grecs ayant vaincu les Perses, a consacré cette offrande. Les Lacédémoniens effacerent son nom, auquel ils substituerent celui des villes qui avoient eu part à la victoire. Il fut arrêté & mis en prison : mais sa qualité de tuteur du jeune roi dont il étoit le cousin germain, lui mérita sa grace. Sa perfidie fut enfin découverte par un esclave qu'il chargea de porter une lettre à Xerxès. Cet esclave n'ayant vu revenir aucun de ceux qui, avant lui, avoient été chargés de ce ministere, eut la curiosité d'ouvrir la lettre pour en découvrir le motif. Il y lut l'ordre de le faire mourir. L'intérêt de sa vie l'obligea d'aller remettre la lettre aux éphores qui ordonnerent d'arrêter le traître. Pausanias les prévint, & se réfugia dans le temple de Minerve, où il s'enferma dans une chapelle. Les magistrats en firent condamner la porte, & découvrir le toit avec défense de lui procurer des alimens. La crainte de profaner la sainteté du temple, engagea les éphores à l'en retirer un moment avant qu'il rendît le dernier soupir. L'oracle de Delphe ordonna pour réparation de la franchise violée, de rendre deux corps au lieu d'un. On interpréta cet ordre d'une maniere qui flattoit l'avarice des prêtres ; on érigea deux statues d'airain auprès du tombeau de Pausanias.

PAUVRE, adj.

PAUVRETÉ, s. f.

LE Pauvre est celui qui ne possede rien de ce qui est nécessaire à l'homme pour subvenir à ses besoins, & qui, par cette raison, est obligé de recourir à l'assistance des autres qui possédant plus que ce qui leur est nécessaire, peuvent lui faire part de ce qu'ils ont de superflu.

Les degrés de la Pauvreté peuvent beaucoup varier, puisque les besoins ne sont pas les mêmes, & que les besoins different selon les circonstances des personnes. Tel est pauvre dans un état qui ne le seroit pas dans un état différent; tel est pauvre relativement à ses compatriotes qui sont riches. L'idée de Pauvreté peut donc être une idée absolue & une idée relative, selon la nature des besoins auxquels celui qu'on dit être pauvre ne peut pas satisfaire. La Pauvreté est l'état du Pauvre, c'est-à-dire, l'état de celui qui manque des choses nécessaires à ses besoins.

La Pauvreté absolue consiste dans le manque des choses absolument nécessaires à la conservation de la vie de l'homme; ainsi dans tout pays & dans tous les temps, celui-là est pauvre qui n'a pas à sa disposition, qui ne possede pas comme propriétaire, & qui ne peut pas se procurer par lui-même ce qui est nécessaire à sa subsistance. Je dis que celui-là est pauvre, non-seulement qui n'a pas en sa possession, mais qui ne peut pas se procurer par lui-même, & sans la volonté & le secours des autres, ce qui lui est nécessaire pour vivre. Ainsi le Canadien qui ne possede rien en propre, mais qui, ayant la force & la santé pour aller à la pêche & à la chasse, & qui par ces deux moyens se procure, comme ses compatriotes, ce qu'il faut pour nourrir & vêtir lui & sa famille, n'est pas pauvre. L'artisan Européen qui ne possede rien en propre que ses outils, le manœuvre qui n'a que ses bras, mais qui, jouissant de la santé, peut chaque jour par son travail se procurer le nécessaire de son état, n'est pas pauvre d'une Pauvreté absolue. Il ne peut y avoir de pauvre absolu sans quelque désordre moral ou physique, ou sans quelque circonstance assez rare qui augmente les besoins au delà des bornes ordinaires, sans augmenter les forces & les moyens dans la même proportion.

Un pere & une mere qui tant qu'ils étoient seuls, ou qu'ils n'avoient que peu d'enfans à nourrir, pouvoient, par leur travail journalier, fournir à l'entretien de leur famille, se trouvent réduits, malgré leurs soins, à manquer eux-mêmes ou à voir leur famille manquer du nécessaire, lorsque par les couches fréquentes d'une femme féconde, d'un côté, celle-ci est souvent hors d'état de travailler, & de l'autre, le nombre des enfans qu'elle met au monde, exige plus de nourriture & de vêtement que le pere & la mere ne peuvent s'en procurer par leur travail : cette circonstance rend cette famille absolument pauvre, & la met dans le cas de ne pouvoir fournir à ses besoins par elle-même, & sans le secours des autres, qui ayant plus que le nécessaire, peuvent lui faire part de leur superflu. Une longue maladie qui prive pendant long-temps l'ouvrier du pouvoir de gagner son entretien, est une *seconde circonstance* qui le peut plonger pendant qu'elle dure, dans une Pauvreté absolue. Des accidens, tels qu'une grêle qui enleve l'espérance du laboureur, un incendie qui consume sa cabane & ses outils, un vol qui le prive de ce qu'il avoit mis en réserve pour les temps de maladie & de vieillesse, le réduisent ou l'exposent à une absolue Pauvreté. Tous ceux qui se trouvent dans ces circonstances & dans d'autres semblables, sont véritablement & absolument pauvres; ils acquierent un droit légitime de recourir à l'assistance des membres de la société dans laquelle ils vivent, & l'humanité, le bon ordre, les loix de la société, font un devoir à ceux qui sont dans un état d'avance, de fournir à ces vrais Pauvres ce qui leur est nécessaire pour vivre. Le corps même du peuple, pris pour le gouvernement & la nation, sont tenus à fournir à l'entretien de ceux qui sont dans cet état, tout comme un pere doit le fournir à ses enfans qui ne sont pas en état de se le procurer par eux-mêmes. Ces Pauvres sont les enfans en bas-âge de la patrie; & quand la patrie s'y refuse, elle cesse d'être patrie, elle rompt les liens qui l'attachoient à ses enfans, & ceux-ci ont droit de se séparer d'elle, de se regarder comme ne lui devant plus rien, comme n'ayant plus de relations avec elle, tout comme le pourroit à l'égard de la maison paternelle un enfant que ses parens refuseroient de nourrir. Rentrant alors dans l'état de nature, ces êtres abandonnés en recouvrent le droit, & peuvent prendre leur nécessaire partout où ils le trouvent. Delà le vol & le brigandage dans les pays où tout a un propriétaire. C'est au gouvernement alors, & non aux Pauvres que la nécessité poursuit, qu'il faut imputer ces désordres; & le gouvernement n'a le droit de punir ces Pauvres, que quand il a pris des mesures suffisantes pour fournir aux besoins de ceux que ces circonstances ont réduits à cette Pauvreté absolue & involontaire. Tout homme qui a une patrie, doit y trouver dans ses besoins les mêmes secours qu'un enfant doit en trouver dans la maison paternelle; c'est le prince dans le pays, c'est le pere dans la famille qui doit y pourvoir; mais cela n'empêche pas que les concitoyens dans la cité & les freres dans les familles, ne doivent secourir en leur particulier quand ils le peuvent, leurs concitoyens & leurs freres pauvres; de leur part, c'est ce qu'on nomme *aumône*, *charité*; de la part du prince, du public, de la patrie, c'est devoir, c'est obligation indispensable.

On doit comprendre que ces devoirs, ces obligations, ces droits résultans de la Pauvreté, supposent une Pauvreté involontaire, qui n'expose ceux qui sont dans cet état, à aucun reproche, d'y avoir contribué par leur faure ; sans quoi la Pauvreté seroit le droit d'être coupable impunément. Tout Pauvre n'est pas tel par des causes telles que celles que nous venons d'exposer, & cette sorte de Pauvreté innocente & involontaire, n'est certainement pas la plus commune. C'est ordinairement à des désordres moraux qu'elle est due ; la paresse qui se refuse à un travail lucratif dont on étoit capable ; le défaut d'économie, lequel fait qu'au lieu de prévoir des besoins à venir, sacrifie tout au présent & ne réserve rien pour le lendemain, pour les pertes imprévues, pour les temps de maladie, pour la vieillesse, mais qui ne ménageant rien, perd & dépense tout dans le moment présent, plus que les besoins actuels ne l'exigent ; l'orgueil qui sacrifie aux besoins factices & imaginaires de la vanité, ce qui devoit servir aux besoins réels & essentiels ; la débauche, la gourmandise & l'yvrognerie, qui consument à satisfaire des goûts désordonnés, ce qui devoit servir à satisfaire les vrais besoins. Voilà, du côté des Pauvres, les causes les plus ordinaires de leur Pauvreté, causes qui rendent coupables les Pauvres, font envisager leur misere comme une peine due à leurs vices, & leur font perdre tous les droits qu'ils avoient à l'assistance de leurs semblables. Cependant, comme ces vices ne sont pas jugés dignes de mort, & que les Pauvres réduits à cet état par leur faute, peuvent sentir tout ce que leur conduite a eu de blâmable, & prendre, en conséquence, la résolution de se corriger, il y auroit une cruauté blâmable à les laisser périr de misere ; leur résolution de mieux faire, leur donne le droit de recourir humblement à l'assistance de leurs concitoyens, qui de leur côté sont tenus de leur aider à se remettre en état de suffire eux-mêmes à leurs besoins par leur travail & leur bonne économie, par-là ils arrêtent les progrès de la misere & le cours du désordre moral. Rien de plus essentiel que l'attention & les mesures du gouvernement & du public, pour obliger & pour aider ces Pauvres à se tirer de cet état de Pauvreté ; mais aussi rien de plus pernicieux que ces établissemens qui présentent à tous ceux qui se veulent appauvrir par leur faute, une ressource qui les met à couvert des maux de la Pauvreté, sans que de leur côté ils aient rien à faire que d'exposer leurs besoins. Quiconque aidé & secouru, ne veut pas de sa part travailler à se procurer par lui-même le nécessaire, ne peut plus être regardé comme un membre de la société, puisque dans toute association, chaque membre doit réunir ses efforts pour fournir aux besoins de tous ; celui qui s'y refuse, viole la premiere condition de la société, & perd par-là ses droits à en recevoir de l'assistance. En abandonnant à leur misere les Pauvres volontaires, c'est leur faire sentir la nécessité de se corriger, & si ce sentiment ne les corrige pas, il ne reste que deux partis à prendre ; l'un est celui de les chasser d'une société qu'ils surchargent, à laquelle ils donnent un mauvais exemple, & dans laquelle bientôt ils attenteront par le vol, le meurtre ou d'autres crimes à la propriété des autres citoyens ; l'autre est de les enfermer & d'employer la force & les châtimens pour les contraindre à travailler & à gagner leur vie. Ce dernier moyen est même le seul qu'on puisse employer sans inconvénient, car l'expulsion ne fait souvent que transformer ces vicieux en plus grands criminels.

Pour qu'une société puisse légitimement sévir contre les pauvres volontaires, il faut qu'il soit bien prouvé que c'est la faute du Pauvre, & non le défaut de moyens & d'occasions de fournir par leur travail à leur subsistance. Car dans tout autre cas où la Pauvreté ne peut être imputée aux vices de celui qui se trouve dans cet état, le pauvre doit être assisté suffisamment, pour qu'il puisse satisfaire à ses besoins.

Dans l'état de Pauvreté absolue, l'homme manque de ce sans quoi il ne peut pas continuer de vivre ; dans l'état de Pauvreté relative, l'homme manque des choses que ses relations dans la société lui rendent necessaires, sinon pour y vivre, au moins pour y remplir convenablement les fonctions de son état, pour y paroître avec les avantages communs à ceux qui sont du même rang que lui; mais comme à cet égard il y a beaucoup d'arbitraire & de fantasque, si l'on veut fixer l'idée de la Pauvreté relative, il faut la déterminer par le caractere des besoins, & dire que celui-là est pauvre qui n'a pas à sa disposition, les choses qui lui sont nécessaires pour qu'il puisse remplir convenablement les devoirs de sa vocation; c'est celui par conséquent qui ne peut pas satisfaire aux besoins que nous avons nommés essentiels de seconde nécessité, & non-essentiels de la premiere classe.

Quand on est fourni de tout ce qu'exigent ces divers besoins, on ne peut être réellement pauvre; cependant, lorsque chez un peuple toutes les aisances du luxe sont connues & estimées comme moyens d'être considéré, & que l'on y regarde le bonheur comme lié à la satisfaction des fantaisies, la privation des objets de pur luxe peut être nommée une Pauvreté relative; mais par-tout l'homme sage n'envisage comme Pauvreté que *l'état de celui qui n'a pas à sa disposition, & qui est obligé d'attendre de la bonne volonté des autres, les objets sans lesquels il ne peut pas conserver sa vie, ni remplir les devoirs de sa vocation, avec ce qui, de sa part, peut en assurer le succès.* Le Pauvre est donc dépendant pour sa conservation, pour son bien-être, & pour le succès de ses efforts à remplir ses devoirs, de la disposition incertaine où sont les autres hommes de se dépouiller de quelques-unes de leurs propriétés, pour lui en faire part.

Une telle situation est toujours défavorable, puisqu'elle fait dépendre notre existence, notre bien-être, & en grande partie nos actions utiles d'une cause étrangere, précaire, & sujette à des variations irrégulieres, sur lesquelles on ne peut pas compter; cette relation du Pauvre au riche mettant au pouvoir de celui-ci, le bien-être de celui-là, rend le premier nécessairement dépendant de la volonté du second : le Pauvre n'obtiendra du secours du riche qu'autant qu'il fera que son existence devienne intéressante pour le riche, ce qui ne peut s'exécuter que par des complaisances générales, & le besoin de subsistances est un motif trop fort, pour que la droiture du cœur, la délicatesse de la conscience, la générosité des sentimens, n'y cedent pas souvent, quand cette facilité à céder est le moyen pour le Pauvre d'obtenir les secours dont il a besoin. Il est à la vérité un moyen honnête de se tirer de la Pauvreté ; c'est le travail : mais souvent ce moyen seul, honnête & légitime quand on peut l'employer, est souvent aux yeux du Pauvre un moyen qu'il trouve pénible, dont la nécessité lui paroît un mal, & qu'il voudroit n'être pas contraint de mettre en œuvre. Delà il suit qu'en toute occasion la Pauvreté est un mal, dès qu'elle nous met dans la dépendance des autres ; mais n'avoir que ce qu'on peut gagner par un travail légitime, & trouver dans ce travail un moyen suffisant de subsistance, ce n'est pas être pauvre.

PAYSAN, s. m.

EXAMEN DE CETTE QUESTION:

Est-il utile à l'Etat que le Paysan ait ou n'ait pas quelque propriété?

1°. NOUS pouvons comparer un gouvernement à une plante, qui reçoit & pompe sa seve d'un côté, pour la communiquer de l'autre : les branches, les feuilles, les fleurs & les fruits sont dans un accord, dans une dépendance nécessaire avec les obscures racines : la condition des Paysans, leur existence, leur travail, leur population semblent d'abord ne former qu'un médiocre rameau de l'arbre, tandis qu'ils en sont réellement la racine la plus considérable : ils méritent donc toute l'attention du ministere.

2°. Les richesses immenses de quelques particuliers, l'étendue des domaines du souverain, le nombre des troupes, l'augmentation même des revenus de l'Etat ne sont un avantage réel, que lorsqu'on est assuré que l'on n'en épuise point la source, que l'abondance est générale & que tout concourt au bien commun. Ne vous laissez point séduire par une brillante illusion : le lustre éclatant, la magnificence & la somptuosité, qui brillent dans la capitale, ne sont souvent qu'une décoration. Le plâtre, qui couvre la surface d'un édifice & qui l'embellit, cache peut-être des ruines prêtes à s'écrouler à la plus légere secousse : en un mot, le luxe des villes est plutôt un abus des richesses qu'une preuve d'opulence.

3°. Mais visitez des campagnes & les moissons ; c'est-là, c'est dans les chaumieres que vous pourrez apprécier les richesses physiques & réelles de l'Etat ; c'est-là où naît l'abondance du pays, ses ressources & sa premiere puissance ; c'est-là où vous trouverez la source des biens nécessaires au soutien de tous les hommes ; enfin, c'est-là le barometre où vous pourrez évaluer les véritables forces de l'empire. Entrons dans des détails.

4°. Nous pouvons envisager les Paysans comme hommes & comme cultivateurs ; ces deux points de vue renferment toutes les relations qu'ils ont avec l'Etat & avec chacun de ses membres.

5°. Un misérable Paysan logé dans une chétive cabane, à demi-couvert de haillons, est aussi-bien portion de l'Etat, que le plus grand seigneur ; il lui est même bien plus utile, sur-tout si ce grand est oisif, ignorant & avare ; le pauvre, comme enfant de la patrie, fait nombre ; il augmente même ce nombre en plus grande proportion que le riche.

6°. Comme la population est le premier degré de la puissance, il s'ensuit que plus l'on favorise celle-là, plus on étend celle-ci. L'expérience de tous les pays nous apprend que les Paysans se mariant plus jeunes que les habitans des villes, ils produisent de meilleure heure des enfans & d'une constitution plus robuste : commençant plutôt & finissant plus tard, respirant un air plus sain, conservant par la sobriété & l'exercice un tempérament déjà plus fort, tout contribue à augmenter chez eux la population. D'ailleurs le célibat, état séduisant, qui réunit souvent la liberté & le libertinage, état commode & si fêté dans les villes, est presque méprisé dans les champs.

7°. Par ces motifs seuls, le Paysan mériteroit déjà toute sorte d'égards du souverain, qui doit s'occuper essentiellement de la population. La politique ne peut mieux réussir à la favoriser & à augmenter ce grand avantage de l'Etat qu'en concourant de toute façon au bien-être du Paysan ; plus on lui donnera d'aisances & de commodités, plus il sera porté à se marier de bonne heure. S'il est assuré sur le sort de ses enfans à naître, il ne craindra plus ni pour la faim & la misere, ni pour lui les embarras du ménage ; il ne peut avoir cette confiante sécurité, qu'en possédant des biens : il faut donc qu'il en ait la propriété ; il faut même que cette propriété ne soit pas chancellante, incertaine & passagere ; elle doit être aussi constante & assurée que ses besoins & ses dépenses le sont.

8°. Dans cette vue l'on ne peut donner de bornes à la propriété, dont les Paysans doivent jouir, sans les décourager dans leurs mariages, & les dégoûter dans leurs travaux. Tous ceux d'entr'eux, qui auront un peu de bon sens, se garderont bien de donner naissance à des enfans malheureux, auxquels ils n'auroient d'autre héritage, à laisser, que la pauvreté & l'esclavage.

9°. L'homme condamné à se nourrir à la sueur de son front, doit travailler sans doute ; mais Dieu en le soumettant à cette peine, lui accorda en même temps des droits sur cette même terre, qu'il étoit forcé de cultiver.

10°. A cet intérêt général de population, vient se joindre celui de tous les propriétaires. Nous verrons bientôt comment le nombre des cultivateurs étant augmenté, & ceux-ci possédant du terrain en toute propriété, qui servira

servira de caution pour tous leurs engagemens, les riches augmenteront & assureront en même temps leurs revenus.

11°. Mais après que nous aurons vu tous les avantages qui naîtront de la propriété accordée aux Paysans, comment pourra-t-on les rendre propriétaires? Comment pourront-ils être possesseurs de quelque terrain, tandis que leur personne appartiendroit à quelqu'autre? Un homme qui est serf, c'est-à-dire, qui n'est pas à lui-même, ne peut jamais avoir qu'une possession chimérique; la propriété ne peut exister sans la liberté : les richesses d'un esclave sont comme les grelots d'argent qu'un chien porte à son cou; tout appartient au maître. Il est superflu d'entrer dans un plus grand détail là-dessus : il est évident qu'avant de pouvoir accorder quelque possession à un serf, il faut absolument lui donner sa propre personne.

12°. Ainsi la question sur la propriété embrasse deux objets inséparables, qui tous les deux à l'envi procurent des avantages sans nombre; mais quelque grands que soient ceux qui naissent des possessions accordées aux Paysans, ils ne sont rien encore en comparaison des biens immenses que doit produire la liberté. Comme celle-là ne peut avoir aucun effet sans celle-ci, nous ferons marcher de concert leurs avantages respectifs.

13°. Si la gloire des souverains doit être comptée parmi les avantages de l'Etat, elle ne peut recevoir un plus brillant éclat, que du don de la liberté. Tout l'univers retentit en faveur de ce bien précieux; écoutons le cri général : O vous tous, souverains, si vous n'êtes pas des tyrans de vos peuples, vous devez être les peres de tous vos sujets; les Paysans sont vos enfans; eh! comment pouvez-vous voir vos enfans esclaves? Tandis que d'un côté, le premier devoir de votre état est de travailler sans relâche à leur bonheur, de l'autre, votre gloire, & qui plus est, votre intérêt vous engagent à leur rendre un bien qu'ils ont reçu de Dieu. Quelle puissance que celle d'un prince qui ne commanderoit qu'à de grandes meutes ou à de nombreux haras? L'on gémit, en faisant une comparaison aussi humiliante pour l'humanité; mais cependant un vil esclave n'est plus qu'un animal de charge : l'on ne retire de lui que les services matériels que la force de son corps peut rendre; ne sachant, n'osant pas penser, un serf n'a pas même le mérite de l'obéissance. Quelle satisfaction, que celle de délier ses chaînes! O rois! vous augmentez votre puissance de cent mille hommes en un instant, si vous rendez la liberté à cent mille esclaves : vous créez, vous formez des êtres nouveaux. De toutes les actions humaines, c'est celle qui vous rapproche le plus de la divinité.

14°. La liberté renaît, quel spectacle, quel prodige! c'est une nouvelle vie. Les ténebres se dissipent, l'esprit se réveille comme d'un long assoupissement, l'ignorance s'éloigne, la barbarie fuit au loin; la nature prend une nouvelle face & s'embellit; tout s'anime, les talens se rechauffent; l'imagination se développe; le zele & l'émulation enflamment tous les cœurs, chacun jouit de son existence; l'intérêt personnel fait tout mettre à profit; toute la nature paye contribution à l'industrie qui vient d'éclore. Ces changemens réunissent tous les avantages de l'Etat; c'est ainsi qu'en rendant la vie à quelques membres paralitiques, tout le corps en devient plus leste & plus vigoureux.

15°. Les Paysans sont cultivateurs, & à ce titre nous leur devons des égards proportionnés aux services qu'ils nous rendent. Il ne s'agit plus d'exciter la compassion, d'émouvoir l'ame, d'attendrir l'humanité en faveur de quelques malheureux, qui ont le droit inné à l'air qu'ils respirent, & à la terre qu'ils habitent, droit que la nature a donné à tous les hommes. Quelque sacré & incontestable que ce droit puisse être, nous en réclamons d'autres encore, dont la concession est plus intéressante à ceux qui les accordent, qu'à ceux qui les reçoivent. Quoique assurément il doive être suffisant d'être homme pour partager les prérogatives de l'humanité; nous discuterons encore les motifs politiques qui parlent en faveur de la propriété des Paysans, c'est-à-dire, que c'est toujours l'avantage de l'Etat que nous recherchons.

16°. Le Paysan défriche, il laboure, il plante, il met à profit la surface de tout l'empire. Sans lui les provinces ne produisent que des ronces & des épines; sans lui elles ne sont plus que des déserts sauvages qui ne servent que de retraite aux bêtes féroces, & sans lui, tous ces déserts sont inutiles au souverain, aux riches & à la nation. Enfin, ces agronomes, en mettant tout le pays en valeur, nourrissent tous ses habitans, & augmentent l'abondance & les richesses de l'Etat. Comment peut-on leur refuser leur part à ces mêmes biens qu'ils nous procurent, ou plutôt, quelle reconnoissance, quels honneurs ne leur doit-on pas?

17°. Il est superflu de faire l'éloge de l'agriculture, de vanter son ancienneté ou d'exalter sa noblesse : tout le monde sait qu'il n'y a point de roi, qui ne doive son origine à quelque laboureur, & que tous les descendans d'Adam ne different entre eux, qu'en ce que l'un dételа sa charrue le matin & l'autre le soir; il ne s'agit ici que de son utilité. Les avantages, que procurent à l'Etat les laboureurs, sont si généralement reconnus, & ce siecle est si éclairé sur ses véritables intérêts, que toutes les nations policées s'empressent d'encourager la culture des terres, de l'étendre & de la perfectionner.

18°. Les exemples anciens & modernes se présentent en foule à l'appui de cette vérité; si l'on jette un coup-d'œil sur les temps florissans de la république Romaine, l'on se rappellera avec un auteur célébre, que l'agriculture, l'honneur de labourer la terre étoit réservé aux seuls citoyens, tandis que tous les arts & métiers étoient abandonnés aux esclaves. L'on voyoit des dictateurs tenir la charrue des mêmes mains, qui la veille avoient conduit les rênes de l'empire du monde. Les Romains enfin commencerent à déchoir, lorsque l'agriculture perdit sa considération en faisant place au luxe. Si l'on veut prolonger la comparaison jusqu'à nos jours, l'on trouvera que l'ancienne Rome rassembloit une multitude innombrable de peuples de tout l'univers, & que l'abondance y régnoit, tandis qu'aujourd'hui le peu de monde qui s'y trouve, ne parle que de disette & de misere.

19°. Qu'on compare aussi l'immense produit de l'Egypte sous ses dynasties, & la pénurie qui y regne aujourd'hui, l'on sera effrayé de voir l'anéantissement d'une si grande fertilité, de tant d'abondance & d'une si nombreuse population.

20°. L'empereur de la Chine laboure lui-même certain jour de l'année un champ destiné à cette cérémonie; cet usage est suivi par des mandarins, qui animent ainsi par leur exemple le reste de l'empire. Le célébre empereur Yont-ching surpassa tous ses prédécesseurs, dans les soins qu'il se donna pour l'agriculture : il porta son attention sur ce premier des arts nécessaires, jusqu'à élever au grade de mandarin du huitieme ordre, dans chaque province, celui des laboureurs qui seroit jugé par les magistrats de son canton le plus diligent; le plus industrieux, le plus honnête homme d'entr'eux, & son nom étoit écrit en lettres d'or dans une salle publique, *&c.* L'agriculture ainsi caressée chez les Chinois, répand parmi eux l'abondance, & la population y est presque un prodige. Si l'on compare tous les avantages de ce pays-là, avec la misere qui regne dans les lieux où les Paysans n'ont point de propriété, l'on ne pourra résister à l'impression de l'évidence, du besoin, de l'avantage, de la nécessité même d'accorder des propriétés sans bornes & qui plus est des honneurs aux cultivateurs.

21°. Lorsque Sparte fut tombée de ce point de grandeur, où l'avoient portée les loix de Lycurgue, les rois Agis & Cléomene s'apperçurent que cet avilissement provenoit de ce que les propriétés étoient restreintes à un petit nombre de personnes, & ce fut en augmentant le nombre des propriétaires, que Lacédémone reprit sa premiere puissance, & devint derechef formidable à tous les Grecs. Le grand Montesquieu dit que ce fut le partage égal des terres qui rendit Rome capable de sortir d'abord de son abaissement.

22°. Un des témoignages les plus respectables, parmi les gens qui pensent, est sans contredit celui du sage Socrate. Voyez ses belles paroles, rapportées par Xénophon : il n'est point d'homme, dit-il, même des plus heureux, qui puisse se passer de l'agriculture.... elle augmente nos richesses, elle exerce nos corps & nous met en possession de tout ce qui est convenable à un homme libre.... C'est donc à juste titre, qu'on a nommé l'agriculture, *la mere-nourrice de toutes les autres professions ;* dès qu'elle fleurit, tous les autres arts fleurissent avec elle; mais lorsqu'on la néglige, tous les autres travaux, tant sur terre que sur mer, s'anéantissent en même temps. Il faut lire le passage entier rapporté dans un ouvrage, qui respire les sentimens d'humanité & de philosophie.

23°. Les richesses, le pouvoir, en un mot, tous les avantages d'une nation sont constamment en proportion avec son agriculture. Si l'on mesure la surface des isles britanniques, elles ne sont pas la douzieme partie de cette étendue de pays, qui leur est soumise. Les Anglois doivent à l'agriculture, c'est-à-dire, aux Paysans, leurs matelots, leurs soldats & l'empire de la mer; ils leur doivent l'abondance, les arts & le commerce. Ils ne sont parvenus à ce haut degré de puissance, qu'en encourageant la culture des terres, en flattant & récompensant les Paysans : chaque jour ils ont accordé des primes, des privileges aux laboureurs, & les Paysans, jouissant de toute propriété & liberté, ont rendu l'Angleterre plus puissante cent fois, que ceux qui ont cent fois plus d'étendue de terrain, mais dont les Paysans n'ont rien en propre. La France, par exemple, lui paye un tribut annuel, c'est-à-dire, qu'elle est obligée de recourir toutes les années au blé de l'Angleterre pour d'assez grosses sommes : (depuis 1748 jusqu'à 1750, pour dix millions, 455 mille livres.)

24°. Mettons cet exemple en opposition avec l'Espagne, monarchie ancienne, qui a des possessions si considérables. La plus riche moitié du Nouveau-Monde ne produit de l'or que pour elle; sa position en Europe; ses ports de mer, devroient contribuer à la rendre formidable; mais l'Espagne préférant l'or au froment, c'est-à-dire, des richesses de pure convention, à des biens réels, physiques & de premiere nécessité, elle néglige l'agriculture; aussi cette puissance se trouve dans la dépendance nécessaire de toutes les nations, qui cultivent la terre & fournissent du pain. Joignez à cela la rareté d'hommes, malgré les pressans besoins qu'en a cet Etat.

25°. Jettons les yeux sur la Pologne, parcourons ces vastes starosties, où la misere & le découragement suivent toujours le degré d'avilissement, qu'y éprouvent les laboureurs. Quelle puissance formidable ne formeroit pas cet Etat, s'il y avoit un peu plus d'union parmi les grands & plus de liberté parmi le peuple! Voyez cette prodigieuse étendue de l'empire Ottoman, ces immenses contrées des Turcs, des Persans & du reste de l'Asie. Examinez l'Afrique & l'Amérique entieres, appréciez les avantages de l'Europe, & vous trouverez toujours les richesses & la puissance en proportion avec la liberté & le bien-être des Paysans; tandis qu'au contraire la misere & la foiblesse sont constamment l'apanage des pays barbares, où regnent encore l'esclavage & le despotisme.

26°. Il est surprenant que ceux qui ne s'occupent toute leur vie que du travail qui doit nourrir les hommes, soient néanmoins les plus mal nourris, & que cette portion d'ouvriers, dont dépend la premiere richesse de l'Etat, en soit précisément la plus pauvre. Mais enfin, tandis que les politiques de tous les pays policés ne s'occupent que des moyens d'encourager l'agriculture, en multipliant les récompenses des agriculteurs, qui osera mettre des bornes à leurs possessions? Prix, dons, distinctions, caresses, récompenses & sur-tout propriétés entieres, le laboureur par son travail est en droit de tout exiger, tandis que l'intérêt de l'Etat est de lui tout accorder.

27°. Si l'expérience constante de tous les siecles, si l'exemple de toutes les nations, si l'histoire de la puissance de tous les Etats, nous apprennent que les plus grands avantages ont été la suite constante d'une bonne agriculture; si au contraire, sans elle les plus grands empires n'ont eu que des succès passagers, il n'y a personne porté pour le bien de sa patrie, qui ne s'empresse à caresser les agriculteurs. Le meilleur moyen d'attacher, d'exciter, d'intéresser les laboureurs, est sans doute, de leur accorder des propriétés de ce même terrain qu'ils cultivent. Les Paysans devenus possesseurs d'un petit fond chercheront avec soin, avec empressement à l'agrandir, à l'améliorer, à l'embellir; maîtres d'augmenter l'aisance de leur état, il n'y a presque aucune passion, aucun sentiment de l'ame, qui ne devienne pour eux un principe d'émulation. La douce satisfaction qu'éprouve un propriétaire en se promenant sur sa terre, lui dicte des projets pour un avenir, dont il peut augmenter les agrémens par son activité. Il travaille pour lui, pour ses enfans, pour toute une postérité. Enfin, il enrichit l'empire en étendant sa propriété.

28°. Mais quelles bornes donner à cette propriété? N'avoir que des biens meubles, n'est presque pas une possession, je veux dire qu'elle est comptée pour rien, puisqu'elle ne rend rien : ne produisant aucun des biens, qui sont la suite d'une propriété des terres, elle n'attache pas le Paysan. Il faut donc lui accorder des terres; & ne pouvant, comme nous l'avons dit, avoir une possession étrangere, s'il n'a la sienne propre, il doit donc être libre. La liberté & la propriété sont sœurs. Ceux à qui l'on refuse les droits de l'une ou de l'autre, peu intéressés à augmenter des biens, dont ils ne peuvent jouir, ne font jamais qu'un travail forcé, dont ils cherchent à chaque instant à éviter la fatigue; ils ne s'occupent, pour ainsi dire, que sous l'œil du maître. L'agriculture ne pourra jamais être en vigueur dans de semblables mains : deux mille Paysans ainsi forcés au travail, ne produiront pas autant d'avantages qu'une centaine de laboureurs, qui auront une perspective de richesse ou d'aisance : la nature s'embellit sous la main de ceux-ci; ils s'empressent de défricher & d'améliorer un terrain qui est pour leur compte, ils plantent & chaque arbre est une richesse de plus pour l'Etat. L'habitude du travail contractée par goût, par émulation, par intérêt, se perpétue, se transmet de pere en fils. Chaque Paysan se pique d'avoir une aussi belle moisson que son voisin; l'exemple, l'espérance de jouir, les récompenses concourent à perfectionner le labourage.

29°. Ne craignez point, avares envieux, de voir passer trop de richesses dans les mains des cultivateurs : malgré tous les efforts des sages Colbert, des Henri IV, *&c.* les Paysans sont toujours pauvres. Heureux le gouvernement où ils cesseroient de l'être! Heureux & mille fois heureux le pays, où la profession de laboureur deviendroit la plus riche & la plus enviée. Mais l'âge d'or n'est qu'un siecle de fiction, que les plus habiles législateurs n'ameneront jamais.

30°. Mais pourquoi craindre le bonheur du plus grand nombre des hommes? Dans un pays où il y auroit très-peu de terrain, peut-être faudroit-il prendre des précautions, pour qu'il n'en tombât pas une trop grande quantité dans les mains des Paysans. Je dis peut-être, parce qu'il n'est pas sûr que ce fût un mal politique, même dans un Etat, où l'ordre des Paysans seroit membre du souverain : les champs en seroient mieux cultivés & l'abondance du pays plus assurée; il n'y auroit tout au plus que les impôts sur les terres, qui pourroient être sujets à des contestations de la part de ceux qui nourriroient la nation. Mais dans un vaste empire, où les campagnes ont besoin d'hommes, on ne doit négliger aucun moyen d'en augmenter le nombre. L'on doit accorder des propriétés sans bornes, & non-seulement laisser les Paysans maîtres des terres, qu'ils peuvent défricher, mais encore inventer pour eux de nouvelles récompenses. Il faut sur-tout que leurs possessions soient sacrées, c'est-à-dire, qu'on ne puisse jamais les leur enlever que pour dettes, ou autres engagemens, ainsi que le prescrit la justice.

31°. Il ne s'agit pas seulement ici du bien-être actuel du Paysan, il faut encore faire envier sa situation à tous les laboureurs des pays voisins. Il faut attirer l'étranger. C'est ici un nouvel avantage de l'Etat, qu'on ne doit point perdre de vue : la possession des terres, l'appât d'avoir en propriété les champs qu'on peut défricher, les récompenses, les douceurs, les distinctions & sur-tout la paisible jouissance des laboureurs, sont une perspective gracieuse, qui doit flatter & appeller tous les Paysans des autres nations.

32°. Les hommes n'agissent jamais sans quelques motifs, & leurs actions sont toujours proportionnées au ressort qui les fait mouvoir. Il est donc certain que ceux, que la crainte seule conduit, semblables à des bêtes de charge, ne font jamais rien au delà du travail borné, auquel il leur est impossible de se soustraire. Le cheval condamné toute sa vie à traîner un chariot, & l'esclave qui n'a aucune espérance de sortir de sa servitude, subissant tous les deux le même traitement, soumis au même joug, punis & récompensés de même, ne voient d'autre terme à leur carriere, que la mort. C'est donc là, où vont aboutir leurs peines & leurs travaux : quelle fin! l'abrutissement, dans lequel ils vivent, obscurcit l'horreur de leur situation; ils ignorent en partie leur avilissement. Quelquefois cependant lorsqu'un chagrin pressant les force à se replier sur eux-mêmes, des légeres lueurs de raison leur font détester leur condition & chercher à la finir; c'est ainsi que les negres qu'on transporte dans les colonies d'Amérique, pour se délivrer de leurs maux, ou pour se venger de leurs maîtres, se donnent volontairement la mort, soit par des poisons, soit en avalant leur langue : façon de mourir inconnue jusqu'à eux.

33°. Que pourroit-on attendre de ces malheureux, à qui leur propre existence est à charge, qui ne connoissent la vie que pour ramper & souffrir, qui n'éprouvent d'autres sentimens que ceux de l'humiliation, & qui croupissent & végetent dans une stupide léthargie? Ils n'ont de l'humanité que la figure & les malheurs : accablés sous le poids de leurs chaînes, privés de tous les biens, exclus de tous les rangs, on ne leur laisse pas même l'espérance, qui est le dernier soulagement dans les plus grands malheurs : accablés, avilis, méprisés, ils ne connoissent que la crainte : ils sont, comme dit le célébre Montesquieu, des corps morts, ensevelis les uns à côté des autres. Misérables automates, ils scient le bois, ou ils défrichent la terre, à l'ordre de leur maître : les moindres désirs, les projets, même les plus bornés, leur sont interdits, les grandes actions leur sont défendues, ils végetent, puis ils meurent. Qu'ont-ils fait ? quels ouvrages laissent après eux cette foule d'esclaves ? quelle production a-t-on d'eux ? quelle trace reste-t-il de leur vie passée ? quel bien, quelle utilité revient-il à l'Etat de ce grand nombre de bras ? Ils grattent la terre, & leur travail n'égale pas seulement celui des bêtes de charge. Mais tirons le rideau sur un tableau aussi humiliant pour l'humanité, si triste pour la société, si inutile aux sciences & aux arts, & enfin si désavantageux à l'Etat.

34°. Cependant malgré la plus profonde ignorance, dans laquelle vivent les Turcs, quoique les arts soient si mal cultivés chez eux, que la barbarie, l'avilissement, les ténebres s'y perpétuent, & qu'une lâche oisiveté, jointe à la méfiance & à la tristesse, regne autour des orgueilleux despotes de l'Orient, leur empire ne laisse pas de se maintenir ; souvent même leur puissance s'étend aux dépens de quelques peuples civilisés ; mais il faut observer que leurs incursions, semblables à des torrens rapides, arrachent, entraînent ce qui se trouve sur leur passage ; leurs progrès ne sont jamais dûs qu'à une excessive violence, qui accable ou qui étouffe par son poids ceux qui n'ont pu lui résister. Oui, ces empires se soutiennent, parce qu'ils n'ont pour tous les sujets, qu'une seule & même constitution, ou plutôt tous les peuples, courbés sous le même joug, n'ont qu'une seule loi, la volonté du maître, & c'est à son ordre, que se dirigent toutes les actions. La simplicité de la machine en fait la force ; un seul ressort en conserve le mouvement : toujours constante, & toujours uniforme, la constitution se perpétue, & cette lourde masse se soutient par sa pesanteur. L'habitude, l'exemple, une obéissance aveugle, & sur-tout cette profonde ignorance, en resserrant des chaînes éternelles, forment une solidité considérable. Les peuples, qui sont le plus grand nombre, & qui font la force de l'Etat, les peuples, dis-je, ne ressentent qu'à demi la dureté d'un sort, que les riches & les grands partagent avec eux : la nation entiere ne forme qu'un troupeau, qui broute & digere.

35°. Il ne peut pas en être de même d'un Etat, dont une portion des habitans seroit esclave, tandis que l'autre jouiroit de toute la liberté qu'accordent les loix ; une constitution ainsi disparate ne peut former qu'un mélange informe & barbare d'êtres différens & d'intérêts opposés. Quelle inégalité dans la marche de ce gouvernement ! il lui faut des loix pour les grands, il en faut d'autres pour les serfs : dans cette diversité de rapports la machine politique doit sans cesse être tiraillée par des ressorts contraires entre eux. L'ordre est couvert d'un épais nuage : l'on ne sait plus si les enfans des esclaves appartiennent à leurs peres, à leurs maîtres, ou à leurs rois, s'ils sont membres de l'Etat, ou même s'ils sont sujets du souverain : le riche propriétaire peut, à son gré, frustrer son pays du secours de plusieurs bras, qu'il n'emploie pas, ou qu'il emploie mal. De cette discordance dans les différens membres doit naître nécessairement une foiblesse, une langueur, une inaction dont tout le corps se ressent.

36°. Revenons. *Si cette propriété*, dont les laboureurs jouissent, procure les plus grands avantages de l'Etat : si les pays, où le Paysan est le plus libre & le mieux récompensé, sont les plus riches & les plus puissans ; si au contraire les nations, où le Paysan est serf sont à demi désertes ; si les sciences, les arts, le commerce y languissent ; si les revenus de l'Etat, les finances, les impôts ne sont & ne peuvent être en aucune proportion avec l'étendue des provinces, l'on doit nécessairement conclure que rien n'est plus avantageux à l'Etat que d'accorder aux Paysans du terrain en toute propriété, & que plus on étendra cette propriété, plus on augmentera les richesses & la puissance de l'Etat.

PAYS-BAS.

LES Pays-Bas ont pour bornes l'Allemagne à l'orient, la France au midi, & la mer Germanique à l'occident & au nord : ce qui forme une étendue d'environ 60 lieues de long sur 40 de large.

On divise les Pays-Bas en dix-sept provinces qui comprennent 212 villes & 6591 villages. Ce pays, quoiqu'humide & froid, est néanmoins en grande partie très-fertile, & par-tout fort peuplé.

Des dix-sept provinces, il y en a sept qui composent la république des Provinces-unies. Les dix autres sont appellées Pays-Bas catholiques, parce que l'on n'y professe que la religion catholique-romaine. Ces provinces sont l'Artois, la Flandre, le Hainaut, Namur, Luxembourg, Limbourg, la Haute-Gueldre, le Brabant, Anvers & Malines. On les nommoit aussi autrefois Pays-Bas Espagnols, parce qu'en effet ils appartenoient à la monarchie d'Espagne. Mais, dans la suite, la France en a démembré l'Artois, une partie de la Flandre, du Hainaut, de Namur & du Luxembourg. Les Hollandois s'y sont aussi approprié une partie de la Flandre, du Brabant, de la Haute-Gueldre & de Limbourg. Ce qui reste, & qui est encore la plus considérable partie de ces dix provinces, est parvenu à la maison d'Autriche par la paix d'Utrecht. Bruxelles est la capitale des Pays-Bas Autrichiens.

DES IMPOSITIONS

Dans les Pays-Bas Autrichiens.

Les provinces qui composent les Pays-Bas Autrichiens, quoique régies par des usages différens, sont, cependant, quant aux impositions, administrées, à certains égards, de la même maniere que les provinces de France qui forment des pays d'Etats, & principalement comme celles de Flandre & de Hainaut.

Des différentes formes qui sont établies dans les Pays-Bas Autrichiens, pour la répartition & la levée des impositions, celles que l'on suit dans la province du Brabant, sont généralement regardées comme étant préférables à toutes les autres, parce qu'elles sont les moins sujettes à l'inconvénient de l'inégalité, les moins dispendieuses dans le recouvrement, & par cette raison les moins onéreuses pour les sujets.

Suivant la constitution & les privileges de la province du Brabant, le souverain n'est point dans l'usage d'établir de son propre mouvement, aucune imposition sur les fonds ni sur les personnes; tout ce qui a rapport à ces deux objets se fait par forme de demandes ou pétitions aux Etats assemblés.

Ces demandes ou pétitions sont faites au nom du souverain, par le chancelier de la province, qui se rend aux Etats, expose les besoins, demande les subsides, tant ordinaires qu'extraordinaires que l'état des finances & les circonstances peuvent exiger, & laisse ensuite aux Etats le soin & la liberté de délibérer.

Les Etats sont composés des ordres du clergé, de la noblesse & du tiers-Etat; le clergé est représenté par le primat, archevêque de Malines, par les autres évêques & par les députés des abbayes; & la noblesse, par tous les nobles qui ont droit de séance aux Etats, & qui sont invités par des lettres circulaires du gouvernement.

Ces deux ordres s'assemblent dans la même chambre & déliberent entr'eux sur l'objet de la demande; la délibération passe à la pluralité des suffrages qui sont recueillis par le pensionnaire des Etats.

Le tiers-Etat est composé des magistrats & députés des villes & chefs-lieux de la province, & des doyens ou syndics des corps & métiers de la capitale. Le pensionnaire des Etats se rend à l'assemblée du tiers-Etat; il y expose la demande qui a été faite au nom du souverain, rend compte de la délibération qui a été prise par le clergé, & la noblesse recueille les avis.

Lorsque les suffrages se trouvent réunis, le pensionnaire des Etats porte les délibérations au chancelier ou commissaire qui les fait passer au gouvernement.

Le souverain n'influe en rien dans les moyens qui sont employés dans la répartition & le recouvrement des subsides, soit ordinaires, soit extraordinaires qui sont demandés & accordés; ce sont les Etats qui y pourvoient, soit par eux, soit par une chambre toujours permanente, & qui est composée de leurs députés. Le receveur ou trésorier-général des Etats paye, entre les mains des receveurs-généraux des finances du souverain, & sans aucune réduction, le montant de ces subsides.

Les moyens dont les Etats font usage pour se procurer les fonds nécessaires pour acquitter ces subsides, consistent principalement dans des vingtiemes dont le nombre diminue ou se multiplie suivant l'objet des secours qui sont demandés : on perçoit, dans l'Etat actuel, trois vingtiemes.

On distingue dans la répartition de ces vingtiemes les villes closes & le plat-pays, c'est-à-dire, les paroisses & communautés de la campagne.

Impositions des vingtiemes dans les villes closes.

DANS les villes closes, les vingtiemes se répartissent indistinctement & sans aucune exception, sur toutes les maisons ou jardins qu'elles renferment. Ils consistent dans la vingtieme partie du revenu de ces maisons ou jardins, qui a été fixé dans le principe sur le pied du produit de ces maisons; ainsi une maison qui rapportoit, lors de la fixation du premier vingtieme, 200 florins de revenu, & dont le vingtieme a été réglé à 10 florins, paye actuellement qu'il existe trois vingtiemes, 30 florins. Le florin de Brabant vaut environ 35 sols monnoie de France.

Les Etats ont dans chaque ville un bureau qu'on appelle le comptoir des vingtiemes; il est composé d'un receveur, de commis & d'huissiers aux gages des Etats.

Dans ce bureau est un registre dans lequel sont inscrites toutes les maisons distinguées par quartiers & numérotées. Le montant de la somme que chaque maison doit supporter par vingtieme ainsi que le nom du propriétaire & du locataire, sont pareillement inscrits à côté, les vingtiemes sont acquittés moitié par le propriétaire, & moitié par le locataire, à moins que le bail ne contienne une clause contraire.

Dans le mois d'octobre de chaque année, on forme d'aprés ce registre, des avertissemens qui contiennent le quartier où la maison est située, le numéro de cette maison, la quantité des vingtiemes, la taxe relative à chaque vingtieme, le montant total de l'imposition, & un commandement de payer au bureau du comptoir dans le courant du mois de décembre : ces avertissemens sont portés par les huissiers du bureau.

Si le propriétaire ou locataire néglige de payer dans le délai prescrit, les huissiers du bureau, munis de lettres qu'on nomme exécutoriales, & qui sont émanées du conseil de la province, font trois sommations, d'aprés lesquelles ils sont autorisés à saisir & à faire vendre les meubles jusqu'à concurrence du montant de la somme principale & des frais ; mais on n'en vient que rarement à cette extrémité.

Les receveurs des comptoirs des villes rendent leurs comptes au bureau général des Etats, établi dans la capitale de la province ; c'est-là qu'ils versent les deniers de leur recette, que l'on fait passer ensuite aux receveurs-généraux des finances du souverain.

Telle est la forme qui s'observe dans les villes closes relativement à l'imposition & au recouvrement des sommes pour lesquelles elles doivent contribuer aux subsides demandés par le souverain ; voici maintenant ce qui se pratique dans le plat-pays.

Impositions dans le plat-pays.

Les impositions qui se perçoivent dans le plat-pays, sont de trois sortes.

1°. L'imposition des vingtiemes.

2°. Celle connue sous la dénomination de *bède*.

3°. L'imposition que l'on nomme *rachât du bétail & de la mouture*, qui a été convertie en une taxe personnelle.

Vingtiemes.

Les vingtiemes qui s'imposent dans le plat-pays, ne forment pas, comme dans les villes closes, la vingtieme partie du revenu des fonds ; c'est une taxe qui tient de la taille réelle & de la capitation, dont la base n'a point varié depuis 1586 qu'elle a été établie, & dont l'objet augmente ou diminue suivant le plus ou le moins de vingtiemes que l'on est dans le cas d'imposer.

Cette taxe se perçoit sur les maisons, cens, terres labourables, prés, bois, étangs, dixmes & sur les habitans & artisans faisant quelque commerce ou négoce.

Les terres labourables payent, pour chaque vingtieme 8 sous 6 deniers par arpent ; les étangs, 2 sous 8 deniers par arpent, les maisons, 3 sous 6 deniers ; & chaque artisan, faisant commerce, est taxé à 6 sous ou plus par vingtieme, le tout argent de France, suivant le genre de commerce ou d'industrie qu'il exerce : quant au vingtieme sur les dixmes, le montant en est réglé sur le produit de ces dixmes qui se levent en nature à raison de la dixieme partie des fruits, soit par ceux auxquels elles appartiennent, soit par leurs fermiers.

Lorsque le montant de la contribution que chaque district doit fournir, a été arrêté par les Etats, les chefs-mayeurs de la province envoyent les ordres en conformité aux mayeurs, gens de loi & taxateurs de chaque village de ce district.

Ces mayeurs particuliers, de concert avec les taxateurs ou échevins, font la répartition de la taxe assignée sur les biens situés dans l'étendue de leur communauté; on y ajoute les frais de recouvrement, les droits de remise du collecteur, les frais de la reddition des comptes qui s'imposent au prorata de chaque cotte, & le tout est donné à titre de ferme, ou s'adjuge au rabais.

Le rôle arrêté & rendu exécutoire par les mayeurs & échevins, est remis au fermier ou adjudicataire, qui est tenu d'en faire payer le montant déduction faite des frais au comptoir général des Etats. Faute de payement de la part des redevables, le collecteur fait saisir & vendre les récoltes, le bétail & les meubles jusqu'à concurrence du montant de la taxe & des frais.

Si le collecteur ne remet pas le montant de sa recette au comptoir général des Etats dans les trois mois de l'échéance, les huissiers de ce comptoir saisissent ses biens & effets, & en font la vente.

Le collecteur doit rendre un premier compte devant les mayeurs & taxateurs de l'endroit, dans les six premiers mois qui suivent l'année de sa collecte & à la fin de cette même année, un second compte qu'on appelle *compte purgatif*, & lors duquel tout ce qui concerne le recouvrement, les frais & les non-valeurs doit être entiérement vérifié & apuré.

Bêde de six mois.

L'IMPOSITION que l'on connoît sous le nom de *bêde* est la plus ancienne de celles qui se perçoivent dans la province du Brabant; elle porte uniquement sur les terres labourables, les prairies, les bois & les étangs; elle est réglée indistinctement sur ces quatre objets à raison de 16 sous par arpent.

On la nomme *bêde de six mois*, parce qu'elle se paye par moitié tous les six mois, à la saint-Jean & à Noël : on suit pour la répartition, la levée & la reddition des comptes de cette imposition, la même forme que pour les vingtiemes, & c'est ordinairement le fermier ou adjudicataire des vingtiemes qui l'est en même-temps de la bêde.

Rachat du bétail & de mouture.

L'IMPOSITION connue sous la dénomination de *rachat de bétail & mouture des grains*, ne se leve, ni sur le bétail ni sur le produit de la mouture des grains; elle a été convertie en une taxe personnelle, qui est payée par tous les habitans des campagnes sans distinction d'états & de sexes; cette taxe est réglée à 7 sous par chaque homme, femme, fille, garçon & domestique au dessus de l'âge de sept ans.

La collecte de cette taxe est donnée à ferme ou s'adjuge au rabais, ainsi que les deux précédentes. On suit pour la confection des rôles, pour le recouvrement, pour le payement & pour la reddition des comptes, le même ordre & les mêmes termes que pour les vingtiemes & la bède.

Les contestations qui s'élevent relativement à la répartition & à la levée des impositions dont on vient de rendre compte sont portées en premiere instance devant les mayeurs & gens de loi des lieux, & par appel au conseil de Brabant.

Les Etats de la province du Brabant, ainsi que ceux des autres provinces des Pays-Bas, qui sont sous la domination de la maison d'Autriche, sont chargés de l'entretien des troupes d'infanterie, cavalerie & dragons qui y sont établies, & qu'on y envoie en quartier.

Cette dépense consiste dans la solde, l'habillement & l'entretien en charbon, bois & lumieres, tant aux troupes qu'aux Etats majors, & est réglée sur le pied de quarante mille hommes, quoiqu'il y en ait toujours beaucoup moins.

Les Etats, pour se procurer le montant des sommes qu'ils sont obligés de remettre à cet effet chaque année dans les caisses des guerres, ont été autorisés par le souverain à percevoir des droits sur les objets de consommation, tels que les vins & eaux-de-vie étrangers, les eaux distillées dans l'intérieur, le tabac, la bierre, les moutures, & les bestiaux de consommation, sur le contrôle des vaisselles & sur le papier timbré.

Il y a dans chaque district des receveurs particuliers qui tiennent leurs commissions des Etats, & auxquels on accorde cinq pour cent sur le produit de leurs recettes.

Les fonds provenans de la perception de ces droits, sont remis par ces receveurs au comptoir ou caisse générale, qui est établie dans le chef-lieu de chaque province.

La connoissance & administration de ces droits appartient au conseil de Brabant, qui fait distribuer des imprimés qui contiennent l'ordre de la perception, & des tarifs exacts de la quotité des droits que chaque denrée doit supporter.

Indépendamment des subsides, tant ordinaires qu'extraordinaires, & des fonds pour l'entretien des quarante mille hommes de troupes réglées qui sont fournis par les Etats, le souverain jouit dans les Pays-Bas Autrichiens de droits d'entrée, de sortie, de convoi & transit des marchandises, d'un droit connu sous la dénomination de *tonlieu*, & du revenu des domaines dont l'aliénation n'a pas été faite aux Etats.

Droits d'entrée & de sortie.

LES droits d'entrée & de sortie sur les marchandises allant & venant de France, des pays rétrocédés, de la Lorraine & du pays entre la Sambre & la Meuse, ont été réglés par un tarif en 1670, mais ils n'ont point cessé depuis de varier suivant que l'importation & l'exportation ont augmenté ou diminué.

Les droits sur les marchandises & denrées allant & venant d'Allemagne, de la Hollande & des ports de Flandre, ont pareillement été arrêtés & réglés par un tarif fait en 1680; mais ils ont pareillement éprouvé & éprouvent tous les jours des variations perpétuelles suivant les circonstances.

Les marchandises qui empruntent le territoire des Pays-Bas Autrichiens pour passer à l'étranger, sont assujetties à un droit de transit, qui est réglé d'après la valeur de ces mêmes marchandises qui entrent & qui sortent du duché de Luxembourg, du comté de Chimay, & qui passent sur la Moselle.

Droit de tol ou tonlieu.

Le droit de tol ou tonlieu se perçoit sur toutes les marchandises & denrées, soit étrangeres ou du crû, & des manufactures du pays, soit qu'elles viennent de l'étranger, soit qu'elles y passent, soit qu'elles soient transportées dans le pays, d'une province à l'autre.

Enfin on perçoit dans les Pays-Bas Autrichiens, & notamment dans le Brabant, un droit qu'on appelle droit de convoi, & qui a été anciennement établi pour fournir à la dépense des troupes qui, dans les temps de guerre, étoient employées à escorter les marchandises & denrées que l'on transportoit d'une province à l'autre. Ce droit est fixé à un pour cent de la valeur des marchandises à l'importation, & à un demi pour cent à l'exportation.

Le produit de ces différens droits est employé, sous l'autorité du conseil des finances, à l'acquittement des dépenses qui sont à la charge du souverain dans les Pays-Bas Autrichiens.

L'administration de ces pays est confiée à un conseil des finances qui est établi à Bruxelles & qui est composé d'un trésorier-général qui fait, sous les ordres du gouvernement, les fonctions de contrôleur-général des finances, de sept conseillers, dont un honoraire; de deux conseillers, députés pour les affaires du commerce; de deux receveurs-généraux qui sont chargés des recettes & des payemens; de deux greffiers & de plusieurs commis qu'on nomme *officiaux*.

Ce conseil connoît de tout ce qui concerne les droits qui se levent au profit de l'empereur, & c'est lui qui a la nomination des emplois.

Les contestations relatives aux droits d'entrée, de sortie & de transit, sont portées en premiere instance devant les juges des domaines établis dans chaque département, & par appel en la chambre suprême, qui est composée d'un conseiller du conseil des finances, & de deux conseillers du conseil de la province.

PAZZI. (FRANCISQUE)

Conjuration de Francisque Pazzi contre Laurent & Julien de Médicis.

PIERRE DE MÉDICIS avoit laissé, en mourant, deux fils, Laurent & Julien, que le peuple adopta pour ses enfans, & auxquels il obéit comme à ses maîtres. Ils étoient l'un & l'autre dignes des sentimens de leurs concitoyens, & méritoient d'occuper le premier rang. Bien faits, aimables, généreux, magnifiques, on admiroit en eux les plus brillantes qualités, les plus rares talens & d'éminentes vertus. Laurent étoit plus vif, plus ambitieux, plus hardi dans ses entreprises; Julien plus doux, plus modéré, plus sensible au plaisir. Unis par les liens de la plus tendre amitié, ils gouvernoient la république; mais quoique chéris du plus grand nombre des citoyens, ils avoient des ennemis. Les Pazzi, puissante famille, leur avoient voué une haine d'autant plus irréconciliable, que cette maison aspiroit elle-même aux rênes du gouvernement. Jacques Pazzi, chef de cette famille, n'avoit point d'enfant, mais il avoit sept neveux, parmi lesquels se distinguoit sur-tout Francisque Pazzi, jeune homme de beaucoup d'esprit, fort agréable dans la conversation, mais vif, impétueux, facile à s'offenser, implacable dans sa vengeance, & d'autant plus dangereux qu'il portoit jusqu'à la perfidie l'art de dissimuler. Francisque, suivant l'usage très-sensé des gentilshommes d'Italie, s'étoit jeté dans le commerce de la banque, s'y étoit prodigieusement enrichi, & faisoit sa principale résidence à Rome, où il s'étoit lié avec le prince de Fourly, fils naturel du pape Sixte IV, ennemi juré des Florentins & des Médicis. Jacques Pazzi, craignant que cette liaison ne conduisît son neveu à quelques entreprises contre sa patrie, le fit revenir à Florence, où il devint amoureux de Camille, jeune & belle personne de la maison de Cafarels, & qui aimoit passionnément Julien de Médicis, dont elle étoit idolâtrée. Camille ne fut point sensible aux vœux de Francisque, & elle lui préféra son rival, qui l'épousa en secret. Francisque ignoroit ce mariage, mais ne pouvant douter que Julien ne lui fût préféré, il devint furieux, &, résolu de perdre son rival, il feignit pour lui la plus vive amitié. Tandis qu'il ne cherchoit qu'à tromper la victime qu'il avoit juré d'immoler, il fit part du dessein qu'il avoit conçu, à Baudini, son confident, & l'ennemi mortel des Médicis. Baudini enflamma de toute sa puissance le ressentiment de Francisque, & lui représenta que ce n'étoit point à la mort de Julien qu'il devoit se borner, mais faire périr les deux freres, qu'il lui peignit comme les oppresseurs de sa maison, les tyrans de la république, & les seuls obstacles qui s'opposassent à sa propre élévation. La jalousie de Francisque étoit assez véhémente pour l'enflammer contre les Médicis; le double intérêt de sa fortune & de son amour acheva de le déterminer au crime qu'il n'avoit encore projetté que d'une maniere assez vague. Affermi par Baudini, il ne songea plus qu'à former une conspiration qui pût envelopper les deux freres dans le même désastre. Dans cette vue il se rendit à Rome, s'assura de la protection du pape, qui fut enchanté du complot, & qui lui procura l'appui du vice-roi de Naples, d'autant plus empressé à favoriser ce projet, qu'il s'occupoit alors des moyens de s'emparer de la ville de Pise, & qu'il ne croyoit pas pouvoir y réussir, tant que Pise auroit les Médicis pour protecteurs. Sixte IV fit entrer dans ce complot Salviati, qu'il avoit nommé à l'archevêché de Pise, & que les Médicis empêchoient de jouir de cette dignité. Le pape s'assura en même temps du comte de Montsec, qui commandoit un corps de troupes du saint siege. Ces quatre conjurés, Sixte, Salviati, Francisque & Montsec, délibérerent sur les moyens de mettre en même temps les deux freres à mort, & il fut résolu que pour exécuter ce double assassinat avec plus de succès, il falloit déterminer Jacques Pazzi à entrer dans la conjuration. Le comte de Montsec s'en chargea, vint à Florence, & à force de sollicitations, parvint enfin à gagner Pazzi qui, une fois engagé, grossit prodigieusement le nombre des conjurés.

La seule difficulté étoit de réunir dans un endroit favorable, & loin de leurs partisans, Laurent & Julien, qu'il étoit convenu que l'on poignarderoit dans le même moment. Afin de faire naître plus aisément les circonstances que l'on désiroit, on engagea Sixte IV à envoyer à Florence, sous quelque prétexte, le cardinal Ravio, neveu du prince de Fourly. Les conjurés, espérant que dans les fêtes qui seroient données à cette occasion, on pourroit plus facilement exécuter cette entreprise. Ravio ne tarda point en effet de se rendre à Florence, suivi d'un fort grand nombre de soldats & de conjurés sous le titre de domestiques. Les deux freres, quoique brouillés avec le pape, firent un accueil distingué à Ravio, qui se rendit au château de Montaigu, maison de plaisance de Jacques Pazzi, remplie de conjurés, & où l'on ne doutoit pas que les Médicis ne vinssent saluer le cardinal; mais Julien s'y étant rendu seul, les conjurés remirent l'exécution à quelqu'autre occasion. Laurent la leur fournit lui-même, en invitant le cardinal & toute la famille des Pazzi à une fête pour le lendemain dans sa maison de Fisoles. Les ennemis des Médicis furent trompés encore dans leur attente, & Julien ne fut point de cette partie, ayant été voir son épouse Camille, qui s'étoit trouvée incommodée.

Affligés de ces contre-temps, & impatiens de consommer leur crime, les conjurés assemblés dans le cabinet chez Jacques Pazzi, convinrent que le dimanche suivant le cardinal feroit célébrer un service solemnel, à l'issue duquel il donneroit un grand repas aux Pazzi & aux Médicis; que les couverts seroient disposés de maniere que Laurent seroit placé entre Montsec & Jacques Pazzi, Julien entre Francisque & Baudini; que chacun des conjurés auroit derriere sa chaise un complice; qu'au signal d'une santé qu'on porteroit à la fin du repas, on poignarderoit les deux Médicis, & qu'au même instant

le

le cardinal se rendroit au palais, se saisiroit des magistrats qu'il forceroit d'établir une nouvelle forme de gouvernement, de nommer aux premieres places les Pazzi, & d'exclure des emplois toutes les créatures des Médicis. On disposa tout pour ce service solemnel & vraiment sacrilege. Le cardinal envoya inviter les Médicis à ce repas de Cannibales, & la veille de cette tragédie, le perfide Francisque ne quitta point les pas de Julien, qui lui parut fort triste, & qui ayant reçu une lettre comme il se promenoit avec son faux ami, la lut & tomba évanoui. Le traître Francisque profitant de cette foiblesse lut la lettre : elle étoit de la tendre Camille, qui faisoit part à son époux d'un songe affreux qui l'avoit agitée, & pendant lequel elle avoit cru le voir au milieu de deux tigres qui se rassasioient de son sang & de ses membres palpitans.

Jusqu'alors Francisque avoit cru Julien amant de Camille; mais il ne savoit point qu'il en étoit l'époux, & cette découverte irrita sa jalousie au point qu'il fut tenté de profiter de l'évanouissement de son rival pour lui percer le cœur; mais la crainte de dérober par cet assassinat précipité Laurent de Médicis au poignard des conjurés, retint son bras impatient, & retournant chez lui, il y rassembla les principaux de ses complices, & passa la nuit entiere à les encourager & s'entretenir avec eux du crime qu'ils s'étoient proposés de commettre. Le jour fatal & désiré par cette foule de scélérats parut enfin, & dès le matin la solemnité de la cérémonie attira dans la cathédrale une affluence innombrable de peuple. Les conjurés sortoient de la maison de Pazzi, lorsqu'on vint leur apprendre que Julien ne dîneroit point chez le cardinal, parce qu'il seroit obligé de partir immédiatement après la messe. Cette nouvelle déconcerta les conjurés qui étoient déjà dans l'église. Ils s'assemblerent dans une chapelle obscure pour y tenir conseil, & l'avis infernal de Francisque qui dit, que puisque leurs victimes ne pouvoient être immolées ensemble à la table du cardinal, il falloit les poignarder dans l'église même, fut suivi. Cependant comme ceux qui s'étoient engagés à mettre à mort Laurent, se firent un scrupule de commettre ce meurtre aux pieds des autels, il fallut trouver d'autres assassins. Antoine de Volterre, homme méchant, perfide, mais de peu de fermeté, & un prêtre, nommé Etienne, encore moins courageux, s'offrirent pour poignarder Laurent. Quant à Julien, Francisque ne voulut point que d'autre que lui entreprît de lui donner la mort. Ils délibéroient encore, quand Laurent qui accompagnoit le cardinal, entra dans l'église; Francisque & Baudini craignant que Julien ne fût trop retenu dans son palais, allerent pour le déterminer à venir, résolus, s'il ne se rendoit point à leurs instances, de l'égorger dans son cabinet. En effet, Julien qui venoit d'apprendre qu'il se tramoit quelque chose contre la république & sa famille, leur ayant dit que des affaires imprévues & pressantes l'obligeoient de rester chez lui, Baudini & Francisque lui témoignerent tant de regrets de passer la journée loin de lui, & le presserent si vivement au nom du peuple même d'assister à cette fête, que Julien rassuré par leurs perfides caresses se rendit & monta avec eux en carrosse. Francisque pendant la route ne l'entretint que de propos agréables, affectueux, & feignant de l'embrasser, s'assura qu'il n'avoit point de cuirasse sous son habit. Ils arriverent à l'église, & la présence de leur seconde victime combla la joie des conjurés. Au signal convenu qui étoit le son de la clochette à la communion du célébrant, les quatre assassins dégainerent en même-temps leurs poignards; Baudini enfonça le sien dans le cœur de Julien qui tomba mort aux pieds de Francisque; mais celui-ci craignant que le coup ne fût pas mortel, enfonça plusieurs fois son poignard dans le cœur de Julien avec tant de fureur, qu'en le retirant il se fit une profonde blessure à la jambe. Novi, ami de Julien, s'élança pour le venger sur Baudini qui, d'un seul coup, l'étendit mort à ses pieds. Laurent fut plus heureux : Antoine Volterre & le prêtre Etienne, étoient deux scélérats, mais ils n'étoient pas ses rivaux. Volterre, effrayé des suites de l'action qu'il alloit commettre, porta son coup d'une main mal assurée & ne blessa point Laurent; Etienne encore plus déconcerté, cherchant à s'exciter, s'écria avant de frapper : *ah traître, tu mourras!* A ce cri, Laurent ayant fait un mouvement, le poignard glissa sur son épaule & ne lui fit qu'une blessure fort légere à la gorge. Laurent fort vif & très-adroit mit l'épée à la main, para les coups que d'autres conjurés cherchoient à lui porter, donna le temps à ses amis de venir le défendre, & se sauvant dans la sacristie, s'y barricada, & y fut à l'abri d'une foule de conjurés qui ne purent enfoncer les portes de cet asile. Un désastre affreux régnoit dans l'église; les amis & les ennemis des Médicis s'y battoient à outrance. Le cardinal Navio finissoit paisiblement sa messe au milieu de ce carnage. Baudini tenant à sa main son poignard teint de sang, sortit sans que personne osât l'arrêter, s'éloigna de Florence & s'arrêta quelques jours à Venise, d'où il se retira en Turquie. Francisque se fit jour l'épée à la main à travers ceux qui cherchoient à se saisir de lui, & malgré sa blessure monta à cheval & parcourut les rues pour tâcher d'exciter une sédition : vainement Montsec & Jacques Pazzi le seconderent de toute leur puissance; personne ne se souleva.

Pendant que cette scene d'horreur se passoit dans la cathédrale, l'archevêque de Pise, Salviati, accompagné de trois de ses complices & suivi de plus de cent Pérousins armés, se rendit, comme les conjurés en étoient convenus, à la maison de ville, où les magistrats étoient assemblés. Pendant que le gonfalonier le faisoit introduire à la sale d'audience avec ses compagnons; les Pérousins se glisserent dans une grande salle inférieure & s'y enfermerent sans le savoir, ne connoissant point la disposition des serrures, au moyen desquelles la porte une fois poussée, ne pouvoit plus s'ouvrir qu'avec la clef par en dedans ni par en dehors. Cependant l'archevêque se voyant presque seul devant les magistrats, s'effraya, balbutia d'une maniere si tremblante quelques mots sur la légitimité de l'assassinat commis sur les Médicis, que le gonfalonier sortant brusquement de la salle, alla crier aux armes, & en rentrant, saisit dans l'antichambre un des trois conjurés qui y *étoient restés*, le traîna dans la salle, fit arrêter les autres, ordonna de faire main-basse sur tous ceux qui l'avoient accompagné, fit jeter leurs corps par la fenêtre, & pendre l'archevêque aux croisées de la salle. Cependant à force d'efforts, les cent Pérousins parvinrent à enfoncer la porte de la chambre où ils s'étoient enfermés, & maîtres pendant quelques momens du bas palais, assiégerent les gouverneurs qui se tinrent retranchés & bien barricadés en haut. Jacques Pazzi, voyant que tous les Florentins se déclaroient pour les Médicis, se hâta de sortir de Florence & prit la route de la Romaigne. Montsec fut arrêté & traîné en prison, tandis que le peuple conduisoit en triomphe Laurent à son palais. Les conjurés furent tous massacrés par la populace en fureur, & leurs corps traînés par les rues. Les maisons des Pazzi furent attaquées, pillées & démolies dès le jour même. Francisque pris, enchaîné, maudit, insulté, frappé par le peuple, fut conduit au palais, où il fut presqu'au même instant pendu à côté de l'archevêque. Montsec eut la tête tranchée. Laurent, par égard pour le pape auquel il ne devoit aucun ménagement, ne voulut pas permettre qu'on punît de mort le sacrilege cardinal Navio. Baudini ne trouva point en Turquie la sureté qu'il s'étoit flatté d'y trouver. » Scélérat, lui dit » le sultan, en présence de ton Dieu, tu as poignardé un homme que » tu venois d'embrasser, & tu oses me demander un asile! j'offenserois le » ciel, si je te mettois à couvert de la justice qui te poursuit. *Sors d'ici*; » je permets qu'on t'arrête au pied de mon trône.« En effet Baudini fut livré aux envoyés de Laurent qui étoient à la porte, & ils le ramenerent à Florence où il périt par la main du bourreau.

PE

PECQUET, *Auteur Politique.*

PECQUET, premier commis du bureau des affaires étrangeres à Versailles, après s'être amusé dans sa jeunesse à traduire l'*Aminta* du Tasse, le *Pastor Fido* de Guarini, & l'*Arcadia* de Sannasar, s'occupa ensuite de sujets plus relevés & plus analogues à son état. Il publia en 1737 un *discours sur l'art de négocier*, ou pour parler plus correctement *sur l'art des négociations politiques*, des *pensées diverses sur l'homme* en 1738, un *discours sur l'emploi du loisir* en 1739, & le *Parallele de l'esprit, du cœur & du bon-sens* en 1740. Cette même année, Mr. Pecquet fut privé de son emploi & enfermé au donjon de Vincennes pour un sujet qui n'est pas parvenu à la connoissance du public. Il en sortit en 1742, & fut exilé dans une terre, d'où il eut ensuite permission de revenir à Paris. Au retour de cet exil, Mr. Pecquet publia un nouvel ouvrage intitulé l'*esprit des maximes politiques pour servir de suite à l'esprit des loix*. L'édition que j'ai sous les yeux est en deux volumes in-12, & porte au frontispice *à Leyde aux dépens de la compagnie*, 1758. Je ne pense pas que ce soit l'édition originale; mais je n'en ai point vu d'autres. Lorsque cet auteur composa son *discours sur l'art de négocier* il avoit trop peu de connoissances pour traiter en entier un sujet aussi grand & aussi délicat. Aussi son ouvrage n'en est qu'une esquisse bien foible, & fort au dessous des ouvrages de Callieres & de Franquesnay sur la même matiere. Voyez CALLIERES & FRANQUESNAY. Aussi nous nous dispenserons d'en parler davantage, mais nous analyserons son *esprit des maximes politiques* qui annonce une tête mieux meublée, un homme plus consommé dans la politique. Nous l'estimons beaucoup & souvent nous l'avons copié dans cette *bibliotheque de l'Homme d'Etat.*

Analyse de l'esprit des maximes politiques.

GROTIUS, dans son *traité du droit de la paix & de la guerre*, considere le droit public sous deux rapports; c'est-à-dire, relativement à l'état de paix, & relativement à l'état de guerre. Mr. Pecquet croit devoir suivre la même division, parce que l'un & l'autre état est régi par le même esprit des maximes politiques, qui a seulement des applications différentes en temps de paix & en temps de guerre; l'état de paix considéré comme un état naturel, & celui de guerre comme un état forcé à la vérité, mais momentané & destiné à ramener à l'état naturel. C'est d'après cela qu'il partage son ouvrage en deux livres, nécessairement liés l'un à l'autre. Le premier présente l'esprit des maximes politiques en temps de paix; & le second, le même esprit en temps de guerre; en sorte qu'il en résulte les moyens de conserver la paix le plus long-temps qu'il est possible, & d'y revenir aussi promptement & aussi solidement qu'on le pourra.

Le premier état de l'humanité, du moins tant qu'elle a été fidelle aux loix de son établissement, a été un état de paix; dès que l'on a perdu ces loix de vue, l'injustice a armé même le frere contre le frere. La paix d'ailleurs a dû, en suivant les bonnes regles du raisonnement, être pour l'homme une espece de loi naturelle, parce qu'il a dû trembler de tout, avant que les idées spéculatives lui en eussent donné quelqu'une de ses forces.

Cette connoissance animée par la chaleur des passions, a dû le conduire à l'état de guerre, quand il a imaginé pouvoir y être le plus fort; & cette espece de second état de l'humanité s'est, pour ainsi dire, développé par la multiplication de l'espece qui a donné lieu de se séparer sous la loi du *tien* & du *mien*. Il s'est formé des sociétés distinctes, & chaque famille a représenté & constitué, pour ainsi dire, un Etat, dont les chefs de famille étoient en quelque façon les souverains monarchiques; car ç'a été la premiere forme d'autorité. Les abus de la souveraineté ont vraisemblablement, seuls, donné lieu à l'établissement des formes de constitution populaire ou aristocratique, parce que la premiere raison qui avoit pu déterminer plusieurs hommes à se soumettre à un seul, avoit été l'espérance d'être heureux; car, en soi, rien ne répugnoit davantage à l'esprit de liberté & d'indépendance né avec l'homme.

C'est peut-être bien encore un trait de la sottise humaine, de se croire plus heureux en obéissant à plusieurs, qu'à un seul. Mais après tout, les hommes ont toujours eu besoin d'être conduits : ils obéissent à un seul, qui lui-même obéit aux loix qui sont l'ouvrage de tous. Cercle d'assujettissement réciproque qui souvent venge l'opinion des uns de celle des autres : dès-lors, il y eut des intérêts de conservation ou d'accroissement. Chacune de ces especes d'états naissans, a dû, à la fantaisie de ses chefs autant peut-être qu'au raisonnement, des loix ou des coutumes particulieres.

Les relations entre ces différens états, ont dû être fondées sur des besoins réciproques, tels que ceux résultans du commerce; & à mesure que l'augmentation de l'espece a rendu plus nombreuse chaque société, ou qu'elle a occasionné la multiplication des sociétés, il s'est établi entr'elles des pratiques de droit connues depuis sous le nom de droit de gens, dans le même temps qu'il s'y établissoit intérieurement un droit, d'après lequel se régissoient les corps publics qui se formoient dans chaque société; droit qui a été connu sous le nom de *droit public* intérieur, pareil en chaque état, quant à son objet général, mais différent en chacun par les loix du détail. Cette derniere espece n'entre que très-accessoirement dans l'exécution de notre plan, & en tant que comme relative aux différentes constitutions intérieures, elle peut influer sur l'exécution des projets extérieurs.

Delà ont dû naître les maximes politiques d'une société, relativement à une ou plusieurs autres, & elles ne pouvoient être d'abord ni fort multipliées ni fort compliquées, parce que les objets en étoient simples & peu nombreux, & que d'ailleurs, si les hommes alors paroissoient plus méchans & agissoient plus à force ouverte que ceux des siecles suivans, ils étoient surement moins artificieux, parce qu'ayant moins de loix, & étant soumis à moins de prohibitions, les couleurs empruntées du masque leur étoient moins nécessaires. On trouve la preuve de cette vérité dans la simplicité des anciennes formules de s'expliquer de nations à nations, qui sont rassemblées dans différens ouvrages.

A mesure que les hommes se sont multipliés, que chaque société s'est fait des besoins vrais ou imaginaires (car pour l'effet cela est égal) & qu'en même temps chacune a pu connoître ses forces, dont les passions publiques ou particulieres ont toujours cherché à abuser, les rapports politiques ont dû augmenter en proportion.

La résistance que des sociétés trop avides ou trop injustes ont rencontrée, a donné naissance à des haines ou à des antipathies qu'aujourd'hui nous pourrions nommer nationales, & qui, simples préjugés dans leur origine, ont pour ainsi dire acquis, dans l'opinion des hommes, nature de principe. C'est d'après cela qu'une nation ne répugne jamais à guerroyer contre une autre, par la seule raison qu'elle est, dit-elle, son ennemie naturelle; & c'est ce que, tous les jours, on entend dire comme une vérité. Je passe cet égarement à quelque canton de sauvages : mais la saine raison le doit-elle permettre à des nations policées, dont les chefs sont éclairés, & dans lesquelles même la multitude est instruite, & raisonne jusqu'à un certain point.

Ces antipathies ont pourtant pu avoir une cause assez naturelle, en considérant l'homme comme voulant être indépendant. Ç'a été la concurrence des besoins. L'eau d'un ruisseau étoit nécessaire à deux sociétés; & quoiqu'en remontant aux vues simples du droit naturel, elle eut pu rester commune, chacune de ces deux sociétés a voulu en être maîtresse pour faire la part à l'autre, ou dans la crainte qu'on ne voulût la lui vendre trop cher. N'est-ce pas ainsi que se sont formées ces branches de commerce exclusif qui ont armé si long-temps tant de peuples avant qu'elles ayent été légitimées autant qu'elles le pouvoient être par le consentement des nations? Du petit au grand, combien l'histoire du monde ne nous fournit-elle pas d'exemples de ce genre, parce que le vice favori de l'humanité, a toujours été le goût de domination d'empire, que l'esprit s'est seulement occupé à justifier par des raisons apparentes? Combien cet intérêt de se justifier n'a-t-il pas enfanté de sophismes ou raisonnemens politiques, pour & contre, sur la même matiere? Sophismes pourtant assez plausibles, en apparence, pour séduire la raison humaine ; & j'admire souvent, que les plus grands hommes se soient crus quelquefois sensément occupés en travaillant à accorder toutes les formes incompatibles ou mal assorties dont la chimere étoit composée, & dans le temps que, guidés uniquement par des intérêts particuliers, & souvent mal entendus, ils n'ont eu en vue que de faire illusion sur les principes.

Ces sociétés primordiales se sont donc augmentées & peuplées plus ou moins, selon la nature du climat, ou en proportion avec la faveur que les loix ont donnée à la multiplication de l'espece. Ainsi que les ruches à miel trop pleines, elles ont eu besoin d'envoyer au dehors des colonies, ou qui se sont établies sans bruit en vertu du droit de premier occupant, ou qui, en vertu du simple droit de convenance, ont dépossédé d'autres sociétés déjà établies, qui elles-mêmes ont été obligées de se transporter ailleurs, ou de recevoir la loi & de subir des fers sans transmigration. Ainsi se sont multipliés les usurpateurs. L'intérêt de se maintenir en a fait chercher les moyens, & a donné naissance à de nouveaux rapports politiques.

La haine naturelle à l'homme pour l'esclavage & la tyrannie, a produit en quelques endroits les républiques qui, pour la défense de la liberté, se sont trouvées dans des rapports particuliers avec leurs voisins, jusqu'à ce que l'ambition de quelques hommes ait encore changé la face du monde connu.

Le temps, la violence, la surprise, une suite de conduite vraiment politique ou simplement heureuse, ainsi que nous le développe si bien M. Bossuet dans son discours sur l'histoire universelle, ont fait éclore & former de grands empires dont toute la politique se réduisoit à la loi du plus fort, & devant qui la politique des foibles étoit la patience & la soumission. Les combinaisons des rapports politiques ont dû alors diminuer en proportion, parce qu'il n'en peut plus être question dès que tout se réduit à l'obéissance servile ou nécessaire.

Ces vastes empires se sont, pour ainsi dire, substitués les uns aux autres, & se sont détruits, ou par leur propre poids, ou par les moyens que réunit nécessairement la haine de l'esclavage : car rarement on a été extraordinairement puissant sans un peu de tyrannie. Le dernier de ces empires a été l'empire Romain, dont celui de Charlemagne, trop vaste peut-être lui-même, n'étoit cependant qu'une portion.

De ces grands débris se sont formés ensuite plusieurs Etats, chacun également souverain & indépendant, sous différentes formes, mais avec de grandes disproportions de forces. Dès-lors ont reparu de nouveaux rapports politiques, qui se sont de nouveau multipliés presqu'à l'infini, & qui sont sujets à varier en proportion avec les changemens de principes intérieurs à chacun ; car c'est là qu'il faut chercher les principes de la balance, ainsi que les causes de son instabilité. Et en effet, lorsque l'on considere de sang-froid les causes de la décadence des plus grands empires, & l'origine de ces commotions qui ont si souvent ébranlé le monde connu, on les trouve dans les abus des mauvais gouvernemens. L'effet en a été plus ou moins prompt selon les différentes constitutions, ou selon la consistence, pour ainsi dire, des Etats. Une grande machine s'ébranle moins aisément; une machine fortement constituée se décompose plus difficilement qu'une autre, parce que, pour peu que de temps en temps la providence suscite quelqu'ouvrier qui en sache réparer quelques principaux ressorts, il la remet en état de rouler encore pendant long-temps; & ce sont ces especes d'intermedes heureux qui ont effectivement suspendu les grandes chûtes. Si tout autre prince qu'Auguste, devenu clément, avoit succédé à Jules, l'empire Romain auroit peut-être vu rapprocher davantage l'époque de sa dissolution. Un Tibere à sa place eut sans doute vu détruire l'édifice, à peine édifié. Ainsi que le corps humain, les Etats ont leurs maladies, & le plus fort tempérament succombe enfin aux fréquentes attaques.

C'est d'après ces différentes révolutions successives, & en partant du point de partage actuel de l'Europe, que Pecquet essaie d'établir l'esprit des maximes politiques, avec l'application particuliere au temps de paix, & au temps de guerre.

Son but est d'exciter les souverains à vivre en paix, & à éviter la guerre par une direction générale de conduite fondée sur la justice, ayant pour objet le bonheur des sociétés, réfléchie sur le passé, sage sur le présent, & prévoyante sur l'avenir.

Il falloit indiquer les sources où l'on pouvoit puiser des maximes, ou chercher des secours pour remplir plus aisément ces différens points de vue & de conduite. Il en propose deux sources presqu'inépuisables. La premiere est la lecture de l'histoire, comme l'étude la plus capable de donner la plus haute idée du respect que l'on a toujours eu pour les principes du droit naturel, & pour les pratiques du droit des gens consacrées par l'intérêt des nations. La seconde, l'usage des voyages, comme une multiplication des tableaux de l'humanité, dont les perfections ou les défauts ne peuvent être développés que par une comparaison méditée des uns avec les autres; & pour ne point laisser abuser du goût trop commun & trop lié avec l'amour-propre mal entendu, de vouloir lire dans l'avenir, & dicter, pour ainsi dire, des loix à la postérité, il estime essentiel de donner pour terme graduel & successif aux vues & aux projets, la durée même de la vie des hommes existans, parce que ce terme ne sort point du vraisemblable, & que par delà, tout n'est ordinairement que chimere & confusion dans les idées.

Les différentes gradations dans la *formation* des sociétés publiques qui partagent cet univers, font supposer aussi, & avec grande vraisemblance, des gradations proportionnées & relatives dans la formation de l'art politique.

On apperçoit les hommes des premiers siecles, simples dans leurs vues, & leurs actions assez peu intéressantes pour y trouver, comme l'abbé Langlet le dit dans sa méthode pour étudier l'histoire, la raison du peu d'ancienneté des annales historiques. On les voit ensuite, ces mêmes hommes, animés de l'esprit de domination, ravisseurs injustes pour faire pencher en leur faveur la loi du *tien* & du *mien*, ne connoissant point d'autre loi dans le commandement que leur volonté, point d'autre privilege dans les autres hommes que celui de l'obéissance & de la soumission, arrivant enfin à un temps, pour ainsi dire, de législature publique destinée à faire la sureté des nations, & à établir les principes de leurs liaisons fondées sur les besoins réciproques; mais en même-temps que cette époque les montre guidés par plus de lumieres, elle les fait voir aussi, abusant de leurs connoissances pour s'agrandir injustement, artificieux dans leurs projets, dissimulés dans leurs véritables vues, & difficiles à développer dans les routes qu'ils embrassoient.

C'est là qu'une complication infinie de ressorts exige bien des talens supérieurs pour les connoître, pour gêner les uns, pour donner plus de jeu aux autres, talens que la nature seule peut donner, que l'étude éclaire, que l'expérience perfectionne.

Il y avoit des maladies avant qu'il y eût des médecins. Leurs talens étoient en proportion avec les besoins. On pouvoit, avec peu de connoissances, être médecin bon & suffisant. Le changement ou la corruption des mœurs a multiplié les maladies, & y a placé l'obscurité des complications. Dès-lors il a fallu d'autres talens en médecine; ils se sont formés & étendus à proportion, & l'expérience en a été le ministre. Les plus grands suffisent à peine aujourd'hui pour la cure des hommes. C'est ainsi que l'auteur raisonne par comparaison, sur la suffisance des talens politiques. Les objets de leur application sont les maladies de l'esprit & du cœur humain en matiere publique. Plus elles seront multipliées & compliquées, & moins nous trouverons de médecin & de remedes égaux aux maux.

Sans s'arrêter aux raisonnemens vagues souvent faits, & jamais concluans, sur le bien ou le mal des différentes formes ou constitutions d'Etats; partant de l'état présent des choses, il reconnoît & inculque la nécessité & le devoir de l'esprit de justice & de paix, pour ne pas envahir le bien d'autrui, & pour ne point former de projets destructifs de cette balance si nécessaire, pour que les petits ne succombent point, & que les grands n'abusent point des forces que la providence leur a départies.

Cherchant les moyens d'assurer, autant qu'il est possible, ces grandes vues, il proscrit la tyrannie des passions, fait craindre les égaremens dangereux de l'esprit sans modérateur; réclame le ministere du bon sens, comme seul propre à déterminer les principes de combinaisons, & comme un flambeau sûr pour porter la lumiere dans le labyrinthe obscur des vues & des artifices dangereux pour l'ordre des sociétés publiques.

Il combat ses préjugés d'éducation, pour persuader mieux aux hommes qu'il y a une indivisibilité de droit & de rapport entre toutes les sociétés; qu'il ne suffit pas qu'ils soient bons citoyens relativement à leur patrie, mais qu'ils doivent être citoyens de tout le monde, estimer & respecter ce que chaque peuple peut avoir de bon, ne pas rougir d'imiter & de s'approprier ce dont ils n'ont pas eu le mérite de l'invention, & s'intéresser à la félicité du corps systématique des sociétés, comme étant en rapport & en liaisons nécessaires avec la société particuliere.

Il ne craint pas de fouiller jusques dans les replis de l'amour-propre pour en proscrire les mouvemens, comme les tyrans de la raison humaine, comme le plus grand obstacle à la formation de l'honnête-homme & du grand homme, & comme l'arme la plus dangereuse pour les instrumens en second, toujours victimes quand l'équité ne les juge pas, & que les intérêts de la vanité ou de l'ambition peuvent gagner à leur sacrifice.

Toujours fidele & attaché aux vues de paix, il développe, ou du moins éclaircit le véritable systême de la balance politique, au préjudice de laquelle les uns pourroient impunément être trop entreprenans, & les autres auroient trop à craindre, dont le renversement occasionneroit un ébranlement général, & donneroit naissance à mille égaremens politiques qui, loin de remettre l'égalité dans la balance, en feroit au contraire perdre le po[illegible] de vue.

Pecquet propose ensuite l'étude & la connoissance des besoins réciproques des nations comme un guide certain pour fixer la conduite & les principes politiques, & les diriger vers l'intérêt précieux de la tranquillité générale.

Entrant dans le détail des différens gouvernemens, sans blâmer la constitution d'aucun, il fait dépendre leur grandeur essentiellement de l'opinio[n] résultante de la bonté de leur administration intérieure; opinion qui ren[d] plus précieuse la protection des grandes puissances, qui donnent aux puissances moyennes un ton de considération supérieure à leurs forces réelle[s] & qui en rapproche les plus petites, par le respect que l'on a nécessairement pour tout gouvernement sage & intelligent dans la proportion d[e] ses moyens.

Pour assurer encore mieux les avantages de l'opinion, il cherche les proportions entre les entreprises & les forces, entre les objets & les risques. Il seroit dangereux en effet que chaque forme de gouvernement pût se croi[re] en égalité de moyens avec les autres, ce qui donneroit naissance à des acte[s] de témérité, ni que l'on fît consister cette égalité dans une parité numérique, parce qu'il en naîtroit des mécomptes considérables. Il indique don[c] les points de dissemblance des choses, en apparence, les plus ressemblantes, pour tâcher que l'homme public, dans un petit Etat, ne projette pas & ne raisonne pas comme l'homme public dans un grand Etat, ni l'Etat républicain comme l'Etat monarchique.

Il étend ses observations sur les différens objets de calcul ou d'estimation qui doivent entrer pour plus ou moins dans les réflexions & les combinaisons de l'homme public, sur-tout quand il est dans le cas de prendre certains partis décisifs pour le bonheur, soit de la société particuliere où il vit, ou de la société générale à laquelle il ne cesse point d'être comptable; & persuadé que l'on ne peut jamais donner trop d'encouragement, ni présenter trop de motifs d'émulation aux hommes pour les porter à tâcher de se rendre utiles, nous en avons compté la valeur intrinseque pour beaucoup dans la balance de l'opinion en chaque Etat. C'est pour cela qu'il dit que les forces générales de chacun ne se pouvoient apprécier avec justesse que par l'état des forces particulieres, qu'il fait consister dans les talens & les ressources d'esprit de ceux qui sont destinés à pouvoir être les coopérateurs des grands événemens. Delà plusieurs observations sur le véritable point de vue des éducations, & sur la liaison entre le mode des éducations particulieres & la constitution de chaque Etat.

Et comme ce n'est quelquefois pas assez pour persuader les hommes que de leur montrer les avantages du bien, sans leur montrer les inconvéniens des contraires, parce que leur amour-propre peut leur faire croire que, même en faisant mal, ils pourroient trouver en eux-mêmes des ressources pour se redresser & pour rectifier leurs œuvres, il étoit nécessaire de leur faire voir que dans l'ordre public, bien différent en cela de l'ordre particulier, les égaremens politiques produisant, pour ainsi dire, des maladies générales, ils ne sont pas réparables ordinairement sans produire des maux nouveaux.

Cependant, malgré tous les soins & toute l'attention possible, on peut se trouver engagé dans des guerres nécessaires; & même, par une sage prévoyance, on peut être déterminé à prendre les armes, ce qui constitue un genre de guerre utile dans les vues de l'équilibre de l'Europe. Ces différentes guerres ont des points de conduite différens. Mais on n'en prescrit point pour les guerres de pure convenance, parce qu'enfans de la fantaisie ou des passions les plus destructives du bonheur public, elles ne peuvent être assujetties à aucune regle. Dénuées de raison dans leurs mobiles & dans leur direction, on ne propose des points & des principes de conduite qu'à ceux dont les efforts doivent se réunir pour arrêter ces torrens impétueux.

Notre sage & habile politique nous peint les guerres longues comme ruineuses, quelqu'heureuses qu'elles puissent être; & il fait voir qu'il importe essentiellement au bonheur de l'humanité que toutes les opérations militaires soient dirigées vers l'objet de la paix, c'est-à-dire, dans la vue d'en accélérer le retour le plutôt qu'il se peut, seul moyen de diminuer les horreurs d'un fléau toujours redoutable par lui-même.

Communément, & autant qu'il est possible, on ne fait point la guerre seul & sans coopérateurs. Pecquet nous fait connoître les qualités essentielles qu'il faut trouver dans un allié pour pouvoir se fier à son concours ou en attendre des avantages; il insiste ensuite sur la religieuse fidélité, que l'on doit à un allié qui a partagé de bonne foi nos risques & nos dépenses.

Indiquant enfin les voies ordinaires par lesquelles on peut le plus aisément rentrer dans cet état de paix duquel il est parti, il développe tout ce que ce moment exige de sagesse, de sagacité & de prévoyance pour assurer les fondemens de la paix & pour la rendre durable : premiérement, en évitant, autant qu'il se peut dans la rédaction, toute obscurité ou toute équivoque, au moins volontaire, & en renvoyant le moins de choses que l'on peut à de secondes négociations subsidiaires; secondement, en réfléchissant sur les choses passées, & en travaillant à rectifier les engagemens politiques qui avoient entraîné la nécessité de la guerre, ou auxquels auroient pu donner lieu, comme quelquefois cela arrive forcément, les stipulations mêmes des traités nouvellement conclus.

C'est ainsi qu'il ouvre & ferme le cercle qu'il s'étoit proposé de parcourir. Le bonheur public, & de chaque société particuliere, en est le centre. Les moyens pour y parvenir, sont les rayons de ce cercle partant de ce centre, & aboutissant à une circonférence dont tous les points se touchent, & se joignent, si nécessairement, qu'ils ne pourroient être séparés qu'au détriment & à la ruine de la machine totale.

PEINE, s. m.

ON définit la Peine, un mal dont le souverain menace ceux de ses sujets qui seroient disposés à violer les loix, & qu'il leur inflige actuellement & dans une juste proportion, lorsqu'ils les violent, indépendamment de la réparation du dommage; dans la vue de quelque bien à venir & en dernier ressort, pour la sureté & la tranquillité de la société.

La morale politique, pour procurer à la société quelque avantage durable, doit être fondée sur les sentimens ineffaçables du cœur de l'homme.

Toute loi qui ne sera pas établie sur cette base, éprouvera toujours une résistance à se maintenir; & cette résistance, quoique petite, renversera enfin la loi, comme nous voyons en méchanique une petite force qui s'exerce à chaque instant, détruire dans un corps le mouvement le plus violent. Consultons donc le cœur humain pour y trouver l'origine des Peines, & les véritables fondemens du droit de punir.

Personne n'a fait gratuitement le sacrifice ou don de sa liberté dans la seule vue du bien public. Cette chimere n'existe que dans les romans. Chacun de nous voudroit, s'il étoit possible, que les conventions qui lient les autres, ne le liassent pas lui-même. Chaque homme se fait le centre de toutes les combinaisons de l'univers.

La multiplication du genre humain, quoique lente, étant encore trop rapide pour que la nature abandonnée à elle-même fût capable de fournir aux besoins qui devenoient tous les jours plus nombreux, & se croisoient en mille manieres, les premiers hommes se virent forcés de se réunir. Quelques sociétés étant formées, il s'en établit bientôt de nouvelles pour résister aux premieres, & l'état de guerre entre les nations succéda à celui qui avoit été entre les individus.

Les loix furent les conditions sous lesquelles les hommes auparavant indépendans & isolés se réunirent en société. Las d'un état de guerre continuelle, & d'une liberté qui leur devenoit inutile par l'incertitude de la conserver, ils en sacrifierent une partie pour jouir du reste avec plus de sureté. La somme de toutes ces portions de liberté forma la souveraineté de la nation qui fut mise en dépôt entre les mains du souverain, & confiée à son administration. Mais il ne suffisoit pas d'établir ce dépôt, il falloit le défendre des usurpations de chaque particulier qui s'efforce de retirer de la masse commune, non-seulement sa propre portion, mais encore celle des autres : il falloit des motifs sensibles & suffisans pour empêcher le despotisme de chaque particulier de replonger la société dans son ancien chaos. Ces motifs furent des Peines établies contre les infracteurs des loix. Je dis que ces motifs durent être sensibles, parce que l'expérience montre que la multitude n'adopte pas des maximes de conduite. Comme toutes les parties du monde physique, la société a dans elle-même un principe de dissolution, dont l'action ne peut être arrêtée dans ses effets que par des motifs qui frappent immédiatement les sens. L'éloquence & les vérités les plus sublimes ne peuvent mettre un frein aux passions excitées par les impressions fortes des objets sensibles. On ne peut les combattre que par des impressions de même espece, qui soient continuellement présentes à l'esprit, & qui contre-balancent les passions particulieres ennemies du bien général. C'est donc la nécessité seule qui contraignit chaque homme à céder une portion de sa liberté, d'où il suit que chacun n'en a voulu mettre dans le dépôt commun que la plus petite portion possible, la seule partie dont le sacrifice étoit nécessaire pour engager ses associés à le maintenir dans la possession du reste. L'assemblage de toutes ces portions de liberté, les plus petites que chacun ait pu céder, est le fondement du droit de punir de la société. Tout exercice du pouvoir qui s'étend au-delà de cette base est abus, & non justice; est un fait, & non un droit. Toute Peine est injuste, aussitôt qu'elle n'est pas nécessaire à la conservation du dépôt de la liberté publique. Les Peines seront d'autant plus justes, que le souverain conservera aux particuliers une liberté plus grande, & qu'en même temps la liberté publique demeurera plus inviolable & plus sacrée.

La premiere conséquence de ces principes est qu'il n'appartient qu'aux loix seules de décerner la Peine des crimes, & que le droit de faire les loix pénales ne peut résider que dans le législateur qui représente toute la société unie par le contrat social. Il suit delà que le magistrat n'étant que partie de la société ne peut, avec justice, infliger à un autre membre de la société une Peine qui n'est pas décernée par la loi, & comme l'accroissement de sévérité dans une Peine quelconque déjà décernée par la loi par-delà le terme fixé, est la Peine fixée plus une autre Peine, il s'ensuit encore qu'aucun magistrat, même sous prétexte de bien public, ne peut accroître la Peine prononcée contre le crime d'un citoyen.

La deuxieme conséquence est que le souverain qui représente la société même ne peut que faire la loi pénale générale, à laquelle tous les membres de la société sont soumis; mais qu'il ne lui appartient pas de juger si un particulier a encouru la Peine portée par la loi. En effet, dans le cas d'un délit, il y a deux partis; le souverain qui assure que le contrat social est violé, & l'accusé lui-même qui nie la réalité de cette violation. Il est donc nécessaire qu'il y ait un juge entre deux qui décide la contestation, c'est-à-dire, un magistrat dont les jugemens soient sans appel, & consistent dans une simple affirmation ou négation de faits particuliers.

La troisieme conséquence est, quand l'atrocité des Peines ne seroit pas réprouvée par ces *vertus bienfaisantes*, qui *sont l'ouvrage de la raison éclairée*, & qui feront toujours préférer de commander plutôt à des hommes heureux & libres, qu'à un troupeau d'esclaves; quand elle ne seroit pas directement opposée au bien de la société, & à l'objet même auquel elle est dirigée, qui est d'empêcher les crimes; c'est assez qu'elle soit inutile pour devoir être regardée comme injuste, & comme contraire à la nature du contrat social.

Douceur des Peines.

La fin de l'établissement des Peines ne sauroit être de tourmenter un être sensible ni de défaire, (qu'on nous permette cette expression) un crime déjà commis. Comment un corps politique, qui, loin d'agir par passion, met un frein aux passions particulieres, peut-il adopter cette cruauté inutile, instrument de la fureur & du fanatisme, ou de la foiblesse des tyrans? Les cris d'un malheureux dans les tourmens peuvent-ils rappeller du passé qui ne revient plus, le crime qu'il a commis?

Aussi convient-on que l'objet des Peines est d'empêcher le coupable de nuire désormais à la société, & de détourner ses concitoyens de commettre des crimes semblables. Parmi les Peines, on doit donc employer celles qui étant proportionnées aux crimes, feront l'impression la plus efficace & la plus durable sur les esprits des hommes, & en même temps la moins cruelle sur le corps du criminel.

Qui ne frissonne d'horreur en voyant, dans l'histoire, tant de tourmens barbares & inutiles, inventés & employés froidement par des hommes qui se donnoient le nom de *sages?* Qui ne sent frémir au dedans de lui la partie la plus sensible de lui-même au spectacle de ces milliers de malheureux, tantôt forcés par le désespoir de se rejeter dans l'état de nature, pour se dérober à des maux causés ou tolérés par ces loix qui ont toujours outragé le plus grand nombre, & favorisé le plus petit; tantôt accusés de crimes impossibles ou fabriqués par l'ignorance & la superstition; ou enfin coupables seulement d'avoir été fideles à leurs propres principes: qui peut, dis-je, les voir déchirés avec appareil & avec lenteur par des hommes doués des mêmes sens & des mêmes passions, & une multitude fanatique repaissant ses yeux de cet horrible spectacle?

L'atrocité même de la Peine fait qu'on ose davantage pour s'y soustraire, & qu'on commet plusieurs crimes pour éviter la punition dûe à un seul. Les pays & les temps où les supplices les plus cruels ont été mis en usage, sont ceux où l'on a vu les crimes les plus atroces. Le même esprit de férocité qui conduisoit la main du législateur, guidoit celle de l'assassin & du parricide. Sur le trône, il dictoit des loix de sang à des ames féroces & asservies qui obéissoient, tandis qu'il animoit le citoyen obscur à immoler ses tyrans, pour en créer de nouveaux.

A mesure que les supplices deviennent plus cruels, les ames se mettant, pour ainsi dire, au niveau de la férocité des loix, s'endurcissent; & la force toujours vive des passions fait qu'au bout de cent ans, la roue n'effraie pas plus qu'auparavant la prison. Pour qu'une peine produise son effet, il suffit que le mal qu'elle cause, surpasse le bien qui revient du crime, en faisant même entrer dans le calcul de l'excès du mal sur le bien, la certitude de la punition & la perte des avantages que le crime produiroit. Toute sévérité qui passe ces limites est inutile, & par conséquent tyrannique.

Les hommes reglent leur conduite d'après l'action répétée des maux qu'ils connoissent, & non d'après celle des maux qu'ils ignorent. Qu'on suppose deux nations chez lesquelles, dans la progression des Peines proportionnées à celles des crimes, la Peine la plus grande soit dans l'une l'esclavage perpétuel, & dans l'autre la roue. Je dis que dans l'une & dans l'autre ces deux Peines inspireront une égale terreur; & s'il y avoit une raison de transporter dans la premiere de ces nations le supplice rigoureux établi dans la seconde, la même raison conduiroit aussi à accroître dans celle-ci la cruauté de supplice, en passant de la roue à des tourmens plus lents & plus recherchés, & aux derniers raffinemens de la science des tyrans.

Deux autres conséquences funestes suivent encore de la cruauté des Peines contre la fin même de leur établissement, qui est de prévenir le crime. La premiere est qu'il n'est pas aussi facile d'établir la proportion qui est nécessaire entre le crime & la peine. Quoiqu'une cruauté industrieuse ait multiplié les especes de tourmens, aucune Peine ne peut passer le dernier degré de la force humaine, limité par la sensibilité & l'organisation. Au-delà de ce point extrême, on ne trouveroit plus de Peine assez cruelle pour des crimes plus atroces. L'autre conséquence est que l'impunité naît de la cruauté même du supplice. L'énergie de la nature humaine est bornée dans le mal, comme dans le bien. Un usage barbare ne peut jamais être autorisé que par une cruauté passagere, & ne peut se soutenir par un système constant tel que doit être la législation. Si les loix sont cruelles, ou elles sont changées, ou l'impunité naît de l'atrocité même de la loi.

Je finis par une réflexion. La grandeur des Peines doit être relative à l'état actuel & aux circonstances données, où se trouve une nation. Il faut des impressions plus fortes & plus sensibles sur les esprits d'un peuple à peine sorti de la barbarie. Il faut un coup de tonnerre pour abattre un lion féroce que le coup de fusil ne fait qu'irriter : mais à mesure que les ames s'amollissent dans l'état de société, la sensibilité de chaque individu augmente, & son accroissement demande qu'on diminue la rigueur des Peines, si l'on veut conserver les mêmes rapports entre l'objet & la sensation.

Peine de mort.

CETTE profusion inutile de supplices, qui n'a jamais rendu les hommes meilleurs, m'a poussé à examiner si la Peine de mort est véritablement utile & juste dans un gouvernement bien organisé. Quel peut être ce droit que les hommes se donnent, d'égorger leurs semblables? Ce n'est certainement pas celui sur lequel sont fondées la souveraineté & les loix. Les loix ne sont que la somme des portions de liberté de chaque particulier, les plus petites que chacun ait pu céder. Elles représentent la volonté générale qui est l'assemblage de toutes les volontés particulieres. Or qui jamais a voulu donner aux autres hommes le droit de lui ôter la vie? Comment dans les plus petits sacrifices de la liberté de chacun, peut se trouver compris celui de la vie, le plus grand de tous les biens? Et si cela étoit, comment concilier ce principe avec cette autre maxime, que l'homme n'a pas le droit de se tuer lui-même, puisqu'il a dû l'avoir, s'il a pu le donner à d'autres ou à la société?

La Peine de mort n'est donc autorisée par aucun droit. Elle ne peut être qu'une guerre de la nation contre un citoyen dont on regarde la destruction comme utile & nécessaire à la conservation de la société. Si donc je démontre que, dans l'état ordinaire de la société, la mort d'un citoyen n'est ni utile, ni nécessaire, j'aurai gagné la cause de l'humanité.

Je dis dans l'état ordinaire; car la mort d'un citoyen peut être nécessaire en un cas; & c'est lorsque privé de sa liberté, il a encore des relations & une puissance qui peuvent troubler la tranquillité de la nation; quand son existence peut produire une révolution dans la forme du gouvernement établi. Ce cas ne peut avoir lieu que lorsqu'une nation perd ou recouvre sa liberté, ou dans les temps d'anarchie, lorsque les désordres même tiennent lieu de loix. Mais pendant le regne tranquille de la législation, & sous une forme de gouvernement approuvée par les vœux réunis de la nation; dans un Etat défendu contre les ennemis du dehors, & soutenu au dedans par la force, & par l'opinion, plus efficace que la force même; où l'autorité

rité est toute entiere entre les mains du souverain ; où les richesses ne peuvent acheter que des plaisirs & non du pouvoir ; il ne peut y avoir aucune nécessité d'ôter la vie à un citoyen.

Quand l'expérience de tous les siecles ne prouveroit pas que la Peine de mort n'a jamais empêché les hommes déterminés de nuire à la société, quand l'exemple des Romains, quand vingt années de regne de l'impératrice de Russie, Elisabeth, donnant aux peres des peuples un exemple plus beau que celui des plus brillantes conquêtes ; quand tout cela, dis-je, ne persuaderoit pas les hommes à qui le langage de la raison est toujours suspect, & qui se laissent plutôt entraîner à l'autorité ; il suffiroit de consulter la nature de l'homme, pour sentir cette vérité.

Ce n'est pas l'intensité de la Peine qui fait le plus grand effet sur l'esprit humain, mais sa durée : parce que notre sensibilité est plus facilement & plus durablement affectée par des impressions foibles, mais répétées, que par un mouvement violent, mais passager. L'empire de l'habitude est universel sur tout être sensible ; & comme c'est elle qui enseigne à l'homme à parler, à marcher, à satisfaire ses divers besoins, ainsi les idées morales se gravent dans l'esprit humain par des impressions répétées. La mort d'un scélérat sera par cette raison un frein moins puissant du crime, que le long & durable exemple d'un homme privé de sa liberté, & devenu un animal de service, pour réparer par les travaux de toute sa vie, le dommage qu'il a fait à la société.

Ce retour fréquent du spectateur sur lui-même, » *si je commettois un crime je serois réduit toute ma vie à cette malheureuse condition*, » fait une bien plus forte impression que l'idée de la mort que les hommes voient toujours dans un lointain obscur.

La terreur que cause l'idée de la mort, a beau être forte, elle ne résiste pas à l'oubli si naturel à l'homme, même dans les choses les plus essentielles, sur-tout lorsque cet oubli est appuyé par les passions. Regle générale. Les impressions violentes surprennent & frappent, mais leur effet ne dure pas. Elles sont capables de produire ces révolutions qui font tout-à-coup d'un homme vulgaire un Lacédémonien, ou un Romain ; mais dans un gouvernement tranquille & libre elles doivent être plus fréquentes que fortes.

La Peine de mort infligée à un criminel n'est pour la plus grande partie des hommes qu'un spectacle, ou un objet de compassion ou d'indignation. Ces deux sentimens occupent l'ame des spectateurs bien plus que la terreur salutaire que la loi prétend inspirer. Mais pour celui qui est témoin d'une Peine continuelle & modérée, le sentiment de la crainte est le dominant, parce qu'il est le seul. Dans le premier cas, il arrive au spectateur du supplice la même chose qu'au spectateur d'un drame, & comme l'avare retourne à son coffre, l'homme violent & injuste retourne à ses injustices.

Afin qu'une Peine soit juste, elle ne doit avoir que le degré d'intensité qui suffit pour éloigner les hommes du crime. Or je dis qu'il n'y a point d'homme, qui avec un peu de réflexion puisse balancer entre le crime, quelque avantage qu'il s'en promette, & la perte entiere & perpétuelle de sa liberté. Donc l'intensité de la Peine d'un esclavage perpétuel a tout ce qu'il faut pour détourner du crime l'esprit le plus déterminé, aussi bien que la Peine de mort. J'ajoute qu'elle produira cet effet encore plus surement. Beaucoup d'hommes envisagent la mort d'un œil ferme & tranquille, les uns par fanatisme, d'autres par cette vanité qui nous accompagne au delà même du tombeau, d'autres par un dernier désespoir qui les pousse à sortir de la misere, ou à cesser de vivre. Mais le fanatisme & la vanité abandonnent le criminel dans les chaînes, sous les coups, dans une cage de fer; & le désespoir ne termine pas ses maux, mais les commence. Notre ame résiste plus à la violence & aux dernieres douleurs qui ne sont que passageres, qu'au temps & à la continuité de l'ennui; parce que dans le premier cas, elle peut, en se rassemblant, pour ainsi dire, toute en elle-même, repousser la douleur qui l'assaillit; & dans le second, tout son ressort ne suffit pas pour résister à des maux dont l'action est longue & continuée.

Dans une nation où la Peine de mort est employée, tout exemple de punition suppose un nouveau crime commis. Au lieu que l'esclavage perpétuel d'un seul homme donne des exemples fréquens & durables. S'il est important que les hommes aient souvent sous les yeux les effets du pouvoir des loix, il est nécessaire qu'il y ait souvent des criminels punis du dernier supplice. Ainsi la Peine de mort suppose des crimes fréquens, c'est-à-dire que, pour être utile, il faut qu'elle ne fasse pas toute l'impression qu'elle devroit faire.

On me dira qu'un esclavage perpétuel est une Peine aussi douloureuse que la mort, & par conséquent aussi cruelle. Je réponds qu'en rassemblant en un point tous les momens malheureux de la vie d'un esclave, sa Peine seroit peut-être encore plus terrible que le supplice le plus grand; mais ces momens sont répandus sur toute la vie, au lieu que la Peine de mort exerce toute sa force dans un court espace de temps. C'est un avantage de la Peine de l'esclavage pour la société, qu'elle effraie plus celui qui en est le témoin, que celui qui la souffre; parce que le premier considere la somme de tous les momens malheureux, & le second est distrait de l'idée de son malheur futur par le sentiment de son malheur présent. Tous les maux s'agrandissent dans l'imagination, & celui qui souffre, trouve des ressources & des consolations que les spectateurs de ses maux ne connoissent point, & ne peuvent croire, parce que ceux-ci jugent d'après leur propre sensibilité, de ce qui se passe dans un cœur devenu insensible par l'habitude du malheur.

Je sais que c'est un art difficile & que l'éducation seule peut donner, que de développer les sentimens de son propre cœur. Mais, quoique les scélérats ne puissent rendre compte de leurs principes, ces principes ne les conduisent pas moins. Or voici à peu près le raisonnement que fait un voleur ou un assassin qui n'est détourné du crime que par la crainte de la potence ou de la roue. „ Quelles sont donc ces loix, qu'on veut que je respecte, » & qui mettent une si grande différence entre moi & un homme riche? » Il me refuse un léger secours que je lui demande, & il me renvoie » à un travail qu'il n'a jamais connu. Qui les a faites ces loix? Les riches » & les grands, qui n'ont jamais daigné entrer dans la chaumiere du pau- » vre, & qui ne lui ont jamais vu partager un morceau de pain moisi à » ses enfans affamés & à leur mere éplorée. Rompons ces conventions fu- » nestes au plus grand nombre des hommes, & utiles à quelques tyrans. » Attaquons l'injustice dans sa source. Je retournerai à mon état d'indépen- » dance naturelle, je vivrai libre & heureux des fruits de mon industrie » & de mon courage. Il arrivera peut-être un temps de douleur & de re- » pentir : mais ce temps sera court, & pour un jour de Peine j'aurai plu- » sieurs années de plaisir & de liberté. Roi d'un petit nombre d'hommes » déterminés comme moi, je corrigerai les méprises de la fortune, & je » verrai ces tyrans pâlir à la vue de celui que leur faste insultant mettoit » au-dessous de leurs chevaux & de leurs chiens. "

Alors la religion se présentant à l'esprit du scélérat qui abuse de tout, & lui mettant devant les yeux un repentir facile & une espérance presque assurée d'une félicité éternelle, achevera de diminuer pour lui l'horreur de la derniere tragédie.

Mais celui qui voit un grand nombre d'années, ou même tout le cours de sa vie à passer dans la servitude & dans la douleur, esclave de ces mêmes loix dont il étoit protégé, & cela sous les yeux de ses concitoyens, avec lesquels il vit actuellement libre & en société, fait une comparaison utile de tous ces maux, de l'incertitude de succès du crime, & de la briéveté du temps pendant lequel il en goûteroit les fruits, avec les avantages qu'il peut s'en promettre. L'exemple continuellement présent des malheureux qu'il voit victimes de leur imprudence, le frappe plus que celui du supplice qui l'endurcit, au lieu de le corriger.

La Peine de mort est encore un mal pour la société, par l'exemple d'atrocité qu'elle donne. Si les passions ou la nécessité de la guerre ont enseigné aux hommes à répandre le sang humain, au moins les loix dont le but est d'inspirer la douceur & l'humanité, ne doivent pas multiplier les exemples de cette barbarie, exemples d'autant plus horribles, que la mort légale est donnée avec plus d'appareil & de formalité.

Il me paroît absurde que les loix qui ne sont que l'expression de la volonté publique, laquelle déteste & punit l'homicide, en commettent un elles-mêmes, & que, pour détourner les citoyens du meurtre, elles ordonnent un meurtre public. Quelles sont les loix vraies & utiles? Celles que tous proposeroient & voudroient observer dans ces momens auxquels se tait l'intérêt dont la voix est toujours écoutée, ou lorsque cet intérêt particulier se combine avec l'intérêt général : or quels sont ses sentimens naturels des hommes sur la Peine de mort ? Nous pouvons les découvrir dans l'indignation & le mépris avec lesquels on regarde le bourreau qui n'est pourtant qu'un exécuteur innocent de la volonté publique, un bon citoyen qui contribue au bien général, un défenseur nécessaire de la sureté de l'Etat au dedans, comme de valeureux soldats contre les ennemis du dehors. Quelle est donc l'origine de cette contradiction, & pourquoi ce sentiment d'horreur est-il ineffaçable dans l'homme, malgré tous les efforts de sa raison ?

C'est que dans une partie reculée de notre ame, où les formes originelles de la nature se sont mieux conservées, nous retrouvons un sentiment qui nous a toujours dicté que notre vie n'est au pouvoir légitime de personne, que de la nécessité qui régit l'univers.

Que doivent penser les hommes en voyant des sages magistrats & des ministres sacrés de la justice faire traîner un coupable à la mort en cérémonie, avec indifférence & tranquillité ; & tandis que, dans l'attente du coup fatal, le malheureux est en proie aux convulsions & aux dernieres angoisses, le juge qui vient de le condamner, quitter son tribunal pour goûter les plaisirs & les douceurs de la vie, & peut-être s'applaudir en secret de son autorité ?

Ah ! diront-ils, ces loix, ces formes cruelles & réfléchies ne sont que le manteau de la tyrannie ; elles ne sont qu'un langage de convention, un glaive propre à nous immoler avec plus de sécurité, comme des victimes dévouées en sacrifice à l'idole insatiable du despotisme. L'assassinat qu'on nous représente comme un crime horrible, nous le voyons pratiqué froidement & sans remords. Autorisons-nous de cet exemple, la mort violente nous paroissoit une scene terrible dans les descriptions qu'on nous en faisoit ; mais nous voyons que c'est une affaire d'un moment. Ce sera moins encore dans celui qui, en allant au-devant d'elle, s'épargnera presque tout ce qu'elle a de douloureux.

Tels sont les funestes paralogismes qu'ont, au moins confusément, les hommes disposés au crime, sur lesquels l'abus de la religion peut plus que la religion même.

Si l'on m'oppose que presque tous les siecles & toutes les nations ont décerné la Peine de mort contre certains crimes, je réponds que cet exemple n'a aucune force contre la vérité à laquelle on ne peut opposer de prescription. L'histoire des hommes est une mer immense d'erreurs, où l'on voit surnager çà & là, & à de grandes distances entre elles, un petit nombre de vérités mal connues.

Presque toutes les nations ont eu des sacrifices humains. Je puis me prévaloir avec bien plus de raison de l'exemple de quelques sociétés qui se sont abstenues d'employer la Peine de mort, quoique pendant un court espace de temps ; car c'est la nature & le sort des grandes vérités, que leur durée n'est qu'un éclair en comparaison de la longue & ténébreuse nuit qui enveloppe le genre-humain. Ces temps fortunés ne sont pas arrivés encore, où la vérité sera, comme l'a été jusqu'à présent l'erreur, le partage du plus grand nombre.

Je sens que la voix d'un philosophe est trop foible pour s'élever au-dessus du tumulte & des cris de tant d'hommes asservis aux préjugés d'une coutume aveugle. Mais le petit nombre de sages répandus sur la terre m'entendront & me répondront du fond de leur cœur. Et si cette vérité, que tant d'obstacles éloignent des princes, malgré eux, peut parvenir jusqu'à leur trône, qu'ils sachent qu'elle y arrive avec les vœux secrets de tous les hommes. Que le souverain qui l'accueillera sache que sa gloire effacera celle des conquérans, & que l'équitable postérité placera ses pacifiques trophées au-dessus de ceux des Titus, des Antonins, & des Trajans.

Heureuse l'humanité, si elle recevoit pour la premiere fois des loix, aujourd'hui que nous voyons placés sur les trônes de l'Europe des monarques bienfaisans, amis des vertus paisibles, des sciences & des arts, peres de leurs peuples, & citoyens couronnés; princes qui, en augmentant leur autorité, travaillent au bonheur de leurs sujets, parce qu'ils détruisent ce despotisme intermédiaire, d'autant plus cruel qu'il est moins assuré; qui intercepte les vœux sinceres des peuples, & leur voix, toujours écoutée, lorsqu'elle arrive jusqu'au trône! Le code criminel de la plus grande partie des nations avec tous les défauts dont il est rempli, a en sa faveur, son ancienneté, l'autorité d'un nombre infini de commentateurs, tout l'appareil des formes, & sur-tout l'approbation des demi-savans, gens insinuans & souples, dont la raison semble se défier moins. Si des princes sages & humains laissent subsister des loix si défectueuses, c'est sans doute qu'ils sont arrêtés par les obstacles sans nombre qu'on éprouve à renverser des erreurs respectées pendant tant de siecles, & c'est un motif pour tout citoyen éclairé de désirer avec ardeur l'accroissement de leur pouvoir.

La punition doit être prompte, analogue au crime, & publique.

PLUS la Peine sera prompte & voisine du délit, plus elle sera juste & utile. Elle sera plus juste, parce qu'elle épargnera au criminel le tourment cruel & superflu de l'incertitude de son sort, qui croît en raison de la force de son imagination & du sentiment de sa foiblesse; & parce que la perte de la liberté étant une Peine, elle ne peut être infligée avant la condamnation qu'autant que la nécessité l'exige. La prison n'étant que le moyen de s'assurer de la personne d'un citoyen accusé jusqu'à ce qu'il soit connu pour coupable, doit donc durer le moins, & être la plus douce qu'il est possible. La durée de la prison doit être déterminée par le temps nécessaire à l'instruction du procès, & par le droit des plus anciens prisonniers à être jugés les premiers. La rigueur de la prison ne peut être que celle qui est nécessaire pour empêcher la fuite de l'accusé, ou pour découvrir les preuves du délit. Le procès même doit être fini dans le moindre temps possible. Quel plus cruel contraste que l'indolence d'un juge & les angoisses d'un accusé, les plaisirs & les commodités dont jouit un magistrat insensible, d'une part; & l'état horrible d'un prisonnier ? En général le poids de la Peine & les effets fâcheux d'un crime, doivent être les plus efficaces qu'il est possible pour les autres, & les moins durs pour celui qui souffre; parce que les hommes, en se réunissant, n'ont voulu s'assujettir qu'aux plus petits maux possibles, & qu'il n'y a point de société légitime là où ce principe n'est pas regardé comme incontestable.

J'ai dit que la promptitude de la Peine est utile, parce que moins il s'écoulera de temps entre la Peine & le délit, plus l'association de ces deux idées, délit & Peine, sera forte & durable dans l'esprit de l'homme; de sorte qu'insensiblement on considérera le crime comme cause, & la Peine comme son effet nécessaire. Il est démontré que la liaison des idées est le ciment qui unit toutes les parties de l'édifice de l'entendement humain: union sans laquelle le plaisir & la douleur seroient des sentimens isolés & sans effet. Tous les hommes qui manquent d'idées générales & de principes universels, c'est-à-dire, qui sont peuple, agissent en conséquence des associations d'idées les plus voisines & les plus immédiates, & négligent les plus compliquées & les plus éloignées; celles-ci ne se présentent qu'à l'homme passionné pour un objet, ou à l'esprit éclairé qui a acquis l'habitude de parcourir & de comparer rapidement un certain nombre d'idées & de sentimens, pour en former le résultat le plus utile & le moins dangereux, c'est-à-dire, pour agir.

Il est donc de la plus grande importance de rendre la peine voisine du crime, si l'on veut que dans l'esprit grossier du vulgaire la peinture séduisante d'un crime avantageux réveille sur le champ l'idée de la Peine qui le suit. Le retardement de la punition rendra l'union de ces deux idées moins étroite. Quelque impression que fasse la punition sur les esprits, elle en fait plus alors comme spectacle, que comme châtiment; parce qu'elle ne se présente aux spectateurs que lorsque l'horreur du crime qui contribue à fortifier le sentiment de la Peine, est déjà affoiblie dans les esprits.

Un autre moyen servira efficacement à resserrer de plus en plus la liaison qu'il importe tant d'établir entre l'idée du crime & celle de la peine: ce moyen est que la peine soit, autant qu'il se peut, analogue & relative à la nature du délit, c'est-à-dire, qu'il faut que la Peine conduise l'esprit à un but contraire à celui vers lequel il étoit porté par l'idée séduisante des avantages qu'il se promettoit : ce qui facilitera merveilleusement le contraste de la réaction de la Peine avec l'impulsion au crime.

Chez plusieurs nations on punit les crimes moins considérables, ou par la prison, ou par l'esclavage dans un pays éloigné; c'est-à-dire, dans ce dernier cas, qu'on envoie des criminels porter un exemple inutile à des sociétés qu'ils n'ont pas offensées, & que, dans l'un & dans l'autre, l'exemple est perdu pour la nation chez laquelle le crime a été commis. Ces deux usages sont mauvais, parce que la Peine des grands crimes sert peu pour en détourner les hommes qui ne se déterminent ordinairement à les commettre, qu'emportés par la passion du moment. Le plus grand nombre la regarde comme étrangere & comme impossible à encourir. Il faut donc faire servir à l'instruction la punition publique des légers délits, qui, plus voisine d'eux, fera sur leur ame une impression salutaire, & les éloignera très-fortement des grands crimes, en les détournant de ceux qui le sont moins.

La punition doit être certaine & inévitable.

Le meilleur frein du crime n'est pas la sévérité de la Peine, mais la certitude d'être puni. Delà, dans le magistrat, la nécessité de la vigilance & de cette inexorable sévérité qui, pour être une vertu utile, doit être accompagnée d'une législation humaine & douce. La certitude d'un châtiment modéré fera toujours une plus forte impression, que la crainte d'une Peine plus sévere jointe à l'espérance de l'éviter. Les maux, quelque légers qu'ils soient, lorsqu'ils sont certains, effrayent les hommes, au lieu que l'espérance qui leur tient souvent lieu de tout, éloigne de l'esprit du scélérat l'idée des maux les plus grands, pour peu qu'elle soit fortifiée par les exemples d'impunité, que l'avarice ou la foiblesse accordent souvent.

Quelquefois on s'abstient de punir un léger délit, lorsque l'offensé le pardonne; acte de bienfaisance, mais contraire au bien public. Un particulier peut bien ne pas exiger la réparation du dommage qu'on lui a fait, mais le pardon qu'il accorde ne peut détruire la nécessité de l'exemple. Le droit de punir n'appartient à aucun citoyen en particulier, mais à tous & au souverain. L'offensé peut renoncer à sa portion de ce droit, mais non pas ôter aux autres la leur.

Proportion entre les Peines & les crimes.

L'INTÉRÊT commun des hommes est non-seulement qu'il se commette peu de crimes, mais que chaque espece de crime soit plus rare à proportion du mal qu'elle fait à la société. Les motifs que la législation établit pour en détourner les hommes, doivent donc être plus forts pour chaque espece de délit, à proportion qu'il est plus contraire au bien public, & en raison de la force des motifs qui peuvent porter à le commettre. Il doit donc y avoir une proportion entre le crime & les Peines.

Le plaisir & la douleur sont les principes de toute action dans les êtres sensibles. Parmi les motifs qui déterminent les hommes dans l'ordre même de la religion, le suprême législateur a placé les Peines & les récompenses. Si deux crimes nuisant inégalement à la société, reçoivent une punition égale, les hommes ne trouvant pas un obstacle plus grand à commettre l'action la plus criminelle, s'y détermineront aussi facilement qu'à un crime moindre, & la distribution inégale des Peines produira cette étrange contradiction peu remarquée, quoique très-fréquente, que les loix auront à punir les crimes qu'elles auront fait naître.

Si on établit la même Peine pour celui qui tue un cerf ou un faisan, que pour celui qui tue un homme, ou qui falsifie un écrit important, on ne fera bientôt plus aucune différence entre ces deux délits. C'est ainsi qu'on détruit dans le cœur de l'homme les sentimens moraux, ouvrage de beaucoup de siecles, cimenté par beaucoup de sang, établi si lentement & si difficilement, & qu'on n'a pas cru pouvoir élever sans le secours des plus sublimes motifs, & l'appareil des plus graves formalités.

Il est impossible d'empêcher entiérement les désordres que peuvent causer dans la société les passions humaines. Ces désordres augmentent en raison de la population, & du choc & du croisement continuel des intérêts particuliers. L'histoire nous les fait voir croissant dans chaque Etat avec l'étendue de sa domination. On ne peut pas diriger géométriquement, à l'utilité publique *cette multitude infinie d'intérêts particuliers combinés en mille* manieres. A l'exactitude mathématique, on est forcé de substituer, dans l'arithmétique politique, le calcul des probabilités & de simples approximations. Cette force qui nous porte sans cesse vers notre propre bien-être, semblable à la pesanteur, ne s'arrête que par les obstacles qu'on lui oppose : les effets de cette pesanteur morale sont toute la série des actions humaines. Les Peines sont les obstacles politiques que la législation oppose à la tendance des actions de chaque homme : elles servent à amortir le choc réciproque des intérêts particuliers, & à empêcher les funestes effets, sans détruire dans l'homme la cause du mouvement, qui est la sensibilité. Le législateur est un architecte habile, qui sait vaincre la force destructive de la pesanteur, & employer toutes celles qui peuvent servir au maintien de son édifice.

En supposant la nécessité & les avantages de la réunion des hommes en société, en supposant des conventions entr'eux, résultantes de l'opposition des intérêts particuliers, on peut imaginer une progression des crimes dont le plus grand sera celui qui tend à la dissolution & à la destruction immédiate de la société; & le plus léger, la plus petite offense que peut recevoir un particulier. Entre ces deux extrêmes seront comprises toutes les actions opposées au bien public, qui sont appellées *criminelles*, selon une progression insensible du premier terme au dernier.

Si les calculs mathématiques étoient applicables aux combinaisons infinies & obscures des actions humaines, on devroit chercher & déterminer une progression de Peines correspondante à la progression des crimes, depuis la plus grave jusqu'à la plus légere. Si l'on pouvoit former & exprimer exactement ces deux progressions, elles seroient la mesure commune des degrés

grés de liberté & de tyrannie, d'humanité ou de méchanceté de chaque nation. Mais il suffit à un législateur éclairé, en conservant l'ordre des termes de ces deux progressions, de marquer, dans chacune, des divisions principales, & de ne point assigner aux crimes du premier ordre, la derniere classe de Peines.

PELZ-HOFFER, *Auteur Politique.*

FRANÇOIS ALBERT PELZ-HOFFER a publié un traité des secrets d'Etat sous ce titre : *Arcanorum statuum libri decem.* Francofurti, apud Joannem Adolphum 1710. 2. vol. in-4to.

Ces deux premiers volumes ne faisoient qu'une partie de l'ouvrage. L'auteur en fit imprimer un autre aussi in-4to. dans le même lieu & chez le même libraire, & les trois ensemble firent les huit premiers livres des dix annoncés par l'auteur. Les différentes parties qui ont rapport au titre de cet ouvrage, s'y trouvent rassemblées. On peut juger du goût de l'auteur par ce seul trait. Il expose la politique de Machiavel & la combat ; & comme il est persuadé qu'elle conduit à l'athéïsme ou qu'elle en est le fruit, il s'éleve contre les athées dans un article exprès, & c'est ce qui termine le premier livre.

PERCHE, (Le) *Province de France avec titre de Comté.*

CETTE province est bornée à l'ouest par le Maine ; au sud par le Vendomois & le Dunois ; à l'Est par le pays Chartrain ; & au nord par la Normandie. Sa longueur est de treize lieues & demie sur douze de large ; ce qui peut être évalué à 144 lieues quarrées. La Perche tire son nom d'une vaste forêt connue dans l'histoire sous le titre de *saltus Pertius*, qui couvroit presque tout le pays, & dont il reste encore aujourd'hui une étendue de 3894 arpens, qu'on nomme *forêt du Perche.* Le climat y est humide & froid, & le sol tout-à-fait inégal : le terrain des hauteurs est mauvais, & ne produit que des pâturages, moins bons encore que ceux des bruyeres répandues çà & là. Les vallons & les plaines, au contraire, y sont fertiles en toutes sortes de grains, en chanvres & en fruits, sur-tout en pommes, dont on fait du cidre, qui est la boisson ordinaire des habitans. On cultive quelques vignes dans le territoire de Vannoise ; mais le vin n'en vaut pas grand'chose. Il y a des mines de fer en plusieurs endroits, qui ont donné lieu à l'établissement de forges considérables. On trouve une source d'eau minérale ferrugineuse & très-salutaire, nommée *la Herse*, au milieu de la forêt de Bellesme; & une autre de même qualité, mais moins forte, à Chêne-gallon. Le gibier, le poisson, la volaille abondent dans tout le pays; & les principales rivieres qui l'arrosent, sont l'Huisne & la Sarthe. Ses habitans sont très-laborieux & en général fort attachés au même travail, mais peu capables d'invention, n'ayant que peu ou point de vivacité. Leur commerce consiste en blés, bestiaux, œufs, beurre, volaille, cuirs, fer, épingles, papier, fil, toiles, étamines, dont il y a plusieurs manufactures, *&c.*

Du temps de César, le Perche étoit habité par les Saii ou Essui, les Cenomani, les Carnutes, *&c.* & sous Honorius il se trouvoit compris partie dans la Lyonnoise-troisieme, partie dans la Lyonnoise-seconde. De la domination des Romains il passa sous celle des François; & l'on trouve que dès 879, il avoit ses seigneurs particuliers, qui d'abord se qualifioient de comte de Bellesme, puis de comtes de Mortaigne. Rotrou II, mort en 1143, & descendant, par les femmes, des vicomtes de Chateaudun, fut le premier qui prit le titre de *comte du Perche*, après avoir réuni en sa personne tous les démembremens qui avoient été faits de cette province. Thomas, son arriere-petit-fils, ayant été tué à la bataille de Lincoln en Angleterre, en 1217, sans laisser d'enfans, Guillaume II, évêque de Châlons, son oncle, lui succéda, & fut le dernier mâle de sa maison. Louis VIII, à son décès, s'empara du comté, qui servit ensuite d'apanage à des princes du sang, & ne fut réuni à la couronne qu'en 1584, après la mort de François de Valois. Il n'en a plus été séparé depuis, à la réserve de quelques portions que divers seigneurs en tiennent à titre d'engagement.

Il n'y a point de siege épiscopal dans le Perche; & ce pays dépend, pour le spirituel, des dioceses de Seez, de Chartres, du Mans, d'Evreux & de Blois. Pour le civil, il est tout entier du ressort du parlement de Paris, & régi par un seul bailliage divisé en deux sieges, Mortaigne & Bellesme. La justice y est administrée conformément à une coutume particuliere rédigée pour la premiere fois en 1505, & réformée depuis par les seigneurs de Thou, Fage & Viole.

Le Perche se divise en quatre parties principales, savoir le Haut ou Grand-Perche; le Bas-Perche ou Perche-Gouet; les terres françoises & les terres démembrées ou le Thymerais.

PERE, s. m.

LA relation de Pere est la plus étroite qu'il y ait dans la nature. » Tu es » Pere, dit le bramine inspiré, ton enfant est un dépôt que le ciel t'a con» fié; c'est à toi d'en prendre soin. De sa bonne ou de sa mauvaise édu» cation, dépendra le bonheur ou le malheur de tes jours; fardeau honteux

» de la société, si le vice l'emporte, il sera ton opprobre ; utile à sa patrie, » s'il est vertueux, il fera l'honneur de tes vieux jours. «

On ne connoît jamais bien la joie des Peres ni leurs chagrins, dit Bacon, parce qu'ils ne peuvent exprimer leur plaisir & qu'ils n'osent parler de leurs peines. L'amour paternel leur rend les soins & les fatigues plus supportables, mais il rend aussi les malheurs & les pertes doublement ameres ; toutefois si cet état augmente les inquiétudes de la vie, il est mêlé de plaisirs indicibles, & a l'avantage d'adoucir les horreurs & l'image de la mort.

Une femme, des enfans, autant d'otages qu'un homme donne à la fortune. Un Pere de famille ne peut être méchant, ni vertueux impunément. Celui qui vit dans le célibat, devient aisément indifférent sur l'avenir qui ne doit point l'intéresser ; mais un Pere qui doit se survivre dans sa race, tient à cet avenir par des liens éternels. Aussi remarque-t-on en particulier, que les Peres qui ont fait la fortune ou l'élévation de leur famille, aiment plus tendrement leurs enfans ; sans doute, parce qu'ils les envisagent sous deux rapports également intéressans, & comme leurs héritiers, & comme leurs créatures ; il est beau de se lier ainsi par ses propres bienfaits.

Mais que l'avarice & la dureté des Peres est condamnable & mal entendue, puisqu'elle ne tourne qu'à leur préjudice ! leurs enfans en contractent une bassesse de sentimens, un esprit de fourberie & de mauvaise conduite, qui les déshonore, & qui fait mépriser une famille entiere ; c'est d'ailleurs une grande sottise d'être avare, pour faire tôt ou tard des prodigues.

C'est une autre coutume fort mauvaise, quoiqu'ordinaire chez les Peres, de mettre dès les bas âge entre leurs enfans des distinctions & des prééminences, qui produisent ensuite des discordes, lorsqu'ils sont dans un âge plus avancé, & causent des divisions dans les familles.

Il est honteux de sacrifier des enfans à son ambition par des destinations forcées ; il faut seulement tâcher de détourner de bonne heure leurs inclinations vers le genre de vie dont on a fait choix pour eux, quand ils n'étoient pas encore dans l'âge de se décider ; mais dès qu'un enfant a une répugnance ou un penchant bien marqué pour un autre vocation que celle qu'on lui destinoit ; c'est la voix du destin, il y faut céder.

On remarque presque toujours dans une nombreuse famille, qu'on fait grand cas d'un des aînés, qu'il y en a un autre parmi les plus jeunes qui fait les délices du Pere & de la mere ; & ceux qui sont entre deux se voient presque oubliés ; c'est une injustice ; le droit d'aînesse en est une autre. *Voyez* AÎNESSE. (*droit d'*) Enfin, les cadets réussissent très-rarement, ou pour mieux dire, ne réussissent jamais, lorsque par une prédilection injuste, l'on a pour l'amour d'eux déshérité les aînés.

L'obligation naturelle qu'a le Pere de nourrir ses enfans, a fait établir le mariage, qui déclare celui qui doit remplir cette obligation ; mais comme les enfans n'acquierent de la raison que par degrés, il ne suffit pas aux

Peres de les nourrir, il faut encore qu'ils les élevent & qu'ils les conduisent ; déjà ils pourroient vivre, & ils ne peuvent pas se gouverner. Enfin quoique la loi naturelle ordonne aux Peres de nourrir & d'élever leurs enfans, elle ne les oblige pas de les faire héritiers. Le partage des biens, les loix sur ce partage, les successions après la mort de celui qui a eu ce partage, tout cela ne peut être réglé que par la société, & par conséquent par des loix politiques ou civiles. Il est vrai que l'ordre politique ou civil, demande ordinairement que les enfans succedent aux Peres ; mais il ne l'exige pas toujours.

De tous les biens que les enfans peuvent acquérir par leur travail ou leur industrie, ou qui peuvent leur échoir à quelqu'autre titre que ce puisse être, soit qu'ils soient émancipés ou non, adultes ou impuberes, de l'un ou de l'autre sexe, le Pere n'a rien en la propriété, & elle est entiérement acquise aux enfans, à la réserve de ce qui pourroit être provenu du profit des biens du Pere, qu'un fils non émancipé auroit pu avoir en ses mains ; car la propriété de ce profit appartiendroit au Pere ; mais il a sur les biens acquis à son fils un droit d'usufruit.

Le Pere a l'usufruit pendant sa vie des biens qui peuvent être acquis à ses enfans non émancipés, à la réserve des biens qui en sont exceptés par les regles qui suivent.

Le Pere n'a pas d'usufruit sur ce que son fils non émancipé peut avoir de ces sortes de pécules qui s'acquierent ou par les armes, ou dans l'exercice du barreau, ou dans les fonctions de quelque dignité, de quelque charge, ou emploi public.

Il faut aussi excepter des biens du fils non émancipé sujets à l'usufruit du Pere, ce que le fils peut avoir reçu d'un don de prince. Car un bienfait de cette nature suppose un mérite autant ou plus distingué que le simple service dans les armes : & les graces du prince ne souffrent pas qu'on en fasse aucune diminution à ceux qu'il en honore.

Les biens donnés au fils non émancipé, soit par quelques-uns de ses ascendans, ou par d'autres personnes, avec cette condition que le Pere n'y aura aucun droit d'usufruit, sont encore exceptés de la regle qui donne l'usufruit au Pere, & cette condition aura son effet.

Dans le cas où le Pere survivant à un de ses enfans qui avoit des freres germains, lui succede avec les freres, comme il a la propriété d'une portion des biens de son enfant décédé, il n'aura aucun usufruit sur les portions acquises à ses autres enfans freres du défunt.

Le Pere qui a l'usufruit sur les biens de ses enfans, est tenu de prendre soin de tout ce qui peut regarder ces biens, conserver les droits, recouvrer les dettes, poursuivre & défendre les causes, faire les dépenses nécessaires, & en général agir en tout selon ce que demande une juste administration.

Si le Pere ayant profité de cet usufruit en a fait des acquisitions, ou autrement augmenté ses biens, il pourra disposer à sa volonté de ce qui en sera provenu, & ce qui s'en trouvera rester dans sa succession sera commun à tous ses enfans, sans que celui de qui les biens avoient produit cette jouissance en ait plus que les autres. Car c'étoit un droit acquis au Pere & qui lui étoit propre comme ses autres biens.

Que si au contraire le Pere qui avoit l'usufruit des biens d'un de ses enfans l'en laisse jouir, les autres enfans ne pourront, après la mort du Pere, faire aucune demande pour cet usufruit ni pour ce qui pourroit en être provenu. Car il a été libre au Pere de s'en abstenir, & d'en laisser jouir son fils à qui étoient les biens.

Soit que le Pere ait quelque usufruit sur les biens de ses enfans qui ne suffise pas pour son entretien, ou qu'il n'en ait aucun, il doit avoir sur les biens de ses enfans non émancipés, ou émancipés, ce qui peut être nécessaire pour ses alimens, pour son entretien, pour ses nécessités dans les maladies, & les autres semblables besoins, selon sa qualité & la valeur des biens. Et la mere, & tous les ascendans paternels & maternels qui se trouvent en pareil besoin, ont le même droit.

Comme les enfans sont obligés à la nourriture & entretien de leurs parens; les parens de leur part sont tenus du même devoir envers leurs enfans, non-seulement à cause de l'usufruit qu'ils peuvent avoir de leurs biens, mais par le droit du sang, & selon que les biens des parens peuvent y suffire, si ce n'est que les enfans s'en rendent indignes. Et en général c'est un devoir réciproque entre les ascendans & les descendans, que ceux d'entr'eux qui en ont le moyen, fournissent les alimens à ceux qui en manquent.

Il ne faut pas comprendre dans les nécessités des parens qui peuvent se prendre sur les biens de leurs enfans, leurs dettes passives. Car le devoir des enfans envers leurs parens, est borné à ce qui peut regarder leurs personnes. Et il en est de même des dettes des enfans à l'égard des parens. Mais si un Pere ou autre ascendant étoit prisonnier pour dettes, & que son fils pût l'en tirer s'obligeant de le représenter, ou de payer s'il en avoit le moyen; l'ingratitude du fils qui manqueroit à ce devoir, pourroit mériter l'exhérédation selon les circonstances.

Car ce devoir de la nourriture & entretien des enfans regarde le Pere principalement, & la mere n'en est tenue qu'en cas que les biens du Pere n'y suffisent pas. Ainsi la mere qui au défaut ou refus du Pere, ou en son absence auroit été obligée de fournir à cette dépense de son propre bien, pourroit le recouvrer sur celui du Pere, si ce n'est qu'il parût qu'elle n'eût donné que des choses qu'elle auroit pu donner par l'affection maternelle; quand même le Pere auroit fourni du sien à cet entretien.

Les enfans des filles ne peuvent prendre leurs alimens sur les biens de leur ayeul maternel, sinon en cas que leur Pere ou ayeul paternel n'y pufsent fournir. Car les enfans de la fille mariée sont sous la puissance de leur Pere, & hors de la famille de l'ayeul maternel.

Toutes les regles précédentes regardent les droits des parens sur les biens de leurs enfans, pendant que les enfans vivent. Et pour les biens qu'ils laissent par leur mort, s'ils meurent sans enfans, leurs ascendans plus proches qui leur survivent y succedent, à la *réserve* de ce qui en est excepté par les regles qui suivent.

Si dans l'hérédité d'une personne qui meurt sans enfans, & à qui son Pere & sa mere ou autres ascendans se trouvent survivre, il y avoit des biens qui eussent été donnés à cette personne par un des ascendans qui lui survivent, celui qui avoit donné ces biens pourra les reprendre par ce droit qu'on appelle de *retour* ou *de reversion*, & il en exclura tous autres ascendans, même les plus proches qui l'excluroient du reste des biens.

Il faut encore remarquer, par une exception de la regle qui appelle concurremment les ascendans en même degré, que si un fils non émancipé, à qui son Pere auroit donné le ménagement de quelque bien, y avoit fait quelque profit; son Pere & sa mere venant à lui survivre, ce qui seroit provenu de ce bien du Pere lui demeureroit, comme lui étant déjà acquis avant la mort de son fils, ainsi qu'il a été dit ci-dessus; & la mere n'auroit part qu'aux autres biens que ce fils auroit eu d'ailleurs. Et il en seroit de même dans les cas ou les freres germains succéderoient aussi, soit avec le Pere seul, ou avec le Pere & la mere.

Il faut enfin remarquer, pour une derniere cause qui apporte du changement aux droits des Peres & meres & autres ascendans sur les biens de leurs enfans, le cas où le Pere, la mere, ou autre ascendant qui a des enfans, vient à se remarier, ce qui fait une matiere qu'il faut distinguer, & qui sera traitée en son lieu.

Droits & devoirs des Peres & des enfans.

LE désir d'avoir des enfans est naturel à l'homme, encore qu'il puisse quelquefois être étouffé ou réprimé par d'autres désirs. Notre constitution est telle, que les enfans restent long-temps dans un état de foiblesse, & qu'ils ne peuvent se passer des secours d'autrui, tant à cause de leur infirmité naturelle, qu'à cause qu'ils n'ont pas assez de connoissance pour prévoir les dangers auxquels ils sont exposés. On est obligé de les instruire & de réprimer leurs appétits, pour les conserver jusqu'à ce qu'ils ayent atteint l'âge de maturité, & pour les mettre en état de s'acquitter des devoirs de la vie. La nature a pourvu à tout cela en donnant aux peres & aux meres un fond d'affection & de tendresse, qui leur fait supporter, avec joie, ces peines & ces fatigues inséparables de leur éducation.

Comme nous sommes une espece raisonnable, capable de prévoyance, & que nous acquérons de la prudence à l'aide du temps & de la réflexion, cette affection dure autant que notre vie, parce que les enfans ont besoin, pendant que nous vivons, de nos avis & de nos conseils, & qu'ils leur sont utiles dans quantité d'occasions. Les parens, de leur côté, sont récompensés, pendant leur vie, de l'affection qu'ils ont pour leurs enfans, par la joie qu'ils ont de les voir prospérer. C'est ainsi que la nature a établi une société aimable, une relation permanente, au moyen des affections qu'elle a données aux parens, & par les motifs de gratitude qu'elle présente aux enfans, pour fortifier l'affection naturelle qu'ils ont pour eux.

L'intention de Dieu, à cet égard, est manifeste. L'affection paternelle suggere l'obligation constante dans laquelle sont les Peres d'élever leurs enfans, & de contribuer à leur bonheur autant qu'il leur est possible. L'état d'ignorance & de foiblesse dans lequel sont les enfans, suggere le droit qu'ont les Peres de diriger leurs actions pour leur sureté & leur éducation, & rend néanmoins cette autorité douce aux enfans, en réprimant toute sévérité inutile. L'affection paternelle même, lorsque les enfans ont acquis les connoissances nécessaires, leur fait sentir le prix de leur liberté, vu qu'ils sont capables d'en jouir, & de se conduire eux-mêmes dans les affaires de la vie, sans qu'elle les prive des avantages qu'ils tirent des conseils & des bons offices de leurs parens. Les enfans, d'un autre côté, ne connoissent pas plutôt leurs obligations morales, qu'ils sentent celle où ils sont de leur obéir dans leurs jeunes ans, & de reconnoître les bienfaits dont ils leur sont redevables, en acquiesçant à leurs volontés autant que cela est compatible avec les avantages dont ils peuvent jouir dans la vie, & même en leur sacrifiant celles de leurs inclinations & de leurs plaisirs qui ne sont point nécessaires à ce qui fait essentiellement leur bonheur. Ils discernent alors l'obligation dans laquelle ils sont de nourrir leurs parens dans leur vieillesse ou dans leur seconde enfance, & de supporter leur mauvaise humeur avec la même patience qu'ils ont supporté la leur dans leur enfance, vu que sans l'affection qu'ils ont eue pour eux, ils n'auroient pu parvenir à l'âge de maturité, & que ni la vigilance des loix, ni celle des magistrats civils, n'auroient pu assurer leur vie, ni forcer leurs parens à prendre soin d'eux.

La nature désintéressée de cette affection, montre, tout à la fois, la nature & la durée de l'autorité paternelle. Le fondement du droit est la foiblesse & l'ignorance des enfans, lesquelles exigent qu'ils soient gouvernés par d'autres; & l'affection naturelle indique les parens comme les gouverneurs qui leur sont propres, tant que les loix civiles n'en ont point nommé d'autres pour veiller sur leur éducation. La nature généreuse de cette affection, montre que le pouvoir qu'elle a donné aux Peres, n'a pour but que le bien des enfans, &, en conséquence, de leur bonheur, la satisfaction & la joie des premiers. Ce droit ne sauroit donc s'étendre (*a*) jusqu'à ôter

(*a*) La doctrine de Hobbes, sur ce sujet, doit révolter tous ceux qui ont quelque sentiment d'humanité, quoique quelques-uns ayent employé, par inadvertance, une partie de la vie aux enfans, ou à les tenir dans un misérable état d'esclavage. Lorsqu'ils ont atteint l'âge d'une raison suffisamment éclairée, on doit leur rendre la liberté dont ils ont besoin pour user des biens & des avantages de la vie. L'affection paternelle leur assure naturellement cette émancipation, & la raison, que Dieu leur a donnée, a droit d'y prétendre.

Ce fondement de l'autorité paternelle, prouve manifestement qu'elle est commune au mari & à la femme, & qu'on fait tort à la mere lorsqu'on la prive de la part qu'elle y a, à moins que, par égard pour la supériorité des lumieres de son mari, elle n'ait consenti à s'en rapporter à lui pour tout ce qui concerne les affaires domestiques. Mais toutes les fois que le Pere ne s'y oppose point, qu'il est absent ou mort, ce droit appartient entiérement à la mere. Comme ce pouvoir n'a pour but que la conservation & l'éducation des enfans, il se borne à des châtimens légers, qui n'ont rien de dangereux pour la vie; & le plus fort se réduit à l'expulsion ou à l'exhérédation. Il est encore évident que sa nature, son intention & sa durée different entiérement de celles de l'autorité civile, à laquelle un grand nombre d'adultes doivent être continuellement soumis pour l'intérêt commun de la société, outre que celle-ci s'étend à tous les châtimens & à toutes les violences nécessaires pour la défense & la sureté commune, vu qu'elle n'est point fondée sur aucune affection naturelle & particuliere pour un petit nombre d'individus; mais sur une affection générale & que les hommes l'ont établie pour l'intérêt commun d'une grande société.

Fonder cette autorité paternelle sur la simple procréation, c'est vouloir follement appliquer quelques maximes reçues touchant la propriété, à tous les sujets imaginables. Les corps des enfans ont été formés dans leur premier état de quelques parties de ceux de leurs parens; mais non par un effet de leur industrie & de leur sagesse, & qui plus est, souvent contre leur désir & leur intention.

Dieu qui a donné aux parens ces dispositions qui servent à la procréation, a également formé les corps des enfans & des peres, & établi cet ordre de procréation pour montrer les droits & les obligations des uns & des autres; l'ame, qui est la principale partie, est son ouvrage immédiat. On ne sauroit donc regarder les enfans comme des fruits ou des accessoires qui suivent la propriété des corps de leurs peres & meres. Ils commencent à être des créatures raisonnables, des parties de ce grand systême, avec les mêmes droits dont leurs parens jouissent aussitôt qu'ils ont assez de raison

---

son raisonnement, pour appuyer quelques systêmes favoris. Hobbes regarde les enfans comme une piece de bétail, qui appartient à la mere par droit de premier occupant, parce qu'elle auroit pu se faire avorter ou étouffer son enfant en naissant. Mais dans le mariage, elle & ses droits sont soumis au mari, comme au plus fort, ou en vertu de son consentement. Et, par conséquent, le pere a une autorité absolue sur son enfant pendant tout le temps qu'il vit, en sorte qu'il peut le tuer, le vendre lui & sa postérité, selon qu'il le juge à propos.

pour

pour en user. La génération ne les rend pas plus une partie de la propriété de leurs parens, que le lait qu'ils tetent celle de leurs nourrices, encore qu'elles fournissent plus de matiere au corps de l'enfant, que n'en a fourni le pere. Sur ce pied-là, le propriétaire d'une piece de bétail, qui s'est nourri de son lait & qui s'est vêtu de sa laine pendant plusieurs années, auroit plus de droit sur elle qu'un autre. Un pere qui expose son enfant, ou qui néglige son éducation, mérite de perdre toute prétention à l'autorité qu'il avoit sur lui; & quiconque s'en charge volontairement, en exerce légitimement les droits, encore qu'il ne l'ait point engendré. La génération indique les personnes qui doivent s'acquitter de ce devoir, par l'affection naturelle qui l'accompagne, & on ne doit point les empêcher de s'en acquitter, ni d'user du pouvoir qu'elles ont de le faire; à moins que le bien de l'enfant n'exige qu'on confie son éducation à d'autres. Mais lorsque les parens viennent à mourir ou qu'ils refusent de le faire, celui qui s'en charge use, à son égard, des droits de l'autorité paternelle dans toute leur étendue.

Le but de l'autorité paternelle montre qu'elle renferme peu de ces droits contenus dans la *Patria potestas* des Romains. L'enfant est un agent raisonnable qui peut faire valoir ses droits contre ses parens, encore qu'ils soient ses tuteurs ou curateurs naturels; & qu'ils ayent droit de diriger ses actions & de ménager son bien, pendant qu'il manque de connoissance pour le faire lui-même. Si l'enfant en acquiert par donation, legs ou héritage, les parens n'en sont point les propriétaires : ils n'ont droit, abstraction faite des loix positives, que de jouir des profits annuels, pour se défrayer de ce qui leur en coûte pour son entretien & son éducation. On peut en dire autant des acquisitions que fait un enfant par son industrie, avant qu'il ait atteint l'âge de raison, lesquelles peuvent quelquefois excéder ce qu'il en coûte pour son éducation.

Voilà ce que j'avois à dire du pouvoir paternel. Il cesse dès que les enfans ont atteint l'âge suffisant pour se conduire eux-mêmes. Il y a deux autres sortes d'autorité qui lui succedent, mais d'une nature différente, & dont les fondemens sont différens aussi : l'une est celle du chef de famille; l'autre, cette autorité ou influence, car on ne peut lui donner le nom de pouvoir, qu'un Pere conserve, pendant qu'il vit, sur ses enfans, lorsqu'ils sont adultes, & qu'ils ne vivent point en famille. Quant à la premiere, lorsqu'un homme nourrit chez lui des enfans adultes, ou des amis, c'est toujours à condition qu'ils se conformeront à l'ordre qu'il a établi; & tant qu'ils restent chez lui, ils sont censés y avoir consenti. S'ils ne l'avoient point fait, ils ne seroient point restés dans sa maison. Cette autorité est purement fondée sur le consentement de ceux qui s'y soumettent, & elle est suffisamment reconnue par leur séjour volontaire. Elle ne sauroit être de grande étendue. La sévérité n'est pas nécessaire pour maintenir le bon ordre dans une famille vertueuse; & le plus grand châtiment dont on doive user, est l'expulsion. Si l'on commet quelque crime qui mérite un châtiment plus févere, le maître de la famille ou d'autres n'ont pas plus de droit de punir, que si le criminel n'avoit jamais vécu dans cette famille. Cet état ne donne aucun droit d'infliger des châtimens plus féveres. Si c'étoit la coutume dans un pays que les chefs de familles s'arrogeassent une plus grande autorité sur leurs domestiques, & si des personnes adultes, qui le savent, y restoient volontairement, il n'est pas douteux qu'ils établiroient sur eux une autorité pareille à celle dont jouissent les magistrats civils, & pour lors cette famille seroit une petite monarchie.

L'autorité, ou pour mieux dire, l'autre influence, est celle que les Peres conservent sur leurs enfans, encore qu'ils vivent dans des familles séparées. Celle-ci differe encore plus de l'autorité civile, ou du droit coercitif, & elle ne sauroit annuller ni invalider les obligations des enfans. Elle n'est autre qu'un droit fondé sur les liens de la reconnoissance & les sentimens généreux des enfans, de même que sur la déférence qu'ils doivent avoir pour l'ordre sacré de la nature; c'est elle qui les oblige à acquiescer autant qu'ils peuvent aux volontés de ses bienfaiteurs, qui ont pris soin d'eux dans leur enfance, & qui conservent encore pour eux les affections les plus tendres & les plus sinceres. Ce seroit une ingratitude aux enfans de ne point consulter les goûts qu'ils peuvent avoir dans leur vieillesse, d'aggraver les maux qui en sont inséparables, & de ne point sacrifier leurs intérêts & leurs plaisirs les moins nécessaires, à ces bienfaiteurs & à ses amis fideles.

Les enfans sont sur-tout obligés de consulter leurs parens dans les matieres importantes, par exemple, sur leurs mariages, dont doivent sortir ceux qui les représentent, lesquels sont souvent aussi chers aux parens éloignés qu'aux parens immédiats. Comme le mariage est d'une bien plus grande importance pour eux que pour leurs Peres & meres, ceux-ci ne doivent point forcer leurs inclinations; ils les priveroient des plus douces satisfactions de la vie. Les enfans, de leur côté, ne doivent point épouser une fille qui leur déplaise, & dont ils auroient sujet de se plaindre. C'est une déférence qu'ils doivent avoir pour leurs parens, même en étant les maîtres de disposer de leurs personnes. Ce seroit mal reconnoître leur affection, que de leur causer du chagrin en cette rencontre. Dans le cas où l'aversion des parens est mal fondée, ils doivent employer les voies de la douceur pour les faire revenir de leurs préjugés, & même employer celle des arbitres. Rien ne marque plus d'ingratitude de la part d'un enfant, que de faire une démarche aussi importante sans le consentement de ses parens, & sans les avoir auparavant consultés. Si ces moyens ne produisent aucun effet, si les arbitres décident que le Pere a tort, & que le fils ait pris des engagemens, il lui est alors permis de se marier. Mais il ne doit rien négliger dans la suite pour le faire revenir des préjugés qu'il peut avoir conçus contre lui.

Comme il est rare que la mauvaise conduite des enfans détruise les sentimens d'affection & de tendresse que les Peres ont pour eux, ils doivent, de leur côté, s'affermir si bien dans ceux qu'ils leur doivent, que rien au monde ne soit capable de les éteindre. Quand même un Pere auroit ruiné sa famille par ses folies & ses débauches & qu'il auroit exposé son enfant en naissant, celui-ci n'est pas moins tenu de l'aimer & de l'honorer, ne fut-ce que par déférence pour l'ordre de la nature. Un enfant qui a atteint l'âge de maturité, est en droit de réprimer la folle conduite de son Pere, autant qu'il peut le faire, sans blesser les loix de la société, mais il y a plus de mérite à ne le point faire, lorsque sa conduite n'a rien de nuisible pour l'intérêt de la famille, non plus que pour celui de notre patrie. Sa reconnoissance dans ce cas est beaucoup plus méritoire. Quand même un enfant ne trouveroit aucun attrait dans la conservation de son Pere, & qu'il désespéreroit d'adoucir son humeur & son caractere, il est toujours obligé d'avoir de la condescendance pour lui, pourvu qu'elle n'aille point jusqu'à encourager ses vices & ses égaremens.

Comme le pouvoir qu'a un Pere, considéré comme tel, ne s'étend qu'à ce qui est absolument nécessaire pour s'acquitter des devoirs que la nature lui impose envers ses enfans, je veux dire, de les entretenir & de les élever, il doit renfermer plusieurs droits sur eux d'une grande nécessité. Tout ce qu'un Pere qui a des moyens, dépense pour l'éducation nécessaire ou simplement convenable de ses enfans, est regardé comme une dette, & il ne peut en exiger la restitution. Mais si dans la suite il se trouve dans le besoin, les enfans sont obligés de pourvoir à ce qui est nécessaire pour son entretien. J'ajouterai, que vu l'intention qu'ont pour l'ordinaire les Peres dans leurs acquisitions & les destinations qu'ils se proposent d'en faire, les enfans sont censés entrer, en quelque sorte, dans la propriété de leurs biens conjointement avec eux, encore que les premiers en ayent l'administration absolue. Mais lorsque les enfans ont hérité des biens d'autrui, un Pere peut, sans blesser l'équité, leur faire payer leur dépense, lorsqu'il le juge nécessaire pour le bien des autres enfans. Un Pere a droit pareillement de confier l'éducation de ses enfans à des personnes qui ont plus de capacité, ou de loisir que lui pour s'acquitter de cette tâche & même de les donner à un honnête homme qui veut les adopter dans la vue de leur procurer un meilleur sort. Ce sont là les droits ordinaires des Peres. Mais en cas de nécessité, il peut transférer son pouvoir à autrui, & les engager dans un esclavage supportable, pour un certain nombre d'années, pour les mettre à même de subsister par leur travail, & de le dédommager des dépenses qu'il a faites pour leur entretien, en se réservant le droit de les racheter lorsqu'il veut, ou par lui-même, ou par le moyen de ses amis. Cette conduite est quelquefois nécessaire pour la subsistance des parens, & même pour le bien de l'enfant, lequel se trouve lié, comme peuvent l'être les mineurs, par l'engagement de son tuteur, & son obligation est du nombre de celles qu'on appelle *quasi ex contractu*, dont j'ai parlé ci-dessus. Mais comme un Pere ne peut par lui-même transférer à autrui un droit plus fort sur son enfant que celui qu'il tient de la nature, cela ne sauroit établir un esclavage perpétuel ou héréditaire.

Un pareil contrat, loin d'être un office utile, ou un *negotium utile gestum*, seroit manifestement inique, & ne produiroit aucune obligation.

Le pouvoir d'un Etat sur ses membres a un tout autre fondement. Lorsqu'un nombre d'hommes s'unissent pour un intérêt commun, que chacun est maintenu dans ses droits aux dépens du public, & qu'il jouit pour lui & pour sa postérité de la protection des loix & des magistrats, qu'il est défendu par des armées, & qu'il jouit de tous les avantages d'une vie civilisée, on peut, lorsque l'intérêt public le requiert, l'obliger à s'exposer aux plus grands dangers, & même à une mort certaine. Les mineurs jouissent des mêmes avantages que les hommes faits, & sont par conséquent soumis à l'Etat, avant même qu'ils y ayent consenti expressément ou tacitement, & comme ils ont jouit de ces avantages depuis leur enfance, ils sont obligés de concourir à tout ce qui peut maintenir ces associations bienfaisantes. Au reste, il ne convient point que les loix civiles donnent plus d'étendue au pouvoir paternel que la nature ne lui en a donné, vu qu'il suffit pour l'éducation des enfans. Il ne convient pas non plus que les Peres exercent sur leurs enfans une autorité aussi absolue que les magistrats, & il est aisé d'en sentir les raisons; & rien n'est plus inique que de leur permettre de les tuer, de les exposer, & de laisser entre leurs mains le pouvoir de les réduire dans un esclavage perpétuel.

PERES.

ON donna le nom de Peres aux cent sénateurs que Romulus choisit, & on les appella ainsi par respect pour leur mérite & leur âge, & parce qu'ils devoient être les Peres du peuple, comme on donne le nom de Peres aux religieux, & qu'on appelle seigneurs, *seniores*, certaines personnes de distinction. Peut-être aussi les appella-t-on ainsi parce que Romulus n'avoit choisi que des gens mariés & Peres, pour les charger des affaires de l'Etat. Denys d'Halicarnasse dit que le premier roi des Romains fit deux bandes de ses sujets; que dans la premiere étoient ceux qui avoient de la naissance, du mérite ou des richesses; que dans la seconde, il mit ceux qui n'avoient aucune de ces trois choses, & qu'il les appella *Plébëiens;* mais que ceux de la premiere classe, il les nomma Peres: *Sive quod ætate anteirent alios, sive quod haberent liberos, sive propter claritatem generis, sive propter hæc omnia.*

PERES CONSCRITS.

LES anciens Romains donnerent ce nom à ceux qui furent tirés de l'ordre des chevaliers pour remplir le nombre des sénateurs : *Qui ex equestri ordine patribus adscribebantur*, dit Festus, *ut numerus senatorum impleretur.* Tarquin-le-Superbe ayant fait mourir un grand nombre de patriciens & de sénateurs, & ayant épuisé cet ordre, à la maniere de ceux qui, pour établir leur despotisme & un pouvoir sans borne, sont toujours ennemis du sénat, & font tous leurs efforts pour l'anéantir, Junius Brutus ou P. Valerius Publicola, choisit les plus distingués de l'ordre des chevaliers qu'il fit inscrire dans la liste des sénateurs, & dont il remplit le sénat ; de-là le nom de Peres conscrits, qui leur vient de ce qu'ils avoient été inscrits avec les anciens : nom qui ensuite devint commun à tous les sénateurs ; car c'est ainsi qu'on les nommoit en leur parlant, lorsqu'ils étoient assemblés. D'autres auteurs prétendent que ce nom remonte aux deux choix que fit Romulus, qui d'abord appella Peres les sénateurs, puis, en ayant augmenté le nombre, les nomma Peres conscrits, & c'est le sentiment de Plutarque : *principio, patres tantùm, post numero amplificato, patres conscriptos appellavêre.*

PEREZ, (Antoine) *Secrétaire d'Etat des affaires étrangeres sous Philippe II, Roi d'Espagne, Auteur Politique.*

PEREZ est un exemple éclatant des disgraces où peuvent tomber les favoris & les ministres. Il avoit été dans la plus haute faveur auprès du roi Philippe II, & il fut arrêté deux fois par son ordre. Deux fois aussi on lui procura la liberté. La premiere, ce fut Jeanne Coëlho, son épouse, qui l'alla voir dans sa prison, lui donna ses propres habits, & le mit en état de sortir parmi les femmes qui l'avoient accompagnée. La seconde, ce furent les Aragonois, qui forcerent sa prison, prétendant que Perez, étant Aragonois, & prisonnier dans le royaume d'Aragon, il ne pouvoit être jugé en Castille, suivant leurs loix & leurs privileges. Ce ministre mourut en 1611, à Paris, où il s'étoit retiré sous la protection du roi Henri IV, après avoir erré en différens pays. Il étoit tombé en disgrace, pour être entré dans l'intrigue de cour, qui coûta la vie à don Carlos, infant d'Espagne, & à don Jean d'Autriche. On prétend qu'il avoit fait assassiner Escovedo, secrétaire de don Jean : que c'étoit par l'ordre exprès de Philippe II ; & que ce prince eut deux vues en faisant faire le procès à Perez pour ce crime commandé ; l'un d'écarter le soupçon qui tomboit sur le prince lui-même; l'autre de se venger de ce que Perez, chargé de le servir dans une intrigue galante avec Anne de Mendoça de la Cerda, veuve du roi Gomez de Sylva, prince d'Eboli au royaume de Naples, s'étoit ménagé à lui-même les bonnes graces de cette dame qu'il devoit attacher à son maître. Oh! qu'il est dangereux de servir ou la haine, ou l'amour des princes!

Perez a été un habile ministre d'Etat, si l'on en juge par ses ouvrages, qui sont estimés & très-bien écrits dans sa langue : ils ont été imprimés sous ce titre : *Obras & relationes de Antonio Perez.*

PÉRIPATÉTICIEN, s. m.

Principes de la philosophie morale des Péripatéticiens.

1. LA félicité morale ne consiste point dans les plaisirs des sens, dans la richesse, dans la gloire civile, dans la puissance, dans la noblesse, dans la contemplation des choses intelligibles ou des idées.

2. Elle consiste dans la fonction de l'ame occupée dans la pratique d'une vertu; ou s'il y a plusieurs vertus, dans le choix de la plus utile & de la plus parfaite.

3. Voilà le vrai bonheur de la vie, le souverain bien de ce monde.

4. Il y en a d'autres qu'il faut regarder comme des instrumens qu'il faut diriger à ce but; tels sont les amis, les grandes possessions, les dignités, *&c.*

5. C'est l'exercice de la vertu qui nous rend heureux autant que nous pouvons l'être.

6. Les vertus sont, ou théorétiques ou pratiques.

7. Elles s'acquierent par l'usage. Je parle des pratiques, & non des contemplatives.

8. Il est un milieu qui constitue la vertu morale en tout.

9. Ce milieu écarte également l'homme de deux points opposés & extrêmes, à l'un desquels il peche par excès, & à l'autre par défaut.

10. Il n'est pas impossible à saisir même dans les circonstances les plus agitées, dans les momens de passions les plus violens, dans les actions les plus difficiles.

11. La vertu est un acte délibéré, choisi & volontaire. Il suit de la spontanéité dont le principe est en nous.

12. Trois choses la perfectionnent, la nature, l'habitude & la raison.

13. Le courage est la premiere des vertus; c'est le milieu entre la crainte & la témérité.

14. La tempérance est le milieu entre la privation & l'excès de la volupté.

15. La libéralité est le milieu entre l'avarice & la prodigalité.

16. La magnificence est le milieu entre l'économie sordide & le faste insolent.

17. La magnanimité qui se rend justice à elle-même, qui se connoît, tient le milieu entre l'humilité & l'orgueil.

18. La modestie qui est relative à la poursuite des honneurs est également éloignée du mépris & de l'ambition.

19. La douceur comparée à la colere, n'est ni féroce, ni engourdie.

20. La popularité ou l'art de capter la bienveillance des hommes, évite la rusticité & la bassesse.

21. L'intégrité, ou la candeur, se place entre l'impudence & la dissimulation.

22. L'urbanité ne montre ni grossiéreté ni bassesse.

23. La honte qui ressemble plus à une passion qu'à une habitude, a aussi son point entre deux excès opposés, elle n'est ni pusillanime ni intrépide.

24. La justice relative au jugement des actions, est ou universelle ou particuliere.

25. La justice universelle est l'observation des loix établies pour la conservation de la société humaine.

26. La justice particuliere qui rend à chacun ce qui lui est dû, est ou distributive, ou commutative.

27. Distributive, lorsqu'elle accorde les honneurs & les récompenses, en proportion du mérite. Elle est fondée sur une progression géométrique.

28. Commutative, lorsque dans les échanges elle garde la juste valeur des choses, & elle est fondée sur une proportion arithmétique.

29. L'équité differe de la justice. L'équité corrige le défaut de la loi. L'homme équitable ne l'interprete point en sa faveur d'une maniere trop rigide.

30. Nous avons traité des vertus propres à la portion de l'ame qui ne raisonne pas. Passons à celle de l'intellect.

31. Il y a cinq especes de qualités intellectuelles ou théorétiques ; la science, l'art, la prudence, l'intelligence, la sagesse.

32. Il y a trois choses à fuir dans les mœurs ; la disposition vicieuse ; l'incontinence, la férocité. La bonté est l'opposé de la disposition vicieuse ; la continence est l'opposé de l'incontinence. L'héroïsme est l'opposé de la férocité. L'héroïsme est le caractere des hommes divins.

33. L'amitié est compagne de la vertu ; c'est une bienveillance parfaite entre des hommes qui se payent de retour. Elle se forme ou pour le plaisir ou pour l'utilité ; elle a pour base ou les agrémens de la vie, ou la pratique du bien ; & elle se divise en imparfaite & en parfaite.

34. C'est ce que l'on accorde dans l'amitié, qui doit être la mesure de ce que l'on exige.

35. La bienveillance n'est pas l'amitié, c'en est le commencement ; la concorde l'amene.

36. La douceur de la société est l'abus de l'amitié.

37. Il y a diverses sortes de voluptés.

38. Je ne voudrois pas donner le nom de *volupté* aux plaisirs déshonnêtes. La volupté vraie est celle qui naît des actions vertueuses, & de l'accomplissement des désirs.

39. La félicité qui naît des actions vertueuses est ou active, ou contemplative.

40. La contemplative qui occupe l'ame, & qui mérite à l'homme le titre de *sage*, est la plus importante.

41. La félicité qui résulte de la possession & de la jouissance des biens extérieurs, n'est pas à comparer avec celle qui découle de la vertu, & de ses exercices.

PEROU, (Le) *Vaste région de l'Amérique méridionale, dans sa partie occidentale.*

Le Pérou est borné au nord par le Popayan; au midi par le Chili; à l'orient par le pays des Amazones, & au couchant par la mer du sud. Ce pays a environ six cents lieues de longueur du nord au sud, & cinquante de largeur.

Le Pérou étoit un empire étendu, gouverné depuis quatre siecles par une race de conquérans qui sembloient n'avoir vaincu que pour le bonheur des hommes. Ils descendoient d'un législateur qui seroit peut-être le premier de tous, si Confucius n'avoit eu sur lui l'avantage de ne pas employer la superstition pour faire recevoir & observer la morale & les loix.

Manco Capac qui rassembla les sauvages du Pérou épars dans les forêts, se disoit fils du soleil, envoyé par son pere pour apprendre aux hommes à être bons & heureux. Il persuada un grand nombre de sauvages qui le suivirent; il fonda la ville de Cusco.

Il apprit à ses nouveaux sujets à cultiver la terre, à semer des grains & des légumes, à se vêtir, à se bâtir des maisons. Sa femme apprit aux Indiennes à filer, à tisser le coton & la laine, tous les exercices convenables à leur sexe, tous les arts de l'économie domestique.

Il leur dit qu'il falloit adorer le soleil. Il lui bâtit des temples. Il abolit les sacrifices humains, & même ceux des animaux. Ses descendans furent les seuls prêtres de sa nation.

Il distribua ses sujets en décuries, avec un officier chargé de veiller sur les dix familles qui lui étoient confiées. Un officier supérieur avoit la même inspection sur cinquante familles; d'autres enfin sur cent, sur cinq cents & mille.

Les décurions & les autres inspecteurs remontant jusqu'aux millénaires, devoient

devoient rendre compte à celui-ci des bonnes & des mauvaises actions, solliciter le châtiment & la récompense, avertir si l'on ne manquoit pas de vivres, d'habits, de grains pour l'année. Le millénaire rendoit compte aux ministres de l'Inca.

Toutes les loix étoient séveres, mais cette sévérité n'avoit eu que de bons effets. Les Péruviens ne connoissoient pas le crime. Toutes leurs loix étoient censées leur être données par le soleil qui éclairoit leurs actions. Ainsi la violation d'une loi étoit un sacrilege. Ils alloient révéler leurs fautes les plus secretes, & demander à les expier. Ils disoient aux Espagnols qu'il n'étoit jamais arrivé qu'un homme de la famille des Incas eût mérité d'être puni.

Les terres du royaume susceptibles de culture étoient partagées en trois parts, celle du soleil, celle de l'Inca, & celle des peuples. Les premieres se cultivoient en commun, ainsi que les terres des orphelins, des veuves, des vieillards, des infirmes & des soldats qui étoient à l'armée. Celles-ci se cultivoient immédiatement après celles du soleil, & avant celles de l'empereur. Des fêtes annonçoient ce travail. On le commençoit & on le continuoit au son des instrumens, & en chantant des cantiques.

L'empereur ne levoit aucun tribut, & n'exigeoit de ses sujets que la culture de ses terres, dont le produit déposé par-tout dans des magasins publics, suffisoit à toutes les dépenses de l'empire.

Les terres consacrées au soleil fournissoient à l'entretien des prêtres & à la consécration de ces magnifiques temples lambrissés & voûtés d'or & d'argent.

A l'égard des terres qui étoient entre les mains des particuliers, elles n'étoient ni un héritage, ni même une propriété à vie. Leur partage varioit continuellement, & se régloit avec une équité rigoureuse sur le nombre des têtes qui composoient chaque famille, dont les richesses se bornoient toujours au produit des champs dont l'Etat lui avoit confié l'usufruit passager.

Cet usage de possessions amovibles a été universellement réprouvé par les gens sages. Ils ont constamment pensé qu'un peuple ne s'éleveroit jamais à quelque force, à quelque grandeur, à quelque consistance, que par le moyen des propriétés fixes, même héréditaires. Sans le premier de ces moyens, on ne verroit sur le globe que quelques sauvages errans & nuds, vivant misérablement de fruits, de racines; produit unique & borné de la nature brute. Sans le second, nul mortel ne travailleroit que pour lui-même; le genre-humain seroit privé de tout ce que la tendresse paternelle, l'amour de son nom, & le charme inexprimable qu'on trouve à faire le bonheur de sa postérité, font entreprendre de durable. Le systême de quelques spéculateurs hardis qui ont regardé les propriétés, & sur-tout les propriétés héréditaires, comme des usurpations de quelques membres de la société sur d'autres, se trouve réfuté par le sort de toutes les institutions où l'on a réduit leurs principes en pratique. Elles ont toutes misérablement péri, après avoir langui quelque temps dans la misere, dans la dépopulation & dans l'anarchie. Le Pérou seul a prospéré sur une base si fragile. On n'y vit jamais ni fainéans, ni voleurs, ni pauvres, ni mendians. Les causes d'un phénomene qui paroît contredire les vérités les plus lumineuses méritent d'être recherchées.

L'introduction des monnoies dont l'usage est si commode, si nécessaire même, a plongé dans des erreurs dangereuses la plupart de ceux auxquels le hasard a commis le sort des empires. Trompés par l'efficacité de ces signes universels, ils n'ont pensé qu'à s'en procurer la plus grande quantité possible, sans songer que les moyens qu'ils emploient ruinent souvent la culture, source unique de toute richesse. Les Incas, chez qui l'or & l'argent ne représentoient rien, n'ont pas pu tomber dans cette frénésie. Comme ils n'avoient pour pourvoir aux besoins du gouvernement que des denrées en nature, ils ont dû chercher à les multiplier. Ils ont été secondés dans l'exécution de ce projet par leurs ministres, par les administrateurs inférieurs, par les soldats même qui ne recevoient pour subsister, pour soutenir leur rang, que des fruits de la terre. Delà, ces chemins, ces réservoirs, ces canaux, ces aqueducs que le temps n'a pas encore totalement détruits, & dont la magnificence a étonné les hommes les plus orgueilleux de l'univers. Ces ouvrages merveilleux pouvoient avoir pour but principal de porter l'abondance dans les champs du souverain; mais son patrimoine étoit si confusément mêlé avec celui des sujets, qu'il n'étoit pas possible de fertiliser l'un sans fertiliser l'autre. Les peuples encouragés par ces commodités qui laissoient peu de chose à faire à leur industrie, se livrerent à des travaux que la nature de leur sol, de leur climat & de leurs consommations rendoit très-légers. Malgré tous ces avantages, malgré la vigilance toujours active du magistrat, malgré la certitude de ne pas voir leurs moissons ravagées par un voisin inquiet, les Péruviens ne s'éleverent jamais au-dessus du plus étroit nécessaire. On peut assurer qu'ils auroient acquis les moyens de varier & d'étendre leurs jouissances, si des propriétés foncieres, commerçables, héréditaires, avoient éguisé leur génie.

La pêche, qui ne pouvoit pas être considérable dans un pays où l'on trouve plus de torrens que de rivieres, étoit, comme elle devroit l'être partout, de droit commun. Quoique la chasse fût dans le même cas, elle étoit assujettie à plus de formalités. Chaque province étoit divisée par cantons que tous les habitans réunis parcouroient successivement une fois l'an. Le gibier qu'on prenoit étoit également partagé entre tous les citoyens, qui le préparoient de maniere qu'il pût se conserver, & leur fournir de viandes pendant l'année. Il étoit défendu à tout le monde sans distinction de rangs, de chasser en d'autres temps, de crainte que cet exercice qui a tant d'attraits ne fît négliger des occupations plus nécessaires.

La polygamie étoit défendue, l'adultere étoit puni de mort dans les deux sexes. Il n'étoit permis d'avoir des concubines qu'à l'empereur, parce qu'on ne pouvoit trop multiplier la race du soleil. Il les choisissoit parmi les vierges consacrées au temple.

La paresse étoit sévérement punie, & sur-tout par la honte. Chacun étoit obligé de faire lui-même sa chaussure, sa charrue, sa maison. Les femmes faisoient les habits, & chaque famille savoit seule pourvoir à ses besoins. Toutes les loix ordonnoient aux Péruviens de s'entre-secourir & de s'aimer.

Les travaux communs qu'égayoient des chants, étoient consacrés comme le repos l'est ailleurs par des fêtes; l'objet même de ces travaux qui étoit d'aider quiconque avoit besoin de secours; ces vêtemens faits par des filles vouées au culte du soleil, distribués par les officiers de l'empereur aux pauvres, aux *vieillards & aux orphelins; l'union qui devoit être dans les dé*curies où tout le monde s'inspiroit mutuellement le respect des loix, l'amour de la vertu, parce que les châtimens pour les fautes d'un seul tomboient sur toute la décurie; cette habitude de se regarder comme membres d'une seule famille qui étoit l'empire; tous les usages, toutes les loix enfin, entretenoient parmi les Péruviens la concorde, la bienveillance, le patriotisme, un certain esprit de communauté, & substituoient autant qu'il est possible à l'intérêt personnel, à l'esprit de propriété, aux ressorts communs des autres législations, les vertus les plus sublimes & les plus aimables.

Elles étoient honorées ces vertus comme les services rendus à la patrie. Ceux qui s'étoient distingués par une conduite exemplaire ou par des actions d'éclat utiles au bien public, portoient pour marque de décoration des habits travaillés par la famille des Incas. Il est fort vraisemblable que ces statues que les Espagnols trouverent dans les temples du soleil, & qu'ils prirent pour des idoles, étoient les statues des hommes qui par leurs belles actions ou la suite d'une belle vie avoient mérité l'hommage ou l'amour de leurs concitoyens.

Ces grands hommes étoient de plus, les sujets ordinaires des poëmes composés par la famille des Incas pour l'instruction des peuples.

Il y avoit encore un autre genre de poëme utile aux mœurs. On représentoit à Cusco & dans les autres villes du Pérou, des tragédies & des comédies. Les premieres donnoient aux prêtres, aux guerriers, aux juges, aux hommes-d'Etat, des leçons de leurs devoirs, & des modeles de vertus publiques. Les comédies servoient d'instruction au peuple des conditions inférieures, & lui enseignoient les vertus privées & jusqu'à l'économie domestique.

Mais excepté dans la morale & la politique, les Péruviens avoient fait peu de progrès dans les sciences. La plupart dépendent du progrès des arts, & ceux-ci des hasards qui ne sont produits par la nature que dans la suite des siecles, & dont la plupart sont perdus pour les peuples qui restent sans communication avec les peuples éclairés.

Les Péruviens avoient pourtant une teinture de la géométrie. Ils avoient divisé l'année comme nous; & leur religion qui tournoit sans cesse leurs regards vers les cieux, les avoit conduits à quelque connoissance de l'astronomie.

La grandeur, l'élévation de leurs édifices, leurs grands chemins, leurs ponts, des monumens enfin, dont les restes étonnent encore le peuple conquérant qui les a mutilés ou renversés, prouvent leurs connoissances dans la partie des méchaniques qui apprend à remuer & à élever de grandes masses. Avec si peu de science & très-peu d'instrumens, il falloit que les architectes & les constructeurs d'un palais, d'un temple, eussent alors de l'invention & du génie.

Les Péruviens à la source de l'or & de l'argent, ne connoissoient pas l'usage de la monnoie. Ils n'avoient ni commerce, ni luxe; & les arts de détail qui tiennent aux premiers besoins de la vie sociale, étoient fort imparfaits chez eux. Ils n'avoient pas d'hiéroglyphes qui chez toutes les nations ont été la premiere écriture; & leurs *quippos* qui leur tenoient lieu d'écriture, ne valoient pas les hiéroglyphes des Mexicains, pas même ceux des Iroquois.

Mais les Péruviens sans propriété, sans commerce, & presque sans relation d'intérêts entr'eux, gouvernés d'ailleurs par des maîtres dont la volonté faisoit toutes les loix passageres qui suppléent aux mœurs, un tel peuple n'avoit guere besoin d'écriture. Toutes leurs sciences étoient dans la mémoire, & tous leurs arts dans l'exemple. Ils apprenoient leur religion & leur histoire par des cantiques, leurs devoirs & leurs professions par le travail & l'imitation. Du reste ils vivoient heureux sous un gouvernement despotique, parce que la température d'un climat pur & sain, & la fécondité d'un sol où tout abondoit avec peu de culture, leur donnoient des mœurs douces. Leur législation étoit sans doute imparfaite & très-bornée, puisqu'elle supposoit le prince toujours juste & infaillible, & les magistrats integres comme le prince. Chez un peuple policé qui n'avoit pas l'art de l'écriture, les loix devoient être funestes, quand les mœurs n'en déterminoient pas l'application & l'usage; quand non-seulement le monarque, mais ses préposés, un décurion, un centenaire, un millénaire pouvoit changer à son gré la destination des peines & des récompenses. Chez un tel peuple, le témoignage qui accuse, la loi qui condamne, le jugement qui décide, sont incertains comme la mémoire des hommes, vagues comme leurs idées, arbitraires comme leurs penchans, opposés comme leurs intérêts. Les loix les plus sages sans aucun caractere de précision & de stabilité, s'alterent insensiblement. Il ne reste aucun moyen de les ramener à leur caractere primitif.

Le seul remede à tant de maux pour un peuple qui n'a pas le secours de l'écriture, ce sont des mœurs douces qui réglent également l'autorité du prince & l'obéissance des sujets. Le despotisme qui résulte de cette confiance mutuelle d'un peuple qui s'abandonne à la bonne foi d'un monarque, & du monarque qui s'abandonne à l'heureux naturel de son peuple, ce despotisme est peut-être le plus doux & le plus sûr de tous les gouvernemens; & tel étoit celui des Incas au Pérou.

Leur empire avoit fleuri sous onze empereurs tous prudens, humains & justes, lorsque l'Inca Guyana Capac s'empara de Quito. Pour s'en assurer la possession, il épousa l'unique héritiere du roi détrôné, dont il eut un fils. Ce jeune prince, nommé Atahualpa, prétendit à la mort de son pere devoir hériter des Etats de sa mere, abandonnant le reste de la succession à Huascar son frere aîné d'un autre lit. Celui-ci qui se croyoit appellé seul par les loix au trône, refusa de consentir à ce partage. On prit les armes. Le plus ambitieux fut battu, fait prisonnier & enfermé dans Cusco, où depuis il fut étranglé. Son heureux rival, plus élevé qu'il ne l'avoit espéré, se trouva sans contradiction le maître de toutes les provinces.

L'ébranlement que ces dissentions avoient causé dans un pays peu fait à de pareils orages, duroit encore, lorsque les Espagnols se montrerent sur les terres de l'empire. Leur apparition dans ces circonstances ne permit pas de douter que ce ne fussent les nouveaux enfans du soleil, qui, selon une ancienne prophétie généralement reçue devoient venir donner de nouvelles loix au Pérou. A la faveur de ce préjugé, on s'avança sans obstacle jusqu'à Cascamalca, ville considérable d'une province où étoit alors l'empereur avec une armée.

Pizarre en reçut une députation dont le chef étoit de la famille des Incas. Il reconnut les Espagnols pour ses parens comme les enfans du soleil, & il leur donna de la part du monarque des fruits, des grains, des coupes, des vases, des bassins d'or & d'argent, beaucoup d'émeraudes. Les Indiens par la maniere dont ils traitoient les Espagnols, vouloient appaiser le soleil qu'ils croyoient irrité contre le Pérou. Tous les peuples des environs de Cascamalca les comblerent de présens, leur rendirent tous les services qui dépendoient d'eux, & leur marquerent un respect qui tenoit de l'adoration.

La réception que Fernand frere de Pizarre reçut de l'empereur, répondit à ces avances. Ce prince l'embrassa, lui dit les choses les plus obligeantes, & le fit servir à table par des princesses de son rang. Il ne dissimula pas qu'il désiroit que les Espagnols sortissent de ses Etats; & pour tout régler, il promit d'aller voir le lendemain leur chef au palais de Cascamalca. L'entrevue fut acceptée, & l'envoyé se retira, charmé des richesses prodigieuses qu'il avoit vues & dont il ne fit que trop la peinture aux Espagnols.

Se préparer au combat, sans laisser appercevoir le moindre appareil de guerre, fut la seule disposition que fit Pizarre pour recevoir l'empereur. Il mit sa cavalerie en bataille dans les jardins du palais où elle ne pouvoit être apperçue; son artillerie fut tournée vers la porte par où l'empereur devoit entrer, & l'infanterie étoit dans la cour.

Atahualpa vint avec confiance au rendez-vous. Vingt mille hommes l'accompagnoient. Il étoit porté sur un trône d'or, & ce métal brilloit dans les troupes. Il se tourna vers ses principaux officiers, & leur dit : *ces gens-ci sont les envoyés des Dieux, gardez-vous de les offenser.*

Ils étoient assez près du palais de Pizarre, lorsqu'un Jacobin nommé *Vincent*, le crucifix dans une main, son bréviaire dans l'autre, pénetre jusqu'à l'empereur. Il arrête la marche de ce prince pour lui faire un long discours dans lequel il lui expose la religion chrétienne, le presse d'embrasser ce culte, & lui propose de se soumettre au roi d'Espagne à qui le pape avoit donné le Pérou.

L'empereur qui l'avoit écouté avec beaucoup de patience, lui répondit qu'il vouloit bien être l'ami du roi d'Espagne, mais non son tributaire : qu'il falloit que le pape fût un grand imbécille pour donner si libéralement ce qui n'étoit pas à lui ; qu'il ne quittoit pas sa religion pour une autre ; & que si les chrétiens adoroient un Dieu mort sur une croix, il adoroit le soleil qui ne mouroit jamais. Il demanda ensuite au moine où il avoit appris tout ce qu'il venoit de dire de Dieu & de la création. Dans ce livre, répondit Vincent, en présentant son bréviaire à l'empereur. Atahualpa prend le livre, le regarde de tous côtés, se met à rire; & jetant le bréviaire : ce livre, dit-il, ne me dit rien de tout cela. Vincent se retourne vers les Espagnols en criant de toutes ses forces, *vengeance, mes amis, vengeance. Chrétiens, voyez-vous comme il méprise l'évangile ; il l'a jeté par terre; tuez-moi ces chiens qui foulent aux pieds la loi de Dieu.*

Les Espagnols qui vraisemblablement avoient peine à retenir cette fureur, cette soif de sang que leur inspiroit la vue de l'or & des infideles, obéirent au Jacobin. Dans le même moment part une décharge de leur artillerie. Pizarre fait attaquer les Indiens par sa cavalerie divisée en petites troupes, & marche contr'eux à la tête de son infanterie en lui ordonnant de tirer. Qu'on se souvienne de l'idée que les Péruviens avoient des Espagnols qu'ils regardoient comme des hommes envoyés du ciel, & qu'on juge de l'impression que durent faire sur eux la vue de ces chevaux qui les écrasoient, le bruit & l'effet du canon & de la mousqueterie qui les terrassoient comme la foudre invisible. Ils prirent la fuite avec tant de précipitation qu'ils s'entasserent dans les rues de Cascamalca, où les Espagnols en firent un carnage affreux. Pizarre s'avance vers le lieu où étoit l'empereur, fait tuer par son infanterie tout ce qui entoure le trône, prend le prince par les cheveux, le jette à terre, le fait prisonnier, & poursuit avec sa cavalerie les malheureux Péruviens le reste de la journée. Une foule de princes de la race des Incas, les ministres, la fleur de la noblesse, tout ce qui composoit la cour d'Atahualpa, fut égorgé. On ne fit point de grace à la foule de femmes, de vieillards, d'enfans qui étoient venus des environs pour voir leur prince & les Espagnols. Tant que ce carnage dura, frere Vincent ne cessa d'animer les soldats fatigués de tuer, les exhortant à se servir de la pointe & non du tranchant de leurs épées pour ne pas les briser, & pour faire des blessures plus profondes. Au retour de cette infâme boucherie, les Espagnols passerent la nuit à s'enivrer, à danser, à se livrer à tous les excès de la débauche.

Cependant Pizarre ne songea qu'à se défaire de son prisonnier. Frere Vincent disoit que c'étoit un prince endurci qu'il falloit traiter comme Pharaon. Il y avoit à la suite du général Espagnol un Indien qui s'étoit converti à la foi catholique. Il s'appelloit *Philipillo*. Il servoit d'interprete. On lui avoit livré la femme de l'empereur dont il eut l'insolence d'abuser, & on se servit de lui pour accuser ce prince d'avoir voulu soulever ses sujets contre les Espagnols. Sur cette déposition seule, Atahualpa fut condamné à mort. On osa lui faire son procès dans les formes; & cette comédie atroce eut les suites horribles qu'elle devoit avoir.

Après cet assassinat juridique, Pizarre s'empara des villes principales de l'empire. Cusco lui ouvrit ses portes, & lui offrit plus d'or qu'il n'y en avoit dans l'europe entiere avant la découverte du nouveau monde. Elles furent le partage de deux cents Espagnols qui, possesseurs de richesses immenses en cherchoient encore par une suite de cette soif de l'or qui s'augmente dans son ivresse même. Les temples & les maisons des particuliers furent également dépouillés d'une extrémité du royaume à l'autre. Les Péruviens furent opprimés par-tout, & on leur ravissoit leurs femmes & leurs filles.

Les peuples poussés au désespoir se souleverent. Ils assiégerent à la fois Cusco & Lima; mais ces malheureux ne purent tuer en différens combats que six cents de leurs ennemis, & de nouveaux secours arrivant sans cesse à leurs tyrans, ils furent défaits par-tout. En peu de temps les Espagnols se trouverent dans le Pérou au nombre de trois mille arquebusiers, sans compter les piquiers, les arbalétriers, la cavalerie. Il fallut que les Péruviens subissent le joug, tel qu'il plut au vainqueur de l'imposer. Encore un moment de résistance, & peut-être ils étoient libres. Les conquérans avoient à terminer entr'eux des différends qui ne souffroient pas le partage de leurs forces.

La premiere nouvelle des succès de Pizarre n'avoit pas été plutôt portée à Panama, qu'Almagro son associé principal étoit accouru avec de nouveaux aventuriers pour partager les trésors, les terres, l'administration du Pérou. Il y avoit dans cette prétention une justice que l'auteur de la découverte ne voulut point sentir. Dès-lors la jalousie & la haine s'emparerent de tous les cœurs. Il y eut deux chefs, deux partis, deux armées, & bientôt un accommodement forcé, deux gouvernemens.

L'empire du Pérou avant d'avoir été subjugué par les Espagnols s'étendoit le long de la mer du sud, depuis le golfe de Guyaquil jusqu'au

Chili; & du côté de la terre il n'étoit borné que par cette fameuſe chaîne de montagnes qui, comme une grande arête ſortie de la terre magellanique, va ſe perdre dans le Mexique, pour unir, ce ſemble, les parties méridionales du continent de l'Amérique avec les ſeptentrionales. Il étoit beaucoup plus long que large. Son terrain qui étoit très-irrégulier peut être diviſé en trois claſſes.

Les principales Cordilieres forment la premiere. La cime de celle qu'on nomme *Cotolpaſci* eſt élevée au-deſſus de la ſuperficie de la mer de 3126 toiſes qui font un peu plus d'une lieue marine. C'eſt la plus grande hauteur connue ſur la terre. Le ſommet de ces montagnes quoique ſituées ſous les tropiques, eſt toujours couvert de neiges & pourtant rempli de volcans. Leur pente eſt plus ou moins rapide; mais toujours d'une ſtérilité abſolue dans la partie qui avoiſine le degré de la congélation. Au-deſſous on trouve quelquefois des plantes médicinales, & plus bas aſſez conſtamment des joncs qui ne ſont d'aucune utilité.

En deſcendant de ces montagnes, on en trouve d'autres moins conſidérables qui occupent le milieu du Pérou. Leur ſommet eſt communément froid, ſtérile, rempli de mines. Les vallons qui les ſéparent ſont couverts de nombreux troupeaux, & ſemblent offrir à la culture les moiſſons les plus abondantes. On n'y éprouve guere que deux mois d'hiver, & dans les plus grandes chaleurs il ſuffit de paſſer du ſoleil à l'ombre pour ſe ſentir ſous une zone tempérée. Cette alternative rapide de ſenſation n'eſt pas pourtant invariable dans un climat, qui par la ſeule diſpoſition du terrain change ſouvent d'une lieue à l'autre. Mais quel qu'il ſoit, on le trouve toujours ſain. Il n'y a point de maladie particuliere à ces contrées, & les nôtres ne s'y naturaliſent guere. Cependant un vaiſſeau d'Europe y apporta en 1719 une épidémie qui coûta la vie à beaucoup d'Eſpagnols & de Metis, & à plus de deux cents mille Indiens. Un préſent plus funeſte encore que ces peuples ont reçu en échange de leur or, c'eſt la petite vérole. Elle s'y manifeſta pour la premiere fois en 1588, & n'a ceſſé depuis d'y faire par intervalles des ravages inexprimables.

On n'eſt pas moins expoſé à cet horrible fléau ſur les côtes connues ſous le nom de *Vallées*. Leur température n'eſt pas la même qu'on trouve ailleurs dans une égale latitude : elle eſt fort agréable; quoique les quatre ſaiſons de l'année y ſoient ſenſibles, il n'y en a aucune qui puiſſe paſſer pour incommode. L'hiver eſt la plus marquée : on en a cherché la cauſe dans les vents du pôle auſtral, qui portent l'impreſſion des neiges & des glaces d'où ils ſont partis. Ils ne la conſervent en partie, que parce qu'ils ſoufflent ſous le voile d'un brouillard épais qui couvre alors la terre. A la vérité ces vapeurs groſſieres ne s'élevent réguliérement que vers le midi, mais il eſt rare qu'elles ſe diſſipent. Le ciel demeure communément aſſez couvert, pour que ſi les rayons du ſoleil ſe montrent, ils ne puiſſent que foiblement modérer le froid.

Quelle

Quelle que soit la cause d'un hiver si constant sous la Zone Torride, il est certain que les vallées couvertes de monceaux de sable sont absolument stériles dans un espace de plus de cent lieues, depuis Truxillo jusqu'à Lima. Le reste de la côte est moins sablonneux, mais il l'est encore trop pour être bien fertile. On n'y trouve des champs qu'on puisse appeller féconds, que dans les terres arrosées par les eaux qui tombent des montagnes. L'utilité des ruisseaux & des rivieres s'étendoit autrefois plus loin; mais elle est réduite aux avantages d'une nature brute, depuis qu'on a laissé périr les canaux que les soins paternels des Incas avoient creusés dans toutes les parties de leur empire, qui en avoient besoin ou qui en étoient susceptibles.

Les pluies pourroient contribuer à donner au sol la fertilité qui lui manque; mais on n'en voit jamais dans le Bas-Pérou. La physique a fait les plus grands efforts pour trouver la cause d'une phénomene si extraordinaire. Ne pourroit-on pas l'attribuer au vent du sud-ouest, qui regne la plus grande partie de l'année, & à la hauteur prodigieuse des montagnes dont le sommet est toujours couvert de neige? Le pays situé entre deux, continuellement refroidi d'un côté, continuellement échauffé de l'autre, conserve une température si égale que les nuages qui s'élevent, ne peuvent jamais se condenser au point de se résoudre en eaux formelles. Aussi les maisons, quoique bâties seulement de brique crue ou de terre mêlée avec un peu d'herbe, durent-elles éternellement. Leur couverture est une simple natte posée horizontalement avec un doigt de cendre au-dessus, pour absorber l'humidité du brouillard.

Les mêmes raisons qui empêchent qu'il ne pleuve dans les vallées, en écartent sans doute aussi les orages. Ceux de leurs habitans, qui n'ont jamais voyagé dans les montagnes, ignorent ce que c'est que le tonnerre & les éclairs. Leur frayeur est égale à leur étonnement, la premiere fois qu'ils sont témoins hors de leur pays d'un spectacle si nouveau pour eux.

Mais ils ont à craindre un phénomene, bien plus dangereux, & qui laisse à sa suite des traces bien plus profondes dans l'imagination des hommes, que ne font la foudre & les ravages qui l'accompagnent. Les tremblemens de terre si rares ailleurs qu'il passe des générations entieres sur la terre sans en voir un seul, sont si ordinaire dans les vallées du Pérou, qu'on y a contracté l'habitude de les compter comme une suite d'époques d'autant plus mémorables que leur fréquence n'en diminue pas la force. Il est peu d'endroits sur cette longue côte qui n'offrent des monumens épouvantables de ces affreuses secousses de la terre.

Le phénomene toujours irrégulier dans ses retours inopinés, s'annonce cependant par des avant-coureurs sensibles. Lorsqu'il doit être considérable, il est précédé d'un frémissement dans l'air dont le bruit est semblable à celui d'une grosse pluie qui tombe d'un nuage dissous & crevé tout-à-coup. Ce bruit paroît l'effet d'une vibration de l'air qui s'agite & se trémousse en sens contraires. Les oiseaux volent alors par élancemens. Leur queue ni leurs ailes ne leur servent plus de rames ni de gouvernail pour nager dans le fluide des cieux. Ils vont s'écraser contre les murs, les arbres, les rochers ; soit que ce vertige de la nature leur cause des éblouissemens, ou que les vapeurs de la terre leur ôtent les forces & les facultés de maîtriser leurs mouvemens.

A ce fracas des airs se joint le murmure de la terre dont les cavités & & les antres sourds gémissent comme autant d'échos. Les chiens répondent à ce pressentiment d'un désordre général par des hurlemens extraordinaires. Les animaux s'arrêtent court, & par un instinct naturel écartent les jambes pour ne pas tomber. A ces indices les hommes fuyent de leurs maisons, la terreur peinte sur le visage, & courent chercher dans l'enceinte des places publiques ou dans la campagne un asile contre la chûte de leurs toits. Les cris des enfans, les lamentations des femmes, les ténebres subites d'une nuit inattendue, tout se réunit pour agrandir les maux trop réels d'un fléau qui renverse tout, par les maux de l'imagination qui se trouble, se confond & perd dans la contemplation de ce désordre l'idée & le courage d'y remédier.

Cependant croiroit-on qu'une terre si peu stable sur ses fondemens fût depuis long-temps habitée, & que le Pérou fût même plus peuplé que le Mexique, & son empire d'une antiquité plus constatée. Au milieu de ces horreurs de la nature qui sembloient ne devoir faire que des tyrans ou des esclaves également féroces & farouches, il fut toujours régi par des princes qu'on ne peut s'empêcher de regarder comme des modeles de bonté. Ses loix étoient paternelles, & sa religion pleine d'humanité. Une institution très-sage ordonnoit qu'un jeune homme qui commettroit une faute seroit puni légérement, mais que son pere en seroit responsable. C'est ainsi que la bonne éducation veilloit à perpétuer les bonnes mœurs. L'oisiveté étoit punie comme la source du crime, & dès-lors comme le plus grand des crimes. Ceux que l'âge & les incommodités mettoient hors d'état de travailler, étoient nourris par le public, mais à la charge de préserver les terres ensemencées du dégât des oiseaux. Les guerres étoient rares, on n'en vit point de meurtrieres, ni d'opiniâtres; & les armées les plus nombreuses ne passoient jamais cinquante mille hommes. Cette conduite qui ne se démentit dans aucune circonstance, doit faire présumer que les hommes s'étoient prodigieusement multipliés dans les pays des Incas. On en a d'ailleurs la démonstration.

Elle est sensible dans les ruines des temples, des forteresses, des aqueducs, des chemins publics que les Péruviens avoient construits; dans les monumens qui attestent que ce peuple sage avoit couvert de ses colonies, toutes les provinces qu'il avoit conquises ; dans ce nombre étonnant d'hommes employés au gouvernement, & tirant de l'Etat sa subsistance. Il est évident que tant de leviers & de bras employés à mouvoir la machine, supposent une population immense, pour nourrir des productions de la terre une classe si nombreuse de ses habitans qui ne la cultivoient pas.

Par quelle fatalité le Pérou se trouve-t-il donc aujourd'hui plus désert que le Mexique? En remontant à l'origine des choses, on trouve que les destructeurs de la mer du sud, brigands sans naissance, sans éducation, & sans principes, commirent d'abord plus d'atrocités que ceux de la nouvelle Espagne. La métropole tarda davantage à donner un frein à leur férocité nourrie continuellement par les guerres civiles, longues & cruelles qui suivirent la conquête. Il s'établit depuis un systême suivi d'oppression dont il convient de suivre la marche, quelque horreur qu'elle nous inspire.

Les Péruviens furent d'abord dépouillés de leurs possessions, comme l'avoient été les Mexicains. *Voyez* MEXIQUE. On leur laissa seulement en commun une partie des terres, qui du temps des Incas étoient consacrées aux besoins publics. Elles ont été diminuées successivement par les usurpations des gens puissans & sur-tout des moines. Les productions de celles qui leur restent pour l'entretien des infirmes, des vieillards, des veuves & des orphelins ne sont pas plus respectées. Elles passent la plupart dans les greniers de leurs oppresseurs.

La liberté des Indiens eut la même destinée que leurs propriétés. Ceux qui furent esclaves du gouvernement, & qu'on employa aux travaux inséparables des nouveaux établissemens, furent mal nourris, mal vêtus. Lorsqu'on n'eut plus d'occupation à leur donner, ils furent accordés aux particuliers dont les fiefs manquoient de cultivateurs. A la vérité ils ne devoient à ces nouveaux maîtres qu'un service de six mois, après lequel ils pouvoient retourner à leurs cabanes; mais l'avarice trouva bientôt des moyens pour rendre perpétuelle une servitude passagere. Le traitement réglé pour ces malheureux étoit insuffisant. On les tenta par des avances que leur besoin leur fit accepter. Dès-lors ils se trouverent la plupart engagés pour leur vie, parce qu'ils n'avoient droit de se retirer qu'après avoir payé les dettes qu'ils avoient contractées, ce que leur pauvreté les mettoit hors d'état de faire. La tyrannie fut poussée plus loin contre ces sortes de débiteurs insolvables qui avoient une famille. On les mit en prison. Pour les en tirer, leurs femmes, leurs enfans se firent leur caution, & ce furent autant de nouveaux esclaves. C'est ainsi que le joug fut perpétué. L'unique considération qui auroit pu servir de frein à cette barbarie, c'est que pendant qu'on avoit ces Indiens, on n'en pouvoit pas avoir d'autres; mais c'étoit toujours un grand avantage de conserver des hommes qu'on avoit formés selon ses besoins, les manufacturiers sur-tout qu'il eût été toujours difficile, souvent impossible de remplacer.

Si la cour de Madrid a prétendu prévenir ces excès & mille autres aussi crians, en donnant aux Péruviens un protecteur Espagnol obligé de les défendre, & un cacique du pays chargé de suivre leurs affaires, elle s'est trompée. Le protecteur reçoit annuellement de chacun d'eux en général une réale, & le cacique une demi-réale dans sa jurisdiction particuliere, & voilà tout. L'un les vend à qui veut les acheter, & l'autre est trop avili pour pouvoir s'opposer à cette oppression.

La religion n'a pas plus de force que les loix, elle en a moins encore. Les curés sont les plus grands ennemis des Péruviens. Ils les font travailler sans les payer, sans les récompenser de leurs peines, & les accablant de coups, pour les sujets les plus légers. Quand quelqu'un de ces malheureux manque au catéchisme ou même s'il y arrive tard, il en est sur le champ puni; & les coups de bâton sont la correction paternelle qu'infligent ces pasteurs. On n'ose les aborder sans quelques présens. Ils ont laissé à leurs paroissiens celles de leurs anciennes superstitions qui sont utiles à l'église, comme la coutume de porter beaucoup de vivres sur le tombeau des morts. Les curés fixent un prix arbitraire à leurs cérémonies; & ils ont toujours quelques inventions pieuses qui leur donnent occasion d'exiger de nouveaux droits. Les quêtes des moines sont de véritables exécutions militaires, un brigandage autorisé, presque toujours accompagné de violences. Cette conduite ne pouvoit pas manquer de rendre notre culte odieux aux Indiens. Ces peuples vont à l'église comme à la corvée, en détestant les barbares étrangers qui entassent les jougs & les fardeaux sur leurs corps & sur leurs ames.

Ils ont généralement conservé la religion de leurs ancêtres, & dans les grandes villes même où ils sont sous les yeux de leurs tyrans, ils ont des jours solemnels où ils prennent leurs anciens habillemens, où ils portent dans les rues les images du soleil & de la lune. Quelques-uns d'entr'eux représentent une tragédie dont le sujet est la mort d'Atahualpa. L'auditoire qui commence par fondre en larmes entre ensuite dans une espece de fureur. Il est rare que dans ces fêtes il n'y ait quelque Espagnol de tué. Peut-être un jour cette tragédie finira-t-elle par le massacre de toute la race des meurtriers d'Atahualpa; & les prêtres qui le sacrifierent seront à leur tour les victimes de tout le sang qu'ils ont fait verser sur l'autel d'un Dieu de paix, ou plutôt de l'avarice & de l'ambition.

Les Péruviens sont d'ailleurs un exemple de ce profond abrutissement où la tyrannie peut plonger les hommes. Ils sont tombés dans une indifférence stupide & universelle. Eh! que pourroit aimer un peuple dont la religion élevoit l'ame, & à qui l'esclavage le plus avilissant a ôté tout sentiment de grandeur & de gloire? Les richesses que leur pays leur a données ne les tentent point; le luxe où la nature les invite n'a point d'attrait pour eux. C'est la même insensibilité pour les honneurs. Ils sont comme l'on veut, sans chagrin ni préférence, caciques ou *mitayos*, l'objet de la considération ou de la risée publique. Ils ont perdu tous les ressorts de l'ame. Celui même de la crainte est souvent sans effet, par le peu d'attachement qu'ils ont à la vie. Ils s'enivrent, ils dansent : voilà tous leurs plaisirs quand ils peuvent y oublier leurs malheurs. La paresse est leur état d'habitude. Une forte récompense ne peut obtenir d'eux la plus légere fatigue. *Je n'ai pas faim*, disent-ils, à qui veut les payer pour travailler.

C'est la condition de presque tous les peuples qui n'ont pas de propriété. Dans les pays chauds où l'on vit à peu de frais, où la terre donne beaucoup & demande peu, quiconque ne peut que vivre sans rien posséder, se repose & mendie, on ne travaille ni pour le lendemain ni pour une postérité. Le vice général des mauvais gouvernemens, & ils le sont presque tous, est dans le code de législation sur la propriété. Ou il n'en faut point du tout, ou il faut le plus grand équilibre dans cette balance sociale. Mais de toutes les sociétés la plus destructive & la moins durable, est celle d'une nation composée de propriétaires oisifs, & d'esclaves pauvres & surchargés. Ce n'est bientôt qu'une fainéantise générale : cruautés, gibets & tortures d'une part; haines, poisons & soulevemens de l'autre; ruine & destruction des deux; dépérissement & dissolution de la société.

Celle du Pérou fut réduite à un tel état de dépopulation, qu'il fallut y suppléer par l'achat d'une race étrangere; mais ce supplément imaginé par le rafinement de la barbarie européenne, est encore trop cher pour avoir été de quelque soulagement à l'inhumanité qui l'emploie dans le pays des Incas. Elle n'en retire pas tout le profit qu'elle s'en proposoit. Le gouvernement y a su mettre obstacle par les monopoles, & les taxes qu'il imposa de tout temps sur les vices comme sur les vertus, sur l'industrie & la paresse, sur les bons & les mauvais projets, sur le droit d'exercer des vexations & la permission de s'y soustraire, sur la faculté de pouvoir faire exécuter les loix & les privileges, de les enfreindre ou les éluder. Indépendamment des droits excessifs mis sur l'introduction des negres dans le Pérou, il a fallu les recevoir d'un privilege exclusif, d'une main étrangere; les faire arriver à travers des mers immenses, des climats malsains, soutenir la dépense de plusieurs débarquemens & embarquemens. La nécessité plus forte que les obstacles a cependant plus multiplié cette espece d'hommes au Pérou qu'au Mexique : les Espagnols s'y trouvent aussi en bien plus grand nombre.

Depuis que le Pérou est sous la domination espagnole, il est gouverné par un vice-roi, dont le pouvoir est sans bornes. Ses appointemens fixes vont à quarante mille ducats, & l'accessoire monte infiniment au-delà. Il nomme à toutes les places civiles & militaires, avec cette restriction que les procédures seront confirmées par le roi d'Espagne, ce qui ne manque guere d'arriver. Entre les Indiens naturels du pays, une partie a embrassé le christianisme, & s'est soumise au joug; l'autre partie, infiniment plus considérable, est restée idolâtre & indépendante.

Les Espagnols divisent le Pérou en trois gouvernemens, qu'ils appellent *audiences*; savoir, l'audience de Quito; l'audience de Lima, ou de Los-Reyes; l'audience de Los-Charchas ou de la Plata; mais ils ont beau diviser le pays en audiences, ils n'en retirent presque plus rien. Lima porte le nom de capitale du Pérou.

PERRON, (Jacques Davy, Cardinal Du) *Célèbre Négociateur.*

Abrégé de la vie & des négociations du Cardinal Du Perron.

JACQUES DAVY, Cardinal DU PERRON, étoit un des plus brillans & des plus forts génies de son siecle. L'intrigue, l'audace, les talens lui firent jouer un rôle considérable dans l'Etat & dans l'église. Excellent négociateur, (& c'est sous ce point de vue principalement que nous allons l'envisager) il réussit dans toutes les commissions dont il fut chargé; & réunit le double avantage de remplir les intentions du roi son maître, & de plaire aux puissances vers lesquelles il fut envoyé.

Les auteurs ne s'accordent pas sur le lieu de la naissance de Du Perron non plus que sur la noblesse de son extraction. On croit communément qu'il nâquit dans le canton de Berne, le 25 novembre 1556, de parens calvinistes. Il fut élevé dans la religion protestante par Julien Davy, son pere, gentilhomme très-savant, qui lui enseigna le latin & les mathématiques. Ayant trouvé l'occasion de lier connoissance avec Philippe Desportes, abbé de Tyron, celui-ci le présenta à Henri III, qui eut pour lui beaucoup d'estime. Quelque temps après Du Perron abjura le calvinisme & embrassa l'état ecclésiastique, où après avoir donné de grandes preuves de son esprit & de son savoir, il s'attacha au duc de Joyeuse, & après sa mort au cardinal de Bourbon.

Personne n'ignore quelle étoit la malheureuse situation de la France vers la fin du regne de Henri III. Le fanatisme des ligueurs, l'indocilité des peuples, l'ambition des grands, la foiblesse du roi avoient produit l'anarchie qui est ordinairement l'avant-coureur de la ruine des empires ou du moins des grandes révolutions. Henri III ayant été assassiné à St. Cloud, cette mort causa à Du Perron la plus extrême affliction. Il perdoit un prince qui l'aimoit, & qui devoit incessamment lui donner des preuves de sa bonne volonté. Ce fut alors qu'il entra dans la maison du cardinal de Bourbon, où il eut une occasion favorable de se faire connoître de Henri IV. Ce prince se trouvoit, en ce moment, dans les circonstances les plus critiques. Ce n'étoient pas ses ennemis qui l'inquiétoient davantage. Il étoit beaucoup plus tourmenté par ses amis même. Les catholiques zélés de son parti le pressoient, jusqu'à l'importunité, de changer de religion; ils le menaçoient même de l'abandonner, s'il s'opiniâtroit à professer la nouvelle croyance. D'un autre côté, les calvinistes qui l'avoient servi avec zele, lui représentoient qu'en changeant de religion, il se déshonoreroit, & qu'il perdroit la confiance de ses alliés.

Le roi de France ayant enfin pris la résolution de se faire catholique, s'adressa à M. Du Perron, dont il reçut des instructions secretes. Ensuite il fit abjuration publique dans l'église de saint Denis, entre les mains de l'archevêque de Bourges & d'une multitude infinie de peuples qui étoient accourus pour voir cette cérémonie. Elle sembloit devoir faire cesser tous les troubles dans le royaume; mais le pape & les partisans fanatiques de la cour de Rome, dont la France étoit remplie, regarderent l'absolution du roi à St. Denis, comme un attentat sacrilege contre l'autorité du saint pere qui, selon leur doctrine, avoit seul le droit de rendre l'entrée de l'église à ceux que Rome avoit excommuniés. Les prélats qui avoient eu part à cette bonne action crurent qu'il étoit de leur devoir de se justifier. Ils écrivirent au pape une lettre dans laquelle ils exposent les raisons qui les ont déterminés à reconnoître pour catholique un grand prince, qui se répentoit très-sincérement d'avoir professé une autre religion que celle du saint pere; ils lui protesterent qu'ils n'avoient prétendu déroger en aucune façon au respect dû au saint siege. Le cardinal Du Perron, qui, depuis peu, avoit été nommé à l'évêché d'Evreux, signa cette lettre avec les autres prélats.

Malgré ces sages précautions, la France n'en resta pas moins au comble de la misere. Ses citoyens armés les uns contre les autres, n'étoient occupés qu'à se détruire. Les provinces étoient remplies de soldats des deux partis, qui, pour la plupart, auroient mérité le nom d'assassins. La guerre se faisoit avec la plus grande barbarie, & la cruauté étoit préconisée comme un acte de religion. Dans cet excès de malheurs, les gens de bien désiroient passionnément la paix; mais le cardinal de Plaisance, légat du pape, s'y opposoit de toutes ses forces, & il étoit secondé par tous les sorbonistes, par une partie des curés de Paris & par les moines dont il échauffoit les fureurs.

Le roi de France jugea bien qu'il ne feroit jamais paisible possesseur de son royaume, tant qu'il auroit le pape contre lui. C'est pourquoi dès le mois d'août 1593, il résolut d'envoyer quelqu'un à Rome pour travailler à sa réconciliation avec le saint siege. Il choisit l'évêque d'Evreux, qui s'étoit acquis une grande réputation par sa science, par son éloquence, par son zele pour la religion catholique, & par ses succès dans la controverse. Il étoit difficile de faire un meilleur choix. Cependant, si M. de Villeroy eût été cru, M. d'Ossat, qui étoit déjà à Rome, pour les affaires de la reine Louise, veuve de Henri III, auroit été employé seul dans cette importante négociation. Quoiqu'il en soit, il ne fut pas jugé à propos de faire partir sur le champ Du Perron. Les esprits étoient encore trop prévenus à Rome contre le roi. Philippe II, roi d'Espagne, y avoit un très-grand crédit; il étoit nécessaire de laisser calmer cette grande fermentation.

Néanmoins ce délai inquiétoit les bons François qui étoient à Rome. Il inquiétoit même les ministres du pape. Enfin, lorsqu'on jugea que la négociation finiroit heureusement, l'évêque d'Evreux eût ordre de partir. Le roi lui avoit donné la place de premier aumônier, & le titre de conseiller d'Etat pour le décorer. M. Du Perron se mit aussitôt en route, & arriva à Rome le 12 juillet 1595. Le soir même il fut admis à baiser les pieds du pape; & le 16 il eût audience, dans laquelle il exposa sa commission. Si l'on en croît la relation du cardinal d'Ossat, l'évêque d'Evreux fit pleurer le saint pere, en lui faisant le détail des miseres de la France. D'Ossat reçut, en même temps, ordre de travailler conjointement avec l'évêque d'Evreux à la réconciliation du roi avec le saint siege, & l'on fit à Rome des prieres publiques pour l'heureuse réussite de cette négociation.

Le pape fit assembler les cardinaux à ce sujet, & leur demanda leur avis; les deux tiers déclarerent que le roi devoit être absous; les seuls pensionnaires de la cour d'Espagne s'y opposerent, pour faire leur cour à Philippe II. Ensuite MM. d'Ossat & Du Perron se mirent à traiter des conditions de l'absolution. Elles portoient en substance, que le roi rétabliroit l'exercice de la religion catholique dans la principauté de Béarn; qu'il y nommeroit au plutôt des évêques catholiques, & qu'il engageroit ses propres domaines, jusqu'à ce qu'on eût restitué aux églises les biens qui leur avoient été enlévés; que les concordats seroient gardés & maintenus, tant par rapport aux provisions des bénéfices, qu'eu égard aux autres objets; que le roi feroit publier & observer, dans son royaume, le concile de Trente, excepté dans les choses qui ne pourroient s'exécuter, sans troubler la tranquillité de l'Etat. On doit être étonné dans ce siecle-ci des minuties que l'on trouve dans cet acte. Outre les articles que nous venons de rapporter, il y est inséré, qu'à moins d'un empêchement légitime, le roi dira tous les jours le chapelet de notre Dame, tous les mercredis les litanies, & tous les samedis le rosaire, en l'honneur de la vierge qu'il prendra pour son avocate dans le ciel; qu'il observera les jeûnes prescrits par l'église; qu'au moins il se confessera quatre fois par an, & communiera publiquement; qu'il entendra la messe tous les jours, & les jours de fêtes & dimanches une grand-messe.

Après que le pape eût obtenu ces conditions qu'il n'étoit pas difficile d'accorder, il déclara, dans un consistoire, qu'il étoit dans la résolution de reconnoître le roi pour catholique & de l'absoudre. Il offrit de venir à Avignon, en faire lui-même la cérémonie, si le roi le vouloit. Mais ce prince avoit pour lors des affaires qui ne lui permirent pas de faire ce voyage. Ce fut le 17 septembre que cette grande négociation fut terminée par l'absolution que le pape donna au roi, en la personne de l'évêque d'Evreux & de M. d'Ossat qui représentoient sa majesté. Il se passa dans cette cérémonie un fait qui excita beaucoup de murmures en France. Les deux procureurs du roi étant à genoux, devant le pape, pendant qu'on chantoit le *miserere*, le maître des cérémonies donna au saint pere une baguette, de laquelle il frappoit les épaules de MM. Du Perron & d'Ossat, ce qui étoit exprimé en termes humilians pour le roi & pour ses procureurs dans le procès-verbal. Pour se justifier, Du Perron dit, que comme c'étoit une cérémonie du rituel, il s'étoit soumis à cette humiliation, afin d'ôter le prétexte

texte que le roi n'avoit pas été bien absous. Mais quelque chose qu'il pût dire pour son apologie, on lui sût très-mauvais gré, en France, de sa complaisance pour le rituel Romain. Cela n'empêcha pourtant pas que l'évêque d'Evreux ne fût parfaitement bien reçu du roi, à son retour en France, & qu'il n'eût acquis à Rome la réputation d'un grand négociateur. Les lettres du cardinal d'Ossat sont remplies d'éloges en l'honneur de ce prélat. Par-tout il loue sa vertu, sa piété & son zele. C'est ainsi qu'il en parloit au roi : » M. l'évêque d'Evreux laisse un grand regret à toute cette cour, » (celle de Rome) pour les rares qualités que Dieu a mises en lui, » connues de votre majesté long-temps y a. Outre la prudence, fidélité, » zele & le bonheur qu'il a porté au service de votre majesté, il a encore, » par son savoir, fait honneur à toute notre nation en toutes les compagnies des grands & savans personnages. Aussi a-t-il fait une grande & » honorable dépense, appellant, à sa table, tout ce qu'il y a eu de plus » docte & de plus poli; & pour mon regard, de plusieurs faveurs & honneurs qu'il a plu à votre majesté me faire, je lui suis principalement » obligé pour m'avoir associé en si grande affaire avec un si grand personnage duquel je confesse avoir beaucoup appris, non-seulement en matiere de science, mais aussi d'affaires. «

Lorsque Du Perron vint rendre ses hommages au roi, ce prince le reçut avec des caresses extraordinaires. Il l'embrassa cinq à six fois, & déclara devant tous ceux qui étoient présens, que l'évêque d'Evreux l'avoit fort bien servi, & qu'il étoit très-content de sa conduite. Après que le roi eut reçu l'absolution du pape, on s'efforça de rétablir la paix entre les deux couronnes de France & d'Espagne. Cette grande affaire fut effectuée peu de temps après par le congrès de Vervins. Mais il restoit encore un germe de guerre entre Henri IV & le duc de Savoie, qui vouloit absolument conserver le marquisat de Saluces, qu'il avoit eu la hardiesse d'usurper pendant nos troubles. Henri n'étoit pas prince à laisser au duc un Etat dont la possession étoit un reproche de foiblesse contre les François. Le pape Clément VIII, craignant que cette dispute n'occasionnât une guerre fâcheuse, dont les suites pouvoient être très-fatales pour l'Italie, se rendit médiateur entre les deux princes. Il nomma pour son légat en France, le cardinal Aldobrandin, son neveu. Le roi avoit avec lui plusieurs prélats. Il envoya au-devant du légat les évêques d'Evreux & de Bayonne. Ils étoient revêtus de leurs habits pontificaux : le légat l'ayant su leur fit dire de quitter ces habits qui étoient une marque de jurisdiction, qui devoit cesser devant les légats. Les deux évêques firent réponse, que si ces prétentions étoient bonnes en Italie, on ne les admettroit point en France; qu'ils ne pourroient avoir la complaisance qu'on vouloit exiger d'eux, sans donner atteinte à la dignité de l'épiscopat, & sans s'exposer à être blâmés de leurs confreres. Le cardinal ne se rendant point à ces raisons, il y eût un arrangement auquel les deux évêques eurent la foiblesse de se prêter. Il fut convenu qu'ils ne paroitroient pas en public devant le légat en habits pontificaux. Ce milieu confirmoit plutôt les prétentions de la cour de Rome, qu'il ne conservoit les droits des évêques de France.

Quoiqu'il en soit, on ne sauroit disconvenir que le roi n'eût beaucoup de confiance en Du Perron, & qu'il ne le regardât comme un habile négociateur. Dès l'an 1594, il l'employa avec M. de Sully, à travailler à la réconciliation du comte de Soissons avec le duc de Montpensier; en quoi ils réussirent après beaucoup de patience. Mais une chose que l'on reprochera toujours à Du Perron, c'est de s'être trop déclaré en faveur de la cour de Rome, contre les intérêts même de sa patrie, & d'avoir été un des plus zélés partisans de la bulle *in cœna domini*. Ces sentimens ultramontains dont il faisoit hautement profession, dûrent extrêmement déplaire au parlement, aux gens éclairés & à tous les bons François. Mais ils lui servirent de puissante recommandation à la cour de Rome. Aussi ne trouva-t-il aucun obstacle, lorsque le roi demanda pour lui à Clément VIII un chapeau de cardinal. Ce fut à Fontainebleau que le roi lui donna lui-même la barrette, & qu'il lui déclara que son intention étoit qu'il se disposât à aller à Rome pour y faire les affaires de France.

Le cardinal Du Perron se mit en chemin sur la fin de l'année 1604. En passant par Florence, il salua le grand-duc & la grande-duchesse de qui il reçut l'accueil le plus favorable. Mais rien ne fut comparable à la reception que lui fit le pape. Sa sainteté le combla de caresses & d'honneurs, & le nomma pour assister à trois congrégations, celle de l'impression des livres, celle des affaires d'Angleterre, & celle où l'on traitoit la grande dispute sur la grace, entre les dominicains & les jésuites.

En allant à Rome, le cardinal Du Perron passa par Turin, où il feignit de garder le plus grand *incognito;* mais le duc, ayant appris son arrivée, fut le voir, & le conduisit lui-même dans un appartement qu'il lui avoit fait préparer chez le marquis des Lances, qu'il appelloit son neveu. M. Du Perron présenta des lettres à ce prince de la part du roi, & lui témoigna combien sa majesté estimoit sa vertu, son savoir & son courage. Du Perron s'attendoit que le duc pourroit bien lui faire quelques ouvertures au sujet du marquisat de Saluces; mais il se trompa. Son altesse demeura dans les termes généraux de l'honnêteté, sans entrer dans aucune particularité. » Ce » que voyant, écrivit Du Perron à Henri IV, & me ressouvenant du com» mandement que m'avoit fait votre majesté, de n'entrer en aucun propos » d'affaires avec lui, je me contentai de répliquer, qu'il seroit très-facile » à son altesse de conserver les bonnes graces de votre majesté d'autant que » son amitié se soutenoit dans les bornes de la discrétion & de la justice, » & n'exigeoit rien de ses amis qui pût leur être préjudiciable. Qu'elle » n'ignoroit pas que son altesse ne fût liée de grands intérêts d'utilité & » de parenté avec d'autres princes; mais que cela n'apporteroit aucun obs» tacle à la bienveillance de votre majesté envers elle, parce que la paix

» & bonne intelligence entre votre majesté & eux étoit si bien établie que » son altesse n'auroit aucune peine à se maintenir en bonne union avec » les uns & les autres, étant votre majesté si juste & discrete, qu'elle ne » requéroit que pour son respect, son altesse manquât aux devoirs qui lui » étoient de bienséance & d'utilité. » A ces propos honnêtes, le duc se contenta de répondre par d'autres propos également honnêtes, & ce fut ainsi que se termina leur entrevue. Cela n'empêcha pourtant pas le cardinal Du Perron, de pénétrer les sentimens particuliers du duc de Savoie. Il sut que ce prince n'avoit pas tout lieu d'être content des Espagnols tant à cause des difficultés qu'ils lui faisoient au sujet du recouvrement des parties qui lui avoient été accordées, & du dessein qu'il leur connoissoit d'empiéter peu à peu sur lui, qu'à cause d'une infinité d'autres désagrémens qu'il recevoit tous les jours des Espagnols. Il n'étoit guere plus content du pape ni du cardinal Aldobrandin, son neveu, indignés l'un & l'autre des plaintes que le duc avoit faites de la négociation de Savoie.

En passant par Cazal, Du Perron vit le duc de Mantoue qui lui confirma encore les mécontentemens du duc de Savoie contre les Espagnols. Il lui dit que les Espagnols pour le mettre dans leur parti lui avoient offert une pension de vingt-quatre mille écus qu'il avoit refusée, qu'ils l'avoient prié de permettre qu'une partie de leurs troupes fussent mises en quartier d'hiver dans le pays de Montferrat; ce qu'il leur avoit également refusé, ne voulant pas les accoutumer à prendre un tel pied chez lui; que néanmoins il étoit prêt de sacrifier sa vie & ses Etats au service de sa majesté. Arrivé à Florence, Du Perron eût plusieurs entretiens secrets avec le grand-duc qui lui fit la peinture la plus triste de Rome & des autres Etats d'Italie. Il lui dit que depuis que le roi avoit renoncé au marquisat de Saluces, l'Italie devenoit visiblement esclave; que le comte de Fuentes faisoit élever des forteresses, non-seulement sous les yeux des Grisons, mais même des Vénitiens; que tous les princes d'Italie commençoient enfin à s'appercevoir qu'il leur mettoit peu à peu le joug sur le col, & néanmoins n'osoient en témoigner leur ressentiment, parce que les portes de l'Italie étoient fermées, & tous les passages du secours bouchés; qu'à Rome même les cardinaux les plus affectionnés à la France & les plus jaloux de la liberté du saint siege, avoient suivi la fortune du marquisat; que le cardinal Aldobrandin principalement, quelque bonne disposition qu'il fit paroître pour la France, avoit formé le dessein de se liguer avec les Espagnols. Le grand-duc ajouta qu'à la vérité sa majesté très-chrétienne avoit acquis beaucoup d'avantages par le recouvrement de la Bresse & du Bugey; mais qu'il étoit essentiel qu'elle s'assurât un passage, lorsqu'elle voudroit envoyer une armée en Italie; & que par rapport à Lyon, la meilleure frontiere pour couvrir cette importante place, étoit le marquisat de Saluces; & qu'eu égard au passage pour la France & la Flandres, les Espagnols s'étant par leur négociation ouvert celui de la Suisse, ils ne devoient plus guere se mettre en peine du pays de Bresse. A toutes ces observations Du Perron, ne put répondre autre chose, sinon que le marquisat n'étant plus à la disposition du roi, c'étoit maintenant une affaire sans remede. Le grand-duc répartit qu'il y en avoit un, & qu'il se faisoit fort de l'obtenir, si le roi le jugeoit à propos. » Et là dessus, dit Du Perron, il me fit une ouverture d'une » négociation pour l'acheminement de laquelle, il me dit que les Véni- » tiens & lui feroient un présent de deux ou trois cents mille francs au » cardinal Aldobrandin, & que celui-là l'entreprenant il s'assuroit bien d'en » venir à bout, & que pour votre majesté, il ne falloit point qu'elle craignît » les dépenses de l'entretien du marquisat parce que lui, les Vénitiens & » d'autres princes d'Italie mettroient une taille sur eux, non-seulement » pour payer les garnisons ordinaires que votre majesté y entretiendroit, » mais même pour y faire descendre de fois à autre des troupes extraor- » dinaires, lorsque les Espagnols voudroient faire les mauvais. » Le cardinal Du Perron ne jugeoit pas la chose aussi facile que le grand-duc vouloit bien le donner à entendre; & le roi ne pouvoit faire aucune tentative à ce sujet, à moins de s'attirer de nouveau l'inimitié du pape & des Espagnols.

La cour de Rome n'étoit pas aussi indifférente sur la prospérité des affaires de France, que le grand-duc de Toscane le disoit. Le cardinal Du Perron trouva beaucoup de dispositions dans la plupart des membres du sacré college, à favoriser le parti de sa majesté, principalement le cardinal Aldobrandin. Le cardinal Baronius donna même des marques publiques de cette affection. Il alla même jusqu'à demander à Du Perron si le roi ayant quitté le marquisat de Saluces, il n'avoit pas d'autres passages par lesquels il pût porter du secours aux princes d'Italie. On doutoit cependant, & peut-être avoit-on raison de le faire, que l'affection du cardinal Aldobrandin fût sincere; mais quand même elle n'eût été qu'en apparence, elle pouvoit produire les plus grands avantages, comme le remarqua très-bien Du Perron; » car, disoit-il, l'opinion étant imprimée en la plupart des esprits de cette » cour, tant par les témoignages extérieurs que le pape & le cardinal » Aldobrandin en donnent, que par les plaintes que les Espagnols & leurs » partisans en font, que sa sainteté & le cardinal Aldobrandin favorisent » les affaires du roi, & ont agréable qu'il traite soit avec leurs créatures, » soit avec les autres pour les engager & obliger, plusieurs y prêtent & » prêteront beaucoup plus volontiers l'oreille. »

Quoiqu'il en soit, le cardinal Du Perron n'eût pas long-temps la satisfaction de vivre avec Clément VIII. Ce digne pontife mourut le 3 de mars 1605. Dans le conclave qui suivit cette mort, il s'en fallût peu, comme nous l'apprenons des lettres de Du Perron, que le cardinal Baronius ne fût élu pape. Du Perron étoit entiérement dans les intérêts de ce savant cardinal. Mais la faction espagnole, mécontente de ce qu'il avoit écrit contre la monarchie de Sicile, s'opposa fortement & avec tant d'opiniâtreté à cette élection, qu'il n'y eût pas moyen de la faire réussir. Alors le parti françois jeta les yeux sur Alexandre de Médicis, appellé le cardinal de Florence, celui qui avoit été légat en France, & médiateur au congrès de Vervins. Il fut élu malgré les Espagnols, qui voyoient, avec chagrin, un parent de la reine de France sur le siege de saint Pierre. Son élection fit grand plaisir à Rome & en France. On chanta le *te Deum* à Paris, on tira le canon, on fit des feux de joie, ce que l'on n'avoit jamais vu à aucune élection de pape.

Mais la joie ne fut pas de longue durée. Le cardinal de Florence n'occupa le siege de Rome que vingt-cinq jours. Il mourut le 25 avril 1605, d'une pleurésie, regretté de tout le monde à cause de son rare mérite. Camille Borghese lui succéda. Il prit le nom de Paul V. Ce fut encore la faction françoise qui prévalut dans ce conclave. Du Perron s'y acquit beaucoup d'honneur, ainsi qu'il avoit fait dans l'autre. Voici comme s'en explique le cardinal de Joyeuse dans une lettre au roi. » Quant à M. le cardi» nal Du Perron (ce sont les termes de la dépêche) je ferois tort à la » vérité & contre votre service, si je ne vous témoignois comme sa pru» dence & grand courage & l'autorité que sa réputation lui a justement » acquise, ont été la principale cause de l'honneur que le parti de votre » majesté en cette cour, a si heureusement acquis en ce conclave & en » l'autre. « Le pape lui-même ne tarda pas à reconnoître les obligations qu'il avoit à Du Perron. Il ne faisoit presque rien sans le consulter, & c'est sur ses avis qu'il avoit coutume de diriger ses démarches.

Du Perron mit à profit les bontés du pape, pour l'attirer de plus en plus dans les intérêts de la France. Il ne lui déguisa point que son élection étoit en grande partie le résultat des bons offices que lui avoit rendus sa majesté très-chrétienne. Ces représentations opérerent un heureux effet. Les Espagnols commencerent à s'appercevoir de l'indifférence du pape, & à concevoir un mauvais augure de son pontificat. Chaque jour ils en recevoient de nouvelles mortifications. L'ambassadeur d'Espagne croyant captiver la faveur de sa sainteté, lui fit offre un jour de plusieurs fiefs & autres Etats dans le royaume de Naples, pour ses freres. Le pape entrevit le piege, & se contenta de répondre, que Dieu ne l'avoit pas placé sur le saint siege pour vendre le pontificat. Non content de cette réponse fiere, & digne, à tous égards, du successeur de saint Pierre, il excommunia le régent de Pont, président du conseil de Naples, chef de l'Etat & de la justice de ce royaume. Cet homme, du vivant du pape Clément, avoit fait une entreprise sur la jurisdiction de l'église, touchant certains mariages, & avoit envoyé aux galeres un notaire ecclésiastique, qui avoit refusé de lui en mettre les informations entre les mains. Le pape Clément avoit décerné un monitoire contre le régent; mais le terme du monitoire étant expiré, sa sainteté qui mettoit beaucoup de modération dans toutes ses démarches, laissa couler l'affaire en longueur, pour voir ce que le temps & la réflexion pourroient opérer. Le pape Léon étant monté sur le saint siege, avoit promis d'absoudre le régent, en faveur de son neveu Alexandre de Médicis, qui avoit épousé la fille de ce seigneur; mais la mort le surprit, & son successeur avoit voulu signaler les commencemens de son regne par cette action d'éclat.

Les Espagnols surpris & irrités de cette entreprise, n'oserent pourtant pas témoigner leur ressentiment en public. Ils crurent devoir user d'une grande circonspection pour ne pas envenimer le mal. Ils vinrent donc se jeter aux pieds du pape pour solliciter l'absolution du régent. Le pape offrit de la leur accorder, à condition que le régent, ses successeurs, & le conseil d'Espagne pour eux renonceroient à toutes leurs prétentions sur la jurisdiction ecclésiastique. Cette condition, comme il est aisé de le juger, ne fut point acceptée. Les Espagnols auroient eu à craindre que le pape ne saisît cette occasion favorable de renouveller ses anciennes prétentions sur le royaume de Naples qui étoit si proche feudataire de l'église. L'obstination des Espagnols ne fit point changer le pape de résolution. Le régent de Naples fut obligé de se soumettre aux conditions de sa sainteté & de venir à Rome lui demander l'absolution, en promettant de ne plus commettre à l'avenir de pareils attentats.

Sur ces entrefaites le cardinal Du Perron apprit que le Duc de Savoie avoit donné ordre à son envoyé en cour de Rome de se plaindre au pape de certaines entreprises que le duc de Lesdiguieres devoit avoir faites ou favorisées sur quelques-unes de ses places. Du Perron résolut de prévenir sa sainteté dans une audience qu'il lui demanda fort à propos dans le palais du Vatican. Après avoir rendu compte au pape des commissions qu'il avoit reçues du roi son maître, il changea de propos, & lui dit que M. de Fresnes, ambassadeur de France à Venise, lui avoit écrit que le comte de Fuentes refusoit d'obéir au commandement que le roi d'Espagne lui avoit fait de cesser la construction des forts contre les Grisons & les Vénitiens, sous prétexte d'une entreprise qu'il prétendoit avoir été faite sur Belinzone par trois cents François. Le pape répondit au cardinal Du Perron, qu'il étoit déjà informé de cette affaire, & qu'il mettroit tout en usage pour qu'elle n'eût pas de suite. Par rapport au duc de Savoie, le pape dit au cardinal que son nonce lui avoit mandé que les réfugiés du marquisat de Saluces s'étant alliés avec quelques autres de la ville de Geneve, avoient essayé de se saisir de quelques places du duc de Savoie, & que M. de Lesdiguieres sembloit les appuyer. Du Perron répondit à sa sainteté qu'il pouvoit bien se faire que le duc de Savoie eût fait donner cet avis à son nonce, quand ce ne seroit que pour couvrir certains bruits qui couroient d'une entreprise que les Espagnols avoient faite sur Béziers, Narbonne & autres villes du Languedoc, ou quand ce ne feroit que pour obtenir de sa sainteté, sous ce prétexte, la prolongation des décimes qui lui avoient été accordées; qu'au surplus il étoit facile de reconnoître que tout cela n'étoit qu'un artifice, puisqu'il n'y avoit nulle apparence que sa majesté très chrétienne voulût faire des entreprises couvertes contre le duc de Savoie, dont elle s'étoit emparé, il n'y avoit que peu d'années, de tout le pays à force ouverte. Alors M. Du Perron lui fit un tableau frappant des procédés de Henri IV & de ses prédécesseurs envers le duc de Savoie & de l'ingratitude de ce dernier. Il commença par l'accord que les François avoient fait avec le duc défunt de lui rendre ses places, lorsqu'il auroit un fils de son mariage avec Marguerite de France; il lui représenta comme ils avoient été fideles à tenir leur parole, & de quelle maniere Henri III, revenant de Pologne lui avoit restitué, ou pour mieux dire, donné Pignerolle & Savillan, & que le duc, pour récompense de tant de bienfaits, lorsqu'il avoit vu le roi en peine, au-lieu de le secourir avoit tourné ses armes contre son bienfaiteur, & avoit profité de la circonstance pour surprendre le marquisat de Saluces; que ce prince étant venu depuis en France, pour traiter de la restitution de ce marquisat, au-lieu d'y procéder avec sincérité, il s'étoit appliqué uniquement à corrompre les sujets de sa majesté, principalement le duc de Biron, qui avoit été convaincu d'avoir conspiré, non-seulement contre la couronne, mais encore contre la vie de son souverain. Du Perron voyant que le pape ajoutoit foi à ce qu'il lui disoit, s'étendit également sur les intrigues & les mauvais procédés des Espagnols, qui, non contens d'avoir soulevé toute la France contre son roi, venoient encore de donner de nouvelles preuves de leur mauvaise volonté, en excitant le duc de Bouillon à prendre les armes contre Henri IV. Le pape lui répondit, que ce n'étoit pas le roi d'Espagne qui étoit l'auteur de ces entreprises; mais qu'on devoit en rejeter tout le blâme sur quelques ministres dangereux qui étoient à la tête de l'administration, & qui faisoient tout cela à l'insçu de sa majesté catholique.

Ensuite ils vinrent à parler des affaires d'Angleterre. Du Perron lui fit sentir le préjudice que les Espagnols avoient porté à la religion, en faisant la paix avec la Grande-Bretagne, puisque dans les articles du traité, ils n'avoient rien fait insérer en faveur des catholiques, au-lieu que le roi de France leur rendoit, chaque jour, tous les services qui étoient en son pouvoir, en faisant soutenir leurs intérêts par son ambassadeur. Le pape prit un plaisir extrême à écouter ces observations. Sa joie éclata dans ses gestes & dans ses paroles. Il dit à Du Perron, qu'il ne vouloit se conduire dans cette affaire que par les conseils & les avis du roi de France, qu'il considéroit comme le prince le plus attaché aux intérêts du saint siege. On ne peut disconvenir que Du Perron ne rendit, en cela, un grand service à l'Etat. C'étoit avoir fait beaucoup, que d'avoir ouvert, au pape, les yeux sur ses véritables intérêts, de lui avoir rendu suspecte la bonne foi des Espagnols, qui cherchoient plutôt à satisfaire leur ambition, qu'à procurer l'avancement de la religion catholique.

De toutes les affaires dont se trouvoit chargé le cardinal Du Perron à la cour de Rome, il n'y en avoit point alors de plus importante que celle qui concernoit le marquisat de Saluces ; il n'y en avoit point aussi qui fût si honorable ni si utile pour l'Etat. Le duc de Savoie, il est vrai, offroit un échange ; mais cet échange n'étoit ni suffisant, ni avantageux pour le royaume. Le pays que l'on offroit étoit foible & de peu d'étendue ; au-lieu que le marquisat étoit si proche du Dauphiné, qu'on pouvoit y aller sans emprunter de passage ; d'ailleurs c'étoit un débouché facile pour pénétrer dans l'Italie.

Le seul motif qui pouvoit exciter Henri IV à s'en démettre en faveur du duc de Savoie, étoit la crainte que l'on ne dût renouveller la guerre. La France n'étoit point en état de la soutenir, parce que les anciennes plaies n'étoient pas encore bien guéries. Il y avoit d'ailleurs bien des observations à faire, avant d'en venir à cette extrémité. Il falloit du temps pour préparer & assembler les moyens nécessaires à faire cette entreprise. Cette guerre, quoique commencée avec un prince foible, en pouvoit attirer une autre plus dangereuse. D'ailleurs sa majesté étoit sur le point de renouveller l'alliance avec les Suisses ; ce qui n'auroit pu s'effectuer aussi aisément en temps de guerre.

Ces considérations étoient solides, mais elles étoient combattues par d'autres qui avoient également beaucoup de poids & d'importance. Il n'étoit pas vraisemblable que le duc de Savoie, lorsqu'il eût vu sa majesté bien affermie dans la résolution de reconquérir le marquisat, eût voulu mettre ses Etats au hasard d'une guerre, pour conserver un bien qui ne lui appartenoit pas. Il eût été contraint dès le premier jour de s'abandonner à la merci des Espagnols, qui plusieurs fois avoient témoigné se défier de son ambition & de son voisinage, & qui lui eussent fait autant de mal en le défendant que ses ennemis en l'attaquant. En outre, la guerre avec les forces entieres des puissances se fût faite dans son pays, sans aucune diversion ailleurs, étant vraisemblable que le roi d'Espagne l'eût secouru comme son allié, sans déclarer la guerre à la France.

Quant à l'amitié du duc de Savoie, il n'étoit pas certain qu'on eût pu l'obtenir, tant que le roi d'Espagne & l'infante seroient sans enfans ; & tant qu'il auroit quelque espérance de pouvoir succéder à la couronne d'Espagne, ou obtenir quelque héritage considérable pour ses enfans. Sans ces liens puissans qui l'attachoient fortement au parti Espagnol, peut-être en eût-on espéré davantage, l'amitié de la France lui étant plus nécessaire que celle de l'Espagne. L'Etat qu'il possédoit en-deçà des monts étoit plus foible & plus sujet à notre invasion, que celui de Piémont, plus fortifié, ne l'étoit à l'invasion de l'Espagne. Tous les princes d'Italie, en outre, avoient intérêt que sa majesté catholique n'y devînt trop puissante ; au-lieu qu'ils n'avoient rien à redouter de la part du roi de France.

Ainsi la nécessité de retirer le marquisat de Saluces d'entre les mains du duc de Savoie, rendoit la négociation de Du Perron extrêmement importante.

tante. Cette affaire ne fut pas la seule qu'il eût à traiter. L'interdit de Venise qui fut si avantageux aux jésuites, lui donna beaucoup d'occupation. Personne n'ignore, que Paul V, mécontent des actes de souveraineté exercés par la république de Venise sur les biens & les personnes ecclésiastiques, fulmina contre eux le 17 avril 1606 une bulle terrible, où il soumettoit à l'interdit tous les Etats de cette seigneurie. Les Vénitiens persuadés qu'ils n'avoient pas excédé les bornes du pouvoir souverain, se conduisirent dans cette occasion d'une maniere qui pût servir de modele à toutes les puissances. Le pape voyant sa bulle & ses menaces méprisées, résolut de joindre la force aux armes spirituelles; ce qu'il n'avoit certainement pas appris ni dans l'évangile, ni dans la tradition des premiers siecles. Le roi d'Espagne ne demandoit pas mieux que de voir la guerre en Italie; il espéroit en profiter pour augmenter ses Etats. Le roi de France plus humain & plus sage, se proposa d'éteindre une étincelle qui pouvoit mettre toute l'Europe en feu. Il proposa sa médiation : elle fut acceptée. Le cardinal de Joyeuse avec le cardinal Du Perron furent nommés par Henri IV, pour travailler à la réconciliation du pape avec les Vénitiens; & ils se conduisirent avec tant de zele & de vivacité qu'ils eurent enfin le bonheur de réussir.

Le cardinal Du Perron, qui étoit informé des intentions du roi, n'avoit pas voulu être présent au consistoire dans lequel Paul V publia sa bulle. Il étoit si pressant & si éloquent, que le pape disoit : » Prions Dieu qu'il inspire le cardinal Du Perron, car il nous persuadera ce qu'il voudra. » Le rétablissement des jésuites dans les Etats de la république fut l'article le plus difficile à obtenir. Paul V vouloit absolument l'exiger des Vénitiens qui persisterent toujours à le refuser; & ce fut ce qui retarda la conclusion du traité. Du Perron tomba malade : le cardinal Joyeuse sachant l'empire qu'il avoit sur l'esprit du pape, l'engagea d'aller, malgré sa mauvaise santé, trouver sa sainteté. Il lui parla avec tant de force de la nécessité de se prêter à un accommodement, pour prévenir les plus grands malheurs, que le pape se laissa enfin persuader d'abandonner les jésuites qui demeurerent très-long-temps bannis des terres de la seigneurie de Venise. Mais ce ne fut pas sans avoir essuyé bien des contradictions, que le cardinal Du Perron obtint le consentement du pape.

Quoiqu'il en soit, le roi & ses ministres furent très-contens de sa conduite dans cette négociation; & la république de Venise lui fit faire des remercîmens, des bons offices qu'il lui avoit rendus dans cette occasion. Nous croyons devoir rapporter ici un discours qu'il tint au pape, pendant le cours de cette négociation. Ce peut être un sujet de réflexions pour les théologiens. Dans une de ses dépêches, il assure Henri IV qu'il avoit dit à Paul V, » qu'il étoit incertain si Dieu, pour châtier les vices de la chré-
» tienté, voudroit permettre un jour que la religion catholique fût oppri-
» mée en Italie, voir possible bannie de l'Europe, comme elle l'avoit été

de l'Afrique & de l'Asie, & s'aller achever de transférer aux Indes & en l'autre hémisphere.

Les soins du cardinal Du Perron ne se bornerent pas à raccommoder les Vénitiens avec le saint siege. Il chercha à rendre son voyage à Rome utile à l'église. Il obtint du pape l'érection d'une chaire en arabe, avec cent écus d'appointement pour le professeur. Il conseilla au pape de faire une bulle qui donnât la préférence, pour le doctorat, à ceux qui savoient l'arabe.

Quelqu'absurde que soit la prétendue donation de la ville de Rome par l'empereur Constantin au pape Sylvestre, les Romains entêtés de la grandeur temporelle du pape voyoient, avec peine, qu'on la contestoit. Les ultramontains surent mauvais gré au cardinal Baronius de l'avoir mise au nombre des pieces apocryphes. Il fut même question de condamner l'endroit de ses annales, où il avoit eu le courage de dire la vérité sur cette matiere. Le cardinal Du Perron en ayant été averti, demanda audience au pape : il prétend que sa remontrance empêcha cette condamnation.

Tandis que notre cardinal s'occupoit, avec succès, des affaires du roi auprès du pape, il reçut des preuves éclatantes de la satisfaction que Henri IV avoit de ses services. Ce prince, à la mort de Renaud de Beaune, qui avoit reçu son abjuration, n'étant qu'archevêque de Bourges, nomma en 1606, le cardinal Du Perron à l'archevêché de Sens, & à la place de grand-aumônier que Renaud de Beaune possédoit, & il le décora de la dignité de commandeur de l'ordre du Saint-Esprit. La place de grand-aumônier avoit, dans ce temps-là, une prérogative qui ne lui est plus attachée, la présidence de la bibliotheque du roi. Cette place donnoit une grande influence à Du Perron dans presque toutes les affaires de l'Etat.

Le cardinal Du Perron ayant terminé glorieusement les commissions dont il avoit été chargé par la cour, il se mit en chemin pour revenir en France, vers l'automne de 1607. Il eut tous les agrémens possibles à son retour. Il passa à Florence, où le grand-duc le reçut avec les plus grands honneurs. Delà il se rendit à Venise, où il étoit attendu avec autant d'impatience que de curiosité. Du Perron étoit fort connu dans cette ville, même avant les affaires de l'interdit, dans lesquelles il avoit si bien servi la république. Le roi avoit eu dessein de l'envoyer, il y avoit huit ou neuf ans, en ambassade à Venise; ce projet n'ayant pas réussi, il y avoit déjà fait un premier voyage dans le temps qu'il travailloit à la réconciliation du roi avec le pape. Ce fut dans ce premier voyage qu'il fit la connoissance du fameux Fra-Paolo. Les idées du cardinal à l'égard de ce célebre écrivain étoient alors bien changées. La cour de Rome avoit juré une haine implacable à ce pere. Son crime étoit d'avoir servi trop bien sa patrie, par des écrits qui ont rendu son nom immortel; & d'avoir confondu les plus célebres écrivains de Rome, dont il n'avoit pas respecté la pourpre. Du Perron étoit trop servilement attaché aux intérêts de la cour de Rome, pour ne pas entrer dans ses passions, & il n'étoit pas assez grand homme, dit un écrivain moderne, pour rendre une justice exacte au plus redoutable adversaire catholique, qu'ayent eu les théologiens ultramontains. On est étonné d'entendre dire au cardinal Du Perron, en parlant de Fra-Paolo, » je ne » remarquai rien d'éminent dans cet homme. Il a un bon jugement & » bon sens, mais de grand savoir, point. Je n'y vis rien que de com» mun & un peu plus que de moine. » C'est ainsi que changent d'avis ceux que l'ambition, la passion & l'humeur gouvernent.

En quittant Venise, le cardinal Du Perron prit la route de Milan. Il y reçut une lettre du duc de Savoie, qui le prioit de passer par Turin; mais toute affaire étant terminée avec ce prince, il ne profita pas de l'honneur qu'il lui faisoit, par l'empressement qu'il avoit de revoir la France. Il se hâta d'aller dans son archevêché de Sens, où il dissipa les querelles, rétablit le culte divin & fit revenir les biens usurpés.

Après la mort de Henri IV, le gouvernement tomba entre les mains de la reine Marie de Médicis. Cette princesse, dirigée par des étrangers avides & insolens, éprouvoit tous les dégoûts d'un ministere foible, & avoit tout à craindre de la part des princes & grands seigneurs peu accoutumés à l'obéissance. Ils s'imaginoient être en droit de prendre les armes, si on ne satisfaisoit pas à leurs prétentions souvent même très-injustes. Le prince de Condé, mécontent de la reine & détestant le maréchal d'Ancre & sa femme qui avoient toute la faveur de la régente, s'étoit retiré de la cour avec plusieurs autres grands seigneurs. Il écrivit à la reine pour lui expliquer les raisons qu'il avoit de se plaindre. Il en fit part aussi au cardinal Du Perron, qui lui répondit comme conseiller d'Etat attaché à la reine. Après bien des préambules, il lui marqua de revenir à la cour, afin de travailler de concert avec la reine à la réformation de l'Etat. Il lui représenta qu'il feroit beaucoup plus de bien par sa présence, qu'il n'en pourroit faire éloigné de la cour, & que son retour étoit le moyen de prévenir une guerre civile. La réconciliation de la reine entre les princes & seigneurs mécontens se fit quelque temps après, par le traité de sainte-Ménehould, du 15 mai 1614. Cette même année le roi tint un lit de justice pour y déclarer sa majorité. Le cardinal Du Perron assista à cette cérémonie avec quelques autres cardinaux. Il avoit été décidé qu'ils auroient le rang au-dessus des pairs ecclésiastiques qui jugerent à propos de ne s'y pas trouver. Du Perron profita de cette occasion, pour donner des preuves de l'amitié qu'il avoit pour les jésuites. Il demanda qu'ils fussent reçus dans l'université de Paris, représentant que le tiers-Etat seul s'y opposoit, mais que le clergé & la noblesse le désiroient. Cette démarche n'opéra rien.

Par le traité de sainte-Ménehould la reine s'étoit engagée à convoquer les Etats-généraux. Ils furent en effet assemblés à Paris le 27 octobre 1614. Ce sont les derniers que la France ait vus. Le cardinal Du Perron y assista, & y donna des preuves éclatantes de son zele outré pour la doctrine ultramontaine, qui ont flétri son nom chez tous les bons François. Le tiers-Etat, moins ambitieux pour l'ordinaire que le clergé, & plus instruit que le second ordre de l'Etat, se proposa de dresser une formule, où les Etats signaleroient leur zele contre la doctrine qui sembloit autoriser les fanatiques à tremper leurs mains dans le sang des princes qu'ils ne croyoient pas orthodoxes. Il y étoit excité par les exemples récens de deux assassinats commis contre les personnes sacrées de nos rois dont l'un avoit presque causé la destruction de la France, & l'autre avoit rempli le royaume de la plus grande consternation, & avoit fait craindre le renouvellement de tous les malheurs qui avoient désolé la France. Voici quel étoit en substance ce célébre article tel qu'il fut proposé par le tiers-Etat. » Pour arrêter le cours » de la pernicieuse doctrine qui s'introduit depuis quelques années contre les » rois & puissances souveraines établies de Dieu, par esprits séditieux, qui » ne tendent qu'à les troubler & pervertir, le roi sera supplié de faire » arrêter en l'assemblée de ses Etats, pour loi fondamentale de son royau» me qui soit inviolable & notoire à tous, que comme il est reconnu » souverain de son Etat, ne tenant sa couronne que de Dieu seul, il n'y a » puissance en terre quelle qu'elle soit, spirituelle ou temporelle, qui ait » aucun droit sur son royaume, pour en priver les personnes sacrées de » nos rois, ni dispenser ou absoudre leurs sujets de la fidélité & obéis» sance qu'ils lui doivent, pour quelque cause ou prétexte que ce soit. » Que tous les sujets de quelque qualité qu'ils soient, tiendront cette loi » pour sainte & véritable; comme conforme à la parole de Dieu, sans dis» tinction, équivoque ou limitation quelconque; laquelle sera jugée & signée » par tous les députés des Etats, & doresnavant par tous les bénéficiers & » officiers, avant que d'entrer en possession de leurs bénéfices, & d'être » reçus en leurs offices, tous précepteurs, régens, docteurs & prédicateurs » tenus de l'enseigner publiquement. Que l'opinion contraire, aussi bien » celle qui permet de tuer & déposer les rois & de se révolter contre eux » pour quelque raison que ce puisse être, est impie, détestable, contre » vérité, & contraire à l'établissement de la monarchie Françoise qui ne » dépend immédiatement que de Dieu seul. Que tous les livres qui en» seigneront telles fausses & perverses opinions seront regardés comme sé» ditieux & damnables. Que tous les étrangers qui l'écriront & publieront » seront censés ennemis jurés de la couronne. Que tous les sujets du roi » qui l'embrasseront, de quelque qualité & condition qu'ils soient, seront » punis comme rebelles, infracteurs des loix fondamentales du royaume, » & criminels de leze majesté au premier chef. Que s'il se trouve aucun » livre ou discours écrit par étranger ecclésiastique ou religieux qui con» tienne des propositions directement ou indirectement contraires à ladite » loi, les ecclésiastiques ou religieux du même ordre établi en France, » seront obligés d'y répondre, les impugner & contredire incessamment » sans aucun égard, sous peine d'être punis comme fauteurs & ennemis » de l'Etat. »

Un pareil formulaire devoit, ce semble, plaire à tous les honnêtes gens, affectionnés pour le bien de l'Etat. Cependant il déplût fort au clergé, soit que dans ce corps il y eût des ecclésiastiques mal intentionnés, soit qu'ils crussent que le tiers-Etat vouloit entreprendre sur le droit que l'église a de faire des décisions sur les matieres qui ont rapport à la religion. Quoiqu'il en soit, le cardinal Du Perron, assisté des archevêques de Lyon & d'Aix, de plusieurs évêques & députés du second ordre, alla en la chambre de la noblesse, pour la détourner de donner son consentement à cet article proposé par le tiers-Etat. Quelque temps après il se rendit à la chambre du tiers-Etat, accompagné des députés de la noblesse. Il y parla fort long-temps pour l'engager à se désister de l'empressement qu'il témoignoit pour la publication de son formulaire ; mais il ne trouva pas autant de docilité dans le tiers-Etat qu'il en avoit trouvé auprès de la noblesse. Du Perron y fit une longue harangue, que l'on a conservée dans ses ouvrages, & dans laquelle il donne d'abord de grands éloges au parlement de Paris. Ensuite il passe au formulaire proposé par le tiers-Etat. Il prétend qu'il renferme un article contentieux & disputé, savoir : si les princes qui forceroient leurs sujets à embrasser une fausse religion, peuvent perdre leur autorité, de sorte que leurs sujets puissent être absous du serment de fidélité. Il ne craint pas de soutenir que tous les catholiques étoient pour l'affirmative, voire même, dit-il, toute l'église gallicane, depuis que les écoles théologiques y ont été instituées, jusqu'à la venue de Calvin. Il décide que dans ce cas, c'est au pape & au concile à délivrer les sujets du serment de fidélité; que le sentiment contraire est tout au plus problématique, qu'ainsi il ne pouvoit être anathématisé. Il assure que c'est ainsi que pensoit la chambre ecclésiastique, qui l'avoit chargé de faire ces représentations. Il déclare d'ailleurs que ce n'est point aux laïques à faire de ces sortes de décisions ; qu'il pourroit en résulter un schisme ; qu'il parle non-seulement au nom de la chambre ecclésiastique, mais aussi comme député de la noblesse qui l'a fait accompagner de douze seigneurs pris des douze gouvernemens du royaume, afin d'autoriser ses paroles de leur présence. Il ajoutoit, ce qu'on avoit de la peine à croire, que ce n'étoit que malgré lui qu'il s'étoit chargé de la commission de venir haranguer le tiers-Etat ; qu'il l'avoit refusé plusieurs fois avec larmes, & qu'il n'avoit obéi que parce que les circonstances l'exigeoient. Ensuite il s'efforce de prouver que dans toutes les autres églises on croit que les sujets des princes apostats & persécuteurs peuvent être déliés du serment de fidélité, & que cette doctrine a été constamment soutenue en France depuis les établissemens des écoles de théologie jusqu'à nos jours. Il cherche à l'appuyer par les entreprises des papes contre nos rois, tolérées trop patiemment dans les siecles d'ignorance, où l'on n'avoit pas d'idées justes sur la limite des deux puissances. Il rapporte les aveux des théologiens qui ont étendus l'autorité des papes par delà leurs vraies bornes. Il déclare que ce n'est qu'en cas d'hérésie que le pape &

l'église peuvent user du pouvoir de déposer les princes, & que le jugement du pape doit être confirmé par le royaume.

Le pape, disoit le cardinal Du Perron, tolere & patiente, que les François, c'est-à-dire aucuns des François tiennent en ce point une doctrine contraire à la sienne & à celle de tout le reste de l'église, pourvu qu'ils ne la tiennent que comme problématique, & ne déclarent point l'autre contraire à la parole de Dieu, impie & détestable. Il se contente de tenir cette opinion comme erronée, sans nous obliger de la tenir hérétique & n'excommunie point comme hérétiques ceux qui la tiennent.

Le formulaire du tiers-Etat, & les sentimens ultramontains du cardinal Du Perron occasionnerent un arrêt du parlement en faveur des premiers. Le clergé le trouva mauvais & en porta ses plaintes en cour. Le cardinal Du Perron prétendoit qu'il falloit garder le silence sur ces matieres & regarder comme non avenu tout ce qui venoit de se passer. Le roi, embrassant cette idée rendit un arrêt, par lequel il évoquoit à lui cette contestation & faisoit défense aux Etats d'entrer en aucune nouvelle délibération sur cette matiere. Cet arrêt mécontenta toutes les parties. Le tiers-Etat se plaignit que le ministere avoit trop de complaisance pour le clergé. Le clergé de son côté députa vers le chancelier pour demander la suppression de l'article proposé par le tiers-Etat, & faire défense au parlement de jamais délibérer sur ces matieres qui avoient rapport à la doctrine de l'église. Cette affaire fit beaucoup d'éclat; elle ne se termina que dans la suite des temps, lorsque le clergé plus instruit condamna les sentimens du cardinal Du Perron.

Le temps que le cardinal Du Perron ne donnoit ni aux affaires ni à l'intrigue, il l'employoit à l'étude. Mais quelque occupé qu'il fût des matieres de théologie, il ne laissoit pas de lire avec plaisir les livres d'agrément qui lui donnoient occasion de briller dans les cercles. Il mourut à Bagnolet près de Paris, lorsqu'il mettoit la derniere main à son grand ouvrage contre le roi de la Grande-Bretagne.

On ne peut nier que le cardinal Du Perron, outragé par ses ennemis & trop loué par ses amis, n'ait eu beaucoup de génie. On l'a regardé en général comme un des plus forts esprits de son siecle. Il avoit une mémoire prodigieuse, & il parloit avec la plus grande facilité. C'étoit un controversiste si redoutable, que les plus habiles ministres n'osoient entrer avec lui en conférence, & qu'il a toujours confondu ceux qui ont eu la hardiesse de disputer contre lui. Ses deux voyages en Italie sont des preuves completes qu'il étoit un excellent négociateur. Il a aussi réussi, comme nous l'avons vu, dans toutes les négociations dont il a été chargé par la cour, & il a eu le rare avantage de remplir les intentions du roi son maître & de plaire en même-temps aux puissances vers lesquelles il étoit envoyé.

Mais on peut reprocher avec fondement au cardinal Du Perron d'avoir sacrifié en toutes occasions nos libertés aux idées ultramontaines, touchant le pouvoir du pape & sur le temporel des rois; de s'être déclaré hautement pour cette odieuse doctrine qui tranquillise la conscience de ceux qui osent porter les armes contre leur prince, sous le faux prétexte de la religion & même attenter contre leur vie sacrée.

Un autre grand reproche que l'on fait à Du Perron, c'est que l'on prétend qu'ayant soutenu devant Henri III, une these sur l'existence de Dieu, il s'émancipa à dire qu'il pouvoit soutenir avec la même évidence la these contraire. Il est constant que cette histoire a eu cours, & qu'elle est confirmée par ceux qui n'aimoient pas notre cardinal. Mais ce qu'il y a d'également constant, c'est que si cette histoire a quelque fondement, elle est très-exagérée, puisqu'il est certain que Du Perron ne fut pas disgracié, comme l'assurent ses ennemis, & que depuis ce temps-là le roi lui témoigna beaucoup d'estime, & même l'admit à ses parties de piété. Personne n'ignore que sous le regne de Henri III, on avoit introduit tant en France qu'en Italie la mauvaise habitude de disputer pour & contre, sur les articles les plus intéressans & les plus importans de la religion, & ces disputes se faisoient souvent dans les églises. Quand donc Du Perron aprés avoir fait un très-beau discours pour prouver l'existence de Dieu, auroit proposé d'en faire un tout contraire, il ne faut pas croire pour cela qu'il parla sérieusement, sur-tout s'agissant de discourir devant un roi qui faisoit profession d'une grande piété.

PÉTALISME, f. m. (*Ainsi appellé d'un mot Grec, qui signifie* feuille.)

LE Pétalisme qui fut quelque temps en usage à Syracuse, ville de Sicile, habitée par les Grecs étoit une loi, en vertu de quoi, les citoyens avoient le droit de se bannir les uns les autres, en se donnant une feuille d'olivier, sur laquelle étoit écrit le nom de celui qu'on bannissoit. L'amour excessif de la liberté avoit introduit une politique si étrange. Valere Maxime l'appelle une démence publique. Diodore de Sicile nous apprend que le Pétalisme fit fuir de Syracuse presque toutes les personnes recommandables par leur naissance, leurs richesses, ou leur mérite personnel; que plusieurs s'exilerent volontairement, dans la crainte qu'on ne leur présentât la feuille d'olivier. Il faut convenir pourtant que cette coutume, toute bizarre qu'elle étoit, & toute injuste qu'elle pouvoit être, préservoit les Siracusains de l'orgueil d'une extraction illustre, du faste insolent de l'opulence, & des entreprises des grands talens.

Trop souvent les vertus, les services, & les belles actions ont été des degrés pour monter à la tyrannie, comme les grands biens, & l'éclat de la naissance. L'amour de la liberté, naturellement sensible & délicat à l'excès, peut s'alarmer des uns comme des autres : alors la vertu, si elle n'est pas modeste, le mérite, s'il affecte quelque supériorité, & les services, si l'on paroît disposé à s'en prévaloir, sont traités, sinon regardés comme des crimes d'Etat. Une république sage ne proscrit point la vertu, mais elle blâme la hauteur qu'un mérite supérieur inspire : elle ne punit point les services, mais elle craint que de grandes obligations ne deviennent des chaînes, & que celui qui sert si bien la patrie, ne se croie lui-même, ou ne paroisse aux autres digne de lui commander. Elle ne fait point un crime d'un grand nom; mais elle hait les distinctions qu'il exige. Tel étoit l'esprit du Pétalisme. Il pouvoit être utile, s'il eût été bien dirigé; Il devoit maintenir l'égalité & le bon ordre chez un peuple juste & honnête : il jeta le désordre & la confusion parmi les Syracusains envieux & soupçonneux : il fomentoit des soupçons injustes, servoit les haines particulieres, bannissoit de la ville les plus honnêtes gens, & éloignoit des emplois publics ceux qui étoient les plus capables de les remplir. L'excès des maux qu'il produisoit, le fit abolir.

PÉTERSBOURG, *Ville de la Russie en Europe.*

CETTE grande ville est la capitale d'un gouvernement de son nom, & le lieu de la résidence ordinaire, depuis 60 ans, des souverains & des souveraines de l'empire de toutes les Russies : Pierre-le-Grand la fonda l'an 1703, après avoir enlevé à la Suede les villes & forteresses de Nyenschantz, & de Nötebourg, aujourd'hui Schlusselbourg.

Elle est située dans l'Ingrie, à l'extrémité orientale du golfe de Finlande, partie en terre-ferme, & partie sur les isles que forme la Newa vers son embouchure dans le golfe. La nature ne lui donna pas un air tempéré, ni un sol fertile : assise sur des marais, & environnée de forêts de sapins, Pétersbourg est encore au 59^{d}. 56 de latitude septentrionale; sa longitude est au 48^{d}. Des difficultés sans nombre, & des peines incroyables se rencontrerent à la fondation & à la construction de cette ville : il falloit en défricher le terrain, le dessécher & le hausser; il falloit amener de loin les vivres, les matériaux, les ustensiles & les machines nécessaires; il falloit essuyer les rigueurs du climat, & braver le péril des inondations; Pierre I en vint à bout, mais il en coûta la vie à plus de cent mille ouvriers.

Le plan originaire de cette ville n'annonçoit pas, en 1703, la seconde capitale de l'empire : ce ne fut d'abord qu'une enceinte de maisons de bois, percée de rues non pavées, & munie d'un mauvais rempart de terre. Parmi ces maisons il y en avoit une, que l'on conserve encore, bâtie de la main même de l'empereur, & il y avoit un bureau d'amirauté, avec une sorte de citadelle; mais le tout étoit fort chétif, & fort rétréci; tout

étoit

étoit assorti avec la position où se trouvoit alors la Russie relativement à la Suede. En guerre, & en guerre jusques-là malheureuse avec Charles XII, Pierre I n'avoit pas de certitude de se maintenir long-temps dans ce lieu; c'étoit une conquête aussi facile à perdre, qu'il l'avoit été de la faire; & il faut avouer, que si par le concours des circonstances, le merveilleux parut présider à la fondation de Pétersbourg, l'imprudence en auroit déshonoré la construction, si l'on y eût employé un temps, ou consacré des ouvrages à tout événement, dignes de quelques regrets; il est probable, que bien que Pierre I ne se reprochât pas, à ce que l'on croit, le sacrifice de cent mille ouvriers péris dans son entreprise, il ne se seroit pas pardonné la mal-adresse d'avoir bâti une place tenable pour Charles XII. Ce sont des traits de génie, & non pas des actes d'humanité, qui ont caractérisé ce Pierre aux yeux des Européens. Mais enfin, vainqueur des Suédois à Pultawa, & maître de la Livonie en entier, ce prince devenu en peu d'années sûr de ses conquêtes, ne tarda pas à redoubler de soins pour sa nouvelle ville; la voyant à portée des provinces Suédoises, auxquelles il visoit encore, il en fit une place très-forte; la croyant propre au commerce de la Baltique, il y transporta les comptoirs d'Archangel; & l'affectionnant enfin comme un lieu qui lui devoit, pour ainsi dire, son existence, & qui pouvoit lui servir à mortifier Moscow qu'il n'aimoit pas, & dont il n'avoit pas été aimé dans sa jeunesse, il y transféra, par amour-propre & par vengeance, le siege permanent de sa cour, avec ceux du sénat & des autres colleges supérieurs de son empire. Dans les mêmes vues, & soit de gré, soit de force, il ne cessa, dès l'an 1713, de la peupler des gentilshommes & des négocians de ses Etats, qui pouvoient être en faculté d'y bâtir des maisons & d'y faire de la dépense; & l'an 1724 il y établit une académie, comptée de nos jours pour une des plus célébres de l'Europe. Actuellement aussi, cette ville elle-même est la plus florissante de tout l'empire Russe. Elle renferme 8000 maisons & 130 mille habitans; elle est décorée de deux palais impériaux, & de plusieurs grands bâtimens, à l'usage de l'état civil & de l'état militaire; elle a des églises pour toutes les communions chrétiennes, & entr'autres 20 temples pour le service de la religion grecque; elle a des fabriques & des manufactures en tout genre; & elle fait, par mer & par terre, un commerce des plus lucratifs. Elle n'a ni portes, ni murs d'enceinte; c'est un grand amas de maisons dispersées sur des isles, à la longueur & à la largeur d'un mille d'Allemagne. A la Newa, qui s'y partage en plusieurs branches, se joignent les petites rivieres de Newka, de Moika, de Carpowka & de Fontanka. Le cours de toutes ces eaux se dirige de façon à multiplier, le plus qu'il est possible, le nombre des canaux de la ville, & à y devenir par-tout des sources de propreté, de commodités & de sureté.

L'on divise Pétersbourg en six grands quartiers, dont les trois plus considérables sont insulaires, & les trois autres sont en terre ferme. Ceux-ci sont le quartier Moscovite, le quartier de l'Artillerie, & le quartier de Wibourg: ceux-là sont l'isle de Pétersbourg, l'isle de St. Basile, Wasili-Ostrow, & l'isle de l'Amirauté. Le quartier Moscovite n'a rien de remarquable; celui de l'Artillerie comprend les fonderies, magasins & autres établissemens, que son nom dénote; & celui de Wibourg n'est peuplé que d'artisans & de manœuvres, renfermant cependant divers hôpitaux avec des raffineries de sucre & de brasseries de biere. L'on trouve dans l'isle de Pétersbourg la forteresse ou citadelle, qui est un hexagone alongé, par-tout garni de canons, avec l'église de St. Pierre & St. Paul, où sont les magnifiques tombeaux de Pierre I, de Catherine son épouse, & de plusieurs autres princes & princesses : tout fourmille de monde dans ce quartier, mais en général les maisons n'en sont pas belles. L'isle de St. Basile est la plus grande de Pétersbourg : c'est-là que l'on voit les bâtimens de l'académie, ceux du corps des cadets, la bourse des marchands, la douane, & le principal dépôt de tout ce qui arrive de Cronstadt ; c'est-là encore qu'est placé le vaste édifice dans lequel tous les colleges supérieurs de l'empire tiennent leurs séances, de même que le grand théâtre des feux d'artifices : toutes les rues de ce quartier sont tirées au cordeau, mais toutes ne sont pas pavées & toutes ne présentent pas des façades de maisons bien avantageuses. L'isle ou le quartier de l'Amirauté est la plus belle portion de la ville : la plupart des maisons en sont grandes, propres, solides, & bien alignées; la cour de l'amirauté est munie d'un rempart & de cinq bastions toujours chargés d'artillerie : dans son voisinage s'élevent les palais impériaux, appellés *palais d'hiver* & *palais d'été*, de même que les salles d'opéra & de comédie, & divers autres bâtimens superbes : il y a des jardins de plaisance, & des bocages, très-ornés & très-bien ordonnés; il y a les écuries de la cour, la ménagerie & la vénerie; il y a deux places de marchés publics où rien ne manque; & c'est dans ce même quartier que sont les chantiers de toutes les galeres employées par le souverain.

Telle est, en raccourci, la description de Pétersbourg, ville fameuse malgré sa nouveauté, & ville importante malgré ses désavantages naturels. Le fléau des inondations & celui des incendies y causent d'assez fréquentes alarmes; mais graces à l'attention & à la vigueur du gouvernement, les ravages n'en sont pas de conséquence, & la constance des habitans n'en est pas ébranlée. L'on y vit d'ailleurs, à tous égards, sous les loix séveres d'une police très-sage : en fait de religion, la liberté de conscience y regne dans toute son étendue; & en fait de liberté civile, la sureté des personnes & la propriété des biens y sont hors de toute atteinte, pour quiconque sait & veut user de discrétion dans ses discours, & de circonspection dans ses démarches. *Voyez* RUSSIE.

PEUPLE, f. m.

Ce nom collectif est difficile à définir, parce qu'on s'en forme des idées différentes dans les divers lieux, dans les divers temps, & selon la nature des gouvernemens.

Les Grecs & les Romains, qui se connoissoient en hommes, faisoient un grand cas du Peuple. Chez eux le Peuple donnoit sa voix dans les élections des premiers magistrats, des généraux, & les décrets des proscriptions ou des triomphes; dans les réglemens des impôts, dans les décisions de la paix ou de la guerre, en un mot, dans toutes les affaires qui concernoient les grands intérêts de la patrie. Ce même Peuple entroit à milliers dans les vastes théâtres de Rome & d'Athenes, dont les nôtres ne sont que des images maigres, & on le croyoit capable d'applaudir ou de siffler Sophocle, Eurypide, Plaute & Térence. Si nous jetons les yeux sur quelques gouvernemens modernes, nous verrons qu'en Angleterre, le Peuple élit ses représentans dans la chambre des communes, & que la Suède compte l'ordre des paysans dans ses assemblées nationales.

Autrefois en France, le Peuple étoit regardé comme la partie la plus utile, la plus précieuse, & par conséquent la plus respectable de la nation. Alors on croyoit que le Peuple pouvoit occuper une place dans les Etats-généraux; & les parlemens du royaume ne faisoient qu'une raison de celle du Peuple & de la leur. Les idées ont changé, & même la classe des hommes faits pour composer le Peuple se rétrécit tous les jours davantage. Autrefois le Peuple étoit l'état général de la nation, simplement opposé à celui des grands & des nobles. Il renfermoit les laboureurs, les ouvriers, les artisans, les négocians, les financiers, les gens de lettres, & les gens de loix. Mais un homme de beaucoup d'esprit, qui a publié, il y a près de trente ans, une *dissertation sur la nature du Peuple*, pense que ce corps de la nation, se borne actuellement aux ouvriers & aux laboureurs. Rapportons ses propres réflexions sur cette matiere, d'autant mieux qu'elles sont pleines d'images & de tableaux qui servent à prouver son systême.

Les gens de loix, dit-il, se sont tirés de la classe du Peuple, en s'ennoblissant sans le secours de l'épée : les gens de lettres, à l'exemple d'Horace, ont regardé le Peuple comme profane. Il ne seroit pas honnête d'appeller *Peuple* ceux qui cultivent les beaux-arts, ni même de laisser dans la classe du Peuple cette espece d'artisans, disons mieux, d'artistes maniérés qui travaillent le luxe, des mains qui peignent divinement une voiture, qui montent un diamant au parfait, qui ajustent une mode supérieurement; de telles mains ne ressemblent point aux mains du Peuple. Gardons-nous aussi de mêler les négocians avec le Peuple, depuis qu'on peut acquérir la noblesse par le commerce; les financiers ont pris un vol si élevé, qu'ils se trouvent côte à côte des grands de l'Etat. Ils sont faufilés, confondus avec eux; alliés avec les nobles, qu'ils pensionnent, qu'ils soutiennent, & qu'ils tirent de la misere : mais pour qu'on puisse encore mieux juger combien il seroit absurde de les confondre avec le Peuple, il suffira de considérer un moment la vie des hommes de cette volée & celle du Peuple.

Les financiers sont logés sous de riches plafonds; ils appellent l'or & la soie pour filer leurs vêtemens, ils respirent les parfums, cherchent l'appétit dans l'art de leurs cuisiniers; & quand le repos succede à leur oisiveté, ils s'endorment nonchalamment sur le duvet. Rien n'échappe à ces hommes riches & curieux; ni les fleurs d'Italie, ni les perroquets du Brésil, ni les toiles peintes de Masulipatan, ni les magots de la Chine, ni les porcelaines de Saxe, de Sevre & du Japon. Voyez leurs palais à la ville & à la campagne, leurs habits de goût, leurs meubles élégans, équipages lestes, tout cela sent-il le Peuple? Cet homme qui a su brusquer la fortune par la porte de la finance, mange noblement en un repas la nourriture de cent familles du Peuple, varie sans cesse ses plaisirs, réforme un vernis, perfectionne un lustre par le secours des gens du métier, arrange une fête, & donne de nouveaux noms à ses voitures. Son fils se livre aujourd'hui à un cocher fougueux pour effrayer les passans; demain il est cocher lui-même pour les faire rire.

Il ne reste donc dans la masse du Peuple que les ouvriers & les laboureurs. Je contemple avec intérêt leur façon d'exister; je trouve que cet ouvrier habite ou sous le chaume, ou dans quelque réduit que nos villes lui abandonnent, parce qu'on a besoin de sa force. Il se leve avec le soleil, &, sans regarder la fortune qui rit au dessus de lui, il prend son habit de toutes les saisons, il fouille nos mines & nos carrieres, il desseche nos marais, il nettoie nos rues, il bâtit nos maisons, il fabrique nos meubles; la faim arrive, tout lui est bon; le jour finit, il se couche durement dans les bras de la fatigue.

Le laboureur, autre homme du Peuple, est avant l'aurore tout occupé à ensemencer nos terres, à cultiver nos champs, à arroser nos jardins. Il souffre le chaud, le froid, la hauteur des grands, l'insolence des riches, le brigandage des traitans, le pillage des commis, le ravage même des bêtes fauves, qu'il n'ose écarter de ses moissons par respect pour les plaisirs des puissans. Il est sobre, juste, fidele, religieux, sans considérer ce qui lui en reviendra. Colas épouse Colette, parce qu'il l'aime; Colette donne son lait à ses enfans, sans connoître le prix de la fraîcheur & du repos. Ils grandissent ces enfans, & Colas ouvrant la terre devant eux, leur apprend à la cultiver. Il meurt, & leur laisse son champ à partager également; si Colas n'étoit pas un homme du Peuple, il le laisseroit tout entier à l'aîné. Tel est le portrait des hommes qui composent ce que nous appellons *peuple*, & qui forment toujours la partie la plus nombreuse & la plus nécessaire de la nation.

Qui croiroit qu'on a osé avancer de nos jours cette maxime d'une politique infâme, que de tels hommes ne doivent point être à leur aise, si l'on veut qu'ils soient industrieux & obéissans? si ces prétendus politiques, ces beaux génies pleins d'humanité, voyageoient un peu, ils verroient que l'industrie n'est nulle part si active que dans les pays où le Peuple est à son aise, & que nulle part chaque genre d'ouvrage ne reçoit plus de perfection. Ce n'est pas que des hommes engourdis sous le poids d'une misere habituelle ne pussent s'éloigner quelque temps du travail, si toutes les impositions cessoient sur le champ; mais outre la différence sensible entre le changement du Peuple & l'excès de cette supposition, ce ne seroit point à l'aisance qu'il faudroit attribuer ce moment de paresse, ce seroit à la surcharge qui l'auroit précédée. Encore ces mêmes hommes, revenus de l'emportement d'une joie inespérée, sentiroient-ils bientôt la nécessité de travailler pour subsister; & le désir naturel d'une meilleure subsistance les rendroit fort actifs. Au contraire, on n'a jamais vu & on ne verra jamais des hommes employer toute leur force & toute leur industrie, s'ils sont accoutumés à voir les taxes engloutir le produit de nouveaux efforts qu'ils pourroient faire, & ils se borneroient au soutien d'une vie toujours abandonnée sans aucune espece de regret.

A l'égard de l'obéissance, c'est une injustice de calomnier ainsi une multitude infinie d'innocens; car les souverains n'ont point de sujets plus fideles, &, si j'ose le dire, de meilleurs amis. Il y a plus d'amour public dans cet ordre peut-être, que dans tous les autres; non point parce qu'il est pauvre, mais parce qu'il sait très-bien, malgré son ignorance, que l'autorité & la protection du prince sont l'unique gage de sa sureté & de son bien-être; enfin, parce qu'avec le respect naturel des petits pour les grands, avec cet attachement particulier à notre nation pour la personne de ses souverains, ils n'ont point d'autres biens à espérer. Dans aucune histoire, on ne rencontre un seul trait qui prouve que l'aisance du Peuple par le travail, a nui à son obéissance.

Comme avant d'élever un grand édifice, un architecte observe, & sonde le sol, pour voir s'il en peut soutenir le poids, le sage instituteur ne commence pas par rédiger de bonnes loix en elles-mêmes, mais il examine auparavant si le Peuple auquel il les destine, est propre à les supporter. C'est pour cela que Platon refusa de donner des loix aux Arcadiens & aux Cyréniens, sachant que ces deux Peuples étoient riches, & ne pouvoient souffrir l'égalité : c'est pour cela qu'on vit en Créte de bonnes loix & de méchans hommes, parce que Minos n'avoit discipliné qu'un Peuple chargé de vices.

Mille nations ont brillé sur la terre, qui n'auroient jamais pu souffrir de bonnes loix, & celles mêmes qui l'auroient pu, n'ont eu dans toute leur durée qu'un temps fort court pour cela. Les Peuples, ainsi que les hommes, ne sont dociles que dans leur jeunesse; ils deviennent incorrigibles en vieillissant ; quand une fois les coutumes sont établies & les préjugés enracinés, c'est une entreprise dangereuse & vaine, de vouloir les réformer ; le Peuple ne peut pas même souffrir qu'on touche à ses maux, pour les détruire ; semblables à ces malades stupides & sans courage, qui frémissent à l'aspect du médecin.

Ce n'est pas que, comme quelques maladies bouleversent la tête des hommes, & leur ôtent le souvenir du passé, il ne se trouve quelquefois dans la durée des Etats, des époques violentes où les révolutions font sur les Peuples ce que certaines crises font sur les individus, où l'horreur du passé tient lieu d'oubli, & où l'Etat embrasé par les guerres civiles, renaît, pour ainsi dire, de sa cendre, & reprend la vigueur de la jeunesse en sortant des bras de la mort. Telle fut Sparte au temps de Lycurgue ; telle fut Rome après les Tarquins ; & telles ont été parmi nous la Hollande & la Suisse, après l'expulsion des tyrans.

Mais ces événemens sont rares ; ce sont des exceptions dont la raison se trouve toujours dans la constitution particuliere de l'Etat excepté. Elles ne sauroient même avoir lieu deux fois pour le même Peuple ; car il peut se rendre libre tant qu'il n'est pas barbare, mais il ne le peut plus quand le ressort civil est usé. Alors les troubles peuvent le détruire, sans que les révolutions puissent le rétablir, & sitôt que ses fers sont brisés, il tombe épars & n'existe plus ; il lui faut désormais un maître & non pas un libérateur. Peuples libres, souvenez-vous de cette maxime : on peut acquérir la liberté, mais on ne la recouvre jamais.

Il est pour les nations comme pour les hommes, un temps de maturité qu'il faut attendre avant de les soumettre à des loix ; mais la maturité d'un Peuple n'est pas toujours facile à connoître, & si on la prévient, l'ouvrage est manqué. Tel peuple est disciplinable en naissant, tel autre ne l'est pas au bout de dix siecles. Les Russes ne seront jamais vraiment policés, parce qu'ils l'ont été trop tôt. Pierre avoit le génie imitatif ; il n'avoit pas le vrai génie, celui qui crée & fait tout de rien. Quelques-unes des choses qu'il fit, étoient bien, la plupart étoient déplacées. Il a vu que son Peuple étoit barbare, il n'a point vu qu'il n'étoit pas mûr pour la police, il l'a voulu civiliser quand il ne falloit que l'aguerrir. Il a d'abord voulu faire des Allemands, des Anglois, quand il falloit commencer par faire des Russes ; il a empêché ses sujets de jamais devenir ce qu'ils pourroient être, en leur persuadant qu'ils étoient ce qu'ils ne sont pas. C'est ainsi qu'un précepteur François forme son éleve pour briller un moment dans son enfance, & puis n'être jamais rien. L'empire de Russie voudra subjuguer l'Europe, & sera subjugué lui-même. Les Tartares, ses sujets ou ses voisins, deviendront ses maîtres & les nôtres ; cette révolution me paroît infaillible ; tous les rois de l'Europe travaillent de concert à l'accélérer.

Comme la nature a donné des termes à la stature d'un homme bien conformé, passés lesquels elle ne fait plus que des géants ou des nains, il y a de même, eu égard à la meilleure constitution d'un Etat, des bornes à l'étendue qu'il peut avoir, afin qu'il ne soit ni trop grand pour pouvoir être bien gouverné, ni trop petit pour pouvoir se maintenir par lui-même. Il y a dans tout corps politique un *maximum* de force qu'il ne sauroit passer, & duquel souvent il s'éloigne à force de s'agrandir. Plus le lien social s'étend, plus il se relâche, & en général un petit Etat est proportionnellement plus fort qu'un grand.

Mille raisons démontrent cette maxime. Premiérement l'administration devient plus pénible dans les grandes distances, comme un poids devient plus lourd au bout d'un plus grand levier. Elle devient aussi plus onéreuse à mesure que les degrés se multiplient; car chaque ville a d'abord la sienne que le Peuple paye, chaque district la sienne encore payée par le Peuple, ensuite chaque province, puis les grands gouvernemens, les satrapies, les vice-royautés qu'il faut toujours payer plus cher à mesure qu'on monte, & toujours aux dépens du malheureux Peuple; enfin vient l'administration suprême qui écrase tout. Tant de surcharges épuisent continuellement les sujets; loin d'être mieux gouvernés par tous ces différens ordres, ils le sont moins bien que s'il n'y en avoit qu'un seul au-dessus d'eux. Cependant à peine reste-t-il des ressources pour les cas extraordinaires, & quand il y faut recourir, l'Etat est toujours à la veille de sa ruine.

Ce n'est pas tout; non-seulement le gouvernement a moins de vigueur & de célérité pour faire observer les loix, empêcher les vexations, corriger les abus, prévenir les entreprises séditieuses qui peuvent se faire dans des lieux éloignés; mais le Peuple a moins d'affection pour ses chefs qu'il ne voit jamais, pour la patrie qui est à ses yeux comme le monde, & pour ses concitoyens dont la plupart lui sont étrangers. Les mêmes loix ne peuvent convenir à tant de provinces diverses qui ont des mœurs différentes, qui vivent sous des climats opposés, & qui ne peuvent souffrir la même forme de gouvernement. Des loix différentes n'engendrent que trouble & confusion parmi des Peuples qui, vivant sous les mêmes chefs & dans une communication continuelle, passent ou se marient les uns chez les autres, &, soumis à d'autres coutumes, ne savent jamais si leur patrimoine est bien à eux. Les talens sont enfouis, les vertus ignorées, les vices impunis, dans cette multitude d'hommes inconnus les uns aux autres, que le siege de l'administration suprême rassemble dans un même lieu. Les chefs accablés d'affaires ne voient rien par eux-mêmes, des commis gouvernent l'Etat. Enfin les mesures qu'il faut prendre, pour maintenir l'autorité générale, à laquelle tant d'officiers éloignés veulent se soustraire ou en imposer, absorbent tous les soins publics, il n'en reste plus pour le bonheur du Peuple, à peine en reste-t-il pour sa défense au besoin, & c'est ainsi qu'un corps trop grand pour sa constitution, s'affaisse & périt écrasé sous son propre poids.

D'un autre côté, l'Etat doit se donner une certaine base pour avoir de la solidité, pour résister aux secousses qu'il ne manquera pas d'éprouver & aux efforts qu'il sera contraint de faire pour se soutenir : car tous les Peuples ont une espece de force centrifuge, par laquelle ils agissent continuellement les uns contre les autres & tendent à s'agrandir aux dépens de leurs voisins, comme les tourbillons de Descartes. Ainsi les foibles risquent d'être bientôt engloutis, & nul ne peut guere se conserver, qu'en se mettant avec tous dans une espece d'équilibre, qui rende la compression par-tout à peu près égale.

On voit par-là qu'il y a des raisons de s'étendre & des raisons de se resserrer, & ce n'est pas le moindre talent du politique de trouver, entre les unes & les autres, la proportion la plus avantageuse à la conservation de l'Etat. On peut dire en général que les premieres, n'étant qu'extérieures & relatives, doivent être subordonnées aux autres, qui sont internes & absolues : une saine & forte constitution est la premiere chose qu'il faut rechercher, & l'on doit plus compter sur la vigueur qui naît d'un bon gouvernement, que sur les ressources que fournit un grand territoire.

Au reste, on a vu des Etats tellement constitués, que la nécessité des conquêtes entroit dans leur constitution même, & que pour se maintenir, ils étoient forcés de s'agrandir sans cesse. Peut-être se félicitoient-ils beaucoup de cette heureuse nécessité, qui leur montroit pourtant, avec le terme de leur grandeur, l'inévitable moment de leur chûte.

On peut mesurer un corps politique de deux manieres ; savoir, par l'étendue du territoire & par le nombre du Peuple, & il y a entre l'une & l'autre de ces mesures un rapport convenable pour donner à l'Etat sa véritable grandeur : ce sont les hommes qui font l'Etat, & c'est le terrain qui nourrit les hommes : ce rapport est donc que la terre suffise à l'entretien de ses habitans, & qu'il y ait autant d'habitans que la terre en peut nourrir. C'est dans cette proportion que se trouve le *maximum* de force d'un nombre donné de Peuple ; car s'il y a du terrain de trop, la garde en est onéreuse, la culture insuffisante, le produit superflu ; c'est la cause prochaine des guerres défensives ; s'il n'y en a pas assez, l'Etat se trouve pour le supplément à la discrétion de ses voisins ; c'est la cause prochaine des guerres offensives. Tout peuple qui n'a, par sa position, que l'alternative entre le commerce ou la guerre, est foible en lui-même ; il dépend de ses voisins, il dépend des événemens ; il n'a jamais qu'une existence incertaine & courte. Il subjugue & change de situation, ou il est subjugué & n'est rien. Il ne peut se conserver libre qu'à force de petitesse ou de grandeur.

On ne peut donner en calcul un rapport fixe entre l'étendue de terre & le nombre d'hommes qui se suffisent l'un à l'autre ; tant à cause des différences qui se trouvent dans les qualités du terrain, dans ses degrés de fertilité, dans la nature de ses productions, dans l'influence des climats, que de de celles qu'on remarque dans les tempéramens des hommes qui les habitent, dont les uns consomment peu dans un pays fertile, les autres beaucoup sur un sol ingrat. Il faut encore avoir égard à la plus grande ou moindre fécondité des femmes, à ce que le pays peut avoir de plus ou moins favorable à la population, à la quantité dont le législateur peut espérer d'y concourir par ses établissemens; de sorte qu'il ne doit pas fonder son jugement sur ce qu'il voit, mais sur ce qu'il prévoit, ni s'arrêter autant à l'état actuel de la population qu'à celui où elle doit naturellement parvenir. Enfin il y a mille occasions où les accidens particuliers du lieu exigent ou permettent qu'on embrasse plus de terrain qu'il ne paroît nécessaire. Ainsi l'on s'étendra beaucoup dans un pays de montagnes, où les productions naturelles, savoir, les bois, les pâturages, demandent moins de travail, où l'expérience apprend que les femmes sont plus fécondes que dans les plaines, & où un grand sol incliné ne donne qu'une petite base horizontale, la seule qu'il faut compter pour la végétation. Au contraire, on peut se resserrer au bord de la mer, même dans des rochers & des sables presque stériles; parce que la pêche y peut suppléer en grande partie aux productions de la terre, que les hommes doivent être plus rassemblés pour repousser les pyrates, & qu'on a d'ailleurs plus de facilité pour délivrer le pays par les colonies, des habitans dont il est surchargé.

A ces conditions pour instituer un Peuple, il en faut ajouter une qui ne peut suppléer à nulle autre, mais sans laquelle elles sont toutes inutiles; c'est qu'on jouisse de l'abondance de la paix; car le temps où s'ordonne un Etat, est comme celui où se forme un bataillon, l'instant où le corps est le moins capable de résistance & le plus facile à détruire. On résisteroit mieux dans un désordre absolu que dans un moment de fermentation, où chacun s'occupe de son rang & non du péril. Qu'une guerre, une famine, une sédition, survienne en ce temps de crise, l'Etat est infailliblement renversé.

Ce n'est pas qu'il n'y ait beaucoup de gouvernemens établis durant ces orages; mais alors ce sont ces gouvernemens même qui détruisent l'Etat. Les usurpateurs amenent ou choisissent toujours ces temps de troubles pour faire passer à la faveur de l'effroi public, des loix destructives que le Peuple n'adopteroit jamais de sang froid. Le choix du moment de l'institution est un des caracteres les plus sûrs par lesquels on peut distinguer l'œuvre du législateur d'avec celle du tyran.

Quel Peuple est donc propre à la législation? Celui qui, se trouvant déjà lié par quelque union d'origine, d'intérêt ou de convention, n'a point encore porté le vrai joug des loix; celui qui n'a ni coutumes ni superstitions bien enracinées; celui qui ne craint pas d'être accablé par une invasion subite, qui, sans entrer dans les querelles de ses voisins, peut résister seul à chacun d'eux, ou s'aider de l'un pour repousser l'autre; celui dont chaque membre peut être connu de tous, & où l'on n'est point forcé de charger un homme d'un plus grand fardeau qu'un homme ne peut porter ; celui qui peut se passer des autres Peuples, & dont tout autre Peuple peut se passer ; celui qui n'est ni riche ni pauvre & peut se suffire à lui-même ; enfin celui qui réunit la consistance d'un ancien Peuple avec la docilité d'un Peuple nouveau. Ce qui rend pénible l'ouvrage de la législation, est moins ce qu'il faut établir que ce qu'il faut détruire ; & ce qui rend le succès si rare, c'est l'impossibilité de trouver la simplicité de la nature jointe aux besoins de la société. Toutes ces conditions, il est vrai, se trouvent difficilement rassemblées. Aussi voit-on peu d'Etats bien constitués.

P H

PHILIPPE, *Roi de Macédoine.*

PHILIPPE étoit troisieme fils d'Amintas II, seizieme roi de Macédoine, depuis Caranus qui avoit fondé ce royaume. Amintas, en mourant, laissa trois fils, Alexandre, Perdiccas & Philippe. Alexandre ne régna qu'un an; Perdiccas lui succéda après bien des traverses; Philippe fut envoyé par Euridice sa mere à Thebes, où il fut élevé par Epaminondas, cet illustre Thébain, aussi grand philosophe que guerrier habile. La nouvelle d'une révolution arrivée en Macédoine, fit prendre au jeune prince le parti de sortir de Thebes. Il trouva les peuples de ce royaume consternés d'avoir perdu leur roi Perdiccas, tué dans un combat contre les Illyriens, & plus encore de se voir autant d'ennemis que de voisins. Perdiccas avoit laissé un fils qui n'étoit encore qu'un enfant; la Macédoine qui avoit besoin d'un homme, déposa le neveu pour se donner l'oncle, & à la place de l'héritier que la nature appelloit, couronna celui que demandoit la conjoncture. Philippe monta donc sur le trône âgé de vingt-quatre ans, & se hâta de remplir l'attente publique.

Il défait ses ennemis ou s'accommode avec eux, se ménage adroitement une paix avec les Athéniens, triomphe par sa valeur & son habileté de tous ses concurrens, & bientôt il conçoit le projet hardi de primer & de dominer dans la Grece en profitant de ses divisions. Il s'empare d'Amphipolis, il promet aux Athéniens de la leur remettre, & les endort par cette promesse; mais, loin de leur rendre la place promise, il envahit encore Pydna & Potidée : il cede cette derniere aux Olynthiens pour se les attacher. Delà il vient occuper Crénides, qu'il appella dès-lors de son nom Philippe. Survint la guerre qu'on nomma *sacrée* comme entreprise par un motif de religion, & qui dura dix ans. Presque tous les peuples de la Grece prirent parti pour ou contre les Phocéens qui étoient la cause de cette guerre : Philippe demeura neutre, & laissa les républiques Grecques se consumer elles-mêmes pour les attaquer ensuite avec plus d'avantage. Il se fortifioit tandis qu'elles s'affoiblissoient : il prenoit & rasoit Méthone qui étoit un empêchement à ses vues sur la Thrace qu'il vouloit s'assujétir : il marchoit en Thessalie, &, par les services essentiels qu'il rendoit aux Thessaliens, il se concilioit l'affection d'un peuple, dont l'excellente cavalerie contribua beaucoup à ses victoires.

Il voulut enfin mettre un pied dans la Grece, entrer dans les affaires générales des Grecs, dont les rois de Macédoine avoient toujours été exclus: en conséquence, sous prétexte de passer en Phocide & d'y aller punir les Phocéens sacrileges, il marcha vers les Thermopyles pour s'emparer d'un passage qui lui donnoit une entrée libre dans la Grece, & sur-tout dans l'Attique; mais les Athéniens, au bruit de cette marche qui pouvoit avoir d'étranges suites, & pour eux & pour toute la Grece, accoururent aux Thermopyles, & se saisirent, à propos, de ce passage important, que Philippe n'osa même entreprendre de forcer.

C'est ici que l'histoire nous le montre aux prises avec Athènes, dont les habitans, par les vives exhortations & par les sages conseils de Démosthenes, deviennent ses plus grands ennemis, & les plus puissans obstacles à ses projets de grandeur. Athenes & Lacédémone ne songeoient alors qu'à humilier Thebes leur rivale. Les Thessaliens, pour se délivrer de leurs tyrans, les Thébains, pour se conserver la supériorité que la bataille de Leuctres leur avoit acquise, se dévouoient entiérement au roi de Macédoine, &, sans le vouloir, l'aidoient à forger leurs chaînes. Philippe, en politique habile, sût bien profiter de toutes ces dissentions.

Il n'avoit rien de plus à cœur que de s'étendre vers la Thrace; Olynthe, ville considérable de ce pays, étoit une des colonies d'Athenes: il attaque cette ville, & la prend, quoique secourue par les Athéniens, de qui seuls elle obtient du secours, dans un besoin pressant, où toute la Grece étoit intéressée.

Les Thébains, hors d'état de terminer par eux-mêmes la guerre qu'ils soutenoient depuis long-temps contre les Phocéens, ont recours à lui: il saisit cette occasion de prendre part à une guerre dans laquelle il avoit gardé jusqu'à ce jour la neutralité par des vues politiques.

Cependant les Athéniens, ennuyés de combattre seuls Philippe à leurs dépens & sans aucun fruit, lui proposent la paix dont il ne se montre pas éloigné. On lui envoie des députés, au nombre desquels étoient Eschine & Démosthenes, &, sur la *réponse qu'ils* en rapportent, on les renvoie avec un plein-pouvoir de conclure la paix, & de la cimenter par la religion des sermens. Démosthenes conseille à ses collegues, suivant l'ordre qu'il leur en avoit fait donner par la république, d'aller incessamment chercher Philippe par-tout où il seroit. Ceux-ci, loin de faire la diligence qu'on leur a commandée, vont tranquillement, par terre, en Macédoine, s'y arrêtent trois mois entiers, & donnent le temps à Philippe de prendre encore plusieurs places aux Athéniens dans la Thrace. S'étant enfin abouchés avec le roi de Macédoine ils conviennent avec lui des conditions de la paix. Philippe, après les avoir endormis par un projet de traité, en differe de jour en jour la ratification: il avoit trouvé moyen de les corrompre tous à force de présens, à l'exception de Démosthenes, qui, se trouvant seul, s'opposoit inutilement à ses collegues. Cependant les troupes du prince avançoient toujours. Arrivé à Pheres en Thessalie, il ratifie enfin le traité, où il refuse de comprendre les Phocéens. La nouvelle de la paix conclue répandit beaucoup de joie parmi les Athéniens, dont la plupart avoient de l'éloignement pour la guerre, & en redoutoient les suites. Ce fut en vain que Démosthenes, à son retour, voulut leur inspirer de la défiance contre Philippe; Eschine, entiérement gagné, parla en sa faveur, fit de belles promesses de sa part, & fut écouté.

Pendant qu'on délibere à Athenes, qu'on débite & qu'on écoute des discours, le prince actif s'empare des Thermopyles entre dans la Phocide, & force, aussitôt qu'il paroît, les Phocéens à demander la paix. Il assemble les Amphictyons, & les établit, pour la forme, souverains juges de la peine encourue par les Phocéens. Sous le nom de ces juges dévoués à sa volonté, il ordonne qu'on ruinera les villes de Phocide: il obtient d'eux ensuite le droit de séance au conseil Amphictyonique, dont les Phocéens étoient déclarés déchus.

Quand les Athéniens apprirent la maniere dont les Phocéens avoient été traités; que Philippe, maître de la Phocide, l'étoit devenu des Thermopyles, ils comprirent, mais trop tard, le tort qu'on avoit eu de ne pas déférer aux conseils de Démosthenes. Justement alarmés pour eux-mêmes, ils ordonnerent qu'on retireroit les femmes & les enfans de la campagne. Dans la ville, qu'on rétabliroit les murs, & qu'on fortifieroit le Pirée pour se mettre en état de défense en cas d'invasion: ils ne crurent pas néanmoins devoir rompre la paix conclue avec le roi de Macédoine.

Philippe, content de s'être ouvert une entrée dans la Grece par sa nouvelle qualité d'Amphictyon, s'arrêta sagement pour ne pas soulever contre lui tous les peuples de la Grece, en découvrant trop tôt les vues d'ambition qu'il avoit sur elle; mais afin de ne pas laisser ses troupes s'énerver dans le repos, il tourna ses armes du côté de l'Illyrie. Le même motif le fit passer dans la Thrace où il avoit déjà fait plusieurs conquêtes. Il en fit de nouvelles; il dépouilla Cersoblepte de son royaume, & dressa ses batteries pour s'emparer de la Quersonese. Il prend, sous sa protection, Cardie, une des principales villes de cette contrée, qui ne vouloit pas se soumettre aux Athéniens, & qui imploroit son appui.

Il auroit bien voulu entrer dans le Péloponnese: Argos & Messene réclamoient son secours contre les Lacédémoniens qui cherchoient à les opprimer; mais comme Athenes étoit disposée à se liguer avec Lacédémone qui sollicitoit son alliance ne voulant point avoir sur les bras deux ennemis si redoutables, il continua ses conquêtes dans la Thrace, poursuivit quelque temps ses entreprises sur la Quersonese, & tourna ensuite ses vues d'un autre côté.

Il regardoit l'Eubée comme fort propre à ses projets ambitieux: il l'appelloit les *entraves de la Grece*, parce que dans sa longueur elle répond aux côtes de l'Attique, de la Phocide & de la Thessalie, qu'elle n'en est séparée que par un petit trajet de mer. Il avoit fait, pour s'emparer de cette isle importante, plusieurs démarches qui lui avoient plus ou moins réussi, suivant que les Athéniens avoient envoyé des généraux plus ou moins habiles. Phocion avoit remporté sur lui un grand avantage ; il avoit chassé de l'Eubée le perfide Plutarque, qui, se tournant contre les Athéniens qu'il avoit appellés à son secours, favorisoit la faction Macédonienne à laquelle il avoit été d'abord opposé. Molossus, successeur de Phocion, avoit été entiérement vaincu par le parti des Macédoniens soutenu des forces du prince. Le parti d'Athenes étoit extrêmement affoibli, sans cependant être détruit. Philippe fait de nouvelles tentatives pour s'assurer de l'Eubée & s'en rendre absolument le maître ; il avoit déja fort avancé ses affaires : les Athéniens, animés par les harangues de Démosthenes, envoient des troupes contre le monarque. Phocion, chef de l'armée Athénienne, bat Clitarque & Phélistide, chasse l'un d'Erétries & l'autre d'Orée, deux villes d'Eubée où ils s'étoient établis tyrans, oblige les Macédoniens à vider le pays, & toute l'isle se trouvant libre, il engage les Eubéens à conclure, avec Athenes, un traité d'alliance. Le roi de Macédoine, vaincu de ce côté, ne changea pas son dessein général, il ne fit que changer d'attaque. Il en vouloit sur-tout aux Athéniens, les plus capables de réprimer son ambition : il marche vers la Thrace, d'où ils tiroient la meilleure partie de leurs blés, pour leur couper les vivres, & les affamer, s'il le pouvoit ; il assiege Périnthe & Byzance ; mais il ne réussit pas encore dans cette entreprise. Les Athéniens éclairés & animés par le même Démosthenes envoyerent contre lui de bonnes troupes & un bon général qui lui firent lever les deux sieges. Les Byzantins & les Périnthiens marquerent leur reconnoissance au peuple d'Athenes par un décret fort honorable, aussi-bien que les peuples de la Quersonese, que les Athéniens avoient, par occasion, affranchis du joug de Philippe.

L'attaque de Byzance avoit été regardée à Athenes comme une rupture absolue & une déclaration de guerre ouverte. Le roi de Macédoine qui redoutoit extrêmement la puissance des Athéniens, leur fit parler de paix. Démosthenes, convaincu par l'étude qu'il avoit fait de son caractere, qu'il ne songeoit qu'à les amuser & à les tromper, les empêcha de prêter l'oreille à ses propositions. Philippe, ne pouvant les gagner par la douceur, voulut les dompter par la force, en soulevant, contre eux, les Thessaliens & les Thébains. Il falloit s'y prendre habilement & sous le prétexte d'épouser leur querelle commune, se faire élire leur chef. Par le moyen des créatures qu'il avoit dans toutes les villes, il fait susciter une querelle aux Locriens-Ozoles, appellés autrement les Locriens d'Amphisse. On les accusa d'avoir profané une terre sacrée en labourant une campagne nommée Cirrhée, qui étoit voisine du temple de Delphes. Eschine le servit utilement par son éloquence ; il avoit été député à l'assemblée des Amphyctions : il anima contre les Locriens tous ceux qui composoient cette assemblée. Il fut délibéré qu'on visiteroit la campagne litigieuse, & sur les attentats que les habitans d'Amphysse commirent contre les Amphyctions, on décida que l'on marcheroit contre eux les armes à la main. On leva une armée, mais cette armée s'étant trouvée trop foible, parce que plusieurs peuples avoient manqué au rendez-vous, les Amphyctions tinrent une assemblée dans laquelle des orateurs gagnés par Philippe, prouverent qu'ils devoient élire ce prince pour leur général, & avec son secours venger Apollon, se venger eux-mêmes. Il est élu ; il ne perd point de temps, assemble ses troupes, & au-lieu d'attaquer les Locriens, il s'empare d'Elatée, la plus grande ville de toute la Phocide, sur le fleuve Céphise, & la mieux située pour tenir en respect les Thébains.

Cette nouvelle répandit l'alarme dans Athenes : on s'y assembla tumultuairement ; on ne savoit quel parti prendre. Démosthenes fut le seul des orateurs qui osât monter à la tribune dans cette conjoncture critique. Il donna un conseil excellent qu'il appuya des meilleures raisons : c'étoit d'engager les Thébains à se liguer avec les Athéniens contre Philippe. Son conseil fut suivi. Il partit pour Thebes à la tête d'une ambassade, & là par la force de son éloquence, il détermina les Thébains à former une ligue avec Athenes, malgré les efforts que fit le prince pour les en détourner, malgré les grands services qu'ils en avoient reçus pendant la guerre de Phocide, malgré l'antipathie ancienne & déclarée entre les deux républiques. Leur alliance néanmoins eut un mauvais succès : Philippe vainquit à Chéronée les deux armées réunies, & devint par cette victoire le maître de la Grece. Il se fit aussitôt déclarer, dans l'assemblée des Grecs, leur général contre les Perses : c'étoit le but qu'il se proposoit depuis long-temps, & qu'il n'avoit jamais perdu de vue.

Quoique Démosthenes parût être la principale cause du terrible échec qu'Athenes venoit de recevoir, & qui porta à sa puissance un coup dont elle ne se releva jamais, le peuple toutefois ne lui témoigna aucun mécontentement ; au contraire, il se livra à ses conseils : prudence & modération bien rare dans une multitude républicaine. On le chargea du soin de pourvoir aux vivres & de réparer les murs : il s'acquitta de cette derniere commission avec une générosité qui lui fit beaucoup d'honneur & pour laquelle Ctésiphon demanda qu'il lui fût décerné une couronne d'or. Il fut accusé plusieurs fois & toujours absous. On le choisit préférablement à tout autre pour faire l'éloge des vaillans hommes qui étoient morts à Chéronée.

Pour Philippe, il se préparoit à marcher contre les Perses, lorsqu'il fut assassiné par Pausanias, jeune seigneur de sa cour qui s'étoit plaint à lui d'une insulte, & auquel il n'avoit pas rendu justice.

Personne n'ignore que son fils Alexandre, héritier de sa couronne & de sa valeur, après avoir soumis les nations barbares voisines de son royaume, qui vouloient se remettre en liberté, après avoir effrayé, par des actes de rigueur, les villes de la Grece qui cherchoient à secouer le joug, se fit nommer, à la place de son pere, généralissime des Grecs contre les Perses, sur lesquels il remporta plusieurs victoires.

On a dû remarquer dans le prince dont nous venons de donner l'histoire abrégée, une activité qui ne lui permettoit point de goûter le repos, & une politique adroite qui le faisoit profiter de tout, & prendre les moyens les plus sûrs pour parvenir à son but. Il faut le faire connoître un peu plus particuliérement par une courte exposition de ses bonnes & de ses mauvaises qualités.

C'étoit un prince de beaucoup d'esprit, aimant les sciences & ceux qui les cultivoient : il avoit une éloquence naturelle, & les orateurs d'Athenes qu'on lui envoya en députation admiroient eux-mêmes son talent pour la parole. Il savoit écrire & manioit la plume aussi habilement que l'épée ; les lettres qui nous sont restées de lui en sont une preuve. Il donnoit libéralement & accompagnoit ses dons de manieres nobles, aimables & gracieuses, auxquelles ne purent résister des citoyens puissans qui lui étoient contraires. Quoiqu'il aimât les flatteurs & qu'il les récompensât avec une libéralité excessive, il n'étoit pas ennemi de la vérité : il souffroit qu'Aristote lui fît des leçons sur l'art de régner, & disoit qu'il étoit obligé aux orateurs d'Athenes de l'avoir corrigé de ses défauts à force de les lui reprocher. On sait qu'il gageoit un homme pour lui dire tous les jours avant qu'il donnât audience : *Philippe, souviens-toi que tu es mortel.* Généreux & sachant pardonner les injures, il fit éprouver plus d'une fois sa clémence aux peuples de la Grece, & sur-tout aux Athéniens. Il avoit une modération qui le rendoit maître de lui-même, lorsqu'on lui parloit avec une dureté choquante & injurieuse, &, ce qui n'est pas moins admirable, lorsqu'on lui disoit des vérités : plusieurs traits de sa vie le prouvent. Il entendoit la plaisanterie, aimoit les bons mots & en disoit.

Mais considérons ce prince comme guerrier & comme politique. Ce fut, sans contredit, un grand homme de guerre. Vigilance, activité, bravoure, hardiesse, prudence, constance dans les revers, modération dans la victoire, grandes vues, projets bien combinés, fécondité de ressources & de moyens, adresse supérieure à les employer, génie admirable dans l'exécution, on peut dire qu'il réunit toutes ou presque toutes les parties qui font un héros. Instruit par d'habiles maîtres dans le métier des armes, il sut aguerrir ses troupes, les dresser à sa maniere, & se former des hommes capables de seconder ses grandes entreprises.

De si grandes qualités n'étoient point en lui sans défauts. Outre l'intempérance & la crapule à laquelle il s'abandonnoit sans réserve & sans ménagement, on lui a reproché des mœurs corrompues & absolument déréglées : on en peut juger par ses liaisons les plus intimes, & par les compagnies qui formoient le plus ordinairement sa cour. Une troupe de débauchés & de libertins, de bouffons & de pantomimes, de vils flatteurs que l'avarice & l'ambition amassent en foule autour du dispensateur des graces, eurent la principale part à sa confidence & à ses bienfaits. Ce n'est pas seulement Démosthenes qui fait ces reproches à Philippe, (ils pourroient être

suspects

suspects dans la bouche d'un ennemi). Théopompe, historien célebre, en parle d'une maniere pour le moins aussi désavantageuse.

Mais ce qui, à mon jugement, doit le plus déshonorer ce prince, c'est l'endroit même par lequel il paroît le plus estimable à bien des personnes, je veux dire sa politique. Il passe, dans ce genre, pour un des plus habiles qui ayent jamais été : en effet, on a pu remarquer dans le récit de ses actions que, dès le commencement de son regne, il s'étoit proposé un but & formé un plan dont jamais il ne s'écarta ; c'étoit de se rendre maître de la Grece. Mal affermi encore sur le trône & environné de toutes parts d'ennemis puissans, quelle apparence y avoit-il qu'il pût former ou du moins exécuter un tel projet ? Il ne le perdit jamais de vue : guerre, combat, traités de paix, alliances, confédérations, tout tendoit à cette fin unique ; il prodiguoit l'or & l'argent pour se faire des créatures ; il avoit des intelligences secretes dans toutes les villes de la Grece, & par le moyen des traîtres, qu'il tenoit à ses gages, & qu'il payoit largement, il étoit informé de toutes les résolutions qui s'y prenoient, & venoit presque toujours à bout de faire tourner les délibérations à son gré. Par là, il sut tromper la prudence, éluder les efforts & endormir la vigilance des peuples qui jusques-là avoient passé pour les plus actifs, les plus sages & les plus clairvoyans de la Grece. En suivant toutes ses démarches pendant vingt ans, on le voit cheminer à pas réglés, & s'avancer réguliérement vers son but ; mais toujours par des détours & des souterrains obscurs, dont l'issue seule découvre le dessein. Tout cela passe pour un chef-d'œuvre, & une merveille en fait de politique : mais quels ressorts fait-il jouer & quels moyens emploie-t-il pour réussir ? la finesse, la ruse, la fraude, le mensonge, la perfidie, le parjure. Sont-ce là les armes de la vertu ? On voit dans ce prince une ambition démesurée conduite par un esprit adroit, insinuant fourbe & artificieux, mais on n'y voit point les qualités d'un homme véritablement grand. Philippe étoit sans foi & sans honneur ; tout ce qui pouvoit servir à augmenter sa puissance lui paroissoit juste & légitime : il donnoit des paroles qu'il étoit bien résolu de ne point garder, faisoit des promesses qu'il auroit été bien fâché de tenir ; se croyant habile à proportion de ce qu'il étoit perfide, il mettoit sa gloire à tromper tous ceux avec qui il traitoit ; en un mot, il ne rougissoit pas de dire qu'on amuse les enfans avec des jouets, & les hommes avec des sermens.

PHOCAS.

Conjuration de Phocas contre l'empereur Maurice.

LA même passion, l'avarice, qu'on reprochoit à Vespasien, ne ternit seulement point les grandes qualités de l'empereur Maurice, mais elle lui attira la haine publique, causa sa mort & l'extinction de sa famille. Vainqueur des Abares, il avoit fait sur eux un nombre très-considérable de prisonniers de guerre, & le souverain de cette nation offrit de rendre les Romains qui étoient tombés en ses mains, à condition que les Abares qu'on avoit pris lui seroient rendus. Priscus, général des Romains, accepta cette offre, & rendit de bonne foi la liberté aux captifs. Mais le souverain des Abares, violant sans scrupule ses promesses, refusa de rendre à son tour les prisonniers Romains, à moins qu'on ne lui payât dix mille écus pour leur rançon. Indigné de cette perfidie, ou plutôt ne pouvant consentir à perdre ainsi dix mille écus, Maurice, sans considérer qu'il avoit à faire à un prince inhumain & féroce, ne voulut absolument point payer cette rançon & se disposa même à envoyer ses légions contre les Abares; mais le souverain de cette nation, irrité du refus, fit massacrer, ainsi qu'on eût dû le prévoir, tous ses captifs.

Maurice reconnut alors, mais trop tard, la faute que son avarice venoit de lui faire commettre. Son ame honnête & sensible fut déchirée de remords; trop heureux si ce repentir eu pu le corriger de sa malheureuse passion. Il se vengea par de nouvelles victoires de la perfide atrocité des Abares, & conquit même une partie de leur pays. Cette contrée n'étoit rien moins qu'agréable & fertile; cependant l'empereur imaginant qu'elle pouvoit fournir à la subsistance des troupes, ordonna qu'elles y passeroient l'hiver. Les soldats encore ulcérés du refus que Maurice avoit fait de racheter leurs compagnons, murmurerent & déclarerent qu'ils ne vouloient pas être de nouvelles victimes de l'avarice de l'empereur. Pressées d'obéir par leur général, les troupes se souleverent, sortirent furieuses du camp, élurent pour leur chef le centenier Phocas, l'éleverent sur leurs boucliers & le proclamerent Auguste.

Phocas étoit le plus hideux des hommes, & les vices de son ame surpassoient la difformité de son corps. Sans mœurs, sans nulle idée d'honneur, de probité, crapuleusement enfoncé dans la plus dégoûtante débauche, & capable de tous les crimes; tel fut le scélérat que les Romains ne balancerent point de préférer à leur souverain légitime qui, à son avarice près, étoit digne par ses vertus du premier trône de la terre. Aux progrès de cette révolte; aux succès du centenier Phocas, l'empereur sentit que le mal étoit sans remede, & il eut la fermeté de ne montrer aucune inquiétude. Il y avoit long-temps que Constantinople, ainsi que la plupart des villes de Thrace étoient divisées en deux factions, qu'on appelloit le parti *des Bleus* & le parti *des Verds*; celui-ci étoit le plus nombreux; il se déclara pour Phocas, qui approchoit de la capitale suivi d'une armée formidable. Maurice, presque abandonné de tous, envoya des ambassadeurs à son méprisable concurrent, pour lui faire quelques propositions. Cette démarche ne fit qu'accroître l'insolence du centenier, qui refusa de recevoir les députés. Désespérant de conjurer l'orage, Maurice se dépouilla des marques de sa dignité, s'embarqua pendant la nuit avec sa femme, ses enfans, & essuya une violente tempête, qui l'obligea de relâcher à Préneste, d'où il envoya Théodose, son fils, vers Cosroës, roi de Pont, auquel il avoit rendu des services importans. Mais à peine Théodose étoit parti qu'il fut rappellé par son pere qu'on venoit d'informer de l'arrivée de Phocas à Constantinople, où l'usurpateur avoit été reçu avec acclamation & proclamé empereur. Ses premiers soins furent d'envoyer des soldats & des bourreaux contre Maurice. Ils eurent peu de peine à le trouver : il fut conduit à Chalcedoine, & les satellites du tyran, après avoir égorgé ses enfans sous ses yeux, lui firent souffrir à lui-même une mort lente & douloureuse. Théodose croyant échapper à la rage des bourreaux, se réfugia dans une église; il y fut massacré aux pieds des autels : le frere de Maurice fut également immolé. L'impératrice Constantine & ses trois filles furent plus heureuses; elles se sauverent à Jerusalem, où elles s'enfermerent dans un monastere.

Maître de se livrer à la grossiéreté de ses penchans & à sa cruauté, Phocas fit couler dans Constantinople des torrens de sang. Ce qui paroît encore plus étonnant que l'atrocité de Phocas, est les lettres que le pape St. Gregoire écrivit à ce monstre, pour le féliciter sur son heureux avénement à l'empire. » Le seigneur, lui marquoit le pontife, n'avoit placé Maurice sur » le trône, que pour punir les crimes de son peuple; vous êtes destiné à » rendre la tranquillité aux Romains & à faire la joie du ciel & de la terre«. Le tyran Phocas destiné à rendre la tranquillité aux Romains! Le monstrueux Phocas destiné à faire la joie du ciel & de la terre! Et c'est un pape, un saint qui écrit ces révoltantes adulations, si propres à autoriser la révolte, les séditions, les brigands & les scélérats! Il falloit que dès lors ce germe de division entre le sacerdoce & l'empire, qui depuis a causé tant de maux, eut bien de la force.

PHYSIOCRATIE,

OU

CONSTITUTION NATURELLE DU GOUVERNEMENT LE PLUS AVANTAGEUX AU GENRE-HUMAIN.

TEL est le titre d'un recueil de plusieurs petits traités politiques, publié en 1767, par M. Du Pont, l'un des premiers & des plus savans économistes.

Physiocratie, signifie gouvernement de la nature, comme *monarchie* veut dire gouvernement d'un seul homme; *oligarchie*, le gouvernement d'un petit nombre; *démocratie*, le gouvernement de tout le peuple. La doctrine, dont les principes sont renfermés dans ce recueil précieux, consiste à soutenir que c'est la nature, & non pas les hommes qui font le droit, l'ordre & les loix, que le devoir & l'intérêt des hommes, est de connoître & de suivre le gouvernement naturel, unique, invariable, simple & le plus avantageux qu'il soit possible à notre espece.

Laissons l'éditeur expliquer lui-même l'ensemble de ces grandes & sublimes vérités qui sont la base d'une science, dont l'objet est si ancien & dont la découverte parut alors si nouvelle; c'est ainsi qu'il le présente dans son discours préliminaire. Souvenons-nous que c'est un économiste qui parle.

» *Le droit naturel* de l'homme, dans son sens primitif le plus général, est *le droit que l'homme a de faire ce qui lui est avantageux*; ou, comme dit l'auteur dont je publie aujourd'hui quelques écrits, *le droit que l'homme a aux choses propres à sa jouissance.* »

Ce *droit* est assujetti, par la nature même, à des relations qui en varient tellement l'usage, qu'on est obligé de le définir ainsi d'une maniere générale, qui embrasse vaguement tous les différens états où l'homme peut se trouver.

Mais dans quelque circonstance qu'on nous suppose; soit que nous vivions isolés ou en troupe, ou en société réguliere, notre *droit aux choses propres à notre jouissance* est fondé sur une condition impérieuse par laquelle *nous sommes chargés de notre conservation sous peine de souffrance & de mort.* Le dernier degré de sévérité de la punition décernée par cette loi souveraine est supérieur à tout autre intérêt & à toute loi arbitraire.

L'usage du *droit de faire ce qui nous est avantageux* suppose nécessairement *la connoissance de ce qui nous est avantageux.* Il est de l'essence de ce droit d'être éclairé par la réflexion, par le jugement, par l'arithmétique physique & morale, par le calcul évident de notre véritable intérêt. Sans quoi, au lieu d'employer nos facultés à faire *ce qui nous seroit avantageux*, nous les employerons souvent à faire *ce qui nous seroit nuisible*. Alors on ne pourroit pas dire que nous usassions de notre droit naturel ; & il existeroit entre le principe de notre conduite & la plupart de nos effets une grossiere & funeste contradiction. Il est donc sensible que l'exercice de notre droit naturel est évidemment & nécessairement déterminé par les causes absolues que notre intelligence doit étudier & reconnoître clairement, auxquelles elle est obligée de se soumettre exactement & hors de l'enchaînement desquelles nous ne pouvons faire aucune action licite ni raisonnable.

Le *droit aux choses propres à sa jouissance* existoit pour le premier homme. Il existe pour un homme absolument isolé. Considéré même rigoureusement & uniquement dans ce premier point de vue, il précede l'ordre social, ainsi que tout juste & tout injuste relatif. Mais dans ces cas comme dans tout autre il n'en est pas moins soumis par son essence aux loix physiques de l'ordre naturel & général de l'univers. Dans ce cas, comme dans tout autre, il ne peut être employé surement que sous la direction de la raison éclairée. Dans ce cas, comme dans tout autre, il est assujetti à des bornes différentes de celles du pouvoir physique instantané de l'individu, & à des regles évidentes & souveraines, desquelles l'individu ne pourroit s'écarter en aucune façon, qu'à son propre préjudice.

Un homme exactement seul dans une isle déserte semble avoir le choix d'agir ou de se livrer au repos. Mais, comme nous l'avons remarqué, il est chargé par la nature même de pourvoir à sa conservation *sous peine de souffrance & de mort* : A moins qu'il ne soit insensé, il se gardera donc bien de rester oisif. Il travaillera pour se procurer de la pâture & pour établir sa sureté contre les attaques des autres animaux. Il reconnoîtra même qu'il ne suffit pas de satisfaire par un travail passager au besoin du moment ; il cherchera à ramasser & à conserver des provisions pour subvenir aux accidens & pour jouir dans les saisons où la terre refuse ses fruits. Autrement il ne feroit pas usage du droit qu'il a de faire ce qui lui est avantageux ; il ne rempliroit pas le devoir qui lui est impérieusement prescrit par la nature ; & l'effet irrésistible d'une loi naturelle le puniroit promptement & sévérement de sa négligence.

Si au lieu d'un homme seul, c'étoient plusieurs hommes qui se rencontrassent dans un pays inculte ; il est certain qu'ils auroient le pouvoir physique de se combattre les uns les autres ; que le plus fort auroit le pouvoir physique d'enlever quelquefois la pâture du plus foible ; que deux foibles réunis, que le plus foible même à la faveur de la ruse, de la surprise, ou de l'adresse, auroit quelquefois le pouvoir physique de vaincre le plus fort, de lui ravir sa proie & même la vie. Mais il est également certain qu'ils se garderoient bien de tenir une conduite aussi dangereuse, aussi désordonnée, aussi infructueuse, aussi propre à les détourner mutuellement du travail nécessaire pour assurer leur subsistance, & dont le péril extrême & palpable seroit aussi visiblement réciproque. Ils appercevroient d'abord évidemment qu'un tel état de guerre les conduiroit à périr tous à la fin ; & qu'en attendant cette fin cruelle, ils seroient tous réduits à mener une vie très-misérable, dans laquelle aucun d'eux ne jouiroit, & ne pourroit même espérer de jouir de son *droit de faire ce qui lui seroit avantageux.*

Or, les hommes n'ont rien de plus intéressant que de s'assurer la jouissance de ce droit fondamental. Avertis les uns & les autres par des besoins pressans de la nécessité d'employer leurs forces physiques, afin de pourvoir à leur propre conservation, loin d'en faire usage pour se nuire, pour se détruire réciproquement le besoin mutuel, la crainte, l'intérêt, la raison enfin, leur feroient réunir ces mêmes forces pour le bien de tous ; les soumettroient à des regles naturelles de justice & même de bienfaisance réciproque ; établiroient nécessairement entr'eux des conventions sociales, tacites ou formelles, pour assurer à chacun l'usage licite de son droit naturel, de son *droit aux choses propres à sa jouissance*, ou en d'autres termes, *la liberté de profiter des avantages qu'il peut retirer de l'ordre naturel.*

L'ordre naturel est la constitution que Dieu même a donnée à l'univers, & par laquelle tout s'opere dans la nature. En ce sens général & vaste, l'ordre naturel précede de beaucoup le droit naturel de l'homme & de ce qui l'intéresse ; il embrasse la totalité des êtres.

Mais quand on envisage cet ordre suprême relativement à l'espece humaine, on voit qu'il doit renfermer, qu'il renferme en effet dans le plus grand détail, tous les biens physiques auxquels nous pouvons prétendre, & l'institution sociale qui nous est propre.

C'est l'ordre naturel qui nous soumet à des besoins physiques. C'est lui qui nous environne de moyens physiques pour satisfaire à ces besoins. C'est par lui que tout effet a nécessairement sa cause, que toute cause a ses effets directs. C'est de lui que nous tenons le don précieux de pouvoir étudier & reconnoître évidemment cet admirable enchaînement de causes & d'effets, dans les choses sur lesquelles il nous est possible d'étendre l'usage de nos sens & de notre raison. C'est donc lui qui nous prescrit souverainement les loix naturelles auxquelles nous devons nous conformer & nous soumettre, sous peine de perdre, en raison proportionnelle de nos erreurs, & de notre égarement, la faculté de faire *ce qui nous seroit avantageux*, & d'être ainsi privé de l'usage de notre droit naturel.

Les loix naturelles considérées en général, sont les *conditions essentielles selon lesquelles tout s'exécute dans l'ordre institué par l'auteur de la nature.* Elles different de l'ordre, comme la partie differe du tout. Il en existe sans doute une immense quantité qui nous seront éternellement inconnues, qui n'ont aucun rapport à l'homme, & dont il ne seroit même pas sage de nous occuper ; car c'est pour nous une assez grande affaire que celle de songer efficacement aux moyens d'accroître & d'assurer notre bonheur.

Ces moyens sont évidemment indiqués par les loix naturelles de la portion de l'ordre général physique, directement relative au genre-humain.

Les loix naturelles prises en ce sens, qui nous est relatif, sont les *conditions essentielles auxquelles les hommes sont assujettis pour s'assurer tous les avantages que l'ordre naturel peut leur procurer.* Elles déterminent irrévocablement d'après notre essence même & celle des autres êtres, quel usage nous devons nécessairement faire de nos facultés pour parvenir à satisfaire nos besoins & nos désirs; pour jouir, dans tous les cas, de toute l'étendue de notre droit naturel; pour être, dans toutes les circonstances, aussi heureux qu'il nous est possible.

Ce sont ces loix de nature qui prescrivent la réunion des hommes en société, & qui fixent les regles de cette réunion d'après les droits, les devoirs & l'intérêt manifeste de tous & de chacun.

L'homme isolé seroit exposé à mille accidens; il manqueroit souvent des forces dont il auroit besoin pour le succès de son travail; une maladie, une chûte violente, une jambe cassée, un pied démis, le condamneroient à mourir de faim. Il seroit donc puissamment excité par l'évidence de son intérêt à s'associer avec ses semblables, quand même il ne naîtroit pas en société. Mais la langueur & la foiblesse de son enfance établissent, même dans l'état le plus sauvage, une société naturelle entre les peres, les meres & les enfans, qui surviennent en grand nombre avant que les aînés soient en état de se passer du secours de leurs parens.

Dans cette association primitive, la sensation vive & toujours présente du besoin réciproque, jointe aux mouvemens de l'attrait naturel, non-seulement proscrit toute usurpation entre les co-associés, mais assure à chaque individu tous les secours qui peuvent lui être nécessaires de la part des autres individus, & la participation à tous les avantages que la famille peut se procurer. Toute autre conduite seroit funeste à la famille, priveroit ses membres de l'usage de leur droit naturel, & conduiroit l'association & les associés à leur destruction totale.

Il est évident par-là que les regles de l'association primitive ne sont pas des regles arbitraires, & que dès que plusieurs hommes vivent ensemble ils sont soumis par leur propre intérêt à un *ordre naturel social*, à un *ordre de justice essentielle* qui *établit le droit réciproque des co-associés sur les* loix physiques *qui assurent la subsistance des hommes*, *& sur le* droit naturel *dont chacun d'eux doit jouir sans usurpation de ce qui appartient aux autres*, *& dont tous ne peuvent jouir* complétement, *ni aucun d'eux* surement, *qu'à cette condition fondamentale.*

L'ordre naturel social, fonde sur l'expérience incontestable du bien & du mal physique, la connoissance évidente du bien & du mal moral, du juste & de l'injuste par essence; il offre à la prudence, à la morale, à la sagesse, à la vertu, des principes solides & des regles assurées. Il nous soumet pour notre bien à l'observance de plusieurs loix naturelles.

Ces loix naturelles de l'ordre ſocial, auxquelles nous ſommes eſſentiellement aſſujettis, pour nous aſſurer la jouiſſance de tous les avantages que l'ordre ſocial peut nous procurer embraiſent toutes les relations dont nous ſommes ſuſceptibles. Elles décident, dans tous les cas, par l'évidence de notre intérêt réciproque, quelle conduite nous devons tenir avec nos ſemblables pour notre propre bonheur. Elles nous conduiſent à toutes les inſtitutions qui étendent notre félicité en multipliant nos rapports avec les autres hommes, & les occaſions des ſecours mutuels entr'eux & nous. Elles nous menent à l'établiſſement de *l'ordre légitime* qui conſiſte dans *le droit de poſſeſſion aſſuré & garanti par la force d'une autorité tutélaire & ſouveraine, aux hommes réunis en ſociété.* Elles dictent toutes les loix poſitives qui doivent émaner de cette autorité & qui ne peuvent, ſans déſordre & ſans deſtruction, être que des *actes déclaratoires des loix naturelles de l'ordre ſocial.*

On voit, par cette chaîne de vérités ſouveraines, comment & pourquoi les hommes ne peuvent faire uſage de leur droit naturel, qu'en ſe conformant à l'ordre naturel; comment & pourquoi ils ne peuvent jouir des biens auxquels l'ordre naturel leur permet d'aſpirer qu'en ſe ſoumettant aux conditions néceſſaires pour acquérir la jouiſſance de ces biens, qu'en obéiſſant aux loix naturelles.

Voilà le cercle évidemment tracé par la nature pour le bonheur des hommes en ce monde. Voilà les limites dans leſquelles le créateur a renfermé l'emploi utile de notre intelligence. Cette intelligence nous fut principalement donnée, afin que nous puſſions nous *inſtruire*, connoître & *juger* de nos droits naturels & de nos devoirs réciproques; nous *gouverner* conformément à l'ordre naturel ſocial, & établir des loix poſitives pour *contraindre* les citoyens ignorans, foux ou dépravés, à la ſoumiſſion aux loix naturelles de la ſociété.

Tel eſt le plan du livre qui réſultera de cette collection de différens ouvrages qui avoient été ſéparés par les circonſtances, mais qui ſont attachés les uns aux autres par leur nature.

Le premier examine le droit naturel de l'homme ſur toutes les relations extérieures, *L'analyſe du tableau économique*, qui ſuit, offre aux yeux l'ordre ſocial phyſique. Les *maximes générales du gouvernement économique d'un royaume agricole*, (*a*) qui terminent la marche, préſentent les loix naturelles de cet ordre évidemment le plus avantageux à la ſociété.

Après cette expoſition générale de la doctrine, j'ai ajouté, à ce recueil, une ſeconde partie qui renferme des diſcuſſions & des développemens intéreſſans, quoique particuliers à quelques-unes des notions de l'économie politique

(*a*) Nous avons donné ce morceau dans cette bibliotheque, au mot AGRICOLE.

politique. (*a*) Mais c'est dans la premiere partie que le lecteur pourra trouver une connoissance méthodique du droit naturel, de l'ordre naturel social, des loix naturelles à la société, de la nécessité & des moyens d'y conformer notre conduite pour notre bonheur ; & c'est dans cette connoissance évidente & suivie, que consiste la science de la Physiocratie ou de l'ordre naturel essentiellement constitutif du gouvernement le plus parfait.

(*a*) I. Problême économique : le produit qu'une nation retire du prix des productions de son territoire surpasse-t-il le désavantage de l'augmentation des dépenses causées par le renchérissement des productions ? II. Dialogue sur le commerce. III. Dialogue sur les travaux des artisans. IV. Déterminer les effets d'un impôt indirect.

PI

PIÉMONT, *Contrée d'Italie.*

LE Piémont est borné au nord par le Valais, au midi par le comté de Nice & l'Etat de Gênes, au levant par le duché de Milan, & au couchant par le Dauphiné. Ses principales rivieres sont le Pô, le Tanaro, la Doria, la Bormia & la Sture.

Les montagnes qui entourent le Piémont abondent en mines d'argent, de fer & de cuivre. Voyez Allionii *oryctographia* Pedemontana, *Taurini*, 1757. in-8°.

Les rivieres fournissent des poissons excellens, & les forêts nourrissent quantité de bêtes fauves. Le terroir est fertile en blé, en vins & en fruits; aussi est-il fort peuplé. Un autre grand avantage du Piémont, est d'avoir une noblesse nombreuse & distinguée, ce qui rend la cour de Turin extrêmement brillante. La religion du pays est la catholique romaine. On y compte plus de trente abbayes, & de riches commanderies.

Le fils aîné du roi de Sardaigne portoit autrefois le titre de *prince de Piémont*; il porte aujourd'hui celui de *duc de Savoie*. Le Piémont comprend le Piémont propre, le duché d'Aoste, la seigneurie de Verceil, le comté d'Asti, le comté de Nice & le marquisat de Saluces : Turin en est la capitale.

La contrée de Piémont qui a le titre de principauté, est une des plus considérables, des plus fertiles & des plus agréables de toute l'Italie. Le nom de Piémont, que l'on rend en latin par celui de *Pedemontium*, n'est guere usité que depuis six à sept siecles. Il a été occasionné par la situation du pays, au pied des Alpes maritimes, cotiennes & grecques, au milieu desquelles se trouve le Piémont. Autrefois cette contrée faisoit partie des plaines de la Ligurie : dans la suite elle fit partie de la Cisalpine; & après cela elle devint une portion du royaume de Lombardie. Sa longueur peut être de cent vingt mille pas, & sa largeur d'environ quatre-vingt-dix mille.

On croit que le Piémont fut premiérement habité par les Umbriens, les Etrusques, & les Liguriens : les Gaulois qui entrerent en Italie, sous la conduite de Brennus & de Bellovese, s'établirent en partie dans ce pays qui dans la suite fut occupé par divers peuples, & partagé entr'eux. Les Liguriens surnommés *Statielli* habiterent la partie orientale. Les *Vagenni*, ou *Bagienni* leur succéderent dans le pays qui est entre le Pô & le Tanaro. Les *Taurini* s'établirent entre le Pô & la petite Doire, *Doria riparia*, & s'étendirent dans la suite jusqu'aux Alpes. Les *Salassi*, divisés en supérieurs & en inférieurs, habiterent entre les deux Doires. Enfin les *Libici*, *Libui* ou *Lebetii*, occuperent cette partie de la Gaule Cisalpine, qui forme les territoires de Verceil & de Biele entre la grande Doire, *Doria baltea*, & la *Sesia*.

Il y a eu anciennement dans cette contrée un grand nombre de villes dont la situation est connue, & dont la plupart subsistent encore aujourd'hui. De ce nombre sont :

Taurinum augusta, Turin.
Eporedia, Ivrée.
Vercellæ Libicorum, Verceil.
Augusta prætoria, Aouste.
Asta pompeïa, Asti.
Alba pompeïa, Albe.
Segusium, Suse.
Careja potentia, Chieri.
Augusta Bagiennorum, Benne.
Ceba, Ceva.
Verrucium, Verrue.
Bardum, Bardo.
Ocellæ, Usseglio.
Cottia, Coazze.
Salatiæ, Salassa.
Caristium, Cairo.
Mons-Jovis, Mont-Jouet.
Pollentia, Pollenzo, ville ruinée.

Les anciennes villes dont on connoît le nom, mais dont on ignore la situation, sont, *Forum Julii*, *Forum Vibrii*, *Iria*, *Autilia*.

Entre les anciennes villes du Piémont, Turin, Aoste, Verceil, Asti, Ivrée & Albe eurent l'avantage de recevoir de bonne heure l'évangile, & d'avoir des évêques. Depuis l'an 1515, l'évêque de Turin a été élevé à la dignité archiépiscopale. Il se trouve aussi dans le Piémont plusieurs villes décorées du titre de cités ducales. Charles-Emanuel I du nom, choisit douze de ces villes pour en faire les capitales d'autant de provinces, afin que la justice pût être administrée avec plus d'ordre dans son Piémont. Ces douze villes furent Turin, Ivrée, Asti, Verceil, Montdovi, Saluces, Savigliano, Chieri, Bielle, Suse, Pignerol, Aouste. Il faut enfin remarquer que la plupart de ces villes sont fortifiées, & que l'on y tient garnison pour la sureté du pays.

PIERRE-LE-GRAND, *Czar de Russie, monté sur le trône en 1689.*

De tous les législateurs du monde, (à l'exception néanmoins de Moyse) Pierre est le seul dont l'histoire soit bien connue. Celle des Thésées, des Romulus, qui firent beaucoup moins que lui ; celle des fondateurs de tous les Etats policés, sont mêlées de fables absurdes, & nous avons ici l'avantage d'écrire des faits qui se sont passés, pour ainsi dire, de nos jours, & que personne ne peut contester.

Pierre Alexiowitz, le héros du Nord, nâquit le 10 juin 1672 ; sa famille étoit sur le trône depuis près de soixante ans : il étoit fils, en secondes nôces, d'Alexis Michelovitz, & d'une fille du boyard (*a*) Nariskin. Cet Alexis laissa de son premier mariage deux princes & six princesses. L'aîné, nommé Fœdor, monta sur le trône à l'âge de quinze ans : mais c'étoit un prince d'un tempérament foible & valétudinaire. Le second, appellé Ivan, encore plus maltraité de la nature, étoit privé de la vue & de la parole. Des six filles, la seule célébre fut la princesse Sophie. Pierre n'avoit que quatre ans quand il perdit son pere, & l'on ne s'attendoit pas qu'il dût un jour régner.

En 1682, Fœdor étant tombé malade de la maladie dont il mourut, & voyant que son frere Ivan étoit incapable de régner, nomma pour héritier de la Russie son second frere Pierre, qui n'étoit âgé que de dix ans, & qui faisoit concevoir déjà de grandes espérances.

La princesse Sophie qui avoit un esprit aussi supérieur que dangereux, bien loin de se retirer dans un couvent, comme c'étoit alors la coutume des filles des czars, voulut profiter de la foiblesse de l'âge de Pierre, & conçut le dessein de se mettre à la tête de l'empire. A peine Fœdor fut-il expiré, que par ses intrigues elle excita dans le corps des strélitz (*b*) une des plus terribles révoltes : car après qu'elle eut fait répandre le sang de quantité de seigneurs, les strelitz proclamerent souverains les deux princes Ivan & Pierre, & leur associerent Sophie en qualité de corégente. Elle jouit aussi-tôt de tous les honneurs d'une souveraine, sans être déclarée czarine. Elle eut la premiere place au conseil, signa toutes les expéditions, fit graver son image sur les monnoies ; en un mot, elle s'arrogea la puissance suprême : cependant elle en partagea le fardeau avec le prince Basile Galitzin, qu'elle fit administrateur de l'Etat, & garde des sceaux, homme supérieur en tout genre à tout ce qui étoit alors dans cette cour. Pendant qu'elle régnoit ainsi depuis plus de six ans, Pierre avoit atteint sa dix-sep-

(*a*) Les boyards étoient les grands de la cour.

(*b*) Corps de milice à peu près semblable à celui des janissaires en Turquie.

tieme année, & se sentoit le courage de soutenir son droit; il donnoit déjà des signes de cette élévation de génie, qui le rendit le réformateur d'un peuple plongé jusques-là dans les ténebres de la barbarie, & qui fixa long-temps l'attention de toute l'Europe. Ses grandes qualités qu'on voyoit se développer, firent ombrage à Sophie & à Galitzin; & on n'en peut douter, puisqu'ils voulurent engager le chef des strélitz à les défaire de ce prince. Il en fut averti, & il se réfugia au couvent de la Trinité, espece de forteresse, asile de la cour dans les révoltes. Là il convoque les boyards de son parti; il assemble une milice, fait parler aux capitaines des strélitz, se plaint d'un attentat projetté contre sa personne : il fait impression sur les esprits. La scene change. Tous les complices de ce dessein sont mis à mort avec le chef des strélitz. La princesse Sophie est renfermée dans un monastere; Pierre fait grace de la vie à Galitzin : mais il veut qu'on le dépouille de ses biens, & qu'il soit relégué vers Archangel. Ces ordres furent exécutés, & dès ce moment Pierre régna. Ivan, qui ne participoit que de nom à l'autorité, mourut peu d'années après.

Commencement de la réforme faite par Pierre-le-Grand.

Ce prince avoit une taille haute, dégagée, bien formée, le visage noble, des yeux animés, un tempérament robuste, propre à tous les exercices : son esprit étoit juste, & par une qualité qui lui étoit naturelle, porté à tout entreprendre. Quoique son éducation eût été négligée, & qu'il ne se livrât alors qu'à ses plaisirs, sur-tout à ceux de la table, il donnoit une partie de son temps à l'art militaire & à la science du gouvernement. Il sentit bientôt qu'il avoit été élevé dans l'ignorance & il s'appliqua à réparer ce défaut. Il apprit, presque sans maîtres, assez d'Allemand & de Hollandois pour s'expliquer & pour écrire intelligiblement en ces deux langues; car il rouloit déjà dans son esprit le dessein d'appeller les arts dans la capitale de son empire. La Russie n'avoit pas alors un seul vaisseau sur les mers, & on ignoroit absolument la discipline militaire.

Pierre étant un jour à une de ses maisons de plaisance, apperçut une petite chaloupe Angloise qu'on avoit abandonnée : il demanda à son maître de mathématique, qui étoit Allemand, pourquoi ce petit bateau étoit autrement construit que ceux qu'il avoit vus sur la Moska. L'Allemand répondit qu'il étoit fait pour aller à voiles & à rames. Le jeune prince voulut aussi-tôt en faire l'épreuve.

Ce fut quelque temps après qu'il donna sa confiance au célébre le Fort, originaire de Piémont. Cet homme après avoir servi en Hollande, & couru bien des pays, étoit venu à Moscow, où il étoit alors secrétaire du résident de Danemarc. Le Fort avoit déjà appris la langue Russe, savoit le Hollandois & l'Allemand, & il avoit beaucoup vu : ayant trouvé le moyen d'être présenté au czar Pierre, ce prince le goûta; il trouva en lui une conformité d'humeur & de sentimens, en un mot, il lui confia ses desseins les plus secrets. Pierre méditoit dès-lors de casser la milice séditieuse des strelitz.

Il forma d'abord dans sa maison de plaisance une compagnie de ses domestiques : quelques enfans de boyards furent les officiers; mais il les fit auparavant passer par tous les grades : il en donna lui-même l'exemple, servant d'abord comme tambour, ensuite soldat, sergent & lieutenant. Cette compagnie fut bientôt nombreuse, & devint un des régimens des gardes. Le Fort leva un régiment de douze mille hommes, & fut général de cette petite armée. Il fit construire par les Hollandois des barques longues, & même deux vaisseaux d'environ trente pieces de canon, à l'embouchure de la Véronise, qui se jette dans le Tanaïs : ces vaisseaux pouvoient descendre dans le fleuve, & tenir en respect les Tartares de Crimée.

Pendant ce temps-là les Chinois firent un traité de paix avec les Russes. Pierre profita de ces circonstances pour aguerrir ses troupes, & se donner, s'il le pouvoit, l'empire de la mer Noire sur les Turcs. Son armée étoit composée des régimens qu'il avoit formés, montant à dix-sept mille hommes, d'un corps de strélitz, d'un corps de cosaques, & d'un train d'artillerie. Elle étoit commandée par le général Shemeretof: le czar y servoit en qualité de volontaire. On s'avança vers Asoph, à l'extrémité des Palus Méotides, aujourd'hui nommés la mer de Zabache. On voulut assiéger Asoph, mais après avoir perdu beaucoup de monde, on fut obligé de lever le siege. Jusques-là les Russes n'en avoient point fait de régulier.

Pierre ne se rebuta pas : la constance formoit son caractere. Il fit construire un plus grand nombre de vaisseaux. Il fit venir d'Allemagne des ingénieurs, des artilleurs, des gens de mer ; il eut une petite flotte, & deux ans après, c'est-à-dire en 1696, il retourna faire le siege d'Asoph, qu'il poussa plus réguliérement : ses vaisseaux battirent les saïques Turques : enfin la place fut prise. Pierre la fortifia, & y creusa un port pour y contenir de gros vaisseaux : son but étoit de se rendre maître du détroit de Caffa, qui donne entrée dans la mer Noire, de chasser les Tartares de la Crimée, & d'établir un commerce libre avec la Perse par la Géorgie. Il forma pour cela une flotte de cinquante vaisseaux, dont il y en avoit neuf de soixante pieces de canon, les autres depuis trente jusqu'à cinquante. Avec ces forces, il battit les Turcs & les Tartares, & revint vainqueur à Moscow, où il entra en triomphe : il fit frapper une médaille pour monument de sa victoire, & ce fut la premiere qui parut en Russie. En 1697 il envoya soixante jeunes Russes à Venise, pour y apprendre la construction des galeres, & quarante autres en Hollande pour la fabrique & la manœuvre des grands vaisseaux; d'autres en Allemagne pour y apprendre la discipline militaire. Enfin résolu de s'instruire par ses yeux des arts qu'il vouloit établir dans ses Etats, il se proposa de les quitter pour quelques années, & de voyager en inconnu, en Danemarc, en Hollande, à Vienne, & à Venise.

Voyages de Pierre-le-Grand. Année 1697.

APRÈS avoir pourvu à la sureté de ses Etats, il partit au mois d'avril de Moscow, n'ayant alors que vingt-cinq ans; & pour garder l'*incognito*, il se mit à la suite de trois ambassadeurs : le Fort en étoit un. Ils étoient escortés de cinquante gardes avec leurs officiers, & la troupe étoit composée en tout de deux cents personnes. Il voyagea d'abord dans l'Estonie & la Livonie, & vit avec satisfaction les fortifications de Riga : de-là il entra dans la Prusse Brandebourgeoise. Après avoir passé par Berlin, il se rendit à Amsterdam quinze jours avant l'ambassade : il prit un petit logement dans les chantiers de l'amirauté, s'habilla en pilote, & alla ainsi au village de Sardam; ensuite il s'appliqua à travailler à toutes les parties de la construction d'un vaisseau, se fit inscrire dans le nombre des charpentiers sous le nom de *Pierre Michaloff*, travaillant dans les atteliers, & se nourrissant comme les artisans du lieu. Mais voulant s'instruire dans plus d'un art, il alloit aussi travailler chez un célébre anatomiste où il faisoit des opérations de chirurgie, & il s'instruisoit aussi de la physique naturelle.

Il suspendit néanmoins ses travaux pour aller voir, sans cérémonie, à Utrecht, le fameux Guillaume, roi d'Angleterre; ensuite il assista à l'entrée de ses ambassadeurs à la Haye, & à l'audience qu'ils eurent des Etats-généraux. De retour à ses occupations, il mit la derniere main à un vaisseau de soixante pieces de canon qu'il avoit commencé, & qu'il fit partir pour Archangel. Il y avoit très-peu de métiers qu'il ne voulût approfondir; il se plaisoit sur-tout à réformer les cartes de géographie : il traça lui-même sur une carte la communication qu'il étoit possible de faire de la mer Caspienne & de la mer Noire.

Dans le temps qu'il continuoit ses travaux, il faisoit partir des artisans de toute espèce pour Moscow; il s'embarqua lui-même pour l'Angleterre, toujours à la suite de son ambassade. Il se logea près d'un grand chantier à Deptfort, & il y mena la même vie qu'à Sardam; mais il s'y perfectionna dans la construction des vaisseaux, parce qu'ils s'y bâtissoient suivant les proportions mathématiques : il voulut aussi connoître l'art de l'horlogerie, & il en comprit parfaitement la théorie. Outre les ouvriers qu'il engagea de passer dans ses Etats, il eut l'avantage d'y amener quelques mathématiciens & ingénieurs qui travaillerent à des jonctions de rivieres, à des ponts, à des écluses. Avant qu'il quittât l'Angleterre, le roi Guillaume lui fit donner un spectacle : ce fut celui d'une bataille navale, & il lui fit présent du magnifique vaisseau sur lequel il avoit coutume de passer en Hollande. Pierre amena avec lui trois capitaines de vaisseau, vingt-cinq patrons, quarante lieutenans, trente pilotes, trente chirurgiens, deux cents cinquante canonniers, & plus de trois cents artisans. C'est ainsi qu'il transportoit les arts dans son pays. Etant retourné en Hollande, il partit peu après pour Vienne : il y vit l'empereur Léopold *incognito*, & ces deux monarques s'entretinrent debout pour éviter les embarras du cérémonial. Pendant qu'il étoit occupé à voir la discipline guerriere des Allemands, la nouvelle d'une révolte qui troubloit ses Etats hâta son retour à Moscow.

Le sujet de la sédition, puérile en lui même, étoit une permission que le czar avoit donnée du tabac dans son empire. Le clergé s'y étoit opposé, & avoit gagné le peuple : les strélitz s'étoient déclarés pour ce parti, & formoient déjà le dessein de remettre Sophie sur le trône ; mais ils furent battus par un corps de troupes que le czar avoit laissé dans la capitale, qui étoit commandé par des généraux étrangers. Dans ces circonstances, Pierre arriva à Moscow, & surprit tout le monde par sa présence. Aussi-tôt il fit un châtiment rigoureux des séditieux : plus de deux mille strélitz furent mis à mort, un grand nombre fut pendu autour des murailles de la ville, d'autres furent dispersés avec leur famille dans la Sibérie. Le corps des strélitz fut cassé à perpétuité, & ce changement se fit sans aucune résistance.

Suite de la réforme.

TOUT étant pacifié, Pierre s'appliqua à donner une nouvelle forme à la partie militaire. Il établit des régimens réguliers sur le modele Allemand, & leur fit donner des habits courts & uniformes ; il voulut que les fils des boyards commençassent par être soldats avant d'être officiers, & que d'autres fissent apprentissage de la marine pendant que les ouvriers Anglois & Hollandois travailloient à mettre la flotte en état ; il établit un nouvel ordre dans les finances ; il ôta aux évêques le droit qu'ils s'étoient attribué de condamner à des peines afflictives & à la mort, droit contraire à l'esprit de l'église ; & le patriarche Adrien étant mort, il déclara qu'il n'y en auroit plus : les grands biens affectés à cette dignité furent réunis aux finances. Comme ses Etats avoient besoin d'être peuplés, & que le grand nombre des moines étoit contraire au bien public, il ordonna qu'on n'entreroit dans les cloîtres qu'à cinquante ans, c'est-à-dire dans un âge où l'on est bien rarement tenté d'y entrer. Il ordonna que l'année qui commençoit au premier septembre, commenceroit au premier janvier. Bien plus, il voulut accoutumer sa nation aux mœurs & aux coutumes des nations chez lesquelles il avoit voyagé : il mit à la mode les justaucorps & la coutume de se raser, du moins à la cour. Il introduisit les assemblées pour faire prendre aux Russes un air de politesse : il fit inviter à ces assemblées les dames avec leurs filles, habillées à la mode des nations méridionales de l'Europe. Quoiqu'il n'aimât pas le faste, il crut qu'il étoit nécessaire de mettre quelque pompe dans sa cour : il institua l'ordre de S. André, à l'imitation des autres ordres établis dans les cours de l'Europe, & il fit une récompense de l'honneur d'y être admis.

Guerre contre la Suede. Année 1700.

CEPENDANT le czar pensoit alors à se saisir de l'Ingrie & de la Carélie, provinces que les Russes avoient autrefois possédées, & dont les Suédois s'étoient emparés par le droit de la guerre. Il fit marcher soixante mille hommes vers l'Ingrie: dans ce nombre, il n'y en avoit que douze mille de bien aguerris; le reste étoit des milices mal armées. Il s'étoit ligué avec Frédéric, roi de Danemarc, & Auguste, roi de Pologne, contre le nouveau roi de Suede. Pierre fit assiéger Riga, capitale de la Livonie, par le général Patkul. Mais ce nouveau roi de Suede étoit le célébre Charles XII, prince d'un caractere extraordinaire, & qui avec un petit nombre de troupes, mais des plus aguerries, entraînoit comme un torrent tout ce qu'il trouvoit devant lui. Charles, à peine âgé de dix-huit ans, alla attaquer tous ses ennemis l'un aprés l'autre: il descendit dans le Danemarc, finit cette partie de la guerre en moins de six semaines, envoya du secours à Riga, en fit lever le siege, & marcha aux Russes devant Narva au milieu des glaces. Le czar étoit allé à Novogorod: il comptoit sur la prise de Riga, & avoit laissé ses instructions à ses deux généraux, parmi lesquels on croit qu'il y avoit quelque jalousie. Quoi qu'il en soit, Charles XII n'ayant avec lui que neuf mille hommes, entre en Livonie, défait un corps avancé des Russes: il marche, & il en bat encore un autre. Selon la plus commune opinion, l'armée Russe qui étoit devant Narva, montoit à soixante mille hommes. Charles profitant d'un vent violent & d'une neige que le vent portoit contre les Russes, ne balança pas d'attaquer avec sa petite armée celle des Russes. Ceux-ci foudroyés par le canon qu'ils ne voyoient pas, & n'imaginant point quel petit nombre ils avoient à combattre, prennent l'épouvante. Le désordre se met dans les rangs; les Suédois n'ont à tuer que des hommes qui fuyent: une foule se jette dans la riviere de Narva, plus de trente mille abandonnent leurs armes, & à la tête de leurs généraux vont se rendre au roi de Suede. Dans cette bataille, les prisonniers de guerre furent quatre fois plus nombreux que les vainqueurs. Charles permit à la moitié des soldats Russes de s'en retourner désarmés. Il se saisit de tous les magasins du czar qui étoient immenses, & de tous les bateaux de transport: tout le pays fut à la discrétion des Suédois.

Pierre ayant appris ce rude échec, ne perdit point courage: sa constance étoit inébranlable. Il ordonne par-tout des levées, court à Moscow faire fondre du canon, va trouver le roi Auguste sur les frontieres de la Courlande, pour fortifier ce prince dans la résolution de soutenir la guerre, retourne à Moscow. Les troupes dispersées se rendent à Novogorod. Pour empêcher les vaisseaux Suédois d'insulter la province de Novogorod, & être à portée d'entrer sur leurs côtes, il fit construire sur le lac Péipus cent demi-galeres qui portoient environ cinquante hommes, & dirigea lui-même tous les ouvrages. Il fit creuser le canal qui va du Tanaïs au

Volga. Il fit venir de Pologne des bergers & des brebis pour avoir des laines avec lesquelles on pût fabriquer des draps; il établit des manufactures, des papeteries; il fit venir des ouvriers en fer, des armuriers, des fondeurs. Dans le même temps il y eut quelques petits combats entre les Russes & les Suédois; & ceux-ci n'étoient pas toujours supérieurs. Le général Shemeretof leur enleva plusieurs quartiers; ensuite il battit deux fois le général Suédois Slippembac: dans la seconde, il gagna la bataille, prit seize drapeaux & vingt canons. Il y eut des combats sur les lacs de Péipus & de Ladoga, où les Russes eurent l'avantage. C'est ainsi qu'ils s'aguerrissoient. Le même général prit ensuite la petite ville de Marienbourg sur les confins de la Livonie: il détruisit cette ville, emmena en captivité les habitans. Parmi les captives se trouva une jeune Livonienne dont la destinée devoit être bien extraordinaire. Ce fut elle qui, par la suite, devint la souveraine de Russie, sous le nom de l'impératrice Catherine. Il fit le siege de Notebourg, place forte, bâtie dans une isle du lac Ladoga, & la clef de l'Ingrie & de la Finlande. Les Russes monterent à l'assaut par trois breches, & la garnison Suédoise fut obligée de se rendre. Le czar voulut célébrer une campagne qui lui avoit été glorieuse: il distribua des médailles d'or aux officiers, & récompensa les soldats; il voulut que Shemeretof & les officiers qui s'étoient distingués, entrassent en triomphe dans Moscow, portant les drapeaux des Suédois & suivis des prisonniers.

Pierre employa l'année suivante 1703 à faire exécuter tous ses nouveaux réglemens, tant pour le civil que pour le militaire; il donna même des divertissemens pour faire goûter le nouveau genre de vie qu'il vouloit introduire. Dans le même temps il fit plusieurs établissemens, entr'autres une imprimerie en caracteres russes & latins, & un grand hôpital, mais à l'imitation de celui qu'il avoit vu à Amsterdam, où l'on fait travailler les vieillards & les enfans.

Tandis qu'il faisoit fleurir à Moscow les arts de la paix, il alla visiter les vaisseaux qu'il faisoit construire dans les chantiers d'Olonitz près du lac Ladoga, & il établit dans cette ville des fabriques d'armes, en sorte que tout y respiroit la guerre. Cette même année il se rendit maître en personne d'une forteresse nommée Nia près du même lac; & ce fut alors qu'il résolut de bâtir la ville de Pétersbourg, à l'embouchure de la Neva, sur le golfe de Finlande: il en vouloit faire sa nouvelle capitale.

Fondation de Pétersbourg par le czar.

PIERRE en jeta les premiers fondemens le 27 mai 1703. Le terrain étoit désert & marécageux; il falloit le raffermir, l'élever, amener de loin les secours. Rien ne découragea le fondateur. On commença par élever un petit fort qui est aujourd'hui au milieu de la ville: il fit venir des ouvriers de toute espece. Ce ne fut d'abord qu'un assemblage de cabanes

& de maisons de brique entourées de remparts ; mais bientôt après on vit des fortifications s'élever, une ville se former : la petite isle de Cronslot en face de la ville, devint une forteresse imprenable, sous le canon de laquelle les plus grands vaisseaux pouvoient être à l'abri. Pierre étoit allé lui-même sonder la profondeur de la mer ; il avoit assigné l'endroit où il vouloit élever ce fort. Le temps & la constance mirent Pétersbourg dans l'état où il est aujourd'hui. Les vaisseaux Hollandois y vinrent bientôt trafiquer.

Après avoir laissé à Menzikof le soin de faire exécuter les ouvrages, il alla passer l'hiver à Moscow ; il y mit un nouvel ordre dans ses finances. Pour s'affermir dans l'Ingrie, il résolut de prendre Narva. Tandis qu'il faisoit les préparatifs de ce siege, les galeres Russes prirent sur le lac Péipus une petite flotte de brigantins Suédois qui portoient quatre-vingt-dix-huit canons. Avec ce renfort Pierre assiégea Narva par mer & par terre : il emporta trois forts bastions l'épée à la main, & prit la ville. Comme les Russes y exerçoient les cruautés qui leur étoient ordinaires avec les Suédois, Pierre courut de tous côtés pour arrêter le massacre, arracha des femmes des mains des soldats, & en tua deux qui n'obéissoient pas à ses ordres.

Dans le temps qu'il étoit vainqueur de l'Ingrie, il n'avoit pas oublié le roi Auguste : il lui avoit envoyé douze mille hommes, & un subside de quinze cents mille livres. Mais ce secours ne put empêcher qu'il ne fût détrôné par Charles XII, à la force duquel tout cédoit, & qui fit élire à sa place Stanislas Leczinski. Pendant que le czar envoyoit de nouveaux secours à son allié, une flotte Suédoise s'avança pour détruire Pétersbourg à peine bâti. Les troupes de transport firent leur descente ; mais elles furent vivement repoussées jusqu'à trois fois, & Pétersbourg resta tranquille.

Pierre étoit alors occupé du dessein de prendre la Livonie : mais dans le temps qu'il s'avançoit vers la Courlande, il reçut un échec considérable. Son maréchal Shemeretof ayant rencontré près de Mittau le général Levenhaupt, fut vaincu en bataille rangée dans un lieu appellé Gemavers. Les Russes furent entiérement défaits, & toute leur artillerie prise. Pierre tâcha de réparer cette perte : il s'empara de la ville de Mittau, assiégea la citadelle, & la prit malgré Levenhaupt vainqueur.

A peine étoit-il de retour à Moscow, qu'il apprit que Charles XII s'avançoit du côté de Grodno pour combattre son armée. Il est bon de remarquer que les Russes avoient perdu déjà quatre batailles contre les Suédois. Pierre ne se découragea pas : il rassembla ses troupes de tous côtés, il les augmenta, & fit avancer son armée commandée par Menzikof, vers la Kiovie. Charles après avoir poursuivi le roi Auguste, répandu la terreur dans la Haute-Pologne & en Saxe, obligé toute la famille de ce prince de se retirer dans le cœur de l'empire, s'avança vers la Lithuanie ; il força à Holosin les retranchemens des Russes, que le czar y avoit formés pour empêcher Charles de passer la riviere de Vabis.

Le roi de Suede étant arrivé sur la rive du Boristhene, passa ce fleuve, & prit le chemin de l'Ukraine. Il s'attendoit de recevoir de Mazeppa, un des chefs des Cosaques qui s'étoit donné à ce prince, des vivres & des munitions; il comptoit aussi qu'une armée de quinze à dix-huit mille hommes, conduite par le général Levenhaupt, le viendroit joindre avec une grande quantité de munitions de bouche. Enfin, il se flattoit de faire déclarer toute l'Ukraine en sa faveur. S'étant avancé au-delà du Boristhene, la marche devint pénible & dangereuse. Le czar suivoit ses traces depuis Smolenko, avec une forte armée. Menzikof attaqua l'avant-garde du roi de Suede, la mit en désordre. Charles accourut sur le champ de bataille, repoussa les Russes, & faillit plus d'une fois d'être tué. Cependant Mazeppa ne venoit point, & les vivres commençoient à manquer. Levenhaupt étoit à la vérité en chemin; mais dès qu'il eut passé le Boristhene, il se vit arrêté par l'armée de Pierre, & obligé de livrer bataille près de Lesnau : on se battit à plusieurs reprises pendant trois jours. Enfin, les troupes du czar, soutenues par sa présence, repousserent les Suédois, & les poursuivirent vers la Desna. Ces divers combats furent meurtriers : les Suédois y perdirent plus de huit mille hommes, & le grand convoi qu'on amenoit à Charles demeura au pouvoir du vainqueur. Pour surcroît de malheur, Mazeppa fut abandonné des Cosaques qu'il comptoit mener à Charles. Ceux-ci ayant appris son projet, le regarderent comme un traître, & ne voulurent point aller servir un prince qui venoit à main armée dans leur pays. Il alla donc joindre le roi de Suede, n'ayant avec lui que deux régimens & sans aucunes munitions. A mesure que Charles s'avançoit dans l'Ukraine, il ne trouvoit que des villages ruinés & brûlés. Dans une marche au mois de décembre, le froid lui tua près de deux mille hommes. Il ne voulut point suivre l'avis du comte Piper, qui lui conseilloit de rentrer en Pologne, & d'y donner des quartiers d'hiver à ses troupes. Dans ces circonstances arriva l'hiver mémorable de 1709, & le froid contraignit les deux partis à se tenir dans l'inaction : mais l'armée du roi de Suede eut à souffrir des maux incroyables. Quand ce prince fut au-delà de l'Ukraine, il se trouva dans des déserts arides : il fallut retourner sur ses pas pour subsister, & arracher la nourriture à des paysans qui se cachoient dans des tanieres avec leurs bestiaux.

Bataille de Pultawa. Année 1709.

ENFIN, Charles étant arrivé à Pultawa dans l'Ukraine, ville remplie de provisions, résolut de s'en emparer, pour de-là prendre le chemin de Moscow : ce fut au mois de mai qu'il en commença le siege. Pierre étoit alors auprès d'Asoph où il faisoit construire des vaisseaux. Dès qu'il eut appris que Charles assiégeoit Pultawa, il rassembla ses quartiers, & arriva devant cette ville avec une armée d'environ soixante mille hommes, &

pourvue de munitions de toute espece : celle de Charles n'étoit que de vingt-sept mille hommes, & manquoit de bien des secours. Pierre tira un grand retranchement vis-à-vis l'armée ennemie, disposa la sienne en homme entendu ; & après avoir pris toutes ses mesures, il alla reconnoître le camp des assiégeans.

Peu avant le jour de la bataille, quelques corps Suédois & Russes en étoient venus aux mains sous les murs de la ville. Charles, qui se trouva dans une de ces rencontres, fut blessé d'un coup de carabine qui lui fracassa les os du pied : il essuya des opérations douloureuses avec son courage ordinaire. Dans cet état il apprit que Pierre alloit l'attaquer. Il crut que ce seroit une honte de demeurer dans ses retranchemens ; il en sortit en se faisant porter sur un brancard.

L'action commence du côté des Suédois ; ils attaquerent avec une valeur opiniâtre les redoutes des Russes, malgré le feu continuel qu'elles faisoient ; & les Russes résisterent par-tout avec fermeté. La bataille devint générale. Charles alloit de rang en rang le pistolet à la main, porté sur son brancard ; un coup de canon rasant le brancard, le mit en pieces : on fut obligé de le porter sur des piques. Pierre ne se ménagea pas ; il reçut plusieurs coups dans ses habits ; & fut au milieu du feu pendant toute l'action. Après deux heures de combat, les Suédois furent enfoncés & Charles obligé de fuir, laissant plus de deux mille morts sur le champ de bataille. Pierre fit deux à trois mille prisonniers. Pendant que Charles passoit le Boristhene, Menzikof se présenta avec dix mille hommes de cavalerie, arrêta l'armée fugitive, & fit prisonniers quatorze mille Suédois. Levenhaupt qui les commandoit, eut la douleur de signer la capitulation. Ainsi fut dissipée cette armée florissante de Charles, qui étoit de quarante-cinq mille hommes lorsqu'il partit de Saxe. La plus grande partie de son artillerie étoit resté dans les marais. Pendant ce temps-là ce prince fuyoit à travers de grands déserts qui conduisent aux frontieres de la Turquie. Charles y arriva enfin ; & c'est-là qu'il eut toutes ces aventures qui font la matiere d'une partie de son histoire.

La bataille de Pultawa causa une révolution dans les affaires de Pologne. Dès qu'on sut que Charles étoit prisonnier chez les Turcs, le roi Auguste, soutenu de la puissance du czar, ne fut pas long-temps sans remonter sur le trône, & Stanislas, son compétiteur, obligé de s'éloigner. Pierre se hâta de profiter de sa victoire : il se rendit à Varsovie ; il y reçut les remercîmens d'un roi auquel il rendoit ses Etats, & il fit un traité contre la Suede avec les rois de Pologne, de Prusse & de Danemarc : il ne perdoit aucun instant. Après avoir achevé ses négociations, il alla joindre son armée devant Riga en Livonie, bloqua cette place, se rendit à Pétersbourg, visita sa flotte, & partit pour Moscow. Il y fit une entrée magnifique au bruit des cloches & du canon, faisant porter devant lui les drapeaux, & les étendards des ennemis. De-là il alla assiéger Elbing, ville de la Prusse-

Royale, où étoit un des grands magasins de Charles XII ; & il s'en rendit maître : Vibourg, capitale de la Carélie, eut le même sort. Il acheva la conquête de la Livonie par la prise de Riga : Pierre étoit alors au comble de sa gloire.

Campagne de Pruth. Année 1710.

CEPENDANT la Porte-Ottomane avoit pris ombrage des vaisseaux du czar sur les Palus-Méotides & sur la mer Noire. Le kan des Tartares de Crimée, plus inquiet encore de voir la ville d'Asoph fortifiée, fit tant d'instances auprès du sultan Achmet III, qu'il obtint qu'on déclareroit la guerre à Pierre premier. On commença par arrêter son ambassadeur Tolstoy, avec ses domestiques, & on l'enferma dans le château des Sept-Tours. Le czar offensé de l'injure qui lui étoit faite dans la personne d'un de ses ministres, se vit obligé d'aller porter la guerre sur les frontieres de la Turquie. Avant de partir de Moscow, il donna tous les ordres nécessaires, & il établit un sénat de régence. Comme il avoit répudié Eudoxie Lapoukin, dont il avoit eu deux enfans, il ordonna qu'on reconnût une nouvelle czarine : ce fut cette jeune personne dont nous avons parlé ci-devant, & qui avoit été faite prisonniere de guerre dans Mariembourg en 1702, en un mot, la fameuse Catherine. Elle avoit su tellement plaire au czar par des qualités qui l'élevoient au-dessus de son sexe, qu'il voulut l'avoir auprès de lui dans toutes ses courses. On la vit affronter la mort à côté de son époux sur mer & sur terre. Elle avoit l'art d'adoucir ses peines par la gaieté de son esprit, & par sa complaisance, de calmer souvent sa colere ; enfin elle lui devint si nécessaire, qu'il l'épousa en 1707. Il en avoit eu trois filles, dont la derniere fut dans la suite mariée au duc de Holstein. Le czar fit donc déclarer son mariage avec Catherine le même jour qu'il partit avec elle pour aller faire la guerre en Turquie.

Les commencemens furent d'abord favorables. Le prince Galitzin défit un parti nombreux de Tartares près de Kiovie, & leur tua cinq mille hommes. L'armée du czar devoit être augmentée des troupes que le roi de Pologne avoit promises ; mais la diete s'y opposa, ne voulant point rompre avec les Turcs. La Moldavie & la Valachie devoient secouer le joug des Turcs ; mais ces peuples voulurent leur demeurer fideles. Le général Sheremetof qui comptoit sur ces secours, s'étoit avancé jusqu'à Jassi, capitale de la Moldavie. Mais dans le même temps le visir Battagi passa le Danube à la tête de cent mille hommes, & marcha vers Jassi le long de la riviere du Pruth. D'un autre côté le czar passa le Boristhene pour joindre Sheremetof ; il étoit suivi de la princesse Catherine, qui marchoit à la tête des troupes. Après avoir passé plusieurs déserts, & fait des marches pénibles, il arriva enfin à Jassi ; il demanda des vivres, on les lui refusa. Une nuée de sauterelles dévoroit alors les campagnes, & l'eau manquoit souvent dans la marche.

L'objet du czar étoit d'empêcher les Turcs de passer le Pruth, & de venir à lui. Mais le général Janus qu'il envoya pour s'opposer à leur passage, arriva trop tard. Ainsi l'armée du grand-visir s'avança vers celle du czar. La premiere, infiniment supérieure, étoit de près de deux cents cinquante mille hommes, celle des Russes n'étoit que d'environ trente-sept mille combattans; il avoit, à la vérité, un corps considérable de cavalerie au-delà des montagnes de la Moldavie; mais les Turcs couperent la communication. Cette armée commençoit à manquer de vivres, & les troupes ne pouvoient avoir de l'eau du Pruth sans être exposées à l'artillerie des Turcs, placée sur la rive gauche. Pierre se voyant, à son tour, dans une situation aussi fâcheuse que celle de Charles XII l'avoit été à Pultawa, prit le parti de se retirer pendant la nuit, & de retourner vers Jassi; mais les Turcs tomberent sur son arriere-garde au point du jour. Elle étoit composée de huit mille Russes, & déjà si bien aguerris par la discipline du czar, qu'ils soutinrent, pendant trois heures, les efforts de cent cinquante mille Turcs, en tuerent sept mille, & forcerent leurs ennemis de retourner en arriere. Malgré cet avantage, l'armée Russe restoit toujours enfermée, privée de provisions, & exposée au canon des Turcs. Il paroissoit probable qu'elle alloit être perdue sans ressource par l'inégalité du nombre, & par la disette. Le czar, incertain s'il exposeroit au hasard d'une bataille son armée, & son empire, étoit livré aux inquiétudes les plus cruelles. Dans cette crise terrible, une femme devint son salut : cette femme étoit Catherine. Elle persuada à son époux de tenter la voie de la négociation. Elle ramassa le peu de pierreries qu'elle avoit, ainsi que les plus belles pelleteries, & une somme d'argent qu'elle destinoit au kiaja. Elle choisit un officier intelligent pour porter ces présens au grand-visir, avec une lettre du maréchal Sheremetof. Elle se flattoit que la résistance si opiniâtre que les Russes avoient fait éprouver aux Turcs à la bataille du Pruth, pourroit porter le visir à accorder la paix à des conditions honorables. On croit que les hauteurs de Charles XII inclinerent le visir à la paix : quoiqu'il en soit, on eut réponse quelques heures après, & le grand-visir fit publier une suspension d'armes. Ensuite on entama la négociation. On convint que le czar rendroit Asoph avec les munitions & l'artillerie; que le port de Taganroc seroit démoli; que le roi de Suede ne seroit point inquiété par le czar s'il retournoit dans ses Etats. Dès que le traité fut signé, les Russes acheterent des Turcs les vivres qui leur manquoient. Charles XII eut le chagrin de voir que tous les ressorts qu'il avoit fait jouer pour engager le divan à déclarer la guerre au czar, n'avoient pas rendu sa condition meilleure. Le czar avoit perdu, à la vérité, par cette malheureuse campagne, ses ports sur les Palus Méotides, & l'empire sur la mer Noire; mais il lui restoit un champ assez vaste pour perfectionner ses établissemens en Russie, & affermir ses conquêtes sur la Suede. Son projet étoit de dépouiller cette couronne de toutes les provinces qu'elle possédoit en Allemagne. Il s'unit pour cela avec le

Danemarc & les électeurs de Brandebourg & de Hanovre, fit attaquer la Poméranie, & bloqua Stralsund.

Vers le même temps il fit le mariage de son fils Alexis, né de sa premiere femme, avec la princesse de Wolffenbutel, sœur de l'impératrice d'Allemagne. L'année suivante, ayant découvert que dans la Courlande il y avoit un inconnu qui faisoit entendre qu'il étoit parent de la czarine, il donna ses ordres pour qu'on le fît venir. Cet homme ayant été interrogé par le czar, répondit si pertinemment à toutes les questions, que ce prince ne douta pas qu'il ne fût frere de Catherine; il le lui présenta : elle le reconnut, & s'évanouit. Le czar dit alors à cette princesse, ces paroles pleines de grandeur : *Il n'y a rien là que de simple; ce gentilhomme est mon beau-frere : s'il a du mérite, nous en ferons quelque chose.* Aussi-tôt il lui assigna une pension, & le créa comte. Cependant le commerce maritime de Pétersbourg commença à fleurir. Pierre acheva les bâtimens de l'amirauté, & fit construire de nouveaux vaisseaux.

Pendant que les princes du nord disputoient entr'eux sur la neutralité & sur les partages, le czar faisoit assiéger Stralsund par Menzikof; & s'étant embarqué sur la mer Baltique, il vogua vers la Finlande, suivi de deux cents galeres & demi-galeres, qui portoient seize mille combattans. Il fit sa descente à Elsinford, malgré tous les obstacles, & s'empara de toute la côte. Le prince Galitzin, un de ses généraux qu'il avoit lui-même formé, s'avança dans les terres vers un poste qui couvroit la Bothnie, & défendu par les Suédois. Il fallut livrer bataille, les Russes la gagnerent entiérement, & se virent maîtres de quatre-vingts lieues de pays.

Pierre, en suivant le cours de ses conquêtes, voulut s'emparer de l'isle d'Aland, qui n'est qu'à douze lieues de la Suede : sa flotte, qui étoit de seize vaisseaux de ligne, s'étant avancée à travers les rochers qui entourent cette isle, rencontra la flotte Suédoise, plus forte en gros vaisseaux que la sienne, mais moins propre à combattre entre des rochers. Il s'agissoit d'entrer dans cette isle à la vue des vaisseaux Suédois. Les galeres du czar exécuterent ce coup hardi. On entra dans Aland, on prit les galeres du contre-amiral de Suede, & le vaisseau qu'il montoit. Maître de la Finlande, & vainqueur des forces navales de la Suede, Pierre retourna à Petersbourg : il y célébra par une fête, la naissance d'une princesse que lui donna la czarine. On apporta en triomphe à Petersbourg les drapeaux & les étendards pris dans la conquête de la Finlande, & on fit passer les prisonniers sous l'arc de triomphe. Pierre étoit alors devenu l'arbitre des affaires du nord : Il avoit porté sa puissance au point qu'il l'avoit désiré. Dans cet état florissant, il continuoit ses nouveaux établissemens : des ingénieurs levoient des cartes dans tout l'empire : il composoit lui-même un code militaire pour l'infanterie.

Second voyage du czar en Europe. Année 1716.

APRÈS la prise de Vismar par les alliés de Pierre, ce prince résolut de faire un second voyage en Europe : il avoit fait le premier en homme qui s'étoit voulu instruire des arts ; il fit le second en prince qui vouloit connoître les intérêts de toutes les cours. Il mena la czarine avec lui : ils passerent d'abord par Copenhague, Lubec, Neustadt ; ils allerent à Hambourg, descendirent l'Elbe, & arriverent à Amsterdam. Le czar resta trois mois à La Haye, petite ville qui est le centre des négociations de l'Europe. On jetoit alors les fondemens d'une grande révolution. Le cardinal Alberoni, ministre en Espagne, homme audacieux, rouloit un projet capable de bouleverser l'Angleterre & la France. Goerts, fameux ministre de Charles XII, s'étoit lié avec la cour de Madrid, & étant de concert avec Alberoni, ils entretenoient des intelligences avec tous les Anglois qui tenoient pour la maison des Stuarts. Le parti du prétendant devoit éclater, tandis que Charles XII descendroit de la Norwege dans le nord d'Ecosse : le même Alberoni ménageoit une conspiration en France contre le régent du royaume, qui étoit alors le plus grand appui du roi George. Le czar informé de ces orages, voulut prolonger son séjour en Hollande, pour être à portée de voir ce qui se passeroit au midi & au nord, & quel étoit le parti qu'il devoit prendre. Mais tous ces projets ayant été découverts, ils ne purent avoir lieu.

Le czar en France. Année 1717.

CE prince partit donc de Hollande, où il laissa la czarine, & arriva en France. Il fut reçu à la cour avec tous les honneurs qu'il méritoit. Au lieu de l'appartement du Louvre qui lui fut d'abord offert, il aima mieux, pour éviter le cérémonial, s'aller loger à l'hôtel de Lesdiguieres, où il fut traité & défrayé. Le lendemain le régent de France vint le saluer à cet hôtel : ensuite il reçut les respects du corps de la ville, & deux jours après il alla au château des Tuileries. Tout étoit prêt pour le recevoir avec les distinctions les plus marquées : il en trouva tous les dehors & toutes les cours occupés par la maison du roi sous les armes. Ce fut au milieu de ces divers corps de troupes, qui formoient un spectacle aussi magnifique que guerrier, qu'il arriva à l'entrée du château. On amena le jeune roi au-devant de lui. L'air noble de Louis, & les graces de l'enfance répandues sur sa personne, firent une douce impression sur le czar. Il se sentit saisi d'une tendre admiration, & s'intéressant aussi-tôt pour cet aimable prince, qui lui paroissoit être trop entouré & pressé par ses propres courtisans ; il le prit & le porta quelque temps dans ses bras.

La politesse françoise se montra ingénieuse, pour faire sentir au monarque Russe tout ce qu'elle avoit de noble & de charmant : on s'empressa de lui procurer tous les amusemens les plus conformes à son goût ; & dans ces lieux, où sont renfermés les chef-d'œuvres des divers arts qu'on exposoit à ses yeux, tout ce qui sembloit mériter son approbation, lui étoit offert de la part du roi (*a*).

Etant allé voir le tombeau du cardinal de Richelieu dans l'église de Sorbone; il s'arrêta bien moins à considérer ce chef-d'œuvre de sculpture, que les traits du visage de ce grand ministre, dont le nom étoit célébre dans l'Europe. Saisi d'un transport dont il ne fut pas le maître, il embrassa sa statue, en s'écriant : » Grand homme, je t'aurois donné la moitié de mes » Etats, pour apprendre de toi à gouverner l'autre «.

Le czar après avoir rempli les vues qu'il s'étoit proposées dans son voyage, & minuté un traité de commerce avec la France, partit de Paris, amenant à sa suite plusieurs artisans François; car le principal but de ses voyages étoit de porter les arts dans sa patrie, & de perfectionner ses nouveaux établissemens. Ayant rejoint la czarine, qui l'attendoit en Hollande, il continua ses voyages avec elle. Arrivé dans ses Etats, il visita ses conquêtes, donna de nouveaux réglemens dans Petersbourg, construisit des lignes du Volga au Tanaïs, établit une chambre de justice pour examiner la conduite de ses ministres, & remettre de l'ordre dans les finances.

L'année suivante il se crut obligé de rendre un jugement contre son propre fils; action qui remplit sa vie d'amertume.

Le prince Alexis Petrowitz, né du premier mariage du czar, avoit reçu de sa mere des impressions contraires à ce qu'il devoit à son pere : il fut bientôt à la tête de ceux qui blâmoient le nouveau gouvernement. Le mariage du czar avec Catherine acheva de lui aigrir l'esprit. Son pere l'ayant marié avec la princesse de Brunswick, il se livra à toutes les débauches de la jeunesse, méprisa sa femme, qui après avoir langui dans le chagrin, mourut de douleur. L'impératrice Catherine ayant accouché d'un prince, il écrivit à son pere, qu'il renonçoit à la couronne & à toute espérance de régner. Le czar apprit en même-tems que son fils ne voyoit que des mécontens qui flattoient ses chagrins : il lui écrivit de le venir trouver à Copenhague. Au lieu d'obéir, il alla à Vienne se mettre entre les mains de l'empereur Charles VI, sans doute pour y attendre la mort de son pere. Dès que le czar fut instruit du lieu où il étoit, il lui dépêcha un capitaine de ses gardes, pour lui enjoindre de revenir, lui promettant de lui pardonner. Sur cette assurance le prince revint à Moscow, & le lendemain il fut arrêté & conduit dans le château. Le czar le vint trouver, & lui déclara que s'il céloit quelque chose touchant son évasion, il y alloit de sa tête. Nous n'irons

---

(*a*) Sa majesté Louis XV a renouvellé les mêmes attentions, dignes de la grandeur de son ame, à l'égard du roi de Danemarc, lorsque ce prince est venu dans sa cour. Il lui a procuré les amusemens convenables à son rang & à son âge, & il en a usé envers ce prince, dans toutes les occasions, avec les manieres nobles & élevées qui accompagnent les actions d'un grand roi.

pas plus avant dans le récit de la condamnation de ce prince; il nous suffira de dire que le czar, par une déclaration publique, priva Alexis son fils de la succession au trône, & nomma pour son successeur son second fils, qui étoit encore enfant. Ensuite Alexis fut interrogé juridiquement par son pere. Ce prince vouloit absolument connoître les mal-intentionnés; & il le menaça de mort s'il lui cachoit quelque chose. Alexis fit tous les aveux qu'on exigeoit; & tout hors de ses sens, il fit ceux des plus secrets sentimens de son cœur, qui ne sont pas l'objet d'un procès criminel. Il avoua que dans la confession il s'étoit accusé d'avoir souhaité la mort de son pere. Il est constant qu'en justice on n'écoute pas un homme qui s'accuse d'une pensée criminelle. Telles étoient les mœurs de la Russie : une désobéissance formelle, réitérée, n'est parmi nous qu'une mauvaise conduite qu'il faut réprimer : mais c'étoit ici un crime capital dans l'héritier d'un vaste empire. Il faut remarquer que dans cette affaire le czar s'en remit au jugement de ceux qui représentoient la nation. Il exhorta les juges, par une déclaration publique, à n'avoir pas d'inquiétude sur ce qu'ils devoient juger le fils de leur souverain, & de rendre justice sans avoir égard à sa personne. On voit que c'est ici un pere qui se croyoit obligé de sacrifier son propre fils au salut de son empire. Quoi qu'il en soit, le czarowitz fut condamné à mort unanimement, sans que l'arrêt exprimât le genre de supplice. Cet arrêt fut prononcé au prince : mais dès qu'il entendit ces mots : *Que les loix divines & civiles condamnent à mort, ceux dont les attentats contre leur pere & leur souverain, sont manifestes*, il tomba en convulsion, & il se fit une telle révolution dans ses sens, qu'il fut attaqué d'une apoplexie. Ayant repris ses esprits, il fit prier son pere de le venir voir. Le czar vint : les larmes coulerent des yeux du pere; le fils demanda pardon, & le pere lui pardonna devant tous ceux qui étoient présens; mais peu après ce prince tomba dans l'agonie, & mourut en présence de toute la cour, le lendemain de son arrêt. Son corps, après avoir été exposé quatre jours, fut inhumé dans la même église où reposoit son épouse. Telle fut la fin de ce tragique événement, où il paroît que le czar fut plus roi que pere, puisqu'il sacrifia son propre fils aux intérêts de sa nation, dans la crainte que tout ce qu'il avoit fait pour le bien des peuples, n'eût été détruit si Alexis eût régné, & que cette même nation ne retombât dans l'état d'où il l'avoit tirée. Au reste tous ceux qui avoient été les confidens de l'évasion du czarowitz furent appliqués à la question : son confesseur, son gouverneur, son maréchal de cour, moururent tous dans les supplices.

Nouveaux établissemens du czar.

LES années suivantes furent remarquables par les avantages que ce prince procura à ses sujets. Il établit des manufactures & des fabriques en tout genre, parmi lesquelles il y en eut pour les glaces & les tapisseries. Il joignit par des canaux les fleuves & les mers. Il voyoit tout par ses yeux, & il se mettoit quelquefois à la tête des travailleurs : il augmenta les branches du commerce, & accorda des privileges aux étrangers. Il voulut qu'il y eût une police générale pour tout l'empire : il défendit le luxe dans les habits, proscrivit les jeux de hasard, établit des écoles d'arithmétique, acheva & dota des maisons pour les orphelins & les enfans trouvés, prit les mesures convenables pour délivrer les principales villes du grand nombre des mendians. Il rendit fixes & uniformes les poids & les mesures, établissement si utile dans tous les Etats policés; régla le prix des denrées nécessaires, obligea les riches de bâtir à Petersbourg des maisons régulieres, voulut que la ville fût éclairée pendant la nuit, & que la sureté & la propreté y régnassent, qu'il y eut des pompes pour les incendies : il fit les mêmes réglemens pour Moscou. Il fournit une grosse somme aux entrepreneurs tant des manufactures de draps & autres étoffes de laine, que pour celles des toiles. Il fit exploiter les mines de fer, & perfectionna plus que jamais la fabrique des armes.

A l'égard du commerce extérieur, il en établit un avec la Chine. Enfin, on vit bientôt plus de deux cents vaisseaux étrangers aborder chaque année à la nouvelle ville impériale, & le commerce s'accroître de jour en jour. Les loix furent un des grands objets de l'attention du czar. Dans ses voyages il avoit tiré des instructions des Etats par lesquels il avoit passé, & il avoit pris des différentes nations ce qui convenoit à la sienne. Il établit quatre assesseurs & un procureur-général dans chacun des gouvernemens de l'empire, pour veiller à la conduite des juges : il défendit à ceux-ci, sous peine de mort, de recevoir des épices; mais ils eurent des appointemens du trésor public, & n'acheterent point leurs charges. Il acheva son nouveau code en 1722, & défendit sous la même peine à tous les juges de s'en écarter. Il n'oublioit rien : il régla les rangs entre les hommes suivant leurs emplois : ceux même des femmes furent fixés; & quiconque dans une assemblée prenoit une place qui ne lui étoit pas assignée, payoit une amende. L'impératrice Elisabeth, sa fille, acheva le corps des loix que son pere avoit commencé.

Quant à ce qui concerne la religion, Pierre travailla à la réforme du clergé. L'archevêque de Novogorod, prélat savant & sage, l'aida dans cette entreprise : de concert avec cet archevêque, il établit un synode composé de quatorze membres, soit évêques ou archimandrites. Il attribua à ce tribunal ecclésiastique le droit de régler toute la discipline, l'examen des mœurs, & la capacité de ceux qui sont nommés aux évêchés par le souverain : il régla avec ce synode, qu'il seroit permis de se faire moine à trente ans passés. Tout moine devoit travailler à quelque métier : les religieuses étoient dans la même obligation. Il faut remarquer qu'en Russie, un soudiacre, un prêtre est marié; mais pour devenir évêque, il faut qu'il soit veuf. Au reste, l'usage de ce pays est, que les prélats soient tirés de l'ordre monastique. Enfin, il ordonna que les soldats invalides fussent répartis dans les couvens.

Dernieres années du czar.

L'ANNÉE 1719 se passa partie en négociations, partie en hostilités avec la Suede. Charles XII avoit été tué d'un coup de balle au siege de Fridershal en Norwege. La Suede s'étoit liguée avec l'Angleterre. Les troupes Hanovriennes entrerent dans les Etats du duc de Meckelbourg, mais les troupes du czar les en chasserent : une escadre de sa flotte se signala contre une escadre Suédoise, dans un combat opiniâtre. Le nouveau roi de Suede demanda une suspension d'armes, & il l'obtint par la médiation de M. le duc d'Orléans, régent de France. Un congrès s'assembla à Neustadt en Finlande : mais comme les escadres du czar menaçoient toujours la Suede, on lui céda tout ce qu'il avoit conquis. Ainsi il resta souverain de la Livonie, de l'Estonie, de l'Ingrie, de la Carelie, du pays de Vibourg & de plusieurs lacs. La paix de Neustadt fut signée le 10 septembre 1721 : des fêtes de toute espece signalerent cette paix & la joie des peuples. Le czar délivré des inquiétudes de la guerre, se livra tout entier à la réforme de son empire pendant les années suivantes.

Ce fut en l'année 1722 qu'il forma le projet de faire un voyage en Perse. Il avoit depuis peu établi une compagnie de commerce à Sammachie, ville assez près de la mer Caspienne. Les Montagnards de cette contrée à qui la Perse payoit un subside pour défendre les frontieres, voyant qu'on ne les payoit point, saccagerent cette ville, & égorgerent tous les Russes qui y trafiquoient. Le czar demanda satisfaction à l'empereur Hussein, & ne put l'obtenir. Le tyran Mahmoud avoit usurpé la couronne : mais Hussein fit prier secrétement le czar de venir au secours de la Perse. Pierre partit le 15 mai 1722, & la czarine l'accompagna dans ce voyage : il avoit une armée de plus de quarante-cinq mille hommes. L'infanterie fit sa route par la mer Caspienne, & la cavalerie par terre ; il fallut qu'elle franchît les montagnes du Caucase. Après avoir passé le Daguestan, le czar arriva à Derben : cette ville est imprenable du côté de la terre à cause de l'élévation & de la solidité extraordinaire de ses murs ; mais on peut y entrer par mer. Le gouverneur de Derben à la vue de l'armée Russe, ne voulut pas soutenir un siege, & porta les clefs de la ville au czar, & l'armée y entra paisiblement. Pierre ne voulut pas pousser plus loin ses conquêtes, parce que les bâtimens qui apportoient de nouvelles provisions, avoient péri vers Astracan, & la saison s'avançoit : il retourna donc à Moscow, & y entra en triomphe. Son empire s'étendoit alors de l'extrémité de la mer Baltique jusqu'au midi de la mer Caspienne, & il se voyoit plus que jamais l'arbitre du nord. Il avoit la satisfaction de voir les arts florissans de tous côtés, sa marine augmentée, ses armées bien entretenues, les loix observées : il jouissoit de sa gloire. Ce fut vers le même temps qu'il établit une académie des sciences à Péterʃbourg.

En 1724 il fit couronner sa femme Catherine : Pierre lui posa la couronne sur la tête, & fit porter le sceptre & le globe devant elle; ensuite il fit le mariage de sa fille aînée Anna Petrowna avec le même duc de Holstein, neveu de Charles XII dont il avoit été l'ennemi. La cérémonie se fit sans grand appareil. Pierre étoit alors tourmenté d'une rétention d'urine, à laquelle il étoit sujet depuis long-temps : les eaux minérales qu'il mit en usage, ne lui apporterent aucun soulagement; ses travaux dont il ne se relâchoit point, augmenterent son mal. Il s'affoiblit insensiblement : les douleurs aiguës qu'il ressentoit le jetoient dans le délire. Enfin il perdit la parole, & mourut entre les bras de sa femme Catherine le 28 janvier 1725.

Ce prince aima la gloire, mais il la fit consister à faire du bien à ses peuples. Ses défauts n'affoiblirent jamais ses grandes qualités; & toute l'Europe a reconnu qu'il avoit été inspiré plutôt par une sagesse extraordinaire, que par l'envie de faire des choses étonnantes.

DU GÉNIE POLITIQUE DE PIERRE-LE-GRAND.

LE roi Auguste, en proposant au czar Pierre, l'alliance offensive contre la Suede, ne soupçonnoit point que l'ambition de ce prince fût d'une autre nature que la sienne; & jugeant de ses forces sur l'état actuel de son empire, il le crut un allié utile, & peu dangereux, qu'on sauroit obliger à se contenter de la part qu'on lui voudroit faire des conquêtes communes. L'engagement de lui former un militaire à l'allemande, parut à Auguste sans conséquence pour l'avenir, parce qu'il comptoit sur le défaut de commerce, qui, réduisant la richesse du prince moscovite à l'aisance intérieure, le tiendroit dans l'impuissance d'entretenir constamment un gros corps de troupes. Il n'y avoit pas à douter que, si les soldats étoient renvoyés dans leurs maisons après la paix, le nouveau militaire ne tombât dans l'ancienne ignorance. Ce fut de ces préventions que se forma la confiance du roi Auguste & du roi de Danemarc en cet allié. Lorsqu'ils purent connoître qu'il étoit revenu de ses premiers voyages avec le désir de tirer ses peuples de leur barbarie, & de faire naître l'industrie & le commerce dans ses Etats: leurs ressentimens contre Charles XII les aveuglerent sur les suites de la révolution, qui commençoit dans l'intérieur de l'empire moscovite. Le prodigieux travail de la réunion des fleuves, qui devoient faire un canal d'une extrémité des Russies à l'autre, fut achevé, sans qu'ils parussent y avoir fait attention. Tout à coup la victoire de Pultawa, la conquête de la Livonie, la nombreuse armée répandue en Finlande, l'escadre qui demanda du respect pour le nouveau pavillon dans la Baltique, leur montrerent un supérieur dans l'allié, qu'ils avoient à peine regardé comme leur égal; & ils durent craindre d'avoir bientôt à se défendre de le recevoir pour maître.

Après cette terrible bataille, dont la perte réduisoit la Suede à la défensive, il n'y avoit qu'une prompte paix, capable de conserver l'ancien équilibre du nord. Les deux rois devoient assez connoître leurs forces, pour sentir que les fruits de la guerre, qu'ils continueroient contre Charles XII, ne seroient pas pour eux. Le démembrement du royaume de Suede les devoit mettre nécessairement aux mains avec le czar; & les provinces Suédoises d'outre-mer étoient des conquêtes trop à la bienséance de leurs puissans voisins, pour qu'ils les vissent passer tranquillement à d'autres possesseurs. Mais le désir de la vengeance, l'ambition, le point d'honneur, l'emporterent chez les deux rois alliés sur leur véritable intérêt; & l'inflexibilité de Charles irritant leur passion en même-temps qu'elle leur donnoit un motif: ils se livrerent à leurs ressentimens, & à leurs espérances.

Les grandes puissances du midi de l'Europe, en guerre pour la succession de Charles II étoient si fort attachées à ce grand objet, qu'elles refusoient de voir tout ce qui ne lui étoit point relatif. Indifférentes sur le renversement de la balance du nord, que la bonne fortune du roi de Suede rendoit presque indubitable, elles ne s'intéresserent ni à la neutralité forcée du roi de Danemarc, ni aux malheurs du roi électeur, ni aux périls du czar. Elles considérerent uniquement, les unes ce qu'elles avoient à redouter, les autres ce qu'elles pouvoient se promettre des armes Suédoises, si Charles XII victorieux s'offroit à elles pour médiateur, & pour arbitre. Quand l'habileté du duc de Marlborough, & la souplesse de la cour de Vienne eurent délivré l'empire de cet hôte incommode: la France, & les ennemis de Philippe V le perdirent également de vue. L'une lui savoit mauvais gré de la froideur qu'il avoit marquée sur ses intérêts; les autres ne lui pardonnoient point les alarmes qu'il leur avoit causées. Le dépit rendoit les deux partis insensibles aux suites de la défaite de Pultawa. Chacun fut mis, par la paix d'Utrecht, en liberté de donner ses soins à la pacification du nord; & chacun se fit de son épuisement une raison de son indifférence. Comme les objets perdent de leur grandeur à proportion de leur éloignement: les puissances qui venoient de terminer une guerre, dont une monarchie entiere étoit le prix, semblerent en dédaigner une, qui avoit le duché de Holstein pour premiere cause. On eut dit qu'elles ignoroient l'influence qu'auroient sur les affaires générales de l'Europe l'affoiblissement de la Suede, & l'accroissement du czar.

La Suede étoit dans l'état le plus déplorable, sans ressources au dedans, sans forces, & sans crédit au dehors. L'opiniâtreté de son roi à continuer une absence, aussi avantageuse à ses ennemis, que peu honorable pour sa personne; & l'excessive soumission de ses Etats au refus, que faisoit le monarque, de leur communiquer l'autorité qu'il n'étoit pas à portée de gérer par lui-même, mettoient le royaume en anarchie. On ne pouvoit ni remédier aux maux, ni pourvoir au nécessaire, ni même faire usage des forces, qui restoient pour la défense du pays. On n'osoit promettre à des alliés chancelans ce qui les auroit affermis dans l'alliance, ni accorder aux ennemis ce qui auroit ralenti leur haine. Du fond de la Turquie, où il étoit prisonnier, Charles donnoit des ordres, dont il auroit eu peine à soutenir l'exécution dans sa plus grande prospérité; & ses sujets, accoutumés à son despotisme, étoient obligés de suivre, malgré leur épuisement, des plans, dont la difficulté s'étoit fait sentir alors même que les affaires étoient dans la position la plus heureuse. Toutes les acquisitions de Gustave-Adolphe étoient passées à d'autres : l'ennemi étoit au cœur de la plus belle province du royaume : les côtes étoient désertées, par la crainte des descentes, qu'on ne pouvoit ni repousser, ni prévenir. La marine Suédoise ne consistoit plus que dans un petit nombre d'armateurs, qui s'entretenoient en pillant amis & ennemis. La nation se défendoit moins pour empêcher, que pour vendre cherement sa ruine.

Le czar n'avoit pas perdu un seul instant pour s'assurer ce qui étoit à sa bienséance dans la dépouille de l'ennemi, qu'il vouloit accabler. Ce prince, dont l'ambition étoit autant d'un conquérant que d'un législateur, réunissoit toutes ses vues sur le commerce. Il avoit connu dans ses voyages qu'il étoit la source de l'opulence du souverain, en même temps que du bien-être des sujets. Se livrant à l'avenir avec une confiance, qui ne se trouve que dans les grands génies, il n'avoit pas hésité à épuiser ses coffres, pour faire ses préparatifs. Après l'exécution du projet, qui devoit joindre, pour ainsi dire, Astracan à St. Petersbourg, & la mer Caspienne à la mer Baltique : il avoit aveuglé à force d'argent, les deux grandes puissances maritimes sur leurs intérêts, au point de les engager à lui vendre une nombreuse escadre, toute équipée. Il avoit formé des chantiers, des magasins, des arsenaux, dans les ports conquis sur la Suede; & ce qui étoit plus difficile & plus important, il s'étoit procuré pour ses sujets des écoles parmi les étrangers, afin de faire passer tout à coup dans ses Etats leur industrie & leurs connoissances. Avec une sagacité admirable, il avoit saisi l'accord d'un despotisme, auquel il ne vouloit pas renoncer, avec des établissemens, dont la liberté est la base chez les autres nations. Dans les Etats, où la propriété est l'ame des loix, la puissance du souverain est en proportion avec l'opulence des particuliers; & le prince cesse d'être riche, dès qu'il veut l'être plus que son peuple. Les Moscovites, nés dans l'esclavage, devenoient heureux pour peu que leur sort s'améliorât; & l'habile monarque sut borner ses vues, pour leur bien-être, à leur laisser entrevoir l'aisance. Seul négociant dans son empire, chef des fabriques, surintendant de tous les arts, il se fit de ses sujets autant d'ouvriers, dont l'espoir de la récompense & des applaudissemens du maître excita l'émulation. Il apprécioit leur travail, & se réservant de le vendre à l'étranger, il ramenoit dans les coffres de l'épargne les profits immenses de l'industrie de tout son peuple. Bien différent des autres souverains, qui sont obligés de renvoyer circuler dans leurs provinces la meilleure partie de l'argent, qui

qui en est venu dans leurs coffres; il rendoit une seconde année plus abondante, en ne laissant rien retourner du produit de la premiere. Maître de donner aux especes la valeur qu'il vouloit dans l'étendue de son empire; & résolu de ne les recevoir que pour leur valeur intrinseque des étrangers, avec qui il ne vouloit le commerce d'échange, qu'à des conditions qui leur étoient ruineuses, il réalisoit pour ses sujets des richesses imaginaires, en même temps qu'il grossissoit des richesses réelles, dont il n'étoit comptable qu'à son ambition.

Tant de soins & de dépenses pour dégrossir ses peuples : des vues aussi constamment suivies sur l'introduction du commerce & des arts dans son empire, ne laissoient point douter que le czar n'eut formé l'espérance de dominer dans la Baltique, & le dessein d'en faire faire un jour tout le commerce par ses sujets; qu'il ne se proposât de tenir la balance du Nord, & de faire seul contre-poids à toutes les puissances. La France, l'Angleterre, & la Hollande perdoient également, quoique d'une maniere différente, à l'exécution de ce plan; & elles manquerent avec une égale négligence, les moyens d'y faire obstacle. L'histoire du siecle n'a point d'époque moins honorable à leur politique.

Le principal intérêt de la France, quant au Nord, est d'y avoir un allié, qui tienne en échec ceux de ses voisins, dont l'empereur se feroit des auxiliaires, & le ministere François, incertain s'il trouveroit à former avec quelqu'autre puissance les mêmes liaisons qu'avec la Suede, qui leur avoit rendu cet office depuis un siecle, abandonna Charles XII à son opiniâtreté, & les Suédois à leur malheur, sur le penchant de leur ruine.

Les deux grandes puissances maritimes qui ont tourné vers le Nord la principale branche de leur commerce; qui ne l'y soutiennent que par l'équilibre entre les princes capables de maîtriser la Baltique; qui ne la pouvoient étendre qu'en dégoûtant les peuples septentrionaux de négocier par eux-mêmes : loin de secourir, d'étayer une puissance accoutumée à traiter avec leurs marchands, se joignirent à ses ennemis pour l'accabler, fournirent des armes, des munitions, des vaisseaux, des officiers, formerent enfin une marine à un prince, qui ne pouvoit se donner le commerce que sur la ruine du leur, & qui étoit résolu de se le donner.

L'Angleterre étoit alors gouvernée par une reine, qu'un objet particulier occupoit uniquement. La nation, accrue de force & de puissance par les acquisitions d'Utrecht, se jugeoit supérieure aux événemens de la guerre du Nord, & en état d'y faire toujours, à son commerce, les conditions qu'elle voudroit. Le prince successeur, qui projettoit l'agrandissement de son électorat sur des démembremens, auxquels la Suede n'entendroit point, jusqu'à ce qu'elle fût réduite à recevoir avec reconnoissance le traité qu'il plairoit à ses ennemis de lui dicter, avoit un parti puissant, qui entretenoit les Anglois dans leur indifférence par rapport à Charles XII; c'est à quoi il faut attribuer une conduite si peu conforme à l'intérêt de la nation.

Les Hollandois agirent en marchands, qu'un gain présent manque rarement de séduire. Ç'a été leur destinée de mettre les autres sur les voies de leur secret, & d'enseigner à ceux qui ont voulu devenir leurs émules l'art de s'enrichir à leurs dépens. Ainsi qu'ils avoient fait pour Louis XIV, ils accorderent au czar de lui former des constructeurs dans leurs chantiers, des officiers & des matelots sur leurs flottes, des facteurs & des commissionnaires dans leurs comptoirs. Comme s'ils avoient eu intérêt à rendre promptement respectable ce nouveau pavillon, ils vendirent au czar plus de vingt vaisseaux de guerre avec leurs agrès & leur équipage : ils firent passer de leurs gens de mer dans les ports de Russie : ils menacerent d'une guerre ouverte les malheureux Suédois, qui employoient le reste de leurs forces à leur fermer ce monstrueux commerce !

L'Angleterre & la Hollande étoient les principaux garans des traités d'Altena, & de Trawendalh, qui assuroient à la maison de Gottorp le duché de Holstein, avec la moitié du duché de Schleswick : la France avoit pris la garantie du traité d'Osnabruck, qui unissoit à la couronne de Suede, la Poméranie, Bremen, & Verden. Les alliés du Nord étant entrés en Poméranie, & dans les duchés, la cour de France s'en tint aux sollicitations de ses ambassadeurs. Le roi de Danemarc s'étant emparé du Holstein, l'Angleterre & la Hollande disputerent si le duc étoit dans le cas de la garantie ; & elles attendirent tranquillement que les autres garans de Trawendalh en donnassent leur avis. L'armée du comte de Steinbock étoit la derniere ressource de la Suede. Lorsqu'elle étoit sur le point d'être accablée par l'armée des trois alliés, une intrigue habilement ménagée lui fit ouvrir les portes de Tonningue, où elle ne pouvoit être forcée que par la disette ; & ce n'étoit guere que de la Hollande qu'elle pouvoit recevoir des vivres. Les Etats-généraux furent sur le point de défendre la sortie des grains de leurs ports ; & ils n'accorderent que la tolérance à ceux de leurs négocians, que le profit engagea à la traite. Le congrès de Brunswick ayant décidé la neutralité des provinces Suédoises en Allemagne, les ministres de Suede représenterent dans toutes les cours l'injustice & les inconvéniens de cette neutralité, qui, mettant les ennemis de Charles XII hors d'inquiétude pour leurs Etats, réduisoit ses peuples à la nécessité de recevoir la guerre dans le cœur du royaume ; & les trois puissances semblerent approuver, par leur silence, que l'empire se liguât, pour obliger Charles à souscrire à cette neutralité. Le czar avoit déjà dans la Baltique plus de trente vaisseaux de guerre : son armée de terre étoit maîtresse de toute la Finlande ; & il menaçoit de la conduire à Stockholm. Les Etats-généraux lui firent demander s'il avoit fermement résolu d'anéantir le royaume de Suede, s'il étoit dans l'intention de faire tort au commerce des sujets de la république ; & ses explications les rendirent à leur premiere indifférence.

Le czar Pierre n'étoit point un prince, dont on pût croire qu'agissant de boutade, & par impétuosité de tempérament, son inconstance étoit d'autant moins éloignée, qu'il se portoit avec plus d'ardeur à l'exécution. Ses projets étoient le fruit d'une profonde méditation ; il les avoit considérés sous leurs différens points de vue ; & on lui auroit fait injustice de penser que ses mesures eussent quelques suites possibles, qu'il n'eût pas pénétrées. Les ennemis de la Suede, qui avoient intérêt à tenir ses anciens alliés dans l'inaction, se bornoient à représenter à ceux qui s'alarmoient de l'agrandissement du czar, le peu de vraisemblance de l'ambition qu'on reprochoit à ce prince, & l'obstacle que lui feroit toujours l'éloignement de ses Etats ; & il n'en fallut pas davantage pour rassurer les plus défians. On ne commença à craindre l'influence de l'empire des Russies sur les affaires générales de l'Europe, que quand il se la fut assurée. Le czar avoit uni à ses Etats la Livonie, dont on ne lui avoit laissé faire la conquête, que sur la promesse de la rendre au royaume de Pologne. Il avoit transporté d'Archangel à St. Pétersbourg le commerce de ses Etats, malgré les instances des Hollandois. Contre les espérances qu'il en avoit données, il vouloit que le négoce se fît autrement que sur l'ancien pied ; & les Etats-généraux le sollicitoient en vain de conclure le traité de commerce, qu'il leur promettoit depuis qu'il étoit en liaison particuliere avec eux. Il se croyoit assez fort dans la Baltique, pour éluder impunément une satisfaction qu'ils lui demandoient sur cinq de leurs vaisseaux, que son amiral avoit traités en ennemis. Déjà ses sujets conduisoient eux-mêmes leurs navires, & négocioient, sans guide, dans la Méditerranée. Enfin il proposa à l'empereur & à la république une alliance pour le maintien de l'équilibre général de l'Europe : il s'y donna pour la puissance qui devoit remplacer l'Angleterre ; & on refusoit encore de croire son agrandissement & son ambition redoutables. Le cardinal Albéroni fut le premier homme-d'Etat, auquel le czar parut ce qu'il étoit & ce qu'il pouvoit être. L'indiscrétion du baron de Gortz, & la mort de Charles XII, fermerent la nouvelle carriere où le monarque Russe vouloit entrer. La disgrace d'Albéroni lui coupa ses correspondances avec le midi de l'Europe. Mais à la maniere dont il sut soutenir dans le Nord sa supériorité, on put connoître qu'il en avoit absolument renversé la balance.

Abandonné de ses alliés, devenus ses jaloux, & menacé de les avoir pour arbitres, il continua seul une guerre qu'il avoit à peine osé commencer en tiers. Il marqua ses conditions comme il auroit intimé des ordres : & il se tenoit si assuré d'obliger tout le Nord à y souscrire, qu'il n'en voulut point d'autre garant que lui-même. D. B. M.

PITHOU, (Pierre) *Célèbre Jurisconsulte.*

PIERRE PITHOU n'a besoin que d'être nommé pour être connu. Son nom réveille d'abord dans l'esprit l'idée du défenseur des libertés de l'église gallicane. Né à Troyes le premier de novembre 1539, d'une famille distinguée, il mourut à Nogent-sur-Seine le même jour de l'an 1596. Il fut disciple de Turnebe & de Cujas. Il eut bientôt occasion de faire briller toutes ses connoissances sur les loix, & tout son zele pour les intérêts de l'Etat, dans la réponse qu'il fut chargé de faire comme substitut du procureur-général, au bref fulminant de Grégoire XIII, contre la sage ordonnance de Henri III, rendue au sujet du concile de Trente. Il composa un mémoire, où, sans sortir du respect dû au saint pere, il démasqua les vues secretes des auteurs séditieux du bref, & défendit avec des raisons victorieuses la cause du monarque & celle de l'Etat. Depuis cette glorieuse époque, Pithou devint l'oracle de son pays & des étrangers, & les souverains même eurent recours à ses lumieres; témoin Ferdinand duc de Toscane, qui le consulta sur une prétention qu'il avoit, & qui se soumit au jugement de Pithou, quoique contraire à ses intérêts. Il a composé de si excellens ouvrages sur le droit Romain, que le fameux Nicolas le Fevre a dit, que Cujas avoit enlevé à son disciple l'honneur d'être le premier jurisconsulte, mais que son disciple l'avoit empêché d'être le seul (*a*). Il fut avocat au parlement de Paris, procureur-général de la chambre de justice que Henri III envoya en Guyenne en 1582, & procureur-général du parlement de Paris par *interim*, en attendant que tous les officiers du parlement de Tours fussent revenus dans la capitale, après que Henri IV y fut rétabli.

Cet auteur a publié assez d'ouvrages, pour avoir été appellé le *Varron de France;* mais aucun ne lui a tant fait d'honneur qu'un petit *traité des libertés de l'église Gallicane*, qu'il dédia à Henri IV; l'épître dédicatoire est digne de l'un & de l'autre, publié sous un privilege du parlement de Paris, du 30 de septembre 1594, & réimprimé en 1612 (*b*).

Ce petit livre a fait une réputation d'autant plus grande à son auteur, qu'il a servi de fondement à tous les ouvrages qui ont été composés depuis sur le même sujet. Il est conçu en quatre-vingt-trois articles; & ces maximes détachées ont, en quelque sorte, force de loix, quoiqu'elles n'en

(*a*) *Cujacius discipulo præripuit ne primus jurisconsultus esset; ille præceptori, ne solus.*

(*b*) Hist. Thuan. lib. 117, ad ann. 1596. Voyez aussi la lettre écrite par J. Auguste de Thou à Isaac Casaubon, sur la mort de Pierre Pithou, p. 234 du premier volume de la traduction Françoise de l'histoire de Thou, qui est en 16 vol. in-4to.

ayent pas l'authenticité. Le feu roi en a reconnu l'importance par son édit de 1719 où l'article 50 est rapporté.

Dupuy fit paroître, en 1639, une grande collection, non-seulement des traités, mais des preuves ou des actes authentiques des libertés de l'église gallicane. Les évêques firent grand bruit, & regarderent cet ouvrage, moins comme le recueil des libertés de l'église de France, que comme celui de ses servitudes. Il fut condamné par le clergé en 1619, & par l'assemblée de 1641; mais il est demeuré en possession de l'estime du public.

En 1651, le même Dupuy publia le traité de Pithou accompagné de preuves qui avoient paru, & augmenté d'un grand nombre d'actes & d'observations. Le tout composa deux volumes in-folio, qui furent publiés avec privilege du roi.

En 1652, parut le commentaire de Dupuy sur le traité de Pithou.

Nicolas Lenglet du Fresnoy, prêtre, licencié en théologie, a donné une nouvelle édition de ce commentaire sous ce titre : » commentaire de M. » Dupuy sur le traité des libertés de l'église gallicane de M. Pithou, augmenté de notes & d'une préface historique, dans laquelle on donne la » maniere d'étudier le droit canonique par rapport aux usages du royaume, » & l'on fait connoître les livres les plus nécessaires pour cette science, » avec un recueil de preuves qui contiennent les textes des pragmatiques » & des concordats, les édits, déclarations, & les ordonnances des rois de » France sur la discipline ecclésiastique. » Paris, chez J. Musier 1715, 2 vol. in-4to. La préface qui est à la tête de cette édition, est très-belle & très-estimée; mais elle a été supprimée par un arrêt du conseil, à la sollicitation du clergé, pour quelques principes que Lenglet y a établis, & qui ont paru porter trop loin.

En 1731, les traités & les preuves des libertés de l'église gallicane ont encore été imprimés. Les ouvrages de Pithou & de Dupuy, ceux qu'on y avoit joints dans les précédentes éditions, & d'autres qu'on a ajoutés à celle-ci, composent ensemble quatre petits volumes in-folio.

Que ne trouve-t-on pas dans ce précieux recueil pour la défense des droits du roi, de la nation & de l'église ?

Plusieurs ouvrages de Pithou composent le premier volume. Le second contient les pieces ci-après : *Remonstrantia Hibernorum* de Caron; de l'origine & du progrès des interdits ecclésiastiques; mémoire pour faire voir que les informations de vie & mœurs de ceux que le roi nomme aux évêchés, doivent être faites par les ordinaires; histoire de la pragmatique sanction & des concordats. Le troisieme volume contient un traité de ce qui s'est pratiqué par les empereurs & les rois dans tous les temps, au sujet de la jurisdiction criminelle sur les ecclésiastiques, par Pierre Dupuy; lettre de Brunet, avocat au parlement de Paris, au sujet de la dispute entre Pierre de Cugnieres & Jacques Bertrand touchant les entreprises des ecclésiastiques sur la jurisdiction royale : *Libellus Domini Bertrandi, &c. contra*

Petrum de Cugneriis, &c.; le songe du Vergier, qui parle de la disputation du clerc & du chevalier. Dissertation sur le songe du Vergier. Le dernier volume contient plusieurs mémoires, dont voici les titres : » Des synodes » & assemblées ecclésiastiques en France ; quelle est la doctrine de la France » concernant l'autorité du concile universel ; appellations des ordonnances » du pape au futur concile ; les conciles généraux ne sont reçus ni publiés » en France que par la permission & autorité du roi ; des formalités an- » ciennement observées pour la promotion aux bénéfices ; du droit de ré- » gale ; les prélats de France ne doivent sortir hors du royaume sans la » permission du roi ; état de l'église gallicane durant les schismes, & com- » ment gouvernée, en cas de refus du pape ou des évêques de conférer, » le roi ou ses officiers y mettent ordre ; des légats ; que le roi peut jus- » ticier ses officiers clercs pour une faute commise en l'exercice de leurs char- » ges ; que le roi est juge des prédicateurs séditieux ; les étrangers ne peuvent » tenir bénéfices en France, ni être supérieurs des monasteres ; le changement » des missels & bréviaires des églises particulieres de France ne se peut faire » sans ordre & permission du roi ; nul établissement d'ordre religieux, ni » nulle construction de monasteres ne se peut faire sans la permission du » roi ; de la part que le roi & ses officiers ont aux choses ecclésiastiques ; » mélange de diverses matieres concernant les libertés de l'église gallicane ; » les universités & les écoles publiques ne peuvent être établies en France, » ni réformées sans l'autorité & consentement du roi ; des exemptions des » églises ; de leurs prélats légitimes & ordinaires ; des contributions, sub- » sides & autres devoirs auxquels les ecclésiastiques sont obligés envers le » roi ; de l'aliénation des biens immeubles appartenans aux églises de » France. «

PITHOU, (François) *Auteur Politique.*

FRANÇOIS PITHOU, avocat au parlement de Paris, né à Troyes en 1544, & mort en 1621, fut aussi zélé pour la couronne de France que Pierre Pithou son frere, & n'est pas moins célèbre que lui dans le droit & dans les lettres (*a*). Il est l'auteur de trois ouvrages qui ont rapport au gouvernement.

I. C'est lui qui a donné l'édition de la loi Salique, & qui y a fait des notes.

II. Il a fait un *Traité de la grandeur, des droits, prééminences & pré-*

(*a*) Il a fait la conférence des loix Romaines avec celles de Moyse ; & il est l'auteur de plusieurs autres ouvrages, sans compter qu'il aida son frere dans tout ce que son frere fit.

rogatives des rois & du royaume de France, qui a été imprimé in-8vo. à Paris, en 1594, & dans le recueil des traités & des preuves des libertés de l'église gallicane. Cet ouvrage est fort court, mais savant.

III. Il fit publier en 1594 un petit livre imprimé à Troyes, concernant les causes principales du différend de Philippe-le-Bel avec Boniface VIII, que les partisans de la cour de Rome avoient eu grand soin de déguiser jusqu'alors. Un écrivain qui, cent ans après, a fait l'histoire de ce monarque & de ce pontife, dit que ce que François Pithou donne dans son ouvrage pour original, n'est qu'un extrait des vrais originaux, défectueux en beaucoup d'endroits, d'une maniere à ne fournir qu'une idée obscure & imparfaite de tout ce qui étoit en question entre le pape & le roi (*a*).

(*a*) Baillet, p. 17 de l'édition de 1718.

PL

PLAISIR, f. m.

Ce mot n'a pas toujours un sens bien déterminé dans l'esprit de ceux qui en font usage; on joint même une idée differente à ces deux expressions le Plaisir & les Plaisirs. On dira avec vérité : *le plaisir est fait pour l'homme, & le Createur tout sage en a fait l'aimable & puissant ressort de notre activité. Rien ne dégrade plus l'homme, & ne met un plus grand obstacle à ce qu'il réponde à sa destination, que le goût décidé pour les Plaisirs.* C'est que par le Plaisir on entend cette satisfaction délicieuse qui naît du sentiment de nos besoins satisfaits, de l'amélioration de notre état, du progrès de nos facultés, de l'usage convenable que nous en faisons, de ce que nous avons répondu à notre destination; en un mot le Plaisir est le sentiment de la jouissance du bien. *Voyez* BIEN, BESOIN. Au lieu que par les Plaisirs on entend seulement cette variété successive & recherchée de sensations agréables, qui naissent de l'impression que les objets extérieurs font sur nos sens, en agissant sur nos divers organes, & en les ébranlant d'une maniere flatteuse, qui émeuve l'ame & qui la mette à couvert de l'ennui. Le Plaisir consiste dans un sentiment refléchi de satisfaction, dont la durée constitue le bonheur : les Plaisirs consistent dans la variété des sensations qui se succedent, & qui ne plaisent à l'ame que par les changemens de scene qu'elles lui offrent, & par l'ébranlement varié des organes. La présence & l'action des Plaisirs ne rend pas heureux; mais en distrayant notre esprit elle empêche l'ame de sentir l'absence du vrai bonheur & la misere de son état imparfait.

Sans le Plaisir l'homme ne sauroit être heureux; s'il n'éprouvoit jamais de sentiment agréable, il n'auroit nul motif d'aimer son existence, à moins que le temps pendant lequel il n'auroit nul contentement actuel, ne fût envisagé par lui comme un période qu'il lui faut nécessairement passer, pour arriver surement au Plaisir qui peut le rendre heureux; alors il aimera cette existence non pour elle-même, mais comme moyen assuré d'en atteindre une qui sera heureuse. Ainsi pour que l'homme soit heureux, il faut ou qu'il goûte actuellement du plaisir, ou qu'il en espere avec certitude. Le Plaisir actuel, & le Plaisir espéré sont donc les élémens de la félicité de l'homme; aussi est-ce là le but vers lequel tendent tous ses désirs, l'objet à l'acquisition duquel il destine tout ce qu'il fait, tout ce qu'il entreprend. Otez-lui ce point de vue, vous le privez de tout ressort capable de le faire agir, vous le plongez dans la plus froide indolence, dans la plus entiere inaction. La douleur, il est vrai, peut devenir un mobile d'action par

par le mal-aise qu'elle lui cause; il veut cesser de souffrir, il agira pour mettre fin à ses douleurs : la cessation du mal sera pour lui un bien pour ce moment; mais si ce mal n'est, & ne doit être suivi d'aucun Plaisir, l'homme découragé ne désirera plus que l'anéantissement; l'existence lui sera à charge, il souhaitera de la faire cesser.

Que chacun en effet rentre en lui-même & s'interroge sur les motifs qui le déterminent à agir en toute occasion, & il trouvera qu'il ne prend jamais un parti sans avoir en vue, ou une satisfaction actuelle, ou la cessation de quelque peine, ou l'espérance de quelque bien, à l'acquisition duquel cette action servira; c'est toujours l'idée du Plaisir, ou ce qui est la même chose, l'idée du bonheur qui nous sert de mobile. Tous les législateurs l'ont bien compris; la sanction de leurs loix n'est autre chose que la promesse d'un bien qui suivra notre obéissance, ou la perte d'un avantage, dont à cause de notre désobéissance, nous serons privés. Ce qui a pu tromper à cet égard les moralistes qui ont soutenu, avec vivacité, que nous nous déterminions sans aucune vue d'intérêt, c'est qu'ils n'ont pas eu soin de déterminer de quelle sorte d'intérêt ils vouloient parler. Quelques-uns n'ont voulu connoître qu'une seule sorte de bien ou de Plaisir, ils ont assuré que l'homme n'agissoit qu'en vue de quelque gain, comme argent, pouvoir sur ses semblables, jouissance sensuelle, cessation de quelque douleur, ou satisfaction de quelque besoin corporel; & ils ont dit, l'homme est intéressé, il concentre tout en lui, dans l'étendue de son corps & de ses sens. D'autres oubliant que l'homme est capable d'autre chose que de penser, & susceptible d'autre bonheur raisonnable que de celui qui naît de la seule contemplation; ou ayant regardé avec mépris la sensibilité qu'il peut avoir pour toute autre sorte de Plaisir, ont soutenu que l'homme non brute, n'avoit nul intérêt pour motif, que celui de suivre une pensée qui lui paroît vraie, & que la contemplation de l'ordre étoit le seul bien digne de lui.

Epicure qui avoit examiné attentivement l'homme moral, avoit jugé comme tous les législateurs, qu'il n'agit en toute occasion que dans la vue de se rendre heureux, & plus heureux; mais ce philosophe n'approfondit pas assez ses recherches sur la nature, les qualités, les facultés, l'état & les relations de l'homme, pour en découvrir la vraie destination; il parut ne connoître de Plaisir réel que celui qui naît de l'impression physique des objets corporels sur les sens, il méconnut tous les autres qui naissent des réflexions de l'ame, de l'exercice des facultés morales, du sentiment des progrès que l'homme intelligent fait en perfection, & des espérances qu'il peut concevoir que son sort s'améliorera dans l'avenir, à proportion qu'il deviendra plus parfait; il paroît n'avoir pas compris que la société avoit des charmes, par cela seul qu'elle fournit l'occasion d'exercer nos talens, & de mettre en œuvre nos facultés, que par eux-mêmes les actes de compassion, de bienfaisance, de grandeur d'ame étoient agréables. Si nous en croyons Cicéron, Epicure déclare en termes exprès qu'il ne connoît d'autres biens que ceux qu'on goûte par les saveurs, par les sons agréables, par la beauté des objets qu'on voit, & par les autres impressions sensibles que l'homme reçoit dans toute sa personne; qu'il ne connoît de joie de l'ame, que celle qu'elle éprouve quand elle se procure ces biens, dont la jouissance la délivre de la douleur. *Tusc. quæst. III. 18.*

Il paroît que ce philosophe ne regardoit tous les autres objets comme des biens, qu'autant qu'ils étoient des moyens de se procurer la volupté, par laquelle au rapport du même Cicéron, il entendoit les saveurs, le toucher des corps, les jeux, les chants, les beautés qui frappent la vue.

Il est une autre singularité à remarquer dans le système d'Epicure sur le Plaisir, c'est qu'il semble faire consister le souverain bonheur dans l'état où se trouve celui qui vient de contenter ses désirs, & qui n'ayant, ou plutôt ne sentant aucun besoin, ne souhaite rien; ce qui réduiroit la félicité de l'homme à une complete inaction.

Epicure cependant loue la vertu, & enseigne qu'on ne peut être heureux sans être prudent, honnête, juste, ni avoir ces vertus, sans être en même temps heureux; mais, selon son système, cette prudence, cette honnêteté, cette justice, ne sont bonnes que comme moyens de se procurer plus aisément & plus surement ce qu'il nomme la volupté, ou comme moyens de nous empêcher de désirer ce qui coûteroit trop à acquérir; c'est pour cela qu'il veut que l'homme fuie les affaires. Soyez juste, de peur qu'on ne vous dépouille, comme vous dépouillez les autres; soyez prudent, sans quoi vous serez dupe & bientôt victime; soyez tempérant & modéré en tout, la maladie est la suite naturelle des excès. Soyez ferme & courageux, prêt à tout événement, car le découragement de l'homme ne sert qu'à doubler ses maux. Ce philosophe semble rompre tous les liens les plus forts de la société; car, selon lui, le sage qui veut être heureux, fuira les Plaisirs de l'amour, persuadé qu'ils ne font jamais de bien, & que c'est beaucoup, s'ils ne font point de mal. Il n'a ni femme, ni enfans, qui ne sont que des sources d'inquiétude, & qui offrent à la mauvaise fortune trop de côtés pour nous blesser. Tels sont les principes d'Epicure relativement au Plaisir ou au bonheur. Ce n'étoit pas là un système fondé sur l'excellence de la nature de l'homme, sur l'étendue de ses facultés, sur l'importance & la nécessité de ses relations, & sur la noblesse de sa destination.

Il est bien d'autres sources de Plaisir que celles qu'indique Epicure. On ne sauroit nier que les jouissances physiques, ou les impressions que font sur nos sens les objets corporels, ne soient des sources réelles de Plaisir, qu'elles ne soient les premieres qui nous sont connues, celles même à l'acquisition desquelles la plupart des hommes font les plus grands sacrifices; mais en même temps on ne sauroit nier non plus, que l'homme n'ait d'autres appétits & d'autres besoins que ceux dont ses sens sont la cause; il n'est aucune de nos facultés intellectuelles dont l'exercice ne soit par lui-même & indépendamment de ses suites, une source de Plaisirs; perfectibles, nous ne faisons pas un progrès en perfection, à quelque égard que ce soit, qui ne soit accompagné de Plaisir. Ce n'est pas ici le lieu d'entrer dans le détail de toutes ces sources diverses de félicité. Nous nous contenterons d'exposer ici la théorie du Plaisir, telle que l'a présentée avec beaucoup de goût l'auteur de la *théorie des sentimens agréables*.

1°. Il y a un Plaisir réel attaché à ce qui exerce les organes du corps, sans les fatiguer : ce principe est vrai sans exception; de-là naît l'agrément de la promenade, d'un travail modéré, de la danse, & la vue d'un beau paysage, du mélange & de l'assortiment de certaines couleurs, de l'ouïe de certains sons, *&c.*

2°. Il y a un Plaisir plus vif encore, attaché à la satisfaction de tous nos besoins corporels & naturels, tant que l'usage de ce qui y sert n'est pas poussé au-delà du besoin, c'est-à-dire, au-delà de ce qu'exige le soin de notre conservation, du bon état de notre corps, de la facilité de ses mouvemens, & de la vraie destination des choses.

3°. Il y a de même un Plaisir attaché à l'exercice de toutes nos facultés spirituelles; de l'intelligence, de la liberté, de la volonté, du sentiment. Nous en trouvons à acquérir des connoissances, à satisfaire notre curiosité, à agir de notre propre mouvement, à prendre un parti entre plusieurs objets de choix, à sentir les mouvemens de l'approbation, lorsque nous pouvons nous en rendre des raisons, qui justifient notre jugement de louange ou de blâme.

4°. Il y a un Plaisir réel pour nous à faire & à procurer tout ce que nous avons connu distinctement être convenable & d'accord avec la nature & la destination des choses, tout comme à éviter & à empêcher ce que nous voyons y être contraire, c'est-à-dire, à pratiquer la vertu, à la faire pratiquer aux autres, à éviter le crime & à empêcher les autres de le commettre.

5°. Il y a un Plaisir très-vif, attaché à tout ce qui augmente l'étendue de nos facultés & qui en accroît le pouvoir, c'est-à-dire, à tout ce qui nous rend plus parfaits.

6°. Les Plaisirs les plus vifs pour nous, sont ceux qui sont le résultat des actions mixtes de l'homme, de celles dans lesquelles les sens & la réflexion ont part, qui intéressent le corps & l'esprit, qui exerçant les facultés de l'un & de l'autre, contribuant à la conservation de celui-là ou agissant convenablement sur ses organes, sans les fatiguer, mettent en jeu la sensibilité de celui-ci, ou sont un signe de sa perfection & de celle de l'homme entier.

7°. Enfin, c'est de la jouissance de tous ces Plaisirs & de la vue, que par leur moyen nous répondons à notre derniere destination, que naît le bonheur; car l'espérance de voir l'avenir, au lieu d'interrompre notre félicité, ne fait que l'augmenter & la rendre plus sûre, plus constante, plus complete, c'est pour l'homme le plus grand de tous les Plaisirs, celui auquel il sacrifie volontiers en détail tous les autres. Il vaut la peine de voir le développement de cette théorie dans l'ouvrage que nous avons cité.

Tout Plaisir n'est pas de même nature : il en est d'eux comme des biens; il en est d'essentiels, leur privation nous expose à nous voir détruire; il en est de nécessaires, leur privation nous fait souffrir; il en est de non-nécessaires, leur privation ne cause ni douleur, ni mal-aise, quoique leur présence soit une source d'agrémens : personne n'est malheureux pour n'avoir pas des parfums, pour ne pas entendre une bonne musique, pour n'avoir pas la vue d'un parterre bien symétrique & paré de belles fleurs, *&c.* Enfin il en est d'arbitraires qui ne plaisent point par eux-mêmes, qui n'ont aucune influence réelle sur notre bonheur, qui ne nous plaisent que par l'effet de quelque jugement erroné, de quelque préjugé, de quelque habitude ou de quelque association bizarre d'idées.

PLATON, *Philosophe Grec.*

§. I.

De la morale & de la politique de Platon.

PLATON, disciple de Socrate, philosophe, chef de la secte académicienne, nâquit à Athenes le premier an de la 88e Olympiade, c'est-à-dire, l'an du monde 3576, & l'an 429 av. J. C. Il descendoit, par son pere Ariston, de Codrus, roi d'Athenes; & par sa mere Peryctione, de Solon, législateur des Athéniens; & l'on rapportoit à Neptune l'origine de l'une & de l'autre de ces deux familles. Speusippus & Cléarque ont écrit qu'Apollon fut le pere de notre philosophe, & ce fut bien moins l'opinion de cette origine, que l'éloquence de ses écrits, qui lui acquit le surnom de Divin. Son premier nom fut celui d'Aristoclès, & il ne le quitta que pour reprendre celui de Platon, soit à cause de la largeur de ses épaules ou de celle de son front, soit à cause du style diffus de ses écrits. Il s'appliqua dans sa jeunesse aux exercices des athlétes, à la poësie & à la peinture; mais il les quitta bientôt pour se donner tout entier à la philosophie, & pour s'attacher uniquement à Socrate. Il voyagea en Italie, en Egypte & en Perse, & établit son école à Athenes dans un jardin appartenant à un citoyen nommé Académus, qui a immortalisé sa mémoire pour avoir cédé ce terrain à Platon. Il mourut enfin dans la premiere année de la 108e Olympiade, l'an du monde 3656, le 348e avant Jesus-Christ.

Ce philosophe, profitant des leçons de Socrate, montra la philosophie aux magistrats & la conduisit dans le palais des princes. Il conçut le dessein de leur apprendre à bien gouverner, & forma le plan d'une république qu'il composa de 5040 personnes. Il en fit les loix, & en donna une idée ingénieuse, plus propre à exercer l'esprit dans la spéculation, qu'utile au gouvernement dans la pratique. Avant lui, Phaléas, Calcédonien, Hippodame, Milésien, & quelques autres avoient eu & suivi la même idée, au rapport d'Aristote; mais les républiques de ces écrivains ne sont pas venues jusqu'à nous, & nous ignorerions que leurs ouvrages eussent existé, si Aristote n'en avoit parlé. De notre temps, Morus & Campanella ont exécuté le même dessein que Platon.

Ces sortes d'ouvrages sont pour un politique ce que les Romans sont pour les autres lecteurs. Le but des sociétés civiles est d'assurer la vie & la liberté des citoyens. Ce plan est simple, & il n'est question que de l'exécuter de la maniere dont on l'exécute dans tous les lieux par tous les moyens possibles; mais il a déplu par sa simplicité même aux écrivains dont je parle. Ils se sont peut-être imaginés qu'en élargissant la base du gouvernement, ils éleveroient un édifice plus magnifique, & ils ont formé des projets romanesques, pour tirer de l'essence de la société civile des effets contraires à sa nature, & qu'elle ne peut par conséquent produire. Au lieu de dépeindre le gouvernement tel qu'il est, tel qu'il peut être, ils en ont défiguré le tableau, en confondant toutes les parties dont un Etat est composé. Politique, sacerdoce, magistrature, art militaire, science, négoce, commerce civil, tout dans leurs ouvrages se trouve confondu dans un groupe monstrueux où rien ne conserve ses caracteres distinctifs. Que s'ils ont voulu proposer aux hommes le modele le plus parfait de gouvernement, pour les exciter à l'amour de la perfection, & pour les engager à la pratique de ce qui s'en éloigne le moins, ils auroient dû considérer que tout plan est illusoire, quand il est absolument impraticable, & que tous les plans humains doivent supposer les vices & les passions des hommes, puisqu'en effet ceux qui gouvernent & ceux qui sont gouvernés, sont pleins de vices & de passions.

Platon, dans le premier livre de sa république, réfute fort au long le sentiment erroné d'un certain Trasymaque, qui avoit bien osé avancer que les sujets sont nés pour le prince, & non le prince pour les sujets, & que tout ce qui est utile au prince ou à la république, doit être regardé comme juste. Si toutes les opinions de Platon avoient été aussi saines que celles dont il fait usage dans sa réfutation, ce philosophe auroit eu, par rapport à la politique, plus de réputation qu'il n'en acquit auprès de ses contemporains; mais il se porta à des spéculations & à des rafinemens qui le firent tomber dans le mépris. (*a*)

Au reste, jamais philosophie n'a été plus à la mode qu'y fut celle de

---

(*a*) Joseph. contra Ap. lib. 2. §. 31.

Platon, chez les chrétiens, pendant les premiers siecles de l'église. Les payens se partageoient encore entre les différentes sectes de philosophes ; mais la conformité qu'on trouva que le platonisme avoit avec la religion, fit entrer dans cette secte presque tous les chrétiens savans. Les premiers apologistes de la religion chrétienne (*a*) ont daigné lui faire honneur de sa conformité avec ce que l'antiquité avoit de plus sensé dans ses loix & dans sa morale ; ils ont avancé que les philosophes les plus fameux ont puisé dans les grandes & uniques sources du vrai, ce qui fait la plus belle & la plus solide partie de leurs écrits. Plusieurs auteurs d'un nom distingué (*b*) ont cru établir l'authenticité de nos titres, en faisant voir cette conformité dans le détail ; & un auteur récent a entrepris de prouver que l'histoire de l'isle Atlantique, qu'on trouve dans le dialogue de Platon, intitulé : *Critias* ou *l'Atlantique*, n'est que l'histoire des jésuites déguisés. (*c*) Les maximes de la république de Platon sont, généralement parlant, si conformes à la doctrine du christianisme, que St. Thomas (*d*) a désiré que le platonisme fût introduit dans la république chrétienne. Mais ce système, qui seroit bon pour une société d'anges, ne peut être suivi par des hommes, & Cicéron a eu raison de remarquer que les avis de Caton, dans les délibérations du sénat Romain, nuisoient quelquefois aux affaires, par cela même qu'il opinoit dans le gouvernement de la république Romaine toute corrompue, avec la même sévérité, que s'il eût opiné dans la république de Platon. (*e*)

Platon a posé comme un fondement de sa république, qu'il ne faut rien changer dans la religion qu'on trouve établie, & a soutenu que c'est avoir perdu le sens que d'y penser. Il suivoit en cela la doctrine de Socrate, qui avoit établi la même maxime. Aussi Lactance, saint Augustin & plusieurs peres de l'église ont-ils reproché aux philosophes payens d'avoir connu la fausseté de leur culte, & d'avoir gardé un lâche silence.

Quelques auteurs croyent que c'est la justice & non la république qui étoit le sujet de dix livres que Platon avoit composés. (*f*) Il est vrai, en effet, que la premiere question que Platon propose est de la justice, & qu'il exalte beaucoup cette vertu dans tout son ouvrage ; mais il n'en parle que comme d'une préparation à l'objet qu'il se proposoit, & qu'il a amplement discuté ; & cet objet est de la république. Tel est le sentiment

---

(*a*) S. Justin, S. Clément d'Alexandrie, Tertullien, Eusebe, S. Cyrille, Théodoret.

(*b*) Grotius, Huet, évêque d'Avranches.

(*c*) Dissertation sur le *Critias* de Platon, insérée dans la premiere partie du tome premier de la *Continuation des mémoires de littérature & d'histoire de Salengre.*

(*d*) Dans un traité *De regimine principum*, qui est attribué à ce docteur de l'église.

(*e*) *Cato nocet interdùm reipublicæ, dicit enim tamquam in Platonis republicâ, non tamquam in Romuli fæce, sententiam.* Ep. ad Att. lib. 1. op. 1.

(*f*) Voyez ci-après le second paragraphe de cet article.

d'Aristote, de Théophraste, de Cicéron, de Macrobe & de plusieurs autres : sentiment qui a été justifié par un écrivain des derniers siecles. (*a*)

Aprés avoir fait sa république, ce philosophe composa douze livres de loix, où il parle lui-même sous le nom de l'hôte Athénien, & où il examine les formes des trois républiques qui florissoient dans la Grece de son temps, faisant à chacune des changemens considérables, & des trois en composant une meilleure.

Il composa enfin, deux traités, l'un intitulé : *Minos*, où il divise & définit la loi ; l'autre *le Politique*, où il examine en quoi consiste l'art politique & l'usage qu'il en faut faire.

La musique étoit considérée par les anciens comme une science sérieuse & importante, & qui appartenoit à la politique & à la religion. De là vient que Platon a traité cette matiere si à fonds dans sa république & dans ses loix. La musique des Grecs & des Romains étoit bien plus étendue que ne l'est la nôtre. Parmi ces peuples, l'art poétique étoit subordonné à la musique, & par conséquent, c'étoit la musique qui enseignoit la construction des vers de toute façon. L'art de la saltation ou l'art du geste étoit aussi l'un des arts musicaux ; & ceux qui enseignoient les pas & les attitudes de notre danse, laquelle faisoit une partie de l'art du geste, étoient appellés musiciens. Enfin la musique des anciens enseignoit à composer, comme à écrire en notes la simple déclamation, ce qu'on ne sait plus faire aujourd'hui. (*b*) Dès que la musique des anciens donnoit des préceptes utiles au grammairien & nécessaires au poëte, comme à tous ceux qui avoient à parler en public, on ne doit pas être surpris que l'antiquité l'ait crue un art nécessaire, & qu'elle lui ait donné tant d'éloges qui ne conviennent pas à la nôtre.

Platon regardoit la poésie comme propre à former dans l'esprit des opinions qui s'y attachent fortement. Il bannit néanmoins de sa république, non tous les poëtes indistinctement, mais seulement ceux dont la théologie étoit impie ou la morale corrompue. *Donnons-leur des couronnes*, (disoit-il ingénieusement) *mais que ce soit pour les chasser avec honneur de notre Etat.* Il consent à garder dans sa république idéale la partie de l'art poétique qui enseigne la construction des vers, & que nous appellons versification. Il ne proscrit que la partie qui consiste à peindre & à imiter ; & il craint que les peintures & les imitations, qui sont l'essence de la poésie, ne fassent trop d'effet sur l'imagination de son peuple favori. Les poëtes (dit ce philosophe) ne se plaisent point à nous décrire la tranquillité de l'intérieur d'un homme sage qui conserve toujours une égalité d'esprit,

---

(*a*) Louis le Roi qui a traduit & commenté la république de Platon.

(*b*) On peut consulter sur tout cela le troisieme volume du livre qui a pour titre : *Réflexions critiques sur la poésie & sur la peinture*, par Dubos. Paris, Jean Mariette, 1733, 3 vol. in-12.

à l'épreuve des peines & des plaisirs ; ils ne font pas servir le talent de la fiction pour nous peindre la situation d'un homme qui souffre, avec constance, la perte d'un fils unique ; ils n'introduisent pas sur les théâtres des personnages qui sachent faire taire les passions devant la raison ; ils introduisent dans leurs poëmes des hommes livrés à des désirs violens, des hommes en proie à toutes les agitations des passions, ou qui luttent du moins contre leurs secousses. Ce philosophe reproche encore un autre inconvénient à la poésie, c'est que les poëtes, en se mettant, aussi souvent qu'ils le font, à la place des hommes vicieux dont ils veulent exprimer les sentimens, contractent à la fin les mœurs vicieuses dont ils font tous les jours des imitations. Il est à craindre, selon Platon, que leur esprit ne se corrompe, à force de s'entretenir des idées qui occupent les hommes corrompus. (*a*) Ce réglement de Platon est approuvé par Cicéron, à qui les poëtes paroissent d'autant plus dangereux, que leurs vers qui restent dans la mémoire, amolissent les ames, & font perdre, à la vertu, tous ses nerfs. (*b*) Si Platon exclut les poëtes de sa république, on voit bien qu'il ne les en exile que par la même raison qui engage les prédicateurs à prêcher contre les spectacles ; mais l'intérêt de la société exige souvent d'un citoyen des services si difficiles, qu'il est bon que les passions viennent au secours du devoir pour l'engager à les rendre. Un bon poëte sait disposer de maniere les peintures qu'il fait des vices & des passions, que les lecteurs en aiment davantage la sagesse & la vertu. Un art nécessaire, & même simplement utile dans la société, n'en doit pas être banni, parce qu'il peut devenir un art nuisible entre les mains de ceux qui en abuseroient. On ne doit proscrire d'un Etat que les arts qui sont tout ensemble superflus & dangereux. Il faut se contenter de prendre des précautions pour empêcher les arts utiles d'y faire du dommage. Platon lui-même ne défend pas de cultiver la vigne sur les côteaux de sa république, quoique les excès du vin fassent commettre de grands désordres, & quoique les attraits de cette liqueur engagent souvent d'en prendre au delà du besoin.

En cent endroits de ses ouvrages, Platon compte pour rien, dans ceux qui gouvernent, les qualités & les actions les plus brillantes, si elles ne tendent à la double fin de rendre les citoyens plus gens de bien & plus heureux. Un prince qui se propose l'un & l'autre de ces objets, mérite toutes sortes de louanges ; mais le but du gouvernement politique est uniquement de rendre les hommes heureux en cette vie. Les voies que les

(*a*) *Frequens imitatio*, (a dit depuis Quintilien, instit. orat. l. 1. c. 19, en parlant des comédiens) *transit in mores*.

(*b*) *Molliunt animos, & nervos omnes virtutis elidunt.* Divers empereurs accorderent des immunités, des privileges & des gages publics aux grammairiens, aux rhéteurs, aux jurisconsultes & aux médecins ; l'empereur Philippe ne voulut pas que les poëtes participassent à cette grace : *Poëtæ nullâ immunitatis prærogativâ fruantur.* Justinien inséra dans le code cette loi de Philippe.

souverains

souverains emploient pour rendre leurs sujets gens de bien, sont un moyen dans le gouvernement, & non la fin du gouvernement.

Ce philosophe établit dans sa république la communauté des biens & celle des femmes & des enfans; sentiment qui lui a été reproché mille fois! Sentiment, en effet, bien étrange dans un si grand homme, mais bien analogue à sa république! Platon, qui avoit composé des loix pour les Syracusains & pour les Crétois, refusa d'en composer pour les Thébains & pour les Arcadiens, dès qu'il eût appris que ces peuples avoient de l'aversion pour cette communauté qu'il vouloit introduire. (*a*) Au reste, ce même philosophe, qui veut, dans sa république, que les femmes soient communes, peu d'accord avec lui-même, ordonne, par ses loix, qu'on se marie, & soumet à des peines ceux qui atteindront l'âge de 35 ans sans se marier. (*b*)

Il distribue les emplois publics aux femmes comme aux hommes, & ne craint pas de dire (*c*) que, comme les chiennes chassent & font la garde aussi-bien que les chiens, les femmes sont propres à faire la guerre, & à remplir toutes sortes de charges comme les hommes.

Au sentiment de Platon, le roi surpasse le tyran de 729 degrés de bonheur : (*d*) nombre, sans doute, mystérieux, & qui renfermeroit des connoissances bien instructives pour qui pourroit les deviner.

Si l'on ôtoit à ce philosophe ses longues préfaces & ses importunes digressions, on l'accourciroit de moitié.

Je finirai cet article par observer que Platon alla voir l'un & l'autre Denis en Sicile, & qu'il ne fit rien, ni auprès du pere, ni auprès du fils; mais Marc-Aurele a vérifié, par son gouvernement, jusqu'à un certain point, la pensée qu'il avoit souvent dans la bouche, & qu'il avoit tirée des écrits de Platon : *Que les Etats seroient heureux, si les rois étoient philosophes, & si les philosophes régnoient.*

§. II.

Réflexions sur la véritable idée qu'on doit se former de la prétendue république de Platon.

HONORÉ dans sa patrie, estimé des magistrats, chéri de la nation, Platon eût pu couler dans le sein du repos des jours philosophiquement heureux : mais les cris des Syracusains pénétrerent jusqu'à son cœur; & s'arrachant à ses amis, il alla, pour servir l'humanité, porter le trouble & les remords

(*a*) Ælian. var. hist. lib. 2. cap. 42.
(*b*) De legib. lib. 6.
(*c*) De republ. lib. 5.
(*d*) De republ. lib. X.

dans l'ame du farouche Denis, & parler dans la cour même du plus impitoyable des tyrans le langage de la vérité. Ses représentations, son zele, son courage, ses avis furent inutiles; Denis ne changea point; mais il n'osa étendre ses proscriptions sur la tête de Platon, dont la présence & les discours ranimerent le courage abattu des habitans de Syracuse qui, dans la suite, après la destruction de la tyrannie, le prierent de leur tracer le plan du gouvernement qu'il jugeroit le plus propre à rendre un peuple heureux. La réponse de Platon aux Syracusains est presque généralement ignorée; cependant les conseils qu'il leur donna dans cette occasion méritent d'autant plus d'être connus, qu'ils renferment le plan d'une monarchie parfaite; plan sublime, & d'après lequel on diroit que M. de Montesquieu a développé la nature & les principes du gouvernement monarchique. Dion fut à peine tombé sous les coups de ses assassins, que les Syracusains se diviserent en deux factions, également puissantes, également nombreuses : l'une demandoit hautement le rétablissement de la tyrannie, & l'autre ne vouloit recevoir que le gouvernement populaire : tous jeterent les yeux sur le sage Platon, & remirent à sa décision le sort de leur patrie. Un Etat, leur dit-il, ne sauroit être heureux, ni sous le pouvoir arbitraire, ni dans la confusion d'une trop grande indépendance. L'Etat le plus heureux est celui où le peuple est soumis à des rois qui sont eux-mêmes assujettis aux loix. Je vous conseille donc, ô Syracusains, de reconnoître pour vos rois, & le fils de Dion votre libérateur, & celui du jeune Denis, votre dernier souverain, & celui de l'ancien Denis, son prédécesseur. Mais, afin qu'ils ne puissent abuser de leur autorité, choisissez parmi vous un conseil composé de vieillards sages & éclairés, entre les mains desquels vous remettrez la puissance législative, & le soin de l'administration de l'Etat; en sorte néanmoins que les rois exercent tous les droits d'une souveraineté pleine, entiere & illimitée, sur les choses saintes & le culte des dieux. Qu'ensuite le peuple assemblé crée un conseil de trente-cinq magistrats; & que ceux-ci, dépositaires & conservateurs des loix publiées par les vieillards, tiennent perpétuellement une balance exacte entre les privileges de la nation & l'autorité des princes : qu'ils décident aussi de la paix & de la guerre; mais toujours en présence, & de l'avis des conseils des vieillards & du peuple assemblé. Quant aux affaires criminelles, c'est encore à l'ordre conservateur des loix en qui réside essentiellement la puissance coactive, à les juger, & non aux rois, qui ne peuvent pas même assister à de tels jugemens, parce que, peres du peuple, protecteurs des citoyens, & premiers prêtres de l'Etat, les condamnations à la mort & à l'exil, ou seulement à la prison, aviliroient la sainteté de leur caractere.

Quelques-uns pensent que Platon a été l'inventeur de ce plan de gouvernement, & ils assurent qu'avant lui personne encore n'avoit imaginé un plan de monarchie, aussi sublime, aussi parfait dans toutes ses parties : mais le plus grand nombre prétend qu'il ne fit que donner aux Syracusains l'idée des gouvernemens qu'il avoit trouvés établis dans l'Egypte & dans l'Inde. Je ne m'arrête point à examiner ici quelle est la mieux fondée de ces deux opinions. En rapportant ces divers traits, j'ai voulu seulement montrer à quelques-uns de mes contemporains, qui se croient tout au moins aussi sages que Socrate, que quoique savant & philosophe, Platon étoit pourtant persuadé que les hommes, & sur-tout les sectateurs de la philosophie, ne doivent pas exister pour eux seuls, mais se dévouer à leur patrie, à leurs parens, à leurs amis; & qu'il s'en faut bien, comme l'ont dit & pensé quelques écrivains modernes, que la philosophie doive anéantir en eux ces obligations, qu'elle leur ordonne au contraire de regarder comme les plus sacrés de leurs devoirs.

Le grand principe de Platon étoit tout opposé à celui qu'on reproche bien ou mal à propos, à quelques écrivains qui usurpent aussi le nom des sages. Il croyoit que la vie d'un véritable philosophe doit être consacrée à la plus grande utilité publique, & que s'il est quelquefois dispensé de se livrer au tumulte des affaires, c'est seulement lorsqu'il est persuadé qu'il n'est absolument pas possible qu'il la serve utilement. Telle fut la maxime de Platon durant tout le cours de sa vie; & ce principe vraiment patriotique servit de base à sa philosophie, comme on peut s'en convaincre par la lecture de ses ouvrages qui consistent tous en dix dialogues, où il a exprimé ses sentimens, ou plutôt ses vertus, sous les noms de Socrate, de Timée, de Gorgias & de Protagoras. Mais malheureusement ces écrits, ou du moins le véritable esprit de ces écrits est peu connu, par cela même qu'ils sont infiniment au-dessus de tous les ouvrages de la savante antiquité, sur-tout par la magnificence de l'expression & la beauté du sens. Car c'est bien moins à la justesse & à l'utilité de la pensée, qu'à la beauté de l'expression que s'attachent la plupart des lecteurs. Ce qui les intéresse dans un ouvrage, n'est pas ce qu'il y a d'utile & de vraiment solide; mais ce qui leur paroît ingénieux, orné, ou brillant, ou sublime. Delà vient que la plupart de ceux qui lisent les dialogues de Platon, entraînés, éblouis par la beauté de son style, enchantés de son éloquence, ne le regardent que comme un écrivain admirable; & ils ont bien raison : mais uniquement frappés de l'harmonie de son style, de la beauté de ses images & de la chaleur vraiment orientale de ses sentimens, ils n'ont de lui d'autre idée que celle d'un très-grand écrivain, d'un orateur sublime; & il en est très-peu qui se doutent seulement que Platon a été le plus sage & le plus éclairé des anciens philosophes, le plus zélé défenseur de la justice & de l'humanité.

Quoique très-fausse, très-absurde, cette maniere de juger de Platon est pourtant fort ancienne, & il y a plus d'un siecle que son génie a fait beaucoup de tort à sa philosophie, & la beauté de son style à la pureté de sa morale. Tous ses lecteurs, même les plus instruits, ont pris pour des questions politiques, pour des assertions ou des projets réellement formés &

combinés par cet auteur, ses allusions, ses métaphores & ses allégories; en sorte qu'on a méconnu jusqu'au sujet principal de ses dialogues. Ce fut ainsi que le philosophe le plus éclairé de son siecle, l'homme le plus savant, en un mot, le vertueux Plotin crut qu'il lui seroit possible de fonder un gouvernement exactement semblable dans toutes ses parties à la république de Platon. Il ne se doutoit pas que cet excellent ouvrage n'est qu'une comparaison perpétuelle entre les qualités qui concourent à rendre l'homme juste, avec la parfaite harmonie des différens ressorts qui contribuent à former le meilleur des gouvernemens possibles. Mais Plotin échauffé par l'éloquence de Platon, n'apperçut point le but de ce dialogue, & n'y découvrant que le plan du gouvernement, il crut que l'exécution, pour peu qu'elle fût bien conduite, en seroit fort aisée. Ce projet chimérique fut adopté par l'empereur Gallien qui, beaucoup moins éclairé que Plotin, & par cela même plus prompt à se laisser séduire, désigna au philosophe, je ne me souviens plus quelle ville d'Italie, persuadé qu'un homme qui avoit si bien saisi les idées de Platon, n'auroit aucune peine à établir cette nouvelle forme d'administration. Mais comme le disciple de Socrate n'avoit point supposé que dans la suite on prendroit son *dialogue sur la justice* pour un plan de gouvernement, la suprême puissance de Gallien, secondée par le zele & la prudence de Plotin, ne put parvenir à remplir les grandes vues qu'on avoit cru appercevoir dans cette prétendue république. Ce n'étoient que leurs propres idées, leurs chimeres, leurs erreurs que Plotin & Gallien cherchoient à réaliser, & ils ne voyoient pas combien étoient invincibles les obstacles qui en rendoient l'exécution impraticable. Car à supposer même que Platon se fût proposé une nouvelle forme de gouvernement, l'empereur Gallien pensoit-il qu'en donnant une ville à Plotin, celui-ci y trouvât ou qu'il pût y former des hommes d'une toute autre espece que ceux qui existoient? Et Plotin, ne voyoit-il pas que de son temps, comme aujourd'hui, l'espece humaine étoit infiniment dégénérée, & toute différente de la société que Platon rassemble dans les murs de sa république? Pensoit-il à l'impossibilité physique où il seroit de trouver sur la terre un nombre assez considérable d'êtres aussi parfaits que ceux qu'il en faudroit pour peupler un tel Etat, quelque peu étendu qu'on veuille le supposer? Eh quel législateur oseroit se flatter de rassembler la plus petite société possible, dont chacun des membres seroit imperturbablement vertueux, sans défaut, sans foiblesse? Si telle eût été la chimere du grand Platon, je me garderois bien de le placer à la tête des sages de la Grece; & tout ce que je pourrois dire de plus favorable pour lui, ce seroit, qu'il est bien différent d'imaginer & d'écrire des maximes sublimes, ou de croire & d'assurer qu'il est fort aisé de les suivre. Platon étoit très-éloigné de penser aussi follement, & de former des projets aussi peu raisonnables.

Toutefois, il ne paroît pas que l'exemple de Plotin & l'inutilité des tentatives de Gallien aient détrompé personne; de maniere que c'est une des plus anciennes erreurs que celle de ne voir dans ce dialogue qu'un plan de gouvernement. Les publicistes, les politiques, & plusieurs philosophes même n'y voient autre chose que des principes sur l'administration, publique, des projets de réformation, des leçons sur les devoirs de l'homme à l'égard de la société, des préceptes sur les obligations des sujets envers l'etat, du prince envers le peuple, des magistrats envers les citoyens.

Il semble que Platon se soit douté de l'erreur de ses lecteurs; car dans ce dialogue, il a soin, presqu'à chaque page, d'indiquer, sous le nom de Socrate, le véritable sens de ses raisonnemens. Il explique & développe si souvent & avec tant d'évidence le sens de son allégorie, que je ne puis comprendre par quelle bizarrerie on s'est si mal-adroitement obstiné à ne voir dans cet écrit que le plan & l'idée d'un gouvernement parfait : c'est étrangement méconnoître & l'esprit de Socrate & le génie de Platon! Il me semble au contraire que quand même je serois tenté de prendre cette suite de réflexions morales & philosophiques sur la justice pour un discours politique, Platon ne me laisseroit pas long-temps dans cette erreur, ne fut-ce que par la sage réflexion de Socrate qui dit, dans le cinquieme livre : » Quelles ont été nos vues quand nous avons cherché à découvrir » l'essence de la justice, & quel devroit être l'homme véritablement juste? » Je demande la même chose au sujet de l'injustice & de l'homme injuste; » quelles ont été nos vues? Nous ne nous sommes proposés que de trouver » deux modeles accomplis, l'un de vertu, l'autre de vice. Ensuite nous avons » considéré tour-à-tour l'un & l'autre de ces modeles, afin d'être plus en » état de juger du bonheur ou du malheur de leur condition, & de conclure, d'après nos propres réflexions & notre jugement, que nous serons plus » ou moins heureux, plus ou moins malheureux, suivant le degré de ressemblance ce que nous aurons, ou avec l'un, ou avec l'autre : *car, au » fond, je n'ai jamais pensé, & mon dessein n'a pas été de prouver que » l'un ni l'autre de ces deux modeles existât sur la terre.* «

Dans cette observation de Socrate, qui ne voit tout le plan du dialogue de Platon? Et quand même Socrate n'eût pas fait cette réflexion, la lecture la plus rapide de cette *république*, ne suffit-elle pas à en développer & l'objet & le plan? Il est si simple ce plan & si facile à entendre! Comment a-t-on pu lui donner un sens aussi absurde que celui de la formation d'un nouveau gouvernement? Les noms seuls des interlocuteurs peuvent-ils supposer des vues politiques dans leur conversation? C'est Socrate, & le vieux Céphale, Polemarque, fils de Céphale, Glaucon & Adimante, freres de Platon, Clitophon & le sophiste Thrasimaque qui s'entretiennent sur la beauté de la justice & le bonheur de l'homme juste, ou plutôt qui écoutent les leçons de Socrate, tour-à-tour occupé à répondre à Céphale, à instruire Glaucon & Adimante, & à confondre l'impudence de Thrasimaque. Où voit-on dans toute l'étendue de ce dialogue, rien qui ressemble à une conférence politique? Thrasimaque prétend que la justice n'est autre chose que l'intérêt du plus fort, & il dit fort impudemment, suivant le ton des sophistes de son temps, que l'homme n'est heureux qu'autant qu'il a la puissance de faire tout le mal qu'il voudra commettre. Socrate s'éleve fortement contre cette opinion, la combat, en démontre l'horreur, confond & terrasse le sophiste qu'il contraint de garder le silence. Glaucon & Adimante, pénétrés de l'évidence des raisons de Socrate, mais cherchant à s'éclairer, ajoutent à ce que Thrasimaque a dit tout ce qu'il eût pu dire encore, & voudroient que sans avoir égard aux effets heureux ou malheureux, Socrate ne considérât que la justice & l'injustice en elles-mêmes, afin que d'après l'exacte connoissance de la nature & de leur influence sur le cœur de l'homme, on pût savoir si l'homme vertueux est réellement plus heureux que l'homme vicieux. » Cet examen, répond Socrate, exige beaucoup de recherches; mais afin de parvenir par une voie plus courte & plus sûre à cette découverte, & connoître, sans erreur, les effets de la justice sur le cœur d'un seul homme, il est bon de savoir quels effets elle produit dans une société, sur laquelle agissant avec plus d'éclat, il est aussi bien plus aisé de l'y appercevoir dès son entrée & dans ses progrès. Ensuite, il ne restera plus qu'à comparer cette société dirigée uniquement par la justice, avec la conduite & les actions d'un particulier. Il sera plus facile de décider, d'après l'exacte connoissance du premier modele, jusqu'à quel degré de sagesse, de justice & de vertu le second s'est élevé. « Mais comme il n'existe point sur la terre de société exactement juste, Socrate propose d'imaginer une république, & de voir par où & par quels moyens la justice & l'injustice pourront s'y introduire. Pour former cette société, il faut, dit-il, choisir des hommes simples, ingénus & même ignorans. De sorte que remontant à l'origine même de la société civile, Socrate fonde sa république, qu'il voit se former, s'agrandir & se fortifier à mesure que ceux qui la composent observent les loix de la justice dans toute leur vigueur. Dans les premiers temps, les citoyens de ce nouvel Etat ne connoissant que les besoins physiques, n'y ont que le nécessaire : peu à peu Socrate leur donne, à mesure qu'ils s'éclairent, & de nouveaux désirs & une plus grande aisance. Ils connoissent successivement l'utile, l'agréable, enfin le superflu : l'attrait du plaisir se fait sentir, & avec lui s'introduisent les arts libéraux, qui traînent à leur suite une population nombreuse; de maniere que le nombre de citoyens s'accroissant de plus en plus, Socrate les distribue en trois classes, le peuple, les guerriers & les magistrats. Malgré cette surabondance de citoyens, de connoissances, d'arts & de superfluités, cet Etat sera juste encore, si le peuple & les guerriers sont soumis à des magistrats qui eux-mêmes obéissent aux loix. » Il en est de même, continue Socrate, à l'égard du particulier, en qui trois qualités essentielles répondent à ces trois classes : car la raison représente le magistrat; la valeur, le guerrier; & les passions, la multitude : de maniere qu'un

» homme doit être regardé comme juste quand sa raison commande à son » courage & à ses passions. «

C'est par cette ingénieuse allégorie, que Socrate, parvenu à découvrir la nature de la justice, en examine les effets; car, suivant toujours la même comparaison, il indique cinq différentes especes de gouvernemens : le monarchique ou l'aristocratique, le plus parfait de tous ; le timocratique, toujours agité par l'ambition, ou déchiré par les factions; l'oligarchique, où l'opulence seule décide des places & des dignités; le démocratique où le peuple assemblé décide, & très-souvent se précipite lui-même dans le trouble & la confusion; enfin, la tyrannie, où la loi du plus fort d'un côté & la crainte de l'autre, soumettent tout aux caprices d'un seul. Il faut de même, dit Socrate, distinguer cinq especes d'hommes, le juste, l'ambitieux, l'intéressé, celui qui se laisse entraîner par le torrent des passions, & celui qui n'obéit qu'à une seule, mais qui le dominant tyrannise & son ame & son cœur. Or, comme les Etats peuvent passer d'une administration essentiellement bonne, à une moins parfaite, il faut également reconnoître un passage successif d'un homme à un autre, ou même des dégradations successives dans le même homme.

En terminant ce parallele, Platon décide que puisqu'il n'est point douteux que le plus heureux des Etats ne soit celui où regne un roi sage & philosophe, & le plus malheureux celui qui obéit à un despote; ainsi la condition de l'homme juste est de toutes la plus heureuse, comme la plus malheureuse est celle de l'injuste maîtrisé par ses passions.

A la suite de l'exposition de ses principes & du développement de ses preuves, Socrate parle en homme vraiment sage, de l'excellence de la vertu, des droits qu'elle a sur le respect des hommes, *& des récompenses que les dieux lui réservent dans la vie future.*

PLÉBÉIEN, s. m. & adj.

NOUS avons vu à l'article PATRICIEN comment le pouvoir royal fut usurpé par les patriciens après l'expulsion des rois de l'ancienne Rome; qu'ils l'exercerent fort impérieusement; & qu'en cela leur politique oppressive les trompa. Mais les Plébeïens long-temps opprimés obtinrent par force un remede à leur oppression, mais un remede dangereux à l'Etat. C'est ce que nous allons voir.

Les Plébeïens, qui se seroient volontiers soumis aux patriciens en qualité de magistrats, ne les voulurent pas endurer patiemment en qualité d'oppresseurs : & comme ils voyoient des têtes dénaturées qui vouloient tourmenter les membres, ils se raviserent & formerent la résolution de chercher d'autres têtes, ou ce qui est la même chose, des protecteurs qui fussent plus intimément intéressés à la conservation du corps.

C'est ce qui arrivera toujours tant qu'il y aura des hommes faits comme ils le sont. Tous ceux qui seront opprimés se délivreront de l'oppression lorsqu'ils le pourront. Si les magistrats ne se contentent pas des fonctions attachées à leur caractere, qui est de protéger ; s'ils étendent jusqu'à la rigueur & à la violence les droits de leur charge, ceux qui en ressentent les effets y cherchent un remede, & peut-être y appliquent un remede plus fort que le mal. De cette maniere ils guérissent un mal par un autre mal plus grand : c'est le progrès naturel & la conséquence des réformations populaires : le peuple n'y pense point, qu'il ne soit tout en feu, & alors il est incapable de faire aucune réflexion. La populace Romaine, avec tout le mérite qu'un peuple peut avoir, souffrit tout ce qu'un peuple peut souffrir, avant que de se retirer, pour en venir à consulter en commun sur les moyens de faire redresser leurs griefs. Tout le monde sait l'histoire de leurs propositions & la maniere dont ils établirent des magistrats tirés de leur corps, les tribuns du peuple, qui le vengerent bien à la vérité, mais qui travaillerent aussi, presque continuellement, à l'égarer & à troubler la tranquillité publique. Ils contribuerent à agrandir l'Etat, & cependant ils le ruinerent.

Telle fut la récompense qu'eut la noblesse de son fol orgueil, de son esprit méprisant, du penchant qu'elle eut à s'attribuer toute l'autorité & à s'en servir sans mesure sur le commun peuple. C'étoit un étrange erreur aux patriciens, de croire que le peuple Romain, qui avoit fait les loix & les magistrats, se verroit privé tranquillement de toute part à l'exécution des loix & au choix des magistrats ; qu'il souffriroit sans murmure l'abus violent des loix de la part des magistrats qu'il avoit créés lui-même. Etoit-il vraisemblable que ceux qui avoient le pouvoir législatif se verroient sans chagrin exclus de toute administration, & seroient les humbles esclaves des officiers qu'ils avoient créés eux-mêmes? Après l'expulsion de *Tarquin*, c'étoit un nouvel Etat, qui demandoit de nouveaux réglemens & une administration établie selon l'équité entre ceux qui avoient un intérêt commun avec toute la communauté : il falloit un ordre des magistrats attachés également à la noblesse & au peuple; & non des magistratures desquelles fussent exclus des gens de telle ou de telle qualité, non des noms & des charges propres à exciter des contestations, tels que furent les tribuns du peuple, magistrats extraordinaires, revêtus de toute l'autorité du peuple, établis exprès pour s'opposer & contrôler toute l'administration publique, de laquelle, au moyen d'une autorité qui n'étoit d'abord que négative, ils se rendirent les maîtres, ce qui les fit maîtres de tout.

Il paroît delà que la plupart des gouvernemens ne sont pas parfaits & bien balancés : ils sont comme un assemblage de morceaux mal assortis, rarement formés à la fois sur un plan désintéressé, universel & raisonnable.

Ils

Ils sont d'abord établis sur les vues ambitieuses d'un seul homme ou d'un petit nombre d'hommes, & changés dans la suite selon la nécessité des temps, ou par des remedes palliatifs trouvés sur le champ, qui ne servent qu'à soulager pendant quelque temps, & à écarter certains symptomes visibles du mal, sans aller à la racine. Le peuple qui prend un soulagement présent pour une cure complete, a une foi implicite pour les médecins de l'État; tandis que ces prétendus médecins songent uniquement à tirer le meilleur parti qu'ils peuvent de leurs malades & de la maladie, & que par des remedes flatteurs & de magnifiques promesses, ils acquierent la direction du peuple & de sa bourse.

Cette méthode peut à la fin irriter les peuples & les obliger à chercher d'autres médecins & d'autres remedes, lorsqu'ils voyent encore leur santé dérangée, & que peut-être ils sont plus malades qu'auparavant. Mais de quelque côté qu'ils se tournent, il faut qu'ils se fient à quelqu'un : ils ne sont pas sûrs d'être mieux traités ou guéris plus radicalement par leurs nouveaux médecins ou maîtres, qui pour les servir doivent avoir leur confiance, & par là une occasion qu'ils négligent rarement de se servir eux-mêmes aux dépens de ceux qui les employent. Le peuple est sujet à tomber dans les mêmes pieges, & à croire les mêmes promesses, quelque fâché qu'il soit contre un homme, ou un parti d'hommes, pour avoir abusé de la confiance sans réserve qu'il avoit pour eux : le peuple, dis-je, est porté à confier le même dépôt avec le même aveuglement pour ses nouveaux favoris, qui peut-être ont acquis sa confiance en le trompant, & qui en reconnoissance du crédit qu'ils ont acquis sur lui, sont résolus de le tromper de plus en plus.

C'est ainsi que le peuple tyrannisé par Tarquin, concourut de tout son cœur, avec les patriciens, au détrônement & à l'expulsion de ce prince, sans prendre les précautions nécessaires contre l'oppression des patriciens, entre les mains de qui le pouvoir royal fut continué. L'ignorante populace ne portoit pas la vue plus loin que le nom & l'homme qu'elle haïssoit : s'en étant délivrée, elle n'appercevoit plus rien qui pût lui nuire, & ne voyoit plus rien à craindre. L'amour du pouvoir & l'ambition ne dorment guere : le peuple sentit dans la suite avec amertume ce qu'il n'avoit pas apperçu d'abord : les patriciens, délivrés de la tyrannie de Tarquin, oubliant combien elle leur avoit été insupportable, oubliant aussi par le secours & par le courage de qui ils avoient secoué le joug, déployerent une autorité sans bornes sur les Plébeïens, & n'en eurent aucune pitié. Les Plébeïens, s'appercevant enfin qu'ils avoient chassé un seul maître rigoureux pour en avoir plusieurs, animés par les mauvais traitemens de la noblesse, & prêtant l'oreille à leurs démagogues, trouverent un remede à leurs griefs, dans la création des tribuns du peuple, qui abuserent dans la suite de leur autorité; & ainsi le peuple commit à son tour autant d'abus que les patriciens, comme on le verra lorsque nous parlerons des tribuns du peuple.

Ceci ne sauroit excuser les patriciens : il leur étoit aisé de prévoir ce que la rigueur de leur gouvernement pouvoit produire sur un peuple si magnanime & si déterminé. De ce qu'il avoit porté le joug en plusieurs occurrences & pendant un certain temps, il ne falloit pas conclure qu'il dût le porter toujours; cela vouloit seulement dire qu'il n'avoit pas encore été poussé au désespoir : Il ne manquoit plus qu'une étincelle pour mettre le feu à un si grand nombre d'esprits déjà enflammés : cette étincelle fut fournie par *Volero*, & il n'en pouvoit pas partir une qui fît un plus grand effet.

Il paroissoit raisonnable que les soldats Romains, ce qui signifie le commun peuple de Rome, qui exposoient tous les jours leur vie contre les ennemis de la république, & qui remportoient pour elle des victoires continuelles, eussent eu part à la bonne fortune de l'Etat. Il étoit juste que ceux qui étoient les auteurs & les instrumens du salut de la patrie & de l'honneur public, trouvassent du repos & de la considération chez eux. Ils trouverent une étrange récompense, bien différente de celle qu'ils avoient lieu d'attendre : la reconnoissance qu'on eut de leurs triomphes & des lauriers qu'ils avoient remportés pour la république, le payement qu'ils reçurent pour en avoir étendu le territoire, agrandi les forces & les revenus, fut d'être maltraités à coups de fouet & mis en prison : ils se trouverent eux-mêmes esclaves, pour avoir, au prix de leur sang, assuré la liberté de la patrie. Ce fut la juste cause de ce qu'ils firent : » Si nous » étions, disoient-ils, au pouvoir des ennemis que nous avons si sou» vent vaincus, pourrions-nous en recevoir un traitement pire que celui » que nous essuyons de la part de nos propres concitoyens. «

Au milieu de ce rude traitement d'une part, & de ces plaintes ameres de l'autre, la vue & le récit lamentable d'un malheureux échappé des chaînes & des coups attirerent dans la place publique une multitude de Plébéïens, & comblerent la mesure de leur ressentiment & de leur horreur. Cet infortuné étoit un vieillard, chargé de toutes les marques de la misere, & de la maniere indigne dont on l'avoit traité : il avoit un habit sâle & déchiré, le corps exténué, le visage pâle & décharné, les yeux creux, les cheveux négligés & en mauvais ordre : le tout ensemble lui donnoit un air hagard & farouche. Les tristes impressions que sa présence causoit furent beaucoup augmentées par ce récit : » Que son champ ayant » été ravagé pendant la guerre contre les Sabins où il servoit, non-seule» ment il avoit perdu le revenu de l'année, mais que sa métairie avoit » été brûlée, tous ses biens pillés, tous ses troupeaux enlevés : Que pour » surcroit de malheur on avoit exigé de lui le payement du tribut dans » un temps où il étoit sans argent, & qu'il avoit été obligé d'en em» prunter : que les intérêts s'étant accumulés, il lui avoit falu vendre d'a» bord son champ qu'il avoit reçu de ses peres, puis le reste de ses biens : » qu'enfin cette espece de gangrene avoit gagné jusqu'à son corps & jus» qu'à sa personne. Que son créancier l'avoit emmené chez lui, pour y

» être traité, non comme un esclave, mais comme un criminel condamné » au supplice. « En disant cela, cet infortuné montroit sur son dos les vestiges encore récens qu'y avoient laissé les verges & les fouets dont on l'avoit déchiré; tandis qu'on voyoit sur sa poitrine les cicatrices honorables des blessures qu'il avoit reçues dans plusieurs combats contre l'ennemi. Il ajouta qu'il étoit très-bien connu de quelques-uns des spectateurs, qui pouvoient certifier, disoit-il, qu'ils l'avoient vu, en qualité de centurion, à la tête de ses gens, se signaler contre l'ennemi, & se distinguer à la guerre par ses exploits. Voilà quels étoient les services, les malheurs, & les souffrances de *Volero.*

En falloit-il davantage pour enflammer un peuple généralement mécontent? On ne voyoit à Rome que dissention & que tumulte : cependant les Plébéïens s'appaiserent par des conditions raisonnables, qui furent mal observées, & par de belles promesses que l'on ne tint jamais, de sorte que les anciens griefs subsistant ou revenant, les anciennes plaintes & le mécontentement se réveillerent; le peuple, qui se seroit contenté de quelques concessions modérées, exécutées honorablement, ne pouvant plus se fier à de belles paroles, & poussé à bout par des *traits* de mauvaise *foi*, *insista* & obtint la création d'une nouvelle magistrature, qui, changeant ainsi l'ancien équilibre, forma, en quelque maniere, une nouvelle république, & diminua extrêmement le pouvoir des patriciens, en même temps qu'il mortifia leur orgueil. Tel est le cours des choses humaines; ceux qui poussent leur domination au plus haut point possible ont tort d'être surpris & de se plaindre, lors qu'ils se voyent au plus bas degré, d'en voir d'autres qui dominent sur eux. Tout homme a le même droit de faire injustice à un autre, je veux dire qu'il n'en a aucun; mais quiconque est le premier à exercer l'injustice, a d'autant moins de droit de se plaindre lorsqu'il la souffre. THOMAS GORDON, *discours sur Salluste.*

PLÉNIPOTENTIAIRE, f. m. *Celui qui a un plein-pouvoir d'agir.*

On le dit particuliérement des ministres publics que les souverains envoyent pour traiter de paix, de mariage ou autres affaires importantes.

Le titre de Plénipotentiaire donné sans celui d'ambassadeur, même à un grand seigneur, ne constitue qu'un ministre du second ordre. Une naissance illustre & une dignité personnelle décorent le caractere du ministre. Mais c'est au caractere seul, & non à la naissance, aux dignités, & aux qualités personnelles, que les honneurs sont dûs. Le plein-pouvoir honore, parce qu'il marque la confiance du maître : mais il ne désigne qu'un procureur dont la procuration est ample & ne regarde que l'autorité des traités. La qualité représentative, & les honneurs éclatans ne sont attachés qu'au titre d'ambassadeur ; & nul ne l'est, si dans ses lettres de créance ou dans ses pouvoirs, il n'a nommément le titre d'ambassadeur. Le Plénipotentiaire ne doit pas prétendre aux honneurs réservés aux ambassadeurs, à cause du droit de représentation qui est attaché éminemment à ce seul titre d'ambassadeur. *Voyez* AMBASSADEUR.

PLINE-LE-JEUNE.

CET homme vertueux s'éleva, par son mérite, aux premieres charges, sous l'empire de Trajan, & devint même consul. C'est pendant son consulat qu'il prononça dans le sénat le panégyrique du prince son bienfaiteur, dont il fut chargé au nom de tout l'empire. Quelque temps après il fut envoyé dans le Pont & dans la Bithynie en qualité de proconsul. Il gouverna les peuples en philosophe plein d'humanité; il diminua les impôts, rétablit la justice & fit régner le bon ordre. Une violente persécution s'étant allumée contre les chrétiens, que Trajan regardoit comme dangereux par leur nombre & comme ennemis déclarés de toutes religions, Pline osa plaider leur cause auprès de l'empereur. Il écrivit à ce prince que le commerce des chrétiens entr'eux étoit exempt de tout crime, que leur principal culte étoit d'adorer leur Christ comme un Dieu, que leurs mœurs étoient la plus belle leçon qu'on pût donner aux hommes, & qu'ils s'obligeoient, par serment, de s'abstenir de tout vice. Trajan, touché des raisons que ce philosophe humain lui exposa, défendit de faire aucune recherche des chrétiens; mais il ordonna qu'on punît de mort ceux qui, au mépris des loix de l'empire, viendroient déclarer d'eux-mêmes, sans être dénoncés, qu'ils faisoient profession du christianisme. Pline revint à Rome, y vécut en homme digne d'avoir rendu ce témoignage à la plus pure des religions. Sa probité ne pouvoit être surpassée, ni égalée. Il étoit grand sans orgueil, d'un abord facile sans bassesse, d'une contenance noble sans hauteur. Il étoit libéral, généreux, désintéressé, ne recevant jamais rien pour ses plaidoyers, gracieux, affable, bienfaisant, sobre, chaste, modeste, bon fils, bon mari, bon pere, bon citoyen, bon magistrat, ami zélé & fidele. L'antiquité païenne n'a pas eu d'homme plus vertueux, & le christianisme auroit pu s'en faire honneur.

PLUTARQUE, *Philosophe Moraliste.*

PLUTARQUE, natif de Chéronée, ville de la Béotie, florissoit sous le regne de l'empereur Trajan, au commencement du deuxieme siecle. Ses talens éclaterent de bonne heure. Dès sa plus tendre jeunesse, ses concitoyens le chargerent de plusieurs affaires importantes qui lui mériterent les plus hautes charges de sa patrie. Après avoir voyagé en Grece & en Egypte, pour y acquérir les connoissances propres à former un homme de lettres & un sage, il alla à Rome, où il enseigna la philosophie. Trajan conçut pour lui une amitié d'autant plus vive, qu'elle étoit fondée sur l'estime. Il l'honora de la dignité pro-consulaire, & ce qui étoit plus flatteur, il lui donna sa confiance. Plutarque ayant perdu ce généreux bienfaiteur, se retira dans son pays dont il fut l'oracle. Il y coula des jours heureux & tranquilles, uniquement occupé à jouir des plaisirs de l'esprit, & du plaisir encore plus touchant de faire du bien aux hommes. On croit qu'il mourut vers l'an 140 de Jesus-Christ sous le regne d'Antonin-le-Pieux. Nous avons de Plutarque : *Les vies des hommes illustres*, & des *Traités de morale.* Il y a dans ceux-ci un grand nombre de faits curieux qu'on ne trouve point ailleurs, & des leçons très-utiles pour la conduite de la vie; mais l'ignorance de la bonne physique rend la lecture de plusieurs de ces traités fort rebutante. La partie des ouvrages de Plutarque la plus estimée, est celle qui comprend les *vies des hommes illustres*, Grecs & Latins, qu'il compare ensemble. C'est en effet l'ouvrage le plus propre à former les hommes, soit pour la vie publique, soit pour la vie privée. Plutarque n'est point flatteur; il juge des choses ordinairement par ce qui en fait le véritable prix. Il ne loue & ne blâme que par des faits; & c'est ainsi qu'il faut peindre les hommes. Cet historien moraliste les connoît parfaitement. Un homme de goût interrogé, lequel de tous les livres de l'antiquité profane il voudroit conserver, s'il n'en pouvoit sauver qu'un seul à son choix : les *vies de Plutarque*, répondit-il. Quant à sa diction, elle n'est ni pure, ni élégante; mais en récompense, elle a beaucoup de force & d'énergie. Il emploie assez fréquemment des comparaisons qui jettent beaucoup de grace & de lumiere dans ses réflexions & dans ses récits. Il y a des harangues d'une beauté inimitable, presque toujours dans le style fort & véhément. Nous avons deux traductions en François des *vies de Plutarque*; une d'Amiot, & l'autre de Dacier. La premiere, quoiqu'en vieux gaulois, a un air de fraîcheur, qui le fait rajeunir, ce semble, de jour en jour.

P O

POÉSIE, f. f.

UN art aussi important que la Poésie, mérite d'être dans la liaison la plus étroite avec la politique. La nature humaine est capable de grandes choses, quoique l'homme en fasse rarement de telles. La Poésie guidée par la saine politique, peut développer & rendre efficace ce principe de grandeur qu'elle renferme. Si, suivant l'opinion d'un des plus grands philosophes, Aristot. *Ethic. l. I. c.* 2, tous les arts doivent être assujetis aux principes & aux préceptes de la politique; la Poésie, avec sa sœur l'éloquence, qui sont des arts de la plus haute importance, méritent toute l'attention des législateurs. C'est aussi ce qui avoit lieu dans les anciens temps qui ont précédé cette fausse politique, dont l'unique but est d'accommoder & de rapporter la législation à l'avantage des souverains. Les rois de Juda avoient à leur cour des prophetes, qui étoient, à proprement parler, des poëtes nationaux; & plusieurs autres rois, ou législateurs, ont été eux-mêmes poëtes, ou ont protégé des poëtes utiles aux vues de la politique. On sait quel est le rang distingué que les bardes ont tenu chez les anciens peuples Celtes. Mais aujourd'hui on travaille plutôt à l'encouragement des arts qui sont propres à l'accroissement du pouvoir des princes & de la richesse des Etats. L'art divin de fléchir à son gré l'esprit des hommes, d'y faire naître les idées, & d'exciter dans leur cœur les sentimens les plus propres à donner à l'ame sa véritable force & sa santé, cet art tombe entiérement en décadence.

L'origine de la Poésie doit être immédiatement cherchée dans la nature de l'homme. Tout peuple qui a pensé à cultiver son entendement & à épurer ses sentimens, a eu ses poëtes, qui n'ont eu d'autre vocation & d'autre occasion d'exercer leur talent, que celles qu'ils ont dues à la nature, qui les a fait penser, & sentir plus fortement que les autres, & qui les a mis en état d'orner d'images sensibles, & d'exprimer en vers harmonieux ce que le noble désir de rendre les autres participans des avantages dont ils jouissoient, les sollicitoient à produire au grand jour. Sans contredit les premiers poëtes de chaque nation, ont surpassé leurs compatriotes par la grandeur du génie & par la chaleur du sentiment; leur entendement leur a découvert des vérités, & leur cœur a éprouvé des mouvemens, dont l'importance s'est fait vivement sentir à eux, & que l'amour qu'ils portoient à ceux au milieu desquels ils vivoient, les a engagés à répandre & à communiquer. En effet, quoique l'histoire des anciens peuples ne remonte pas jusqu'à l'époque où les premiers germes de la raison & du sentiment ont commencé à se développer, on y trouve pourtant des traces qui indiquent que les plus anciens poëtes des différentes nations, ont enseigné aux hommes dans leurs vers des regles & des maximes de conduite qu'ils avoient découvertes, & dont ils sentoient vivement l'importance.

Aussitôt que cette premiere lueur de Poésie eût mis les hommes sur la route qui conduit à proposer des vérités utiles sous une enveloppe agréable, elle excita leur attention, & ils s'apperçurent bientôt qu'outre la mesure & la cadence des mots, il falloit que ces mots présentassent des idées intéressantes, que le feu des pensées animât les expressions, que des images frappantes captivassent l'imagination; en un mot, on inventa & l'on perfectionna successivement le langage poétique. Il est probable que partout les premiers essais dans ce genre ne furent que des vers isolés, tels que sont encore la plupart de nos proverbes, ou des propositions exprimées succinctement en deux ou trois vers. Quand l'art eut fait des progrès, on trouva les moyens d'instruire le peuple par les fables & les allégories : les loix & les doctrines religieuses furent revêtues des ornemens poétiques; & bientôt des chansons guerrieres servirent à fortifier le courage patriotique. Ce furent les muses seules qui exciterent les ames nobles & douées d'un beau génie, à devenir les docteurs & les guides de leurs concitoyens : & de cette maniere la poésie obtint, en quelque sorte, l'empire du genre-humain. Plusieurs nations reconnurent combien cet art étoit utile pour produire des impressions efficaces sur l'esprit des hommes; elles accorderent des prérogatives distinguées aux personnages heureux qui le possédoient : & delà vinrent les prophetes & les bardes.

La véritable histoire de la Poésie chez un seul peuple, seroit incontestablement l'histoire de ce même art chez tous les autres; & feroit, sans contredit, une partie intéressante de l'histoire universelle du génie humain : mais elle n'existe nulle part. Tout ce que l'on sait de plus particulier sur cette histoire, c'est ce qui concerne les Grecs. On peut réduire ce morceau d'histoire à quatre périodes principaux, qui répondent à autant de formes différentes, sous lesquelles la Poésie s'est montrée. Dans le cours du premier période de temps, sur lequel il ne nous reste aucune tradition, la Poésie commençoit à germer imperceptiblement, par des sentences proverbiales, ou par des démonstrations de quelque passion agitée, qu'on énonçoit d'une maniere fort succincte, & qu'on chantoit en dansant. Ce n'étoit point encore un art : quiconque dans une compagnie, sentoit la force de son imagination se déployer avec un feu extraordinaire, excitoit les autres à chanter & à danser d'une maniere fort irréguliere; & les refreins tomboient toujours sur l'objet de la passion. Ils sont encore aujourd'hui chez les sauvages du Canada les premiers essais de la musique, de la danse & de la Poésie. Quelques savans ont eu la pénétration de découvrir dans l'histoire que Moïse a donnée des premiers habitans de la terre, des traces de ces chants informes. Aristote paroît avoir eu la même idée de l'origine de l'art;

& il nomme, *Poetic. c. 4*, ces premiers essais αὐτοσχεδιάσματα, ou productions nées de l'instinct, sans aucun plan, ni dessein.

Il est assez vraisemblable que, dès ce temps-là, les tentatives poëtiques renfermoient des indices du caractere différent des trois especes principales de Poésie, lyrique, épique & dramatique. Le tombereau de Théseis n'est pas fort éloigné de cette forme brute de la Poésie naissante : & Platon assure cependant que les premiers essais de la tragédie remontent bien au-dessus du temps de Théseis. La Poésie lyrique paroît naturellement devoir être la plus ancienne, puisqu'elle doit son origine à l'essor des passions tumultueuses. Les réjouissances que font les sauvages après quelque heureux succès dans les combats, ont pû aussi offrir les premieres traces de la Poésie épique.

A ce premier période, mais probablement au bout d'un très-long intervalle de temps, en succéda un second, où les poëtes nés & poussés par l'instinct réfléchirent, & les plus pénétrans d'entr'eux, en observant la forme & l'efficace des premiers essais, trouverent des regles propres à les perfectionner, & à les rendre sur-tout plus utiles au peuple, qu'ils se proposoient de gouverner à leur gré, dans l'intention tendre & paternelle de leur donner des connoissances, des loix & des mœurs. Les poëtes de ces tems-là paroissent avoir été des docteurs, des législateurs, des chefs & des conducteurs des peuples. C'est alors, ou peut-être un peu plus tard, qu'ont vécu les premiers poëtes, qui ont eu de la réputation parmi les Grecs, & dont cette nation avoit conservé les chants. Orphée chanta la cosmogonie ou l'origine du monde, suivant le système de théologie qu'il avoit appris chez les Egyptiens. Musée, son disciple, parla dans le style des oracles, & ses obscurs hexametres roulent à peu près sur les mêmes matieres. Eumolpe fit des mysteres de Cérès le sujet d'un poëme, où il fit entrer tout ce que la morale, la politique & la religion avoient alors d'intéressant. La guerre des Titans, chantée par Tamyris, est un ouvrage allégorique sur la création. Les poëtes de ce période ont beaucoup de conformité avec les prophetes Juifs. Les Grecs conserverent pendant long-temps quelques-unes de ces Poésies ; mais il n'en est parvenu aucune jusqu'à nous.

Le troisieme période de la Poésie est celui où l'on commença à la regarder, comme un art dont la profession faisoit un état dans la société, & appelloit à un genre de vie particulier : alors les poëtes ou chantres, furent tels en titre d'office. Ce temps pourroit être appellé le *temps des bardes*. C'étoient des chantres qu'on appelloit & qu'on salarioit pour vivre à la cour des princes, qui étoient les chefs des petites sociétés d'alors ; tel étoit Phemius à la cour d'Ulysse, & Demodocus à celle d'Alcinoüs. Ils chantoient dans les solemnités, tant pour le plaisir que pour l'instruction des assistans ; leurs chansons étoient allégoriques & rouloient sur l'histoire des dieux & sur les exploits des héros. Ils paroissent avoir, en même temps, été les amis & les conseillers des grands qui les entretenoient. De pareils chantres ont existé, depuis les temps les plus reculés jusqu'à nos jours, à la cour

cour des rois d'Ecosse. C'est à la fin de ce période, ou du moins au commencement du suivant que nous plaçons Homere.

Le quatrieme période commence au temps, où la forme de gouvernement monarchique, ayant été abolie dans la plupart des Etats de la Grece, les hommes se trouverent dans une plus grande égalité; & il n'y eut plus de princes, qui fissent venir à leur cour des bardes ou chantres. Alors on cessa de les considérer comme exerçant une profession particuliere, & ayant, un genre de vie à part. Ceux que leur génie porta à la Poésie, devinrent poëtes, sans que personne les en requît, & probablement, sans renoncer à l'état, dans lequel ils se trouvoient auparavant : on s'appliqua, comme on le fait encore aujourd'hui, à la Poésie, ou pour s'amuser, ou par l'effet d'une impulsion irrésistible du génie, ou pour se faire un nom.

Les poëtes de ces temps-là peuvent être divisés en deux classes. Une partie d'entr'eux se consacrerent au service de la religion, de la philosophie & de la politique; l'autre n'eut pour but que de suivre son penchant & son goût. Ces derniers formerent alors l'espece de ceux que nous nommons aujourd'hui *beaux-esprits*. Les premiers envisagerent la Poésie sous ce point de vue noble, qui la présente comme faite pour enseigner les hommes, & les mettre en état de juger plus sainement que le vulgaire, & en véritables philosophes, des objets qui se rapportent aux mœurs & à la politique, pour agir en conséquence & propager les leçons de la raison & de la culture des vertus sociales. La sagesse qu'ils avoient acquise par la réflexion, fut placée dans les Poésies dont ils enrichirent l'univers; les uns sans aucune vocation particuliere, comme Esope, Solon, Epimenide, Simonide, *&c.* les autres étant invités par les Etats, à contribuer à l'embellissement des fêtes publiques, comme Eschyle, Sophocle, Euripide, Pindare, *&c.* Ceux-ci ont porté l'art de la Poésie au plus haut degré de perfection. D'autres, qui joignoient au talent le goût du plaisir, ont fait servir la Poésie à délasser l'esprit, à réjouir l'imagination, à égayer les sociétés; tels ont été Anacréon, Alcée, Sapho, & plusieurs autres. Depuis ce temps, la Poésie s'est offerte, comme Vénus, sous l'idée de deux personnes, l'une céleste, l'autre terrestre; l'une avec un air majestueux; l'autre avec des attraits séduisans.

Tant que la Grece a joui de sa liberté, & que les beaux génies qu'elle produisoit, ont pu donner l'essor à leurs idées & à leurs sentimens, la Poésie s'est soutenue dans ce degré d'élévation, qui lui donne la prééminence sur tous les autres arts. Mais, quand l'oppression de la liberté entraîna celle des généreux sentimens du citoyen, il fallut bien que la Poésie perdît ce qui constituoit sa principale force. Elle ne put plus se proposer pour objet, de donner des mœurs & des vertus aux hommes. Le luxe des cours, sous les successeurs d'Alexandre, amollit les mœurs, & rendit les vertus inutiles, ou même nuisibles. Les princes, sur-tout les Ptolomées en Egypte, appellerent bien auprès d'eux les gens d'esprit & de mérite, mais non sur le pied des anciens bardes, ni même comme philosophes & pour les consulter, mais seulement, comme des hommes agréables & de bonne compagnie. Delà nâquit, pour ainsi dire, une nouvelle espece de poëtes, qui n'étant plus inspirés, ou par la nature, comme Anacréon, ou par un noble désir de gloire, comme Sophocle & ses contemporains, mais qui suivant le torrent de la mode, ou voulant plaire aux grands, ou même par le motif plus bas encore, d'un vil intérêt, consacrerent les forces de leur génie aux différentes especes de Poésie, auxquelles ils se crurent d'ailleurs les plus propres. A cette classe appartiennent Callimaque, Théocrite, Apollonius & plusieurs autres, dont les écrits sont pour la plupart parvenus jusqu'à nous. Ces poëtes ressembloient donc à ceux que nous avons tous les jours sous les yeux; ils n'avoient aucun dessein de procurer l'utilité de leurs contemporains; ils ne cherchoient qu'à briller par leurs talens; & l'on pourroit dire qu'ici commença l'âge d'argent de la Poésie

On doit rendre à ces poëtes la justice, que bien qu'ils ne fussent que des imitateurs, ils avoient fort bien saisi la maniere des vrais poëtes originaux. Aussi les place-t-on immédiatement après eux; & ils sont encore aujourd'hui proposés pour modeles aux modernes. Mais, après eux, la Poésie grecque tomba entiérement en décadence, & baissa de plus en plus; ce qui n'empêche pas que jusqu'au temps des empereurs Romains, on ne trouve encore des restes considérables de ses anciennes beautés.

Cet article deviendroit trop long, si je voulois y parcourir les divers âges de la Poésie chez les autres peuples. D'ailleurs son sort & ses différentes révolutions, ayant leur principe dans le génie des hommes, qui est généralement le même par-tout, ont assez de ressemblance. (*Cet article & le suivant sont tirés de la Théorie générale des Beaux-Arts*, *de M.* DE SULZER.

POETE, f. m.

CE nom ne doit pas être donné indifféremment à tous ceux qui font des vers :

> ---- *Neque enim concludere versum*
> *Dixeris esse satis.* Horat. *Serm. I. 4.*

On n'est pas plus Poëte pour dire des choses communes en vers, qu'on est orateur, quand on parle en conversation. Il faut n'avoir aucune teinture des connoissances relatives aux objets du goût, pour s'imaginer que des idées triviales & que chacun peut avoir tous les jours, acquierent des beautés & du prix lorsqu'on les assujettit aux regles de la versification : c'est plutôt tout le contraire. Un lang ge aussi extraordinaire que l'est celui des muses, demande nécessairement des idées ou des sentimens extraordinaires, qui rendent raison de ce qu'on ne s'exprime pas comme de coutume.

Après cela, il ne faut pas placer le caractere du Poëte dans l'art d'orner un discours par des vers bien faits & harmonieux ; il consiste dans l'art de faire de vives impressions sur l'esprit & sur le cœur, en prenant une route différente de celle du langage ordinaire. » Arranger des mots & des » syllabes conformément à certaines loix, c'est, dit Opitz, la moindre » qualité du Poëte. Il doit être εὐφαντασιώτατος, c'est-à-dire, abonder en » idées sublimes & en inventions ingénieuses ; son esprit doit être capable » de prendre l'essor le plus élevé, de saisir ce que les objets ont d'inté- » ressant, & de le peindre avec force ; sans quoi il rampe & se traîne » dans la poussiere. « Opitz, *sur la poésie allemande.* Horace pensoit de même, lorsqu'il ne reconnoissoit pour Poëte que celui :

Ingenium cui sit, cui mens divinior, atque os
Magna sonaturum. *L. cit.*

Assurément le langage poëtique s'éloigne si fort du langage ordinaire, & donne dans un tel enthousiasme, qu'on a eu raison de l'appeller *le langage des dieux* : aussi faut-il qu'il prenne sa source dans une sorte d'inspiration secrete, qui n'est autre chose que le génie ou le talent naturel de la poésie ; on a lieu de croire que la danse, la musique, le chant & la poésie remontent à une source commune. Ainsi le meilleur moyen d'arriver à la découverte du génie poëtique, c'est de nous rappeller l'origine la plus vraisemblable qu'on puisse attribuer à ces différens arts. Nous pourrons en inférer d'où est né le langage poëtique, & comment l'on s'est avisé de mesurer ses paroles pour changer les discours en chants. Afin de saisir le lien qui unit ces trois arts dès leur naissance, il faut considérer qu'il s'éleve quelquefois dans l'ame des idées ou des sentimens qui, tantôt par leur vivacité, tantôt par une douceur insinuante, mais victorieuse, quelquefois par une certaine grandeur qu'elles tirent de la religion, ou de la politique, s'emparent si puissamment de toutes nos facultés, qu'il en résulte un enthousiasme doux ou véhément, dans lequel les paroles coulent comme un torrent, & s'arrangent tout autrement que dans le calme de la vie commune. Celui qui est susceptible de ces impressions, & que la nature a en même-temps organisé de maniere à sentir les finesses dont l'oreille juge, voilà le Poëte né.

Ainsi le fond du génie poëtique ne peut être placé que dans une extrême sensibilité de l'ame, associée à une vivacité extraordinaire d'imagination. Les impressions agréables ou désagréables sont si fortes dans le Poëte, qu'il s'y livre tout entier, fixe son attention sur ce qui se passe au dedans de lui ; & donne un libre cours à l'expression des sentimens qu'il éprouve :

alors il oublie tous les objets qui l'environnent pour ne s'occuper que de ceux que son imagination lui présente, & qui semblent agir sur ses sens mêmes. Il entre dans cet enthousiasme qui, suivant l'espece du sentiment qui le produit, montre sa véhémence ou sa douceur, tant par le ton de la voix que par le flux des termes.

Mais à ce vif sentiment se joint une force extraordinaire d'imagination, dont le caractere varie suivant le génie particulier du Poëte. Il juge de tout d'une façon qui lui est propre; il n'apperçoit dans l'objet que ce qui l'intéresse, il découvre des rapports & des points de vue, que tout autre, ou que lui-même de sang-froid, n'auroit jamais découverts.

Le récit des exploits que les Grecs avoient faits au siege de Troyes, fit sur l'ame d'Homere de si fortes impressions, que tout son génie en fut comme embrasé. Il déploya cette force extraordinaire dont la nature avoit doué son esprit, & la consacra à dépeindre, de la maniere la plus expressive, ces exploits dont il étoit si charmé ; il monta son imagination de maniere qu'elle mettoit sous ses yeux les grands hommes qui s'étoient signalés dans les champs Troyens ; il se transporta lui-même dans ces champs, il vit l'éclat des armes, il entendit leur bruit, & placé au milieu de ces combats, il fut en état d'en décrire toutes les circonstances comme s'il en avoit été effectivement le témoin. Il se transformoit dans les principaux personnages ; il étoit lui-même Achille ou Hector, tandis qu'il faisoit parler ou agir ces guerriers ; il entroit dans les transports de leurs passions, & les exhaloit aussi vivement qu'ils l'eussent fait. Il passoit avec facilité du parti des Grecs à celui des Troyens ; il partageoit leurs dangers, leurs craintes, leurs espérances ; il étoit en un mot par-tout, il jouoit tous les rôles & faisoit tous les personnages avec un égal succès. Quand son ame avoit éprouvé ces situations différentes, il naissoit en lui un désir ardent de les communiquer à d'autres, de les pénétrer des mêmes sentimens dont il étoit rempli, de les convaincre pleinement de leur importance : il auroit voulu rassembler toutes les tribus des Grecs, & les jeter dans l'enthousiasme qui le dominoit. Ce désir étoit le principe d'une nouvelle inspiration, & il prenoit le ton d'un homme qui dit les choses les plus importantes, & qui les dit à la nation qui a le plus d'intérêt à les entendre.

Ces qualités, le feu de l'imagination, la vivacité du sentiment, & le penchant irrésistible à mettre les autres dans les situations où l'on se trouve, sont donc les élémens du génie poétique ; mais quelquefois aussi ce sont des principes d'écarts & d'extravagances, quand ils ne sont pas réglés par un jugement sain, par un discernement exact, par une force d'esprit suffisante pour se bien connoître soi-même, & les circonstances dans lesquelles on est placé. Sans ces dernieres qualités, les premieres sont en pure perte ; elles deviennent plus nuisibles qu'avantageuses. Ainsi qu'un peintre à qui la justesse du coup-d'œil & le long exercice de son art ont donné la plus grande facilité à manier le pinceau, au fort de l'imagination brûlante qui l'entraîne, ne laisse pourtant pas échapper un trait qui blesse les regles de l'art : de même un bon Poëte prête toujours l'oreille aux conseils de la sagesse & de la raison, & ne permet pas à l'imagination d'étouffer leur voix. Il est tellement accoutumé à juger sainement, & à ne dire que ce qui convient au temps & au lieu où il le dit, que la raison ne l'abandonne jamais, pas même dans les momens où il ne se connoît pas lui-même. La nature des choses est toujours son guide, il l'embellit, l'agrandit, mais ne la contredit jamais.

On pourroit donc dire, en peu de mots, que le grand Poëte est un homme d'un jugement exquis & d'un goût délicat, qui imagine vivement & qui sent fortement. Le mélange inégal de ces qualités & les proportions variées de leurs différens degrés, forment, avec le tempérament, la différence des génies poétiques. Anacréon, dans son genre, est aussi bon Poëte qu'Homere dans le sien ; mais l'ame du Poëte de Téos n'étoit accessible qu'aux impressions des objets de la volupté ; le feu qu'elles allumoient en lui, étoit une flamme douce qui brilloit sans brûler. Quand il entroit dans les accès de cet enthousiasme voluptueux, son ame délicate voltigeoit comme l'abeille sur les objets les plus attrayans & les plus savoureux, elle en tiroit un miel exquis ; & tandis qu'elle s'en rassasioit, elle auroit voulu rendre tous les hommes participans de ces délices. Mais le chantre d'Achille ne pouvoit être affecté que par le grand & le terrible. Il rapportoit tout aux effets de la vertu héroïque ; & en cela il suivoit l'impulsion de son propre génie, élevé, patriotique, à qui rien ne plaisoit que le tumulte des armes & les grandes entreprises. Voilà pourquoi, quand il met des personnages sur la scene, c'est toujours leur grandeur, leur force, leurs qualités corporelles qu'il présente, c'est dans les périls éminens qu'il les place ; c'est par les derniers efforts de la valeur qu'il les caractérise : le héros, le patriote, le politique s'offrent par-tout ; & toutes ces grandes ames ne sont autre chose que l'ame même d'Homere. A cette ardeur bouillante, à cette activité prodigieuse, il joint le plus haut dégré de pénétration & de jugement, les richesses les plus inépuisables du genie & de l'invention ; il ne manque jamais d'employer les moyens les plus propres à le conduire à son but ; il est en état de varier continuellement la scene, d'offrir toujours de nouveaux personnages, de les rendre intéressans ; & tout son poëme n'est que le tableau le plus magnifique & le plus animé du sujet qu'il s'est proposé d'y représenter, la colere d'Achille.

Avec de pareils talens un homme peut s'ériger en prophete, en docteur, devenir le bienfaiteur de sa nation, & de toutes les nations policées : car de tous ceux à qui le génie échoit en partage, il n'y en a point qui puissent rendre de plus grands services au genre-humain que les Poëtes. Leur séduisante imagination prête aux objets des charmes irrésistibles ; leur jugement solide présente ces objets sous leur véritable point de vue ; & la force de leur sentiment est une espece de magie qui enchante & captive ceux à qui elle se communique.

Il y a plusieurs portes ouvertes, par lesquelles les Poëtes peuvent pénétrer jusqu'à l'ame, & prendre le ton qui convient aux circonstances : l'épopée, le drame, l'ode, la chanson, & plusieurs autres formes différentes s'offrent, & ils sont les maîtres de choisir celle qui s'accommode à leur sujet. Tout ce qui a jamais été dit ou découvert pour le bien de l'humanité, vérités, regles de conduite, modeles de mœurs, vertus, exploits ; le Poëte est appellé à mettre tout cela sous les yeux des hommes & à l'insinuer dans leur cœur. Nulle part les hommes ne sont encore aussi éclairés, aussi bons, aussi purs dans leurs mœurs, qu'ils pourroient & devroient l'être. Ainsi le Poëte a encore des occasions & des moyens sans nombre de rendre d'importans services.

Mais ceux qui se proposent de les rendre, doivent préalablement posséder les rares talens dont nous avons parlé, & s'efforcer d'en faire l'usage le plus noble. Il faut qu'ils employent ces talens pour exciter l'attention des hommes & s'attirer leur bienveillance. Le son harmonieux des paroles, les portraits agréables que l'imagination trace, les vives impressions du sentiment, sont autant de charmes qui attirent doucement les hommes à la vertu, qui leur font trouver du plaisir dans leurs devoirs, qui leur procurent la conviction de leurs véritables intérêts, qui amortissent la rigueur des coups inévitables du sort, qui diminuent l'amertume des soucis, qui temperent le feu des passions, & qui font naître toutes les affections honnêtes & louables. C'est ainsi qu'Orphée tiroit les hommes de l'état sauvage ; que Thalès inspiroit l'union à ses citoyens & les portoit à se soumettre volontairement aux loix ; que Tyrtée menoit ses compatriotes aux combats & les remplissoit d'une ardeur martiale par ses chants ; qu'Homere enfin est devenu le précepteur des politiques, des héros & de chaque particulier. Par cette route les Poëtes arrivent à la gloire & cueillent le laurier de l'immortalité.

Mais ceux qui bornent l'usage de leurs talens poétiques à l'amusement de l'esprit, qui ne peignent à l'imagination que des objets rians, des images flatteuses, sans aucun but, sans les faire servir à produire aucune idée, aucun sentiment, qui facilite la pratique de nos devoirs ; nous pouvons bien les associer à nos plaisirs, comme des gens de bonne compagnie, écouter leurs chants comme on écoute celui du rossignol : mais nous ne pouvons en faire des amis de confiance, leur accorder une véritable intimité. Après les avoir ouïs, nous conviendrons qu'au fond ils n'en valoient guere la peine, & que le temps qu'ils nous ont dérobé est à peu près perdu ; nous les blâmerons de se mettre en frais d'enthousiasme & de travail pour dire si peu de choses, nous les mépriserons même de se consacrer tout entiers à divertir leurs semblables ; nous ferons un parallele entr'eux & Solon, qui, s'étant mis à chanter une élégie devant ses concitoyens, leur parut en délire, mais qui avoit & obtint le noble but de leur donner de sages conseils, & de leur faire prendre de salutaires résolutions. Voyez

Plutarque, *Vie de Solon*. Nous convenons que les ouvrages de la plus haute importance, & qui traitent des choses les plus sérieuses, peuvent devenir beaucoup plus efficaces, si l'on sait les revêtir des ornemens, & y répandre les agrémens dont ils sont susceptibles. Nous savons que c'est à cet art enchanteur qu'Homere doit l'éloge qu'Horace lui donne, lorsqu'il assure qu'il surpasse, par la force persuasive de ses enseignemens, les plus grands philosophes :

Quicquid sit pulchrum, quid turpe, quid utile, quid non.
Plenius ac melius Chrysippo & Crantore dicit.

Horat. Epist. I. 2.

Néanmoins, quand nous accordons aux Poëtes simplement agréables une place honorable parmi les hommes qui ont de l'intelligence & des mœurs, cela ne s'étend pas à ceux qui débitent des choses également contraires au bon sens & aux bienséances, & qu'on peut comparer aux grenouilles qui croassent au fond d'un marais bourbeux. Le nombre de ces rimailleurs est si grand, qu'ils exposent la poésie en général à être regardée comme un talent futile & comme une occupation méprisable : ce sont eux qui ont attiré au plus noble de tous les beaux-arts l'accablant reproche dont Opitz gémit, & qui s'aggrave tous les jours de plus en plus au détriment de cet art divin. Le pere de la poésie allemande, dit, » que quantité de gens regar- » dent un Poëte comme un homme de néant, & ne le croyent bon à » rien, n'étant pas capable de l'application sérieuse qu'exigent les grands » emplois, ou de l'assiduité requise pour le commerce & les professions, » parce que, toujours absorbé dans ses agréables folies, dans ses voluptés » séduisantes, rien ne l'intéresse à moins qu'il ne s'y rapporte, & on l'in- » vite envain à entrer dans les routes qui conduisent aux autres arts & aux » sciences, à se distinguer par des talens & des services qui puissent lui » faire un véritable honneur & procurer une utilité réelle. Oui, cela va » jusqu'à ne point connoître d'injure plus grande à faire à quelqu'un que » de dire qu'il est un Poëte ; comme cela est arrivé à Erasme de Rotter- » dam, que de grossiers adversaires ont ainsi qualifié.... Avec cela, en » réunissant tous les mensonges que les Poëtes débitent, tout ce qu'il y a » de scandaleux dans leurs écrits & dans leur vie, on en vient jusqu'à dire » que quiconque est bon Poëte, ne peut qu'être en même temps un mé- » chant homme. » Opitz, dans le troisieme chapitre de son livre *sur la poésie allemande.* Les plaintes que le jésuite Strada faisoit sur les abus de la poésie de son temps, peuvent être répétées dans le nôtre : *Adeo deformia & fœda carminum portenta nostra hæc ætas videt, adeo postremi quique poetarum luculenti fluunt hauriuntque de fæce ; ut sanctum poetæ olim nomen timidè jam à bonis usurpetur, perinde quasi honesto ingenuoque viro poetam salutari convicio ac dehonestamento sit.* Strada, Prolus. Acad. l. I. prol. 3.

Il y a cependant dans ces objections un grand fond d'ignorance, ou un grand penchant à la calomnie, qui se manifeste dès qu'on se rappelle qu'Homere, Sophocle, Euripide & d'autres personnages semblables, ont été des Poëtes de profession : mais il faut avouer d'un côté, qu'on peut faire une bien longue liste de Poëtes, tant anciens que modernes, sur qui ces reproches ne retombent que trop. Il n'est guere possible de rien dire de plus énergique pour la confusion des mauvais Poëtes, & pour maintenir l'honneur des bons, que ce qui est renfermé dans le passage suivant d'un des plus fins connoisseurs. » Je suis obligé d'avouer, dit le comte de Shaftesbury, *Adrice to an author*, *part. I. sect. 3*, qu'il seroit difficile de trouver sur la terre une espece d'hommes de moindre valeur que ceux qui, » dans ces derniers temps, parce qu'ils ont quelque facilité à s'exprimer » coulamment, quelque vivacité d'esprit mal réglée & quelque imagination, s'arrogent le nom de Poëtes. Pour porter ce nom à juste titre » & dans un sens rigoureux, il faut que, comme un véritable artiste ou architecte dans ce genre, on sache représenter les hommes & les mœurs, » donner au récit d'une action sa forme convenable, la présenter sous tous » ses rapports intéressans : & celui qui s'acquitte bien d'une semblable tâche, est, à mon avis, une toute autre créature que ces prétendus Poëtes. Le grand Poëte est à la lettre un vrai créateur, un Promethée sous » Jupiter. Semblable aux artistes dont on vient de parler, ou plutôt à la » nature même, source unique de toutes les formes & de tous les modeles, il produit un tout, dont les parties sont bien liées & bien proportionnées. Il assigne à chaque passion l'étendue de son domaine; il en prend » exactement le ton & la mesure; il s'éleve au sublime des sentimens & » des actions; il trace les limites du beau & du laid, de l'aimable & de » l'odieux. L'artiste moral, qui est capable d'imiter ainsi le créateur, & qui » le fait parce qu'il a une connoissance intime de ses semblables, se méconnoitra, si je ne me trompe, difficilement lui-même; il ne présumera » jamais trop de ses forces, il ne sortira point de son genre; il ne se croira » pas plus grand, pour avoir traité un plus grand nombre de sujets, mais » il fera consister sa grandeur & sa gloire à traiter ceux dont il fait son » objet de maniere à surpasser tous ses rivaux, & à ne laisser aux autres » que l'espérance de l'imiter. Tout cela suppose dans le Poëte une ame » noble & pure : ceux qui ne l'ont pas telle, peuvent bien affecter un ton » d'élévation, se parer d'une fausse sublimité; mais il ne leur est pas possible de se soutenir; la bassesse de leur caractere, la noirceur de leur » ame percent & enlaidissent toutes leurs productions. «

Il est à souhaiter que ceux qui ont une autorité reconnue dans l'empire du goût, rappellent aux Poëtes, plus souvent & plus sérieusement qu'ils ne le font, la dignité de leur vocation. Ils accordent trop d'éloges à la délicatesse de l'esprit, à l'agrément de la diction, au méchanisme de la poésie, sans faire attention si ces talens agréables, si ces parties nécessaires de l'art poétique, poëtique, ont pour objet des matieres qui ne fournissent pas aux hommes un simple passe-temps, & ne les intéressent qu'en excitant en eux des sensations passageres & indéterminées. Il importe, sans contredit de ne pas se borner à ces effets, & de dire à la partie de la nation la plus éclairée & la plus polie, des choses qui puissent influer avantageusement sur sa façon de penser & d'agir. Le Poëte qui aspire à réussir dans ce genre, doit nécessairement avoir fait des réflexions plus profondes sur les mœurs, les actions, les affaires, les hommes en général, que ceux pour qui il écrit; ou du moins, s'il ne les surpasse pas à cet égard, il faut qu'il ait l'art de présenter à leur esprit ce qu'ils savent & ce qu'ils ont déjà pensé avec un plus grand degré de vivacité & d'activité, qui les rende attentifs à leurs chants. Or c'est à quoi ne suffisent pas les talens, quand ils iroient jusqu'à s'exprimer avec la plus grande facilité sur toutes sortes de sujets : il faut encore une grande connoissance du cœur humain, des observations profondes sur les mœurs, un sentiment du ton délicat & juste, & un jugement sain qui mette en état de discerner le vrai & le faux dans toutes les regles & dans tous les usages de la vie commune & publique. De la réunion de ces qualités avec les talens & la facilité de les mettre en œuvre, se forme le Poëte; & celui qui a droit de s'arroger ce titre, peut aussi prétendre à l'estime & aux égards de sa nation.

POITOU, (Le) *Province de France.*

CETTE province est bornée au nord par la Bretagne & l'Anjou; au midi, par l'Angoumois & la Saintonge; au levant, par la Touraine, le Berri & la Marche; au couchant, par la mer de Gascogne. Elle a 45 lieues du levant au couchant, & 25 du midi au nord.

Le climat y est inégal, tempéré dans le milieu du pays, & froid dans la partie basse, comme sur les frontieres du Limousin & de la Marche. Son sol est varié & mêlé de côteaux & de plaines, avec quelques montagnes & des marais près des côtes de l'océan & ailleurs. Du reste la terre y est généralement fertile en blés, en vins, en fruits & pâturages toujours couverts d'une multitude de troupeaux. Le bois est commun dans certaines contrées, & rare dans d'autres; mais le gibier, le poisson, la volaille abondent presqu'également par-tout. On y trouve en outre des mines d'antimoine, de fer & d'autres métaux; des carrieres de pierre de taille & de différentes sortes de marbres précieux; des pétrifications, des coquillages de toute espece, des fossiles, des topazes, & autres pierres rares; des crystaux, *&c.* & des amas d'huîtres si considérables, sur-tout près de l'abbaye de S. Michel en l'Herm, qu'ils forment des bancs de 30 pieds de profondeur sur plusieurs mille toises d'étendue, couverts seulement d'un peu de terre. La Vienne & la Sevre Niortoise sont les deux seules rivieres navigables.

Les Poitevins sont gais, robustes, polis dans les villes, grossiers à la campagne, & tous bons soldats : leurs femmes, sur-tout les bergeres, ont la plupart de grands talens pour la danse & pour le chant, & sont renommées à cet égard. Leur principal commerce consiste en blé, vins, bœufs, moutons, chevaux, mulets, chanvres, lins, peaux de chamois apprêtées, toiles, bas, bonnets, serges, droguets & autres étoffes de laine, poissons frais & salés, montres, horloges, couteaux, ciseaux, & autres ouvrages de mercerie, *&c*.

Le Poitou comprend deux évêchés, celui de Poitiers & celui de Luçon, il se divise en haut & en bas. Le haut Poitou est la partie orientale, qui touche à la Touraine, & au Berri. Le Bas-Poitou est la partie occidentale, qui confine avec l'océan & le pays Nantois.

Quant au temporel, le Poitou est du ressort du parlement de Paris, & il n'y a qu'un seul présidial établi à Poitiers, mais qui est d'une grande étendue. Le Poitou se divise, par rapport aux finances & aux impositions, en neuf élections.

Il y a un gouverneur-général & deux lieutenans de roi pour le haut Poitou ; & un lieutenant-général avec deux lieutenans de roi pour le bas Poitou. Le siege d'amirauté est établi aux sables d'Olonne, & le bureau des finances se tient à Poitiers.

Le Poitou & Poitiers sa capitale, ont pris leur nom des anciens peuples, *Pictavi*, qui étoient célebres entre les Celtes du temps de Jules-César, & ensuite Auguste les attribua à l'Aquitaine. Leur territoire étoit de beaucoup plus grande étendue que n'est le Poitou, parce qu'il comprenoit celui des Cambolectres Agesniates qui leur étoient joints, comme Pline l'assure ; & outre cela, les Poitevins s'étendoient jusqu'à la riviere de Loire, qui les séparoit des Nantois, comme nous l'apprenons de Strabon.

Du temps qu'Ammien Marcellin faisoit la guerre dans les Gaules, il n'y avoit alors qu'une Aquitaine dont le Poitou faisoit partie ; mais sous l'empire de Valentinien I, l'Aquitaine ayant été divisée en deux, le Poitou fut attribué à la seconde, & soumis à la métropole de Bourdeaux.

Après l'invasion des Barbares dans les terres de l'empire Romain, au cinquieme siecle, les Visigots se rendirent les maîtres du Poitou, que les Francs conquirent lorsque Alaric eut été tué en bataille par Clovis, près de Poitiers.

Poitiers, ancienne ville de France, capitale du Poitou, & peut-être la plus grande du royaume après Paris, est située sur une hauteur, entre les rivieres de Clain & de Vienne, près d'une route très-fréquentée ; ce qui, joint à la douceur des habitans & à la bonté du terroir, en feroit un séjour charmant si l'intérieur y répondoit ; mais elle est sombre, mal-propre, remplie de jardins & de terres labourables, & beaucoup moins peuplée

& moins commerçante qu'elle ne devroit être. On n'y compte que 4,030 feux.

L'évêque établi vers l'an 260, est suffragant de Bourdeaux; cet évêché vaut plus de 40,000 livres de revenu. L'université de Poitiers fut fondée en 1431, par Charles VII; elle a les quatre facultés, dont aucune n'est brillante. Il y a outre cela, intendance, bureau des finances, présidial, élection, maréchaussée, hôtel des monnoies; mais cette ville, malgré son enceinte considérable, est une des plus ruinées du royaume.

Les restes de murailles, les souterrains qu'on trouve au vieux Poitiers, sont une preuve qu'il y a existé anciennement un château fortifié, sa situation étoit fort avantageuse pour une place de défense; mais ses ruines & la dénomination du lieu, ne prouvent point que ce soit l'emplacement de l'ancienne capitale des peuples *Pictavi.*

La ville de Poitiers a été décorée par des ouvrages des Romains, d'un amphithéâtre, & d'un magnifique aqueduc, dont on voit encore des vestiges; on ne découvre au vieux Poitiers aucun monument de la grandeur Romaine.

La ville de Poitiers étoit au quatrieme siecle, le siege de l'évêque, la capitale du peuple, & une des plus célébres de l'Aquitaine; enfin, il est démontré qu'elle est l'ancienne *Limonum* ou *Limonum Pictavorum*, ville considérable au second siecle du temps de Ptolomée, & place importante lors de la conquête des Gaules. Il est donc constant que Poitiers n'est point une ville nouvelle, & que depuis le siecle de Jules-César, elle a toujours existé dans la situation, je ne dis pas dans le triste état, où elle est présentement. *Long.* de Poitiers, *17. 46. 30. lat. 46. 34.*

POLICE, f. f.

NOUS avons traité de la Police des campagnes à l'article CAMPAGNE. Il ne nous reste donc à traiter ici que de la Police des villes.

Le premier président du Harlay, en recevant M. d'Argenson à la charge de lieutenant-général de Police de la ville de Paris, lui adressa ces paroles qui méritent d'être remarquées : *le roi, monsieur, vous demande sureté, propreté, bon-marché.* En effet, ces trois articles comprennent toute la Police. Nous suivrons cette division; mais nous prévenons le lecteur que nous serons obligés de descendre souvent dans des détails qui lui paroîtront ou ignobles ou puérils; cependant on ne sauroit faire autrement. Ces minuties sont de l'essence de la matiere que nous traitons, & ennoblies par la grande utilité qu'elles portent à l'Etat. Notre système resteroit incomplet, si, par une délicatesse déplacée, nous voulions retrancher de cet ouvrage tous les objets qui ne paroissent pas assez relevés, mais qui sont nécessaires.

Chaque ville, soit grande, soit petite, doit avoir sa Police, mais avec cette différence, que, dans les petites villes, on en peut commettre le soin aux magiſtrats ordinaires, tandis que, dans les capitales, les grands ports de mer, &c. il faut créer des magiſtrats particuliers. Le chef de cette magiſtrature eſt appellé communément, *directeur* ou *lieutenant-général de la Police*. Cette charge eſt d'une ſi grande conſéquence pour l'Etat, & demande tant d'autorité, qu'il ſeroit convenable de ne la confier qu'à un miniſtre, ou à quelque autre perſonne fort conſidérable; & comme il n'y a guere d'emploi où celui qui l'exerce puiſſe faire plus d'uſage de ce qu'on appelle *le tour du bâton*, que dans celui-ci, la prudence politique veut qu'on y attache des appointemens conſidérables, qui condamnent le chef de la Police, & qui juſtifient le ſouverain au cas que celui-ci ſe voie obligé de le punir ſévérement pour ſa rapacité exercée contre les citoyens. Il faut auſſi que ce ſoit un homme de loi, qui poſſede toutes les qualités que nous avons requiſes dans un bon juge, parce qu'il n'y a pas d'heure dans la journée où il ne ſoit dans le cas de juger.

Le bon ordre veut que toutes les villes ſoient partagées en quartiers. Paris eſt diviſée en vingt quartiers. Comme il y a peu de villes de cette étendue, ni auſſi peuplées, on peut diviſer une ville en quatre, huit ou douze quartiers. Chaque quartier doit avoir ſon commiſſaire auquel eſt commiſe la ſous-intendance de la Police, qui juge des menus détails, & qui fait ſon rapport des cas importans au lieutenant-général & au conſeil de la Police. Si la choſe eſt poſſible, il ne faut prendre pour cet emploi que des gens domiciliés dans le quartier, qui aient quelque teinture des loix, & qui ſachent, au moins, manier la plume. Plus ces commiſſaires ſeront habiles, integres, prudens, déſintéreſſés, & mieux la Police ſera adminiſtrée. Ils doivent être revêtus d'une autorité du ſecond ordre, c'eſt-à-dire, qu'ils jugent; mais, dans les affaires de conſéquence, on peut revenir à leur jugement par voie d'appel. Au reſte, ils ſont tenus de veiller à tous les objets, ſoit en général, ſoit en détail, de la Police, que nous développerons ci-après; & tous les citoyens doivent leur porter la conſidération & l'obéiſſance qui eſt due à leur caractere & à leur charge.

Le lieutenant-général de Police & les commiſſaires des quartiers doivent s'aſſembler deux fois par ſemaine, & avec le concours de deux conſeillers juriſconſultes, former un ſénat de Police, où toutes les affaires importantes, du reſſort de la Police, ſont jugées définitivement. On excepte toujours la voie d'appel au ſouverain dans les cas extrêmement ſérieux, & on ſuppoſe la confirmation pour les châtimens corporels. De ce ſénat dépendent les commiſſaires des marchés, le guêt, les valets de ville, toutes les perſonnes, ſans exception, qui ont quelque charge, ſoit grande, ſoit petite, dans la Police.

Comme cette Police a pour but le bon ordre de la ſociété en général, il eſt clair que tous les membres de la ſociété, de quelque rang & condition qu'ils puiſſent être, lui ſont ſubordonnés. Cette maxime générale eſt néanmoins ſujette à pluſieurs exceptions & modifications. Les perſonnes qualifiées ou employées dans des charges considérables de l'Etat, sont censées concourir elles-mêmes au maintien de la Police ; & les magistrats n'ont ni le droit ni le pouvoir de les juger avec les mêmes formalités, ni avec la même rigueur que les personnes du commun peuple. On peut réprimer leurs attentats, on peut les punir ; lorsqu'elles contreviennent à la Police, mais c'est par la voie des tribunaux supérieurs qui sont leurs seuls juges naturels. *Il doit y avoir une juste proportion entre les délits & les châtimens* ; c'est une regle sans exception ; mais dans l'évaluation de cette proportion, la naissance, le rang des citoyens, & plusieurs autres circonstances, doivent être comptés & mis en balance. Il y a des genres de châtiment qui ne sont pas faits pour toutes les classes des citoyens. Un manant, qui aura cassé les lanternes des rues, peut être mis au carcan ; mais une pareille punition ne sauroit être infligée à un homme considérable ; il y a d'autres moyens de le corriger sans le flétrir. Si une cour de justice s'avisoit de blâmer un fiacre, un polisson, la correction seroit bouffonne & le toucheroit peu ; si la cour blâme un bon bourgeois, un artisan bien établi, il est au désespoir. Un gentilhomme est plus puni par la disgrace de son prince, par quelques jours d'arrêt, qu'un homme du bas peuple par des châtimens corporels ; d'autres sujets sentent plus la peine des amendes pécuniaires, & ainsi du reste. Les loix doivent avoir pourvu à tout cela, & le code de ces loix doit mettre les officiers de la Police en état de juger les cas & les personnes respectivement à leur qualité.

L'autorité des magistrats de la Police n'est pas sans bornes. Où finissent ses limites, c'est là que commence l'autorité de la justice civile ou criminelle. La Police arrête un voleur ou un autre criminel, le jette en prison, forme son interrogatoire : mais elle remet à des tribunaux supérieurs ou au souverain même, le soin de faire le procès & de prononcer la sentence. Un citoyen meurt ; la Police, qui en est avertie, met le scellé sur ses effets, & abandonne, à la justice civile, tout ce qui reste à faire, *&c.* La Police ne sauroit disposer de la main du bourreau, c'est la justice criminelle qui seule peut l'employer ; le pouvoir de la Police finit avec les prisons, les maisons de correction, les amendes pécuniaires, les carcans, & autres châtimens qui prostituent les malfaiteurs du bas peuple. Dans les cours de justice, la regle est que *là où il n'y a point d'accusateur, il n'y a point de juge*, c'est-à-dire, qu'on n'y prononce que sur les choses qui sont portées devant elles. Or cette maxime laisseroit bien de mauvaises actions impunies, si la Police n'y portoit remede ; car, après avoir découvert un crime, c'est elle qui s'érige en accusateur, & remet au fiscal le soin de former la plainte & d'instruire le procès.

Le premier devoir de la Police, c'est de procurer aux citoyens la *sureté pour la vie & leurs personnes, pour l'honneur & pour leurs biens.* C'est pourquoi, elle veille nuit & jour pour empêcher les assassinats, les attaques, les guets-a-pens, les surprises violentes, les libelles diffamatoires, les pasquinades, les voies de fait entre les citoyens qui les prostituent ou les déshonorent, les débauches publiques, le libertinage caché, les vols avec ou sans fracture, les vols domestiques, les filouteries, les tromperies & faux sermens, les crimes des incendiaires, les querelles domestiques du commun peuple, & tout ce qui peut troubler le repos public, ou faire le malheur d'un particulier. Les loix doivent avoir prévu & spécifié tous ces cas, & la Police est attentive aux contraventions.

De jour, quand tous les citoyens sont en action, les crimes sont moins fréquens & moins à craindre. Tout est vu, tout est paré par une prompte assistance. La force militaire prête ses secours à la Police par les sentinelles & les corps-de-garde qui sont répandus dans tous les quartiers & aux enceintes des villes. Les commandans des troupes doivent être séveres à empêcher que les soldats en faction ne soient eux-mêmes voleurs, ou ne favorisent les vols, les crimes & les irrégularités. Dans tous les cas où la Police a besoin du bras militaire, chaque officier ou soldat, doit obéir aux magistrats de la Police qui, au bout du compte, commandent au nom du souverain, & lui sont responsables. La nécessité de cette regle se manifeste bien clairement dans les émeutes populaires & autres accidens violens qui arrivent dans l'Etat. Il est très-imprudent que, par une distinction ou prééminence chimérique qu'on accorde à l'Etat militaire, on veuille le soustraire de la subordination que chaque citoyen doit à la Police. En revanche, la Police ne doit employer le secours des gens de guerre qu'en cas de nécessité, & avoir une attention particuliere que les officiers subalternes, les bas-officiers & les soldats soient honnêtement, sainement & commodément logés, sans cependant surcharger les bourgeois, ou les mettre au désespoir par les vexations du soldat. Le souverain doit cette attention à ses sujets, qui enfin le nourrissent lui & tout son état militaire, qui entretiennent toute sa grandeur, de ne pas accabler une ville par une trop forte garnison; & c'est une invention admirable que celle des casernes où l'on place sur-tout les soldats mariés qui incommodent le plus le bourgeois. Celui-ci, au contraire, doit fournir au soldat, dont le prêt n'est par-tout que fort modique, la lumiere, le feu, l'eau, le sel & le vinaigre. C'est une espece de contribution que chaque citoyen paye, ou *in naturâ*, ou en argent. Il faut aussi contraindre le bourgeois à vivre en bonne intelligence avec le soldat qu'il loge, & à ne le point chicaner mal à propos.

Tandis que l'obscurité de la nuit favorise les crimes, & que le sommeil des citoyens empêche d'appercevoir les accidens funestes, la police redouble son active vigilance. Dans les grandes cités, comme Paris, elle entretient un guêt à cheval & un guêt à pied, qui font sans cesse la patrouille. A Londres, il y a des gardes de nuit dispersés dans toutes les rues, & armés d'un gros bâton avec lequel ils frappent contre les portes pour voir si on a oublié de les fermer. A chaque heure, ils crient l'heure qu'il est, le temps qu'il fait & le vent qui souffle : avertissement qui n'est essentiel que dans un port de mer aussi considérable, où les habitans sont intéressés plus ou moins dans la navigation, où le négociant, l'assureur, l'officier de marine auxquels les vents contraires, les gros temps, les tempêtes causent des insomnies, sont charmés de savoir dans leur lit à chaque heure de la nuit les variations de l'air & des vents, pour les guider dans leurs spéculations de commerce & de navigation. Je ne connois pas de ville où le guêt soit sur un meilleur pied qu'à Hambourg. Il y est enrégimenté, habillé d'uniforme & armé comme le soldat. Au déclin du jour, un détachement de ce guêt monte la garde au son du tambour, va occuper les différents corps-de-garde dispersés dans la ville, & se répand ensuite dans toutes les rues. Outre les armes ordinaires, chaque homme est muni d'une crécelle qu'il tourne à toutes les heures, & avec laquelle il fait faire un bruit capable de réveiller tous les habitans en cas de feu ou d'autre danger.

Un des principaux objets de la police, c'est d'empêcher que la ville ne soit infectée par des troupes de bandits & de brigands. Rien ne met la sureté publique plus en danger. Pour cet effet, le lieutenant de police doit être exactement instruit de tout ce qui entre dans la ville ; & un étranger ne doit pas être choqué si, aux portes de la ville, il est interrogé succinctement sur son nom, son emploi, les motifs qui l'amenent, & le logement qu'il compte d'occuper. Cette déposition est ensuite confrontée avec la liste que les aubergistes, & les autres personnes qui logent des étrangers, sont obligés d'envoyer tous les soirs au commissaire de leur quartier ; & cette précaution qui ne blesse en rien l'honnête homme, sert beaucoup à découvrir les traces & les menées des filoux & des vagabonds. Tous les trois mois, la police fait la visite des quartiers chez les petites gens, aubergistes, cabaretiers, *&c.* pour découvrir les personnes suspectes, les recéleurs des larcins, & les femmes de mauvaise vie. A la fin de l'année, on fait une visite générale dans toutes les maisons sans exception ; & le commissaire de chaque quartier, accompagné des officiers de la Police, écrit combien d'hommes, de femmes, d'enfans, de domestiques & de locataires se trouvent dans chaque maison. Ce dénombrement (la seule façon de compter les hommes avec quelque certitude) est envoyé au souverain, qui peut juger par-là des progrès de la population, de l'industrie, *&c.* & il sert aussi à la Police pour connoître la qualité des citoyens, & de quels métiers ils se nourrissent.

Nous parlerons ailleurs (*a*) de la contagion & des maladies épidémiques qui mettent la vie des citoyens dans un danger continuel dès qu'elles regnent dans le pays. Nous conseillerons l'établissement d'un sénat de médecine ou conseil de santé. C'est dans ces tristes circonstances, dans ces temps de désolation, qu'un pareil sénat doit se montrer sur-tout actif & vigilant ; mais la Police lui prête ses principaux secours, soit en faisant régner la propreté

(*a*) Voyez ci-après l'article POPULATION.

parmi le commun peuple, soit en pourvoyant aux besoins des malades & des infirmeries, soit en faisant enterrer promptement les corps morts, & en prévenant toutes sortes d'infections. L'expérience a fait connoître que, dans les temps de peste, plus de malades périssent par le défaut de bons alimens, de secours & de soins, que par la violence du venin épidémique. Les magistrats de Police, animés par leur devoir, par les sentimens de l'humanité, & par la charité chrétienne, portent à ces infortunés tous les soulagemens & toutes les consolations qu'ils peuvent recevoir. Ils établissent, de concert avec le conseil de santé, des ministres ou prêtres, des médecins, des chirurgiens, des apothicaires, des garde-malades, des fossoyeurs, des conducteurs de chars mortuaires pour les pestiférés. Tous ces gens doivent être vêtus de cuir lisse, ou de toile cirée, pour prévenir, autant qu'il est possible, la communication du venin. Ils font distribuer aux pauvres du tabac à fumer, du vinaigre, des baies de Genievre, & autres préservatifs contre la contagion, même des remedes qu'on a inventés à cet effet. Ils font parfumer les églises & tous les lieux publics où il y a un concours de monde; ils font fermer les fripperies; en un mot, ils prennent toutes les mesures que la prudence humaine, appuyée de l'expérience, peut imaginer pour arrêter le progrès de ce mal destructeur.

La sureté générale de l'Etat, & la sureté particuliere de chacun de ses membres, exigent qu'on ne permette point la publication des livres impies, des libelles contre le gouvernement, des ouvrages scandaleux & capables de corrompre la jeunesse ou d'entraîner l'innocence au crime. Ces considérations ont donné à la Police l'inspection sur les imprimeries, librairies, colporteurs, & autres personnes qui débitent les livres, & sur les auteurs. Tel ouvrage mérite d'être brûlé par la main du bourreau, & son auteur, comme celui qui le vend, d'être mis au pilori; tel autre d'être supprimé, tel autre d'être confisqué. La liberté de la presse ne veut être ni trop resserrée, ni trop étendue. On en fait quelquefois un grand abus en Hollande & en Angleterre; on est un peu trop sévere en France; il faut convenir cependant qu'à Paris le nombre excessif d'habitans & la vivacité de la nation françoise mettent les magistrats de la Police dans la nécessité d'être un peu scrupuleux & séveres sur l'article des livres qu'on nomme prohibés. L'auteur d'un de ces libelles contre la cour ayant été découvert, & mené devant le célébre Mr. d'Argenson, ce sage magistrat l'interrogea sur les motifs qui avoient pu le séduire & le porter à une action si noire. *Eh, monsieur*, lui répondit l'accusé! *ne faut-il pas que je vive? Je n'en vois pas la nécessité*, lui répliqua froidement Mr. d'Argenson; & il n'avoit pas tort. Ces sortes d'auteurs, indignes d'en porter le nom, sont des insectes de la société.

Comme, dans tous les pays policés, la voie de la justice est ouverte à tout sujet qui croit avoir raison de se plaindre d'un de ses concitoyens, toutes les voies de fait doivent, au contraire, être très-sévérement défendues. Par cette raison, la Police est attentive qu'un citoyen, de quelque

rang

rang qu'il puisse être, ne se venge d'un autre par des attaques personnelles, par des affronts, ou des insultes faites à la personne même ou à sa livrée. En France, on est si sévere sur cet article, qu'un homme qui en attendroit un autre au coin d'une rue, ou sur le grand chemin, pour lui donner une volée de coups de bâton, seroit puni de mort, parce que la sureté publique est blessée par un pareil attentat, & qu'un homme qui frappe, ne pouvant mesurer ses coups, court risque d'assommer son adversaire. Le domestique d'un riche juif Portugais fut roué en grêve, pour avoir voulu casser une bouteille d'eau forte sur le visage d'une actrice de l'opéra, & son maître fut pendu en effigie. C'est une histoire connue de tout le monde, & qu'on ne rapporte que pour appuyer, par un exemple, le conseil qu'on donne d'imiter cette juste sévérité en pareil cas.

Venons à la sureté des biens. Souvent les flammes dévorent, dans l'espace de quelques heures, tout ce qu'un citoyen a hérité de ses parens, ou acquis par ses travaux, ou accumulé par son économie. Il est ruiné, il est au désespoir. La Police doit donc prendre toutes les précautions possibles pour prévenir les incendies, & pour arrêter les progrès de ceux qui arrivent malgré ces précautions. Dans les villes, où les arrangemens contre les incendies sont mauvais, la moindre étincelle peut causer un embrasement. On a vu des rues, des quartiers, des villes entieres consumées par le feu; mais par-tout où l'on prend de sages mesures contre le feu, il n'est presque pas possible que plus d'une maison puisse être réduite en cendres. Je suppose, comme on le verra bientôt, que la Police a eu soin de tracer les rues de la ville assez larges & assez spacieuses, pour qu'on puisse approcher & porter des secours à l'édifice qui brûle. On commence par obliger tous les habitans des villes à bâtir solidement; & le souverain en donne l'exemple par son château, & par tous les bâtimens publics, sur-tout par les maisons de spectacles qui ne sauroient être assez massives. Sous le toit, ou sur la plate-forme de ces grands édifices, on place un vaste réservoir d'où partent des tuyaux pratiqués dans les murailles, qui conduisent l'eau par toute la maison, de maniere qu'en tournant un robinet on puisse l'inonder. Cette regle a plus d'une utilité. Celui qui n'a pas les facultés de construire sa maison de pierre ou de briques, & de la couvrir de tuiles, d'ardoises, de plomb ou de cuivre, ne doit point bâtir, mais demeurer à loyer. La Police doit être inexorable sur cet article. Elle ne permet pas non plus à qui que ce soit d'avoir dans sa maison au-delà d'une certaine quantité déterminée de poudre à canon, ou d'autres matieres combustibles. Dans les visites des quartiers, on fait des recherches exactes si cette ordonnance est suivie, & l'on punit rigoureusement ceux qui y contreviennent. En revanche, on a soin de faire construire, ou dans les ouvrages avancés des forteresses, ou à l'extrémité des fauxbourgs, de grands magasins à l'épreuve de la bombe, où les marchands de poudre à canon & d'autres matieres combustibles, peuvent garder leurs provisions moyennant un petit loyer qu'ils payent. On oblige tous les chefs de famille d'avoir constamment dans leurs maisons au moins six seaux de cuir, une hache, une échelle, une petite seringue portative, & quelques autres outils servans à l'extinction du feu. Dans chaque grande place, à côté des églises, près des greniers publics ou d'autres bâtimens considérables, on fait construire une remise où l'on garde une ou plusieurs grandes seringues à quatre roues. La méchanique perfectionnée a fourni dans toute l'Europe, mais principalement en Allemagne, des modeles admirables pour ces sortes de machines, sur-tout depuis qu'on y a ajouté l'invention des buses ou tuyaux de cuir, dont un bout jetté dans une riviere, dans un fossé, dans un étang ou dans un puits, & l'autre attaché à la seringue, suce l'eau, la conduit à une grande distance, & fournit continuellement d'eau les pompes à feu. Les cuves, les seaux & tous les autres instrumens pour éteindre le feu, sont gardés par la même remise; & la Police entretient un conducteur avec six, huit ou dix manœuvres pour faire agir les pompes. Ces hommes sont engagés par serment de se trouver auprès de leur seringue à la premiere alarme, de se transporter incessamment au lieu du danger, & de faire tout ce qui est en eux pour éteindre l'incendie. Ils n'osent pas, sans permission expresse, s'absenter de la ville, sont vêtus de sarreaux de toile qu'on peut humecter, avec des casques aux armes de la ville en tête, pour se faire connoître & respecter par la foule qui accourt.

Comme la plupart des incendies arrivent par le mauvais état des cheminées, fours & fourneaux, la Police a non-seulement soin de prescrire un réglement aux maçons sur la maniere de construire ces cheminées, *&c.* mais elle établit aussi des ramoneurs jurés, qui lui sont responsables de tous les malheurs occasionnés par leur faute ou négligence, & qui avertissent le commissaire du quartier toutes les fois qu'un propriétaire de maison n'a pas suivi le réglement dans la construction de ses cheminées. Ces ramoneurs dépendent absolument de la Police. Sur tous les principaux clochers de la ville, il faut entretenir un homme, pour faire la garde, nuit & jour, & pour sonner le tocsin, ou les cloches, aux moindres vestiges de feu qu'il apperçoit. Tout dépend de la vigilance de ces gardes. Si l'incendie éclate de nuit, il doit attacher au bout d'une longue perche une lanterne, & la pendre du côté où est le feu, pour guider les citoyens qui courent au secours; si c'est de jour, on se sert ordinairement d'un drapeau rouge destiné au même usage. Le guêt, les crieurs de nuit, & tout ce qui fait garde, avertissent aussi du danger de diverses manieres. La garnison fait battre la caisse, & chaque régiment ou compagnie s'assemble d'abord au rendez-vous qui lui est assigné, pour se trouver prêts à pouvoir être employés par leurs officiers commandans là où le besoin l'exige. Dans les forteresses, on tire le canon des remparts. Le gouverneur de la ville envoie aussi d'abord un détachement de troupes, ou quelques compagnies de la bourgeoisie, investir le quartier où le feu est, pour prévenir les désordres, & empêcher le pillage affreux qui se fait toujours en pareille occasion. Le commandant, le lieutenant de Police, & tous ses officiers, doivent d'abord se rendre au lieu de l'incendie, & employer toute leur autorité & toute leur intelligence pour le faire éteindre promptement. A la premiere alarme nocturne, chaque pere de famille doit poser une chandelle allumée devant sa fenêtre. Par ce moyen toute la ville est illuminée en un instant, & l'on voit clair pour marcher dans toutes les rues. Celui qui a négligé de le faire est mis à l'amende le lendemain. Tous les ramoneurs de cheminées, maçons, charpentiers, couvreurs, & autres artisans employés à la construction des maisons, ou qui savent grimper, sont tenus de se rendre également au feu, eux & leurs compagnons; ils s'y engagent par serment lorsqu'ils prennent la maîtrise.

Si, malgré tant de bras, tant de secours & tant de précautions, un malheur arrive, on tâche de le réparer par le moyen des caisses de feu, qui sont établies dans presque toutes les villes policées, & qui devroient l'être aussi à la campagne. Ces caisses sont des especes d'associations de la plupart des citoyens, qui se garantissent mutuellement leurs maisons contre les incendies. On se cotise d'abord pour rassembler un petit fond dont on paye les menus frais de cet admirable établissement. Chaque propriétaire de maison taxe la sienne à un prix juste & équitable, & cette taxe est inscrite dans un livre déposé à l'hôtel-de-ville sous l'autorité de la Police qui rend au propriétaire un billet d'assurance que sa maison a été en effet évaluée à tel ou tel prix. Dès qu'un incendie est arrivé, les magistrats de la Police examinent le dégât, en déterminent la valeur, & font une répartition générale sur toutes les maisons inscrites, qui payent chacune tant ou tant par cent, à proportion que leurs maisons ont été taxées. Cette méthode est préférable à celle qui se pratique en beaucoup d'autres pays, où chaque maison inscrite paye annuellement une certaine somme fixe dont on forme un capital. C'est une contribution sourde qui mine les citoyens, & qui devient tôt ou tard un moyen d'acquérir pour le souverain qui peut, dans des besoins pressans, se rendre maître de la caisse & en détourner les fonds. D'ailleurs, cette derniere méthode rend les citoyens indolens sur les incendies. Qu'un malheur survienne, chacun est dédommagé, chacun n'en paye ni plus ni moins; mais les secours sont bien plus efficaces, quand chaque habitant sait qu'il est obligé d'ouvrir sa bourse pour concourir au dédommagement de celui qui perd. En Angleterre, il y a des compagnies d'assurance autorisées, qui assurent aussi les cas d'incendie pour les maisons, meubles & effets. Ces compagnies suivent à peu près le même plan que les caisses publiques; & comme elles sont directement intéressées à la conservation des maisons, les mesures qu'elles ont prises contre les incendies sont admirables, & les secours qu'elles y apportent aussi prompts qu'efficaces. On leur paye quelques pour cent par an des effets assurés.

Les précautions que la Police peut employer contre les inondations, qui désolent souvent les villes & la campagne, ne sont ni si assurées, ni si efficaces, ni aussi universellement applicables que celles contre les incendies. La situation des villes, la grandeur, la rapidité des fleuves & rivieres qui les baignent, la nature & les propriétés du flux & reflux, la proximité des montagnes où les fontes de neige causent des crues d'eau & des torrens; toutes ces circonstances & mille autres, déterminent les mesures que la Police peut prendre contre ces inondations. Tantôt il faut détourner quelque riviere, tantôt élargir son lit, tantôt arrêter ses fureurs par des écluses, digues, ou des canaux, tantôt pourvoir à ses écoulemens, tantôt il faut se munir de barques, de canots, de bacs, & autres navires, pour transporter sur des hauteurs les citoyens qui habitent les quartiers bas & submergés, avec leurs effets. Il est impossible de prescrire là-dessus des regles générales; tout ce qu'on peut faire, est d'avertir la Police d'y penser, & de ne point négliger cet objet, vu que les inondations forment un des plus cruels fléaux de la nature.

Les submersions & les incendies sont des fléaux qui dévorent tout d'un coup les biens des citoyens; mais il est d'autres maux, d'autres vices dans l'Etat, qui, pour être plus lents, plus sourds, plus imperceptibles, n'en ruinent pas moins les fortunes des particuliers, & qu'une sage Police doit par conséquent prévenir. L'introduction des jeux de hasard peut être de ces vices. On ne veut pas s'étendre en déclamations rebattues contre le jeu; mais il est certain que cette manie, qui dégénere presque toujours en fureur, est une peste pour la société. Si les jeux d'esprit, les jeux d'amusement, doivent être considérés comme des récréations agréables, & même utiles, on ne sauroit envisager les gros jeux, les jeux de hasard, que comme des moyens d'acquérir, indignes d'un honnête homme, comme les ressources des fainéans, des escrocs, & souvent des filoux, comme la ruine de mille honnêtes citoyens qui sont la dupe des premiers, & comme des distractions pernicieuses pour les progrès de l'industrie. Il s'ensuit delà, que les jeux de hasard doivent être généralement défendus, & qu'il ne convient pas d'avoir la complaisance de les tolérer à la cour, ni aux redoutes, ni dans les assemblées des particuliers, & encore moins dans les hôtels privilégiés. La Police doit faire main basse sur toutes les académies de jeu, sur tous les brelans & les coupe-gorges de cette espece. Elle doit interdire, sous des peines grieves, à tous les caffetiers, aubergistes, cabaretiers, teneurs de guinguette, *&c.* de donner à jouer aux jeux de hasard. Les joueurs de profession doivent être expulsés de la ville. Il faut punir, sans acception de personne, tous ceux qui contreviennent à ce réglement. Peut-être nous trouvera-t-on trop séveres sur ce chapitre; mais qu'on nous indique une seule utilité, un seul avantage réel, raisonnable, qui résulte des jeux de hasard, contre mille inconvéniens, mille désordres que nous pouvons y opposer, nous serons charmés de changer de langage.

Les loteries sont des especes de jeux de hasard, mais qui se font sous les yeux, ſous l'autorité, ſous la direction même de la Police & du ſouverain: Ainſi, bien loin d'être nuiſibles, elles ne ſont que mettre l'argent en circulation, qu'en attirer du dehors, & que donner lieu à quelques ſujets de faire une fortune ſoudaine aux dépens de pluſieurs milliers qui ont riſqué chacun une bagatelle, dans l'eſpérance de ſe procurer le même avantage. Il y a néanmoins quelques précautions à prendre encore à cet égard. D'abord, il n'eſt pas prudent d'en trop multiplier le nombre pour ne pas donner lieu au peuple, avide de gain, d'y perdre trop d'argent, & de faire de mauvaiſes manœuvres pour le ravoir. Il eſt avantageux pour l'Etat qu'il y ait preſque toujours une loterie générale & conſidérable ſur pied; mais il ne faut pas, ſans de fortes raiſons, octroyer les petites loteries particulieres, qui ſont des eſpeces de pieges qu'on tend au public. Il faut obſerver la plus ſévere probité dans toute la direction de la loterie, & la plus ſcrupuleuſe exactitude dans les termes du tirage, ainſi que dans le payement; ſans quoi le crédit chez l'étranger eſt perdu pour toujours. Les recettes, les payemens doivent ſe faire également en bon argent, ſans uſure d'agiot; & l'on ne doit point faire de mauvaiſes chicanes à ceux qui ont gagné les gros lots, leur demander des rétributions, ou les aſſujétir à laiſſer l'argent dans le pays. Toutes ces vexations ſont indignes du ſouverain, & le perdent de réputation dans toute l'Europe. L'Etat ou l'établiſſement, en faveur duquel ſe fait la loterie, n'en doit tirer que dix ou tout au plus douze par cent de bénéfice. Les plans, les balances & les liſtes des tirages doivent être rendus publics; & dans toutes ces choſes on ne ſauroit trop recommander la bonne foi. *Voyez ci-devant l'article* LOTERIE.

Les foires, les marchés, & les autres établiſſemens de cette nature, attirent ordinairement une foule d'aventuriers, de joueurs de gobelets, & de gens de pareille trempe, qui expoſent au public des petits jeux de fortune, des chances, des petites loteries, & beaucoup d'inventions pareilles qui amuſent le petit peuple en le dépouillant. Comme on ne peut pour d'autres raiſons plus importantes, gêner la liberté des foires, on ne ſauroit s'empêcher de tolérer tous ces jeux; mais la Police doit cependant avoir un œil toujours attentif à ce que la fourberie ouverte ne s'en mêle point, & que le public n'en ſoit pas trop la dupe. Hors des foires, ces ſortes de boutiques ne doivent jamais être permiſes; car tout bien conſidéré, ceux qui les tiennent ne font aucun bien à l'Etat, & ne vivent que de la crédulité ſtupide du public. Les charlatans & les ſaltinbanques ſont des gens de même acabit, & peut-être encore plus pernicieux pour l'Etat. Leur art conſiſte à faſciner les yeux du peuple par une oſtentation bizarre, par un jargon faſtueux, & par de petites farces à la faveur deſquelles ils débitent leurs drogues aux badauts. Nous avons donné pour regle qu'il doit y avoir dans l'Etat une ordonnance médicinale pour les drogues employées dans les pharmacies; comment une pareille ordonnance eſt-elle compatible avec la permiſſion qu'on accorde aux charlatans de débiter mille remedes dont on ne connoît pas les ingrédiens, & qui sont quelquefois des poisons lents? Les arracheurs de dents sont peut-être les seuls charlatans que la Police peut & doit tolérer, parce que tout leur art ne consiste que dans un grand usage de la main.

Mais ce qui est honteux pour la Police & pour l'esprit humain, c'est de permettre qu'il se trouve dans l'Etat des gens qui, abusant de la crédulité du peuple, font profession de l'astrologie judiciaire, de magie, de sorcellerie, de divinations, de pronostics, & de pareilles fariboles. L'Italie, & sur-tout l'Etat de Venise, est encore infectée de ces sortes d'imposteurs. Je serois presque tenté de mettre au rang de ces imposteurs ceux qui se vantent d'avoir trouvé la pierre philosophale, de posséder le secret de faire de l'or, & qui tâchent de le persuader aux hommes crédules, pour leur vider la bourse. Le monde est plein de ces sortes de filoux qui, à les entendre parler, savent faire des millions, & qui ont toujours besoin d'un louis. L'avarice, passion dominante chez les humains, fait qu'ils trouvent constamment des dupes : mais la Police doit, en cette occasion, prendre en main la tutelle du public, punir de pareils escrocs, & les chasser de la ville. Il n'est pas si facile d'empêcher que des gens avides, mais de bonne foi, ne se livrent au travail frivole de l'or; car ces sortes de tentatives se font toujours en cachette, & sous prétexte d'expériences chimiques. On peut les avertir, & leur donner parole, que tous leurs efforts seront inutiles; que depuis cinq mille ans ce secret n'a pas été trouvé, & ne le sera jamais; que pour faire de l'or il faut tout aussi-bien une génération, que pour faire des chevaux de carrosse; qu'il est impossible de produire dans un creuset ce que le soleil produit dans les entrailles de la terre avec le concours de mille autres choses que nous ignorons; que la transmutation des métaux est presque aussi absurde à croire; qu'on ne change point l'essence, les premiers principes des choses; que les élémens ne se confondront qu'au jour du jugement, & que si un homme trouvoit même le funeste secret de dorer tellement les plus petites particules d'un autre métal qu'il pût le faire passer pour de l'or, ce seroit une imposture très-punissable si la justice venoit à la découvrir; enfin, que prétendre extraire d'un autre métal ou matiere quelconque, les particules imperceptibles d'or dont elle est empreinte, c'est une entreprise aussi chimérique que ruineuse, puisque les frais de cette opération doivent, de toute nécessité, surpasser la valeur de cette petite portion d'or qu'on en retireroit, supposé même que le succès en fût possible.

Nous avons déjà insinué que la Police a une intendance générale sur les auberges, tavernes, cabarets, caffés, *&c.* Elle doit y empêcher toutes les disputes, les querelles & les voies de fait : mais son principal devoir est de mettre des bornes à l'insolence & à l'avarice des aubergistes, & de prévenir que les étrangers & les voyageurs ne soient point écorchés, ou même dépouillés. C'est un grand objet de la sureté publique; & tous les magiſtrats de la Police doivent non-ſeulement écouter les plaintes de ceux qui ſe croient vexés par leurs hôtes, mais auſſi y porter remede en modérant leurs mémoires, s'ils les trouvent trop chargés.

Ces mêmes magiſtrats ſont les juges naturels de toutes les diſputes & querelles domeſtiques, qui arrivent chez les bourgeois & chez le petit peuple. Il faut qu'ils tâchent de les appaiſer; mais ſi les parties ſont opiniâtres, ils décident ſelon l'équité, & châtient en vertu de leur pouvoir. Le lieutenant-général de Police doit auſſi avoir une entiere autorité ſur la livrée, & ſur tout ce qui ſe comprend ſous le nom de domeſtiques de l'un & de l'autre ſexe, de maniere qu'un maître peut lui porter ſes plaintes de toutes les irrégularités qu'ils commettent. La bonne Police ne ſouffre point qu'un maître, de quelque rang qu'il ſoit, châtie de ſa propre autorité, & avec une ſévérité brutale, les moindres fautes de ſes gens, qu'il aſſomme de coups ſes valets, qu'il les nourriſſe mal, en les accablant, outre meſure, de travaux. Mais d'un autre côté, elle oblige le domeſtique à reſpecter l'autorité de ſon maître, à lui porter une juſte obéiſſance, à montrer de la docilité, de la diligence, de l'activité, & ſur-tout de la fidélité. Les friponneries, les trahiſons & les vols domeſtiques doivent être punis avec la derniere ſévérité. C'eſt une loi bien ſage que celle de Paris, qui défend à tous les gens de livrée de porter des cannes, épées, couteaux de chaſſe, & autres armes quelles qu'elles ſoient. Ceux des princes & des miniſtres étrangers ont ſeuls la permiſſion de porter la canne. Le nombre exceſſif de domeſtiques en livrée, qui ſe trouve à Paris, a mis la Police dans la néceſſité de prendre cette précaution, pour prévenir mille déſordres & combats ſanglans, qui arrivoient autrefois lorſqu'un homme, pourſuivi par la juſtice, ou un perturbateur du repos public, crioit : *A moi, livrée*, & que celle-ci étoit armée.

Le bon ordre & la ſureté de conſcience veulent que, dans toute la chrétienté, les dimanches & les jours de fêtes, ſoient conſacrés au culte divin. La Police eſt attentive que les réglemens de l'égliſe & du ſouverain, à cet égard, ſoient religieuſement obſervés : elle prête ſon bras à l'égliſe qui parle, qui prêche contre le ſcandale, mais qui, ne devant jamais avoir de juriſdiction avec main forte, ne ſauroit le réprimer ſans le ſecours de la Police.

Si la direction des maiſons pour les enfans trouvés, pour celles des orphelins, des mendians, & des hôpitaux, n'eſt pas commiſe à la Police, cependant elle a toujours le pouvoir d'y envoyer tous les ſujets qu'elle juge dignes d'y entrer, & qui, ſans cela, ſeroient à charge à l'Etat. Les directeurs de tous ces établiſſemens doivent accepter ſans répugnance les enfans, les infirmes & les mendians, que la Police leur adreſſe, & les prendre ſous leur protection.

Aucun pays n'eſt exempt d'une malheureuſe eſpece de mauvais ſujets qui, ſans commettre de grands crimes, ſe livrent au libertinage, à la débauche, au scandale, à toutes sortes d'irrégularités, & sont compris sous le nom de *garnemens*. C'est pour eux, ou plutôt pour la tranquillité de l'Etat qu'ils troublent, que sont bâties les maisons de correction. La Police en doit avoir l'intendance, y faire enfermer ces garnemens, incorrigibles par des moyens plus doux, les nourrir honnêtement, mais les assujettir au travail. On peut établir toutes sortes de fabriques utiles dans ces maisons, vu que les prisonniers qui y sont détenus, sont ordinairement plus robustes & plus vigoureux, que ceux qu'on retient dans les asiles des pauvres & des mendians.

On enferme aussi dans ces maisons de correction les femmes de mauvaise vie, soit qu'on les ait surprises dans les rues, soit qu'elles aient été trouvées dans des lieux de débauche & de prostitution. On fait pour cet effet, de temps en temps, des visites nocturnes & imprévues, de tous les endroits suspects; & on ramasse tout ce qu'on trouve de cette vilaine engeance, pour les mettre à la maison de correction où leurs mains sont employées à filer, à broder, à coudre, à faire des dentelles ou à d'autres ouvrages de femmes, tandis qu'on les guérit des maladies qu'elles peuvent avoir gagnées dans un genre de vie aussi dissolu. Que dirons-nous de ces maisons plus huppées, comme il s'en trouve en Hollande, en Angleterre, en France, en Italie, & dans les pays les plus policés, où le penchant au libertinage s'exerce d'une maniere moins crapuleuse & avec moins de danger? Nous en avons déjà touché quelques mots. Il faut conniver aux abus qu'on ne sauroit empêcher tout-à-fait sans tomber dans de plus grands inconvéniens. Cependant la Police ne ferme pas entiérement les yeux sur ces maisons, elle n'en permet pas la multiplication, elle en prévient le scandale public, elle tâche de procurer au libertinage même le plus de sureté qu'il est possible. N'en parlons plus.... Entrer dans de plus grands détails sur cette matiere, seroit contre la dignité de cet ouvrage.

Quoique la Police n'ait rien à faire avec la direction du théâtre & des spectacles publics, mais que ce soin doive être commis à quelque seigneur de la cour, ou à une autre personne considérable de l'Etat, les magistrats de Police doivent cependant prêter à ce directeur tous les secours qui dépendent d'eux, pour assurer l'ordre & la tranquillité dans les représentations. Non-seulement les spectacles doivent être garnis de sentinelles qui empêchent, au nom du souverain, tous les désordres & tapages; mais la Police fait aussi éclairer toutes les avenues extérieures des théâtres, & prévient la confusion & l'embarras des carrosses.

Enfin, tout pays a des mécontens, des brouillons, qui ne se croyant pas bien gouvernés, parce qu'ils ne sont pas gouvernés à leur fantaisie, occasionnent des émeutes populaires. Rien ne met plus la vie, l'honneur & les biens de tous les citoyens en danger, que ces funestes accidens. Toutes les fois que la garnison n'est pas assez forte pour [illegible]ser le tumulte, ni proportionnée au nombre des habitans, comme à [A]msterdam, à à Londres ou à Paris, la Police doit prendre la place du militaire, & faire les plus grands efforts pour remettre le calme & la tranquillité dans l'Etat. Une Police attentive découvre bientôt s'il y a de l'agitation dans les esprits & une fermentation dans le peuple. Rien ne peut échapper à sa pénétration : elle doit éteindre les premieres étincelles de révolte, pour prévenir l'embrasement. Sentinelles redoublées, tout le guet mis en activité, patrouilles continuelles, visites de tous les quartiers suspects, affiches séditieuses arrachées, libelles répandus parmi le peuple supprimés ; voilà, à peu près, les moyens dont elle se sert aussitôt qu'elle s'apperçoit de la moindre fermentation. Comme elle redouble sa vigilance, elle augmente aussi sa sévérité. Tout lui devient suspect ; elle arrête, elle emprisonne tout ce qui mérite d'être soupçonné. Les prisons se remplissent ; & si les auteurs de ces attentats se découvrent, ils subissent promptement les peines prescrites par les loix ; ils sont traînés au supplice ou envoyés aux galeres.

La Police ne doit pas non plus permettre les assemblées de certaines compagnies ou associations, dont elle ignore le but, les principes, les statuts & les conventions, parce qu'il peut se trâmer, dans de pareilles congrégations ténébreuses, mille complots, mille projets dangereux ou funestes à l'Etat. Il ne faut pas cependant comprendre sous cette regle les loges des francs-maçons. Cet ordre est répandu par toute la terre : il subsiste depuis bien des siecles dans les pays les plus policés ; il ne s'est jamais ingéré dans les affaires d'Etat ; il n'a jamais fait que du bien à la république & à ses citoyens ; il y a tant de souverains, tant de grands, tant de magistrats, tant d'ecclésiastiques qui sont membres de cette société, que l'Etat ne peut rien craindre de ces assemblées, mais qu'au contraire beaucoup de sujets, & sur-tout beaucoup de pauvres, n'ont que du bien à en attendre.

La propreté, qui forme la seconde branche de la Police, est un objet très-essentiel, vû qu'elle contribue également à l'ornement d'une ville, à la commodité de ses habitans & à la salubrité de l'air. On indiquera les principaux moyens qui conduisent à ce but, & qui sont la source des regles de détail que les magistrats de Police doivent suivre dans l'exercice de leurs fonctions.

Il est avantageux que les rues soient larges, droites & bien percées. Si elles sont trop longues, il faut les couper de distance en distance par des rues de traverse, pour faciliter la communication, & ne pas mettre le citoyen dans la nécessité de faire de grands détours pour passer d'un quartier à l'autre. Il n'est pas nécessaire que ces rues soient uniformes, & tirées au cordeau, bien au contraire, cette uniformité a toujours quelque chose de mesquin qui déplait à la vue, & qui ennuie au bout de quelque temps. La noble irrégularité, différente de la confusion, forme le plus beau coup-d'œil, & annonce je ne sais quoi de grand & d'opulent. Les places & les marchés doivent être distribués par toute la ville avec réflexion, avec goût, mais avec sobriété.

Il faut un beau & bon pavé, non-seulement au centre, mais jusqu'aux extrémités de la ville. On se sert à cet effet de cailloux que les paveurs savent ajuster de maniere que le côté plat & large forme la superficie, tandis que le côté pointu est enfoncé en terre, & affermit le pavé. A Paris, à Londres, & dans les principales villes de Hollande, on a pratiqué, pour la commodité des piétons, des trottoirs qui sont couverts de pierres de taille, ou maçonnés de belles briques jaunes. Ces trottoirs sont garantis par une rangée de bornes ou poteaux de l'approche des carrosses, charrettes, *&c.* & l'on y marche en toute sureté. Quand la pierre de taille est assez abondante pour pouvoir l'employer à cette construction, il faut la préférer, parce qu'alors, en exhaussant le trottoir d'un pied ou deux, on trouve moyen de pratiquer dessous des canaux voûtés qui servent d'égouts pour les eaux & les ordures. La Police doit entretenir ce pavé par des paveurs gagés qui y travaillent constamment, qui, pendant la belle saison, font le tour de toutes les rues, & qui réparent tous les dégats. L'économie, nécessaire dans ces sortes de travaux, demande qu'on tâche de se procurer ces cailloux des endroits les plus voisins; & il faut choisir les plus gros. On enjoint aussi à chaque citoyen, par un réglement général, de faire balayer & nettoyer, tous les samedis, la rue devant sa maison. *Voyez les articles*, AIR, BORNE.

Le même réglement doit aussi défendre, sous de fortes amendes, à tous les habitans, de jeter dans les rues, soit de nuit, soit de jour, les ordures, les ballayeures ou d'autres immondices. Rien n'est plus sale & plus dégoûtant, que l'abus qui regne, à cet égard, en Espagne, où à certaines heures, toutes les rues de Madrid sont infectées par des puanteurs insupportables. C'est un grand vice de la Police de ce pays-là. Mais, dira-t-on, comment faire pour débarrasser chaque maison de ces immondices? Voici ce qu'on y emploie. Ou bien on fait passer les tombereaux, dont nous parlerons tout-à-l'heure, à un certain jour, & à une certaine heure marquée, par les rues, en avertissant les habitans par un cri, ou un coup de sifflet, qu'il est temps d'y venir porter les ordures amassées; ou bien on établit, dans chaque quartier, des endroits écartés où tout le voisinage les jette successivement, & où les tombereaux les enlevent. Le premier de ces expédiens est le meilleur. Les quartiers qu'habite le petit peuple, & sur-tout ceux où demeurent les Juifs, doivent être continuellement visités & entretenus dans la plus grande propreté.

Si, malgré ces précautions, on ne sauroit empêcher que les boues ne s'amassent, la Police a soin de les faire enlever : elle entretient, pour cet effet, un nombre de tombereaux proportionné à la grandeur de la ville. Chaque tombereau est à quatre roues, & traîné par deux chevaux; la construction en est telle, que le corps ou caisson du tombereau est posé sur deux pivots, ce qui le rend mobile : une ſeule cheville donne ou arrête ce mouvement. Pour charger le tombereau, on laiſſe le caiſſon dans ſon aſſiette naturelle & horizontale ; veut-on le décharger, on ne fait que tirer la cheville, le caiſſon ſe jette de lui-même en arriere, & les boues tombent à terre ; dès qu'il eſt vidé, un tour de main fait redreſſer le caiſſon, la cheville repouſſée l'affermit, le tombereau part, & va chercher une nouvelle charge. Cette opération eſt fort expéditive ; & un ſeul homme ſuffit pour charger les boues, & conduire les deux chevaux qui font quantité de voyages par jour. S'il y a beaucoup de jardins dans les fauxbourgs ou dans la ville, les propriétaires s'empreſſent d'acheter ces boues pour en bonifier leur terroir. Le verger & le potager ſe diſputent cet engrais que la ville rebute. Lorſqu'il y a des bas-fonds à exhauſſer, des cavités à combler, des digues à élever, on s'en ſert encore avec beaucoup d'utilité. Les changemens, les métamorphoſes continuelles, de toutes les choſes qui exiſtent, font que les matieres les plus abjectes s'employent avec avantage, & que rien ne ſe perd dans la nature.

Le ſpectacle dégoûtant des beſtiaux morts, & l'infection qu'ils pourroient cauſer dans les villes, a mis la Police dans la néceſſité d'établir des voiries, où les valets des bourreaux tranſportent ces beſtiaux & les dépouillent. On choiſit pour ces voiries des endroits écartés hors de l'enceinte des villes. Il eſt des pays où le payſan ne ſe fait aucun ſcrupule de dépouiller ſes beſtiaux morts, pour en conſerver la peau ou la toiſon. Rien ne répugne à cet uſage, pourvu qu'il ait ſoin d'enterrer le cadavre dépouillé. Mais, lorſque la mortalité regne parmi les beſtiaux, il ne faut permettre, ni à la ville, ni à la campagne, ni au bourreau, ni aux payſans, de dépouiller une bête morte de maladie épidémique, parce que celle-ci eſt trop ſujette à ſe communiquer, & tous les beſtiaux qui périſſent par-là doivent être enterrés avec leur peau.

Pour entretenir la netteté d'une ville & la pureté de l'air, il faut défendre aux habitans d'élever, dans l'enceinte de la ville, des beſtiaux qui peuvent cauſer de l'infection. De ce nombre ſont les vaches, les bœufs, les pourceaux, les oies, les cannes, les lapins, les chevres, brebis, *&c.* On ſent bien que nous ne parlons ici que de la quantité de ces beſtiaux ; car qu'un bourgeois entretienne dans ſon étable une ou deux vaches, pour ſe procurer du bon lait, quelques oies ou cannes, dans ſa baſſe-cour, & ainſi du reſte, la Police ne doit point faire de chicane ſur ce petit objet ; mais il s'agit ici des grands troupeaux de bétail, qu'on ne doit jamais ſouffrir dans l'enceinte d'une ville ſous quelque prétexte que ce ſoit. Je ſais qu'il eſt des villes de provinces, dont les habitans poſſedent beaucoup de champs & de pacages des environs, que ces champs demandent à être engraiſſés, & l'herbe des pâturages conſommée ; que par conſéquent ils ne ſauroient ſe paſſer de beſtiaux ; mais ont-ils beſoin de les avoir dans leurs maiſons, au centre de la ville ? Non. Pourquoi ne pas obliger chaque habitant à bâtir ſon étable & ſa grange (qui ne doit pas non plus être ſoufferte dans la ville à cauſe des incendies) dans un faubourg ſéparé? Si le bourgeois croit que ſon bétail eſt mieux ſoigné ſous ſes yeux, on en convient; mais on lui dit qu'il feroit mieux de s'en paſſer tout-à-fait, d'abandonner au cultivateur de la campagne toute l'économie rurale, & de s'appliquer à une autre profeſſion, s'il veut habiter la cité. En un mot, chaque ville doit être propre. C'eſt un abus, une injuſtice, d'y permettre l'établiſſement d'une économie de campagne qui appartient au payſan; & rien n'eſt ſi dégoûtant que d'y voir de gros tas de fumier devant les maiſons, & les beſtiaux ſe promener dans les rues, y attirer les mouches & mille inſectes, qui y cauſent une vraie infection.

Par la même raiſon, on doit auſſi reléguer aux extrémités des faubourgs, & quelquefois même tout-à-fait hors de la ville, des métiers ſales, puants, dangereux, & ceux qui font trop de fracas; les tanneries, les fours pour la fonte & la cuiſſon de l'huile de baleine, les moulins à poudre, les forges, les briqueteries, les fours à chaux, les ateliers des chaudronniers, *&c.* Quelque utiles, quelque néceſſaires, que ſoient ces métiers, ils corrompent trop l'air, ou troublent trop le repos des citoyens, pour les ſouffrir au cœur de la ville : il faut tâcher de les placer, s'il eſt poſſible, ſur les bords d'une riviere, à quelque diſtance de la ville même.

La Police eſt auſſi chargée de l'inſpection des cimetieres, & elle a ſoin que tous les corps morts ſoient promptement & bien inhumés. C'eſt un abus général preſque dans l'Europe de faire des caveaux dans les égliſes, & d'y enterrer les morts. Il eſt vrai que les parfums & aromates qu'on brûle continuellement dans les égliſes catholiques corrigent beaucoup le mauvais air; mais il n'en eſt pas moins certain auſſi que ces tombeaux exhalent des vapeurs fort nuiſibles à la ſanté. On s'en apperçoit, ſur-tout en été; dans les temples des proteſtans, où les exhalaiſons des morts & des vivans concourent à empeſter l'air, & à faire reſpirer toujours une odeur ſépulchrale, renfermée & très-pernicieuſe. On devroit corriger cet abus & placer dans des quartiers éloignés les cimetieres que les riches pourroient orner de mauſolées, de tombeaux & d'épitaphes pompeux.

La pureté de l'eau contribue auſſi beaucoup à la ſalubrité de l'air. La Police a ſoin que les rivieres ſoient toujours nettes, en défendant d'y jeter des ordures, & en entretenant des inſpecteurs pour veiller aux contraventions; elle tâche de découvrir d'excellentes ſources, d'y faire conſtruire des réſervoirs, de placer aux endroits convenables des fontaines publiques, tant pour la commodité des habitans, que pour l'embelliſſement de la ville, de bâtir des aqueducs, de faire creuſer des puits, & de les tenir couverts. Comme il n'y a, à Malthe, ni riviere, ni ſource, ni aucune eau douce, la Police des chevaliers qui y ſont établis, répare, par ſa ſage induſtrie, ce que la nature refuſe à cette iſle, qui n'eſt qu'un rocher pelé & ſtérile. Non-ſeulement elle a fait conſtruire une immenſe citerne pour l'uſage du public, mais il y a un réglement général qui oblige tous les habitans de l'isle de Malthe & du Goze, qui veulent bâtir, à tailler dans le roc une citerne de la même grandeur & profondeur que l'édifice qu'ils élevent au-dessus. Par ce moyen, toute la ville a des souterreins qui sont des réservoirs où se conserve admirablement bien l'eau de pluie. Cette eau est conduite par des tuyaux de plomb qui descendent des plate-formes, dont les maisons sont couvertes, jusques dans la citerne; & les habitans sont intéressés à les entretenir dans la plus grande propreté. Comme le ciel n'est pas d'airain pour la religion, mais qu'il y a des saisons qui sont toutes pluvieuses; l'eau n'y manque jamais.

Dans plusieurs villes de Hollande chaque maison a sa citerne où se recueillent les eaux de pluie que l'on boit sans inconvénient.

On doit favoriser & faciliter autant qu'on le peut l'exécution des projets qui tendent à approvisionner les villes & les bourgs de bonnes eaux.

Nous avons peu de choses à ajouter ici à ce que nous avons dit ailleurs de l'alignement des rues & de la construction des maisons (*a*); de la grandeur des places publiques, sur-tout de celles où se tiennent les foires & les marchés. J'ai vu dans plusieurs grandes villes de l'Europe des marchés considérables se tenir dans des rues étroites & mal-aérées.

Les petites villes ont quelque avantage en ce point sur les grandes; mais plus les villes sont considérables & peuplées, plus la Police doit avoir soin d'y maintenir la propreté & la commodité, principalement pour tout ce qui intéresse d'une maniere plus spéciale la vie des habitans.

Parmi les édifices publics, les uns doivent être placés au centre des villes, les autres distribués dans les différens quartiers. Par exemple, l'hôtel-de-ville, le palais, le bureau général des postes veulent être placés au centre de la ville, pour la commodité des citoyens; les églises, au contraire, doivent être dispersées avec ordre dans tous les quartiers, & les paroisses bien divisées. Il faut encore observer que les théâtres soient grands, beaux & isolés (*b*), pour qu'on puisse y approcher de tous côtés; que les quais & les ponts soient larges, bien revêtus & garnis de balustrades, les portes de la ville grandes & bien décorées, que leur magnificence en impose à l'étranger qui arrive, que les ports des villes maritimes soient spacieux, sûrs & commodes, les canaux larges & profonds, les égouts bien voûtés & bien cachés, les latrines publiques (puisqu'on ne peut s'exempter d'en faire mention) placées sur les ponts, sur le bord des rivieres & entretenues proprement. Veut-on ajouter à ces divers édifices des embellissemens, comme des obélisques, des statues, des jets d'eau, entourés de grillages de fer au milieu des places, *&c.* toutes ces choses tendent à attirer des étrangers, à les retenir, à rendre la ville riante, & à lui donner un nom dans l'Europe.

(*a*) Voyez les articles ARCHITECTURE, & BATIMENT, BOUCHERIE, TUERIE, &c.

(*b*) Tous les édifices publics devroient être isolés.

Un ornement, plus essentiel cependant, c'est les promenades publiques, qui contribuent au plaisir & à la santé des citoyens, autant qu'à l'embellissement de la ville. Ou l'on choisit pour cet effet quelque quartier convenable, que l'on plante d'arbres, soit en allées, soit en quinconce, soit en d'autres desseins, selon la situation du terrain; ou bien l'on orne les boulevards de maniere qu'ils puissent servir à la promenade. De tous les arbres le tilleul est le plus beau, & le plus convenable pour un pareil plantage. On a soin d'y faire placer des bancs & des reposoirs, d'y attirer des boutiques ou tentes de limonadiers, dans lesquelles on débite toutes sortes de rafraîchissemens; & en général, ces promenades demandent à être bien applanies, les allées bien affermies par du gravier ou quelque chose d'équivalent. C'est un vrai défaut de Police quand une ville n'a point du tout de promenades, ou qu'elles sont mal entretenues. En Angleterre, on a pratiqué des promenoirs jusques dans les prisons, pour ne pas perdre la santé de ceux qui y sont détenus. Au reste, on peut proposer pour modele d'une belle & magnifique promenade, les Thuileries, le Luxembourg, le palais royal de Paris, le parc de Londres, Foxhall, Renelas, le mail d'Utrecht, le parc de Berlin, *&c.* Si la ville est vaste, il faut tâcher d'y établir un cours ou promenade en voiture, ce qui forme un beau coup-d'œil pour le spectateur, une ressource pour ceux qui ne marchent point avec facilité, & un agrément pour tout le public. La Police doit procurer une sureté inviolable à toutes ces promenades; & les filoux adroits, les tapageurs, les querelleurs, qu'on y surprend, doivent être punis avec la plus grande rigueur.

Comme les exercices du corps contribuent encore beaucoup à la santé des citoyens, la Police a soin d'orner sa ville de jeux de paume, de mails, de maneges, de salles d'armes & de danse, *&c.* Elle se réserve aussi l'inspection de tous ces endroits, & prévient par de bons réglemens toutes les disputes & querelles qui pourroient y arriver. Elle a soin d'établir des bains & des baigneurs pour entretenir la propreté. Y-a-t-il près de la ville une riviere guéable, elle y fait dresser sur quatre poteaux des marquises, des tentes, où les personnes des deux sexes peuvent aller prendre un bain salubre, sans blesser la modestie, ou sans courir risque de se noyer. L'invention de tous ces arrangemens doit être ingénieuse, & le bon ordre y doit régner par-tout.

De tous les ornemens que l'on peut donner à une ville, il n'y en a pas de plus essentiel & de plus nécessaire, que les lanternes dont on éclaire les rues pendant l'obscurité de la nuit. A Paris, les réverberes sont suspendus au milieu de la rue à une corde qui va d'une maison à l'autre; cette méthode a des inconvéniens; ces réverberes ne paroissent pas avoir été faits pour être ainsi suspendus, & ils remplissent mal le but de l'inventeur. Ils éblouissent à une certaine distance; à une autre, ils n'éclairent pas assez. Sur la route de Paris à Versailles, ils ne sont pas au milieu du chemin, mais retirés alternativement sur chaque côté. Cette distribution ne pare point assez le double inconvénient marqué ci-dessus. Ils devroient être plus rapprochés que dans la ville, parce que la lumiere se perd dans l'air libre, au lieu qu'elle est reflettée par les murs des maisons. A Londres, on a attaché aux maisons des bras de fer qui soutiennent des lanternes, en forme de globe, de pur verre, sans lames de plomb; en Hollande & en Allemagne, les rues sont bordées de deux rangées de poteaux au sommet desquels on place de grandes lanternes de forme triangulaire, & surmontées d'un chapeau de fer blanc. La méthode Angloise est la meilleure si la cherté du verre n'empêche pas de la suivre. La Police paye des gens pour allumer ces lanternes, & les nourrir d'huile : il se trouve même des entrepreneurs qui se chargent de les entretenir par voie de ferme. On a coutume de mettre sur chaque maison une légere taxe pour l'entretien des lanternes & du guet; & le public paye volontiers un impôt dont l'emploi lui procure une utilité directe, & qui sert à orner la ville, à procurer de la commodité & de la sureté aux citoyens. C'est un expédient fort utile, dans les villes extrêmement peuplées, & infectées de voleurs, de défendre aux citoyens, de quelque rang qu'ils puissent être, d'aller la nuit dans les rues sans flambeaux ou lanternes. L'ordonnance renouvellée à cet effet, à l'entrée de chaque hiver, doit fixer l'heure après laquelle il n'est plus permis de se montrer dans les rues, à pied, sans porter quelque lumiere. Par ce moyen il est presque impossible qu'un filou puisse faire quelque tour de son métier, vu qu'il est éclairé non-seulement par tous les passans, mais aussi par lui-même. Le guet doit veiller à l'observation de cette ordonnance, & arrêter tous les contrevenans sans avoir égard à personne.

L'invention des fiacres, des chaises à porteurs, des vinaigrettes, des gondoles à Venise, *&c.* est admirable pour la commodité des habitans d'une ville spacieuse. Il faut disperser ces voitures dans tous les quartiers, même les plus éloignés, leur assigner des places où elles doivent se tenir, & où chacun peut les trouver. Il doit en rester quelques-uns à tour de rôle dans les rues pendant toute la nuit où elles sont souvent de la plus grande utilité. La Police fixe le prix des courses qu'elles font, détermine la distance des voyages, entretient un commissaire & quelques inspecteurs des fiacres & autres voitures publiques, châtie l'insolence trop ordinaire de leurs conducteurs, les fait numéroter, pour pouvoir les reconnoître en cas de plainte, & en leur accordant un salaire honnête, les empêche de pouvoir écorcher ou brusquer impunément les citoyens qui s'en servent. Les petites villes, qui n'ont pas besoin de fiacres, doivent avoir au-moins des chaises à porteurs. Toutes ces voitures publiques doivent être conditionnées de maniere que celui qui en fait usage ne coure pas risque de demeurer dans la rue, ou d'avoir un malheur. Elles doivent être propres & bien fermées. Mais les réformes, & les nouveaux réglemens faits recemment à Paris pour cet effet n'ont pas le succès qu'on s'en étoit promis. La propreté veut encore que, dans les grandes cités, on trouve, à tous les carrefours, ces polissons qui décrottent les souliers, & qu'un citoyen, qui est obligé de marcher à pied, puisse, pour un liard ou deux, se faire mettre en état de pouvoir se présenter devant les honnêtes gens. On peut encore se servir de ces polissons pour éclairer de nuit les passans, en leur permettant de porter un petit flambeau ou une lanterne, & de gagner ainsi leur vie.

Venons au troisieme objet de la Police, le bon marché. Le célébre pensionnaire de Hollande, Jacques Catz, ayant traversé dans ses voyages une province de la Saxe, s'informa du prix des grains qui y étoit alors très-vil & très-bas. Sa curiosité ayant été satisfaite : *Dieu veuille*, s'écria cet habile politique, *préserver ma patrie, que les denrées y soient jamais à si bon marché!* Il avoit raison en tout sens. Le mot de bon marché est une expression toujours relative à l'opulence & au commerce d'un pays. La valeur numéraire de toutes les nécessités de la vie est différente à Londres, en Suisse, à Paris, à Montpellier : cependant il y a un bon marché à Londres, à Bâle, & dans les provinces. La politique ne demande à la Police que de procurer toutes les marchandises & denrées qui sont indispensables pour la subsistance des hommes, à un prix proportionné aux moyens que les habitans de chaque ville ont de gagner. C'est aussi pour la même raison que la fameuse distinction entre denrées nécessaires & voluptuaires, qui est presque frivole en finances, devient très-essentielle en Police. Celle-ci s'embarrasse peu qu'un seigneur riche achete le litron de petits pois cinquante francs, la bouteille de vin du cap un louis, ou que l'aune de drap d'or se vende vingt livres dans la boutique du marchand : mais il lui importe beaucoup que le pain, la boisson ordinaire du peuple, la viande de boucherie, *&c.* soient à un prix auquel tous les citoyens peuvent atteindre. Voilà aussi pourquoi elle distingue les besoins des hommes en premiere, seconde & troisieme nécessité. Le bon marché des objets de premiere nécessité regle le prix de la main-d'œuvre, & par conséquent la cherté ou le bon marché de tout ce qui est fait & fabriqué dans une ville.

Le pain étant ce qu'il y a de plus nécessaire à la subsistance de l'homme, la Police fait tout ses efforts pour le procurer à bon marché. L'arrangement général de l'économie rurale, & la culture des terres, n'est pas, à la vérité, du ressort de la Police; le soin en est commis au département des finances; mais, comme tous les départemens doivent se prêter la main pour concourir à la félicité de l'Etat, le contrôleur-général & les chambres des finances sont tenus de veiller que les terres ne restent point incultes, mais qu'elles soient semées de froment, de seigle, d'orge & autres grains propres à faire du pain, & de rechercher avec la plus grande attention les moyens les plus aisés & les moins dispendieux pour le faire transporter dans les villes, soit par les rivieres, soit par charroi. Dès qu'une ville manque de blé, la nouvelle en passe d'abord de bouche en bouche, & se répand dans toute la contrée voisine; le cultivateur, aiguillonné par le désir naturel

naturel de gagner, s'empresse de porter ses grains à l'endroit où il peut les vendre au plus haut prix, & soudain on voit renaître l'abondance. Pour plus de sureté, la Police attentive, au premier moment qu'elle s'apperçoit de la diminution de ses provisions, ou que le transport en est arrêté, avertit soudainement les chambres des Finances de cet inconvénient, & fait publier, dans les provinces les plus abondantes du voisinage, que telle ville manque de blé. Il faudroit que le mal fût grand, si elle n'étoit pas promptement secourue.

Mais il est des villes qui sont si excessivement peuplées, qu'elles épuisent d'abord toutes ces contrées voisines, & d'autres qui se trouvent situées dans des pays dont le climat & le sol ne permettent absolument point la culture des grains, lesquelles par conséquent ont besoin de la navigation maritime, & des transports lointains, pour s'approvisionner. Ces transports peuvent être interrompus par des guerres, des pirateries, des tempêtes, des vents contraires, & les habitants réduits à une nécessité bien cruelle. Nous avons vu des exemples assez fréquens de ces sortes de disettes & de cherté de pain, à Paris même, en Province & ailleurs. Dans ces cas, la Police doit redoubler l'attention, pour procurer le pain au moins à un prix modique, & empêcher sur-tout la famine générale. Il y a deux moyens, même assez faciles, pour parvenir à ce but; mais il ne faut pas attendre l'extrémité. Le premier, c'est d'encourager l'importation du blé par toutes les voies possibles. Accords & contrats faits à temps avec les négocians en grain, droits d'entrée diminués, prix & primes accordés pour chaque lest, privileges de mer & de navigation octroyés, enfin, tout doit être mis en œuvre pour attirer les vaisseaux chargés de blé dans les ports qui en ont besoin. Depuis l'établissement d'une solide navigation dans la mer Baltique, dans les parages de l'Archipel, de l'Egypte & du Levant, ces opérations sont bien plus sûres & plus faciles; & c'est toujours un défaut impardonnable à la Police, quand une ville vient à manquer totalement de pain. Le second moyen consiste à construire des magasins & greniers publics, proportionnés à la capacité de la ville, à les remplir dans les temps d'abondance & de bon marché, à faire retourner souvent les grains qu'on y conserve, les préserver de toutes sortes de dégats, & les ouvrir à temps, lorsque la moindre disette commence à se faire sentir. La différence du prix d'achat & de vente paye toujours les intérêts du capital que l'Etat a mis en blé, & les frais de la régie; & quand elle ne les payeroit pas, ce ne seroit pas une raison pour excuser le gouvernement de laisser mourir de faim les citoyens faute de cette précaution. Dans des temps de famine ou de cherté excessive, la Police a aussi l'autorité de faire ouvrir les greniers des marchands de grain qui, par l'avidité du gain, voulant profiter de la calamité publique, tiennent leur blé enfermé pour en hausser le prix. Elle les oblige de le vendre, & fixe le prix d'une maniere équitable.

L'abondance du blé ne suffit pas pour avoir du pain. Il faut des moulins à eau & moulins à vent. Ceux-ci font d'une néceſſité indiſpenſable dans les grandes ſéchereſſes, ou dans les crues d'eau exceſſives. Tous les moulins d'une ville doivent être ſoumis à la Police, qui veille à ce que le public ne ſoit pas accablé par un minage (*a*) exceſſif, & que les meuniers ne commettent pas des fraudes qui deviennent d'autant plus dangereuſes, qu'elles ſont continuelles & preſque imperceptibles. Si le ſouverain, ſéduit par les conſeils de quelque mauvais financier, veut trop hauſſer ces droits de minage, il ne doit point s'offenſer que les magiſtrats de Police lui faſſent des repréſentations à ce ſujet; il faut, au contraire, qu'il enviſage leur ſilence comme une négligence ou une coupable timidité. Lorſque le prince ou les ſeigneurs ont des moulins banaux, ces mêmes magiſtrats doivent employer tous leurs ſoins pour accorder la contrainte de la banalité avec la liberté du commerce, & la facilité aux peuples de ſe procurer un aliment auſſi néceſſaire à la vie que celui du pain. Si la moindre diſette eſt occaſionnée par cette banalité, la Police eſt en droit d'en ſuſpendre ou même d'en annuller le privilege, parce que le ſalut du peuple l'emporte ſur tous les anciens parchemins. A l'égard de la prévarication que les meuniers commettent dans leurs moulins, elle conſiſte principalement en diverſes inventions que la mauvaiſe foi & la cupidité ont fait trouver pour retenir une partie des grains que chaque particulier fait moudre, ou de la farine qui lui revient. Pour prévenir un pillage ſi préjudiciable au public, la Police fait un réglement qui, laiſſant aux meuniers un droit de mouture honnête & ſuffiſant, détermine non-ſeulement la bonne & légitime conſtruction des moulins, mais auſſi la conduite que tout meunier doit obſerver dans l'exercice de ſon métier, & elle punit ſévérement les contrevenans.

Par la même raiſon il eſt clair que la Police a l'inſpection de toutes les boulangeries publiques. Deux choſes ſont à obſerver à cet égard, premiérement, que tout pain ſoit bon dans ſon eſpece, & ſecondement, qu'il ne ſoit pas trop cher. La bonne qualité du pain dépend de la bonne & ſaine farine que les boulangers doivent employer. Il faut, de plus, qu'il ſoit ſans mixtion pernicieuſe, bien paîtri, bien élabouré, bien cuit, bien eſſuyé, bien paré, bien raſſis. Les inſpecteurs des marchés & boulangeries doivent être toujours attentifs que les pains expoſés en vente aient toutes ces qualités requiſes. A l'égard du bon marché, comme le prix du blé varie continuellement, il eſt impoſſible que celui du pain ſoit toujours égal. On a douté aſſez long-temps lequel ſeroit le plus avantageux, d'aſſujettir le poids au prix, ou le prix au poids, c'eſt-à-dire, lequel des deux, du prix ou du poids, ſeroit ſujet à varier ſelon que le blé ſeroit plus ou moins cher : mais l'expérience a fait connoître qu'il y a beaucoup d'inconvéniens à fixer le poids & à varier le prix. Pour cette raiſon, on ſuit, preſque dans toute

(*a*) Droit ſeigneurial, que les ſouverains & les ſeigneurs prennent ſur chaque mine de blé, d'orge, d'avoine, *&c.*

l'Europe, la méthode opposée ; on oblige les boulangers d'avoir dans leurs boutiques des pains d'un certain prix, plus légers ou plus pesans selon la cherté ou le bon marché des grains. La Police détermine ce poids tous les mois sur un calcul fort aisé. Dès qu'on sait le prix du blé, dès que les frais de boulangerie & le profit du boulanger, sont une fois fixés, il est facile de déterminer, par une simple opération d'arithmétique, ce que chaque pain doit peser. Ce poids du pain est ordinairement rendu public par le prix courant, les billets d'intelligence, ou autres papiers imprimés. Les mêmes précautions doivent se prendre à l'égard des pains au lait, du pain moler, des pains en gâteaux, biscuits sucrés, craquelins, & autres especes de pain, que les personnes riches & délicates, ou les convalescens mangent par friandise, & qu'ils doivent avoir à un prix raisonnable.

La viande de boucherie est la nourriture la plus ordinaire après le pain ; &, par conséquent, la Police doit tâcher de la procurer au peuple bonne & à bon marché ; deux qualités assez difficiles à concilier en toutes choses. Les précautions qu'elle peut prendre pour la bonté des viandes se réduisent à ces quatre points ; *que les bestiaux soient sains ; qu'ils soient tués, & non pas morts de maladie ou étouffés ; que l'apprêt des chairs s'en fasse proprement ; qu'elles soient débitées dans des temps convenables*, ni trop tôt, parce qu'elles nuisent alors à la santé, ni trop tard, parce qu'elles se corrompent pour être trop long-temps gardées. Nous ne faisons qu'indiquer ces précautions, parce que nous ne saurions entrer dans aucun détail à cet égard. C'est aux magistrats de Police de chaque ville à dresser sur ces principes un bon & solide réglement qui prévienne tous les abus que les bouchers, charcutiers, ou autres marchands de chair morte, peuvent commettre contre ces points essentiels ; & les inspecteurs des marchés, les contrôleurs des boucheries, les visiteurs de ladrerie, les langueyeurs, *&c.* doivent être d'une vigilance extrême pour faire observer à la lettre tout ce qu'un pareil réglement contient. Les tueries, comme nous l'avons déjà remarqué plus haut, doivent être placées hors de la ville, ou aux extrémités, s'il est possible, sur le bord d'une riviere, pour empêcher la mal-propreté & l'infection ; mais il est nécessaire, pour la commodité du public, de disperser les étaux des bouchers dans tous les quartiers. Ces étaux de différens bouchers doivent cependant être assemblés en un même lieu du quartier, & former une boucherie complete, où chaque acheteur puisse trouver un choix de viandes. Jamais il ne faut mettre ces boucheries dans des rues étroites, mais toujours dans les places les plus spacieuses, où l'air puisse emporter la mauvaise odeur inséparable des viandes.

Pour procurer le bon marché des viandes, le souverain ne doit jamais accorder ni au corps des bouchers, ni à un entrepreneur, ni aux seigneurs des terres voisines, ni aux fermiers des domaines, ni, en un mot, à qui que ce soit, un monopole ou privilege exclusif, de débiter seul dans une ville le bétail à pied fourchu. Cette regle est générale, & sans exception ;

mais elle ne défend pas aux magiſtrats de la Police, dans des temps où le bétail eſt rare, de faire un accord avec quelque entrepreneur, pour fournir la ville d'une certaine quantité de beſtiaux, à un prix convenu; une pareille précaution, au contraire, n'eſt que louable, pourvu que cet accord n'exclue perſonne de mener d'autre bétail dans la même ville, & de l'y débiter le mieux qu'il peut. Il faut, au contraire, faciliter l'arrivée des beſtiaux étrangers, ſoit en modérant les droits de péage, ſoit en procurant de bons chemins & des pâturages où ils peuvent ſe repoſer dans le voyage. Comme il n'eſt que juſte auſſi que le ſouverain leve quelques droits ſur le bétail qui ſe tue, & dont la chair eſt conſumée, il ne faut pas, d'un autre côté, outrer ces droits, pour ne pas trop renchérir une denrée de premiere néceſſité. La Police fixe tous les mois le prix de chaque eſpece de viande par un calcul d'arithmétique fondé à peu près ſur les principes de l'évaluation du pain & ſur l'expérience; & la taxe en eſt rendue publique par les billets imprimés, ou par une table affichée dans les boucheries.

L'inſpection des boiſſons n'eſt pas moins eſſentielle que celle des viandes: ce qui regarde & la qualité des boiſſons, & leurs meſures, & les auberges ou cabarets où elles ſe débitent. Nous ferons ici une remarque concernant l'eau-de-vie dont le peuple fait beaucoup d'uſage & ſouvent le plus grand abus. Il faut lui permettre l'un en s'oppoſant fortement à l'autre. Par le moyen de la diſtillation, on tire l'eau-de-vie non-ſeulement du vin, mais auſſi du ſeigle, des baies de genevre, du riz, *&c.* Il n'y a pas long-temps que les diſtillateurs d'Angleterre avoient trouvé le funeſte ſecret de tirer de l'eau-de-vie de tout, même des choſes les plus mal-ſaines, les plus mal-propres. C'étoit un poiſon lent, qui devenoit d'autant plus dangereux pour toute la nation, qu'ils pouvoient le vendre à vil prix. Mais la ſageſſe du parlement a vigoureuſement réprimé cet abus, non-ſeulement en défendant ſévérement tous les excès des liqueurs fortes, mais auſſi en preſcrivant aux brandeviniers la maniere de les diſtiller. C'eſt ce qu'une bonne Police doit imiter dans tous les pays. Parmi les mixtions que l'on ajoute quelquefois à l'eau-de-vie pour lui faire prendre un goût agréable, il y en a de très-pernicieuſes & même de mortelles. La fleur du laurier-roſe, (*a*) dès qu'elle paſſe par l'alambic, devient un poiſon violent & ſoudain, auſſi-bien que les feuilles, *&c.* La fleur & les feuilles de pêcher, les amandes ameres, le perſil, & quelques autres herbages, ſont preſque auſſi dangereux. Un diſtillateur ne doit jamais débiter une nouvelle eſpece de liqueur, qui eſt de ſon invention, ſans en avertir la Police qui fait examiner par la faculté de médecine, ſi l'uſage en peut être nuiſible. Il n'eſt pas croyable combien les brandeviniers uſent de grains, qui pourroient être conſu-

(*a*) *Nerium* ou *Lauroceraſſus.*

més par le peuple d'une maniere bien plus convenable à sa santé. Pour cette raison, & pour mille autres, il n'est guere prudent de laisser les mains libres à cette profession; mais il faut lui donner le plus d'entraves qu'on peut; l'eau-de-vie, si ce n'est pour l'envoi au-dehors, ne devant jamais être ni trop chere, ni à trop bon marché, dans une ville. Cette regle est sur-tout applicable, dans les temps de disette, ou de cherté de grains. L'inspection de la Police s'étend aussi sur les vinaigriers, sur les marchands de cidre, & de toutes les liqueurs dont les hommes font usage; elle se sert de toutes les précautions possibles pour les procurer bonnes, non falsifiées, & à un prix raisonnable.

Le sel est encore un objet de premiere nécessité; mais, comme dans bien des pays le débit du sel fait un droit régal du souverain qui tient les salines en propre, & que dans d'autres le sel est asservi à un impôt considérable qu'on nomme gabelle, il n'est guere possible que la Police puisse, de sa propre autorité ou par sa vigilance, le procurer à bon marché au peuple. C'est plutôt une affaire de finance. Tout ce que les magistrats de Police peuvent faire, c'est de veiller à ce que leur ville en soit toujours bien pourvue, & de présenter au souverain leurs très-humbles remontrances, si par les mauvais conseils d'un financier, les gabelles sont trop rehaussées, ou que les fermiers abusent de leurs droits pour accabler le peuple par une trop grande sévérité à cet égard, ou bien si les greniers sont fournis de mauvais sel, ou si les mesures ne sont pas fidelles, & les tonneaux point remplis. Au reste, on sait que le sel commun est de trois sortes. Le sel marin, qui se fait de l'eau de la mer, & que l'on croit être le plus parfait, le sel des sources, ou fontaines salées, & le sel gemme ou sel de pierre, qui se tire des mines, comme à Valiska, en Pologne. La Police adopte le sel qui est d'usage dans sa ville, & dont le souverain a réglé la vente.

Les merciers & les épiciers sont encore soumis à la Police. Le sucre, le poivre, les épiceries & les aromates de toute espece, étant de seconde & troisieme nécessité, il faut bien se garder de les renchérir par des monopoles ou privileges de vente exclusifs, ni de les charger de trop d'impôts. A l'égard du sucre, il est vrai que les principes de finance veulent qu'on tâche d'en établir des raffineries; mais la Police ne trouve pas toujours son compte dans ces établissemens; l'expérience ayant fait connoître que cette denrée, si nécessaire à la vie, est souvent renchérie dans les villes où ces raffineries ont été établies, & où la situation locale & la nature n'ont pas secondé les efforts qu'on a faits pour les faire réussir. On sait, en général, que toute manufacture qui n'a point de succès, devient un impôt pour le peuple, sur-tout si elle est soutenue par un monopole. Il est encore prouvé par l'expérience que diverses raffineries de sucre, entreprises à la fois, réussissent mieux qu'une seule. Mais ce n'est pas là un objet qui intéresse directement la Police; elle se borne à faire observer la loyauté dans les ventes de détail ; & se chargeant de l'inspection sur toutes les boutiques des merciers, elle est attentive à y faire trouver *de l'huile, des olives, capres, limons, grenades, citrons, figues, oranges, pruneaux secs, raisins secs*, & plusieurs autres denrées pareilles, que notre façon de vivre & la cuisine moderne ont rendu nécessaires ; le tout à un prix raisonnable.

Les harengs pecs, les harengs salés & forets, dont le peuple se régale si fort en Allemagne & dans les pays du Nord, qu'ils sont devenus de premiere nécessité ; le beurre, le fromage, le lait, l'huile de lampe, les chandelles, en un mot, tout ce qui est indispensable dans un ménage, doit se trouver dans une ville bien policée. L'appât du gain fait qu'on ne manque jamais de marchands qui en font leur trafic ; & la Police a soin de les faire agir d'une maniere honnête & équitable envers le public, & de mettre toute la loyauté & la probité possible dans leur commerce.

Des principes que nous venons d'établir, il s'ensuit aussi que la Police a seule l'intendance des marchés publics & des halles. Elle doit prendre des arrangemens pour y faire trouver, au moins deux fois par semaine, tous les fruits, toutes les fleurs, tous les légumes & toutes les herbes potageres que le climat de chaque pays & la saison peuvent produire. Les inspecteurs des marchés & les valets de ville sont obligés de s'y trouver tant que le marché dure, & de faire la ronde pour empêcher les querelles, les désordres, & pour veiller qu'il ne s'y commette des vols, des filouteries & friponneries grossieres. Ces mêmes inspecteurs ont aussi l'autorité de faire jeter dans la riviere les légumes suspects, gâtés & malsains, les fruits qui ne sont pas mûrs, de certains pruneaux sauvages qui causent la dissenterie. Ils saisissent également la viande gâtée, les poissons morts, & toutes les denrées qui sont d'un mauvais acabit, & dont l'usage peut devenir pernicieux à la santé.

La poissonnerie est encore un objet qui occupe la Police. Le poisson est, ou d'eau douce, ou de mer ; il se vend ou frais, comme il sort de l'eau, ou sec, ou soré, ou salé. Les précautions qu'on peut prendre par rapport à la santé, consistent en ces trois points ; qu'il ne soit point corrompu quand on le débite frais ; qu'il ne l'ait point été avant de sécher, sorer, ou saler, & enfin qu'on ne se serve point de trempis falsifiés pour blanchir celui-ci, ou lui donner quelque autre agrément en le dessalant. Comme il est nécessaire dans un Etat que les tables des riches & des grands soient pourvues d'une variété de choses rares & délicates, la Police des villes qui sont éloignées de la mer, a soin d'établir une chasse-marée pour faire arriver le poisson de mer aussi frais qu'il est possible ; & il doit être exposé en vente aussitôt qu'il est arrivé de peur de corruption. Cette derniere maxime a lieu non-seulement pour les jours ouvriers, mais aussi pour les fêtes & les dimanches. La poissonnerie doit être ouverte dès que l'office divin est fini. En Angleterre, où le dimanche est célébré avec une dévotion scrupuleuse, & où tout trafic est défendu, on a permis cependant aux poissonniers de faire crier dans les rues, & vendre le hareng frais lorsqu'il arrive ce jour-là.

Les inspecteurs des marchés doivent visiter, de temps à autre, les boutiques des poulaillers, ou engraisseurs de volaille, & des marchands de gibier & de venaison. Ils font porter à la voirie tout ce qu'ils y trouvent de gâté, de corrompu, & ce qui est absolument indigne d'entrer dans le corps humain. Cette précaution empêche aussi que ces poulaillers ne renchérissent trop leur volaille ou gibier, en le gardant long-temps.

La jurisdiction & l'intendance de la Police s'étend aussi sur tous les métiers utiles & nécessaires à la vie humaine, comme tailleurs, cordonniers, chapeliers, perruquiers, baigneurs, maçons, charpentiers, menuisiers, vitriers, serruriers, maréchaux, charrons, selliers, corroyeurs, en un mot, sur toutes les professions qui travaillent au vêtement, au logement & à la commodité des citoyens. Il semble que l'ancienneté ait consacré l'usage ou l'abus, qui regne dans la plupart des pays de l'Europe, d'ériger ces professions en corps de métiers, & de leur accorder diverses prérogatives dont quelques-unes consistent dans des usages & des cérémonies frivoles, & d'autres dans des privileges exclusifs qui tiennent trop du monopole. En Allemagne, les abus que les corps de métiers firent de ces prérogatives, donnerent lieu à tant de désordres, que la diete de l'empire dès l'année 1559, sous le regne de l'empereur Ferdinand, se vit obligée de faire une réforme de Police à cet égard, de retrancher quelques-uns de ces privileges, & de prescrire des bornes à d'autres. Ce seroit peut-être causer une trop grande révolution si l'on vouloit conseiller aux souverains d'abolir tout d'un coup ces corps de métiers, & de les dépouiller de leurs privileges. Cependant ils procurent de petits avantages, & causent de grands préjudices aux progrès des métiers. La contrainte nuit toujours à la perfection d'un art. Cette matiere mériteroit un examen détaillé que les bornes de cet ouvrage nous défendent de faire ici. Nous nous contenterons de remarquer que, si l'on a des raisons pour ne point casser tout-à-coup des corps de métier, & révoquer leurs privileges, il faut du moins les empêcher d'en abuser, que les bâtards & les enfans qui ne sont pas nés absolument de parens infames doivent y être reçus sans répugnance, que les maitres n'osent point rebuter leurs apprentifs & compagnons par des longueurs & des chicanes inutiles, leur escroquer une partie de leur salaire, mettre des taxes ruineuses sur l'acquisition du droit de maîtrise, ni introduire dans les métiers des usages ridicules, trop dispendieux, & qui font un inutile fracas dans la ville, comme les processions. S'ils ont rançonné quelque citoyen dans le prix ou gâté l'ouvrage, la Police fait examiner par les jurés du métier si la plainte qui s'en fait est fondée ou non, & ces jurés taxent le travail sous son autorité.

Les manœuvres, les crocheteurs, les porte-faix, les conducteurs des charrettes, les emballeurs, les porteurs d'eau, les hommes & les femmes qui travaillent à la lessive & à reblanchir le linge, les laquais de louage, en un mot, tous les gens qui sont compris sous le nom d'ouvriers à la journée doivent être sous l'inspection particuliere de la Police. C'est elle qui regle leur salaire, & qui les oblige à servir le public fidélement & sans impolitesse. Le relâchement de la Police à cet égard se manifeste sur-tout en Hollande, au grand scandale des naturels du pays, mais plus encore des étrangers. Un voyageur ne sauroit y traverser une ville, faire transporter son bagage d'une barque à l'autre, sans essuyer des chicanes, des exactions, & des brutalités de la part des crocheteurs qui se tiennent sur le rivage où la barque aborde, & qui taxent le voyageur à leur gré. C'est une insolence que les magistrats devroient réprimer avec la derniere sévérité. Il en est de même de tous les autres ouvriers.

Les fripperies publiques, aussi-bien que les marchands frippiers qui tiennent boutique fermée dans leurs maisons, les priseurs de biens meubles, les colporteurs, revendeurs & revenderesses sont encore soumis à la Police, qui les oblige d'user de la plus grande propreté dont leur trafic est susceptible. On visite, de temps en temps, leurs magasins; & si l'on y trouve des hardes infectées par la vermine, on en fait la saisie, & ils sont mis à l'amende. Aussitôt que le moindre mal épidémique, contagion ou peste, se fait sentir dans une ville, toutes les fripperies sont fermées sur le champ, on inflige des châtimens corporels aux frippiers qui vendent ou achetent alors de vieux habits, linges, lits, couvertures, &c. & l'on brûle les effets qui se trouvent chez eux. La grandeur du péril permet à la Police d'user en pareil cas d'une sévérité qui seroit trop grande en tout autre, les vieux habits & meubles empestés étant capables d'infecter toute une ville, & de faire périr des milliers d'habitans. Comme c'est la partie du peuple qui est la moins aisée, & souvent la plus nombreuse, qui s'habille & se meuble de la fripperie, la Police doit veiller qu'il ne soit pas trompé & rançonné outre mesure par les frippiers. En Allemagne, & dans la plupart des pays du Nord, les Juifs sont en possession de faire ce petit trafic, qui convient si fort à leur âpreté naturelle pour le gain. Ce peuple est né avec un talent singulier pour les petits profits, & c'est une espece de commodité pour le public; mais il faut les empêcher d'en faire de grands, & de duper le peuple. On les châtie rigoureusement à la moindre plainte légitime qui se fait contre eux, ou s'ils sont convaincus d'avoir été les recéleurs de choses volées ou détournées illégitimement. Les mêmes châtimens, & de plus grands encore, leur sont infligés quand ils commettent des fourberies manifestes, qu'ils poussent l'usure à l'excès, ou qu'ils rognent les especes.

Les hommes ne pouvant se passer de chevaux, de mulets, ou d'autres bêtes de somme, pour toutes sortes de travaux, il est nécessaire de pourvoir à la subsistance de ces animaux en procurant une abondance toujours suffisante d'avoine, de foin & de paille dans une ville. Si l'on jouit de la

commodité

commodité d'une riviere, il est bien plus avantageux de faire arriver ces denrées par eau que par charroi, sur-tout le foin & la paille qui font volume. On établit des marchés, où le public peut acheter, deux fois par semaine, toute sorte de fourrages. Le prix n'en sauroit être fixé; il dépend de la récolte, bonne ou mauvaise, qui s'en est faite dans les contrées voisines, & de la quantité, plus ou moins grande, que les fermiers & paysans d'alentour portent au marché. Les provisions de foin se font le plus avantageusement en été, après que les prés ont été fauchés, celles d'avoine vers Noël, quand elle a pu être battue en grange, & celles de paille au printemps, le laboureur ayant achevé de battre tout son blé.

Le chauffage étant un objet de premiere nécessité, il faut que la Police soit attentive à ne jamais laisser manquer une ville des matieres dont on se sert à cet effet. Ces matieres ne sont pas les mêmes dans tous les pays. En France & en Allemagne, on brûle communément du bois; en Angleterre du charbon de terre, en Hollande des tourbes, en Flandres de la houille, en d'autres contrées du charbon de bois. Il est même des pays si peu favorisés de la nature, que les habitans se chauffent avec des arêtes de gros poissons qu'ils ont fait sécher au soleil. Cependant il est certain que, de toutes les matieres combustibles, le bois est le plus propre à faire un bon feu pour toutes sortes d'usages, si ce n'est pour les forges, où le charbon de terre & la houille sont préférables. Comme les forêts, les mines de charbons, les bruyeres où se creuse la tourbe, sont sous l'inspection du département des finances, la Police ne peut procurer l'abondance & le bon marché des matieres qu'elles produisent, que par une grande attention aux besoins de la ville, en faisant des représentations à ce département aussitôt qu'elle s'apperçoit de la moindre disette de bois, *&c.* Elle établit de plus des chantiers, des magasins pour le bois, les charbons ou les tourbes, qu'elle place aux portes de la ville, & si la situation le permet, proche d'une riviere; précaution également utile pour le transport facile, & pour prévenir les embrasemens. Il faut aussi défendre aux habitans de la ville de brûler du chaume, de la paille, des planures, & autres choses qui peuvent mettre le feu à leurs maisons. Le prix des matieres combustibles doit être invariable, autant qu'il est possible, & fixé par la Police.

Dans toutes les villes policées, on doit trouver un assortiment complet de tous les matériaux nécessaires à la construction, comme pierres de taille, pierres à chaux pour les fondemens, briques, tuiles, chaux, ciment, bois de construction de toutes especes, plancher, fer, cloux, verre à vitre, plomb, couleurs, cordes, en un mot tout ce qui est nécessaire pour élever un bâtiment depuis les fondemens jusqu'au comble. Pour cet effet, on fouille des carrieres, on établit des briqueteries, des fours à chaux, on fait flotter des bois des forêts les plus voisines; on s'en procure des pays lointains, comme de la mer Baltique; on tâche d'avoir des moulins à scier, des forges, des verreries, & ainsi du reste. Tous ces établissemens sont à la vérité, des objets de finance; mais la Police en profite pour faire ses arrangemens de maniere que tout citoyen, qui veut bâtir, puisse trouver les matériaux nécessaires à un prix raisonnable, & bons dans leur espece.

La Police a l'inspection particuliere sur tout ce qui s'appelle, aunage, poids & mesure. Elle marque de son empreinte les aunes qui servent aux marchands, les poids, les boisseaux, & toutes les mesures en général qui déterminent une grandeur, étendue ou quantité de denrées ou de marchandises quelconques. Il doit être défendu même aux marchands de se servir d'une aune, d'un poids, ou d'une mesure qui n'est pas timbrée. La Police les vend, & s'en fait un petit revenu. Il faut qu'il s'en trouve toujours une assez grande provision à l'hôtel-de-ville, pour que le public puisse s'en pourvoir au besoin. Au reste, c'est un très-grand inconvénient pour la société que les poids & mesures varient si fort, non-seulement chez tous les peuples du monde, mais aussi dans les différentes provinces d'un même pays. Cette variété cause non-seulement une incommodité, mais aussi un préjudice réel au commerce général & particulier de toutes les nations; &, quoique leur communication réciproque ait été beaucoup perfectionnée par les progrès de la navigation, l'établissement des postes & l'invention des papiers publics, on n'a pu trouver jusqu'ici aucun moyen de remédier à cet inconvénient, qui donne lieu à mille petites fraudes, à mille erreurs, & qui assujettit les hommes à un calcul continuel où ils peuvent se tromper à chaque instant. Plusieurs calculateurs politiques ont cherché à y remédier en imaginant une mesure commune, qui peut être adoptée par tous les peuples, & qu'on peut leur rendre sensible, toutes les autres mesures de grandeur étant arbitraires, & par conséquent indéterminables. Mais cette opération est plus difficile qu'on ne pense, parce qu'il n'y a rien dans la nature qui soit uniformément égal en grandeur, poids ou étendue dans tous les pays du monde. Ce qu'on a pu trouver jusqu'ici de plus égal par toute la terre, ce sont les grains d'orge, & dans cette supposition on les a pris pour la mesure des longueurs, en appellant *ligne* la grandeur d'un grain d'orge, & faisant contenir au pouce douze lignes, au pied, douze pouces, *&c.* Mais cette dimension est peu correcte, vu que les grains d'orge n'acquierent pas la même grandeur dans tous les pays & à chaque récolte. Pour cette raison, d'autres ont pris pour principes de la mesure générale les cellules que les abeilles font dans leurs ruches; d'autres encore en ont donné de fort plausibles par le moyen du pendule; mais malgré tout cela, la réduction de la mesure universelle est restée en suspens. Cette difficulté, & une autre toute aussi grande, de réunir les volontés de tant de souverains & de tant de peuples, font qu'il faudra abandonner la réussite de ce projet aux utiles, mais impraticables, spéculations de l'abbé de St. Pierre. Bornons nos recherches à des objets moins chimériques, & plus conformes à la nature; & disons que, s'il est moralement impossible d'établir la mesure universelle, il seroit au contraire fort aisé qu'un souverain pût introduire dans tous ses Etats l'uniformité des mesures, poids, aunages, monnoies, &c. Il ne faut qu'en avoir sérieusement la volonté, & ne point se laisser rebuter par des difficultés. La détermination de cette mesure peut être arbitraire. Un prince peut prendre sa canne, la cacheter par les deux bouts, & la faire servir d'étalon, pourvu qu'il y ait une grandeur donnée. Il en est de même des vaisseaux & des poids. Mais ces étalons des mesures, ne doivent varier ou s'abroger, que dans des cas de la plus grande nécessité, & il faut les mettre entre les mains de l'autorité publique, comme dans un dépôt sacré.

L'autorité de la Police s'étend aussi sur les orfevres, tireurs & batteurs d'or ou d'argent, & sur tous ceux qui travaillent en métaux précieux. Elle détermine le titre, l'aloi, ou le fin, & la bonté intérieure de l'or & de l'argent qu'ils emploient dans leurs ouvrages, fixe le remede, fait veiller que tous ces ouvriers n'osent altérer la bonté des métaux, en y mêlant plus d'alliage que le réglement ne porte, marque de son empreinte chaque piece d'orfévrerie qui sort de leurs mains, punit sévérement les plus petites prévarications qui se commettent à cet égard, & fait observer toute la probité & toute la loyauté imaginables dans une affaire où le public pourroit être trompé si subtilement & si dangereusement. C'est une ordonnance bien sage en France, que l'or & l'argent, employés par les orfevres, batteurs & tireurs d'or, doivent être à plus haut titre que ceux des monnoies, afin qu'ils ne puissent fondre les especes, pour les employer à leurs ouvrages, sans souffrir une perte considérable, à cause qu'ils seroient obligés de les affiner. Nous avons développé aux articles MONNOIES, OR, ARGENT, les principes du titre des métaux & de l'alliage, du remede, &c. & nous avons tâché de simplifier les idées sur une matiere qui paroît fort obscure & fort compliquée, parce que tant de gens sont intéressés à l'envelopper de nuage. L'étain étant également susceptible de différens titres, la Police en marque la bonté intérieure, en faisant timbrer tout ce qui sort de l'atelier du potier d'étain.

Mais si l'autorité de la Police s'étend sur toutes les professions, arts & métiers utiles aux citoyens, elle ne sauroit l'exercer sur les arts libéraux dont le public peut se passer, qui dépendent du génie de ceux qui les cultivent, qui exigent des talens extraordinaires, & dont les productions ne sauroient être taxées. Tout ce qui est fabrique dont le débit s'étend jusques chez l'étranger, comme draps, étoffes, chapeaux, toiles, fil, dentelles, &c. n'est pas non plus du ressort de la Police; elle ne doit s'en mêler ni directement ni indirectement, ces objets étant uniquement réservés à la direction du département du commerce, sur les droits duquel aucun autre magistrat ne doit empiéter, & qu'il ne faut pas troubler dans ses opérations, parce qu'il va à son but par des routes souvent fort détournées, & inconnues aux autres départemens. Les moindres vexations peuvent nuire, même involontairement, aux progrès d'une manufacture ou d'une branche entiere de commerce:

Cependant, s'il arrive que le souverain, séduit par les mauvais conseils de quelque ministre ignorant ou infidele, accable une ville par des impôts excessifs, charge les denrées d'énormes droits, accorde des monopoles pernicieux sur des objets de premiere & de seconde nécessité, & occasionne, par ces exactions, une cherté ruineuse dans un endroit, les magistrats de la Police sont, non-seulement autorisés, mais dans l'obligation de lui faire leurs très-humbles remontrances à ce sujet, & de lui en représenter toutes les mauvaises suites. Tout prince sage doit commander à ses conseillers de lui parler librement, & leur prouver qu'ils peuvent le faire sans péril. La timidité, que les esprits foibles ont naturellement devant leur souverain, ne cause que trop de maux. Qu'en arrivera-t-il si l'exemple d'une hardiesse devenue préjudiciable à un honnête homme empêche les autres de lui présenter la vérité à découvert? Mais après qu'un serviteur fidele, qu'un integre magistrat de Police, a fait au souverain des représentations infructueuses, il ne peut aller plus loin, il ne sauroit nager contre le torrent, il doit s'envelopper de sa vertu, & remettre le reste au temps & à la providence.

Il est encore une précaution, fort importante, à prendre dans un Etat bien policé, contre les malheurs qui sont occasionnés, ou volontairement, ou accidentellement, par les poisons, au nombre desquels on peut réputer non-seulement ceux qui causent une mort prompte & violente, mais aussi ceux qui alterent peu à peu la santé, & donnent des maladies. Pour cet effet, il faut défendre, sous peine de la vie, à tous les citoyens, même aux médecins, chirurgiens & apothicaires, d'avoir chez eux des poisons simples ou préparés, qui n'entrent dans aucune composition ordinaire, & qui ne peuvent servir qu'à nuire. A l'égard de l'arsenic, du réagal, de l'orpiment, du sublimé, de l'eau-forte, & d'autres drogues dangereuses de toute leur substance, comme elles entrent dans plusieurs compositions nécessaires, on ne sauroit les défendre entiérement. M. Colbert a fait une ordonnance bien sage à cet égard, & que toutes les Polices devroient suivre. Elle porte en substance » qu'il ne soit permis qu'aux marchands qui demeurent dans les villes d'en vendre, & d'en livrer eux-mêmes aux médecins, apothicaires, chirurgiens, orfevres, teinturiers, maréchaux & autres personnes publiques, qui, par leur profession, sont obligées d'en employer, lesquelles néanmoins doivent écrire sur un registre particulier leurs noms & qualités, ensemble la quantité qu'ils en auront prise. Les personnes inconnues, comme les chirurgiens & maréchaux des villages, apporteront des certificats de leurs juges ou curés, & attestés par des notaires ou témoins, lesquels certificats & attestations de leur nom & profession demeureront chez les marchands pour leur décharge. Outre ces personnes bien connues, il est défendu, sous peine de punition corporelle, de vendre & débiter à qui que ce soit aucune drogue ayant qualité de venin, «

Nous avons parlé dans un article particulier (a) de la nécessité des lombards, & bureaux d'adresse qui prêtent sur gage. Nous remarquerons ici que ces ressources, pour les citoyens qui se trouvent soudainement dans un besoin momentané d'argent, sont très-utiles dans une ville, qu'il faut les établir sous l'autorité de la Police, qui doit régler l'intérêt que le lombard peut prendre, le terme qu'il faut accorder à l'emprunteur pour dégager les effets qu'il a mis pour caution, la vente publique des effets qui sont demeurés au bureau, & tout ce qui doit être observé pour prévenir qu'un esprit d'usure ne détruise ce qu'il peut y avoir de commode & d'utile pour le public dans ces sortes d'établissemens.

Je ne saurois finir cet article sans faire encore une remarque que l'humanité me suggere. On trouve, dans toutes les villes du monde, des citoyens malheureux qui, malgré leur industrie, leur activité & leur bonne conduite, luttent contre la mauvaise fortune, & sont obligés, par des maladies, par l'enchaînement des événemens ou par mille accidens funestes, de vendre, ou de mettre en gage les instrumens & les outils de leur profession; nécessité urgente, qui appesantit leur misere, puisqu'ils sont mis hors d'état d'exercer leur métier, & par-là privés de la derniere ressource pour gagner leur vie, & faire subsister leur femme & leurs enfans. Réduits à la mendicité, ils deviennent les vrais objets de la charité chrétienne; ce sont les seuls pauvres honteux dans l'Etat. Ils cachent leur malheur; il n'y a presque que la Police qui peut les connoître dans les visites qu'elle en fait par la vigilance des commissaires des quartiers. C'est sur ces infortunés que devroient tomber les charités des princes, des grands & des riches. Ne pourroit-on pas établir une caisse d'aumônes volontaires, sous la direction des principaux magistrats de la Police qui, sur le rapport des commissaires, & après un examen exact, dégageroient les meubles, instrumens ou outils de ces pauvres artisans, & les remettroient en état de se nourrir eux & leur famille, de servir le public, & de concourir, par leurs travaux, aux progrès des arts utiles, des manufactures & du commerce? Une charité si bien réfléchie, si bien employée, deviendroit plus utile à la patrie, seroit plus digne d'un bon citoyen, que lorsqu'elle est exercée indistinctement envers des mendians dont le front ne rougit plus quand ils tendent la main, & qui rarement méritent la compassion de leur prochain dès qu'on examine leur conduite.

L'homme de bien est saisi de respect à la vue des magistrats chargés de l'administration publique, lorsqu'ils font leur devoir. C'est à eux qu'il doit sa tranquillité. Quand il voit la sureté publique bien établie, peut-il s'empêcher de remercier l'auteur de son bien-être, & de le regarder comme son propre bienfaiteur? C'est lui qui se charge de la reconnoissance générale

(a) Voyez MONT DE PIÉTÉ.

pour les biens qu'il reçoit, quoiqu'ils soient communs à tout le monde. S'il blâme ceux qui attirent les guerres, qui soulevent les Etats par des négociations insidieuses, ces magistrats populaires qui, dans l'enceinte des villes, veillent au repos & à la subsistance des citoyens, lui paroissent presque des dieux : car les conquérans armés du fer & de la flamme reviendroient que, pour leurs propres intérêts, ils laisseroient subsister de tels magistrats. Ce sont eux qui sont le fondement & le ciment des sociétés.

Le philosophe, qui est juste, regarde donc comme une vraie propriété la jouissance des choses publiques ; bien différent de certains hommes avares, qui ne regardent point comme à eux ce qu'ils sont obligés de partager avec d'autres. Ainsi les fontaines, les promenades, les spectacles, les voitures publiques, les postes, les bureaux, *&c.* autant d'objets de reconnoissance pour lui, parce qu'il sent que les grandes & véritables commodités sont celles qui appartiennent à tout le monde ; il en jouit en entier, & elles ont beau se diviser, elles satisfont autant le particulier que le public.

POLICE. (LIEUTENANT DE)

LIEUTENANT-GÉNÉRAL DE POLICE.

C'EST un magistrat établi à Paris, & dans les principales villes du royaume de France pour veiller au bon ordre, & faire exécuter les réglemens de police ; il a même le pouvoir de rendre des ordonnances, portant réglement dans les matieres de police, qui ne sont pas prévues par les ordonnances, édits & déclarations du roi, ni par les arrêts & réglemens de la cour, ou pour ordonner l'exécution de ces divers réglemens relativement à la police. C'est à lui qu'est attribuée la connoissance de tous les quasi-délits en matiere de police, & de toutes les contestations entre particuliers, pour des faits qui touchent la police.

Le premier Lieutenant de police est celui qui fut établi à Paris en 1667 ; les autres ont été établis à l'instar de celui de Paris, en 1669.

Anciennement le prévôt de Paris rendoit la justice en personne avec ses conseillers, tant au civil qu'au criminel ; il régloit aussi de même tout ce qui regardoit la police.

Il lui étoit d'abord défendu d'avoir des Lieutenans, sinon en cas de maladie, ou autre empêchement ; & dans ce cas, il ne commettoit qu'un seul Lieutenant, qui régloit, avec les conseillers, tout ce qui regardoit la police.

Lorsque le prévôt de Paris commit un second Lieutenant pour le criminel, cela ne fit aucun changement par rapport à la police, attendu que ces Lieutenans civils & criminels, n'étoient point d'abord ordinaires; (ils ne le devinrent qu'en 1454) d'ailleurs, le prévôt de Paris jugeoit en personne, avec eux, toutes les causes de police, soit au parc civil, ou en la chambre criminelle, suivant que cela se rencontroit.

L'édit de 1493, qui créa en titre d'office les Lieutenans du prévôt de Paris, fit naître peu de temps après une contestation entre le Lieutenant civil & le Lieutenant criminel, pour l'exercice de la police; car, comme cette partie de l'administration de la justice est mixte, c'est-à-dire, qu'elle tient du civil & du criminel, le Lieutenant civil & le Lieutenant criminel prétendoient chacun qu'elle leur appartenoit.

Cette contestation importante demeura indécise entr'eux, depuis 1500 jusqu'en 1630, & pendant tout ce temps, ils exercerent la police par concurrence, ainsi que cela avoit été ordonné par provision, par un arrêt du 18 février 1515, d'où s'ensuivirent de grands inconvéniens.

Le 12 mars 1630, le parlement ordonna que le Lieutenant civil tiendroit la police deux fois la semaine; qu'en cas d'empêchement de sa part, elle seroit tenue par le Lieutenant criminel, ou par le Lieutenant particulier.

Les droits & prérogatives attachés au magistrat de police de la ville de Paris, furent réglés par un édit du mois de décembre de l'année 1666, lequel fut donné à l'occasion des plaintes qui avoient été faites, du peu d'ordre qui étoit dans la police de la ville & fauxbourgs de Paris. Le roi ayant fait rechercher les causes d'où ces défauts pouvoient procéder, & ayant fait examiner en son conseil les anciennes ordonnances & réglemens de police, ils se trouverent si prudemment concertés, que l'on crut qu'en apportant l'application & les soins nécessaires pour leur exécution, la police pourroit être aisément rétablie. Le préambule de cet édit annonce aussi que, par les ordres qui avoient été donnés, pour le nettoyement des rues, il avoit été fait avec exactitude; que comme le défaut de la sureté publique exposeroit les habitans de Paris à une infinité d'accidens, S. M. avoit donné ses soins pour la rétablir; & pour qu'elle fût entiere, sa majesté venoit de redoubler la garde; qu'il falloit aussi, pour cet effet, régler le port d'armes, & prévenir la continuation des meurtres, assassinats & violences, qui se commettoient journellement, par la licence que des personnes de toute qualité se donnoient de porter des armes, même de celles qui sont le plus étroitement défendues; qu'il étoit aussi nécessaire de donner aux officiers de police un pouvoir plus absolu sur les vagabonds & gens sans aveu, que celui qui est porté par les anciennes ordonnances.

Cet édit ordonne ensuite l'exécution des anciennes ordonnances & arrêts de réglement, touchant le nettoyement des rues; il enjoint au prévôt de Paris, ses Lieutenans, commissaires du châtelet, & à tous autres officiers qu'il appartiendra, d'y tenir la main.

L'édit défend la fabrication & le port des armes prohibées, dont il fait l'énumération. Il est enjoint à ceux qui en auront à Paris, de les remettre entre les mains du commissaire du quartier; &, dans les provinces, entre les mains des officiers de police.

Il est dit que les soldats des gardes Françoises & Suisses ne pourront vaquer la nuit hors de leur quartier ou corps-de-garde, s'ils sont en garde, à six heures du soir depuis la Toussaint; & à neuf heures du soir depuis Pâques, avec épées ou autres armes, s'ils n'ont ordre par écrit de leur capitaine, à peine de galeres : à l'effet de quoi, leur procès sera fait & parfait par les juges de police; & que, pendant le jour, ces soldats ne pourront marcher en troupe, ni être ensemble hors de leur quartier, en plus grand nombre que quatre avec leurs épées.

Les Bohémiens ou Egyptiens, & autres de leur suite, doivent être arrêtés prisonniers, attachés à la chaîne, être conduits aux galeres, pour y servir comme forçats, sans autre forme ni figure de procès; & à l'égard des femmes & des filles qui les accompagnent, & vaguent avec eux, elles doivent être fouettées, flétries, & bannies hors du royaume; & l'édit porte que ce qui sera ordonné à cet égard par les officiers de police, sera exécuté comme jugement rendu en dernier ressort.

Il enjoint aussi aux officiers de police, d'arrêter ou faire arrêter tous vagabonds, filoux, & gens sans aveu, & de leur faire & parfaire le procès en dernier ressort; l'édit leur en attribuant toute cour, jurisdiction & pouvoir à ce nécessaires, nonobstant tous édits, déclarations, arrêts & réglemens à ce contraires, auxquels il est dérogé par cet édit; & il est dit qu'on réputera gens vagabonds, sans aveu, ceux qui n'auront aucune profession ni métiers, ni aucuns bien pour subsister, qui ne pourront faire certifier de leurs bonne vie, mœurs & probité, par des personnes connues & dignes de foi, & qui soient de condition honnête.

La déclaration du 27 août 1701, a confirmé le Lieutenant-général de police, dans le droit de juger en dernier ressort les mendians, vagabonds, & gens sans aveu; mais il ne peut les juger qu'avec les officiers du châtelet, au nombre de sept.

L'édit de 1666 regle aussi l'heure à laquelle les colleges, académies, cabarets, & lieux où la biere se vend à pot, doivent être fermés.

Il est dit que les ordonnances de police, pour chasser ceux chez lesquels se prend & consomme le tabac, qui tiennent académies, brelans, jeux de hasard, & autres lieux défendus, seront exécutés, & qu'à cet effet, la publication en sera renouvellée.

Défenses sont faites à tous princes, seigneurs, & autres personnes, de donner retraite aux prévenus de crimes, vagabonds, & gens sans aveu.

L'édit veut que la police générale soit faite par les officiers ordinaires du châtelet, en tous les lieux prétendus privilégiés, ainsi que dans les autres quartiers de la ville, sans aucune différence ni distinction, & qu'à cet effet, le libre accès leur y soit donné : qu'à l'égard de la police particuliere, elle sera faite par les officiers qui auront prévenu, & qu'en cas de concurrence,

currence, la préférence appartiendra au prévôt de Paris. Il fut néanmoins ajouté, par l'arrêt d'enregiſtrement, qu'à l'égard de la police, la concurrence ni la prévention n'auroient pas lieu dans l'étendue de la juriſdiction du bailliage du palais.

Enfin, il eſt encore enjoint, par le même édit, à tous compagnons chirurgiens, qui travaillent en chambre, de ſe retirer chez les maîtres, & au maître de tenir boutique ouverte : comme auſſi de déclarer au commiſſaire du quartier, les bleſſés qu'ils auroient panſés chez eux ou ailleurs, pour en être fait, par le commiſſaire, ſon rapport à la police; le tout ſous les peines portées par cet édit; ce qui doit auſſi être obſervé à l'égard des hôpitaux, dont l'infirmier ou adminiſtrateur, qui a le ſoin des malades, doit faire ſa déclaration au commiſſaire du quartier.

C'eſt ainſi que la compétence des officiers de police étoit déjà réglée, lorſque, par édit du mois de mars *1667*, Louis XIV ſupprima l'office de Lieutenant-civil, qui exiſtoit alors, & créa deux nouveaux offices; l'un de Lieutenant-civil, l'autre de Lieutenant de police, pour être remplis par deux différens officiers. Il régla, par ce même édit, la compétence de chacun de ces deux officiers.

Suivant cet édit, le Lieutenant de police connoît de la ſureté de la ville, prévôté & vicomté de Paris, du port d'armes prohibées par les ordonnances, du nettoyement des rues & places publiques, circonſtances & dépendances; c'eſt lui qui donne les ordres néceſſaires en cas d'incendie & inondation; il connoît pareillement de toutes les proviſions néceſſaires pour la ſubſiſtance de la ville, amas & magaſins, qui en peuvent être faits; de leur taux & prix; de l'envoi des commiſſaires, & autres perſonnes néceſſaires ſur les rivieres, pour le fait des amas de foin, botelage, conduite & arrivée à Paris. Il regle les étaux des boucheries & leur adjudication; il a la viſite des halles, foires & marchés, des hôtelleries, auberges, maiſons garnies, brelans, tabacs, & lieux mal-famés : il connoît auſſi des aſſemblées illicites, tumultes, ſéditions & déſordres qui arrivent à cette occaſion; des manufactures & de leur dépendance; des élections des maîtres, & des gardes des ſix corps des marchands; des brevets d'apprentiſſages, réception des maîtres; de la réception des rapports; des viſites des gardes des marchands & artiſans, de l'exécution de leurs ſtatuts & réglemens, des renvois des jugemens ou avis du procureur du roi du châtelet, ſur le fait des arts & métiers; il a le droit d'étalonner tous les poids & balances de toutes les communautés de la ville & fauxbourgs de Paris à l'excluſion de tous autres juges; il connoît des contraventions commiſes à l'exécution des ordonnances, ſtatuts & réglemens, qui concernent l'imprimerie, en l'impreſſion des livres & libelles défendus, & par les colporteurs qui les diſtribuent; les chirurgiens ſont tenus de lui déclarer les noms & qualités des bleſſés; il peut auſſi connoître de tous les délinquans trouvés en flagrant délit, en fait de police; leur faire le procès ſommairement, & les juger ſeul, à moins qu'il y ait lieu à peine afflictive ; auquel cas il en fait son rapport au présidial ; enfin, c'est à lui qu'appartient l'exécution de toutes les ordonnances, arrêts & réglemens concernant la police.

Au mois de mars 1674, le roi créa un nouveau châtelet, composé, entr'autres, d'un Lieutenant de police, aux mêmes droits & fonctions, que celui de l'ancien châtelet ; mais, attendu l'inconvénient qu'il y avoit à établir deux Lieutenans de police dans Paris, le nouvel office fut réuni à l'ancien, par déclaration du 18 avril de la même année, pour être exercé sous le titre de Lieutenant-général de police.

Comme il arrivoit fréquemment des conflits de jurisdiction entre le Lieutenant-général de police, & les prévôts des marchands & échevins de Paris, leur jurisdiction fut réglée par un édit du mois de juin 1700.

Cet édit ordonne que le Lieutenant-général de police & les prévôts des marchands & échevins exercent chacun en droit soi, la jurisdiction qui leur est attribuée par les ordonnances sur le commerce des blés & autres grains ; qu'ils les fassent exécuter à cet égard, ensemble les réglemens de police, comme ils avoient bien & dûment fait jusqu'alors ; savoir, que le Lieutenant-général de police connoît, dans toute l'étendue de la prévôté & vicomté de Paris, & même dans les huit lieues aux environs de la ville, de tout ce qui regarde la vente, livraison & voiture des grains que l'on y amene par terre, quand même ils auroient été chargés sur la riviere, pourvu qu'ils en ayent été déchargés par la suite sur la terre, à quelque distance que ce puisse être de la ville ; comme aussi de toutes les contraventions qui pourroient être faites aux ordonnances & réglemens, quand même on prétendroit que les grains auroient été destinés pour cette ville, & qu'ils devroient y être amenés par eau, & ce jusqu'à ce qu'ils soient arrivés au lieu où on les doit décharger sur les rivieres qui y affluent. Les prévôts des marchands & échevins connoissent, dans les autres cas, de la vente, livraison & voiture des grains, qui viennent par eau.

Ils ont aussi la connoissance de ce qui regarde la vente des vins, qui viennent par eau ; mais le Lieutenant-général de police a toute jurisdiction, police & connoissance de la vente & commerce, qui se fait des vins, lorsqu'on les amene par terre à Paris, & des contraventions qui peuvent être faites aux ordonnances & réglemens de police, même sur ceux qui y ont été amenés par les rivieres, aussi-tôt qu'ils sont transportés des bateaux sur lesquels ils ont été amenés des ports & étapes de ladite ville, dans les maisons & caves des marchands de vin, & sans que les officiers de la ville puissent y faire aucune visite, ni en prendre depuis aucune connoissance, sous prétexte des mesures, ou sous quelqu'autre que ce puisse être.

Les prévôts des marchands & échevins connoissent de la voiture qui se fait par eau des bois de mairain, & de charronnage jusque sur les ports où ils doivent être amenés & déchargés ; le Lieutenant de police connoît, de sa part, de tout ce qui regarde l'ordre, qui doit être observé entre les charrons, & autres personnes qui peuvent employer lesdits bois de mairain & de charronnage que l'on amene en la ville de Paris.

De même, quoique le bureau de la ville connoisse de tout ce qui regarde les conduits des eaux, & entretien des fontaines publiques, le Lieutenant-général de police connoît de l'ordre qui doit être observé entre les porteurs d'eau, pour la puiser, & pour la distribuer à ceux qui en ont besoin, ensemble de toutes les contraventions qu'ils pourroient faire aux réglemens de police; il peut aussi leur défendre d'en puiser en certain temps, & en certains endroits de la riviere, lorsqu'il le juge à propos.

Par rapport aux quais, le bureau de la ville y a jurisdiction, pour empêcher que l'on n'y mette aucunes choses, qui puissent empêcher la navigation sur la riviere, ou occasionner le dépérissement des quais, dont la ville est chargée : du reste, le Lieutenant-général de police exerce sur les quais toute la jurisdiction qui lui est attribuée dans le reste de la ville, & peut même y faire porter les neiges, lorsqu'il le juge absolument nécessaire, pour le nettoyement de la ville, & pour la liberté du passage dans les rues.

La publication des traités de paix se fait en présence des officiers du châtelet, & des prévôts des marchands & échevins, suivant les ordres que le roi leur en donne, & en la forme en laquelle elle a été faite, à l'occasion des traités de paix conclus à Riswick.

Lorsqu'on fait des échafauds pour des cérémonies ou des spectacles que l'on donne, au sujet des fêtes & des réjouissances publiques, les officiers, tant du châtelet que de l'hôtel-de-ville, exécutent chacun les ordres particuliers qu'il plaît au roi de leur donner à ce sujet, & lorsqu'ils n'en ont point reçu, le Lieutenant-général de police a de droit l'inspection sur les échafauds, & donne les ordres qu'il juge nécessaires pour la solidité de ceux qui sont faits dans les rues, & même sur les quais, & pour empêcher que les passages nécessaires dans la ville, n'en soient embarrassés; les prévôts des marchands & échevins prennent le même soin, & ont la même connoissance sur ceux qui peuvent être faits sur le bord, & dans le lit de la riviere, & dans la place de greve.

Lorsqu'il arrive un débordement d'eau, qui fait craindre que les ponts sur lesquels il y a des maisons bâties, ne soient emportés, & que l'on ne puisse passer surement sur ces ponts, le Lieutenant-général de police & les prévôts des marchands & échevins donnent conjointement, concurremment par prévention, tous les ordres nécessaires pour faire déloger ceux qui demeurent sur ces ponts, & pour en fermer les passages; & en cas de diversité de sentimens, ils doivent se retirer sur le champ vers le parlement, pour y être pourvu; & en cas que le parlement ne fût pas assemblé, ils doivent s'adresser à celui qui y préside pour y être réglé par son avis.

Les teinturiers, dégraisseurs, & autres ouvriers, qui sont obligés de se servir de l'eau de la riviere pour leurs ouvrages, doivent se pourvoir pardevers les prévôts des marchands & échevins pour en obtenir la permission d'avoir des bateaux; mais lorsqu'ils n'ont pas besoin de bateaux, ils doivent se pourvoir seulement pardevers le Lieutenant-général de police.

Ce magistrat connoît, à l'exclusion des prévôts des marchands & échevins, de ce qui regarde la vente & le débit des huîtres, soit qu'elles soient amenées en cette ville par eau, ou par terre, sans préjudice néanmoins de la jurisdiction des commissaires du parlement, sur le fait de la marée.

Cet édit porte aussi qu'il connoîtra de tout ce qui regarde l'ordre de la police, concernant la vente & le commerce du poisson d'eau douce, que l'on amenera à Paris.

Il est enjoint au surplus, par ce même édit de 1700, au Lieutenant-général de police, & aux prévôts des marchands & échevins, d'éviter, autant qu'il leur est possible, toutes sortes de conflits de jurisdiction; de régler, s'il se peut à l'amiable, & par des conférences entre eux, ceux qui seroient formés, & de les faire enfin régler au parlement, le plus sommairement qu'il se pourra, sans qu'ils puissent rendre des ordonnances, ni faire de part & d'autre aucuns réglemens, au sujet de ces sortes de contestations, sous aucun prétexte que ce puisse être.

Le Lieutenant-général de police a encore la connoissance & la jurisdiction sur les recommanderesses & nourrices, dans la ville & fauxbourgs de Paris; le préambule de la déclaration du 29 janvier 1715 porte, que sa majesté avoit jugé à propos de réformer l'ancien usage qui, sans autre titre que la possession avoit attribué au Lieutenant-criminel du châtelet, la connoissance de ce qui concerne les fonctions des recommanderesses, pour réunir à la police une inspection, qui en fait véritablement partie, & qui a beaucoup plus de rapport à la jurisdiction du Lieutenant-général de police, qu'à celle du Lieutenant-criminel.

Le dispositif de cette déclaration porte, entre autres choses, que, dans chacun des quatre bureaux des recommanderesses, il y aura un registre qui sera paraphé par le Lieutenant-général de police; que chacun de ces quatre bureaux sera sous l'inspection d'un des commissaires du châtelet, qui examinera & visera tous les mois les registres; & qu'en cas de contravention à cette déclaration, il en référera au Lieutenant-général de police, pour y être par lui pourvu, ainsi qu'il appartiendra; & que chacun de ces registres lui sera représenté quatre fois l'année, même plus souvent, s'il le juge à propos, pour l'arrêter & viser pareillement.

Les certificats que les recommanderesses donnent aux nourrices, doivent être représentés par celles-ci à leur curé, qui leur en donne un certificat; & elles doivent l'envoyer au Lieutenant-général de police, lequel le fait remettre aux recommanderesses.

En cas que les peres & meres manquent à payer les mois dûs aux nourrices, & de répondre à l'avis qui leur en a été donné, les nourrices doivent en informer, ou par elles-mêmes, ou par l'entremise du curé de leur paroisse, le Lieutenant-général de police, qui y pourvoit sur le champ.

Les condamnations qu'il prononce contre les peres & meres, sont exécutées par toutes voies dues & raisonnables, même par corps, & s'il est ainsi ordonné par ce magistrat; ce qu'il peut faire en tout autre cas, que celui d'une impuissance connue & effective: la déclaration du premier mars 1727 ordonne la même chose; cette derniere déclaration, qui concerne les recommanderesses, nourrices, & les meneurs ou meneuses, rappelle aussi ce qui est dit dans celle de 1715, concernant la jurisdiction du Lieutenant-général de police sur les recommanderesses; & ajoute, que les abus qui s'étoient glissés dans leurs fonctions, ont été réprimés, par les soins que ce magistrat s'étoit donnés, pour faire exécuter la déclaration de 1715.

Il est enjoint, par celle de 1727, aux meneurs ou meneuses, de rapporter un certificat de leur curé. Ces certificats doivent être enregistrés par les recommanderesses, & mis en liasse, pour être visés par le Lieutenant-général de police, ou par un commissaire au châtelet, par lui commis.

Les meneurs ou meneuses de nourrices sont aussi tenus, aux termes de cette même déclaration, d'avoir un registre paraphé du Lieutenant de police, ou d'un commissaire au châtelet par lui commis, pour y écrire les sommes qu'ils reçoivent pour les nourrices.

La déclaration du 23 mars 1728 enjoint aux ouvriers qui fabriquent des bayonnettes à ressort, d'en faire leur déclaration au juge de police du lieu, & veut que ces ouvriers tiennent un registre de vente, qui soit paraphé par le juge de police.

Cette déclaration a été suivie d'une autre du 25 août 1737, qui est aussi intitulée, comme concernant le port d'armes, mais qui comprend de plus tout ce qui concerne la police de Paris, par rapport aux soldats qui s'y trouvent, l'heure de leur retraite, les armes qu'ils peuvent porter, la maniere dont ils peuvent faire des recrues dans Paris; il est enjoint, à cette occasion, aux officiers, sergens, cavaliers, dragons, & soldats, & à tous autres particuliers, qui auront commission de faire des recrues à Paris, d'en faire préalablement leur déclaration au Lieutenant-général de police, à peine de nullité des engagemens; enfin, il est dit que la connoissance de l'exécution de cette déclaration, & des contraventions qui pourroient y être faites, appartiendra au Lieutenant-général de police de la ville de Paris, sauf l'appel au parlement.

aC'est par une suite, & en vertu de cette déclaration, que le Lieutenant-général de police connoît de tout ce qui concerne le racolage, & les engagemens forcés.

Ce magistrat a aussi, concurremment avec les trésoriers de France, l'inspection & jurisdiction, à l'occasion des maisons & bâtimens de la ville de Paris, qui sont en péril imminent; celui de ces deux tribunaux qui a prévenu, demeure saisi de la contestation; &, si les assignations sont du même jour, la préférence demeure au Lieutenant-général de police; c'est ce qui résulte de deux déclarations du roi, l'une & l'autre du 18 juillet 1729.

Toutes les contestations qui surviennent, à l'occasion des bestiaux vendus dans les marchés de Seaux & de Poissy, soit entre les fermiers & les marchands forains, & les bouchers, & charcutiers, même des uns contre les autres, pour l'exécution des marchés entre les forains & les bouchers, même pour cause de refus que pourroit faire le fermier, de faire crédit à quelqu'un des bouchers, sont portées devant le Lieutenant-général de police, pour y être par lui statué sommairement; & ses ordonnances & ses jugemens sont exécutés par provision, sauf l'appel en la cour; telle est la disposition de l'édit du mois de janvier 1707, de la déclaration du 16 mars 1755, & de l'arrêt d'enregistrement du 18 août suivant.

Lorsque des gens sont arrêtés pour quelque léger délit, qui ne mérite pas une instruction extraordinaire, & que le commissaire juge cependant à propos de les envoyer en prison, par forme de correction, c'est le Lieutenant-général de police, qui décide du temps que doit durer leur détention.

On porte aussi devant lui les contestations sur les saisies que les gardes des corps & communautés font sur ceux qui, sans qualité, se mêlent du commerce & de la fabrication des choses dont ils ont le privilege, les discussions entre les différens corps & communautés, pour raison de ces mêmes privileges.

Les commissaires reçoivent ses ordres pour l'exécution des réglemens de police, & lui font le rapport des contraventions qu'ils ont constatées, & en général de l'exécution de leurs commissions; ces rapports se font en l'audience de la chambre de police, où il juge seul toutes les causes de sa compétence.

A l'audience de la grande police, qui se tient au parc civil, il juge sur le rapport des commissaires, les femmes & les filles débauchées.

Enfin pour résumer ce qui est de la compétence de ce magistrat, il connoît de tout ce qui regarde le bon ordre & la sureté de la ville de Paris, de toutes les provisions nécessaires pour la subsistance de cette ville, du prix, taux, qualités, poids, balances & mesures des marchandises, magasins & amas qui en sont faits; il regle les étaux des bouchers, les adjudications qui en sont faites; il a la visite des halles, foires, marchés, hôtelleries, brelans, tabagies, lieux mal-famés; il connoît des différends qui surviennent entre les arts & métiers, de l'exécution de leurs statuts & réglemens, des manufactures, de l'élection des maîtres & gardes des marchands, communauté d'artisans, brevets d'apprentissage, du fait de l'imprimerie, des libelles & livres défendus, des crimes commis en fait de police; & il peut juger seul les coupables, lorsqu'il n'échoit pas de peine afflictive, enfin, il a l'exécution des ordonnances, arrêts & réglemens.

Les appellations de ses sentences se relevent au parlement, & s'exécutent provisoirement, nonobstant opposition ou appellation.

Le procureur du roi du châtelet a une chambre particuliere, où il connoît de tout ce qui concerne les corps des marchands, arts & métiers, maîtrises, réceptions des maîtres & jurandes; il donne les jugemens, qu'il qualifie d'avis, parce qu'ils ne sont exécutoires qu'après avoir été confirmés par sentence du Lieutenant-général de police, lequel a le pouvoir de les confirmer ou infirmer; mais, s'il y a appel d'un avis, il faut relever l'appel au parlement.

Le Lieutenant-général de police est commissaire du roi pour la capitation & autres impositions des corps d'arts & métiers; & il fait, en cette partie, comme dans bien d'autres, les fonctions d'intendant pour la ville de Paris.

Le roi commet aussi souvent le Lieutenant-général de police, pour d'autres affaires qui ne sont pas de sa compétence ordinaire; de ces sortes d'affaires, les unes lui sont envoyées pour les juger souverainement, & en dernier ressort, à la bastille, avec d'autres juges commis; d'autres pour les juger au châtelet avec le présidial. Quelques-unes, mais en très-petit nombre, sont jugées par lui seul, en dernier ressort; & la plus grande partie est à la charge de l'appel au conseil. Voyez ci-devant l'article POLICE où il est encore traité des fonctions importantes de ce magistrat.

POLIGNAC, (Melchior de) *Cardinal*, *Archevêque d'Auch*, *habile Négociateur François.*

INNOCENT XI venoit de descendre au tombeau, lorsque l'abbé de Polignac parut sur la scene du monde. Ce pontife inflexible & hautain, dernier reste de ces anciens papes, qui aspiroient à la monarchie universelle, avoit fait essuyer à Louis XIV des humiliations, que ce prince lui avoit rendues avec usure. Les deux cours étoient dans un état d'hostilités secretes, s'épioient, s'observoient, cherchoient à se nuire réciproquement auprès des autres puissances. L'ancienne Rome faisoit la guerre, la nouvelle Rome, plus prudente, la faisoit faire; par des ressorts cachés elle armoit les nations, sans s'armer elle-même. Leurs périls faisoient sa sureté; son amitié n'étoit pas toujours utile, mais sa haine étoit toujours dangereuse.

Il étoit donc de l'intérêt de Louis XIV, de donner à Innocent XI un successeur moins ennemi de la France: le cardinal de Bouillon partit, suivi de l'abbé de Polignac. Pour donner une idée des talens précoces du jeune négociateur, il suffit de dire, qu'au milieu des cardinaux Romains, il ne parut point embarrassé, qu'ils l'honorerent de leur estime, peut-être même de leurs inquiétudes. Marc Ottoboni fut élu, & régna sous le nom d'Alexandre VIII. Ce pontife plus jaloux d'élever sa famille, que d'abaisser les grandes maisons de l'Europe, consacra à la fortune de ses parens le peu de temps qui lui restoit à vivre. Les anciens démêlés n'étoient point encore terminés. L'abbé de Polignac y fut employé avec le cardinal de Bouillon, & le duc de Chaulnes. Son grand art étoit de paroître n'avoir point d'opinion à lui, d'adopter en apparence celle de ses adversaires, de la détruire, même en la louant, & de les amener à la sienne par des détours si bien ménagés, que, pensant d'après lui, ils croyoient penser d'après eux-mêmes. » Je ne sais comment il fait, disoit Alexandre VIII, il ne me » contredit jamais, il est toujours de mon avis, & cependant c'est toujours » le sien qui prévaut. Ce jeune abbé est un séducteur. « Il revint à Versailles recevoir un éloge plus flatteur encore. » Je viens, disoit Louis XIV » de m'entretenir avec un homme, & un jeune homme qui m'a toujours » contredit, sans pouvoir me fâcher «

L'ambassadeur de France à la cour de Pologne étoit mort. L'abbé de Polignac fut nommé pour le remplacer. Le grand Sobieski sentoit s'éteindre chaque jour ses forces & son génie. Ce n'étoit plus ce héros, qui d'un bras écrasoit les Turcs, de l'autre enchaînoit un peuple libre. La république docile, tant que son maître eut toute sa vigueur, commençoit à reprendre sa premiere indépendance. Toute l'Europe parloit encore de la brillante carriere, que Jean III avoit parcourue; mais ce prince n'en regardoit plus que le terme; & la cour de France, qui lui avoit été si attachée, le traitoit à peu près, comme ces vieux parens, qu'on aime, qu'on caresse jusqu'au dernier moment, mais dont on est un peu impatient de recueillir l'héritage. L'abbé arriva à Varsovie sans équipages, & garda l'*incognitò*. Quoiqu'une avanture malheureuse l'eut privé de tout ce faste, qui environne le représentant d'une puissance, il dut s'applaudir en secret du malheur, qui le confondoit avec les simples citoyens; supprimer le cérémonial, c'est accélérer les négociations. Polignac en alloit entamer plusieurs à la fois, nous nous attacherons à la principale.

La maison d'Autriche accablée par l'empire Ottoman, tandis qu'elle accabloit la France, avoit su intéresser Rome à sa situation : les pontifes avoient persuadé aux puissances, que les Musulmans cherchoient moins à terrasser l'empereur, qu'à anéantir l'évangile, que la cause de l'Autriche devenoit celle de Dieu, & qu'oubliant tout autre intérêt, il falloit s'armer pour la défense du plus saint de tous les cultes. Mais sous quel nom rassembler les forces des nations? celui de croisade étoit odieux, depuis que les hommes commençoient à penser : cette ligue fut appellée *sainte alliance*. Sobieski avoit saisi cette occasion, pour venger les anciens affronts que les armes Polonoises avoient reçus. Il défit les Turcs dans plusieurs combats. Terrible encore dans sa vieillesse, il inspiroit tant de terreur à la Porte, qu'elle recherchoit la paix. Louis XIV désiroit qu'on la conclût, afin que la Porte, tranquille du côté de la Pologne, pût réunir ses forces contre la maison d'Autriche, & que les mécontens de Hongrie, qu'il avoit soulevés, n'eussent

plus

plus d'autres ennemis à combattre que leurs maîtres. Louis XIV inquiétoit encore plus la cour de Vienne par ses ambassadeurs, que par ses armées, & triomphoit d'elle plus souvent par les embarras qu'il savoit lui susciter, que par lui-même. Au reste, il ne faisoit qu'user de représailles, & ses procédés étoient justifiés par ceux de la maison d'Autriche.

On étoit surpris de voir un abbé s'occuper à dissoudre une alliance formée en apparence pour les intérêts de l'église. Mais Polignac ne prenoit pas un prétexte politique, pour un motif religieux. Pour concerter les moyens d'accélérer le traité, il eut une entrevue avec un ambassadeur Tartare, rencontre singuliere, où l'on vit d'un côté la rudesse, l'ignorance, le fanatisme qu'inspire l'alcoran, unis à une fierté mâle & à quelque connoissance des affaires; de l'autre des mœurs douces, des manieres aisées, des graces touchantes, des prévenances délicates, une politique vaste & profonde, & la tolérance, qu'inspire la religion bien entendue.

Polignac fit, pour détacher Sobieski de la sainte alliance, tout ce qu'on pouvoit attendre du plus habile négociateur. Mais l'Autriche versoit l'or en Pologne, & le génie lutte envain contre l'or. La plus grande erreur de la politique Françoise, dans tous les temps de la monarchie, a été de croire, que dans les guerres & dans les négociations, ce métal pouvoit être suppléé par le courage & les talens.

D'ailleurs la reine de Pologne, que l'empereur avoit gagnée par de flatteuses espérances, traversoit, malgré elle-même, l'abbé de Polignac qu'elle estimoit. Elle étoit fille du marquis d'Arquin, pour qui l'ambassadeur avoit obtenu en France l'honneur du cordon bleu. Elle dédommagea le bienfaiteur de son pere, par une confiance sans bornes, des chagrins qu'elle lui causoit d'ailleurs. Sa faveur lui fit des jaloux : on vit paroître des manifestes où l'on disoit, *qu'il avoit apporté en Pologne la ruse de Mazarin, la dureté de Richelieu, la hauteur de Louis XIV;* qu'il minoit sourdement la liberté de la république, & que si on n'y prenoit garde, il alloit lui porter les derniers coups. L'abbé laissa murmurer les envieux, parce qu'il savoit, que, chez un peuple libre, le seul moyen d'imposer silence aux mécontens, est de ne pas paroître entendre leurs cris.

Moins jaloux de son repos, que de celui de sa patrie, tandis qu'on cabaloit contre lui, il s'efforçoit de gagner des alliés à Louis XIV. L'électeur de Baviere devoit épouser la princesse de Pologne. Ce prince balançoit encore entre Louis XIV & l'empereur : le premier étoit ami fidele & constant, l'autre étoit ennemi implacable; l'électeur ne savoit, s'il devoit craindre plus de l'un, qu'il ne devoit espérer de l'autre. La neutralité avoit ses dangers; mais il étoit difficile de choisir un parti. Polignac, en gagnant le ministre, fixa l'irrésolution du maître. L'influence de cette négociation s'est étendue jusques sur le regne de Louis XV; elle a conduit un prince Bavarois à l'empire; la gloire d'être fidele à ses engagemens, constante dans ses affections, est le seul fruit que la France en ait tiré.

Sobieski sentoit se serrer chaque jour les liens de l'amitié qui l'attachoient à l'abbé de Polignac. Lui seul avoit l'art de lui faire oublier ses infirmités. C'étoit dans le sein de cet ambassadeur, qu'il déposoit tous les chagrins, que lui causoit l'ingratitude d'une république, qui lui devoit sa splendeur & sa sureté. Un étranger le consoloit, tandis que ses compatriotes ligués contre lui, versoient l'amertume la plus cruelle sur les derniers momens d'une si belle vie. Il y succomba enfin, & termina sa glorieuse carriere; Polignac l'avoit prolongée de quelques jours, en ôtant de ses mains trop confiantes un poison, qu'on lui présentoit, comme un remede salutaire. Ce prince ne voulut point faire de testament; il disoit que *les vivans savoient bien s'arranger, sans consulter les morts.*

Si tous les princes de l'Europe avoient su s'apprécier, le trône de Sobieski seroit resté vacant pendant bien des années. Mais parmi ceux qui avoient le droit de voter, il n'en étoit pas un peut-être, qui ne se crut digne de remplacer le héros, qu'on venoit de perdre. On vit s'avancer d'abord un candidat, qui n'ayant point d'exploits, point d'opérations politiques, à rappeller pour réunir les suffrages, fit l'énumération de ses biens avec autant d'exactitude, que son intendant l'auroit pu faire. C'étoit dom Livio Odescalchi, neveu du pape Innocent XI. Il avoit répandu l'or à pleines mains; mais on ne lui rendit en échange, que des plaisanteries. On disoit que le jour de son couronnement, il devoit faire présent à la république des fameuses statues de *Pasquin* & de *Marforio*, pour servir d'ornement à son triomphe.

Frédéric-Auguste, électeur de Saxe, voisin redoutable, donnoit à son mérite & à ses raisons, plus de poids encore par une générosité vraiment royale. Enfin Polignac parut au milieu de la diete; & proposa Louis-François de Bourbon, prince de Conty. Dans sa premiere jeunesse, ce prince avoit fait contre les Turcs l'essai de ses talens militaires : c'étoit un titre pour plaire aux Polonois. A Steinkerque, à Nervinde, il avoit mérité l'estime de Luxembourg, il avoit même obtenu celle des ennemis. Il n'avoit point été général, mais il avoit appris à l'être, & par la maniere, dont il avoit obéi, il s'étoit montré digne de commander. Clément sans foiblesse, ami de la vertu & vertueux lui-même, assez habile pour donner des conseils, assez modeste pour en recevoir, ferme & jamais opiniâtre, tempérant par des graces naturelles, la majesté qui régnoit dans toute sa personne, il avoit, dans le second rang, toutes les qualités nécessaires pour remplir le premier. On sent quelle impression dut faire sur les Polonois ce portrait embelli par le pinceau de Polignac. Cet ambassadeur avoit prévu tous les obstacles qu'il alloit rencontrer. Sagesse, fermeté, politique profonde, mesures bien concertées, rien ne lui manquoit, pour les renverser, que l'or qu'il falloit répandre.

Le neveu d'Innocent XI étoit exclus, & pleuroit une couronne, qu'il avoit payée sans l'obtenir. La maison d'Autriche, rivale des Bourbons, alarmoit la république par des dangers imaginaires, lui peignoit le prince de Conty, comme un despote, dont l'humeur altiere menaçoit sa liberté, oubliant qu'elle-même avoit asservi en Hongrie un peuple libre. Polignac avoit su gagner le primat, personnage important, sur qui repose le fardeau de l'Etat pendant les interregnes, & qui retarde quelquefois l'élection, pour prolonger son empire. Mais l'évêque de Cujavie, ennemi déclaré de la France, suscitoit contre elle une faction puissante. La reine elle-même, inconstante dans ses affections, avoit pris en haine cet abbé qu'elle avoit chéri, & l'aversion qu'elle avoit conçue contre l'ambassadeur rejaillissoit sur son candidat. Le prince Jacques, fils du feu roi, le prince Charles de Neubourg, & Leopold, duc de Lorraine, trouverent aussi des suffrages. Le prince Louis de Bade, guerrier habile, quoique souvent malheureux, se mit sur les rangs. Mais leurs partis trop foibles, furent étouffés, presque en naissant, & les esprits resterent partagés entre l'électeur de Saxe, & le prince de Conty. Les deux factions se heurterent long-temps, tour-à-tour affoiblies par les désertions, & grossies par l'inconstance du parti opposé; elles reprirent enfin leur équilibre; l'électeur de Saxe & le prince François furent proclamés chacun par leurs partisans. On vit l'instant, où la Pologne divisée alloit encore se déchirer de ses propres mains, & donner à l'Europe une nouvelle preuve des inconvéniens d'une couronne élective.

Frédéric-Auguste entra dans Cracovie, suivi de douze cents Saxons; il avoit laissé une armée sur la frontiere. Cet appareil intimidoit la république; elle hasarda quelques remontrances, mais Frédéric tint ferme & conserva son escorte & son armée, pour faire trembler à la fois & les Saxons & son propre parti. Le prince de Conty n'avoit en Pologne d'autres défenseurs que l'abbé de Polignac, & des créatures dont l'amitié mal payée se refroidissoit de jour en jour. L'ambassadeur prévit que la faction alloit se dissiper, s'il ne lui montroit le roi qu'elle avoit élu. Le prince quitta la France, & conduit par des vents favorables, parut dans la rade de Dantzick. Il avoit pour guide cet intrépide Barth, que sa gloire, son élévation, ses services, le sentiment de son mérite & l'estime de Tourville & de Forbin, consoloient assez des froides railleries des courtisans, & des dédains affectés des dames de la cour. Mais la ville de Dantzick étoit ennemie de la faction Françoise. Un de ses vaisseaux refusa le salut au nouveau roi : les outrages se multiplierent. Il étoit dangereux de s'en venger, il ne l'étoit pas moins de les laisser impunis. On porta des plaintes aux magistrats : de nouvelles insultes furent leur réponse; l'ambassadeur lui-même se vit le jouet, & presque la victime d'une populace mutinée; ses domestiques furent arrêtés, ses équipages pillés, la faction françoise se vendit aux Saxons : le prince de Conty ne croyant pas, qu'il dût compromettre plus long-temps l'honneur de la monarchie dans un pays, où tout se liguoit contre lui, fit voile vers la France, & les hommages d'un peuple justement idolâtre du sang des Bourbons, le consolerent de l'inconstance des Polonois.

Telle fut la fin de cette négociation aussi belle que malheureuse. Polignac, presque sans autres ressources, que son génie, captiva des suffrages, qu'il ne pouvoit acheter, rompit les mesures de la maison d'Autriche, écarta plusieurs prétendans redoutables, se rendit maître de l'esprit du primat, contint long-temps une faction volage & toujours prête à déserter, & sut tenir pendant près d'une année le seul nom de Bourbon en équilibre avec les armes & l'or de l'électeur de Saxe. On a prétendu que Louis XIV, indifférent aux intérêts du prince de Conty, peut-être même, en secret jaloux de sa gloire, désiroit la honteuse issue d'une entreprise, qu'il avoit si foiblement secondée. » Mais, dit le P. Faucher, auteur de l'histoire du cardi» nal de Polignac, est-il probable que ce prince, qui mettoit tant de dig» nité dans ses actions, ait voulu, en pure perte, se donner si indécem» ment en spectacle à toute l'Europe, & se livrer à la risée de ses enne» mis? « Le défaut d'argent fut l'écueil, contre lequel on fit naufrage. Louis XIV aimoit la grandeur de sa famille; ses efforts en faveur de Philippe V ne permettent pas d'en douter : il avoit de bons généraux, de braves soldats, d'habiles négociateurs; mais ses finances épuisées par son faste & par ses guerres, ne lui avoient pas permis d'appuyer l'ouvrage de l'abbé de Polignac sur la seule base, qui soit solide dans un royaume électif.

Injuste dans son dépit, il fit à l'ambassadeur un crime de son mauvais succès, & le chagrin que lui causa la disgrace du prince de Conty ne peut être mieux prouvé, que par celle du ministre qui reçut la lettre suivante, datée du 24 avril 1698. » Mr. l'abbé de Polignac, je vous écris cette let» tre, pour vous faire savoir, que mon intention est que vous vous ren» diez incessamment à votre abbaye de Bon-Port, & que vous y demeu» riez jusqu'à nouvel ordre. « L'exil de l'ambassadeur fut un nouveau triomphe pour Frédéric-Auguste; Polignac alla loin du tumulte & des factions, oublier au sein des lettres & d'une douce oisiveté, l'inconstante amitié des rois, & la vaine faveur du peuple, qui, à l'exemple de ses maîtres, ne juge du mérite des hommes que par leurs succès.

En voulant punir l'abbé de Polignac, on l'avoit récompensé; depuis long-temps il soupiroit après le repos. Il mit son exil au nombre des bienfaits de Louis XIV; le condamner à être seul, c'étoit lui ordonner d'être heureux. Un roi, qui veut punir un ministre philosophe, ne doit pas l'exiler, & peut-être la maniere la plus cruelle de se venger de lui, seroit de l'accabler sous le poids des honneurs & des affaires. Ah! qu'on me punisse ainsi, dira un ambitieux. Le sage dira au contraire » chaque pas que je fais » en m'éloignant de la cour est un pas de plus vers le bonheur. «

Ce fut dans sa retraite de Bon-Port, que l'abbé de Polignac commença l'*Anti-Lucrece*, ouvrage étonnant où le jugement emprunte toutes les graces de l'imagination; où chaque raisonnement est un tableau, où la physique & la morale s'embellissent du riche coloris de la poésie. Un entretien qu'il avoit eu avec Bayle, en passant en Hollande; lui avoit fait naître la premiere idée de ce poëme. C'étoit dans celui de Lucrece, que ce sceptique avoit pris des armes, pour combattre l'abbé de Polignac, il résolut d'attaquer Lucrece lui-même, & triompha de lui par la force du raisonnement, comme par la beauté de la poésie.

Rappellé à la cour & dans la capitale, il devint l'oracle des sociétés littéraires : on voulut lire son poëme, & après l'avoir lu, on voulut le relire encore. Le duc de Bourgogne le médita profondément, le duc du Maine le traduisit pour la duchesse son épouse, Louis XIV voulut l'entendre, Mallebranche l'admira, & Boileau lui-même, le sévere Boileau, ne put lui refuser son suffrage. L'académie françoise admit l'auteur au nombre de ses membres. Quoiqu'homme de qualité, à sa réception il lut son propre ouvrage, parla d'après lui-même & parla bien.

Mais Louis XIV ne vouloit pas que Polignac, en illustrant la république des lettres, cessât d'être utile à l'Etat. Il le nomma *Auditeur de Rote* en 1706. La *Rote* est un tribunal de Rome, composé de douze docteurs, qu'on appelle *Auditeurs*. Ils sont choisis en Italie, en France, en Espagne & en Allemagne. Leur fonction est de juger toutes les causes bénéficiales, tant de Rome, que de l'Etat ecclésiastique. La place d'auditeur de Rote est un chemin pour parvenir à de plus grands honneurs; & dès cet instant, on prévit la haute destinée de l'abbé de Polignac. Il revit la capitale du monde, gagna les bonnes graces de Clément XI, seconda le cardinal de la Trimouille dans ses négociations, & lui laissa l'honneur du succès. Mais cette éminence publia, qu'il n'étoit dû qu'aux soins de l'auditeur. Il s'éleva entre les deux ministres un combat de modestie, dont on a vu peu d'exemples. Le soin de sa fortune invitoit l'abbé de Polignac à rester à Rome, mais les besoins de l'Etat le rappelloient en France, & un cœur tel que le sien ne balançoit pas entre ses propres intérêts & ceux de sa patrie.

Charles II, roi d'Espagne, au grand étonnement de toute l'Europe, avoit confondu les orgueilleuses espérances de la maison d'Autriche, & laissé sa couronne au duc d'Anjou, par ce testament fameux qui mit en feu la moitié de l'Europe. Pour recueillir cette succession, il falloit la conquérir. La France appauvrie par tant de luxe, de victoires, & de défaites, avoit peu de ressources; on en trouva cependant, & Philippe V fut conduit au trône les armes à la main. Le génie militaire de Vendôme, les talens politiques d'Alberoni, la bravoure des soldats, applanirent tous les obstacles. La maison d'Autriche ne demeuroit pas oisive. Liguée avec l'Angleterre & la Hollande, elle enveloppa la France & l'Espagne de tous côtés. La maison de Bourbon ne succomboit pas, mais elle se tenoit dans un état de défense désastreux, perdoit chaque jour, & ne recouvroit point. On étoit las de la guerre, toute l'Europe désiroit la paix.

Le maréchal d'Uxelles fut nommé plénipotentiaire; on lui associa l'abbé de Polignac, & Mr. Menager, député du commerce de Rouen, homme singulier autant qu'estimable, qui se présentoit, lorsqu'il s'agissoit de servir l'Etat, qui se cachoit, lorqu'il s'agissoit de demander des récompenses, & dont on ne se souvenoit à Versailles, que lorsqu'on avoit besoin de lui. Quand on voyoit ces deux hommes converser à l'écart sur les intérêts des puissances, on disoit : *voilà toute l'Europe.*

La négociation fut nouée d'abord à Gertruidemberg ; mais les alliés firent naître tant de difficultés, exposerent des prétentions si ambitieuses, que les ministres françois se retirerent. On continua la guerre, elle fut plus désastreuse encore. On renoua la négociation à Utrecht, & ce fut là que l'abbé de Polignac déploya dans toute leur étendue ses talens politiques. Tous les princes qui avoient quelques droits réels ou chimériques, y envoyerent des députés, & la France trouva plus d'adversaires à combattre dans la négociation, qu'elle n'en avoit trouvés dans la guerre.

Insatiables dans leurs désirs, opiniâtres dans leurs demandes, des conditions, honteuses pour Louis XIV, ruineuses pour Philippe V, étoient les seules que les alliés proposoient. La victoire de Denain, & les autres succès rapides de Villars abattirent leur fierté. L'abbé de Polignac sut tirer parti d'une circonstance si favorable, & conclut enfin en 1713 ce traité célébre, dont les articles sont connus. L'empereur refusa de le signer, & se voyant abandonné par ses alliés, résolut de soutenir seul tout le poids de la guerre.

Polignac reparut en France, revêtu de la pourpre Romaine. Louis XIV le combla d'honneurs, & l'envie, déjà adoucie par le charme de son caractere, maintenant accablée par l'éclat de sa gloire, fut forcée au silence. La constitution *unigenitus* avoit mis la capitale en feu ; tandis que les puissances se battoient pour des royaumes, on se livroit à Paris une guerre scholastique, non pas aussi funeste, mais plus difficile à éteindre. L'inflexibilité du cardinal de Noailles, l'enthousiasme des deux partis, les menées sourdes de quelques intriguans, qui, jaloux d'être persécutés par un parti, pour être nourris par l'autre, vivoient de ces querelles, dont ils rioient en secret, telles étoient les causes qui retardoient la fin de ces divisions.

Le cardinal fut choisi pour rétablir le calme dans l'église agitée ; l'opiniâtreté de quelques docteurs n'étoit pas aussi aisée à vaincre, que celle des puissances belligérantes. La querelle pour la succession d'Espagne étoit terminée, celle pour la constitution n'est peut-être encore qu'assoupie. Chaque parti croyant militer pour les intérêts du ciel, ne vouloit rien céder ; & Polignac & d'Etrées, son collegue, n'obtinrent que des treves momentanées, qui ne furent pas même observées de bonne foi.

Louis XIV mourut en 1715 trop tard pour sa gloire, trop tôt pour le repos de l'Etat, qui retomba dans l'anarchie d'une régence. Trois puissances liguées n'avoient pu casser le testament de Charles II ; le parlement de Paris cassa celui de Louis XIV. Mais avant qu'on eût remis les rênes du gouvernement dans les seules mains du duc d'Orléans, il y eut des débats très-vifs. L'abbé de saint Pierre, citoyen philosophe, esprit rempli des plus belles chimeres politiques, qui même offroit quelques moyens de les réaliser, proposa d'établir un conseil suprême & permanent, pour suppléer à la foiblesse des rois. C'étoit changer la constitution de la monarchie ; l'écrivain n'avoit pas respecté la mémoire de Louis XIV. Autant la droiture de ses vues étoit louable, autant l'excès de son zele méritoit d'être blâmé. Il falloit, sans doute, en arrêter la fougue. Mais falloit-il chasser de l'académie françoise un membre qui l'honoroit par ses mœurs, comme par ses écrits ? Falloit-il que le cardinal de Polignac fût son délateur, & que la proscription d'un de ses confreres devint son ouvrage ?

La conduite du cardinal, en cette occasion, est d'autant plus indécente que, peu de temps après, il se trouva lui-même compromis dans la fameuse conspiration, conçue par Albéroni, dirigée par l'ambassadeur prince de Cellamare, soutenue par les premieres familles de France. Le projet des conjurés étoit d'ôter au régent le timon de l'Etat, de le confiner dans quelque ville Espagnole, & de déférer la régence au roi d'Espagne, ou, pour mieux dire, au cardinal Albéroni, son premier ministre. (Voyez ALBÉRONI & CELLAMARE.) Cette révolution n'auroit pu s'opérer sans effusion de sang. Les soldats Espagnols, qu'on avoit introduits en France déguisés, en sont la preuve. Une guerre civile pouvoit donc naître de ce complot. Il fut heureusement découvert ; Albéroni tomba du faîte des grandeurs, où le hasard, l'intrigue, beaucoup de talens, encore plus d'audace, l'avoient élevé. Le régent ne se vengea de ses ennemis qu'en les éloignant. Polignac fut exilé à l'abbaye d'Anchin. Le P. Faucher passe rapidement sur cette circonstance de sa vie. Il devoit se souvenir que les orateurs qui porterent sur les tombes de Turenne & de Condé le tribut de la reconnoissance nationale ne dissimulerent point leurs égaremens, & que la vérité impose encore plus de devoirs à l'historien, qu'au panégyriste. Le cardinal ne reparut, que pour retourner en Italie ; & ses liaisons avec Albéroni, en même temps qu'elles faisoient voir un ami généreux qui n'abandonne pas son ami disgracié, confirmerent les soupçons du public sur la part qu'il avoit eue dans la conspiration.

Nous ne parlerons point de ses querelles avec les cardinaux Cienfugos & Salerno, de son démêlé avec l'Autriche pour les loges au théâtre & la présentation des cierges, ni de quelques autres tracasseries, où il fit voir, qu'un grand homme ne dédaigne pas les affaires les moins importantes, lorsqu'il en presse les suites. Il rendit à la France des services plus dignes de lui, en s'efforçant de calmer le courroux de la cour de Madrid, indignée du retour ignominieux de l'infante, & en s'opposant aux prétentions ambitieuses de la cour de Portugal. Elle vouloit porter atteinte aux privileges des trois cours, de Vienne, de Madrid & de Versailles, qui seules ont le droit d'exclure du cardinalat & de la papauté un candidat qui leur déplaît. Il vengea aussi la mémoire de Louis XIV & l'honneur de la nation, outragés à Rome par le marquis Ottiéri. Il sut enfin conserver, au roi de France, le titre exclusif de fils aîné de l'église, que l'empereur vouloit usurper, ambition un peu singuliere dans le dix-huitieme siecle. Après avoir terminé toutes les affaires qui l'avoient appellé à Rome, il revint en France : désormais, sans autre ambition, que celle d'être heureux, sans autre passion, que celle de l'étude, sans autres plaisirs, que celui de cultiver ses amis & d'en être adoré, il passa dans un laborieux loisir les derniers jours d'une si belle vie. Il reprit ses travaux poétiques, & ne cessa de perfectionner l'Anti-lucrece, qu'en cessant de vivre le 20 novembre 1721.

L'homme de lettres en lui faisoit aimer l'homme d'Etat, & l'homme d'Etat faisoit respecter l'homme de lettres. Il avoit une mémoire prodigieuse, qualité qui s'allie rarement avec l'esprit, le jugement, & le feu du génie. Sa maison étoit l'asile du mérite & de l'indigence, qui marchent souvent de compagnie. Ses conseils éclairoient les savans, ses bienfaits adoucissoient leur sort; & plusieurs d'entr'eux durent leur gloire à ses lumieres, leur bien-être à sa libéralité. Il avoit le double talent de critiquer sans effaroucher l'amour-propre, & de louer sans l'aveugler. Les éloges excessifs ralentissent la course du génie, l'endorment au milieu de la carriere : la satyre amere le décourage & l'arrête dès le premier pas. Il évita ces deux écueils & pour lui-même & pour les autres. Tous les arts lui étoient familiers, l'agriculture sur-tout, étoit l'objet de ses soins, & les mêmes mains qui avoient fermé le temple de Janus ne dédaignoient pas de cultiver un champ fertile, un parterre émaillé de fleurs, un verger couvert de fruits. (D. S.)

POLITESSE, s. f.

Ce mot est un terme métaphorique & emprunté de la matière, comme la plupart de ceux dont nous nous servons pour exprimer tout ce qui a rapport à l'esprit. La Politesse est à l'ame ce que le poli, ou, comme disent les artistes, le poliment est à certains corps, aux pierres, aux métaux, *&c.*

La Politesse consiste à ne rien faire & à ne rien dire qui puisse déplaire aux autres; à faire & à dire tout ce qui peut leur plaire; & cela avec des manieres & une façon de s'exprimer qui ayent quelque chose de noble, d'aisé, de fin & de délicat.

Il faut donc considérer dans la Politesse, & le fond des choses, & la maniere de les dire & de les faire.

Cette maniere est le point le plus important. Un homme auroit beau être obligeant, serviable, complaisant; sans une certaine maniere de l'être, il ne passeroit que pour un honnête-homme, un bon homme, & point

point du tout pour un homme poli. Il faut même distinguer la Politesse de la civilité. Etre poli, dit plus qu'être civil.

L'homme poli est nécessairement civil, mais l'homme simplement civil n'est pas encore poli. Il ne passera point pour tel auprès des connoisseurs; & on ne doit point l'appeller poli, à prendre ce terme dans toute l'étendue de sa signification. La Politesse suppose la civilité, mais elle y ajoute. Celle-ci regarde principalement le fond des choses, l'autre la maniere de les dire & de les faire.

A la vérité on ne parle pas ordinairement dans la conversation avec cette scrupuleuse exactitude; il y auroit même du ridicule à l'affecter; ce seroit une sorte de pédanterie. Cependant il y a des occasions de l'employer. Par exemple, on louera quelqu'un d'être poli. Un autre répliquera : *c'est un peu trop dire ; M***. n'est pas poli, il n'est que civil.* Certainement on l'entendra. Si son jugement est vrai, on le trouvera bien exprimé, & ceux même qui n'y avoient pas fait réflexion jusqu'alors, sentiront que ces deux mots, *civil* & *poli*, ne sont pas synonymes, & que l'un signifie plus que l'autre, ou même signifie toute autre chose. La civilité nous fait rendre à chacun ce qui lui est dû, & témoigner aux autres, selon ce qu'ils sont à notre égard, de la bonté, de l'amitié, de l'estime, de la considération, du respect. La Politesse proprement dite est une maniere agréable & délicate d'agir & de parler. C'est ce que les Romains appelloient *urbanitas*, *morum elegantia*. Ce mot d'*urbanité* qu'on vouloit introduire dans notre langue, n'a point passé, parce que nous avons celui de Politesse qui lui répond parfaitement. On pourroit croire que le mot de *civilité* signifie précisément la même chose que celui d'*urbanité*, si l'on n'avoit égard qu'à son étymologie; mais l'usage lui donne une signification moins étendue. Un homme du peuple, un paysan, peuvent être civils; mais il n'y a qu'un homme du monde qui puisse être poli. Ainsi les termes de Politesse & de civilité expriment plutôt des qualités différentes, que les différens degrés d'une qualité.

Comme on a appellé l'esprit *raison assaisonnée*, on pourroit appeller la Politesse *bonté assaisonnée*. La Politesse est au bon cœur, ou au bon caractere, ce que l'esprit est au bon sens. L'esprit, la Politesse sont je ne sais quoi de fin, de délicat, &, si cela se peut dire, de bon goût, ajoutés l'un à la raison, l'autre à la bonté.

Mais comme le grand usage du monde donne souvent une apparence d'esprit à des personnes qui, au fond, en ont très-peu, de même & plus souvent encore, il donne une apparence de bonté à des gens qui sont en effet très-méchans & très-durs. Leur Politesse n'est que dureté assaisonnée, comme l'esprit des autres n'est que sottise assaisonnée. Elle n'est qu'une parure & qu'un bon air. Elle est vanité, & non bienfaisance; amour-propre, & non amour des hommes; vice, & non vertu.

Il y a beaucoup d'arbitraire dans la Politesse, dans la maniere de dire

& de faire les choses, de témoigner aux autres les dispositions avantageuses où nous sommes à leur égard, de leur marquer du respect, de l'estime, de l'amitié. Ainsi elle varie selon les différentes nations. L'usage du monde peut seul la faire bien connoître, & y former. L'instruction la plus étendue n'apprend pas tout, parce qu'elle ne sauroit tout exprimer; à plus forte raison ne met-elle pas en état d'agir. Il y a donc bien-loin de la Politesse spéculative à la Politesse pratique. Tout ce qui consiste en action, ne s'apprend bien que par l'action même.

Il y a des personnes qui sont peu polies dans le centre de la Politesse, à la cour même. Comme les qualités naturelles ne suffisent pas sans l'usage du monde pour acquérir la Politesse, de même l'usage du monde ne suffit pas toujours sans ces qualités, du moins si on a dans un certain degré les défauts contraires. Ces qualités sont de la bonté & de la douceur dans le caractere; de la finesse de sentiment pour discerner promptement ce qui convient, eu égard aux circonstances où l'on se trouve; de l'égalité dans l'humeur, ou du moins beaucoup de pouvoir sur soi-même, pour que l'inégalité ne paroisse pas; enfin une grande facilité d'entrer dans toutes les dispositions, de prendre tous les sentimens qu'exige l'occasion présente, ou du moins de les feindre.

Mais il est très-difficile de feindre & de dissimuler. L'homme est naturellement sincere; il aime à dire ce qu'il pense, témoigner ce qu'il sent. Cette disposition, quoique louable en elle-même, est un grand obstacle à la Politesse, qui, comme je l'ai dit, prescrit de ne rien faire & de ne rien dire qui puisse déplaire aux autres : d'où il s'ensuit qu'il ne faut pas dire tout ce qu'on pense, ni faire tout ce qu'on voudroit, lors même qu'on ne pense, ou qu'on ne veut que des choses raisonnables.

Une grande partie des fautes qu'on commet contre la Politesse, vient de trop de sincérité & de franchise, de ce qu'on ne sait point se contraindre pour agir & pour parler comme la Politesse l'exigeroit, ou du moins pour se taire. Ainsi la parfaite probité peut quelquefois être un obstacle à la Politesse, parce qu'elle porte à la sincérité. C'est un honnête-homme, dit-on, de quelqu'un, un homme d'esprit, & même dans le fond un bon homme; mais il est trop naïf & trop sincere. Cet honnête-homme, homme d'esprit, voit & entend mille choses qui le choquent, malgré la douceur de son caractere; & il témoigne trop naturellement son impression. Lorsqu'on a l'esprit juste & le cœur bien fait, on n'a presque rien à déguiser, ou à taire avec ses pareils; ils seroient même offensés d'une conduite moins franche & moins sincere. Mais ne vit-on qu'avec de tels pareils, & plutôt où les trouve-t-on? Plus on a de discernement dans l'esprit, &, si cela se peut dire, dans le cœur, plus on rencontre dans le commerce du monde d'occasions de dissimuler.

Cependant le penchant à la sincérité est fort commun. Le monde, à la vérité, est rempli de trompeurs, de fourbes; mais ils ne sont pas nés tels pour la plupart; ils le sont devenus. Ils sont nés avec les passions qui les obligent à se déguiser, pour les mieux satisfaire; mais en même temps ils sont nés aveo le penchant à agir ouvertement, à se montrer tels qu'ils sont. L'expérience leur en a fait voir les inconvéniens; & il leur a fallu bien des efforts pour le surmonter, le modérer du moins, & le régler. J'en appelle aux plus habiles dans l'art de dissimuler & de feindre. Ici surtout se vérifie la maxime, que l'habitude ne détruit jamais la nature. La dissimulation constante est un état violent, une espece d'esclavage auquel on ne s'accoutume point. Elle coûte plus ou moins, selon qu'on s'y est plus ou moins exercé, & à proportion des intérêts qui engagent à la pratiquer; mais elle coûte toujours; elle ne cesse jamais d'être une contrainte; & même cette contrainte imparfaite est presque toujours un peu apperçue. *Nec simulatum potest quidquam esse diuturnum.* Cic. de off. l. 2.

POLITIQUE, s. f.

LA Politique en général est l'art de parvenir à son but. Le bonheur est le but où tendent les humains. Pour atteindre le bonheur, l'homme doit diriger ses actions de maniere qu'elles soient justes, décentes & utiles. Le droit naturel & la morale ou l'éthique nous enseignent ce qui est juste & décent. La Politique nous fournit quelques regles pour ce qui est utile. Comme les objets ou les buts différens que les hommes se proposent dans la carriere de cette vie, sont divers, & que les différentes situations dans lesquelles ils peuvent se trouver, varient à l'infini, il est impossible de prévoir tous les cas & de fournir des regles de détail. La politique se contente de rechercher les principales situations de la vie dont l'homme est susceptible, & de lui fournir les principes dont il peut faire une application heureuse à tous les cas de détail pour se conduire sagement. Cicéron dans son traité des devoirs, *de officiis*, en a fourni un grand nombre de préceptes admirables. Il paroît qu'il a très-bien saisi la distinction du juste, du décent & de l'utile, en insistant sans cesse sur ce qu'il nomme *honestum, decorum & utile*; mais il n'a pas traité sa matiere assez systématiquement, & il est comme tous les anciens, tantôt sublime & tantôt plat. Ce sont toujours des éclairs très-brillans & très-lumineux qui sortent d'une nue très-obscure.

Le lecteur verra sans peine par ce qui vient d'être dit, que la Politique générale n'est au fond que la prudence commune dans le cours de la vie, l'art de se conduire & de diriger ses actions, de maniere qu'il en résulte une juste utilité, & l'on y peut ajouter encore, qu'elles obtiennent l'approbation des sages. C'est un champ immense dont on peut tracer les principales divisions, mais non pas les limites.

Dans chaque action nous avons à considérer quatre objets. 1°. Le but qu'on s'y propose; 2°. les facultés ou les dispositions naturelles de chaque homme en particulier pour atteindre ce but; 3°. les moyens pour y parvenir; 4°. les obstacles soit naturels, soit accessoires que l'on rencontre & qu'il faut tâcher de lever. Les traités de Politique développent ces objets, & prescrivent à cet égard les regles générales qu'il convient d'observer. Et comme dans la plupart des actions de la vie nous avons besoin du secours d'autrui pour parvenir à notre but, elle nous indique les moyens pour reconnoître dans les autres hommes s'ils ont des dispositions à concourir à nos vues. C'est ainsi qu'elle nous enseigne à bien démêler leurs vues, leurs talens, leurs caracteres, leur humeur, leurs inclinations ou penchans, leur habileté, leurs vertus & même leurs vices; afin de nous mettre en état d'en tirer parti & d'employer non-seulement ce qu'ils ont de bon, mais même de mauvais ou de défectueux en eux à notre utilité. Ce n'est pas là une des moindres parties de la politique.

Après ces considérations générales la Politique examine quels sont les principaux états de la vie dans lesquels l'homme peut se trouver, & où il a besoin d'employer une prudence ou Politique particuliere. C'est ainsi que tout homme, dès qu'il a cessé d'être enfant, passe à l'état de la jeunesse, où sa raison commence à se développer, & où il parvient à agir sur ses propres idées. C'est-là où son inclination ou ses dispositions naturelles doivent le déterminer à se fixer pour un état ou métier dans la vie; c'est-là qu'il doit jeter les fondemens de son aptitude à cet état, qu'il doit faire des études qui y concourent, ou se mettre à l'apprentissage de ce métier. La Politique lui fournit des instructions salutaires à cet effet, comment il doit se conduire pour parvenir à son but aux écoles, académies & universités, dans ses voyages, dans la société en général, avec des supérieurs & des inférieurs, avec des personnes de l'un & de l'autre sexe, dans le commerce ordinaire de la vie, à la cour, à l'armée, dans l'état du sacerdoce, dans celui de commerçant, d'homme de lettres, d'artiste, d'artisan, *&c.* comme magistrat ou citoyen, comme pere de famille, ou en qualité de membre d'une famille, comme maître ou comme serviteur, dans l'état du mariage ou hors du mariage; comme ministre ou employé au gouvernement, ou comme sujet obéissant au gouvernement, & ainsi du reste. Enfin, la Politique ne finit point lorsqu'elle entre dans le détail des divers états de la vie, & qu'elle prescrit des maximes de sagesse pour chacun en particulier.

Elle n'envisage pas seulement l'homme dans un état encore indécis, où il n'a point pris son parti, & où il est encore en pleine liberté de se déterminer pour une action quelconque; elle le considere aussi dans l'état où il s'est déterminé, où il a pris un parti qui n'a pas été dicté par la sagesse. Elle lui apprend les moyens de redresser ses fautes & ses torts, de les tourner de maniere qu'il lui en résulte le moindre désavantage possible, &

quelquefois même à son plus grand avantage; de se conduire enfin politiquement dans la prospérité aussi bien que dans l'adversité & le malheur. Outre cela elle lui enseigne encore non-seulement les moyens généraux & ceux de détail pour atteindre chaque but qu'il se propose, mais aussi pour écarter adroitement les obstacles qui peuvent s'opposer à ses succès. Enfin elle lui apprend ce que c'est que le ridicule, la facilité avec laquelle l'homme peut y tomber s'il n'est pas constamment sur ses gardes, les écueils qu'il faut éviter à cet égard, les dangers qu'on court & les suites funestes qui résultent du ridicule, pires souvent que celles des vices même.

Le conseil est encore un objet très-important de la Politique générale. Nous n'entendons pas ici ce conseil que l'homme sage se donne chaque fois à soi-même pour se conduire dans la vie; mais celui qu'il donne à ses amis, à ses concitoyens, à tous les hommes enfin qui le consultent & qu'il doit envisager comme ses freres. Elle lui fournit des maximes pour la candeur & la bonne foi qu'il doit y admettre, pour la prudence, la précaution, la circonspection qu'il faut y employer, pour la situation dans laquelle se trouve la personne qui requiert le conseil, pour les circonstances qui accompagnent le cas embarrassant & qu'il faut peser, & pour tous les objets qui sont relatifs à cette importante matiere. Enfin la Politique générale est une théorie raisonnée, un cours complet pour la conduite utile de la vie, qui nous enseigne à bien conduire notre barque sur une mer toujours agitée & souvent orageuse, & à diriger notre pérégrination sur la terre, de maniere que nous puissions vivre dans le monde surement, justement, honnêtement, religieusement & agréablement, en attendant la vraie félicité que la miséricorde divine nous prépare dans l'éternité.

La Politique des Etats est cette science qui fournit des regles à ceux qui gouvernent les Etats, pour atteindre les différens buts qu'ils doivent naturellement se proposer, ou pour dire la chose en d'autres mots, que ce soit la science du gouvernement, l'art de régner, *&c.*

Le but de chaque Etat, de chaque nation, de chaque corps politique est naturellement 1°. sa conservation ou sa durée, & la félicité de tous ceux qui en sont membres. La plus grande perfection dans la constitution d'un Etat consiste sans doute en ce qu'elle peut produire sa longue durée, & pendant cette durée procurer à ses citoyens tous les biens dont ils sont susceptibles, & éloigner d'eux tous les maux dont ils peuvent être atteints.

Pour parvenir à ce double but, l'Etat doit se proposer cinq objets capitaux ou fondamentaux, qui sont : 1°. il faut polir la nation qu'on doit gouverner. 2°. Il faut introduire un bon ordre dans l'Etat, y entretenir la société, & y faire observer les loix. 3°. Il faut établir dans l'Etat une bonne & exacte police. 4°. Il faut faire fleurir l'Etat & le rendre opulent. 5°. Il faut rendre l'Etat formidable en lui-même & respectable à ses voisins. De ces cinq objets découlent comme d'autant de principes féconds, toutes les regles de détail que la Politique enseigne & dont la réunion forme la science du gouvernement.

Un corps ou peuple de barbares, quelque nombreux qu'il puisse être, ne fut jamais heureux, jamais formidable long-temps. Toutes les nations sauvages, sans mœurs, sans police, sans politesse ont été subjuguées, sans exception, par les nations policées. Si les Tartares ne le sont pas encore entiérement, c'est qu'ils ne valent pas la peine d'être conquis, domptés & assujettis plus qu'ils ne le sont par les Turcs & les Russes. La férocité qui est une suite absolue du barbarisme, ne sauroit jamais produire un bonheur raisonnable, la vraie félicité, à moins que ce ne soit dans le cerveau de quelques visionnaires, qui empruntant le nom de philosophes, s'imaginent qu'il y a un grand mérite à produire des paradoxes & se donnent la ridicule torture pour les soutenir.

Pour polir une nation, il faut commencer par prendre les plus grands soins de l'éducation de la jeunesse, par le moyen des écoles, académies & universités publiques; & l'invention de toutes sortes d'établissemens instructifs, & capables de cultiver l'esprit de la jeunesse, & de lui donner des talens non-seulement pour les sciences & les arts libéraux, mais aussi pour les arts utiles, les métiers, les fabriques, *&c.* Il faut introduire & entretenir ensuite dans l'Etat l'urbanité, les mœurs douces, la politesse, y établir des imprimeries, permettre & encourager même les voyages, chercher à introduire le luxe raisonnable, entretenir une cour brillante, des spectacles décens, donner des fêtes publiques, avoir des promenades agréables, réprimer l'abus des liqueurs, de la débauche, de la crapule, & bannir la férocité & la brutalité.

Toutes les parties d'un corps politique ou d'un Etat, toutes les branches du gouvernement doivent être dans une harmonie perpétuelle, sans se heurter mutuellement, se choquer ou se confondre, & c'est ce qu'on nomme le *bon ordre.* Tous les hommes ont entr'eux une société générale qui leur impose les devoirs de l'humanité; mais les hommes qui font partie d'une même nation, vivent dans une liaison beaucoup plus étroite, dont il résulte des rapports qu'on comprend sous le nom de *société*; & les devoirs qui en découlent les devoirs de la société. C'est ce bon ordre, ce sont ces rapports de la société, que le souverain doit entretenir dans son Etat. C'est ici que la Politique examine la différence des conditions & l'utilité qu'elle en peut tirer. C'est ici qu'elle établit pour premiere regle que la prospérité d'un Etat dérive de sa population, c'est-à-dire, du grand nombre d'hommes dans toutes les conditions ou classes de ses citoyens. Elle fournit des maximes pour l'encouragement de cette population & la conservation des citoyens. Elle traite des maisons d'orphelins, des hôpitaux, des établissemens charitables, des colonies, des sénats de santé & de médecine, des précautions contre les maladies épidémiques, *&c.* Enfin elle parle de la religion, de l'incrédulité, de la superstition, de la tolérance, des mœurs, des établissemens utiles, de la communication entre la capitale, les villes & les provinces, des postes, des coches, des barques, des grands chemins, & enfin des divers départemens à établir dans l'Etat pour la régie des affaires, & dont la réunion forme tout le gouvernement.

Delà elle passe à l'important article des loix & de la législation. Comme le salut de l'Etat dépend uniquement de la bonté de ses loix, elle indique les moyens de faire des loix justes & utiles. Elle traite en même-temps du pouvoir législatif & coactif en matieres spirituelles, civiles, militaires, publiques & particulieres. Elle montre la division des loix, elle fait une digression sur la frivolité & la nuisibilité des fiefs & des loix féodales; elle donne des regles pour la confection & le style des loix, elle parle de la jurisprudence, des tribunaux, des juges, des exécuteurs de la justice, des sentences, des peines, des châtimens.

La police des villes & de la campagne est un objet fort vaste & fort important dans l'Etat. La Politique en prescrit les regles qui portent sur la sureté, la propreté & le bon marché que les citoyens ont droit de prétendre pour la conservation de leur vie & de leur santé, de leur honneur & de leurs biens; d'où naît leur tranquillité & le moyen de s'acquitter de leurs fonctions, de leurs métiers & de leurs devoirs dans la société, sans trouble & sans obstacle. (*a*)

La Politique porte ensuite ses vues sur l'opulence de l'Etat & de ses membres. Elle en démontre la nécessité & indique les moyens les plus efficaces pour l'acquérir. Elle développe en même-temps en quoi consiste proprement la vraie opulence ou les richesses d'un Etat. C'est ici où elle traite des métaux précieux & de la monnoie, des représentations des métaux précieux & monnoyés, ou des lettres de change, obligations, *&c.* des fonds publics, des banques; de l'agriculture & de tout ce qui en dépend; des productions naturelles d'un pays dans tous les trois regnes de la nature, & de la maniere d'en tirer parti; de l'industrie ou des fabriques & manufactures; du commerce général & particulier de la navigation marchande, *&c.* Enfin, elle examine comment cette opulence générale des membres de l'Etat, peut être rendue utile, au corps de l'Etat même par le moyen des contributions ou subsides que les citoyens fournissent pour l'entretien de l'Etat. C'est ici que s'examine la matiere des finances, le département des finances, la maniere dont il doit être composé; quels doivent être les principes fondamentaux, les contributions réelles ou personnelles, les taxes naturelles & invariables ou arbitraires, les impôts sur les denrées, & mille objets pareils que nous avons détaillés à leurs articles.

Pour qu'un Etat soit formidable, il faut qu'il ait encore outre ses ressources pécuniaires des forces réelles, c'est-à-dire une armée & une marine.

(*a*) Voyez les articles CAMPAGNE & POLICE.

Voyez ces mots. La Politique cherche & trouve des regles pour déterminer la force ou la grandeur proportionnelle de l'armée & de la marine sur la grandeur & l'opulence respective de l'Etat.

Jusqu'ici la politique n'a considéré l'Etat que par rapport à lui-même & à sa propre constitution. Dans la seconde partie elle l'envisage sous un autre point de vue; c'est-à-dire, occupant une place sur la terre, faisant partie du genre-humain, & ayant des liaisons avec d'autres peuples, d'autres nations, d'autres Etats, soit voisins, soit lointains, soit amis, soit ennemis. C'est donc sous ce point de vue qu'elle commence par prescrire des regles utiles, 1°. pour la conduite politique des souverains en général; 2°. pour la formation des conseils; 3°. pour le choix des ministres; 4°. pour l'arrangement du département des affaires étrangeres, *&c.* Elle examine ensuite 5°. la puissance relative des Etats en comparaison des autres; elle traite 6°. du systême particulier des Etats; 7°. des engagemens réciproques des souverains en général; 8°. des traités & des alliances en particulier & de leur utilité ou inutilité; 9°. de la guerre & de la paix; 10°. des négociations en général; 11°. des ministres publics; 12°. des instructions, lettres de créance, récréditifs & autres pieces d'écriture nécessaires à la négociation; 13°. des personnes qui composent la suite d'un ministre public, & de sa maison; 14°. de la conduite politique d'un ministre public; 15°. des congrès; 16°. du cérémonial, & de diverses choses semblables qui ont du rapport à la situation extérieure des corps politiques.

Nous avons fait tous les efforts dont nous avons été capables pour débrouiller le chaos de ces importantes matieres, pour établir des principes certains, & donner des regles aussi justes qu'utiles de ces objets divers. Voyez tous ces articles.

Terminons celui-ci par quelques remarques. Si l'homme d'Etat placé au timon des affaires, n'étoit doué d'un esprit juste & d'une ame ferme, il succomberoit sous la critique qu'on fait ordinairement de sa conduite politique. Toutes les vieilles femmes empietent sur les droits des médecins, & prétendent guérir les malades par des simples ou des remedes spécifiques; tous les vieillards chagrins frondent le gouvernement & voudroient réformer l'Etat. Mille adeptes, mille charlatans politiques se présentent tous les jours, & voudroient nous persuader qu'ils possedent des secrets merveilleux pour les finances, le commerce, la police, *&c.* Ils sont quelquefois écoutés & dérangent les plus beaux projets d'un ministre habile, qui s'est formé un systême sage d'administration, & qui fait concourir chaque branche du gouvernement à son but général, comme des rayons d'une roue qui aboutissent à un centre commun. Quelquefois même ce ministre est déplacé, démis de ses emplois au milieu de sa carriere, au moment qu'il alloit voir son plan réussir, & le successeur acheve de le déranger pour en commencer un nouveau. C'est un des plus grands maux qui puissent arriver dans un Etat. Ceux qui vivent dans un pays condamnent souvent le gouvernement, parce

parce qu'ils en sont trop près. Semblables à ces spectateurs qui dans un opéra se tiennent derriere les coulisses, qui découvrent chaque petite faute, qui voient les roues, les poulies & les cordages, chaque ressort qui manque, chaque machine qui ne joue pas bien, chaque acteur qui fait la plus légere faute. Ils blâment, ils critiquent, tandis que le spectateur placé à une juste distance, ne voit que le tout ensemble, trouve que la piece est divinement bien exécutée, l'envisage comme un chef-d'œuvre & fait éclater sa juste admiration.

POLITIQUE, adj.

De la conduite politique des ministres publics.

EST-IL besoin de crier au miracle, lorsqu'on voit un ministre public homme d'esprit & de bon sens? Il est payé pour l'être. Les souverains doivent trop bien connoître leurs intérêts pour confier la conduite des affaires d'Etat, à des personnes qui ne savent pas se conduire dans la vie ordinaire. Il seroit donc superflu de dire, à l'exemple de plusieurs célébres auteurs, qu'un négociateur ne doit point pécher contre les regles du sens commun, & de prescrire ici des maximes qui appartiennent à la science des mœurs en général. Les instructions de la politique doivent porter sur des objets plus particuliers. Elles servent à guider un homme raisonnable dans la carriere épineuse des négociations, & ils apprennent en quelques instans de lecture ce que l'expérience lui auroit enseigné en plusieurs années de pratique, premiérement pour les *précautions qu'il doit prendre avant son départ*; secondement, *pour les bienséances qu'il a à observer étant arrivé au lieu de sa destination*; troisiemement, *pour la conduite qu'il lui convient de tenir pendant tout le temps qu'il y réside*, & quatriemement, *pour les mesures qu'il doit garder lorsqu'il est rappellé de son ambassade.* Nous destinons cet article à l'examen de ces quatre points.

Aussitôt qu'un homme qui s'est appliqué aux affaires, apprend que le souverain l'a nommé au poste de ministre public, la joie qu'il ressent de cette nomination ne doit pas l'emporter au point de la divulguer d'abord de tous côtés; il faut qu'il examine, avant toutes choses, si cet emploi lui convient. L'amour-propre ne doit point lui fasciner les yeux, ni la gloire l'éblouir. Son second devoir est de s'informer des appointemens que son maître y attache. Il y a une espece de lâcheté à se contenter d'une misere, & à aller prostituer le caractere de ministre dans une cour étrangere, faute de pouvoir y vivre sur un pied décent. Un honnête-homme doit savoir refuser une charge qu'il ne peut exercer honorablement. S'il néglige cette précaution, il essuyera, tant que son emploi durera, la mortification journaliere de jouer un rôle d'aigrefin à côté de tous ses collegues; & le ministre du plus petit prince l'effacera par une dépense plus honnête. Mais il y a plus. Se trouvant hors d'état d'entretenir des liaisons amicales avec les ministres & les principaux du pays, de les recevoir assez souvent à sa table, & de faire des largesses convenables à ceux qui suggerent tout ce qui se passe dans l'intérieur de la cour & des affaires, il ne pourra jamais faire la moindre insinuation que ministériellement (façon de négocier la plus guindée & la plus mauvaise qu'on puisse imaginer,) ni mander à sa cour que des nouvelles connues dans tous les cafés. Encore une fois, je ne puis cesser de le répéter, les souverains devroient se persuader que des hommes, qui consentent à les servir pour une bagatelle, ou qui veulent bien se ruiner dans ces sortes d'emplois, sont par-là même, ou des fous, ou des gens qui ne savent où donner de la tête. Je laisse à penser s'il est prudent de leur confier d'aussi grands intérêts! Pour conduire un vaisseau, on cherche avec soin le plus habile pilote, & on le paye largement; pour conduire les affaires les plus importantes de l'Etat, on cherche une dupe qui veuille s'en charger au plus bas prix.

Lorsque l'article des appointemens est réglé sur un pied convenable, la premiere démarche qu'il convient de faire au nouveau négociateur, c'est de *rendre visite au ministre du pays où il va qui réside à la cour de son maître*, pour lui notifier sa nomination. S'il n'est pas déjà lié d'amitié avec ce ministre, il doit tâcher de le faire encore dans l'intervalle qui précede son départ, afin de l'engager à prévenir la cour pour laquelle il est destiné d'une maniere favorable sur la bonté de son caractere, de ses qualités personnelles, & des dispositions où il est d'entretenir non-seulement une bonne harmonie, mais aussi de cimenter l'union entre les deux puissances. Il peut faire connoître à ce même ministre, sans affectation, & par maniere de discours, qu'en revanche il ne perdra aucune occasion, après qu'il sera arrivé à son poste, d'y rendre un témoignage avantageux de sa bonne conduite & de l'estime qu'il s'est acquise dans le pays de sa résidence, afin de l'engager par-là à lui rendre de bons offices dans ses relations, & à lui procurer des amis. La réussite d'un négociateur dépend fort souvent de la prévention, bonne ou mauvaise, où le prince auprès duquel il est accrédité & son ministere sont à son égard. Il peut aussi tirer du même ministre beaucoup de lumieres sur les mœurs du pays & les usages de la cour où il va, sur le caractere des gens en place, & sur la maniere dont il doit se conduire jusqu'à ce qu'il ait eu le temps de faire des observations par ses propres yeux. On sait combien un bon début influe sur toute la suite d'une négociation.

L'intervalle qui s'écoule entre le jour de la nomination & celui du départ d'un ministre, est pour lui un vrai temps de crise, d'agitation, & de trouble. Il a ses affaires domestiques à régler, mille emplettes à faire, ses équipages à arranger, des soins à prendre pour les faire partir, des visites à rendre, ses adieux à faire, soit à la cour, soit à la ville, &c. Dans ce tourbillon d'affaires accessoires, il ne doit sur-tout point négliger les objets essentiels qui regardent sa négociation, mais, au contraire, s'en occuper par préférence. Sa premiere application doit être à l'étude de la généalogie du prince vers lequel il est envoyé, de la maison dont il descend, de ses alliances de famille, de la situation géographique de ses Etats, de leur fort, ou de leur foible, de leur commerce, des droits & prétentions de ce prince, de ses vues politiques, & de mille particularités semblables. On doit supposer, à la vérité, que le nouveau négociateur ne sera pas destitué de ces connoissances; mais il est nécessaire qu'il se les rappelle à cette occasion, & se les rende tout-à-fait familieres. L'ignorance des moindres détails à cet égard peut le jeter dans des inconvéniens fort étranges, ou lui donner de grands ridicules.

Il faut, en même-temps, qu'il demande aux archives *la communication des dépêches de ses derniers prédécesseurs*. Elles servent à lui faire connoître l'état des affaires, dont il doit reprendre le fil, à lui donner des éclaircissemens sur le caractere des gens en place à la cour où il va, sur les écueils qu'il doit y éviter, sur les facilités qu'il peut rencontrer pour sa réussite, à l'instruire du cérémonial qui s'y observe, des prérogatives qu'il peut y prétendre, & de mille détails qui regardent ou les affaires ou l'étiquette. Il est à propos qu'il fasse une lecture sérieuse de ces dépêches, la plume à la main, pour faire un extrait des articles les plus intéressans, & pour pouvoir demander à son prince, ou au ministre, des éclaircissemens sur tous les objets qui lui paroissent douteux, ainsi que sur ceux où il croit trouver des difficultés. Il doit prendre les mêmes précautions à l'égard des instructions que sa cour lui donne, afin que celle-ci puisse lui suggérer, avant son départ, les expédiens les plus propres à lever tous les obstacles, qui pourroient lui survenir dans le cours de sa négociation, & que la prudence peut prévoir.

En prenant congé du ministre du cabinet, autrement dit, des affaires étrangeres, le nouveau négociateur doit le prier de l'honorer de sa correspondance particuliere, & de lui faire mander toutes les nouvelles intéressantes qui arrivent à la cour dont il part. Mais cette correspondance seule ne suffit pas, parce que le ministre peut avoir des raisons pour lui cacher ou lui déguiser un événement. Il faut donc qu'il s'accorde, sur cet article, avec un ou deux amis fideles, sûrs, qui soient à même d'être bien informés des choses qu'il veut savoir, & qu'il les engage à lui écrire tout ce qui se passe de remarquable. On ne prétend point entraîner par-là ces amis dans un commerce de lettres dangereux, ni les induire à faire les espions pour nous instruire des secrets de l'Etat. Point du tout : il ne s'agit ici que de nouvelles courantes qui parviennent à la connoissance du public, & que le ministre doit savoir plutôt que les gazettes, s'il ne veut passer pour un négociateur mal instruit, ou négligent, & avoir la honte d'apprendre, à la cour où il réside, les principaux événemens qui arrivent à la sienne, & dont cette premiere est informée par le ministre qu'elle y entretient. Aussi le souverain ne doit-il point blâmer ceux qui sont en correspondance avec ses ministres dans les cours étrangeres. Ils concourent, au contraire, à son propre bien; & c'est toujours une marque infaillible de la foiblesse de l'Etat ou du prince, lorsque le gouvernement veut envelopper dans un trop grand mystere tout ce qui se passe dans le pays, que le commerce le plus innocent devient suspect, qu'on châtie avec trop de rigueur des nouvellistes même mal-intentionnés. Un grand monarque méprise leur mauvaise volonté; & le venin qu'ils distillent est trop foible pour nuire aux Etats formidables. Il n'y a que les trahisons manifestes qu'on doit punir.

Aussitôt que le nouveau négociateur est arrivé au lieu de sa destination, il doit s'informer, auprès du ministre d'une puissance amie, de l'étiquette reçue dans ce pays pour le cérémonial & pour les visites, s'il n'en est pas lui-même instruit d'avance. Cette étiquette varie dans la plupart des cours. Ici l'on fait annoncer son arrivée aux personnes les plus considérables, & aux autres ministres étrangers, là on leur fait d'abord visite en personne; ici l'on attend leur visite chez soi, là on rend les premieres visites, accompagné du prédécesseur qui est rappellé, & qui présente son successeur à la cour & aux gens en place. Dans tout ce cérémonial le nouveau négociateur doit se conformer aux usages reçus, & ne point former de vaines prétentions capables de donner des préventions désavantageuses contre sa personne. Le caractere dont il est revêtu, le rang qu'occupe son maître parmi les souverains de l'Europe, les instructions particulieres qu'il peut avoir pour les politesses qu'il doit faire, ou les bienséances qu'il doit observer; toutes ces circonstances, & plusieurs autres, doivent servir de regle à sa conduite. Il est impossible de prescrire des maximes de détail pour tant de faits particuliers; mais on peut dire, en général, que la politesse de notre siecle retranche tous les jours quelque partie de la gêne qu'un cérémonial frivole introduit dans la société, que les souverains même se préviennent par des civilités réciproques, & que les disputes sur le rang & sur l'étiquette, qui occupoient si fort nos peres, sont passées avec le bon vieux temps. Un ministre public, à la vérité, a d'autres mesures à garder qu'un particulier, mais il péchera moins par trop de politesse que par trop de fierté.

Les premiers devoirs, qu'un négociateur doit rendre, sont dûs aux ministres des affaires étrangeres, soit qu'il leur fasse savoir son arrivée par la personne la plus qualifiée de sa suite, soit que l'usage demande qu'il leur rende lui-même sa visite. Nous avons déjà dit ailleurs que le négociateur doit remettre au principal ministre du cabinet la copie de son créditif dans cette premiere visite. C'est le moment de l'à propos pour témoigner à ce ministre le desir qu'on a de se rendre agréable en concourant de tout son pouvoir à entretenir la bonne harmonie, & à resserrer les liens de l'amitié entre les deux cours. Ce sentiment doit être exprimé avec une certaine chaleur qui puisse persuader la sincérité, & qui le fasse distinguer d'un froid compliment de style.

Quoique ces premiers temps semblent n'être consacrés qu'aux devoirs de bienséance, un habile négociateur doit savoir convertir les cérémonies les plus frivoles en occasions utiles pour parvenir à son but. Ces visites données & rendues lui servent admirablement à développer le caractere des personnes avec lesquelles il doit traiter désormais, & à leur montrer le sien autant qu'il juge à propos de le découvrir. L'usage du monde contribue infiniment à nous donner le talent de connoître les hommes : la sagacité naturelle, & le discernement juste n'y suffisent pas seuls, il faut encore de l'expérience. Un homme d'État doit se faire, de bonne heure, une habitude de démêler le cœur & l'esprit de ceux qu'il fréquente. Il acquerra, avec le temps, un coup-d'œil si juste, que deux ou trois conversations lui suffiront pour ne pas se tromper grossiérement sur le mérite de ceux qu'il lui importe de connoître. De son côté, il doit faire éclater beaucoup de franchise & de conduite. Il n'y a que les petits esprits qui s'imaginent que la finesse doit être empreinte sur le visage, dans le maintien, & dans tous les discours d'un ministre. C'est précisément le contraire. Son plus grand art consiste à cacher sa finesse, puisqu'il est démontré qu'un homme reconnu pour trop fin, est éternellement la dupe de cette même finesse. Il y auroit de l'imprudence à s'afficher pour tel, dès la premiere entrée, au ministere. On ne montre pas d'avance toute l'adresse qu'on possede, à un adversaire contre lequel on va combattre.

Le jour de la premiere audience étant venu, le ministre doit s'y rendre dans son plus bel équipage, & suivi du plus brillant cortege qu'il peut rassembler. C'est une espece de triomphe pour lui. Il faut que son habillement soit neuf, propre, de bon goût, fait à la maniere de son pays, & aussi riche que les loix somptuaires de son souverain le permettent. Un ministre de Danemarc ou de Suede, par exemple, ne doit porter ni or ni argent sur son habit. A Constantinople, on donne aux ministres étrangers du premier & second ordre, lorsqu'ils sont introduits à l'audience du grand-seigneur, *le caffian*, qui est une robe longue agraffée, & bordée par devant, avec de courtes manches, espece d'habit de cérémonie que portent les principaux officiers Turcs, & dont on revêt, à cette occasion solemnelle, le nouveau ministre, pour lui faire honneur. Bien-loin de s'en défendre, il doit insister à avoir ce caffran. La suite d'un ambassadeur, ou envoyé, doit être proprement vêtue à son jour d'audience, & sa livrée aussi éclatante qu'il est possible.

En approchant du trône du souverain, la contenance d'un ministre public doit être modeste & respectueuse, mais sans embarras. L'éclat de la majesté éblouit toujours un peu ceux qui n'y sont pas trop accoutumés,

& c'eſt peut-être la ſeule occaſion où il convienne de ſe munir de ce qu'on appelle une noble effronterie, parce qu'on a beſoin d'un grand ſang-froid, & d'une tranquillité parfaite d'eſprit pour prendre garde à chaque pas qu'on fait, à chaque parole qu'on profere. C'eſt le mauvais quart-d'heure du négociateur. Il y a eu des monarques, qui ont ſenti une ſatisfaction ſecrete en voyant des miniſtres déconcertés à leur ſeul aſpect; & l'on conte que Louis XIV, en donnant audience au célébre baron de Pentenrieder, qui avoit la réputation de ne ſe décontenancer jamais, ſe trouva piqué du peu d'impreſſion que ſa préſence ſembloit faire ſur cet ambaſſadeur, & que pour l'intimider, il l'interrompit à la premiere période de ſa harangue, laquelle commençoit par ces mots : *Sire, l'empereur mon maître m'envoie vers votre majeſté*, en lui diſant d'un ton fort : *Plus haut, monſieur l'ambaſſadeur*, mais que celui-ci ſans s'émouvoir répondit : *Plus haut?..... L'empereur mon maître, ſire, m'envoie vers V. M. &c.* en nommant l'empereur le premier, hauſſant la voix, & continuant ſon diſcours. Au ſortir de l'audience, les courtiſans lui firent compliment ſur ſon ſang-froid; il leur répliqua : *Je ſuis accoutumé à voir tous les jours l'empereur.* Ces bons mots faiſoient honneur au génie de M. de Pentenrieder, mais ils faiſoient vraiſemblablement mal les affaires de ſon maître. Il en coûte ſi peu pour flatter les petites foibleſſes des rois en faveur des grands intérêts, qu'un miniſtre habile peut les contenter aiſément; & il ne doit jamais négliger les moyens qui peuvent le rendre agréable à ſon premier début.

Anciennement on fatiguoit, par de longues harangues, le monarque, qui les écoutoit dans l'attitude d'une idole qu'on encenſe, & le miniſtre les déclamoit d'un ton de pédant. Mais cet uſage a vieilli; & ce ſeroit aujourd'hui manquer de reſpect au ſouverain, comme de politeſſe envers les aſſiſtans, ſi le négociateur les mettoit à la gêne par un diſcours trop étendu. Les expreſſions ampoulées, les métaphores, les pointes épigrammatiques, les antitheſes, les comparaiſons trop recherchées, les phraſes montées ſur des échaſſes, qui étoient ſi fort admirées autrefois, ſont bannies maintenant des harangues d'un homme d'Etat; & le diſcours qu'un miniſtre fait à ſa premiere audience, ne doit point paſſer dix minutes, temps qui ſuffit pour faire un compliment ſpirituel : car ce n'eſt pas dans un ſemblable diſcours public, qu'il convient de parler d'affaires, & d'y mêler des objets qui regardent la négociation dont on eſt chargé. Ces matieres ſont réſervées pour les audiences particulieres qu'on obtient du ſouverain, & pour les conférences avec ſes miniſtres. Il n'eſt pas non plus bienſéant qu'un négociateur éleve trop la voix en prononçant ſon diſcours, & qu'il faſſe trembler les voûtes de la ſalle d'audience. Peu importe que des aſſiſtans éloignés l'entendent ou non, pourvu qu'il n'écorche pas les oreilles du prince. L'orviétan de cour qu'il débite en pareille occaſion n'a pas beſoin d'être crié. Anciennement c'étoit un mérite pour un miniſtre que d'être un grand orateur, aujourd'hui c'eſt un vice; on ne lui demande que de savoir bien parler, & de posséder le talent, si rare, de la persuasion.

Il est encore d'usage en plusieurs cours de l'Europe, de donner un festin aux nouveaux ministres publics le jour de leur audience, ou de leur envoyer quelques rafraîchissemens, ou de leur faire des honneurs particuliers, comme de faire battre aux champs lorsqu'ils approchent des corps-de-garde, de faire jouer les eaux des jardins pour eux, ainsi que cela se pratique à Versailles, *&c.* Le ministre peut, & doit même exiger, à cet égard, les mêmes prérogatives qui ont été accordées autrefois à ses prédécesseurs, si les circonstances sont encore les mêmes, & si son caractere est égal au leur. Dans toutes ces occasions, où tous les yeux sont attachés sur lui, il doit conserver un maintien modeste, & se garder de prendre pour sa personne les distinctions qu'on fait à son caractere. Il est convenable aussi qu'il se montre généreux envers les concierges, jardiniers, officiers de bouche, domestiques, & autres subalternes de la cour, qui s'attendent à quelque présent de sa part.

Dès que le nouveau ministre a pris son audience, qu'il a satisfait aux devoirs de bienséance envers les principaux du pays & les autres ministres étrangers, qu'il a reçu de leur part tout ce que la politesse & le cérémonial usité exigent, il ne doit point tarder à commencer l'exercice de ses fonctions. La meilleure méthode est de se former un plan, ou systême d'agir, en suivant les principes que nous avons établis ailleurs pour les négociations en général. S'il les fait servir de regles fondamentales à sa conduite politique, s'il applique tous les cas particuliers qui se présentent à ces regles, il est à croire que le succès répondra à ses vœux & à l'attente de sa cour. Cependant on ne sauroit lui promettre une réussite infaillible. La providence s'est réservée la direction des grands événemens; le sort des nations est entre ses mains, & la prudence humaine est trop bornée pour prévoir toute l'enchaînure des circonstances naturelles, dont elle se sert toujours pour parvenir à ses fins. Nous avons vu les plus habiles négociateurs, chargés de propositions fort avantageuses, échouer à des cours contre des ministres d'autres puissances, qui avoient des conditions moins favorables à offrir, & moins de talens pour les faire valoir. Mais ces cas sont rares, & un négociateur qui suit les leçons de la saine politique a toujours un avantage infini sur celui, qui se conduit au hasard. Il a encore quelques maximes à observer durant le cours de sa négociation, qui n'ont pu trouver place ailleurs, & que nous avons réservées pour cet endroit.

On a dit, de tout temps, qu'*un ministre public est un espion privilégié.* Ce *dicton*, qui est vrai en un sens, a séduit beaucoup de négociateurs petits génies, & les mauvais esprits en ont fait de grands abus. Il est constant qu'un des principaux devoirs du ministre étranger consiste à pénétrer dans les secrets de la cour où il réside, mais il ne doit pas faire un usage sinistre de tous ceux qu'il parvient à découvrir, les communiquer tout *cruement à son maître, les présenter sous un jour odieux*; les empoisonner par des réflexions, qui contiennent le germe de la haine & de l'animosité, & semer ainsi la discorde entre les deux cours. Tous les ministres sont des especes d'espions, j'en conviens; mais tous les espions ne sont pas des ministres. Le métier de ces derniers est infame, & suppose dans celui qui l'exerce l'ame d'un traître; le métier des premiers est glorieux, & suppose un homme de probité & de talens. Un négociateur ne doit jamais perdre de vue son caractere, & les devoirs qui en résultent. Il doit se souvenir sans cesse qu'il est ministre de paix, conciliateur des différens qui peuvent survenir entre les puissances, & non pas le boute-feu de leurs querelles. Il doit bien se mettre devant les yeux que les souverains se reconcilient tôt ou tard, & que le ministre qui les a brouillés, en faisant l'espion mal-à-propos, est finalement toujours sacrifié. Son devoir exige donc de faire tous ses efforts pour être bien informé; mais les découvertes qu'il fait, les nouvelles qu'il apprend, doivent servir, premiérement, à sa propre instruction & à le guider dans toutes ses démarches; & secondement, il doit les examiner avec toute la réflexion dont il est capable, pour former un choix de celles qu'il convient de communiquer à sa cour.

Les nouvelles frivoles ne doivent point occuper, dans ses relations, la place de celles qui intéressent, & il ne faut les mander à sa cour qu'au défaut de ces dernieres. Mais il est des nouvelles, qui, pour paroître indifférentes, n'en peuvent pas moins avoir une influence directe ou indirecte, dans les affaires essentielles d'un Etat, & dans les mesures que le gouvernement est obligé de prendre. En taire de cette espece seroit commettre une faute réelle. Si le ministre vient à découvrir avec certitude qu'il se trame quelque projet funeste contre son maître, que ses intérêts sont trahis, que la cour où il réside veut empiéter sur ses droits, ou qu'elle manque à la foi des traités, qu'il se forme quelque ligue qui peut être préjudiciable à ses vues, ou à son systême politique, il seroit coupable s'il n'en rendoit pas compte sur le champ. Ni le désir d'entretenir une bonne harmonie entre les deux cours, ni la prédilection qu'il peut avoir contractée pour celle où il est, ni aucune autre considération ne doivent l'empêcher d'en faire son rapport, & d'abandonner à la prudence de son maître & du ministere les mesures, qu'ils jugent à propos de prendre pour prévenir les effets de pareils desseins. En un mot, le négociateur doit ouvrir sans cesse des yeux de linx pour pénétrer dans le secret des affaires; mais il doit employer tout le discernement, dont il est capable, dans l'usage qu'il fait de ses découvertes.

Mais si la trop grande prédilection, qu'un négociateur prend en faveur de la nation ou de la cour à laquelle il est accrédité, peut l'aveugler au point de donner une interprétation trop favorable à toutes les démarches politiques qu'elle fait, & nuire ainsi aux affaires de son maître, il est certain que l'excès opposé, c'est-à-dire, la haine, ou l'aversion, qu'un pareil ministre

ministre contracte quelquefois pour le prince & l'Etat où il réside, peut devenir encore plus fatale aux intérêts des deux cours. L'homme qui ne sauroit se rendre maître de ses passions, qui se laisse dominer ou par un attachement trop excessif, ou par une animosité personnelle, qui ne sait pas même sacrifier le ressentiment d'une légere mortification au bien des affaires, est tout-à-fait impropre à la négociation. L'histoire fournit beaucoup d'exemples de ces sortes de ministres passionnés, & du mal qu'ils ont fait. Ces exemples méritent d'être rapportés pour servir de leçon à tous ceux qui marchent dans la même carriere. Je ne puis m'empêcher de copier quelques-uns de ces portraits que je trouve dans la traduction d'une ancienne chronique orientale, (*a*) & qui me paroissent renfermer d'utiles leçons pour les personnes employées de nos jours dans les négociations.

Al-mamon, calife de Syrie, qui régnoit vers l'an 200 de l'hégire, vivoit en grande mésintelligence avec Cader, calife de Perse, son parent. Cette inimitié étoit prête à éclater en guerre ouverte; mais l'intérêt politique des deux Etats demandoit que ces princes fussent unis. Al-mamon, qui en sentoit la nécessité, résolut d'envoyer en Perse un émissaire secret qui, sans déployer de caractere public, pût entamer une négociation avec les ministres de Cader, & concilier les deux cours, ou du moins préparer les voies à une amitié extérieure. Haroung fut chargé de cette commission. Il étoit homme de loi sans savoir la loi, il fut érigé en négociateur sans connoître la politique. Al-mamon avoit fait ce choix bizarre, parce qu'il croyoit, apparemment, qu'une tête orbiculaire pouvoit contenir une grande dose d'habileté, & qu'un gros corps étoit propre à supporter les liqueurs fortes des Perses. Haroung parvint, à la vérité, à renouer la bonne intelligence entre les deux cours, parce qu'elles y tendoient par une pente naturelle; mais dans la suite Mahem, surnommé le grand, étant monté au trône de Syrie après la mort de son pere, les affaires devinrent extraordinairement intéressantes. Haroung fit des fautes énormes, & gâta plus par sa foiblesse d'esprit, qu'un autre n'auroit pu le faire par malice ou par légéreté. Parvenu au poste de ministre par une création véritable, l'éclat de son nouveau rang l'éblouit; & n'ayant avant sa nomination jamais vu la cour, il fut si charmé des politesses qu'on lui faisoit à celle du calife de Perse, qu'il crut devoir tout sacrifier au bonheur de se maintenir dans un pays où le chiras couloit à grands flots. Sans pouvoir imiter les Persans dans leurs vertus, il prit leurs défauts, affecta d'imiter leurs mœurs, & donna dans leurs travers. Il ne voyoit plus que par les yeux des ministres du calife Cader. Ces hommes rusés le faisoient entrer dans toutes leurs vues. Il croyoit trouver dans leurs cabinets le siege de la candeur, de la bonne foi, & de la sincérité. Jamais négociateur ne fut plus que lui une dupe parfaite. Il

(*a*) Voyez Diarbecri, dans sa chronique intitulée : *Al-Khamisi*.

joignit à cette confiance aveugle un respect mêlé de timidité pour les ministres Persans. Mollissant sur tous les objets, il n'osa jamais leur parler avec fermeté, ni présenter la puissance respectable de Mahem dans un point de vue où elle pouvoit inspirer une juste crainte. Cette conduite jeta le ministere de Cader & le négociateur dans une égale erreur, & après mille fausses démarches faites de part & d'autre, l'habile calife Mahem se vit obligé de rompre avec la cour de Perse, & de rappeller son ministre Haroung, qui avoit brouillé les deux puissances précisément par la même conduite qu'il croyoit propre à les unir.

Presque en même-temps on vit arriver à la cour du calife de Syrie, Nérimordax, ambassadeur de Thalestris, reine des Scythes. C'étoit un personnage singulier. Son extérieur annonçoit un petit-maître Scythe, & ce dehors plaisant cachoit une ame aussi noire que l'encre. (*a*) Il avoit aussi peu de génie que beaucoup d'ignorance. Les petits esprits, qu'un malheureux choix conduit aux emplois distingués, acquierent par-là une présomption insupportable. Nérimordax en étoit tout rempli, lors même qu'il faisoit des questions les plus puériles sur la forme du Gouvernement de Syrie, ou sur d'autres objets relatifs à la politique. Il possédoit encore à un degré éminent la fierté naturelle aux barbares, & étoit insatiable d'honneurs & de distinctions. Tant de vanité, réunie à si peu de mérite, le mettoit dans une dépendance perpétuelle de ceux qui savoient flatter sa passion dominante, & le faisoit révolter contre Mahem, sa cour & son ministre qui, dans son idée, ne lui portoient pas assez de considération. Le calife d'Egypte, jaloux de la grandeur naissante de Mahem, entretenoit auprès de lui un ambassadeur habile; & ce vieillard rusé se rendit bientôt maître de l'esprit de Nérimordax en témoignant beaucoup d'égards pour sa personne, son goût & ses talens imaginaires. Il le consultoit pour l'arrangement de sa maison, de ses équipages & de ses habits, & suivoit ses idées; mais en revanche Nérimordax étoit obligé de suivre aveuglément toutes les siennes pour les affaires d'Etat. Ses relations étoient dictées par l'ambassadeur Egyptien. Les succès brillants que Mahem avoit dans ses expéditions militaires, causerent de l'inquiétude à ses voisins. Nérimordax se lia étroitement avec tous les ministres des cours ennemies de celle de Syrie, & à mesure que le Calife triomphoit, il faisoit éclater contre lui sa haine & son envie. Chaque victoire, chaque prise de ville le faisoit pâlir. C'est le caractere des petits génies d'être malicieux. Nérimordax corrompit des satrapes, des généraux & des domestiques de Mahem, mit tout en œuvre pour lui susciter des ennemis, fit tous ses efforts pour animer la reine Thalestris à prendre les armes contre lui, entretint des espions, dressa des plans d'opération, & projetta des trahisons impardonnables à un ministre, même dans un temps de

(*a*) Montagne dit, avec beaucoup de raison, que *toute méchanceté n'est au fond qu'ânerie.*

guerre ouverte. La trame cependant n'étoit pas ourdie assez finement pour rester cachée aux yeux perçans du grand Mahem. Il découvrit toutes les menées de l'ambassadeur, le fit guetter continuellement par des mouches, intercepta ses dépêches, punit sévérement les traitres qu'il avoit gagnés, continua ses conquêtes ; & demanda le rappel de ce mauvais ministre qu'il traita jusqu'à son départ avec un mépris qui ne pouvoit que le suivre dans les cours où il fut employé depuis, & lui laissa la mortification d'avoir fait éclater une animosité vaine, & de s'être donné mille peines inutiles.

Ce double portrait nous peint le caractere d'un ministre public trop passionné pour la cour où il réside, & d'un autre qui se laisse entraîner par une haine personnelle contre elle. Tout négociateur doit éviter ces extrêmes, & se persuader que, s'il tombe dans les égaremens ou de Haroung, ou de Nérmordax, il n'aura finalement pas de meilleur sort que ces deux ineptes ministres. On a cru devoir enchasser ici ces tableaux tracés par un pinceau oriental, pour les faire servir de miroir aux négociateurs Européens. Les peintures instruisent souvent mieux que les leçons de politique. Mais de tous les caracteres, le plus odieux dans un ministre public, c'est celui de Gonsalve de Frelon, qui fut employé par un grand prince du XIV siecle pour négocier en divers pays de l'Europe. Il possédoit, à ce que disent les mémoires du temps, plusieurs qualités, qui étoient absorbées par des vices & des ridicules. L'orgueil étoit le ressort de toutes ses actions, le principe de ses discours, & de ses observations. On sait combien la vanité devient ridicule lorsqu'elle n'est pas cachée sous un grand fond de prudence. N'étant point élevé dans le grand monde, il n'en avoit pas naturellement les manieres, mais il vouloit les avoir, & cette affectation perpétuelle étoit rebutante. On voyoit distinctement que son ame & son corps faisoient des efforts lorsqu'il vouloit prendre l'air libre & le ton aisé. Gonsalve étoit railleur ; mais comme ses railleries, au-lieu de couler de la source féconde d'un esprit enjoué, étoient plutôt des productions pénibles de la malice, elles devenoient piquantes sans être agréables. Il débuta mal dans sa premiere commission ; & sentant qu'il étoit un objet de mépris pour la cour où il résidoit, il voulut aussi en devenir le fléau. Il eut la malheureuse adresse d'y réussir, mais son rappel suivit de près sa vengeance. Il fut cependant employé de nouveau à des négociations. Une mauvaise réputation précédoit son arrivée dans toutes les cours, & l'aversion la suivoit. Il devint brouillon par systême. On savoit que toutes les fois que son maître vouloit rompre avec une puissance, il lui envoyoit Gonsalve, qui alloit ainsi de cour en cour & de pays en pays se rendre odieux, & malheureusement le prince attribuoit cette haine à une crainte que les autres avoient pour son habileté. C'est un exemple à fuir pour tout homme d'Etat. *Un négociateur qui veut réussir, doit tâcher de se faire une bonne réputation.* Tous les ministres publics répandus dans les différentes cours de l'Europe se connoissent, forment un corps, & tiennent ensemble par les

Vvv 2

mêmes nœuds qui lient les affaires ; soit dans les voyages qu'ils font, soit par la correspondance qu'ils entretiennent par-tout, ils s'instruisent du caractere de chacun de leurs confreres, & dès qu'un négociateur change de cour, ils ne manquent pas de faire son portrait à leurs maîtres respectifs. Malheur à celui qu'ils peignent en noir, & qui étant dans un discrédit général succombe tôt ou tard sous leurs plumes.

Un des plus sûrs moyens de se rendre odieux à une cour, & par contre-coup à toutes les autres, c'est de lancer des traits satyriques & mordans, soit dans le discours, soit dans ses relations, contre le souverain du lieu, ou contre ses premiers ministres. Une pareille conduite est impardonnable pour un homme d'Etat, qui ne doit point chercher à briller par le petit talent de la satyre, ayant un plus grand métier à faire. Ces sortes de traits partent ordinairement d'une haine personnelle que le négociateur prend pour le prince auquel il est envoyé, & qui est tout-à-fait indigne de lui. *Toujours dire du bien de M. le Prieur* est une ancienne maxime de moines, & qui doit l'être aussi des ministres. Quand ils dorment, leurs traîtres sont éveillés. Personne ne sait par qui il est épié. Plus la satyre est ingénieuse, juste, pleine de sel attique, plus elle passe de bouche en bouche, & parvient enfin aux oreilles de celui qui en fait l'objet. Le venin, qu'elle renferme, pénetre jusques dans son ame, & y dépose un levain de ressentiment & d'animosité qui fermente toujours. Ni le désaveu, ni la soumission, ni les excuses ne sont capables d'effacer les impressions que fait, contre un négociateur, la médisance piquante ; au-lieu que les louanges délicates qu'il donne à propos, soit au souverain, soit aux ministres, soit aux troupes, soit aux loix, soit aux mœurs du pays où il réside, lui acquierent mille amis, & facilitent le succès de tous ses travaux. Il est vrai que le ministre doit faire à son maître une peinture fidelle du souverain auprès duquel il est envoyé, & des gens en place, & qu'il n'a pas toujours du bien à dire ; mais le portrait le plus ressemblant en laid peut être fait sans causticité. J'ai connu un négociateur, homme d'esprit, d'une humeur toujours enjouée, d'une physionomie agréable, & qui annonçoit la prospérité, mais qui, par un malheureux penchant à la satyre, ne pouvoit s'empêcher de lancer mille traits contre le monarque auprès duquel il étoit accrédité, & contre toute sa cour. Ce prince le sut, & n'en parut nullement piqué, mais ayant demandé & obtenu son rappel, il lui donna, au-lieu du présent ordinaire, une tenture de tapisserie où ce ministre étoit représenté en Silene, environné de satyres ; & la ressemblance frappante des traits du visage rendoit cette vengeance bien plaisante.

Un négociateur, qui n'a pour but que la réussite de ses commissions, & le maintien de la bonne harmonie entre les deux cours, ne se laisse pas rebuter par les premiers obstacles, ni épouvanter par des difficultés passageres qu'un instant fait naître, & qu'un autre instant favorable peut lever. Il faut de la persévérance dans la poursuite des affaires publiques. Un ministre, avec ces principes, n'écrit pas non plus à sa cour tout ce que l'autre souverain peut lui dire, dans un moment de mauvaise humeur, de choquant ou d'odieux, de peur d'aigrir les esprits, & de rompre le fil de la négociation pour un mot lâché sans réflexion, & dont on se repent le lendemain. Il y a près d'un siecle qu'un ministre de Hollande, envoyé vers un roi du nord, prince habile, mais violent, eut une audience secrete de ce monarque, dans laquelle il avoit à justifier quelques démarches de la république qui ne pouvoient que déplaire au roi. Le discours s'anima extrêmement, & dans la chaleur des contestations, le ministre répéta plusieurs fois le nom de ses maîtres, en disculpant leur conduite. *Ah!* s'écria le monarque en colere, *vos maîtres sont* *** .... *Sire*, répondit le négociateur flegmatique, *votre majesté voudroit-elle que je leur fisse part de cette déclaration dans mon rapport?* ... *Oui*, répliqua le roi, *vous n'avez qu'à le leur marquer de ma part.* Le ministre n'eut garde d'obéir, & quelques jours après, ayant trouvé le prince dans une assiette d'esprit plus calme, il lui fit valoir si bien sa prudente discrétion, qu'il en obtint non-seulement des éloges & des présens, mais qu'il saisit aussi ce moment pour moyenner une réconciliation sincere, & un traité d'amitié entre les deux puissances, dont l'intérêt réciproque demandoit alors qu'elles fussent bien unies.

Tout bon ministre doit imiter cet exemple, comme il doit fuir celui d'un certain négociateur qu'une grande & respectable puissance avoit envoyé, pendant la guerre de la succession, à une des cours les plus brillantes de l'Europe, pour y ménager ses intérêts. C'étoit un personnage d'une espece singuliere. Il sembloit que la nature eût marqué sa physionomie de l'empreinte de sa vile origine, & qu'il s'efforçât de réparer ce défaut par des manieres hautaines & dédaigneuses. La vraie noblesse met trop de confiance en sa grandeur pour être pointilleuse. Le ministre que je peins, étoit plutôt ombrageux, que délicat sur le cérémonial, & sur les honneurs auxquels il prétendoit. La moindre inadvertence devenoit pour lui un sujet d'inquiétude & de contestation. A cette humeur farouche, il joignoit un esprit malicieux & brouillon. Le monarque auprès duquel il étoit accrédité, donne un festin; on oublie de l'inviter à la premiere table; on veut le placer à la seconde où se trouvoient plusieurs autres ministres étrangers; il est choqué, se jette dans son carrosse, va bouder chez lui, ne reparoît plus à la cour, dépêche un courier à la sienne, pour se plaindre de cet affront imaginaire, en empoisonne le motif, en altere les circonstances, obtient un ordre de revenir, part sans prendre congé, rompt le fil de la négociation, & fait un tort insigne aux affaires. La punition suit les boutades de la vanité. A son retour, on lui donne une petite place subalterne dans laquelle il croupit quelque temps, & enfin, à force de s'intriguer, il est employé à une autre cour, où il ne se rend pas plus agréable qu'à la premiere, qui bientôt après se réconcilie, & se lie d'amitié avec celle de son maître.

Les plus grands maîtres en l'art de négocier nous ont laissé pour maxime, qu'*un ministre doit employer toute sa sagacité, toute son application, premiérement, à approfondir le caractere du prince & des ministres avec lesquels il doit traiter, & secondement, à rechercher les moyens de s'en faire estimer & aimer*; c'est la clef de la science des ministres publics. Si le trop de confiance dans les lumieres d'autrui séduit le négociateur jusqu'à s'en rapporter aux observations de son prédécesseur, il court risque de se tromper souvent. Les hommes, & qui plus est, les hommes habiles, n'envisagent pas tous les objets du même œil; ils ne pénetrent pas également bien dans le cœur des autres humains, sur-tout de ceux qui sont intéressés à se voiler devant eux. Les souverains, comme tous les autres hommes, sont sujets à changer de façon de penser, de goût, d'humeur & d'inclinations. Un prince, dans le feu de sa jeunesse, pense & agit différemment que dans un âge plus mûr, ou dans le déclin de sa vie. L'ame des ministres est sujette aux mêmes révolutions, & ces ministres ne restent pas toujours en place. Il ne faut pas même que le négociateur se confie si fort en sa propre pénétration, qu'il prenne ses premieres conjectures pour des vérités infaillibles. Ce n'est qu'à force de réflexions, qu'à force de voir agir les hommes, qu'on parvient à découvrir les principes de leurs manœuvres.

Quant à la seconde partie de cette maxime, ce n'est pas l'ouvrage de la politique d'enseigner aux négociateurs les moyens de se faire estimer & chérir. La nature, l'éducation, l'usage du monde forment les sujets propres à cet emploi, & leur donnent les talens dont la réunion fait l'art de plaire. C'est aux souverains à choisir pour leurs ambassadeurs des personnes qui possedent ces qualités & ces talens. Il y auroit du malheur, si un homme d'une jolie figure, & qui a l'esprit & le cœur bien faits, un homme aimable enfin, ne se faisoit pas aimer, sur-tout lorsqu'il a eu le temps de développer son mérite. Mais ce seroit une entreprise plaisante de vouloir, dans un ouvrage tel que celui-ci, donner des reglés pour rendre aimable celui qui ne l'est pas naturellement. A mes yeux, au contraire, il n'y a pas d'être au monde plus ridicule & plus répugnant, qu'un personnage maussade qui se donne la torture pour plaire en dépit de la nature, & qui s'efforce, dans le grand monde, de mettre en pratique les maximes qu'il a puisées dans les livres, & quelquefois dans les écoles du pédantisme.

Mais il est des moyens par lesquels le négociateur le plus aimable peut se rendre odieux, & dont on peut indiquer les principaux, ainsi qu'on marque sur les cartes les écueils dangereux contre lesquels le plus habile pilote peut échouer s'il ne les connoît pas. On peut donner à un nouveau ministre quelques conseils qui sont le fruit de l'expérience, mais on abandonne tous les détails à la regle du bon sens, dont il doit être naturellement pourvu. Les prérogatives dont jouissent les ministres publics, en vertu du droit universel des gens, sont très-étendues, & la plupart des cours y ont ajouté encore des privileges particuliers qui, par la suite des temps, sont devenus pour elles plus onéreux, ou du moins plus incommodes, qu'on ne l'avoit cru d'abord. Tout ministre prudent doit bien se garder d'abuser de ces sortes de droits, ni même d'en faire tout l'usage qu'il pourroit. C'est ici qu'on peut appliquer la sage maxime d'un ancien, *Noli omnia facere quæ potes.* Rien ne donne plus à l'homme particulier l'air d'un chicaneur intéressé, que lorsqu'il réclame sans cesse tous ses droits, & qu'il les étend à toute outrance. Que peut se promettre un négociateur qui a cette manie? Croit-il que ce soit un moyen pour se rendre agréable?

Dans presque tous les pays de l'Europe, les ministres étrangers ont le droit de franchise pour l'entrée de tous les besoins qu'ils font venir du dehors. Est-il prudent, par exemple, de faire un usage immodéré de ce droit? Nous avons vu, il y a quelques années, un ambassadeur à Londres, qui, non content d'emmener avec soi une cargaison entiere de toutes sortes de marchandises, de les vendre sous main, & de former de son hôtel un vrai magasin de marchands, faisoit encore rafraîchir continuellement ce magasin par de nouvelles provisions que lui apportoient les couriers qu'il recevoit souvent de France, & dont on n'osoit pas non plus visiter les malles. Ses domestiques & lui, portoient cet indécent trafic à un tel excès, que la cour & le peuple en furent également indignés, que la populace se porta enfin à une violence extrême, & pilla une partie de l'hôtel de l'ambassadeur. Le gouvernement ne réprima que foiblement cette audace, & se contenta, après coup, de faire quelques excuses à la cour de l'ambassadeur, mêlées de plaintes si justes contre sa conduite, qu'on ne tarda pas à le rappeller. Dans d'autres pays, les ministres étrangers présentent à la régence un état des provisions qu'ils consomment pour l'entretien de leur maison, & on leur restitue en argent comptant l'accise, ou les autres impôts, qu'ils sont obligés de payer de ces denrées ou marchandises. Seroit-il bienséant, en pareil cas, qu'un ministre, qui ne fait qu'une dépense très-modique, voulût exiger le remboursement d'un semblable impôt pour un quintal de viande de boucherie par jour, pour un muid de vin, & ainsi du reste? Cette rapacité extravagante, en le comblant de ridicule, ne le rendroit-elle pas odieux à la cour où il est si fort intéressé de plaire?

Les ministres publics ont encore *le droit d'accorder dans leur hôtel un asile* à des infortunés poursuivis par la justice du lieu pour dettes, ou autres causes civiles. Un négociateur ne sauroit mettre trop de ménagement dans l'exercice de ce droit. S'il s'en sert pour protéger un ramas de scélérats, de fourbes, ou d'aventuriers, sa conduite est fort répréhensible, & la cour offensée est fondée à s'en plaindre à son maître; mais s'il se présente une occasion de donner asile à un honnête homme malheureux, qui est de sa nation, il ne sauroit le refuser, ni la cour s'en formaliser de bonne grace. Il est même nécessaire qu'il constate, au moins une fois pendans son ministere, ses droits à cet égard, & qu'il en prévienne la prescription. Les ministres étrangers, à Londres, peuvent accorder une pareille protection à un petit nombre de débiteurs insolvables, sans même leur donner retraite dans leur hôtel, mais en les munissant d'une simple lettre de protection, qu'ils font entériner au bureau des secrétaires d'Etat, lesquels ont soin d'en donner communication aux chefs de la justice; mais il est bon d'avertir les négociateurs, qui peuvent se trouver à cette cour, qu'en faisant un usage trop fréquent de ce droit, ce n'est pas le moyen de se faire regarder de trop bon œil par le monarque & le gouvernement, ni de pouvoir se promettre un heureux succès dans des affaires de bien plus grande conséquence.

Ce qu'un sage négociateur doit éviter avec le plus grand soin, c'est de donner asile chez soi à des criminels d'Etat, ou à d'autres personnages qui ont trahi les intérêts du souverain auprès duquel il est accrédité. Il n'y a pas de plus sûr moyen de compromettre son caractere & ses droits, de s'attirer la haine & l'indignation, & de se rendre incapable de réussir dans tous les objets de sa négociation. Aucun des auteurs qui ont écrit sur le droit des gens & sur la politique, ne disconvient que *l'immunité de la maison d'un ambassadeur cesse, lorsqu'elle sert de retraite à un coupable de crime de lese-majesté au premier chef*, & que le souverain peut l'en faire tirer de force sans violer le droit des gens. On en a vu un exemple, mais un exemple très-équivoque, & de nulle autorité, dans le démêlé entre l'Angleterre & l'Espagne au sujet de l'arrêt du duc de Ripperda, que le gouvernement Espagnol fit enlever le 25 mai 1726 de l'hôtel de M. Stanhope, ambassadeur de la Grande-Bretagne à Madrid, où ce premier ministre s'étoit réfugié après avoir obtenu son congé du roi d'Espagne, son maître. Toutes les circonstances de cet événement se trouvent dans les mémoires publics de ce siecle. On ne sauroit néanmoins s'empêcher de remarquer que tous les souverains sont, à la vérité, également intéressés à ne point accorder aux ministres publics le droit d'asile pour un criminel de lese-majesté, mais que les procédés de la cour de Madrid dans l'affaire du duc de Ripperda, étoient de la plus grande & de la plus insoutenable irrégularité; vu qu'il n'avoit été déclaré coupable de lese-majesté qu'après sa retraite, par un conseil composé de ses plus cruels ennemis, & par des directeurs de la conscience du roi, & que tout son crime consistoit dans sa retraite même. Mais si un négociateur s'est servi, pour parvenir à ses fins, d'un sujet du prince auprès duquel il réside, que l'infidélité de ce sujet venant à être découverte, le mette en danger d'être arrêté, la politique veut alors que le négociateur le recueille dans sa maison, s'empare de ses papiers & de tout ce qui pourroit servir à découvrir leurs liaisons, & qu'il le fasse évader, ou le protege aussi long-temps qu'il le peut sans courir risque de compromettre & son propre caractere & l'honneur de son maître.

Sans

Sans espions, on l'a déjà dit, il n'est guere possible qu'un négociateur parvienne de bonne heure à la source des nouvelles intéressantes; mais il faut qu'il use de la plus grande circonspection dans le choix de ceux qu'il emploie à ce métier dangereux, & dans la confiance qu'il donne à leurs rapports. La cour où l'on réside, lâche quelquefois ses propres espions sur un ministre étranger, pour lui porter non-seulement de faux avis, mais aussi pour découvrir, par leur moyen, son secret, & les vues qu'il peut avoir. Si le nouveau ministre, en arrivant dans une cour, y trouve encore son prédécesseur, ou quelque secrétaire chargé des affaires de son maître, il doit les interroger soigneusement sur les personnes qu'ils ont employées pour s'informer des nouvelles secretes, quel est leur caractere, & quel fond on peut faire sur leurs rapports. Pour peu qu'un espion paroisse suspect, il faut se défier des confidences qu'il veut faire. Savoir distinguer le vrai du vraisemblable, de l'apparent ou du faux, l'imposteur de l'homme véridique, exige plus qu'un médiocre discernement; & rien n'est plus honteux pour un négociateur, que d'être la dupe d'une cour qui lui fait donner de faux avis, porter des insinuations séduisantes, ou qui parvient à surprendre son secret.

Tous les ministres étrangers qui résident à une cour, établissent entr'eux une société dont le but principal est un commerce réciproque de nouvelles. Les repas qu'ils se donnent l'un à l'autre, les visites qu'ils se font, les promenades, les parties de plaisir qu'ils arrangent, leur en facilitent les moyens. Il y a, dans ce commerce, quelques regles à observer. Les ministres des puissances qui sont en guerre ouverte ne se voient point, tant pour ne pas blesser la bienséance, que pour éviter des disputes indécentes, des liaisons dangereuses, *&c.* S'ils se rencontrent à la cour, ou en lieu tiers, ils se font des politesses froides, que les personnes de leur rang ne sauroient se refuser; mais ils ne vont pas plus loin. Les puissances de l'Europe étant, pour l'ordinaire, partagées en différens partis, chaque négociateur doit se lier plus étroitement avec les ministres qui sont du parti de son maître, qu'avec ceux du parti contraire. Il peut aussi compter avec plus de certitude sur la fidélité des nouvelles qu'il reçoit des premiers, que des derniers. Toutes celles qui passent par un canal suspect sont sujettes à caution. Au reste, chaque commerce suppose un échange réciproque, & dans celui dont nous traitons, il faut donner pour recevoir. Un négociateur qui fait toujours le mystérieux vis-à-vis de ses collegues, n'apprend jamais rien de leur part, & c'est une grande perte pour lui; car les nouvelles qu'on apprend par des émissaires, ou par la simple correspondance, sont rendues toutes crues; mais celles qu'on reçoit par un ministre, fournissent matiere à des conférences, à des raisonnemens, & à des réflexions, dont un négociateur habile sait toujours faire son profit. L'adresse consiste ici à donner moins qu'on ne reçoit, & à mettre la balance de son côté. Le plus fin est celui qui communique le moins; mais il y a aussi loin de l'indiscrétion babillarde à la réserve mystérieuse, que de la crédulité simple à la méfiance outrée. On rencontre souvent des ministres si soupçonneux, qu'on n'a qu'à leur dire tout naturellement la vérité de l'état des affaires, pour être sûr qu'ils manderont tout le contraire à leur cour. C'est une façon bien honnête de faire des dupes.

C'est un objet très-essentiel pour un négociateur de *faire à sa nation un parti dans le pays où il réside*, sur-tout si c'est dans un Etat républicain ou mixte. Les mémoires du comte d'Estrades font voir quelle utilité cet habile ministre tira des amis qu'il avoit acquis à la France, en Hollande, & combien de fois il déconcerta, par leur moyen, les projets que le gouvernement formoit contre les intérêts de la maison de Bourbon. Il en est de même en Angleterre. Un ministre étranger, qui a l'adresse de se faire un pareil parti, soit dans la nation, soit dans les deux chambres du parlement, est à même de traverser à chaque instant les desseins du ministere, de lui susciter mille difficultés, & d'arrêter au moins l'exécution des mesures qu'il prend au désavantage de son maître. Un négociateur ordinaire, à Londres, se contente de demander des audiences du roi, de parler aux ministres, de leur faire des représentations, & d'en attendre le succès; un négociateur plus habile s'intrigue dans la nation, se lie avec les pairs du royaume & les principaux membres de la chambre des communes, les flatte, leur fait des confidences adroites, leur expose les affaires dans le jour le plus avantageux, gagne leur bienveillance, & force par ce moyen le gouvernement à entrer dans ses vues, ou à se désister malgré lui des plans qui lui paroissent dangereux.

Rien n'est plus difficile, ni en même temps plus délicat, pour un ministre public, que de corrompre ces gens en place. Il risque d'échouer par le même moyen dont il espéroit la réussite de ses vues. Il faut extrêmement connoître le terrain lorsqu'on veut tenter la voie des corruptions. Les premieres propositions en sont sur-tout scabreuses; & si l'on ne connoît à fond le caractere de ceux qu'on prétend séduire, on s'engage dans les plus grands inconvéniens. Quelquefois il faut faire briller l'or aux yeux d'un ministre, d'une maîtresse, ou d'un favori même qui craindroit un témoin, un complice; quelquefois il est à propos d'agir indirectement, & de faire parvenir la tentation jusqu'à eux par le canal d'un domestique, d'un ami, d'un confident. Celui-ci peut être gagné à beaux deniers comptans, celui-là par un titre, ou autre distinction; celui-ci veut être décoré d'un cordon, d'un ordre, celui-là a besoin d'une protection; celui-ci vise à une terre, à une seigneurie, celui-là est flatté d'un diamant, d'un tableau; enfin, on ne sauroit prescrire des maximes fixes sur un objet qui dépend de la fantaisie & du cœur des hommes. Le ministre public est le seul juge des moyens qu'il peut employer en chaque cour & en chaque rencontre.

Le même motif doit aussi engager un négociateur à faire circuler quelquefois sous main des pieces manuscrites qui justifient la conduite de sa cour, ou qui exposent l'Etat d'une contestation, ou qui établissent la validité de ses droits ou prétentions en litige, ou qui constatent la pureté de ses intentions que d'autres cherchent à noircir. Il est même des occasions, où il faut répandre de pareilles pieces dans la nation chez laquelle on réside, par la voie de l'impression, & les faire distribuer publiquement. Mais elles doivent être conçues en termes généraux, sans impolitesse, sans plaintes ameres ou choquantes, contre la cour. Le droit des gens ne permet à aucun ministre étranger de publier des libelles séditieux, des déclarations de guerre, des manifestes violens contre le souverain auprès duquel il est accrédité; mais on ne sauroit lui défendre de justifier son maître avec modération, & de mettre des vérités en évidence. Un négociateur qui ne sait pas la langue du pays, fera bien de s'acquérir par sa générosité la disposition de quelques plumes excellentes parmi les naturels du même pays, pour pouvoir les employer au besoin, soit à la confection, soit à la traduction de semblables pieces.

Il ne sera pas nécessaire de remarquer, je pense, que, dans les conférences qu'un négociateur tient avec les ministres du pays, & dans lesquelles il s'agit de convenir d'un engagement réciproque, il doit éviter, autant qu'il est possible, de faire les premieres propositions. C'est encore ici le cas où il convient de plus écouter que parler, de voir venir & de ne point faire des ouvertures, de recevoir le plus & de donner le moins qu'on peut. Le grand point où visent, & doivent viser tous les ministres publics, c'est la conclusion d'un traité utile entre leur maître & la puissance vers laquelle ils sont envoyés. C'est le chef-d'œuvre de leur art, qui fait admirer leur habileté, qui attire sur eux les regards de toute l'Europe, qui les fait connoitre avantageusement dans tous les cabinets, qui couronne leurs travaux, & dont ils sont récompensés par la gloire & par l'intérêt. La regle générale que nous venons d'établir ici, à l'égard de la sage réserve dont le négociateur doit user, est sur-tout applicable aux pourparlers & aux conférences qui précedent toujours la confection d'un pareil traité, & dans lesquels, l'unique objet du ministre étant d'obtenir pour son souverain les meilleures conditions, il doit être d'une circonspection infinie à ne dévoiler qu'une partie des intentions de sa cour, & des avantages qu'elle voudroit accorder, à faire entrevoir habilement le reste, à garder toujours en réserve quelque bonne condition pour pouvoir l'accorder au dernier besoin, à temporiser, à biaiser, ou à presser la conclusion à propos, à examiner soigneusement toutes les propositions que la partie contractante lui fait de son côté, pour découvrir si elle ne renferme pas quelque piege secret, & à en rendre un compte fidele à son maître. L'ardeur prématurée que bien des négociateurs ont eue à signer un traité, a engagé leurs souverains dans des labyrinthes pénibles, & dans des obligations fort onéreuses. Nous n'insisterons pas sur le soin extrême que le négociateur doit prendre de ses papiers, sur-tout de ses instructions, de ses chiffres, & d'autres objets de cette nature.

On me permettra cependant, avant de quitter cette matiere, de faire une seule réflexion, qui me paroît trop importante pour la passer sous silence. L'instruction donnée au négociateur lui sert de boussole & de guide, dans toute la route qu'il doit tenir, dans les différens détours qu'il doit prendre pour parvenir au but de son maître, & pour conduire heureusement sa barque au port. Son devoir l'oblige à se conformer exactement aux regles qui lui ont été prescrites d'abord, ainsi qu'aux ordres qui lui parviennent successivement de sa cour par les dépêches qu'il en reçoit presque à chaque ordinaire, & qui ne sont qu'une continuation de cette premiere instruction. La qualité d'honnête homme, & de ministre fidele, l'engage également à suivre la volonté de son souverain. Telle est la regle générale, qu'on ne sauroit trop inculquer aux jeunes négociateurs, & dont l'observation les mettra toujours à couvert de reproche, de réprimandes & d'accusations légitimes. Mais un ministre n'est pas un automate qu'on fasse agir par ressorts. Le prince doit toujours supposer qu'il envoie un homme de tête, qui a des yeux pour voir les objets sur les lieux, & un esprit capable d'en juger mieux qu'on ne peut le faire dans l'éloignement. Dans le cours d'une négociation, il se présente mille cas, où l'envoyé ne peut exécuter à la lettre les ordres de son maître, sans porter un préjudice manifeste à ses intérêts. C'est en pareille occasion qu'il doit employer toute sa sagacité, pour y mettre des modifications & des tempéramens: souvent même il peut agir d'une maniere toute opposée, & se montrer ministre habile & fidele en désobéissant. Les cabinets les plus éclairés sont sujets à donner quelquefois des ordres ou trop violens, ou trop timides, ou trop précipités, ou trop tardifs, ou qui donnent trop d'entraves au négociateur, ou qui l'obligeroient à agir à contre-sens, à faire des insinuations désagréables, choquantes ou déplacées, ou enfin à des démarches peu convenables, selon la façon de penser momentanée de la cour où il réside, & par conséquent nuisibles au succès des affaires. Il s'ensuit donc que tout négociateur qui ne saura pas désobéir à propos, ou du moins plier, ajuster les ordres de son maître à la situation du terrain sur lequel il travaille, à la façon de penser du prince ou des ministres avec lesquels il traite, ou à la position sans cesse variée des affaires qu'il a entre les mains, est un négociateur inepte, qu'une pusillanimité déplacée fera toujours échouer. Combien de fois les habiles gens, dont nous avons les négociations imprimées ou manuscrites, n'ont-ils pas déposé tranquillement dans leurs archives des dépêches qui contenoient des ordres mal digérés, ou du moins combien n'ont-ils pas fait de représentations à leurs cours, pour les faire révoquer? En un mot, l'art de négocier se réduiroit à un pur méchanisme, & mériteroit peu de considération, si l'envoyé étoit obligé de suivre servilement toutes les impulsions que le département des affaires étrangeres lui donne, & de lui obéir avec autant de timidité, qu'un jeune éleve pourroit le faire à son gouverneur.

Lorsqu'un ministre obtient son rappel, qu'il a pris son audience de congé, & qu'on lui a expédié son récréditif, il importe à sa fortune & à sa gloire de laisser en arriere une réputation avantageuse, & d'emporter les regrets des plus honnêtes gens, tant de la cour que de la ville. Sa renommée, bonne ou mauvaise, vole dans toutes les cours, & la moindre tache peut le rendre odieux dans d'autres cabinets. Son premier soin doit donc s'étendre sur le payement de ses créanciers, & ceux de ses domestiques, soit au son du tambour, soit par un avertissement inséré dans les papiers publics, qui les invite de venir, à un jour marqué, ou chez lui, ou chez son caissier, pour liquider leurs comptes, & recevoir leur payement. Cette démarche, bien-loin d'être préjudiciable à sa réputation, ou capable de blesser sa délicatesse, lui est, au contraire, fort avantageuse. Un ministre public doit faire voir aux yeux du public qu'il a satisfait tout le monde en partant.

Avant de quitter le lieu où il a résidé, un négociateur doit remplir tous les devoirs que la bienséance exige, faire visite à tous ceux qui lui ont fait politesse, rendu des services, ou témoigné de l'estime pendant son séjour. A la tête de toutes ces personnes sont les ministres du cabinet, & ceux qui occupent les premieres charges civiles & militaires du pays, desquels il est obligé de prendre congé en cérémonie. Le reste du temps doit être donné à ses amis. En faisant tous ces adieux, il peut témoigner les regrets qu'il sent de quitter un pays où il s'est trouvé si bien, où il a reçu tant de bienfaits, & dont la mémoire lui sera toujours chere. Ces complimens, sinceres ou non, coûtent peu, & flattent les naturels du pays. Il n'est pas aisé de tomber dans les excès de civilité ou de reconnoissance. Au reste, le ministre, ayant obtenu son audience de congé, ne doit pas faire un trop long séjour dans la capitale; mais, après qu'il s'est acquitté des devoirs susdits, & qu'il a mis son successeur au fait des principaux objets dont celui-ci a besoin d'être instruit, il peut accélérer son départ.

Etant revenu dans sa patrie, il doit notifier incessamment son arrivée au souverain & aux ministres des affaires étrangeres, pour attendre leurs ordres sur la relation verbale qu'on lui fait faire de sa négociation, & de l'état actuel des affaires. La plupart des princes donnent à leurs ministres rappellés des audiences particulieres pour entendre leurs rapports; d'autres s'en rapportent à cet égard à leurs ministres du cabinet. Il est nécessaire qu'une pareille relation, faite de bouche, sans être prolixe, soit bien détaillée, bien claire & circonstanciée dans les principaux points. On peut y mêler adroitement les portraits du souverain, des premiers ministres & des personnes les plus illustres de la cour qu'on vient de quitter, & qui y ont quelque influence dans les affaires, comme d'une maitresse impérieuse, d'un confesseur intrigant, *&c.* mais la vérité la plus exacte doit régner dans tous ces portraits & dans tous ces rapports. Le penchant à la satyre ne doit point nous séduire en cette occasion. Il faut présenter à son maître un tableau, non d'imagination, mais tiré d'après nature. Un ministre qui parle vrai, est tôt ou tard récompensé de sa candeur & de sa sincérité, quand même ces vertus ne plairoient pas à l'instant même, au lieu que les mauvais esprits, qui s'étudient uniquement à servir à la fantaisie de leurs princes, qui exposent les objets dans un jour faux, mais capable de plaire, tombent enfin dans le mépris, & se rendent eux-mêmes inutiles à d'autres missions. Un pareil rapport verbal a aussi un grand avantage sur les relations écrites, en ce qu'on y peut développer avec toute la clarté possible les ressorts les plus cachés, qui operent les différens événemens, & y faire ses conjectures pour l'avenir.

C'est ainsi que nous croyons avoir conduit un négociateur jusqu'au bout de sa carriere. Nous finirons par lui donner encore un seul conseil. On dit en proverbe : *Ministre de retour, fait mauvaise figure à la cour*, & ce proverbe est très-vrai. Quand même le souverain lui donneroit des pensions, lui accorderoit des distinctions & de la faveur, il est sans emploi ; & cette inaction lui donne un air d'homme inutile, désœuvré, lequel ne sauroit lui être ni honorable ni avantageux. Lorsqu'une fois on s'est voué aux affaires publiques, qu'on a employé du temps, des soins, des études, des peines pour se rendre habile au métier difficile de la négociation, il faut tâcher de mourir dans l'exercice d'un si noble emploi ; ou du moins de n'en être arraché que par la maladie, ou la caducité.

POLOGNE, s. f. *Grand Royaume d'Europe.*

CE royaume est borné au nord, par la mer Baltique qui le sépare de la Suede ; à l'orient, par la Tartarie & la Moscovie ; au midi, par le Pont-Euxin, la Valachie, la Moldavie, la Transylvanie & la Hongrie, à l'occident, par la Poméranie, le Brandebourg, la Silésie & la Moravie.

Ce royaume étoit autrefois plus vaste ; car il occupoit encore la Silésie, la Livonie, les duchés de Smolensko, de Séverie, de Czernichovie, le palatinat de Kiow, *&c.* il est malgré cela très-étendu ; sa longueur depuis l'extrémité du Margraviat de Brandebourg, jusqu'aux frontieres de Moscovie, est de 210 lieues polonoises. Sa largeur depuis le fond de la Pokucie jusqu'au Parnau, en Livonie, est de près de 200 lieues du même pays ; c'est en grande partie ce qu'on appelloit autrefois *Sarmatie.*

Ce vaste Etat se divise en trois parties principales, la grande Pologne au nord, la petite Pologne au milieu, & le grand duché de Lithuanie, au sud-est ; ces trois parties contiennent vingt-sept palatinats, qui ont chacun un gouverneur & un castellan.

Les principales rivieres de la Pologne sont la Vistule, le Bogh, la Varte, la Niemen, le Nieper, & le Niester. Cracovie est la capitale du royaume, & Varsovie la résidence la plus ordinaire des rois polonois de naissance. Long. depuis le 33^{d}. jusqu'au 45. lat. du 47^{d}. jusqu'au 56.

Un tableau général de l'histoire & gouvernement de la Pologne, ne peut qu'être utile ; mais quand il est aussi bien dessiné, que l'a fait M. l'abbé Coyer à la tête de sa vie de Sobieski, il plaît encore ; il instruit, il intéresse, il offre des réflexions en foule au philosophe & au politique ; on en jugera par l'esquisse que j'en vais crayonner. Qu'on ne la regarde pas cette esquisse comme une superfluité, puisque ce royaume est beaucoup moins connu que les Pays-Bas, l'Allemagne, la Suede & le Danemarc.

D'ailleurs, l'histoire des royaumes héréditaires & absolus, ne produit pas ordinairement le grand intérêt que nous cherchons dans les états libres. La monotonie d'obéissance passive, salutaire si le monarque est bon, ruineuse s'il est méchant, ne met guere sur le théâtre de l'histoire, que des acteurs qui n'agissent qu'au gré d'un premier acteur ; & quand ce premier acteur est sans crainte, il n'a pas le pouvoir lui-même de nous intéresser vivement.

Il n'en est pas ainsi d'un pays dont le roi est électif ; ou ses vertus le portent sur le trône, ou c'est la force qui l'y place. S'il s'éleve par ses vertus, le spectacle est touchant ; si c'est par la force, il attire encore les regards en triomphant des obstacles ; & lorsqu'il est au faîte de la puissance, il a un besoin continuel de conseil & d'action pour s'y maintenir. Le roi, la loi, & la nation, trois forces qui pesent sans cesse l'une sur l'autre, équilibre difficile. La nation sous le bouclier de la loi, pense, parle, agit avec cette liberté qui convient à des hommes. Le roi, en suivant ou en violant la loi, est approuvé ou contredit, obéi ou désobéi, paisible ou agité.

Les Polonois avant le sixieme siecle, lorsqu'ils étoient encore Sarmates, n'avoient point de rois. Ils vivoient libres dans les montagnes & les forêts, sans autres maisons que des chariots, toujours méditant quelque nouvelle invasion ; mauvaises troupes pour se battre à pied, excellentes à cheval. Il est assez étonnant qu'un peuple barbare, sans chef & sans loix, ait étendu son empire depuis le Tanaïs jusqu'à la Vistule, & du Pont-Euxin à la mer Baltique ; limites prodigieusement distantes, qu'ils reculerent encore en occupant la Bohême, la Moravie, la Silésie, la Lusace, la Misnie, le Mecklenbourg, la Poméranie & les Marches Brandebourgeoises. Les Romains qui soumettoient tout, n'allerent point affronter les Sarmates.

Ce paradoxe historique montre ce que peuvent la force du corps, une vie dure, l'amour naturel de la liberté, & un instinct sauvage qui sert de loix & de rois. Les nations policées appelloient les Sarmates des *brigands*, sans faire attention qu'elles avoient commencé elles-mêmes par le brigandage.

Il s'en faut beaucoup que les Polonois, qui prirent ce nom au milieu du sixieme siecle, ayant conservé tout l'héritage de leurs peres. Il y a long-temps qu'ils ont perdu la Silésie, la Lusace, une grande partie de la Poméranie, la Bohême, & tout ce qu'ils possédoient dans la Germanie. D'autres siecles ont encore amené de nouvelles pertes; la Livonie, la Podolie, la Volhinie, & les vastes campagnes de l'Ukraine ont passé à d'autres puissances; c'est ainsi que tant de grands empires se sont brisés sous leur propre poids. Aujourd'hui encore ils essuyent de nouveaux démembremens dont le terme & les limites ne sont pas encore entiérement fixés.

Vers l'an 550, Leck s'avisa de civiliser les Sarmates; Sarmate lui-même, il coupa des arbres, & s'en fit une maison. D'autres cabanes s'éleverent autour du modele. La nation jusqu'alors errante se fixa; & Gnesne, la premiere ville de Pologne, prit la place d'une forêt. Les Sarmates apparemment connoissoient mal les aigles; ils en trouverent, dit-on, plusieurs nids en abattant des arbres; c'est de là que l'aigle a passé dans les enseignes polonoises. Ces fiers oiseaux font leurs aires sur les plus hauts rochers, & Gnesne est dans une plaine. Leck attira les regards de ses égaux sur lui, & déployant des talens pour commander autant que pour agir, il devint leur maître, sous le nom de duc, pouvant prendre également celui de roi.

Depuis ce chef de la nation jusqu'à nos jours, la Pologne a eu d'autres ducs, des vaivodes, aujourd'hui palatins, des rois, des reines, des régences & des interregnes. Les interregnes ont été presqu'autant d'anarchies; les régences se sont fait haïr; les reines en petit nombre n'ont pas eu le temps de se montrer; les vaivodes ne furent que des oppresseurs. Parmi les ducs & les rois, quelques-uns ont été de grands princes; les autres ne furent que guerriers ou tyrans. Tel sera toujours à peu près le sort de tous les peuples du monde, parce que ce sont des hommes & non des loix qui gouvernent!

Dans cette longue suite de siecles, la Pologne compte quatre classes de souverains; Leck, Piast, Jagellon, voilà les chefs des trois premieres races. La quatrieme qui commence à Henri de Valois, forme une classe à part, parce que la couronne y a passé d'une maison à une autre, sans se fixer dans aucune.

La succession dans les quatre classes montre des singularités, dont quelques-unes méritent d'être connues.

L'an 750 les Polonois n'avoient pas encore examiné si une femme pouvoit commander à des hommes; il y avoit long-temps que l'orient avoit décidé que la femme est née pour obéir. Venda régna pourtant & avec assez de gloire; la loi ou l'usage salique de la France fut ensuite adopté par la Pologne; car les deux reines qu'on y a vues depuis Venda, savoir, Hedwige en 1382 & Anne Jagellon en 1575, ne monterent sur le trône, qu'en acceptant les époux qu'on leur désigna pour les soutenir dans un poste si élevé. Anne Jagellon avoit soixante ans, lorsqu'elle fut élue. Etienne Battori, qui l'épousa pour régner, pensa qu'une reine étoit toujours jeune.

Des

Des siecles antérieurs avoient ouvert d'autres chemins à la souveraineté. En 804, les Polonois furent embarrassés pour le choix d'un maître ; ils proposerent leur couronne à la course : pratique autrefois connue dans la Grece, & qui ne leur parut pas plus singuliere, que de la donner à la naissance. Un jeune homme nourri dans l'obscurité la gagna, & il prit le nom de Lesko II. Les chroniques du temps nous apprennent qu'il conserva sous la pourpre, la modestie & la douceur de sa premiere fortune ; fier seulement & plein d'audace lorsqu'il avoit les armes à la main.

Presque tous les Polonois soutiennent que leur royaume fut toujours électif : cette question les intéresse peu, puisqu'ils jouissent. Si on vouloit la décider par une suite de faits pendant six ou sept siecles, on la décideroit contr'eux, en montrant que la couronne dans les deux premieres classes, a passé constamment des peres aux enfans ; excepté dans les cas d'une entiere extinction de la maison régnante. Si les Polonois alors avoient pu choisir leurs princes, ils auroient pris parmi leurs palatins des sages tout décidés.

Les eût-on vu aller chercher un moine dans le fond d'un cloître, pour le porter sur le trône, uniquement parce qu'il étoit du sang de Piast? Ce fut Casimir I fils d'un pere détesté, Miécislaw II, & d'une mere encore plus exécrable. Veuve & régente, elle avoit fui avec son fils ; on le chercha cinq ans après pour le couronner : la France l'avoit reçu. Les ambassadeurs polonois le trouverent sous le froc dans l'abbaye de Clugny, où il étoit profès & diacre. Cette vue les tint d'abord en suspens : ils craignirent que son ame ne fût flétrie sous le cilice ; mais faisant réflexion qu'il étoit du sang royal, & qu'un roi quelconque étoit préférable à l'interregne qui les désoloit, ils remplirent leur ambassade. Un obstacle arrêtoit ; Casimir étoit lié par des vœux & par les ordres sacrés ; le pape Clément II trancha le nœud, & le cénobite fut roi. Ce n'est qu'à la fin de la seconde classe, que le droit héréditaire périt pour faire place à l'élection.

Le gouvernement a eu aussi ses révolutions : il fut d'abord absolu entre les mains de Leck, peut-être trop : la nation sentit ses forces, & secoua le joug d'un seul ; elle partagea l'autorité entre des vaivodes ou généraux d'armée, dans le dessein de l'affoiblir. Ces vaivodes assis sur les débris du trône, les rassemblerent pour en former douze, qui venant à se heurter les uns les autres, ébranlerent l'Etat jusques dans ses fondemens. Ce ne fut plus dans cette aristocratie oligarchique que révoltes, factions, oppression, violence. L'Etat, dans ces terribles secousses, regretta le gouvernement d'un seul, sans trop penser à ce qu'il en avoit souffert : mais les plus sensés chercherent un homme qui sût régner sur un peuple libre, en écartant la licence. Cet homme se trouva dans la personne de Cracus, qui donna son nom à la ville de Cracovie, en la fondant au commencement du septieme siecle.

L'extinction de sa postérité dès la premiere génération, remit le sceptre entre les mains de la nation, qui ne sachant à qui le confier, recourut aux vaivodes qu'elle avoit proscrits. Ceux-ci comblerent les désordres des premiers; & cette aristocratie mal constituée ne montra que du trouble & de la foiblesse.

Au milieu de cette confusion, un homme sans nom & sans crédit, pensoit à sauver sa patrie : il attira les Hongrois dans un défilé où ils périrent presque tous. Przémislas (c'est ainsi qu'on le nommoit) devint en un jour l'idole du peuple; & ce peuple sauvage qui ne connoissoit encore d'autres titres à la couronne que les vertus, la plaça sur la tête de son libérateur, qui la soutint avec autant de bonheur que de gloire, sous le nom de Lesko I dans le huitieme siecle.

Ce rétablissement du pouvoir absolu ne dura pas long-temps, sans éprouver une nouvelle secousse. Popiel II, le quatrieme duc depuis Przémislas, mérita par ses crimes d'être le dernier de sa race; l'anarchie succéda, & les concurrens au trône s'assemblerent à Kruswic, bourgade dans la Cujavie, Un habitant du lieu les reçut dans une maison rustique, leur servit un repas frugal, leur montra un jugement sain, un cœur droit & compatissant, des lumieres au-dessus de sa condition, une ame ferme, un amour de la patrie, que ces furieux ne connoissoient pas. Des ambitieux qui désesperent de commander, aiment mieux se soumettre à un tiers qui n'a rien disputé, que d'obéir à un rival. Ils se déterminerent pour la vertu; & par-là ils réparerent, en quelque sorte, tous les maux qu'ils avoient faits pour parvenir au trône; Piast régna donc au neuvieme siecle.

Les princes de sa maison, en se succédant les uns aux autres, affermissoient leur autorité; elle parut même devenir plus absolue entre les mains de Boleslas I dans le dixieme siecle. Jusqu'à lui les souverains de Pologne, n'avoient eu que le titre de duc : deux puissances se disputoient alors le pouvoir de faire des rois, l'empereur, & le pape. A examiner l'indépendance des nations les unes des autres, ce n'est qu'à elles-mêmes à tirer leurs chefs. Le pape échoua dans sa prétention : ce fut l'empereur Othon III qui touché des vertus de Boleslas, le revêtit de la royauté, en traversant la Pologne.

On n'auroit jamais cru qu'avec cet instrument du pouvoir arbitraire, un diplôme de royauté, donné par un étranger, le premier roi de Pologne eût jeté les premieres semences du gouvernement républicain. Cependant ce héros, après avoir eu l'honneur de se signaler par des conquêtes, & la gloire bien plus grande d'en gémir, semblable à Servius Tullius, eut le courage de borner lui-même son pouvoir, en établissant un conseil de douze sénateurs, qui pût l'empêcher d'être injuste.

La nation qui avoit toujours obéi en regardant du côté de la liberté, en apperçut avec plaisir la premiere image : ce conseil pouvoit devenir un sénat. Nous avons vu que dès les commencemens elle avoit quitté le gouvernement d'un seul pour se confier à douze vaivodes. Cette idée passagere de république ne l'avoit jamais abandonnée; & quoique ses princes, après son retour à sa premiere constitution, se succédassent les uns aux autres par le droit du sang, elle restoit toujours persuadée qu'il étoit des cas où elle pouvoit reprendre sa couronne. Elle essaya son pouvoir sur Miécislaw III, prince cruel, fourbe, avare, inventeur de nouveaux impôts : elle le déposa. Ces dépositions se renouvellerent plus d'une fois; Uladislas Laskonogi, Uladislas Loketek, se virent forcés à descendre du trône, & Casimir IV auroit eu le même sort, s'il n'eût fléchi sous les remontrances de ses sujets. Poussés à bout par la tyrannie de Boleslas II, dans le treizieme siecle, ils s'en délivrerent en le chassant.

Une nation qui est parvenue à déposer ses rois, n'a plus qu'à choisir les pierres pour élever l'édifice de sa liberté, & le temps amene tout. Casimir-le-Grand, au quatorzieme siecle, pressé de finir une longue guerre, fit un traité de paix, dont ses ennemis exigerent la ratification par tous les ordres du royaume. Les ordres convoqués refuserent de ratifier; & ils sentirent dès ce moment qu'il n'étoit pas impossible d'établir une république en conservant un roi.

Les fondemens en furent jetés avant la mort même de Casimir; il n'avoit point de fils pour lui succéder; il proposa son neveu Louis, roi de Hongrie. Les Polonois y consentirent; mais à des conditions qui mettoient des entraves au pouvoir absolu : ils avoient tenté plus d'une fois de le diminuer par des révoltes; ici c'est avec des traités. Le nouveau maître les déchargeoit presque de toute contribution; il y avoit un usage établi, de défrayer la cour dans ses voyages; il y renonçoit. Il s'engageoit pareillement à rembourser à ses sujets les dépenses qu'il seroit contraint de faire, & les dommages même qu'ils auroient à souffrir dans les guerres qu'il entreprendroit contre les puissances voisines : rien ne coûte pour arriver au trône.

Louis y parvint, & les sujets obtinrent encore que les charges & les emplois publics seroient désormais donnés à vie aux citoyens, à l'exclusion de tout étranger, & que la garde des forts & des châteaux ne seroit plus confiée à des seigneurs supérieurs au reste de la noblesse, par une naissance qui leur donnoit trop de crédit. Louis, possesseur de deux royaumes, préféroit le séjour de la Hongrie, où il commandoit en maître, à celui de la Pologne, où l'on travailloit à faire des loix. Il envoya le duc d'Oppellen pour y gouverner en son nom : la nation en fut extrêmement choquée, & le roi fut obligé de lui substituer trois seigneurs Polonois agréables au peuple : Louis mourut sans être regretté.

Ce n'étoit pas assez à l'esprit républicain, d'avoir mitigé la royauté; il frappa un autre grand coup, en abolissant la succession; & la couronne fut déférée à la fille cadette de Louis, à condition qu'elle n'accepteroit un époux que de la main de l'Etat. Parmi les concurrens qui se présenterent, Jagellon fit briller la couronne de Lithuanie, qu'il promit d'incorporer à celle de Pologne. C'étoit beaucoup : mais ce n'étoit rien, s'il n'avoit souscrit à la forme républicaine. C'est à ce prix qu'il épousa Hedwige, & qu'il fut roi.

Il y eut donc une république composée de trois ordres : le roi, le sénat, l'ordre équestre qui comprend tout le reste de la noblesse, & qui donna bientôt des tribuns sous la dénomination de nonces. Ces nonces représentent tout l'ordre équestre dans les assemblées générales de la nation qu'on nomme *dietes*, & dont ils arrêtent l'activité, quand ils veulent, par l'usage du *veto*. La république romaine n'avoit point de roi : mais dans ses trois ordres, elle comptoit les plébéïens, qui partageoient la souveraineté avec le sénat & l'ordre équestre ; & jamais peuple ne fut ni plus vertueux, ni plus grand. La Pologne, différente dans ses principes, n'a compté son peuple qu'avec le bétail de ses terres. Voilà une des sources de ses malheurs. Le sénat qui tient la balance entre le roi & la liberté, voit sans émotion la servitude de cinq millions d'hommes, autrefois plus heureux lorsqu'ils étoient Sarmates.

La république Polonoise étant encore dans son enfance, Jagellon parut oublier à quel prix il régnoit : un acte émané du trône se trouva contraire à ce qu'il avoit juré ; les nouveaux républicains sous ses yeux même, mirent l'acte en piece avec leurs sabres.

Les rois, qui avant la révolution décidoient de la guerre ou de la paix, faisoient les loix, changeoient les coutumes, abrogeoient les constitutions, établissoient des impôts, disposoient du trésor public, virent passer tous ces ressorts de puissance dans les mains de la noblesse ; & ils s'accoutumerent à être contredits. Mais ce fut sous Sigismond Auguste, au seizieme siecle, que la fierté républicaine se monta sur le plus haut ton.

Ce prince étant mort sans enfans, en 1573, on pensa encore à élever de nouveaux remparts à la liberté ; on examina les loix anciennes. Les unes furent restreintes, les autres plus étendues, quelques-unes abolies ; & après bien des discussions, on fit un décret qui portoit que les rois nommés par la nation, ne tenteroient aucune voie pour se donner un successeur ; & que conséquemment ils ne prendroient jamais la qualité d'héritiers du royaume ; qu'il y auroit toujours auprès de leur personne seize sénateurs pour leur servir de conseil ; & que sans leur aveu, ils ne pourroient ni recevoir des ministres étrangers, ni en envoyer chez d'autres princes ; qu'ils ne leveroient point de nouvelles troupes, & qu'ils n'ordonneroient point à la noblesse de monter à cheval sans l'aveu de tous les ordres de la république ; qu'ils n'admettroient aucun étranger au conseil de la nation ; & qu'ils ne leur conféreroient ni charges, ni dignités, ni starosties ; & qu'enfin ils ne pourroient point se marier, s'ils n'en avoient auparavant obtenu la permission du sénat & de l'ordre équestre.

Tout l'interregne se passa à se prémunir contre ce qu'on appelloit *les attentats du trône*. Henri de Valois fut révolté à son arrivée de ce langage républicain qui dominoit dans toutes les assemblées de l'Etat. La religion protestante étoit entrée dans le royaume sous Sigismond I, & ses progrès augmentoient à proportion des violences qu'on exerçoit contr'elle. Lorsque Henri arriva à Cracovie, on y savoit que Charles IX son frere venoit d'assassiner une partie de ses sujets pour en convertir une autre. On craignoit qu'un prince élevé dans une cour fanatique & violente, n'en apportât l'esprit: on voulut l'obliger à jurer une capitulation qu'il avoit déjà jurée en France en présence des ambassadeurs de la république, & sur-tout l'article de la tolérance, qu'il n'avoit juré que d'une façon vague & équivoque. Sans l'éloquent Pibrac, on ne sait s'il eût été couronné; mais quelques mois après, le castellan de Sendomir Offolenski, fut chargé lui sixieme, de déclarer à Henri sa prochaine déposition, s'il ne remplissoit plus exactement les devoirs du trône. Sa fuite précipitée termina les plaintes de la nation, & son regne.

C'est par tous ces coups de force, frappés en différens temps, que la Pologne s'est conservé des rois sans les craindre. Un roi de Pologne à son sacre même, & en jurant les *pacta conventa*, dispense les sujets du serment d'obéissance, en cas qu'il viole les loix de la république.

La puissance législative réside essentiellement dans la diete qui se tient dans l'ancien château de Varsovie, & que le roi doit convoquer tous les deux ans. S'il y manquoit, la république a le pouvoir de s'assembler d'elle-même : les diétines de chaque palatinat, précedent toujours la diete. On y prépare les matieres qui doivent se traiter dans l'assemblée générale, & on y choisit les représentans de l'ordre équestre : c'est ce qui forme la chambre des nonces. Ces nonces ou ces tribuns sont si sacrés, que sous le regne d'Auguste II, un colonel Saxon en ayant blessé un légérement, pour venger une insulte qu'il en avoit reçue, fut condamné à mort & exécuté, malgré toute la protection du roi : on lui fit seulement grace du bourreau; il passa par les armes. *Voyez* DIETE.

Pour connoître le sénat, qui est l'ame de la diete, il faut jeter les yeux sur les évêques, les palatins & les castellans. Ces deux dernieres dignités ne sont pas aussi connues que l'épiscopat : un palatin est le chef de la noblesse dans son palatinat. Il préside à ses assemblées; il la mene au champ électoral pour faire ses rois, & à la guerre lorsqu'on assemble la pospolite ou l'arriere-ban. Il a aussi le droit de fixer le prix des denrées, & de régler les poids & mesures; c'est un gouvernement de provinces. Un castellan jouit des mêmes prérogatives dans son district, qui fait toujours partie d'un palatinat, & il représente le palatin dans son absence. Les castellans autrefois étoient gouverneurs des châteaux forts, & des villes royales. Ces gouvernemens ont passé aux starostes qui exercent aussi la justice par eux-mêmes, ou par ceux qu'ils commettent. Une bonne institution, c'est un registre dont ils sont dépositaires : tous les biens du district libres ou engagés, y sont consignés, quiconque veut acquérir, achete en toute sureté.

On ne voit qu'un ſtaroſte dans le ſénat, celui de Samogitie; mais on y compte deux archevêques, quinze évêques, trente-trois palatins & quatre-vingt-cinq caſtellans; en tout cent trente-ſix ſénateurs.

Les miniſtres ont place au ſénat ſans être ſénateurs; ils ſont au nombre de dix, en ſe répétant dans l'union des deux Etats.

Le grand maréchal de la couronne.
Le grand maréchal de Lithuanie.
Le grand chancelier de la couronne.
Le grand chancelier de Lithuanie.
Le vice-chancelier de la couronne.
Le vice-chancelier de Lithuanie.
Le grand tréſorier de la couronne.
Le grand tréſorier de Lithuanie.
Le maréchal de la cour de Pologne.
Le maréchal de la cour de Lithuanie.

Le grand maréchal eſt le troiſieme perſonnage de la Pologne. Il ne voit que le primat & le roi au-deſſus de lui. Maître du palais, c'eſt de lui que les ambaſſadeurs prennent jour pour les audiences. Son pouvoir eſt preſqu'illimité à la cour & à trois lieues de circonférence. Il y veille à la ſureté du roi & au maintien de l'ordre. Il y connoît de tous les crimes, & il juge ſans appel. La nation ſeule peut réformer ſes jugemens. C'eſt lui encore qui convoque le ſénat, & qui réprime ceux qui voudroient le troubler. Il a toujours des troupes à ſes ordres.

Le maréchal de la cour n'a aucun exercice de juriſdiction que dans l'abſence du grand maréchal.

Le grand chancelier tient les grands ſceaux; le vice-chancelier les petits. L'un des deux eſt évêque, pour connoître des affaires eccléſiaſtiques. L'un ou l'autre doit répondre au nom du roi en polonois ou en latin, ſelon l'occaſion. C'eſt une choſe ſinguliere, que la langue des Romains, qui ne pénétrerent jamais en Pologne, ſe parle aujourd'hui aſſez communément dans cet Etat. Tout y parle latin juſqu'aux domeſtiques; mais quel latin!

Le grand tréſorier eſt dépoſitaire des finances de la république. Cet argent, que les Romains appelloient le *tréſor du peuple*, *ærarium populi*, la Pologne ſe garde bien de le laiſſer à la direction des rois. C'eſt la nation aſſemblée, ou du moins un ſénatus-conſulte qui décide de l'emploi; & le grand tréſorier ne doit compte qu'à la nation.

Tous ces miniſtres ne reſſemblent point à ceux des autres cours. Le roi les crée; mais la république ſeule peut les détruire. Cependant, comme ils tiennent au trône, la ſource des graces, & qu'ils ſont hommes, la république n'a pas voulu leur accorder voix délibérative dans le ſénat.

On donne aux ſénateurs le titre d'*excellence*, & de *monſeigneur*.

Le chef du ſénat eſt l'archevêque de Gneſne, qu'on nomme plus communément le *primat*, & dont nous ferons un article à part : c'eſt aſſez de dire en paſſant qu'il eſt auſſi chef de l'égliſe, dignité éminente qui donne à ce miniſtre de l'humble chriſtianiſme tout le faſte du trône, & quelquefois toute ſa puiſſance.

Le ſénat hors de la diete, remue les reſſorts du gouvernement ſous les yeux du roi : mais le roi ne peut violenter les ſuffrages. La liberté ſe montre juſques dans les formes extérieures. Les ſénateurs ont le fauteuil, & on les voit ſe couvrir dès que le roi ſe couvre. Cependant le ſénat hors de la diete, ne décide que proviſionnellement. Dans la diete, il devient légiſlateur conjointement avec le roi & la chambre des nonces.

Cette chambre reſſembleroit à celle des communes en Angleterre, ſi, au lieu de ne repréſenter que la nobleſſe, elle repréſentoit le peuple. On voit à ſa tête un officier d'un grand poids, mais dont l'office n'eſt que paſſager. Il a ordinairement beaucoup d'influence dans les avis de la chambre. C'eſt lui qui les porte au ſénat, & qui rapporte ceux des ſénateurs. On le nomme *maréchal de la diete* ou *maréchal des nonces*. Il eſt à Varſovie, ce qu'étoit le tribun du peuple à Rome ; & comme le patricien à Rome ne pouvoit pas être tribun, celui qui étoit le tribun des tribuns doit être pris dans l'ordre équeſtre, & non dans le ſénat.

Lorſque la diete eſt aſſemblée, tout eſt ouvert, parce que c'eſt le bien public dont on y traite. Ceux qui n'y portent que de la curioſité ſont frappés de la grandeur du ſpectacle. Le roi ſur un trône élevé, dont les marches ſont décorées des grands officiers de la cour ; le primat diſputant preſque toujours de ſplendeur avec le roi ; les ſénateurs formant deux lignes auguſtes ; les miniſtres en face du roi, les nonces en plus grand nombre que les ſénateurs, répandus autour d'eux, & ſe tenant debout : les ambaſſadeurs & le nonce du pape y ont auſſi des places marquées, ſauf à la diete à les faire retirer, lorſqu'elle le juge à propos.

Le prémier acte de la diete, c'eſt toujours la lecture des *pacta conventa* qui renferment les obligations que le roi a contractées avec ſon peuple ; & s'il y a manqué, chaque membre de l'aſſemblée a droit d'en demander l'obſervation.

Les autres ſéances pendant ſix ſemaines, durée ordinaire de la diete, amenent tous les intérêts de la nation ; la nomination aux dignités vacantes, la diſpoſition des biens royaux en faveur des militaires qui ont ſervi avec diſtinction, les comptes du grand tréſorier, la diminution ou l'augmentation des impôts ſelon la conjoncture, les négociations dont les ambaſſadeurs de la république ont été chargés, & la maniere dont ils s'en ſont acquittés, les alliances à rompre ou à former, la paix ou la guerre, l'abrogation ou la ſanction d'une loi, l'affermiſſement de la liberté, enfin tout l'ordre public.

Les cinq derniers jours qu'on appelle *les grands jours*, ſont deſtinés à réunir les ſuffrages. Une déciſion pour avoir force de loi, doit être approuvée par les trois ordres d'un consentement unanime. L'opposition d'un seul nonce arrête tout.

Ce privilege des nonces est une preuve frappante des révolutions de l'esprit humain. Il n'existoit pas en 1652, lorsque Sicinski, nonce d'Upita, en fit le premier usage. Chargé de malédictions, il échappa avec peine aux coups de sabre; & ce même privilege contre lequel tout le monde s'éleva pour lors, est aujourd'hui ce qu'il y a de plus sacré dans la république. Un moyen sûr d'être mis en pieces, seroit d'en proposer l'abolition.

On est obligé de convenir que, s'il produit quelquefois le bien, il fait encore plus de mal. Un nonce peut non-seulement anéantir une bonne décision; mais s'il s'en prend à toutes, il n'a qu'à protester & disparoître; la diete est rompue. Il arrive même qu'on n'attend pas qu'elle soit formée pour penser à la dissoudre. Le prétexte le plus frivole devient un instrument tranchant. En 1752, les nonces du palatinat de Kiovie avoient dans leurs instructions d'exiger du roi, avant tout, l'extirpation des francs-maçons, société qui n'effraie que les imbécilles & qui ne faisoit aucune sensation en Pologne.

Le remede aux dietes rompues, c'est une confédération dans laquelle on décide à la pluralité des voix, sans avoir égard aux protestations des nonces; & souvent une confédération s'éleve contre l'autre. C'est ensuite aux dietes générales à confirmer ou à casser les actes de ces confédérations. Tout cela produit de grandes convulsions dans l'Etat, sur-tout si les armes viennent à s'en mêler. *Voyez* CONFÉDÉRATION.

Les affaires des particuliers sont mieux jugées. C'est toujours la pluralité qui décide; mais point de juges permanens. La noblesse en crée chaque année pour former deux tribunaux souverains : l'un à Petrikow pour la grande Pologne, l'autre à Lublin pour la petite. Le grand duché de Lithuanie a aussi son tribunal. La justice s'y rend sommairement comme en Asie. Point de procureurs, ni de procédures : quelques avocats seulement qu'on appelle *juristes*, ou bien on plaide sa cause soi-même. Une meilleure disposition encore, c'est que la justice se rendant gratuitement, le pauvre peut l'obtenir. Ces tribunaux sont vraiment souverains; car le roi ne peut ni les prévenir par évocation, ni casser leurs arrêts.

Puisque j'en suis sur la maniere dont la justice s'exerce en Pologne, j'ajouterai qu'elle se rend selon les statuts du royaume, que Sigismond-Auguste fit rédiger en un corps en 1520; c'est ce qu'on appelle *droit Polonois*. Et quand il arrive certains cas qui n'y sont pas compris, on se sert du droit saxon. Les jugemens se rendent dans trois tribunaux supérieurs, à la pluralité des voix, & on peut en appeller au roi. Ces tribunaux jugent toutes les affaires civiles de la noblesse. Pour les criminelles, un gentilhomme ne peut être emprisonné, ni jugé que par le roi & le sénat.

Il n'y a point de confiscation, & la proscription n'a lieu que pour les crimes capitaux au premier chef, qui sont les meurtres, les assassinats, & la sa conjuration contre l'Etat. Si le criminel n'est point arrêté prisonnier dans l'action, il n'est pas besoin d'envoyer des soldats pour l'aller investir; on le cite pour subir le jugement du roi & du sénat. S'il ne comparoît pas, on le déclare infame & convaincu; par-là il est proscrit, & tout le monde peut le tuer en le rencontrant. Chaque starostie a sa jurisdiction dans l'étendue de son territoire. On appelle des magistrats des villes au chancelier, & la diete en décide quand l'affaire est importante.

Les crimes de lese-majesté ou d'Etat, sont jugés en diete. La maxime que l'église abhorre le sang, ne regarde point les évêques Polonois. Une bulle de Clément VIII leur permet de conseiller la guerre, d'opiner à la mort & d'en signer les décrets.

Une chose encore qu'on ne voit guere ailleurs, c'est que les mêmes hommes qui déliberent au sénat, qui font des loix en diete, qui jugent dans les tribunaux, marchent à l'ennemi. On apperçoit par-là qu'en Pologne la robe n'est point séparée de l'épée.

La noblesse ayant saisi les rênes du gouvernement, les honneurs & tous les avantages de l'Etat, a pensé que c'étoit à elle seule à le défendre, en laissant aux terres tout le reste de la nation. C'est aujourd'hui le seul pays où l'on voie une cavalerie toute composée de gentilshommes, dont le grand-duché de Lithuanie fournit un quart, & la Pologne le reste.

L'armée qui en résulte, ou plutôt ces deux armées polonoise & lithuanienne, ont chacune leur grand-général indépendant l'un de l'autre. Nous avons dit que la charge de grand-maréchal, après la primatie, est la premiere en dignité : le grand-général est supérieur en pouvoir. Il ne connoît presque d'autres bornes que celles qu'il se prescrit lui-même. A l'ouverture de la campagne, le roi tient conseil avec les sénateurs & les chefs de l'armée sur les opérations à faire; & dès ce moment le grand-général exécute arbitrairement. Il assemble les troupes, il regle les marches, il décide des batailles, il distribue les récompenses & les punitions, il éleve, il casse, il fait couper des têtes, le tout sans rendre compte qu'à la république dans la diete. Les anciens connétables de France qui ont porté ombrage au trône, n'étoient pas si absolus. Cette grande autorité n'est suspendue que dans le cas où le roi commande en personne.

Les deux armées ont aussi respectivement un général de campagne, qui se nomme *petit-général*. Celui-ci n'a d'autorité que celle que le grand général veut lui laisser; & il la remplit en son absence. Un autre personnage, c'est le stragénik qui commande l'avant-garde.

La Pologne entretient encore un troisieme corps d'armée, infanterie & dragons. L'emploi n'en est pas ancien. C'est ce qu'on appelle l'*armée étrangere*, presqu'entiérement composée d'Allemands. Lorsque tout est complet, ce qui arrive rarement, la garde ordinaire de la Pologne est de quarante-huit mille hommes.

Une quatrieme armée, la plus nombreuse & la plus inutile, c'est la pospolite ou l'arriere-ban. On verroit dans un besoin plus de cent mille gentilshommes monter à cheval, pour ne connoître que la discipline qui leur conviendroit; pour se révolter, si on vouloit les retenir au-delà de quinze jours dans le lieu de l'assemblée, sans les faire marcher; & pour refuser le service, s'il falloit passer les frontieres.

Quoique les Polonois ressemblent moins aux Sarmates, leurs ancêtres, que les Tartares aux leurs, ils en conservent pourtant quelques traits. Ils sont francs & fiers. La fierté est assez naturelle à un gentilhomme qui élit son roi, & qui peut être roi lui-même. Ils sont emportés. Leurs représentans, dans les assemblées de la nation, décident souvent les affaires le sabre à la main. Ils font apprendre la langue latine à leurs enfans; & la plupart des nobles, outre la langue esclavonne, qui leur est naturelle, parlent allemand, françois & italien. La langue polonoise est un dialecte de l'esclavonne; mais elle est mêlée de plusieurs mots allemands.

Ils ont oublié la simplicité & la frugalité des Sarmates, leurs ancêtres. Jusqu'à la fin du regne de Sobieski, quelques chaises de bois, une peau d'ours, une paire de pistolets, deux planches couvertes d'un matelas, meubloient un noble d'une fortune honnête. Aujourd'hui les vêtemens des gentilshommes sont riches : ils portent pour la plupart des bottines couleur de soufre, qui ont le talon ferré, un bonnet fourré, & des vestes doublées de zibeline, qui leur vont jusqu'à mi-jambe; c'est ainsi qu'ils paroissent dans les dietes ou dans les fêtes de cérémonies. D'autres objets de luxe se sont introduits en Pologne sous Auguste II, & les modes françoises déjà reçues en Allemagne, se sont mêlées à la magnificence orientale, qui montre plus de richesse que de goût. Leur faste est monté si haut, qu'une femme de qualité ne sort guere qu'en carrosse à six chevaux. Quand un grand seigneur voyage d'une province à une autre, c'est avec deux cents chevaux & autant d'hommes. Point d'hôtelleries; il porte tout avec lui; mais il déloge les plébéiens qui ne regardent cette haute noblesse que comme un fléau; elle est de bonne heure endurcie au froid & à la fatigue; parce que tous les gentilshommes se lavent le visage & le cou avec de l'eau froide, quelque temps qu'il fasse. Ils baignent aussi les enfans dans l'eau froide de très-bonne heure, ce qui endurcit leurs corps à l'âpreté des hivers dès la plus tendre jeunesse.

Un usage excellent des seigneurs, c'est qu'ils passent la plus grande partie de l'année dans leurs terres. Ils se rendent par-là plus indépendans de la cour, qui n'oublie rien pour les corrompre, & ils vivifient les campagnes par la dépense qu'ils y font.

Ces campagnes seroient peuplées & florissantes, si elles étoient cultivées par un peuple libre. Les serfs de Pologne sont attachés à la glebe; tandis qu'en Asie même on n'a point d'autres esclaves que ceux qu'on achete ou qu'on a pris à la guerre : ce sont des étrangers. La Pologne frappe ses propres enfans. Chaque seigneur est obligé de loger son serf. C'est dans une très-pauvre cabane, où des enfans nuds sous la rigueur d'un climat glacé, pêle-mêle avec le bétail, semblent reprocher à la nature de ne les avoir pas habillés de même. L'esclave qui leur a donné le jour verroit tranquillement brûler sa chaumiere, parce que rien n'est à lui. Il ne sauroit dire mon champ, mes enfans, ma femme; tout appartient au seigneur, qui peut vendre également le laboureur & le bœuf. Il est rare de vendre des femmes, parce que ce sont elles qui multiplient le troupeau; population misérable : le froid en tue une grande partie.

Envain le pape Alexandre III, proscrivit dans un concile la servitude au XIIe siecle, la Pologne s'est endurcie à cet égard plus que le reste du christianisme : malheur au serf si un seigneur ivre s'emporte contre lui. On diroit que ce que la nature a refusé à de certains peuples, c'est précisément ce qu'ils aiment avec le plus de fureur. L'excès du vin & des liqueurs fortes font de grands ravages dans la république. Les casuistes passent légérement sur l'ivrognerie, comme une suite du climat; & d'ailleurs les affaires publiques ne s'arrangent que le verre à la main.

Les femmes disputent aux hommes les jeux d'exercice, la chasse & les plaisirs de la table. Moins délicates & plus hardies que les beautés du midi, on les voit faire sur la neige cent lieues en traîneau, sans craindre ni les mauvais gîtes, ni les difficultés des chemins.

Les voyageurs éprouvent en Pologne que les bonnes mœurs suppléent aux mauvaises loix. La quantité des forêts, l'éloignement des habitations, la coutume de voyager de nuit comme de jour, l'indifférence des starostes pour la sureté des routes, tout favorise le vol & l'assassinat; dix ans en montrent à peine un exemple.

La Pologne avoit déjà cette partie des bonnes mœurs avant que de recevoir le christianisme. Elle fut idolâtre plus long-temps que le reste de l'Europe. Elle avoit adopté les dieux grecs qu'elle défigura, parce qu'ignorant les lettres & ne se doutant pas de l'existence d'Homere, ni d'Hésiode, elle n'avoit jamais ouvert les archives de l'idolâtrie; elle marchoit au crépuscule d'une tradition confuse.

Vers le milieu du dixieme siecle, le duc Miécislaw, premier du nom, cédant aux sollicitations de la belle Dambrowka sa femme, née chrétienne, embrassa la foi, & entreprit de la répandre. Dieu se sert de tout : adorable en tout, ce sont des femmes sur le trône, qui en engageant leurs maris à se faire baptiser, ont converti la moitié de l'Europe; Giselle, la Hongrie; la sœur d'un empereur Grec, la Russie; la fille de Childebert, l'Angleterre; Clotilde, la France.

Cependant si le christianisme, en s'établissant, avoit été par-tout aussi violent qu'en Pologne, il manqueroit de deux caracteres de vérité qui le faisoient triompher dans les trois premiers siecles, la douceur & la persuasion. L'évêque de Mersebourg, qui vivoit au temps de Miécislaw, nous apprend qu'on arrachoit les dents à ceux qui avoient mangé de la viande en carême; qu'on suspendoit un adultere ou un fornicateur à un clou par l'instrument de son crime, & qu'on mettoit un rasoir auprès de lui, avec la liberté de s'en servir pour se dégager ou de mourir dans cette torture. On voyoit d'un autre côté des peres tuer leurs enfans imparfaits, & des enfans dénaturés assommer leurs peres décrépits; coutume barbare des anciens Sarmates, que les Polonois n'ont quittée qu'au treizieme siecle. Le terrible chrétien Miécislaw avoit répudié sept femmes payennes pour s'unir à Dambrowka, & lorsqu'il l'eut perdue, il finit, si l'on en croit Baronius & Dithmar, par épouser une religieuse, qui n'oublia rien pour étendre la foi.

Son fils & son successeur, Boleslas I, étouffa sans violence les restes de l'idolâtrie. Humain, accessible, familier, il traita ses sujets comme des malades. Les armes qu'il employa contre leurs préjugés, furent la raison & la mansuétude; le pere leur avoit ordonné d'être chrétiens, le fils le leur persuada.

Cet esprit de paix & de douceur dans les rois, passa à la nation. Elle prit fort peu de part à toutes les guerres de religion qui désolerent l'Europe aux XVIe & XVIIe siecles. Elle n'a eu dans son sein ni conspiration des poudres, ni saint Barthelemi, ni sénat égorgé, ni rois assassinés, ni des freres armés contre des freres; & c'est le pays où l'on a brûlé moins de monde pour s'être trompé dans le dogme. C'est vers la fin du siecle passé & dans celui-ci, que l'esprit d'intolérance a pénétré en Pologne. La Pologne cependant a été barbare plus long-temps que l'Espagne, la France, l'Angleterre, & l'Allemagne; ce qui prouve qu'une demi-science est plus orageuse que la grossiere ignorance; & lorsque la Pologne a commencé à discourir, un de ses rois, Sigismond I, prononça la peine de mort contre la religion protestante.

Un paradoxe bien étrange, c'est que tandis qu'il poursuivoit avec le fer, des hommes qui contestoient la présence de Jesus-Christ sur les autels, il laissoit en paix les juifs qui en nioient la divinité. Le sang couloit, & devoit couler encore plus; mais la république statua que désormais, les rois en montant sur le trône, jureroient la tolérance de toutes les religions.

On voit effectivement en Pologne des calvinistes, des luthériens, des Grecs schismatiques, des mahométans & des juifs. Ceux-ci jouissent depuis long-temps des privileges que Casimir-le-Grand leur accorda en faveur de sa concubine, la juive Esther. Plus riches par le trafic que les naturels du pays, ils multiplient davantage. Cracovie seul en compte plus de vingt mille, qu'on trouve dans tous les besoins de l'Etat; & la Pologne qui tolere près de trois cents synagogues, s'appelle encore aujourd'hui le *paradis des juifs* : c'est-là qu'ils semblent revenus au regne d'Assuérus, sous la protection de Mardochée.

Il n'est peut-être aucun pays où les rites de la religion Romaine soient observés plus strictement. Les Polonois, dès les premiers temps, ne trouverent point ces rites assez austeres, & commencerent le carême à la septuagésime ; ce fut le pape Innocent IV qui abrogea cette surérogation rigoureuse, en récompense des contributions qu'ils lui avoient fournies pour faire la guerre à un empereur chrétien, Ferdinand II. A l'abstinence ordinaire du vendredi & du samedi, ils ont ajouté celle du mercredi.

Les confréries sanglantes de flagellans sont aussi communes dans cette partie du nord que vers le midi ; c'est peut-être delà que le roi de France Henri III en rapporta le goût.

Aucune histoire, dans la même étendue de siecles, ne cite autant de miracles. On voit à cinq milles de Cracovie les salines de Bochnia ; c'est sainte Cunegonde, femme de Boleslas-le-chaste, disent toutes les chroniques, qui les a transportées de Hongrie en Pologne. Comme l'étude de la nature y est moins avancée que dans tout le reste du nord, le merveilleux, qui fut toujours la raison du peuple, y conserve encore plus d'empire qu'ailleurs

Leur respect pour les papes s'est fait remarquer dans tous les temps. Lorsque Clément II releva de ses vœux le moine Casimir, pour le porter du cloître sur le trône en 1041, il imposa aux Polonois des conditions singulieres, qui furent observées très-religieusement. Il les obligea à porter désormais les cheveux en forme de couronne monachale, à payer par tête tous les ans à perpétuité, une somme d'argent pour l'entretien d'une lampe très-chere dans la basilique de saint Pierre ; & il voulut qu'aux grandes fêtes durant le temps du sacrifice, tous les nobles eussent au cou une étole de lin pareille à celle des prêtres : la premiere condition se remplit encore aujourd'hui.

Ce dévouement outré pour les décrets de Rome, se déborda jusqu'à engloutir la royauté. Boleslas I avoit reçu le titre de roi de l'empereur Othon, l'an 1001, Rome s'en souvint lorsque Boleslas II versa le sang de l'évêque Stanislas. Dans ce temps-là, Hildebrand, qui avoit passé de la boutique d'un charron sur la chaire de saint Pierre, sous le nom de Grégoire VII, se rendoit redoutable à tous les souverains. Il venoit d'excommunier l'empereur Henri IV, dont il avoit été précepteur. Il lança ses foudres sur Boleslas, excommunication, dégradation, interdit sur tout le royaume, dispense du serment de fidélité, & défense aux évêques de Pologne de couronner jamais aucun roi sans le consentement exprès du saint siege. On ne sait ce qui étonne le plus, la défense du pontife, ou l'obéissance aveugle des Polonois. Pas un évêque n'osa sacrer le successeur, & cette crainte superstitieuse dura pendant deux siecles, dans les sujets comme dans les princes, jusqu'à Przémislas, qui assembla une diete générale à Gnesne, s'y fit sacrer, & reprit le titre de roi, sans prendre les auspices de Rome.

Aujourd'hui les papes ne tenteroient pas ce qu'ils ont exécuté alors ; mais il est encore vrai que leur puissance est plus respectée en Pologne que dans la plupart des Etats catholiques. Une nation qui a pris sur elle de faire ses rois, n'a pas osé les proclamer sans la permission du pape. C'est une bulle de Sixte V qui a donné ce pouvoir au primat. On voit constamment à Varsovie un nonce apostolique avec une étendue de puissance qu'on ne souffre point ailleurs. Il n'en a pourtant pas assez pour soutenir l'indissolubilité du mariage. Il n'est pas rare en Pologne d'entendre dire à des maris, ma femme qui n'est plus ma femme. Les évêques témoins & juges de ces divorces, s'en consolent avec leurs revenus. Les simples prêtres paroissent très-respectueux pour les saints canons, & ils ont plusieurs bénéfices à charge d'ames.

La Pologne, telle qu'elle étoit il n'y a guere plus de 10 ans, dans le moral & dans le physique, présente des contrastes bien frappans, la dignité royale avec le nom de république; des loix avec l'anarchie féodale; des traits informes de la république romaine avec la barbarie gothique; l'abondance & la pauvreté.

La nature a mis dans cet Etat tout ce qu'il faut pour vivre, grains, miel, cire, poisson, gibier; & tout ce qu'il faut pour l'enrichir, blés, pâturages, bestiaux, laines, cuirs, salines, métaux, minéraux; cependant l'Europe n'a point de peuple plus pauvre; la plus grande source de l'argent qui roule en Pologne, c'est la vente de la royauté.

La terre & l'eau, tout y appelle un grand commerce, & le commerce ne s'y montre pas. Tant de rivieres & de beaux fleuves, la Duna, le Bog, le Niester, la Vistule, le Niemen, le Borysthene, ne servent qu'à figurer dans les cartes géographiques. On a remarqué depuis long-temps, qu'il seroit aisé de joindre par des canaux l'Océan septentrional & la mer noire, pour embrasser le commerce de l'orient & de l'occident; mais loin de construire des vaisseaux marchands, la Pologne, qui a été insultée plusieurs fois par des flottes, n'a pas même pensé à une petite marine guerriere.

Cet Etat, plus grand que la France, ne compte que cinq millions d'habitans, & laisse la quatrieme partie de ses terres en friche; terres excellentes, perte d'autant plus déplorable.

Cet Etat large de deux cents de nos lieues, & long de quatre cents, auroit besoin d'armées nombreuses pour garder ses vastes frontieres; il peut à peine soudoyer quarante mille hommes. Un roi qui l'a gouverné quelque temps, & qui nous a montré dans une province de France ce qu'il auroit pu exécuter dans un royaume; ce prince fait pour écrire & pour agir, nous dit qu'il y a des villes en Europe dont le trésor est plus opulent que celui de la Pologne, & il nous fait entendre que deux ou trois commerçans d'Amsterdam, de Londres, de Hambourg, négocient pour des sommes plus considérables pour leur compte, que n'en rapporte tout le domaine de la république.

Le luxe, cette pauvreté artificielle, est entré dans les maisons de Pologne, & les villes sont dégoûtantes par des boues affreuses; Varsovie n'est pavée que depuis peu d'années.

Le comble de l'esclavage & l'excès de la liberté semblent disputer à qui détruira la Pologne; la noblesse peut tout ce qu'elle veut. Le corps de la nation est dans la servitude. Un noble polonois, quelque crime qu'il ait commis, ne peut être arrêté qu'après avoir été condamné dans l'assemblée des ordres : c'est lui ouvrir toutes les portes pour se sauver. Il y avoit une loi plus affreuse que l'homicide même qu'elle vouloit réprimer. Ce noble qui avoit tué un de ses serfs mettoit quinze livres sur la fosse, & si le paysan appartenoit à un autre noble, la loi de l'honneur l'obligeoit seulement à en rendre un; c'est un bœuf pour un bœuf. Tous les hommes sont nés égaux, c'est une vérité qu'on n'arrachera jamais du cœur humain; & si l'inégalité des conditions est devenue nécessaire, il faut du moins l'adoucir par la liberté naturelle & par l'égalité des loix. Ces loix barbares ont été changées sous le regne de Stanislas-Auguste.

Le *liberum veto* donne plus de force à un seul noble qu'à la république. Il enchaîne par un mot les volontés unanimes de la nation; & s'il part de l'endroit où se tient la diete, il faut qu'elle se sépare. C'étoit le droit des tribuns Romains; mais Rome n'en avoit qu'un petit nombre, & ce furent des magistrats pour protéger le peuple. Dans une diete polonoise on voit trois ou quatre cents tribuns qui l'oppriment. *Voyez* DIETE.

La république a pris, autant qu'elle a pu, toutes les précautions pour conserver l'égalité dans la noblesse, & c'est pour cela qu'elle ne tient pas compte des décorations du saint empire qui seme l'Europe de princes. Il n'y avoit de princes reconnus pour tels par les lettres d'union de la Lithuanie, que les Czartoriski, les Sangusko, & quelques autres, & encore le titre d'altesse ne les tire pas de l'égalité; les charges seules peuvent donner des préséances. On en a établi sous ce regne quelques nouveaux. Le moindre castellan précede le prince sans charge, pour apprendre à respecter la république, plus que les titres & la naissance : malgré tout cela, rien de si rampant que la petite noblesse devant la grande.

Puisque le royaume est électif, il semble que le peuple, qui est la partie la plus nombreuse & la plus nécessaire, devroit avoir part à l'élection : pas la moindre. Il prend le roi que la noblesse lui donne; trop heureux s'il ne portoit pas des fers dans le sein de la liberté. Tout ce qui n'est pas noble vit sans considération dans les villes, ou esclave dans les campagnes; & l'on sait que tout est perdu dans un Etat, lorsque le plébéïen ne peut s'élever que par un bouleversement général. Aussi la Pologne n'a-t-elle qu'un petit nombre d'ouvriers & de marchands, encore sont-ils Allemands, Juifs, ou François.

Dans ses guerres, elle a recours à des ingénieurs étrangers. Elle n'a point d'école de peinture; l'architecture y est dans l'enfance; l'histoire y est traitée sans goût; les mathématiques peu cultivées; la saine philosophie presque ignorée; nul monument, nulle grande ville.

Tandis qu'une trentaine de palatins, une centaine de castellans & starostes, les évêques & les grands officiers de la couronne jouent les satrapes asiatiques, cent mille petits nobles cherchent le nécessaire comme ils peuvent. L'histoire est obligée d'insister sur la noblesse Polonoise, puisque le peuple n'est pas compté. Le droit d'élire ses rois est celui qui la flatte le plus, & qui la sert le moins. Elle vend ordinairement sa couronne au candidat qui a le plus d'argent, ou elle le reçoit de la main de ses voisins; elle crie dans le champ électoral qu'elle veut des princes qui gouvernent avec sagesse; & depuis le regne de Casimir-le-grand, elle a cherché en Hongrie, en Transilvanie, en France & en Allemagne, des étrangers qui n'ont aucune connoissance de ses mœurs, de ses préjugés, de sa langue, de ses intérêts, de ses loix, de ses usages.

Qui verroit un roi de Pologne dans la pompe de la majesté royale, le croiroit le monarque le plus riche & le plus absolu : ni l'un ni l'autre. La république ne lui donne que six cents mille écus pour l'entretien de sa maison; & dans toute contestation, les Polonois jugent toujours que le roi a tort. Comme c'est lui qui préside aux conseils & qui publie les décrets, ils l'appellent *la bouche*, & non *l'ame* de la république. Ils le gardent à vue dans l'administration : quatre sénateurs doivent l'observer par-tout, sous peine d'une amende pécuniaire. Son chancelier lui refuse le sceau pour les choses qu'il ne croit pas justes. Son grand chambellan a droit de le fouiller; aussi ne donne-t-il cette charge qu'à un favori.

Ce roi, tel qu'il est, joue pourtant un beau rôle s'il sait se contenter de faire du bien, sans tenter de nuire. Il dispose non-seulement, comme les autres souverains, de toutes les grandes charges du royaume & de la cour, des évêchés & des abbayes, qui sont presque toutes en commande, car la république n'a pas voulu que des moines qui ont renoncé aux richesses & à l'état de citoyen, possédassent au-delà du nécessaire; il a encore un autre trésor qui ne s'épuise pas. Un tiers de ce grand royaume est en biens royaux, tenutes, advocaties, starosties, depuis sept mille livres de revenu jusqu'à cent mille; ces biens royaux, le roi ne pouvant se les approprier, est obligé de les distribuer; & ils ne passent point du pere au fils aux dépens du mérite. Cette importante loi est une de celles qui contribuent le plus au soutien de la république. Si cette république n'est pas encore détruite, elle ne le doit qu'à ses loix : c'est une belle chose que les loix! Un Etat qui en a & qui ne les enfreint point, peut bien éprouver des secousses; mais c'est la terre qui tremble entre les chaînes de rochers qui l'empêchent de se dissoudre.

Résumons à présent les traits frappans du tableau de la Pologne, que nous avons dessiné dans tout le cours de cet article.

Cette monarchie a commencé l'an 550, dans la personne de Leck, qui en fut le premier duc. Au neuvieme siecle, l'anarchie qui déchiroit l'Etat finit par couronner un simple particulier qui n'avoit qu'une raison droite & des vertus. C'est Piast qui donna une nouvelle race de souverains qui tinrent long-temps le sceptre. Quelques-uns abuserent de l'autorité, ils furent déposés.

posés. On vit alors la nation, qui avoit toujours obéi, s'avancer par degrés vers la liberté, mettre habilement les révolutions à profit, & se montrer prête à favoriser le prétendant qui relâcheroit davantage les chaînes. Ainsi parvenue peu-à-peu à donner une forme républicaine à l'administration, elle la cimenta, lorsque sur la fin du XIV siecle, ses nobles firent acheter à Jagellon, duc de Lithuanie, l'éclat de la couronne par le sacrifice de sa puissance.

Le christianisme ne monta sur le trône de Pologne que dans le dixieme siecle, & il y monta avec cruauté. Cette auguste religion y a repris finalement l'esprit de douceur qui la caractérise : elle tolere dans l'Etat des sectes que mal-à-propos elle avoit bannies de son sein; mais en même-temps la Pologne est restée superstitieusement soumise aux décrets du pontife de Rome, dont le nonce à Varsovie a un pouvoir très-étendu. Un archevêque, celui de Gnesne, est le chef du sénat comme de l'église; les autres prélats Polonois munis comme lui du privilege d'un pape, ont par ce privilege le droit de teindre leurs mains pacifiques du sang de leurs enfans, en les condamnant à la mort. Il n'y a dans toute la Pologne que trois ou quatre villes qui puissent posséder des terres; & quoiqu'on soit accoutumé à voir dans l'histoire de ce pays le malheureux sort des paysans, on frémit toujours en contemplant cette dégradation de l'humanité, qui n'a pas encore cédé au christianisme mal épuré de ce royaume.

La puissance souveraine réside dans la noblesse; elle est représentée par ses nonces ou députés dans les dietes générales. Les loix se portent dans les assemblées, & obligent le roi même.

Dans l'intervalle de ces parlemens de la nation, le sénat veille à l'exécution des loix. Dix ministres du roi, qui sont les premiers officiers de la couronne, ont place dans ce conseil, mais n'y ont point de voix. Les rois de Pologne en nommant à toutes les charges, peuvent faire beaucoup de bien, &, pour ainsi dire, point de mal.

Le gouvernement est en même-temps monarchique, aristocratique & démocratique. Le roi, le sénat & la noblesse, forment le corps de la république. Les évêques, qui sont au nombre de quinze sous deux archevêques, tiennent le second rang, & ont la préséance au sénat.

On voit dans ce royaume des grands partageant la puissance du monarque, & vendant leurs suffrages pour son élection & pour soutenir leur pompe fastueuse. On ne voit, en même-temps, point d'argent dans le trésor public pour soudoyer les armées, peu d'artillerie, peu ou point de moyens pour entretenir les subsides; une foible infanterie, presqu'aucun commerce : on y voit en un mot une image blafarde des mœurs & du gouvernement des Goths.

En vain la Pologne se vante d'une noblesse belliqueuse, qui peut monter à cheval au nombre de cent mille hommes : on a vu dix mille Russes, après l'élection du roi Stanislas, disperser toute la noblesse Polonoise assemblée en faveur de ce prince, & lui donner un autre roi. On a vu, dans d'autres occasions, cette armée nombreuse monter à cheval, s'assembler, se révolter, se donner quelques coups de sabre, & se séparer tout de suite.

L'indépendance de chaque gentilhomme est l'objet des loix de ce pays; & ce qui en résulte par leur *liberum veto*, est l'oppression de tous, & l'esclavage de tous sous la puissance de leurs voisins.

Enfin ce royaume du nord de l'Europe use si mal de sa liberté & du droit qu'il a d'élire ses rois, qu'il semble vouloir consoler par-là les peuples ses voisins, qui ont perdu l'un & l'autre de ces avantages. Il lui arrive ce qui devoit avoir lieu sans force au dedans; les troubles intérieurs devoient inviter leurs voisins à les opprimer.

Pour achever completement le tableau de la Pologne, il ne nous reste qu'à crayonner les principaux d'entre ceux qui l'ont gouvernée depuis le VIe. siecle jusqu'à ce jour. Dans ce long espace de temps elle compte des chefs intelligens, actifs & laborieux, plus qu'aucun autre Etat; & ce n'est pas le hasard qui lui a donné cet avantage, c'est la nature de sa constitution. Dès le XIVe. siecle elle a fait ses rois : ce ne sont pas des enfans qui naissent avec la couronne avant que d'avoir des vertus, & qui dans la maturité de l'âge peuvent encore sommeiller sur le trône. Un roi de Pologne doit payer de sa personne dans le sénat, dans les dietes, & à la tête des armées. Si l'on n'admire que les vertus guerrieres, la Pologne peut se vanter d'avoir eu de grands princes; mais si l'on ne veut compter que ceux qui ont voulu la rendre plus heureuse qu'elle ne l'est, il y a beaucoup à rabattre.

Leck la tira des forêts & de la vie errante, pour la fixer & la civiliser. L'histoire ne nous a pas conservé son caractere, mais on sait en général que les fondateurs des empires ont tous eu de la tête & de l'exécution.

Cracus, dans le VIIme. siecle, leur donna les premieres idées de la justice, en établissant des tribunaux pour décider les différends des particuliers. L'ordre régna où la licence diminuoit. Cracovie idolâtre honora long-temps son tombeau : c'étoit son *palladium*.

Au IXme. siecle, Piast enseigna la vertu en la montrant dans lui-même : ce qu'il ne pouvoit obtenir par la force du commandement; il le persuadoit par la raison & par l'exemple. Son regne s'écoula dans la paix, & des barbares commencerent à devenir citoyens.

Dans le Xme. siecle, Boleslas Chrobri, plein d'entrailles, les accoutuma à regarder leur souverain comme leur pere, & l'obéissance ne leur coûta rien.

Casimir I, fit entrevoir les sciences & les lettres dans cette terre sauvage, où elles n'étoient jamais entrées. La culture grossiere qu'on leur donna attendoit des siecles plus favorables pour produire des fruits : ces fruits sont encore bien âpres; mais le temps qui mûrit tout, achevera peut-être un jour en Pologne ce qu'il a perfectionné en d'autres climats.

Dans le siecle suivant, Casimir II, qui ne fut nommé *le juste* qu'après l'avoir mérité, commença à protéger les gens de la campagne contre la tyrannie de la noblesse.

Au XIVme. siecle, Casimir III, ou Casimir-le-grand, qu'on appelloit aussi le *roi des paysans*, voulut les mettre en liberté; & n'ayant pu y réussir; il demandoit à ces bonnes gens lorsqu'ils venoient se plaindre, s'il n'y avoit chez eux ni pierres ni bâtons pour se défendre. Casimir eut les plus grands succès dans toutes les autres parties du gouvernement. Sous son regne, des villes nouvelles parurent, & servirent de modeles pour rebâtir les anciennes. C'est à lui que la Pologne doit le nouveau corps de loix qui la regle encore à présent. Il fut le dernier des Piast, race qui a régné 528 ans.

Jagellon fit tout ce qu'il voulut avec une nation d'autant plus difficile à gouverner, que sa liberté naissante étoit toujours en garde contre les entreprises de la royauté. Il est étonnant que le trône toujours électif dans sa race, n'en soit pas sorti pendant près de 400 ans; tandis qu'ailleurs des couronnes héréditaires passoient à des familles étrangeres. Cela montre combien les événemens trompent la sagesse humaine.

Le fils de Jagellon, Uladislas, n'avoit que 10 ans lorsqu'on l'éleva au trône, chose bien singuliere dans une nation qui pouvoit donner sa couronne à un héros tout formé; c'est qu'on en appercevoit déjà l'ame à travers les nuages de l'enfance. La république nomma autant de régens qu'il y avoit de provinces, & des Burrhus se chargerent d'instruire l'homme de la nation. Il prit les rênes de l'Etat à 18 ans; & en deux ans de regne il égala les grands rois. Il triompha des forces de la maison d'Autriche; il se fit couronner roi de Hongrie; il fut le premier roi de Pologne qui osa lutter contre la fortune de l'empire ottoman. Cette hardiesse lui fut fatale; il périt à la bataille de Varne, à peine avoit-il 20 ans; & la Pologne regrettant également l'avenir & le passé, ne versa jamais de pleurs plus amers.

Elle n'essuya bien ses larmes que dans le XVIme. siecle, sous le regne de Sigismond I. Ce prince eut un bonheur rare dans la diete d'élection; il fut nommé roi par acclamation, sans division de suffrages. Une autre faveur de la fortune lui arriva, parce que les grands hommes savent la fixer. Il abattit la puissance d'un ordre religieux qui désoloit la Pologne depuis trois siecles; je parle des chevaliers teutoniques. Sigismond étoit doué d'une force extraordinaire, qui le faisoit passer pour l'Hercule de son temps; il brisoit les métaux les plus durs, & il avoit l'ame aussi forte que le corps. Il a vécu 82 ans, presque toujours victorieux, respecté & ménagé par tous les souverains, par Soliman même, qui ne ménageoit rien. Il a peut-être été supérieur à François I, en ce que plus jaloux du bonheur de ses peuples que de sa gloire, il s'appliqua constamment à rendre la nation plus équitable que ses loix, les mœurs plus sociables, les villes plus florissantes, les campagnes plus cultivées, les arts & les sciences plus honorés, la religion même plus épurée.

Personne ne lui ressembla plus parmi ses successeurs, qu'Etienne Battori, prince de Transilvanie, à qui la Pologne donna sa couronne, après la fuite d'Henri de Valois. Il se fit une loi de ne distribuer les honneurs & les emplois qu'au mérite; il réforma les abus qui s'étoient accumulés dans l'administration de la justice; il entretint le calme au dedans & au dehors. Il régna dix ans : c'étoit assez pour sa gloire, pas assez pour la république

Sigismond III, prince de Suede, lui succéda sans le remplacer; il n'eut ni les mêmes qualités ni le même bonheur; il perdit un royaume héréditaire pour gagner une couronne élective; il laissa enlever à la Pologne, par Gustave-Adolphe, l'une de ses plus belles provinces, la Livonie. Il avoit deux défauts qui causent ordinairement de grands malheurs; il étoit borné & obstiné.

Casimir V, (Jean) fut le dernier de la race des Jagellons. Rien de plus varié que la fortune de ce prince. Né fils de roi, il ne put résister à l'envie d'être religieux, espece de maladie qui attaque la jeunesse, dit l'abbé de Saint-Pierre, & qu'il appelle la *petite-vérole de l'esprit*. Le pape l'en guérit en le faisant cardinal. Le cardinal se changea en roi; & après avoir gouverné un royaume, il alla en France pour gouverner des moines. Les deux abbayes que Louis XIV lui donna, celle de Saint Germain-des-Prés & celle de Saint Martin de Nevers, devinrent pour lui une subsistance nécessaire, car la Pologne lui refusoit la pension dont elle étoit convenue; & pendant ce temps-là il y avoit en France des murmures contre un étranger qui venoit ôter le pain aux enfans de la maison. Il voyoit souvent Marie Mignot, cette blanchisseuse que le caprice de la fortune avoit d'abord placée dans le lit d'un conseiller du parlement de Grenoble, & ensuite dans celui du maréchal de l'Hôpital. Cette femme singuliere, deux fois veuve, soutenoit à Gourville, qu'elle avoit épousé secretement le roi Casimir. Elle étoit avec lui à Nevers lorsqu'il y tomba malade & qu'il y finit ses jours en 1672.

Michel Wiecnoviecki fut élu roi de Pologne en 1669, après l'abdication de Casimir. Jamais roi n'eut plus besoin d'être gouverné; & en pareil cas ce ne sont pas toujours les plus éclairés & les mieux intentionnés qui gouvernent. Au bout de quelques années il se forma une ligue pour le détrôner. Les Polonois ont pour maxime que tout peuple qui peut faire un roi, peut le défaire. Ainsi ce qu'on appelleroit ailleurs *conjuration*, ils le nomment l'*exercice d'un droit national*. Cependant les seigneurs ligués ne pousserent pas plus loin leur projet, par la crainte de l'empereur, & en considération de la misérable santé du roi, qui finit ses jours l'année suivante sans postérité, à l'âge de 35 ans, après quatre ans de troubles &

d'agitations. Si le sceptre peut rendre un mortel heureux, c'est seulement celui qui le fait porter. L'incapacité du roi Michel fit son malheur & celui de l'Etat; ses yeux se fermerent en 1673 la veille de la victoire de Choczin.

Jean Sobieski, qui remporta cette victoire, fut nommé roi de Pologne l'année suivante, & se montra un des grands guerriers du dernier siecle. Il mourut à Varsovie dans la 66me. année de son âge.

Fréderic-Auguste I, électeur de Saxe, devint roi de Pologne au moyen de son abjuration du luthéranisme, & de l'argent qu'il répandit. Il se ligua en 1700 avec le roi de Danemarc & le czar, contre Charles XII. Il se proposoit par cette ligue d'assujettir la Pologne, en se rendant plus puissant par la conquête de la Livonie; mais les Polonois le déposerent en 1704, & élurent en sa place Stanislas Lesczinski, palatin de Posnanie, âgé de 26 ans. Les Saxons ayant été battus par ce prince & par le roi de Suede, Auguste se vit obligé de signer un traité de renonciation à la couronne Polonoise. La perte de la bataille de Pultowa en 1709, fut le terme des prospérités de Charles XII. Ce revers entraîna la chûte de son parti. Auguste rentra dans la Pologne, & le czar victorieux l'y suivit pour l'y maintenir. Le roi Stanislas ne pouvant résister à tant de forces réunies, se rendit à Bender auprès du roi de Suede.

Les événemens de la vie du roi Stanislas sont bien remarquables. Son pere Raphaël Lesczinski avoit été grand général de la Pologne, & ne craignit jamais de déplaire à la cour pour servir la république. Grand par lui-même, plus grand encore dans son fils, dont Louis XV est devenu le gendre; les Polonois témoins de sa valeur, & charmés de la sagesse & de la douceur de son gouvernement, pendant le court espace qu'avoit duré son regne, l'élurent une seconde fois après la mort d'Auguste, en 1733. Cette élection n'eut pas lieu, par l'opposition de Charles VI que soutenoient ses armes, & par celles de la Russie. Le fils de l'électeur de Saxe qui avoit épousé une niece de l'empereur, l'emporta de force sur son concurrent; mais Stanislas conservant toujours de l'aveu de l'Europe le titre de roi, dont il étoit si digne, fut fait duc de Lorraine, & vint rendre heureux de nouveaux sujets qui se souviendront long-temps de lui.

Stanislas Auguste, né comte Poniatowski, a succédé en 1764 à Auguste II. Appellé par ses rares talens à cette place, il y fut porté par les armes de la Russie. Les premieres années de son regne faisoient tout espérer de ses vertus & de ses lumieres. La confédération de 1767 qui donna lieu à la diete de 1768 & aux confédérations qui ont suivi, ont jeté ce malheureux pays dans l'anarchie & les plus affreux désordres, augmentés par les troupes étrangeres. On a fini par le démembrement de cette république. Heureux encore les Polonois, si réunis entr'eux, & prenant une forme sage de gouvernement, ils cherchoient à vivre dans la paix & la sureté, dans les provinces qu'on leur a laissées!

L'hiſtoire juge les princes ſur le bien qu'ils font. Si jamais la Pologne a quelque grand roi ſur le trône pour la rétablir, ce ſera celui-là ſeul, comme le dit M. l'abbé Coyer, » qui regardant autour de lui une terre fécon» de, de beaux fleuves, la mer baltique & la mer noire, donnera des » vaiſſeaux, des manufactures, du commerce, des finances & des hommes » à ce royaume; celui qui abolira la puiſſance tribunitienne, le *liberum* » *veto*, pour gouverner la nation par la pluralité des ſuffrages; celui qui » apprendra aux nobles que les ſerfs qui les nourriſſent, iſſus des Sarmates » leurs ancêtres communs, ſont des hommes; & qui, à l'exemple d'un roi » de France plus grand que Clovis & Charlemagne, bannira la ſervitude, » cette peſte civile qui tue l'émulation, l'induſtrie, les arts, les ſciences, » l'honneur & la proſpérité : c'eſt alors que chaque Polonois pourra » dire :

» *Namque erit ille mihi ſemper deus* : «

POLYBE.

POLYBE, politique & guerrier tout enſemble, étoit né vers l'an du monde 3800, le 204e. avant Jeſus-Chriſt, à Mégalopolis, ville du Péloponeſe dans l'Arcadie, & y mourut l'an 3882, après avoir fait pluſieurs voyages & un long ſéjour à Rome. Il eut pour maître en politique, Lycortas ſon pere, grand homme d'Etat; & pour la guerre, Philopémen, l'un des plus habiles & des plus intrépides capitaines de l'antiquité. Ce fut à ces deux écoles qu'il avoit pris ces ſavantes leçons de gouvernement & de guerre qu'il mit lui-même en pratique, à la tête de la république des Achéens, & que ſes écrits ont fait paſſer à la poſtérité. Il forma la jeuneſſe de Scipion, le deſtructeur de Carthage & de Numance. Il fut l'ami de Scipion Naſica, & celui de Scipion Emilien; il avoit été ambaſſadeur de ſa république à Rome; il avoit fait la guerre, il avoit gouverné ſon pays, & mérité qu'il lui élevât des ſtatues (*a*). Quels préjugés pour les ouvrages de cet auteur!

De tous ceux qu'il a compoſés, il ne nous reſte qu'une partie du dernier, qu'il appelle lui-même une hiſtoire univerſelle, parce qu'on y trouvoit, non-ſeulement le récit de la ſeconde guerre punique, mais tout ce qui s'étoit paſſé dans le monde pendant cinquante-trois ans, depuis le commencement de cette guerre juſqu'à la réduction du royaume de Macédoine

---

(*a*) Parmi les ſtatues que les Achéens érigerent en ſon honneur, une avoit cette inſcription : *A la mémoire de Polybe dont les conſeils auroient ſauvé l'Achaïe, s'ils avoient été ſuivis, & qui la conſola dans ſes malheurs.* Pauſan. in Achaïc.

en province de l'empire Romain. Cette histoire contenoit quarante-deux livres, dont nous n'avons que les cinq premiers qui soient tels que Polybe les a laissés, des fragmens des douze livres suivans, & les ambassades & les exemples de vertus & de vices extraits du livre de Polybe, & insérés dans les pandectes politiques de l'empereur Constantin Porphyrogenete.

Ces restes précieux ont été traduits en plusieurs langues, en latin, en françois, en allemand, en anglois. De nombre de traductions françoises, la derniere qui a effacé toutes celles qui avoient été faites jusqu'alors, est de Vincent Thuillier, bénédictin de la congrégation de St. Maur, en six volumes *in*-4°. dont le premier parut en 1729, & le dernier en 1730. Ces six volumes contiennent *les longs & utiles commentaires sur les plus grandes parties de la guerre, par le chevalier de Folard, colonel d'infanterie.* Ces commentaires sont en effet très-bons, & l'officier qui les a faits, a joint une grande méditation à une longue expérience de la guerre; mais il seroit à desirer que le bénédictin en eût corrigé le style, & qu'il y eût mis l'ordre qui y manque. Les paroles sont les images des idées, & les idées perdent beaucoup, si les mots dont on se sert pour les exprimer, manquent de force, & s'ils ne sont placés dans un ordre convenable.

C'est de cet historien qu'on peut assurer qu'il n'a rien dit de faux, & qu'il a osé dire tout ce qui étoit vrai. Il marque par-tout une grande estime pour Aratus, général des Achéens; mais il ne laisse pas de reprendre sa conduite avec beaucoup de liberté (*a*). Il ne cache nullement les fautes de Philopémen son pere, ni celles de Lycortas, son ami & son protecteur. C'est ce qu'on peut remarquer dans la narration de l'ambassade que Lycortas avoit faite en Egypte au nom des Achéens (*b*). Il étoit allé renouveller l'alliance que les Achéens avoient faite depuis long-temps avec les Ptolomées, & ce dessein avoit été fortement appuyé de Philopémen. Cependant il s'étoit si négligemment acquitté de cet emploi, qu'il s'étoit contenté de faire jurer le Roi d'Egypte, & de jurer au nom des Achéens, sans être auparavant convenu avec lui d'aucuns articles, quoique les Achéens eussent fait divers traités, tous différens, avec les Ptolomées. Quand il fut de retour, Aristénus, général des Achéens, qui étoit d'une faction contraire, en disant son avis dans l'assemblée générale de l'Achaïe, lui demanda quelle alliance il avoit renouvellée avec le roi d'Egypte, & fit un détail des divers traités que la république avoit faits avec ses prédécesseurs. Là-dessus, l'assemblée souhaita de savoir lequel de tous ces traités avoit été confirmé. » Or c'est (dit le fils de Lycortas) ce que ni » Philopémen qui, étant général, avoit été d'avis de renouveller l'alliance, » ni Lycortas, ni les autres ambassadeurs qui étoient à Alexandrie, ne » purent dire. On jugea donc qu'ils s'étoient acquittés très-négligemment

(*a*) Quatrieme liv. de son histoire, pag. 393.
(*b*) *Excerpta* legat. XLI.

» de leur commission ; Aristénus, au contraire, parut un habile homme, » comme sachant seul ce qu'il disoit «. C'est ainsi que Polybe parle de son protecteur & de son pere. Il n'en use pas autrement, lorsqu'il s'agit des personnes qu'il n'aimoit pas ; il dit leurs vertus avec autant de désintéressement que leurs vices, uniquement attentif à dire la vérité.

Polybe accompagne de ses réflexions les récits des faits, des combats & des batailles ; il instruit des affaires des princes & des républiques du monde connu ; il explique les motifs des guerres ; il entre dans tous les détails en homme consommé dans le métier de la guerre, & qui avoit gouverné un Etat ; qui étoit contemporain, qui avoit vu lui-même une partie des guerres qu'il décrit, & qui, pour l'autre, avoit travaillé sur d'excellens mémoires, & s'étoit porté sur les lieux. Il explique d'ailleurs ses idées sur la maniere dont les républiques se sont formées, & sur les moyens par lesquels les Etats étoient parvenus au degré de puissance où ils étoient de son temps. Il traite enfin assez au long des différentes formes de gouvernement.

Ses idées ne sont pas justes par-tout, & il ne s'est pas élevé au dessus du préjugé général que formoient les usages du siecle où il a vécu ; mais les fragmens du sixieme livre, qui sont les plus considérables de tous ceux des douze derniers, contiennent de grandes beautés, & la perte du reste de cette histoire ne sauroit être trop regrettée.

Que d'autres blâment le style de Polybe ; qu'ils trouvent que ses périodes ne sont pas arrondies, nombreuses, cadencées ; qu'ils censurent ses longues & fréquentes digressions ; pour moi qui ai profité de ses lumieres, & qui dois à ses digressions bien des choses utiles, je le propose à mes lecteurs comme un politique très-habile.

POMPONE DE BELLIEVRE, *Ambassadeur de France à Venise, en Angleterre & en Hollande, mort premier président du Parlement de Paris.*

LE pere & l'aïeul de Pompone de Bellievre ayant été employés en plusieurs ambassades, on peut dire qu'il étoit fils de maître. Etant petit-fils du côté de son pere & de sa mere, de deux chanceliers de France & fils d'un président à mortier, il n'y avoit point de plus illustre personne dans la robe que lui. En l'an 1635, bientôt après la rupture des deux couronnes, il fut envoyé, en la qualité d'ambassadeur extraordinaire, en Italie, pour informer la république de Venise, & les autres potentats de ces quartiers-là, de la justice des armes du roi, & pour tâcher d'en faire entrer quelques-uns dans le parti. Il étoit déjà président au parlement, lorsqu'en l'an 1645 il fut envoyé en la même qualité en Angleterre à l'occasion des mouvemens

mouvemens de ce royaume là ; mais il trouva les esprits tellement aigris, qu'il n'y avoit point d'apparence de les pouvoir réconcilier. En l'an 1651, il fut envoyé en Hollande, tant pour faire complimenter les Etats sur la mort du prince d'Orange, que pour voir ce qui seroit délibéré dans la grande assemblée, qui avoit été convoquée à la Haye ; parce que la plupart des provinces se trouvoient sans gouverneur, & l'Etat n'avoit point de capitaine général. Il y rencontra d'abord, & y fit lui-même naître de si grandes difficultés, sur le fait des cérémonies & des civilités, que les députés des Etats se faisoient rendre depuis le congrès de Westphalie, que voyant avec cela, que les ministres étrangers n'auroient point de part aux délibérations de la grande assemblée, & qu'il avoit tous les jours de nouveaux désagrémens à craindre ou à essuyer à cause du cérémonial, il prit congé, & s'en retourna en France. Deux ou trois ans après on lui donna la charge de premier président au parlement de Paris, qui est la premiere de la robe après celle de chancelier. Elle avoit toujours été remplie par de grands hommes, mais peut-être n'y en auroit-il pas encore eu qui lui eût fait tant d'honneur, ni qui l'eût exercée avec tant de dignité & de suffisance, s'il l'eût possédée assez long-temps, pour y pouvoir faire valoir ses talens.

POMPONNE, (S. Arnaud, Seigneur de) *Ambassadeur en Suede & en Hollande, puis Secrétaire d'Etat, au département des affaires étrangeres.*

TOUT ce que je puis dire de M. S. Arnaud, seigneur de Pomponne, écrivoit Wicquefort, c'est que le roi, son maître, ne l'auroit pas de son propre mouvement avancé à une des premieres & plus importantes charges du royaume, en le faisant secrétaire d'Etat pour les affaires étrangeres, si ce ministre n'eût fait connoître une capacité extraordinaire dans les ambassades, où il avoit été employé pendant plusieurs années ; il avoit été ambassadeur en Suede & en Hollande, & avoit été renvoyé pour la deuxieme fois en Suede, lorsque le roi très-chrétien le rappella auprès de lui, pour y venir exercer une charge, que l'on ne peut jamais posséder, que l'on ne possede aussi la confiance du maître. Ce que ce grand monarque, qui savoit bien choisir ses ministres, n'auroit pas fait, s'il n'eût été extrêmement satisfait de la conduite de celui-ci, & s'il n'eût jugé, que M. Arnaud entendoit si bien les affaires de cette nature, qu'il lui pouvoit bien confier la direction de celles qui sont la principale occupation du conseil d'Etat. En sa premiere ambassade de Suede, il n'avoit que des affaires ordinaires à négocier, & il fit si peu de séjour en Hollande qu'il étoit impossible de rapprocher des esprits que la triple alliance avoit rendus comme irréconciliables; mais sa derniere ambassade de Suede assura cette couronne-là à la France, à laquelle il importoit si fort, que les Suédois n'entrassent point dans les intérêts des Provinces-unies, que sans cette assurance le roi auroit eu de la peine à se résoudre à la guerre, qui eut son commencement en l'an 1672. Arnaud étoit d'une famille, qui a produit un fort grand nombre d'hommes illustres en toutes sortes de professions, & & pour ce qui est de sa personne, on convenoit qu'avec le mérite, qui lui étoit comme héréditaire, il avoit un fonds de probité, qui faisoit la sureté de ceux qui négocioient avec lui : qualité essentielle, la meilleure de toutes les politiques, & la plus propre à faire réussir les affaires.

PONTIFE DE ROME, (SOUVERAIN)

OU

PAPE, s. m.

LE mot PAPE vient du Grec *Papa*. Les enfans s'en servoient pour appeller leur pere.

On trouve dans l'histoire ecclésiastique, qu'au temps d'Origene, c'est-à-dire, dès le commencement du troisieme siecle, Héraclas, évêque d'Alexandrie, fut le premier appellé de ce nom.

Ce titre devint ensuite commun aux évêques. Le clergé de Rome en honora S. Cyprien pendant sa vie & après sa mort. Les Grecs modernes regardent ce nom comme ordinaire au patriarche d'Alexandrie.

Quant à l'évêque de Rome, S. Jerôme est peut-être le premier qui le lui ait donné; mais il le donnoit aussi à Théophile, évêque d'Alexandrie, à Chromatius de Milan, & à S. Augustin. On voit cependant qu'au concile de Tolede, tenu en l'an 400, on donna à l'évêque de Rome le nom de Pape, & c'est la premiere fois qu'on trouve ce nom employé purement & simplement pour le désigner.

Enfin dans le onzieme siecle, Grégoire VII l'appropria par un décret à l'évêque de cette capitale du monde chrétien, & il est regardé aujourd'hui comme son caractere distinctif, & comme la marque de son autorité.

Le Pape est incontestablement le chef de l'église universelle, & tout chrétien doit le croire; mais comme l'unanimité de sentiment est impossible parmi les hommes, les uns ont donné à sa puissance une étendue que les autres lui ont déniée; d'autres enfin, tels que les Grecs schismatiques, les protestans, & en général tous ceux qu'on appelle hérétiques, se sont séparés de sa communion, & lui ont refusé l'autorité & l'obéissance.

Je vais rapporter une partie des raisons sur lesquelles les uns & les autres s'appuyent, mais en simple historien; & non en critique. Cette matiere a été décidée; il n'est pas permis aux catholiques Romains d'aller plus loin.

Je divise donc cet article en trois parties.

La premiere contiendra les preuves qui donnent la suprématie au Pape.

La seconde comprendra les moyens de ceux qui, sans se séparer de sa communion, le regardent comme *primus inter pares*.

Et je rapporterai dans la troisieme les prétextes de ceux qui ont prétendu lui ôter jusqu'à son autorité.

PREMIERE PARTIE.

IL suffiroit, pour soutenir la these dont il est question dans cette premiere partie, de citer les paroles de Jesus-Christ même, *tu es Petrus*, & *super hanc petram*, &c. de rapporter la suite non interrompue des successeurs de cet apôtre, le nombre des légats du Pape envoyés pour présider aux conciles, & enfin la tradition de dix-sept siecles; mais comme ce sont des faits connus de tout le monde, j'y ajouterai seulement ce qu'en ont pensé d'âge en âge plusieurs peres de l'église, & même quelques conciles, pour prouver que cette tradition s'est conservée jusqu'à présent.

Saint Irenée qui vivoit dans le second siecle, parlant de l'église de Rome, dit que c'est la plus ancienne église connue de tout le monde, à laquelle, comme à la principale, tous les fideles doivent s'unir. Dans un endroit, il ajoute qu'il n'est jamais permis de se séparer de communion d'avec elle.

Dans le troisieme siecle, Paul de Samosate ayant été condamné par trois conciles tenus à Antioche, ne voulut point souscrire à leur décision, ni quitter la maison qui appartenoit à l'église d'Antioche, où il demeuroit pour lors. Les chrétiens s'en plaignirent à l'empereur Aurélien, qui ordonna que la maison fût adjugée à ceux qui seroient unis avec l'évêque de Rome, tant il étoit notoire, même aux payens, dit un écrivain moderne, que l'union avec l'église de Rome étoit la marque des vrais chrétiens.

Tertullien dans son livre contre Valentin, appelle le saint siege apostolique par excellence *Prioratus*, la primauté.

Au quatrieme siecle, Optat, évêque de Mileve, dans son livre contre les donatistes, dit:

» Tu ne peux nier que dans la ville de Rome, la chaire épiscopale a été
» donnée à Pierre, le premier qui s'y est assis; lui qui étoit le chef de
» tous les apôtres, afin que tous gardassent l'unité par cette chaire unique. «

Saint Jérôme sur ces mots, *quodcumque ligaveris in terra*, &c.

Petrus autem ideò specialiter accipit, ut omnes intelligant quòd quicumque ab unitate fidei & societate ejus se separaverit, nec à peccatis solvi, nec cœlum ingredi potest. «

Le même, inquiété sur le parti qu'il devoit prendre, celui de Mélece ou de Paulin qui se disputoient l'évêché d'Antioche, écrivit au Pape Damase en ces termes :

» Ne suivant d'autre chef que Jesus-Christ, je suis attaché à la commu» nion de votre sainteté, c'est-à-dire de la chaire de Pierre. Je sais que » l'église a été bâtie sur cette pierre ... ; « & ailleurs je crie, » si quelqu'un » est attaché à Pierre, il est des miens.

Saint Augustin. » *Christus commendavit oves uni Petro. In Petro unita» tem commendavit. Multi erant apostoli, & uni dicit, pasce oves meas ....* » *omnes in uno sunt.*

Dans une lettre du concile d'Aquilée à l'empereur Gratien, il y a, en parlant de l'antipape Ursin,

» Il a voulu troubler l'église romaine, capitale de tout l'empire, d'où » le droit de la communion se répand sur toutes les autres églises.

Au cinquieme siecle.

Celestius, disciple de Pélage, condamné à Carthage en 412, en appella au siege apostolique.

S. Innocent, Pape, parle ainsi dans sa lettre à Alexandre, évêque d'Antioche.

» L'autorité de votre ville ne lui a été attribuée non tant pour sa ma» gnificence, que parce que c'est le premier siege du premier des apôtres, » & elle ne céderoit point à Rome, n'étoit qu'elle n'a eu qu'en passant » l'honneur que Rome a possédé jusqu'à la fin.

Saint Céleslin écrivant à saint Cyrille au sujet de Nestorius :

» S'il continue, dit-il, de combattre la doctrine apostolique, vous exé» cuterez le jugement par l'autorité de notre siege, agissant en notre place » & en vertu de notre pouvoir.

Le concile d'Ephese, tenu en 431, nomme le Pape l'archevêque de Rome, pendant qu'il ne nomme qu'évêques ceux de Constantinople & d'Alexandrie.

Saint Pierre Chrysologue, dans sa lettre à Eutichès :

» Je vous exhorte à vous soumettre en tout à ce qui a été écrit par le » bienheureux Pape de Rome, où saint Pierre qui vit & préside dans son » siege, donne la vraie foi à ceux qui la cherchent. L'affection que nous » avons pour la foi, ne nous permet pas de juger les causes de la foi, » sans le consentement de l'évêque de Rome.

Flavien, archevêque de Constantinople, condamné au faux concile d'Ephese en 449, en appella au siege apostolique.

Les évêques de la province d'Arles écrivirent au Pape S. Leon, pour se plaindre que l'évêque de Vienne vouloit usurper sur Arles la primauté, & disoient au Pape : » Vos prédécesseurs ont voulu qu'Arles eût » l'autorité dans les Gaules, comme l'église Romaine a la primauté sur » tout le monde.

Evagre rapporte que dans la sentence prononcée contre Nestorius par le concile d'Ephese, il y a : » Nous avons été contraints par l'autorité des » canons, & par la lettre de Célestin, évêque de Rome, notre très-saint » pere & collegue, de rendre la sentence qui suit, &c.

Dans les actes du concile de Chalcédoine, tenu en 451, on lit ces termes :

» Le saint siege a pardonné aux évêques le mal qu'ils ont fait par foi- » blesse, parce qu'ils sont toujours demeurés dans l'obéissance qu'ils doi- » vent au très-saint évêque Léon (c'étoit le Pape d'alors). Et ensuite : » Léon, très-saint & très-heureux archevêque de la grande & de l'an- » cienne Rome, a dépouillé Dioscore par notre ministere & par le saint » concile avec saint Pierre, qui est la pierre & la base de l'église & le » fondement de la foi & de la dignité épiscopale.

Au sixieme siecle.

Il est à remarquer que Rome étant entre les mains des Goths qui étoient ariens, de même que les Visigoths & les Bourguignons en Espagne & dans les Gaules, Rome, dis-je, étoit pourtant regardée comme la premiere par l'évêque de Constantinople, & par les évêques d'Orient du temps de l'empereur Justinien, qui conservant seul la catholicité, auroit pu songer à donner la primauté à sa ville, s'il n'eût été bien persuadé que Rome l'avoit.

Au septieme siecle.

Dans une lettre que les primats d'Afrique écrivirent au Pape Théodore en 646, ils le nomment le souverain pontife de tous les évêques.

Au huitieme siecle.

Les évêques du second concile de Nicée, tenu en 787, en parlant d'un concile tenu par les iconoclastes, disoient :

» Comment un concile pourroit-il être œcuménique, où le Pape de » Rome n'a point concouru, ni les évêques qui sont auprès de lui, & » qui n'a point eu le consentement des autres patriarches. «

Au neuvieme siecle.

Saint Théodore Studite, abbé, persécuté par l'archevêque de Constantinople, en écrivit au Pape. Sa lettre commence ainsi :

» Puisque Jesus-Christ a donné à saint Pierre la dignité de chef des pas- » teurs, c'est à saint Pierre ou à son successeur qu'il faut porter sa plainte » de toutes les nouvelles erreurs qui s'élevent dans l'église, comme nous » l'avons appris de nos peres.

Il dit dans cette même lettre, qu'on ne peut tenir un concile orthodoxe, à l'insçu du Pape, suivant l'ancienne coutume.

Le même, persécuté par l'empereur Léon, écrit au Pape :

» Ecoutez, homme apostolique, pasteur établi de Dieu sur le troupeau » de Jesus-Christ, qui avez reçu les clefs du royaume des cieux, pierre » sur laquelle est bâtie l'église catholique.

Le même encore, écrivant à l'empereur Michel-le-Begue, pour l'engager à la paix de l'église :

» Il faudroit, dit-il, nous unir à Rome, la premiere des églises, & par » elle aux trois patriarches.

Et dans un autre endroit :

» Ordonnez qu'on reçoive la déclaration de l'ancienne Rome, comme » il a été pratiqué de tout temps ; car c'est la capitale de toutes les » églises. «

Dans le huitieme concile général tenu à Constantinople, sous l'empereur Basile, en 869, le nom de Pape universel fut employé pour l'évêque de Rome.

Au onzieme siecle, les Papes ont été plus loin au sujet de leur puissance spirituelle.

Léon IX soutint que l'église de Rome ne pouvoit être jugée de personne, que toutes les questions difficiles devoient être jugées par les successeurs de saint Pierre, parce que leur église n'a jamais perdu la foi, & qu'on croyoit qu'elle y demeureroit jusqu'à la fin des siecles.

Et Grégoire VII fit décider dans un concile, que l'église de Rome n'a jamais erré, & qu'elle n'errera jamais, selon le témoignage de l'écriture. Cette doctrine fut confirmée par saint Bernard.

Je n'irai pas plus loin, la suprématie de l'église Romaine ayant été reconnue dans les siecles suivans par toutes les églises d'occident qui ne s'en sont point séparées.

SECONDE PARTIE.

LA décision de l'église de siecle en siecle, suffiroit seule pour décider de l'autorité du Pontife de Rome; mais comme, de l'aveu même des catholiques les plus zélés, il y a eu des Papes qui ont voulu rendre leur puissance trop despotique, on a puisé dans l'histoire les raisons suivantes pour chercher à prouver que cette primauté qu'on leur accorde, n'est point de droit divin, mais provient du réglement des empereurs & du consentement des conciles, & qu'ils peuvent errer comme les autres hommes. On commence par dire, que les provinces ecclésiastiques furent réglées selon l'ordre civil établi dans l'empire, & qu'on en voit la preuve dans les actes du concile de Nicée : mais suivons l'ordre des siecles.

Au troisieme siecle.

On appuie son sentiment sur une décision du troisieme concile de Carthage, vingt-sixieme canon, qui dit que,

Primæ sedis episcopus non appelletur princeps sacerdotum, vel summus sacerdos aut aliquid ejusmodi, sed tantùm primæ sedis episcopus.

Au quatrieme siecle.

Sozomenes, dans son histoire, dit que l'évêque de Rome & les autres évêques d'Occident *prétendirent* avoir le droit de connoître de l'affaire de saint Athanase.

Zonare dit que Constantin honora le siege de Constantinople du titre patriarchal, qu'il laissa néanmoins à l'église de Rome l'honneur de la primauté, à cause de son antiquité & du siege de l'empire qui avoit été transféré à Constantinople.

Dans le quatrieme concile de Carthage, où assista saint Augustin, on rapporte le cent cinquieme canon, qui défend les appellations hors de la province, sous peine d'anathême; mais je ne sais si ce cent cinquieme canon existe, les recueils de conciles que j'ai consultés n'en ayant que cent quatre.

Dans le cinquieme siecle.

On faisoit savoir au Pape qu'on avoit élu & consacré un évêque, & cela s'étoit fait sans sa participation; on lui en donnoit seulement avis, quand la chose étoit faite. Ravennius, évêque d'Arles & successeur de saint Hilaire, en est une preuve.

Le Pape Gélase, dans son instruction, pour répondre aux Grecs, dit:

» Ce sont les canons qui ont voulu que les appellations de toute l'église » fussent portées au saint siege, & que l'on ne pût en appeller nulle part, » en sorte qu'il jugeât toute l'église, sans être jugé de personne, & que » ses jugemens demeurassent sans atteinte.

Le concile de Chalcédoine, tenu en 451, sous l'empereur Marcien, parle ainsi dans le vingt-unieme canon.

Nos leges sanctorum patrum nostrorum sequentes, eadem & nos definimus ac statuimus de dignitate & præstantia hujus sanctissimæ Constantinopolis, novæ Romæ. Etenim sedi antiquioris Romæ, quia imm civitas illa regnabat, patres nostri primum honoris gradum tribuerunt atque eadem consideratione moti, 150 Deo amantissimi episcopi, parem honoris gradum tribuerunt novæ Romæ; sedi sanctissimæ meritò devoventes, ut ea civitas quæ tantum honorem adepta est & sedes esset imperii & senatum haberet & parem dignitatis gradum obtineret, sicut antiqua sedes imperii Romani obtinet, etiam in ecclesiasticis negotiis parem illa honorem & dignitatem obtineat.

Et pour prouver que la primatie dépendoit des empereurs, on rapporte une loi de Justinien dans son authentique, §. *Sancimus.*

Papa Romanus, prior hominibus episcopis sedeat, post illum Constantinopolitanæ sedis episcopus, &c.

Au sixieme siecle.

Au synode de Palme, tenu à Rome en 501, le Pape Symmaque fut jugé & absous par soixante-dix évêques.

Au septieme siecle.

Saint Grégoire-le-Grand, écrivant à Jean-le-Jeûneur, patriarche de Constantinople, qui avoit pris le titre de patriarche écuménique, qui veut dire autant qu'évêque universel, parle en ces termes:

» Je ne sais par quel motif vous prétendez vous attribuer un nom ca-
» pable de scandaliser tous vos freres.... Ne savez-vous pas que le con-
» cile de Calcédoine offrit cet honneur aux évêques de Rome, mais qu'au-
» cun n'a voulu le recevoir, de peur qu'il ne parût s'attribuer à lui seul
» tout l'épiscopat, & l'ôter à ses freres.

Dans une autre lettre, il regarde ce titre, comme un titre criminel & contre la foi, parce que la foi ne permet pas de ne reconnoître qu'un seul évêque, dont les autres ne fussent que les vicaires.

Le pere de sainte Marthe, dans la vie du même saint, a étendu cette idée, en disant que, si un seul évêque s'étend sur toute la terre, il ne faut point d'autre évêque que lui; ce qui est opposé au témoignage du saint-Esprit, qui a établi non un seul évêque, mais plusieurs évêques pour gouverner l'église.

Dans une autre lettre, le même saint Grégoire dit : » La primauté a
» été donnée à saint Pierre, & néanmoins on ne l'appelle pas apôtre uni-
» versel.

Ce fut lui qui pour contrecarrer ce Jean-le-Jeûneur, se donna le titre de serviteur des serviteurs de Jesus-Christ.

On explique la lettre des primats d'Afrique, qui nommerent le Pape Théodore, souverain Pontife de tous les évêques; on prétend que ce n'est qu'une primauté d'ordre, & non une primauté de jurisdiction. Ce qui prouve, dit-on, que ce n'étoit qu'un titre d'honneur, c'est que Victor, évêque de Carthage, écrivant au même Pape, le nomme seulement très-heureux seigneur & honorable saint frere. De plus, on voit que Fortunat de Poitiers appelloit Nicetius de Treves, chef des Pontifes, & Grégoire de Tours souverain des Pontifes, ce qui n'étoit surement qu'un titre d'honneur.

Le concile de Constantinople *in trullo* (qui étoit un salon en dôme) condamna la mémoire du Pape Honorius, qu'il traitoit d'hérétique.

Boniface III obtint de l'empereur Phocas, en 606, le titre d'évêque écuménique ou universel, que saint Grégoire avoit refusé, & assembla un concile à Rome, où ce nouveau titre lui fut confirmé.

Pour revenir encore à saint Grégoire, M. de Fleury remarque que ce Pape n'avoit point de jurisdiction particuliere en Orient, & qu'il étoit seulement en communion avec les patriarches.

Dans son épitre 65 : » Je ne sais, dit-il, quel évêque n'est pas soumis
» au saint siege, quand il se trouve en faute, quoique hors de ces cas
» les évêques soient égaux, selon les loix de l'humilité. « Ces paroles, dit M. de Fleury, marquent précisément les bornes de la puissance du chef de l'église.

Dans son épitre à Théotiste.

» Saint Pierre ayant reçu le pouvoir de lier & de délier, & de faire
» des miracles, n'opposa point son autorité à ceux qui se plaignoient qu'il
» étoit entré chez Corneille, & ne leur dit point que ce n'étoit point aux
» ouailles

» ouailles à reprendre leur pasteur; mais les appaisa en rendant humble-
» ment raison.

M. de Fleury fait cette réflexion. Il est bon de se souvenir que c'est un Pape qui parle.

Au huitieme siecle.

Le concile de Francfort, tenu en 794, improuva le second concile de Nicée, où le Pape avoit présidé par ses Légats, & en envoya les canons au Pape; ce qui faisoit voir clairement, dit M. de Fleury, que les François étoient persuadés que la seule autorité du Pape ne suffisoit pas pour faire recevoir un concile sans l'autorité de l'Eglise.

Au neuvieme siecle.

Haïton, évêque de Basle, disoit que les pélerins qui alloient à Rome, devoient être liés ou déliés par leur évêque, & non par un étranger. Sous ce nom d'étranger, M. de Fleury entend même le Pape.

Nicolas I, tout fier qu'il étoit, ne se qualifioit que de vicaire de saint Pierre, & non de Jesus-Christ.

Le Pape Jean VIII n'osa rétablir un évêque condamné par un concile, & dit qu'il falloit un autre concile pour le rétablir.

Au dixieme siecle.

En 969, saint Dunstan, archevêque de Cantorbery, avoit excommunié un seigneur Anglois pour un mariage illicite. Le seigneur envoya à Rome, & par présens obtint des lettres du Pape, par lesquelles il étoit enjoint à l'archevêque de réconcilier le comte avec l'église. Saint Dunstan répondit: *Quand je le verrai se repentir, j'obéirai au Pape.*

On rapporte le discours d'Arnould, évêque d'Orléans, au concile de Rheims, tenu en 991, par rapport à la cour de Rome.

» Nous avons vu des Léons, des Grégoires, un Pape Gélase, un Pape
» Innocent, dont la sagesse & l'éloquence étoient au-dessus de toute la
» philosophie humaine: & toutefois dans ces temps heureux, les évêques
» d'Afrique s'opposoient aux prétentions de Rome.

Il rapporte ensuite les désordres des Papes de son temps, & dit:

» Est-il donc ordonné que tant d'évêques distingués par leur science &
» leur vertu, qui se trouvent répandus dans le monde, soient soumis à de
» tels monstres..... Pourquoi met-on dans le premier siege, celui qui ne
» mériteroit pas la derniere place dans le clergé?.... Que s'il n'a ni charité,
» ni science, il est dans le temple de Dieu comme une idole; & le con-
» sulter, c'est consulter le marbre. Attendons, tant que nous pourrons, la
» conversion de nos supérieurs; & cependant voyons où nous pourrons
» trouver la nourriture de la parole divine....... Il y a tant d'évêques ex-
» cellens dans la Belgique & dans la Germanie. Ce seroit plutôt là qu'il
» faudroit chercher le jugement des évêques qu'à Rome où tout est vé-
» nal.... Si quelqu'un dit, suivant le Pape Gélase, que l'église romaine
» est juge de toute l'église, & que personne ne la juge elle-même, qu'il

» nous mette à Rome un Pape dont le jugement ne puisse être réformé.... » Pour ne point disputer, honorons l'église romaine, & la consultons si » l'état des royaumes le permet. Si son jugement est juste, nous le rece- » vrons en paix. S'il ne l'est pas, nous ferons ce que l'apôtre ordonne, de » ne pas écouter un ange même contre l'évangile, *&c.* «

Ce qu'il y a de plus singulier dans ce discours, c'est que Gerbert qui a donné l'histoire de ce concile, & fait parler ainsi Arnould, a été depuis Pape, sous le nom de Sylvestre II.

Jean XII, qui avoit été fait Pape à dix-huit ans, a été un des plus méchans hommes qui soit monté sur la chaire de saint Pierre. Entr'autres crimes, on lui reprochoit que quand il venoit de jolies filles au tombeau des apôtres, il les enlevoit par force & les violoit. L'empereur Othon fit assembler un concile, qui le déposa.

Au onzieme siecle.

Il fut tenu en 1025 un concile à Anse, près de Lyon, où fut portée plainte contre l'archevêque de Vienne par l'evêque de Macon, sur ce qu'il avoit ordonné des moines à Clugny, sans le consentement de l'évêque de Macon. Odillon, abbé de Clugny, montra un privilege qu'il avoit de l'église romaine, qui lui donnoit le pouvoir d'amener tel évêque qu'il voudroit, & par lequel il n'étoit point sujet à son évêque. On lut les canons du concile de Calcédoine, qui ordonnent aux moines d'être soumis à leur évêque, & défendent aux évêques de consacrer dans un autre diocese. Les évêques déclarerent nul le privilege qu'avoit donné le Pape, comme contraire aux canons.

Cet exemple, dit M. de Fleury, montre que les évêques de ce temps-là, ne croyoient pas le Pape au-dessus des canons.

Léon IX, écrivant au patriarche de Constantinople : » Vous prenez, lui » disoit-il, le titre de patriarche universel, quoique saint Pierre, ni aucun » de ses successeurs n'ait consenti à recevoir ce titre monstrueux.

Il falloit que ce Pape ne fût guere au fait de l'histoire de son église ; il auroit vu que l'empereur Phocas avoit accordé à Boniface III, & à sa sollicitation, le titre d'évêque universel, qui est le même que patriarche universel ; car un évêque ne pourroit être universel, sans rendre tous les autres évêques ses vicaires, comme il a été remarqué plus haut.

Au douzieme siecle.

Saint Bernard disoit au Pape Eugene :

Erras si, ut summam, ita & solam institutam apostolicam vestram autoritatem existimas. Si hoc sentis, dissentis ab eo qui ait, non est potestas, nisi à Deo.

Au quatorzieme siecle.

Grégoire XI, en mourant, déclara par son testament, que si, dans le consistoire, ou dans les conciles, ou pour plaire aux princes de la terre, il avoit avancé quelque chose qui fût contraire à la foi catholique, il condamnoit ce qu'il avoit fait.

Au quinzieme siecle.

Jean XXIII fut déposé par le concile de Constance, en 1415.

Au seizieme siecle.

Le Pape Jules II, qui mit toute l'Italie en feu, avoue dans une lettre aux ***.

Romam esse omnium verè ecclesiarum caput, & patrum regulæ & principum statuta declarant, & pietatis vestræ reverendissimi testantur affatus.

TROISIEME PARTIE.

Je n'entreprendrai point de parler de la séparation des Grecs & des Latins; je ne toucherai ici que les motifs qui ont conduit une bonne partie des églises qui étoient unies de communion avec Rôme, à se séparer d'elle, & les raisons qui sont rapportées sont à peu près les mêmes

Deux raisons principales ont alienè les esprits. L'ambition de quelques Papes qui se sont éloignés des maximes d'humilité & de charité, dont ils avoient de si grands exemples dans la vie de tant de saints Pontifes qui les avoient précédés, & les fausses décrétales qui ont changé pendant plusieurs siecles la jurisprudence ecclésiastique.

Quoiqu'il y ait eu plusieurs Papes dans les huit premiers siecles, qui ont cherché à étendre leur autorité, on peut fixer cependant leurs prétentions au neuvieme siecle.

Il y avoit déjà près de cent ans qu'ils étoient devenus princes temporels. Depuis qu'ils eurent uni le glaive des Césars à celui de saint Pierre, ils profiterent de la discorde, de la foiblesse & de l'ignorance des princes de leur temps, pour se rendre les arbitres de l'univers chrétien, & disposer des couronnes.

Dans le neuvieme siecle, Nicolas I, disoit que l'église romaine ne peut être jugée par personne; que ses réglemens doivent être préférés à ceux des conciles, qu'il n'y a de vrai que ce qu'elle a approuvé, & que tout ce qu'elle rejette est faux.

Adrien II, son successeur, défendit à Charles-le-Chauve de s'emparer du royaume de Lothaire son neveu; mais les seigneurs François répondirent ainsi par la plume d'Hincmar, archevêque de Rheims.

» La conquête des royaumes de ce monde se fait par la guerre & par les » victoires, & non par l'excommunication du Pape & des évêques. Le Pape » ne peut être tout ensemble roi & évêque; il ne nous persuadera pas que » nous ne puissions arriver au royaume du ciel, qu'en recevant le roi » qu'il voudra nous donner sur la terre.

Dans le onzieme siecle, Grégoire VII, au concile de Rome tenu en 1078, donna un décret contre ceux qui s'opposeroient à une commission qu'il envoyoit en Allemagne : il étoit conçu en ces termes :

» Nous les lions par l'autorité apostolique non-seulement quant à l'es-

» prir, mais quant au corps, & leur ôtons toute prospérité dans cette vie, » & la victoire à leurs armes.

Le même au concile de Rome tenu en 1080, excommunia l'empereur Henri IV. Ce décret conclut ainsi :

» Lui ôtons le royaume d'Allemagne & d'Italie, en sorte qu'il n'ait au» cune force dans les combats, & ne gagne de sa vie aucune victoire.

Sur la déposition de ce prince par le même Pape, Othon, évêque de Frisingue, dit dans son histoire :

» On n'a jamais vu de pareille sentence contre un empereur Romain. » Je lis & relis les histoires des empereurs, & je ne trouve nulle part » qu'aucun d'eux ait été privé de son royaume par un Pape.

Un auteur du douzieme siecle fait dire ces paroles à Innocent II, dans le concile de Latran tenu en 1139.

» Vous savez que Rome est la capitale du monde, que l'on reçoit les » dignités ecclésiastiques par la permission du Pontife Romain, comme » par droit de fief, & qu'on ne peut les posséder légitimement, sans sa » permission.

M. de Fleury, avec raison, est très-étonné de ces façons de s'exprimer, disant que la nature des dignités ecclésiastiques est très-différente de celle des fiefs.

Sans faire un plus long détail de toutes les entreprises qu'on reprochoit aux Papes, j'oserai dire qu'ils pouvoient être très-excusables; d'autant qu'ils se fondoient sur les fausses décrétales dont l'ignorance des temps n'avoit pas permis de faire la critique : & elles étoient trop en leur faveur, pour qu'ils s'avisassent de les révoquer en doute.

L'auteur de ces fausses décrétales, qui s'est caché sous le nom d'Isidore Mercator, est inconnu. On sait seulement que Ricaut, évêque de Mayence, fut le premier qui apporta cet ouvrage d'Espagne, & qui le rendit public vers la fin du huitieme siecle.

Dès qu'il parut, la discipline de l'église changea; jusqu'alors on n'avoit point eu besoin du Pape pour assembler des conciles provinciaux. Les évêques étoient jugés par le concile de la province, sans appellation au Pape. Depuis les décrétales, le Pape faisoit venir les évêques à Rome; ce qui causoit de grands frais, & souvent la rebellion de l'évêque par l'impossibilité d'obéir.

On peut remarquer en passant que les appellations au Pape, n'ont été généralement reçues, ni avant, ni après les décrétales. Saint Cyprien, saint Augustin, & même Hincmar, archevêque de Rheims, s'y sont opposés formellement. Et plus tard encore Yves de Chartres & saint Bernard se sont élevés contre avec aigreur, & les ont traitées d'abus.

Dans le douzieme siecle, Gratien, bénédictin de saint Félix de Boulogne, fit un nouveau recueil de canons, qui renfermoit les canons des conciles, les décrétales des Papes, les fausses décrétales d'Isidore Mercator, des extraits des péres dont il citoit des passages qui ne sont pas d'eux.

On dit que le Pape Eugene III approuva ce recueil. Depuis on ne connut plus d'autre droit canonique, que celui qui étoit compris dans ce livre.

La puissance des Papes, au moyen de ces décrétales, étoit montée à un si haut point, qu'un docteur de l'ordre des hermites de saint Augustin, nommé *Triomphe*, osa faire paroître un ouvrage intitulé : *la Somme de la Puissance Ecclésiastique*, dédié à Jean XXII. Il y soutenoit entr'autres ; que la puissance du Pape est la seule qui vienne immédiatement de Dieu, qu'il a jurisdiction immédiate sur chaque diocese ; qu'il peut faire par lui-même ou par ses commis, ce que font les évêques ou les curés ; qu'il peut élire l'empereur par lui-même, & rendre l'empire héréditaire, s'il le veut ; que tous les rois sont obligés de reconnoître qu'ils tiennent du Pape leur puissance temporelle, & que le Pape peut établir le roi qu'il voudra en quelque royaume que ce soit.

Il arriva delà ce qui arrive ordinairement dans tous les cas où on passe les bornes de son autorité, on vient à perdre même celle qu'on avoit légitimement.

La prise de Constantinople chassa tous les savans de la Grece ; ils se réfugierent en Italie ; les Médicis, protecteurs des arts, les reçurent. Les ténebres qui couvroient l'occident se dissiperent. On voulut examiner les droits des Pontifes de Rome. La politique entra dans les affaires de la religion. En moins d'un demi-siecle, l'Angleterre, une partie des princes d'Allemagne, les princes du Nord secouerent le joug du Pape, qu'ils croyoient attenter à leur autorité. D'un autre côté les calvinistes qui ne songeoient à examiner la religion, que par rapport à la religion même, lui ôtoient une partie de ses dogmes reçus unanimement, & la privoient de ces dehors faits pour retenir le vulgaire : mais, s'il m'est permis de me servir d'une expression basse dont on usoit alors, en voulant moucher la chandelle, ils l'éteignirent.

Je vais maintenant rapporter les prétextes des épiscopaux & des calvinistes, & j'avertis que sous ce nom d'épiscopaux, j'entends les luthériens, les Anglicans, & même les Grecs.

Les premiers, en conservant l'ordre hiérarchique dans leur église, prétendent que tous les évêques sont égaux, ou du moins les patriarches. Ils avouent que le Pape étoit le premier des évêques, tant qu'ils ont été unis avec lui ; mais ils soutiennent que cette primauté n'étoit qu'une primauté d'ordre, & non de jurisdiction. Ils veulent bien accorder le premier rang à cette capitale du monde ; mais ils soutiennent qu'elle ne l'a point de droit divin, & que ses successeurs l'ont perdue par leur hérésie : ils s'appuient sur les passages suivans.

Saint Luc, ch. 22, v. 24.

» Il s'éleva parmi eux une contestation, lequel d'eux tous devoit être

» estimé le plus grand. Jesus leur dit : les rois des nations les traitent avec » empire... qu'il n'en soit pas de même parmi vous. «

Le passage du quinzieme chapitre des actes des apôtres au concile de Jérusalem :

Visum est Spiritui Sancto & nobis.

Cet autre de l'évangile, où Jesus-Christ dit aux apôtres en général :

» Allez, enseignez les nations, & baptisez en mon nom, je serai avec » vous jusqu'à la fin des siecles. «

Sur ces mots, *tibi dabo claves regni cœlorum*, ils rapportent ce passage de saint Léon Pape, dans son sermon des apôtres.

Transivit in omnes apostolos jus illius potestatis.

Celui d'Anaclet, Pape, dans sa seconde épitre aux évêques d'Italie.

Cæteri verò apostoli cum eodem pari consortio honorem & potestatem acceperunt.

Celui de saint Cyprien, dans son traité de l'unité de l'église.

Hoc erant & cæteri apostoli quod fuit & Petrus, pari consortio præditi honoris & potestatis.

Saint Cyprien dit encore, l. 4. ep. 2.

Christus instituit episcopatum unum, sed multorum episcoporum numerositate diffusum.

S. Augustin, dans son troisieme sermon des apôtres S. Pierre & S. Paul :

Ergo beati Petrus & Paulus eminent super universos apostolos & peculiari quâdam prærogativâ præcellunt ; verùm inter ipsos quis cui præferatur incertum est.

Le même, dans son sermon sur saint Jean, parlant de la puissance de lier & de délier.

Hoc Petrus pro omnibus tanquam personam unitatis accepit.

Saint Basile, dans sa constitution monastique.

Christus per verba, pasce oves meas, Petrum constituit pastorem ecclesiæ, & consequenter eamdem potestatem dedit omnibus pastoribus.

De tous ces passages ils inferent que saint Pierre, *primus potestatem, sed non primatum accepit.*

Ils appliquent chacun à leur église, ce qui fut dit au huitieme concile général à Constantinople, en 869.

» Dieu a fondé son église dans les cinq chaires patriarchales, qui ne » tomberont jamais. Si deux tomboient, on auroit recours aux trois au- » tres ; s'il en tomboit trois, on auroit recours aux deux ; si quatre tom- » boient, celle qui resteroit rappelleroit tout le corps de l'église. «

Mais l'église Romaine n'a-t-elle pas plus de droit qu'eux de s'appliquer ce passage ?

Ils rapportent de plus différens faits, ou différentes citations des peres.

Saint Clément, dans son épitre à Jacques, dit :

In illis civitatibus in quibus olim apud Ethnicos primi flamines eorum atque primi legis doctores erant, episcoporum primates poni beatus Petrus præcepit, qui reliquorum episcoporum causas & majora, quoties necesse foret, negotia in fide agitarent.

Et peu après :

In illis autem civitatibus in quibus dudùm apud prædictos erant archiflamines, quos tamen minores tenebant quàm memoratos primates, archiepiscopos institui præcepit.

Et plus bas :

In singulis verò reliquis civitatibus singulos episcopos constitui præcepit qui non primatum, aut archiepiscoporum, aut Metropolitanorum nomine, quia matres civitates non tenent, sed episcoporum tantùm vocabulo potirentur.

Caliste I, en 221, dans son épître 2. ch. 3.

Primates metropolitani & episcopi, nihil extra eorum provincias & diæceses agant, nec ordinent, nec judicent, ut ab apostolis & patribus statutum fuit.

Le sixieme canon du concile de Nicée dit :

Antiqua consuetudo valeat, quæ in Ægypto, Lybia & Pentapoli fuit, ut Alexandrinus episcopus super his omnibus autoritatem habeat, quoniam & Romano episcopo, hæc eadem consuetudo est. Similiter & apud Antiochiam in cæteris provinciis privilegia conserventur.

On prétend que ce fut ce même concile de Nicée, qui donna le premier rang à l'évêque de Rome, & que par conséquent il ne l'avoit point de droit divin ; mais que cette primauté n'emportoit que le droit de présider sur les conciles, ou de marcher à la tête des évêques, & ne lui conféroit point une autorité générale & universelle sur toute l'église. Mais d'autres vont plus loin ; car ils disent que le canon qui donnoit cette primauté, ne se trouvoit point dès le sixieme siecle dans la copie des actes qu'avoient les églises d'Afrique, ni même dans l'exemplaire de Constantinople, où devoit être l'original.

Le pape Jules, ayant écrit aux évêques d'Orient, qui avoient déposé saint Athanase, ils s'assemblerent dans la ville d'Antioche, pour y faire réponse. Ils avouoient dans leur lettre, que l'église de Rome mérite de grands honneurs, parce qu'elle a été fondée par les apôtres, & qu'elle jouit de la dignité de métropole dès le commencement de la religion chrétienne, bien que les premiers qui y ont répandu les semences de la foi y soient allés d'Orient. Ils ajoutent qu'ils ne devoient pas être mis au second rang, pour n'avoir pas l'avantage de la grandeur de la ville & de la multitude du peuple, puisqu'ils avoient celui de la fermeté & du zele.

Théodoret, livre 5, dit qu'après le concile de Constantinople, le concile en corps écrivit aux évêques assemblés à Rome, dont Damase étoit Pape. La suscription étoit ainsi :

» Le saint concile des évêques orthodoxes, à nos seigneurs, nos très-
» chers & très-pieux freres & collegues, Damase, Ambroise, *&c.* «

Au commencement du cinquieme siecle, Apiarius, prêtre de mauvaises mœurs, ayant été excommunié par Urbain, évêque de Sicque en Mauritanie, en appella à Rome. Le pape soutint Apiarius, & envoya des légats pour excommunier Urbain. On assembla, pour cette affaire, un concile à Carthage, en 419, où assisterent saint Augustin, saint Alipe & saint Aurele. Il y fut décidé que les clercs pouvoient bien se plaindre du jugement de leur évêque, au primat & au concile de la province, mais non pas aux évêques des provinces voisines. Comme le Pape, pour appuyer son droit, alléguoit les canons de Nicée, les évêques d'Afrique dirent qu'ils ne trouvoient point ces canons dans les exemplaires qu'ils avoient.

Dans un autre concile où présiderent saint Aurele & saint Augustin, il fut décidé qu'il falloit avoir les actes du concile de Nicée, de Constantinople même, où on disoit qu'étoit l'original. Lorsqu'on eut reçu cette copie exacte, les évêques déclarerent, par une lettre synodale, qu'ils ne vouloient plus souffrir les appellations à Rome, & conjurerent le Pape Célestin, à qui la lettre étoit adressée, de ne point recevoir à sa communion ceux qu'ils auroient excommuniés. Les décrets de Nicée, disoient-ils, ont ordonné avec beaucoup de prudence & de justice, que toutes les affaires seroient terminées sur les lieux où elles ont pris naissance, & n'ont pas cru que la grace du saint-Esprit dût manquer à chaque province. A moins qu'on ne croie que Dieu communiquera sa lumiere à un seul homme; & se refusera à un grand nombre d'évêques assemblés en son nom.... Au reste, qui que ce soit qui vous prie d'envoyer ici vos clercs pour exécuter vos ordres, nous vous prions de n'en rien faire, de peur qu'il ne semble que nous introduisions le faste de la domination séculiere dans l'église de Jesus-Christ, qui doit montrer à tous l'exemple de la simplicité & de l'humilité.

Dans le concile de Constance, où Jean XXIII fut déposé, on fit deux décrets dans deux cessions différentes, dont l'un porte que le concile ayant reçu son autorité immédiatement de Jesus-Christ, tous les hommes, quand même ils seroient Papes, sont obligés de se soumettre à ses décisions, soit pour la foi, soit pour les mœurs, ou pour la réformation de l'église dans son chef & dans ses membres. Et dans le second, on ajoute des peines contre ceux qui n'obéiroient pas, de quelque rang & dignité qu'ils fussent, quand même ce seroit la dignité papale.

Mais on ne s'en tient pas aux passages allégués ci-dessus; on en rapporte un de Socrate, dans la préface de son cinquieme livre, qui dit que,

» Les premiers empereurs qui ont fait profession de la religion chrétien-
» ne, se sont rendus maîtres des affaires de l'église, & ont disposé avec
» un pouvoir absolu des plus grands conciles, comme ils en disposent en-
» core aujourd'hui.

Dans le même livre, il dit:

» L'empereur Gratien ordonna que les fideles, de quelque opinion
» qu'ils fussent, s'assemblassent dans la même église, & vécussent dans la
» même

» même communion. Il n'y eut que les Eunomiens, les Photiniens & » les Manichéens qui en furent exceptés.

Ce n'est pas même ici le Pape qui domine, c'est l'empereur.

Le même encore, autre part :

» Le Pape Célestin, sous Honorius & Théodose II, ôta plusieurs églises » aux Novatiens ; comme ils étoient fort riches & en grande considéra- » tion, ils furent attaqués par la jalousie, depuis que les évêques de Rome » & ceux d'Alexandrie eurent méprisé de se tenir dans les bornes de » la modestie sacerdotale, & eurent commencé à usurper une autorité » trop absolue.

On soutient encore que malgré le titre d'évêque œcuménique que Phocas accorda à Boniface III, les Papes attendoient toujours pour leur ordination, la confirmation du prince, & que ce fut Constantin Pogonate qui, en 684, permit le premier d'ordonner celui qui auroit été élu, sans attendre sa confirmation.

On voit par tout ce que je viens de rapporter, que non-seulement les catholiques Romains, mais même une bonne partie de ceux qui se sont séparés de Rome, ont connu la nécessité d'une hiérarchie, & que ceux-ci ont accordé aux Papes, sinon une autorité émanée de Dieu, du moins l'honneur qui étoit dû aux successeurs du chef des apôtres. On sait que les Grecs, chacun dans leur secte, accordent le même honneur à leur Patriarche. Les calvinistes ont été plus loin, la tradition constante des églises, même des églises séparées, n'a pu les arrêter ; ils ont aboli entiérement la hiérarchie ecclésiastique, & par conséquent la puissance du Pape. Voici sur quoi ils se fondent.

Outre l'égalité qu'ils prétendent qu'il y avoit entre les apôtres, ils s'appuient principalement des témoignages de saint Clément, de Tertullien & de saint Jérôme.

Ils disent que saint Clément ne reconnoît que deux charges dans l'église, l'une de prêtre, & l'autre de diacre, & qu'il confond le prêtre, & l'évêque sous un même nom.

Tertullien dit que ces paroles *lier* & *délier*, doivent s'expliquer par les actes des apôtres. Lisez, dit-il, les actes, vous trouverez que saint Pierre a prêché l'évangile aux Juifs, qu'il a ouvert le royaume des cieux aux Gentils, & que c'est pour cet usage qu'il a reçu les clefs.

Basnage, dans son histoire de l'église, triomphe de cette interprétation, en disant qu'elle renverse de fond en comble l'autorité de saint Pierre. Je ne suis point théologien, mais je ne vois pas la raison de son triomphe, & suivant les simples lumieres du raisonnement, je croirois, au contraire, ce passage fait entiérement pour les catholiques ; mais Basnage étoit protestant, & l'on voit selon ses préjugés.

Saint Jérôme, dans l'épitre 85, à Evagre, dit que l'église étoit gouvernée par une assemblée de prêtres, avant qu'elle se fût divisée, & que l'un dit,

Je suis de Paul, & l'autre, *Je suis d'Apollon*; que ce fut pour remédier à ce schisme, qu'on résolut d'élire une personne qui fût au-dessus des autres. Par-là les calvinistes disent que les évêques ne sont point d'institution divine; mais je leur demanderois, d'après quelques critiques modernes, où saint Jérôme a pris que la dispute sur Paul & sur Apollon, ait fait un schisme qui ait occasionné l'élection des évêques? On ne voit nulle trace de cette prétendue raison dans les trois premiers siecles.

Le même saint Jérôme dit encore quelque part:

Olim erant idem presbyter & episcopus; sciant ergo episcopi, se non tam Christi institutione quàm ecclesiæ consuetudine presbyteris esse majores, & se debere in communi ecclesiam regere.

On a vu plus haut que ce saint n'a pas toujours pensé de même. On peut dire en ce cas qu'il n'étoit que simple prêtre, & qu'il a écrit ceci dans un moment d'humeur; car malgré les obligations que lui a la religion, on ne peut dissimuler son caractere, qui l'emportoit quelquefois au-delà des bornes. Ses disputes avec saint Augustin en sont une preuve.

Ce que je viens de dire de l'autorité spirituelle des Papes, me conduit naturellement à parler de leur puissance temporelle, dont je vais faire un article séparé.

De la Puissance temporelle des Papes.

Au cinquieme siecle de l'église, Gélase, dans son traité de l'Anathême, disoit:

» Je veux croire qu'avant la venue de Jesus-Christ, quelques-uns aient » été rois & prêtres en même-temps, comme Melchisedech; ce que le » démon a imité, en sorte que les empereurs Païens prenoient aussi le nom » de souverains Pontifes. Mais quand on est venu à celui qui est véritablement roi & Pontife tout ensemble, l'empereur n'a plus pris le nom » de Pontife, & le Pontife ne s'est plus attribué la dignité royale; car, encore que tous les membres de Jesus-Christ soient nommés une race royale » & sacerdotale, toutefois Dieu connoissant la foiblesse humaine, & voulant sauver les siens par l'humilité, a séparé les fonctions de l'une & l'autre puissance: en sorte que les empereurs chrétiens eussent besoin des Pontifes pour la vie éternelle, & que les Pontifes suivissent les ordonnances » des empereurs pour les choses temporelles. Que celui qui sert Dieu ne » s'embarrasse point des choses temporelles, & que celui qui y est engagé, » ne gouverne pas les choses divines: ainsi l'un & l'autre ordre est contenu » dans la modération, & chaque profession est appliquée aux choses qui » lui conviennent.

On peut observer sur ces paroles,

1°. La différence de sentiment des anciens Papes, & de ceux qui leur ont succédé. Gélase croit qu'il faut obéir aux empereurs, & suivre leurs ordonnances. *Grégoire VII croit être au-dessus des rois, & s'attribue le droit de les déposer.

2°. Que c'est Gélase qui tient ce discours, celui de l'antiquité qui a parlé le plus haut.

3°. Que le démon a imité cette alliance du sacerdoce & de l'empire.

4°. Il convient que Jesus-Christ étoit véritablement roi & Pontife tout ensemble; mais Jesus-Christ dit positivement que son royaume n'est pas de ce monde; aussi Gélase qui n'ambitionnoit ni le titre, ni les honneurs de la royauté, ne prenoit-il pas le titre de vicaire de Jesus-Christ, mais seulement celui de vicaire de saint Pierre. Il est bien différent d'être vicaire de saint Pierre, ou vicaire de Jesus-Christ.

On étoit si persuadé dans les premiers siecles de l'église, que les évêques ne pouvoient avoir de domaine, que Sinesius, évêque de Cyrene, vers l'an 400, dit dans sa lettre 121.

» J'ai voulu vous faire voir par expérience, que joindre la puissance politique au sacerdoce; c'est allier ensemble deux matieres incomparibles. L'antiquité a eu des prêtres qui étoient juges. Les Egyptiens & les Hébreux ont été long-temps gouvernés par les prêtres. Mais, à mon avis, depuis que cette œuvre divine a été traitée humainement, Dieu a séparé ces genres de vie. Il a déclaré l'un sacré, l'autre politique. Il a attaché les uns à la matiere, les autres à lui-même. Ils doivent s'appliquer aux affaires, & nous à la priere. Pourquoi voulez-vous joindre ce que Dieu a séparé, & nous imposer une charge qui ne nous convient pas? Avez-vous besoin de protection, adressez-vous à celui qui est chargé des loix? Avez-vous besoin de Dieu, allez à l'évêque: le vrai sacerdoce a pour but la contemplation, qui ne s'accorde point avec l'action & le mouvement des affaires.

Théodore, lecteur de l'église de Constantinople, au commencement du sixieme siecle, & de l'histoire duquel Nicéphore nous a laissé un extrait, Théodore, dis-je, assure que l'église romaine n'a point accoutumé de posséder d'immeubles. Que s'il lui en écheoit quelqu'un, elle le vend & en partage le prix en trois portions égales, dont l'une appartient à la fabrique, l'autre à l'évêque, & la troisieme aux ecclésiastiques.

Cependant je vois qu'en 742, Luitprand, roi des Lombards, fit donation à saint Pierre, & par conséquent au Pape Zacharie, qui tenoit pour lors le saint siege, du patrimoine de Sabine, de ceux de Narni, d'Ossino, d'Ancône & de quelques autres.

Je vois encore que sous les rois Lombards, les Papes possédoient déjà quelques terres qu'on appelloit les justices de saint Pierre.

Mais reprenons les choses de suite.

Rome, après la chûte de l'empire en Occident, fut au pouvoir des Hérules & des Ostrogots.

Justinien, empereur de Constantinople, reprit Rome & une partie de l'Italie au commencement du sixieme siecle. Sur la fin du même siecle, les Lombards entrerent en Italie, la conquirent en partie, & dans le huitieme siecle il ne restoit aux empereurs d'Orient, que Rome avec son territoire, Ravenne, la Pentapole, la Pouille, & la Calabre.

Mais l'éloignement de la capitale, qui étoit Constantinople, augmenta le pouvoir des commandans des différentes provinces d'Italie. Les Papes eux-mêmes se relâcherent de la soumission qu'ils devoient au souverain, ayant toujours cette politique de se reconnoître ses sujets, quand ils craignoient les incursions des Lombards, & de demander du secours aux François, quand celui de l'empereur d'Orient leur manquoit; ainsi ils conservoient dans Rome une espece d'autorité que la dignité de leur siege & la sainteté de leurs prédécesseurs leur avoient acquise.

En l'an 756, le Pape Etienne, pour engager Pepin à le défendre des Lombards, lui fit écrire une lettre fort honnête par saint Pierre lui-même. Pepin ne crut pas devoir se refuser aux sollicitations du chef des apôtres; il entra en Italie, s'empara de l'Exarchat qu'Astolfe venoit d'enlever à l'empereur d'Orient, & fit porter les clefs de toutes les villes conquises à Rome sur le tombeau des apôtres, avec la donation qu'il leur faisoit du domaine utile de toutes ces places.

Adrien I monta sur la chaire de saint Pierre, & à son avénement reconnut encore l'empereur d'Orient pour son souverain. Cependant Léon III son successeur, accepta la confirmation de la donation de Pepin que lui fit Charlemagne, & ayant couronné & salué empereur d'Occident ce Prince le jour de Noël de l'an 800, il ne reconnut plus d'autre souverain dans Rome même.

Mais après la mort de Charlemagne, le même Pape & ses successeurs ne furent occupés que du soin d'affoiblir la puissance des François en Italie; & de leur côté les princes François, & ensuite les empereurs Allemands employerent tous leurs efforts pour soutenir l'autorité qu'avoit eue Charlemagne; mais ce fut envain, les faits suivans vont nous donner la preuve de leurs efforts, mais non de leurs succès.

Le Pape Etienne, à son avénement, en 816, fit jurer à tous les Romains serment de fidélité à l'empereur Louis-le-Débonnaire. La donation qui y fut confirmée par ce prince, finit par ces mots, *sauf sur ces duchés notre domination en tout, & leur sujétion.*

Au second voyage de Lothaire à Rome en 824, sous le Pape Eugene II il paroît que ce prince étoit le maître, puisqu'il se fit rendre compte de tout.

On peut dire que Nicolas I, qui mourut en 867, est celui qui a ouvert le chemin à la puissance temporelle des Papes, en saisissant l'occasion de l'amour de Lothaire pour Valdrade sa concubine, qu'il vouloit épouser en répudiant sa premiere femme. Il se servit de ce prétexte pour se mêler des affaires des rois François. Les princes de la maison Carlienne, qui n'étoient point d'accord entr'eux, chercherent la faveur du Pape, qui en profita.

Ce même Pontife, qui vouloit mettre non-seulement les Papes, mais même les évêques pour juges des rois, en sorte qu'ils pouvoient les déposer; ce même Pape, dis-je, parloit bien différemment à l'empereur d'Orient.

» Dieu a séparé, lui disoit-il, les deux puissances, en sorte que les em-
» pereurs chrétiens eussent besoin des Pontifes pour la vie éternelle, &
» que lès Pontifes se servissent des loix des empereurs pour les affaires
» temporelles.

Le secrétaire de ce Pape n'avoit pas eu grande peine à faire ce discours; il n'avoit fait que copier celui de Gélase, que j'ai rapporté ci-dessus.

Il se pourroit bien faire que le même Nicolas I, eût eu part à la prétendue donation de Constantin, qui commença à être connue dans ce temps-là; car il paroît qu'Enée, évêque de Paris, sous Charles-le-Chauve, est le premier qui en ait parlé.

Adrien II, écrivant à Charles-le-Chauve en 872, lui disoit :

» Si vous survivez à notre empereur, nous ne reconnoîtrons jamais d'autre
» empereur Romain que vous. Dès-à-présent le cas arrivant, le clergé,
» le peuple, la noblesse vous désirent pour chef, roi, patrice, empereur,
» & défenseur de l'église.

Vers l'an 925, on commence à voir que les rois, ou empereurs François, n'étoient plus maîtres de Rome; la Germanie n'étoit plus même gouvernée par le sang de Charlemagne.

Cependant Hugues, comte d'Arles, petit-fils, par sa mere, de Lothaire, régnoit en Italie, & Guy, son frere utérin, étoit le maître de Rome. Ce même Hugues en devint maître à son tour, au moyen de son mariage avec Marozie, veuve de Guy : cette célébre Marozie, qui avoit fait élire Pape un bâtard, qui fut Jean XI, qu'elle avoit eu du Pape Sergius. C'est à ce temps de trouble qu'on peut fixer le commencement de la souveraineté des Papes dans l'état ecclésiastique, dont ils avoient déjà le domaine utile.

L'Italie eut ensuite quelques rois. Adélaïde, veuve du dernier, nommé Adelbert, appella Othon, roi de Germanie, & l'épousa en 950. Voilà comment les Allemands mirent le pied en Italie.

Alberic, fils de Marozie, qui s'étoit emparé du gouvernement de Rome, fit, à force d'argent, nommer Pape son fils Octavien, qui n'avoit que dix-huit ans, & s'appella Jean XII. Le jeune Pape usurpa la puissance, après la mort de son pere, & eut la guerre avec de petits princes ses voisins. Voilà encore un commencement de domination.

Mais Othon étant revenu en Italie, se fit couronner empereur en 962, & le même Jean XII lui fit serment, sur le corps de saint Pierre, avec tous les citoyens & grands de la ville, de ne jamais renoncer à son obéissance. De son côté, Othon confirma les donations de Pepin & de Charlemagne. A la fin de l'acte est cette clause, *sauf en tout notre puissance, & celle de nos descendans.*

Il y eut alors un réglement de fait, où il est dit, » qu'il y aura toujours » à Rome des commissaires du Pape & de l'empereur, qui lui rapporteront » tous les ans comment les ducs & juges rendent la justice. On portera » premiérement les plaintes au Pape. Il y remédiera, ou souffrira qu'il y » soit remédié par les commissaires de l'empereur, *&c.*

Sous Léon VIII, successeur de Jean XII, il y eut, en 964, un concile tenu à Rome, dans lequel il est dit expressément, qu'on ne pourroit élire ni patrice, ni Pape, ni évêque, sans le consentement de l'empereur.

Quand le Pape Bénoît VIII & les évêques d'Italie repousserent les Sarrasins, qui avoient fait une descente en Toscane, en 1016, le Pape, dit l'histoire, envoya à l'empereur Henri II, sa part du butin.

Ce même empereur, que l'église a mis au rang des saints, confirma, en 1020, la donation d'Othon I, presque en mêmes termes, en se réservant de même la souveraineté.

Dans le concile tenu à Rome, sous Nicolas II, en 1059, le Pape dit: » On choisira dans le sein de l'église Romaine même, si on trouve un » sujet capable, sauf l'honneur dû à notre cher fils Henri, qui est main- » tenant roi, & qui sera, s'il plaît à Dieu, empereur, & on rendra le » même honneur à ses successeurs.

En 1073, Grégoire VII dit aux députés de l'empereur Henri IV, qu'il avoit différé son ordination, jusqu'à ce que quelqu'un vint, de la part du roi, l'assurer de sa volonté. En effet, le roi satisfait, envoya confirmer l'élection, & il fut sacré deux mois après.

Depuis l'élection de Grégoire VII, je ne vois plus que les Papes aient demandé la confirmation des empereurs; mais comme, sous les regnes de Henri IV & de Henri V, il y eut presque toujours schisme ou excommunication, les empereurs eurent trop d'affaires sur les bras, pour songer à celle-là.

Frédéric Barberousse fit son entrée dans Rome en 1155; les Romains lui demanderent avec hauteur sa protection. Il leur répondit: Rome n'est plus ce qu'elle a été. Sa puissance a passé aux Grecs, & puis aux François: Charles & Othon ont conquis Rome & l'Italie par leur valeur, & l'ont jointe à leur empire... Enfin je suis votre maître par une possession légitime.

Il faut remarquer que quand Frédéric leur fit ce compliment, il étoit du parti du Pape, dont les Romains vouloient secouer le joug.

Le même, ayant pris Tibur, dans l'Etat ecclésiastique, le rendit au Pape, & mit dans ses lettres, *sauf le droit impérial.*

Les légats qu'Adrien IV envoya au même Frédéric, pour l'appaiser sur une affaire où d'autres légats l'avoient irrité, le saluerent comme seigneur & empereur du monde.

Je ne vois plus maintenant que les empereurs exigeassent le serment du

Pape; mais je vois avec étonnement ce que fit Céleſtin III au couronnement de Henri VI, en 1191. Ce Pape étoit ſur un échaffaud & aſſis. L'empereur étoit en bas & à genoux. Céleſtin pouſſa du pied la couronne à terre, & les cardinaux l'ayant reçue entre leurs mains, la poſerent ſur la tête de l'empereur.

Le lendemain du ſacre d'Innocent III, en 1198, il reçut le ſerment de fidélité & hommage-lige du préfet de Rome, à qui il donna, par un manteau, l'inveſtiture de ſa charge; au lieu que juſques-là le préfet la tenoit de l'empereur, & lui prêtoit le ſerment de fidélité.

Ce fut ſous le même pontificat, que le duc Philippe & Othon, duc de Saxe, ſe diſputerent l'empire. Cette diviſion déchira l'Allemagne pendant dix ans. Innocent III profita de l'occaſion pour s'emparer, comme il fit, par les armes ſpirituelles & temporelles, de la Romagne, de la Marche d'Ancône, du duché de Spolette, & du patrimoine de la comteſſe Mathilde, que des ducs & comtes tenoient en fief des empereurs. Et comme il reçut auſſi l'hommage du préfet & du ſénat, on peut dire que c'eſt lui qui a achevé d'établir la ſouveraineté des Papes dans le temporel.

POPULATION, ſ. f.

§. I.

Parallele de la Population chez les anciens & chez les modernes.

M. HUME, que la mort a enlevé trop tôt au monde politique & littéraire, M. Hume, ce politique profond, ce philoſophe aimable, qui répand l'élégance dans la diſcuſſion, & l'agrément dans l'érudition, & qui poſſédant ſur-tout le talent de décider les autres, en doutant lui-même, ſait toujours, ſous l'apparence d'un ſcepticiſme éclairé, ſe faire prévenir dans l'opinion pour laquelle il penche en ſecret; M. Hume a conjecturé & perſuadé que les nations anciennes n'avoient pas été plus peuplées que les modernes. Nulle recherche n'a été épargnée de ſa part pour mettre le lecteur en état de décider. Il avoit eu connoiſſance de la diſſertation de M. Wallace, qui établit une opinion directement oppoſée à la ſienne. Il invita l'auteur à la rendre publique. M. Wallace le fait, & y joint une réponſe à M. Hume : réponſe dans laquelle l'érudition & la dialectique n'étant pas tout-à-fait exemptes de prévention, de ſophiſme, & même de dureté, décele quelquefois le Calédonien dans l'ami des Grecs. Nous allons donner ici à nos lecteurs une idée des principaux argumens ſur leſquels ces deux auteurs ſe fondent.

Selon M. Hume, il est peu important d'examiner si le monde peut vieillir, & si les especes peuvent dégénérer, parce que le petit espace dont l'histoire a formé ses fastes, & qui sert à la comparaison dont il s'agit, ne doit offrir & n'offre effectivement aucune nuance qu'il soit possible de saisir. Quoique les maladies ayent varié, il seroit tout aussi difficile d'en tirer aucune induction : si les anciens en avoient que nous ne connoissons pas, les modernes en éprouvent qui étoient inconnues aux anciens. D'ailleurs, notre auteur l'a observé avec beaucoup de finesse, que dans toutes les sociétés policées la Population est dans une espece de gêne, & doit être considérée comme restreinte; de façon que, lorsque les contagions ont emporté un grand nombre d'hommes, les générations suivantes en réparent bientôt la perte. Les nations sont alors dans le cas des colonies naissantes, où l'on voit ordinairement les peuples se multiplier dans une plus grande proportion que dans les métropoles. Cette observation ingénieuse s'est trouvé justifiée depuis par M. l'abbé Expilly, dont les calculs nous démontrent que les pertes occasionnées dans la Provence par la fameuse peste de 1720 sont déjà réparées. Puis donc qu'il n'existe aucune raison physique à alleguer sur cette question, il est nécessaire de recourir aux causes politiques & morales qui pourroient influer sur la Population.

La différence la plus marquée, les mœurs des anciens & celles des modernes, c'est l'esclavage généralement établi parmi les premiers : usage barbare, qui sépara l'espece humaine en deux classes, & qui avilit indignement la plus utile de toutes, puisque pendant long-temps les mains consacrées aux travaux de l'agriculture & de l'industrie ne furent pas plus libres que celles qui étoient destinées au service domestique. Or, toute administration oppressive tend à diminuer la Population, cette classe d'hommes abjecte & malheureuse dut se multiplier moins que les autres. A cette présomption générale, M. Hume joint les observations les plus ingénieuses. Il trouve que les esclaves des Grecs & des Romains étoient pour la plupart composés d'étrangers : c'étoit le produit des guerres & des pirateries. Des hommes, des femmes, emmenés en captivité, étoient vendus à un prix d'autant plus vil, qu'une plus grande quantité d'esclaves étoit conduite au marché; & ces expéditions passageres, ces événemens particuliers, qui mettoient des peuples entiers dans les fers, en causant une grande concurrence dans la vente, établissoient des prix bien inférieurs à ceux qui naissent d'un commerce journalier. Cette facilité d'avoir à bon marché des esclaves étrangers empêchoit les anciens de laisser multiplier les leurs dans leurs propres maisons. Loin qu'ils encourageassent de pareilles éducations, on voit au contraire que les loix politiques & les principes des meilleurs économes s'y trouvoient directement opposés. Or, si d'un côté cette classe d'hommes, gênée dans sa propagation & surchargée dans ses travaux, devoit tendre à se détruire, & si de l'autre elle faisoit des recrues perpétuelles dans la classe des hommes libres que le sort de la guerre

guerre réduisoit en captivité, n'en devoit-il pas résulter un principe de dépopulation pour les hommes pris en général ?

Mais, dira-t-on, si les mœurs des anciens nous offrent quelques usages contraires à la propagation de l'espece humaine, ne trouverons-nous pas aussi dans leurs gouvernemens, dans leur législation, de quoi compenser ces inconvéniens? La Grece, l'Asie-Mineure, la Sicile & l'Italie étoient divisées en plusieurs petites républiques : là, le partage des fortunes étoit plus égal, les armées moins nombreuses, la paie des troupes moins forte, les dépenses, en général, moins onéreuses : toutes circonstances favorables à la population. Oui ; mais d'un autre côté ces petits états étoient beaucoup plus souvent en guerre ; les batailles étoient plus sanglantes & les suites en étoient plus cruelles. D'ailleurs, les dissentions, les discordes civiles occasionnoient des massacres fréquens ; & lorsqu'une faction, après des combats opiniâtres, avoit remporté l'avantage, elle ne manquoit pas d'exciter tous ceux qui étoient dans le parti opposé. Delà, il résultoit que parmi ces peuples si heureux on ne voyoit par-tout que des veuves, des orphelins, des bannis & des proscrits. Mais si par hasard ces républiques divisées tomboient au pouvoir d'un despote, rien n'égaloit alors la cruauté avec laquelle il régnoit : car on ne peut se dissimuler que si le gouvernement absolu est le partage ordinaire des grandes monarchies, la tyrannie proprement dite ne s'est guere élevée que sur les ruines des républiques. Je veux croire que nous n'ayons point d'idée de la sagesse des gouvernemens de Sparte & de Rome ; mais on conviendra que nous n'en avons guere davantage d'une cruauté égale à celle des Denys & des Agathocle. Qu'importe la douceur prétendue de quelque législation ancienne, si cette douceur même conduit à la proscription & à la tyrannie? Mr. Hume remarque très-judicieusement que l'abolition de la peine de mort pour les citoyens Romains a donné naissance aux cruautés de Sylla, de Marius & des Triumvirs. En effet, l'assassinat dut compenser l'indulgence d'une loi qui étoit impuissante contre le crime, & qui laissoit l'existence aux citoyens les plus dangereux.

On a toujours regardé le commerce & les manufactures comme les alimens de la population ; mais par-tout où l'on verra l'intérêt de l'argent très-haut, la navigation imparfaite, de petits voyages payés très-cher, & des armateurs faire des profits exorbitans, on aura lieu de présumer que le commerce & l'industrie sont encore dans leur enfance. Or, Mr. Hume prouve que chez les Grecs & les Romains l'intérêt de l'argent fut toujours à douze pour cent ; que souvent les biens-fonds, tels que des maisons ou autres immeubles, étoient vendus au prix de quatre années du revenu ; enfin, qu'un simple voyage d'Athenes dans la mer adriatique rapportoit jusqu'à cent pour cent de retour. Il est vrai qu'on peut objecter que partout où le luxe n'a pas établi son empire, on n'a besoin que de l'agriculture pour soutenir une nombreuse population ; mais cette agriculture lui-

bornée au simple nécessaire, qui n'est encouragée ni par le bon prix des denrées, ni même par la facilité des échanges, peut-elle jamais être florissante? Et s'il arrive que dans quelques endroits elle soit seulement très-féconde, ne doit-on pas l'attribuer à l'heureuse disposition du sol & du climat? La bonne agriculture consiste moins à jeter des semences sur un terrain qui produit de lui-même, qu'à vaincre la nature par-tout où elle est rebelle; à varier, à multiplier ses productions. Or, c'est un art que les anciens, & sur-tout les Grecs, semblent avoir ignoré. Columelle observe que, suivant Xénophon, tout homme pouvoit être bon agriculteur, & qu'il ne falloit pour cela, ni grand travail, ni grande intelligence : sur quoi je remarquerai à mon tour que si le luxe & le commerce n'établissoient pas des ventes & des échanges, l'agriculture, en général, ne pourroit manquer de déchoir; parce qu'elle se verroit bornée aux seules productions de premiere nécessité. En effet, toutes les terres, qui ne seroient propres qu'au chanvre, au lin, aux mûriers, aux bois de teinture, au safran, au café, à l'indigo, *&c.* seroient désertes & stériles. Mais les hommes qui cultivent ces sortes de productions, doivent pourtant être nourris aux dépens de ceux qui cultivent des terres à blé. Ils ne peuvent donc leur faire accepter leurs denrées qu'en provoquant chez eux une plus grande industrie, une agriculture plus riche, qui produise au colon un excédent de subsistance, & fournisse de quoi suffire à ses échanges.

M. Hume ne se contente pas de rassembler toutes les autorités, toutes les conjectures qui peuvent servir de présomption; il passe à l'examen des faits, c'est-à-dire, de tous les passages qui nous donnent quelques notions exactes de l'état de la Population parmi les anciens; & c'est ici qu'il nous devient impossible de le suivre sans le traduire en entier. Il nous suffira d'observer avec lui que rien n'est plus fautif dans les manuscrits que tout ce qui a rapport à des valeurs numéraires, exprimées en chiffres; que les auteurs qui nous donnent l'idée la plus favorable de la Population ancienne, tels, par exemple, qu'Hérodote & Diodore de Sicile, nous ont transmis des calculs contradictoires & des résultats extravagans; que d'un autre côté ceux qui méritent le plus de confiance, & qui paroissent les mieux fondés en raison, ne nous donnent pas lieu de penser que la terre ait été plus peuplée autrefois qu'elle ne l'est à présent; qu'à la vérité l'histoire nous offre toujours quelques exemples d'une grande Population; mais que le tout est de savoir si ces exemples ont été simultanés; car il est important de comparer les époques, & de ne pas regarder comme un avantage commun à tous les anciens ce qui n'a été qu'un déplacement successif de bonheur & de prospérité.

Tels sont à peu près les résultats de la dissertation de M. Hume. C'est avec regret que nous nous sommes vus obligés de la dépouiller de l'érudition variée dont elle est enrichie, & des réflexions ingénieuses dont elle est ornée; mais nous avons cru faire plaisir à nos lecteurs en leur donnant une légere idée de cet ouvrage, qu'ils pourront consulter aisément, si nos observations ont eu le bonheur de leur inspirer quelque goût pour ces matieres intéressantes.

Passons maintenant à M. Wallace. Ici nous trouvons d'abord de très-beaux calculs sur la propagation possible de l'espece humaine, en la supposant sortie d'un seul couple; & nous avons la consolation d'apprendre qu'au bout de 1233 ans elle auroit pu s'étendre jusqu'à *412, 316, 860, 416* individus. Or, comme il y avoit trois couples dans l'arche de Noé, notre auteur explique aisément comment les nations les plus anciennes pouvoient être très-peuplées malgré la récence de leur origine; & je pense comme lui : car je ne vois pas même de comparaison entre le nombre des Egyptiens, des Assyriens, des Babyloniens, *&c.* Et celui des poux, des punaises, des chenilles & autres insectes ou reptiles, sortis du même asile.

Après avoir donné ce premier échantillon de sa philosophie, M. Wallace passe à l'examen des causes qui peuvent aider ou nuire à la Population : ce qui le conduit à avancer que le commerce, les arts & les manufactures y mettent un très-grand obstacle. En effet, ceux qui travaillent à différens métiers, sont obligés de vivre aux dépens des agriculteurs, lesquels, en cultivant pour les artisans, cultivent aussi pour eux-mêmes. Mais si les artisans devenoient cultivateurs, ils feroient naître des productions pour eux & pour d'autres, & ainsi de suite; de façon que nous aurions une série immense de producteurs de superflu. Rien de plus conséquent sans doute : c'est dommage que les faits soient directement contraires. On voit en effet que ceux qui ne trouvent ni échanges à faire, ni prix convenable pour leurs denrées, ne cultivent pas même pour leur propre subsistance. Delà vient que tant de nations ont vécu misérablement avec un terrain immense, & que la terre a été couverte de peuples pêcheurs, chasseurs & nomades.

M. Wallace, satisfait de ces considérations préliminaires, se jette bientôt dans l'examen des autorités qui déposent en faveur de la Population ancienne. Nous nous dispenserons aussi de le suivre dans ces détails, mais avec bien moins de regret que nous n'en avons eu tout à l'heure; car nous sommes loin de trouver chez lui la même précaution & la même critique que chez M. Hume. Pour donner une idée de la maniere dont M. Wallace procede, nous dirons qu'il entasse sans choix les passages de plusieurs poëtes avec ceux d'Hérodote & de Diodore de Sicile, auteurs dont l'exactitude est plus que suspecte, & que non content de se servir de pareilles autorités, il sait encore les altérer, lorsqu'il ne les trouve pas assez favorables à ses opinions. A-t-il lu dans Diodore de Sicile que l'Egypte ne contient que sept millions d'habitans? Il redresse sur le champ son auteur; & voici comme il raisonne : Diodore a dit que cette nation entretenoit quatre cents mille hommes de troupes *réglées*; mais la France, qui a vingt millions d'habitans, n'entretient que cent mille hommes. Donc l'Egypte, qui avoit quatre cents mille soldats, devoit avoir quarante millions d'habitans. Un Egyptien pourroit tout aussi bien dire : ma patrie n'avoit que sept millions d'habitans dans le temps qu'on creusoit le lac Moeris ; or, la France en a plus de vingt, donc elle doit avoir creusé un lac trois fois plus grand que le nôtre. Si par malheur César a dit, dans ses commentaires, que dans un grand armement des Gaules, la Belgique n'avoit mis que deux cents quatre-vingt-dix-huit mille hommes sur pied, notre auteur, qui sent la force de l'objection, se tire aisément d'embarras : 1°. dit-il, dans les spécifications de ces forces, César a remarqué que les Bellovaces seuls, n'avoient armé que six mille hommes ; il faut donc augmenter la somme totale de cette armée, ce qui donne quatre cents quatre-vingt-seize mille six cents soixante-six soldats, lesquels, ne pouvant être regardés que comme le quart de la population en général, supposent un million, neuf cents quatre-vingt-six mille, six cents soixante-quatre individus. 2°. On trouve encore dans les commentaires de César, que chez les Gaulois il y avoit deux classes d'hommes ; l'une composée de citoyens libres qu'il appelle les chevaliers ; & l'autre d'une espece de serfs, parmi lesquels on comptoit un grand nombre de citoyens ruinés, qui s'étoient mis dans la servitude des nobles. César ajoute que, dès qu'il y a guerre, tous les chevaliers prennent les armes : *Omnes in bello versantur.* Cette autorité, qui est positive pour ceux-ci, M. Wallace la rend négative pour le peuple, c'est-à-dire qu'il l'exclut de toute fonction militaire, ce qui le conduit à conclure ainsi : la Belgique pouvoit armer quatre cents quatre-vingt-seize mille six cents soixante-six nobles ou chevaliers ; dont le nombre quadruplé, pour trouver la Population générale de cette classe, est égal, à peu près, à deux millions. Or, j'évalue la seconde classe au triple de celle-là, donc il est démontré que la Belgique avoit huit millions d'habitans ; mais elle n'étoit que le quart de la Gaule, donc il est démontré que la Gaule avoit trente-deux millions d'habitans.

César seroit toujours bien incommode sans cette excellente sagacité de notre auteur. Il dit ailleurs que les Helvétiens qu'il combattit, lorsqu'ils abandonnerent leur pays, étoient alors au nombre de deux cents soixante-trois mille hommes. M. Wallace répond, sans hésiter, que César n'étoit pas bien au fait ; que d'ailleurs toute nation ne dût pas se résoudre à cette émigration ; qu'il est vraisemblable que les druïdes, entr'autres, attendirent l'événement. J'avoue qu'il a été de tout temps, dans le caractere des druïdes, de ne pas s'exposer, & de laisser les autres se battre pour eux ; mais je vois plus de malice que de critique dans cette allégation.

Voici encore un autre exemple des calculs de M. Wallace. Polybe a fait une énumération des forces que les Romains pouvoient mettre sur pied au commencement de la seconde guerre punique ; & cette évaluation monte à sept cents mille hommes de pied, & soixante-dix mille chevaux. M. Hume, qui n'a rien omis de ce qui étoit le plus contraire à son opinion, a observé que les provinces, qui devoient fournir cette armée, ne faisoient pas le tiers de l'Italie. Son adversaire s'empare du même passage ; il quadruple ce nombre, & le triple ensuite, pour avoir la totalité de la population de l'Italie, ce qui fait, à peu près, douze millions; mais, ajoute-t'il, il ne s'agit ici que des hommes libres. Or, supposons trois fois autant d'esclaves, ne voilà-t-il pas quarante-huit millions d'hommes tout trouvés? Ne voulez-vous que deux fois autant d'esclaves? cela fait toujours trente-six millions d'habitans, & cela est très-honnête... Ainsi, en supposant les douze millions d'hommes libres, divisés en trois millions de familles, dont chacune sera composée de quatre personnes seulement, M. Wallace donne, par le premier calcul, douze esclaves, & par le second huit esclaves par famille; de sorte que tous ces pauvres citoyens, qui ne possédoient pas vingt mines de bien, & qui, à raison de leur indigence, étoient dispensés de porter une cuirasse, avoient, tout au moins, cinq ou six esclaves chez eux. Voilà qui est bien merveilleux. Il me semble que je raisonnerois tout différemment. Ce n'étoit que le tiers de l'Italie qui fournissoit les sept cents soixante-dix mille hommes; mais c'étoit la partie la plus peuplée, puisque les Alpes & l'Apennin sont encore des pays très-fauves. D'ailleurs, Rome étoit florissante; elle avoit déjà dépouillé plusieurs nations: c'étoit la capitale de l'Italie. Je suis donc fondé à croire que la population des deux autres tiers de l'Italie pouvoit à peine égaler celle des Romains & de leurs alliés. Or en supposant que ces sept cents soixante-dix mille combattans représentent un nombre de trois millions quatre-vingt mille citoyens libres, je me contente de doubler ce nombre, pour avoir toute la population de l'Italie, & je trouve six millions cent soixante mille hommes libres. Je calcule ensuite les esclaves; & comme je n'en dois guere supposer qu'à ceux qui sont assez riches pour être compris dans le cens équestre. J'en compte deux par chaque chevalier Romain, ce qui me donne cent quarante mille esclaves. Je double encore ce nombre pour les familles patriciennes, & je trouve en tout deux cents quatre-vingt mille esclaves. Je crois pouvoir assurer que le reste de l'Italie, beaucoup moins riche à proportion, beaucoup moins heureux à la guerre, n'en possédoit pas la moitié autant. Je lui en suppose cependant deux cents vingt mille, ce qui me donne en tout cinq cents mille esclaves, lesquels, ajoutés à six millions cent soixante-six mille citoyens, forment une population de six millions six cents soixante mille habitans; nombre très-inférieur à celui qui existe de nos jours en Italie, malgré la grande quantité de prêtres & de moines dont cette contrée est infectée.

Nous nous croyons dispensés de suivre désormais M. Wallace, sur-tout dans ses réfutations de M. Hume, où il ne paroît pas avoir été heureux dans ses assertions. Mais, après avoir donné quelques exemples de la philosophie qu'il a répandue dans son ouvrage, & de la maniere dont il a employé les faits & les autorités, nous invitons le lecteur à se procurer sa dissertation, & nous l'assurons qu'il y trouvera un excellent choix d'érudition développée par-tout avec élégance & clarté. Pour nous, nous pensons que les guerres étant devenues moins fréquentes, que le commerce, l'industrie & l'agriculture s'étant étendus & perfectionnés, la terre, en général, est plus peuplée qu'elle ne l'étoit autrefois, & sans parler de quelques endroits privilégiés, où l'espece humaine paroît encore se plaire particuliérement, malgré l'oppression sous laquelle elle gémit, les nations modernes qui sont policées, ne sont pas moins nombreuses que les anciennes. Nous croyons même pouvoir en apporter une preuve que M. Hume a négligée; c'est la diminution sensible des bêtes féroces & de tous les animaux malfaisans. Il faudroit peut-être dix ans à un empereur Turc pour rassembler la quantité de lions, de tigres, de pantheres, que les empereurs Romains, les consuls, les édiles même faisoient paroître dans ces chasses extraordinaires qu'on donnoit en spectacle au peuple. Quant à la Population de quelques nations en particulier, nous croyons avec M. Hume que si, en se plaçant entre Calais & Douvres, on traçoit un cercle dont le rayon auroit cent lieues, on trouveroit une Population supérieure à celle qu'une même étendue de terrain pourroit offrir chez les anciens, en quelque endroit qu'on voulût la prendre.

§. II.

Des progrès de la Population chez les nations modernes.

LA Population a-t-elle augmenté ou diminué depuis quelques siecles? Est-elle parmi nous, sur-tout, dans un état d'accroissement ou de dépérissement? Cette question qui, depuis long-temps auroit dû être décidée par des dénombremens, n'a guere été jugée que par l'humeur & la flatterie. En effet, suivant qu'on a voulu louer ou blâmer le gouvernement, abroger d'anciennes loix ou en préconiser de nouvelles, on a dit : la diminution sensible dans la Population, l'augmentation marquée dans la Population prouvent, *&c.* Et comme la satyre & la louange ne sont guere plus exactes l'une que l'autre, l'exagération s'est trouvée également des deux côtés.

M. de Voltaire, supérieur à tout préjugé comme à toute critique, décide en faveur de notre âge dans l'immortel ouvrage qu'il a écrit pour l'instruction & la consolation de l'humanité. Cet historien philosophe ne s'est point dissimulé le détriment que nos législations superstitieuses, que le gouvernement des prêtres, leur intolérance, leur multitude, leur célibat ont dû causer à la Population. Mais il a pensé que ces inconvéniens avoient été compensés par l'augmentation du commerce & de l'industrie; & il a observé qu'une seule différence dans l'exercice du droit de la guerre avoit suffi pour faire pencher la balance en faveur des modernes : c'est que dans les guerres innombrables qu'ils ont essuyées, on n'a jamais transporté les nations vaincues. » Les guerres civiles, dit-il, ont long-temps dévasté l'Allemagne, l'Angleterre & la France; mais ces malheurs furent bientôt réparés, & l'état florissant de ces contrées prouve que l'industrie des hommes a été encore plus loin que leur fureur. Quand une nation connoît les arts, quand elle n'est point subjuguée, transportée par les étrangers, elle sort aisément de ses ruines, & se rétablit toujours. «

L'Europe renferme du moins quelques nations auxquelles personne ne refuse une Population nombreuse; parce que les faits se trouvant conformes aux principes les plus généralement avoués, on n'a eu aucun intérêt à les nier. Telles sont la Suisse & la Hollande. Il est sûr que depuis les deux fameuses révolutions qui les affranchirent de la domination Autrichienne, elles ont considérablement augmenté en Population comme en prospérité. L'Allemagne où les femmes sont si fécondes, doit profiter de plus en plus de cet avantage particulier, parce que les paix y deviennent plus fréquentes, & que l'intérêt des souverains a été jusqu'ici conforme à celui des paysans, qui commencent à sortir de l'oppression dans laquelle leurs seigneurs les tenoient depuis long-temps. Le Danemarc, affranchi de la tyrannie des grands, & heureux jusqu'à présent sous les maîtres qu'il s'est donnés, a vu fleurir dans le sein de la paix son commerce & sa navigation; il est plus riche, plus *tranquille*, il est *donc* plus *peuplé*. Il n'en est pas de même de la Suede qui, semblable à une terre livrée pendant long-temps aux braconneries, ne s'est pas encore relevée des pertes qu'elle a essuyées sous le gouvernement d'un héros. Ce n'est pas dans cette contrée que la liberté a paru sous les meilleurs auspices. Cette succession de démocratie dans les dietes, d'aristocratie dans le gouvernement intermédiaire du sénat, de monarchie dans la méditation royale, a plutôt altéré que compensé les efforts, & l'on regrettera toujours qu'une nation noble & courageuse ne s'assemble guere que pour faire des loix absurdes sur le change & sur le commerce; comme si les héros du Nord & les libérateurs de l'Allemagne, transformés en agioteurs & en banquiers, avoient pris pour modele les Law au lieu des Gustave.

On a exagéré la Population de la Russie; mais quoique le travail immense de Pierre-le-Grand ne se laisse plus appercevoir qu'à Pétersbourg & à Cronstadt, on peut assurer que ce vaste empire est plus peuplé qu'il ne l'étoit du temps de ses premiers ducs. La Pologne s'étoit maintenue jusqu'ici dans sa périlleuse liberté; elle est dans le même cas que la Russie, plus riche, plus peuplée qu'elle ne l'étoit sous les Jagellons.

Le beau climat de l'Italie, la fécondité de son sol & la variété de ses productions sont de si puissans attraits pour les hommes, qu'elle ne paroîtra jamais aussi peuplée qu'elle devroit l'être. Cependant c'est encore de toutes les contrées de l'Europe celle où la population est la plus nombreuse. Le Milanès contient 1200 habitans par lieue quarrée. La plus grande partie de la Lombardie, les côtes de la mer Adriatique, la campagne, ou les environs de Naples, ne le cedent pas au Milanès : &, si nous continuons à parcourir le midi, nous trouverons que l'Espagne même, malgré l'expulsion des Maures, la destruction des juifs, malgré l'intolérance, la superstition, la multiplication des moines & du clergé, contient encore dix millions d'habitans, quoi qu'il ait plu à la plupart des écrivains politiques de ne lui en donner que sept. Restent donc les François & les Anglois, lesquels, comme les plus éclairés de tous les peuples, ont les connoissances les moins exactes sur la population & sur nombre d'objets aussi intéressans. Cette phrase qui tient un peu du paradoxe, s'expliquera aisément, si l'on fait attention que chez les peuples ignorans, c'est le gouvernement qui fait toutes les recherches utiles, & il a ordinairement des moyens suffisans; au lieu que chez les peuples éclairés cette besogne est assez communément abandonnée à l'activité des particuliers. Les administrateurs n'étant pas avertis par de trop grands inconvéniens, & ayant perpétuellement devant les yeux une machine très-étendue & très-compliquée, passent toute leur vie politique à en étudier les ressorts, & à craindre d'y toucher; & si le hasard fait qu'un jour on ait besoin de quelques faits ou de quelques calculs, on aura recours enfin à ces auteurs de bonne volonté qu'on a négligé d'éclairer ou d'encourager; mais il arrive alors que leur nombre immense fournit des armes à toutes les opinions; on dispute long-temps, on résout peu, & l'on fait encore moins.

Tel a été parmi nous le sort de la grande question sur le nombre de nos compatriotes. On sait qu'à la paix de Riswyck il se trouva sensiblement diminué : cependant les calculs de Mr. de Vauban le faisoient monter à 19 millions, quoique la Lorraine ne fût pas encore annexée à notre monarchie. Ceux des intendans, ordonnés par Mr. le duc de Bourgogne, n'étoient pas tout-à-fait si favorables. La guerre de la succession fut encore plus funeste que celles qui l'avoient précédée. Depuis cette époque, la longue paix qui a suivi le traité d'Utrecht, les progrès du commerce, & la tranquillité intérieure avoient dû recruter la nation; mais la dépopulation étoit devenue à la mode. On assura gratuitement, & sans alléguer aucune raison, que la France n'avoit pas même seize millions d'habitans. Cette exagération tenoit à un systême très-exagéré lui-même. Enfin il est arrivé, suivant notre usage ordinaire, que des particuliers, sans avoir d'autre mission que le pur zele pour le public, se sont avisés de commencer des recherches plus sérieuses. Des magistrats respectables ont profité des différentes administrations dont ils avoient été chargés pour constater au moins quelques élémens propres à servir de base à des calculs ultérieurs. Tel est le travail de Mr. de la Michodiere, rédigé & publié par Mr. de Messence, l'un des ouvrages les mieux conçus & les plus simples qu'on ait fait dans ce genre.

Mr. l'abbé Expilly a profité de ces documens & s'en est encore procuré d'autres. On a rassemblé des dénombremens exacts; on a recueilli des apperçus & des approchés; on a comparé les époques, *&c.* Il résulte de ce travail que la Population de la France est augmentée, depuis cinquante

quante ans, d'environ un douzieme, & qu'on doit la porter à présent-à vingt-un, ou vingt-deux millions d'habitans.

Enfin le gouvernement déterminé par l'impulsion générale, a porté son attention sur cet objet intéressant, & profitant des élémens déjà trouvés, il s'est procuré un dénombrement total du royaume, fondé sur les naissances, sur les morts & sur les mariages. Voici le résultat des dénombremens ordonnés dans les années 1770, 1771 & 1772, dont on a fait une année commune. Les naissances multipliées par 25½ ont donné 23,205,122 habitans. Les mariages multipliés par 124; 22,487,235; les morts multipliés par 3,523,741,422; terme moyen des trois élémens différens, 23,811,259.

Si la plupart de nos lecteurs voient avec plaisir que la France est plus peuplée qu'on ne l'avoit cru jusqu'ici, nous espérons qu'ils se consoleront aisément lorsqu'ils apprendront en même temps que le nombre des moines diminue sensiblement. Suivant un état fait avec la plus grande exactitude & par ordre du gouvernement, il se montoit, il y a déjà quelques années, à 26,674 dont 15,338 mendiants; c'est-à-dire franciscains. Or, il n'est pas douteux que le nombre des religieux ne soit encore diminué depuis. Des calculs sur lesquels on peut compter, nous apprennent que depuis l'année 1726 jusques & compris l'année 1744, c'est-à-dire, en 19 ans, il est mort dans la seule ville de Paris 5538 religieux des deux sexes, & que depuis 1744 jusques & compris 1762, il n'en est mort que 3292 : comme les moines depuis 30 ans ne sont pas rendus immortels, du moins au sens littéral, il paroît que leur nombre a diminué d'un tiers. Mais dans six années, depuis 1769 jusques & compris 1775, il n'en est mort année commune, que 92. Voilà donc une nouvelle diminution bien plus sensible; car l'année commune du dernier période de 19 ans, est de 173. D'un autre côté, par le dépouillement général des registres de l'année 1775, je trouve que le nombre des personnes des deux sexes, mortes en religion, se monte à 1714, dont 1000 religieuses, & que le total des professions dans la même année ne se monte qu'à 1300, dont 838 religieuses. Ce qui forme un déficit de plus de 400 dans les recrues annuelles; déficit qui est plus sensible parmi les religieux que parmi les religieuses, dont le nombre excede de plus d'un quart celui des moines, & qui doivent se soutenir plus long-temps; parce que les femmes participent moins que les hommes aux révolutions des mœurs & de l'opinion, & que d'ailleurs elles ont moins de ressources contre le malheur & l'indigence. En effet; les couvents de filles ne sont pas seulement le séjour de la dévotion & de l'oisiveté; ce sont des asiles contre l'oppression, ou l'humiliation : c'est là qu'on ensevelit des regrets que le monde a causés, & que le monde rappelleroit; c'est là qu'on évite la tyrannie des parens, & qu'on sacrifie la liberté de ses actions pour conserver du moins celle de son cœur. Pourquoi ne pas préparer d'autre refuge à ce ſexe ſi foible, mais ſi intéreſſant, ſi touchant dans ſa foibleſſe ! Que de malheureuſes victimes, ſur-tout dans les provinces, ſur-tout parmi la nobleſſe ! Là les filles ſont regardées comme un fardeau pour les familles : tout l'argent qu'on peut économiſer, tout ce qu'un petit domaine peut produire au delà de la ſubſiſtance de ſes poſſeſſeurs eſt employé à ſoutenir les garçons au ſervice. Ils partent ; on a payé leurs emplois, on fait leurs équipages, on les pare ; on veut qu'ils brillent dans leurs garniſons. Ils reviennent au bout de deux ans ; il faut payer leurs detres ; il faut contenter leurs caprices ; & cependant ils regnent dans la maiſon paternelle, tandis qu'on néglige, qu'on maltraite ſouvent les ſœurs infortunées, qui pour prix de leurs ſoins aſſidus n'éprouvent que des rigueurs & des reproches. Faut-il languir, vieillir dans cet eſclavage domeſtique, ou ſe condamner à une priſon perpétuelle ? Ah ! s'il arrivoit jamais qu'à la place de ces couvens qui dépeuplent les villes & les provinces, qui ne mettent pas moins d'entraves aux penſées qu'aux actions, & dont l'éducation puſillanime dérobe les individus à l'eſprit public & aux progrès de la raiſon, on élevât des aſiles auſſi purs, auſſi chaſtes, mais où la volonté reſteroit libre, où ſous une regle, ſage ſans être auſtere, on pourroit paſſer à ſon choix les premieres ou les dernieres années de ſa vie, ou même ſa vie entiere ; quel ſervice ne rendroit-on pas à l'humanité, quels progrès rapides ne feroit-on pas vers la félicité publique ? Ce ne ſeroit ni la liberté des chapitres d'Allemagne, ni l'eſclavage de nos couvents : ce ſeroit l'ordre ſans gêne, la décence ſans la ſottiſe, l'obéiſſance ſans l'humiliation. Ainſi, en ne négligeant aucune claſſe de citoyens, de quelque ſexe qu'ils ſoient, on parviendroit à remplir le grand objet du gouvernement, qui eſt bien plus encore d'avoir une Population heureuſe qu'une Population nombreuſe.

Une choſe bien importante, c'eſt d'établir l'équilibre dans cette Population ; c'eſt d'empêcher que la différence des loix locales n'attire trop les hommes dans certains endroits pour les repouſſer dans d'autres. Le gouvernement a déjà beaucoup fait pour les campagnes, en encourageant l'agriculture, par les exemptions accordées aux défrichemens, par la liberté qu'on a rendu à la circulation, à l'exportation des grains & des autres denrées. Quand les privileges excluſifs ſeront abolis, quand l'arbitraire ſera banni des impoſitions, quand le crédit public aura redoublé la circulation, & que les capitaux ſe reverſeront dans les campagnes & dans les provinces, nul doute que la France ne ſoit le royaume le plus peuplé de l'Europe, comme il eſt effectivement le plus riche & le plus puiſſant.

Nous terminerons nos conſidérations ſur la Population actuelle de l'Europe par l'Angleterre ; mais nous avouerons en même-temps que cette nation ſi éclairée, ſi occupée des ſpéculations politiques, en eſt encore au même point où nous étions il y a quelques années, c'eſt-à-dire, qu'elle n'a aucune notion fixe sur sa population. Là, comme ici, on trouve des gens qui assurent hardiment qu'elle est fort diminuée depuis la reine Elisabeth : d'autres établissent, par des raisons beaucoup plus plausibles, à la vérité, qu'elle est fort augmentée. En 1682, sir William Petty lui donnoit 7,400,000 habitans ; en 1692, Davenant n'en comptoit que 7,000,000. Wallace & Templeman en supposent 8,000,000 : d'autres, tels que le docteur Price & M. Smith, ne lui en donnent que de cinq à six millions. Malheureusement les Anglois n'ont d'autres élémens pour leur calcul que le nombre des maisons. On le faisoit monter à 1,300,000, à peu près à la fin du dernier siecle. Quelques auteurs prétendent qu'il est diminué de près d'un quart ; mais comme on ne peut consulter que les registres de ceux qui levent la taxe sur les fenêtres, il est difficile de former aucun résultat, parce qu'ils négligent d'insérer toutes les maisons ou cabanes des pauvres gens, qui ne payent pas la taxe. D'ailleurs, quand on connoîtroit le nombre des maisons, il faudroit encore arbitrer celui des personnes qui habitent dans chaque maison. Nous nous bornerons donc à dire que la nation Angloise ayant toujours prospéré depuis un siecle, le commerce s'étant multiplié, la culture ayant augmenté, ainsi que le prix des terres & celui des salaires, il y a tout lieu de croire que la Population est augmentée en même proportion, & que lorsqu'on viendra à faire des dénombremens exacts, les frondeurs qui crient à la dépopulation, se trouveront tous aussi loin de leur compte qu'en France & en beaucoup d'autres pays.

§. III.

EXAMEN DE CETTE QUESTION :

La Population est-elle un indice certain de la force d'un Etat ?

Je ne doute pas que bien des gens ne se décident pour l'affirmative, & cette opinion paroît dériver naturellement des principes que nous avons établis jusqu'ici. Mais il en est un important, qui est plus connu que suivi dans ce siecle disert, c'est qu'on ne connoît bien les vérités qu'en connoissant leurs limites. Il est généralement vrai que la Population est la preuve de la prospérité & de la force d'une nation, parce qu'il est généralement vrai que l'agriculture, le commerce & la bonne législation multiplient le nombre des hommes réciproquement. Mais la Population n'a-t-elle pas quelquefois des causes physiques qui peuvent prévaloir sur les causes morales ? N'existe-t-il pas des pays plus favorables à la propagation de l'espece ; & la proportion du nombre des hommes à la félicité dont ils jouissent est-elle toujours égale ? Les faits suffisent seuls pour nous décider : car si dans cette ſuppoſition il paroît encore fort difficile de trouver des contrées toutes couvertes d'habitans, il ne le ſeroit pas du moins d'en trouver qui fuſſent totalement déſertes. Les côtes de l'Afrique, l'empire Ottoman, & même celui des czars ne nous en offriroient que trop d'exemples. Mais pour nous diſpenſer de les aller chercher ſi loin, nous pouvons citer pluſieurs petits Etats d'Allemagne, ſans commerce & ſans induſtrie, gouvernés aſſez tyranniquement, & perpétuellement opprimés par la préſence d'un petit ſouverain, qui le plus ſouvent ne devant ſon domaine qu'à une dignité eccléſiaſtique, ſe hâte de dévorer une propriété précaire qu'il ne peut faire paſſer à ſa poſtérité. Eh bien! dans ces petits Etats, les peuples ſe multiplient; les mariages ne ſont pas heureux, mais ils ſont communs : les ménages ne ſont pas riches, mais ils ſont féconds, & l'eſpece humaine ſe ſoutient toujours.

On ne peut ſe diſſimuler qu'il exiſte en France des provinces très-miſérables. Il en eſt qui juſqu'ici paroiſſent avoir été oubliées du gouvernement, excepté dans la répartition des impôts. Il y a quelques années que le Berry & le Limoſin n'avoient ni chemins ni commerce, & gémiſſoient pourtant ſous le poids de leurs impoſitions, d'autant plus onéreuſes que dans ces pays d'élection la taille eſt arbitraire. L'Etat recueilloit où il n'avoit point ſemé. J'avoue que ces provinces ne ſont pas les plus peuplées du royaume; mais elles ſont loin d'être déſertes, & certainement les hommes s'y trouvent dans une proportion qui excede de beaucoup celle de leur aiſance. C'eſt que nous ne connoiſſons pas toutes les reſſources de la nature. C'eſt qu'elle eſt capable d'efforts que nous ne pouvons pas apprécier; & voilà la raiſon par laquelle on ſe trompe toujours dans les principes trop généraux, ou plutôt dans les conſéquences qu'on en tire.

Les ſubſiſtances ſont les meſures de la population. Si la quantité de ſubſiſtance diminue, le nombre des hommes doit diminuer en même proportion. Il doit diminuer, ſans doute. En même proportion? C'eſt une autre affaire, ou du moins ce n'eſt qu'au bout d'un très-long temps que cette proportion ſe trouve juſte. Les dégradations dans l'ordre politique reſſemblent aſſez à laréceſſion des marées; le flot en fuyant revient toujours ſur ſes pas; il faut le bien obſerver pour juger qu'il rétrograde. Avant que la vie des hommes s'abrege, que les ſources même de la vie s'alterent, il faut que la miſere ait abattu les forces & multiplié les maladies. Lorſqu'elle s'empare d'une contrée, lorſque les ſubſiſtances diminuent d'une certaine quantité, d'un ſixieme, par exemple, il n'arrive pas qu'un ſixieme des habitans meure de faim ou s'exile; mais ces infortunés conſomment, en général, un ſixieme de moins, & ainſi de ſuite. Malheureuſement pour eux, la deſtruction ne ſuit pas toujours la miſere; & la nature, plus économe que les tyrans, ſait encore mieux à combien peu de frais les hommes peuvent ſubſiſter. Ils pourront encore être nombreux, mais ils seront foibles & malheureux, toutes les fois qu'une année de travail ne fournira à chaque homme qu'une subsistance pénible pour lui & pour sa famille, ou que l'exaction lui enlevera journellement le petit excédent dont il pourroit se former un capital, un moyen de perfectionner sa culture & d'améliorer son sort; & c'est alors qu'en prenant peu on enleve beaucoup. Je dis donc qu'une pareille contrée peut être peuplée sans être forte ni redoutable : je dis qu'en cas de guerre, on a peu de ressources à en attendre, & qu'elle pourroit être soumise aisément par un peuple moins nombreux.

Au contraire, s'il existe une nation, qui sans être très-nombreuse, possede une grande quantité de terres bien cultivées; si cette nation augmente journellement son agriculture & son commerce, sans que sa population augmente en pareille proportion; enfin, si elle fait naître plus de subsistance, sans nourrir plus d'habitans, je dis : il faut que cette nation consomme spécifiquement plus que les autres; il faut que le tarif de la vie humaine y soit plus haut, & c'est-là l'indice le plus certain de la félicité des hommes.

Tel est le cas où se trouve l'*Angleterre*. Comparez état à état, classe à classe, profession à profession; vous trouverez que la subsistance de l'Anglois est toujours évaluée à un taux plus haut que celle d'un François ou d'un Allemand. Je n'en excepte pas même les pauvres, auxquels on ne refuse dans les hôpitaux aucune de ces consommations que nous regarderions comme une espece de luxe, telles que la biere, le thé, le pain blanc, *&c.* Aussi ce peuple est-il plus robuste, plus actif, & sur-tout meilleur ouvrier que les autres. Car il faut bien se rappeller cette vérité démontrée par l'expérience, c'est que le haut prix des salaires n'est pas si contraire au commerce que bien des gens se le figurent : la raison en est que l'homme qui consomme le plus est celui qui travaille le mieux. Un officier Anglois, chargé de la construction de quelques retranchemens, avoit partagé l'ouvrage entre des Anglois & des Écossois : il payoit la journée des premiers le double de celle des autres. Les Écossois se plaignirent; il mit les ouvriers à la tâche, en égalisant les prix, & ceux-ci y perdirent encore plus. Je ne parle pas ici de quelques salaires extravagans qu'on paye dans la ville de Londres; parce que toute ville trop considérable renverse toujours les loix de la raison & de la politique; parce que dans une capitale où toutes les classes font corps, & où tous les corps peuvent se faire craindre, le commerce, la police & le sens commun sont également exposés. Mais je me suis assuré par moi-même que dans les campagnes de l'Angleterre, les salaires sont dans une proportion entre eux, & que généralement les hommes y consomment plus qu'ailleurs.

Ce que j'ai dit des consommations doit s'entendre de toutes les commodités de la vie. Les paysans, les journaliers sont tous bien vêtus. On ne connoît pas là l'usage d'acheter des vieux habits de livrée, comme dans certains pays; où lorsque vous entrez le dimanche dans une église, vous croyez voir, au lieu d'une assemblée de paysans, un ramas de domestiques mal entretenus. Le feu de charbon est, à la vérité, beaucoup moins cher que celui que l'on fait avec le bois; mais le feu est regardé en Angleterre comme de premiere nécessité, & toutes maisons sont échauffées avec soin, quoiqu'il y ait par-tout des portes & des fenêtres bien fermantes & bien entretenues, qui défendent des injures de l'air.

Tels sont les véritables avantages de ce peuple, lesquels réunis à la sureté de leurs propriétés & au privilege inestimable de ne dépendre que de la loi, le rendroient le plus heureux de la terre, si son climat, ses anciennes mœurs & ses fréquentes révolutions ne l'avoient pas tourné au mécontentement & à la mélancolie; mais ces considérations ne sont point de notre sujet. Nous venons de voir qu'une nation peut augmenter son commerce & sa culture dans une beaucoup plus grande proportion que sa Population; il nous reste à examiner si c'est un inconvénient pour elle, & si elle en sera moins puissante pour cela.

Tâchons de simplifier la question, & supposons, comme nous l'avons fait au commencement de cet article, que le travail d'une nation est partagé entre tous les individus: imaginons encore deux cités; supposons dans l'une six mille habitans, & dans l'autre quatre mille : je soutiens que si les premiers sont dans une telle situation qu'ils soient obligés de travailler toute l'année pour se procurer une subsistance modique, & que les autres puissent produire avec le même travail une quantité de subsistances spécifiquement plus considérable, ou bien avec un travail beaucoup moins pénible une subsistance égale, ceux-ci seront les plus forts, comme les plus heureux; de façon que dans le cas où la guerre s'éleveroit entre les deux cités, ils seroient nécessairement victorieux.

Allons plus loin, & voyons comme les choses doivent se passer. Le peuple le *moins nombreux*, *mais le plus riche*, se *résout* à *mettre des troupes* en campagne. Je suppose qu'il arme mille hommes. Voilà le quart du peuple qui ne travaille plus : il faut donc qu'il arrive de deux choses l'une, ou que le pays, fournissant le quart moins de subsistance, les cultivateurs se privent journellement d'une partie de leurs consommations pour faire vivre leurs soldats, ou qu'ils augmentent leur travail pour suppléer à celui que ces derniers ont été contraints d'abandonner. Mais chez un pareil peuple, ces deux ressources sont également possibles. Nous observerons seulement que cette alternative n'existe guere, les deux efforts se faisant conjointement, de façon que la partie laborieuse travaille un peu plus, & consomme un peu moins, & c'est-là ce qui soutient tous les Etats pendant la guerre.

Examinons maintenant ce qui se passe chez l'autre peuple. Il mettra aussi mille hommes sur pied; car dans les premieres campagnes les armées sont ordinairement égales, & de part & d'autre on calcule plus ses espérances que ses moyens. L'embarras est de savoir comme on soutiendra cette petite armée. Les cinq mille hommes qui resteront, travailleront-ils davantage? mais à peine leur travail excessif suffisoit-il à leur consommation? consommeront-ils moins? mais à peine leur consommation suffisoit-elle à leur subsistance : dans cet état de crise & de souffrance comment entretenir une armée, l'approvisionner, la recruter? Il paroît donc démontré, qu'outre le désavantage qu'auront toujours mille soldats foibles & languissans contre un pareil nombre d'hommes forts & vigoureux, la seule différence des moyens & des efforts décidera la ruine de ce peuple plus nombreux, mais aussi plus misérable que l'autre.

On m'objectera peut-être que ceci n'est qu'une hypothese, & que je me donne la liberté d'y pousser les choses à l'extrême. J'en conviendrai; oui, j'ai pris les choses à la rigueur, & je les ai poussées à l'extrême; mais c'est pour mettre la question dans tout son jour. Maintenant ajoutez, diminuez, marquez les nuances intermédiaires; mais avouez du moins que le principe est vrai, & que tous les événemens que l'histoire nous présente, s'y rapportent plus ou moins. Que seroit-ce si la nation la moins peuplée avoit un plus grand capital en argent monnoyé? Que seroit-ce si, en supposant toutes les choses vénales, comme les hommes même le sont de nos jours, tous les efforts de la guerre consistoient en dépenses? Certainement mon principe, loin de perdre dans l'application, en recevroit un nouveau jour, & paroîtroit sans réplique.

Je prévois cependant une autre objection, & je vais me hâter d'y répondre, avant de terminer ce paragraphe. Vous parlez, dira-t-on, de l'argent monnoyé comme d'une ressource, comme d'un capital, & cependant il paroît que dans les guerres les plus dispendieuses, le dépérissement du travail, de la Population & de l'agriculture, précedent toujours l'exportation ou l'aliénation entiere de ce capital. Telle guerre a ruiné un pays qui n'en a pas fait sortir le quart de son numéraire. Je prendrai la liberté de ne répondre à cette objection que par l'exposition d'une théorie que je crois aussi vraie qu'elle est simple.

Toutes les denrées étant vénales; & le commerce intérieur, qui n'est qu'un troc perpétuel, pouvant se faire par échange, ou avec plus ou moins de signes représentatifs, il seroit naturel de regarder tout l'argent monnoyé qui existe dans un Etat, comme une créance sur un surplus de travail ou de production à prendre sur l'étranger; de façon qu'une nation qui auroit une réproduction annuelle de six cents millions, & qui posséderoit deux cents millions d'argent comptant, pourroit se figurer qu'elle a pour huit cents millions de subsistances à sa disposition : mais comme il est arrivé très-antérieurement que tous les échanges se sont faits par l'argent, que sans argent les déplacemens de fonds, les transports, les trocs, les payemens ne pourroient avoir lieu; il s'ensuit qu'il est devenu impossible de disposer de l'argent comme capital, sans détourner, dans une bien plus grande proportion de ses fonctions, l'argent général du commerce. Dans le corps humain une saignée dégage également tous les vaisseaux; il n'en est pas de même dans le corps politique: tout s'y fait par convulsion, & vous ne pouvez en changer l'économie, sans y jeter le désordre & la confusion. C'est ainsi que les impôts attaquent les propriétés, & ruinent les provinces; c'est ainsi que les emprunts & les affaires extraordinaires bouleversent les fortunes, & interrompent le commerce. Telle est encore la raison pour laquelle les nations se ruinent, bien plus par la mauvaise administration que par la guerre. De tout cela il résulte que dans l'état présent des sociétés politiques, l'argent monnoyé peut bien être regardé comme un capital qui représente des denrées ou des maind'œuvres étrangeres; mais qu'en même temps c'est un capital qui n'est point disponible; qu'il ne peut être rassemblé & employé qu'en très-petite partie: enfin, qu'une nation vraiment puissante est celle qui consommant spécifiquement plus, ou travaillant spécifiquement moins qu'une autre, peut dans un temps de crise trouver une épargne dans ses subsistances, ou une augmentation dans son travail.

§. IV.

Conjectures sur la Population des différentes parties du monde.

Il est difficile de donner des calculs exacts de la Population des différentes parties du monde, mais on sera bien aise de trouver ici les opinions les plus vraisemblables & les plus accréditées sur cette Population. M. le baron de Bielfeld dans ses *Institutions politiques* (1760 pag. 508) estime que l'Asie contient 500 millions d'habitans, les trois autres parties du monde chacune 150, ce qui fait pour toute la surface de la terre 950 millions d'habitans. Il en compte 8 millions dans la Grande-Bretagne, 20 en France, 10 dans le Portugal & l'Espagne, 8 en Italie, 30 dans l'Allemagne, la Suisse & les Pays-Bas, 6 dans le Danemarc, la Suede & la Norwege, 18 en Russie, & 50 dans la Turquie d'Europe; le total fait 150. D'autres auteurs donnent à l'Italie 20 millions; mais suivant des personnes très-instruites que j'ai consultées à ce sujet, il y en a de 13 à 14 millions. On en donne à la France 22, à la Russie 17, à la Suede 2½, au Danemarc 2¼, à l'Espagne 6½, au Portugal 2½, à la Hollande 16 cents mille, à la Chine seule 60 millions: sur la Population de l'Allemagne on peut voir le livre de M. Sussmilch, imprimé à Berlin & intitulé *Gottliche Ordnang*, &c., c'est-à-dire, l'Ordre de la vie dans les changemens du genre humain. On peut consulter aussi

aussi pour la Population, les livres dont nous parlerons à la fin de cet article.

Voici le relevé que j'ai fait dans divers auteurs, & dans le cours de mes voyages, du nombre d'habitans qu'on attribue à différentes villes; mais comme il n'y en a presque point où l'on ait fait des dénombremens exacts tête par tête, on ne peut regarder la plupart de ces évaluations que comme une estime souvent défectueuse, & presque toujours enflée par les habitans d'un pays.

Ville	Habitans
Amsterdam,	212 mille
Augsbourg,	36
Avignon,	24
Bastia,	10
Bergame,	90
Berlin,	126
Bologne,	68
Brandebourg,	7
Brescia,	35
Breslau,	45
Brunswick,	25
Buenos-aires,	20
Chamberi,	20
Constantinople,	513
Copenhague,	77
Dantzick,	47
Dijon,	15
Dresde,	60
Erfort,	15
Ferrare,	33
Florence,	65
Francfort-en-Mein.	33
Genes,	150
Geneve,	25
Gotha,	11
Goude,	17
La Haye,	36 mille
Hambourg,	56
Hanovre,	13
Harlem,	40
Kœnigsberg,	56
Leyde,	50
Leipsick,	36
Livourne,	
Lisbonne,	160
Londres,	530
Lucques,	20
Lyon,	115
Madrid,	80
Mantoue,	16
Magdebourg,	18
Messine,	25
Metz,	30
Mexico,	300
Marseille,	80
Milan,	100
Moscow,	120
Munick,	25
Nantes,	100
Naples,	272
Nimes,	40
Nuremberg,	40
Padoue,	40
Palerme,	200
Paris,	589 mille
Parme,	30
Pavie,	30
Pekin,	4 millions
Pétersbourg,	80 mille
Pise,	14
Prague,	83
Raguse,	8
Riga,	20
Rio-janeiro,	50
Rome,	150
Roterdam,	56
Rouen,	70
Stockholm,	75
Stutggard,	17
Tortone,	8
Toulon,	30
Toulouse,	80
Turin,	70
Varsovie,	60
Venise,	100
Vérone,	45
Versailles,	80
Vienne,	125
Vittemberg,	7
Wesel,	7
Zurick,	8

La Population des différentes provinces de France a été calculée par M. l'abbé Expilly, dans son grand dictionnaire de la France, de la maniere suivante :

DÉPENDANCES

D'Alençon,	578,858	De Limoges,	508,793
D'Alsace,	398,650	De Lorraine & Barrois,	641,700
D'Amiens,	482,165	De Lyon,	552,800
De l'Artois,	236,134	De Metz,	320,850
D'Auch,	46,039	De Montauban,	653,965
D'Auvergne,	615,100	De Moulins,	466,580
De Bayonne,	464,746	D'Orléans,	752,170
De Bordeaux,	1,345,104	De Paris,	943,515
De Bourges,	337,058	De Perpignan,	179,450
De Bourgogne,	1,010,079	De Poitiers,	720,045
De Bretagne,	1,110,000	De Provence,	692,293
De Caen,	703,727	De la Rochelle,	478,849
De Châlons en Champagne,	704,650	De Rouen,	747,956
De Dauphiné,	638,175	De Soissons,	416,641
De Flandres,	366,848	De Tours,	1,327,581
De Franche-Comté,	654,425	De la Dombes,	28,425
De Haynaut-Cambresis,	125,936	Du comtat d'Avignon,	211,375
De Languedoc,	1,631,475	Ville de Paris,	600,000

Total pour la France, 22,014,357 habitans, dont 10,562,631 mâles & 11,451,726 femelles.

On connoît par les registres publics le nombre des naissances, année commune ; on pourroit en conclure le nombre des habitans, si l'on connoissoit bien le rapport entre ces deux nombres. M. Halley pensoit qu'il falloit multiplier les naissances par 42, M. Kerseboom par 35, M. Messance par 28 dans les grandes villes, & par 24 dans les provinces, M. Simpson par 26. Ce nombre varie, sans doute, d'un pays à l'autre & même dans un seul pays ; c'est ce qu'il importeroit de savoir, pour juger de ce qui est favorable ou contraire à la Population. Il faudroit avoir pour cela des dénombremens tête par tête de tous les habitans d'une paroisse ; mais les inquiétudes du peuple sur la moindre opération du gouvernement, rend ces dénombremens suspects, & dès-lors impossibles ; les curés sont peut-être les seuls qui puissent exécuter avec exactitude de pareilles opérations, mais ils partagent eux-mêmes les inquiétudes de leurs paroissiens, ne connoissant pas l'utilité réelle de ces calculs pour le bien de l'humanité.

Il y a à Paris, année commune, 4350 mariages, 23,391 naissances, 18,672 morts, par un milieu pris entre les années 1745 & 1756 ; mais comme la plupart des enfans qui y naissent n'y meurent pas, il est fort difficile d'en conclure le nombre des habitans de Paris.

M. Messance sur un nombre de 19,623 habitans comptés tête par tête, dans 26 petites villes ou bourgs du Lyonnois, a trouvé 826 naissances environ $\frac{1}{24}$, 177 mariages & $\frac{1}{111}$, 4120 familles, ce qui fait $4\frac{3}{4}$ personnes pour chaque famille. Il a trouvé la Population augmentée en 62 ans de plus d'un onzieme dans le total de 128 paroisses, dont M. de la Michaudiere, alors intendant de Lyon, fit faire le relevé. Il a trouvé la durée moyenne de la vie de 25 à 26 ans : les mois de juillet, mai, juin, août lui paroissent les plus favorables à la conception, les mois qui le sont le moins, sont d'abord novembre, ensuite mars, avril & octobre.

On peut voir sur la Population & la mortalité Kerseboom, *Essai de calcul politique*, en Hollandois, à La Haye, 1748. Les Recherches de M. Messance sur la Population de quelques villes de France, Paris, 1766. Le Dictionnaire de M. l'abbé Expilly, pour ce qui concerne la France. M. Halley dans les transactions philosophiques ; les *Miscellanea curiosa* ; l'ouvrage intitulé : *Essay to estimate the chances of the duration of lives.* Le second volume du Recueil de différens traités de physique, par M. Deslandes, Paris, 1748 ; l'Analyse des jeux de hasard, par M. de Montmont, édition de 1714 ; l'Arithmétique politique du chevalier Petty ; le volume de la Collection académique, où sont les Mémoires de Stockholm ; l'ouvrage du major Gruunt ; l'Essai sur les probabilités de la vie humaine, par M. Deparcieux ; M. Simpson dans son Traité Anglois sur les annuités ; M. Maitland dans les *Transactions philosophiques de 1738*, & l'*Histoire naturelle* de M. de Buffon, où il y a une table de la durée de la vie humaine ou de l'espérance de vivre qui reste à chaque âge. (M. DE LA LANDE.)

§. V.

Des moyens d'entretenir & d'augmenter la Population dans un Etat.

POUR bien entretenir la société, le premier soin doit être celui d'augmenter & de conserver le nombre de ceux qui la composent. La vraie force de l'Etat consiste dans la multitude des habitans, & la politique nous enseigne les mesures qu'il faut prendre pour parvenir à ce but. Le premier moyen, & le plus naturel, est l'encouragement des mariages. Mahomet, à l'imitation de quelques législateurs anciens, donna dans une grande absurdité, en introduisant la polygamie, dans le dessein de peupler davantage sa nouvelle monarchie. Mille raisons devoient le convaincre de l'erreur de cette opinion. Il ne réfléchissoit pas que l'expérience de tous les siecles confirme qu'il naît, par année commune, dans tous les pays du monde, un nombre presque égal d'enfans mâles & femelles. Ce principe indubitable posé, que prétendoit-il avec sa polygamie ? En donnant trois, quatre, dix femmes à un homme (femmes encore auxquelles, par des raisons physiques, il devoit supposer un grand don de continence,) il ne prévoyoit pas qu'il laissoit trois, quatre, dix hommes sans femmes? Le beau moyen pour augmenter la peuplade! L'expérience a fait connoître que les habitans ne se multiplient nulle part davantage que dans les pays où la religion chrétienne a introduit le mariage d'un homme & d'une seule femme. En France, où la politique est si bien entendue, on a introduit récemment l'usage de doter tous les ans un certain nombre de pauvres filles pour leur faire trouver des époux. Cette institution est admirable, & ce n'est pas sans fondement que le gouvernement suppose dans ces jeunes personnes toute la bonne foi & toute la bonne volonté, pour mériter le bienfait que l'Etat leur accorde.

Que le mariage soit réputé sacrement, comme dans la religion catholique, ou contrat civil, autorisé de Dieu & confirmé par l'église, comme chez les protestans, peu importe à la politique; mais elle demande que ce lien soit indissoluble pour des causes frivoles. Chaque divorce devient un mal pour le corps politique de l'Etat, parce qu'il nuit à la Population réguliere, & qu'il importe à la société de voir naître beaucoup d'enfans des mariages légitimes. Les consistoires ou les tribunaux de justice, ne doivent donc point conniver à la séparation de deux époux qui n'ont qu'un caprice passager, quelque altercation ou leur légéreté, à alléguer pour motif d'une démarche aussi sérieuse & aussi importante. Mais, lorsqu'il se trouve dans ces époux une incompatibilité parfaite & constante d'humeurs, d'inclinations & de mœurs; une antipathie, une aversion décidée, une infidélité prouvée, une impuissance visible dans un des conjoints à concourir au premier but de l'hymen, le lien du mariage doit-il être plus fort que la nature? Tout ne doit-il pas céder à celle-ci? Ou faut-il occasionner mille malheurs, mille troubles, mille désordres dans la société, en s'opiniâtrant à vouloir que deux personnes, qui font leur malheur mutuel, qui ont sans cesse la rage & le désespoir dans le cœur, demeurent unies?

On ne parlera pas de la licence effrénée pour la débauche & la luxure, que quelques législateurs ont regardée comme un moyen propre à la Population. Un pareil désordre universel seroit également scandaleux & funeste à la société; il mettroit la plus grande confusion dans les successions & dans la propriété des biens & des noms, il abymeroit le peuple par des maladies honteuses, il peupleroit l'Etat de mauvais sujets, sans éducation, sans mœurs & sans santé. On ne sauroit que détourner ses yeux d'une licence qui deviendroit dégoûtante. Mais, comme le souverain ne commande pas à une république platonicienne, qu'un pays n'est pas tout habité par des Catons, que le penchant naturel de l'homme à l'incontinence est presque invincible, le souverain doit témoigner de l'indulgence pour la foiblesse humaine, ne pas punir une faute, si pardonnable, avec trop de sévérité, se bien garder d'y attacher la moindre flétrissure, & sur-tout ne pas priver la société d'un bon sujet pour un crime aussi naturel & aussi léger. On a remarqué, d'ailleurs, que le péché charnel est le véritable fruit défendu, qui n'a fait nulle part de si grands progrès que dans les pays où il a été le plus sévérement puni. Il y a en Allemagne une petite république, qui suit, sur cet objet, des loix ridiculement rigoureuses, & qui cependant fourmille de mauvais lieux. Les juges y font un moyen d'acquérir, une espece de trafic, du libertinage de la jeunesse. Un prince sage, un sénat éclairé, en agit différemment; il réprime les excès, il pese les circonstances qui accompagnent la faute, il en tire même un avantage pour le public, en établissant une maison d'enfans trouvés, où des meres qui ont fait un faux pas, peuvent, sans être reconnues, placer le fruit de leur amour, où l'on épargne bien souvent la mort à un enfant, & le crime le plus horrible à celle qui lui a donné le jour, où ces enfans illégitimes sont élevés de maniere à pouvoir devenir des membres utiles à la société. Il n'y a guere d'établissement plus nécessaire & plus humain. On peut prendre pour modele le plan de la maison des enfans trouvés de Paris, en variant les arrangemens sur la situation de chaque ville.

La maxime d'attirer des colonies, & de leur procurer un établissement, sert encore à peupler l'Etat. On trouve toujours dans le monde quelque souverain insensé, qui, pour cause de religion, ou par des vices de gouvernement, chasse les sujets de ses Etats. L'habile politique profite de cette faute énorme, & tâche d'enrichir son pays de ces colonistes. Quand même ces gens-là ne seroient pas riches, peu importe, pourvu que ce ne soient pas des vagabonds sans aveu & sans industrie. Mais il faut bien prendre garde, en attirant ces familles émigrantes, de leur fournir d'abord les moyens d'exercer leur industrie, & de ne pas les exposer à devenir fainéants, misérables, criminels par nécessité. Ils doivent trouver leurs établissemens tout prêts, & ne pas attendre. S'ils sont destinés à cultiver des terres, leurs habitations doivent être bâties, & fournies des ustensiles nécessaires pour la culture. Veut-on les employer aux manufactures, il faut que leur logement & les matériaux pour leurs fabriques soient tout préparé. Bien des sages politiques ont péché par cet endroit. Il faut encore beaucoup de discernement à bien employer la main de ces colonistes. Il est ridicule, par exemple, de prétendre qu'un perruquier, qu'un tailleur, ou qu'un autre artisan fasse bien valoir des terres, & qui plus est, qu'il défriche un terroir encore inculte. Fournissez dans un Etat les moyens d'acquérir, vous trouverez toujours des hommes prêts à s'en saisir.

Le même principe politique, qui engage à attirer des colonies étrangeres dans l'Etat, défend d'en envoyer au dehors, même dans des pays lointains, mais appartenans à la métropole. Il est évident que la masse totale des habitans est affoiblie par cette exportation. L'Espagne a commis à cet égard des fautes insignes, impardonnables, & dont elle se ressentira jusqu'à la fin des siecles. Elle commença par expulser les Maures dont les descendans, au bout de trois générations, auroient été Espagnols, pour peu qu'on s'y fût bien pris. Cette perte de plusieurs millions de sujets fut le premier échec donné à la population. La découverte de l'Amérique lui donna le second. L'avidité de l'or & de l'argent fit sortir des ports d'Espagne des colonies innombrables de citoyens qui formoient pour la métropole de bien plus grands trésors que les métaux qu'ils alloient chercher si loin. Ajoutez à cette double imprudence le faux zele pour la religion, la tolérance du gouvernement d'Espagne pour un nombre excessif de monasteres & de couvens de l'un & l'autre sexe, sa complaisance pour toutes les horreurs de l'inquisition, la mauvaise administration de la justice civile & criminelle, la forme abominable des procédures, les iniquités atroces & les violences que commettent les magistrats, & vous ne serez plus étonné de voir ce beau pays dénué d'habitans, être foible au sein des richesses, & posséder les Indes pour d'autres nations. Il est vrai que l'*assiento*, ou la traite des negres d'Afrique, que d'autres nations transportent aujourd'hui en Amérique, pour y travailler dans les mines, a été depuis un correctif à cette premiere faute; mais le mal étoit fait, & ces sortes de maux ne se réparent point. Je conviens que la France, l'Angleterre & d'autres puissances envoient également une partie de leurs sujets dans leurs possessions aux indes; mais c'est avec plus de sobriété, avec de bien meilleures précautions. Elles y transportent des matelots, des soldats, des colonistes de toutes les nations du monde; & il n'y a dans leurs colonies que le nombre de bons sujets naturels de la métropole qu'il faut précisément pour soutenir l'établissement; & si ceux-ci peuplent aux indes, elles en font toujours revenir un certain nombre en Europe. Ce sont là des maximes que toutes les puissances, qui ont des possessions dans les autres parties du monde, doivent imiter.

Mais ce n'est pas le tout d'augmenter le nombre des habitans, il faut penser très-sérieusement à la conservation de ceux qu'on a. C'est pour cet effet que tous les législateurs ont décrété des peines de mort si rigoureuses, accompagnées de tout l'appareil qui peut les rendre effroyables, contre les meurtriers & les assassins. C'est pour la même raison qu'on punit encore, après sa mort, un homme qui s'est tué lui-même, en flétrissant sa mémoire, en le faisant trainer sur la claie, qui est le seul moyen de punir un mort & d'effrayer les vivans. Tous ces usages ont leur raison fondée en bonne politique, & l'on peut voir par-là que les gouvernemens modernes agissent sur des principes bien plus sages que les anciens qui attachoient fort mal-à-propos, je ne sais quelle gloire au suicide, tandis que nous y attachons l'infamie. Mais, comme rien n'est parfait dans le monde, il faut avouer, à la honte du siecle, qu'il regne encore en Europe une fureur qui tient de la barbarie, & que les souverains regardent avec trop de complaisance. C'est la manie ridicule des duels. Cette fureur est bien grande en

France; & je ne crois pas exagérer, si je suppose que, dans toute l'étendue de ce royaume, il y a chaque jour cinquante citoyens qui ont les armes à la main contre cinquante autres citoyens. Après la destruction de Jérusalem, Titus, pour exterminer totalement la nation juive, ne trouva pas d'expédient plus propre que de faire combattre un certain nombre d'Hébreux captifs, contre d'autres (*a*). Nous frémissons encore aujourd'hui de cette cruauté; mais nous tolérons de sang-froid que cinquante François s'égorgent par jour. Nous avons, à la vérité, des loix très-rigoureuses contre les duels, mais nous ne les exécutons presque jamais, nous les éludons par des lettres de grace, de pardons, & par l'estime tacite & publique que nous accordons aux transgresseurs de ces loix. Un officier qui aura voulu suivre les ordres de son souverain, qui aura refusé de se battre, ne peut plus servir; on lui donne son congé; & s'il se bat, la loi le condamne à la mort : étrange contradiction, qui est très-dangereuse en politique! Quoi? Le législateur donne une loi, & vous dit tacitement qu'il ne veut pas être obéi! On objecte, mais que deviendra le point d'honneur? Quel moyen trouver pour empêcher ces combats singuliers, puisque la double crainte de la mort ne les empêche point? Quel expédient imaginer pour prévenir les affronts? Je réponds, c'est un faux point d'honneur, que de tuer son concitoyen pour un mot ou un geste. C'est une fausse bravoure, une ressource de bretteur, souvent même d'un adroit poltron, que l'escrime. En Russie, l'usage des duels est aboli. Nos officiers qui ont servi dans l'armée Moscovite, y ont vu des officiers Russes souffrir un affront, s'en plaindre à leur général, & le lendemain monter à l'assaut, attaquer, terrasser l'ennemi avec la plus grande & la plus belle valeur. Vous voulez savoir un moyen pour prévenir les duels? Si c'est bien votre sérieuse intention, ne les punissez pas de mort, mais par l'infamie. Cassez un officier, qui se sera battu, à la tête du régiment, avec un appareil flétrissant & ignominieux; faites-lui traîner sa honte, & vous verrez que quelques exemples de sévérité retiendront mille autres dans leur devoir. Etablissez un conseil militaire de maréchaux, généraux, & autres officiers, pour juger des injures, des affronts, des affaires d'honneur; & faites punir, avec la derniere rigueur, un querelleur, un homme qui en aura insulté un autre; la vie de vos premiers sujets sera bientôt en sureté.

La misere est fort destructive pour l'espece humaine. C'est la source de la trop grande continence des sujets mariés, des émigrations, des maladies épidémiques, de la crapule, des vols, & de quantité d'autres maux qui désolent, qui dépeuplent l'Etat. Il faut donc tâcher de procurer de quoi vivre à tous les sujets avant même de penser à rendre sa nation opulente, c'est ce que nous avons examiné ailleurs. Mais comme, malgré

(*a*) Voyez Joseph, *histoire des Juifs.*

toutes les précautions imaginables, on ne sauroit prévenir qu'il n'y ait des pauvres dans l'Etat, que les pays les plus opulens, comme l'Angleterre & la Hollande, n'en sont pas exempts, voici les soulagemens que le souverain peut & doit apporter à l'indigence.

Commençons par l'enfance, cet âge foible de l'homme, où il a si essentiellement besoin de secours. Si des parens morts ont laissé leur enfant dans la pauvreté, ou si ces parens sont réduits à la mendicité, ou s'ils sont de si grands vauriens, que l'enfant risque sa vie & ses mœurs, l'Etat doit prendre la place des parens & l'élever. Les loix de la société & l'intérêt politique lui imposent cette obligation. Il faut donc penser avant tout à la fondation d'une maison d'orphelins. Presque tous les pays de l'Europe suivent, dans l'établissement de ces maisons, des plans differens. Ceux de Hollande me paroissent approcher le plus de la perfection. Il faut commencer par bien doter une pareille maison; & elle doit devenir l'objet de la charité publique, qui ne sauroit être mieux employée. On doit y faire régner beaucoup de simplicité, mais aussi beaucoup d'ordre, & la plus grande propreté qu'il est possible d'imaginer. Les orphelins n'ont pas besoin d'être nourris délicatement; mais abondamment, & avec des alimens sains qui leur donnent un corps robuste & préviennent les maladies. On leur fait apprendre à connoître l'Être suprême & son culte, à lire, à écrire, à chiffrer. Le souverain, qui tourne tout au profit de l'Etat, va plus loin encore. Il cherche à rendre ces enfans même utiles à la société. Un pauvre orphelin, dans la regle ordinaire, n'est destiné, tout au plus, qu'à devenir un bon ouvrier. S'il se trouvoit, par hasard, quelque génie extraordinaire parmi eux, ce seroit aux directeurs de la maison, à lui ouvrir une carriere plus brillante. A l'âge de douze ans, on le place comme apprentif chez quelque artisan, où il reste quatre ou six ans, pour apprendre sa profession. Il seroit très-utile d'en mettre quelques-uns en apprentissage chez des fermiers, afin qu'ils se missent de bonne heure au fait de la théorie & de la pratique de l'économie rurale, qui est encore, je pense, susceptible d'une plus grande perfection. Jusques-là l'orphelin est entretenu aux dépens de la maison. A dix-huit ans, au plus tard, il est déclaré compagnon, & tout ce qu'il gagne alors est acquis pour la maison par maniere de rétribution: mais à l'âge de vingt-quatre ans, il est émancipé, il sort de la maison, devient un membre libre de la société, & ne travaille plus que pour lui-même. Les filles apprennent à coudre, à filer, à travailler à l'aiguille, *&c.* On peut même entreprendre des manufactures de dentelles, de broderies; des fileries de soie, d'or & d'argent dans ces maisons; & l'on a des exemples que ces établissemens ont été suivis d'un grand succès. A l'âge de treize ans, on met, pour l'ordinaire, ces filles en condition, & ce qu'elles gagnent jusqu'à vingt-un est au profit de la maison, après quoi elles sont aussi émancipées.

Les pauvres dans la république sont ceux que la foiblesse de l'enfance, la la caducité de la vieilleſſe, les maladies, les infirmités, un corps ou des membres eſtropiés, empêchent de gagner leur vie par le travail. C'eſt à l'entretien de toutes ces perſonnes infortunées que l'Etat doit pourvoir par le moyen des hôpitaux & autres établiſſemens pieux. Les hommes robuſtes ſont obligés de ſe charger de la portion de travail des infirmes. C'eſt la regle, c'eſt-là la vraie charité. La nature de cet ouvrage ne comporte point de trop grands détails; ainſi l'on ne ſauroit faire ici la deſcription de toutes les fondations charitables qui ont été faites dans les divers pays de l'Europe, ni de celles qu'on pourroit faire encore. Ce que j'exige abſolument, c'eſt qu'on ſépare les pauvres qui ne ſont qu'infirmes d'avec les femmes, les vieilles gens d'avec les enfans. Il faut des hôpitaux ſéparés pour les malades, & encore d'autres plus ſéparés pour les maladies épidémiques & contagieuſes. Ces derniers doivent néceſſairement être tranſportés hors de l'enceinte des villes. Le bon ordre demande auſſi qu'il y ait dans chaque pays des demeures où l'on enferme les fous & les inſenſés, afin qu'ils ne troublent point la ſociété, & ne puiſſent cauſer de malheurs. S'il eſt vrai que nous devions au commerce des Indes la connoiſſance d'une funeſte maladie qui punit trop cruellement la débauche ou le péché charnel, c'eſt une mauvaiſe emplette que l'Europe a été chercher ſi loin : mais quoi qu'il en ſoit, le ſouverain ne pouvant empêcher l'entrée de ce mal dans ſes Etats, il doit au moins en prévenir les funeſtes progrès, en établiſſant des infirmeries, où les maladies vénériennes ſoient traitées par d'habiles chirurgiens, & où l'homme indigent puiſſe, à peu de frais, recouvrer ſa ſanté. Ceux qui ont de pareilles fondations pieuſes & charitables à faire ou à diriger, peuvent ſe procurer fort aiſément les plans des arrangemens de l'hôpital-général, de l'hôtel-Dieu, des quinze-vingts, de l'hôtel des invalides de Paris, des hôpitaux de Chelſea, de Greenwich, de Bedlam, de Londres, de la charité de Berlin & de pluſieurs autres fameux hôpitaux, qui font tant d'honneur à l'humanité. Ce que je voudrois, dans ces ſortes d'établiſſemens, c'eſt qu'ils fuſſent plutôt faits pour l'utilité réelle de la ſociété, que pour l'oſtentation. Le grand hôtel des invalides de Paris, les hôpitaux d'Angleterre, dont je viens de parler, ſont des palais de rois, & non pas des demeures de pauvres. Je voudrois que ces bâtimens portaſſent la phyſionomie de ce qu'ils ſont, & que la dépenſe énorme, employée à l'édifice, eût été deſtinée à augmenter la dot pour l'entretien des pauvres qui l'habitent. J'admire, plus que tous les ornemens de marbre & de bronze, la ſimplicité de la maiſon des invalides que le roi de Pruſſe a fait bâtir aux portes de Berlin, & qui n'eſt décorée que par l'inſcription *Læſo & invicto militi.*

Diſtinguons bien de la véritable pauvreté, qui fait l'objet de notre charité, la mendicité vagabonde, qui doit faire l'objet de notre indignation. Rien n'eſt ſi nuiſible à l'Etat, que les mendians. Cette engeance cauſe une infinité de maux. Elle fuit le travail, elle diſtrait ceux qui s'occupent, elle séduit par exemple, elle excite à la paresse ceux qui y ont quelque penchant, elle emporte lentement beaucoup d'argent hors du pays, elle devient la cause, soit prochaine, soit éloignée, des vols, des assassinats, des incendies, *&c.* Le souverain doit défendre sévérement l'abus de réduire la mendicité en profession; & il est très-aisé de l'abolir. Il faut faire d'abord une ordonnance générale, que chaque village & chaque ville doit nourrir ses pauvres. C'est un devoir naturel de citoyen, dont l'exécution ne souffre aucune difficulté. Aux frontieres, on dresse des poteaux pour y afficher des édits séveres qui interdisent l'entrée aux mendians étrangers; & on les punit fort rigoureusement si, malgré cette défense, on en attrape. Dans chaque ville, on établit une maison de travail proportionnée à sa grandeur, où des valets de ville, payés exprès pour ramasser tous les gueux, les traînent & les y enferment. C'est-là où la main de ces mendians est utilement employée à filer la laine & le coton, à tailler des bouchons de bouteilles, à raper du bois, à préparer des drogues de teinture, & à d'autres travaux faciles à apprendre. L'expérience m'a fait connoître qu'au bout de dix ans après la fondation d'une pareille maison, elle n'a eu besoin de nourrir que quatre cents pauvres, dans une ville capitale d'ailleurs bien policée, & qui contenoit au moins cent mille habitans. L'entretien de ces quatre cents personnes coûtoit par année commune environ huit à neuf mille écus d'Allemagne, ce qui revenoit à vingt ou vingt-deux écus par tête. Ces mêmes quatre cents personnes peuvent encore gagner par le filage quatre mille écus par an sans les accabler le moins du monde. Ainsi chaque pauvre de cette espece coûte à l'Etat dix écus, pour lesquels il peut être fort honnêtement nourri, vêtu, logé, chauffé, *&c.* & cent mille citoyens ne contribuent que quatre mille écus, ou quelques liards par tête, à ce sage établissement, qui les affranchit de toutes les vexations des mendians. Mais il faut qu'une pareille maison soit sagement réglée, & que la direction en soit remise à un des premiers citoyens qui se fasse une gloire de servir si utilement l'Etat sans aucune vue d'intérêt.

Pour entretenir la société, & conserver la vie des citoyens, il faut encore établir un ou plusieurs sénats, colleges, académies, facultés ou sociétés de médecine. (*Collegia medica.*) On place ordinairement à la tête de ce corps un ministre d'Etat, ou un des premiers sénateurs dans les républiques, qui lui serve de protecteur, & dont l'autorité imprime l'obéissance & le respect. Il est composé, pour le reste, des plus habiles médecins, chirurgiens, & apothicaires de la ville, & même de tout l'Etat. Ce sénat a l'inspection sur toutes les affaires qui regardent la santé des hommes, sur les villes de province & du plat-pays, sur les communautés particulieres des chirurgiens, sur les pharmacies publiques & particulieres des apothicaires, sur les anatomies, sur les jardins botaniques, *&c.* Il juge en dernier ressort de tous les cas qui regardent l'art de guérir le corps humain. Il dresse ce qu'on appelle *l'ordonnance médicinale*, qui est le répertoire de toutes les drogues dont il est permis aux médecins de se servir dans leurs ordonnances; car c'est un grand abus de permettre que chaque charlatan ose employer dans la composition de ses recettes des drogues inconnues, & dont l'usage n'est point avéré. C'est le moyen de faire empoisonner bien des sujets. Le sénat des médecins a soin encore de faire instruire à fond les accoucheurs & les sages-femmes dans leur métier. Cette précaution est d'une nécessité absolue. On ne croiroit pas combien de femmes & d'enfans deviennent la victime de l'ignorance des prétendues sages-femmes, sur-tout à la campagne : c'est une contagion lente qui diminue l'espece humaine d'un vingtieme. La nature n'a déjà mis que trop de danger dans les accouchemens les plus heureux; & il est cruel quand la mal-adresse d'un accoucheur fait périr un homme au moment de sa naissance.

La petite vérole est une maladie si dangereuse, si épidémique & si universelle, qu'on peut l'envisager comme le plus grand de tous les maux qui affligent le genre humain. D'un autre côté, en considérant l'universalité de cette maladie par tout le globe connu, on doit croire que l'auteur de la nature a prévu, par sa sagesse infinie, la nécessité de ce mal, pour purger le sang de diverses impuretés, en prévenir la corruption, & nettoyer le corps humain de certaines humeurs âcres & nuisibles qu'il apporte en naissant. Quoi qu'il en soit, cette maladie fait de si grands ravages chez tous les peuples de la terre, qu'on peut regarder l'insertion ou l'inoculation de la petite vérole comme la premiere des inventions. Les expériences faites chez les nations les mieux policées de l'Europe prouvent, sans réplique, que le nombre des enfans morts dans l'inoculation est cent fois moindre que celui des enfans morts de la petite vérole venue naturellement. Cette proposition démontrée, par des listes authentiques, prouve que tout souverain devroit non-seulement permettre, mais même ordonner l'inoculation; parce qu'en qualité de législateur il ne peut considérer les objets qu'en général & le bien de ses sujets que dans son universalité. Il n'en est pas de même de chaque pere de famille en particulier, qui n'envisage son enfant que comme un individu dont la conservation est commise à ses soins. Mille considérations peuvent alarmer ses craintes, sa tendresse, sa délicatesse & même sa conscience. Car est-il bien prouvé qu'un pere, en vertu du droit naturel, ait la permission & l'autorité de mettre son enfant en danger de mort? Or, si le contraire est vrai & qu'un enfant vienne à mourir de l'inoculation, ce pere n'a-t-il pas commis un crime, un homicide malgré sa bonne intention? De quelque maniere qu'on puisse penser à cet égard, il est certain que dans un Etat sagement policé, il ne devroit pas être permis à chaque citoyen de disposer aussi librement de ses enfans, de leur donner de gaieté de cœur une maladie mortelle, ni à chaque médecin & souvent à chaque charlatan, d'entreprendre à sa fantaisie une pareille opération. Il n'est déjà que trop déplorable qu'il faille leur abandonner la vie des citoyens, lorsqu'ils sont atteints naturellement de maladie. On ne sauroit faire autrement ; mais il n'en est pas de même d'un péril volontaire. En un mot, l'inoculation de la petite vérole devroit être réduite en affaire d'Etat ; & voici, ce semble, les précautions essentielles qu'il conviendroit de prendre pour le succès. 1°. Le souverain, ou plutôt le conseil de santé, doit s'assurer de l'habileté des médecins auxquels il permet d'entreprendre l'inoculation. 2°. Ces médecins devroient être tenus de déclarer aux magistrats chaque inoculation qu'ils veulent entreprendre pour en obtenir la permission. 3°. Ils doivent répondre de la santé & de la bonté du tempérament de l'enfant dont ils auront fait un examen préalable. 4°. Le conseil de santé ne devroit permettre l'insertion, qu'après que l'enfant aura achevé de faire ses dents, vu qu'il succombera presque infailliblement sous les efforts de la nature, si, par malheur, elle est obligée de faire les deux opérations à la fois. 5°. C'est une erreur funeste de croire que toutes les saisons y soient également propices : le froid excessif est tout aussi contraire aux maladies de la peau, que les grandes chaleurs & l'air enflammé & impur de la canicule. 6°. La préparation & le régime étant la partie la plus essentielle de la cure, l'Etat devroit entretenir des femmes & des garde-malades pour soigner les enfans & pour veiller aux alimens qu'on leur donne pendant la cure entiere. 7°. Il ne devroit point être permis aux parens de donner, par une complaisance ou affection dangereuse, d'autre nourriture à leurs enfans pendant tout ce temps, que celle qui est approuvée par un médecin & les garde-malades, qui ne manquent pas d'acquérir sur ces objets une expérience avantageuse par la pratique continuelle. 8°. Le médecin doit tenir, dans la chambre des enfans inoculés même, un journal exact de l'histoire de la maladie, des divers symptômes & révolutions, des remedes qu'il a employés, &c. depuis le premier jour de la préparation jusqu'à l'entiere guérison, & à la fin de la cure, il doit remettre ce journal au conseil de santé qui le conserve dans ses archives. Ce n'est, qu'avec de semblables précautions, que l'humanité du souverain & la conscience des peres de famille peuvent être à l'abri d'inquiétude & de remords.

Voilà à peu près les moyens qu'on peut mettre en usage pour augmenter le nombre des citoyens & les conserver. Mais, comme les plus claires vérités trouvent des contradicteurs, il y a des politiques qui soutiennent *qu'un Etat peut être trop peuplé, que la terre manqueroit de grains, si tous les pays fourmilloient d'habitans, que les hommes ne trouveroient plus de quoi gagner leur vie dans aucun métier, ni à s'élever par leur industrie, si les guerres, les pestes & les autres fléaux n'enlevoient au genre humain ce surplus qui lui devient à charge; qu'on ne voit que trop en Suisse qu'un pays peut avoir trop d'habitans.* Raisonnement bas & absurde, parce qu'il est inhumain & destitué de solidité ! L'homme est en ceci bien différent de la bête. Remplissez une contrée inculte de beaucoup d'animaux, ils épuiseront bientôt les pâturages & les provisions. Remplissez un pays presque désert d'un grand nombre d'hommes, vous y verrez en peu abonder toutes les nécessités de la vie. Il eſt incroyable combien de ſecours l'homme tire de l'homme, & à quel point ils ſe ſoulagent mutuellement dans leurs travaux. Les pays déſerts manquent de tout, les pays qui regorgent d'habitans abondent de tout. Comparez la petite iſle d'Angleterre avec le vaſte empire de Ruſſie. Voyez les Anglois, preſſés l'un ſur l'autre, jouir de tout le néceſſaire & de tout le ſuperflu ; voyez ſi les habitans des bords du Boriſthene, avec un terroir fertile, un climat heureux, un fleuve riche en tout, ne manquent pas du néceſſaire, par la ſeule raiſon qu'ils ne ſont pas nombreux. Plus de la moitié du monde connu eſt encore en friche. Vous craignez qu'avec des bras vous ne manquiez de grains ? Vous ne réfléchiſſez pas que, s'il y avoit plus d'hommes utiles dans le monde, au-lieu de labourer la terre & de ſemer les blés, vous pourriez rigoler les terres & planter les blés, ce qui multiplieroit les grains à l'infini. Vous ne ſavez pas qu'un membre de la ſociété gagne ſa vie d'un autre, que tout Londres, tout Paris eſt rempli de boutiques & d'artiſans qui proſperent tous, parce que Londres & Paris ſont exceſſivement peuplés. Vous ignorez donc que la Suiſſe n'a trop d'habitans que parce qu'elle n'a pas encore aſſez d'induſtrie, & qu'il y a des vices dans ſa conſtitution comme dans ſon aſſiette locale. Vous n'enviſagez pas que les calamités publiques ſeront toujours de grands malheurs pour l'Etat, puiſque leur torrent entraîne également celui qui eſt utile à la ſociété, comme celui qui lui eſt à charge. Fondons toujours notre politique ſur l'humanité ; multiplions les citoyens ; conſervons-les ; fourniſſons-leur les moyens de vivre en honnêtes gens.

Les plus ſages légiſlateurs ont fait les loix les plus ſéveres contre ceux qui commettent quoi que ce ſoit qui puiſſe tendre à la deſtruction de la ſociété. Tels ſont, par exemple, les empoiſonneurs d'hommes & de rivieres, les incendiaires, les voleurs de grands chemins, *&c.* En effet, on ne ſauroit infliger de châtimens trop rigoureux à de pareils monſtres. *Voyez les articles* LOIX *&* POLICE. Dans un ouvrage étendu, tel que celui-ci, on ne doit pas être ſurpris de voir reparoître quelquefois les mêmes matieres ſous d'autres articles. La cauſe de cette répétition ſe trouve dans la liaiſon naturelle que les diverſes branches de la politique ont entr'elles. Le même coup frappe ſouvent à plus d'un but, & il eſt conſolant pour l'homme-d'Etat de voir que ſa ſcience eſt fondée ſur des principes qui ſont d'une vérité uniforme dans tous les cas.

Mais s'il faut punir ſévérement les deſtructeurs de la ſociété, on doit, en revanche, combler de bienfaits ceux qui inventent quelque choſe d'utile pour la conſervation des hommes & de l'Etat. Le monde n'eſt gouverné que par les peines & par les récompenſes. Heureux le ſouverain qui ſait les employer à propos ! Il n'y a pas long-temps que le parlement d'Angleterre accorda une gratification conſidérable à Mademoiſelle Stephens, pour avoir inventé un remede ſpécifique contre la pierre & la gravelle. Dès qu'il fut rendu public, tous les médecins crierent d'une commune voix, &

soutinrent qu'il leur avoit déjà été connu : c'étoit l'œuf de Christophe Colomb. Mais Mademoiselle Stephens obtint la récompense, & en étoit seule digne. C'est un exemple qu'il faut imiter.

PORTUGAL, *Royaume d'Europe, borné à l'occident & au midi par la mer Atlantique, à l'orient & au nord par l'Espagne.*

§. I.

Gouvernement du Portugal.

LA Lusitanie fut célebre dans l'histoire romaine, d'abord par les guerres de Viviatus & par celles de Sertorius; & depuis, par la part que ses habitans prirent toujours aux guerres contre les Maures. Elle ne fut qu'une province de l'Espagne pendant tout le temps que cette monarchie fut dominée au commencement par les Goths, & ensuite par les Maures; mais lorsque les successeurs de Pelage continuoient d'établir leur domination en Espagne, sur les débris de celle des Maures, Henri, comte de Bourgogne (*a*), animé du même esprit qui, de son temps, forma tant de croisades, alla en Espagne (*b*) signaler son zele & son courage contre les Mahométans. Il leur enleva une partie de l'ancienne Lusitanie, & se fit, de ses conquêtes, un Etat souverain sous le nom de Portugal (*c*). Il mourut (*d*) âgé de 77 ans, après avoir gagné dix-sept batailles contre les Maures, & illustré son regne par sa justice autant que par ses victoires. Sans avoir pris le titre de roi, il devint la tige de la maison qui regne encore aujourd'hui en Portugal, & jeta les fondemens de cette monarchie célebre par ses conquêtes dans le Nouveau-Monde, & non moins considérable dans l'ancien, pour avoir soutenu jusqu'ici, dans le peu d'étendue qu'elle a en Europe, son indépendance contre l'ascendant qui a soumis à celle de Castille tant de royaumes étrangers.

Le comte Alphonse-Henriquez, fils du comte Henri, succéda à sa valeur & à son Etat. Il l'augmenta même par de nouvelles conquêtes. Les soldats de ce prince le proclamerent roi (*e*), après une grande victoire qu'il rem-

---

(*a*) Robert I, duc de Bourgogne, frere puiné de Henri I, roi de France, fils du roi Robert, & petit-fils de Hugues Capet, eut de sa femme Hermengarde, Henri son unique héritier. C'est de ce dernier Henri que le comte Henri dont il est parlé dans le texte, fut le quatrieme fils.

(*b*) Vers la fin du onzieme siecle.

(*c*) En 1093.

(*d*) En 1112.

(*e*) En 1139 dans la plaine d'Ourique.

porta contre cinq rois Maures. Ce titre, déféré d'abord à ce prince par la milice, lui fut bientôt confirmé par le peuple. Les Etats-généraux de Portugal assemblés à Lamego (*a*), l'élurent leur roi, & établirent les loix fondamentales de la succession à la couronne.

Après la mort de Ferdinand, fils de don Pedre, la couronne devoit naturellement passer aux enfans de don Pedre & d'Inès de Castro. Don Juan de Castille, mari de Dona Beatrix de Portugal, y prétendoit du chef de sa femme, & se fondoit d'ailleurs sur une clause expresse de son contrat de mariage; mais cette clause étoit contraire aux loix fondamentales du royaume, établies par les Etats de Lamego, qui en privent les princesses de Portugal mariées à des princes étrangers. Les Etats assemblés à Conimbre traiterent les enfans d'Inès de Castro comme bâtards, quoique son mariage eût toujours été cru légitime. Ils les regarderent aussi comme ennemis de l'Etat, pour s'être retirés auprès du roi de Castille, bien qu'ils ne l'eussent fait qu'en fuyant la persécution d'Eléonore, femme de Ferdinand. Ils considérerent en même temps le roi de Castille comme incapable de porter la couronne de Portugal. Enfin ils déclarerent que le royaume étoit sans légitime successeur, & que le peuple étant libre, il pouvoit se choisir un roi à son gré. Ils élurent un prince de la famille royale, tout bâtard qu'il étoit, don Juan I, fils de don Pedre & de Thérese-Laurent Gallicienne, & frere consanguin de Ferdinand (*b*).

Parmi quelques regnes heureux & brillans qu'on trouve dans l'histoire de Portugal, aucun, après celui d'Alphonse, n'a été plus célébre que le regne d'Emmanuel (*c*) qui épousa Isabelle, fille aînée de Ferdinand-le-catholique.

Ce fut par complaisance pour la reine sa femme, qu'il bannit, par un édit public, tous les Maures & tous les juifs de son Etat, sous peine de servitude, pour tous ceux qui s'y trouveroient après le terme prescrit. Les Maures s'enfuirent en Afrique. On ravit aux juifs tous leurs enfans au-dessous de quatorze ans, & on les fit baptiser par force. On fit aux peres toutes sortes d'avanies sur leur départ; & ceux qui resterent, pour se rédimer de vexation & pour éviter l'esclavage, se firent aussi baptiser.

C'est sous Emmanuel que la route des Indes orientales fut ouverte à la navigation, non par un effet du hasard, mais par les voies que la prudence inspire Les Portugais firent le tour de l'Afrique (*d*), & ils commencerent d'attirer à eux le riche commerce des épiceries, dans un temps que toutes les marchandises des Indes orientales passoient par l'Egypte &

(*a*) En 1143.

(*b*) Le 6 d'avril 1385. Voyez les pages 359 & 360 de l'histoire de Portugal, par la Clede.

(*c*) Il commença à régner en 1495, & mourut en 1521.

(*d*) En 1497.

par Venise, pour être répandues en Europe. Sous son regne, les Portugais s'établirent dans les Indes, & y bâtirent des forteresses dans des lieux dont la situation étoit avantageuse pour leur commerce. Ils se rendirent maîtres, dans les Indes orientales, des villes d'Ormus, de Malaca, de Cochin & de Goa, & conséquemment du commerce d'Afrique & des côtes les plus éloignées de l'Asie. Peu de temps après (*a*), ils découvrirent le Bresil en Amérique, y envoyerent des colonies, & s'étendirent dans cet heureux pays où l'air est pur & la terre féconde.

L'inquisition qui est en Portugal contre les mauvais chrétiens & contre les juifs, doit son établissement à Jean III, successeur d'Emmanuel I. Ce tribunal n'est pas si sévere qu'on le croit communément, envers les chrétiens qui auroient mal parlé de son autorité, de la discipline de l'église, ou même contre la foi. Ceux qu'on dénonce pour de semblables fautes, ne sont ordinairement obligés qu'à aller secrétement à l'inquisition pendant quelques jours, y recevoir des instructions, & même lorsqu'ils sont protestans, on se contente d'exiger d'eux une légere réparation & la promesse de se modérer à l'avenir; mais ce tribunal est redoutable contre les Juifs. On ne leur confronte point leurs dénonciateurs, & on ne leur en dit pas les noms. Les inquisiteurs leur demandent seulement s'ils ont des ennemis, & comment s'appellent les amis de leurs ennemis, afin de connoître si les accusés auroient des reproches à faire contre les accusateurs. L'inquisition n'a aucun égard aux dépositions qu'elle juge reprochables, & procede sur celles qui lui paroissent exemptes de reproche. Après que les accusés ont tous été jugés, les inquisiteurs font une procession autour de la place du *Rucio*, où l'on voit les Juifs qui ont été convaincus, & où l'on connoît aux différentes formes & couleurs de leurs habillemens la peine à laquelle ils ont été condamnés. Il n'y a point de temps marqué pour cette procession, que les Portugais appellent *Auto-da-fé*. Elle ne se fait que lorsqu'il y a un certain nombre de criminels, & cela n'arrive ordinairement que toutes les années ou tous les dix-huit mois. La maniere clandestine dont ce tribunal procede paroît contraire à la raison, qui veut que les accusés sachent bien précisément de quoi on les accuse, qu'ils puissent se défendre, & qu'ils connoissent les témoins qui les chargent d'un crime, pour invalider leur témoignage, s'ils ne sont pas dignes de foi.

La postérité mâle d'Alphonse régna jusques vers la fin du seizieme siecle (*b*); Mais don Henri étant mort sans avoir pris d'alliance, plusieurs princes prétendirent à la couronne, du chef des femmes, & entre autres Philippe II, roi d'Espagne, fils de l'infante Isabelle de Portugal, qui étoit la fille aînée du roi Emmanuel; & Jacques duc de Bragance, mari de Catherine de Portugal, laquelle sortoit du prince don Edouard, le plus

(*a*) En 1500.

(*b*) Jusqu'en 1580.

jeune des fils du même roi Emmanuel. Ce duc de Bragance descendoit lui-même du comte Henri ; mais parmi ses ayeux, on trouvoit deux princes nés hors de légitime mariage (*a*), savoir Jean dont je viens de parler, & un fils naturel de Jean qui a été la tige des Bragances ; il faisoit voir que, par la loi de Lamego, fondamentale de l'Etat, les princes étrangers étoient exclus de la succession. Le roi d'Espagne convenoit d'un principe qui donnoit l'exclusion à tous les prétendans, mais il soutenoit qu'un roi d'Espagne ne pouvoit pas être présumé étranger en Portugal, parce que ce royaume avoit été anciennement, & plus d'une fois sous la domination des rois de Castille. Ce prince, le plus puissant de tous les prétendans, décida la question en sa faveur, par la voie des armes ; & le plus fort fut reconnu pour le souverain légitime par les Etats de Tomar (*b*). La force qui l'avoit placé sur le trône de Portugal l'y maintint.

Il avoit d'abord fait serment de conserver aux Portugais leurs privileges. Il renouvella ce serment, expliqua & augmenta ces privileges (*c*), par un réglement qui contient vingt-six articles, & qui finit par une malédiction de Dieu, de la sainte Vierge, & de toute la cour céleste, que ce prince souhaite, & de la sienne qu'il donne, à ceux de ses enfans & de ses successeurs qui le violeront.

Tous les articles de ce réglement reçurent des atteintes sous les trois rois d'Espagne qui régnerent en Portugal, Philippe II, Philippe III, & Philippe IV. Les regnes de ces princes furent des regnes de violences (*d*), & tels sont toujours les gouvernemens où le prince ne peut compter sur l'amour des sujets, parce que les sujets ne peuvent compter sur la justice du prince.

Tandis que les Castillans gouvernerent leurs nouveaux sujets d'une maniere supportable, les Portugais porterent leur joug avec patience ; mais le comte-duc d'Olivarez, premier ministre de Philippe IV mit le comble à la tyrannie. Il gouverna le Portugal avec un sceptre de fer, il entreprit d'épuiser ce royaume d'hommes & d'argent, & se pressa trop d'exécuter ce projet. Une longue servitude qui croît insensiblement, efface peu à peu dans un peuple les sentimens de liberté ; mais une tyrannie portée tout d'un coup à l'excès, l'irrite & le révolte. Le comte-duc crut qu'en accor-

---

(*a*) La postérité légitime du comte Henri de Bourgogne, régna jusqu'à Ferdinand, fils de don Pedre, dont les descendans sont encore assis aujourd'hui sur le trône de Portugal ; mais on trouve deux bâtards depuis Ferdinand. Voyez Théodore Godefroid dans son traité de l'origine des rois de Portugal ; l'histoire de Portugal par la Clede, Paris 1735, depuis la page 154 jusqu'à la page 160 du premier volume ; & l'histoire généalogique de la maison royale de Portugal par Souza, Lisbonne 1735.

(*b*) En 1581.

(*c*) En 1644.

(*d*) Hist. Thuan. lib. 78. ad ann. 1583.

dant tout aux uns & en refusant tout aux autres, il feroit naître des jalousies & des divisions entre les grands, & que les familles, ainsi divisées par des intérêts particuliers, ne se réuniroient pas pour un intérêt commun. Il combla de bienfaits les Portugais qui s'attachoient à la maison d'Autriche, & exclut tous les autres des charges & des emplois; il voulut ruiner les principales forces du royaume, en obligeant les milices & les gentilshommes d'aller servir en des provinces éloignées; & il établit des impôts extraordinaires. Il étoit parfaitement secondé dans ses vues secretes par un homme qui étoit aussi fier, aussi impérieux, & plus dur même que lui, c'étoit Michel Vasconcellos qui avoit toute l'autorité en Portugal, sous l'administration de la vice-reine Marguerite de Savoie, duchesse douairiere de Mantoue.

Les Portugais, qui se souvenoient encore de la douceur du gouvernement de leurs rois particuliers, ne purent souffrir que les impôts & la servitude fussent le prix de leur soumission. Il y eut de grandes émotions à Lisbonne & à Evora, & tout le royaume parut disposé à une révolte générale; mais ce ne sont pas ordinairement ces saillies subites d'un peuple irrité qui causent les grandes révolutions. Le projet fut long-temps médité, la conjuration fut formée avec réflexion & la conduite avec habileté. Le temps, la maniere, le lieu de l'exécution, tout fut concerté avec un secret admirable, & le duc de Bragance fut roi de Portugal avant que les Castillans qui étoient à Lisbonne en eussent eu le moindre soupçon. L'acquisition d'un si beau royaume ne coûta, dit un Castillan, que quelques feux de joie.

On porta sur le trône (*a*) Don Jean de Bragance, connu dans l'histoire de Portugal, sous le nom de Jean IV. Ce prince se fit couronner (*b*), & convoqua les Etats-généraux qui, par un acte solemnel, le reconnurent pour le légitime roi de Portugal, comme descendant, par la princesse sa mere, de l'infant Edouard, fils du roi Emmanuel, à l'exclusion du roi d'Espagne, qui ne sortoit du roi Emmanuel que par une fille, laquelle, par une loi fondamentale du royaume, étoit exclue de la couronne, pour avoir épousé un prince étranger.

Cette révolution donna lieu à une guerre qui dura vingt-six ans, & qui ne fut terminée que par un traité (*c*), par lequel Philippe IV céda à la maison de Bragance le royaume de Portugal, dont il reconnut l'indépendance, & dont il ne retint que la ville de Ceuta. La maison de Bragance dut en partie cet événement à la France, qu'un intérêt politique porta toujours à favoriser la révolution ou publiquement ou en secret.

Les Portugais sont grands, bien faits & robustes, mais la plupart bazanés. C'est l'effet du climat, & encore plus de leur mélange avec les noirs,

---

(*a*) Le premier de décembre 1640.

(*b*) Le 28 de janvier 1641.

(*c*) Paix de Lisbonne du 13 de février 1668.

qui est fort ordinaire dans les personnes du peuple. Ils ont beaucoup de vivacité & de pénétration. Ils sont jaloux au suprême degré, dissimulés, vindicatifs & railleurs, sobres, fort secrets, amis fideles & parens charitables; lents à se mettre en colere, mais cruels quand ils y sont une fois; affables envers les étrangers, mais vains, pleins de confiance dans la bonne fortune, téméraires dans la mauvaise. Ils sont aussi orgueilleux, mais moins prudens que les Espagnols. L'avarice & l'usure sont leurs vices favoris, & des vices qui tiennent de leur mélange avec la nation juive. Plus superstitieux que dévots, ainsi que les Espagnols, ils sont livrés à mille petites pratiques peu essentielles à la religion, & ont rempli le pays de couvens où ils font souvent entrer par force leurs enfans. Ils ont conservé l'inquisition, & paroissent peu disposés à l'abolir, quoiqu'elle n'ait été établie que pour l'expulsion des maures, & que la cause ayant cessé, l'effet dût cesser aussi.

Le Portugal est situé le long de la mer Océane à l'extrémité de l'Espagne occidentale & méridionale, où il est comme isolé, n'ayant d'autre voisinage que l'Espagne. Il a environ cent lieues de long; mais il n'en a que 35 dans sa plus grande largeur; il n'a tout au plus d'étendue que la quatrieme partie de l'Espagne, & n'est pas fertile.

Lisbonne, qui est la capitale de Portugal, est située sur sept montagnes au bord du Tage, à trois lieues de l'Océan. Cette ville s'élevant comme un superbe amphithéatre, offre à la vue, par son élévation, par son étendue, & par une espece de symétrie naturelle, un des plus beaux aspects du monde. Le Tage forme devant cette capitale un port très-considérable qui a trois lieues de large, & est toujours rempli d'un très-grand nombre de vaisseaux, mais il est fort exposé au vent du sud-est qui y cause quelquefois de violentes tempêtes. Il y a quelques années (a), que 180 vaisseaux de toute espece y échouerent ou périrent sous les ancres. On compte dans cette capitale quarante paroisses, plus de vingt mille maisons, & environ trente-cinq mille familles, qu'on estime composées de 150 mille ames.

Le nombre des habitans de tout le royaume n'est que d'environ 13 à 14 cents mille ames.

Les denrées de Portugal sont particuliérement le sel qu'on transporte en grande quantité, de Setuval dans les pays septentrionaux, l'huile, & des vins que ce royaume fournit à l'Angleterre, depuis que les Anglois eurent trouvé trop forts les impôts que la France avoit mis sur les siens. La plupart des autres marchandises dont on trafique en Portugal, y sont apportées des pays étrangers. Les Portugais ont le meilleur froment de l'Europe, mais il ne se conserve pas à cause des vers qui s'y mettent aisément; & le pays ne produit pas la moitié de celui que les habitans consomment. Il leur en arrive quantité des isles des Açores, du Levant, d'Angleterre, de

(a) En 1724.

la mer Baltique, & même de France. Cette diſette de grains vient du manque de monde pour cultiver les terres.

Le roi de Portugal a auſſi beaucoup de peine à bien munir ſes forteresſes, & à trouver aſſez de gens qui montent les vaiſſeaux marchands pour les voyages de long cours.

Il ne faut point chercher ailleurs que dans l'expulſion des maures, dans les recherches du tribunal de l'inquiſition, & dans les colonies envoyées au Breſil, ſur les côtes d'Afrique, & aux Indes orientales, l'état de foibleſſe où ſont aujourd'hui en Europe les Portugais, eux qui ont ſi ſouvent fait la guerre avec ſuccès aux Caſtillans. Ils n'ont pour le ſervice de terre qu'environ dix mille hommes d'infanterie & trois mille de cavalerie; & n'ont pour celui de mer que quinze ou ſeize vaiſſeaux de guerre, depuis 50 juſqu'à 90 pieces de canon. Ils ſe ſoutiennent néanmoins contre la cour de Madrid, par l'intérêt que les grandes puiſſances commerçantes de l'Europe ont d'empêcher que le Portugal ne devienne une province d'Eſpagne.

Les revenus du roi de Portugal étoient il y a 40 ans : Savoir;

La ferme du tabac & les droits de ſortie du tabac.	2,500,000	cruſades. (*a*)
Les douanes.	1,500,000	
Conſulat ou douane qui perçoit les droits de ſortie.	600,000	
Paco da medeïra, ou l'entrée des boiſages du Nord.	90,000	
Huiles & vins.	700,000	
Poiſſon.	500,000	
Sucres.	600,000	
Droits de ſortie du ſel.	400,000	
Monnoies.	500,000	
Tailles.	3,000,000	
Capitation.	1,500,000	

Les revenus du Rio Janeïro, des mines, & pays en dépendans, ſont :

Le quint de l'or par compoſition. . . .	600,000	Cruſades.	Cruſades.
Les dixmes.	400,000		
Monnoie du Rio.	500,000		
Celle des mines.	100,000		
Le contrat de la douane.	240,000		2,000,000
Celui des huiles de baleine.	30,000		
Celui du tabac.	30,000		
Le paſſage des rivieres allant aux mines.	40,000		
Le droit des noirs pour les mines. . .	60,000		
La Baya-Pernanbuco & leurs dépendances peuvent produire. .			2,000,000
Les Indes orientales peu ou point du tout.			
			16,040,000

(*a*) La cruſade vaut 3 l. 9 ſ. 2 d.

Les revenus de la couronne ne montoient donc alors qu'à seize millions de crusades, mais on peut les évaluer à cinq ou six millions de crusades de plus, à cause de l'augmentation des revenus du Bresil, & de la découverte de nouvelles mines que les Portugais ont faites depuis 40 ans.

Le Bresil découvert (*a*) par un Portugais nommé Pierre-Albert Cabral, est une des principales provinces de la domination du roi de Portugal, dans les autres parties du monde. Il a une très-longue étendue sur la côte de l'Amérique, mais très-peu de largeur. Le climat y est fort sain, & le terroir très-fertile. Ce pays est très-vanté, tant pour la bonté de son air, que pour sa grande fertilité. Le plus grand revenu que les Portugais en tirent, consiste dans le sucre que le terroir y produit en abondance, & dont, entre autres usages, ils se servent pour faire d'excellentes confitures, avec les fruits délicieux qui y croissent aussi-bien qu'en Portugal. Le terroir y produit aussi du gingembre, du coton, de l'indigo, & du bois de Bresil. Il y a même une mine abondante de diamans.

Le commerce que les Portugais faisoient sur la côte occidentale d'Afrique est diminué depuis que les Hollandois y sont établis par-tout.

Mais ce que les Hollandois ont laissé aux Portugais dans les indes orientales, est encore considérable. Goa qui est la capitale des Etats que les Portugais y possedent, fait un grand commerce avec toutes sortes de nations.

Macao, situé dans une isle à l'embouchure de la riviere de Canton, fut cédé aux Portugais par les empereurs de la Chine, pour avoir nettoyé la mer de pirates. C'étoit autrefois une ville très-riche, très-peuplée, & capable de se défendre contre les gouverneurs des provinces de la Chine de son voisinage; mais les familles Portugaises y sont aujourd'hui presque réduites à la mendicité; elles n'y subsistent qu'à la faveur d'un commerce assez médiocre; & cette ville, quoique commandée par un gouverneur que le roi de Portugal nomme, est à la discrétion des Chinois, qui peuvent l'affamer & s'en rendre les maîtres quand il leur plaira.

Le Portugal possede enfin les isles Terceres ou Açores. Les principales sont Tercere & Madere, & elles sont assez fertiles.

De nos jours, le commerce des Portugais a peu-à-peu augmenté. Le Bresil les enrichit, en leur fournissant des denrées d'un débit aisé, de l'argent, de l'or & des diamans, même en si grande quantité que le roi de Portugal a été obligé d'en défendre le commerce, afin qu'ils ne deviennent pas trop communs en Europe. C'est moins le commerce propre du Portugal que celui de ses établissemens en Amérique qui en fait le prix, la consommation que le Bresil fait des manufactures Européennes est très-considérable. Les métaux consistent principalement en or, dont il passe en Angleterre la valeur de plus de 25 millions pour solde de la balance de

(*a*) En 1500.

son commerce avec les Portugais (*a*). Aucun Etat n'est mieux situé pour le commerce que le Portugal; mais les Portugais sont fort haïs dans les indes, ils s'y exercent peu aux talens militaires, & y vivent dans la mollesse & dans toutes sortes de voluptés. On peut conjecturer qu'un jour ils seront chassés des indes, & ce jour n'est peut-être pas éloigné.

Le Portugal a des Etats-généraux qui sont composés de trois ordres. Le premier, de trente titrés, qui sont les marquis, les comtes, les conseillers du roi, & les chefs de la justice. Le second, des députés de la bourgeoisie & des députés de celles des villes qui ont droit d'envoyer aux Etats. Le troisieme, du clergé.

Les loix faites à Lamego sont les premieres qu'ait reçu le Portugal, depuis qu'il forme un Etat séparé de la domination Espagnole. Les Etats-généraux assemblés dans cette ville-là, en firent sur trois sujets. 1°. La succession à la couronne. 2°. La noblesse. 3°. Le gouvernement civil. C'est sous ces titres que ces loix sont rangées dans le procès-verbal de cette assemblée. Je rapporterai ici la substance des uns & des autres.

Pour la succession à la couronne, les Etats veulent que don Alphonse soit leur roi seul, tant qu'il vivra; qu'après sa mort ses enfans regnent; que le fils succede au pere, après le fils, le petit-fils, ensuite le fils du petit-fils, & ainsi à perpétuité dans leurs descendans; que si le fils aîné du roi meurt pendant la vie de son pere, le second fils, après la mort de son pere, soit roi, que le troisieme succede au second, le quatrieme au troisieme, & ainsi des autres fils du roi; que si le roi meurt sans enfans mâles & qu'il ait un frere, ce frere soit roi; mais après la mort de ce dernier roi, son fils ne sera pas roi, à moins que les évêques, les gouverneurs des villes, & les chefs de la noblesse ne l'élisent; que si le roi de Portugal meurt sans enfans mâles, & qu'il laisse une fille, elle soit reine, mais qu'elle ne puisse se marier qu'à un Portugais noble, lequel ne portera le nom de roi que lorsqu'il aura un enfant mâle de la reine (*b*).

Les loix concernant la noblesse ne contiennent que deux articles. I. Tous ceux qui descendront de la reine, de ses fils & petit-fils, seront très-nobles. Tout Portugais (pourvu qu'il ne soit ni maure ni juif) qui aura délivré le roi de quelque péril, sera noble. S'il a été pris par les infideles, & qu'il demeure constamment attaché à la foi de Jesus-Christ, ses enfans seront nobles. Celui qui aura tué le roi des ennemis ou son fils, ou fait prisonnier son écuyer, sera noble. Toute l'ancienne noblesse

---

(*a*) A la faveur du traité de Lisbonne du 27 décembre 1703.

(*b*) *Sit ita lex in sempiternum quod prima filia regis accipiat maritum de Portugale, ut non veniat regnum ad extraneos; & si cubaverit cum principe extraneo, non sit regina, quia nunquam volumus nostrum regnum ire fore Portugalibus, qui reges fecerunt sine adjutorio alieno, per suam fortitudinem, curâ & sanguine.*

conservera son rang, telle qu'elle le possédoit. Tous ceux qui auront combattu à la bataille d'Ourique, seront pour toujours nobles & appellés *mes sujets* (*a*) par excellence. II. Si des personnes nobles se sont enfuies du combat; si elles ont frappé une femme de leur épée ou de leur lance; si dans l'occasion pouvant délivrer d'un péril le roi, son fils, ou son écuyer, elles ne l'ont pas fait; si elles ont porté de faux témoignages; si elles ont déguisé la vérité au roi; si elles ont mal parlé de la reine & de ses filles; si elles se sont retirées chez les maures; si elles ont volé, blasphémé contre Dieu & contre Jesus-Christ, ou attenté à la vie du roi, elles sont dégradées de leur noblesse, elles & leur postérité.

Le gouvernement civil donna lieu à six loix. I. Que toute personne, homme ou femme, qui auroit volé deux fois, seroit exposée à demi-nue dans une place publique; qu'à la troisieme fois, on lui mettroit un écriteau sur le front, qui apprendroit aux passans que c'est un voleur, après quoi on le marqueroit d'un fer rouge; & qu'à la quatrieme fois elle seroit condamnée à la mort, mais qu'on communiqueroit la sentence au roi, avant que de l'exécuter. Jean III, roi de Portugal, défendit que les voleurs fussent marqués au visage, parce qu'il est, disoit-il, injuste que des personnes qui peuvent se corriger, portent toute leur vie la marque de leurs crimes. II. Que toute femme convaincue d'adultere devant le juge par son mari, seroit brûlée toute vive avec son amant, mais que le roi seroit préalablement instruit du fait. Si le mari ne veut pas qu'on la brûle, on ne la brûlera pas, & alors son complice ne le sera pas non plus, mais il sera renvoyé en liberté, n'étant pas juste d'accorder la vie à la femme, sans l'accorder en même-temps à l'homme. III. Tout meurtrier sera condamné à la mort, de quelque qualité qu'il soit. Tout violateur d'une fille noble sera aussi condamné à la mort, & son bien confisqué au profit de la fille. Si elle n'est pas noble, on les mariera ensemble, quand même l'homme seroit noble. IV. Si quelqu'un se plaint qu'un autre lui a usurpé son bien, il en informera le magistrat qui lui rendra justice. V. Si quelqu'un en a blessé un autre avec un fer pointu ou avec un bâton, il sera condamné à une amende pécuniaire. VI. Celui qui outragera de paroles, ou qui frappera un gouverneur de place, ou tout autre magistrat, sera marqué d'un fer chaud, à moins qu'il ne lui fasse réparation d'honneur, ou qu'il ne lui paye une certaine somme d'argent (*b*).

Depuis ce temps-là, les rois de Portugal ont fait des loix qu'on désigne par le nom d'ordonnances ou par celui de droit royal. Les juges de Portugal sont obligés de juger selon le droit romain, tous les cas douteux ou

(*a*) C'est le roi Alphonse qui parle.

(*b*) On trouve toutes les loix dont je viens de rapporter la substance aux pages 185, 186, 187 & 188 du premier volume de l'histoire générale du Portugal, par la Clede, Paris 1735, 2 vol. in-4to.

omis dans le droit royal. Si l'espece ne peut être décidée par le droit romain, ils doivent avoir recours aux gloses des jurisconsultes romains, plutôt qu'au droit canonique.

§. II.

IMPOSITIONS DANS LE PORTUGAL.

LA difficulté de rassembler des renseignemens clairs & certains sur la nature & sur la forme d'administration des différens objets qui composent les revenus du roi de Portugal, ne permet pas de donner, relativement à ces objets, des détails aussi précis qu'on le désireroit. C'est un assemblage compliqué de revenus particuliers, d'impositions & de droits dont les uns sont aussi anciens que la monarchie, & les autres ont été successivement établis, tantôt dans un endroit, tantôt dans un autre, sur des principes presque différens, & dont par cette circonstance les motifs d'établissement & de perception n'ont pas été aussi combinés qu'ils auroient pu l'être.

Les différentes parties qui composent les finances du roi de Portugal, sont si multipliées qu'elles donnent lieu chaque année à quatre comptes généraux qui comprenent la totalité des pays soumis à la domination du roi de Portugal.

Le premier pour Lisbonne & la province d'Estramadoure.

Le second pour les autres provinces du royaume, les Açores & l'isle de Madere.

Le troisieme pour l'Afrique occidentale, le Maragnon & les commarques du territoire de la relation de la baye de Tous-les-saints, & des gouvernemens qui ressortissent à ce tribunal. On entend par commarques les subdivisions de provinces.

Le quatrieme pour le territoire de la relation de Rio-Janeiro, de l'Afrique orientale & des possessions Portugaises en Asie.

Ces quatre comptes généraux sont formés de cent six comptes particuliers, & chacun de ces derniers offre le produit d'une branche particuliere de revenu.

Sans se livrer à l'énumération fastidieuse de tous ces objets, on se bornera à résumer les principaux; les voici :

1°. Tous les revenus ou produits des fonds faisant partie du domaine :

2°. Les revenus des hôtels des monnoies, les produits des fermes du sel, du tabac & des cartes à jouer, de la compagnie des indes & des douanes :

3°. Les droits établis sur toutes les denrées de consommation de quelque genre qu'elles soient :

4°. Les droits qui sont dûs à chaque mutation des immeubles, & ceux qui se perçoivent sur tout ce qui est vendu & acheté dans la ville de Lisbonne & dans l'étendue de son territoire :

5°. Les

5°. Le produit des grandes & petites chancelleries :

6°. Les droits qui se perçoivent sur tous les offices de judicature :

7°. Les dixmes qui appartiennent au souverain dans la plus grande partie du royaume de Portugal :

8°. Le montant du tiers qui revient au souverain dans le produit des fonds communaux dont jouissent les habitans des différentes communautés :

9°. Le produit d'une espece de capitation à laquelle sont assujettis les propriétaires de fonds :

10°. Les revenus des grandes maîtrises des ordres du Christ, de saint-Jacques & d'Avis :

11°. Le produit du centieme denier ou d'un pour cent sur les rentes des particuliers :

12°. Les anciens & nouveaux droits d'entrée sur les esclaves :

13°. Le produit de la ferme des diamans & du cinquieme de l'or en poudre que l'on est obligé de porter aux hôtels des monnoies pour y être fondu :

14°. Les droits de péage par terre & par eau.

Il faut ajouter à ces différens produits celui du dixieme dont le roi de Portugal a ordonné la levée & perception à l'occasion de la derniere guerre.

Il n'a pas été possible de rassembler les détails nécessaires pour donner une connoissance exacte de ces différens objets, & l'on n'a pu se procurer que des notions très-vagues relativement à quelques-uns. Voici ce qui en résulte.

Les Maures, en même-temps qu'ils s'étoient rendus maîtres de l'Espagne, avoient pareillement envahi le Portugal. Ils se maintinrent pendant un assez grand nombre d'années dans ces Etats : ce ne fut que successivement & avec beaucoup de peine que les naturels du pays parvinrent à les expulser.

On ne connoissoit plus alors les anciens propriétaires des fonds ; chaque contrée reconquise sur les Maures devint, par le droit de la guerre, le partage du chef qui s'en étoit rendu maître.

Le Portugal étant depuis devenu un Etat monarchique, le souverain se mit en possession des fonds qui avoient appartenu à ces chefs ; il établit dans chaque contrée des almoscherifs ou régisseurs qu'il autorisa à concéder les terres moyennant des cens & redevances payables au domaine.

Ces accensemens ou concessions ne furent point dirigés par des principes uniformes, plusieurs particuliers d'ailleurs qui se soumirent volontairement à la nouvelle domination, furent maintenus dans la libre propriété des terres dont ils étoient en possession ; ainsi il est des terres pour raison desquelles le propriétaire paye des redevances assez considérables à la couronne, d'autres ne payent que le tiers ou le quart de ce que les premiers supportent, d'autres enfin ne sont assujettis à aucune redevance.

Les biens ecclésiastiques ne sont sujets à aucune redevance.

L'accise qui forme une imposition ou un droit qui se perçoit sur tout ce qui se vend & s'achete, n'a point lieu dans toute l'étendue du royaume de Portugal, plusieurs provinces en sont exemptes, & cette imposition, dans les endroits où elle est établie, est tantôt plus forte & tantôt plus foible.

Les droits de douane portent principalement sur les denrées & marchandises qui se consomment dans les colonies, & sur les marchandises étrangeres qui sont importées dans le Portugal; ces dernieres payent à l'entrée, des droits qui reviennent à vingt-sept pour cent de leur valeur.

Les droits de passage & de péage appartenoient tous, dans le principe, aux seigneurs des lieux dans lesquels ils avoient été établis; ce n'a été que successivement & par degrés que le souverain les a réunis à son domaine: ces droits forment un revenu assez considérable.

Il est dû à chaque mutation des fonds, un droit au souverain; on ne connoît point l'objet de ce droit.

Les propriétaires de fonds sont sujets à une espece de capitation qui revient à quatre & demi pour cent du produit des fonds qui leur appartiennent.

Il n'y a dans le Portugal aucune espece de denrée ou boisson qui ne soit sujette à des droits, mais on n'en connoît ni la nature ni la quotité.

Tous les particuliers qui jouissent de rentes, sont tenus de payer annuellement un pour cent du montant de ces rentes.

Le souverain jouit de la dîme de tous les fonds situés dans certaines contrées; il jouit pareillement du tiers des communes dans toute l'étendue de ses Etats.

Les esclaves destinés pour le service & l'exploitation des mines, payent à l'entrée, dans la baye de Tous-les-saints & à Fernambuc, deux droits, l'un de 3 mille 500 reis, l'autre de 1000 reis.

On ne connoît dans le Portugal d'imposition véritablement générale que le dixieme, & les droits sur le tabac, le sel & les cartes.

Le dixieme se perçoit sur les fonds, sur les contrats & autres actes produisant des intérêts; sur les pensions, les gages & les appointemens, à l'exception de ceux des militaires qui en sont exempts.

Il se perçoit pareillement par estimation sur les bénéfices que font les commerçans & les gens à industrie.

Ces estimations sont faites en présence du corrégidor ou juge du lieu. Les réclamations auxquelles elles peuvent donner lieu, sont portées devant le surintendant.

Les ecclésiastiques séculiers sont assujettis à cette imposition pour les fonds qu'ils possedent à titre patrimonial, à l'exception néanmoins de ceux qui constituent leur titre clérical.

Quant aux biens ecclésiastiques, le clergé paye un don gratuit qui tient lieu de dixieme.

Enfin les droits sur tous les actes & expéditions des procédures, ceux des chancelleries font multipliés à l'infini, & forment un des principaux objets des revenus du roi de Portugal.

On estime que ces revenus peuvent monter annuellement en totalité à 50 millions.

Telles sont les connoissances que l'on a pu se procurer sur les différens objets qui composent les finances du roi de Portugal.

Il reste à exposer l'ordre qui s'observe, soit pour la rentrée & le versement des fonds au trésor du prince, soit pour la sortie & l'emploi de ces mêmes fonds.

Avant 1761, l'inspection générale des finances étoit confiée à une chambre des comptes ou maison royale; il existoit dans les principales villes du Portugal des coffres dans lesquels étoient déposés les fonds provenant des revenus domaniaux, des impositions & des droits.

Ceux à qui la garde de ces fonds étoit confiée, tiroient des coffres, sur les ordres qui leur étoient donnés par le secrétaire d'Etat & par la chambre des comptes, les sommes nécessaires pour faire les payemens qui leur étoient prescrits.

Cette forme d'administration étoit sujette à des inconvéniens & donnoit lieu à des prévarications de tout genre; on a pris le parti d'établir un trésor royal, dans lequel tous ceux qui sont dans le cas de percevoir les revenus du domaine, les impositions & les droits de toutes especes, sont obligés de porter directement & dans les détails qui sont fixés, le montant de leur recette, sous les peines les plus séveres.

Le trésor royal a pour chef un inspecteur-général, & pour principaux officiers, un grand-trésorier, un écrivain & quatre compteurs généraux; les subalternes sont des teneurs de livres, en grand nombre, un portier, quatre fideles, & quatre huissiers.

L'inspecteur-général préside au trésor royal, comme lieutenant immédiat du roi.

Le grand-trésorier est tenu principalement de veiller à ce que les livres & les comptes des chefs des quatre départemens principaux, soient toujours en regle; leur situation est constatée tous les samedis de chaque semaine, il en est fait mention dans un registre qui est destiné à cet effet, & tous les huit jours l'inspecteur-général met sous les yeux du roi, l'état de son trésor, c'est-à-dire, le résultat de la recette & des dépenses qui ont été faites pendant la semaine.

Le grand-trésorier a la premiere clef du coffre dans lequel se garde l'argent destiné aux dépenses de chaque mois, la seconde est entre les mains de son écrivain, la troisieme est gardée par le premier compteur-général de chaque département : il en est de même des clefs des autres coffres destinés à tenir les fonds de réserve.

L'écrivain du grand-trésorier a un registre numéroté & paraphé par l'inspecteur-général, dans lequel il écrit d'un côté toutes les sommes qu'il reçoit chaque jour, les noms des personnes qui les ont remises, & d'où elles proviennent, & de l'autre côté sont inscrites, dans le même ordre, les dépenses du jour : ces regiſtres sont tenus avec la plus grande exactitude, & vérifiés tous les jours par le grand-trésorier, qui signe son arrêté.

Le trésor royal eſt divisé, ainsi qu'on l'a observé, en quatre départemens principaux, à la tête de chacun desquels eſt un compteur-général qui a un diſtrict fixe & déterminé.

Le premier eſt chargé de faire rentrer les sommes que doivent payer les corrégidors, les provéditeurs, les juges, les almoschérifs, les receveurs & les fermiers des rentes & revenus de Lisbonne & de la province d'Eſtramadoure.

Le second doit faire rentrer tous les revenus, impositions & droits des provinces de Portugal, de l'Algarve, des isles Açores & de l'isle de Madere.

Le troisieme a dans son département l'Afrique, le Maragnon, les commarques du territoire de la relation de la baye de Tous-les-saints & des gouvernemens qui sont du ressort de ce tribunal.

Le quatrieme eſt chargé du territoire de la relation & du gouvernement de Rio-Janeïro, de l'Afrique orientale & des possessions portugaises en Asie.

Chaque compteur-général a sous lui plusieurs écrivains qui sont obligés de tenir les livres en parties doubles.

Les quatre fideles sont établis pour l'expédition & l'accélération des payemens qui sont faits aux différentes personnes qui se présentent pour toucher.

Les quatre huissiers sont obligés de se tenir tous les jours, soir & matin, dans la grande salle du trésor pendant la durée du travail, pour faire les significations & autres actes dont on a à les charger.

Le trésor royal eſt sous la garde d'une compagnie d'infanterie, dont le capitaine prend les ordres de l'inspecteur-général lorsqu'il s'y trouve, & dans les autres temps du grand-trésorier.

Tous les emplois, offices & poſtes dans le trésor royal, ne sont que pour trois ans, & ceux qui les remplissent peuvent dans cet intervalle être révoqués.

Il eſt fait les défenses les plus expresses à tout officier du trésor royal, de rien exiger ni recevoir des parties, à quelque titre que ce soit, sous peine de perdre sa place, & même sous plus grande peine, suivant l'exigence des cas.

On se rappelle que les fonds dépendans du domaine, forment une branche de revenu assez considérable ; comme l'adjudication de ces fonds eſt faite, dans chaque territoire, par des tribunaux qui n'ont aucune relation ni connexité avec le trésor royal on a pris le parti d'établir un certain nombre de courtiers des finances, dont les fonctions consiſtent à remettre ou faire remettre au trésor royal des expéditions en forme, de toutes les adjudications qui se font dans le diſtrict qui leur eſt assigné. Cette recette doit être faite dans les dix jours, à compter de celui de leur adjudication, sous peine, contre le courtier, de suspension de son office, & contre l'adjudicataire, de nullité de l'adjudication.

On connoît par ce moyen au trésor royal les époques auxquelles commencent & finissent les baux ou adjudications, le montant des sommes qui doivent être payées par les adjudicataires ou fermiers, l'échéance des payemens & les conditions sous lesquelles les adjudications ont été faites.

La même forme est observée à l'égard des adjudications des biens saisis & vendus sur ceux qui sont en retard de porter au trésor royal les sommes dont ils sont débiteurs.

Quant aux deniers royaux qui sont de nature à être perçus par les almoschérifs, trésoriers, receveurs, exacteurs & autres personnes chargées de la régie ou recette de ces deniers, ils sont remis avec la plus grande exactitude au trésor royal dans les délais qui sont fixés.

La moindre inexactitude, le plus léger retard est puni par la suspension des places, par la saisie des meubles & immeubles, par des emprisonnemens, enfin par toutes les voies les plus rigoureuses; les mêmes peines s'infligent aux fermiers ou rentiers qui sont en retard de payer : on procede à de nouvelles adjudications, & si les biens sont adjugés à un prix au-dessous de celui auquel ils les tenoient, on leur fait supporter la diminution.

De l'ordre qui s'observe pour l'emploi des fonds remis au trésor royal.

CES fonds sont employés :

1°. Aux dépenses de la maison royale :

2°. Au payement des appointemens, des rentes & des pensions :

3°. Au payement des troupes & des autres dépenses qui concernent cette partie :

4°. A l'entretien des magasins & à l'acquit des dépenses pour la marine :

5°. Enfin, au payement des anciennes dettes des magasins de Guinée & des Indes.

Quant aux dépenses de la maison royale, voici ce qui se pratique.

Le trésorier de la maison royale, le garde-tapisserie, le pourvoyeur, le garde-meuble & le trésorier des gages, ont chacun un registre numéroté & paraphé par le grand-maître de la maison du roi, ou par celui qui en fait les fonctions.

Ils inscrivent sur ce registre :

1°. Le montant des appointemens & gages par chaque quartier :

2°. Le montant des achats qu'ils ont faits pendant le même quartier :

3°. Les menues dépenses.

Tous ces objets doivent être établis & justifiés, soit par les ordres, qui leur ont été donnés, soit par des mémoires & quittances vérifiés & approuvés par le grand-maître.

Ils se présentent avec ces différentes pieces à l'inspecteur-général du trésor, qui les renvoie par-devant les compteurs généraux, & lorsque les calculs ont été vérifiés, on leur expédie le montant des sommes qui y sont contenues, & les états des dépenses sont déposés dans les archives destinées à cet effet.

Avant de toucher au second quartier, ils sont obligés de rapporter la preuve que les sommes qu'ils ont reçues pour le précédent, ont été véritablement employées au payement des différentes dépenses pour lesquelles elles ont été délivrées, & par ce moyen on est assuré qu'à chaque quartier tout est soldé.

On suit la même forme pour tous les objets relatifs aux dépenses de la maison royale.

Le payement des arrérages des rentes & des pensions, ne se fait qu'à la révolution de l'année; on suit les mêmes formes, & l'on prend les mêmes précautions pour constater que tous les payemens de l'année précédente ont été véritablement & réellement faits.

Quant au payement des troupes, voici ce qui se pratique.

Il y a six caisses de recette & de dépense pour tout ce qui concerne le militaire.

Dans ces caisses entrent les produits de certains fonds destinés pour subvenir à ces dépenses.

Le trésorier en chef de la junte des trois Etats, se présente le premier jour de chaque quartier, & on lui avance les sommes nécessaires pour les dépenses qui sont à faire pendant ce quartier.

A la fin de l'année on vérifie les recettes & les dépenses, on fait la balance de tout, & c'est d'après cette balance que les comptes sont arrêtés, & que l'on fixe d'après l'augmentation ou la diminution qui se rencontre dans le montant de ces dépenses, ce qui doit être délivré au trésorier de la junte pour l'année suivante.

Il en est de même pour l'acquittement des dépenses des magasins de Guinée; il y a des sommes destinées pour ces différens objets, & l'emploi en est vérifié avec la plus grande attention.

Enfin tous les six mois on présente au souverain une balance ou état de situation générale des finances, dans lequel sont portées les recettes & les dépenses pendant ces six mois, & ce qui reste au trésor royal; cet état de situation est vérifié, & l'argent qui doit rester exactement compté; l'on dresse du tout un procès-verbal.

Chaque trésorier, receveur, exacteur & fermier doit compter de ce qu'il a reçu, ou de ce qu'il doit dans le délai qui lui est fixé; le moindre retardement est suivi des poursuites & des peines les plus rigoureuses; & par ce moyen la rentrée de tous les revenus, impositions & droits, s'opere avec la plus grande exactitude.

§. III.

Du commerce & des établissemens des Portugais aux Indes orientales.

JEAN I eut plusieurs fils qui tous vouloient se signaler : Henri, le plus éclairé d'entr'eux, conçut le projet de faire des découvertes vers l'occident : il mit à profit le peu d'astronomie que les Arabes avoient conservé, il établit à Sagres, ville des Algarves, un observatoire où il fit élever toute la noblesse qui composoit sa maison ; il eut beaucoup de part à l'invention de l'astrolabe, & il sentit le premier l'usage qu'on pouvoit faire de la boussole : les pilotes qui se formerent sous ses yeux, découvrirent Madere en 1418 ; un de ses vaisseaux s'empara des Canaries deux ans après : le cap de Sierra-Léona fut bientôt doublé ; & le Zaïre conduisit dans l'intérieur de l'Afrique jusqu'au Congo : on fit dans ces contrées des conquêtes faciles & un commerce avantageux.

Sous Jean II, prince éclairé, qui le premier rendit Lisbonne un port-franc, les Portugais doublerent le cap qui est à l'extrémité de l'Afrique & qu'ils nommerent d'abord le *cap des tempêtes* : mais ce prince qui prévoyoit le passage aux indes, le nomma le *cap de bonne-espérance.*

Emmanuel suivit les projets de ses prédécesseurs, & fit partir en 1497, une flotte de quatre vaisseaux sous les ordres de Vasa & de Gama : ces amiral aborda dans l'Indostan près de onze mois après être sorti de la rade de Lisbonne.

L'Indostan, à l'arrivée des Portugais, étoit partagé entre les rois de Cambaïe, de Delhy, de Décan, de Narzingue, & de Calicut, qui tous comptoient plusieurs souverains parmi leurs tributaires : le dernier de ces monarques, plus connu sous le nom de Zamorin, avoit les Etats maritimes, & étendoit sa domination dans tout le Malabar : Calicut étoit le plus riche entrepôt de ces contrées ; les pierres précieuses, les perles, l'ambre, l'ivoire, la porcelaine, l'or, l'argent, les étoffes de soie & de coton, l'indigo, le sucre, toutes sortes d'épiceries, les bois précieux, les aromates, les beaux vernis, tout ce qui peut ajouter aux délices de la vie, y étoit apporté de tout l'orient. Gama, instruit de ces particularités à Mélinde où il avoit touché, y prit un pilote habile & se fit conduire dans le port où le commerce étoit le plus florissant : il y trouva heureusement un maure de Tunis qui entendoit la langue des Portugais, & qui avoit pris pour eux une inclination plus forte que ses préjugés : Monzaïde, c'étoit son nom, les servit de tout son pouvoir, & eux s'abandonnerent à lui sans réserve : il procura une audience du Zamorin à Gama, lequel proposa une alliance & un traité de commerce avec son maître : on étoit prêt à conclure, lorsque les Musulmans qui redoutoient un semblable concurrent, parvinrent à le rendre suspect : Gama reprit la route de l'Europe.

On ne peut exprimer la joie que son retour répandit dans Lisbonne, où l'on se voyoit à la veille de faire le plus riche commerce du monde : les papes donnerent au Portugal toutes les côtes qu'ils découvriroient dans l'orient, & remplirent cette petite nation de la folie des conquêtes. Treize vaisseaux Portugais, arriverent bientôt devant Calicut sous les ordres d'Alvarès Cabral, & ramenerent au Zamorin quelques-uns de ses sujets qu'avoit enlevés Gama : ceux-ci se louerent des bons traitemens qu'ils avoient reçus, mais les maures prévalurent encore, le peuple de Calicut massacra une cinquantaine de Portugais ; & Cabral, pour les venger, brûla tous les vaisseaux Arabes qui étoient dans le port, foudroya la ville, & de-là se rendit à Cochin, & ensuite à Cananor.

Les rois de ces deux dernieres villes lui donnerent des épiceries, lui offrirent de l'or & de l'argent, & lui proposerent de s'allier avec lui contre le Zamorin, dont ils étoient tributaires : les rois d'Onor, de Culan, & quelques autres, firent les mêmes ouvertures : tous se flattoient de reculer leurs frontieres & d'être déchargés du tribut qu'ils payoient ; cet aveuglement général procura une si grande supériorité aux Portugais, dans tout le Malabar, qu'ils n'avoient qu'à se montrer pour donner la loi. Nul n'obtenoit leur alliance qu'en se déclarant vassal de la cour de Lisbonne ; delà les citadelles, bâties dans les principales villes, les marchandises livrées au prix fixé par l'acquéreur, la défense faite aux étrangers de former leur cargaison avant les Portugais, ou de naviguer dans ces mers sans leurs passeports qu'il falloit payer fort cher : de-là les combats fréquens, où un petit nombre d'Européens dissipoient presque toujours des armées nombreuses : enfin, les vaisseaux des Maures, du Zamorin, & de ses vassaux, n'oserent bientôt plus paroître ; & les Portugais envoyerent toujours plus fréquemment dans leur patrie des vaisseaux chargés de richesses, & qui y portoient la nouvelle de leurs victoires : peu à peu les navigateurs de toute l'Europe apprirent la route de Lisbonne où les marchandises de l'Inde étoient à plus bas prix qu'ailleurs.

Pour assurer ses avantages & les étendre, il falloit un systême de domination & de commerce, assez étendu pour embrasser tous les objets, & assez bien lié pour que toutes les parties se fortifiassent réciproquement : la cour de Lisbonne sentit cette vérité, & eut la sagesse de donner toute sa confiance à Alphonse d'Albuquerque, le plus éclairé des Portugais qui fussent passés en Asie.

Le nouveau vice-roi se montra plus grand encore qu'on ne l'avoit espéré. Il sentit que Lisbonne avoit besoin de Goa, le poste le plus avantageux que l'on connût alors dans l'Inde ; & il se présenta aux portes de cette ville, les força, & n'acheta pas chérement un si grand avantage ; obligé ensuite de l'abandonner, il y revint au bout de quelques mois, l'emporta d'emblée & s'y fortifia. Dés-lors, Calicut, dont le port n'étoit pas bon, vit son commerce & ses richesses passer dans cette métropole des Portugais, qui n'eurent plus à prendre de précautions que contre les Egyptiens, les

seuls

ſeuls qui fuſſent capables de mettre des bornes aux proſpérités de cette nation brillante.

Les Egyptiens avoient été pendant bien des ſiecles les ſeuls à faire le commerce de l'Inde, ils avoient eu le courage de pénétrer avec leurs petits bâtimens, juſques dans le Gange, portant aux Indiens ce qu'on leur a toujours porté depuis, de l'argent, des étoffes de laine, du fer, du cuivre, du plomb, des ouvrages de verreries, & prenant en échange de l'ébene, de l'écaille, de l'ivoire, des toiles blanches & peintes, des ſoieries, des perles, des pierres précieuſes, de la cannelle, beaucoup d'aromates, & ſur-tout de l'encens : toutes les nations qui naviguoient dans la Méditerranée, accouroient dans les ports d'Egypte pour y acheter les productions de l'Inde. Vers le ſeptieme ſiecle, le commerce des Indes paſſa en grande partie à Conſtantinople par deux canaux déjà fort connus; par le pont Euxin, le fleuve Cyrus, la mer Caſpienne, & l'Opus qu'on remontoit juſqu'auprès de l'Indus; ou bien, par le port d'Alexandrette, Alep, l'Euphrate & le golfe Perſique. Mais lors de la chûte de l'empire d'Orient, les Italiens chercherent à rouvrir la voie de l'Egypte; les Piſans, les Florentins, les Catalans, les Génois, & principalement les Vénitiens fixerent de nouveau en Egypte l'entrepôt des marchandiſes des Indes. Telle étoit la ſituation des choſes lorſque les Portugais doublerent le cap.

La ſageſſe de Veniſe fut déconcertée par ce grand événement dont elle prévit les conſéquences : dans cette criſe, elle fit jouer tous les reſſorts que pouvoit lui fournir l'habileté de ſes adminiſtrateurs : on réveilla la jalouſie des Arabes; on forma une ligue dont les cris parvinrent juſqu'au ſoudan d'Egypte qui perdoit plus que perſonne au commerce que faiſoient les Portugais. Les Vénitiens envoyerent à Alexandrette des bois & d'autres matériaux néceſſaires pour conſtruire une flotte : tout cela fut conduit au Caire par le Nil, & enſuite à Suez, d'où l'on vit partir pour l'Inde en 1508, quatre grands vaiſſeaux, un galion, deux galeres & trois galiottes.

Les Portugais avoient prévu cet orage, & pour le prévenir avoient formé le deſſein de s'emparer de l'iſle de Socotora, ſituée dans le golfe de la mer Rouge. Triſtan d'Acunha l'avoit attaquée avec ſuccès; mais elle ſe trouva ſtérile & ſans port, outre que les navigateurs qui ſortoient de la mer Rouge, ne la reconnoiſſoient jamais : ainſi la flotte égyptienne pénétra ſans danger dans l'océan Indien, ſe joignit à celle de Cambaye, & avec elle battit les Portugais affoiblis par le grand nombre de vaiſſeaux qui alors revenoient en Europe chargés de marchandiſes. Ce triomphe fut court, les vaincus reçurent des renforts, & reprirent la ſupériorité pour ne la plus perdre.

D'Albuquerque, pour mettre fin à cette petite guerre, réſolut de détruire Suez : ce projet ayant manqué malgré les talens, l'expérience, & la fermeté de ce grand homme; on y vit ſuccéder celui de rendre l'Egypte inhabitable en détournant le Nil, & lui ouvrant un paſſage vers la mer Rouge;

& d'aller piller la Mecque & Médine : d'autres entreprises plus sûres & plus importantes pour le moment firent encore différer celles-ci.

L'Europe avoit gémi sous le joug des tyrans de Rome, des Barbares du nord; & des loix féodales : le délire des croisades avoit ruiné les grands & procuré des possessions & des privileges aux peuples : le flambeau de la liberté commençoit à s'allumer; mais il alloit s'éteindre & peut-être pour toujours, sans la découverte de Vasco de Gama : les Turcs alloient opprimer la surface du globe, si les farouches vainqueurs, qui venoient de faire la conquête de l'Egypte, n'avoient été réprimés & repoussés par les Portugais dans les différentes expéditions qu'ils tenterent dans l'Inde : les richesses de l'Asie assurerent la liberté de l'Europe. D'Albuquerque ravagea d'abord les côtes d'Ormuz & pilla les villes qui en étoient dépendantes; ensuite il détruisit avec cinq navires une flotte composée des vaisseaux Ormuziens, Arabes & Persans; par-là il obtint la permission de construire une citadelle qui devoit également dominer la ville d'Ormuz & ses deux ports. Ormuz étoit la ville la plus brillante & la plus agréable de l'orient : placée au débouché du détroit de Mollandour, elle donnoit l'empire du golfe Persique, & servoit d'entrepôt au commerce de la Perse avec les Indes.

Ce fut après cette expédition que la puissance Portugaise se trouva enfin assez solidement établie dans les golfes d'Arabie & de Perse, & sur la côte de Malabar, pour songer à s'étendre dans l'orient de l'Asie.

L'isle de Ceylan se présentoit d'abord à d'Albuquerque; elle étoit fort peuplée, abondante en fruits & en pâturages; riche en éléphans, en pierres précieuses; ayant la seule cannelle qui ait jamais été estimée; proche voisine des côtes où se faisoit la meilleure pêche des perles de l'orient : ses ports étoient préférables à tous les autres ports de l'Inde; & sa position étoit encore au-dessus de tant d'avantages, vu que cette isle est le centre de l'orient, le passage qui conduit dans les plus riches régions les vaisseaux qui viennent d'Europe, d'Arabie & de Perse, & l'endroit que les mouçons alternatives de ces mers permettent le plus d'aborder ou de quitter dans tous les temps de l'année.

Après l'isle de Ceylan, il semble que le vice-roi auroit dû songer à la côte de Coromandel, qui fournit les plus belles toiles de coton de l'univers, qui mene aux mines de Golconde, & qui est admirablement placée pour recevoir les marchandises de Bengale & de plusieurs autres contrées. Cependant d'Albuquerque négligea ces deux postes : il crut que l'établissement commencé à Ceylan par son prédécesseur d'Almeyda, suffiroit pour rendre les Portugais maîtres du commerce de Coromandel, s'il pouvoit s'emparer de Malaca, & c'est à cette derniere conquête qu'il se détermina, d'autant plus qu'il savoit que la côte de Coromandel est dépourvue de ports, & qu'elle est inabordable en certains temps de l'année, ce qui souvent rendoit impossibles les secours dont les colonies auroient besoin.

Le pays dont Malaca est capitale, est une langue de terre d'environ cent lieues de long, qui ne tient au continent que par la côte du Nord où il confine à l'Etat de Siam, ou plutôt de Johora, qui a été démembré de Siam : tout le reste est baigné par la mer qui le sépare de Sumatra par un canal connu sous le nom de détroit de Malaca. La nature a tout fait pour les Malais, & la société a tout fait contr'eux : on y voit un peuple esclave obéir à un tyran sous l'anarchie de plusieurs despotes subalternes ; tandis qu'un climat doux, sain & rafraîchi par les vents & les eaux, qu'une terre prodigue de fruits délicieux & ouverte à la culture de toutes les productions nécessaires, que des bois d'une verdure éternelle, des fleurs qui naissent à côté des fleurs mourantes, un air parfumé des odeurs vives & suaves qui s'exhalent de tous les végétaux d'une terre aromatique, semblent appeller & assurer le bonheur & la volupté. Le port de Malaca étoit toujours rempli de vaisseaux dont les uns venoient du Japon, de la Chine, des Philippines, des Moluques, & les autres de Bengale, de Coromandel, de Malabar, de Perse, d'Arabie & d'Afrique : la situation de Malaca en avoit fait le marché le plus considérable de l'Inde.

Les Portugais ne s'y montrerent d'abord que comme simples négocians : cependant, comme ils étoient suspects, on leur tendit des pieges, on en massacra plusieurs, on en mit d'autres aux fers, & ce qui put échapper se sauva au Malabar. D'Albuquerque ne différa pas d'un instant une vengeance qui donnoit un air de justice à ses projets : la place fut prise après bien des combats douteux, sanglans, & opiniâtres : on y trouva une artillerie nombreuse, des trésors immenses, & de grands magasins : on se hâta d'y construire une citadelle.

Les rois de Siam, de Pégu, & plusieurs autres, consternés d'une victoire si fatale à leur indépendance, envoyerent à d'Albuquerque des ambassadeurs pour le féliciter, lui offrir leur commerce & leur alliance.

Une escadre détachée de la grande flotte, prit ensuite la route des Moluques, arracha encore cette branche de commerce aux Musulmans Arabes que les Portugais poursuivoient par-tout. On y bâtit un fort, & Lisbonne mit au nombre de ses provinces ces isles riches, sur-tout par le cocotier, le sagu, le girofle & la muscade.

Tandis que les lieutenans d'Albuquerque enrichissoient leur patrie, ce général acheva de soumettre le Malabar ; après quoi tranquille au centre de ses conquêtes, il réprima la licence des Portugais, rétablit l'ordre dans toutes les colonies, affermit la discipline militaire, & parut toujours actif, prévoyant, sage, juste, désintéressé, humain. Long-temps après sa mort, les Indiens alloient à son tombeau lui demander justice des vexations de ses successeurs, tant l'idée de ses vertus avoit fait une impression profonde sur les esprits ! Il mourut à Goa en 1515, pauvre & dans la disgrace d'Emmanuel auquel on l'avoit rendu suspect.

Jusqu'à cette époque, les Portugais avoient paru plus que des hommes aux yeux des Indiens : cette petite nation n'avoit pas quarante mille hommes sous les armes, & elle faisoit trembler l'empire de Maroc, tous les barbares d'Afrique, les Mammelus, cette célébre milice du soudan d'Egypte, les Arabes & tout l'orient depuis l'isle d'Ormuz jusqu'à la Chine : ils n'étoient pas un contre cent & ils vainquoient des troupes qui, souvent avec des armes égales, combattoient jusqu'à l'extrémité pour leur vie & leurs biens. Mais bientôt les richesses & la cupidité corrompirent ce peuple de héros : le luxe & les jouissances énerverent en eux les forces du corps & les vertus de l'ame.

Cependant Lopès Soarez, qui prit la place d'Albuquerque, suivit la chaîne de ses projets : il abolit, dans le pays de Travancor près de Calicut, la coutume de consulter des devins sur la destinée des enfans, & d'égorger ceux qu'on disoit être menacés de quelque grand malheur : il réprima quelques mouvemens dont sa nation étoit menacée aux Indes : il songea à s'ouvrir la route de la Chine. D'Albuquerque avoit vu des Chinois à Malaca, & avoit donné à sa cour la plus haute idée de ce peuple qu'on ne connoissoit point en Europe, & du commerce qu'on pourroit faire dans cet empire. Une escadre partit de Lisbonne en 1518, pour y porter un ambassadeur : Ferdinand d'Andréade étoit le chef de l'escadre ; & Thomas Pérès étoit l'ambassadeur : celui-ci trouva la cour de Pékin disposée en faveur de sa nation, dont la gloire remplissoit l'Asie. Ferdinand d'Andréade parcourut les côtes, se laissant visiter par les Chinois, & ne se mettant jamais en défense : lorsqu'il voulut partir, il fit publier, dans les ports où il avoit relâché, que si quelqu'un avoit à se plaindre des Portugais, il eut à paroître, & qu'il en auroit satisfaction. Une conduite si sage ne pouvoit manquer de leur concilier l'estime des Chinois ; aussi Thomas Perès étoit-il près de conclure son traité par lequel tous les ports de la Chine devoient être ouverts aux Portugais, lorsque Simon d'Andréade, frere de Ferdinand, parut sur les côtes avec une nouvelle escadre. Celui-ci traita les Chinois comme depuis quelque temps les Portugais traitoient tous les peuples de l'Asie : il bâtit sans permission, dans l'isle de Taman, un fort d'où il se mit à piller ou à rançonner les vaisseaux qui sortoient des ports de la Chine ou qui y arrivoient : il enleva des filles sur la côte, & se livra à la plus honteuse dissolution : ses matelots & ses soldats suivirent son exemple. Les Chinois irrités équiperent une flotte nombreuse : les Portugais se défendirent vaillamment, & s'échapperent, en se faisant jour, à travers cette flotte : l'empereur fit mettre en prison Thomas Perès qui y mourut, & la nation Portugaise fut bannie de la Chine pendant quelques années. Dans la suite les Chinois s'adoucirent, & il fut permis aux Portugais de faire le commerce dans le port de Sanciam : ils y apportoient de l'or qui venoit d'Afrique, des épiceries des Moluques & de Ceylan, des dents d'éléphant, & quelques pierreries : ils en tiroient des étoffes de soie de toute espece, des porcelaines, des vernis, des plantes médicinales, & le thé qui depuis est devenu si nécessaire au nord de l'Europe.

Les Portugais se contentoient des loges & des comptoirs qu'ils avoient à Sanciam, lorsqu'il s'offrit une occasion de se procurer un établissement plus solide. Un pirate, nommé Téhang-si-lac, s'étoit emparé de l'isle de Macao, d'où il tenoit bloqués les ports de la Chine; il fit même le siege de Canton : les mandarins des environs eurent recours aux Portugais; ceux-ci accoururent, firent lever le siege, remporterent une victoire complétte sur le pirate, & le poursuivirent jusques dans Macao où il se tua. L'empereur fit présent de cette isle aux vainqueurs; ils y bâtirent une ville qui devint florissante, & qui fut une place avantageuse au commerce qu'ils firent bientôt au Japon. Car ce fut vers ce temps-là qu'une tempête leur fit découvrir ces isles en jetant un de leurs vaisseaux sur les côtes. Ceux qui le montoient furent accueillis; on leur donna tout ce qu'il falloit pour se radouber & se rafraîchir : de retour à Goa, ils rendirent compte de ce qu'ils avoient vu, & ils apprirent au vice-roi qu'une nouvelle contrée fort riche & fort peuplée, s'offroit au zele des missionnaires & à l'industrie des négocians : les uns & les autres prirent, en conséquence, la route du Japon.

Dans peu de temps les missionnaires firent beaucoup de prosélites, & les marchands un commerce immense : ceux-ci y transportoient les marchandises des Indes qu'ils tiroient de Goa, & celle de l'Europe pour lesquelles Macao leur servoit d'entrepôt : elles consistoient la plupart en bagatelles qu'un peuple riche & curieux de nouveautés achetoit chérement. On emportoit tous les ans du Japon treize à quatorze millions en or, qui passoient en grande partie à Lisbonne. Les Portugais épousoient au Japon de riches héritieres, s'allioient aux familles les plus puissantes, & commerçoient librement dans tous les ports & dans toutes les provinces du royaume.

Leur cupidité devoit être satisfaite, ainsi que leur ambition : les Romains, dans leur plus grande prospérité, n'avoient pas eu un empire beaucoup plus étendu : au milieu de tant de gloire. Les Portugais n'avoient pas négligé cette partie de l'Afrique, située entre la mer Rouge & le cap de Bonne-Espérance, & qui avoit été de tout temps si renommée pour la richesse de ses productions : les marchands Arabes qui l'occupoient, furent subjugués vers l'an 1508; & sur leurs ruines s'éleva un empire qui s'étendoit depuis Sofala jusqu'à Melinde, & dont l'isle de Mozambique fut le centre : son port qui est excellent, devint un lieu de relâche & un entrepôt pour le vainqueur.

Tant d'avantages pouvoient former une masse de puissance inébranlable; mais l'ineptie de quelques commandans, l'ivresse des succès, l'abus des richesses, & les vices avoient changé les Portugais : ils ne faisoient aucun scrupule de piller & tromper les idolâtres : tyrans des mers de l'Orient, ils y rançonnoient les vaisseaux de toutes les nations; ils insultoient les princes, & ravageoient les côtes : dans peu ils devinrent le fléau & l'horreur des peuples.

Le roi de Tidor fut enlevé & massacré avec ses enfans qu'il avoit confiés aux Portugais : les peuples de Ceylan étoient traités avec la plus affreuse barbarie : l'inquisition fut établie à Goa : les tombeaux des empereurs de la Chine dans l'isle de Calampui furent pillés par Faria. Souza faisoit renverser toutes les pagodes des côtes de Malabar, & égorgeoit ceux qui venoient pleurer sur les ruines de leurs temples : Corréa juroit l'observation des traités sur un recueil de chansons, croyant éluder tout engagement par ce vil stratagême : Nugnès d'Acunha fit passer au fil de l'épée tous les habitans de l'isle de Daman, qui offroient de se retirer, si on leur permettoit d'emporter leurs richesses : Diégo de Silvéyra s'empara dans la mer rouge d'un vaisseau richement chargé, qui l'avoit salué & qui avoit demandé un passe-port à un général Portugais; il est vrai que ce passe-port ne contenoit que ces mots... *Je supplie les capitaines des vaisseaux du roi de Portugal de s'emparer du navire de ce maure.* Bientôt les Portugais n'eurent pas même les uns pour les autres plus d'humanité & de bonne foi qu'ils n'en avoient pour les naturels du pays : leurs mœurs devinrent un mélange d'avarice, de débauche, de cruauté & de dévotion : bientôt la mollesse s'introduisit dans les maisons & dans les armées : bientôt le roi de Portugal ne toucha plus le produit des tributs que payoient plus de cent cinquante princes de l'Orient; tous ces tributs, le produit des douanes, les impôts ne suffirent bientôt plus pour l'entretien de quelques citadelles & l'équipement des vaisseaux nécessaires, tant le brigandage étoit grand !

Dom Juan de Castro voulut arrêter tant d'abus : c'étoit un homme instruit, qui avoit l'ame noble & élevée. Il eut d'abord à combattre toutes les forces de Mahmoud, roi de Cambaie, dont le ministre avoit su attirer des soldats aguerris, de bons ingénieurs, & des officiers expérimentés. Ce ministre nommé Cojé-Sophar, né d'un pere Italien & d'une mere Grecque, attaqua Diu qui avoit été long-temps regardée comme la clef des Indes, & qui étoit tombée sous la domination des Portugais du temps de d'Acunha. Cojé-Sophar prit cette place, & fit le siege de la citadelle : Mascarenhas qui en étoit gouverneur, devoit avoir neuf cents hommes & n'en avoit que trois cents. Castro lui fit passer des secours sous la conduite de son fils aîné qui fut tué : Cojé-Sophar le fut aussi, & le siege n'en fut pas continué avec moins de vigueur. Castro établit des jeux funéraires à l'honneur de ceux qui étoient morts en combattant; le second de ses fils présida à ces jeux, & partit aussi-tôt pour Diu, prêt à mériter les honneurs qu'il venoit de rendre à son frere : la garnison se signaloit tous les jours par des actions extraordinaires: aux yeux des Indiens, les Portugais étoient au-dessus de l'homme : *Heureusement*, disoit-on, *la providence avoit voulu qu'il y en eût peu, comme des tigres & des lions.* Castro vint lui-même au secours de la citadelle : il y entra avec des vivres & quatre mille hommes : il livra la bataille, & remporta une grande victoire : il emprunta en son nom les fonds nécessaires pour réparer la place ; & à son retour à Goa, il donna à son armée les honneurs du triomphe à la maniere des anciens.

La vigueur des Portugais, ranimée par Castro, ne se soutint pas long-temps : la corruption gagna toutes les classes des citoyens : un vice-roi imagina d'établir dans les villes principales des troncs où tous les particuliers pouvoient jeter des mémoires & donner des avis ; un semblable établissement pourroit être utile chez une nation éclairée où il y auroit encore des mœurs ; mais que pouvoit-il faire chez une nation superstitieuse & corrompue ? Il ne restoit plus aucun des premiers conquérans ; le Portugal épuisé par tant de colonies, ne pouvoit les remplacer : les défenseurs des établissemens Portugais étoient nés en Asie, & n'avoient plus l'intrépidité de leurs peres : ils cesserent de se faire craindre en se livrant aux excès qui font haïr : Le poison, les incendies, les assassinats leur étoient devenus familiers, les hommes en place donnoient l'exemple de tous les crimes.

L'isle d'Amboine fut le premier pays qui se fit justice dans une fête publique : un Portugais y saisit une très-belle femme, & sans égard pour les bienséances, lui fit tous les outrages possibles ; un des insulaires, nommé Genulio, arma ses concitoyens, & les Portugais furent chassés avec mépris. Egalement détestés par-tout, ils virent se former une confédération pour les chasser de l'Orient : la cour de Lisbonne fit partir pour l'Inde Ataïde, & tous les Portugais qui s'étoient distingués dans les guerres d'Europe. A leur arrivée, l'opinion générale étoit qu'il falloit rassembler les forces dans le Malabar & aux environs de Goa, & abandonner les possessions éloignées : Ataïde ne voulut pas avoir l'air de faire de semblables sacrifices ; & il expédia des secours pour toutes les places menacées. Le Zamorin attaqua Mangalor, Cochin & Cananor ; le roi de Cambaie attaqua Chaul, Daman, Bachaïm ; le roi de Ternate fit la guerre dans les Moluques : Agalachem arrêta les Portugais dans Surate ; la reine de Garcopa tenta de les chasser d'Onor.

Ataïde, au milieu des soins & des embarras que lui donnoit le siege de la capitale, envoya cinq vaisseaux à Surate ; les Portugais détenus par Agalachem furent relâchés : treize vaisseaux partirent pour Malaca ; le roi d'Achem & ses alliés en leverent le siege. Ataïde fit même partir la flotte qui tous les ans portoit à Lisbonne les tributs & des marchandises ; & cela dans le temps que Goa étoit le plus vivement pressée par Idalcan ; il envoya des troupes au secours de Cochin, & des vaisseaux à Ceylan : enfin les Portugais arrivés d'Europe avec lui firent par-tout des prodiges de valeur. Cependant à la force des armes, il joignit la politique : il gagna la maîtresse d'Idalcan qui, après dix mois de combats & de travaux, se retira la honte & le désespoir dans le cœur. Dès cet instant, Ataïde vole au secours de Chaul assiégé par plus de cent mille hommes, & défendu avec autant d'intrépidité que Goa ; il y remporte une grande victoire à la tête d'une poignée de Portugais : ensuite il marche contre le Zamorin, le bat, & fait avec lui un traité par lequel ce prince s'engage à n'avoir plus de vaisseaux de guerre. Les Portugais redevenoient dans tout l'orient ce qu'ils étoient auprès d'Ataïde : un seul vaisseau commandé par Lopès Carasco, se battit pendant trois jours contre la flotte entiere du roi d'Achem; au milieu du combat, on vint dire au fils de Lopès que son pere étoit tué; *C'est un brave homme de moins*, dit-il, *il faut vaincre ou mériter de mourir comme lui ;* il traversa en vainqueur la flotte ennemie, & se rendit devant Malaca.

Ataïde mit de la réforme dans la régie des deniers publics; mais ce bon ordre, cet héroïsme renaissant, ce beau moment n'eut de durée que celle de son administration. A la mort du roi Sébastien, le Portugal tomba dans une sorte d'anarchie, & fut peu à peu soumis à Philippe II. Les Portugais de l'inde ne crurent plus avoir de patrie : ils agirent sans zele & sans concert. Les particuliers ne songerent plus qu'à leur fortune : les soldats & les officiers vécurent sans discipline & sans subordination : les mœurs se dépraverent plus que jamais : enfin les Portugais perdirent leur grandeur, lorsqu'une nation libre, éclairée & tolérante se montra dans l'inde & leur en disputa l'empire.

L'ambition du Portugal auroit dû avoir des bornes; cette petite nation se trouvant tout-à-coup maîtresse du commerce le plus étendu de la terre, ne fut bientôt composée que de marchands, de facteurs, & de matelots : elle perdit ainsi le fondement de toute puissance réelle, l'agriculture, l'industrie nationale, & la population. Elle fit plus mal encore; elle voulut être conquérante, & embrassa une étendue de terrain qu'aucune nation de l'Europe n'auroit pû conserver sans s'affoiblir; les projets de commerce ayant été changés en projets de conquêtes, la nation quitta l'esprit de commerce pour prendre celui de brigandage; ils n'avoient pû porter aux indes que de l'argent; ils s'en lasserent & ravirent de force aux indiens ce qu'ils avoient d'abord acheté d'eux. Alors on vit en Portugal la plus excessive pauvreté à côté de la plus excessive richesse. Il n'y eut de riches que ceux qui avoient possédé quelque emploi dans les indes; & le laboureur, qui ne trouvoit pas de bras pour l'aider dans son travail, les fabriquans qui manquoient d'ouvriers, abandonnant bientôt leurs métiers, se virent réduits à la plus affreuse misere. Est-il étonnant que dans cet état d'affoiblissement, les Portugais n'aient pu empêcher leurs plus beaux établissemens, de passer sous la domination des Hollandois, nation patiente & réfléchie que le sentiment de ses besoins, & l'envie d'affermir son indépendance animoient du plus fier courage.

Toutes ces calamités avoient été prévues. Tandis que la cour de Lisbonne se flattoit que les trésors de l'inde éleveroient l'Etat, malgré les bornes étroites de son territoire, à la force & à la splendeur des puissances les plus redoutables, les ministres les plus éclairés oserent dire que, pour courir après des métaux, après des objets brillans, on négligeroit les biens réels, l'exploitation des terres, des manufactures; que les guerres, les naufrages,

frages, les épidémies, les accidens de tous les genres énerveroient pour jamais le royaume entier, que le gouvernement entraîné loin de son centre par une ambition démesurée, attireroit par violence ou par séduction, les citoyens aux extrémités de l'Asie; que le succès même de l'entreprise susciteroit à la couronne des ennemis puissans qu'il lui seroit impossible de repousser. Inutilement on entreprit, quelque temps après, de détromper ces hommes sages, en leur montrant les Indiens soumis, les Maures réprimés, les Turcs humiliés, l'or & l'argent répandus abondamment dans le Portugal. Leurs principes & leur expérience les soutinrent contre l'éclat imposant de ces prospérités. Ils ne demanderent que peu d'années encore pour voir la corruption, la dévastation, la confusion de toutes choses poussées au dernier période. Le temps, ce juge suprême de la politique, ne tarda pas à justifier leurs prédictions.

De toutes les conquêtes que les Portugais avoient faites dans l'inde, il ne leur reste que Macao, Diu & Goa. Les liaisons que ces trois établissemens ont entr'eux, dans le reste de l'inde & avec le Portugal, sont peu importantes.

Macao envoie tous les ans à Goa deux petits bâtimens chargés de porcelaines & autres marchandises rebutées à Canton. Ces navires se chargent en retour, de bois de sandal, de safran d'inde, de gingembre & de poivre, qu'une des deux frégates qu'occupe Goa, a pu recueillir sur la côte du sud. Celle qui a sa direction au nord, porte à Surate une partie des cargaisons arrivées à la Chine, & y prend quelques toiles dont elle va achever le chargement à Diu qui n'est plus ce qu'il a été. Un vaisseau qui arrive tous les ans d'Europe, forme à Goa une foible & mauvaise cargaison de ce qu'on y a pu ramasser de marchandises de la Chine, de Guzurate, de quelques comptoirs Anglois, & va le distribuer au Mozambique, au Bresil, ou à Angole, & à la métropole.

Tel est l'état de dégradation où sont tombés dans l'inde, les hardis navigateurs qui la découvrirent, les intrépides guerriers qui la subjuguerent. Le théâtre de leur gloire, de leur opulence, est devenu celui de leur ruine, de leur opprobre, Leur situation n'est pourtant pas aussi désespérée qu'on le pourroit croire. Ce qui leur reste de possessions seroit peut-être suffisant pour leur redonner une grande part aux affaires de l'Asie. Cette révolution doit être l'ouvrage de la philosophie & de la liberté. Que les Portugais connoissent leurs intérêts; que leurs ports jouissent d'une liberté entiere; que ceux qui s'y fixeront trouvent une égale sureté pour leurs préjugés religieux & pour leur fortune : les indiens opprimés par leur gouvernement, les européens gênés par le monopole de leurs compagnies, s'y rendront en foule. Bientôt un pavillon, oublié depuis long-temps, redeviendra respectable. *Histoire philosophique & politique du commerce & des établissemens des Européens dans les deux indes.*

§. IV.

Intérêts politiques.

Le royaume de Portugal ayant été rétabli dans ses anciennes limites par le traité de paix de 1668; & la maison de Bragance ne pouvant avoir de prétentions à la charge d'aucun souverain, il n'est guere possible que cette cour puisse former aucun projet d'agrandissement en Europe; d'autant plus, que ni le génie de la nation, ni l'état actuel de l'armée & des flottes portugaises, ne sont propres à faire naître des désirs de conquête. Mais, si cette puissance n'est pas fort redoutable aux autres, il semble, en revanche, que la situation locale du pays la mette à l'abri de rien craindre de leur part; sur-tout, si l'on considere, que les puissances qui pourroient y envoyer des transports de troupes capables de faire des descentes sur les côtes, sont toutes intéressées à la conservation du Portugal par des intérêts de commerce. Mais, comme cet Etat a eu autrefois les possessions les plus considérables dans les autres parties du monde, & qu'il en a encore de fort importantes, il est de son intérêt réel de veiller soigneusement à la conservation de ses provinces éloignées, de saisir l'occasion favorable pour se rétablir dans celles qu'il a perdues, & en attendant, de protéger & d'encourager son commerce & sa navigation par tous les moyens possibles. Cet objet important semble occuper toutes ses forces, d'autant plus que le Portugal manque presque de tout ce qui sert au métier de la guerre, & qu'il est obligé de le prendre chez d'autres peuples.

Le Portugal n'a d'autres voisins que l'Espagne, qui lui est très-redoutable, tant à cause de ses anciennes prétentions sur tout ce royaume, que par rapport à la supériorité de ses forces. Mais diverses raisons doivent rassurer la cour de Lisbonne à cet égard. 1°. Les prétentions de l'Espagne semblent avoir été éteintes dès le douzieme siecle, lorsque le pape Alexandre III érigea le Portugal en royaume particulier par une bulle qu'il donna à cet effet le 10 juin de l'année 1179. 2°. Ce royaume a été déclaré indépendant par le traité conclu & signé à saint Ildefonse, en 1668 (*a*), lequel traité fut confirmé dans toutes ses clauses, & étendu encore non-seulement par la paix d'Utrecht conclue en 1713, mais aussi par divers traités particuliers que les deux couronnes ont fait entr'elles. 3°. Il y a de nos jours entre les deux couronnes une alliance cimentée par le double mariage du roi d'Espagne avec l'infante de Portugal, & du roi de Portugal avec l'infante d'Espagne. 4°. On ne pourroit faire subsister en Espagne qu'une armée tout au plus de 25,000 hommes, à cause du manque de vivres; & les Portugais sont en état d'opposer des forces égales. De plus,

(*a*) Il se trouve en entier dans le *Corpus juris gentium* de Schmaus, édit. de 1730, pag. 929 & ailleurs.

l'indolence des Espagnols, & la nature de leurs provinces limitrophes; les empêcheroient d'établir de gros magasins, ou de faire suivre les provisions par charroi. 5°. Les puissances maritimes sont alertes à venir au secours du Portugal, dès que ce royaume est menacé de quelque invasion. Ils y envoient promptement des flottes considérables, chargées de troupes, & pourvues de toutes les munitions de guerre, que les Portugais leur achetent à beaux deniers comptants. L'histoire nous apprend que ces secours ont fait échouer plus d'une fois toutes les entreprises des Espagnols.

La France ne pensera vraisemblablement point à attaquer le Portugal dans ses possessions en Europe; parce que, non-seulement elle en est séparée par l'Espagne, mais encore le succès d'un armement naval seroit douteux; après tout, elle n'a point de prétentions à sa charge, & ce pays n'est point à sa bienséance. Il y a peu d'apparence aussi, que les François pussent réussir à enlever quelque chose aux Portugais en Amérique; 1°. parce que leurs possessions ne sont pas limitrophes; 2°. parce que ces derniers y sont établis de longue main, ce qui est d'une grande considération pour les pays lointains; 3°. parce qu'ils y ont des ports dont on ne pourroit se rendre maître, qu'en y envoyant des forces immenses; 4°. parce que toutes les autres nations commerçantes accourroient d'abord au secours du Portugal; 5°. parce qu'il est de l'intérêt de la France, que ce royaume se conserve avec toutes les dépendances contre l'Espagne, & même contre la Hollande, laquelle autrefois pensoit à s'agrandir & à faire des conquêtes en Amérique aux dépens du Portugal. Cette cour cherche donc à se faire un allié utile de la France, qui profite à son tour d'une partie de son commerce, duquel on a solidement réglé les conditions & la maniere dont il doit se faire à l'avenir, par le traité d'Utrecht entre la France & le Portugal, conclu en 1713.

De toutes les puissances de l'Europe, l'Angleterre est celle dont le Portugal doit le plus ménager l'amitié, non-seulement par rapport aux grands intérêts de commerce que les deux nations ont à ménager réciproquement, mais aussi pour les secours prompts & efficaces que le Portugal peut toujours attendre de la Grande-Bretagne. Il paroît par les listes annuelles des vaisseaux marchands qui arrivent dans les différents ports du Portugal, que ce royaume fait plus de commerce avec l'Angleterre seule, qu'avec tout le reste de l'Europe ensemble; & il y a telle & telle branche de commerce qu'il ne peut faire qu'avec les Anglois, comme l'exportation des vins de Porto; parce qu'il n'y a pas de nation qui aime ces vins forts autant que les Anglois, ni qui en fasse une aussi grande consomption. Les manufactures Angloises en échange, sur-tout celles de laine, sont les plus convenables au Portugal, pour l'usage qui s'en fait dans le pays, & pour le transport aux Indes, tant à l'égard de la qualité & des assortimens, que par rapport aux prix. C'est par toutes ces raisons, que l'Angleterre & le Portugal ont conclu à Londres dès l'année 1642, c'est-à-dire, peu de temps après la grande révolution arrivée en 1640, un traité d'amitié & de commerce réciproque, qui est fort favorable aux deux nations, sur-tout à la Britannique. Ce traité a été confirmé l'an 1713 par celui d'Utrecht ; & par des conventions particulieres faites entre les cours de Londres & de Lisbonne en différens temps. Enfin l'intérêt mutuel, l'ame de toutes les alliances, a resserré très-étroitement les liens de l'amitié entre ces deux nations ; & chaque fois que le Portugal a été menacé, les flottes Angloises ont volé à son secours. On en a vu de fréquens exemples, & entr'autres en 1728. Le Portugal ayant été menacé par l'Espagne, l'amiral Norris parut soudainement dans le Tage avec une flotte formidable, & sa seule présence fit avorter tous les desseins de la cour de Madrid. Ces sortes de secours sont, à la vérité, fort largement payés par le Portugal ; & c'est un jeu auquel la nation Angloise a raison de se plaire, vu qu'elle gagne considérablement en employant sa marine à protéger une puissance dont la conservation lui est de la plus grande conséquence : mais, d'un autre côté, le Portugal toujours assuré d'une si forte assistance, épargne l'entretien constant d'une grande armée de terre & navale.

Le commerce & la navigation dans les indes ont fait naître pendant longtemps une rivalité extrême entre les Portugais & les Hollandois ; mais ces derniers s'étant emparés du Bresil & des indes orientales pendant que le Portugal étoit sous la domination des Espagnols, cette rivalité a dégénéré en guerre ouverte. Après avoir recouvré son indépendance, il rechercha l'amitié des Provinces-Unies, qui, malgré les traités, continuerent à lui faire une guerre sourde. La cour de Lisbonne songea sérieusement à sa défense, & réussit en 1658 à chasser entiérement les Hollandois des établissemens qu'ils s'étoient faits dans le Bresil. Cette guerre fut terminée par un *traité de paix & d'alliance entre le Portugal & les Provinces-Unies, conclu à La Haye le 6 d'août* 1661, portant, que les contractans resteront en possession des villes, châteaux, places, *&c.* qu'ils auront saisis, soit aux indes orientales, soit ailleurs, quand la paix y sera publiée, chacun d'eux renonçant aux prétentions qu'il pourroit former ; que les Provinces-Unies renoncent de même à toutes leurs prétentions sur le Bresil, à condition qu'il leur sera permis d'y faire toute sorte de commerce, à l'exception de celui du bois de Bresil, aussi-bien que dans tous les ports, rades, havres & autres places, que les Portugais ont sur les côtes d'Afrique ; que, si le roi de Portugal viole quelqu'une des conditions de cette paix, les Provinces-Unies rentreront dans tous les droits auxquelles elles renoncent ; ceux de sa majesté Portugaise devant aussi revivre dans le cas que les Etats-généraux enfreignent quelque article du traité. La teneur & les conditions de ce traité, qui a été confirmé par celui d'Utrecht, & par plusieurs conventions particulieres, met le Portugal en sureté contre les attaques des Hollandois, d'autant plus que la constitution actuelle de la république, & la forme de son gouvernement, ne semblent pas être faites pour lui inspirer des projets de conquêtes; que sa maxime est de se contenter de ce qu'elle possede, & de ne se servir de ses flottes, que pour protéger son commerce; qu'elle a fait l'expérience au Bresil de ce que peuvent les forces du Portugal, lorsqu'il veut faire des efforts; & qu'enfin, l'Angleterre ou la France ne laisseroient jamais ce royaume sans secours, ces puissances étant depuis long-temps fort jalouses des grands progrès que la Hollande a faits dans les indes. D'un autre côté, le Portugal n'est pas en état d'attaquer les établissemens des Hollandois, qui ont en Europe & en Asie, des armées & une marine infiniment supérieures à celles des Portugais.

Par ce qui a été dit plus haut de l'assiette ainsi que de l'état du Portugal, on voit assez, qu'excepté l'Espagne, ce royaume ne sauroit guere avoir de relations qu'avec les nations commerçantes, & qu'ainsi la république Helvétique, la plupart des Etats d'Italie, des princes d'Allemagne, la Pologne & la Russie, entrent pour peu de chose dans son systême politique. Car le roi de Portugal n'entretient point de troupes Suisses; ses sujets ne font point de commerce direct avec l'Italie, ni avec l'Allemagne, si ce n'est avec les villes Anséatiques; les Portugais & les Polonois sont des peuples à ne se rencontrer jamais dans aucune de leurs entreprises; & la Russie, non plus que le Portugal, n'ayant point de navigation marchande qui puisse rapprocher le grand éloignement de leur situation locale, il n'y a point actuellement de liaisons directes entre ces puissances. Quelquefois cependant les bienséances de la parenté qui subsiste entre la maison de Portugal & celle d'Autriche, des secours en argent que cette derniere a demandés & obtenus, des projets politiques fort éloignés, *&c.* ont occasionné l'envoi d'un ministre de Vienne à Lisbonne, & de Lisbonne à Vienne; (*a*) mais ces exemples sont rares. La Prusse entretient un consul à Lisbonne; & comme cette puissance s'achemine à devenir réellement commerçante, qu'elle a une compagnie des Indes, un port admirable à Embden sur la mer du Nord, plusieurs bons ports dans la Baltique, d'où elle peut transporter en Portugal des mâts, planches, futailles & autres bois, des toiles de Silésie & quantité d'autres ouvrages de ses manufactures qui y sont fort recherchés, il se peut, que les intérêts de commerce fassent bientôt naître des liaisons politiques entre les cours de Berlin & de Lisbonne.

Il n'est guere apparent, que le Danemarc & la Suede puissent former des projets contre le Portugal, vu que ces puissances n'ont pas les moyens d'envoyer des flottes & des transports de troupes assez considérables, pour enlever aux Portugais la moindre de leurs possessions en Europe, ni les inquiéter dans les Indes, où ces derniers sont assez forts. Au contraire, ces nations du Nord sont intéressées à entretenir une bonne intelligence avec le Portugal, & à mettre leur commerce réciproque sur un bon pied, d'au-

(*a*) C'est ce que l'on vit à la naissance de l'archiduc Joseph, aujourd'hui empereur, *&c.*

tant plus que ce royaume a besoin de bois, chanvre, lin, poix, goudron, métaux, & de beaucoup d'autres denrées que produit le Nord; tandis qu'il fournit en échange, son or & son argent, ses vins, ses fruits, ses sels & plusieurs autres productions qui font la matiere d'un commerce mutuellement avantageux. Le Portugal doit d'autant plus cultiver l'amitié des nations du Nord, qu'il peut au besoin trouver chez elles toutes sortes de munitions de guerre & de bouche, & même des vaisseaux tout prêts; outre que ces couronnes ne demanderoient pas mieux que de venir au secours d'une puissance qui paye si bien tous les services qu'on lui rend.

Le Portugal n'a d'autres relations avec la Porte Ottomane, que celles qui naissent de son commerce sur la mer Rouge, & de la protection que le grand-seigneur accorde aux habitans de la côte de Barbarie. Il est en guerre perpétuelle avec les pirates d'Alger, de Tunis, de Tripoli & de Salé, non-seulement à cause de la religion, mais aussi pour les intérêts de sa navigation qu'il doit protéger contre ces corsaires.

POSTEL, *Auteur Politique.*

GUILLAUME POSTEL, né à Barenton (*a*) en Normandie le 25 de mars 1510, & mort à Paris le 6 de septembre 1581 (*b*), étoit théologien, jurisconsulte, philosophe, un homme universel, d'une vaste érudition, & qui possédoit particuliérement la connoissance des langues. Outre la latine, la grecque, l'arabe, l'hébraïque, la chaldaïque & la syriaque, il savoit si bien celles qui sont vivantes, qu'il se vantoit de pouvoir faire le tour de la terre sans truchement. Il fut professeur royal en mathématique & des langues orientales, & on le regardoit comme un oracle en France; mais cet homme devint aussi fameux par ses erreurs, qu'il l'avoit été par une vivacité, une pénétration, une mémoire qui alloient jusqu'au prodige. Il étoit âgé de près de quarante ans, lorsqu'il embrassa à Rome l'institut naissant des jésuites. Saint Ignace, le fondateur & le premier général de cette compagnie, l'en chassa, après avoir reconnu qu'avant son voyage d'Italie, à force de lire les rabins & de contempler les astres, il s'étoit gâté l'esprit (*c*). Il dogmatisa dans Rome & ensuite à Venise; & c'est dans cette derniere ville qu'il s'infatua d'une certaine religieuse, appellée *la mere Jeanne*, & qu'il osa prédire un nouvel avénement de Jesus-Christ dans peu d'années, où cette religieuse seroit la rédemptrice des femmes, ainsi que

---

(*a*) Village du diocese d'Avranches.

(*b*) Histoire du monastere de Saint-Martin des Champs, pag. 555.

(*c*) Vie de S. Ignace par Bouhours. Paris, Cramoisy, in-4to. 1679.

Jesus-Christ avoit été le rédempteur des hommes. Il composa sur ce sujet en italien un livre qu'il intitula : *La Virgine Veneta* (*a*). Il publia dans d'autres livres, que toutes les sectes seroient sauvées ; que la plupart des mysteres du christianisme n'étoient que des fables, que l'ange Raziel lui avoit révélé les secrets divins, & que ses écrits étoient les écrits de Jesus-Christ-même. Il fut enfermé, & s'étant échappé, il retourna en France après avoir couru beaucoup de pays. Rentré dans son bon sens, il se retira à saint Martin des champs. C'est-là qu'il est mort. Postel a fait quelques ouvrages dont il ne doit pas être question ici (*b*). Ceux dont je dois rendre compte sont au nombre de quatre.

I. Le premier a pour titre : » Les raisons de la monarchie, & quels moyens » sont nécessaires pour y parvenir, là où sont compris en bref les très- » admirables & de nul jusqu'à aujourd'hui, considérés privileges & droits » tant divins, célestes, comme humains, de la gent gallique & des prin- » ces par icelle élus & approuvés «. Paris, 1551 in-8vo.

II. Le second est intitulé : » L'histoire mémorable des expéditions de- » puis le déluge faites par les Gaulois ou François depuis la France jus- » qu'en Asie & en Thrace, & en l'orientale partie de l'Europe, & des » commodités ou incommodités des divers chemins pour y parvenir & » retourner, pour montrer avec quels moyens l'empire des infideles peut » & doit par eux être défait. A la fin est l'apologie de la Gaule contre » les malévoles écrivains, qui d'icelle ont mal ou négligemment écrit ; est » après les très-anciens droits du peuple gallique & de ses princes «. Paris, 1552 in-16. L'auteur prétend que les rois de France parviendront un jour à l'empire du monde entier.

III. Le troisieme est : » la loi salique, livres de la premiere humaine vé- » rité, là où sont en brief les origines & autorités de la loi gallique, nom- » mée communément salique, pour montrer à quel point faudra nécessai- » rement en la gallique république venir, & que de ladite république sortira » un monarque temporel. « Paris, 1552, *in*-16. Le même, sous ce titre : » De la premiere vérité humaine, où sont contenues les sources, causes,

(*a*) » L'existence du livre de la mere Jeanne, autrement dite la vierge Vénitienne, » n'est plus aujourd'hui problématique. La bibliotheque du roi en a acquis un exemplaire.... » On voit, par l'apologie manuscrite de ce savant homme, qu'on a eu tort de lui repro- » cher d'avoir enseigné que les femmes n'avoient pas été rachetées par Jesus-Christ. Ce » ne fut jamais sa pensée ; mais ce qu'il pensoit n'en étoit pas moins faux & absurde. Le » regne que les femmes auroient, selon Postel, sur le monde universel, n'étoit au fonds » que le rétablissement de la raison plus parfaite dans les hommes & dans les femmes. » Cette perfection alloit s'étendre, en commençant par la vierge Vénitienne, sur tout l'u- » nivers, & faire ainsi régner les femmes. » *Sallier, garde des livres de la bibliotheque du roi. Voyez son mémoire dans le quinzieme tome de l'hist. de l'acad. des belles-lettres de Paris.*

(*b*) On en trouve le catalogue dans la bibliotheque de Gesner, imprimée à Zurich en 1583, in-folio, & dans celle de la Croix du Maine & de du Verdier.

» vertus & pouvoirs de la loi gallique, dite salique, déduite selon la vraie » antiquité. » Lyon, 1559, *in-16.*

IV. Un livre qui a pour titre : » La nouvelle *doctrine*, en laquelle il est » montré comment il appartient à messieurs de la faculté de faire entendre » comment le droit de la monarchie Gauloise dépend du droit divin, & » quelles propositions, en tel cas, dépendent de leurs censures. «

Il a fallu rapporter ces titres de livres, quelque longs qu'ils soient, parce qu'à ces seuls titres on reconnoît la folie de l'auteur. Un ingénieux écrivain François, du dernier siecle, (*a*) a eu raison de dire » que la raison & le » bon sens sont quelquefois renversés & détrônés, pour parler ainsi, en une » de leurs provinces, & demeurent maîtres dans les autres où l'effort d'une » imagination violente ne s'est point adressé. « Postel a grossi la liste de ces fanatiques, dont deux hommes de mérite ont fait l'histoire (*b*).

Un auteur François qui a voulu justifier Postel, à quelques égards, en parle ainsi : » Quant à Postel, qu'il (Colomiés) appelle monstre abomi- » nable, je ne veux dresser ici une apologie pour lui avec lequel je n'eus » jamais de commerce, ni grand ni petit; mais par un simple devoir d'hu- » manité, je dirai que je suis assez suffisamment & certainement averti » qu'en ses derniers ans, c'étoit un vrai bon homme, professeur de piété, » sainteté, & mépris du monde; & jamais personne ne sortoit d'avec lui, » (force gens d'honneur, de qualité & de lettres le hantoient, peu ou » point d'autres) qu'il n'en fût plus édifié qu'il n'y étoit entré, spéciale- » ment sur le mépris du monde & mortification de soi-même. Bien vrai » est qu'il a été un temps malade en l'esprit, mettant en avant en public » des propositions absurdes & étranges, dont il en fut hué. Ce ne fut qu'une » Eloïse. Il s'en alla voyager loin du royaume; depuis revenant & voulant » lire en hébreu l'Ecclésiaste, il commença à se montrer par une recon- » noissance publique de sa maladie & dévoiment d'esprit, avec ces mots: » *Fateor me olim laborasse mente laxatâ*, & depuis a toujours demeuré en » son devoir, soumettant tous ses avis au jugement de l'église, dont il » méritoit pitié & excuse, plutôt qu'accusation & injures; étoit plus digne » d'un Sem & Japhet catholiques qui couvrent cette sienne mésaventure, » que d'un Cham ou Chanaan hérétiques & malins qui découvrent ses » hontes; & la Sorbonne de Paris ne l'a jamais ni favorisé, ni aussi per- » sécuté depuis sa reconnoissance, si ce n'est pour empêcher qu'il ne lût » en public. « (*c*)

(*a*) Pelisson, seconde partie des chimeres de Jurieu.

(*b*) Bruëys, hist. du fanatisme de notre temps, in-12; Catrou, hist. du fanatisme, 4 vol. in-12.

(*c*) De la Monnoye, dans ses notes sur les ouvrages de Colomiés, imprimés à la suite de la bibliotheque choisie de Colomiés dans l'édition de Paris de 1731.

POSTLIMINIE,

POSTLIMINIE, s. f.

Du droit de Postliminie.

Le droit de Postliminie est celui en vertu duquel les personnes & les choses prises par l'ennemi, sont rendues à leur premier état, quand elles reviennent sous la puissance de la nation à laquelle elles appartenoient.

Le souverain est obligé de protéger la personne & les biens de ses sujets, de les défendre contre l'ennemi. Lors donc qu'un sujet ou quelque partie de ses biens, sont tombés entre les mains de l'ennemi, si quelque heureux événement les remet en la puissance du souverain, il n'y a nul doute qu'il ne doive les rendre à leur premier état, rétablir les personnes dans tous leurs droits & dans toutes leurs obligations, rendre les biens aux propriétaires, en un mot, remettre toutes choses comme elles étoient avant que l'ennemi s'en fût rendu maître.

La justice ou l'injustice de la guerre n'apporte ici aucune différence, non-seulement parce que, suivant le droit des gens volontaire, la guerre, quant à ses effets, est réputée juste de part & d'autre, mais encore parce que la guerre, juste ou non, est la cause de la nation ; & si les sujets qui combattent, ou qui souffrent pour elle, après être tombés, eux ou leurs biens, entre les mains de l'ennemi, se retrouvent, par un heureux accident, sous la puissance de leur nation, il n'y a aucune raison de ne pas les rétablir dans leur premier état : c'est comme s'ils n'eussent point été pris. Si la guerre est juste, ils avoient été pris injustement ; rien de plus naturel que de les rétablir, dès qu'on le peut : si la guerre est injuste, ils ne sont pas plus obligés d'en porter la peine que le reste de la nation. La fortune fait tomber le mal sur eux, quand ils sont pris ; elle les en délivre, lorsqu'ils échappent : c'est encore comme s'ils n'eussent point été pris ; ni leur souverain, ni l'ennemi, n'ont aucun droit particulier sur eux : l'ennemi a perdu par un accident, ce qu'il avoit gagné par un autre.

Les personnes retournent, les choses se recouvrent par droit de Postliminie, lorsqu'ayant été prises par l'ennemi, elles retombent sous la puissance de leur nation. Ce droit a donc lieu aussitôt que ces personnes ou ces choses prises par l'ennemi, tombent entre les mains des soldats de la même nation, ou se retrouvent dans l'armée, dans le camp, dans les terres de leur souverain, dans les lieux où il commande.

Ceux qui se joignent à nous pour faire la guerre, ne font avec nous qu'un même parti : la cause est commune, le droit est un ; ils sont considérés comme ne faisant qu'un avec nous. Lors donc que les personnes ou les choses prises par l'ennemi, sont reprises par nos alliés, par nos auxiliaires, ou retombent de quelqu'autre maniere entre leurs mains, c'est précisément la même chose, quant à l'effet de droit, que si elles se retrouvoient immédiatement en notre puissance, la puissance de nos alliés & la nôtre n'étant qu'une dans cette cause.

Le droit de Postliminie a donc lieu dans les mains de ceux qui font la guerre avec nous : les personnes & les choses qu'ils délivrent des mains de l'ennemi, doivent être remises dans leur premier état.

Mais ce droit a-t-il lieu dans les terres de nos alliés ? il faut distinguer, si ces alliés font cause commune avec nous, s'ils sont associés dans la guerre, le droit de Postliminie a nécessairement lieu pour nous dans les terres de leur obéissance, tout comme dans les nôtres, car leur état est uni au nôtre, & ne fait qu'un même parti dans cette guerre : mais si, comme cela se pratique souvent aujourd'hui, un allié se borne à nous fournir les secours stipulés dans les traités, sans rompre lui-même avec notre ennemi, leurs deux Etats continuant à observer la paix dans leurs relations immédiates; alors les auxiliaires seuls qu'il nous envoie, sont participans & associés à la guerre; ses Etats gardent la neutralité.

Or le droit de Postliminie n'a point lieu chez les peuples neutres; car quiconque veut demeurer neutre dans une guerre, est obligé de la considérer, quant à ses effets, comme également juste de part & d'autre, & par conséquent de regarder comme bien acquis tout ce qui est pris par l'un ou l'autre parti. Accorder à l'un le droit de revendiquer les choses enlevées par l'autre, ou le droit de Postliminie, dans ses terres, ce seroit se déclarer pour lui & quitter l'état de neutralité.

Naturellement toutes sortes de biens pourroient se recouvrer par droit de Postliminie; & pourvu qu'on les reconnoisse certainement, il n'y a aucune raison intrinseque d'en excepter les biens mobiliaires. Aussi voyons-nous que les anciens ont souvent rendu à leurs premiers maîtres ces sortes de choses reprises sur l'ennemi. Mais la difficulté de reconnoître les biens de cette nature, & les différends sans nombre qui naîtroient de leur revendication, ont fait établir généralement un usage contraire. Joignez à cela que le peu d'espérance qui reste de recouvrer des effets pris par l'ennemi, & une fois conduits en lieu de sureté, fait raisonnablement présumer qu'ils sont abandonnés par les anciens propriétaires. C'est donc avec raison que l'on excepte du droit de Postliminie les choses mobiliaires ou le butin, à moins qu'il ne soit repris tout de suite à l'ennemi qui venoit de s'en saisir; auquel cas il n'est ni difficile à reconnoître, ni présumé abandonné par le propriétaire. Or la coutume étant une fois reçue & bien établie, il seroit injuste d'y donner atteinte. Il est vrai que les esclaves, chez les Romains, n'étoient pas traités comme les autres biens mobiliaires; on les rendoit à leurs maîtres par droit de Postliminie, lors même qu'on ne rendoit pas le reste du butin. La raison en est claire; comme il est toujours aisé de reconnoître un esclave, & de savoir à qui il a appartenu, le maître, conservant l'espérance de le recouvrer, n'étoit pas présumé avoir abandonné son droit.

Les prisonniers de guerre qui ont donné leur parole, les peuples & les villes qui se sont soumis à l'ennemi, qui lui ont promis ou juré fidélité, ne peuvent d'eux-mêmes retourner à leur premier état par droit de Postliminie; car la foi doit être gardée, même aux ennemis.

Mais si le souverain reprend ces villes, ces pays ou ces prisonniers qui s'étoient rendus à l'ennemi, il recouvre tous les droits qu'il avoit sur eux, & il doit les rétablir dans leur premier état. Alors ils jouissent du droit de Postliminie, sans manquer à leur parole, sans violer leur foi donnée. L'ennemi perd par les armes le droit qu'il avoit acquis par les armes : mais il y a une distinction à faire au sujet des prisonniers de guerre; s'ils étoient entiérement libres sur leur parole, ils ne sont point délivrés par cela seul, qu'ils tombent sous la puissance de leur nation, puisqu'ils pouvoient même aller chez eux, sans cesser d'être prisonniers : la volonté seule de celui qui les a pris, ou sa soumission entiere, peut les dégager. Mais s'ils ont seulement promis de ne pas s'enfuir, promesse qu'ils font souvent pour éviter les incommodités d'une prison, ils ne sont tenus qu'à ne pas sortir d'eux-mêmes des terres de l'ennemi, ou de la place qui leur est assignée pour demeure : & si les troupes de leur parti viennent à s'emparer du lieu où ils habitent, ils sont remis en liberté, rendus à leur nation & à leur premier état par le droit des armes.

Quand une ville soumise par les armes de l'ennemi, est reprise par celles de son souverain, elle est rétablie dans son premier état, comme nous venons de le voir, & par conséquent dans tous ses droits. On demande si elle recouvre de cette maniere ceux de ses biens que l'ennemi avoit aliénés lorsqu'il étoit le maître. Il faut d'abord distinguer entre les biens mobiliaires, qui ne se recouvrent point par droit de Postliminie, & les immeubles. Les premiers appartiennent à l'ennemi qui s'en empare, & il peut les aliéner sans retour. Quant aux immeubles, il faut se souvenir que l'acquisition d'une ville prise dans la guerre, n'est pleine & consommée que par le traité de paix, ou par la soumission entiere, par la destruction de l'Etat auquel elle appartenoit. Jusques-là il reste au souverain de cette ville l'espérance de la reprendre ou de la recouvrer par la paix : & du moment qu'elle retourne en sa puissance, il la rétablit dans tous ses droits; & par conséquent elle recouvre ses biens, autant que de leur nature ils peuvent être recouvrés. Elle reprendra donc ses immeubles des mains de ceux qui se sont trop pressés de les acquérir. Ils ont fait un marché hasardeux, en les achetant de celui qui n'y avoit pas un droit absolu; & s'ils font une perte, ils ont bien voulu s'y exposer : mais si cette ville avoit été cédée à l'ennemi par un traité de paix, ou si elle étoit tombée pleinement en sa puissance, par la soumission de l'Etat entier; le droit de Postliminie n'a plus de lieu pour elle, & ses biens aliénés par le conquérant, le sont validement & sans retour : elle ne peut les réclamer, si dans la suite une heureuse révolution la soustrait au joug du vainqueur. Lorsqu'Alexandre fit présent aux

Thessaliens de la somme qu'ils devoient aux Thébains, il étoit maître absolu de la république de Thebes, dont il détruisit la ville & fit vendre les habitans.

Les mêmes décisions ont lieu pour les immeubles des particuliers, prisonniers ou non, aliénés par l'ennemi pendant qu'il étoit maître du pays. Grotius propose la question à l'égard des biens immeubles, possédés en pays neutre par un prisonnier de guerre, mais cette question est nulle dans nos principes; car le souverain qui fait un prisonnier à la guerre, n'a d'autre droit que celui de le retenir jusqu'à la fin de la guerre, ou jusqu'à ce qu'il soit racheté, & il n'en acquiert aucun sur ses biens, sinon en tant qu'il peut s'en saisir. Il est impossible de trouver aucune raison naturelle, pourquoi celui qui tient un prisonnier auroit le droit de disposer de ses biens, quand ce prisonnier ne les a pas auprès de lui.

Lorsqu'une nation, un peuple, un Etat, a été subjugué tout entier, on demande si une révolution peut le faire jouir du droit de Postliminie? Il faut encore distinguer les cas pour bien répondre à cette question. Si cet Etat subjugué n'a point encore donné les mains à sa nouvelle sujétion, s'il ne s'est pas rendu volontairement, & s'il a seulement cessé de résister par impuissance; si son vainqueur n'a point quitté l'épée de conquérant pour prendre le sceptre d'un souverain équitable & pacifique; ce peuple n'est pas véritablement soumis, il est seulement vaincu & opprimé; & lorsque les armes d'un allié le délivrent, il retourne sans doute à son premier état. Son allié ne peut devenir son conquérant; c'est un libérateur qu'il est seulement obligé de récompenser. Que si le dernier vainqueur n'étant point allié de l'Etat dont nous parlons, prétend le retenir sous ses loix comme un prix de sa victoire, il se met à la place du premier conquérant, & devient l'ennemi de l'Etat opprimé par celui-ci : cet Etat peut lui résister légitimement, & profiter d'une occasion favorable pour recouvrer sa liberté. S'il avoit été opprimé injustement, celui qui l'arrache au joug de l'oppresseur, doit le rétablir généreusement dans tous ses droits.

La question change à l'égard d'un Etat qui s'est rendu volontairement au vainqueur. Si les peuples traités non plus en ennemis, mais en vrais sujets, se sont soumis à un gouvernement légitime, ils relevent désormais d'un nouveau souverain, ils sont incorporés à l'Etat conquérant, ils en font partie, ils suivent sa destinée. Leur ancien Etat est absolument détruit; toutes ses relations, toutes ses alliances expirent. Quel que soit donc le nouveau conquérant qui subjugue dans la suite l'Etat auquel ces peuples sont unis, ils subissent le sort de cet Etat, comme la partie suit le sort du tout. C'est ainsi que les nations en ont usé dans tous les temps; je dis les nations même justes & équitables; sur-tout à l'égard d'une conquête ancienne. Les plus modérés se bornent à remettre en liberté un peuple nouvellement soumis, qu'ils ne jugent pas encore parfaitement incorporé, ni bien uni d'inclination à l'Etat qu'ils ont vaincu.

Si ce peuple secoue le joug lui-même, & se remet en liberté, il rentre dans tous ses droits, il retourne à son premier état; & les nations étrangeres ne sont point en droit de juger s'il s'est soustrait à une autorité légitime, ou s'il a rompu ses fers. Ainsi le royaume de Portugal, qui avoit été envahi par Philippe II, roi d'Espagne, sous couleur d'un droit héréditaire, mais en effet par la force ou par la terreur des armes, rétablit sa couronne indépendante, & rentra dans ses droits anciens, quand il chassa les Espagnols & mit sur le trône le duc de Bragance.

Les provinces, les villes & les terres, que l'ennemi rend par le traité de paix, jouissent sans doute du droit de Postliminie : car le souverain doit les rétablir dans leur premier état, dès qu'elles retournent en sa puissance, de quelque façon qu'il les recouvre. Quand l'ennemi rend une ville à la paix, il renonce au droit que les armes lui avoient acquis; c'est comme s'il ne l'eût jamais prise. Il n'y a là aucune raison qui puisse dispenser le souverain de la remettre dans ses droits, dans son premier état.

Mais tout ce qui est cédé à l'ennemi par le traité de paix, est véritablement & pleinement aliéné : il n'a plus rien de commun avec le droit de Postliminie; à moins que le traité ne soit rompu & annullé.

Et comme les choses dont le traité de paix ne dit rien, restent dans l'état où elles se trouvent au moment que la paix est conclue, & sont tacitement cédées de part ou d'autre à celui qui les possede; disons en général que le droit de Postliminie n'a plus de lieu après la paix conclue : ce droit est entiérement relatif à l'état de guerre.

Cependant, & par cette raison même, il y a ici une exception à faire, en faveur des prisonniers de guerre; leur souverain doit les délivrer à la paix. S'il ne le peut, si le sort des armes le force à recevoir des conditions dures & iniques; si celui qui devoit relâcher les prisonniers, lorsque la guerre est finie, lorsqu'il n'a plus rien à craindre d'eux, continue avec eux l'état de guerre, s'il les retient en captivité, & sur-tout, s'il les réduit en esclavage. Ils sont alors en droit de se retirer de ses mains, s'ils en ont les moyens, & de revenir dans leur patrie, tout comme en temps de guerre, puisque la guerre continue à leur égard : & alors le souverain qui doit les protéger, est obligé de les rétablir dans leur premier état.

Disons plus, ces prisonniers retenus après la paix sans raison légitime, sont libres, dès qu'échappés de leur prison, ils se trouvent en pays neutre : car des ennemis ne peuvent être poursuivis & arrêtés en pays neutre; & celui qui retient après la paix un prisonnier innocent, persiste à être son ennemi. Cette regle doit avoir, & a effectivement lieu entre les nations chez lesquelles l'esclavage des prisonniers de guerre n'est point reçu & autorisé.

POUVOIR, f. m. *Supériorité morale d'une perfonne fur une autre ou fur plufieurs, accordée par les loix.*

POUVOIR LÉGISLATIF, EXÉCUTIF, *Droit qu'a le fouverain de faire des loix & de les faire exécuter.*

LA grande fin que fe propofent ceux qui entrent dans une fociété, étant de jouir de leurs propriétés en fureté & en repos; & le meilleur moyen qu'on puiffe employer par rapport à cette fin, étant d'établir des loix dans cette fociété : la premiere & fondamentale loi pofitive de tous les Etats, c'eft celle qui établit le Pouvoir légiflatif, lequel, auffi-bien que les loix fondamentales de la nature, doit tendre à conferver la fociété; & autant que le bien public le peut permettre, chaque membre & chaque perfonne qui la compofe. Ce Pouvoir légiflatif n'eft pas feulement le fuprême Pouvoir de l'Etat, mais encore il eft facré & ne peut être ravi à ceux à qui il a été une fois remis. Il n'y a point d'édit de qui que ce foit, & de quelque maniere qu'il foit conçu, ou par quelque Pouvoir qu'il foit appuyé, qui foit légitime & ait force de loi, s'il n'a été fait & donné par cette autorité légiflative, que la fociété a choifie & établie : fans cela une loi ne fauroit avoir ce qui eft abfolument néceffaire à une loi, favoir le confentement de la fociété, à laquelle nul n'eft en droit de propofer des loix à obferver qu'en vertu du confentement de cette fociété & en conféquence du Pouvoir qu'il a reçu d'elle. C'eft pourquoi toute la plus grande obligation où l'on puiffe être de témoigner de l'obéiffance, n'eft fondée que fur ce Pouvoir fuprême qui a été remis à certaines perfonnes, & fur ces loix qui ont été faites par ce Pouvoir. De même, aucun ferment prêté à un Pouvoir étranger, quel qu'il foit, ni aucun Pouvoir domeftique ou fubordonné, ne peuvent décharger aucun membre de l'Etat, de l'obéiffance qui eft dûe au Pouvoir légiflatif qui agit conformément à l'autorité qui lui a été donnée, ni l'obliger à faire aucune démarche contraire à ce que les loix prefcrivent: étant ridicule de s'imaginer, que quelqu'un pût être obligé, en dernier reffort, d'obéir au Pouvoir d'une fociété, lequel ne feroit pas fuprême.

Quoique le Pouvoir légiflatif, foit qu'on l'ait remis à une feule perfonne ou à plufieurs, pour toujours ou feulement pour un temps & par intervalles, foit le fuprême Pouvoir d'un Etat; cependant il n'eft premiérement, & ne peut être abfolument arbitraire fur la vie & les biens du peuple. Car ce Pouvoir n'étant autre chofe que le Pouvoir de chaque membre de la fociété remis à cette perfonne ou à cette affemblée, qui eft le légiflateur, ne fauroit être plus grand que celui que toutes ces différentes perfonnes avoient dans l'état de nature, avant qu'ils entraffent en fociété,

& eussent remis leur Pouvoir à la communauté qu'ils formerent ensuite. Car enfin, personne ne peut conférer à un autre plus de Pouvoir qu'il n'en a lui-même : or, personne n'a un Pouvoir absolu & arbitraire sur soi-même, ou sur un autre, pour s'ôter la vie ou pour la ravir à qui que ce soit, ou lui ravir aucun bien qui lui appartienne en propre. Un homme ne peut se soumettre au Pouvoir arbitraire d'un autre ; & dans l'état de nature, n'ayant point un Pouvoir arbitraire sur la vie, sur la liberté ou sur les possessions d'autrui, mais son Pouvoir s'étendant seulement jusqu'où les loix de la nature le lui permettent, pour la conservation de sa personne, & pour la conservation du reste du genre-humain ; c'est tout ce qu'il donne & qu'il peut donner à une société ; & par ce moyen, au Pouvoir législatif ; en sorte que le Pouvoir législatif ne sauroit s'étendre plus loin. Selon sa véritable nature & ses véritables engagemens, il doit se terminer au bien public de la société. C'est un Pouvoir qui n'a pour fin que la conservation, & qui, par conséquent, ne sauroit jamais avoir droit de détruire, de rendre esclave ou d'appauvrir à dessein aucun sujet. Les obligations des loix de la nature ne cessent point dans la société ; elles y deviennent même plus fortes en plusieurs cas : & les peines qui y sont annexées pour contraindre les hommes à les observer, sont encore mieux connues par le moyen des loix humaines. Ainsi les loix de la nature subsistent toujours comme des regles éternelles pour tous les hommes, pour les législateurs, aussi-bien que pour les autres. S'ils font des loix pour régler les actions des membres de l'État, elles doivent être aussi faites pour les leurs propres, & doivent être conformes à celles de la nature, c'est-à-dire, à la volonté de Dieu, dont elles sont la déclaration : & la loi fondamentale de la nature ayant pour objet la conservation du genre-humain, il n'y a aucun décret humain qui puisse être bon & valable, lorsqu'il est contraire à cette loi.

En second lieu, le Pouvoir législatif n'a point droit d'agir par des décrets arbitraires & formés sur le champ, mais est tenu de dispenser la justice, & de décider des droits des sujets par les loix publiées & établies, & par des juges connus & autorisés. Car les loix de la nature n'étant point écrites, & par conséquent ne pouvant se trouver que dans le cœur des hommes, il peut arriver que par passion ou par intérêt, ils en fassent un très-mauvais usage, les expliquent & les appliquent mal, & qu'il soit difficile de les convaincre de leur erreur & de leur injustice, s'il n'y a point de juges établis ; & par ce moyen le droit de chacun ne sauroit être déterminé comme il faut, ni les propriétés être mises à couvert de la violence, chacun se trouvant alors juge, interprete & exécuteur dans sa propre cause. Celui qui a le droit de son côté, n'ayant d'ordinaire à employer que son seul Pouvoir, n'a pas assez de force pour se défendre contre les injures, ou pour punir les malfaiteurs. Afin de remédier à ces inconvéniens qui causent bien du désordre dans les propriétés des particuliers, dans l'état de nature, les hommes s'unissent en société, afin qu'étant ainsi unis, ils aient plus de force & emploient toute celle de la société pour mettre en sureté & défendre ce qui leur appartient en propre, & puissent avoir des loix stables, par lesquelles les biens propres soient déterminés, & que chacun reconnoisse ce qui est sien. C'est pour cette fin, que les hommes remettent à la société, dans laquelle ils entrent, tout leur Pouvoir naturel; & que la communauté remet le *Pouvoir législatif* entre les mains de ceux qu'elle juge à propos, dans l'assurance qu'ils gouverneront par les loix établies & publiées : autrement la paix, le repos & les biens de chacun, seroient toujours dans la même incertitude & dans les mêmes dangers qu'ils étoient dans l'état de nature. *Voyez* SOCIÉTÉ CIVILE.

Un Pouvoir arbitraire & absolu, & un gouvernement sans loix établies & stables, ne sauroit s'accorder avec les fins de la société & du gouvernement. En effet, les hommes quitteroient-ils la liberté de l'état de nature pour se soumettre à un gouvernement, dans lequel leurs vies, leurs libertés, leur repos, leurs biens ne seroient point en sureté ? On ne sauroit supposer qu'ils aient l'intention, ni même le droit de donner à un homme ou à plusieurs, un pouvoir absolu & arbitraire sur leurs personnes & sur leurs biens, & de permettre au magistrat ou au prince de faire à leur égard tout ce qu'il voudra, par une volonté arbitraire & sans bornes : ce seroit assurément se mettre dans une condition beaucoup plus mauvaise, que n'est celle de l'état de nature, dans lequel on a la liberté de défendre son droit contre les injures d'autrui & de se maintenir, si l'on a assez de force, contre l'invasion d'un homme ou de plusieurs joints ensemble. En effet, supposant qu'on se soit livré au Pouvoir absolu & à la volonté arbitraire d'un législateur, on s'est désarmé soi-même & on a armé ce législateur, afin que ceux qui lui sont soumis, deviennent sa proie & soient traités comme il lui plaira. Celui-là est dans une condition bien plus fâcheuse, qui est exposé au pouvoir arbitraire d'un seul homme, qui en commande 100,000, que celui qui est exposé au Pouvoir arbitraire de 100,000 hommes particuliers : personne ne pouvant s'assurer que ce seul homme qui a un tel commandement, ait meilleure volonté que n'ont ces autres, quoique sa force & sa puissance soit 100,000 fois plus grande. Donc, dans tous les Etats, le Pouvoir de ceux qui gouvernent, doit être exercé selon les loix publiées & reçues, non par des arrêts faits sur le champ & par des résolutions arbitraires : car autrement, on se trouveroit dans un plus triste & plus dangereux état que n'est l'état de nature, si l'on avoit armé du pouvoir réuni de toute une multitude, une personne ou un certain nombre de personnes, afin qu'elles se fissent obéir selon leur plaisir, sans garder aucunes bornes, & conformément aux décrets arbitraires de la premiere pensée qui leur viendroit; sans avoir jusqu'alors donné à connoître leur volonté, ni observé aucunes regles qui pussent justifier leurs actions. Tout le Pouvoir d'un gouvernement n'étant établi que pour le bien de la société, comme il ne sauroit, par cette raison, être arbitraire & être exercé suivant le

bon

bon plaisir, aussi doit-il être exercé suivant les loix établies & connues: en sorte que le peuple puisse connoître son devoir, & être en sureté à l'ombre de ces loix, & qu'en même temps, les gouverneurs se tiennent dans de justes bornes, & ne soient point tentés d'employer le pouvoir qu'ils ont entre les mains, pour suivre leurs passions & leurs intérêts, pour faire des choses inconnues & désavantageuses à la société politique, & qu'elle n'auroit garde d'approuver.

En troisieme lieu, la suprême puissance n'a point le droit de se saisir d'aucune partie des biens propres d'un particulier, sans son consentement. Car la conservation de ce qui appartient en propre à chacun, étant la fin du gouvernement, & ce qui engage à entrer en société; ceci suppose nécessairement que les biens propres du peuple doivent être sacrés & inviolables: ou il faudroit supposer que des gens entrant dans une société, auroient par-là perdu leur droit à ces sortes de biens, quoiqu'ils y fussent entrés dans la vue d'en pouvoir jouir avec plus de sureté & plus commodément. L'absurdité est si grande, qu'il n'y a personne qui ne la sente. Les hommes donc, possédant dans la société les choses qui leur appartiennent en propre, ont un si grand droit sur ces choses, qui par les loix de la communauté deviennent les leurs, que personne ne peut les prendre, ou toutes, ou une partie, sans leur consentement; en sorte que si quelqu'un pouvoit s'en saisir, dès-lors, ce ne seroient plus des biens propres. Car, à dire vrai, je ne suis pas le propriétaire de ce qu'un autre est en droit de me prendre quand il lui plaira, contre mon consentement. C'est pourquoi, c'est une erreur que de croire que le Pouvoir législatif d'un Etat puisse faire ce qu'il veut, & disposer des biens des sujets d'une maniere arbitraire, ou se saisir d'une partie de ces biens, comme il lui plaît. Cela n'est pas fort à craindre dans les gouvernemens où le Pouvoir législatif réside entiérement, ou en partie dans des assemblées qui ne sont pas toujours sur pied, mais composées des mêmes personnes; & dont les membres, aprés que l'assemblée a été séparée & dissoute, sont sujets aux loix communes de leur pays, tout de même que le reste des citoyens. Mais dans les gouvernemens, où l'autorité législative réside dans une assemblée stable ou dans un homme seul, comme dans les monarchies absolues; il y a toujours à craindre que cette assemblée ou ce monarque ne veuille avoir des intérêts à part & séparés de ceux du reste de la communauté; & qu'ainsi il ne soit disposé à augmenter ses richesses & son Pouvoir, en prenant au peuple ce qu'il trouvera bon. Ainsi, dans ces sortes de gouvernemens, les biens propres ne sont guere en sureté. Car ce qui appartient en propre à un homme, n'est guere sûr, encore qu'il soit dans un Etat où il y a de très-bonnes loix, capables de terminer d'une maniere juste & équitable les procès qui peuvent s'élever entre les sujets, si celui qui gouverne ces sujets-là, a le Pouvoir de prendre à un particulier, de ce qui lui appartient en propre, ce qu'il lui plaira, & de s'en servir & en disposer, comme il jugera à propos.

Mais le gouvernement, entre quelque mains qu'il se trouve, étant confié sous cette condition, & pour cette fin, que chacun aura & possédera en sureté ce qui lui appartient en propre, quelque Pouvoir qu'aient ceux qui gouvernent, de faire des loix pour régler les biens propres de tous les sujets, & terminer entr'eux toutes sortes de différends, ils n'ont point droit de se saisir des biens propres d'aucun d'eux, pas même de la moindre partie de ces biens, contre le consentement du propriétaire. Car autrement ce seroit ne leur laisser rien qui leur appartint en propre. Pour nous convaincre que le Pouvoir absolu, lors même qu'il est nécessaire de l'exercer, n'est pas néanmoins arbitraire, mais demeure toujours limité par la raison & terminé par ces mêmes fins qui requierent en certaines rencontres, qu'il soit absolu, nous n'avons qu'à considérer ce qui se pratique dans la discipline militaire. La conservation & le salut de l'armée & de tout l'Etat demande qu'on obéisse absolument aux commandemens des officiers supérieurs; & on punit de mort ceux qui ne veulent pas obéir, quand même celui qui leur donne quelque ordre, seroit le plus fâcheux & le plus déraisonnable de tous les hommes; il n'est pas même permis de contester; & si on le fait, on peut être, avec justice, puni de mort; cependant nous voyons qu'un sergent qui peut commander à un soldat de marcher, pour aller se mettre devant la bouche d'un canon, ou pour se tenir sur une brêche où ce soldat est presque assuré de périr, ne peut lui commander de lui donner un sol de son argent. Un général non plus, qui peut condamner un soldat à la mort, pour avoir déserté, pour avoir quitté un poste, pour n'avoir pas voulu exécuter quelque ordre infiniment dangereux, pour avoir désobéi tant soit peu, ne peut pourtant, avec tout son Pouvoir absolu de vie & de mort, disposer d'un liard du bien de ce soldat, ni se saisir de la moindre partie de ce qui lui appartient en propre. La raison de cela est, que cette obéissance aveugle est nécessaire pour la fin, pour laquelle un général ou un commandant a reçu un si grand pouvoir, c'est-à-dire, pour le salut & l'avantage de l'armée & de l'Etat: & que disposer d'une maniere arbitraire des biens & de l'argent des soldats, n'a nul rapport avec cette fin.

Il est vrai d'un autre côté, que les gouvernemens ne sauroient subsister sans de grandes dépenses, & par conséquent, sans subsides, & qu'il est à propos que ceux qui ont leur part de la protection du gouvernement, payent quelque chose & donnent à proportion de leurs biens, pour la défense & la conservation de l'Etat : mais toujours faut-il avoir le consentement du plus grand nombre des membres de la société qui le donnent, ou bien eux-mêmes immédiatement, ou bien par ceux qui les représentent & qui ont été choisis par eux. Car si quelqu'un prétendoit avoir le Pouvoir d'imposer & de lever des taxes sur le peuple de sa propre autorité,

& sans le consentement du peuple, il violeroit la loi fondamentale de la propriété des choses, & détruiroit la fin du gouvernement. En effet, comment me peut appartenir en propre ce qu'un autre a droit de me prendre, lorsqu'il lui plaira?

En quatrieme lieu, l'autorité législative ne peut remettre en d'autres mains le Pouvoir de faire des loix. Car, cette autorité n'étant qu'une autorité confiée par le peuple, ceux qui l'ont reçue, n'ont pas droit de la remettre à d'autres. Le peuple seul peut établir la forme de l'Etat, c'est-à-dire, faire résider le Pouvoir législatif dans les personnes qu'il lui plaît, & de la maniere qu'il lui plaît. Et quand le peuple a dit, nous voulons être soumis aux loix de tels hommes, & en telle maniere; aucune autre personne n'est en droit de proposer à ce peuple des loix à observer, puisqu'il n'est tenu de se conformer qu'aux réglemens faits par ceux qu'il a choisis & autorisés pour cela.

Ce sont-là les bornes & les restrictions que la confiance qu'une société a prise en ceux qui gouvernent, & les loix de Dieu & de la nature ont mises au Pouvoir législatif de chaque Etat, quelque forme de gouvernement qui y soit établie. La premiere restriction est, qu'ils gouverneront selon les loix établies & publiées, non par des loix muables & variables, suivant les cas particuliers; qu'il y aura les mêmes réglemens pour le riche & pour le pauvre, pour le favori & le courtisan, & pour le bourgeois & le laboureur. La seconde, que ces loix & ces réglemens ne doivent tendre qu'au bien public. La troisieme qu'on n'imposera point de taxes sur les biens propres du peuple, sans son consentement, donné immédiatement par lui-même, ou par ses députés. Cela regarde proprement & uniquement ces sortes de gouvernemens dans lesquels le Pouvoir législatif subsiste toujours & est sur pied sans nulle discontinuation, ou dans lesquels du moins le peuple n'a réservé aucune partie de ce Pouvoir aux députés, qui peuvent être élus de temps en temps, par lui-même. En quatrieme lieu, que le Pouvoir législatif ne doit conférer à qui que ce soit, le Pouvoir de faire des loix; ce Pouvoir ne pouvant résider de droit que là où le peuple l'a établi.

Il n'est pas nécessaire que le Pouvoir législatif soit toujours sur pied, n'ayant pas toujours des affaires qui l'occupent. Et comme ce pourroit être une grande tentation pour la fragilité humaine & pour ces personnes qui ont le Pouvoir de faire des loix, d'avoir aussi entre leurs mains le Pouvoir de les faire exécuter, dont ils pourroient se servir pour s'exempter elles-mêmes de l'obéissance dûe à ces loix qu'elles auroient faites, & être portées à ne se proposer, soit en les faisant, soit lorsqu'il s'agiroit de les exécuter, que leur propre avantage, & à avoir des intérêts distincts & séparés des intérêts du reste de la communauté & contraires à la fin de la société & gouvernement : c'est pour cette raison que dans les Etats bien réglés, où le bien public est considéré comme il doit être, le Pouvoir législatif est remis entre les mains de diverses personnes, qui dûment assemblées ont, elles seules, ou conjointement avec d'autres, le Pouvoir de faire des loix auxquelles, après qu'elles les ont faites & qu'elles se sont séparées, elles sont elles-mêmes sujettes : ce qui est un motif nouveau & bien fort pour les engager à ne faire des loix que pour le bien public.

Mais, parce que les loix qui sont une fois & en peu de temps faites, ont une vertu constante & durable, qui oblige à les observer & à s'y soumettre continuellement, il est nécessaire qu'il y ait toujours quelque puissance sur pied qui fasse exécuter ces loix, & qui conserve toute leur force : & c'est ainsi que le Pouvoir législatif & le Pouvoir exécutif se trouvent souvent séparés.

Il y a un autre Pouvoir dans chaque société qu'on peut appeller *naturel*, à cause qu'il répond au Pouvoir que chaque homme a naturellement, avant qu'il entre en société. Car, quoique dans un Etat les membres soient des personnes distinctes qui ont toujours une certaine relation de l'une à l'autre, & qui, comme telles, sont gouvernées par les loix de leur société; dans cette relation pourtant, qu'elles ont avec le reste du genre-humain, elles composent un corps qui est toujours, ainsi que chaque membre l'étoit auparavant, dans l'état de la nature; tellement que les différends qui arrivent entre un homme d'une société & ceux qui n'en sont point, doivent intéresser cette société-là; & une injure faite à un membre d'un corps politique, engage tout le corps à en demander réparation. Ainsi, toute communauté est un corps qui est dans l'état de nature, par rapport aux autres Etats, ou aux personnes qui sont membres d'autres communautés.

C'est sur ce principe qu'est fondé le droit de la guerre & de la paix, des ligues, des alliances, de tous les traités qui peuvent être faits avec toutes sortes de communautés & d'Etats. Ce droit peut être appellé, si l'on veut, droit ou Pouvoir confédératif : pourvu qu'on entende la chose, il est assez indifférent de quel mot on se serve pour l'exprimer.

Ces deux Pouvoirs, le Pouvoir exécutif & le Pouvoir confédératif, encore qu'ils soient réellement distincts en eux-mêmes, l'un comprenant l'exécution des loix positives de l'Etat, de laquelle on prend soin au dedans de la société; l'autre, les soins qu'on prend & certaine adresse dont on use pour ménager les intérêts de l'Etat, au regard des gens de dehors & des autres sociétés : cependant ils ne laissent pas d'être presque toujours joints. Pour ce qui regarde en particulier le Pouvoir confédératif, ce Pouvoir, soit qu'il soit bien ou mal exercé, est d'une grande conséquence à un Etat : mais il est pourtant moins capable de se conformer à des loix antécédentes, stables & positives que n'est le Pouvoir exécutif; & par cette raison, il doit être laissé à la prudence & à la sagesse de ceux qui on ont été revêtus, afin qu'ils le ménagent pour le bien public. En effet, les loix qui concernent les sujets entr'eux, étant destinées à régler leurs actions, doivent précéder ces actions-là : mais qu'y a-t-il à faire de semblable à l'égard des étrangers, fur les actions desquels on ne sauroit compter ni prétendre avoir aucune jurisdiction? Leurs sentimens, leurs desseins, leurs vues, leurs intérêts peuvent varier; & on est obligé de laisser la plus grande partie de ce qu'il y a à faire auprès d'eux, à la prudence de ceux à qui l'on a remis le Pouvoir confédératif, afin qu'ils employent ce Pouvoir & ménagent les choses avec le plus de soin & avec le plus d'adresse qu'ils pourront, pour l'avantage de l'Etat.

Quoique, comme j'ai dit, le Pouvoir exécutif & le Pouvoir confédératif de chaque société, soient réellement distincts en eux-mêmes, ils se séparent néanmoins mal-aisément, & on ne les voit guere résider en un même temps dans des personnes différentes. Car l'un & l'autre requérant, pour être exercés, les forces de la société; il est presqu'impossible de remettre les forces d'un Etat à différentes personnes qui ne soient pas subordonnées les unes aux autres. Que si le Pouvoir exécutif & le Pouvoir confédératif sont remis entre les mains de personnes qui agissent séparément, les forces du corps politique seront sous de différens commandemens; ce qui ne pourroit qu'attirer tôt ou tard, des malheurs & la ruine à un Etat.

Dans un Etat formé qui subsiste & se soutient, en demeurant appuyé sur ses fondemens, & qui agit conformément à sa nature, c'est-à-dire, par rapport à la conservation de la société, il n'y a qu'un Pouvoir suprême qui est le pouvoir législatif, auquel tous les autres doivent être subordonnés: mais cela n'empêche pas que le Pouvoir législatif ayant été confié, afin que ceux qui l'administreroient, agissent pour certaines fins, le peuple ne se réserve toujours le Pouvoir souverain d'abolir le gouvernement ou de le changer, lorsqu'il voit que les conducteurs en qui il avoit mis tant de confiance, agissent d'une maniere contraire à la fin pour laquelle ils avoient été revêtus d'autorité. Car tout le Pouvoir qui est donné & confié en vue d'une fin, étant limité par cette fin là, dès que cette fin vient à être négligée par les personnes qui ont reçu le Pouvoir dont nous parlons, & qu'ils font des choses qui y sont directement opposées; la confiance qu'on avoit prise en eux, doit nécessairement cesser, & l'autorité qui leur avoit été remise, est dévolue au peuple, qui peut la placer de nouveau où il jugera à-propos pour sa sureté & pour son avantage. Ainsi, le peuple garde toujours le Pouvoir souverain de se délivrer des entreprises de toutes sortes de personnes, même de leurs législateurs, s'ils venoient à être assez fous ou assez méchans pour former des desseins contre les libertés & les propriétés des sujets. En effet, personne, ni aucune société d'hommes, ne pouvant remettre sa conservation, & conséquemment tous les moyens qui la procurent, à la volonté absolue & à la domination arbitraire de quelqu'un: quand même quelqu'un en auroit réduit d'autres à la triste condition de l'esclavage; ils seroient toujours en droit de maintenir & conserver ce dont ils n'auroient point droit de se départir, & étant entrés en société, dans la vue de pouvoir mieux conserver leurs personnes, & tout ce qui leur appartient en propre, ils auroient bien raison de se délivrer de ceux qui violeroient, qui renverseroient la loi fondamentale, sacrée & inviolable, sur laquelle seroit appuyée la conservation de leur vie & de leurs biens. De sorte que le peuple doit être considéré, à cet égard, comme ayant toujours le Pouvoir souverain, mais non toutefois comme exerçant toujours ce Pouvoir : car il ne l'exerce pas, tandis que la forme de gouvernement qu'il a établie, subsiste; c'est seulement lorsqu'elle est renversée par l'infraction des loix fondamentales sur lesquelles elle étoit appuyée.

Dans toutes les causes & dans toutes les occasions qui se présentent, le Pouvoir législatif est le Pouvoir souverain. Car ceux qui peuvent proposer des loix à d'autres, doivent nécessairement leur être supérieurs : & puisque l'autorité législative n'est l'autorité législative de la société, que par le droit qu'elle a de faire des loix pour toutes les parties & pour tous les membres de la société, de prescrire des réglemens pour leurs actions, & de donner le Pouvoir de punir exemplairement ceux qui les auroient enfreints; il est nécessaire que le Pouvoir législatif soit souverain, & que tous les autres Pouvoirs des différens membres de l'Etat dérivent de lui & lui soient subordonnés.

Dans quelques Etats, où l'assemblée de ceux qui ont le Pouvoir législatif n'est pas toujours sur pied, & où une seule personne est revêtue du Pouvoir exécutif, & a aussi sa part au législatif, cette personne peut être considérée en quelque maniere comme souveraine. Elle est souveraine, non en tant qu'en elle seule réside tout le Pouvoir souverain de faire des loix, mais premiérement, en tant qu'elle a en soi le Pouvoir souverain de faire exécuter les loix; & que de ce Pouvoir dérivent tous les différens Pouvoirs subordonnés des magistrats, du moins la plupart; & en second lieu, en tant qu'il n'y a aucun supérieur législatif au-dessus d'elle, ni égal à elle, & que l'on ne peut faire aucune loi sans son consentement. Cependant il faut observer qu'encore que quoique les sermens de fidélité lui soient prêtés, ils ne lui sont pas prêtés comme au législateur suprême, mais comme à celui qui a le pouvoir souverain de faire exécuter les loix faites par lui, conjointement avec d'autres. La fidélité à laquelle on s'engage par les sermens, n'étant autre chose que l'obéissance que l'on promet de rendre conformément aux loix, il s'ensuit que quand il vient à violer & à mépriser ces loix, il n'a plus droit d'exiger de l'obéissance & de rien commander, à cause qu'il ne peut prétendre à cela qu'en tant qu'il est une personne publique revêtue du Pouvoir des loix, & qui n'a droit d'agir que selon la volonté de la société qui y est manifestée, par les loix qui y sont établies. Tellement que dès qu'il cesse d'agir selon ces loix & la volonté de l'Etat, & qu'il suit sa volonté particuliere, il se dégrade par-là lui-même & devient une personne privée, sans Pouvoir & sans autorité.

Le Pouvoir exécutif remis à une seule personne qui a sa part aussi du Pouvoir législatif, est visiblement subordonné & doit rendre compte à ce Pouvoir législatif, lequel peut le changer & l'établir ailleurs, comme il trouvera bon : en sorte que le Pouvoir suprême exécutif ne consiste pas à être exempt de subordination, mais bien en ce que ceux qui en sont revêtus, ayant leur part du Pouvoir législatif, n'ont point au-dessus d'eux un supérieur législatif distinct, auquel ils soient subordonnés & tenus de rendre compte, qu'autant qu'ils se joignent à lui & lui donnent leur consentement, c'est-à-dire, autant qu'ils le jugent à propos : ce qui certainement est une subordination bien petite. Quant aux autres Pouvoirs subordonnés d'un Etat, il n'est pas nécessaire que nous en parlions. Comme ils sont multipliés en une infinité de manieres, selon les différentes coutumes & les différentes constitutions des différens Etats; il est impossible d'entrer dans le détail de tous ces Pouvoirs. Nous nous contenterons de dire par rapport à notre sujet & à notre dessein, qu'aucun d'eux n'a aucune autorité qui doive s'étendre au-delà des bornes qui lui ont été prescrites par ceux qui l'ont donnée; & qu'ils sont tous obligés de rendre compte à quelque Pouvoir de l'Etat.

Il n'est pas nécessaire, ni à propos, que le Pouvoir législatif soit toujours sur pied; mais il est absolument nécessaire que le Pouvoir exécutif le soit, à cause qu'il n'est pas toujours nécessaire de faire des loix, mais qu'il l'est toujours de faire exécuter celles qui ont été faites. Lorsque l'autorité législative a remis entre les mains de quelqu'un le Pouvoir de faire exécuter les loix, elle a toujours le droit de le reprendre des mêmes mains, s'il y en a un juste sujet, & de punir celui qui l'a administré mal & d'une maniere contraire aux loix. Ce que nous disons par rapport au Pouvoir exécutif, se doit pareillement entendre du Pouvoir conféderatif : l'un & l'autre sont subordonnés au Pouvoir législatif, lequel ainsi qu'il a été montré, est la puissance suprême de l'Etat. Au reste, nous supposons que l'autorité législative réside dans une assemblée & dans plusieurs personnes; car si elle ne résidoit que dans une seule personne, cette autorité ne pourroit qu'être sur pied perpétuellement; & le Pouvoir exécutif & le Pouvoir législatif se trouveroient toujours ensemble. Nous entendons donc parler de plusieurs personnes qui peuvent s'assembler & exercer le Pouvoir législatif, dans de certains temps prescrits ou par la constitution originaire de cette assemblée, ou par son ajournement; ou bien dans un temps que ceux qui en sont membres, auront choisi & marqué, s'ils n'ont point été ajournés, pour aucun temps, ou, s'il n'y a point d'autre voie, par laquelle ils puissent s'assembler. Car le Pouvoir souverain leur ayant été remis par le peuple, ce Pouvoir réside toujours en eux; & ils sont en droit de l'exercer, lorsqu'il leur plaît : à moins que par la constitution originaire de leur assemblée, certains temps ayent été limités & marqués pour cela; ou que, par un acte de leur puissance suprême, elle ait été ajournée pour un certain temps, dans lequel, dès qu'il est échu, ils ont droit de s'assembler, de délibérer & d'agir.

Si ceux qui exercent le Pouvoir législatif, lequel représente le Pouvoir du peuple, ou une partie d'eux, ont été élus par le peuple, pour s'assembler dans le temps qu'ils ont fait; & qu'ensuite ils retournent dans l'état ordinaire des sujets, & ne puissent plus avoir de part à l'autorité législative qu'en vertu d'une nouvelle élection : le Pouvoir d'élire, en cette rencontre, doit être exercé par le peuple, soit dans de certains temps précis & destinés à cela, ou lorsqu'il en est sollicité & averti. Et en ce dernier cas, le Pouvoir de convoquer l'assemblée, réside ordinairement dans le Pouvoir exécutif, qui a une de ces deux limitations à l'égard du temps: l'une, que la constitution originaire de l'assemblée demande qu'elle soit sur pied, & agisse de temps en temps & dans de certains temps précis; & alors le Pouvoir exécutif n'a autre chose à faire qu'à publier des ordres, afin qu'on élise les membres de l'assemblée, selon les formes accoutumées: l'autre, qu'on a laissé à la prudence de ceux qui ont le Pouvoir exécutif, de convoquer l'assemblée par une nouvelle élection, lorsque les conjonctures & les affaires publiques le requierent & qu'il est nécessaire de changer, réformer, abolir quelque chose de ce qui s'étoit fait & observé auparavant, ou de remédier à quelques inconvéniens fâcheux, & de prévenir des malheurs qui menacent le peuple.

On peut demander ici, qu'est-ce qu'on devroit faire, si ceux qui sont revêtus du Pouvoir exécutif, ayant entre les mains toutes les forces de l'Etat, se servoient de ces forces pour empêcher que ceux à qui appartient le Pouvoir législatif, ne s'assemblassent & n'agissent, lorsque la constitution originaire de leur assemblée ou les nécessités publiques les requerroient? Je réponds, que ceux qui ont le Pouvoir exécutif, agissant, comme il vient d'être dit, sans en avoir reçu d'autorité, & d'une maniere contraire à la confiance qu'on a prise en eux, sont dans l'état de guerre avec le peuple, qui a droit de rétablir l'assemblée qui le représente, & de la remettre dans l'exercice du Pouvoir législatif. Car ayant établi cette assemblée, & l'ayant destinée à exercer le Pouvoir de faire des loix, dans de certains temps marqués, ou lorsqu'il est nécessaire; si elle vient à être empêchée par la force, de faire ce qui est si nécessaire à la société & en quoi la sureté & la conservation du peuple consiste, le peuple a droit de lever cet obstacle par la force. Dans toutes sortes d'états & de conditions, le véritable remede qu'on puisse employer contre la force sans autorité, c'est d'y opposer la force. Celui qui use de la force sans autorité, se met par-là dans un état de guerre, comme étant l'agresseur, & s'expose à être traité de la maniere qu'il vouloit traiter les autres.

Le Pouvoir de convoquer l'assemblée législative, lequel réside dans celui qui a le Pouvoir exécutif, ne donne point de supériorité au Pouvoir exécutif sur le Pouvoir législatif : il n'est fondé que sur la confiance qu'on

a

a mise en lui à l'égard du salut & de l'avantage du peuple; l'incertitude & le changement ordinaire des affaires humaines empêchant qu'on n'ait pu prescrire d'une maniere utile, le temps des assemblées qui exercent le Pouvoir législatif. En effet, il n'est pas possible que les premiers instituteurs des sociétés ayent si bien prévu les choses, & ayent été si maîtres des événemens futurs, qu'ils ayent pu fixer un temps juste & précis pour les assemblées du Pouvoir législatif & pour leur durée; en sorte que ce temps répondît aux nécessités de l'Etat. Le meilleur remede qu'on ait pu trouver en cette occasion, c'est sans doute de s'être remis à la prudence de quelqu'un qui fût toujours présent & en action, & dont l'emploi consistât à veiller sans cesse pour le bien public. Des assemblées du Pouvoir législatif perpétuelles, fréquentes, longues sans nécessité, ne pourroient qu'être à charge au peuple, & que produire avec le temps des inconvéniens dangereux. Mais aussi des affaires soudaines, imprévues, urgentes, peuvent quelquefois exiger l'assistance prompte de ces sortes d'assemblées. Si les membres du corps législatif différoient à s'assembler, cela pourroit causer un extrême préjudice à l'Etat : & même quelquefois les affaires qui sont sur le tapis, dans les séances de ce corps, se trouvent si importantes & si difficiles, que le temps qui auroit été limité pour la durée de l'assemblée, seroit trop court pour y pourvoir & y travailler comme il faudroit, & priveroit la société de quelque avantage considérable qu'elle auroit pu retirer d'une mûre délibération. Que sauroit-on faire donc de mieux, pour empêcher que l'Etat ne soit exposé, tôt ou tard, à d'éminens périls, d'un côté ou d'autre, à cause des intervalles & des périodes de temps fixés & réglés pour les assemblées du Pouvoir législatif : que sauroit-on, dis-je, faire de mieux, que de remettre la chose avec confiance à la prudence de quelqu'un qui étant toujours en action, & instruit de l'état des affaires publiques, peut se servir de sa prérogative pour le bien public? Et à qui pourroit-on se mieux confier pour cela, qu'à celui à qui on a confié pour la même fin, le Pouvoir de faire exécuter les loix? Ainsi, si nous supposons que l'assemblée législative n'a pas, par sa constitution originaire, un temps fixe & arrêté, le Pouvoir de la convoquer, tombe naturellement entre les mains de celui qui a le Pouvoir exécutif, non comme ayant un Pouvoir arbitraire, un Pouvoir qu'il ait droit d'exercer selon son plaisir, mais comme tenant son Pouvoir de gens qui le lui ont remis dans l'assurance qu'il ne l'employeroit que pour le bien public, selon que les conjonctures & les affaires de l'Etat le demanderoient. Du reste, il n'est pas de mon sujet ici d'examiner si les périodes des temps fixes & réglés pour les assemblées législatives; ou la liberté laissée à un prince de les convoquer; ou peut-être, le mélange de l'un & de l'autre, sont sujets à des inconvéniens : il suffit que je montre qu'encore que le Pouvoir exécutif ait le privilege de convoquer & de dissoudre les conventions du Pouvoir législatif, il ne s'ensuit point que le Pouvoir exécutif soit supérieur au Pouvoir législatif.

Les choses de ce monde sont exposées à tant de vicissitudes, que rien ne demeure long-temps dans un même état. Les peuples, les richesses, le commerce, le Pouvoir, sont sujets à de grands changemens. Les plus puissantes & les plus florissantes villes tombent en ruine & deviennent des lieux désolés & abandonnés de tout le monde; pendant que d'autres, qui auparavant étoient déserts & affreux, deviennent des pays considérables, remplis de richesses & d'habitans. Mais les choses ne changent pas toujours de la même maniere. En effet, souvent les intérêts particuliers conservant les coutumes & les privileges, lorsque les raisons qui les avoient établis ont cessé; il est arrivé souvent aussi que dans les gouvernemens où une partie de l'autorité législative représente le peuple, & est choisie par le peuple, cette représentation dans la suite du temps, ne s'est trouvée guere conforme aux raisons qui l'avoient établie du commencement. Il est aisé de voir combien grandes peuvent être les absurdités dont seroit suivie l'observation exacte des coutumes, qui ne se trouvent plus avoir de proportion avec les raisons qui les ont introduites : il est aisé de voir cela, si l'on considere que le simple nom d'une fameuse ville, dont il ne reste que quelques masures, au milieu desquelles il n'y a qu'une étable à moutons, & où il ne se trouve pour habitans qu'un berger, fait envoyer à la grande assemblée des législateurs, autant de députés représentatifs, que tout un comté infiniment peuplé, puissant & riche y envoye. Les étrangers demeurent tout surpris de cela; & il n'y a personne qui ne confesse que la chose a besoin de remede. Cependant, il est très-difficile d'y remédier, à cause que la constitution de l'autorité législative étant l'acte originaire & suprême de la société, lequel a précédé toutes les loix positives qui y ont été faites, & dépend entiérement du peuple, nul Pouvoir inférieur n'a droit de l'altérer. D'ailleurs, le peuple, quand le pouvoir législatif est une fois établi, n'ayant point, dans cette sorte de gouvernement dont il est question, le Pouvoir d'agir pendant que le gouvernement subsiste, on ne sauroit trouver de remede à cet inconvénient.

Salus populi suprema lex. C'est une maxime juste & si fondamentale, que quiconque la suit, ne peut jamais être en danger. C'est pourquoi, si le Pouvoir exécutif, qui a le droit de convoquer l'assemblée législative, observant plutôt la vraie proportion de l'assemblée représentative, que ce qui a coutume de se pratiquer lorsqu'il s'agit d'en faire élire les membres, regle, non suivant la coutume, mais suivant la droite raison, le nombre de ses membres, dans tous les lieux qui ont droit d'être directement représentés, & qu'il communique ce droit à une partie du peuple, qui quelque incorporée qu'elle fût, n'y avoit nulle prétention, & qu'il le lui communique à cause des avantages que la société en peut retirer; on ne peut dire qu'un nouveau Pouvoir législatif ait été établi, mais bien que l'ancien a été rétabli & qu'on a remédié aux désordres que la succession des temps avoit insensiblement & inévitablement introduits. En effet, l'intérêt, aussi-bien que l'intention du peuple, étant d'avoir des députés qui le représentent d'une maniere utile & avantageuse, quiconque agit conformément à cet intérêt

& à cette intention, doit être censé avoir le plus d'affection pour le peuple & le plus de zele pour le gouvernement établi, & ce qu'il fait, ne sauroit qu'être approuvé de tout le corps politique.

POUVOIR MARITAL.

L'ON appelle ainsi l'espece d'autorité qu'on a reconnue de tout temps dans le mari à l'égard de sa femme.

Il est établi qu'outre l'obéissance générale, la femme en doit une particuliere aux volontés du mari ; mais comme il est assujetti lui-même à deux especes de loix, les divines & les humaines, il ne peut ordonner ce qui leur est contraire, & la femme soumise à ces mêmes loix, se peut dispenser de l'obéissance conjugale, lorsque le mari lui ordonne de les transgresser.

Je parle ici de la femme véritable. Ce n'est pas assez pour lui donner ce nom qu'elle soit liée simplement par les nœuds extérieurs du mariage ; ce n'est pas assez qu'elle ait suivi le mari dans sa maison ; il faut que la liaison la plus intime qui peut unir les deux sexes, ait acquis au mari la supériorité qu'il revendique : la femme alors a passé sous le joug.

Si cependant il est lui-même sous la puissance d'autrui, comme le fils de famille ou l'esclave, dans ce cas, les uns & les autres, de même que leurs enfans, dépendent du chef de la famille.

Cette dépendance néanmoins n'est pas de la même nature : l'autorité du pere sur la femme de son fils, du seigneur sur celle de son esclave, ne s'étend qu'aux choses relatives au gouvernement de la maison, & qui sont de bienséance ; elle n'est point étroite comme celle qui attache la femme aux ordres légitimes du mari ; c'est pour elle le devoir le plus sacré, tout autre lui cede, si l'on excepte, comme je viens de le dire, celui qu'imposent les loix de la religion, & une grande partie de celles de l'État.

Tout dicte à la femme l'obéissance qui lui est prescrite. Comme son nom se perd dans celui du mari, sa volonté doit se perdre dans la sienne. Il exerce ses actions ; il jouit de ses biens, que peut-il lui rester lorsqu'elle s'est livrée elle-même ?

De pareilles loix ne sont pas, comme on pourroit l'imaginer, injustes, ni l'effet de la seule volonté des hommes ; elles sont puisées dans la nature. Il est conforme à ses lumieres que, dans une société établie pour la sureté & la tranquillité communes, on ne trouve pas deux volontés actives : elles auroient le droit de se contredire.

Si le bon ordre ne permet pas qu'une même famille reconnoisse deux maîtres, dont le sentiment contraire opéreroit d'abord l'inaction, & ensuite le trouble & le déréglement ; si la nécessité veut qu'une volonté prédomine, il est tout naturel que le plus foible soit soumis au plus fort. C'est la nature qui en a décidé, par le partage qu'elle a fait des forces : la femme peut bien lui pardonner cette ombre de supériorité donnée à l'homme, le dédommagement qu'elle en a reçu passe l'équivalent.

Il dérive encore de cet avantage des forces, un sentiment de justice en faveur de l'autorité de l'homme. Une des premieres regles de toute société, est de faire la comparaison de ce que chacun y confere, pour l'égaliser, autant qu'il est possible. La société conjugale est si étroite, & en même-temps si universelle, qu'elle comprend toutes les especes de sociétés possibles. Les premieres que les hommes ont contractées, ont eu pour objet une défense mutuelle : c'est la suite naturelle des premieres liaisons. La femme porte à cet égard beaucoup moins que l'homme dans la société; le mari est l'appui de sa foiblesse; les honneurs, les dignités, la noblesse du mari, rejaillissent sur elle : il est juste qu'elle récompense ces avantages par l'obéissance à celui qui s'est chargé de la défendre.

Le mari avoit autrefois sur la femme le droit de vie & de mort : il étoit juste dans l'origine. Lorsque l'on ne connoissoit encore que la loi naturelle, le chef de la famille étoit souverain chez lui; il étoit le seul juge, il avoit par conséquent le droit de condamner à la mort pour les causes qui l'avoient méritée; mais c'étoit seulement comme exerçant la justice attachée à la souveraineté : quel autre que lui auroit pu l'exercer?

Mais après que les corps politiques se furent formés; lorsque les hommes se furent soumis à une autorité fixe & réglée, cet empire du chef de la famille auroit dû cesser. Ce fut un abus, quand il conserva en qualité de mari un droit qu'il n'avoit qu'en qualité de juge souverain.

Cependant on en trouve par-tout les vestiges. Par la loi de Romulus, le mari avoit sur sa femme un pouvoir, à peu de choses près, sans limites; il pouvoit la faire mourir sans forme judiciaire, dans quatre cas : pour adultere, pour supposition d'enfant, pour avoir de fausses clefs & pour avoir bu du vin.

Cette puissance a été commune à la plus grande partie des peuples connus. Les Gaulois, au rapport de César, avoient le pouvoir de vie & de mort sur leurs femmes & leurs enfans. Les Lombards usoient des mêmes loix : ce droit étoit en usage par toute la Grece, dans le cas d'adultere. Il semble par ces marques apparentes d'une aussi grande supériorité, que les hommes étoient convenus de se révolter contre un ascendant dont ils sentoient la force; ils se flattoient de se déguiser à eux-mêmes leurs maîtres, en lui donnant les dehors d'une dépendance servile. Foibles efforts contre un sexe auquel il est donné de régner jusques dans les lieux où il paroît le plus esclave.

L'usage modéra, peu à peu, la rigueur de la loi; la peine d'adultere fut remise à la discrétion des parens de la femme; la répudiation contenta les esprits les plus doux. Cependant les loix continuoient à retenir les femmes dans une tutelle éternelle; elles passoient de celle du pere dans celle du mari; si elles sortoient de celle-ci, c'étoit pour rentrer sous celle d'un frere ou de quelqu'autre parent. Nous voyons les mêmes loix chez les anciens Germains, avant qu'ils eussent été connus des Romains.

La loi Julia, donnée par Auguste, ôta aux maris cette autorité sans bornes, que l'usage avoit déjà modérée : il ne laissa le droit de mort qu'au pere de la femme, & dans le cas du flagrant délit. Mais dans la suite l'impératrice Théodora, maîtresse absolue de l'esprit de l'imbécille Justinien, nourrie de sentimens conformes à la bassesse de sa naissance, & respirant l'opprobre dans lequel elle ne cessa de croupir, fit faire des loix à l'avantage des femmes, aussi favorables qu'un empereur pouvoit les donner sans en rougir. Elle changea la peine de mort encourue par l'adultere, en une note d'infamie : étoit-ce une peine d'ôter l'honneur à qui l'avoit déjà livré ?

Pour les fautes domestiques où le public est moins intéressé, on est toujours demeuré d'accord que le mari a le droit de corriger la femme avec modération. La femme avoit autrefois une action contre le mari, lorsque le traitement qu'elle essuyoit étoit trop rude, trop fréquent, ou sans cause. Depuis Justinien, l'action d'injure n'est plus permise entre le mari & la femme, si elles ne sont assez graves pour mériter la séparation.

Mais si nous considérons le Pouvoir marital relativement à l'équité naturelle, le mari n'a aucun pouvoir sur sa femme ; car cette prétendue supériorité du mari sur sa femme est contraire à l'égalité naturelle, que ni la force, ni la majesté, ni le courage ne peuvent détruire ; outre qu'il n'est pas toujours vrai que tous les hommes possedent ces qualités exclusivement aux femmes. Quant à la raison, je crois bien difficile de prouver que la nature en ait mieux partagé les hommes que les femmes.

Le contrat de mariage, que quelques-uns font valoir pour établir le Pouvoir marital, n'a pas lieu dans les mariages réguliers, à moins que par une loi particuliere une nation ne l'exige, ou que les circonstances particulieres des contractans ne demandent nécessairement cette condition. Dans tout autre cas, le contrat du mariage laisse dans une parfaite égalité le mari & la femme, & tels qu'ils étoient avant que de se marier.

POUVOIR PATERNEL.

C'est le droit ou l'autorité que la loi accorde au pere & à la mere, de diriger les actions de leurs enfans, & même de les châtier, afin qu'au moyen d'une bonne éducation, ils se forment à la sagesse & à la vertu, & qu'ainsi ils puissent se rendre heureux, & devenir un jour utiles à leur famille, & à la société humaine dont ils sont membres.

Le Pouvoir paternel tient directement au bonheur de l'humanité ; c'est pourquoi je crois devoir traiter cette matiere avec quelque étendue ; d'autant plus qu'il ne me semble pas qu'on soit jusques ici remonté à la véritable origine de ce pouvoir. Commençons par exposer les principales opinions des jurisconsultes.

L'opinion de Puffendorf ne nous montre l'origine ni la nature du Pouvoir paternel proprement dit. Car de ce que la loi naturelle ordonne aux peres & aux meres d'avoir soin de leurs enfans, de les élever & de les former à la vertu, il ne s'ensuit pas un Pouvoir des peres sur leurs enfans ;

car c'est plutôt un privilege des enfans ; & un devoir, une obligation rigoureuse du côté des peres & des meres.

Comment seroit-il possible, dit-on, que les peres & les meres travaillassent avec succès à la conservation, à l'éducation & au bien de leurs enfans, s'ils n'avoient pas sur eux quelque autorité, & s'ils ne pouvoient diriger leurs actions avec empire ? Or celui qui oblige à une fin accorde les moyens nécessaires pour y parvenir. L'objection semble spécieuse ; & il faut en démêler le sophisme. Il est certain, que les peres & les meres sont chargés dans l'état naturel par la nature, de l'éducation de leurs enfans ; il est sûr aussi qu'ils ne sauroient s'en charger sans avoir du Pouvoir sur eux ; mais on ne voit pas encore l'origine & le fondement du Pouvoir paternel. Car comme nous le verrons, ce n'est ni en tant que pere ou mere, ni en tant qu'instituteurs, ou bienfaiteurs, que les peres & les meres ont du Pouvoir sur leurs enfans. Ces qualités ne mettent pas encore une inégalité dans l'état de nature entre celui qui commande & celui qui obéit, qualité nécessaire pour établir le droit de commander, & l'obligation d'obéir. La force apparente donc de cet argument consiste en ce que l'on confond la qualité de pere avec celle que nous développerons d'abord, & sur laquelle est fondée l'origine du Pouvoir paternel.

J'ai dit que cette opinion est celle de Puffendorf, qui croit que l'autorité des peres & des meres est fondée, outre le devoir de l'éducation, sur un consentement présumé des enfans, & par conséquent sur une espece de convention tacite. Mais outre que toute convention suppose une action libre ; & que les peres, les meres & leurs enfans ne sont pas libres quant à leurs devoirs réciproques ; cette convention est entiérement inutile, parce que les devoirs en sont déjà fondés sur ce qu'il y a de plus sacré dans les loix naturelles.

Grotius & plusieurs autres jurisconsultes, font dépendre ce Pouvoir de l'acte même de la génération, par lequel le pere & la mere tiennent la place de Dieu, en quelque maniere, & sont ouvriers avec lui, puisqu'ils mettent au monde un être qui n'existoit pas encore. Mais la génération toute seule n'est pas un titre suffisant de l'autorité que l'on acquiert sur une créature humaine, à qui l'on a donné la naissance ; car quoiqu'un enfant soit produit de la substance de son pere & de sa mere ; cependant comme il devient une personne semblable à eux, & qui leur est égale, par rapport aux droits naturels, communs à tous les hommes, il faut quelque chose de plus pour le soumettre à leur empire ; d'autant plus que l'acte de la génération ayant d'ordinaire uniquement pour but le plaisir qui l'accompagne, un pere & une mere ne sauroient prétendre qu'en vertu de cela seul les enfans soient tenus de leur obéir, bon gré mal gré qu'ils en aient : outre que la conception & la naissance ne sont pas au Pouvoir des personnes qui y servent d'instrument.

Suivant Hobbes, chacun ayant une entiere liberté dans l'état de nature, d'agir par rapport aux autres selon qu'il le juge à propos pour sa propre conservation, le vainqueur devient par là maître du vaincu, le plus fort du plus foible. D'où il s'ensuit, que par le droit naturel, un enfant dépend originairement de sa mere, qui l'a eu la premiere en sa puissance. Or comme selon les principes d'Hobbes, tous ceux qui ne sont ni sujets l'un de l'autre, ni dépendans d'un maître commun, peuvent se regarder réciproquement comme ennemis : si une mere veut élever son enfant, elle est censée ne s'y engager qu'à condition que, quand il sera homme fait, il ne devienne pas son ennemi, c'est-à-dire, qu'il lui obéisse; car, on ne sauroit vraisemblablement présumer qu'une personne donne la vie à une autre, afin que celle-ci acquérant des forces avec l'âge, acquiere en même temps le droit de lui résister. Dans l'état de nature, toute femme devient donc en même temps mere & maîtresse de l'enfant qu'elle met au monde. Ainsi, suivant Hobbes, dans l'état de nature, il n'y a que la mere qui ait du Pouvoir sur ses enfans; car, dit-il, dans cet état, on ne peut pas savoir qui est le pere d'un enfant si la mere ne le déclare, & par conséquent l'enfant qui est naturellement à sa mere, appartient à celui à qui elle le donne, il étoit déjà à elle. Mais dans les sociétés civiles, si une femme habite avec un homme en conséquence d'un contrat dans les formes & selon les loix, les enfans sont sous la puissance du pere; parce que tout gouvernement civil, ayant été établi par des hommes, l'autorité domestique appartient à chaque pere de famille. Ce systême se réfute de lui-même.

Pour remonter donc à la véritable origine du Pouvoir paternel, il faut distinguer l'état de nature d'avec celui de la société civile. Dans l'état de nature chaque famille isolée étoit un Etat dont le chef avoit un droit absolu sur tous les membres, femmes, enfans, serviteurs, esclaves, tous dépendoient entiérement de ce chef : c'étoit leur véritable souverain; entre ses mains on reconnoissoit le Pouvoir législatif, le droit de faire la guerre, & de conclure des traités & des alliances. Les femmes, les enfans étoient naturellement égaux aux maris & aux peres; mais inférieurs & sujets à leurs souverains. Si on ne considere donc dans le chef de famille que la qualité de pere, ou de mari, c'est en vain qu'on y cherche l'origine d'un Pouvoir quelconque. Mais si on l'envisage comme souverain, il en est la source parce qu'il en a la plénitude. Mais comme les peuples ne conserverent pas long-temps la lumiere de la loi donnée par le maître de la nature, ils perdirent de vue les devoirs envers leurs enfans auxquels le Pouvoir souverain les obligeoit : ils ne crurent rien devoir à leurs enfans. Ils ne regarderent pas leur conservation comme une obligation naturelle; ils n'appercevoient en eux qu'un bien qui leur appartenoit pour en disposer à leur gré; une propriété qui leur laissoit la liberté de les faire croître pour leur utilité, ou de les exposer comme des haillons que l'on ne livre pas au feu, & qu'on abandonne à ceux qu'un besoin extrême peut porter à les amasser. Ce qui fit encore sentir la nécessité de l'établissement des sociétés civiles.

Par cet établissement, le Pouvoir des chefs de famille passa au chef de la nation, qui l'absorba tellement qu'il n'en resta pas seulement l'ombre. Ainsi le Pouvoir paternel, qui émanoit de sa qualité de souverain ou de chef de famille, par l'établissement des sociétés civiles, se trouva entiérement entre les mains du magistrat, du prince & du monarque; les enfans qui nâquirent après l'époque de l'établissement des sociétés civiles, furent censés *ipso facto* sujets de ce nouveau souverain, obligé par-là aux soins que la conservation & l'éducation de ces nouveaux sujets demandoient. Mais comme un chef ne sauroit veiller aux soins que demandent tous les membres de la nation, il y substitua à sa place les personnes, qui après lui, doivent avoir le plus d'intérêt à leur conservation & à leur éducation, fondant ses justes espérances sur la tendresse de ceux qui leur ont donné la naissance. Delà vient que les souverains ont étendu, ou mis des bornes au Pouvoir paternel, c'est-à-dire, à cette branche de Pouvoir souverain qu'ils avoient confiée aux peres & meres, suivant qu'ils l'ont jugé convenable aux mœurs de leurs nations.

Un Pouvoir paternel indépendant & différent même du pouvoir souverain dont le chef de la société civile est revêtu, c'est une chimere. Il n'y a dans la nature qu'un seul Pouvoir physique qui est le fondement du Pouvoir moral. Le souverain est une puissance morale soutenue par le Pouvoir physique de la nation, qui s'en est dépouillée moralement en faveur de la souveraineté. Or après cette abdication totale de Pouvoir, comment oserons-nous reconnoître chez les peres & les meres un Pouvoir sur leurs enfans, c'est-à-dire sur leurs égaux, différent de celui du souverain? l'homme avant d'être pere, n'avoit point de Pouvoir paternel; or du moment qu'il devient pere, d'où reçoit-il ce Pouvoir? L'acte de la génération a précédé celui de la naissance de neuf mois, pendant lequel temps il n'avoit pas ce pouvoir; la naissance de l'enfant n'augmente chez le pere, ou la mere, ni les qualités physiques, ni les qualités morales : quelle sera donc la cause de ce Pouvoir? Ce sont les loix, dit-on. Mais ce ne sont les loix naturelles qu'en tant que le pere étoit souverain chez lui même dans l'état de nature, les loix naturelles regardant d'ailleurs les hommes, sans la qualité de souverains comme parfaitement égaux. C'est donc le souverain, qui en déclarant le pere & la mere de l'enfant tuteurs nés, leur en confie le Pouvoir nécessaire.

Concluons donc, que le Pouvoir paternel, dans l'état de nature appartenoit au pere, en qualité de souverain : la femme n'y avoit point de part, parce qu'elle étoit sujette à la souveraine puissance aussi-bien que ses enfans. Mais après l'établissement des corps politiques, où les chefs de famille ont renoncé à leur Pouvoir en faveur du souverain légitime, le Pouvoir paternel se trouve entre les mains du souverain, qu'il confie aux peres & meres pendant le temps de l'éducation, qui doit être celui de la minorité : & lorsque les loix déclarent un jeune-homme majeur, le souverain est censé retirer le Pouvoir qu'il avoit confié au pere & à la mere pour s'acquitter du devoir de l'éducation. Je parle du pere & de la mere, parce que dans l'état civil il n'y a point d'inégalité entr'eux; d'ailleurs les enfans sont ordinairement sous la discipline des meres pendant leur bas âge; & enfin, parce qu'il n'est pas rare de voir des femmes s'acquitter du devoir de l'éducation avec bien plus de raison & de sagesse que les maris. Le plus sage des législateurs sentit très-bien qu'après l'établissement des sociétés civiles, les enfans n'étoient plus ni au pere ni à la mere, mais à l'Etat; & il ne voulut pas seulement en confier l'éducation au pere & à la mere; mais au moment qu'ils naissoient, on étoit obligé de les remettre entre les mains d'un certain nombre de personnes préposées pour avoir soin de les élever. Tous les enfans de Sparte étoient en conséquence nourris, vêtus, couchés, & en un mot élevés d'une maniere uniforme, & aux dépens de l'Etat, sous le Pouvoir du souverain, qui en est la vraie source.

Toutes les questions qui ont du rapport à cette matiere, peuvent se décider par le principe que nous avons établi pour fondement de l'autorité paternelle.

On demande d'abord, si le Pouvoir paternel appartient à la mere aussi-bien qu'au pere. Je réponds que la mere a un droit égal à celui du pere sur les enfans qui naissent de leur mariage. De sorte que, pour parler exactement, il faudroit appeller cette autorité le Pouvoir des parens, & non pas le Pouvoir paternel.

A l'égard des enfans qui sont nés hors du mariage, comme il est pour l'ordinaire très-difficile de connoître avec quelque certitude qui en est le pere, c'est avec raison que le droit romain adjugeoit ces sortes d'enfans à la mere. *Lex naturæ est, ut qui nascitur sine legitimo matrimonio, matrem sequatur.*

Au reste, les coutumes des nations n'ont pas été uniformes à l'égard des enfans naturels ni à l'égard des enfans adoptifs. Les Athéniens étoient obligés d'adopter les enfans naturels qu'ils avoient des citoyennes : ils ne réputoient bâtards que ceux des peres ou meres étrangers. Une des loix de Solon refusoit la puissance paternelle sur les bâtards. Il est sensible que l'esprit de cette loi étoit de rappeller les mœurs aux devoirs & à l'utilité de la république. La volupté ne porte pas ses vues au delà de la satisfaction momentanée, il n'est pas juste qu'elle soit récompensée par une obéissance qu'elle n'a pas eu pour objet : la loi de Solon avoit quelque chose de plausible; mais elle n'avoit devant les yeux que le peu que méritoient les peres; elle oublioit l'intérêt des enfans. Les peuples d'orient ont toujours fait peu de différence entre les enfans naturels & légitimes. Les Romains au contraire ne faisoient aucun cas des premiers : ils étoient cependant libres d'abord de leur faire part de leurs biens, ce ne fut que Constantin qui leur en ôta la liberté.

C'est toujours en suivant les mêmes principes, que l'on peut juger de l'étendue & des bornes que la loi naturelle met à la puissance paternelle.

En général, un pere considéré comme tel, étant dans une obligation indispensable de bien élever ses enfans, & de leur donner tous ses soins jusqu'à ce qu'ils soient en état de se conduire eux-mêmes, son Pouvoir doit être aussi étendu qu'il est nécessaire pour cette fin, & pas davantage. Par conséquent les parens sont en droit de diriger la conduite & les actions de leurs enfans de la maniere qu'ils jugent être la plus avantageuse à une bonne éducation; ils peuvent les châtier avec modération, pour les ramener à leur devoir : & si un enfant est tout-à-fait rebelle & incorrigible, la plus grande peine qu'un pere, comme tel, puisse lui infliger, c'est de le chasser de la famille & de le déshériter.

Car si les enfans doivent hériter les biens de leurs parens, ce n'est pas tant en vertu d'une loi expresse du droit naturel, que parce qu'ordinairement il n'y a personne pour qui les peres & les meres s'intéressent plus que pour leurs enfans ; mais lorsqu'ils se montrent incorrigibles, & qu'ils payent les soins que les peres & les meres ont donné à leur éducation, par une noire ingratitude, le temps de l'éducation prescrit par les loix civiles, étant fini, les peres & les meres peuvent les déshériter & les chasser même de la maison, n'ayant plus aucune obligation vis-à-vis de leurs enfans qui passent alors sous l'obéissance des loix.

Mais la puissance paternelle ne va pas jusqu'à pouvoir exposer ou tuer un enfant lorsqu'il est venu au monde ; car un enfant dès sa naissance jouit, en tant que créature humaine, de tous les droits de l'humanité, aussi-bien que toute autre personne. Cependant cette coutume déteſtable & inhumaine d'exposer les enfans, ou de les tuer même, étoit très-commune autrefois dans la Grece & dans l'empire Romain ; mais elle s'abolit peu à peu par l'usage, & enfin la chose fut défendue expressément. Il y a une belle loi du jurisconsulte Paul là-dessus. *Necare videtur, non tantùm is qui partum perfocat, sed & is qui abjicit; & qui alimenta denegat; & is qui publicis locis, misericordiæ causâ, exponit, quam ipse non habet.* » L'on » tue son enfant, dit-il, non-seulement lorsqu'on l'étouffe, mais encore » lorsqu'on l'abandonne ; lorsqu'on lui refuse la nourriture, & lorsqu'on » l'expose dans un lieu public, afin qu'il trouve dans les autres une com» passion dont on n'a point été touché soi-même envers lui «. On peut consulter sur cette matiere le beau traité de M. Noodt, intitulé *Julius Paulus.*

Le Pouvoir paternel ne renferme pas non plus en lui-même le droit de vie & de mort sur les enfans qui ont commis quelque crime ; tout ce qu'un pere, comme tel, peut faire, c'est de les chasser de sa famille, & les dénoncer au souverain, afin qu'il les punisse suivant la qualité des crimes. Car d'abord le pere est citoyen avant que d'être pere, & les intérêts de la société doivent précéder ceux de la famille, qui ne sont qu'apparens lorsqu'ils se trouvent en opposition avec ceux de la société. Or, l'intérêt de la société demande que le crime soit puni. D'ailleurs, comme les enfans sont sujets du souverain, qui en confie l'éducation aux peres & aux meres, ceux-ci en sont responsables ; & n'ayant pas le Pouvoir de punir leurs crimes, ayant d'ailleurs tout l'intérêt qu'ils soient imputés efficacement à leurs enfans coupables, ils doivent recourir à l'autorité du souverain, pour sauver à la fois ce qu'ils doivent au souverain & à l'Etat. C'est une suite de ce que les souverains dans la société civile ont pris la place des peres dans l'état de nature, où ils avoient le droit de vie & de mort sur leurs enfans ; or, comment le souverain exerceroit-il ce droit, si les peres & meres n'étoient pas obligés de lui déclarer les crimes de leurs enfans ?

Le fils de Caſſius étoit ſur le point de publier la loi du partage des terres, loi fatale au repos des Romains. Son pere n'ayant pu l'en détourner, le fit mourir, parce que les peres chez les Romains avoient tout le Pouvoir ſouverain ſur leurs enfans. Le peuple étonné vit arracher ſon magiſtrat de la tribune aux harangues, & n'oſa faire de réſiſtance. Cependant une des loix qu'ils appelloient *ſacrées*, vouoit à Jupiter, c'eſt-à-dire, dévouoit à la mort, celui qui auroit ſeulement tenté d'approcher du tribun dans le deſſein de le maltraiter. Mais le peuple étoit perſuadé du devoir d'un pere, & il connoiſſoit que ce devoir pour le bien public, étoit encore plus ſacré que la loi en faveur de la perſonne du tribun.

Comme c'eſt la foibleſſe de la raiſon, & l'impoſſibilité où ſont les enfans de ſe conſerver, de ſe conduire, & de pourvoir à leurs beſoins, qui les ſoumet néceſſairement à la direction & au Pouvoir de leurs parens; il s'enſuit, qu'à meſure que la raiſon ſe développe & ſe perfectionne dans un enfant, à meſure qu'il approche d'un âge mûr, l'autorité paternelle diminue, pour ainſi dire, inſenſiblement; & certainement on ne doit pas traiter un homme fait comme un jeune homme en bas-âge. C'eſt le but du Pouvoir paternel. Un enfant dans ſon bas-âge, ne connoît pas ce qui convient à ſa conſervation : c'eſt à ſon pere, à ſa mere, à le lui procurer, & à le lui faire embraſſer : il n'a ni intelligence, ni volonté à cet âge-là; les loix veulent qu'un fils alors ſuive la volonté du pere, de la mere, de ſon conducteur, qui ont de l'intelligence, de la volonté, & de la liberté pour lui; mais à meſure que l'intelligence ſe développe avec l'âge dans l'enfant, le pere & la mere diminuent leurs attentions, parce qu'ils voient que dans les affaires au moins les plus ſimples, il peut ſe diriger par lui-même & que leurs attentions commencent à devenir moins néceſſaires. Et à meſure qu'il avance dans la connoiſſance des loix, il approche de ſa liberté; de maniere que lorſqu'il eſt parvenu à cet état qui a rendu ſon pere un homme libre, le fils devient homme libre auſſi. Il ne lui reſte de lien que celui de la reconnoiſſance, qui eſt bien fort dans une ame bien née.

Si un enfant, pendant qu'il eſt ſous la puiſſance & la direction paternelle, acquiert quelque choſe, ſoit par donation, ou autrement, le pere doit l'accepter pour lui; mais cela appartient en propre à l'enfant; le pere peut ſeulement en jouir, & en entretenir ſon enfant, juſques à ce que celui-ci ſoit capable d'en prendre lui-même l'adminiſtration.

Car, d'un côté, les choſes qui entrent en propriété ne ſervent pas moins aux enfans, qu'aux hommes faits pour les uſages de la vie, & ſont même beaucoup plus néceſſaires aux premiers, à cauſe de leur peu de force & de la foibleſſe de leur jugement, qui ne leur permettent pas de pourvoir à leurs beſoins & de ménager convenablement leurs intérêts. Mais, d'un autre côté, les enfans ne pouvant acquérir à cauſe du défaut de jugement & du manque de conduite, les loix civiles y ont pourvu en chargeant les peres & les meres ou leurs conducteurs de les accepter en leur nom; de plus les peres & les meres en ont la jouiſſance pour ſe récompenſer des dépenſes de l'éducation.

Pour ce qui est des profits que peut faire un enfant déjà grand, par son travail & par son industrie, ils doivent lui appartenir. Mais si ces profits provenoient des biens même du pere, il seroit raisonnable que le pere se les appropriât, en dédommagement des dépenses qu'il est obligé de faire pour sa nourriture & pour son éducation. En général, il est tout-à-fait convenable que l'on donne quelque droit aux peres sur les biens de leurs enfans, pour tenir d'autant plus les enfans dans la soumission & le respect de l'autorité paternelle.

En effet, la soumission & la dépendance des enfans envers leurs peres & leurs meres, sont absolument nécessaires à leur éducation; car il n'est pas possible de s'en acquitter autrement. Or comme le souverain confie le Pouvoir paternel aux parens, afin qu'ils puissent s'acquitter de ce grand devoir d'une maniere conforme au bien de l'Etat; ce même Pouvoir doit être tout employé à entretenir cette dépendance & cette soumission, sans lesquelles les soins des peres & des meres seroient inutiles. C'est pourquoi la nécessité de ce Pouvoir augmente à proportion que l'âge le rend plus nécessaire aux enfans. Or la raison & l'expérience concourent à nous convaincre, que la propriété des biens abandonnés aux enfans est un moyen sûr de les rendre indépendans du Pouvoir paternel. La raison n'ayant guere encore de prise sur eux, ils ne reconnoissent point d'autre ressort que les plaisirs : or quoi de plus propre pour en augmenter le nombre & l'intensité dans cet âge fougueux que la propriété des biens? L'accorder aux enfans avant que leur éducation soit finie, c'est y renoncer. Mais, au contraire, ôtez-en leur toute idée : faites-leur sentir qu'ils n'ont rien en propre, que tout appartient à leurs parens, & que tout ce qu'ils en reçoivent, c'est par un effet de leur libéralité, & qu'ils peuvent la suspendre lorsqu'ils le trouveront nécessaire à leur éducation, vous en obtiendrez tout. La soumission & la dépendance de la jeunesse sont en raison inverse de la propriété des biens : & le succès de l'éducation est en raison directe de la dépendance de la jeunesse de ceux qui en sont chargés.

Au reste, que les enfans, pendant leur minorité, ne doivent rien posséder en propre, c'est une suite nécessaire de leur état pendant ce temps-là; état, où ils sont censés n'avoir ni intelligence ni volonté, ni liberté; & en effet ils n'en ont guere la plupart. J'entends ici par propriété le Pouvoir d'en exercer le droit par soi-même : & l'aliénation & autres semblables manieres de disposer de son bien, supposent de leur nature un acte d'une volonté raisonnable, qui ne peut se trouver dans ces sortes de personnes.

Ces principes sont aussi les fondemens généraux des sages loix des Romains sur le pécule des fils de famille. *Voyez* FILS.

Les peres n'ayant d'autre Pouvoir sur leurs enfans que celui que le souverain leur confie pour s'acquitter du grand devoir de l'éducation, dès qu'elle est finie, ce que les loix déclarent en fixant l'âge de majorité; le souverain retire le Pouvoir paternel, & le pere ne doit plus en faire usage. Dès qu'un jeune homme est majeur, il est censé avoir atteint l'âge de liberté, le pere & le fils, le tuteur & le pupille sont égaux, ils sont tous également foumis aux mêmes loix ; & un pere ne peut plus prétendre à aucune domination fur la liberté ou fur les biens de fon fils. Alors le fils ne dépend plus du pere.

Mais fi les enfans font entiérement indépendans de leurs peres, dès qu'ils font majeurs, toute relation entre les peres & leurs enfans ceffe-t-elle ? les peres deviennent-ils donc indifférens à leurs enfans ? A Dieu ne plaife que nous tirions une conclufion directement oppofée à nos principes. L'expérience du pere, fon jugement, fon âge font des qualités qui lui acquierent un droit à être honoré de fon enfant : tout ce que le pere a fait pour lui jufqu'alors, pendant le temps de l'éducation qu'il lui a donnée, lui a mérité une reconnoiffance fans bornes. Et ces droits qui font ceux de l'humanité, font des droits très-parfaits au jugement de la raifon, quoique le jargon des jurifconfultes les appelle *imparfaits*. Concluons donc que les enfans majeurs ne dépendent point de leurs peres, parce qu'il n'y a point de dépendance où il n'y a point de Pouvoir : & le pere n'en a point fur fon enfant majeur. Mais il doit honorer fon pere & fa mere, & être pénétré toute fa vie d'un fentiment très-vif de reconnoiffance, & par conféquent ces devoirs des enfans dépendent en partie des qualités perfonnelles des peres & des foins qu'ils en ont éprouvés ; car il y a bien des enfans, qui dans l'âge même de minorité, font bien plus eftimables par leurs qualités que leurs peres & meres : & d'autres qui par une heureufe crife de leur génie ont pu parvenir à fe former eux-mêmes un plan d'éducation, que les peres & meres avoient négligée.

L'enfant peut fortir de la famille de fon pere pour caufe d'éducation, d'apprentiffage ou de mariage. Dans les deux premiers cas il n'eft pas maître de foi-même, ne le fuppofant pas encore majeur ; mais il eft fous le Pouvoir paternel confié pendant le temps de l'éducation ou de l'apprentiffage à fon conducteur ; car le fouverain ne le retire que lorfqu'il déclare l'enfant libre, & foumis aux mêmes loix que le pere ; & pendant que le fouverain ne retire pas ce Pouvoir, l'enfant eft cenfé y être toujours foumis. Mais en cas de mariage, comme le pere, par fon confentement, le déclare capable de fe gouverner lui-même, le fouverain retirant alors le Pouvoir, l'enfant eft cenfé libre, émancipé & indépendant du Pouvoir paternel que le pere ne conferve plus. L'on voit par-là pourquoi les mariages des enfans mineurs font nuls, fans le confentement des peres, qui, par cette approbation, font cenfés attefter l'intelligence des enfans, qualité néceffaire pour être émancipé, avant le temps prefcrit par la loi.

Au refte, il faut faire attention que nous raifonnons ici, fans avoir aucun égard aux ufages des différentes nations. Car je n'ignore pas qu'il y a des coutumes où le fils eft tenu pour émancipé par l'habitation féparée de celle de fon pere : ce qui peut être tiré de la novelle 25 de l'empereur Léon. En quelques-uns le mariage n'émancipe pas les enfans nobles, fi l'émancipation n'y eft exprimée, & n'émancipe les roturiers qu'après qu'étant mariés, ils ont demeuré an & jour hors de la maifon & compagnie de leurs peres. Et il y a auffi des Etats où le mariage n'émancipe point.

Le Pouvoir paternel appartenant en propre au souverain, il est le maître d'en disposer suivant qu'il juge être le plus convenable au bonheur de ses sujets.

Enfin la puissance paternelle peut finir en différentes manieres.

1°. Et premiérement, si un enfant déjà grand est chassé de la famille, à cause de ses mauvaises actions & de son incorrigibilité. C'est ce que l'on appelle *abdication*. Mais assurément un pere n'en peut venir là qu'à la derniere extrémité, & après avoir mis en œuvre tous les moyens possibles, pour tâcher de ramener un enfant à son devoir.

Aristote dit, qu'il n'arrive guere qu'un pere renonce son fils pour sien, à moins que le fils ne soit excessivement méchant. L'abdication étoit fort en usage parmi les Grecs. Quant aux Romains, ils avoient recours à l'exhérédation. Grotius prétend que le droit d'abdication & d'exhérédation ne s'étend pas jusqu'à donner droit au pere irrité de priver son indigne enfant de la nourriture même, à moins qu'il n'ait mérité la mort. Mais il tire cette conséquence d'un faux principe. Suivant lui, le pere est obligé de nourrir son fils toute sa vie; tandis que le fils ne sauroit l'exiger que jusqu'à l'époque où il peut la gagner par lui-même; après quoi les loix naturelles n'obligent à rien le pere vis-à-vis de son enfant.

Mais lorsque le pere chasse de sa maison son fils incorrigible, encore mineur, qui en est le tuteur? Je réponds, que ce sont les loix. Le pere ayant trouvé son fils incapable d'éducation, il se démet du Pouvoir paternel, & en même-temps de la charge qui y étoit attachée. Le souverain en reprenant le Pouvoir confié au pere, prend sous sa tutelle le jeune homme émancipé négativement, s'il m'est permis de m'exprimer ainsi, & sujet par conséquent à la rigueur des loix.

2°. Un pere, qui pour l'avantage de son fils, le donne à quelqu'un qui l'adopte, lui transfere le droit qu'il avoit sur lui, & s'en prive ainsi lui-même.

Bien entendu que l'adoption se fasse pendant la minorité de l'enfant; car le fils étant majeur, l'adoption ne fait pas perdre le Pouvoir paternel au pere, qui l'avoit déjà perdu du moment que le fils est entré dans sa majorité.

3°. Un pere assez dénaturé pour exposer son enfant, en même-temps qu'il renonce à la tendresse paternelle, il se dépouille aussi du Pouvoir qu'il avoit sur lui, & ce Pouvoir passe tout entier au pere nourricier de l'enfant exposé, qui touché de compassion le retire pour l'élever & en prendre soin.

C'est une suite de la cessation du Pouvoir paternel. Car alors le pere ayant renoncé à son droit, il passe entiérement à celui qui ramasse l'enfant exposé, par droit de premier occupant, quoique improprement dit, parce qu'on n'acquiert pas le droit à l'utilité du possesseur, qui n'acquiert que le droit que le pere naturel avoit, qui ne s'étendoit qu'au Pouvoir de châtier son fils lorsque son éducation l'auroit exigé.

4°. Le Pouvoir paternel, proprement ainsi nommé, finit dès qu'un enfant est parvenu à un âge parfait de raison & de maturité, & qu'il peut se conduire par lui-même.

5.° Enfin, si un fils sort de la famille de son pere pour se marier, ou pour quelqu'autre raison, alors il devient son maître à tous égards.

Tels sont les principes naturels sur la puissance paternelle. Il est de la derniere importance pour le bonheur du genre-humain & des familles, que dans les sociétés civiles les loix maintiennent dans toute sa force cette autorité des peres sur les enfans, & qu'elles la fassent respecter comme un droit sacré & inviolable, & que Dieu lui-même a établi. C'est delà que dépend le bonheur des familles & le bien de l'Etat, qui ne seront jamais établis sur des fondemens plus solides, que lorsque les peres de famille auront toute l'autorité nécessaire pour donner à leurs enfans une bonne éducation, proportionnellement à leur condition & à leur état.

Cette considération de la puissance paternelle dans son rapport avec les intérêts civils, mérite toute l'attention d'un sage législateur. La puissance paternelle, ayant peu à peu perdu de ses droits dans Rome, l'ancienne vertu déclina & s'évanouit. On jugea à propos, après Auguste, pour mitiger la sévérité de la loi, d'interposer l'autorité du juge, mais on ne sut pas prendre les milieux que Moïse avoit tracés. L'ambition commune aux hommes, porta les magistrats à attirer à leur tribunal l'entiere connoissance des fautes des enfans; c'étoit à peu près abroger la loi. Ecoutons Séneque, & frémissons à la vue des suites fatales de cette abrogation. » On a vu, » disoit-il à Néron, punir plus de parricides en cinq ans sous le regne de » votre pere, que l'on n'avoit fait depuis la fondation de Rome. « Lorsqu'on voit la nature, l'amour-propre, la liberté & l'attrait des plaisirs balancer la reconnoissance, on doit sentir la nécessité de mettre en œuvre des ressorts pour la soutenir. Si on ne compte pour entretenir la soumission filiale, que sur un reste de principes donnés dans l'éducation, cette barriere sera bientôt rompue. La société civile, ayant enfin reconnu ses véritables droits, a ôté aux peres le droit de mort sur leurs enfans; mais ayant ôté la crainte aux enfans, il falloit laisser du moins quelque intérêt puissant qui les retînt. Chez les Romains, les droits des peres étoient sans bornes : les biens acquis par le fils, & ceux de sa mere, leur appartenoient : ils en pouvoient disposer à leur gré.

Constantin fut le premier qui assura aux enfans la propriété de leurs biens, & celle de leur pécule. Ces loix étoient bonnes : il étoit juste d'arrêter un pere dissipateur à l'excès, & on doit corriger tous les extrêmes. Mais quel est l'aveuglement des coutumes qui en ont ôté au pere l'usufruit? Elles renversent tellement l'ordre de la nature, que souvent le pere se trouve soumis au fils, pour tirer de lui une subsistance qu'il refuse quelquefois ou qu'il donne avec dureté. Et lorsqu'une mere meurt, on voit les enfans faire la loi à celui duquel Dieu & la nature les obligent de la recevoir. Ces coutumes ont fait croire à quelques jurisconsultes Italiens que les François ne connoissoient point le Pouvoir paternel. En général ôter l'usufruit au pere, faire des loix qui tendent au partage égal de la succession, fixer la légitime à une partie assez considérable, ou plutôt faire des loix pour y obliger le pere, mettre des obstacles à l'exécution de sa volonté, c'est concourir avec les passions à étouffer chez les enfans tout sentiment de respect, d'honneur & de reconnoissance envers leurs peres; & par une conséquence légitime renverser dans l'état civil l'ordre établi par la nature.

On dit que le bon législateur chasse les voleurs de ses Etats, & que le plus habile les empêche de s'y former. Il est mieux, sans doute, de garantir les mœurs de la corruption, que de chercher à les purifier quand elles sont corrompues. Toute l'attention doit être à empêcher la contagion de s'introduire. L'autorité des peres, est le préservatif le plus naturel, le plus légitime & le plus assuré. Or l'éducation de l'enfance, quoique d'une très-grande conséquence, ne demande que des attentions; le poids de l'autorité n'est pas nécessaire dans un âge si foible; mais lorsqu'après la puberté, le germe des passions se développe, que leur impétuosité agit avec violence, les loix puniront celles qui iront jusqu'au crime : la seule puissance paternelle peut étouffer les vices naissans. Si on compare les forces du torrent qu'il faut vaincre, avec celles de la digue que l'on doit lui opposer, on verra que celles-ci doivent être bien grandes pour être supérieures comme on doit le désirer : si vous ôtez la crainte & l'intérêt, je ne vois plus de frein capable d'arrêter la fougue de la jeunesse. Cependant on s'éloigne de cet esprit d'une maniere bien étrange; l'on se relâche du Pouvoir paternel lorsqu'on devroit en faire le plus d'usage. On commence à regarder la jeunesse qui atteint l'âge de puberté, comme des êtres, dit-on, raisonnables. Ils ne sont plus des enfans; toute rigueur, toute puissance est alors mal placée : il faut raisonner avec eux : c'est par la raison qu'on doit les amener & les former à la vertu : ce ne sont que les bêtes qui sont des êtres d'habitude. Les peres tout remplis d'idées si étranges & si contraires à la marche de la nature, commencent à accorder aux enfans quelque propriété; excellent moyen pour satisfaire leurs passions naissantes, & pour les porter au comble de l'impétuosité; ils les affranchissent de tous les soins des maîtres circonspects, & qui, pénétrés de leur devoir, voudroient que les disciples s'acquittassent aussi des leurs; ils leur font sentir que leur âge ne demande plus de frein, celui qui incontestablement en demande le plus, & qu'ils n'ont qu'à se conduire suivant la raison, qui malheureusement commence alors à avoir le dessous des passions; en un mot, lorsqu'il faudroit commencer l'éducation, nous la croyons finie; lorsque la puissance paternelle auroit le plus à faire, le pere y renonce contre les intentions du souverain, & on laisse les enfans maîtres d'eux-mêmes à l'âge qui a le plus d'influence sur le bonheur ou le malheur du reste de la vie; âge où on n'a ni prévoyance de l'avenir, ni expérience du passé, ni modération pour ménager le présent; & par conséquent on borne l'usage du Pouvoir paternel à former l'animal, tel qu'un enfant jusqu'à la puberté, & on s'en défait lorsqu'il faudroit commencer à former l'homme. Crainte & intérêt; voilà les deux grands ressorts de l'éducation; si l'on en supprime l'un ou l'autre, le chemin à l'éducation, aux bonnes mœurs, au bonheur de l'Etat, est entiérement perdu.

Fin du Tome vingt-sixieme.

www.ingramcontent.com/pod-product-compliance
Lightning Source LLC
Chambersburg PA
CBHW071132270326
41929CB00012B/1724

* 9 7 8 2 0 1 3 4 8 2 6 4 6 *